GESCHICHTE
DER BUNDESREPUBLIK
DEUTSCHLAND

Band 2
Hans-Peter Schwarz
Die Ära Adenauer
1949–1957

GESCHICHTE
DER BUNDESREPUBLIK
DEUTSCHLAND
in fünf Bänden
herausgegeben von
Karl Dietrich Bracher
Theodor Eschenburg
Joachim C. Fest
Eberhard Jäckel

Band 1
Theodor Eschenburg
Jahre der Besatzung
1945–1949

Band 2
Hans-Peter Schwarz
Die Ära Adenauer
1949–1957

Band 3
Hans-Peter Schwarz
Die Ära Adenauer
1957–1963

Band 4
Klaus Hildebrand
Von Erhard zur Großen Koalition
1963–1969

Band 5
Karl Dietrich Bracher
Republik im Wandel
1969–1980

GESCHICHTE
DER BUNDESREPUBLIK
DEUTSCHLAND

Hans-Peter Schwarz
Die Ära Adenauer

Gründerjahre der Republik

1949–1957

Mit einem
einleitenden Essay von
Theodor Eschenburg

DEUTSCHE VERLAGS-ANSTALT · STUTTGART
F. A. BROCKHAUS · WIESBADEN

CIP-Kurztitelaufnahme der Deutschen Bibliothek

Geschichte der Bundesrepublik Deutschland :
in 5 Bd. / hrsg. von Karl Dietrich Bracher ... –
Stuttgart : Deutsche Verlags-Anstalt;
Wiesbaden : Brockhaus
ISBN 3-7653-0328-3
NE: Bracher, Karl Dietrich [Hrsg.]
Bd. 2. → Schwarz, Hans-Peter: Die Ära Adenauer

Schwarz, Hans-Peter:
Die Ära Adenauer : Gründerjahre d. Republik ;
1949 – 1957 / Hans-Peter Schwarz. Mit e.
einleitenden Essay von Theodor Eschenburg. –
Stuttgart : Deutsche Verlags-Anstalt;
Wiesbaden : Brockhaus, 1981.
(Geschichte der Bundesrepublik Deutschland; Bd. 2)
ISBN 3-7653-0328-3 (Gesamtwerk)

© Deutsche Verlags-Anstalt GmbH, Stuttgart 1981
V. Nr. W 1559. ISBN 3-7653-0328-3
Printed in Germany
Lektorat: Ulrich Volz
Typographische Gestaltung: Ottmar Frick, Reutlingen
Einband und Umschlag
nach Entwurf von Martin Kausche
Satz: Bauer & Bökeler Filmsatz GmbH, 7306 Denkendorf
Reproduktion: Graphische Kunstanstalt Willy Berger,
Stuttgart
Druck und Bindung: Franz Spiegel Buch GmbH,
7900 Ulm
(2)

Inhalt

Der Geist der fünfziger Jahre

Anhang

Elemente des Grundgesetzes

Von Theodor Eschenburg

Grundgesetz ist nur ein anderer Name für Verfassung. Der Parlamentarische Rat wählte ihn, um das Provisorium der neuen Verfassung für eine Übergangszeit bis zur Konstituierung eines gesamtdeutschen Staates zu demonstrieren. Einen Friedensvertrag gab es nicht. Das Besatzungsstatut der drei Westalliierten Amerika, Großbritannien und Frankreich war seit September 1949 gleichsam ein vorläufiger Ersatz. Es hatte Vorrang vor dem Grundgesetz. Nach diesem Statut übte die »Alliierte Hohe Kommission« die »oberste Gewalt« aus. Sie hatte sich eigene Zuständigkeiten vorbehalten für Abrüstung und Entmilitarisierung, für Restitutionen, Reparationen und wirtschaftliche Entflechtung, für die Auswärtigen Angelegenheiten, die Überwachung des Außenhandels und der Devisenwirtschaft. Die Eisen-, Stahl- und Kohleindustrie unterstand seit Dezember 1948 der »Internationalen Ruhrbehörde«, der neben den Westmächten auch Belgien, Luxemburg und die Niederlande angehörten. Sie war damit der deutschen staatlichen wie privatwirtschaftlichen Verfügung entzogen. Änderungen des Grundgesetzes bedurften der vorhergehenden Genehmigung der Hohen Kommission. Änderungen von Länderverfassungen sowie alle Gesetzgebung von Bund und Ländern traten 21 Tage nach Eingang bei den Besatzungsbehörden in Kraft, sofern kein Einspruch erfolgt war. Die Alliierten behielten das Recht auf Wiederübernahme der vollen Gewalt, falls die Sicherheit oder die Erhaltung der demokratischen Regierung in Deutschland oder ihre internationalen Verpflichtungen dies als notwendig erweisen sollten. Die Bundesrepublik war jetzt ein gemeinsames Protektorat der drei Westmächte. Für sie bedeutete das Besatzungsstatut gegenüber der bisher rechtlich uneingeschränkten Macht der Alliierten in Deutschland eine wesentliche Verbesserung. Die Westmächte machten von ihren Rechten nur behutsam Gebrauch und begannen sehr bald mit dem Abbau des Statuts, das mit dem Inkrafttreten des »Deutschlandvertrags« von 1955 seine rechtliche Gültigkeit verlor.

Bei der Genehmigung des Grundgesetzes hatten die Westmächte in der Aufzählung der Länder der Bundesrepublik »Groß-Berlin« im Artikel 23 nicht gestrichen, sondern nur suspendiert. Als im Mai 1949 die von der Sowjetunion 1948 über die Westsektoren *Berlins* verhängte Blockade durch eine Vereinbarung zwischen Washington und Moskau aufgehoben wurde, hatte man eine vertragliche Regelung über die Luftkorridore zur Stadt nicht erreicht. Die Amerikaner scheuten sich, die Aufhebung der Blockade in Frage zu stellen, der Sowjetunion ging es darum, den »Zankapfel Berlin« in der Hand zu behalten. Stalin war seinen Zielen, entweder die Gründung der Bundesrepublik zu verhindern oder die volle Eingliederung Berlins in die sowjetische Zone durchzusetzen, nicht näher gekommen. Aber als Ergebnis der Blockade erlangten die Russen die Suspendierung der Einbeziehung Berlins in die Bundesrepublik.

Groß-Berlin ist nach dem Dreimächte-Protokoll vom 12. September 1944 und dem Viermächte-Abkommen vom 26. Juli 1945 (einschließlich Frankreichs) völkerrechtlich »kriegsbesetztes Gebiet«, nur mit dem Unterschied, daß seit 1949 West-Berlin zum Bereich der Westmächte, Ost-Berlin zu dem der Sowjetunion gehört. West-Berlin untersteht auf Grund eines besonderen Besatzungsstatuts der »Alliierten Kommandantur«, die sich aus den Kommandanten der dort stationierten amerikanischen, englischen und französischen Truppen zusammensetzt. Deren Aufgabe ist es, Berlin zumindest symbolisch zu schützen.

Nach dem alliierten Genehmigungsvorbehalt zu Artikel 23 darf Berlin nicht vom Bund regiert (englisch: governed) werden, was bedeutet, daß vom Bund keine direkte Staatsgewalt über dieses Land ausgeübt werden kann. Die Organe des Bundes und Berlins legten die Suspendierung mit Duldung der Westmächte so aus, als ob sie – im Rahmen der

Genehmigungseinschränkung – zueinander im Verhältnis von Bundesstaat und Gliedstaat stünden. Das Grundgesetz gilt, abgesehen von den alliierten Einschränkungen, auch in Berlin. Die Stadt vertreten 22 Abgeordnete im Bundestag. Sie werden jedoch vom Abgeordnetenhaus nach dem Kräfteverhältnis der Parteien gewählt. Im Plenum des Bundestags haben sie lediglich bei Gesetzeslesungen und bei der Wahl des Bundeskanzlers kein Stimmrecht; sonst sind sie den anderen Abgeordneten gleichgestellt. Entsprechendes gilt für den Bundesrat.

Das sogenannte »Dritte Überleitungsgesetz« vom 4. Januar 1952 stellt die Rechtseinheit zwischen der Stadt und dem Bund sicher. Mit Ausnahme bestimmter Gesetze, so der Verteidigungsgesetze, ist Berlin verpflichtet, Bundesgesetze einen Monat nach Verkündigung unverändert zu übernehmen. Das Abgeordnetenhaus stellt die Übernahme ohne besondere Lesung mit Mehrheit fest, meist pauschal für eine Reihe von Gesetzen. Wurde in Bonn entsprechend den Mehrheitsverhältnissen im Bundestag ein Gesetz gegen die Stimmen der SPD-Fraktion angenommen, so stimmte die SPD im Berliner Abgeordnetenhaus trotzdem für die Übernahme. In ganz wenigen Fällen hat die »Alliierte Kommandantur« die Übernahme von Bonner Gesetzen in Berlin oder das Inkrafttreten eines Urteils des Bundesverfassungsgerichts bezüglich Berlins verhindert.

Die Stadt wird in die Verträge der Bundesrepublik mit anderen Staaten einbezogen, wobei es wiederum Ausnahmen gibt, wie den NATO-Vertrag. Aber Berlin gehört zum Schutzbereich der NATO.

Das »Als ob«-Verhältnis zwischen der Bundesrepublik und Berlin erkennt die Sowjetunion nicht an. So ist diese Stadt die Achillesferse des Westens. Im sowjetischen Einflußbereich, der eine Million Quadratkilometer und hundert Millionen Einwohner umfaßt, ist West-Berlin mit zwei Millionen Einwohnern und 480 Quadratkilometern nur ein Flecken, aber dieser Flecken ist eine Enklave demokratisch-rechtsstaatlicher Ordnung und wirkt daher wie ein Vorposten der westlichen Welt gegen sowjetische Expansion.

»Das gesamte Deutsche Volk bleibt aufgefordert, in freier Selbstbestimmung die Einheit und Freiheit Deutschlands zu vollenden.« Dieser letzte Satz der Präambel des Grundgesetzes enthält eine Zielbestimmung – die *Wiedervereinigung*. Mehr als eine Zielbestimmung konnte dies nicht sein. Die Bundesrepublik war nach dem Besatzungsstatut in der Politik über ihre Staatsgrenzen hinaus zunächst nicht handlungsfähig. Außerdem galten, nachdem der »Alliierte Kontrollrat« seit März 1948 nicht mehr in Funktion war, die früheren Abkommen der vier Alliierten weiter, in denen sie sich ihre Rechte auf »Deutschland als Ganzes« vorbehalten hatten.

Das Grundgesetz, von dessen ursprünglicher Fassung hier in erster Linie ausgegangen wird, legt einmal als Organisationsstatut Funktionen, Kompetenzen und Verfahren für den staatlichen Aufbau und das politische Handeln fest; zum anderen bestimmt es die verbindlichen Leitprinzipien durch Begriffe wie Demokratie, sozialer Rechtsstaat und Bundesstaat und enthält zum dritten einen Grundrechtskatalog. Es gibt Ermächtigungen, gewährt Rechte, erläßt Verbote und erteilt Aufträge. Wenn es sich um die Letztgenannten handelt, so sagt es dies ausdrücklich, oder es ergibt sich eindeutig aus dem Text. Nicht aus jedem Artikel kann man einen Auftrag ableiten.

Das Grundgesetz ist geprägt von den Vorstellungen des Parlamentarischen Rats in jener Zeit. Es ist nicht lückenlos, sondern enthält »nur – oft mehr punktuell und nur in Grundsätzen – das, was als wichtig und der Festlegung bedürftig erscheint«. Der Gestaltungsfreiheit des künftigen Gesetzgebers wurde bewußt Raum gelassen.

Voraussetzung aller staatlichen Existenz ist die »Herstellung und Erhaltung politischer Einheit«. Dieser Prozeß macht organisiertes, verfahrensmäßig bestimmtes Zusammenwirken und rechtliche Ordnung notwendig. Weil politische Einheit selbstverständlich ist, wird über sie im Grundgesetz nichts ausdrücklich gesagt, wohl aber über das »Wie« ihrer Herstellung und Erhaltung. Die Verfassung ist eben die einheitstiftende Grundordnung in einem demokratischen System, in dem Entscheidungen vorwiegend aus Streit hervorgehen. Sie hat Vorrang vor allen anderen innerstaatlichen Rechtsregelungen. Nach Artikel 79 kann das Grundgesetz nur mit Zustimmung von zwei Dritteln der Bundestagsmitglieder und mit zwei Dritteln der Bundesratsstimmen geändert werden, doch gibt es einen nicht abzuändernden Verfassungskern: »Eine Änderung dieses Grundgesetzes, durch welche die Gliederung des Bundes in Länder, die grundsätzliche Mitwirkung der Länder bei der Gesetzgebung oder die in den Artikeln 1 und 20 niedergelegten Grundsätze berührt werden, ist unzulässig.« Unantastbar ist nicht nur der Artikel 1 – Schutz der Menschenwürde –, sondern auch der »Wesensgehalt der Grundrechte«, soweit sich diese auf Artikel 1 beziehen. Ohnehin darf in keinem Falle »ein Grundrecht in seinem Wesensgehalt angetastet werden«. Unverbrüchlich sind auch die Leitsätze des Artikel 20 – demokratischer und sozialer Bundes- und Rechtsstaat –, unabänderlich zudem Artikel 79 III selbst, der die Unantastbarkeit ausspricht. Nach Artikel 146 verliert das Grundgesetz »seine Gültigkeit an dem Tage, an dem eine Verfassung in Kraft tritt, die von dem deutschen Volke in freier Entscheidung beschlossen worden ist«. Eine gesamtdeutsche Verfassung würde also uneingeschränkt zur Disposition der künftigen Nationalversammlung stehen. Das Grundgesetz gibt einer gesamtdeutschen Nationalversammlung für deren Verfassung Blankovollmacht. Solange die Nationalversammlung mit Zustimmung aller vier Alliierten nicht einberufen ist und nicht eine neue Verfassung beschlossen hat, bleibt der Verfassungskern nach Artikel 79 III unveränderlich. Eine Änderung ist ohne Wiedervereinigung rechtlich nicht möglich. Die Wahrnehmung einer für jeden Verfassungsstaat höchst bedeutsamen innerstaatlichen Kompetenz, in diesem Fall der Änderung des Verfassungskerns, wird hier von einer internationalen Entscheidung abhängig gemacht, bei der Deutschland zunächst mehr Objekt als Subjekt sein würde. Artikel 79 III ist zu einer »Ewigkeitsentscheidung« geworden. Sie aber hat der Parlamentarische Rat in seiner festen Erwartung, ein Provisorium zu schaffen, sicher nicht gewollt.

Der Artikel 20: »Die Bundesrepublik ist ein demokratischer und sozialer Bundesstaat« ist eine staatsfundamentale Norm der Verfassung. Absatz I nennt ihre *Leitprinzipien*: das republikanische, das demokratische, das sozialstaatliche und das föderative. Das rechtsstaatliche ergibt sich aus Absatz II: »Alle Staatsgewalt geht vom Volke aus. Sie wird ... durch besondere Organe der Gesetzgebung, der vollziehenden Gewalt und der Rechtsprechung ausgeübt«, und wird besonders in Artikel 28 I 1 angeführt: »Die verfassungsmäßige Ordnung in den Ländern muß den Grundsätzen des republikanischen, demokratischen und sozialen Rechtsstaates ... entsprechen.« Im System des Grundgesetzes sollen diese Prinzipien einander ergänzen, ja bedingen. Das ist bei dem Spannungsverhältnis zwischen ihnen nicht leicht. Rechtsstaatlichkeit und Demokratie vertragen sich nicht in jeglicher Hinsicht miteinander, ebenso Föderalismus und Sozialstaatlichkeit. Hier müssen Abstimmung und Ausgleich von Fall zu Fall erfolgen. Kein Prinzip darf willkürlich ausgeschlossen werden, keines das andere ausklammern. Eine Lösung ist um so schwieriger, als jedes einzelne Prinzip für sich unterschiedlich interpretiert wird und zudem der Möglichkeit des Wandels ausgesetzt ist.

Schon vor dem Grundgesetz haben die deutschen Länder bestanden, zwar wesentlich andere als vor 1933, aber – soweit es die Alliierten zuließen – eigenständige Gemeinwesen. Die föderale Struktur liegt in der Tradition der deutschen Staatlichkeit begründet. Es waren die Länder, die den Parlamentarischen Rat einberufen und das Grundgesetz durch ihre Volksvertretungen angenommen haben. *Bundesstaatliche Ordnung* beschränkt zentrale Macht. Hitler hatte sie wohl unterbrochen, aber nicht ganz auszumerzen vermocht. Neben der horizontalen Gewaltentrennung in gesetzgebende, rechtsprechende und vollziehende Gewalt besteht eine vertikale durch die begrenzte Selbständigkeit der Länder. »Der bundesstaatliche Aufbau vervollständigt die demokratische Ordnung des Grundgesetzes durch seine die Minderheiten schützende Wirkung.« Die Oppositionsparteien im Bund, die in diesem Zitat als Minderheiten zu verstehen sind, können zu Regierungsparteien in den Ländern werden und umgekehrt. Von den drei sich bekämpfenden Parteien CDU/CSU, FDP und SPD war keine je in ausschließlicher Opposition; sie standen alle in irgendwelcher Regierungsverantwortung. Das ist dem politischen Klima zugute gekommen. Da der Vollzug der Bundesgesetze weitgehend Sache der Länder ist, können voneinander abweichende Regierungszusammensetzungen eine unterschiedliche Akzentuierung bei der Gesetzesausführung zur Folge haben.

Die Kompetenzen des Bundes sind im Grundgesetz aufgeführt. Alle anderen stehen den Ländern zu, vor allem die Bildungs- und Kommunalpolitik sowie die Polizeiverwaltung. Die Länder verfügen im Rahmen des Bundesrechts über Organisations-, Personal- und Gesetzgebungshoheit. Kreise und Gemeinden besitzen Allzuständigkeit unter Ausschluß der Kompetenzen von Bund und Ländern und eine beschränkte Verwaltungsautonomie.

Der Bundesrat, die Vertretung der Landesregierungen, ist im Verhältnis zum Bundestag beschränkt gleichberechtigt. Dies hat besondere Bedeutung, weil bei der Gesetzgebung Spannungen oder sogar Konflikte entstehen können, wenn die Mehrheit des Bundesrats im Gegensatz zu der des Bundestags steht. Eine oppositionelle Zweidrittel-Mehrheit im Bundesrat könnte blockierende Wirkung auf die Bundesgesetzgebung haben. Allerdings geben die Vertreter der Landesregierungen ihre Stimmen nicht allein parteiorientiert ab. Maßgebend sind zugleich die parteiunabhängigen Länderinteressen.

Das Mitbestimmungsrecht der Länder an der Gesetzgebung auf dem Weg über den Bundesrat hat zu einer wachsenden Bundesorientierung der Landtagswahlkämpfe geführt und damit in der politischen Praxis das klassische Bundesstaatsprinzip geschwächt. Bundesregierung und Regierungsparteien sind vital daran interessiert, daß die Opposition im Bundesrat nicht über die Mehrheit verfügt (und damit die im Bundestag aufwertet), weil dies die Gesetzgebung bis zur Lähmung erschweren kann.

Das Grundgesetz garantiert den Bestand der Länder als solcher, aber nicht Existenz und Gebietsumfang des einzelnen Landes. Eine Neugliederung der Länder, die vor allem auch die Verminderung ihrer Zahl bedeuten kann, sieht Artikel 29 vor. Das Land Württemberg-Baden und die beiden kleinen Länder Württemberg-Hohenzollern und Baden wurden 1952 zum Land Baden-Württemberg vereinigt. Seitdem sind alle Versuche zur weiteren Neugliederung gescheitert.

Der Begriff *Demokratie* ist nicht nur im allgemeinen Sprachgebrauch, sondern auch verfassungsrechtlich vieldeutig. Die Parteidiktaturen der Ostblockstaaten nehmen ihn ebenfalls für sich in Anspruch. In der Bundesrepublik gibt das Grundgesetz ihm seinen Sinn. Nach Artikel 20 »geht alle Staatsgewalt vom Volke aus«. Schon aus dem Text ergibt sich die Einschränkung, daß das Volk die Staatsgewalt nicht selbst ausübt. Das wäre organisatorisch in einem Massenstaat gar nicht möglich. Auf welche Weise die Staatsgewalt vom Volk ausgeht, wird im selben Artikel gesagt: durch »Wahlen und Abstimmungen und durch besondere Organe der Gesetzgebung, der vollziehenden Gewalt und der Rechtsprechung«.

Staatliche Akte müssen auf den ersten Satz von Artikel 20 zurückgeführt werden können. Erhebt ein Polizeibeamter in der Freien und Hansestadt Hamburg von einem Kraftfahrer Verwarnungsgeld wegen eines Verkehrsvergehens, so beruft er sich dabei auf die Straßenverkehrsordnung. Sie ist vom Bundestag, einem vom Volk gewählten Parlament, verabschiedet. Der Polizist selbst ist von einem Senator ernannt (oder von einer durch diesen ermächtigten Behörde), einem Mitglied der von der Bürgerschaft, dem Parlament, gewählten Hamburgischen Regierung. Hier bestehen also zwei ununterbrochene »Legitimationsstränge nebeneinander«: der materielle beruft sich auf Verfassung und Gesetze, der persönliche auf die Bestellung durch Wahl oder Ernennung. Der moderne Staat ist ein »System von Ämtern und Organschaften« (Parlamente, Regierungen).

Gegen die Ableitung der Hamburger Maßnahme ist formal schwerlich etwas einzuwenden. Aber was bedeutet sie praktisch? Kann der Volkswille auf diese Weise zur Geltung kommen? Einen einheitlichen Volkswillen gibt es nicht. Ihn zu formieren ist Sache der Parteien. Das Wahlrecht in Verbindung mit der Parteifreiheit und der Meinungs- und Vereinigungsfreiheit ist nach dem Grundgesetz die Basis für einen freien und offenen politischen Prozeß. Da die jeweilige Regierungspartei zur Opposition werden kann, muß sie ihre Opposition im Prinzip so behandeln, wie sie von dieser im Fall der Regierungsübernahme auch behandelt werden will.

Manchen ist das demokratische Prinzip zu stark eingeengt, deshalb dringen sie auf dessen Ausdehnung, auf das, was man heute weitgehend unter »Demokratisierung« oder »Partizipation« versteht. Wenn »das demokratische Prinzip das Leitprinzip der Ordnung des politischen Prozesses« ist, so bedeutet »Demokratisierung«, die die Herrschaft von Menschen über Menschen abbauen will, weitere Demokratisierung von Verfahren und Kompetenzen. Ob die Möglichkeiten des demokratischen Prinzips im Sinne des Grundgesetzes ausgeschöpft sind, ist umstritten. Ein weitergehendes Demokratisierungsgebot im staatlichen Bereich kennt das Grundgesetz nicht, auch nicht zur Demokratisierung der Binnenstruktur der Gesellschaft; ebensowenig aber ein uneingeschränktes Verbot, dieses Ziel auf dem Weg des einfachen Gesetzes zu erreichen. Demokratie scheut Macht und braucht sie zugleich, solange der »regierende und verwaltende Staat« nicht entbehrt werden kann. Freie Wahlen bieten zwar die Chance, daß die Macht »von Hand zu Hand geht« (Tocqueville), aber sie allein reichen nicht aus, die Macht des Staates zu beschränken. Ein weiteres Mittel ist die Trennung der Gewalten in Organe der Gesetzgebung, Regierung und Verwaltung sowie der Rechtsprechung. Das Erlassen von Gesetzen, ihr Vollzug und die Kontrolle ihrer Einhaltung sind im Prinzip nach Personen und Kompetenzen voneinander getrennt. Die Trennung ist aber nicht lückenlos durchgeführt. Der Bundestag wählt den Kanzler und kann ihn durch Wahl eines anderen abberufen. Die Regierungsmitglieder gehören in der Regel dem Parlament an. Das Schwergewicht der parlamentarischen Kontrolle verlagert sich daher auf die Opposition, denn die Regierung geht jeweils aus den Mehrheitsparteien hervor. Dadurch kommt eine Art Gefolgschaftsverhältnis dieser Parteien zu ihr auf.

Beide gesetzgebende Körperschaften, Bundestag und Bundesrat, wählen zum Beispiel auch die Mitglieder des Bundesverfassungsgerichts. Sie erlassen unabhängig von der Regierung Gesetze, aber das Haushaltsgesetz bedarf deren Zustimmung. Die Organe sind untereinander verschränkt. Sie hemmen und kontrollieren sich gegenseitig und gewährleisten so die einheitstiftende Ordnung.

Auch in der Demokratie gibt es Regierende und Regierte, aber die Regierenden sind auf Frist oder auf Widerruf bestellt. Sie sind in gleicher Weise dem

Gesetz unterworfen wie die Regierten, sollten es zumindest sein. Der Gesetzgeber und der Gesetzesvollstrecker soll unter dem Gesetz ebenso leiden wie der vom Gesetz Betroffene. Darin liegt der Schutz der Regierten.

Die Kriterien des demokratischen Prinzips ergeben sich aus vielen Artikeln des Grundgesetzes. Was nach dem Grundgesetz unter Demokratie zu verstehen ist, sagt das Bundesverfassungsgericht in einer Entscheidung: »Freiheitlich-demokratische Grundordnung ist jene Ordnung, die unter Ausschluß jeglicher Gewalt- oder Willkürherrschaft eine rechtsstaatliche Herrschaftsordnung auf der Grundlage der Selbstbestimmung des Volkes nach dem Willen der jeweiligen Mehrheit und der Freiheit und Gleichheit darstellt. Zu den grundlegenden Prinzipien dieser Ordnung sind mindestens zu rechnen die Achtung vor den im Grundgesetz konkretisierten Menschenrechten, vor allem vor dem Recht der Persönlichkeit auf Leben und freie Entfaltung, die Volkssouveränität, die Gewaltenteilung, die Verantwortlichkeit der Regierung, die Gesetzmäßigkeit der Verwaltung, die Unabhängigkeit der Gerichte, das Mehrparteienprinzip und die Chancengleichheit für alle politischen Parteien mit dem Recht auf verfassungsmäßige Bildung und Ausübung einer Opposition.« Daraus ergibt sich der Charakter einer »freiheitlichen bzw. offenen Demokratie«, einer »wertgebundenen« und »streitbaren«, die abwehrbereit ist. Allerdings enthält das Grundgesetz auch Elemente, die anders geartet sind als die demokratischen Prinzipien: solche der alleinigen Entscheidungsbefugnis, also monokratische, oder oligarchische, die die Entscheidungsbefugnis auf eine kleine Gruppe beschränken. Der Bundeskanzler bestimmt die Richtlinien der Politik, an die die Minister gebunden sind. Das Regierungskollegium entscheidet in einer Vielzahl von Fällen allein. Ein Bundesminister ist »Ratsherr« im Bundesführungskollegium und »Befehlshaber« in seinem Ressort.

Gerechtigkeit gilt seit jeher als eine Hauptaufgabe des Staates. Nach dem spätrömischen Juristen Ulpian ist sie der »beständige und fortwährende Wille, jedem sein Recht zu gewähren«, und zwar nicht das, was er zu haben glaubt, sondern das ihm objektiv zusteht. Dieses Ideal hat sich bis heute erhalten – ohne Chance der vollen Verwirklichung, aber mit der einer gewissen Annäherung. Gerechtigkeitsvorstellungen verändern sich im historischen Ablauf. Sie unterscheiden sich auch in der Gegenwart gravierend, vor allem diejenigen kommunistischer und westlich-demokratischer Staaten. Wandlungen und Differenzierungen des Gerechtigkeitsbegriffs gibt es auch innerhalb der Bundesrepublik.

Die Wahrung der Gerechtigkeit bedarf besonderer Organisation. In den westlichen Demokratien ist dies mehr oder minder der *Rechtsstaat.* Der Staat steht »unter dem Recht« und nicht unter der Herrschaft von Menschen. Nach Artikel 20 ist die Gesetzgebung »an die verfassungsmäßige Ordnung, die vollziehende Gewalt und die Rechtsprechung an Gesetz und Recht gebunden«, es gilt also »das Primat des Rechtes«.

Auch die Mehrheitsentscheidung ist an dieses Primat gebunden. Das schränkt die Demokratie ein und erfordert rechtliche Kontrolle durch Gerichte. Die Kontrolle der Verfassungsmäßigkeit ist dabei allein dem Bundesverfassungsgericht vorbehalten. Alle Staatstätigkeit muß auf Gesetze, die mit der Verfassung vereinbar sind, zum mindesten zurückgeführt werden können.

Die Einhaltung dieser Vorschrift hat zu einer kaum noch übersehbaren Gesetzesinflation geführt. Die unvermeidliche Folge ist eine wachsende Bürokratisierung des ganzen öffentlichen Lebens, nicht nur der kontrollierenden Gerichte, sondern auch der kontrollierten Verwaltung, die sich bei ihren Maßnahmen und Entscheidungen vorsorglich auf gerichtliche Nachprüfung einzurichten versucht.

Von der »Herrschaft der Gesetze« darf man sich jedoch keine übertriebenen Vorstellungen machen. Gesetze vermögen keine Rezepte wie ein Kochbuch zu geben – auch eine gute Köchin hält sich nicht strikt an Rezepte. Unterschiede in den Auslegungen, in den Lücken der einzelnen Gesetze und des Gesetzessystems, unbestimmte Rechtsbegriffe wie »Eignung und Befähigung« und »demokratische Grundsätze« lassen noch immer einen beachtlichen Freiraum für Beurteilung und Entscheidung.

Auch der Begriff »vollziehende Gewalt« kann unzutreffende Vorstellungen erwecken, weil die Tätigkeit der Regierung zum größten Teil nicht in Vollzug von Gesetzen besteht, sondern in Gestaltung außerhalb des Bereichs der Rechtsgebundenheit. Nur die Grenzen dieses Spielraums einschließlich des Ermessensfehlgebrauchs und des Ermessensmißbrauchs werden wieder von den Gesetzen bestimmt. Das gilt besonders für die auswärtige Politik und ebenso für den militärischen Bereich. Die politische Kontrolle durch die Volksvertretung auf Zweckmäßigkeit einer Maßnahme hin oder aus Parteiinteresse ist dadurch nicht ausgeschlossen.

Die rechtliche Kontrolle muß unabhängig von der Gesetzgebung und der vollziehenden Gewalt sein. Richter können, zur Wahrung ihrer Unabhängigkeit, gegen ihren Willen nicht versetzt oder vor Ablauf ihrer Dienstzeit entlassen werden, es sei denn kraft gerichtlicher Entscheidung auf Grund bestimmter Gesetze. »Niemand darf seinem gesetzlichen Richter entzogen werden«, mit anderen Worten: keiner kann sich sein Gericht aussuchen. »Vor Gericht hat jedermann Anspruch auf rechtliches Gehör.« Eine Strafe ohne Gesetz darf es nicht geben; Strafgesetze mit rückwirkender Kraft sind verboten. Nach der herrschenden Lehre widersprechen auch rückwirkende Belastungsgesetze – etwa Steuergesetze – dem Prinzip der Rechtsstaatlichkeit. Das ist in einer Reihe von Fällen durch höchstrichterliche Entscheidung anerkannt worden, noch nicht jedoch die Unzulässigkeit generell.

Zur Rechtsstaatlichkeit gehört als ein wesentliches Element der Gerechtigkeit die Rechtssicherheit. Rechtsfolgen müssen berechenbar, vorhersehbar sein. Würde die Mehrwertsteuer etwa rückwirkend erhöht, so entstünde für den Handeltreibenden ein nicht vorhersehbarer Schaden. Daß ein Gesetz nicht mit der Verfassung vereinbar ist, mag ein Gericht oder eine Behörde erkannt haben; im Interesse der Rechtssicherheit verliert dieses Gesetz jedoch erst seine Gültigkeit, wenn das Bundesverfassungsgericht es für nichtig erklärt.

Die Gleichheit vor dem Gesetz und die Gewaltentrennung, ohne die es eine unabhängige Rechtskontrolle nicht gibt, entsprechen sowohl dem demokratischen Prinzip wie dem der Rechtsstaatlichkeit.

Das Wort »sozial« in Verbindung mit Bundes- oder Rechtsstaat kommt schon im ersten Entwurf der Beratung des Parlamentarischen Rats vor und wurde bis zur Festlegung des endgültigen Textes ohne wesentliche Diskussion beibehalten. Das *Sozialstaatsprinzip* zu gestalten überließ man dem Gesetzgeber.

»Sozial« ist ein vieldeutiger, oft gegensätzlich ausgelegter Begriff. Das Sozialstaatsprinzip ist daher inhaltlich weitmaschig. »Sozialer Bundesstaat« und »sozialer Rechtsstaat« heißt es im Grundgesetz. In Analogie zum Wort Rechtsstaat ist daraus das von der »Sozialstaatsklausel« entstanden. Wenn die Verfassungsprinzipien gleichrangig sein sollen, dann müßte auch die Umkehrung der Wortreihenfolge möglich sein: rechtsstaatlicher Sozialstaat. »Der Rechtsstaat dient dem Schutz von Leben, Freiheit und Eigentum des einzelnen, der Sozialstaat der Sicherung der Existenz, der Vollbeschäftigung und der Arbeitskraft der sozial gefährdeten Schichten ... Der Rechtsstaat will persönliche Freiheit, auch wenn darunter die soziale Sicherheit leidet. Der Sozialstaat will dagegen soziale Sicherheit, auch wenn die persönliche Freiheit beschränkt wird.« Beide Prinzipien sind damit nicht erschöpfend dargestellt, aber der Gegensatz kommt immerhin zum Ausdruck. Die Garantie der Vollbeschäftigung als Sozialstaatspflicht ist umstritten.

»Das Sozialstaatsprinzip bestimmt das Rechtsstaatsprinzip näher« und dieses grenzt jenes ein zum Schutz der persönlichen Freiheit. Es wirkt auf den Gleichheitssatz ein unter dem Aspekt der »Sozialbedürftigkeit« und der »Sozialwidrigkeit«. Der Anspruch auf Sicherung des Lebensminimums in einer Notlage, die »weder mit eigenen Kräften noch mit Hilfe anderer behoben werden kann«, gehört auch zum Schutz der Menschenwürde.

Das soziale Prinzip beschränkt sich aber keineswegs auf Fürsorge in Notlagen. Es erstreckt sich ebenso auf den weiten Bereich des täglichen Lebens. Dazu gehören auch die Arbeits- und Sozialgerichtsbarkeit, Ausbildung, Krankenversorgung und Mieterschutz. Dieses Prinzip bedarf der Auslegung: ob und inwieweit nämlich Interessen von sozial Schwächeren zu berücksichtigen sind. Obwohl die vorherrschende Meinung hierin unstreitig einen Verfassungsauftrag an den Gesetzgeber sieht, fehlen verbindliche Richtlinien für den Vollzug, und damit bestehen verschiedene Möglichkeiten für die Gestaltung.

Aus dem Prinzip ergibt sich die Sozialpflicht des Staates in erster Linie hinsichtlich der Rechtssetzung; die der Bürger untereinander zu »Sozialverträglichkeit«, also »zu individueller und kollektiver Selbsthilfe sowie zur Leistung sozialen Beistands«, und die der Bürger dem Staat gegenüber, etwa zu Sozialabgaben von Arbeitgebern und Arbeitnehmern. Die Ausführungsbestimmungen erfolgen durch einfache Gesetze, die geändert werden können, also nicht eine institutionelle Garantie darstellen. Aber »eine grundsätzliche Abkehr von den zum Grundbestand des sozialen Rechtsstaates gehörenden Einrichtungen ist verfassungsrechtlich ausgeschlossen«.

Das Rechtsstaatsprinzip und damit die Grundrechte setzen dem Sozialstaat gewisse Grenzen. Er darf nicht zu einem »sozialen Perfektionismus führen und damit die verbürgten Freiheitsrechte außer Acht lassen und die private Initiative lähmen«.

Schließt die Sozialstaatsklausel die Sozialisierung nach Artikel 15 ein? Weder in der parlamentarischen Beratungs- und Entscheidungspraxis noch in der höchstrichterlichen Judikatur oder (mit Ausnahmen) im wissenschaftlichen Schrifttum spielt diese Frage eine wesentliche Rolle. Unter Sozialstaatlichkeit wird vorwiegend sozialpolitische Korrektur, mehr noch Verbesserung (so bei der Mitbestimmung oder in der Gesundheitspolitik) unter Bewahrung des Status quo von Gesellschaft und Wirtschaft verstanden. Der Staatsrechtslehrer Hans J. Wolff, selbst ein Vertreter dieser Auffassung, spricht von »reformativer Restauration«. Die Sozialstaatsklausel bedürfe zu ihrer Erfüllung nicht der Sozialisierung, der zudem durch die Artikel 2, 11 und 12 – Freiheitsrechte, Freizügigkeit und Freiheit der Berufswahl – Schranken gesetzt sind.

Eine Minderheit mit wachsender Aktivität und publizistischer Ausstrahlung sieht hingegen in der Sozialisierung einen Sozialstaatsauftrag, und zwar den entscheidenden. »Dieses Sozialstaatsmodell setzt ... selbst allmählich den zentralen Mechanismus der Profitorientierung aller wirtschaftlichen Tätigkeit außer Kraft ... das Grundgesetz fordert geradezu mit dem Sozialstaatspostulat eine qualitativ andere Orientierung [als die der Sozialen Marktwirtschaft]«. Die klassischen Freiheitsrechte, vor allem das allgemeine Freiheitsrecht, stellten keine Hindernisse der Sozialisierung dar, wenn sie nicht falsch, nämlich liberal, interpretiert würden. »Die individuelle Freiheit ist schon infolge gesellschaftlicher und wirtschaftlicher Abhängigkeiten, Sachzwänge, Macht- und Manipulationsunterworfenheit eingeschränkt.« Es gehe darum, »die Verwirklichung größerer gesellschaftlicher Freiheit [so von Lohn- und Betriebsabhängigkeit] zu ermöglichen«. Aber entscheidend für die Sozialisierung bleibt, ob sich im Parlament eine Mehrheit für sie findet.

Das Grundrecht ist »eine der in der abendländischen Geschichte entwickelten Denk- und Rechtsfiguren, mit denen die Position des Menschen innerhalb seiner Umwelt rechtlich geordnet werden soll«. Vorwiegend dem christlichen und weltlichen Naturrecht entstammend, gelten die *Grundrechte* als dem Menschen von Natur aus eigen und daher als vor- und überstaatlich. Man nennt sie deshalb auch »Menschenrechte«. Sie sind in eine Reihe von Verfassungen meist nur deklaratorisch aufgenommen worden. Im Grundgesetz stehen sie jedoch nicht als »leerlaufende« Programmsätze wie in der Weimarer Verfassung. Sie sind vielmehr unmittelbar geltendes, einklagbares Recht.

Der erste Satz des Artikel 1: »Die Würde des Menschen ist unantastbar« klingt eher nach einer Botschaft als nach staatlicher Rechtsordnung. Er ist aber das »oberste und beherrschende Prinzip der Verfassung«. Im Verfassungsentwurf des beratenden Konvents von Herrenchiemsee hieß es: »Der Staat ist um des Menschen willen da, nicht der Mensch um des Staates willen«. Beide Sätze meinen im Grunde dasselbe: die völlige Umkehr der Hitlerschen Herrschaftskonstruktion. Daß damit der Staat nicht bagatellisiert werden sollte, zeigt der zweite Satz des Artikel 1: »Sie [die Menschenwürde] zu achten und zu schützen ist Verpflichtung aller staatlichen Gewalt.« Die Pflicht zur Wahrung der Unantastbarkeit gilt für den Staat wie für jedermann.

Über den Begriff »Würde« gibt es unterschiedliche Vorstellungen, die beim einzelnen oft von der eigenen Interessenlage geprägt sind. Ob zum Beispiel das keimende Leben in den Würdebegriff einzube-

ziehen sei oder nicht, ist umstritten. Es geht um die persönliche Würde von jedermann in gleicher Weise, nicht um eine äußere (etwa des Ranges), nach einem Urteil des Bundesgerichtshofs um den Begriff des »allgemeinen Persönlichkeitsrechts«. So muß auch die persönliche Intimsphäre gewahrt werden, wogegen schon manche Boulevardzeitung verstoßen hat.

Der Schutz der Menschenwürde nach Artikel 1 wirkt auf die meisten Grundrechte ein, und diese lassen sich wiederum von ihm ableiten. Neben Artikel 20, der dem Staat, der Organisation des Gefüges, gilt, ist Artikel 1 die andere Fundamentalnorm, die den Schutz des Individuums, des Bürgers, gewährleistet. Im dritten Absatz dieses Artikels »holt das Grundgesetz ›aus den Sternen‹ die Menschenwürde und die Menschenrechte hinein in den positivrechtlichen Verfassungstext«. Dort heißt es: »Die nachfolgenden Grundrechte binden Gesetzgebung, vollziehende Gewalt und Rechtsprechung als unmittelbar geltendes Recht.« Das erhabene Wort von der »Unantastbarkeit der Würde« mit seinen hohen Ansprüchen und seiner inhaltlichen Unbestimmtheit mag als Phrase angesehen werden, Urteile des Bundesverfassungsgerichts und anderer Bundesgerichte aus drei Jahrzehnten zeigen jedoch, daß der Begriff justitiabel (gerichtsgeeignet) ist.

Artikel 2 und 3 nennen die beiden Hauptgrundrechte, *Freiheit und Gleichheit.* »Jeder hat das Recht auf die freie Entfaltung seiner Persönlichkeit« und »Alle Menschen sind vor dem Gesetz gleich.« Hier handelt es sich in erster Linie um Schutzrechte gegenüber dem Staat, also gegenüber Bund, Ländern, Gemeinden und anderen öffentlich-rechtlichen Institutionen. Aber Grundrechte haben auch »Ausstrahlungswirkung«. Sie können in das Privatrecht hineinwirken: der Meister darf seinen Lehrling nicht schlagen.

Zur freien Entfaltung der Persönlichkeit gehört allgemein die körperliche Bewegungs- und Handlungsfreiheit, zur letzteren auch die wirtschaftliche. Jedoch: unbeschränkte Vollmacht zur freien Entfaltung könnte zu einem Kampf aller gegen alle führen. Es heißt daher weiter, »soweit er [jeder] nicht die Rechte anderer verletzt und nicht gegen die verfassungsmäßige Ordnung oder das Sittengesetz verstößt«. Rechte anderer sind durch das Strafrecht und andere Gesetze aber nicht in jedem Fall geschützt. Gegen Popmusik auf einem Schlagzeug kann der Nachbar um seiner Ruhe willen sein Freiheitsrecht behaupten. Lärm durch Preßluftbohrer beim Haus- und Straßenbau tagsüber dagegen hat ein Anwohner zu ertragen. Die Rechtsgüter müssen gegeneinander abgewogen werden: auf privaten Musiklärm kann man verzichten, nicht aber auf Haus- und Straßenbau.

Die verfassungsmäßige Ordnung bedeutet hier »die gesamte verfassungsgemäße, rechtsstaatliche Rechtsordnung«. Nach dem zweiten Absatz des Artikel 2 hat jeder »das Recht auf Leben und körperliche Unversehrtheit. Die Freiheit der Person ist unverletzlich«. In dieses Recht »darf nur auf Grund eines Gesetzes eingegriffen werden«, so durch Freiheitsentziehung auf Grund eines Gerichtsurteils gemäß einem Gesetz. Aber: »Festgehaltene Personen dürfen weder seelisch noch körperlich mißhandelt werden.« Eine dritte Schranke stellt das »Sittengesetz« dar. Es umfaßt »die sich aus den ... geltenden sozialen Rechtswertvorstellungen ergebenden Mindestanforderungen an mitbürgerliches Verhalten, soweit sie ... gesetzlich sonst nicht geschützt sind«. Hier ragen die Rechtsgrundsätze »Gute Sitten« und »Treu und Glauben« hinein, aber sie allein reichen nicht aus. Bei den unterschiedlichen, teilweise gegensätzlichen Vorstellungen ist es schwierig, für das Sittengesetz einen Generalnenner, das »ethische Minimum« zu finden. Ein Schulfall ist die soziale Indikation bei Abbruch der Schwangerschaft, »um die Gefahr einer Notlage abzuwenden«. Das Sittengesetz kann gesellschaftlichen Wandlungen unterworfen sein, die sich auch in der Änderung von Gesetzgebung, Rechtsanwendung und Rechtsprechung zeigen. Die »Nacktkultur« war früher verpönt, wurde vielfach polizeilich, auch gerichtlich verfolgt. Heute ist sie weit verbreitet, in der Öffentlichkeit allerdings auf eigene Strände und Zeltplätze beschränkt.

Die Schranken müssen gegebenenfalls selbst wiederum eingeschränkt werden. So gelten für Verwaltung und Rechtsprechung »als Folgerung aus dem Rechtsstaatsprinzip« (generell damit auch für die Grundrechte) die Grundsätze der »Erforderlichkeit« und der »Verhältnismäßigkeit«. Erforderlichkeit verlangt, »unter mehreren möglichen Maßnahmen nur diejenigen zu wählen, die möglichst wenig Nachteile im Gefolge haben«, Verhältnismäßigkeit, daß »eine zulässige Maßnahme zu unterbleiben hat, wenn die mit ihr verbundenen Nachteile insgesamt die Vorteile überwiegen«. Das gilt auch für die Einschränkung der Grundrechte. Zudem darf in keinem Fall »ein Grundrecht in seinem Wesensgehalt angetastet werden«, weder von der Rechtsprechung noch von der Gesetzgebung und Verwaltung, um dagegen vorzubeugen, »daß Grundrechte verfallen, ausgehöhlt werden oder zu unverbindlichen Gemeinplätzen werden«. All das vermag das Bundesverfassungsgericht zu prüfen. Der Wesensgehalt läßt sich nicht für alle Grundrechte gleich bestimmen. Er ist unterschiedlich und dementsprechend die Einschränkung. Die Verurteilung zu lebenslanger Freiheitsstrafe würde den Wesensgehalt des Artikel 2 II aufheben. Diesem Individualrecht steht aber entgegen das Rechtsgut des Menschen, vor weiteren Verbrechen geschützt zu sein.

Die Auslegung der Schranken hat zu zahlreichen Differenzen in der Rechtsprechung und in der Rechtswissenschaft geführt, zu Spannungen zwischen Gesetzgebung, Verwaltung und Rechtsprechung sowie in der praktischen Politik und der öffentlichen Meinung. Es geht um die Streitfrage zwischen Grad und Umfang von Ansprüchen der Demokratie-Idee einerseits und den Erfordernissen der Staatlichkeit andererseits, ohne die es keine »Ordnung«, vielmehr nur »Unordnung und Anarchie« gibt.

Neben der allgemeinen Handlungsfreiheit, die Artikel 2 I gewährleistet, regeln *spezielle Grundrechte* die Freiheit für besondere Lebensbereiche nach historischen Erfahrungen mit zum Teil weitergehenden Einschränkungen durch Gesetzesvorbehalt.

Zu den für das politische System besonders typischen Grundrechten gehört die *Meinungsfreiheit*: »Jeder hat das Recht, seine Meinung in Wort, Schrift und Bild frei zu äußern und zu verbreiten und sich aus allgemein zugänglichen Quellen ungehindert zu unterrichten.« Das gilt auch für juristische Personen des Privatrechts wie Verlage und Vereine. In das Recht der Meinungsfreiheit wird das Zeigen von Abzeichen und Symbolen einbezogen.

Meinungsfreiheit schließt auch die »Tatsachenbehauptung« (Nachricht) ein. »Eine Abgrenzung von Meinung und Bericht ... ist überhaupt objektiv unmöglich.«

Der Staat muß freie Meinungsäußerung und Informationsfreiheit dulden und darf sie nicht hindern. Ein privater Verein hingegen kann Mitglieder wegen deren gegen ihn gerichteten Äußerungen ausschließen. Ein Anspruch von jedermann auf Meinungsverbreitung, so durch Massenmedien, kann nicht gewährleistet werden, weil er nicht zu verwirklichen wäre. Diese unvermeidliche Reduktion schränkt die Möglichkeiten demokratischer Partizipation stark ein. »Die Informationsfreiheit ist ... eine Voraussetzung der Meinungsäußerungsfreiheit.« Das Recht der Informationsfreiheit stünde einem Verbot des Abhörens ausländischer Sender oder des Bezugs ausländischer Zeitungen entgegen. Aber eine uneingeschränkte und unbedingte Informationspflicht von Staats wegen gibt es nicht. Im allgemeinen besteht jedoch auf seiten des Staates Informationsbereitschaft.

»Die Pressefreiheit und die Freiheit der Berichterstattung durch Rundfunk und Film werden gewährleistet. Eine Zensur findet nicht statt.« Angehörige der Presse haben, soweit es sich um Informationen im Interesse der Berufsausübung handelt, das Zeugnisverweigerungsrecht. Die Pressefreiheit gilt für Publikationen aller Art. Sie »garantiert eben das gesamte Leben und die gesamte Arbeit des konkreten Presseunternehmens«. Dazu gehört auch das Anzeigenwesen. Der Staat vermag jedoch die Presse nicht vor Auflagen- oder Anzeigenrückgang zu schützen. Über Einschränkung und Behinderung von Pressekonzentrationen sagt Artikel 5 I nichts aus, aber sie wären durch einfaches Gesetz möglich. Ebenso bleibt die Frage der sogenannten »inneren Pressefreiheit«, also des Verhältnisses von Verlag zu Redaktion, von Redaktionsmitgliedern zur Chefredaktion, offen. Hier wäre eine gesetzliche Regelung ebenfalls nicht ausgeschlossen.

Auch für den Rundfunk gilt die Pressefreiheit, nur mit dem Unterschied, daß dieser nicht – wie Zeitungen – privatrechtlich, sondern öffentlich-rechtlich organisiert ist. Ob eine Zeitung Kirchenfragen behandelt, ist deren Sache. Im Sendeprogramm des Rundfunks haben die Kirchen hingegen wegen dessen Monopolstellung Anspruch auf einen gewissen Anteil.

Mit Ausnahme der Technik, die in die Zuständigkeit des Bundes fällt, ist das Rundfunkwesen Angelegenheit der Länder. Alle Rundfunkanstalten verfügen über ein regionales Sendemonopol, das allerdings durchbrochen wird, weil im Bereich einer Anstalt oft Sender anderer Anstalten, zum Teil auch des Auslands gehört werden können. Dies gilt ebenso für den Empfang der Programme beider Fernsehanstalten, ARD und ZDF.

Rundfunkfreiheit bedeutet »Programmgestaltungsfreiheit«. Die Unabhängigkeit der Rundfunkorgane von Staatslenkung ist landesrechtlich schon festgelegt, ergibt sich aber auch aus Artikel 5. Nach Landesrecht sind in den Rundfunk- und Fernsehräten, wenn auch unterschiedlich, die »bedeutsamen politischen, weltanschaulichen und gesellschaftlichen Gruppen« vertreten. Für den Inhalt des Gesamtprogramms sind Leitsätze verbindlich, die »ein Mindestmaß von inhaltlicher Ausgewogenheit, Sachlichkeit und gegenseitiger Achtung gewährleisten«. Ausgewogenheit ist ein kontrovers interpretierter und häufig mißbrauchter Begriff. Gemeint ist »sich in einem bestimmten Gleichgewicht befindend«. Diese Leitsätze werden keineswegs immer eingehalten. Die Ausübung eines Meinungszwangs verbietet der Artikel 5: die Regierung kann den Medien keine Auflagen erteilen. Jedermann kann seine Meinung verschweigen.

Beide Organisationsformen – die privatwirtschaftliche der Presse wie die öffentlich-rechtliche des Rundfunks – stoßen auf Kritik. Bestimmte Gruppen fordern die Staatsfinanzierung oder »Kommunalisierung« der Presse, andere die Einführung privatwirtschaftlich finanzierter Programme.

Der vielzitierte Satz des Artikel 5: »Eine Zensur findet nicht statt« meint eigentlich eine Vorzensur. Nachzensur über den Weg der Gerichtsbarkeit ist dagegen möglich und auch schon erfolgreich gewesen. Das zeigen zahlreiche Prozesse um publizierte Äußerungen, von denen eine Reihe Unterlassungs-, Berichtigungs- und Schadensersatzpflicht zur Folge gehabt haben.

Zwischen Staat und Bürgern besteht ein »allgemeines Gewaltverhältnis« hinsichtlich der Rechte und

Pflichten, für bestimmte Gruppen jedoch ein »besonderes«: auf freiwilliger Grundlage das zwischen Staat und Beamten (niemand kann gezwungen werden, Beamter zu sein), kraft Zwanges das des Staats gegenüber Strafgefangenen. Die Meinungsfreiheit der Beamten ist wegen des »besonderen Gewaltverhältnisses« eingeschränkt. Der Beamte kann eigene Meinungsfreiheit in dienstlichen Angelegenheiten seiner Behörde nach außen hin nicht in Anspruch nehmen. Bei politischen Äußerungen im Dienst und außerhalb des Dienstes hat er »Mäßigung und Zurückhaltung zu wahren«. Parteilichkeit darf er im Dienst nicht zeigen.

Die Meinungsfreiheit wäre ein Torso ohne das Recht zur freien gesellschaftlichen Selbstorganisation. »Alle Deutschen haben das Recht, Vereine und Gesellschaften zu bilden.« Dieses Recht haben Ausländer nach dem Vereinsgesetz ebenfalls. Unter den Begriff der *Vereine* fallen auch Handels- und Kapitalgesellschaften. Die Verfassung der bundesrepublikanischen Gesellschaft »gründet sich . . . auf die Dreiheit von Staat, Gruppe bzw. Verband und Individuum«.

Gründung und Bestehen von Vereinen dürfen vom Staat nicht gehindert werden, aber eine Förderungspflicht hat er nicht. Ein Verbot kann drohen, wenn Zweck und Tätigkeit den Strafgesetzen in schweren Fällen zuwiderlaufen oder wenn sie sich aggressivkämpferisch gegen die elementaren Grundsätze der Verfassung und gegen die Völkerverständigung richten. Gegen ein Verbot ist Anfechtungsklage möglich.

Es gibt schätzungsweise 200000 Vereine in der Bundesrepublik, darunter zahlreiche lokale, die nur der Geselligkeit dienen und keine Ansprüche an staatliche oder kommunale Einrichtungen stellen. Anders mag es schon beim Deutschen Pudel-Club e. V. (Förderung von Ausstellungen, Hundesteuer) oder der Deutschen Kakteen-Gesellschaft (Import, Bundesgartenschau) liegen. Die Zahl der Vereine, bei denen eine wie immer geartete Interessenbeziehung zur öffentlichen Hand besteht, ist sehr groß. Dabei geht es einmal um Einfluß auf Gesetzgebung, Regierung und Verwaltung wegen eines bestimmten Handelns oder Unterlassens, zum anderen um

Geld, was die Etats in Bund und Ländern, vor allem aber in den Gemeinden zeigen. Durch Zuwendung – seien es Finanzierung oder Vergünstigungen – oder durch deren Kürzung oder Entziehung kann Druck auf subventionierte oder begünstigte Vereine ausgeübt und damit unter Umständen die Vereinigungsfreiheit eingeschränkt werden.

Finanziell unabhängig sind, abgesehen von wenigen Ausnahmen, die *Verbände* organisierter Interessen. In der Demokratie besteht Organisations- und Aktionsfreiheit für Interessen im Rahmen gesetzlicher Schranken. Dieser nicht allzu sehr begrenzte »Freikampfstil« birgt die Gefahr maßloser Übersteigerung. Andererseits hemmen sich in der Praxis die rivalisierenden Verbände gegenseitig. Die Fronten können dabei wechseln: in Fragen der Atomenergie und der Wachstumspolitik ringen Arbeitgeberverbände und Gewerkschaften gemeinsam, in der Lohn-, Steuer- und Rationalisierungspolitik sind sie Gegner. Es gibt unterschiedliche Parteifärbungen. Der DGB steht den Sozialdemokraten näher, die Wirtschaftsverbände der CDU oder auch der FDP. Dem entsprechen die Verbandsbeziehungen der Parteien. Aber man wird kaum behaupten können, daß ein Verband eine bestimmte Partei beherrsche oder umgekehrt.

Der Artikel 9 I schützt die äußere Vereinigungsfreiheit, also das Recht, Vereine und Gesellschaften zu bilden, enthält aber keine Regelung für deren innere Ordnung wie das Parteiengesetz. Zwar entsprechen die Verbandssatzungen mehr oder minder demokratischen Prinzipien. In der Praxis überwiegt jedoch die hierarchische Struktur mit kleinen Entscheidungsgremien. Dazu drängt auch die wachsende Bürokratisierung. Verbandsführungen brauchen, um in Verhandlungen flexibel zu sein, einen weiten Ermessensspielraum. Das setzt der Demokratisierung und damit der Partizipation aller Mitglieder Grenzen.

Die Verbände versuchen, politischen Druck auszuüben, indem sie die Wählerstimmen ihrer Mitglieder in die Waagschale werfen, durch Finanzierung der Parteien und durch ihnen angehörende oder nahestehende Abgeordnete. Aber selbst mächtige Verbände vermögen nicht, für die Stimmabgabe ihrer Mitglieder Garantien zu übernehmen. Zur Parteienfinanzierung sind nicht nur Verbände auf seiten der

Privatwirtschaft, sondern auch die Gewerkschaften mit ihrem Vermögen in der Lage. Ein finanzielles Übergewicht der Privatwirtschaft bleibt aber bestehen.

Dadurch, daß Abgeordnete aus verschiedenen Interessengruppen im Parlament sind, wird noch kein Ausgleich erreicht, die Verschiedenheit erschwert jedoch, daß extreme Forderungen zur Geltung kommen. Zudem läßt keine Fraktion schrankenlose Vertretung partikularer Interessen zu. Immerhin ist die Bezeichnung vom »Parteienstaat mit starkem Verbandseinfluß« nicht übertrieben.

Parteien, Regierungen (und damit die einzelnen Ministerien) sowie Verwaltung sind in diesem komplizierten, auf gegenseitiger Abhängigkeit beruhenden Wirtschafts- und Sozialsystem auf Sachkunde, Informationen und Rat der Verbände angewiesen. Der stark beanspruchte Staat hat hier Entlastungsmöglichkeiten. Verbände können mäßigend auf ihre Mitglieder einwirken, als Ventil für deren Unzufriedenheit fungieren, und die Vielfalt der Meinungen kanalisieren. Es gibt allerdings auch Interessen, die sich nur schwer organisieren lassen, wie die der Fernsehzuschauer, der Krankenhaus- und Altersheiminsassen oder der Eltern. Diese Gruppen haben es nicht leicht, Forderungen durchzusetzen.

Die öffentlich-rechtlichen Gebietskörperschaften, Städte und Landkreise, haben eigene Landes- und Spitzenverbände. Ihre Interessen sind oft nicht mit denen des Bundes und der Länder identisch. Kommunalangelegenheiten sind Ländersache, doch bei Gemeinden und Kreisen besteht ein vitales Interesse an jenen Bundesgesetzen, die letztlich sie auszuführen haben. Auch die Kirchen vertreten wie Verbände ihre Interessen, sofern Parlament, Regierung und Verwaltung für sie zuständig sind.

Der Riesenkomplex und die Mannigfaltigkeit der Verbände mit ihren schwerfälligen Apparaturen und dem daraus folgenden Neben- und Gegeneinanderwirken, erschweren und verlangsamen den Gesetzgebungsprozeß. So kann die freiheitliche Ordnung der Verbände in der Demokratie diesen selber im Wege stehen.

Eine Sonderstellung nehmen die *Arbeitgeber- und Arbeitnehmerorganisationen* ein: »das Recht, zur Wahrung und Förderung der Arbeits- und Wirt-

schaftsbedingungen Vereinigungen zu bilden, ist für jedermann und für alle Berufe gewährleistet«. Unter »Bedingungen« sind jene zu verstehen, »unter denen der Arbeitnehmer abhängige Arbeit leistet und der Arbeitgeber Arbeitnehmer beschäftigen darf«. Nach Artikel 9 III verleiht das »Tarifgesetz« den Berufsvereinigungen der Arbeitgeber und Arbeitnehmer, und nur diesen, das Recht, im Rahmen der Gesetze unabhängig vom Staat rechtsverbindliche Tarifverträge abzuschließen. Der Staat kann Höchstpreise festsetzen, den Preisstopp verordnen, aber zum Lohnstopp und zu verbindlichen Lohnleitlinien ist er nicht befugt, ebensowenig zur Zwangsschlichtung. Verträge können auch die übrigen Verbände miteinander abschließen, aber Tarifverträge sind zwingendes Recht wie Gesetze. Sie enthalten Mindestbedingungen für die Arbeitnehmer; diese dürfen nicht durch Betriebsvereinbarungen, auch mit Zustimmung der Arbeitnehmer, zu deren Ungunsten abgeändert werden.

Nur freie Vereinigungen können Koalitionspartner sein. Niemand darf zum Eintritt in einen Koalitionsverband oder zum Austritt aus diesem gezwungen, und ebensowenig kann die Entlassung Nichtorganisierter erzwungen werden (negative Koalitionsfreiheit). Ein Tarifvertrag kann nicht vorschreiben, daß nur Gewerkschaftsangehörige von den Unternehmungen beschäftigt werden, ein Unternehmer darf nicht Arbeiter entlassen, weil sie einer Gewerkschaft beigetreten sind. Über den Tarifvertrag dürfen die organisierten Arbeiter nicht gegenüber den nichtorganisierten begünstigt werden. Offenkundiger Zwang wird kaum ausgeübt, aber der Meinungsdruck ist oft massiv. Etwa 40 Prozent der Arbeitnehmer sind in Gewerkschaften organisiert.

Zur Koalitionsfreiheit gehört auch die Freiheit in der Wahl der Kampfmittel; deren äußerstes auf seiten der Gewerkschaften ist der Streik. Über ihn entscheiden die Mitglieder der zuständigen Gewerkschaft nach deren Satzung durch Urabstimmung. Es handelt sich hier um eine besondere Freiheit der Gewerkschaften, denn sie bestimmen in diesem Fall auch über die Nichtorganisierten. Das Ziel des Streiks muß sich aus der Koalitionsfreiheit ergeben. Streiks, die vom Parlament eine bestimmte Gesetzesentscheidung oder deren Unterlassung zu erzwingen suchen (politischer Streik), sind unzulässig. Das wird von einer Minderheit gegenüber der herrschenden Lehre bestritten.

Die komplementäre Maßnahme zum Streik ist die Aussperrung, die vorübergehende Entlassung der Arbeitnehmer für die Dauer des Streiks durch von diesem nicht betroffene Unternehmer. Das ist vor allem eine Abwehrwaffe gegen sogenannte Schwerpunktstreiks: die Gewerkschaften zahlen ihren streikenden Mitgliedern Unterstützungsgelder; um diese Kosten so niedrig wie möglich zu halten, bestreiken sie vielfach nur einzelne, strategisch wichtige Betriebe, um so die Arbeitgeberfront zu spalten. Die Aussperrung wird von den Gewerkschaften als unsoziale Maßnahme hart bekämpft.

In der Wahrung der Tarifautonomie sind sich beide Koalitionsseiten trotz mannigfacher Gegensätze im Grund einig, übrigens auch mit dem Staat. Dieser scheut die große Verantwortung, und ebenso scheuen sie die Parteien.

Die Tarifautonomie hat zur Folge, daß ein so bedeutsamer Wirtschaftsfaktor wie der Lohn staatlicher Lenkung entzogen ist. Inwieweit der Lohn fördernd oder hemmend auf die Konjunktur einwirkt, ist umstritten, aber daß dem Staat Einfluß auf die Lohngestaltung fehlt, spielt eine um so wichtigere Rolle, als ein großer Lohnanteil auf die Angestellten und Arbeiter in den öffentlichen Einrichtungen entfällt. Beamtengehälter werden durch Gesetze der zuständigen Parlamente festgelegt; Beamte haben kein Tarifvertrags- und damit kein Streikrecht.

Auch die *Parteien* gehören zur Kategorie der Verbände, aber sie haben über deren Rechte hinausragende Sonderrechte. Das Bundesverfassungsgericht spricht von der Inkorporation der Parteien »in das Verfassungsgefüge«, ohne daß sie öffentlich-rechtliche Körperschaften seien. Sie »sollen als Instrument der Umformung des egoistischen Einzel- und Gruppenwillens zu einem einheitlichen, staatspolitisch orientierten Gesamtwillen dienen«. In ihrer Gesamtheit sind sie repräsentative Organisationen des Volkes, ihre Abgeordneten »Vertreter des ganzen Volkes, an Aufträge und Weisungen nicht gebunden und nur ihrem Gewissen unterworfen«; das gilt auch für ihren Zusammenschluß, die Fraktionen, die »Aktivzentren« der Parteien. Das oberste Organ

der Partei, der Parteitag, kann weder den Abgeordneten (und damit der Fraktion) noch ihren Mitgliedern in der Regierung verbindliche Weisungen erteilen. Das Wort Fraktion kennt das Grundgesetz nicht; es bezieht sie in den Parteibegriff und in das Parlamentsrecht ein.

Nach dem Bundeswahlgesetz besitzen die Parteien das Monopol der Kandidatenaufstellung für die Parlamentswahlen. Sie bieten Programme und Personen an, und zwar einzeln in Wahlkreisen und auf Listen in den Ländern. Man kann sich bei Wahlen nicht à la carte, sondern nur für Menus entscheiden. Die in die Volksvertretung Gewählten beschließen auf dem Weg über die Fraktionen mehrheitlich in der Gesetzgebung und über Wahl wie Abberufung des Bundeskanzlers. Infolge der durch das Grundgesetz und in der praktischen Politik herausgehobenen Stellung des Kanzlers sind seit 1953 die Bundestagswahlen zu Kanzlerwahlen geworden, haben also eine plebiszitäre Akzentuierung erfahren.

Einen »Fraktionszwang« gibt es kaum, wohl aber den »Fraktionsdruck«, die drohende Verweigerung von Aufstiegs- oder Wiederaufstellungschancen. Ein Ausschluß aus Partei und Fraktion würde den Verlust einer Stimme bedeuten, weil die Pflicht zur Aufgabe des Mandats für den ausgeschlossenen Abgeordneten nicht besteht.

Konflikte zwischen Partei und Fraktion haben sich manchmal als unvermeidlich erwiesen, auch solche zwischen Parteien und ihnen angehörenden Regierungsmitgliedern. Repräsentative Demokratie und innerparteiliche Demokratie sind schwer miteinander vereinbar. Der »Repräsentant«, der Abgeordnete, ist aus organisatorischen Gründen gar nicht in der Lage, ständig bei den Parteigremien zurückzufragen. Der Fraktionsvorsitzende, aber auch der Fraktionsvorstand haben eine herausragende Stellung, weil Fraktionen in einer Stärke von 100 bis 200 Mitgliedern nicht unentwegt beraten und entscheiden können. Diese »Oligarchisierung« ergibt sich aus dem System.

Um der einzigartigen Kompetenzen von Partei und Fraktion willen gewährt diesen das Grundgesetz besonderen Schutz: Parteien können nur auf Antrag des Bundestags, des Bundesrats oder der Bundesregierung vom Bundesverfassungsgericht für verfassungswidrig erklärt und damit verboten, aufgelöst werden, und zwar jene, »die nach ihren Zielen oder nach dem Verhalten ihrer Anhänger darauf ausgehen, die freiheitlich-demokratische Grundordnung zu beeinträchtigen oder zu beseitigen oder den Bestand der Bundesrepublik Deutschland zu gefährden«. Die Entscheidungen des Bundesverfassungsgerichts sind endgültig und können nicht aufgehoben werden. Andererseits vermag das Gericht nicht ohne Antrag zu entscheiden. Diese besondere Schutz- und Bestandsgarantie stellt ein systemgerechtes Privileg der Parteien dar.

Dem Parteienprivileg gemäß sind die Parteien in der Verbandsautonomie nicht wie die Vereinigungen schlechthin frei. »Ihre innere Ordnung muß demokratischen Grundsätzen entsprechen. Sie müssen über die Herkunft ihrer Mittel öffentlich Rechenschaft geben.« Demokratische Grundsätze im Sinn des Artikel 21 verlangen nicht Übereinstimmung mit den Prinzipien der Verfassung. Das »imperative Mandat«, die Bindung des Abgeordneten an Instruktionen und die Möglichkeit, ihn jederzeit abzuberufen, steht im Widerspruch zu Artikel 38 I: »Die Abgeordneten . . . sind . . . an Aufträge und Weisungen nicht gebunden«.

Bei der Verteilung der Parlamentssitze werden nur solche Parteien berücksichtigt, die mindestens fünf Prozent der im Wahlgebiet gültigen Zweitstimmen oder in mindestens drei Wahlkreisen einen Sitz erhalten haben. Diese Sperrklausel im Bundeswahlgesetz engt die Parteienfreiheit mittelbar ein, auch die Gleichwertigkeit der Stimmen. Das Bundesverfassungsgericht hat die Sperrklausel jedoch gegen Einwände wegen Verfassungswidrigkeit anerkannt im Interesse der Bildung eines aktionsfähigen Parlaments und stabiler Regierungsverhältnisse.

Der Handlungsspielraum der Parteien ist weiterhin dadurch eingeschränkt, daß die Geschäftsordnung des Bundestags die Mindeststärke einer Fraktion auf fünf Prozent der Abgeordneten festlegt. Es gibt noch andere Einschränkungen, die die Bildung neuer Parteien erschweren. Sie sind jedoch entweder vom Verfassungsgericht anerkannt oder von niemandem angefochten worden.

Ohne *Versammlungsfreiheit* bliebe die Vereinigungsfreiheit stumm. Voraussetzung ist aber, daß die Versammlung »friedlich und ohne Waffen« stattfindet. Das Tragen von Uniformen als »Ausdruck einer gemeinsamen politischen Gesinnung« verbietet das Versammlungsgesetz. Im übrigen ähneln die Bestimmungen jenen über die Vereinigungsfreiheit. Versammlungen können wegen gesetzwidriger Handlungen oder Verhaltensweisen verboten, unterbrochen oder aufgelöst werden. Die Polizei ist zur Teilnahme an Versammlungen berechtigt. Sonderbestimmungen gelten für Versammlungen und Aufzüge »unter freiem Himmel«. Sie müssen angemeldet werden, und ihre Genehmigung kann mit Auflagen verknüpft sein, zum Beispiel der, bestimmte Straßen und Plätze wegen Verkehrsüberlastung zu meiden. Konflikte zwischen Demonstranten und Polizei sind hier nicht ausgeschlossen.

Nach dem Grundgesetz gilt die Versammlungsfreiheit nur für Deutsche, sie wird aber nach dem Versammlungsgesetz weitgehend auch Ausländern gewährt. Zwischen den Artikeln 5, 8 und 9 – Meinungs-, Versammlungs- und Vereinigungsfreiheit – besteht ein enger Zusammenhang. Es sind die Grundrechte »zur Organisation der politischen Beteiligung«, zu denen noch das Wahlrecht hinzukommt.

Eigentum und Erbrecht gewährleistet das Grundgesetz in Artikel 14, aber »Inhalt und Schranken« regeln Gesetze, die durch einfache Mehrheiten geändert werden können. Zur Freiheit der Person nach Artikel 2 gehört im Prinzip auch die freie Verfügung über Eigentum. Das ist jedoch umstritten.

Eine weitere Einschränkung ergibt sich aus dem Satz »Eigentum verpflichtet«. Sein Gebrauch soll zugleich dem »Wohle der Allgemeinheit« dienen (Gemeinschafts- oder Sozialgebundenheit). Die Beschränkung, das Ausmaß der freien Verfügung ist ein sozialstaatliches Problem. Der Eigentümer muß sich »ohne Entschädigung Beschränkungen gefallen lassen, die in einem demokratischen Rechtsstaat bezüglich des Eigentums üblich, adäquat und zumutbar sind«. Ein typisches Beispiel dafür ist die Progression bei der Einkommensteuer. Solche Beschränkungen gibt es in großer Zahl, aus Landschafts-, Natur- und Wasserschutzgründen, im Baurecht und zum Schutz vor Feuergefahr.

Auch »Enteignung« sieht das Grundgesetz in Artikel 14 vor. Sie ist eine »unzumutbare, rechtmäßige ... Beeinträchtigung« des Eigentums »durch staatlichen Eingriff«. Die Unzumutbarkeit wird durch diesen Artikel rechtmäßig. Enteignung ist nur »zum Wohle der Allgemeinheit« zulässig. Sie kann lediglich »durch Gesetz oder auf Grund eines Gesetzes erfolgen, das Art und Ausmaß der Entschädigung regelt«. Diese »ist unter gerechter Abwägung der Interessen der Allgemeinheit und der Beteiligten zu bestimmen«. Der Verkäufer soll den Preis nicht beliebig steigern, der Staat ihn nicht unangemessen drücken können. Im Streitfall kann das ordentliche Gericht angerufen werden.

Für die Enteignung gelten die Grundsätze von »Erforderlichkeit« und »Verhältnismäßigkeit«. Sie ist nur das letzte Mittel, wenn alle anderen Möglichkeiten ausgeschöpft sind. Die Notwendigkeit zur Enteignung muß nachgewiesen werden. Aus »zwingenden Gründen« erfordern zum Beispiel Autobahn- und Städtebau die Enteignung von Grund und Boden.

Möglichkeiten zur Änderung des Wirtschaftssystems durch Enteignung gibt Artikel 15. »Grund und Boden, Naturschätze und Produktionsmittel können zum Zwecke der Vergesellschaftung durch ein Gesetz, das Art und Ausmaß der Entschädigung regelt, in Gemeineigentum oder in andere Formen der Gemeinwirtschaft überführt werden.« Der Bereich der Vergesellschaftung ist begrenzt. Er klammert Kredit-, Versicherungs-, Handels- und Verkehrsunternehmungen aus, ebenso freie Berufe wie die von Anwälten oder Ärzten, deren Vergesellschaftung ohne Verfassungsänderung nicht zulässig wäre. Diese Begrenzung konstituiert »ein Freiheitsrecht auf Nichtsozialisierung«, aber das ist politisch und juristisch umstritten.

Wenn Vergesellschaftung auf Grund eines einfachen Gesetzes möglich ist, dann ist es ebenso deren gesetzliche Wiederaufhebung. Die Frage der Wirtschaftsverfassung hat das Grundgesetz bewußt offen gelassen. Man hat auch von »wirtschaftspolitischer Neutralität« des Grundgesetzes gesprochen. Sie »besteht lediglich darin, daß sich der Verfassungsgeber nicht ausdrücklich für ein bestimmtes Wirtschaftssystem entschieden hat. Dies ermöglicht

dem Gesetzgeber, die ihm jeweils sachgemäß erscheinende Wirtschaftspolitik zu verfolgen, sofern er dabei das Grundgesetz beachtet. Die gegenwärtige Wirtschafts- und Sozialordnung ist zwar eine nach dem Grundgesetz mögliche Ordnung, keineswegs aber die allein mögliche.« Hier ist von einem gleichsam faktisch bestehenden, traditionellen, gemischtwirtschaftlichen System von gemein- und privatwirtschaftlichen Unternehmungen mit einem starken Gewicht der Letztgenannten ausgegangen worden.

Schon aus dem Wort »können« im Text des Artikel 15 geht hervor, daß es sich um eine Verfassungsermächtigung handelt, nicht um einen Verfassungsauftrag. Dazu bietet auch das Sozialstaatsprinzip keine rechtliche Handhabe, worüber allerdings gestritten wird. In ein Grundrecht darf nur durch allgemeines Gesetz, nicht durch ein für den Einzelfall geltendes eingegriffen werden. Eine Vergesellschaftung müßte »alle Objekte der gleichen Kategorie erfassen«, es wäre also nur »Gruppensozialisierung« möglich, die sehr kostspielig sein und den Vergesellschaftungsprozeß erschweren könnte. Wie das Wort »Gemeineigentum« zeigt, braucht Vergesellschaftung nicht durch Verstaatlichung zu erfolgen, sie ist auch in Form von Gemeinde- oder Genossenschaftseigentum möglich.

Die Begründungen für die Forderung nach Vergesellschaftung haben sich im Lauf der Zeit gewandelt. Sie sind sehr komplex. Einmal beruft man sich auf den Interessengegensatz von Kapital und Arbeit, der anders nicht gelöst werden könne, zum anderen auf die These der Unvereinbarkeit von politischer Demokratie und privatem Kapital nach dem Wort von Rosa Luxemburg, »keine Demokratie ohne Sozialismus, kein Sozialismus ohne Demokratie«, das nach 1945 wieder aufgenommen wurde. Dem »gegenwärtigen Demokratieverständnis« entspräche, »daß grundlegende politische, soziale und wirtschaftliche Entscheidungen nur mit Zustimmung der davon betroffenen Personen gefällt werden sollten«. Die zentrale Lenkung einer Bedarfsdeckungswirtschaft lasse sich mit privaten Großunternehmen kaum erreichen, nur mit Hilfe der Vergesellschaftung könne eine durchgreifende Vermögensumverteilung und damit eine Besserstellung der Arbeitnehmer erreicht werden.

Wegen der Ungleichheit der Menschen ist *Rechts-gleichheit* ein elementares Erfordernis des rechtsstaatlichen Prinzips. »Vor dem Gesetz« sind daher nach Artikel 3 »alle Menschen gleich.« Das heißt: »Kein Mensch hat mehr Anspruch auf Berücksichtigung seiner Interessen als jeder andere bezüglich gleicher Interessen«, und zwar in Rechtsregelung, Rechtsprechung und Rechtsanwendung. »Eine gesellschaftliche (soziale) Gleichheit gibt es so wenig wie eine individuelle«, aber für alle gilt gleiches Recht. Ungleiches ist verschieden zu behandeln, aber in sich wieder gleich. Schwerbeschädigten gewährt die Bundesbahn eine gewisse Bevorzugung. Gegenüber Gesunden werden sie ungleich behandelt, untereinander aber gleich. Formelle Gleichbehandlung könnte sonst zu materieller Ungleichheit führen. Die Abgrenzung zwischen Gleichheit und gerechtfertigter Ungleichheit erweist sich immer wieder als ein schwieriges Problem.

Nach einem Urteil des Bundesverfassungsgerichts ist Artikel 3 I erst dann verletzt, »wenn sich ein vernünftiger, sich aus der Natur der Sache ergebender oder sonstwie sachlich einleuchtender Grund [für ungleiche Behandlung] nicht finden läßt, wenn die Bestimmung also als willkürlich bezeichnet werden muß«. Man spricht in diesem Zusammenhang auch von »Willkürverboten«, die gerichtlicher Prüfung unterliegen.

Der Satz »Alle Menschen sind vor dem Gesetz gleich« hätte an sich in Verbindung mit dem Schutz der Menschenwürde nach Artikel 1 für das ganze Grundgesetz ausgereicht. Der Parlamentarische Rat hat aber bewußt das Gleichheitsgebot »für bestimmte typische Ungleichheiten« herausgestellt, um die bisher vielfach ungleiche Behandlung abzustellen. Das gilt für die Gleichberechtigung von Mann und Frau ebenso wie für die Gleichstellung der unehelichen Kinder mit den ehelichen.

Bevorzugung oder Benachteiligung wegen des Geschlechts, der Abstammung, der Rasse, der Sprache, der Heimat und Herkunft, des Glaubens, der religiösen oder politischen Anschauungen ist unzulässig. Ein Zigeunerkind darf wegen seiner Abstammung in der Schule nicht schlechter behandelt werden als andere Kinder, ein Arztsohn seiner Herkunft wegen bei der Zulassung zum Medizinstudium nicht bevorzugt werden. Das gehört zur Gleichheit der bürgerlichen Rechte gegenüber dem Staat, gilt aber in sehr viel engerem Ausmaß auch im nichtstaatlichen Bereich.

Auf die *Gleichheit staatsbürgerlicher Rechte* beziehen sich Artikel 33 und 38: »Jeder Deutsche hat in jedem Land die gleichen staatsbürgerlichen Rechte und Pflichten.« Bayern könnte nicht etwa einen in seinem Lande wohnenden Hessen vom Wahlrecht ausschließen. Weiterhin hat jeder Deutsche »nach seiner Eignung, Befähigung und fachlichen Leistung gleichen Zugang zu jedem öffentlichen Amte. Der Genuß bürgerlicher und staatsbürgerlicher Rechte, die Zulassung zu öffentlichen Ämtern sowie die im öffentlichen Dienste erworbenen Rechte sind unabhängig von dem religiösen Bekenntnis. Niemandem darf aus seiner Zugehörigkeit oder Nichtzugehörigkeit zu einem Bekenntnisse oder einer Weltanschauung ein Nachteil erwachsen.«

Diese beiden Absätze des Artikel 33 sind Weisungen an den Staat auch bezüglich seiner Personalpolitik. Absatz II gewährt nicht das Recht des Zugangs, sondern das auf Gleichheit des Zugangs. Wie sich der öffentlich Bedienstete gemäß Artikel 3 zu verhalten hat, dafür muß der Staat nach Artikel 33 III die personellen Voraussetzungen schaffen. Der Begriff »Weltanschauung« umfaßt hier auch die politischen Anschauungen.

Es gibt eine Reihe von Ausnahmen, so die Anstellung von Lehrern an Bekenntnisschulen oder für den Religionsunterricht. Sie gelten vor allem für die aus Volks- oder Parlamentswahlen hervorgegangenen Abgeordneten, Regierungschefs und damit auch Regierungsmitglieder sowie für parlamentarische Staatssekretäre, für Bürgermeister und Landräte, ebenso für den von der Bundesversammlung gewählten Bundespräsidenten. In all diesen Fällen hat das demokratische Prinzip den Vorrang vor dem staatlichen des Artikel 33 Absatz II und III. Politische Beamte können ohne Begründung in den einstweiligen Ruhestand versetzt werden. Das ermöglicht Absatz V: »Das Recht des öffentlichen Dienstes ist unter Berücksichtigung der hergebrachten Grundsätze des Berufsbeamtentums zu regeln.« Politische Beamte gab es schon im Kaiserreich. Um den Beamten, der Abgeordneter wird, nicht in Gewissenskonflikt zu bringen, besteht die Unvereinbarkeit von Mandat und Amt. Der Beamte, der in den Bundestag gewählt ist, tritt in den einstweiligen Ruhestand; das ist nach Artikel 137 möglich.

Die für den Zugang zu öffentlichen Ämtern als allein maßgebend genannten Kriterien: Eignung, Befähigung und fachliche Leistung, sind unbestimmte Rechtsbegriffe und lassen der einstellenden oder befördernden Behörde einen erheblichen Beurteilungsspielraum. Deshalb können sie bei Klagen nur begrenzt von den Gerichten nachgeprüft werden.

Gegen kaum eine Bestimmung des Grundgesetzes wird so oft verstoßen wie gegen Absatz II und III des Artikel 33. Die Minister haben zumindest das Recht der letzten Entscheidung bei Einstellung und Beförderung der Beamten ihres Ressorts. Da sie in der Regel Abgeordnete und so Mitglieder einer bestimmten Partei sind, ist die Versuchung für sie sehr stark, aus den eigenen Reihen (vielleicht auch aus der Koalition) Kommende zu bevorzugen, diejenigen aus der Opposition dagegen zu benachteiligen. Das nennt man »Ämterpatronage«. Zum lebenslänglichen Beamtentum im parlamentarischen System steht Ämterpatronage in offenkundigem Widerspruch. Ein extremes Beispiel wäre etwa, daß ein Minister alle Stellen in seinem Haus mit Anhängern seiner Partei besetzte. Sein Nachfolger, der aus der bisherigen Opposition kommt, muß sich dann mit diesem Personal aus der gegnerischen Partei abfinden. Er kann die Beamten nicht entlassen, nur in geringem Umfang versetzen. Die Einwirkung von »Beziehungen« auf Entscheidungen – Gefälligkeit in vieldeutigem Sinn, möglichst auf Gegenseitigkeit – ist in keinem politischen System auszuschließen. In der Demokratie mit ihren vielfältigen Ermessensspielräumen, den starken Parteieinflüssen und der großen Versuchung zum politischen Handel ist sie besonders weit verbreitet.

Die *Wahlrechtsgleichheit* sichert Artikel 38 I. »Jeder Wähler hat gleich viele Stimmen wie jeder andere und jede Stimme hat grundsätzlich gleiche Kraft«; allerdings wird diese eingeschränkt durch die Sperrklausel des Bundeswahlgesetzes. Der Bundespräsident kann nicht gewählt werden, ebenso nicht die Mitglieder des Bundesverfassungsgerichts und des Bundesrechnungshofs. Dies stützt sich auf Artikel 137.

Die beiden Hauptgrundrechte Freiheit und Gleichheit schränken sich gegenseitig ein. Ungezügelte Entfaltungsfreiheit würde Gleichheit ausschließen, absolute Gleichheit Entfaltungsfreiheit nicht aufkommen lassen. So gibt es ein ununterbrochenes dialektisches Spannungsverhältnis zwischen Freiheit und Gleichheit. Die Möglichkeit des Gegeneinanderwirkens der in der selben Verfassung bestimmten Rechte von Gleichheit und Freiheit ist aus historischer Erfahrung und aktuellem Erleben bekannt. Das Grundgesetz entwirft kein »Staatsmärchen ohne Konflikte zwischen Freiheit und Gleichheit«.

»Wird jemand durch die öffentliche Gewalt in seinen Rechten verletzt, so steht ihm der Rechtsweg offen.« Klagen kann lediglich der, dessen eigene Rechte verletzt sind. Unter »öffentlicher Gewalt« ist hier nur die Exekutive, Regierung und Verwaltung, zu verstehen, »Rechtsweg« heißt Anrufung eines Gerichts. Das bedeutet: kein Akt der Exekutive, der in die Rechte des Bürgers eingreift, darf richterlicher Nachprüfung entzogen werden. Sogar Schulzeugnisse für ein bestimmtes Lehrfach können richterlicher Kontrolle unterliegen, aber auch der Bau eines Großkraftwerks mit einem Aufwand von einer Milliarde Mark, der von allen Behörden genehmigt worden ist, kann wegen Unvereinbarkeit mit Umweltschutzbestimmungen vom Gericht gestoppt werden.

Das Bundesverfassungsgericht allein wacht in letzter Instanz über die Einhaltung des Grundgesetzes und damit auch der Grundrechte. Es ist Hüter der Verfassung insgesamt, aber nur, wenn es angerufen wird. Dazu sind die Bundes- und Landesorgane, je nach Art des Falles, berechtigt. Aber auch jedermann ist zur »Verfassungsbeschwerde« befugt mit der Behauptung, durch die öffentliche Gewalt in einem seiner Grundrechte oder in weiteren Verfassungsrechten verletzt zu sein. Das gilt für Artikel 20 IV – Widerstandsrecht, 33 – staatsbürgerliche Gleichstellung aller Deutschen, 38 – Wahlrecht, 101 – Verbot von Ausnahmegerichten, 103 – Grundrechte des Angeklagten und 104 – Rechtsgarantien bei Freiheitsentziehung. Unter »öffentlicher Gewalt« ist hier Gesetzgebung, Rechtsprechung und Exekutive zu verstehen. Das Bundesverfassungsgericht kann ein vom Bundestag und Bundesrat verabschiedetes Gesetz für nichtig erklären, ebenso eine Entscheidung der Regierung, und das Urteil eines Gerichts aufheben. Insofern steht es über allen Staatsorganen. Aber es vermag nicht ein neues Gesetz oder ein neues Urteil zu erlassen oder die nichtige Entscheidung einer Regierung durch eine eigene zu ersetzen.

»Das Bundesverfassungsgericht hat seit seinem Bestehen weit über 20 000 Entscheidungen gefällt, die meisten davon durch Verfassungsbeschwerden veranlaßt.« Um das Bundesverfassungsgericht zu entlasten, kann nach dem entsprechenden Gesetz ein dreiköpfiger Ausschuß einstimmig die Annahme einer Verfassungsbeschwerde ablehnen, wenn sie formwidrig ist oder aus anderen Gründen keine hinreichende Aussicht auf Erfolg hat. Die Sicherung der Grundrechte in der Verfassung durch Erschwerung ihrer Änderungen oder durch Verbot eines Eingriffs in deren Wesensgehalt einerseits, durch die Einsetzung des Bundesverfassungsgerichts, das Entscheidungen von Regierung und Parlament aufzuheben vermag, andererseits, sowie zum dritten durch den nahezu *lückenlosen Gerichtsschutz* gegenüber staatlichen Maßnahmen zeigt das Mißtrauen des Parlamentarischen Rats gegenüber demokratischen Institutionen.

Als Kehrseite dieses umfassenden Rechtsschutzes zeigt sich eine schwer belastende Verlangsamung des Entscheidungswegs. Das kann faktisch auf »Rechtsschutzverweigerung« hinauslaufen. Aber Rechtsschutzgleichheit bedeutet ein »absolutes Verbot der Rechtsschutzverweigerung«. Schon der Verwaltungsweg durch bis zu drei Instanzen kann langwierig sein. Dazu kommt möglicherweise der Weg durch drei Gerichtsstufen, unter Umständen sogar zusätzlich die Anrufung des Bundesverfassungsgerichts. Auch die übermäßige, wenn nicht gar mißbräuchliche Ausnutzung der Rechte ist bei der Zeitrechnung nicht zu übersehen.

Eine weitere Folge lückenlosen Gerichtsschutzes, der durch das Hinzukommen des Kriegsfolge- und Sozialrechts noch eine starke Ausweitung erfahren hat, ist eine Klageinflation. Sie hat zu einer wachsenden Überlastung der Gerichte geführt.

Die Macht der Justiz ist stark ausgeweitet. Man hat deshalb vom »Justizstaat« gesprochen. Das ist als alleiniges Charakteristikum der Bundesrepublik gewiß übertrieben. Das Grundgesetz will durch den weitergehenden Rechtsschutz staatlichen Zwang auf das unbedingt notwendige Maß einschränken und geht von der Voraussetzung aus, daß so der Hang zu nichtstaatlicher Gewalt entschieden gedämpft werde.

Gewaltsamkeit ist verboten, es sei denn, daß klar präzisierte Notwehr sie gebietet. Dazu gehören auch rechtswidrige, scheinbar gewaltlose Aktionen, die nur mit Gewalt verhindert oder beseitigt werden können. Allein der Staat besitzt das Verfügungsrecht über körperlichen Zwang, jedoch nur zu dem Zweck, Gewaltsamkeit zu bekämpfen. Aber auch dieses Monopolrecht des Staates steht unter Kontrolle der Gerichte.

Der Parlamentarische Rat ging gerade in Rechtsschutzfragen von Erfahrungen unter dem nationalsozialistischen Schreckensregime aus. Deshalb konzentrierte er sein Interesse auf wirksamen Rechtsschutz gegen staatliche Gewalt. Das Bedürfnis des Staates und der Bürger nach Rechtsschutz gegenüber nichtstaatlicher Gewalt wurde im Parlamentarischen Rat kaum gesehen. Erst in der zweiten Hälfte der sechziger Jahre trat diese Problematik deutlich in Erscheinung.

Die Leitprinzipien nach Art. 20 und die Grundrechte sind die Wesenszüge der Verfassung. Weder starr noch labil, eher von zäher Elastizität wirken sie – ob miteinander verzahnt, aufeinander angewiesen oder sich gegenseitig hemmend – als »Anregung und Schranke« bestimmend auf den rechtlichen Aufbau der Bundesrepublik und deren politische Praxis.

Hans-Peter Schwarz
Die Ära Adenauer

Gründerjahre der Republik

1949–1957

Theodor Heuss und Konrad Adenauer, 1953.

Das erste Jahr 1949–1950

Adenauers »Kleine Koalition«

Am 15. September 1949 wurde der Bundeskanzler gewählt. Aber niemand ahnte, daß mit diesem Tag die Adenauer-Ära begonnen hatte. Der Dreiundsiebzigjährige selbst hatte seine Konkurrenten bei der berühmten Rhöndorfer Konferenz am 21. August mit der Bemerkung beruhigt: »Ich habe mit Professor Martini, meinem Arzt, gesprochen, ob ich in meinem Alter dieses Amt wenigstens noch für ein Jahr übernehmen könne. Professor Martini hat keine Bedenken. Er meint, auch für zwei Jahre könne ich das Amt ausführen.« Es sollten 14 Jahre werden, immerhin zwei Jahre mehr als das Dritte Reich und genau so lange, wie die Weimarer Republik gedauert hatte.

Man wußte allerdings genau, daß der erste Kanzler der Bundesrepublik alles andere als eine Verlegenheitslösung war. Als Oberbürgermeister von Köln hatte er sich schon während der Weimarer Jahre einen bedeutenden Ruf erworben. Nachdem er im Frühjahr 1946 zum Vorsitzenden der Christlich-Demokratischen Union in der britischen Zone gewählt worden war, konnte sich der Parteichef dieser wichtigsten CDU-Organisation rasch Respekt verschaffen. Ursprünglich hatte er selbst nicht daran geglaubt, die Last der neuen Aufgaben lange tragen zu können. »Die politische Tätigkeit«, schrieb er am 23. April 1946 an einen nahen Freund, »die ich auf mich habe nehmen müssen, weil schlechthin kein anderer da war, ist sehr aufreibend, körperlich anstrengend und sehr undankbar. Ich suche ihr zu entgehen, sobald ich es irgendwie verantworten kann. Das ist ja überhaupt das Verhängnis für Deutschland, daß die alte Generation überall an die Spitze muß. Die mittlere Generation fällt nahezu vollständig aus, weil sie in der Partei war. Die junge Generation ist nicht urteilsfähig, weder in politischer noch einer sonstigen Hinsicht. Sie muß völlig umerzogen werden ...«

Seine körperliche und organisatorische Leistung in diesen Aufbaujahren der Partei war eindrucksvoll: eine Unzahl von Sitzungen, Versammlungen, Ansprachen überall in den Westzonen, Zehntausende von Kilometern im Auto unter den strapaziösen Reisebedingungen jener Jahre, eine weitverzweigte, meist selbst diktierte Korrespondenz.

Schon bevor er im September 1948 zum Präsidenten des Parlamentarischen Rates gewählt wurde, erahnten einige genaue Beobachter der politischen Szenerie in ihm den kommenden Mann. Franz Albert Kramer schrieb im Juli 1948 in Erinnerung an die westdeutschen Ministerpräsidenten und Parteiführer, die sich kurz zuvor auf dem Koblenzer »Rittersturz« zusammengefunden hatten, es fehle der deutschen Politik immer noch die persönliche Führung, wie sie selbst die Weimarer Republik in Ebert, Stresemann und Brüning besessen habe: »Dieser Eindruck staatsmännischen Ranges ergibt sich heute nur noch, wenn ein Adenauer durch das Vestibül geht, mit jener Gelassenheit, wie sie natürliches Selbstbewußtsein und lange, mit vielen Enttäuschungen durchsetzte Erfahrung verleihen ...«

Einer breiten Öffentlichkeit war Adenauer aber noch wenig bekannt, während der Name des SPD-Vorsitzenden Kurt Schumacher bereits in aller Munde war. Als Präsident des Parlamentarischen Rates hatte Adenauer dann seine geistige Frische, seine Souveränität und seine taktische Beweglichkeit überzeugend unter Beweis gestellt. Jetzt kannten ihn auch alle in- und ausländischen Journalisten. Und im Sommer 1949 machte man bundesweit zum ersten Mal Bekanntschaft mit dem unerbittlichen Wahlkämpfer Adenauer, der es verstand, die SPD mit dem Vorwurf in die Ecke zu drängen, sie sei die Partei der britischen Besatzungsmacht. Allerdings war die Zentralfigur des Wahlkampfs 1949 nicht Adenauer, sondern Professor Ludwig Erhard, der Optimismus ausstrahlende Protagonist der Sozialen Marktwirtschaft.

Beginn der Adenauer-Ära: Der neugewählte Kanzler legt vor Bundestagspräsident Erich Köhler (rechts) den Amtseid ab.

Nach dem Wahlsieg des bürgerlichen Lagers war die Kanzlerschaft Adenauers aber keine Überraschung mehr. Zweifel an seinen Führungsfähigkeiten wurden nicht laut. Die *Times* gab die Auffassung der deutschen und ausländischen Journalisten recht genau wieder, als sie seine Wahl mit der Feststellung kommentierte: »Der neue Kanzler ist ein Mann von starker Persönlichkeit und festen Prinzipien, und als solcher trifft er nicht bloß auf Opposition, sondern er ruft auch Opposition hervor.« Und die *Neue Zürcher Zeitung* meinte, Adenauer sei wohl von allen westdeutschen Politikern am besten geeignet, die auseinanderstrebenden Elemente des bürgerlichen Lagers zusammenzuhalten.

Wenn es einen Wählerwillen gibt, der in Mehrheitsentscheidungen seinen Ausdruck findet, so hatte sich der Souverän bei der Wahl zum Ersten Deutschen Bundestag ganz eindeutig für das Konzept der Sozialen Marktwirtschaft und damit auch für die Linie Erhards und Adenauers ausgesprochen. Die Verlierer des 14. August – Sozialdemokraten, Linkskatholiken, sozialistische Intellektuelle – haben zwar noch nach Jahrzehnten darüber Klage geführt, die sozialistische Neuordnung sei 1948 und 1949 gleichsam hinter dem Rücken der Bevölkerung von reaktionär-kapitalistischen Eliten und der amerikanischen Politik hintertrieben worden. Tatsächlich aber war die Wahl vom Sommer 1949 eine Art

Plebiszit über die Wirtschaftsordnung, die vom Parlamentarischen Rat bewußt nicht präjudiziert worden war. Marktwirtschaft oder sozialistische Gemeinwirtschaft – dies war das große Thema des Wahlkampfes gewesen, der übrigens sehr viel ruhiger verlaufen war als bei späteren Bundestagswahlen, obwohl danach nie mehr so viel auf dem Spiel stand.

Daß die Wählerentscheidung dann aber auch tatsächlich zu einer bürgerlichen Regierung führte, war das Werk Konrad Adenauers. Er hatte sowohl im Landtag von Nordrhein-Westfalen wie später im Parlamentarischen Rat seine Verbindungen zur Freien Demokratischen Partei sorgfältig gepflegt. Der spätere FDP-Vizekanzler Franz Blücher, eine der Schlüsselfiguren bei der Regierungsbildung 1949, konnte schon in einem Neujahrsbrief Adenauers vom 3. Januar 1948 die Versicherung lesen: »... unsere Wege mögen hier und da verschieden sein, im Grund und im Ziel sind wir der gleichen Überzeugung«. Vor allem im Parlamentarischen Rat achtete Adenauer scharf darauf, daß wegen der kulturpolitischen Gegensätze zwischen den Christlichen Demokraten und der FDP keine unüberwindlichen Gräben aufgerissen wurden. Ende Februar 1949 hatte Adenauer schließlich auf einer Sitzung des Zonenausschusses seiner Partei in Königswinter Ludwig Erhard einen großen Auftritt verschafft und anschließend dessen wirtschaftspolitisches Konzept gegen die wenig begeisterten Sozialausschüsse durchgesetzt. Die »Düsseldorfer Leitsätze« vom 15. Juli 1949, die der spätere Bundesfinanzminister Franz Etzel im Auftrag Adenauers ausarbeitete und mit denen sich die CDU voll zur Sozialen Marktwirtschaft bekannte, waren zugleich eine programmatische Plattform für das Zusammengehen mit der FDP.

Entscheidend war, daß Adenauer an die bürgerliche Koalition im Frankfurter Wirtschaftsrat anknüpfen konnte, wo es bereits zur scharfen, nicht mehr überbrückbaren wirtschaftspolitischen Konfrontation zwischen den Sozialdemokraten und den nicht-sozialistischen Parteien gekommen war. Die SPD-Fraktion war nicht bereit gewesen, ihren Anspruch auf Besetzung des Direktoriums für Wirtschaft und damit auf eine maßgebliche Beeinflussung der Wirt-

schaft preiszugeben. So hatten CDU, CSU und FDP am 2. März 1948 mit knappen Mehrheiten den gesamten Verwaltungsrat – eine Art »Regierung« der Bizone – allein besetzt; die SPD ging in die Opposition.

Hauptexponent dieser bürgerlichen Allianz, die seit der Währungsreform ganz im Zeichen der Marktwirtschaft stand, war Ludwig Erhard. Auch im August 1949 gehörte er zu den entschiedensten Befürwortern der »Kleinen Koalition«. Nicht ganz zu Unrecht sah die FDP in dem liberalen Wirtschaftsprofessor, der eine Zeitlang geschwankt hatte, ob er sich ihr oder der CDU anschließen sollte, ihren Mann und drängte mehrheitlich, trotz der noch nicht lange zurückliegenden kulturpolitischen Auseinandersetzungen mit der CDU/CSU im Parlamentarischen Rat, auf die Bildung einer bürgerlichen Regierung in Bonn. Dies wurde ihr dadurch erleichtert, daß die Kulturpolitik dem Grundgesetz entsprechend Ländersache war und, so hoffte man, die Zusammenarbeit im Bund nicht stark belasten würde. Für die konservative, ausgeprägt anti-sozialistische Deutsche Partei, deren Stimmen zusätzlich erwünscht waren, kam gleichfalls nur dieser Kurs in Frage. Daß sowohl FDP wie DP koalitionsbereit waren, war Adenauer aus Gesprächen mit den Parteiführern Blücher und Hellwege wohlbekannt. Die eigentlichen Widerstände kamen aus der CDU selbst.

Die Motive der Befürworter einer »Großen Koalition« in der CDU waren verschiedenartig. Landespolitische Interessen, wirtschafts- und sozialpolitische Vorbehalte gegen den liberalen Kurs, allgemeinpolitische Überlegungen und teilweise auch persönliche Ambitionen gingen dabei eine Verbindung ein. Die CDU-Ministerpräsidenten von Nordrhein-Westfalen, Rheinland-Pfalz und Württemberg-Hohenzollern verwiesen auf die von ihnen geführten Koalitionen mit der SPD. Ebenso bestanden Koalitionsregierungen unter Beteiligung von CDU und SPD in Württemberg-Baden, Hessen, Niedersachsen und Berlin.

Die Frontstellung zwischen den bürgerlichen Parteien und der SPD, die sich in Frankfurt ergeben und im Wahlkampf fortgesetzt hatte, war aus der

Sicht der meisten CDU-Landesfürsten eine korrigierbare Abweichung von dem im großen und ganzen erträglichen Einvernehmen, das sich in den ersten Nachkriegsjahren auf Landesebene herausgebildet hatte. Verschiedene Landespolitiker, die sich für die »Große Koalition« einsetzten – etwa Ministerpräsident Gebhard Müller in Tübingen –, hofften, im Zusammenspiel mit dem gemäßigten Ministerpräsidentenflügel in der SPD, der gleichfalls einer »Großen Koalition« zuneigte, den Widerstand des radikaleren SPD-Vorsitzenden Kurt Schumacher überwinden zu können.

Diejenigen, welche an einer »Großen Koalition« mit den Sozialdemokraten auch aus wirtschaftspolitischen Überlegungen heraus Gefallen gefunden hätten, gehörten vorwiegend dem linken Flügel der CDU an. Ihr Exponent war der nordrhein-westfälische Ministerpräsident Karl Arnold, der es sich durchaus vorstellen konnte, in eigener Person dem Kabinett einer Großen Koalition in Bonn vorzustehen. Allerdings verfolgten die Sozialausschüsse keinen sehr einheitlichen Kurs. Die kulturkämpferischen Wahlreden Schumachers waren bei dieser ausgeprägt katholischen Gruppierung unvergessen, und Jakob Kaiser, Vorsitzender der CDU-Sozialausschüsse, schwenkte seit der Rhöndorfer Konferenz in Richtung »Kleine Koalition« um.

Besonderes Gewicht hatte bei allen, die sich gegen eine Regierung auf schmaler parlamentarischer Basis wandten, die Überlegung, daß die ungeheuren Probleme des Wiederaufbaus und die schwierigen Beziehungen zu den Alliierten nach einer Allparteienregierung verlangten. Eine gemeinsame »Proklamation an das deutsche Volk«, die von allen westdeutschen Ministerpräsidenten unterzeichnet war, forderte am 26. August unmißverständlich eine »starke« Bundesregierung, die vom Volk getragen werde. Adenauer trat dem aber mit dem Argument entgegen, für eine funktionierende Demokratie sei die Opposition eine Staatsnotwendigkeit. Nur so werde sich die Gewöhnung an demokratisches Denken erzielen lassen, während dann, wenn die Oppo-

Das Bundeshaus Anfang der fünfziger Jahre. Beim Umbau der Aula der ehemaligen Pädagogischen Hochschule in den Plenarsaal des Deutschen Bundestages war man noch nicht sicher, ob der Bestimmungszweck auch endgültig sein würde. Die Stadt Bonn mußte sich bereit erklären, das Gebäude gegebenenfalls wieder zurückzunehmen.

Selbst das Bundeskanzleramt mußte provisorisch untergebracht werden: im Zoologischen Museum Alexander Koenig (rechts).

sition im Parlament fehle, eine unkontrollierte außerparlamentarische Opposition erwachsen könne, die – so befürchtete er – ins nationalistische Fahrwasser geraten würde. »Ich halte aber mehr denn je es für richtig«, schrieb er am 25. August an Gebhard Müller, »daß man die Sozialdemokraten zwingt, in Opposition zu gehen, damit endlich einmal in Deutschland die Form der Demokratie geübt wird, die in den angelsächsischen Ländern sich bewährt hat.«

Unmittelbar nach den Wahlen hielt sich Adenauer erst einmal mit öffentlichen Äußerungen zurück. Es waren zwei entscheidende Besprechungen, auf denen dann die Weichen für die »Kleine Koalition« gestellt wurden.

Die erste fand am 20. August in der bayerischen Landesvertretung in Frankfurt zwischen Adenauer, dem bayerischen Ministerpräsidenten Hans Ehard und einer Reihe anderer bayerischer Politiker und Beamter statt. Auch Ludwig Erhard war zeitweise zugegen.

Ehard war im Mai 1949 auf dem CSU-Parteitag in Straubing in einer Kampfabstimmung gegen den bisher amtierenden Josef Müller auch zum Parteivorsitzenden der CSU gewählt worden. Beim Sturz Müllers, der dem Führungsanspruch der CDU und Adenauers widerstrebte, hatte dieser aus der Ferne mit an den Fäden gezogen. Anders als der »Ochsensepp«, der eine »Große Koalition« gern gesehen hätte, setzte sich Ehard eindeutig für eine Fortsetzung der Frankfurter Koalition unter der Kanzlerschaft Adenauers ein.

Bei der Frankfurter Besprechung wurde auch schon über die personelle Besetzung der entscheidenden Positionen verhandelt bis hin zu Staatssekretär- und in Einzelfällen auch Abteilungsleiterstellen: Theodor Heuss sollte Bundespräsident werden, der bisherige Präsident des Frankfurter Wirtschaftsrates, Erich Köhler, Bundestagspräsident, Ludwig Erhard Bundeswirtschaftsminister. Auch andere spätere Kabinettsmitglieder tauchen im Besprechungsprotokoll schon auf: Franz Blücher von der FDP als Wiederaufbauminister und Vizekanzler, Professor Wilhelm Niklas (CSU) als Landwirtschaftsminister, der christliche Gewerkschafter Anton Storch, der von Adenauer genannt wurde, als Bundesarbeitsminister, Robert Lehr, der aber erst 1950 nach dem Rücktritt Gustav Heinemanns zum Zuge kam, als Innenminister, Jakob Kaiser als Minister für Ostgebiete und Flüchtlingsfragen.

Ein wesentliches Ergebnis dieser Zusammenkunft war das Ausscheiden Bayerns aus der sonst eng verbundenen Gruppe süddeutscher CDU/CSU-Ministerpräsidenten, bei denen eine starke Neigung zur »Großen Koalition« bestand.

Am folgenden Tag – eine Woche nach der Wahl – fand dann die berühmte Rhöndorfer Konferenz im Haus des künftigen Bundeskanzlers statt, zu der dieser eine größere Gruppe maßgebender Unionspolitiker geladen hatte. Die Zusammenkunft war bloß als vertraulicher Gedankenaustausch angekündigt; es gab ja noch keine Bundesparteileitung der CDU, und jedermann wußte, daß die definitiven Entscheidungen in der Fraktion getroffen würden, die sich erst konstituieren mußte. Nach lebhaften Diskussionen, bei der sich die für eine »Große Koalition« eintretenden Gäste in der Minderheit sahen, setzte sich Adenauer, der noch einige Monate vor seinem Tod diese Besprechung als einen der wichtigsten Erfolge seiner politischen Laufbahn bezeichnete, mit dem Konzept einer Regierung aus CDU, CSU, FDP und DP durch. Aus dem Kreis der Anwesenden wurde er ohne Widerspruch, und dann vom Oberdirektor des Vereinigten Wirtschaftsgebietes, Hermann Pünder, sekundiert, als Bundeskanzler genannt. Er selbst schlug Theodor Heuss zum Bundespräsidenten vor.

Die Befürworter einer »Großen Koalition« waren jetzt eindeutig in der Defensive, zumal die Presse – besonders der *Rheinische Merkur* – über die höchst vertrauliche Unterredung alsbald detaillierte Berichte brachte, aus denen die Öffentlichkeit den Schluß ziehen mußte, daß die Signale für eine bürgerliche Koalition nunmehr auch in der CDU definitiv auf Grün standen.

Adenauer hätte sich gegen den Widerstand der mächtigen Landesfürsten wohl nicht so rasch durchgesetzt, wenn er nicht einen unschätzbaren Verbündeten gehabt hätte: den SPD-Vorsitzenden Kurt Schumacher. Dieser war durch das unerwartete Wahlergebnis geschockt und verbittert. Schon gleich nach der Wahl hatte er erklären lassen, die SPD werde nur an der Regierung teilnehmen, wenn sie die Verantwortung für die Wirtschaftspolitik des Bundes erhalte. Da nicht im Ernst damit zu rechnen war, daß die siegreichen bürgerlichen Parteien der SPD das Wirtschaftsressort zum Geschenk machen würden, hieß dies im Klartext, daß sich Schumacher zur Opposition entschlossen hatte. Aus seiner Sicht der Dinge war das eine mittelfristig durchaus erfolgversprechende Strategie. Er rechnete fest damit, daß sich die bürgerlichen Parteien binnen kurzem als unfähig erweisen würden, mit den Problemen des Wiederaufbaus fertigzuwerden und die Last der alliierten Bevormundung abzuschütteln. Dann würde seine Stunde kommen.

Die »Dürkheimer Beschlüsse« des SPD-Parteivorstandes vom 30. August signalisierten eine erneute Absage an den marktwirtschaftlichen Kurs. Mit ihrer Forderung nach Sozialisierung der Grundstoff- und der Schlüsselindustrien, nach Planung und Lenkung der Kredite und Rohstoffe sowie mit ihrem anti-klerikalen Zungenschlag waren sie durchaus geeignet, die Befürworter einer »Großen Koalition« weiter zu entmutigen. Schumacher präsentierte sie bereits als »Dokument der Opposition« und erschwerte jeden Kompromiß noch zusätzlich mit der Bemerkung: »Wenn jedoch auf der Gegenseite das unmögliche Wunder der inneren Einkehr geschieht und die Herren in Sack und Asche gehen, ist die SPD zur Mitarbeit bereit.« Im übrigen wolle er nicht kurzfristig an der Regierung eines »provisorischen Bürgerstaates« beteiligt sein, sondern langfristig Regierungschef eines sozialistischen Deutschen Reiches werden.

Doch diejenigen, die eine »Große Koalition« anstrebten, gaben ihr Spiel immer noch nicht völlig verloren. Zwar stellte die CDU/CSU-Fraktion nach ihrer Konstituierung auf Vorschlag Jakob Kaisers, der seit der Rhöndorfer Konferenz schon einen Teil der CDU-Gewerkschafter auf die »Kleine Koalition« eingeschworen hatte, Adenauer formell als ihren Kanzlerkandidaten auf, aber die Gegner der »Kleinen Koalition« sahen drei Ansatzpunkte, die Pläne Adenauers doch noch zu durchkreuzen: bei der Wahl des Bundesratspräsidenten, bei der Wahl des Bundespräsidenten und schließlich bei der Kanzlerwahl selbst.

Zuerst stand die Wahl des Bundesratspräsidenten an. Die Konferenz der Länderministerpräsidenten hatte sie nicht ohne Bedacht an den Anfang der Wahlrunde für die höchsten Bundesorgane gelegt. Auf Vorschlag Adenauers und mit Unterstützung der CDU/CSU-Fraktion sollte Hans Ehard am 7. September zum Bundesratspräsidenten gewählt werden. Aber die süddeutschen CDU-Ministerpräsidenten waren darüber verärgert, daß dieser, der im Mai noch im Bayerischen Landtag gegen die Annahme des Grundgesetzes gestimmt hatte, nunmehr für seine mit ihnen nicht abgesprochene Hinwendung zur »Kleinen Koalition« mit diesem Amt belohnt werden sollte, von dessen Bedeutung man sich angesichts des bisher so großen Einflusses der Länder übertriebene Vorstellungen machte. Die Länderministerpräsidenten sträubten sich grundsätzlich dagegen, neben dem Amt des Bundespräsidenten auch noch das des Bundesratspräsidenten in die

GESCHICHTE
DER BUNDESREPUBLIK
DEUTSCHLAND

VORBEMERKUNG DER
HERAUSGEBER

Die Bundesrepublik Deutschland hat sich lange gewehrt, ein Staat im vollen Sinne des Wortes zu werden. Das Grundgesetz wurde mit der ausdrücklichen Einschränkung beschlossen, »um dem staatlichen Leben für eine Übergangszeit eine neue Ordnung zu geben«. Diese Ordnung galt als Provisorium oder mit den Worten von Theodor Heuss als Transitorium, als Durchgangsstadium zu einem wiedervereinigten Deutschland, das sich dann statt des vorübergehenden Grundgesetzes eine ständige Verfassung geben sollte.

Unter diesem Vorbehalt einer bewußt gepflegten Vorläufigkeit konnte und sollte sich weder ein Staats- noch ein Geschichtsbewußtsein entwickeln. Während die DDR sich aus leicht erklärlichen Gründen schon 1964 mit dem Buch von Stefan Doernberg ihre staatliche Geschichte schrieb, hielt die Geschichtsschreibung in der Bundesrepublik an der Vorstellung von der Einheit der Nation fest. Deutsche Nachkriegsgeschichte umfaßte immer die beiden deutschen Staaten, obwohl dies der Darstellung zunehmend größere Schwierigkeiten bereitete, weil der Gang der Dinge in West und Ost kaum noch etwas gemein hatte. Noch 1974 widmete Alfred Grossers »Geschichte Deutschlands seit 1945« dem anderen Deutschland immerhin eines von elf Kapiteln. Die im selben Jahr aus Anlaß des fünfundzwanzigjährigen Bestehens der Bundesrepublik von Richard Löwenthal und Hans-Peter Schwarz zusammengestellte umfassende Bilanz beschränkte sich zwar auf »Die zweite Republik«, vermied es jedoch, deren Geschichte im Zusammenhang zu erzählen.

Gerade dies beabsichtigt die hier vorgelegte »Geschichte der Bundesrepublik Deutschland«. Es ist dabei von untergeordneter Bedeutung, daß die Bundesrepublik inzwischen auf eine mehr als dreißigjährige Vergangenheit zurückblicken

kann und damit ebenso wie die DDR der dauerhafteste deutsche Staat in diesem Jahrhundert geworden ist – älter als die Weimarer Republik und das Hitler-Reich zusammengenommen. Den Ausschlag hat auch nicht die Überlegung gegeben, daß sich die beiden nach dem Zweiten Weltkrieg auseinandergerissenen Teile Deutschlands im Vertrag über die Grundlagen ihrer Beziehungen vom 21. Dezember 1972 gegenseitig als Staaten anerkannt haben, obwohl dies gewiß ein Einschnitt von geschichtlichem Rang war.

Wenn die Bundesrepublik Deutschland eine eigene Geschichte hat, dann hat sie sie weder erst nach Ablauf einer bestimmten Reihe von Jahren noch durch einen Staatsvertrag bekommen, der zudem die unterschiedlichen Auffassungen zur nationalen Frage ausdrücklich hervorhebt. Die Aufforderung des Grundgesetzes, »in freier Selbstbestimmung die Einheit und Freiheit Deutschlands zu vollenden«, gilt fort. Es ist auch davon auszugehen, daß die Bewohner beider Staaten noch immer ein starkes Zusammengehörigkeitsbewußtsein haben und daß eine Volksbefragung in beiden Teilen eine große Mehrheit für einen Zusammenschluß ergäbe.

Die Begründung der Herausgeber ist einfacher. Wie sehr sie sich dagegen gesträubt hat, die Bundesrepublik Deutschland hat eine Geschichte, und diese soll erzählt werden. Sowohl die Älteren, die sie miterlebt, wie die Jüngeren, die sie geerbt haben, sollen erfahren, wie der geschichtliche Boden beschaffen ist, auf dem sie stehen. Wenn Geschichte, wie Johan Huizinga gesagt hat, die geistige Form ist, in der sich eine Kultur über ihre Vergangenheit Rechenschaft gibt, dann bedarf die Bundesrepublik Deutschland der Vergegenwärtigung ihrer Vergangenheit und damit der Beschreibung ihrer Geschichte. Die Geschichte eines Staates aber setzt nicht erst dann ein, wenn er sich als solcher begreift. Sie beginnt mit der Staatsgründung, mit welchem Widerstreben sie auch immer vollzogen worden sein mag.

Natürlich beruht die Bundesrepublik Deutschland auf geschichtlichen Grundlagen, die der einleitende Essay zum ersten Band nachzuzeichnen versucht, und natürlich hat die Gründung ihre eigene Vorgeschichte. Ihr gilt der erste Band, und insofern die Teilung damals noch nicht so weit vorgeschritten war wie später, trägt er dem gesamtdeutschen Zusammenhang Rechnung. Dann aber verengt sich die Betrachtung auf die Bundesrepublik und nimmt die Ereignisse in der DDR wie überhaupt jenseits der Grenzen nur noch insoweit in den Blick, wie es zum Verständnis notwendig ist. Das ist keine politische Entscheidung. Der Historiker hat nicht darüber zu befinden, ob ein geteiltes Land zusammengehören soll. Er hat zu beschreiben und zu erklären, was war. Und es ist nun einmal eine Tatsache, daß die Bundesrepublik Deutschland ihren eigenen Weg gegangen ist.

Es ist im doppelten Sinne der Weg einer zunehmenden Verselbständigung. Selbständig wurde die Bundesrepublik, indem sie die außenpolitische Handlungsfreiheit zurückgewann und schließlich unter die Vereinten Nationen aufgenommen wurde. Selbständig wurde sie aber auch dadurch, daß ein Band nach dem anderen gelöst wurde, das sie noch mit dem anderen Teil des einstmals gemeinsamen Staates verknüpfte. Es ist die Hoffnung der Herausgeber, daß dabei deutlich werden möge, von welcher besonderen Art der Staat ist, der so entstand.

Gewiß ist er noch immer kein Staat wie jeder andere. Beladen mit einer für ihn selbst wie für seine Nachbarn schrecklichen Vergangenheit, an der Trennungslinie einer lange feindselig gespaltenen Welt gelegen, mit dem außerhalb verbliebenen und doch verbundenen westlichen Teil der ehemaligen Hauptstadt, mit dem Wunsch nach Eingliederung in den europäischen und atlantischen Westen und doch ohne Verzicht auf den Wunsch nach Wiedervereinigung hat er zwangsläufig Züge angenommen, die ihn von den meisten anderen Staaten unterscheiden. Indessen hat er trotz dieser Widrigkeiten sowohl Freiheit als auch inneren Frieden in einem Ausmaß erreicht, wie es keinem seiner Vorgänger in der deutschen Geschichte beschieden war. Und er erfreut sich einer in diesem Umfang gleichfalls nie zuvor gegebenen Achtung in der Völkergemeinschaft.

Mit diesen Feststellungen soll keinesfalls einer abermaligen Selbstüberschätzung das Wort geredet werden. Wenn die Bundesrepublik von schweren Erschütterungen verschont geblieben ist, so geschah dies auch um den Preis eines gesellschaftlichen, wirtschaftlichen und kulturellen Ausgleichs, der vielleicht nicht alle Veränderungen zugelassen hat, die zur Bewältigung einer zunehmend schwieriger werdenden Zukunft erforderlich gewesen wären.

Sowenig die Herausgeber glauben, man könne aus der Geschichte Nutzanwendungen ableiten, so sehr sind sie doch davon überzeugt, daß Geschichte den eigenen Standort zu erhellen vermag, und darum wird in diesen fünf Bänden der Bundesrepublik Deutschland ihre eigene Geschichte vorgelegt.

Karl Dietrich Bracher
Theodor Eschenburg
Joachim C. Fest
Eberhard Jäckel

*Theodor Heuss,
1949–1959 Bundespräsident,
nach seiner Wahl bei der
Fahrt durch Bonn.*

Manövriermasse bei der Koalitionsbildung einzubringen. Zudem hofften sie zusammen mit dem Arnold-Flügel in der CDU, bei dieser Gelegenheit erneut ein Signal in Richtung auf »Große Koalition« setzen zu können, das vor allem auch bei der SPD doch einiges in Bewegung bringen sollte. Die CDU- und SPD-Ministerpräsidenten sowie Reinhold Maier, der gleichfalls ein Anhänger der »Großen Koalition« war, wählten also Arnold mit der Folge, daß Ehard und eine Reihe von CSU-Abgeordneten wutentbrannt nach Bayern abreisten.

Damit war die CSU erst einmal verprellt. Um die gekränkten Bayern bei der Stange zu halten, sah sich Adenauer jetzt gezwungen, der CSU eine sehr viel stärkere Position im Kabinett einzuräumen, als

eigentlich geplant war. Das Amt des Finanzministers, auf das die FDP heftig reflektierte, wurde nun Fritz Schäffer angeboten, der in diesen durch eine Vielzahl von Kulissenmanövern gekennzeichneten Tagen der DP schon das Angebot einer föderalistischen Fraktionsgemeinschaft gemacht hatte.

Von ihrem Erfolg beflügelt, konzentrierten sich nun die Gegner der »Kleinen Koalition« darauf, die Wahl von Theodor Heuss zu sabotieren und damit auch die FDP zu entfremden. In der Fraktionssitzung der CDU/CSU vom 6. September sprachen sich nur rund 80 Abgeordnete für ihn aus, etwa 30 – vor allem vom katholischen Gewerkschaftsflügel – widerstrebten unter Verweis auf seine im Parlamentarischen Rat bekundete liberale Schulpolitik. Die unterliegende Minderheit – auch Kurt Georg Kiesinger gehörte dazu – plädierte für einen Sammelkandidaten, der auch der SPD genehm wäre. In diesem Zusammenhang wurde am häufigsten Hans Schlange-Schöningen genannt, der ehemalige Direktor für Ernährung, Landwirtschaft und Forsten im Vereinigten Wirtschaftsgebiet. Es war allen klar, daß die FDP die Wahl von Theodor Heuss als die Geschäftsgrundlage für eine loyale Mitarbeit in der »Kleinen Koalition« betrachtete. Insofern fiel damit eine wesentliche Vorentscheidung für die Kanzlerwahl.

Wieder war es Schumacher, der das feine Gespinst zerriß. Er ließ sich nicht, wie Arnold und Schlange-Schöningen hofften, auf einen Sammelkandidaten aus den Reihen der CDU ein, sondern bestand auf einem SPD-Kandidaten. Und als die SPD-Wahlmänner einige Stunden vor der Wahl am 12. September zusammentraten, lehnte er eine Aufstellung von Louise Schroeder, Wilhelm Kaisen oder Ernst Reuter entschieden ab und bestand auf seiner eigenen Kandidatur. Damit wollte er sicherstellen, daß nicht etwa Wahlmänner der CDU-Linken und des Zentrums einen gemäßigten Sozialdemokraten zum Bundespräsidenten wählten oder daß Teile der SPD nach einem Mißerfolg im ersten Wahlgang auf einen bürgerlichen Sammelkandidaten einschwenkten. Aus beidem hätte sich vielleicht doch eine »Große Koalition« ergeben. So zwang er beide Lager in die Konfrontation um die Wahl von Heuss. Jetzt sprach sich auch Arnold für diesen aus, doch mußte immer noch mit Enthaltungen im bürgerlichen Lager gerechnet werden.

Von den 395 Wahlmännern der Bundesversammlung, über die CDU, CSU, FDP und DP verfügten, stimmten im ersten Wahlgang nur 377 für Heuss. 403 Stimmen waren aber zur Erringung der Mehrheit im ersten und zweiten Wahlgang nötig. So kam es zum zweiten Wahlgang, in dem Heuss schließlich mit 416 Stimmen obsiegte. Die zusätzlichen Stimmen stammten zum größten Teil von der Bayernpartei. Diese hatte sich zwar aus prinzipiellen Erwägungen dafür entschieden, in Bonn nicht etwa an der Seite der CSU in die Regierung einzutreten. Aber sie war bereit, bei der Präsidenten- und Kanzlerwahl, wenn es kritisch werden sollte, im zweiten Wahlgang als eine Art Sicherheitsnetz für das bürgerliche Lager zu fungieren.

Mit Heuss hatte die Bundesrepublik einen Intellektuellen zum Bundespräsidenten gewonnen, der in überzeugender Weise zum Ausdruck brachte, daß sich der neue Staat wieder in die Tradition der deutschen humanistischen Kultur stellen wollte. Auch die Bildung der »Kleinen Koalition« war durch diese Wahl des führenden FDP-Politikers weitgehend gesichert.

Am 15. September zog Adenauer seine Wahl endgültig durch, wenn auch nur mit der für den ersten Wahlgang vorgeschriebenen gesetzlichen Mehrheit von einer Stimme. Wie die Fraktionen bei dieser geheimen Wahl votiert haben, ist nicht mit letzter Sicherheit zu ergründen. Verschiedene Abgeordnete der Koalitionsparteien kamen gar nicht zur Wahl, einige stimmten nicht für ihn – wahrscheinlich in erster Linie FDP- und CSU-Parlamentarier. Dort hatte es im Verlauf des 32 Tage währenden Hin und Her die größten Blessuren gegeben. Noch Stunden vor der Wahl war es zu einem unschönen Tauziehen zwischen FDP und CDU/CSU um das Finanzministerium gekommen, in das sich auch der Bundespräsident einmischte, indem er von Adenauer verlangte, ihm, bevor er ihn zum Kanzler vorschlagen werde, die Kabinettsliste vorzulegen, was dieser ablehnte.

Man hat später viel darüber spekuliert, was sich wohl ereignet hätte, wenn es zu einem zweiten Wahlgang gekommen wäre. Ist es denkbar, daß dann aus der Mitte des Hauses ein anderer Kandidat benannt und gewählt worden wäre – etwa Arnold? Dies ist kaum zu vermuten. Die Dinge waren inzwischen soweit gediehen, daß die CDU/CSU-Fraktion inmitten der Wahl wohl nicht umgeschwenkt wäre. Es war auch bekannt, daß für den Fall weiterer Wahlgänge noch zusätzliche Stimmen der Bayernpartei für den Kanzler Adenauer in Aussicht standen.

In Wirklichkeit war die Regierungsmehrheit doch vergleichsweise komfortabel. Die Oppositionsparteien aus SPD, Zentrum und Kommunisten konnten insgesamt nur 156 Stimmen zusammenbringen – und auch dies war angesichts der Todfeindschaft zwischen der freiheitlichen SPD und der totalitären

KPD nur eine negative Opposition. Nachdem das Hin und Her bei der Regierungsbildung erst einmal vorbei war, stützte sich die Regierung auf 208 Stimmen von CDU/CSU, FDP und DP. Die 17 Abgeordneten der Bayernpartei behielten sich zwar ihre Entscheidung für oder gegen die Regierung von Fall zu Fall vor, neigten aber doch generell dem Regierungslager zu. Wie sich in den siebziger Jahren zeigen sollte, läßt sich auch mit viel knapperen Mehrheiten regieren.

Als Adenauer erst einmal gewählt war, stand er unter dem Schutz der in Artikel 67 des Grundgesetzes niedergelegten Bestimmungen über das konstruktive Mißtrauen und hatte damit gewonnenes Spiel. Jetzt konnte er die Gewichte in seinem Kabinett doch weitgehend so austarieren, wie es ihm zweckmäßig erschien.

Die CDU-Linke schnitt am schlechtesten ab. Sie brachte nur zwei ihrer Leute ins Kabinett. Einer von ihnen war Jakob Kaiser, der in eigener Person Aufstieg und Niedergang des linken Flügels der Union verkörperte.

Während der Weimarer Republik hatte er eine führende Position bei den Christlichen Gewerkschaften bekleidet. Im Dritten Reich spielte er eine aktive Rolle beim Widerstand und entkam nach dem 20. Juli 1944 nur mit viel Glück dem Zugriff der Gestapo.

Im Sommer 1945 gehörte er zum Gründerkreis der Christlich-Demokratischen Union in Berlin, als deren Vorsitzender er in den Jahren 1946 und 1947 versuchte, den Berliner Führungsanspruch auch über die Ostzone und die ehemalige Reichshauptstadt hinaus auf die westlichen Besatzungszonen auszudehnen. Dabei war ihm Adenauer entgegengetreten, der sowohl die von Kaiser verfochtene Forderung nach einem christlichen Sozialismus ablehnte wie auch dessen Auffassung, Deutschland müsse außenpolitisch eine Brücke zwischen Ost und West bilden und solle eine Parteinahme in dem sich bereits abzeichnenden Kalten Krieg vermeiden.

Ende 1947 wurde Jakob Kaiser von der Sowjetischen Militäradministration abgesetzt. Damit war sein außenpolitisches Konzept desavouiert. Auch ihm blieb nun nichts anderes übrig, als auf strikt anti-sowjetischen Kurs zu gehen. Die Sozialausschüs-

se der CDU, als deren Vorsitzender er daraufhin wenigstens seine sozialpolitischen Vorstellungen zu verwirklichen suchte, stellten freilich längst keine so starke Machtbasis für die innerparteilichen Positionskämpfe dar wie zuvor der Vorsitz der ostzonalen CDU.

So war er froh, als ihm sein siegreicher Rivale das ziemlich undefinierbare Ministerium für gesamtdeutsche Fragen anbot. In den folgenden Monaten und Jahren sah er sich der relativ aussichtslosen Aufgabe gegenüber, dem Kanzler substantielle Zuständigkeiten zu entwinden. Für Adenauer war Kaiser wertvoll, weil er die christlich-demokratische Arbeitnehmerschaft an die Regierung binden half und zudem die nationale Flanke abdeckte, ohne daß er aber stark genug gewesen wäre, seine oft von denen des Kanzlers abweichenden Vorstellungen auch durchzusetzen.

Anton Storch, der ebenfalls aus der christlichen Gewerkschaftsbewegung kam und nach 1945 zum Deutschen Gewerkschaftsbund gestoßen war, wurde Arbeitsminister. Karl Arnold, damals der politisch einflußreichste Exponent des linken Parteiflügels, mußte außerhalb der Bundesregierung in Wartestellung bleiben, und Konrad Adenauer achtete sorgfältig darauf, ihn vom Zentrum der Macht fernzuhalten.

Stolze Sieger bei der Kabinettsbildung waren die Bayern. Staatspolitisch gesehen war ihre starke Berücksichtigung geboten, um das einzige Bundesland zu integrieren, dessen Landtag das Grundgesetz abgelehnt hatte. Parteipolitisch gesehen war Bayern, das erst seit 1953 zur CSU-Hochburg werden sollte, eine ausgesprochene Schwachstelle der Christlichen Demokraten. Diese hatten ihr nicht besonders starkes Abschneiden bei den Bundestagswahlen 1949 vor allem auf die Verluste in Bayern zurückzuführen, wo ein tödlicher Bruderkrieg zwischen CSU und Bayernpartei im Gange war. Daß die bei der Regierungsbildung 1949 von Adenauer geleistete Domestizierung der bayerischen Schwesterpartei eine grundlegende Voraussetzung für die Stabilität seiner Regierung war, ist oft übersehen worden. Erst die Nachfolger Adenauers konnten aufgrund leidvoller Erfahrungen würdigen, was diesem gleichsam spielend gelungen war.

So erhielt das erste Kabinett Adenauer eine stark bayerische Färbung: von 14 Kabinettsmitgliedern kamen sechs aus Bayern. Die CSU stellte mit Fritz Schäffer den Bundesfinanzminister, mit Wilhelm Niklas den Landwirtschaftsminister und mit Hans Schuberth den Postminister. Ludwig Erhard und Jakob Kaiser waren Franken, auch wenn sie nicht zum CSU-Kontingent rechneten, ebenso der FDP-Justizminister Thomas Dehler.

Schlecht weggekommen bei der Regierungsbildung waren die Evangelischen in der CDU. Die CDU/ CSU-Fraktion mußte in letzter Minute darauf drängen, daß mit Gustav Heinemann, dem Essener Oberbürgermeister, der ansonsten dem schwerindustriellen Flügel der CDU zugerechnet wurde, wenigstens ein prominenter protestantischer Laie ins Kabinett kam. Daß diese nachlässige Behandlung des evangelischen Elements in der CDU ein Fehler war, sollte der Bundeskanzler bei den schweren Kämpfen um die Wiederbewaffung und die Wiedervereinigungspolitik sehr bald erfahren. Im übrigen ließ sich aber ebenso rasch erkennen, daß Adenauers Widerstreben gegen die Ernennung Heinemanns wohlbegründet war. Der Kanzler hätte schon da-

Das erste Kabinett Adenauer. 1. Reihe (von links): Arbeitsminister Anton Storch, Wirtschaftsminister Ludwig Erhard, Bundeskanzler Konrad Adenauer, Vizekanzler Franz Blücher, der Minister für gesamtdeutsche Fragen Jakob Kaiser, Justizminister Thomas Dehler, Vertriebenenminister Hans Lukaschek; 2. Reihe: Landwirtschaftsminister Wilhelm Niklas, Wohnungsbauminister Eberhard Wildermuth; 3. Reihe: Bundesratsminister Heinrich Hellwege, Postminister Hans Schuberth, Innenminister Gustav Heinemann, Finanzminister Fritz Schäffer, Verkehrsminister Hans-Christoph Seebohm.

mals lieber den ehemaligen Düsseldorfer Oberbürgermeister Robert Lehr in dem Amt gesehen. Aber
die Fraktion wollte Heinemann, und sie setzte sich
durch.

Auch die FDP hatte bei der Regierungsbildung
nicht besonders brillant abgeschnitten. Nachdem
Theodor Heuss, der den altliberalen, süddeutschen
Flügel der Partei verkörperte, Bundespräsident geworden war, schien jetzt die große Stunde von
Franz Blücher gekommen. Wenige Politiker der
Nachkriegszeit hatten einen so raschen Aufstieg
hinter sich. Blücher war erst nach 1945 in die Politik
gegangen. Er kam aus dem Wirtschaftsraum des
Ruhrgebiets, wo er in den Jahren der Weimarer Republik und im Dritten Reich in verschiedenen Funktionen als leitender Angestellter tätig war, ohne indessen zur wirtschaftlichen Machtelite an Rhein
und Ruhr zu gehören. 1946 aber war dieser politische Homo novus bereits Vorsitzender der FDP in
der britischen Zone, 1946 bis 1947 Finanzminister
des Landes Nordrhein-Westfalen, anschließend
Vorsitzender des Finanzausschusses des Wirtschaftsrates. Trotz seiner Verdienste um das Zu-
standekommen der »Kleinen Koalition« erhielt er
aber nicht das Finanzressort, das an die CSU gegeben werden mußte, sondern sah sich auf den Posten
eines Ministers für Angelegenheiten des Marshall-
Plans abgedrängt. Immerhin war dieser Aufgaben-
kreis in den Anfängen der Bundesrepublik doch von
großer Bedeutung, und als Trostpreis erhielt Blücher die Vizekanzlerschaft. Als ihn die FDP im Oktober 1949 zum Bundesvorsitzenden wählte, befand
er sich auf dem Höhepunkt seiner steilen politischen
Karriere.

Justizminister wurde der Rechtsanwalt Thomas
Dehler, der sowohl katholischer Konfession wie
Freimaurer war. Da sich, wie man aus den Beratungen des Parlamentarischen Rats schon wußte, zwischen den Unionsparteien und der FDP erheblicher
rechtspolitischer Zündstoff häufte, war die Besetzung des Justizministeriums mit einem kämpferi-
schen Liberalen eine wichtige Konzession. Und als
die FDP klarsichtig darauf hinwies, daß Wohl und
Wehe der Republik von der Lösung der Flüchtlings-
frage und der Wohnungsbaufrage abhängen werde,
wurden dafür zwei neue Ministerien geschaffen, de-

ren eines – das Wohnungsbauministerium – gleichfalls an einen FDP-Abgeordneten ging, den bisherigen Minister für Wirtschaft in Württemberg-Hohenzollern, Eberhard Wildermuth. Aber schließlich
hatte auch noch das Amt des Bundespräsidenten zur
Verfügungsmasse bei dieser ersten Regierungsbildung gehört. So konnte die FDP im ganzen doch
zufrieden sein. Daß Theodor Heuss in der Öffentlichkeit rasch über den Rang eines Parteimannes
hinauswuchs und zur anerkannten Integrationsfigur
des neuen Staates wurde, sprach zwar für die Qualität dieser Entscheidung, kam allerdings der FDP
weniger zugute, als sie sich erhofft hatte.

Als sich der Staub legte, wurde klar, daß es den
Unionsparteien gelungen war, alle Schlüsselressorts
mit Ausnahme des Justizministeriums in die Hände
zu bekommen. Was das in der Aufbauphase der
Bonner Ministerialverwaltung unter personalpolitischen Aspekten bedeutete, lag auf der Hand. Das
Übergewicht der CDU/CSU wurde noch dadurch
verstärkt, daß die auswärtigen Angelegenheiten und
die überraschenderweise bald in den Vordergrund
tretenden Militärfragen bis 1955 gleichfalls dem
Kanzler unterstanden. Angesichts fehlender deutscher Kompetenzen konnten diese Bereiche 1949
noch gar nicht zum Objekt von Koalitionsverhandlungen werden. Sowie aber der Bundesrepublik entsprechende Zuständigkeiten zuwuchsen, machte der
Kanzler diese Aufgaben erst einmal zu seiner
höchstpersönlichen Prärogative. Während der gesamten Adenauer-Ära und noch darüber hinaus erwiesen sich alle späteren Versuche der FDP, diese
mit der ersten Regierungsbildung geschaffenen Tatsachen zu revidieren, als erfolglos. Der Same für die
spätere Koalitionsverdrossenheit des liberalen Part-
ners, die schließlich auf vielen Umwegen zur Umkehr der Allianzen führte, wurde also auch schon in
diesen ersten Wochen gesät.

So hatte sich Adenauer im Kräfteparallelogramm
der nicht-sozialistischen Parteien von Anfang an eine überragende Schlüsselstellung geschaffen. Die
Ministerpräsidenten waren fürs erste ausmanövriert,
und rasch zeigte sich in Zukunft, daß im westdeutschen Regierungssystem der Kanzler am längeren
Hebelarm sitzt. Solange die FDP wirtschaftspolitisch rechts von der CDU/CSU stand und die SPD

noch sozialistischen Zielen nachjagte, drohte auch keine Allianz zwischen SPD und FDP. Sie wäre übrigens auch schon numerisch folgenlos geblieben. SPD und FPD hätten mit 183 Stimmen nicht die erforderliche Mehrheit gehabt. Viel eher mußte die FDP eine Koalition von CDU und SPD fürchten, was sie in den ersten Jahren kompromißbereit machte. Umgekehrt konnte Adenauer aber auch das Gewicht der CDU-Sozialausschüsse ins Spiel bringen, um die wirtschaftsfreundliche FDP von einem allzu extremen Kurs abzuhalten und den sozialen Erfordernissen der Zeit zu entsprechen, von deren Berechtigung er selbst tief überzeugt war. Die Kulturpolitik, über die sich die Unionsparteien und die Liberalen so leicht zerstreiten konnten, war glücklicherweise Ländersache. Und mit den CSU-Ministern auf der einen Seite sowie mit den DP-Ministern Hellwege und Seebohm auf der anderen hielt der Kanzler auch die irritierenden föderalistischen Elemente in Bayern und Niedersachsen einigermaßen unter Kontrolle. Mit FDP und DP reichte die Koalition zudem in das Wählerreservoir besonders national orientierter Schichten herein.

Irritationen mußten allerdings von seiten des Protestantismus erwartet werden, der ganz und gar nicht befriedigend integriert war. Es war schon mehr als ein Schönheitsfehler, daß von den 14 Kabinettsmitgliedern 9 Katholiken waren, und von den 5 Evangelischen gehörten nur zwei – Heinemann und Erhard – der CDU an. Das brachte zwar durchaus das Gewicht des ehemaligen Zentrums in den Orts- und Landesverbänden der Unionsparteien zum Ausdruck, aber bei einem Bevölkerungsanteil von 51,2 Prozent Protestanten gegenüber 45,2 Prozent Katholiken war es problematisch. Es war um so gravierender, als die deutschnationale Tradition, aber auch nationalsozialistische Einstellungen im protestantischen Volksteil viel stärker verwurzelt waren als auf katholischer Seite. Die Rechte war durch das von den Westalliierten im großen und ganzen bis zu den Bundestagswahlen durchgehaltene System der Lizenzparteien erst einmal zurückgedrängt worden. Von nun an aber ließ sich das freie Spiel der Kräfte nicht mehr künstlich manipulieren, ohne daß sich bereits absehen ließ, wem dieses Wählerpotential letztlich zugute kommen würde:

den Unionsparteien, der FDP, der Deutschen Partei oder einer der eben aus dem Boden schießenden rechtsradikalen Gruppierungen? Auch die schwache Vertretung der Arbeitnehmerschaft war ein erhebliches Risiko. Hier hing alles davon ab, ob die Regierung mit der Sozialen Marktwirtschaft tatsächlich durchschlagenden Erfolg haben würde.

Die politisch starke Position, die Adenauer errungen hatte, konnte wieder verlorengehen. Noch sprach niemand von Kanzlerdemokratie, vielmehr wies die erste Regierung Adenauer alle typischen Merkmale einer parlamentarischen Koalitionsregierung auf. Entgegen einer weit verbreiteten Fama hatte das Kabinett dieser ersten Regierung Adenauer dem Kanzler gegenüber durchaus Eigengewicht. Die Diskussionen waren lebhaft, und zu viele einsame Entschlüsse konnte sich der Kanzler noch nicht leisten. Er nahm auch die Verantwortung der Minister für ihre Ressorts durchaus ernst und neigte dazu, ihnen bis zu einem gewissen Maß freie Hand zu lassen, sofern sie tatkräftig waren und Fortüne besaßen. Indessen dachte Adenauer überhaupt nicht daran, die von Hermann Pünder in Frankfurt aufgebaute, sehr gut besetzte Direktorialkanzlei zur Keimzelle des Bundeskanzleramts zu machen. Er wollte seinen eigenen Apparat haben, den ihm Hans Globke, ein Genie der Verwaltung, der aus dem Reichsinnenministerium kam, sehr bald zu einem lautlos funktionierenden, mit hochqualifizierten Kräften besetzten Instrument ausbaute.

Adenauer war schon damals darüber informiert, daß Globke im Reichsinnenministerium an dem Kommentar zu den Nürnberger Gesetzen mitgewirkt hatte, die die deutschen Juden seit 1935 unter Sonderrecht stellten. Globke, der auch andere Möglichkeiten in der Industrie gehabt hätte, war nach der Machtergreifung als Vertrauensmann der katholischen Bischöfe im Reichsinnenministerium verblieben. Auch zielte sein Kommentar, soweit dies damals möglich war, darauf ab, die diskriminierenden Gesetze durch Interpretation abzumildern. So hatte der Kanzler, der ja selbst im Dritten Reich genug gelitten hatte, keine Bedenken, Globke zur Schlüsselperson für den Aufbau des Bonner Staatsapparats zu machen. Dieser erwies sich sehr rasch als unentbehrlich und wurde zur grauen Eminenz der Adenauer-Ära. Die Angriffe wegen Globkes politischer Vergangenheit setzten bald ein, doch der Bundeskanzler hat ihm bis zum Schluß die Stange gehalten.

Allem Anschein nach hielt es Adenauer nicht für zweckmäßig, in seinem Kabinett lauter starke politische Persönlichkeiten zusammenzufassen. Einstige Reichsminister aus der Weimarer Republik wie Andreas Hermes oder Hans Schlange-Schöningen schienen ihm ebenso verzichtbar wie Hermann Pünder, der als erfolgreicher Oberdirektor des Vereinigten Wirtschaftsgebietes ein Ministeramt hätte erwarten können. Ludwig Erhard brachte aus Frankfurt zwar Reputation und ein großes Ministerium, aber keine politische Hausmacht mit.

Die Minister Storch und Schuberth hatten schon in Frankfurt als Direktoren die Häuser geleitet, an deren Spitze sie jetzt auch in Bonn gestellt wurden; Wilhelm Niklas war stellvertretender Direktor der Verwaltung für Ernährung, Landwirtschaft und Forsten im Vereinigten Wirtschaftsgebiet gewesen. Alfred Hartmann, der bisherige Direktor der Verwaltung für Finanzen in Frankfurt, wurde Staatssekretär bei Schäffer, Edmund Frohne, der in Frankfurt für das Verkehrswesen verantwortlich gewesen war, Staatssekretär bei Seebohm, und Walter Strauß aus dem Frankfurter Rechtsamt ging nun als Staatssekretär in die Rosenburg. Ottomar Schreiber, zuvor in Frankfurt Abteilungsleiter im Amt für Fragen der Heimatvertriebenen, wurde Staatssekretär im neugeschaffenen Vertriebenenministerium. Adenauer legte also größten Wert auf eine ungebrochene Verwaltungskontinuität. Die neuen Bundesministerien für Wirtschaft, Landwirtschaft, Finanzen, Arbeit, Verkehr, Post und Justiz waren personell größtenteils mit den schon weitgehend ausgebauten Frankfurter Zentralämtern identisch. Ihre Minister oder Staatssekretäre kannten also den Apparat, doch nur Storch, ein Mann der Sozialausschüsse, hatte auch stärkeren politischen Rückhalt.

Neben dem Kanzler waren die führenden Persönlichkeiten im Kabinett Fritz Schäffer, Ludwig Erhard und Franz Blücher. Die größte Unruhe stifteten Jakob Kaiser, Thomas Dehler und Hans-Christoph Seebohm. Die übrigen Minister begnügten

sich damit, mehr oder weniger gute Ressortchefs zu sein, und legten keinen Wert darauf, zu stark ins öffentliche Gespräch zu kommen.

Für seinen tüchtigsten Minister hielt Adenauer bald Fritz Schäffer, der ihm in der Ministerrunde auch gegenzuhalten wagte. Der einstige Vorsitzende der Bayerischen Volkspartei, der von 1931–1933 im Kabinett Held das Amt eines bayerischen Finanzministers innegehabt hatte und im Mai 1945 von den Amerikanern als bayerischer Ministerpräsident eingesetzt worden war, dies allerdings nur bis September blieb, war ein Kameralist alter Schule. Das Ziel der Währungsstabilität hatte für diesen Vorkämpfer einer konservativen Finanzpolitik bedingungslose Priorität, wie es bei einer inflationsgeschädigten Bevölkerung nur natürlich war. Daß dies in den ersten Jahren der Bundesrepublik mit sozialpolitischen Härten bezahlt werden mußte, nahm er in Kauf. Unermüdlich arbeitsam, zäh und trickreich hielt er dem Kanzler einen Großteil der Interessenten vom Hals und legte den Ausgabenwünschen des Kabinetts Zügel an.

Glanzvoller noch war die Position Ludwig Erhards im Kabinett. Auch er hatte erst in der Nachkriegszeit den Weg in die Politik gefunden. Nachdem in den Anfängen des Dritten Reiches eine Habilitation in Nationalökonomie nicht zustande kommen konnte, weil Erhard der NSDAP nicht beitreten wollte, hatte er im Institut für Wirtschaftsbeobachtung an der Handelshochschule Nürnberg und seit 1942 an einem privaten Institut für Industrieforschung praxisorientierte Wirtschaftsforschung betrieben. Dabei war er auch in Verbindung mit Carl Goerdeler gekommen, dem er kurz vor dem 20. Juli 1944 eine Denkschrift über die Lösung der durch Zwangswirtschaft und Krieg für die Staatsfinanzen und die Währung entstandenen Probleme zusandte. Im Herbst 1945 machten ihn die Amerikaner zum bayerischen Wirtschaftsminister, später war er Vorsitzender der »Sonderstelle Geld und Kredit« im Vereinigten Wirtschaftsgebiet und brachte hier seine schon auf die Kriegsjahre zurückgehenden Vorstellungen in die Planungen für die Währungsreform ein. Im Frühjahr 1948 wurde der parteilose Wirtschaftsfachmann Direktor der Verwaltung für Wirtschaft des Vereinigten Wirtschaftsgebietes. Bei der Währungsreform am 20. Juni 1948 hatte er sich mit der Forderung durchgesetzt, zugleich mit dem Währungsschnitt auch in weiten Bereichen die Bewirtschaftung aufzuheben und damit die entscheidenden Schritte zur Marktwirtschaft zu tun.

Vor der Währungsreform ein politisch unbeschriebenes Blatt, wurde Erhard nun innerhalb eines Jahres zu einer Zentralfigur westdeutscher Politik und zur Verkörperung des Wiederaufbaus mit marktwirtschaftlichem Konzept. Die Amerikaner hatten ihn mehr oder weniger in den Sattel gehoben, gerit-

ten aber war er selbst und hatte mit Zähigkeit und Fortüne erst CDU und CSU, bald aber auch eine Mehrheit der Wähler zum wirtschaftlichen Liberalismus bekehrt. Dieser »Vater des Wirtschaftswunders«, im Ausland – vor allem in den USA – mindestens ebenso angesehen wie im Inland, durfte sich als Politiker eigenen Rechts fühlen.

Am Anfang ließ ihn Adenauer ziemlich frei gewähren. Wenn echte Schwierigkeiten auftauchten, neigte der Kanzler allerdings dazu, die unter ordnungspolitischen Gesichtspunkten angelegte Politik seines

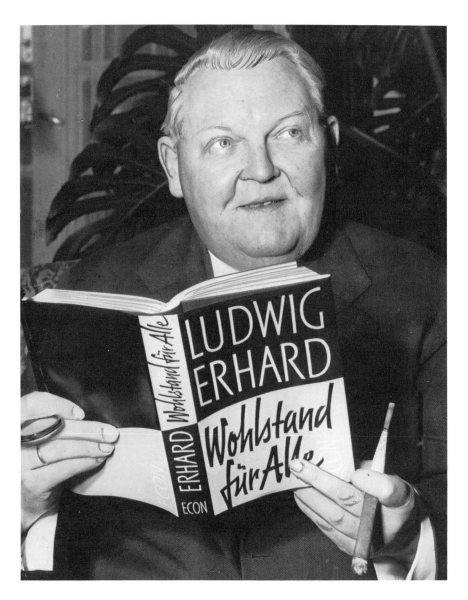

Ludwig Erhard 1957. Als Vater des deutschen Wirtschaftswunders genoß er damals im In- und Ausland großes Ansehen. Seine größte Leistung aber erbrachte er in den Jahren 1948–1952, als er das Konzept der Marktwirtschaft mit größter Zähigkeit gegen eine vielfach skeptische Öffentlichkeit durchsetzte. Adenauer war im Frühjahr 1951 drauf und dran, sich von ihm zu trennen.

Wirtschaftsministers pragmatisch zu korrigieren. Bei solchen Auseinandersetzungen wußte er den Finanzminister meist auf seiner Seite. Erhard wurde von seiten der FDP als eine Hauptsäule der »Kleinen Koalition« unterstützt. Er sollte sich in den schwierigen Jahren bis zur endgültigen Konsolidierung der Marktwirtschaft als durchaus eigenwilliger, alles andere als weicher Politiker erweisen. Vom Temperament her waren er und der Kanzler nicht auf den gleichen Ton gestimmt. »Er ist mehr aus den Maßen der Gotik«, meinte Erhard gelegentlich zu seinem Staatssekretär Westrick, während er selbst – Erhard – mehr zum Barock neige. Doch trotz gelegentlicher sachlicher Differenzen schätzten Adenauer und Erhard einander lange Jahre, bis die menschliche Beziehung während der Präsidentschaftskrise im Frühjahr 1959 irreparabel zerbrach. Tatsächlich ergänzten sie sich. Im In- und Ausland wurde der deutsche Wiederaufstieg mit den Personen Adenauer und Erhard identifiziert, und in Wirklichkeit war die Adenauer-Ära eben auch eine Ära Erhard.

Vizekanzler Blücher, der als Vorsitzender der FDP zur politischen Führungsspitze im Kabinett zählte, war ein vom Glück nicht begünstigter Politiker. Während der Koalitionsverhandlungen war es ihm nicht gelungen, sich das Finanzministerium zu sichern. In dem Ministerium für Angelegenheiten des Marshall-Plans konnte er sich gegenüber dem Finanz- und Wirtschaftsminister nicht richtig entfalten, und Adenauer gab ihm auch keine Gelegenheit, aus dem Titel des Vizekanzlers viel zu machen. Mehr und mehr sah er sich durch Flügelkämpfe in der eigenen Partei behindert, und am Ende der ersten Legislaturperiode war sein Stern schon deutlich im Sinken.

Ein Überblick über die personelle Konstellation, die für die ersten Jahre der Regierung Adenauer maßgebend war, kann auch die wichtigen Persönlichkeiten in den Fraktionen der Regierungskoalition nicht vernachlässigen. Diese waren weniger hierarchisch durchstrukturiert und noch weniger homogen als später und gaben daher auch einzelnen Persönlichkeiten größeren Spielraum.

Eine Schlüsselrolle spielte der Fraktionsvorsitzende, Heinrich von Brentano. Er kam aus der hessischen CDU, deren Linksdrall ausgeprägt war, versuchte anfänglich zwischen den Flügeln der CDU eine gewisse Zwischenposition zu halten, bewegte sich aber seit seiner erfolgreichen Tätigkeit im Parlamentarischen Rat mehr und mehr auf die Linie Adenauers zu und wurde zu dessen verläßlichstem Mitstreiter bei der europäischen Integrationspolitik. Schon bald freilich hatte er darüber zu klagen, daß der Kanzler die Fraktion gelegentlich mangelhaft unterrichte oder sie bei Personalentscheidungen vor vollendete Tatsachen stelle.

Die Zahl älterer Abgeordneter, die schon im Reichstag der Weimarer Republik Erfahrungen gesammelt hatten, war nicht groß. Als tatkräftigster aus dieser Gruppe erwies sich Heinrich Krone, der schon in jungen Jahren Generalsekretär der Zentrumspartei geworden war und jetzt von Anfang an nach den Zügeln des Fraktionsmanagements griff. Während der häufigen Abwesenheit von Brentanos, der damals auf europäischer Ebene rasch eine führende Rolle spielte, nahm er praktisch die Fraktionsführung wahr. Als er 1955 endlich von Brentano im Fraktionsvorsitz ablösen konnte, wurde er eine politische Zentralfigur der Adenauer-Ära und der verläßlichste parlamentarische Partner des Kanzlers.

Während sich einige verhinderte Minister, die anfänglich für etwas Unruhe sorgten, ziemlich rasch aus dem Bundestag entfernten, bereitete sich eine bemerkenswerte Gruppe jüngerer Talente in der Fraktion auf ministerielle oder präsidentielle Positionen vor: Gerhard Schröder, Franz Josef Strauß, Theodor Blank, Franz Etzel, Eugen Gerstenmaier, Kurt Georg Kiesinger, Hermann Ehlers, Paul Lükke, Richard Jaeger, Richard Stücklen. Wenn es der CDU/CSU gelungen ist, sich über 20 Jahre hinweg in der Führung zu behaupten, so zu einem Gutteil auch deshalb, weil mit diesen und anderen Parlamentariern der ersten Stunde unverbrauchte und dynamische Führungskräfte aus der Kriegsgeneration relativ bald an die Spitze rückten. Die Kehrseite dieses Zustroms parlamentarischer Talente lag freilich darin, daß sich ihre Spitzenreiter seit Ende der fünfziger Jahre im Kampf um die Adenauer-Nachfolge harte Diadochenkämpfe lieferten, die die Partei insgesamt schwächten. Aber im Ersten Bundestag waren diese und andere Parlamentarier erst dabei, sich zu entfalten. Sie sahen sich noch kaum in der Lage, dem Kanzler und dem Kabinett effektiv Paroli zu bieten, selbst wenn sie dies gewünscht hätten. Und später wurden sie ins Kabinett integriert oder lagen sonstwie an der Kette ihres Ehrgeizes. So war die Unionsfraktion zwar ein wichtiges Organ zur Unterstützung und gelegentlichen Korrektur der Regierungspolitik, aber sie wurde nicht, wie dann in den sechziger Jahren, zum Machtzentrum, das der Exekutive Zügel anlegte oder ihr gar gefährlich wurde.

Fast stärker als die CDU/CSU-Fraktion sollte sich unter der ersten Regierung Adenauer die Fraktion der FDP bemerkbar machen, die mit Abgeordneten wie August-Martin Euler, Hans Wellhausen, Hermann Höpker-Aschoff, Karl Georg Pfleiderer, Freiherr von Rechenberg kräftig ins Kabinett hineinwirkte und auch die FDP-Ministerriege nicht ruhen ließ.

Bei den verschiedensten Gelegenheiten zeigte sich in der Folge, daß die Koalitionsprobleme, an denen es auch in den Anfängen der Adenauer-Ära nicht fehlte, weniger von den Kabinettsministern ausgingen als von einflußreichen Herren und Gruppen in den Fraktionen. Diese waren im ganzen doch mit einer bemerkenswerten Anzahl geistig und materiell unabhängiger Persönlichkeiten gesegnet, die sich in erster Linie als Parlamentarier, häufig auch als Interessenvertreter verstanden, ohne aber ein Hauptziel ihrer politischen Existenz darin zu sehen, ins Kabinett oder sonst zu einem Posten der Exekutive zu kommen. Wie es der Parlamentarismus nun einmal mit sich bringt, erschwerte das zwar das Regieren, gab dem Parlament in den Anfängen der Bundesrepublik aber Leben, Farbe und Eigengewicht, die ihm später allmählich verlorengegangen sind.

Die Regierung auf dem Petersberg

Während in den Niederungen Bonns die erste Bundesregierung gebildet wurde, installierte sich die Alliierte Hohe Kommission der drei westlichen Besatzungsmächte auf dem Petersberg. Das Hotel war im September 1938 zum ersten Mal in die Schlagzeilen der Weltpresse geraten, als der britische Pre-

auf den diesen Behörden vorbehaltenen Gebieten Gesetze zu erlassen und Maßnahmen zu treffen, es sei denn, daß die Besatzungsbehörden etwas anderes besonders anordnen, oder daß die Gesetze oder Maßnahmen mit den eigenen Entscheidungen oder Maßnahmen der Besatzungsbehörden unvereinbar sein würden.

V.

Jede Änderung des Grundgesetzes bedarf vor Inkrafttreten der ausdrücklichen Genehmigung der Besatzungsbehörden. Länderverfassungen, Änderungen dieser Verfassungen, sowie alle anderen Gesetze und alle Abkommen, die zwischen der Bundesregierung und auswärtigen Regierungen getroffen werden, treten 21 Tage nach ihrem amtlichen Eingang bei den Besatzungsbehörden in Kraft, falls sie nicht vorher vorläufig oder endgültig beanstandet worden sind. Die Besatzungsbehörden werden Gesetze nicht beanstanden, es sei denn, daß diese nach ihrer Auffassung mit dem Grundgesetz, einer Länderverfassung, mit Rechtsvorschriften oder sonstigen Anordnungen der Besatzungsbehörden selbst oder mit Bestimmungen dieses Statuts unvereinbar sind, oder daß sie eine schwere Bedrohung für die grundlegenden Zwecke der Besatzung darstellen.

VI.

Mit der alleinigen Einschränkung, die sich aus den Erfordernissen ihrer Sicherheit ergibt, verbürgen sich die Besatzungsbehörden dafür, daß alle Besatzungsdienststellen die Grundrechte jeden Staatsbürgers auf Schutz gegen willkürliche Verhaftung, Haussuchung oder Beschlagnahme, auf anwaltliche Vertretung, auf Haftentlassung gegen Sicherheitsleistung, wenn die Umstände das rechtfertigen, auf Verkehr mit den Angehörigen, und auf eine unparteiische und unverzügliche Gerichtsverhandlung achten werden.

VII.

Rechtsvorschriften, die von den Besatzungsbehörden vor dem Inkrafttreten des Grundgesetzes erlassen sind, bleiben in Kraft, bis sie von den Besatzungsbehörden gemäß den folgenden Bestimmungen aufgehoben oder abgeändert werden:

a) Rechtsvorschriften, die mit den vorstehenden Bestimmungen unvereinbar sind, werden aufgehoben oder durch Abänderung mit ihnen in Übereinstimmung gebracht;

b) Rechtsvorschriften, die auf den vorbehaltenen vorstehend in Art. II angeführten Befugnissen beruhen, werden kodifiziert;

c) Rechtsvorschriften, die nicht unter a) und b) fallen, werden von den Besatzungsbehörden auf Ersuchen zuständiger deutscher Stellen aufgehoben.

VIII.

Jede Maßnahme ist als ein Akt der Besatzungsbehörden gemäß den hier vorbehaltenen Befugnissen anzusehen und ist als solcher gemäß diesem Besatzungsstatut wirksam, falls sie in irgend einer durch Vereinbarung zwischen ihnen vorgesehenen Form getroffen oder verlautbart worden ist. Die Besatzungsbehörden können nach ihrem Ermessen ihre Entscheidungen ent-

mierminister Neville Chamberlain hier während der Sudetenkrise abstieg, um zu Adolf Hitler, der im Hotel Dreesen in Mehlem residierte, seinen Bittgang für den Frieden Europas zu machen. Jetzt waren die Rollen vertauscht: Künftig hatten sich Adenauer und seine Minister das steile Sträßchen empor zu bemühen, um mit den Hohen Kommissaren auf dem Gipfel mühsam zu verhandeln. Die Ortswahl brachte höchst anschaulich zum Ausdruck, bei wem nach wie vor die Souveränität lag.

Im Besatzungsstatut vom 21. September 1949 hatten sich die Westalliierten – unbeschadet ihrer »obersten Gewalt« – eine Reihe von »Vorbehaltsgebieten« gesichert. Dazu zählte unter anderem: Schutz, Ansehen, Sicherheit der Besatzungsmächte, Besatzungskosten und alles, was sonst noch der Deckung ihrer Bedürfnisse diente, Auswärtige Angelegenheiten, Abrüstung und Demilitarisierung, Verbote und

Im Besatzungsstatut vom 10. April 1949 (Ausschnitt S. 42) behielten sich die Westalliierten die »oberste Gewalt« vor. Es bildete die Rechtsgrundlage ihrer Beziehungen zur künftigen Bundesrepublik. Erst mit seinem Inkrafttreten am 21. September 1949 übernahmen die Hohen Kommissare ihr Amt – hoch über Bonn im Hotel Petersberg. Die Ortswahl brachte höchst anschaulich zum Ausdruck, bei wem die Souveränität lag. Das Original des Besatzungsstatuts, dessen offizielle Übergabe auf Adenauers Betreiben nicht stattfand, gilt heute als verschollen.

Beschränkungen der Industrie und Zivilluftfahrt, Ruhrkontrolle, Wiedergutmachung und Reparationen, Entflechtung, Überwachung des Außenhandels und der Devisenwirtschaft, Kontrolle der Wissenschaft, Überwachung innerer Maßnahmen im Zusammenhang mit ausländischer Unterstützung. Hier behielten sich die Besatzungsmächte das Recht vor, unter Ausschaltung jeglicher deutscher Mitwirkung gesetzgebend oder administrativ tätig zu werden. Allerdings konnten sie sich auch auf Überwachung und den Erlaß von Rahmenrichtlinien beschränken, wie es auf verschiedenen Gebieten von Anfang an der Fall war. Im übrigen galten viele vom Alliierten Kontrollrat vor Gründung der Bundesrepublik erlassenen Gesetze oder Befehle weiter und engten die Entwicklung des deutschen Rechtsstaats ein – etwa im Steuerwesen, in der Arbeitsgerichtsbarkeit oder beim Betriebsverfassungsgesetz.

In Bereichen, die ihnen von zentraler Wichtigkeit erschienen, behielten die Alliierten die Exekutive selbst in der Hand. Das Militärische Sicherheitsamt war für Industrieverbote und -kontrollen zuständig, andere Kontrollgruppen überwachten die Außenwirtschaftsbeziehungen, die Entflechtung und die Reparationen. Die Besatzungsgerichtsbarkeit bestand weiter. Demgegenüber erhielt die Bundesrepublik das Recht, auf den Nicht-Vorbehaltsgebieten gesetzgeberisch tätig zu sein. Allerdings unterlagen auch diese Gesetze und Verordnungen alliiertem Veto-Recht.

Die dreistufige Besatzungsverwaltung umfaßte auf Bundesebene die Allied High Commission for Germany (HICOG), auf der Ebene der Besatzungszonen die jeweiligen Hohen Kommissare und schließlich diesen nachgeordnete Beamte auf Länderebene.

Der bürokratische Kontrollapparat der Alliierten hatte einen beträchtlichen Umfang. Jede der drei Besatzungsmächte brachte aus der Zeit der Militärregierung eine riesige Verwaltungspyramide mit, die ihrem unvermeidlichen Abbau das natürliche Beharrungsvermögen von Großbürokratien entgegensetzte. Der Abschmelzungsvorgang hatte aber schon in der Zeit vor Gründung der Bundesrepublik eingesetzt. Die Stäbe der britischen Kontrollkommission beispielsweise waren von 19 000 Zivilbediensteten und mehr als 2 000 Militärpersonen im Mai 1947 bereits im September 1949 auf etwas über 10 000 Zivilisten und unter 200 Militärs zusammengeschrumpft. Ihre Zahl sank bis Mitte Juli 1950 auf rund 5 000 Beamte und Verwaltungsangestellte, denen eine Gruppe von Offizieren zur Seite stand. Auch auf seiten der Amerikaner und der Franzosen wurden die großen Stäbe allmählich auf den Umfang von stark erweiterten Botschaften reduziert. Immerhin hatten die Kontrollkommissionen der drei Mächte in den Anfängen der Bundesrepublik noch den Umfang riesiger Ministerien.

Dabei stellten diese Verwaltungen nur einen Teil der Besatzung dar, die damals auf dem Land lastete und allein im Rechnungsjahr 1950 4,5 Mrd. DM aus einem Bundeshaushalt heraussog, der sich auf einen bereinigten Gesamtbetrag von 12,6 Mrd. DM belief – also volle 36 Prozent des Budgets. Das war fast soviel wie die Gesamtsumme der Soziallasten, die im Jahr 1950 5,3 Mrd. DM betrug. Von diesen Mitteln, die sich aufgrund der Heranführung neuer Truppenmengen bis 1953 noch beträchtlich erhöhten, lebten im ersten Jahr der Bundesrepublik rund 100 000 Mann alliierter Truppen und Zivilbedienstete mit etwa 250 000 Familienangehörigen. Für sie waren rund 445 000 Deutsche tätig – 144 000 technische Arbeitskräfte, 98 000 Verwaltungsangestellte, 66 000 Kraftfahrer, 39 000 Hausgehilfinnen, 39 000 Gaststättenbedienstete, 11 000 Bäcker und Metzger und 48 000 sonstige Beschäftigte.

Die Siegermächte hatten sich also bei Gründung der Bundesrepublik nicht diskret zurückgezogen, sondern waren noch mit großem Troß verblieben. Das Thema Besatzungskosten stellte dementsprechend in den kärglichen Anfangsjahren des neuen Staates ein unerschöpfliches Thema deutschen Murrens dar und war der Alptraum des Bundesfinanzministers.

Die entscheidende Neuerung gegenüber der Periode der Militärregierung war die Alliierte Hohe Kommission. Während zuvor die Militärgouverneure in ihren jeweiligen Zonen die Oberhoheit ausgeübt hatten, lag diese nun bei einem interalliierten zivilen Rat aus den Hohen Kommissaren, dem ein Generalsekretariat und eine Reihe von Ausschüssen unterstanden. Theoretisch wäre es zwar in dieser Entwicklungsphase auch noch denkbar gewesen, daß eine oder mehrere Besatzungsmächte ihre Zone wieder aus der gemeinsamen Verwaltung herausgelöst hätten. Aber die Praxis der westalliierten Zusammenarbeit ließ bald erkennen, wie unbegründet alle dahingehenden Befürchtungen waren. Anders als der Viermächte-Kontrollrat in den Jahren 1945 bis 1948 funktionierte dieses neue Gremium zufriedenstellend.

Von dem Umstand, daß den drei Hohen Kommissaren nunmehr eine deutsche Zentralregierung gegenüberstand, ging ein heilsamer Zwang zur Einigung aus. Man mußte sich in den vielfältigen und komplizierten Sachfragen, die ständig zur Entscheidung anstanden, rasch und geräuschlos zusammenraufen, um der deutschen Seite wenigstens bei den offiziellen Sitzungen eine geschlossene alliierte Position entgegensetzen zu können. Wenn keine Einigung vor Ort möglich war oder wenn Probleme von grundsätzlicher Bedeutung anstanden, oblag es den Außenministern, denen die Hohen Kommissare unterstellt waren, sich in den jeweiligen Hauptstädten direkt abzustimmen.

Ähnlich wie in der Periode des Parlamentarischen Rates schon war es allerdings auch jetzt mit der westalliierten Gemeinsamkeit häufig nicht allzu weit her. Tatsächlich konnten und wollten sich die einzelnen Hohen Kommissare auch nicht bilateralen Kontakten mit der deutschen Seite entziehen. So wies das deutsch-alliierte Miteinander und Gegeneinander in den Anfängen der Bundesrepublik eine nicht immer durchsichtige Struktur auf. Der offizielle Verkehr und die Verhandlungen, die zwischen der Bundesregierung und der Hohen Kommission als Ganzer stattfanden, wurden von vertraulichen Gesprächen des Bundeskanzlers oder zuständiger Minister mit den einzelnen Kommissaren begleitet, und im Hintergrund bestand ein gut entwickeltes System von mehr informellen Kontakten, die zum raschen Austausch von Informationen, aber manchmal auch von Desinformationen, genutzt wurden. Die Hohen Kommissare ließen es sich ebenfalls nicht nehmen, gelegentlich mit den Parteiführungen in Verbindung zu treten. Adenauer war zwar bestrebt, alle politischen Kontakte zwischen dem Regierungslager und den Kommissaren nach Möglichkeit über die Bundesregierung laufen zu lassen, wobei er das Bundeskanzleramt von Anfang an als zentrale Schaltstelle einsetzte. Doch ließ es sich nicht verhindern, daß die Alliierten auch zur Opposition und zu allen Fraktionen Verbindungen unterhielten.

Im ganzen war indessen der gelegentliche Bilateralismus für Adenauer von Vorteil. Er hatte schon als Präsident des Parlamentarischen Rates das Zusammen- und Gegeneinanderspielen der Westalliierten genau studieren können und war entschlossen, seinen Handlungsspielraum durch sorgsame Handhabung auch der bilateralen Kontakte nach Kräften zu

nutzen. Da anfänglich noch keine deutschen Vertretungen in den Hauptstädten der westlichen Siegermächte bestanden, stellten solche vertraulichen Unterredungen vielfach die einzige Möglichkeit dar, sich Hintergrundinformationen über die Absichten der einzelnen Regierungen zu verschaffen.

An der Spitze der Hohen Kommission standen mit John McCloy, General Sir Brian Robertson (ab März 1950 Sir Ivon Kirkpatrick) und Botschafter André François-Poncet drei erfahrene Persönlichkeiten, deren Wort bei ihren Regierungen erhebliches Gewicht besaß.

Die spektakulärste Ernennung war die von François-Poncet gewesen, der Frankreich von 1931 bis 1938 als Botschafter in Berlin vertreten hatte. Es war kein Wunder, daß sich dieser profunde Kenner Deutschlands anfänglich etwas schwertat, seine deutschen Gesprächspartner nicht fühlen zu lassen, daß nunmehr er es war, der die Puppen tanzen ließ. Allmählich stellte sich aber der richtige partnerschaftliche Ton ein. Schumacher rieb ihm gelegentlich unter die Nase, er habe 1933 bis 1939 an der

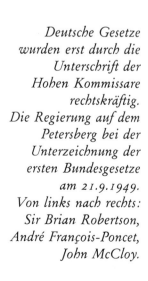

Deutsche Gesetze wurden erst durch die Unterschrift der Hohen Kommissare rechtskräftig. Die Regierung auf dem Petersberg bei der Unterzeichnung der ersten Bundesgesetze am 21.9.1949. Von links nach rechts: Sir Brian Robertson, André François-Poncet, John McCloy.

Politik des Appeasement mitgewirkt und sich dabei als Apostel der deutsch-französischen Verständigung ausgegeben. Das versuche er nun wenig überzeugend zum zweiten Mal. Adenauer traute ihm gleichfalls nicht über den Weg, war sich aber der besonderen psychologischen Gegebenheiten bewußt, die ja nur ein Spiegelbild des über Generationen hinweg spannungsvollen deutsch-französischen Verhältnisses waren. Niemandem wäre mit einem französischen Hohen Kommissar gedient gewesen, der den Deutschen nicht deutlich gemacht hätte, wie bitter antideutsch und wie mißtrauisch die Gefühle in Paris immer noch waren.

General Robertson war seit 1947 Militärgouverneur in der britischen Besatzungszone gewesen und hatte sich gleichfalls eine gründliche Kenntnis von Land und Leuten angeeignet. Die Tätigkeit in der Besatzungsverwaltung hatte in seiner Familie schon eine gewisse Tradition. Brian Robertson war der Sohn eines britischen Generals, der 1919/20 Kommandeur der britischen Besatzungstruppen im Rheinland gewesen war. Spätestens bei Gründung der Bundesrepublik war es den Deutschen klar, daß sie in ihm einen klugen, auf Ausgleich und Verständigung bedachten, von antideutschen Ressentiments freien Partner besaßen.

Am wenigsten verstand John McCloy von den deutschen Angelegenheiten, als er bei Gründung der Bundesrepublik das Amt eines Hohen Kommissars übernahm. Der frühere Unterstaatssekretär im Kriegsministerium gehörte zu den talentierten Wallstreet-Bankern, die der amerikanische Kriegsminister Stimson sich im Zweiten Weltkrieg herangeholt hatte, um die amerikanische Kriegsmaschinerie anzukurbeln. Immerhin hatte er als Unterstaatssekretär Stimsons in den Jahren 1944/45 bereits Gelegenheit gehabt, sich in großen Zügen mit den Schwierigkeiten der deutschen Frage vertraut zu machen. Er war eine ganz und gar politische Ernennung Außenminister Achesons, der von ihm erwartete, die Bundesrepublik voll auf den Kurs der amerikanischen Politik zu bringen. Da McCloy einen souveränen Überblick über die politische und wirtschaftliche Szenerie in den USA hatte und dort in hohem Ansehen stand, wurde er für die Deutschlandpolitik jener Jahre zu einer Schlüsselfigur. Allerdings hing

er in Einzelfragen stark von seinem großen Stab in der Hohen Kommission ab, was einige der nicht ganz widerspruchsfreien Züge seiner Politik erklärt. Offenbar war er seit der ersten Begegnung von Adenauers Persönlichkeit und dessen starker Ausstrahlungskraft gefesselt. Bald besaß dieser in McCloy einen der gewichtigsten Verfechter seiner Politik im amerikanischen Establishment.

Wenn man allein auf die öffentlichen Verlautbarungen zu hören gewillt war, so hatte sich mit der Gründung der Bundesrepublik im Frühjahr 1949 zumindest in den USA ein Kurs durchgesetzt, der von der Annahme langdauernder Gegensätze mit der Sowjetunion ausging und dementsprechend bestrebt war, die besiegten Kriegsgegner in die Gemeinschaft der freien Welt einzugliedern. Freilich hielt man auch in den USA an der Meinung fest, daß die neue deutsche Demokratie erst einmal Proben ihrer Stabilität geben solle und auf keinen Fall aus der alliierten Kuratel entlassen werden dürfe.

Seit Frühjahr 1949 setzte sich im amerikanischen Regierungsapparat auch immer stärker die Auffassung durch, die Ausweitung der deutschen Zuständigkeiten mit einer verstärkten Eingliederung in den Zusammenschluß Westeuropas zu verbinden. Jedoch sollten die jeweiligen rechtlichen Formen, die man den Westzonen gab, einer umfassenden Lösung der deutschen Frage nicht im Wege stehen und auch nicht die Rechtsposition in Berlin gefährden.

Großbritannien und Frankreich wußten ebenfalls, daß die Beziehungen zur Bundesrepublik künftig nicht nur die Elemente der Kontrolle, sondern ebenso die der Partnerschaft enthalten mußten. Während aber auf amerikanischer Seite die Neigung bestand, die partnerschaftlichen Elemente zu betonen, waren Briten und vor allem Franzosen entschlossen, die Kontrollinstrumente nicht aus der Hand zu geben und auch die eigenen außenwirtschaftlichen Interessen nicht zu kurz kommen zu lassen.

So wurden die Anfänge westdeutscher Staatlichkeit vom alliierten Souveränitätsvorbehalt schwer überschattet. Die Zukunft lag in einem ungewissen Zwielicht. Je nachdem, aus welcher Perspektive man die Bundesrepublik betrachtete, konnte sie als souveräner Staat in spe, als Provisorium auf dem Weg zu einer Gesamtregelung zwischen den vier

Adenauer bei der Vorstellung der ersten Bundesregierung vor den Hohen Kommissaren auf dem Teppich, den er nicht betreten sollte. Auf die formelle Übergabe des Besatzungsstatuts wurde verzichtet.

Deutschlandmächten oder als eine Art Protektorat mit einem starken Maß innerer Autonomie begriffen werden. Immerhin war in das Besatzungsstatut eine Revisionsklausel eingebaut. Der künftige Gang der Dinge war also nicht determiniert. Er hing von der internationalen Konstellation, von der deutschen Politik und auch von den innenpolitischen Entwicklungen auf seiten der Alliierten ab, vor allem in Frankreich. Dort lag schon seit einiger Zeit eine primär an der Idee einer Sicherheitskontrolle orientierte Richtung mit einer partnerschaftlich-europäischen im Streit, ohne daß der Ausgang des Ringens bereits abzusehen war.

Atmosphärisch standen die Anfänge der Beziehungen zwischen den Alliierten und der neuen Bundesregierung unter keinem besonders guten Stern. Zum Zeitpunkt, als der Kanzler und sein Kabinett zu einem ersten Gespräch auf dem Petersberg eintrafen,

war eine Sitzung der Hohen Kommissare noch in vollem Gange. McCloy ließ dem Bundeskanzler durch einen Boten ausrichten, er möge es sich in seinem Haus bequem machen. Adenauer weigerte sich und verharrte zusammen mit Vizekanzler Blücher und den anderen Ministern im Regen. McCloy führte die Sitzung eilig zu Ende und begrüßte den Kanzler etwas verlegen mit den Worten: »Sie denken jetzt sicher an Canossa.«

Auch bei der offiziellen Zeremonie am 21. September, bei der das Besatzungsstatut übergeben werden sollte, fehlte anfänglich die Siegerpose nicht. Der Vorgang ist berühmt: Die drei Hohen Kommissare erwarteten, daß der Kanzler vor dem Teppich stehen bliebe, auf dem sie standen, um sich die mitgebrachten Kabinettsmitglieder vorstellen zu lassen. Adenauer trat indessen rasch selbst auf den Teppich und stellte so die partnerschaftliche Gleichheit her.

Auf eine formelle Übergabe des Besatzungsstatuts wurde verzichtet. Ein Beamter drückte Herbert Blankenhorn am Ende der Zeremonie beim Abschied in der Garderobe das in braunes Packpapier eingewickelte Besatzungsstatut in die Hand, und dieser bewahrte das hochoffizielle Dokument als Souvenir auf, bis es der Kanzler im Jahr 1962 zurückforderte.

So gelang es der ruhigen Würde Adenauers sehr bald, gewisse elementare menschliche und protokollarische Voraussetzungen für eine gedeihliche Zusammenarbeit zu erwirken. An der Tatsache der Ober-Regierung auf dem Petersberg änderte dies aber erst einmal nichts.

Bonn und die Länder

Eine erste Kraftprobe zwischen Regierung und Opposition galt weder der Wirtschafts- noch der Außenpolitik, sondern der Hauptstadtfrage. Die Presse war zwar damals ziemlich übereinstimmend der Auffassung, daß es genügend brennende Fragen gebe, die ein vordringlicheres Interesse des deutschen Bundestages verdient hätten. Aber wer so argumentierte, übersah, welche Bedeutung die Hauptstadt für das Klima der Politik und für die Identifikation der Bürger zu haben pflegt.

Der Parlamentarische Rat hatte sich mit einer Zufallsmehrheit von 33 gegen 29 Stimmen für Bonn als Regierungssitz entschieden. Nun kamen die Zweifel. Die Arbeit konnte nicht richtig anfangen; sogar die Hohen Kommissare hatten etwas mißmutig abzuwarten, wo sie sich endgültig niederlassen sollten. Wochenlang wurde darüber intrigiert, ob diese Entscheidung nicht wieder umgestoßen werden sollte. Schließlich war der schon recht ausgedehnte zentrale Apparat aus der Trizonen-Periode bereits recht und schlecht in Frankfurt untergebracht, das sich zudem auf die Paulskirchen-Tradition berufen konnte.

Für die Kandidatur Bonns, das seinen Erfolg im wesentlichen der Initiative des früheren Chefs der Staatskanzlei von Nordrhein-Westfalen, Hermann Wandersleb, verdankte, hatten viele mehr oder weniger edle Gründe gesprochen. Ausschlaggebend

war wohl, daß die Hauptstadt im stärksten Bundesland, in Nordrhein-Westfalen, lag. Adenauer brachte die Frage des Regierungssitzes mit seinem außenpolitischen Konzept in Verbindung. Schon im Herbst 1948 hatte er einem belgischen Politiker geschrieben: »Ich persönlich bin der Auffassung, daß auch vom Standpunkt der Westmächte aus gesehen, Bonn Frankfurt vorzuziehen ist, weil die alten traditionellen Verbindungen zwischen dem rheinischen Westen und den westlichen Nachbarn Deutschlands stärker sind als die Beziehungen zwischen Frankfurt und den westlichen Nachbarn. Ich bin ferner der Auffassung, daß es für die Arbeit des künftigen Bundesparlaments und der Bundesregierung besser ist, wenn sie in einer verhältnismäßig kleinen Stadt, wie Bonn es ist, ihren Sitz haben, statt in dem lärmenden Frankfurt.« Dabei dachte er daran, wie nach 1918 verschiedene Reichsregierungen in Berlin unter den Druck der Straße geraten waren.

Es gab auch andere Argumente. Als aber die Hauptstadtfrage im neugewählten Bundestag wieder strittig wurde, geriet sie ganz unvermeidlich in die Konfrontation von Regierung und Opposition hinein. Für Adenauer war jetzt auch die Überlegung wichtig, den Aufbau seiner neuen Bundesverwaltung erst einmal fern von den bereits etablierten Bürokratien des Vereinigten Wirtschaftsgebiets vornehmen zu können. Dadurch mußten allerdings die Schwierigkeiten beim Aufbau der bürokratischen Apparate noch größer werden, als ohnehin schon zu erwarten. Demgegenüber sprach aus sozialdemokratischer Sicht die Paulskirchen-Tradition für Frankfurt, aber auch der Umstand, daß nach ihrer Auffassung die Regierung eines Industriestaates in eine Wirtschaftsmetropole gehörte, nicht aber in eine idyllisch gelegene Universitäts- und Pensionärsstadt. Die Kommunistische Partei setzte sich dafür ein, den Sitz der Bundesregierung nach Berlin zu legen.

Vielen Beobachtern erschien die am 3. November 1949 mit 200 zu 176 Stimmen erfolgte Wahl Bonns mehr der Ausdruck einer bizarren Laune des Schicksals und einzelner Personen denn das Ergebnis reiflicher Überlegung. »Es ist eine verlegene Hauptstadt«, konnte man in der *Gegenwart* lesen. Das blieb sie für eine ganze Reihe von Jahren. Die Sozialdemokraten neigten dazu, in Bonn ein Sym-

Anfängen Bonner Traditionen geschaffen. Die Vorgänge um die Hauptstadtwahl brachten zum ersten Mal den *Spiegel* auf die Spur einer Bonner Staatsaffäre. Er behauptete, daß etwa 100 Abgeordnete vor der Abstimmung über den Sitz der Bundesregierung Bestechungsgelder erhalten hätten.

Zugleich erhielt die Öffentlichkeit dadurch einen ersten Anschauungsunterricht über die Nützlichkeit von parlamentarischen Untersuchungsausschüssen. Im Oktober 1950 setzte der Bundestag einen solchen zur Klärung dieser Vorwürfe ein, der seine Tätigkeit im Mai 1951 beendete, ohne sie zu bestätigen. Man konnte daraus für künftige Fälle die Lehre ziehen, daß sich die Einrichtung parlamentarischer Untersuchungsausschüsse im Verfassungssystem des Grundgesetzes für parlamentarische Kontroversen gut, für die Wahrheitsfindung aber kaum eignet.

So mußte die Bundesrepublik mit einer Hauptstadt zu reüssieren suchen, die nur politisches und administratives Zentrum war, während Kultur, Wirtschaft, Publizistik anderswo ihre Schwerpunkte hatten: in Frankfurt, Düsseldorf, München, Hamburg und Berlin. Ob diese Dezentralisierung eine Verarmung oder eine Bereicherung brachte, blieb von Anbeginn an strittig. Gewiß hat sie zeitweilig eine gewisse Bonn-Verdrossenheit bewirkt und die Identifikation mit dem neuen Staat erschwert. Bonn lag in vieler Hinsicht etwas am Rande. Die Verbesserung der Verkehrssysteme und des Kommunikationswesens hat hier allerdings schon bald einen Wandel eingeleitet.

Es war aus mehreren Gründen schwierig für Bonn, sich als Hauptstadt durchzusetzen. Die Länder hatten damals in das Verhältnis zum Bund viel mehr politisches Gewicht einzubringen als früher. Die dort bestehenden Koalitionen spiegelten die Kräfteverhältnisse wider, wie sie vor Gründung der Bundesrepublik bestanden hatten. Sie entsprachen aber ebenso den politischen Bedingungen in den Ländern und brachten bisweilen die persönlichen Differenzen der führenden Landespolitiker zum Ausdruck. Koalitionsregierungen waren die Regel, wobei es allerdings 1949 in keinem Bundesland eine Koalition nach dem Bonner Modell gab.

»Bonn bleibt vorläufiger Bundessitz!« Im Frühjahr 1949 hatte sich Konrad Adenauer von Hermann J. Abs in Frankfurt vorsorglich zwei Häuser zeigen lassen. Jetzt konnte er seinen Wohnsitz in Rhöndorf behalten. Als deutsche Hauptstadt wurde weiterhin Berlin angesehen.

bol für den Triumph ihres Gegenspielers zu sehen. Diejenigen, die den Ausbau als Regierungssitz mit Skepsis betrachteten und den Blick immer noch nach Berlin richteten, konnten in der Entscheidung für eine so wenig gewichtige Stadt höchstens *einen* Vorteil erkennen: diese bekräftigte den Provisoriumscharakter.

Daß vor der Abstimmung angeblich bestimmte Summen den Eigentümer gewechselt hatten, verbesserte das Image des Regierungssitzes gleichfalls nicht. Auch in dieser Hinsicht wurden schon ganz in den

Die meisten westdeutschen Länder hatten mit All-
parteienregierungen begonnen, die ursprünglich von
den Besatzungsmächten gefordert worden waren.
Als der Kalte Krieg einsetzte, mußten die Kommunisten ausscheiden, aber CDU und SPD blieben
vielfach noch zusammen. Nun, nach Gründung der
Bundesrepublik, geriet das politische Leben in den
Ländern bald vom Bund her unter Druck: Adenauer
und Schumacher erwarteten von ihren Parteifreunden in den Ländern gleicherweise die Unterordnung
landespolitischer Interessen unter bundespolitische
Gesichtspunkte, ohne sich damit allerdings immer
durchsetzen zu können. Es dauerte jedenfalls geraume Zeit, bis das Bonner Modell in den Ländern
Nachahmung fand. Schleswig-Holstein machte im
Herbst 1950 damit den Anfang (wobei dort auch
der Bund der Heimatvertriebenen und Entrechteten
einbezogen war); im Sommer 1951 folgte Rheinland-Pfalz und Ende 1953 Hamburg. Mit schöner
Regelmäßigkeit gingen von Landtagswahlen und
Regierungsbildungen in den Ländern Erschütterungen auf die Bundespolitik aus, so wie sich umgekehrt die Koalitionen in den Ländern bei Krisenent-
scheidungen im Bundesrat schärfstem Druck von
Bonn ausgesetzt sahen. Dem deutschen Föderalismus bekam die parteipolitische Vielfalt durchaus.
Niemals seit der Reichsgründung durch Bismarck
gab es in den Landeshauptstädten insgesamt ein so
reges politisches Leben, niemals früher oder später
hatten auch die Länder so viel direkten und indirek-
ten Einfluß wie im ersten Jahrzehnt der Adenauer-
Ära. Das Regieren in Bonn wurde dadurch allerdings erschwert. Wie auch andere Bundeskanzler
nach ihm beklagte sich Adenauer bald, der starke
Einfluß der Länder sei so vom Grundgesetz nicht
gewollt. Er verkannte damit, daß solche Schwierigkeiten zu den oft unvermeidlichen Begleiterscheinungen eines gewaltenteiligen föderalistischen Systems gehören.
Die vergleichsweise starke Politisierung der Landespolitik hatte zur Zeit der ersten Regierung Adenauer allerdings noch einen anderen Grund. Nicht nur
das Allparteiensystem geriet unter Druck, sondern
die etablierten Parteien generell.

*21. November 1949: die
Möbelwagen Adenauers
vor dem Palais Schaum-
burg. Erst jetzt konnte
er vom Museum Koenig
in den klassizistischen
Bau umziehen, der 1858
in einem weitläufigen
Park errichtet
worden war.*

*Rechte Seite:
Länder-Minister-
präsidentenkonferenz
1952 in Stuttgart.
1. Reihe von links:
Kopf, Reuter, Ehard,
F. W. Lübke, Altmeier;
2. Reihe: Zinn, Kaisen,
Brauer, Maier, Arnold.*

In den Flüchtlingsländern Schleswig-Holstein, Niedersachsen und Bayern begann alsbald nach Gründung der Bundesrepublik der BHE seinen Siegeszug. Bei der ersten Bundestagswahl war die Flüchtlingspartei noch nicht teilnahmeberechtigt gewesen, bei der zweiten Bundestagswahl die politische Stoßkraft der Vertriebenenpartei bereits halb verbraucht. Aber in den Landtagswahlen dazwischen erschütterte sie die Parteiensysteme in den Ländern.

In Niedersachsen und Schleswig-Holstein hatten zudem auch die nationalistischen Gruppierungen, die nach Gründung der Bundesrepublik nicht mehr aus dem Spiel herausgehalten werden konnten, ihre regionalen Zentren. Wenn es ihnen gelänge, die Flüchtlingsmassen zu ergreifen, so drohte, wie jedermann wußte, nicht nur den Parteiensystemen in diesen Ländern, sondern der Demokratie insgesamt Gefahr.

Besonders turbulent gestaltete sich die Landespolitik in Bayern. Hier wuchs für wenige Jahre nicht nur der BHE in Verbindung mit der nationalistischen Deutschen Gemeinschaft zu einer politischen Kraft

empor. Direkt und indirekt verstärkte das dortige Flüchtlingselement auch die autonomistischen Tendenzen, die sich in der Bayernpartei kristallisierten, nachdem die CSU auf den Kurs eines gemäßigten Föderalismus eingeschwenkt war und rasch zu einer tragenden Säule der Bundesregierung wurde. Während der ganzen fünfziger Jahre machten diese Sonderbedingungen das Parteiensystem Bayerns instabil. Zugleich erblühten aus dem erbitterten Ringen von CSU und Bayernpartei immer wieder saftige politische Affären, von denen zartbesaitete in- und ausländische Beobachter besorgt meinten, sie fügten dem Ansehen der Demokratie irreparablen Schaden zu. Im Rückblick wird man anders urteilen. So problematisch die Auswirkungen der heftigen politischen Machtkämpfe damals auch waren, sie verhinderten doch die Entpolitisierung der Landespolitik und gewöhnten die Öffentlichkeit daran, daß Demokratie keine Staatsform harmonischer Solidarität ist, sondern ein System, das wenigstens einen Teil seiner Widerstandskraft und Leistungsfähigkeit aus dem politischen Konflikt bezieht.

Südwestdeutsche Brautwerbung: Ministerpräsident Reinhold Maier (Württemberg-Baden) und Staatspräsident Gebhard Müller (Württemberg-Hohenzollern) bemühen sich um den badischen Staatspräsidenten Leo Wohleb.

Eine weitere Ursache starker Leidenschaften und parteipolitischer Instabilität war die Südweststaat-Frage. Hier ging es darum, ob die alten Länder Baden und Württemberg wiederhergestellt oder ob ein großes südwestdeutsches Bundesland geschaffen werden sollte. Gegen den Fortbestand der von den Besatzungsmächten geschaffenen Länder Württemberg-Baden, Württemberg-Hohenzollern und Baden sprach vieles: das Traditionsbewußtsein der badischen und schwäbischen Bevölkerungen, die ihre Länder wiedervereinigt sehen wollten, doch auch das Bestreben, die unzweckmäßige administrative Aufteilung des württembergischen Wirtschaftsraumes rückgängig zu machen. Andererseits hatte sich gezeigt, daß gerade unter wirtschaftlichen Gesichtspunkten die Vereinigung des nördlichen Württemberg mit dem nördlichen Baden sinnvoll war. Wollte man beiden Bedürfnissen gerecht werden, so blieb nur die Entscheidung für die Bildung eines großen südwestdeutschen Staates. Auch außenpolitische Erwägungen ließen es in den Jahren 1948 und 1949 noch angezeigt erscheinen, einen Staat zu errichten,

der sowohl Teile der französischen wie der amerikanischen Besatzungszone umschloß und beträchtliches Eigengewicht besaß. Man hoffte, so gewissen französischen Tendenzen entgegenzuwirken, die im Jahr 1948 noch spürbar waren und darauf abzielten, in Südbaden und Württemberg-Hohenzollern die von Paris aus leichter kontrollierbaren schwachen Regierungen zu erhalten.

Gegen die Südweststaat-Lösung wandte sich allerdings ein von verschiedenen Motiven, nicht zuletzt von antischwäbischen Stimmungen genährtes badisches Heimatbewußtsein. Es hatte in den katholischen Gegenden sowie in der alten badischen Landeshauptstadt Karlsruhe seine politischen Zentren und in dem streitbaren Freiburger Staatspräsidenten Leo Wohleb seinen Vorkämpfer.

Allen Beteiligten war dabei klar, daß die Neugliederung des südwestdeutschen Raums auch parteipolitische Gewichtsverschiebungen mit deutlichen Ausstrahlungen auf die Stärkeverhältnisse im Bundesrat bringen konnte. Während in Baden und in Württemberg-Hohenzollern die CDU ihre Hochburgen hat-

Der linke Flügel der CDU hatte sein Kernland in Nordrhein-Westfalen. Seine politischen Exponenten waren Karl Arnold (links) und Jakob Kaiser (rechts neben dem Düsseldorfer Oberbürgermeister Josef Gockeln).

te, so daß die Bundesratsstimmen der Bundesregierung sicher sein konnten, war vorauszusehen, daß die FDP unter dem ebenso fähigen wie eigenwilligen Liberalen Reinhold Maier im gesamten Südweststaat eine ähnliche Schlüsselstellung erhalten würde wie jetzt schon im Stuttgarter Landtag Württemberg-Badens. Dementsprechend wurde die Südweststaat-Idee von FDP und SPD ziemlich einmütig unterstützt. In den Reihen der CDU lieferten Befürworter und Gegner einander eine Vielzahl von Duellen, wodurch das politische Gewicht der Partei nicht eben gestärkt wurde. Kein Wunder, daß Adenauer schon im Parlamentarischen Rat und als Bundeskanzler nach Kräften bemüht war, den seit 1948 in voller Fahrt auf den Südweststaat hin befindlichen Zug noch zu stoppen: aber ohne Erfolg. Jedenfalls war auch die Atmosphäre in diesen drei Bundesländern in den Anfängen der Bundesrepublik erheblich politisiert.

Nicht einmal Nordrhein-Westfalen war ein sicherer Faktor im bundespolitischen Kalkül. In diesem nach Bevölkerungszahl und wirtschaftlichem Gewicht führenden Land hatte der linke Flügel der CDU seine wichtigsten Bastionen. Hier machten sich aber auch die national orientierten Gruppen bemerkbar, die bei den ersten Bundestagswahlen noch hintangehalten worden waren, nun jedoch vor allem in der FDP eine politische Heimat suchten. In Nordrhein-Westfalen kamen wie in einer Art Mikrokosmos die großen Spannungen und die vielseitigen Koalitionsmöglichkeiten des durchaus noch ungefestigten Parteiensystems der frühen Bundesrepublik zum Ausdruck. Der linke Flügel der CDU sympathisierte mit den gleichfalls vorwiegend sozialreformerisch orientierten Resten des Zentrums, das hier noch einige Hochburgen besaß. Wirtschafts- und sozialpolitisch gab es viel mehr Berührungspunkte mit der SPD als mit der teils industriell ausgerichteten, teils mehr oder weniger stark nationalen FDP des Landes. Doch der Arbeitnehmerflügel in der CDU repräsentierte zugleich das kulturpolitisch konservative katholische Element der Partei und tat sich mit einer SPD schwer, deren Führer die katholische Kirche als »die fünfte Besatzungsmacht« bezeichnet hatte.

Auf dem Feld der Schulpolitik waren die Gräben zur SPD, doch auch zur FDP tief.

Der bürgerliche Flügel der CDU, der in Westfalen dominierte, orientierte sich zwar am Modell der »Kleinen Koalition« in Bonn, doch störte an der nordrhein-westfälischen FDP die teilweise prononciert nationale Attitüde. Noch waren allerdings die wirtschaftspolitischen Gegensätze zwischen SPD und FDP stark genug, um eine Annäherung zwischen diesen beiden Parteien unmöglich zu machen. Aber tendenziell bestanden im gemeinsamen Antiklerikalismus von Sozialdemokraten und Liberalen sowie in latenten und bald offenen Gegensätzen zur Deutschlandpolitik des Kanzlers recht frühe Ansatzpunkte für ein Zusammengehen gegen die CDU, wie es dann 1956 zustande kam.

Selbst von einem vergleichsweise schwachen Land wie Rheinland-Pfalz gingen Irritationen auf die Bundespolitik aus. In diesem Fall sorgte die Saarfrage lange Jahre für Reibungen. Die Regierung in Mainz begriff sich ebenso wie die CDU-Organisation des Landes in der Rolle des bundespolitischen Sachwalters der von Frankreich unterdrückten Saarländer. Sie fuhren dem Kanzler mehr als einmal in die Parade, wenn er im Interesse der deutschfranzösischen Aussöhnung das Saarproblem bloß auf Sparflamme zu kochen suchte.

Auch die Bonner SPD-Führung hatte es mit der Kontrolle ihrer Landesverbände nicht leicht. In Berlin regierte Ernst Reuter, ein Sozialdemokrat von großem internationalen Ansehen und ein Mann strikt amerikanischer Orientierung. Aus seiner Sicht der Dinge war die Bonner Konfrontationspolitik töricht, und er hielt sich bis zu seinem frühzeitigen Tod im Jahr 1953 demonstrativ für spätere Kombinationen in Reserve. Auch der Hamburger SPD-Bürgermeister Max Brauer, der 1946 aus dem amerikanischen Exil zurückgekommen war, sowie Wilhelm Kaisen in Bremen wollten nicht einsehen, weshalb die Bedenken gegen die Modalitäten der Westbindung so kompromißlos scharf artikuliert werden sollten. Beide waren weit über die Hansestädte hinaus angesehene Persönlichkeiten, die zwar den Beschlüssen ihrer Partei loyal Folge leisteten, aber eben doch nur mit erheblichen Vorbehalten. Auch die SPD in Württemberg-Baden, die mit der bürgerlichen Koalitionsregierung in Stuttgart gute Erfahrungen gemacht und sich ohnehin entsprechend dem gemäßigteren politischen Klima des Landes entwickelt hatte, war nur bedingt steuerbar.

So bestand zwischen Bonn und den Ländern im ganzen noch ein gewisses Gleichgewicht, das erst sehr viel später verlorenging. Der Handlungsspielraum der Bundesregierung und der Fraktionsführungen war ebenso begrenzt wie derjenige der Parteiführungen, wobei die SPD noch am ehesten bereit war, sich den Anordnungen der Bonner Zentrale zu beugen. Für die CDU kam erschwerend hinzu, daß bis zum Parteitag in Goslar im Oktober 1950 überhaupt keine bundeseinheitliche Parteiorganisation bestand.

Sowohl im CDU-Vorstand wie auch in der FDP herrschte keine Homogenität. Man hatte es mit spannungsvollen Koalitionen von Landesverbänden zu tun, die sich nicht einfach manipulieren ließen. Bis in die Zeit des Fernsehstreits gegen Ende der Adenauer-Ära ist es dem Kanzler nicht gelungen, die Landesfürsten zu bedingungslosen Erfüllungsgehilfen seiner Politik zu machen. Das Schlagwort von der Kanzler-Demokratie läßt diesen zentralen Sachverhalt der damaligen Politik zu leicht vergessen. Tatsächlich bestand eine der größten politischen Leistungen Adenauers darin, trotz der starken zentrifugalen Kräfte doch kraftvoll zu regieren.

Für die an und für sich antiföderalistische SPD war der lebendige Föderalismus der Adenauer-Ära noch am ehesten eine Wohltat. Er gewährleistete auch in einer langen Periode der Vorherrschaft der CDU, daß die Partei in Teilen des Landes an der Regierung blieb und sich von der Provinz aus reformieren konnte.

Im großen und ganzen war es wohl ein Glücksfall, daß gerade in den fünfziger Jahren die Länder noch gewichtige politische Entscheidungszentren gewesen sind. Die Gewöhnung an parlamentarische Demokratie und pluralistisches Parteiensystem wäre wohl nicht so problemlos vor sich gegangen, wenn die starken politischen Impulse jener Jahre nicht auch in den Ländern ein politisches Betätigungsfeld gefunden hätten. Ohnehin hatte die Besatzungszeit in den Ländern und Zonen zu fühlbaren Getrenntentwicklungen geführt, die nicht von heute auf morgen abgebaut werden konnten. Allerdings war die Landespolitik weitgehend eine Sache der politisch Interessierten und Aktiven. Die breite Wählerschaft stand ihr noch indifferenter gegenüber als der Bundespolitik. Bereits eine Umfrage vom Juni 1952, was der Befragte dazu meinen würde, wenn alle Länderregierungen aufgelöst würden und es nur noch eine Bundesregierung in Bonn gäbe, erbrachte ein jeden Föderalisten erschütterndes Ergebnis: 29 Prozent fanden die Idee »sehr gut«, 23 »gut«, nur 14 Prozent antworteten mit »nicht gut«, 5 mit »ganz schlecht«, und einem Viertel der Befragten war das egal.

Noch hatten die verschiedenen Regionen aber ein ziemlich ausgeprägtes Profil, markante politische Führungsfiguren eigenen Gewichts, landespolitische Themen, um die sich die Kontroversen drehten, und auch eigene Affären. Die Generation von Technokraten, die sich zwei Jahrzehnte später daranmachte, mit dem Schlagwort von der Gleichheit der Lebensverhältnisse die kulturellen, wirtschaftlichen und politischen Verschiedenheiten der Länder zu planieren, ging größtenteils noch zur Schule. Das Fernsehzeitalter mit seinen zentralisierenden und nivellierenden Auswirkungen stand erst vor der Tür. Selbst die Presselandschaft war abwechslungsreicher und trug zur Farbigkeit der politischen Kultur in den einzelnen Ländern bei, die ein viel zu schnell vergängliches Kennzeichen der Demokratie in den frühen und mittleren fünfziger Jahren war. Die Zeit der Telekratie, der zentralen Parteiapparate und der umfassenden Systemplanung hatte noch nicht begonnen.

Die Ansätze der Außenpolitik:
Adenauer und Schumacher

Als Adenauer im Sommer 1949 an die Macht kam, wußte er, was er wollte. »Auf außenpolitischem Gebiet«, schrieb er am 27. August in einem Privatbrief, »liegt unsere Linie fest. Sie richtet sich in erster Linie darauf, ein enges Verhältnis zu den Nachbarstaaten der westlichen Welt, insbesondere auch zu den Vereinigten Staaten herzustellen. Es wird von uns mit aller Energie angestrebt werden, daß

Deutschland so rasch wie möglich als gleichberechtigtes und gleichverpflichtetes Mitglied in die europäische Föderation aufgenommen wird. Bei der Durchführung dieser Absichten werden wir besonders eng mit den anderen in den westeuropäischen Völkern sich immer stärker entwickelnden christlich-demokratischen Kräften zusammenarbeiten.« Westbindung, Amerikaorientierung, Gleichberechtigung, Mitwirkung am Zusammenschluß Europas lauteten also die Stichworte, die bald in der ersten Regierungserklärung vom 20. September deutlich artikuliert wurden.

Eine intensive Erforschung der außenpolitischen Vorstellungen Adenauers hat gezeigt, daß das Konzept einer unauflöslichen Eingliederung Deutschlands in eine Gemeinschaft westlicher Demokratien sofort nach Kriegsende ein maßgebender Leitgedanke seiner Politik war. Die erste Regierungserklärung formulierte es dann auch programmatisch: »Es besteht gar kein Zweifel daran, daß wir nach unserer Herkunft und nach unserer Gesinnung zur westeuropäischen Welt gehören.« Diese Auffassungen des einstigen Kölner Oberbürgermeisters lassen sich bis in die zwanziger Jahre zurückverfolgen. Eine Vielzahl grundsätzlicher Überlegungen sprach für diesen Kurs.

Jeder Versuch des Wiederaufbaus eines freiheitlichen Verfassungsstaates mußte scheitern, wenn er – wie nach dem Ersten Weltkrieg – erneut mit einer Hypothek außenpolitischer Spannungen zu den großen westlichen Demokratien belastet war. So gesehen ging es um eine historische Korrektur antiwestlicher Fehlentwicklungen der deutschen Politik, teilweise auch des deutschen Geisteslebens. Im übrigen war Adenauer damals wie später davon überzeugt, daß man als Folge des Auf und Ab deutscher Geschichte im 20. Jahrhundert mit einer gefährlichen politischen Labilität der Deutschen zu rechnen hatte. Dem mußte durch feste Verankerung in den westlichen Demokratien entgegengewirkt werden. Nur von seiten der Westmächte war auch zu erwarten, daß sich mittelfristig ein partnerschaftliches Verhältnis zu Deutschland durchsetzte. Demgegenüber war von der Sowjetunion in dieser Hinsicht nichts zu erwarten. Allerdings beobachtete Adenauer stets mit wachem Mißtrauen jene Kräfte in

Frankreich und anderswo, die Deutschland auf lange Dauer im Zustand einseitiger Sicherheitskontrolle halten und wirtschaftlich ausbeuten wollten. Aber er setzte auf die zukunftsorientierten, europäischen Tendenzen, die sich seit 1948 besonders auch bei den westeuropäischen Christlichen Demokraten durchsetzten.

Vorbehaltlose Westbindung war auch im Blick auf die Sowjetunion geboten, in der er eine säkulare Bedrohung der freiheitlichen Demokratien erblickte. Jedem, der es hören (und nicht hören) wollte, sagte er, es gehe darum zu verhindern, daß »Asien« die freien, aber geschwächten Staaten Europas verschlucke. Daher müsse sich Europa vereinigen. Freilich hielt er auch eine Einigung der Westmächte mit Moskau auf Kosten Deutschlands für nicht ausgeschlossen. »Wir sind einstweilen Objekt und weiter nichts«, erklärte er seinen Parteifreunden im Januar 1949. »Wir können verschachert werden von den Amerikanern an die Russen. Es kann auch sein, daß die Amerikaner uns brauchen als Stein im Spiel mit den Russen, aber wir haben außenpolitisch zur Zeit noch ganz außerordentlich wenig Bedeutung.«

Die Berliner Blockade hatte auf ihn einen unauslöschlichen Eindruck gemacht. Ohne die USA, so sagte und schrieb er damals häufig, ist Europa rettungslos verloren.

Seit Anfang 1948 stand er auch in engem persönlichen Kontakt mit den westeuropäischen Europabewegungen. Verschiedene Konferenzen mit christlich-demokratischen und anderen Europapolitikern in der Schweiz und in Holland hatten ihn davon überzeugt, daß sich bei engster Mitarbeit Westdeutschlands an diesen Bestrebungen auch eine Chance bot, aus der Isolierung herauszukommen und den orientierungslosen, zynisch gewordenen Deutschen zugleich positive Zukunftsperspektiven zu eröffnen. Dies war auch ein Hauptgrund, weshalb er seit Mitte 1948 auf rasche Gründung eines westdeutschen Staates drängte. Eigene Initiativen waren allerdings noch verfrüht. Naturgemäß blieb der deutschen Seite keine andere Wahl, als sich erst einmal in die Initiativen im westeuropäischen Raum – OEEC, Europarat, später Schuman-Plan – mit einzufädeln. Hauptsache, man war mit dabei. Nur europäische Konstruktionen, so glaubte er, konnten

auch eine negative französische Sicherheitspolitik überwinden und die entscheidend wichtige Aussöhnung zwischen Frankreich und Deutschland ermöglichen. Noch vor der berühmten Zürcher Europa-Rede Winston Churchills hatte er bereits im März 1946 programmatisch den Aufbau der »Vereinigten Staaten von Europa« verlangt. In diesem Zusammenhang formulierte er auch schon den für ihn zentralen Gedanken einer »organischen Verflechtung« der westeuropäischen Volkswirtschaften, »weil parallel laufende, gleichgeschaltete wirtschaftliche Interessen das gesundeste und dauerhafteste Fundament für gute politische Beziehungen der Völker sind und immer bleiben werden«.

Verwurzelung der Demokratie und wirtschaftlicher Wiederaufbau waren mittelfristig nur möglich, wenn die Westbindung der Bundesrepublik im Rahmen eines Prozesses erfolgte, der zur Gleichberechtigung führte. Dabei war er sich über die westlichen Besorgnisse und Vorbehalte voll im klaren. Unausgesprochen, aber deutlich erkennbar, war er erst einmal auf dem Weg zur Gleichberechtigung zu einer Politik der Vorleistungen entschlossen. In der Terminologie der zwanziger Jahre konnte man auch von »Erfüllungspolitik« sprechen. Es galt seiner Auffassung nach vor allem, Vertrauen zu erwecken, einen Prozeß des positiven Miteinander in Gang zu bringen und dabei Zug um Zug Bewegungsfreiheit zu gewinnen. Die möglichst rasche Überwindung des Souveränitätsdefizits war mit Blick auf die Außenwirtschaftspolitik geboten, aber ebenso mit Blick auf die ständige Versuchung westlicher Politik, bei Ost-West-Verhandlungen die Bundesrepublik zur Disposition zu stellen. In dieser Hinsicht strebte Adenauer mit großer Konsequenz für eine hoffentlich nahe Zukunft eine Veto-Position der Bundesregierung an.

Auch er war sich in den Anfängen noch nicht voll darüber im klaren, ob die Bundesrepublik nicht nur ein weiteres Provisorium auf dem Weg einer Neuordnung in Deutschland sein würde. Doch gibt es viele Äußerungen schon aus dem Jahr 1949, die darauf hindeuten, daß er viel eher mit einer länger andauernden Teilung rechnete. Wie alle maßgebenden westdeutschen Politiker war allerdings auch er damals überzeugt, daß diese kein Dauerzustand bleiben dürfe. Die Behauptungen, er habe von Anfang an eine bloße »Rheinbundpolitik« geführt, finden in den heute zugänglichen Materialien keine Stütze. Auch er sah in der Wiederherstellung der Einheit Deutschlands eine natürliche Aufgabe deutscher Politik, die wohl erreichbar sein würde. Aber es durfte keine Wiedervereinigung auf Kosten der Freiheit im Westen und auch keine Einheit sein, die Deutschland von den Westmächten isolierte.

Dabei stand er damals mit seiner Auffassung noch durchaus im Hauptstrom westdeutschen politischen Denkens, wenn er es als erstrebenswertes Ziel ansah, die Sowjetunion in enger Verbindung mit den Westmächten zur Preisgabe der Ostzone und hoffentlich auch großer Teile der Ostgebiete zu veranlassen. Und je länger der Bonner Staat bestand, um so stärker war auch seine Entschlossenheit, darin

den deutschen Kernstaat zu begreifen, an den die getrennten Teile wieder anzugliedern wären. Im Prinzip sollten die westlichen Bindungen dieses Kernstaates auch auf ein wiedervereinigtes Deutschland ausgedehnt werden. Ein in Westeuropa integriertes demokratisches Gesamtdeutschland könne, so argumentierte er schon sehr früh, auch den westeuropäischen Staaten die Furcht vor der Dynamik eines 75-Millionen-Deutschland nehmen. Da aber in bezug auf die Wiedervereinigung auf absehbare Zeit nichts zu erwarten war, mußte man sich erst einmal auf Konsolidierung, Westbindung und außenpolitische Stabilisierung der Bundesrepublik konzentrieren.

So lassen sich die Grundgedanken der Lagebeurteilung des Kanzlers umreißen, wie sie heute aus öffentlichen und internen Äußerungen rekonstruier-

Der Regierungschef.

Der Oppositionsführer.

bar sind. Diese Überlegungen bewegten sich im Jahr 1949 durchaus auf Bahnen, wie sie von einer überwiegenden Mehrzahl westdeutscher Politiker und von der öffentlichen Meinung für zweckmäßig gehalten wurden. Gewiß, es hatte bis in den Winter 1947/48 hinein, ja sogar teilweise bis zur Berliner Blockade, auch in den Westzonen nicht an gewichtigen Stimmen gefehlt, die angesichts einer höchst fluiden internationalen Lage vor frühzeitigen außenpolitischen Festlegungen warnten. Im Frühsommer 1948 hatte sich aber zwischen allen Parteien mit Ausnahme der KPD ein Konsens herausgebildet, daß jetzt nur noch die Einbeziehung in den Marshall-Plan, die Staatsgründung und ganz allgemein eine Politik mit den Westmächten gegen die Sowjetunion in Frage kamen. Diese außenpolitische Grundorientierung war auch im ersten Bundestagswahlkampf zwischen den Parteien nicht strittig. Sie wurde – wie die in der amerikanischen Zone seit 1946 laufend durchgeführten Meinungsumfragen zeigten – von der überwiegenden Mehrheit der Bevölkerung gebilligt. Und selbst bei der Debatte über die erste Regierungserklärung Adenauers, bei der allerdings die den Deutschen ja noch nicht gestattete Außenpolitik auch nicht im Mittelpunkt stand, waren keine grundlegenden Differenzen zu verzeichnen. Sie traten allerdings rasch zutage, als über die Formen und Methoden der Westintegration zu entscheiden war. Hier zeigte sich, daß der maßgebende Oppositionspolitiker, Kurt Schumacher, die Aussichten für eine faire Partnerschaft der Westmächte sehr viel skeptischer beurteilte als der Kanzler. Er erwartete von keiner der vier Deutschlandmächte viel Gutes.

Die USA waren seiner Meinung nach in voller Fahrt, ein kapitalistisches Westdeutschland in einem kapitalistischen Westeuropa wiederaufzubauen. Ohne Zweifel würde der ehemalige Wallstreet-Bankier John McCloy die Adenauer-Regierung in Bonn ähnlich nachhaltig unterstützen, wie dies General Lucius D. Clay mit dem »Bürgerblock« in Frankfurt getan hatte.

Frankreich sah er auf einem Weg, der sich bis zur antideutschen Sicherheitspolitik Poincarés zur Zeit des Ruhrkampfes im Jahre 1923 zurückverfolgen ließ, an den er sich noch genau erinnerte.

Dem Labour-Außenminister Ernest Bevin gab er die Hauptschuld für seine Wahlniederlage am 14. August. Noch Mitte Juni hatte er eine SPD-Delegation nach London gesandt, um einen Demontagestopp zu erreichen und damit in letzter Stunde die Wahlen für die Sozialdemokraten zu entscheiden. Aber Bevin wollte sich auf nichts einlassen. Nachdem die Schwäche der Labour-Regierung mehr und mehr deutlich wurde, hatte Schumacher auch die Hoffnung auf ein von britischen Sozialisten geführtes sozialistisches Europa ziemlich aufgegeben. London schien sich seit längerem darauf beschränken zu müssen, die Rolle eines gefügigen amerikanischen Juniorpartners zu spielen, sofern es nicht – wie etwa in der Demontagefrage – kurzsichtige eigene Interessen verfolgte.

Am stärksten aber war sein Gegensatz zur Sowjetunion. Zwischen der SPD Schumachers und dem Kommunismus Stalins lagen Welten, seit sich der SPD-Führer der Westzonen gleich nach Ende des Dritten Reiches vehement gegen eine Zusammenarbeit mit den deutschen Kommunisten und gegen den russischen Imperialismus gewandt hatte. In seiner Antwort auf die erste Regierungserklärung rühmte er sich gegenüber CDU und FDP erneut seines Antikommunismus der ersten Stunde, und von allen westdeutschen Parteiführern war er am wenigsten willens, sich mit den Ostzonenparteien an einen Tisch zu setzen.

Der politische Märtyrer, der ein Jahrzehnt in Hitlers Konzentrationslagern gelitten hatte, war nicht bereit, eine deutsche Kollektivschuld zu akzeptieren. Er verstand die SPD unter seiner Führung als einzig intakte moralische Kraft der deutschen Politik, die den Nationalsozialismus bereits bekämpft hatte, als Hitler von den Regierungen in West und Ost noch hofiert worden war. Somit sah er sich berechtigt, für ein demokratisches Deutschland Gleichberechtigung und gleiches Lebensrecht wie alle anderen Staaten zu verlangen: Die Sowjetunion sollte ihre Versuche aufgeben, der Ostzone das autoritäre System des Stalinismus aufzuzwingen! Frankreich hatte kein Recht, die Saarbevölkerung von Deutschland abzutrennen und mit der Verfügungsgewalt über die Ruhr dem deutschen Volk die wirtschaftliche Lebensgrundlage zu entziehen!

Großbritannien sollte endlich die Demontagen einstellen! Die USA durften nicht versuchen, ihre wirtschaftliche Vormachtstellung zur Verhinderung sozialistischer Reformen einzusetzen! Und Polen, das ja nicht mehr als ein sowjetischer Satellit war, mußte wissen, daß sich die SPD nie mit dem Verlust der Ostgebiete und der Vertreibung der Deutschen abfinden würde!

Bei Lichte betrachtet, wurde das revisionistische Programm des SPD-Führers, das in allen Hauptstädten der Siegermächte Beunruhigung erweckte, auch von allen anderen Bundestagsparteien mit Ausnahme der Kommunisten vertreten. Aber während die bürgerlichen Parteien diese Ziele mit einer gewissen Zurückhaltung und in der gebotenen Demutshaltung formulierten, klangen die Forderungen Schumachers wie die Fanfaren eines neuen Nationalismus. Der französische Hohe Kommissar François-Poncet charakterisierte den SPD-Führer Ende 1949 in einem Gespräch mit dem französischen Staatspräsidenten Vincent Auriol als einen »Hitler von links«. Der Sozialist Auriol, der in den kommenden Jahren eine der Schlüsselfiguren des antideutschen Lagers in Paris war, stimmte ihm zu: er sei beinahe ein Faschist. Immerhin müsse man aber bedenken, daß er ein kranker Mann sei.

Schumacher hat den Nationalismus-Vorwurf zwar stets weit von sich gewiesen. Doch die schneidende, oft zynische Schärfe, in der er die deutschen Forderungen vorbrachte, und die Kompromißlosigkeit seiner Stellungnahmen gaben diesem Ruf immer neue Nahrung. Allerdings läßt sich bei ihm ebenso wie bei Adenauer erkennen, daß er in den Jahren seit Gründung der Bundesrepublik auch in der Außenpolitik zugelernt hat. Der Schumacher des Jahres 1951 war im ganzen überlegter, erfahrener und vorsichtiger als der in den Jahren 1949 und 1950. Aber er konnte sein Image nicht mehr verbessern.

Die Gründe für diese prononciert nationale Politik waren vielschichtig. Die patriotische Tradition des rechten SPD-Flügels kam darin ebenso zum Ausdruck wie Schumachers preußisches Naturell. Häufig wurde darauf hingewiesen, daß er nach den Erfahrungen der Weimarer Republik den Nationalismus nicht mehr von der anti-demokratischen Rechten okkupiert sehen wollte. Er hoffte auch darauf,

angesichts der vielfach intransigenten Siegermächte mit der nationalen Parole den großen Durchbruch bei der Wählerschaft zu erzielen. Schumacher fürchtete zudem, darin Adenauer gar nicht unähnlich, die national-kommunistische Propaganda aus der Ostzone und suchte ihr vorzubeugen. Persönliches Temperament und Krankheit erklären gleichfalls manche Übersteigerung. Hinzu kam seine bittere Enttäuschung darüber, daß die SPD ihren Führungsanspruch für den Wiederaufbau der deutschen Demokratie verfehlt hatte. Dies schrieb er vor allem den Machenschaften der westlichen Besatzungsmächte zu.

Gerade die Anfänge seiner Kampagne gegen die Modalitäten der Westintegration zeigen deutlich, wie stark die Außenpolitik von innenpolitischen Überlegungen bestimmt war. In Adenauers Westpolitik sah Schumacher auch ein internationales Komplott des Großkapitals und des reaktionären Katholizismus. Im übrigen ergaben sich viele Überakzentuierungen aus der Rolle einer parlamentarischen Opposition, die zunächst einmal experimentell zu erproben hatte, welche Methode am besten zur Macht führen könnte.

Im Hinblick auf die Europapolitik war sich der SPD-Vorsitzende über die starken Gegenströmungen in der eigenen Partei im klaren. Carlo Schmid, neben Schumacher der maßgebende außenpolitische Sprecher der Bundestagsfraktion, nahm führenden Anteil an der europäischen Einigungsbewegung und verstand es sehr viel besser als Schumacher, deutschen Patriotismus und weltoffenes Europäertum miteinander zu verbinden. Auch andere wichtige SPD-Politiker, besonders in den Ländern, wollten trotz aller Bedenken den totalen Konfrontationskurs gegen die Adenauersche Erfüllungspolitik nicht mitmachen. Zu gut erkannten sie, daß Schumachers Politik die Partei sowohl innen- wie außenpolitisch völlig isolierte, selbst in der Sozialistischen Internationale. Aber solange dieser Parteiführer war, bestimmte er die Richtung. Nicht nur die Regierung, auch die Opposition wurde eben damals autoritativ geführt. Ursprünglich hatte zwar auch Schumacher auf einen Zusammenschluß Europas gehofft, aber freilich – wie dies bis 1948 noch möglich schien –

Anders als sein Parteivorsitzender Schumacher trat der Regierende Bürgermeister von Berlin, Ernst Reuter (mit dem amerikanischen Stadtkommandanten General Maxwell D. Taylor, Mitte, und dessen Nachfolger Brigadegeneral Lemuel Mathewson), für eine ziemlich vorbehaltlose Anlehnung an die USA ein.

unter sozialistischer Führung und in deutlicher Eigenständigkeit sowohl gegenüber den USA wie gegenüber der Sowjetunion. Ein bürgerliches »Kleineuropa« lehnte er ab, zumal es der Bundesrepublik keine Gleichberechtigung zu bringen schien.

So drehten sich die rasch beginnenden außenpolitischen Auseinandersetzungen nicht nur um die Modalitäten der Westpolitik. Es ging um die grundlegenden Methoden zur Wiedereingliederung Deutschlands in die europäische Staatengesellschaft, doch auch um den Geist, in dem dies vor sich ging.

Der in vielem noch im 19. Jahrhundert wurzelnde Adenauer war trotz großer Skepsis doch optimistischer, auch risikobereiter. Daß er pragmatischer war als der bei allem schneidenden Realismus zugleich stark in der Idee lebende Schumacher, ist von vielen beobachtet worden. In den Jahren 1948 und 1949 mußte der SPD-Führer erleben, wie sowohl im europäischen Bereich wie in der Bundesrepublik die Entwicklung über ihn hinwegging. Demgegenüber wußte sich Adenauer seit 1948 mehr und mehr im

Einklang mit der vorherrschenden Zeittendenz. Entsprechend entspannter konnte er operieren.

Trotz aller Unterschiede standen diese beiden Protagonisten der ersten Nachkriegsjahre gleich ihren Parteien aber doch in der geistigen Tradition der parlamentarischen Demokratie. Die Erfahrung des Dritten Reiches hatte bei ihnen die Erkenntnis gefestigt, daß neben dem Krieg der totale Staat die große Geißel des 20. Jahrhunderts ist. Sie zogen daraus nicht nur den Schluß, den Rechtsradikalismus mit allen Mitteln zu bekämpfen, sondern fanden sich auch gleichzeitig in der bedingungslosen Ablehnung der kommunistischen Diktatur in der Ostzone.

Die sehr rasch unüberbrückbaren Gegensätze in der Westpolitik und die Gemeinsamkeiten im Kampf gegen die DDR standen somit nebeneinander. Beides fand schon in den allerersten Wochen der Bundesrepublik seinen Ausdruck, als sich Regierung und Opposition äußeren Umständen gegenübersahen, die alsbald dazu zwangen, klare Positionen zu beziehen. Dabei mußte die SPD erleben, daß die Entscheidungen, die sie in diesen Wochen traf, ihren Kurs für die folgenden zehn Jahre ziemlich definitiv festlegten, bis sie auf die Adenauer-Linie einschwenkte. Die Politik von Regierung und Opposition gegenüber der DDR wurde sogar auf 20 Jahre fixiert. Und die vorbehaltlose Westbindung, die Adenauer schon im ersten Jahr seiner Kanzlerschaft vornahm, hat die Außenpolitik der Bundesrepublik bis heute bestimmt.

DM-Abwertung und Petersberger Abkommen

Die Kabinettsbildung war noch in vollem Gang, da wurde Bonn bereits von den Turbulenzen der internationalen Politik erfaßt. Die britische Devisenschwäche hatte am 18. September eine drastische Abwertung um 30,5 Prozent von $4,03 auf $2,80 für das Pfund Sterling erforderlich gemacht. Wollte die Bundesrepublik gegenüber Großbritannien künftig auf den Exportmärkten bestehen, so mußte sie nachziehen. Mit dem bei der Währungsreform festgesetzten Wechselkurs von 30 Cents für eine Deutsche Mark war diese ohnehin hoffnungslos überbewertet.

Zwischen den unterschiedlichen Interessen setzten nun die Auseinandersetzungen ein, die solche Vorgänge immer zu begleiten pflegen. Der Exporthandel plädierte im Sinne günstiger Wettbewerbsbedingungen für eine hohe Abwertungsrate, die Exportindustrie, die auch die Rohstoffkosten und die Rückwirkungen auf die Löhne berücksichtigen mußte, für eine mäßigere Abwertung. Und der Bundeskanzler, der vor allem die politischen Auswirkungen verteuerter Nahrungsmitteleinfuhren und entsprechend massiver gewerkschaftlicher Lohnforderungen im Auge haben mußte, hatte zudem die innenpolitische Seite der Medaille zu berücksichtigen. Aus den Diskussionen kristallisierte sich eine vom Kabinett befürwortete Abwertung um 25 Prozent gegenüber dem Dollar heraus.

Nun aber mußte die Bundesregierung die Erfahrung machen, daß vor allem Paris, doch auch – hinter dem Rücken Frankreichs – Großbritannien, eine geringere Abwertungsrate durchzusetzen suchten. Man hoffte so, dem zu erwartenden deutschen Ansturm auf die Exportmärkte besser begegnen zu

können. Die Alliierten forderten auch den raschen Abbau bestimmter deutscher Exportförderungsmaßnahmen, in denen sie ein Dumping sahen, und zudem verlangte der französische Hohe Kommissar, daß die umfangreichen Kohleexporte nach Frankreich, aus denen die Bundesrepublik dringend gebrauchte Devisen bezog, weiter zum alten Wechselkurs getätigt werden müßten.

Im Bundestag bildete sich eine leidenschaftliche Front gegen die alliierten Forderungen. Doch das half wenig. François-Poncet setzte sich weitgehend durch. Die Deutsche Mark wurde nur um 20,6 Prozent abgewertet, und der Wechselkurs Dollar/Mark wurde auf DM 4,20 für 1 Dollar festgesetzt. Das war der Wechselkurs, der auch schon im Kaiserreich und in der Weimarer Republik gegolten hatte. Wer wollte, konnte darin ein positives Indiz der Kontinuität sehen und die Gewähr, daß die Bundesrepublik den tiefsitzenden westlichen Befürchtungen vor einem deutschen Exportdumping Rechnung trug. Die öffentliche Meinung der Bundesrepublik zog daraus andere Schlüsse. Offenkundig hatten Frankreich und Großbritannien ihre nach wie vor bestehenden Kontrollrechte benutzt, um ihre wirtschaftspolitischen Interessen zu wahren. Dies versprach für eine künftige Zusammenarbeit nichts Gutes, worauf die KPD mit besonderem Genuß hinwies. Und ebenso mußte man zur Kenntnis nehmen, daß Frankreich im Rat der Hohen Kommissare eine gewichtige Stimme besaß.

Die befürchteten negativen Folgen ließen nicht auf sich warten. Die Stagnation, die in den ersten Monaten des Jahres 1950 in der wirtschaftlichen Erholung eintrat und das politische Überleben der Regierung Adenauer gefährdete, war mit eine Auswirkung der verschlechterten Wettbewerbslage. Auf längere Sicht aber gab die Entwicklung dem Bundeswirtschaftsminister recht, der diesen Wechselkurs für geradezu ideal hielt. Er führte anfänglich zur Verbilligung der ausländischen Importe, hielt so das Preisniveau unter einem heilsamen Druck und erschwerte damit eine Lohnexpansion. Die deutschen Exportwaren blieben dadurch wettbewerbsfähig. Andererseits zwang gerade die ungünstige Ausgangslage zu vermehrten Exportanstrengungen, die sich dann, als Deutschland wieder fest auf den internationalen Märkten Fuß gefaßt hatte, voll bezahlt machten. Zudem kam auch ein Anreiz für ausländische Investitionen zustande, während der Abfluß deutschen Kapitals erst einmal verhindert wurde. Die Bundesbank konnte sich ein starkes Devisen- und DM-Polster zulegen, was im Inland zu einer Niedrigzinspolitik führte, die das Wachstum zusätzlich beflügelte. Anders als im September 1949 war es in Zukunft das Ausland, das auf eine Aufwertung der Deutschen Mark drängte, damit aber erst im März 1961 durchdrang, als die Mark um 4,75 Prozent aufgewertet wurde. Der in der deutschen Öffentlichkeit anfänglich so negativ beurteilte Wechselkurs hat tatsächlich den Aufbau der deutschen »Exportmaschine« wesentlich erleichtert und damit jenen Boom unterstützt, der das politische und wirtschaftliche Klima der fünfziger Jahre so nachhaltig bestimmte.

Das ließ sich aber in jenen ersten Wochen der Bundesrepublik noch nicht absehen. Vielmehr verstärkte sich in der Folge noch der Eindruck, daß starke Kräfte in den westeuropäischen Hauptstädten die wirtschaftliche Wiederbelebung in Westdeutschland zu hintertreiben suchten. Die Differenzen über die DM-Abwertung waren nur das Vorspiel zu noch viel erbitterteren deutsch-alliierten Auseinandersetzungen, die sich um die Demontagen drehten. Diese drohten sich zu einer ähnlichen Hypothek für die Beziehungen zwischen Deutschland und Westeuropa auszuwachsen, wie seinerzeit der Friedensvertrag von Versailles.

Dabei ging es nicht nur um die etwa siebenhundert Betriebe, die nach dem im April 1949 erneut revidierten Industrieplan demontiert oder zerstört werden sollten. Letztlich war die Frage zu klären, welches Konzept künftig der Deutschlandpolitik zugrunde liegen sollte. Der französische Außenminister Robert Schuman brachte das Problem auf die knappe Formel: Ist Deutschland als ein Feind zu behandeln, der auf Ehrenwort freigelassen werden kann, als Sicherheitsproblem oder auf irgendeine andere Art und Weise?

Die Demontagepläne vom Herbst 1949 waren alles, was vom ursprünglichen Industrieplan des Frühjahrs 1946 übriggeblieben war. Dieser hatte vorgesehen, die deutsche Industrieproduktion bis Anfang 1948 auf 50 bis 55 Prozent des Standes von 1938 zu reduzieren. Dabei sollten zuerst nur die Rüstungsbetriebe demontiert oder zerstört werden, in zweiter Linie auch alle »surplus capacity«, die über dieses Niveau hinausging, insgesamt 1546 Betriebe. Die Demontagen würden einerseits die industriellen Grundlagen für künftige deutsche Revanchekriege beseitigen, andererseits die Kriegsgegner in Ost und West für ihre Verluste wenigstens teilweise entschädigen.

Die Pläne wurden verschiedentlich revidiert, zuletzt im April 1949 auf 744 Betriebe, die ganz oder teilweise demontiert werden sollten, unter anderem Hüttenwerke, Kugellagerfabriken, Flugzeugwerke, Werke der elektronischen und chemischen Industrie, Werften. Die Demontage mußte mit den Produktionsbeschränkungen oder -verboten für bestimmte Produkte zusammen gesehen werden. Das Niveau der Stahlproduktion wurde in den Washingtoner Vereinbarungen vom 13. April 1949 auf 11,1 Mio. Tonnen festgesetzt; die Herstellung von synthetischem Benzin und Flugzeugen blieb beispielsweise verboten, der Schiffsbau wurde auf Schiffe mit höchstens 7200 BRT und rund 12 Knoten Geschwindigkeit beschränkt. Werke, die unter diese Verbotsliste fielen, sollten ebenso demontiert werden wie jene Stahlwerke, die über die vorgesehene Kapazität hinausgingen.

Solche Beschränkungen und Eingriffe standen ganz offenkundig nicht mehr mit der neuen US-Politik im Einklang, die mit dem Marshall-Plan formuliert worden war. Dieser sollte ja eben einen effektiven, wenn auch kontrollierten Wiederaufbau der deutschen Industrie als Teil des westeuropäischen Wiederaufbaus ermöglichen und so zugleich die Wiedereingliederung Westdeutschlands in die freie Welt. Dementsprechend drängten Administration und Kongreß in Washington auf ein Ende der Demontage, soweit nicht unmittelbar die Rüstungsindustrie betroffen war. Frankreich und Großbritannien aber bestanden auf Erfüllung der ursprünglichen Vereinbarungen.

Die Paradoxie lag nicht nur auf dem Feld der Wirtschaftspolitik. Es war auch schwer vorstellbar, wie die Demokratie in einem Volk Wurzel schlagen sollte, das erlebte, wie die westlichen Demokratien eine Arbeitsplatzvernichtung großen Stils vornahmen – und dies bei einer Arbeitslosenquote von etwa 9 Prozent. Auf eine Bevölkerung, die sich bereits in einem wahren Wiederaufbaurausch befand, aber überall noch mit Zerstörungen des Produktionsapparates zu kämpfen hatte, wirkte dies psychologisch verheerend. In den Städten, wo besonders wichtige Betriebe zur Demontage anstanden, drohte offener Aufruhr. Jetzt, nachdem das Schlimmste vorüber zu sein schien, sollten Werke demontiert werden, die zum Rückgrat der deutschen Schwerindustrie gehörten: die August-Thyssen-Hütte in Hamborn, das Dortmund-Hörder Hüttenwerk und die Reichswer-

ke Salzgitter, die ihr Todesurteil wohl in erster Linie dem Umstand verdankten, daß sie früher den Namen Hermann-Göring-Werke trugen.

Die Fragen mußten auf höchster Ebene angepackt werden. McCloy, nachhaltig unterstützt von Robertson, alarmierte Außenminister Acheson. Auf einer Konferenz vom 9. und 10. November 1949 in Paris machte dieser erst einmal seinen Kollegen Bevin und Schuman mit einiger Deutlichkeit klar, daß die USA in Deutschland und Japan bereits künftige Verbündete gegen die Sowjetunion sahen. Insofern müsse man nicht nur die Demontagefrage, sondern die Wirtschaftspolitik gegenüber Deutschland ganz

Wegen des Widerstandes der Arbeiter mußten die Demontagen in den Jahren 1949 und 1950 meist unter militärischer Bewachung durchgeführt werden. Hier besetzen belgische Truppen ein deutsches Werk.

generell revidieren. Und nicht nur die westliche Wirtschaftspolitik: es sei an der Zeit, die Deutschlandpolitik insgesamt zu ändern.

Bevin, der während der ganzen Jahre die Rolle des amerikanischen Juniorpartners mit viel gesundem Menschenverstand zu spielen wußte, schloß sich dieser Auffassung an. Jetzt zeigte es sich, daß die Schwierigkeiten vor allem von Frankreich ausgingen. Robert Schuman gab nun einer Besorgnis Ausdruck, die während der ganzen fünfziger Jahre und darüber hinaus die französische Integrationspolitik unterschwellig begleiten sollte. Die Demontagen dürften nicht nur als Reparationen verstanden werden. Es gehe um Sicherheit in einem viel weiteren Sinn als dem bloß militärischen, nämlich auch um die Sicherheit vor wirtschaftlicher Überlegenheit Deutschlands. Die Bemühungen um wirtschaftliche Integration Europas, auf die die USA so großen Wert legten, seien durch eine übermäßige deutsche Stahlkapazität gefährdet. Acheson widersprach heftig. Frankreich solle nicht erwarten, daß man erst die deutsche Kapazität abbaue und dann, wenn sie im Interesse Europas doch benötigt werde, mit amerikanischer Hilfe wieder aufbaue. Die angelsächsischen Hohen Kommissare brachten erneut die psychologischen Gesichtspunkte ins Spiel. Auch Bevin machte klar, daß die Demontagefreudigkeit von Teilen der britischen Bürokratie und Geschäftswelt an höchster Stelle nicht unterstützt würde. Es folgte ein mühsames Feilschen um einzelne Werke, an dem auch Vertreter der Benelux-Staaten mitwirkten. Dabei wurde überdeutlich, daß neben reinen Sicherheitsfragen, über die man rasch einig werden konnte, auch Konkurrenzmotive eine Rolle spielten. Schließlich mußte, wie meist bei den Verhandlungen dieser Jahre, das französische Kabinett gefragt werden.

Die USA und Großbritannien setzten sich mit ihrer Auffassung durch. Diese sah vor: baldige Demontage der verbliebenen Rüstungswerke, aber Herausnahme jener anderen Werke aus der Liste, die als »surplus capacity« erfaßt waren. Zwar durfte das Produktionsniveau für Stahl vorerst nicht weiter angehoben werden – aber die Deutschen hatten es ohnehin noch nicht erreicht. 1949 wurden in der Bundesrepublik nur 9,03 Mio. Tonnen Stahl produziert.

Zudem sollte Bonn das Recht zum Aufbau eines konsularischen Dienstes erhalten – die Wiederanfänge des Auswärtigen Amtes. Allseitige Übereinstimmung bestand darüber, daß die Bundesregierung zwei wichtige prinzipielle Konzessionen machen sollte: Zusammenarbeit mit dem neu errichteten Militärischen Sicherheitsamt und Entsendung deutscher Vertreter in die Ruhrbehörde.

Vor allem letzteres war ein entscheidender Punkt. Die Westalliierten hatten kurz vor Gründung der Bundesrepublik zusammen mit den Benelux-Staaten ein Abkommen über die Ruhrkontrolle geschlossen, das die Schlüsselregion der nordrhein-westfälischen Industrie, die etwa 40 Prozent der westdeutschen Industrieproduktion erbrachte, der Kontrolle einer interalliierten Ruhrbehörde unterwarf. Diese hatte die Aufgabe, Produktion und Distribution zu steuern. Die Vertreter der sechs westlichen Signatarmächte erhielten zwölf Stimmen, Deutschland sollte drei Stimmen erhalten.

Als die Pläne für eine Ruhrbehörde im Juni 1948 bekannt wurden, war in Deutschland das Entsetzen allgemein gewesen. Auch Adenauer hatte damals gemeint, dagegen sei der Versailler Vertrag ein Apfelgarten. Deutsche Völkerrechtler wiesen darauf hin, daß derart weitgehende Wirtschaftskontrollen allenfalls in einem Friedensvertrag vereinbart werden könnten; mit den Grundsätzen der »occupatio bellica« seien sie unvereinbar. Für die ostzonale Propaganda waren diese Knebelungsbestimmungen ein gefundenes Fressen. Sie schienen zu beweisen, daß die Westmächte Westdeutschland als wirtschaftliche Kolonie zu behandeln gesonnen waren. So hatte sich denn auch die Bundesregierung bisher nicht bereit gefunden, deutsche Vertreter zu entsenden. Die einseitige Maßnahme der Sieger sollte nicht durch freiwillige Mitwirkung der Besiegten legalisiert werden. Die Wirtschaftskontrolle durch das Militärische Sicherheitsamt und durch die Ruhrbehörde, so war zu befürchten, würde künftig weite Schlüsselbereiche der deutschen Wirtschaft westalliierter Steuerung überantworten. Wer konnte dem freiwillig zustimmen?

Unter dem Druck der drohenden Demontagen wollte der Bundeskanzler die früher oder später unvermeidliche Entscheidung aber nicht mehr weiter hinauszögern. Unterstützt von Erhard, gewann er das Kabinett für einen Versuch, die prinzipiellen Forderungen nach Beteiligung Deutschlands an der eigenen Kontrolle zu akzeptieren und dafür einen Demontagestopp einzuhandeln. Dabei spielte auch die Überlegung eine Rolle, daß die anhaltende politische Unsicherheit im Montanbereich die dringend notwendigen deutschen und ausländischen Investitionen abschreckte. In der Tat wurde der deutsche wirtschaftliche Wiederaufbau noch bis 1952 durch ein empfindliches Nachhinken im Bereich der Grundstoffindustrie gebremst.

Vorsichtig signalisierte der Kanzler dem britischen Hohen Kommissar sowie in einem Interview mit der »Baltimore Sun« eine eventuelle Kompromißbereitschaft. Auch Pläne einer Beteiligung ausländischen Kapitals an der August-Thyssen-Hütte und den Vereinigten Stahlwerken wurden ventiliert. Die Sozialdemokraten faßten anfänglich gleichfalls derartige Lösungen ins Auge, doch kurz vor der Pariser Konferenz entschied sich Schumacher entgegen den Vorstellungen der für elastisches Taktieren plädierenden Parteifreunde für einen harten Konfrontationskurs. Der Bundesregierung warf er vor, sie betreibe die Sache des Großkapitals, das durch servile Nachgiebigkeit ins internationale Geschäft zu kommen suche. Frankreich wurde »Engstirnigkeit und Primitivität« bescheinigt.

Angesichts der Unklarheit über den endgültigen Kurs, der sich auf alliierter Seite durchsetzen würde, war jeder deutsche Schritt höchst riskant. Adenauer vertraute zwar darauf, daß sich die von den USA favorisierte partnerschaftliche Linie durchsetzen würde, bewegte sich aber nur mit größter Behutsamkeit und wußte, daß seine ja noch ungefestigte Position auf dem Spiel stand. Schumacher mißtraute den Amerikanern, den Franzosen, dem internationalen und dem deutschen Großkapital und auch der außenpolitischen Intelligenz des Kanzlers. Die meisten ausländischen Beobachter kamen zu dem Schluß, daß er jetzt bedenkenlos auf die Karte der nationalen Emotionen setzte. Vieles spricht dafür, daß er nicht nur taktierte, sondern die Lage tatsächlich völlig negativ und – wie sich zeigte – unrichtig einschätzte.

Deutscher Bundestag — 18. Sitzung.

(Bundeskanzler Dr. Adenauer)

Das ist die Frage, um die es sich handelt,

(Zurufe bei der SPD: Nein!)

und, meine Damen und Herren, ich stelle fest — ich muß das nach den letzten Reden des Herrn Kollegen Ollenhauer leider feststellen —, daß die **sozialdemokratische Fraktion** bereit ist, eher die ganze Demontage bis zu Ende gehen zu lassen, - -

(Sehr gut! und Hört! Hört! und lebhafter Beifall bei den Regierungsparteien. — Zuruf links: Unerhört, so was! — Gegenruf rechts: Ihre englischen Freunde versagen! — Zuruf von der SPD: Eine politische Taktlosigkeit! — Abg. Schoettle: Das sind wir ja von denen gewohnt! -- Unruhe.)

Zu dieser Frage muß die Opposition Stellung nehmen

(lebhafte Zustimmung bei den Regierungsparteien; Zurufe links)

— das ist die Frage, um die es sich handelt, und um keine andere Frage —: Ist sie bereit, einen Vertreter in die Ruhrbehörde zu schicken, oder nicht? Und wenn sie erklärt: nein, — dann weiß sie auf Grund der Erklärungen, die mir der General Robertson abgegeben hat, daß die Demontage bis zu Ende durchgeführt wird.

(Abg. Dr. Schumacher: Das ist nicht wahr!! — Hört! Hört! und Gegenrufe bei den Regierungsparteien. — Weitere erregte Zurufe von der SPD und KPD. — Glocke des Präsidenten. — Abg. Renner: Wo steht denn das? — Zurufe links: Sind Sie noch ein Deutscher? -- Sprechen Sie als deutscher Kanzler? -- Abg. Dr. Schumacher: Der Bundeskanzler der Alliierten!)

Präsident Dr. Köhler: Herr Abgeordneter Schumacher, — —

Herr Abgeordneter Dr. Schumacher! Für diese Bezeichnung des Bundeskanzlers als „Bundeskanzler der Alliierten" rufe ich Sie zur Ordnung!

(Stürmische Protestrufe in der Mitte und rechts. Großer Lärm und Klappen mit den Pultdeckeln. — Abgeordnete der SPD und der CDU/CSU erheben sich von den Plätzen und führen erregte Auseinandersetzungen. — Anhaltendes Glockenzeichen des Präsidenten. — Fortdauernder Lärm.)

Herr Abgeordneter Dr. Schumacher, — — —

(Anhaltender Lärm und fortgesetzte Pfuirufe und Rufe in der Mitte und rechts: Unerhört! Raus! Raus!)

Herr Abgeordneter Dr. Schumacher, — —

(Andauernder Lärm. — Anhaltendes Glockenzeichen des Präsidenten. — Fortdauernder Lärm.)

Auszug aus dem Bundestagsprotokoll vom 24./25. November 1949. Der Oppositionsführer schalt den Regierungschef einen »Bundeskanzler der Alliierten«.

*Der amerikanische
Außenminister Dean
Acheson (Mitte)
im Amtssitz des
Regierenden Bürger-
meisters Ernst Reuter
in Berlin.*

Jedenfalls zerbrach in diesen Wochen der außenpolitische Konsens zwischen Regierung und Opposition. Manche der gemäßigteren SPD-Politiker registrierten bald mit einiger Besorgnis, wie die prinzipiell prowestliche SPD zusehends in eine antiwestliche Position geriet und sich zwischen alle Stühle setzte.

Die Auseinandersetzungen trieben rasch einem Höhepunkt zu. Unmittelbar nach der Pariser Konferenz kam Dean Acheson nach Bonn. Er war der erste Außenminister der Siegermächte, der der Bundesregierung und der neuen Bundeshauptstadt einen Besuch abstattete, die vom Bundestag eben erst definitiv in ihrer neuen Würde bestätigt worden war.

Adenauer beeindruckte ihn stark. Der Bundeskanzler legte ihm die Grundzüge seiner Außenpolitik dar, die darauf abzielte, Deutschland voll in Westeuropa zu integrieren und vor allem die deutsch-französische Erbfeindschaft zu beenden. Acheson erkannte deutlich, daß sich dieser Kurs mit der amerikanischen Europapolitik voll deckte. Demgegenüber verlief die Begegnung Acheson-Schumacher recht stürmisch.

Acheson verließ Bonn mit der Überzeugung, daß Adenauer unbedingte Unterstützung verdiene. Von diesem Zeitpunkt an bis in die Anfänge der Kennedy-Administration galt nunmehr die Adenauer-Regierung als Wunschpartner der amerikanischen Deutschlandpolitik. Für den Bundeskanzler war dies ein unschätzbarer Erfolg, für die Opposition ein Desaster.

Während sich die deutsch-alliierten Verhandlungen jetzt zunehmend versachlichten, verschärfte sich die Auseinandersetzung zwischen Regierung und Opposition beträchtlich. Schon kurz vor dem Acheson-Besuch hatte Adenauer in einem *Zeit*-Interview nachdrücklich die Idee internationaler Beteiligungen an der deutschen Stahlindustrie in die öffentliche Diskussion gebracht – es war sein alter Lieblingsgedanke »organischer Verflechtung«. Die ausländischen Beteiligungen sollten einerseits als praktische Form der Sicherheitskontrolle wirken, andererseits aber die Demontagen überflüssig machen und zugleich das dringend benötigte Kapital beschaffen. Unausgesprochen blieb, daß solche Investitionen letzten Endes in der einen oder anderen Form auf amerikanische Dollars angewiesen waren. Demgegenüber verlangte Schumacher schleunigst eine außenpolitische Debatte. Er wandte sich dagegen, »daß man einen alliierten Gendarmen in Deutschland vor den Geldschrank des Großbesitzes stelle«. Deutlich kam in derart scharfen Formulierungen zum Ausdruck, daß sich seine Opposition aus innen- und aus außenpolitischen Befürchtungen zugleich speiste. Er sah die Bundesregierung auf dem besten Weg, die Montanindustrie hinter dem Schutzschild ausländischer Kontrolle und Beteiligungen für alle Zeiten der Sozialisierung zu entziehen. Die Auseinandersetzung um die deutsch-alliierten Vereinbarungen schien ihm ein Kampf zwischen »zwei Welten«: Kapitalismus und Sozialismus. Eine überstaatliche Allianz von großkapitalistischen Interessen und nationalistischen Siegermächten, so sah er es, schickte sich an, die Macht in der Bundesrepublik zu übernehmen. Ihr Werkzeug war der Kanzler, sei es aus Blindheit, sei es, weil er bewußt den Interessen des Kapitals diente.

Die Verhandlungen auf dem Petersberg, die nach dem Besuch Achesons einsetzten, machten deutlich, daß es jetzt nicht mehr nur um die Demontagen, sondern um eine erste generelle Neuordnung der deutsch-alliierten Beziehungen ging. Die Fragenkomplexe, die auch in den kommenden Jahren unaufhörlich zur Erörterung standen, waren bereits jetzt voll miteinander verbunden: Demontage, industrielle Produktionsbeschränkungen, Sicherheitskontrolle; Zukunft der deutschen Montanindustrie und Dekartellisierung; Revision des Besatzungsstatuts, Beendigung des Kriegszustandes und Berechtigung der Bundesrepublik zu selbständiger Außenvertretung; Demokratisierung und Entnazifizierung, doch auch die Zulassung Deutschlands zum Europarat und die Saarfrage. Die Hohen Kommissare verfolgten dabei wie auch später die Linie, ihre Zugeständnisse als endgültig darzustellen und weitere deutsche Forderungen vorsorglich abzublocken. Adenauer seinerseits zielte darauf ab, durch die verschiedensten prozeduralen Maßnahmen die Entwicklung auch für die Zukunft offenzu-

halten, getreu seiner in der ersten Regierungserklärung ganz offen dargelegten Maxime, »im Einvernehmen mit der Hohen Alliierten Kommission unsere Freiheiten und unsere Zuständigkeiten Stück für Stück zu erweitern«.

Wie so häufig in der Folge, zeigte sich auch bei diesen Erörterungen, daß die parlamentarischen Debatten in Paris und in Bonn nach Art kommunizierender Röhren miteinander verbunden waren. Die Konstellation war und blieb stets dieselbe: In der Chambre des Députés mußte der französische Außenminister klarmachen, daß seine Konzessionen an die Amerikaner, Briten und Deutschen minimal seien. Umgekehrt hing das parlamentarische Schicksal des Bundeskanzlers von der Überzeugungskraft ab, mit der er die deutsche Öffentlichkeit und den Bundestag vom genauen Gegenteil überzeugte. Dabei mußte Adenauer aber bestrebt sein, sowohl selbst politisch zu überleben, wie auch das politische Überleben des halbwegs kompromißbereiten französischen Außenministers zu sichern. Die Feinabstimmung des Timing und der Akzentsetzung erfolgte größtenteils in den Verhandlungen auf dem Petersberg.

Opposition und öffentliche Meinung haben Adenauer damals wie später den Vorwurf der Geheimdiplomatie »am Parlament vorbei« gemacht. Doch nach Lage der Dinge war kein anderes Verhalten möglich. Es wäre ihm auch nicht vorteilhaft erschienen. Denn er manövrierte sich dadurch innenpolitisch und auch auf europäischer Ebene in eine Schlüsselstellung hinein: Er allein hatte auf deutscher Seite den Überblick über den jeweiligen Sachstand und konnte seine Position im Spiel der Kräfte entsprechend bestimmen.

Nach einigen Marathonsitzungen auf dem Petersberg kam am 22. November schließlich ein Regierungsabkommen von 10 Punkten zustande: das Petersberger Abkommen. Zwar hielt es im wesentlichen das Verhandlungsergebnis der Pariser Konferenz fest, doch zweifellos hatten die Auffassungen der Bundesregierung schon in den Außenminister-beschlüssen und jetzt nochmals in dem neuen Dokument ihren Niederschlag gefunden. Die Zeiten, in denen die drei Westalliierten weitreichende Entscheidungen über die deutsche Zukunft ohne vorherige Verhandlung mit deutschen Repräsentanten fällten, waren endgültig vorbei. Die Bundesregierung begann, wenn auch vorerst auf eng umzirkeltem Raum, deutsche Außenpolitik zu betreiben, obwohl diese noch formell zu den alliierten Vorbehaltsrechten gehörte.

Wesentlich war auch die langfristige Perspektive, in die die Einzelbestimmungen gerückt wurden: stufenweise Weiterentwicklung der Beziehungen auf der Grundlage gegenseitigen Vertrauens, »der deutsche Anschluß an die Länder Westeuropas auf allen Gebieten«, deutsche Anerkennung des westlichen Sicherheitsverlangens und der daraus abgeleiteten Konsequenzen.

Psychologisch und praktisch am gewichtigsten erschienen der deutschen Öffentlichkeit die Vereinba-

rungen über den Demontagestopp. Adenauer meinte vor dem Bundestag, die deutsche Seite habe sich hier zu 90 Prozent durchgesetzt. Gerettet waren die Stahlwerke mit großem Namen und Zehntausenden von Arbeitsplätzen: August Thyssen-Hütte, Hamborn; Klöckner-Werke, Düsseldorf; Ruhrstahl A.G. Heinrichshütte, Hattingen; Borsig-Stahlwerke, Berlin. Desgleichen war es gelungen, die führenden Werke für synthetisches Öl und Kunstgummi zu erhalten: Farbenfabriken Bayer, Leverkusen; Chemische Werke, Hüls; Gelsenberg Benzin A.G., Gelsenkirchen; I.G. Farbenwerke, Ludwigshafen. Darüber hinaus wurden die Restriktionen für den deutschen Schiffsbau gelockert. Da die gesamte deutsche Handelsflotte konfisziert war, kam dem besondere Bedeutung zu. Gewiß hat der rasche Abschluß der Demontage und die vorsichtig in Aussicht gestellte Revision der Produktionsbeschränkungen die wirtschaftliche Erholung in diesen Bereichen erleichtert.

Tatsächlich waren die Demontagen erst Mitte 1951 zu Ende. Als dieses belastende Kapitel deutsch-alliierter Beziehungen abgeschlossen war, berechnete die Interalliierte Reparationskommission in Brüssel, daß sich die Verluste durch westliche Demontagen nach bereinigten Werten auf etwa zwei Milliarden Deutsche Mark beliefen. Zur gleichen Zeit lief aber der Wiederaufbau mit Bruttoinvestitionsraten von rund 16 Mrd. DM im Jahr 1949, 20 Mrd. DM 1950 und 29 Mrd. DM 1951 schon auf vollen Touren, so daß die Verluste, die sonst schwerwiegend gewesen wären, rasch ausgeglichen werden konnten. Es kam zu dem im Ausland häufig vermerkten Ersatz veralteter Anlagen durch modernste Maschinen, die der deutschen Wettbewerbsfähigkeit zugute kamen.

Aus der Sicht des Jahres 1949 wurde der Grundsatzbeschluß über das baldige Ende der Demontagen als ein Erfolg Adenauers betrachtet, in erster Linie natürlich in den unmittelbar betroffenen Betrieben und Städten. Die psychologische Auswirkung auf die Einstellung der Gewerkschaften zur Bundesregierung war erheblich. Während der denkwürdigen Nachtsitzung des Bundestages liefen von allen Seiten Danktelegramme der glücklichen Belegschaften ein, darunter auch eine Depesche, in der der Deutsche Gewerkschaftsbund das Verhandlungsergebnis

Das Petersberger Abkommen vom 22. November 1949 sah unter anderem den Abschluß der Demontagen vor.

begrüßte und die Mitarbeit der Bundesregierung in der Internationalen Ruhrbehörde als nötig bezeichnete.

Adenauer konnte diese Unterstützung gut gebrauchen. Die Opposition warf ihm nicht nur die Substanz der Abmachungen vor, die sie vor allem als Sieg französischer Hegemonialpolitik verstand. Sie bemängelte ebenso, daß der Kanzler so weitreichende Vereinbarungen nach Art eines autoritären Monarchen ohne Mandat durch das Parlament geführt habe. Verfassungsrechtlich war dagegen aber nichts einzuwenden; Regierungsabkommen bedürfen nicht der parlamentarischen Billigung. Ebenso zeigt der heute rekonstruierbare Ablauf der Verhandlungen, daß eine Konsultation mit dem Auswärtigen Ausschuß anfänglich nicht möglich war.

Dennoch: Mit der hier zum ersten Mal praktizierten Ausschaltung wurde im Verhältnis von Exekutive und Legislative ein Stil eingeführt, der nicht problemlos war. Zweifellos ging es bei der Gesamtheit dieser Verhandlungen um Angelegenheiten von höchster Bedeutung für Staat und Gesellschaft. Eine Allparteien-Außenpolitik oder wenigstens ein arbeitsteiliges Zusammenspiel von Regierung und Opposition wären in der Tat wünschbar gewesen. Es scheiterte diesmal daran, daß der Oppositionsführer – meist im Gegensatz zu den pragmatischeren Ministerpräsidenten, doch auch zu Carlo Schmid – die beginnende Westintegration stark unter ideologischen Gesichtspunkten sah und zudem ein starkes Maß an nationaler und antifranzösischer Phraseologie in die Debatte einbrachte. Temperamentsfragen kamen hinzu. Zugleich versuchte er, in Verkennung der Rolle einer Opposition, über den Auswärtigen Ausschuß die Außenpolitik mitzugestalten. Das hatte zur Konsequenz, daß Adenauer, der ohnehin nicht besonders mitteilsam war, seine Außenpolitik auch in Zukunft, soweit es verfassungsrechtlich erlaubt war, um den Bundestag herumzusteuern suchte. Die Folge war eine weitere unheilbare Polarisierung zwischen Regierung und Opposition, auch im Bereich der Außenpolitik.

Aus größerer Distanz läßt sich zwar erkennen, daß die scharfe Trennung von Regierung und Opposition gemäß dem britischen Modell für die Verwurzelung der deutschen Demokratie von Nutzen war.

Die Verantwortungen waren so klar verteilt, und die starke parlamentarische Opposition verhinderte die Entstehung einer radikalen außerparlamentarischen Opposition. Am meisten profitierte Adenauer selbst von der Polarisierung. Als er erst einmal fest im Sattel saß, hat sie seine Position stark gefestigt. Dennoch ist das Fehlen einer gemeinsamen Westpolitik während der ganzen fünfziger Jahre von vielen als Mangel betrachtet worden. Nur ist eben keine Gemeinsamkeit praktizierbar, wenn die Auffassungen so weit auseinandergehen.

Die Kosten des Konflikts waren erst einmal von Schumacher zu tragen. Seine Kanzlerschelte, die ihm während der denkwürdigen Nachtsitzung vom 24. auf den 25. November herausfuhr, – »Der Bundeskanzler der Alliierten!« – hat ihm im In- und Ausland schwer geschadet. Man konnte Adenauer schlecht widersprechen, wenn er bemerkte, die Rollen gegenüber den zwanziger Jahren seien vertauscht. Jetzt seien die Abgeordneten rechts vernünftig, die Nationalisten hätten diesmal links gesessen.

Daß es dem Kanzler gelang, die nationale Rechte auf die anfangs ja durchaus ungewisse Bahn seiner Erfüllungspolitik zu zwingen, gehört zu seinen größten Leistungen. Eben hierin wurde er aber paradoxerweise von Schumacher unterstützt. Hätte dieser die nationalen Themen nicht so ausschließlich für sich okkupiert, so wären wohl auch bestimmte Gruppen im Regierungslager nicht mehr zu halten gewesen. Die Übersteigerungen des SPD-Führers, die von vielen der Seinen insgeheim beklagt wurden, brachten zwar der Opposition keine Mehrheit, sie trugen aber dazu bei, den traditionell deutschnationalen Elementen Adenauers Westkurs schmackhaft zu machen.

Gründung der DDR und Alleinvertretungsanspruch

Die Bundesregierung amtierte noch keine vier Wochen, als sie mit der Existenz des zweiten deutschen Staates konfrontiert wurde. Die Sowjetunion hatte sich mit der seit langem vorbereiteten Staatsgründung Zeit gelassen, um eindeutig klarzustellen, bei wem die Schuld für die Spaltung Deutschlands lag.

Sie schob die DDR-Regierung geschickt in dem Moment auf die Bühne, als die deutsch-alliierten Differenzen in der Abwertungsfrage die außenpolitische Ohnmacht der Bonner Regierung in aller Öffentlichkeit demonstriert hatten.

Noch besaß die Bundesrepublik nicht einmal das Recht zur Errichtung von Konsulaten, da gestattete Moskau seinem deutschen Staat bereits die Errichtung eines Außenministeriums und nahm sofort diplomatische Beziehungen auf. Während niemand von Glückwunschbotschaften der westlichen Staatsoberhäupter an Heuss oder Adenauer gehört hatte, ließ es sich Marschall Stalin nicht nehmen, an Staatspräsident Pieck und Ministerpräsident Grotewohl ein langes Glückwunschtelegramm zu senden, in dem er die Gründung der Deutschen Demokratischen Republik als »Wendepunkt in der Geschichte Europas« bezeichnete. Im Unterschied zur Wahl von Bundespräsident Heuss in Bonn, wo Bürger und Studenten auf dem Marktplatz statt der verbotenen Nationalhymne den Choral »Großer Gott wir loben Dich« gesungen hatten, gaben die preußischen und sächsischen Kommunisten bei der Eidesleistung von Präsident Pieck in Berlin ein erstes Beispiel nationaler Traditionspflege. Eine Kompanie der Volkspolizei erwies die militärischen Ehren und demonstrierte, daß die DDR über die äußeren Insignien eines echten Staates verfügte.

Allerdings fehlte auch hier noch das wichtigste Merkmal eines Staates: die Souveränität. Bei der Übergabe ihrer Verwaltungsfunktion an die DDR-Regierung stellte die Sowjetische Militäradministration (SMAD) in einer Erklärung vom 11. November 1949 klar, daß die auswärtigen Beziehungen ebenso wie die Innenpolitik künftig weiter von ihr kontrolliert würden. Die Ostberliner Regierung verfügte tatsächlich über keinerlei eigenen Handlungsspielraum, so daß man alle von ihr in den folgenden Jahren entfalteten Initiativen als Bestandteile der sowjetischen Deutschlandpolitik verstehen durfte.

Interessanter als die Staatsgründung an sich waren die damit verbundenen Begleitumstände. Unmittelbar vorangegangen war die Abberufung des Leiters der Informationsabteilung bei der SMAD, Generalmajor Tulpanow. Anstelle dieser Schlüsselfigur bei der Sowjetisierung der Ostzone trat nun mit dem geschmeidigen Botschafter Wladimir S. Semjonow, der aus der Auslandsabteilung des Ministeriums für Staatssicherheit kam, eine Persönlichkeit in den Vordergrund, von der man annahm, daß sie alles

Salut einer Ehrenkompanie der ostzonalen Volkspolizei vor Ministerpräsident Otto Grotewohl anläßlich der Vereidigung der ersten Regierung der DDR am 12. Oktober 1949. Da anfänglich ein Teil der Ministerien in Berlin-Pankow lag, nahmen das offizielle Bonn und die westdeutsche Presse dies zum Anlaß, in bezug auf die Regierung der DDR von »Pankow« zu sprechen.

versuchen würde, um die DDR auch beim bürgerlichen Deutschland in Ost und West attraktiv erscheinen zu lassen. Es gab weitere Indizien für die sowjetische Absicht, vorläufig die Bolschewisierung zu verlangsamen und statt dessen an das Nationalgefühl vor allem in Westdeutschland zu appellieren. Stalins Glückwunschtelegramm war ein unmißverständlicher Appell an den deutschen Nationalismus: »Die Erfahrung des letzten Krieges hat gezeigt, daß das deutsche und das sowjetische Volk in diesem Kriege die größten Opfer gebracht haben, daß diese beiden Völker die größten Potenzen in Europa zur Vollbringung großer Aktionen von Weltbedeutung besitzen. Wenn diese beiden Völker die Entschlossenheit an den Tag legen werden, für den Frieden mit der gleichen Anspannung ihrer Kräfte zu kämpfen, mit der sie den Krieg führten, so kann man den Frieden in Europa für gesichert halten.«

Allem Anschein nach sollte also künftig die mit dem »Nationalkomitee Freies Deutschland« im Jahr 1943 begonnene Linie eines Appells an die nationalen Schichten wieder verstärkt werden. Die sowjetisch kontrollierte *Berliner Zeitung* vom 16. Oktober nannte auch das Stichwort, das während der ersten Hälfte der fünfziger Jahre durch alle Diskussionen

deutscher und ausländischer Außenpolitiker geisterte: Rapallo. Rußland sei zur Politik von Rapallo zurückgekehrt, und die »Nationale Front« werde die neue Rapallo-Politik auch in jenen Zonen, in denen sich eine imperialistische Fremdherrschaft festsetzen wolle, zu der Sache aller Deutschen machen, die ihr Vaterland liebten.

Die Zusammensetzung der Regierung bekundete ebenfalls das Bestreben, sich auf eine möglichst breite Gruppierung deutscher politischer Kräfte zu stützen, um so die vielfältigsten Anknüpfungsmöglichkeiten im Westen zu finden. Zwar lag die eigentliche Macht voll in Händen der kommunistischen Emigranten aus der Sowjetunion, die sich um Walter Ulbricht, Wilhelm Pieck und Wilhelm Zaisser gruppierten. Aber Ministerpräsident war Otto Grotewohl, ein ehemaliger Sozialdemokrat, der im Frühjahr 1946 die Vereinigung von Ost-SPD und KPD zustande gebracht hatte. Stellvertretende Ministerpräsidenten waren Walter Ulbricht (SED), Otto Nuschke (CDU) und Hermann Kastner von der Liberaldemokratischen Partei Deutschlands (LDPD) – die beiden letzteren allerdings, wie sich bald zeigte, ziemlich einflußlos. Und mit dem Außenministerium war bis zu seiner Verhaftung am

Staatspräsident Wilhelm Pieck (links), 1928–1933 kommunistisches Reichstagsmitglied, war seit 1946 zusammen mit Ministerpräsident Grotewohl, 1925–1933 sozialdemokratischer Reichstagsabgeordneter, Vorsitzender der SED.

15. Januar 1953 der CDU-Politiker Georg Dertinger betraut. Er war seinerzeit unter Jakob Kaiser Generalsekretär der Ost-CDU gewesen und hatte sich erst 1948 offen auf die sowjetische Seite geschlagen. Neben Ost-CDU und LDPD standen mit der National-Demokratischen Partei (NDPD), die sich an die früheren Nationalsozialisten richtete, und mit der den landwirtschaftlichen Bereich abdeckenden Demokratischen Bauernpartei Deutschlands (DBD) sowie zahlreichen sonstigen Organisationen genügend Instrumente zur Verfügung, um unter günstigen Umständen politisch in die Bundesrepublik hineinzuwirken.

Verbindlich klang auch die Ansprache Piecks bei seiner Amtsübernahme. Er hielt es, so konnte man lesen, für möglich, daß die beiden deutschen Regierungen den Kampf für die Wiederherstellung der nationalen Einheit und für den frühzeitigen Abschluß eines Friedensvertrages »nebeneinander« führen könnten, wobei »wir uns einander nähern werden«. Allem Anschein nach betrachtete die Sowjetunion also die Teilung keineswegs als endgültig. Sie war vielmehr bestrebt, den innerdeutschen Dialog erneut in Bewegung zu bringen, und machte sich wohl noch immer Hoffnungen, in Westdeutschland einen politischen Umschwung zu ihren Gunsten herbeiführen zu können. Das einige Monate später proklamierte offizielle Programm der »Nationalen Front« vom 15. Februar 1950 war auch ganz auf diesen Ton gestimmt.

Dieser deutschlandpolitische Ansatz führte also die seit dem Jahr 1947 mehr oder weniger konsequent verfolgte Linie fort: innerdeutsche Gesprächsbereitschaft; Versuch, aus der politischen Isolierung herauszukommen; Überspielen der tiefen ideologischen Gegensätze zu SPD, CDU, FDP im Westen durch Appell an das gemeinsame Interesse an der Wiederherstellung der Einheit Deutschlands. Auch die erste Verfassung der DDR trug ja weitgehend bürgerliche Züge.

Wie bisher lief allerdings parallel zu diesem Ansatz der »Nationalen Front« eine zweite Linie: die einer revolutionären Umgestaltung der DDR nach dem sowjetischen Staats- und Gesellschaftsmodell. In der Formulierung des im Juni 1951 verkündeten Wirtschaftsprogramms des ZK der SED war diese Linie,

deren Umrisse sich aber schon seit der Staatsgründung abzeichneten, wie folgt umschrieben: »Jetzt kommt es darauf an, ... die Prinzipien der sowjetischen Wirtschaftsführung und ihre Methoden gründlich zu studieren und aus ihnen Schlußfolgerungen für die Führung der volkseigenen Wirtschaft in der Deutschen Demokratischen Republik zu ziehen. Dazu ist vor allen Dingen das Studium und die entsprechende Anwendung der vom Genossen Stalin entwickelten Prinzipien der volkswirtschaftlichen Planung sowie besonders der bolschewistischen Methoden der Anleitung der Wirtschaftsorgane durch die Partei erforderlich ...«

Damit verbunden war auch noch eine dritte Linie: Stellvertretend für ganz Deutschland sollte wenigstens die DDR jene Reparationen liefern, die die Sowjetunion für ihren Wiederaufbau brauchte. Das Bundesministerium für gesamtdeutsche Fragen schätzte die Gesamthöhe der allein bis Ende 1950 geleisteten Reparationen auf etwa 10,7 Mrd. Dollar. Erst Mitte 1950 scheint eine gewisse Senkung der Forderungen erfolgt zu sein. Nach einer Mitteilung vom 16. Mai 1950 wurden diese jetzt auf 3,171 Mrd. Dollar herabgesetzt, zahlbar aus der laufenden Produktion bis 1965.

Nationalistische Einheits-Propaganda in ganz Deutschland mit dem Ziel einer Überwindung der Teilung, Diktatur des Proletariats im sowjetischen Machtbereich, wirtschaftliche Ausbeutung der Ostzone – aus dem Nebeneinander dieser drei Linien hatten sich auch schon die Zielkonflikte sowjetischer Deutschlandpolitik in den Jahren 1947–49 ergeben. Sie setzten sich bis ins Jahr 1955 fort. Die konsequente Sowjetisierung der DDR diskreditierte die Propaganda der »Nationalen Front«, in der die DDR-Parteien und die gesellschaftlichen Organisationen ihre Propaganda koordinierten, und lähmte alle Bemühungen, die Westdeutschen durch das Angebot der nationalen Einheit von den Westmächten zu trennen. Ließ aber Moskau umgekehrt die Zügel in der DDR locker, um in der Bundesrepublik eine für die sowjetische Bewegungsdiplomatie günstigere Stimmung zu schaffen, so drohte der SED die Kontrolle über die Bevölkerung in der DDR zu entgleiten, die sich durchaus noch nicht mit ihrem Schicksal abgefunden hatte. Und beides – sowohl die Einheitspropaganda wie der in Entwicklungsschüben vorangetriebene Ausbau der DDR zum, wie es später in sowjetischer Diktion hieß, »ersten deutschen Arbeiter- und Bauernstaat« – wurde durch die drükkenden Reparationen zusätzlich behindert, die erst 1953 offiziell eingestellt wurden und sich insgesamt, einschließlich der Besatzungskosten in Höhe von 16 Mrd. Mark, auf rund 66,40 Mrd. DM oder 15,80 Mrd. Dollar belaufen haben dürften. Die von der Sowjetunion bei den früheren Deutschlandkonferenzen immer wieder erhobene Forderung nach Reparationen in Höhe von 10 Mrd. Dollar aus ganz Deutschland ist also in diesem Zeitraum von der Ostzone allein bei weitem übererfüllt worden!

Während jedes von der Sowjetunion gelieferte Fahrzeug durch Transparente geschmückt wurde, rollten die Reparationslieferungen der DDR unauffälliger (unten ein Güterzug mit Lieferungen aus der laufenden Produktion an der deutsch-polnischen Grenze).

So war die Deutschlandpolitik der Sowjetunion von Anfang an und bis Mitte der fünfziger Jahre weitgehend fehlkonzipiert. Alle Bemühungen, in Westdeutschland das bereits 1946 bis 1948 verlorene psychologische Terrain wiederzugewinnen, scheiterten an der häßlichen Wirklichkeit der SBZ, wie der zweite deutsche Staat bis weit in die sechziger Jahre in der Bundesrepublik allgemein bezeichnet wurde. Als Folge der sozialistischen Umgestaltung und der Reparationen blieben dort Versorgungsschwierigkeiten an der Tagesordnung. Löhne und Sozialleistungen waren niedrig. Stumpfsinnige Propagandakampagnen, politische Gleichschaltung, Parteibuchkarrieren, Spitzelwesen und Terrorjustiz erinnerten an die schlimmsten Jahre des Dritten Reiches. Die Zahl der politischen Gefangenen lag Anfang der fünfziger Jahre nach vorsichtigen Schätzungen bei etwa 22 000 Menschen. 1950 belief sich die Zahl der in politischen Prozessen Angeklagten auf 78 293. Eine kontinuierliche Fluchtbewegung nach West-Berlin überzeugte die westdeutsche Öffentlichkeit von der Unerträglichkeit der Lebensverhältnisse in der DDR. Von 1949 bis 1951 wurden 492 681 SBZ-Flüchtlinge von amtlichen Stellen erfaßt; davon war etwa die Hälfte unter 25 Jahren. Die Dunkelziffer lag aber wesentlich höher.

Ein schweres Handicap der neugebildeten DDR-Regierung war die ihr aufgezwungene Haltung in der Grenzfrage. Bereits im Juni 1948 hatte die Außenministerkonferenz der Ostblockstaaten in Warschau die Oder-Neiße-Linie zu einer »Grenze der Freundschaft und des Friedens« erklärt. Die Sowjetunion legte Wert darauf, daß in diesem Punkt von Anfang an Klarheit bestand. Schon wenige Tage nach der Staatsgründung wurden in der Ostzone grüne Flugblätter verteilt, auf denen ein Brief des neugewählten Staatspräsidenten an den Chef der Polnischen Militärmission abgedruckt war. Die Überschrift formulierte das künftig maßgebende Schlagwort: »Die Oder-Neiße-Linie als Friedensgrenze«. Außenminister Dertinger erklärte gleichzeitig offiziell, die Ostgrenze der DDR sei für seine Regierung »eindeutig, vorbehaltlos und unwiderruflich« festgelegt. Wer Revisionsforderungen erhebe, sei ein Kriegsbrandstifter. Am 6. Juli 1950 wurde die Position in der Grenzfrage im Görlitzer Vertrag zwischen der DDR und Polen auch vertraglich festgeschrieben. Trotz des anfänglich relativ guten Starts der DDR war somit jeder Versuch, propagandistisch in die Bundesrepublik hineinzuwirken, ziemlich aussichtslos.

Bessere Chancen für die Ostzonenpropaganda hätten sich in Westdeutschland nur ergeben können, falls es zu der unaufhörlich vorausgesagten Wirtschaftskrise gekommen wäre. Auch wenn die Westalliierten den Fehler gemacht hätten, die Bundesrepublik in einem Zustand langdauernder politischer und wirtschaftlicher Fremdbestimmung zu halten, hätte die Behauptung bald Glauben finden können, Westdeutschland sei nur eine vom amerikanischen und französischen Kapitalismus ausgebeutete Kolonie.

In Bonn und in den westlichen Hauptstädten wurde diese Gefahr rasch erkannt. Adenauer spürte, daß ihm die innerdeutsche Konkurrenz mit der DDR-Regierung gegenüber den Hohen Kommissaren ein gutes Argument in die Hand gab, um sein Verlangen nach Gleichberechtigung und Aufhebung der wirtschaftlichen Beschränkungen durchzusetzen. Die Westalliierten reagierten entsprechend. Das zeigte sich zum ersten Mal bei den Verhandlungen, die zum Petersberger Abkommen führten. Im französischen Ministerrat beispielsweise, wo Robert Schuman am 3. November für Milderungen in der Demontagepolitik plädierte und dabei über entsprechenden Druck der angelsächsischen Diplomatie berichtete, gewann Staatspräsident Auriol den Eindruck: »Man hat Angst, von den Russen überholt zu werden, deshalb will man Konzessionen machen.«

Die Bundesregierung mußte nun ihre grundsätzliche Position gegenüber dem zweiten deutschen Staat festlegen. In der Regierungserklärung vom 21. Oktober stellte Adenauer fest: »In der Sowjetzone gibt es keinen freien Willen der deutschen Bevölkerung. Das, was jetzt dort geschieht, wird nicht von der Bevölkerung getragen und legitimiert. Die Bundesrepublik Deutschland stützt sich dagegen auf die Anerkennung durch den frei bekundeten Willen von rund 23 Millionen stimmberechtigter Deutscher. Die Bundesrepublik Deutschland ist somit bis zur Erreichung der deutschen Einheit insgesamt die al-

Die Ministerpräsidenten Otto Grotewohl und Josef Cyrankiewicz unterzeichnen den Görlitzer Vertrag.

leinige legitimierte staatliche Organisation des deutschen Volkes ... Die Bundesrepublik Deutschland fühlt sich auch verantwortlich für das Schicksal der 18 Millionen Deutscher, die in der Sowjetzone leben ... Die Bundesrepublik Deutschland ist allein befugt, für das deutsche Volk zu sprechen.« Das gelte insbesondere auch für Erklärungen über die Oder-Neiße-Linie.

Damit waren Positionen bezogen und Formeln geprägt, die zwei Jahrzehnte lang zum eisernen Bestand der Bonner Politik gehören sollten: Ablehnung des Ostzonenstaates wegen fehlender demokratischer Legitimation und Alleinvertretungsanspruch der Bundesrepublik für die Interessen des deutschen Volkes, auch für die unterdrückten Deutschen in der DDR.

Zu dem Zeitpunkt, als diese Doktrin verkündet wurde, war noch gar nicht voll deutlich, wie weitgehende Festlegungen damit verbunden waren. Dies vor allem deshalb, weil die Bundesregierung damals bloß einen ganz unkontroversen überparteilichen Konsens formulierte. Der Alleinvertretungsanspruch war bereits in der Präambel des Grundgeset-

zes enthalten. Die Ablehnung der DDR-Parteien und ihrer politischen Akte wegen fehlender demokratischer Legitimität war für die SPD seit Frühjahr 1946, für CDU und FDP seit dem Winter 1947/48 ein nur von Außenseitern angezweifelter Grundsatz. Demgegenüber sah man in der Bundesrepublik ganz allgemein den deutschen »Kernstaat«, der kraft freiheitlicher Struktur und ökonomischer Attraktivität wie ein Magnet auf die Ostzone wirken würde. So war es nur folgerichtig, daß sich Bonn während der fünfziger Jahre bemühte, international unter der Bezeichnung »Germany« aufzutreten.

Zwar war es nicht gelungen, nach der Gründung der DDR eine von Regierung und Opposition gemeinsam getragene Entschließung des Deutschen Bundestages zustande zu bringen. Doch darin kam kein grundsätzlicher Dissens zum Ausdruck. Der Regierungserklärung wurde an vielen Stellen auch von der SPD-Fraktion applaudiert. Nach Adenauer schickte Schumacher demonstrativ Herbert Wehner als Sprecher für die SPD-Fraktion ans Rednerpult, der eben erst zum Vorsitzenden des Gesamtdeutschen Ausschusses des Deutschen Bundestages gewählt worden war. Schumacher war entschlossen,

Kommunisten auch mit kommunistischen Renegaten zu bekämpfen; wer bot sich dafür mehr an als ein Abgeordneter, der schon mit 26 Jahren »Technischer Sekretär« des ZK-Politbüros unter Ernst Thälmann gewesen war und bis 1941 im Moskauer Zentralapparat der KPD Erfahrungen gesammelt hatte! 1942 wurde er von einem schwedischen Gericht wegen Spionage zu einem Jahr Zuchthaus verurteilt. In den letzten Kriegsjahren vollzog er dann seinen Bruch mit der KPD.

Jetzt gab er mit einer großen Abrechnung seinen Einstand im Deutschen Bundestag. Die harte Nicht-Anerkennungspolitik der Bundesregierung fand seine leidenschaftliche Unterstützung. »Es ist verwirrend«, führte er warnend aus, »und es gehört zu den bewußt in Szene gesetzten Verwirrungsmanövern, wenn nun auch schon in einem Teil der Presse der Bundesrepublik von angeblich zwei deutschen Präsidenten, von angeblich zwei deutschen Regierungen geschrieben wird und wenn sich das allmählich in den Sprachgebrauch einschleicht und einnistet.« Dabei vermerkte er besonders kritisch die Äußerungen zweier führender CSU-Politiker, »daß die Regierung der ›Deutschen Demokratischen Republik‹ – man übernimmt diesen Terminus – in Berlin nicht einfach zu ignorieren sei, ja noch klarer gesagt, daß man mit ihr als mit einer Realität rechnen müsse, und noch schärfer herausgearbeitet, daß man abwarten wolle, ob sie echte demokratische Entwicklungen zulasse, und dann könne man mit ihr in Verbindung treten«. Wenn man über diese Dinge spreche, solle man sich abgewöhnen, in völkerrechtlichen Kategorien zu denken: »Es handelt sich hier um innerdeutsche Angelegenheiten, um ureigenste Angelegenheiten des deutschen Volkes.« Staatsakte in »Sowjet-Preußen« könnten freie gesamtdeutsche Wahlen nicht ersetzen.

Besonders entlarvend erschienen ihm die Erklärungen der DDR zur Frage der deutschen Ostgebiete: »Wenn dann die Rede ist von der ›Selbständigkeit‹ jenes ›Staatswesens‹ nach außen, so hat der Verkauf eines dem gesamtdeutschen Volk und seinen gewählten, ihm verantwortlichen Organen allein zustehenden Rechts einen Beweis für diese eigentümliche ›Selbständigkeit‹ geliefert. Ich meine damit die der Friedenskonferenz vorweggenommene Erklärung des angeblichen Staatschefs jener Sowjetzonenrepublik über die ›endgültige Anerkennung‹ der Annexion und über den ›endgültigen Verzicht‹ auf die Gebiete jenseits der Oder und Neiße.«

Es war unvermeidlich, daß nach Gründung der DDR auch eine Stellungnahme zur Berlin-Frage erforderlich war. Hier mußte sich die Bundesregierung allerdings damit begnügen, die Kompromisse erneut zu bekräftigen, die im Vorfeld der Staatsgründung zwischen dem Parlamentarischen Rat und den drei Westalliierten zustande gekommen waren. Groß-Berlin sei zwar laut Grundgesetz ein Land der Bundesrepublik, doch bleibe dieser Artikel »vielleicht auch im Interesse Berlins selbst« durch westalliiertes Veto suspendiert. Er werde in Wirksamkeit treten, sobald es die internationale Lage gestatte. Bis dahin aber werde Berlin seine Gesetze den Bundesgesetzen anpassen, »um schon jetzt eine de-facto-Zugehörigkeit Berlins zum Bund herbeizuführen«. Angekündigt wurden in diesem Zusammenhang umfassende finanzielle und wirtschaftliche Berlinhilfemaßnahmen.

Damit waren in einem weiteren Bereich konstitutive Grundlinien westdeutscher Politik festgelegt, wobei auch hier ein durchaus haltbarer überparteilicher Konsens zum Tragen kam. Einen Dissens gab es lediglich bei der Berlin-Hilfe; CSU und Bayernpartei lehnten sie erst einmal ab. Dem auf Berlin bezogenen Teil der Regierungserklärung waren intensive Gespräche zwischen Bundesregierung, Berliner Senat und SPD vorangegangen. Sie waren auch deshalb erforderlich geworden, weil damals die wirtschaftliche Erholung in Berlin aufgrund von Standortnachteilen und politischer Unsicherheit hinter derjenigen in Westdeutschland zurückhing. Die wirtschaftliche Lage West-Berlins war infolge der Blockade desolat. Bis Juli 1949 fiel die industrielle Produktion auf 17 Prozent des Standes von 1936 zurück. Der Neuaufbau der Industrie sollte auch später noch 1 bis 2 Jahre hinter dem Westdeutschlands zurückbleiben. 1952 etwa lag die West-Berliner Industrie erst auf einem Niveau, das die Westzonen schon 1948 erreicht hatten.

Neben der Ingangsetzung einer massiven Berlin-Hilfe des Bundes hat die vom Regierenden Bürgermeister Reuter geführte Delegation damals wie auch später versucht, den westalliierten Widerstand gegen eine vollständige Einbeziehung Berlins in den Bund zu überwinden, doch ohne Erfolg.

Adenauer hatte in dieser Frage verschiedentlich mit den Hohen Kommissaren Rücksprache genommen. Dabei überwog aber das klassische Argument, daß bei dem im Frühjahr 1949 festgelegten Status die westalliierten Rechte in Berlin am besten gesichert seien. Der künftige Lebensweg der Bundesrepublik blieb so mit den Problemen eines Bundeslandes belastet, für das sie sich zwar voll verantwortlich fühlte, ohne daß es ihr aber voll angehörte.

Das Wagnis der Marktwirtschaft

Der Auftrieb, den der Abschluß des Petersberger Abkommens der Bundesregierung gebracht hatte, hielt nicht lange an. Ihre Popularitätskurve, die von der rasch aufblühenden Zunft der Demoskopen von jetzt an monatlich ermittelt wurde, sackte ab, und die Zahl der Unzufriedenen nahm zu. Für Adenauer begann eine der kritischsten Perioden seiner gesamten Kanzlerschaft, die erst nach Verkündung des Schuman-Plans im Mai 1950 durch ein kurzes Zwischenhoch abgelöst wurde.

Die Hauptschwierigkeiten kamen aus dem wirtschaftlichen Bereich. Hier hatte sich die Erholung, die nach der Währungsreform stürmisch eingesetzt hatte, im Jahr 1949 spürbar verlangsamt. Immerhin war die Produktionskurve bis November 1949 merklich angestiegen; aber dann wurde sie beunruhigend rückläufig. Der Index der Industrieproduktion sackte von 104 im November 1949 auf 93 im Januar 1950 ab. Entsprechend erhöhten sich die ohnehin beträchtlichen Arbeitslosenzahlen. Im September 1949, als die neue Regierung ihr Amt antrat, beliefen sie sich auf 8,8 Prozent von 13,6 Millionen Beschäftigten; im Februar 1950 waren bereits 13,5 Prozent arbeitslos – knapp unter 2 Millionen.

Die Gründe für diese ungünstige Entwicklung waren sowohl struktureller wie konjunktureller Natur. Für die Überwindung der immer noch unerträglich drückenden Kriegsfolgen war eine sehr viel höhere Produktivität erforderlich als nur die des Jahres 1936. Doch überall fehlte es an Kapital. Erschwe-

rend wirkten sich auch die vielfältigen alliierten Produktionsbeschränkungen und die politischen Unsicherheiten vor allem im Bereich der Grundstoffindustrie aus.

Immerhin hatte der Außenhandel eine vergleichsweise günstige Entwicklung genommen. Doch auch hier konnten die Ungleichgewichte noch längst nicht als überwunden angesehen werden. Zwar waren die klaffenden Devisenlücken zur Deckung der dringendsten Nahrungsmittel-, Rohstoff- und Grundstoffimporte erst einmal mit ERP-Mitteln geschlossen und deren Weiterfließen bis 1952 einigermaßen gesichert. Aber noch eine Studie aus dem Jahr 1950 schätzte, daß bis zum Ausgleich der Zahlungsbilanz fünf Jahre vergehen würden. 1949 mußte rund ein Drittel der Einfuhren aus ausländischen Zuschüssen bezahlt werden. Und die deutsche Arbeitsproduktivität lag aufgrund der Investitionslücke merklich niedriger als im westlichen Ausland.

Gegenüber der Vorkriegszeit waren Export- und Importstruktur noch total verzerrt. Der Fertigwarenexport, einst das Rückgrat des deutschen Außenhandels, zog erst langsam wieder an. Er wurde durch die Investitionslücke im Inland und durch die politischen Rahmenbedingungen ebenso behindert wie durch die Barriere der in Westeuropa bestehenden Handelshemmnisse. Hinzu kamen nun noch die anfänglich ungünstigen Auswirkungen der Abwertungen der westeuropäischen Währungen im September 1949.

Auf der Einfuhrseite waren im Jahr 1949 noch 49 Prozent Ernährungsgüter. Das gesamte Reich hatte 1936 rund 35 Prozent importiert. So konnten die für künftige Exporterfolge entscheidend wichtigen Rohstoff- und Halbfertigwarenimporte aufgrund von Devisenknappheit und verschlechterter *terms of trade* nur mühsam gesteigert werden.

Auf dem Ernährungssektor machte sich der Verlust der Ostgebiete und die um 21 Prozent vergrößerte Bevölkerungszahl voll bemerkbar. Immerhin hatte der Harmssen-Bericht von Ende 1947 prophezeit: »Ohne Wiederherstellung des status quo im Osten kann nur Tod oder Auswanderung von 20 Millionen Deutschen die Ernährungslage wirksam erleichtern.« Inzwischen war man zwar etwas optimistischer geworden. Aber für Hunderttausende von

Vertriebenen, die in den industriearmen Gebieten Schleswig-Holsteins, des nördlichen Niedersachsen und im Bayerischen Wald zusammengedrängt waren, fehlte es an Arbeitsplätzen. Während der Vertriebenen- und Zuwandereranteil an der Bevölkerung im April 1949 16 Prozent betrug, machte ihr Anteil an den Arbeitslosen fast 40 Prozent aus.

Zu diesen und anderen strukturellen Problemen kam die relative konjunkturelle Abschwächung. Der Kaufwelle in den Monaten nach der Währungsreform war eine verringerte Inlandsnachfrage gefolgt. Sie resultierte sowohl aus dem Kapitalmangel der Unternehmen wie aus der insgesamt noch sehr niedrigen Einkommensstruktur der Arbeitnehmer. Der Brutto-Stundenverdienst der Industriearbeiter lag im September 1949 im Durchschnitt bei 120 Pfennigen, der Wochenverdienst bei rund 55 DM. Das reale Bruttoeinkommen der Beamten betrug noch im Herbst 1952 nur 85 bis 89 Prozent der Einkommen von 1938.

Die Leistungen der öffentlichen Hand für Alte, Kriegsopfer, Kriegshinterbliebene, Versehrte waren mit einem Anteil von rund 40 Prozent an den Ausgaben der öffentlichen Haushalte zwar sehr hoch. Aber da 14 bis 17 Millionen ganz oder teilweise von öffentlichen Sozialhilfeleistungen lebten, waren die Renten verzweifelt niedrig. Sie lagen damals im Durchschnitt unter 100 DM monatlich. Der Mindestsatz der Witwen- und Waisenrente belief sich beispielsweise ab Juni 1949 auf 40 DM monatlich, der Invalidenrente und des Ruhegeldes auf 50 DM monatlich. Vom privaten Konsum konnten also erst einmal keine entscheidenden konjunkturellen Impulse ausgehen.

Die Wirtschaftspolitik der Bundesregierung begegnete dieser Herausforderung mit einem Konzept, das sich einerseits zwar in traditionellen Bahnen bewegte, andererseits aber reformerisch und eminent zeitgemäß war. Traditionell war die seit den Tagen des Frankfurter Wirtschaftsrats betriebene Wirt-

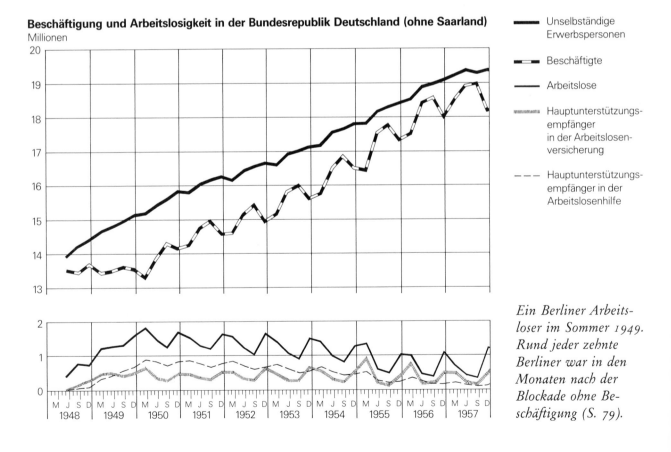

Beschäftigung und Arbeitslosigkeit in der Bundesrepublik Deutschland (ohne Saarland)

— Unselbständige Erwerbspersonen

— Beschäftigte

— Arbeitslose

— Hauptunterstützungsempfänger in der Arbeitslosenversicherung

– – – Hauptunterstützungsempfänger in der Arbeitslosenhilfe

Ein Berliner Arbeitsloser im Sommer 1949. Rund jeder zehnte Berliner war in den Monaten nach der Blockade ohne Beschäftigung (S. 79).

schaftspolitik insofern, als sie die fast unlösbar erscheinenden Schwierigkeiten einer im ganzen rohstoffarmen, von Nahrungsmitteleinfuhren abhängigen Wirtschaft mit dem Ausbau des Landes zu einer hochqualifizierten »Exportmaschine« beantwortete. Damit wurde an das alte Erfolgsrezept angeknüpft, mit dem sich Deutschland in der Wilhelminischen Ära schon einmal seinen Platz auf den Weltmärkten erobert hatte. Reformerisch war diese Politik, weil sie das Ziel des Wiederaufbaus und der Rückkehr zu den Weltmärkten mit dem Konzept des wirtschaftlichen Liberalismus anstrebte. Das bedeutete eine konsequente Abkehr von der bisher vorherrschenden Doktrin und Praxis, wie sie im Dritten Reich etabliert worden waren und unter der Besatzungsherrschaft bis Mitte 1948 ihre Fortsetzung gefunden hatten. Die Neigung zu einer stark etatistisch geprägten Wirtschaftspolitik reichte in Deutschland aber weit über die Autarkiepolitik des Dritten Reiches zurück; insofern mußten die neo-

liberalen Reformer stärkere Traditionen überwinden als bloß das unter Hitler installierte und von den Militärregierungen beibehaltene Wirtschaftssystem. Die Marktwirtschaft wäre aber nicht so rasch und umfassend durchzusetzen gewesen, wenn sie den weltwirtschaftlichen Rahmenbedingungen der fünfziger Jahre nicht in idealer Weise entsprochen hätte. Das Konzept der Neo-Liberalen entsprach den ordnungspolitischen Vorstellungen, die damals von der führenden Wirtschaftsmacht Amerika verfochten wurden, zugleich aber auch den Entwicklungstendenzen der Weltwirtschaft insgesamt, die sich im Zeichen eines erneuerten Freihandelssystems eben anschickte, in die große Aufschwungphase der fünfziger und sechziger Jahre einzutreten.

Zeitgemäß war die Erhardsche Wirtschaftspolitik übrigens auch darin, daß sie die theoretische Arbeit einer damals in voller Entfaltung befindlichen volkswirtschaftlichen Schule aufnahm. Professoren wie Wilhelm Röpke, Walter Eucken, Erwin von Beckerath, Alexander Rüstow trafen sich bei aller Verschiedenheit im einzelnen doch in der gemeinsamen Überzeugung, daß die Aufgaben des weltwirtschaftlichen und deutschen Wiederaufbaus nur mit marktwirtschaftlichen Mitteln erfolgreich zu lösen seien. Einzelne dieser Theoretiker, Alfred Müller-Armack und Franz Böhm, nahmen bald auch die Möglichkeit wahr, ihre Vorstellungen in konkrete Politik umzusetzen. Überregionale Blätter wie die *Frankfurter Allgemeine* mit Erich Welter und Erich Dombrowski oder die *Neue Zürcher Zeitung* gaben publizistischen Feuerschutz.

Es fehlte dieser Strömung nicht an wissenschaftlichen Gegnern, die sich für Ordnungsformen des liberalen, des freiheitlichen, des christlichen Sozialismus einsetzten oder an marxistischen Auffassungen festhielten. Alfred Weber, Hans Ritschl, Eduard Heimann, Edgar Salin, Gerhard Weisser, Oswald von Nell-Breuning, Heinz-Dietrich Ortlieb und politisch aktive Ökonomen von der Art Fritz Baades und Karl Schillers fanden gleichfalls Gehör. Sie entwickelten Konzepte, deren Grundgedanken in die Überlegungen der SPD oder auch der rasch an Einfluß verlierenden linkskatholischen Politiker eingingen. Gerade die frühen fünfziger Jahre waren eine hohe Zeit lebendiger wirtschaftswissenschaftlicher

Der 1933 von den Nationalsozialisten entlassene Nationalökonom Wilhelm Röpke hatte maßgebenden
Anteil an der Renaissance des wirtschaftlichen Liberalismus im Nachkriegsdeutschland.

Als entschiedener Befürworter einer sozialistischen
Planwirtschaft war Erik Nölting in den Anfangsjahren der Bundesrepublik der parlamentarische Gegenspieler Ludwig Erhards.

Auseinandersetzungen. Aber die neo-liberale Gruppierung erwies sich als die attraktivste und wurde in
zunehmendem Maße vom Erfolg der neuen Wirtschaftspolitik beflügelt.
In den Anfängen der Bundesrepublik allerdings war
der wirtschaftspolitische Kurs in Theorie und Praxis
noch heftig umstritten. Die Grundüberlegungen, denen sich die neue Bundesregierung verschrieben hatte, lassen sich mit den folgenden Stichworten umschreiben: konservative Finanzpolitik statt vorrangiger Stimulierung des Binnenkonsums zum Zweck
der Vollbeschäftigung; Liberalisierung im Außen-
und Binnenbereich statt planwirtschaftlicher Maßnahmen; Verzicht auf kurzfristige, an und für sich
dringende Erleichterungen zugunsten langfristiger
Stärkung des Produktionsapparates.

Die ausschlaggebende Voraussetzung für ein erfolg-
reiches Comeback auf den Weltmarkt sahen Ludwig
Erhard, Fritz Schäffer und die Bank Deutscher Länder unter ihrem auch politisch einflußreichen Präsidenten Geheimrat Wilhelm Vocke in unbedingter
Währungsstabilität. Eine relativ restriktive Geldpolitik sollte im Innern Übernachfrage mit entsprechenden Preisauftriebstendenzen verhindern und trotz
des an und für sich großen Nachholbedarfs an Konsumgütern die Industrie zum Export zwingen. Hohe
Lohnforderungen, die in den schwierigen Anfängen
die internationale Wettbewerbssituation verhängnisvoll verschlechtert hätten, waren durch eine Politik
des knappen Geldes gleichfalls zu unterbinden. Die
dabei entstehenden Härten hoffte man durch eine
für jene Zeit recht weit gehende Importliberalisie-

rung mit daraus resultierendem Druck auf die Inlandpreise einigermaßen zu mildern. Der dadurch verstärkte Wettbewerbsdruck auf den Inlandsmärkten sollte die Unternehmen zusätzlich in den Export ausweichen lassen.

Ebenso hatte die konservative Finanzpolitik zum außenwirtschaftlichen Gleichgewicht beizutragen. Eine feste Position im Welthandel war nur dann wieder erreichbar, wenn es gelang, nach dem Auslaufen der Marshall-Plan-Hilfe im Jahr 1952 eine wenigstens halbwegs konsolidierte Zahlungsbilanz zu erwirtschaften. Auch dies erforderte strikte Währungsdisziplin.

Für ein Land, das sich anschickte, erneut eine große Exportmaschine aufzubauen, war das Konzept eines freien Welthandels die sinnvollste Doktrin. Eine baldige Liberalisierung des Handels und die Multilateralisierung des Zahlungsverkehrs waren vor allem auch mit Blick auf die traditionellen Märkte in Westeuropa vordringlich, die schon vor dem Kriege über zwei Drittel der deutschen Exporte aufgenommen hatten. Hier herrschten im Jahr 1949 überall noch lähmende dirigistische Praktiken vor. Wollte die Bundesrepublik die Handelsbarrieren in diesem Raum überwinden, so mußte sie wohl oder übel mit gutem Beispiel bei der Aufhebung ihrer Importbarrieren vorangehen; darauf drängten übrigens auch aus einleuchtenden Gründen gerade die Hohen Kommissare Großbritanniens und Frankreichs, unterstützt von McCloy, der die Liberalisierung der westeuropäischen Volkswirtschaften aus der umfassenden Perspektive der damaligen amerikanischen Politik gleichfalls voranbringen wollte. Bei ihren entsprechenden Bemühungen konnte die Bundesregierung also alliierter Unterstützung sicher sein, vorausgesetzt, sie schaffte es, die Zahlungsbilanz möglichst rasch aus eigener Kraft auszugleichen.

Schon früh bildete sich somit jene für die ganzen fünfziger Jahre typische Konstellation heraus: die USA als Vorkämpfer westeuropäischer Handelsliberalisierung, bedingungslos unterstützt von dem deutschen Juniorpartner in Gestalt Ludwig Erhards. Dabei hoffte die Bundesregierung, durch die anfänglich alles andere als leichte Zustimmung zur außenwirtschaftlichen Liberalisierung zugleich ihren

Flugblatt der SPD vom Mai 1951. 17000 der dazugehörigen Handzettel in Form einer Lebensmittelkarte wurden auf Ersuchen der Bundesregierung im Parteihaus der SPD in Hannover beschlagnahmt.

guten Willen zur internationalen Zusammenarbeit zu bekunden.

Gab man dem Aufbau eines leistungsfähigen Produktionsapparates unbedingten Vorrang, so mußten kurzfristig die Härten und Ungerechtigkeiten einer konservativen Finanzpolitik akzeptiert werden. Es schien dann auch gerechtfertigt, mit jenen berühmten steuerpolitischen Instrumenten zu arbeiten, von denen in den ersten Jahren der Bundesrepublik saftige Anreize zur Investition ausgingen, die freilich gleichzeitig erst einmal die wirtschaftlich Starken prämiierten. Großzügige Abschreibungsvergünstigungen und eine Senkung der Einkommensteuer für Selbständige zielten besonders in den Jahren 1949 und 1950 darauf ab, Investitionen durch Selbstfinanzierung zu ermöglichen. Da der Kapitalmarkt noch völlig darniederlag und ausländische Anleger zudem recht lange eine ausgeprägte Zurückhaltung an den Tag legten, mußte anfänglich wohl oder übel erst einmal eine Selbstfinanzierung der Unternehmen über die Preise akzeptiert werden. Dies führte allerdings dazu, daß der Zuwachs des Volkseinkommens in überdurchschnittlichem Ausmaß den Kapitaleigentümern zufloß. Das wurde von SPD und Gewerkschaften entsprechend scharf kritisiert. Die Regierung wußte natürlich, daß dies in absehbarer Zeit durch Lohnerhöhungen wieder ausgeglichen werden mußte, was dann tatsächlich seit 1952 auch geschah. Vorerst aber wurde durch Verzicht auf umfassende Investitionsplanung ein marktgerechter Einsatz der knappen Ressourcen erreicht, der Initiative und Leistungsfähigkeit hoch prämierte, den Grundstock für viele größere und kleine Unternehmen legte und den vom Krieg getroffenen Betrieben einen Wiederaufbau ihres Produktionsapparates erlaubte. Dabei wurde übrigens auch deutlich, daß bereits in den letzten Jahren der Wirtschaftsplanung des Dritten Reiches unter Albert Speer umfangreiche Modernisierungen vorgenommen worden waren, die jetzt späte Früchte trugen.

Das polemische Schlagwort vom Laissez-faire-Kapitalismus, das damals und später von den Kritikern dieser Politik verwendet wurde, verdeckte allerdings die Tatsache, daß auch die Wirtschaftspolitik der frühen Adenauer-Ära durchaus starke planerische Elemente beinhaltete und darüber hinaus auch den sozialpolitischen Erfordernissen gerecht zu werden suchte.

Dirigismus war anfänglich noch in vielen Bereichen unerläßlich: etwa bei der Rohstoffein- und -ausfuhr, in den Bereichen der Versorgung und des Verkehrs, im Wohnungswesen, beim Devisengeschäft, auf dem Kapitalmarkt und natürlich auf dem Ernährungssektor. Auch auf eine gewisse Investitionslenkung oder auf Direktinvestitionen der öffentlichen Hand konnte und wollte die Regierung nicht verzichten, sowohl beim Wohnungsbau wie in der zurückgebliebenen Grundstoffindustrie und beim Wiederaufbau des Verkehrswesens. Schließlich war auch die Steuergesetzgebung ein Instrument wirtschaftlicher Lenkung: Sie regte Investitionen im gewerblichen Produktionssektor, im Wohnungsbau, im Schiffsbau an und prämiierte das Sparen. Das langfristige Konzept war durchaus marktwirtschaft-

Deutschland 1950: Vereinzelt gibt es schon wieder glanzvolle gesellschaftliche Ereignisse wie den Empfang anläßlich der Hochzeit des Wiesbadener Sektfabrikanten Otto Henkell.

lich orientiert, die Praxis aber erst einmal die einer gemischtwirtschaftlichen Ordnung.

Auch die sozialen Komponenten fehlten nicht. Eine nach wie vor dirigistische Landwirtschaftspolitik hielt die Lebensmittelpreise niedrig. Die öffentlichen Haushalte waren durch fürsorgerische Maßnahmen für das Millionenheer der Mittellosen und durch die Bereitstellung von Starthilfen für die Vertriebenen aufs äußerste angespannt. Entsprechend drückend war die Besteuerung. 1913 machte die Steuerlast einschließlich der Sozialversicherungsbeiträge nur rund 10,1 Prozent des Bruttosozialprodukts aus, 1938 waren es 28,4 Prozent, 1949 31,6 Prozent und 1951 32,2 Prozent – also fast ein Drittel! Dabei erfaßte die Steuerprogression auch relativ niedrige Einkommen. Entsprechend groß war vielfach der Unmut über die Steuervergünstigungen für Kapitaleigentümer. Umverteilungsmaßnahmen zugunsten der Arbeitnehmer generell waren jedoch in dieser Phase noch nicht möglich. Immerhin ließ sich die den Gewerkschaften abverlangte Lohndisziplin mit dem Hinweis auf die 14 bis 17 Millionen Nicht-Erwerbstätigen rechtfertigen, die am Rande des Existenzminimums zu leben gezwungen waren.

Freilich wirkten jetzt die Ungleichheiten provozierend. Während die Misere vor der Währungsreform noch mehr oder weniger alle betroffen hatte, standen nun die Millionen Minderbemittelter und große Gruppen der Arbeitnehmerschaft vor vollen Geschäften und wurden oft Zeugen des Luxus einer bereits wieder in guten Einkommensverhältnissen lebenden Schicht der Eigentümer alten Vermögens oder neu zu Reichtum Gekommener. Derartige krasse Ungleichheiten durften nur von kurzer Dauer sein, wenn sie nicht zu einem politischen Umschwung führen sollten. Die Befürworter der neuen Wirtschaftspolitik waren sich darüber voll im klaren.

So gesehen war die Erhardsche Wirtschaftspolitik der Jahre 1949 bis 1951 ein Wettlauf mit der Zeit. Ganz offenkundig bedeutete sie ein Wagnis und für die Parteien, die sie trugen, ein erhebliches Risiko. Sie setzte bewußt auf mittelfristige Erfolge und nicht auf kurzfristige Erleichterung oder gar auf Verteilungsgerechtigkeit. Strukturelle Arbeitslosigkeit wurde im Interesse der Stärkung von Produktionskapazität und internationaler Wettbewerbsfähigkeit erst einmal in Kauf genommen. Der Erfolg

Deutschland 1950: Im Verkaufsraum des »Arbeitslosen-Hilfswerkes« in Hamburg-Bergedorf werden gegen Vorzeigen eines entsprechenden Ausweises Brot und Margarine verbilligt abgegeben.

dieser Politik hing zudem von einer ganzen Reihe entscheidender Voraussetzungen und Rahmenbedingungen ab, die bei der Entscheidung für das Konzept durchaus noch nicht voll überschaubar waren.

Grundvoraussetzung war, daß sich die von den USA im OEEC-Raum verfochtene liberale Weltwirtschaftspolitik gegen den Dirigismus der Labour-Regierung und die französischen Sympathien für staatlichen Dirigismus durchsetzte. Wilhelm Röpke, seit den letzten Kriegsjahren von der Schweiz aus einer der in Deutschland einflußreichsten Vorkämpfer des neuen Konzepts, hatte schon sehr früh die politische Voraussetzung der Renaissance einer liberalen Weltwirtschaftsordnung klar umrissen: Sie war nur zu verwirklichen unter dem Schutz und im Rahmen einer Pax Americana. Ohne Dollarhilfe und ohne starken amerikanischen Druck wäre jene Überwindung des Protektionismus nicht möglich geworden, die seit Anfang der fünfziger Jahre die Wirtschaftslandschaft tiefgreifend veränderte. Die USA erzwangen nicht nur den Abbau der Handelshemmnisse im westeuropäisch-atlantischen Raum. Sie wirkten zudem auf einen freien Zugang zu den überseeischen Rohstoffen hin, den die europäischen Kolonialmächte gerne noch länger kontrolliert hätten.

Eine weitere Vorbedingung, die zur gleichen Zeit den makroökonomischen Datenkranz entscheidend veränderte, war der große Boom, der jetzt die ganze westliche Wirtschaft erfaßte. Dieser bald überall fühlbare Auftrieb erlaubte es, die nach wie vor harte gegenseitige Konkurrenz doch in einem Klima relativer Verträglichkeit zu betreiben. Auch das Wiederauftreten Deutschlands auf den Weltmärkten erschien in einem Klima allgemeiner Expansion tolerierbar. Während die schrumpfenden Märkte der dreißiger Jahre einen verheerenden Nationalegoismus freigesetzt hatten, eröffneten die expandierenden Märkte der fünfziger Jahre das Tor für eine beispiellose Ära marktwirtschaftlicher Zusammenarbeit.

Zu den wesentlichen Rahmenbedingungen für einen Erfolg der deutschen Marktwirtschaft gehörte ebenso die rasche Außerkraftsetzung der alliierten Produktionsbeschränkungen und Kontrollen. West-

deutschland konnte nur deshalb in so großem Maßstab ins internationale Geschäft kommen, weil die auf Verständigung und bedingungslose Westintegration ausgerichtete Außenpolitik Adenauers auf seiten der anfangs noch mißtrauischen westlichen Partner den erforderlichen guten Willen schuf.

Gerade beim Blick auf die wirtschaftliche Zwangslage jener ersten Jahre wird übrigens auch deutlich, wie alternativlos die Politik der Westbindung damals tatsächlich gewesen ist. Ohne die außenpolitische Grundentscheidung für eine Westintegration in allen Bereichen hätte auch die günstige Weltkonjunktur nicht so optimal genutzt werden können.

Das Wagnis der liberalen Wirtschaftsreformen konnte aber auch innenpolitisch scheitern. Es setzte eine Art Wunder voraus, das in der Tat 1949 und 1950 eintrat: die Lohndisziplin der Gewerkschaften. Ohne deren Zurückhaltung, die von Einsicht in das Notwendige zeugte, doch natürlich auch durch die hohe Arbeitslosigkeit mitgefördert wurde, wäre die entscheidend wichtige Selbstfinanzierung der Investitionen nicht möglich gewesen. Der Deutsche Gewerkschaftsbund kritisierte zwar die Härten dieser Politik, hielt aber erst einmal still.

Nicht nur die Gewerkschaften drängten in diesen Jahren auf eine Vollbeschäftigungspolitik. Es war vor allem die SPD, die angesichts der steigenden Arbeitslosigkeit und der eingetretenen Stagnation die bekannten Steuerungsmaßnahmen dirigistischer Wirtschaftspolitik ins Spiel bringen wollte. Große Konjunkturbelebungsprogramme der öffentlichen Hand, finanziert durch *deficit spending*, öffentliche Investitionsplanung und -kontrolle, Verstärkung der Massenkaufkraft zur Konsumbelebung, verbesserte Sozialleistungen, verschärfte Importkontrollen und weitere keynesianische Maßnahmen sollten kurzfristig Erleichterung verschaffen. Auf längere Sicht aber, so glaubten die Sozialdemokraten, würden nur eine Sozialisierung der Grundstoffindustrien sowie der Banken und harte Besteuerung der hohen Einkommen die wirtschaftlichen Lasten gleichmäßig verteilen und soziale Gerechtigkeit schaffen.

Ihre Vorschläge fanden beim linken Flügel der CDU durchaus noch gedämpften Widerhall, vor allem bei Karl Arnold, der auf den Tag lauerte, an

Gewerkschafts-
kundgebung gegen
die Wirtschafts-
politik der Re-
gierung Adenauer
im August 1950
in München.

GEGEN DAS ARME-LEUTE-BROT EINES WORTBRÜCHIGEN KANZLERS!

dem die in Düsseldorf recht gut funktionierende »Große Koalition« zwischen CDU und SPD auch auf Bonn übertragen werden konnte. Das Ahlener Programm war noch nicht ganz vergessen. Welche Vorstellungen in weiten Teilen der nordrhein-westfälischen CDU vorherrschten, ließ sich deutlich an der im Juni 1950 mit 110 Stimmen der CDU und des Zentrums angenommenen neuen Verfassung des Landes Nordrhein-Westfalen ablesen. Sie sah die Überführung der Grundstoffindustrie und von Unternehmen, die eine monopolartige Marktstellung innehatten, in Gemeineigentum vor.

Als die Arbeitslosigkeit im Februar die Zweimillionengrenze überschritten hatte, wurde auch die Hohe Kommission nervös. Durch Indiskretion gelangte eine Denkschrift der alliierten Wirtschaftsberater in die Presse, in der die Wirtschaftspolitik der Bundesregierung heftig kritisiert wurde. Unter anderem wurde darin auf die hohe strukturelle Arbeitslosigkeit verwiesen, die nicht nur für die Bundesrepublik, sondern in ihren möglichen Auswirkungen letzten Endes für ganz Westeuropa eine Gefahr darstelle.

Nun brauchte man deutsche Politiker, die die Endphase der Weimarer Republik erlebt hatten, über die politischen Gefahren von Massenarbeitslosigkeit nicht zu belehren. Bedeutete diese Kritik also, daß die Hohe Kommission von der Regierung Adenauer abzurücken begann, nachdem sie bisher Erhards Kurs der Sozialen Marktwirtschaft mitgetragen hatte? Es war bekannt, daß die britischen Wirtschaftsberater der Hohen Kommission in ihren Auffassungen den Sozialdemokraten nahestanden. Doch auch unter den amerikanischen Ökonomen bei der Marshall-Plan-Verwaltung fanden sich verschiedene Keynesianer, die jetzt eine stärkere staatliche Konjunkturankurbelung befürworteten. Leute, die das Gras wachsen hörten, raunten schon wieder von einer »Großen Koalition«. Darum wurde es zwar rasch still, als sich die Bundesregierung zur Ankündigung eines relativ modesten Arbeitsbeschaffungsprogramms in Höhe von rund zwei Milliarden Mark durchrang. Bei seiner Realisierung zeigten sich allerdings die in solchen Fällen zutage tretenden Leistungsschwächen bürokratischer Investitionsplanung zum ersten Mal in der Geschichte der

Bundesrepublik recht deutlich. Das Konjunkturprogramm erwies sich als ein Schlag ins Wasser, aber die Hohe Kommission war erst einmal zufrieden, und der Opposition konnte in den leidenschaftlichen Debatten des Deutschen Bundestages etwas vorgewiesen werden.

Ende April 1950 kam es zu einer neuen Auseinandersetzung zwischen Hoher Kommission und Bundesregierung, als die Hohen Kommissare gegen ein Steuergesetz des Bundesfinanzministers, das durch Senkung der Einkommensteuer die private Investitionsneigung stimulieren sollte, ihr Veto einlegten. Dem Einspruch lag auch die künftig noch verschiedentlich geäußerte Besorgnis zugrunde, die Deutschen würden sich zu sehr auf eine permanente Deckung ihres Zahlungsbilanzdefizits aus ERP-Mitteln verlassen und den Bundeshaushalt nicht energisch genug ausgleichen. Diese Differenzen ließen sich zwar bald beilegen, machten aber erneut deutlich, daß auch für die Westalliierten in der Wirtschaftspolitik letztlich nicht die Doktrin, sondern nur der Erfolg zählte.

Die Durststrecke des wirtschaftspolitischen Kurses von Ludwig Erhard ging zu Ende, als der Korea-Boom voll einsetzte. Dann erst zeigte sich, daß der Aufbau einer für den Export bestimmten Kapazitätsreserve eine kluge Maßnahme gewesen war. Viel hätte jedenfalls nicht gefehlt, um das Experiment der Marktwirtschaft scheitern zu lassen, noch ehe sie ihre Leistungsfähigkeit richtig unter Beweis gestellt hatte. Tatsächlich besaß aber die Bundesregierung mit ihrer Wirtschaftspolitik nicht nur das richtige Konzept, sie hatte auch im richtigen Augenblick Glück.

Winter des Mißvergnügens

Nicht nur der schlechte Gang der Wirtschaft machte die Anfänge in Bonn beschwerlich. Auch das neugewählte Parlament sorgte ständig für negative Schlagzeilen. Die Wahlen hatten eine Menge Abgeordneter in den Ersten Bundestag gebracht, die einige Zeit brauchten, sich an parlamentarische Sitten und Gebräuche zu gewöhnen. Von 402 Mitgliedern des Bundestags hatten 217 noch keinem Parlament

angehört. Immerhin konnten alle größeren Fraktionen doch auf eine kleine Kerntruppe ehemaliger Reichstagsabgeordneter – insgesamt 29 – oder einigermaßen erfahrener Landtagsabgeordneter zurückgreifen. Unter ihrer Leitung knüpfte man an die traditionellen Verfahrensnormen und Organisationspraktiken an, die vielfach auf die Jahre vor dem Ersten Weltkrieg zurückgingen. Die Älteren dominierten sowohl in der Fraktionsführung wie numerisch. 51 Prozent waren über 50 Jahre alt, 35 Prozent zwischen 40 und 50. Wenn es eine Institution gab, auf die das Schlagwort von der Restauration zutraf, dann war es dieser Bundestag.

Die Arbeitsbedingungen waren spartanisch. Für 402 Abgeordnete standen nur 50 Büroräume zur Verfügung. Auch ihre Vergütung war noch bescheiden. 1950 beliefen sich Diäten, Tagegelder und Kilometergeld nach Einzelabrechnung auf rund 1500 DM monatlich. Aber nie wieder seither hatte die Bundesrepublik einen fleißigeren Bundestag. 282 Plenarsitzungen wurden abgehalten; die Gesamtsitzungszeit lag bei 1800 Stunden – demgegenüber hielt bereits der Dritte Bundestag nur noch 168 Plenarsitzungen ab; die Gesamtsitzungszeit sank auf 1134 Stunden. Ausschuß- und Unterausschußsitzungen wurden in der ersten Legislaturperiode insgesamt 5111 durchgeführt – von 1957 bis 1961 noch 2435. Die Zahl der aus dem Bundestag selbst eingebrachten Gesetzentwürfe lag mit 301 beträchtlich höher als zwei Legislaturperioden später mit 207; dabei ist zu berücksichtigen, daß die Arbeit mangels parlamentarischem Hilfsdienst in starkem Maß von den Abgeordneten selbst bewältigt werden mußte.

Dennoch war das Image des Bundestages nicht gut. Die Arbeit begann gleich mit schwersten Auseinandersetzungen zwischen Regierung und Opposition. Verbalinjurien, Krawallszenen und Schlägereien, an denen meist die kleinen Häuflein rechtsradikaler und kommunistischer Volksvertreter beteiligt waren, Immunitätsaufhebungen, undurchsichtige finanzielle Transaktionen – es gab wenige Schattenseiten des Parlamentarismus, die in diesen Bonner Anfängen nicht studiert werden konnten. Die Statistik verzeichnet 150 Ordnungsrufe und Rügen des Sitzungsleiters – gegenüber 35 im Dritten Deutschen Bundestag. 35 Wortentziehungen und 17 Sitzungsausschlüsse wurden verhängt – zwischen 1957 und 1961 waren diese Sanktionen überhaupt nicht mehr nötig. 79mal wurde Immunitätsaufhebung beantragt und 43mal genehmigt – auch dies ein einmaliger Rekord.

So fühlten sich viele in- und ausländische Beobachter gerade im ersten Jahr an die letzte Zeit des Reichstages in der Weimarer Republik erinnert. Der durchschnittliche Deutsche, der sich damals ohnehin von Politik fernhielt und sich mit Vorrang auf das persönliche Fortkommen konzentrierte, sah seine ziemlich zynischen Vorstellungen vom politischen Geschäft bestätigt. Die Parlamentsverdrossenheit war erheblich und nahm nur langsam ab. Im Januar 1950 ergab sich bei einer Meinungsumfrage, daß 32 Prozent der Befragten von der bisherigen Arbeit des Bundestages einen ungünstigen Eindruck hatten, nur 21 einen günstigen. Die Zahl der Unentschiedenen und Urteilslosen lag mit 47 Prozent besonders hoch – das waren die weitgehend Apolitischen.

Auch das Urteil über die Parteien war nicht günstig. Nach der Währungsreform gingen die Mitgliederzahlen stark zurück. Im August 1949, also im Wahlkampfmonat, antworteten auf die Frage, ob die Parteien seit 1945 das Notwendige und Mögliche getan hätten, um die Entwicklung zum Guten zu wenden, 51 Prozent mit Nein, 26 Prozent meinten »nicht alle«, und nur 13 Prozent sagten »Ja«. Auf großes Vertrauen der breiten Öffentlichkeit konnte sich die neue Demokratie also nicht stützen, geschweige denn auf Enthusiasmus.

Gravierender noch als die Vorstellungen, die den deutschen Wählern von der Arbeit in Bonn vermittelt wurden, war das Bild, das sich das Ausland von den in der Bundesrepublik vorherrschenden Tendenzen machte. Dabei schlugen die Schattenseiten des Parlamentarismus weniger zu Buch, die schließlich auch älteren Demokratien nicht fremd waren. Was aber aufs höchste beunruhigte, waren die im Land wie in Bonn selbst moussierenden nationalen

Konstituierende Sitzung des Ersten Deutschen Bundestages. Alterspräsident war Paul Löbe, ehemaliger sozialdemokratischer Reichstagspräsident. Die hier noch deutlich das Plenum überragende Regierungsbank läßt die stark fortwirkende Tradition des deutschen Parlamentsverständnisses erkennen.

Tendenzen. In Erinnerung an die jüngste Vergangenheit zögerte man nicht, sie als neuen Nationalismus zu bezeichnen. Begreiflicherweise wurde jeder Einzelvorgang herausgehoben und von der in- und ausländischen Presse gleichsam unter dem Mikroskop betrachtet. Schon bei den Bundestagswahlen hatte das Hauptinteresse des westlichen Auslandes der Frage gegolten, wie die neugegründeten Rechtsparteien abschneiden würden. Immerhin hatten die deutschen Wähler ja noch keine 17 Jahre zuvor mit 43,9 Prozent für die NSDAP votiert, und bis zum Kriege hatte Hitler die Zahl seiner Anhänger und Mitläufer noch wesentlich gesteigert.

Am nervösesten beobachtete man alles, was sich in Deutschland tat, in Frankreich. Die Außenpolitik der 4. Republik war in den ersten zehn Nachkriegsjahren noch stark auf das deutsche Problem fixiert. Mißtrauisch, so skizzierte später François Seydoux diese Grundstimmung, »befragt man sich über dieses unbekannte Land von bizarrer Form, das zu schwach ist, um Furcht zu erwecken, zu unberechenbar, als daß wir uns sicher fühlen können, von dem man nicht weiß, ob es noch der Gegner von gestern oder der Freund von morgen ist«.

Im Winter 1949/50 gab es wenig Beruhigendes zu sehen: eine Opposition, die sich mit nationalen Parolen auf den Erfüllungspolitiker Adenauer einzuschießen begann und dabei ihre Hauptkritik gegen Frankreich richtete; eine mit nationalistischen Parolen operierende sowjetische Marionettenregierung in Ost-Berlin, die an tiefverwurzelte antiwestliche Einstellungen des deutschen Nationalismus appellierte und mit der Wiedervereinigung lockte; emsige Betriebsamkeit bei den Rechtsradikalen in der norddeutschen Provinz; und schließlich eine Bundesregierung, die entgegenkommend in der Form, aber hart in der Sache schleunigst nach Konzessionen verlangte, um angeblich den Radikalen das Wasser abzugraben.

Tatsächlich hatte Adenauer im Winter 1949/50 große Mühe, die Außenpolitik in den Griff zu bekommen. Das Petersberger Abkommen war noch nicht unterzeichnet, da ließ er sich schon eine ungeschützte Erklärung zur deutschen Wiederbewaffnung entlocken. Diese wurde zwar in Washington und London bereits hinter den Kulissen diskutiert,

und manches davon drang in die Öffentlichkeit. Bevölkerung und Presse waren aber noch völlig unvorbereitet. Anfang Dezember folgten weitere Interviews zur Sicherheitsfrage. Adenauer beteuerte darin zwar, daß er prinzipiell gegen eine Wiederbewaffnung Deutschlands sei, und es ging ihm wohl mehr darum, seinen Wunsch nach westalliierten Sicherheitsgarantien für die Bundesrepublik ins Gespräch zu bringen. Aber man konnte aus den bald dementierten, bald halb wiederholten Äußerungen dieser Wochen doch seine Bereitschaft herauslesen, erforderlichenfalls für eine europäische Streitmacht deutsche Kontingente zu stellen. Als sich im In- und Ausland eine Welle des Protests ankündigte, ließ der Kanzler jedoch das Thema fürs erste fallen.

Es ist auch heute schwer zu entscheiden, ob er sich bei diesen hochbrisanten Äußerungen in voller Absicht relativ unbekannter Journalisten kleiner Zeitungen bedient hat, die er notfalls dementieren konnte, oder ob eine gewisse Unerfahrenheit im Umgang mit dem Instrument der internationalen Presse manches erklärt. Im Bonn jener Wochen ging in der Tat vieles durcheinander. Doch hat er auch später Journalisten von Weltruf häufig durch waghalsig offenherzige Äußerungen zu Personen und Vorgängen verblüfft. Im nachhinein rechtfertigte er seine intensive Interviewpolitik der Anfangsmonate mit dem gewiß nicht unberechtigten Argument, ihm habe für die Übermittlung seiner Auffassungen an eine breitere politische Öffentlichkeit im Ausland noch kein diplomatischer Apparat zur Verfügung gestanden. Und wenn man, wie Adenauer damals schon, von der Notwendigkeit einer Wiederbewaffnung überzeugt war, mußte das Thema tatsächlich erst einmal ins Gespräch gebracht werden. Aber das geschah eben nicht besonders kunstvoll und ließ auch keine klare Linie erkennen.

Hatten diese Äußerungen in Paris schon manchen nachdenklich gemacht, so alarmierte erst recht die Position, die Bonn jetzt in der Saarfrage einzunehmen begann. Das Erstaunen war freilich etwas künstlich, denn alle, die mit diesem dornigsten Problem deutsch-französischer Nachkriegsbeziehungen zu tun hatten, wußten seit langem, daß es kein besseres Mittel zur Aufstachelung nationaler Gefühle in Westdeutschland gab.

Ministerratstagung des Europarats: neben Adenauer der italienische Ministerpräsident Alcide De Gasperi, der französische Außenminister Schuman, der niederländische Außenminister und spätere Generalsekretär der NATO, Dirk Stikker, und der luxemburgische Außenminister Josef Bech.

In Frankreich wie in der Bundesrepublik bestand bezüglich der Saar seit langem ein ziemlich umfassender nationaler Konsens. Für Paris stellte die Saar eine Art Trostpreis dar. Nachdem sich die Aussichten auf langfristige Reparationen und auf die Schaffung eines Sicherheitsgürtels abhängiger deutscher Kleinstaaten an der Ostgrenze Frankreichs immer deutlicher in Nichts auflösten, sollten diese ursprünglichen Ziele der französischen Deutschlandpolitik wenigstens an der Saar verwirklicht werden. Wirtschaftlich wurde das Gebiet, in dem 948 000 Deutsche lebten, auf vielfältige Weise mit Frankreich verflochten. Die Saargruben unterstanden der einstweiligen französischen Sequesterverwaltung. Ihre Förderleistung betrug 1949 rund 14 Mio. Tonnen – knapp ein Achtel der Steinkohlenförderung im Bundesgebiet, die sich auf rund 103 Mio. Tonnen belief, und knapp ein Viertel der französischen Steinkohlenproduktion. Im Jahr 1949, als in der Bundesrepublik und in Frankreich jeweils rund 9 Mio. Tonnen Stahl produziert wurden, lag die Produktion des Saargebiets bei 1,7 Mio. Tonnen. Seit 1947 war das Saarland auch durch eine Wirtschafts- und Währungsunion mit Frankreich verbunden. Der französische Franc war gesetzliches Zahlungsmittel. Politisch hatte Frankreich das Gebiet aus seiner Besatzungszone herausgelöst. Großbritannien und die USA nahmen dies unter Friedensvertragsvorbehalt zur Kenntnis, ohne aber feste Zusagen zu geben. Wie weit und wie konkret Washington und London in den Jahren 1947/48 Frankreich Hoffnungen gemacht hatten, um seine Zustimmung zum Kurswechsel in der gesamten Deutschlandpolitik zu honorieren, ließ sich in Bonn nicht genau herausfinden.

In Paris jedenfalls glaubte man sich bis weit in die Kreise der »guten Europäer« um Robert Schuman berechtigt, die Autonomielösung durchzusetzen. Dabei konnte darauf verwiesen werden, daß die auf eine autonome Regelung festgezogenen Saarparteien unter Ministerpräsident Johannes Hoffmann diese Politik unterstützten. Allerdings sorgte an der Saar ein ziemlich gestrenges Polizeiregiment von Anfang an dafür, daß sich Personen und Gruppen, die sich für den Verbleib bei Deutschland einsetzten, nicht artikulieren konnten. Doch noch hielt eine beachtliche Mehrheit der Bevölkerung die Vorteile einer Getrenntentwicklung für größer als deren Nachteile.

Auch in der Bundesrepublik bestand hinsichtlich der Saarfrage zwischen den politischen Kräften ursprünglich ein ähnlich umfassender Konsensus. Saargebiet und Saarbevölkerung, so forderte man, gehörten bis zu einer Friedensvertragsregelung zu Deutschland. Die französischen Maßnahmen erschienen als willkürlich und zumindest so lange illegitim, wie eine freie Willensentscheidung der Saarbevölkerung nicht möglich war. Man mußte also vorerst versuchen, Verschlechterungen der Rechtslage nach Möglichkeit zu verhindern, jede deutsche Zustimmung zu dem vollendeten Tatbestand zu verweigern und das Problem offenzuhalten, bis bessere Tage kamen.

Die Saarfrage gehörte damit zu den so gut wie unlösbaren Problemen des deutsch-französischen Verhältnisses. Auch für diejenigen in Paris und Bonn, die einem deutsch-französischen Ausgleich einen überragenden politischen Stellenwert zumaßen, hätte eine Preisgabe der jeweiligen nationalen Ziele politischen Selbstmord bedeutet. So, wie die Dinge lagen, konnten sie über eine längere Zeit hinweg nur bestrebt sein, das Saarproblem entweder auf Eis zu legen oder, wenn das nicht ging, kunstvolle Kompromißkonstruktionen zu entwickeln, die das Gesicht wahren ließen. Dabei war die Saarfrage nur ein Problem unter vielen, und nicht einmal das wichtigste. Die politisch so schwache Bundesrepu-

blik hoffte in den verschiedensten Bereichen auf französisches Entgegenkommen. Da sie sich auch in der Saarfrage in der wenig vorteilhaften Position des *demandeurs* befand, mußte sie erwarten, daß ihr ein Löwenanteil der Konzessionen abverlangt werden würde, sofern sich Frankreich überhaupt aufs Verhandeln einließ.

Das Petersberger Abkommen hatte in Paris deutlich gemacht, daß die Zeit für Bonn arbeitete. Früher oder später würden in der Frage der alliierten Kontrolle und in der Ruhrfrage weitere Zugeständnisse erforderlich sein. So schien es nunmehr höchste Zeit, die Position im Saarland zu zementieren. Die französische Diplomatie setzte zu diesem Zweck auf verschiedenen Ebenen an, unglücklicherweise aber erst auf derjenigen der europäischen Einigung, die sich für die Durchsetzung nationaler Interessen ganz besonders schlecht eignete.

Zeitlich fast parallel mit der Bundesregierung hatte sich in Straßburg auch der Europarat konstituiert. Die Vorkämpfer eines europäischen Bundesstaates verstanden diesen Zusammenschluß von zehn europäischen Demokratien als Konstituante, aus der eine europäische Bundesverfassung hervorgehen sollte. Auch die Vertreter eines staatenbundlichen Konzepts sahen darin eine vielversprechende Kooperationsinstitution. Noch ließ sich nicht absehen, daß das in Straßburg eben begonnene Unternehmen von

1949–1954 beschäftigte sich Eugen Gerstenmaier (zwischen Adenauer und dem früheren Oberdirektor des Vereinigten Wirtschaftsgebietes Hermann Pünder) vor allem mit außenpolitischen Themen.

Anfang an fehlkonzipiert war und rasch in einer Sackgasse enden sollte. Welche Vorstellungen sich aber letztlich durchsetzen würden, für die Bundesrepublik war es entscheidend wichtig, sofort mit dabei zu sein. Gerade wer die Lösung für viele der sonst schwer lösbaren Fragen in europäischen Vereinbarungen sah, durfte keinen Moment zögern.

Seit Juni 1949 hatte der energische, im Saarland wie ein Prokonsul agierende Hohe Kommissar Frankreichs, Gilbert Grandval, in Paris darauf gedrängt, durch Aufnahme des Saarlandes in den Europarat den Autonomiestatus gleichsam durch die Hintertür zu erreichen. Außenminister Schuman übernahm es, den Ministerrat des Europarats für die Idee eines gleichzeitigen Beitritts der Bundesrepublik und des Saarlandes zu gewinnen. François-Poncet informierte Adenauer bei den Petersberger Verhandlungen von der französischen Position.

Der Kanzler sagte ihm darauf sofort und durchaus zutreffend voraus, welchen Sturm die Opposition im Bundestag deswegen entfesseln würde. Er unterließ es aber bei dieser Gelegenheit, wo vieles andere auf dem Spiel stand, gleich heftig zu protestieren. Schuman behauptete jedenfalls zuerst einmal, Adenauer habe in der Koppelung nichts Unzulässiges gesehen.

Frankreich setzte sich also durch. Die Folge aber war ein Scherbenhaufen im Deutschen Bundestag. Alle Ansätze für eine gemeinsame Europapolitik von Regierung und Opposition zerbrachen am Junktim mit dem saarländischen Beitritt. Schumachers Argumente waren recht einleuchtend. Wenn das Saarland ein Teil Deutschlands war, könne es nicht in Straßburg vertreten sein. Auf keinen Fall aber dürfe die Bundesregierung in Kenntnis des Junktims dem Europarat beitreten. Das französische Vorgehen und eine stillschweigende deutsche Duldung drohten seiner Meinung nach auch die deutsche moralische und rechtliche Position bezüglich der Oder-Neiße-Linie sowie der Ostzone zu gefährden. Außerdem werfe diese Zumutung auf den Geist, in dem das neue Europa gebaut werden sollte, das denkbar schlechteste Licht. Adenauer suchte demgegenüber erst einmal Zeit zu gewinnen und hoffte, das Problem im Direktkontakt mit Schuman einrenken zu können.

Die Saarfrage schwelte weiter. Kurz vor dem Mitte Januar 1950 in Bonn stattfindenden ersten Besuch von Außenminister Schuman erfuhr Adenauer aus Kreisen der saarländischen Regierung, daß zwischen Paris und Saarbrücken eine Serie von Konventionen vorbereitet wurde, die den Autonomiestatus des Saargebiets festschreiben sollten. Diese Konventionen, die wenig später tatsächlich abgeschlossen wurden, übertrugen Frankreich den militärischen Schutz und die diplomatische Vertretung des Saarlandes. Die wirtschaftliche Eingliederung der Saarwirtschaft in das französische Wirtschaftsgebiet erhielt jetzt eine klare Rechtsbasis. Paris sicherte sich weitgehende wirtschaftliche Eingriffsrechte. Über die bislang sequestrierten Saargruben, die formell deutsches Staatseigentum waren, schloß die Saarregierung einen Pachtvertrag mit fünfzigjähriger Laufzeit ab, der allerdings unter Friedensvertragsvorbehalt stand. Europa hatte also wieder einmal ein Protektorat.

Aus dem Besuch Robert Schumans, der als Anfang einer neuen Ära deutsch-französischer Beziehungen gedacht war, wurde so ein ziemlicher Fehlschlag. Der Kanzler, der sich bisher darauf verlassen hatte, daß Schuman Verständnis für die deutschen Wünsche zeigte, mußte nun deutlich werden. Er hielt ihm die Argumente entgegen, die der SPD-Führer ihm selbst im Deutschen Bundestag und nochmals zuvor bei einer interfraktionellen Besprechung zu bedenken gegeben hatte, warnte, daß der Beitritt zum Europarat, der europäische Gedanke sowie die deutsch-französische Verständigung jetzt gefährdet seien und formulierte die bekannten rechtlichen Einwände. Vor allem drängte er darauf, mit dem Abschluß der Konventionen noch abzuwarten, bis Deutschland in den Europarat eingetreten sei. Schuman wand sich, wie dies seine Art war, sprach sich aber gegen dreiseitige französisch-deutsch-saarländische Besprechungen aus. Endgültige Regelungen, räumte er ein, könnten erst im Friedensvertrag ausgehandelt werden. Im übrigen wies er Adenauer darauf hin, daß Bidault, falls er selbst ausscheiden müsse, noch ein viel weniger entgegenkommender Gesprächspartner sei.

Diese letztere Überlegung hatte beim Kanzler großes Gewicht. Man konnte sich in der Tat keinen

*Konrad Adenauer und
Robert Schuman waren
sich zwar über die
Notwendigkeit einer
Verständigung zwischen
Frankreich und der
Bundesrepublik einig,
ihr Verhältnis war
jedoch wesentlich
komplizierter, als es
der spätere Mythos
wahrhaben wollte.*

geeigneteren Partner vorstellen als den deutsch erzogenen Lothringer, der in seiner Person die Chancen und Gefährdungen des deutsch-französischen Verhältnisses verkörperte. Geistig war Schuman ein Bürger zweier Welten. Er stammte aus dem Teil Lothringens, der zwischen 1871 und 1918 zum Deutschen Reich gehörte. 1886 in Clausen, einem Vorort von Luxemburg, geboren, war er bis 1919 deutscher Staatsbürger. Er hatte in Bonn, Berlin, München und Straßburg studiert. In Bonn war er Mitglied des KV Salia geworden; Adenauer, der einige Jahre vor ihm in Bonn gleichfalls Jura studiert hatte, gehörte dem KV Arminia an. Den Ersten Weltkrieg machte Schuman im Rang eines deutschen Reserveoffiziers im Etappendienst mit. 1919 kam er als Deputierter für das Département Moselle in die Pariser Abgeordnetenkammer. Im Zweiten Weltkrieg wurde er von der Gestapo verhaftet und deportiert, konnte aber fliehen. Bei den Verhören sind ihm auch angebliche persönliche Beziehungen zu dem einstigen Kölner Oberbürgermeister Adenauer vorgehalten worden, die aber tatsächlich erst 1948 zustande kamen. Zur Lothringer Schwerindustrie unterhielt er viele Beziehungen, hatte sich aber in der Nationalversammlung den Ruf absoluter In

tegrität und persönlicher Unabhängigkeit erworben, was für einen ehemaligen Ministerpräsidenten und bislang vierfachen Minister schon etwas bedeutete. Wie Adenauer war auch er davon überzeugt, daß eine »organische Verflechtung« der westeuropäischen Montanindustrie optimale wirtschaftliche und politische Bedingungen schaffen würde. Der einstige Verbund zwischen dem lothringischen Erzbecken von Briey und der Ruhrkohle schwebte ihm als Modell vor. Gleich wie der Kanzler wurzelte er fest im katholischen Glauben und stärker als dieser sah er die Länder Westeuropas in karolingischer Perspektive.

Das Verhältnis zwischen den beiden war allerdings nicht so unkompliziert, wie es der spätere Mythos glauben machte. Jeder war ein mit allen Wassern gewaschener Politiker und erwartete vom anderen, daß er bei den politischen Kräften seines Landes jene Konzessionen durchsetzte, wie sie aus seiner Interessenlage am plausibelsten erschienen. Innenpolitisch bedrängt, wie beide stets waren, suchte jeder den Partner bisweilen mit dem Argument zum Nachgeben zu bringen, wenn ein anderer an seine Stelle träte, werde alles vollends unlösbar. Sie wußten, daß die beiden Länder durch Zusammenarbeit bei entsprechenden Konzessionen mehr zu gewinnen als zu verlieren hatten. Aber beide beherrschten auch die Kunst versteckter Andeutungen, bedeutsamen Schweigens und elastischen Ausweichens. So traf man sich in einer allgemeinen europäischen Orientierung, aber die Tatsachen stießen sich eben hart im Raum.

Unaufhaltsam trieben die Differenzen in der Saarfrage nun in die Zone öffentlicher Auseinandersetzungen, wie sie aus der jüngeren Geschichte der deutsch-französischen Beziehungen nur zu gut bekannt waren. Die beiderseitige Presse artikulierte den Unmut mit kräftigen Leitartikeln, wobei sich auf deutscher Seite besonders die *Zeit* und die *Frankfurter Allgemeine* hervortaten. Schon kurz vor dem Bonn-Besuch des französischen Außenministers sagte Bundespräsident Heuss denen, die es noch nicht wußten, in einer Rede in Koblenz, daß die Saar »geschichtlich und ethnisch deutsches Land ist«. Blücher und Dehler zogen in Wochenendreden nach und signalisierten damit, daß sich die FDP künftig im Regierungslager als Vorkämpferin für eine deutsche Saar profilieren würde. Jakob Kaiser schickte sich an, die »Abteilung für Grenzlandfragen« seines gesamtdeutschen Ministeriums zur administrativen Basis des Propagandakampfs um das Saargebiet auszubauen. Er wirkte auch aus dem Hintergrund auf die Pressekampagne ein, die Anfang 1950 gestartet wurde, und goß mit einer in die Öffentlichkeit lancierten Denkschrift zur Saarfrage Öl ins Feuer.

Alle diese Äußerungen waren durchaus nicht nationalistisch, sondern brachten nur gekränkte patriotische Gefühle zum Ausdruck. Doch der Pariser Presse und Diplomatie fiel es nicht schwer, nunmehr »haltet den Dieb« zu rufen und das deutsche Echo auf die Verhandlungen über die Saarkonventionen als Indizien einer Renaissance des deutschen Nationalismus zu kennzeichnen. Auch Briten und Amerikaner warnten jetzt die Deutschen davor, das Spiel zu überreizen.

Adenauer spürte, wie ihm innen- und außenpolitisch der Boden unter den Füßen entzogen wurde. Beiderseits des Rheins schien der Sinn für die richtigen Proportionen der Saarfrage verlorenzugehen, und vor allem in Bonn schienen viele zu vergessen, daß die Bundesrepublik in jedem Fall am kürzeren Hebel saß. So distanzierte sich der Kanzler rasch öffentlich von seinen Ministern, sandte François-Poncet sogar eine Art Entschuldigungsbrief und suchte über McCloy die Idee einer »Internationalen Saarbehörde« ins Gespräch zu bringen, die eine politische Loslösung des Saarlandes von Deutschland unmöglich machen würde. Immer noch baute er darauf, Schuman werde ihm helfen, erst einmal auf Zeit zu spielen, und so hütete er sich auch nach wie vor, Frankreich öffentlich anzugreifen.

Aber der Abschluß der französisch-saarländischen Konventionen war nicht mehr aufzuhalten. Schuman hatte dem Kanzler zwar zu verstehen gegeben, man werde mindestens noch ein halbes Jahr brauchen, aber in Wirklichkeit wurden die Verträge am 3. März 1950 im Uhrensaal des Quai d'Orsay von Schuman und Ministerpräsident Hoffmann feierlich unterzeichnet. Am Tag zuvor war Adenauer von François-Poncet bei einer Routine-Besprechung mit den Hohen Kommissaren auf eine entsprechende Frage beiläufig davon in Kenntnis gesetzt worden, daß die Verträge am kommenden Tag um 11 Uhr unterzeichnet würden. Damit zum Schaden auch nicht der Spott fehlte, riet ihm François-Poncet, sich nicht aufzuregen und meinte: »Die erste Regung ist nicht immer die beste. Vor allem in einem so nervösen und bewegten Land wie dem Ihrigen wäre es wohl angetan, eine gewisse Zeit verstreichen zu lassen und sich dann auch umzusehen, wie es in der allgemeinen internationalen Atmosphäre aussieht.«

In der Bundesrepublik schlug die Entrüstung hohe Wellen. Adenauers hektische Reaktionen ließen erkennen, daß seine Frankreichpolitik jetzt voll ins Schwimmen gekommen war. Er drängte auf eine alsbaldige Sondersitzung des Bundestages und erklärte vor der Presse, Frankreich habe mit den Saarkonventionen eine »Entscheidung gegen Europa« getroffen. Es sei in bezug auf die Saargruben von »Hunger nach Gold« getrieben. Die deutsche Regierung sei im Stich gelassen, wenn nicht betrogen worden. Von Autonomie könne nicht die Rede sein: »Der Name ›Protektorat‹ wäre vielleicht noch zu gut. Man könnte eher von einer ›Kolonie‹ sprechen – doch das werde ich nicht tun.«

Zwei Tage nach derart starken Worten gab er dem amerikanischen Journalisten Kingsbury-Smith ein Interview, in dem er nicht mehr und nicht weniger vorschlug als eine vollständige Union zwischen Deutschland und Frankreich mit einem einzigen Parlament. Allerdings hatte er damit nur auf eine Frage des Amerikaners geantwortet, der sich dabei auf das im Frühjahr 1940 diskutierte Projekt einer französisch-britischen Union bezog. Großzügigerweise beeilte er sich aber hinzuzufügen, Großbritannien und die Benelux-Staaten sollten von einem solchen Einheitsparlament nicht ausgeschlossen werden; die deutsch-französische Union könne der Grundstein der Vereinigten Staaten von Europa werden und auch zur Lösung der Saarfrage beitragen helfen, deren Rückkehr zu Deutschland allerdings eine Voraussetzung für eine solche Union sei. Das Interview war offenbar ein Versuch, die Saarfrage wieder in die richtigen Proportionen zu rükken und erneut zu signalisieren, daß er, der Kanzler, ein Vorkämpfer der deutsch-französischen Aussöhnung sei. Unter tagespolitischen Aspekten war der Vorschlag freilich utopisch, zumal er den Europarat ganz außer acht ließ. Nach den kurz zuvor gehörten kräftigen Worten war man in Paris völlig verblüfft, dies um so mehr, als Adenauer zur Lancierung einer so spektakulären Idee einen amerikanischen Journalisten des »International News Service« ausgesucht hatte.

Erstaunlicherweise nahm nur *ein* französischer Politiker die Anregungen Adenauers ernst: General de Gaulle. Er begrüßte sie ausdrücklich und meinte in seinem pathetischen Stil, Attila sei auf den Katalaunischen Feldern dank gemeinsamer Anstrengung von Galliern, Germanen und Römern geschlagen worden. Heute müsse das Abendland erneut zusammenstehen: gegen die sowjetische Bedrohung. Dabei könne das Werk Karls des Großen unter den Bedingungen der Moderne neu aufgegriffen werden. Das europäische Schicksal hänge großenteils von der Entwicklung der deutsch-französischen Beziehungen ab. Die Saarfrage habe demgegenüber eine bloß nachgeordnete Bedeutung und könne sich bei positiver Entwicklung des Verhältnisses zwischen Frankreich und Deutschland von selbst lösen. Acht Jahre später, nach der Rückkehr des Generals

zur Macht, war es auch diese Äußerung, die Adenauer zur Aufnahme eines intimen Dialogs mit de Gaulle ermutigte.

Immerhin ließ die nun fällige Sondersitzung des Deutschen Bundestags erkennen, daß der Kanzler bestrebt war, die Vorgänge nicht mehr zu dramatisieren. Die kühle Reaktion der angelsächsischen Hohen Kommissare auf seine Kritik gab ihm doch sehr zu denken. Sie hatten dabei daran erinnert, daß das Saarland im Unterschied zu Berlin nicht zum Geltungsbereich des Grundgesetzes gehöre. Das sei schließlich allen Parteien bekannt gewesen, die damals für die Annahme des Grundgesetzes gestimmt hätten.

Adenauer legte jetzt die künftige Saarpolitik auf folgende Ziele fest: Betonung des Friedensvertragsvorbehalts in bezug auf die Saarkonventionen; Wahrnehmung des Mitspracherechts der Bundesregie-

Heinrich Krone, die tragende Säule der CDU/CSU-Fraktion. Seine schon im einstigen Zentrum geübte Fähigkeit, Kompromisse herbeizuführen, machte ihn zum verläßlichsten parlamentarischen Partner des Kanzlers.

rung; Forderung nach Verwirklichung der Grundsätze von Freiheit und Demokratie im Saarland. Allem Anschein nach wollte die Regierung jetzt nichts mehr davon wissen, daß im ersten Ärger auch ein Fernbleiben der Bundesrepublik vom Europarat erwogen worden war. Regierung und Opposition waren weitgehend einig; sogar Schumacher, der eine staatsmännische Rede hielt, versteifte sich nicht auf ein totales Nein in der Beitrittsfrage.

In der Folge war der Kanzler bemüht, durch ein zweites Interview, das er Kingsbury-Smith am 21. März gewährte, seine großen Visionen deutsch-französischer Zusammenarbeit und eines westeuropäischen Blocks weiter auszumalen. Er war völlig aufrichtig, wenn er jetzt die Gesamtheit seiner Europapolitik in das große Tableau der Bedrohung Europas durch die Sowjetunion rückte, wie dies auch de Gaulle einige Tage zuvor getan hatte. Die Konkretisierung der Unionsidee aber blieb weiterhin wolkig. Nun sprach er unter Bezugnahme auf den einstigen deutschen Zollverein von der Gründung eines deutsch-französischen Wirtschaftsparlaments, dessen Aufgaben Schritt für Schritt erweitert werden könnten und das auch anderen Ländern zum Beitritt offenstehen sollte. Damit war er wieder bei seiner alten Idee einer »organischen Verflechtung« im wirtschaftlichen Bereich, die von der Vision einer gemeinsamen europäischen Zukunft getragen werden sollte. Anfang April variierte er den Gedanken: jetzt forderte er in einem Interview die baldige Schaffung eines »Europäischen Parlaments«.

Das internationale Echo auf seine beharrlichen Vorstöße wurde langsam etwas günstiger, als sich auch Churchill anerkennend äußerte. Doch die Antworten aus Frankreich blieben frostig, und selbst in der Bundesrepublik zündete der Gedanke noch nicht richtig. Ein Sprecher der Regierung Bidault wies darauf hin, daß man Improvisationen ablehne und nicht bereit sei, sich Deutschland in die Arme zu werfen. Tatsächlich war der französische Ministerpräsident gerade damals intensiv bemüht, die alte Entente mit Großbritannien wiederzubeleben; auch der Gedanke eines »Atlantischen Friedensrats« zur Koordination der Verteidigungs- und Wirtschaftspolitik wurde ventiliert. Eine Liebesheirat mit

Deutschland war das Letzte, wovon der einstige Résistance-Führer Bidault und der größte Teil der entscheidenden Politiker in Paris damals träumten.

Die Richtung war somit klar, in die Adenauer zielte: irgendeine organisierte Form europäischer Zusammenarbeit, sei es erst im Zweierbund mit Frankreich, sei es von vornherein in größerem Rahmen. Die europäische Idee sollte allen Überlegungen eine neue Zielperspektive geben und die jeweiligen nationalen Interessen relativieren. Wo und wie man ansetzte, war verhältnismäßig belanglos, obschon ihm die wirtschaftliche Integration immer noch am aussichtsreichsten erschien.

Der Kanzler wurde von seinen europäischen Höhenflügen aber rasch auf den Boden zurückgeholt. Bald konnte Adenauer auch nicht mehr verheimlichen, daß der Europarat auf französisches Betreiben hin nicht daran dachte, die Bundesrepublik zum Beitritt einzuladen. Paris legte vielmehr Wert darauf, daß zuerst die Bundesrepublik Bereitschaft zur Teilnahme signalisierte und die weiße Fahne in der von Frankreich unbeugsam geforderten gleichzeitigen Aufnahme des Saargebietes zeigte. Damit wurde zum ersten Mal ein in den folgenden Jahren beliebtes Spielchen gespielt: Bonn sollte um etwas bitten, was die Westalliierten von ihm erwarteten. Es fiel diesen dann viel leichter, die Bedingungen zu formulieren.

Nun kam es erneut zu höchst komplizierten Verhandlungen und Briefwechseln mit den Hohen Kommissaren. Adenauer durchschaute natürlich die Taktik. Zwar war er entschlossen, den Schritt zu wagen, mußte sich allerdings gleichzeitig so gut als möglich gegen weitere Überraschungen von seiten der schwer überschaubaren französischen Politik absichern, um nicht ungünstigenfalls mit einem Aufnahmeantrag dazustehen, der von Frankreich blockiert wurde. Zugleich galt es, die Kritik in der eigenen Koalition zum Schweigen zu bringen, um dann der zu erwartenden Feldschlacht im Bundestag standhalten zu können. Im Kabinett gingen besonders von Jakob Kaiser Widerstände aus. Dieser blieb denn auch der endgültigen Abstimmung über den Beitritt zum Europarat demonstrativ fern und war nur mit Mühe davon abzubringen, seinen Dissens in einer großen Rede urbi et orbi zu verkünden. Auch

*Neben Adenauer
haben im Jahre 1950
Herbert Blankenhorn
(rechts) und Walter
Hallstein, der 1958 als
Präsident der EWG-
Kommission nach
Brüssel ging, den
außenpolitischen Kurs
der Bundesrepublik
maßgebend mit-
bestimmt.*

die Freien Demokraten waren alles andere als begei-
stert. Der Kanzler verstand es aber, die unübersichtlichen Positionen so darzustellen, daß im eigenen
Lager der Eindruck entstand, die deutschen Auffassungen hätten sich im Prinzip durchgesetzt. Es war
ein Drahtseilakt: Bald beschwor er in jenen Wochen
die große europäische Zukunft, bald bekannte er
sich zum Patriotismus, indem er – wie Mitte April in
Berlin – die Zuhörer einer Kundgebung aufforderte,
die dritte Strophe des Deutschlandliedes zu singen.
Im übrigen wartete er auf irgendeine Geste Frankreichs, die ihm neue Argumente an die Hand geben
würde. Bereits die Interviews waren für Adenauer
ein Versuch, bei den deutsch-französischen Beziehungen die Saarfrage hinter neuen Themen verschwinden zu lassen. Doch das konnte nur gelingen,
wenn Paris mitspielte. Adenauer wußte gut, daß er
festsaß und mit seiner politischen Zukunft in starkem Maß von dem Roulette im französischen Ministerrat und in der Nationalversammlung abhing.
Die französische Initiative kam aber, und sie hätte
nicht dramatischer inszeniert werden können. Die
nach vielem Hin und Her fällige Bonner Kabinetts-
entscheidung über den deutschen Beitrittsantrag
war am 9. Mai zu treffen, da für den 11. Mai in
London die Frühjahrskonferenz des Atlantikrats an-
gesetzt war, bei der die Außenminister der drei
Westmächte auch die deutsche Frage besprechen

wollten. Das Kabinett tagte bereits, als dem Kanzler
die Nachricht hereingereicht wurde, die französische
Regierung habe für den Schuman-Plan grünes Licht
gegeben. Adenauer war am Vortag in einem persönlichen Schreiben Schumans unterrichtet und um prinzipielle Zustimmung gebeten worden, noch bevor die
Vorschläge im französischen Ministerrat erörtert
würden. Bereits sechs Stunden später hatte der Emis-
sär Schumans, Robert Jean Mischlich, die entsprechenden Schreiben vom Kanzler ausgehändigt bekommen. Der europäische Frühling hatte begonnen.

Europäischer Frühling

Als der Kanzler nach der Kabinettssitzung am
9. Mai abends um 8 Uhr zusammen mit dem Kabinett vor die Presse trat, meinte er zu dem eben offiziell bekannt gewordenen Beschluß des französischen Kabinetts: »Er ist zweifellos von der denkbar
größten Bedeutung für die Beziehungen zwischen
Deutschland und Frankreich und für die ganze europäische Entwicklung.« Nun pflegen Politiker die
Vorgänge, an denen sie gerade eben mitwirken, mit
Vorliebe als große historische Einschnitte zu präsentieren. Auch Adenauer war von dieser Berufs-
krankheit nicht frei. Diesmal aber hatte er recht.
Die Bedeutung des Schuman-Plans kann kaum
überschätzt werden. Er hat die außenpolitische

Landschaft in Westeuropa grundlegend verändert und brachte den entscheidenden Durchbruch zur deutsch-französischen Verständigung. Jetzt erst wurde aus der europäischen Orientierung Adenauers eine durchschlagsfähige Politik, die Eigendynamik und Faszination entwickelte und damit den Weg der Bundesrepublik auf Jahrzehnte festlegte.

Für das Gelingen der Initiative waren im wesentlichen drei Persönlichkeiten entscheidend: Jean Monnet, Robert Schuman und der Kanzler selbst. Schuman war sich darüber im klaren, daß er sich mit dem Projekt auf einen Sprung ins Unbekannte einließ. Er war sich auch der zu erwartenden Widerstände im französischen Kabinett voll bewußt und hatte den Weg gewählt, seine Ministerkollegen handstreichartig zu überrumpeln. Die Gegner und Skeptiker unter ihnen ließen ihn gewähren, weil sie in dem Plan nur wieder eines jener Windeier vermuteten, die am Quai d'Orsay gelegentlich ausgebrütet wurden. Erst die geschickte Pressepolitik Schumans und das gewaltige Echo in den USA, doch auch in Bonn, ließen die französische Regierung voll erkennen, worauf sie sich eingelassen hatte. Jetzt aber war das französische Prestige bereits so stark mit dem Vorhaben verbunden, der internationale Erwartungsdruck auch schon so beträchtlich, daß an ein behutsames Abwürgen des Vorhabens, zu dem Ministerpräsident Bidault ursprünglich neigte und wozu der französische Finanzminister etwas später sogar die Briten aufzustacheln suchte, nicht mehr zu denken war.

Noch weniger Zeit zur Abwägung des Für und Wider fand der Kanzler selbst. Der französische Außenminister war nur bereit gewesen, dem französischen Ministerrat das Projekt vorzulegen, wenn er grünes Licht von Bonn erhielt. So mußte der Kanzler innerhalb von Stunden seine Entscheidung treffen, und zwar auf einer relativ schmalen Informationsbasis. Auch er plädierte vor einem verblüfften Kabinett dafür, daß man zustimmen müsse, obwohl er selbst sich über die Implikationen noch viel weniger im klaren war als Schuman, der zur gleichen Zeit den französischen Ministerrat bearbeitete.

Amerikanische Forscher haben mit gewisser Berechtigung festgestellt, die Bundesrepublik sei in den fünfziger Jahren der Musterfall eines »penetrierten Systems« gewesen – eines Staates, in dem wichtige Entscheidungen von ausländischen Eliten getroffen werden. Zu den wichtigsten dieser ausländischen Akteure zählte Jean Monnet. Der Schuman-Plan war eigentlich ein Monnet-Plan; der damalige französische Plankommissar hatte zu seiner Ausarbeitung nicht viel mehr als einen Monat gebraucht. Jean Monnet hatte in beiden Weltkriegen eine maßgebende Rolle bei der alliierten Rüstungsbeschaffung gespielt. In den frühen zwanziger Jahren war er stellvertretender Generalsekretär des Völkerbunds, Bankier in San Francisco und China, im Krieg und nach dem Krieg Wirtschaftsberater de Gaulles gewesen. Er brachte in jedes seiner Projekte eine unerschöpfliche Phantasie und ein Netz von Verbindungen mit den politischen und wirtschaftlichen Eliten der westlichen Welt ein. Der Chef der Bank von England, Montagu Norman, meinte von ihm: »Er ist kein Bankier, er ist ein Magier.« Jetzt hatte er sich entschlossen, die fast unlösbaren Paradoxien der deutschen Frage anzupacken. Wie er seinen Plan auf die Umstände abstellte und politisch verkaufte, wie er die richtige zeitliche Abstimmung sowie eine effektive dramatische Inszenierung zustande brachte und die Idee dann mit souveräner Menschenbehandlung durchsetzte, war schon ein Stück Hexerei.

Die von ihm konzipierte Initiative Frankreichs zielte darauf ab, eine Vielzahl von Problemen gleichzeitig zu lösen. Sie sollte die außenpolitische Malaise überwinden, in die die Staaten Westeuropas erneut hineinzugeraten drohten. Es galt, so sah er es, in Westeuropa vor allem wieder Hoffnung zu erwecken, indem man der Politik realisierbare, neue Ziele setzte. Hier konnte an die europäische Einigungsbewegung angeknüpft werden. Monnet erkannte bereits, daß sich die Europaidee mit dem Straßburger Europarat auf einem toten Gleis befand, und er war entschlossen, einen anderen Ansatz ins Spiel zu bringen. In einem Schlüsselbereich sollte jetzt zum ersten Mal die neue Methode der »Teilintegration« erprobt werden, um die Entwicklung von hier aus zu einer Föderation voranzubewegen. Auch die ängstliche Passivität, in der sich der Westen mit der sowjetischen Gefahr auseinandersetzte, mußte seiner Meinung nach durch eine nach vorn gerichtete, völlig neue Zusammenarbeit zwischen den freien Völkern überwunden werden.

Aber die Initiative entsprach auch den genuin französischen Interessen. Als Plankommissar hatte Monnet mit Hilfe der ERP-Mittel die französische Stahlindustrie modernisiert, freilich auch eine erhebliche Überkapazität schaffen helfen, der es – wenn die Entwicklung sich fortsetzte – einerseits an Märkten, andererseits an Koks fehlen mußte. Daß der Korea-Krieg demnächst eine Übernachfrage nach Stahl mit sich bringen würde, war nicht abzusehen. Der von Monnet in Frankreich selbst praktizierte indikative Dirigismus war jedenfalls teilweise in Schwierigkeiten geraten, aus denen sich auf höherer europäischer Ebene ein Ausweg finden sollte. In erster Linie war der Plan dazu bestimmt, das vielschichtige deutsche Problem zu lösen. Die ursprüngliche, damals nicht veröffentlichte Fassung des Schuman-Plans brachte dieses Ziel noch viel deutlicher zum Ausdruck:

»Europa soll auf föderalistischer Grundlage organisiert werden. Eine französisch-deutsche Union ist dabei ein wesentliches Element, und die französische Regierung ist entschlossen, sie in Angriff zu nehmen ... Die aufgehäuften Hindernisse verhindern die sofortige Realisierung dieser engen Assoziation, die sich die französische Regierung zum Ziel gesetzt hat. Doch von nun an soll die Einrichtung gemeinsamer Basen für die wirtschaftliche Entwicklung die erste Etappe einer deutsch-französischen Union werden. Die französische Regierung schlägt vor, die Gesamtheit der französisch-deutschen Stahl- und Kohleproduktion unter eine internationale Behörde zu stellen, die für die Beteiligung anderer Länder Europas offen ist. Sie hat die Aufgabe, die Grundbedingungen der Produktion zu vereinheitlichen und so die schrittweise Ausdehnung von effektiver Kooperation auf andere Bereiche zu friedlichen Zwecken zu ermöglichen.«

Anregungen, wie sie Konrad Adenauer einige Wochen zuvor in seinen Interviews mit Kingsbury-Smith gegeben hatte, fanden sich hier aufgenommen und konkretisiert, so daß der Bundeskanzler in der Presseerklärung am Abend des 9. Mai 1950 aus-

Bei einem Gespräch am 5. April 1951 im Palais Schaumburg überzeugte der »Magier« Jean Monnet den Bundeskanzler von den Vorzügen eines Systems gewichteter Stimmabgabe in den Organen der Montanunion.

Der Geist Stresemanns: »Lassen Sie sich nicht drausbringen, Kollege, das Geschrei gehört dazu – bei mir haben sie nur von der anderen Seite geschrien.« (S. 99)

rufen konnte: »Seit mehr als 25 Jahren hat mir dieses Ziel vorgeschwebt.«

Tatsächlich war die Idee einer montanindustriellen Verflechtung zwischen Frankreich, Deutschland, Luxemburg und Belgien uralt. Zur Zeit, als Deutschland Lothringen mit Metz besessen hatte, waren Ruhrkohle und lothringische Minette komplementär gewesen. 1913 kamen 40 Prozent des Koks, der in Frankreich verwendet wurde, und rund 85 Prozent des Koks für Deutsch-Lothringen aus dem Ruhrgebiet. Umgekehrt bezog dieses etwa 27 Prozent seines Stahls aus Französisch- und Deutsch-Lothringen.

Der Vertrag von Versailles hatte der engen Verflechtung ein Ende bereitet, aber während der zwanziger Jahre fehlte es weder in Frankreich noch in Deutschland an Plänen für eine Wiederherstellung des Verbunds. Nicht nur Stresemann, Stinnes und in Frankreich Paul Reynaud oder das Comité des Forges, auch der damalige Oberbürgermeister Adenauer von Köln setzten sich mit diesem Ziel im Auge für die unterschiedlichsten Formen der Ko-

operation ein. Von 1926 bis 1939 bestand ein internationales Stahlkartell, mit dessen Hilfe die Stahlproduzenten aus Belgien, Deutschland, Frankreich, Luxemburg und dem Saargebiet, unterstützt von den Regierungen, die auswärtigen Märkte aufteilten, den jeweils eigenen Binnenmarkt abschotteten und Absprachen über die Preisgestaltung auf den Weltmärkten trafen. Der Wettbewerb wurde dadurch allerdings nicht gefördert, sondern gehemmt, obgleich manche Politiker darin damals einen Beitrag zur friedlichen Zusammenarbeit sehen wollten.

Auch die französische Politik der ersten Nachkriegsjahre zielte darauf ab, den deutschen und den französischen Montanbereich wieder teilweise aufeinander zu beziehen, allerdings auf Kosten Deutschlands. Im Mittelpunkt aller Überlegungen stand der Kohlebedarf. Immerhin wurden noch Anfang der fünfziger Jahre rund 90 Prozent des westeuropäischen Energiebedarfs durch Kohle gedeckt. Das Erdöl hatte seinen Siegeszug noch nicht begonnen. Große Mengen an Ruhr- und Saarkohle wurden erst als vorweggenommene Reparationsleistung

*Begeisterung für Europa:
Die 300 Studenten, die am
7. August 1950 die Grenz-
schranken zwischen Weißenburg
und St. Germanshof zerstörten
und anschließend verbrannten,
forderten in einer dreisprachigen
Resolution die sofortige Bildung
eines europäischen Parlaments
und einer europäischen
Regierung.*

ausgeführt oder später zu Preisen, die unter denen des Weltmarkts lagen, nach Frankreich geleitet. Der rapide Aufbau der französischen Stahlindustrie nach 1945 wäre ohne die Kokslieferungen von der Ruhr nicht möglich gewesen. Allein im Jahr 1949 belief sich der deutsche Kohleexport nach Frankreich auf 8,1 Mio. Tonnen – immerhin etwa ein Zwölftel der gesamten Steinkohleförderung. Die Ruhrbehörde erlaubte es den westeuropäischen Abnehmerstaaten auch jetzt noch, große Mengen Kohle – im Prinzip unter Mißachtung des deutschen Bedarfs – einzukaufen. Hier lag ein Hauptmotiv für Monnets Plan. Im Augenblick produzierten Frankreich und Deutschland etwa die gleiche Menge Stahl – rund 9 Mio. Tonnen. Doch war vorauszusehen, daß die USA bald eine Erhöhung der deutschen Stahlproduktion über 11 Mio. Tonnen hinaus durchsetzen würden. (Tatsächlich war die deutsche Stahlproduktion 1958 schon wieder auf 22,7 Millionen Tonnen angestiegen – Frankreich produzierte zu diesem Zeitpunkt nur 14,6 Millionen!) Ebenso war in nicht allzuferner Zukunft damit zu rechnen, daß die Bundesrepublik die mehr oder weniger volle Verfügungsgewalt über die Ruhr zurückerhalten würde. Dann würde Deutschland aber seinen Koks selbst beanspruchen. Das könnte, so kalkulierte Monnet, nicht nur der französischen Stahlproduktion Zügel anlegen, sondern müßte gleichzeitig wieder die bekannten Sicherheitsbefürchtungen aufgrund der industriellen Überlegenheit Deutschlands aufwerfen. Falls keine grundlegende Initiative erfolgte, so ließ sich diese leicht vorhersehbare Entwicklung von Paris aus allenfalls abbremsen, aber kaum verhindern. Und wenn Frankreich zu stark gegen den deutschen Wunsch nach Gleichberechtigung opponierte, riskierte es damit, daß die deutsch-französischen Beziehungen erneut in den Teufelskreis von ehemals gerieten. Der Schuman-Plan erschien so als ein neues Instrument zur Sicherung eines gewissen Gleichgewichts zwischen deutscher und französischer

Stahlproduktion. Er sollte vor allem auch die weitere Kohleversorgung Frankreichs zu günstigen Bedingungen gewährleisten.

Das kam den deutschen Vorstellungen entgegen. Das französische Sicherheitsproblem wurde damals auch in Deutschland gesehen und in seiner Berechtigung prinzipiell anerkannt. Doch die deutsche Antwort darauf lautete: dann müsse man eben die Gesamtheit der deutschen und der westeuropäischen Montanindustrie denselben Kontrollen unterwerfen. So wäre Diskriminierung zu vermeiden, aber zugleich eine partnerschaftliche Kontrolle Deutschlands gesichert. Der nordrhein-westfälische Ministerpräsident Arnold hatte dies schon beim Bekanntwerden des westalliierten Ruhrabkommens angeregt.

Adenauers Überlegungen gingen in dieselbe Richtung. Am 25. August 1949 hatte er bei Schuman im Zusammenhang mit der Demontagefrage brieflich eine internationale Kapitalbeteiligung an der August-Thyssen-Hütte angeregt und hinzugefügt: »Ich könnte mir sogar denken, daß eine solche internationale Zusammenarbeit bei dem wichtigsten europäischen Hüttenwerk eine Keimzelle sein könnte für eine umfassende internationale Zusammenarbeit auf dem Gebiet von Kohle und Eisen, wie ich sie für die deutsch-französische Verständigung für dringend erwünscht halte.« Bei der ersten eingehenden Unterredung schon trug er dem französischen Außenminister die Idee einer dauerhaften wirtschaftlichen Verbindung mit Frankreich persönlich vor. In Frankreich hatten Politiker wie Paul Reynaud und André Philip in ähnlichem Sinn argumentiert.

Der Gedanke lag also in der Luft. Dennoch waren im Frühjahr 1950 in Paris nur wenige bereit, so weitgehende Lösungen ins Auge zu fassen, obwohl auf diese Art und Weise eine effektive Kontrolle der deutschen Montanindustrie auf lange Zeit gesichert werden konnte. Es schien erst einmal einfacher, am Ruhrstatut festzuhalten. Außerdem wußte niemand zu sagen, wie das theoretische Konzept partnerschaftlicher Kontrolle in die Praxis umsetzbar war. In dieser Verlegenheit entwickelte Monnet sein faszinierendes Konzept, dessen Dimensionen und Tragweite anfangs schwer überschaubar waren.

Ausschlaggebendes Element der neuen Organisation solle eine gemeinsame Hohe Behörde (Haute Autorité) werden, deren Entscheidungen für die beteiligten Länder bindend seien. Sie müsse sicherstellen: Modernisierung der Produktion und Qualitätsverbesserung; Lieferung von Kohle und Stahl auf den Markt Frankreichs, Deutschlands und anderer beteiligter Länder; gemeinsame Ausfuhrpolitik. Zu diesem Zweck sei ein integrierter Produktions- und Investitionsplan anzuwenden, Preisausgleichsmechanismen müßten eingeführt und ein Konvertierbarkeits-Fonds aufgebaut werden. Die sofortige Beseitigung der Zollbarrieren solle für die Produkte einen gemeinsamen Markt schaffen, der die rationellste Verteilung der Produktion von selbst sicherstelle. Beabsichtigt sei kein Kartell, sondern eine Verschmelzung der Märkte und die Ausweitung der Produktion. Beruhigend war auch hinzugefügt, die Einrichtung einer Obersten Behörde präjudiziere in keiner Weise die Frage des Eigentums an den Betrieben. Allerdings hing, wie immer bei derart großangelegten Projekten, das meiste von den Detailregelungen ab.

Für den französischen Außenminister kam Monnets Plan gerade zurecht, um ihn aus akuter Verlegenheit zu befreien. Er mußte damit rechnen, beim Treffen mit seinen Außenministerkollegen am 11. Mai in London von seiten der USA mit neuen Forderungen zugunsten der Bundesrepublik konfrontiert zu werden. Seit Wochen war er auf der Suche nach einem eigenen Vorschlag, mit dem er dieser Forderung begegnen konnte. Acheson und Bevin hatten ihn im August 1949 wissen lassen, man erwarte konkrete Initiativen für die Zukunft Deutschlands von seiten Frankreichs. Nachdem er sich über ein Wochenende mit dem Plan beschäftigt hatte, ließ er Monnet wissen: »Ich habe das Projekt gelesen; ich marschiere los.«

In diesem Zusammenhang hatten Monnets Pläne einen unschätzbaren Vorzug: Sie eröffneten Paris die Chance für eine weitgespannte eigene diplomatische Initiative, mit der es in Westeuropa die Führung an sich reißen konnte. Bisher hatte Frankreich nur auf die amerikanischen Initiativen reagiert. Das konnte sich jetzt ändern. Für Schuman war dies auch eine Möglichkeit, aus den unerquicklichen Diskussionen über die Saar herauszukommen und den Blick auf Themen zu lenken, die der deutsch-französischen Verständigung dienlicher waren. So holte er in aller Eile die Zustimmung des französischen Ministerrats ein, der gar nicht genau übersah, was er da beschloß, und ging mit dem Plan vor die Presse.

Adenauer hätte nicht so bedenkenlos zugegriffen, wenn er sich mit Schuman bezüglich der allgemeinen Orientierung nicht völlig einig gewesen wäre. Jetzt sah er die große Gelegenheit, sein Konzept einer »organischen Verflechtung« der westeuropäischen Volkswirtschaft als Basis für eine politische Zusammenarbeit zu verwirklichen. Besonders attraktiv an dem Vorschlag war sein Ausgehen von dem Prinzip völliger Gleichberechtigung der Partner. Das zeigte sich bereits in der Form der Verhandlungen. Monnet setzte es beim ersten Gespräch mit den Hohen Kommissaren gegen britisches Zögern durch, daß die Verhandlungen allein von der Bundesregierung zu führen seien, die nach den Bestimmungen des Besatzungsstatuts noch gar nicht dazu berechtigt gewesen wäre. Natürlich wirkte aber die Hohe Kommission im Hintergrund mit, denn das ganze Projekt berührte eine Vielzahl ihrer wirtschaftlichen Zuständigkeiten und mußte letzten Endes von ihr gebilligt werden. Zwar erwähnte der Vorschlag vom 9. Mai noch das Ruhrstatut, aber es war klar, daß diese lästige Hypothek der Besatzungszeit nunmehr ablösbar würde. Auch alle mit den französisch-saarländischen Wirtschaftsbeziehungen zusammenhängenden Fragen zeigten sich jetzt in einem anderen Licht.

Die Tatsache, daß der Plan primär auf das Zusammenwirken zwischen Deutschland und Frankreich abgestellt war, eröffnete ganz neue Möglichkeiten. Von Frankreich aus gesehen war es ein ungemein geschickter Schachzug, in der Ruhrfrage die Briten erst einmal auf den zweiten Rang zu verweisen, die so lange Zeit, sekundiert von den Amerikanern, in den Fragen der Zukunft der Ruhr die erste Geige gespielt hatten. Die ganze Anlage der Operation stellte sicher, daß Paris die Regelung im Sinn seiner Interessen beeinflussen konnte. Erst recht taten sich ungeahnte Perspektiven auf, als sich Großbritannien weigerte, an Verhandlungen über ein Projekt teilzunehmen, das darauf abzielte, einen Teil der nationalen Souveränität in die Hand einer supranationalen Behörde zu legen. Die alte Idee einer britisch-französischen Entente, die von vielen immer noch als eine der großen Möglichkeiten französischer Politik begriffen wurde, drohte jetzt von dem Modell eines vorerst wirtschaftlichen Kontinentalblocks unter französischer Führung, aber mit einem potentiell starken deutschen Partner, verdrängt zu werden. Die maßgebenden Politiker haben zwar allem Anschein nach damals noch nicht daran gedacht, mit dem Schuman-Plan eine so weitgehende Neuorientierung im europäischen Staatensystem vorzunehmen. Aber sie spürten doch, daß das Projekt neue Tatsachen schaffen würde, die ihre Eigendynamik entwickeln mußten.

Entgegen der Fama waren Adenauers Vorstellungen von westeuropäischer Zusammenarbeit ursprünglich keinesfalls von der Idee eines »karolingischen« Kleineuropa bestimmt. Er hat die europapolitische Passivität der Labour-Regierung jener Jahre beklagt und maßgebende britische Gesprächspartner verschiedentlich beschworen, sich den neuen Formen der europäischen Zusammenarbeit nicht zu entziehen. Doch daß in einer Gemeinschaft, in der Frankreich und die Bundesrepublik die stärksten Partner waren, auch der Weg zur Gleichberechtigung und Souveränität leichter zu durchschreiten war, ließ sich natürlich nicht übersehen.

Für einen Staat wie die Bundesrepublik, der noch nicht souverän war, mußte der Begriff »Supranationalität«, der jetzt in die Diskussion kam, erst einmal wie Musik klingen. Kein Wunder, daß die Deutschen das Prinzip nachhaltig befürworteten. Schon bei den gleich einsetzenden Konferenzen der Sechs unter dem Vorsitz von Monnet, aus denen der Vertrag über die Europäische Gemeinschaft für Kohle und Stahl (EGKS) erwuchs, wurde das Konzept der Supranationalität und des Primats der Politik vor rein wirtschaftlichen Interessenerwägungen von Frankreich und der Bundesrepublik gemeinsam gegenüber den anfänglich zögernden Delegationen der Benelux-Länder und Italiens durchgesetzt. Jean Monnet fand dabei in Professor Walter Hallstein, dem deutschen Delegationsführer, einen kongenialen Partner, der in den folgenden Jahren als Staatssekretär im Auswärtigen Amt die Außenpolitik der

Bundesrepublik zäh und einfallsreich auf Integrationskurs hielt.

Bei den Verhandlungen war es in starkem Maß auch Hallstein, der Monnets ursprünglich stark technokratisches Konzept einer autonomen Hohen Behörde mit Elementen anreicherte, wie sie den deutschen föderalistischen Erfahrungen gemäß waren. Die Institutionen der Montanunion – Hohe Behörde, Versammlung, Rat, Gerichtshof – konnten bereits als Modell eines Bundesstaates in nuce begriffen werden, obschon die Idee einer Hohen Behörde noch vorherrschte. Die europäische Integration erhielt so eine institutionelle Form, die in manchem auch für die späteren Bemühungen um Teilintegration musterbildend waren.

Was aus Adenauers europapolitischem Pragmatismus ohne die nunmehr zielbewußt gestalteten su-

Außer einer Italienreise als Student war Adenauer wenig ins Ausland gekommen. Während seiner 14jährigen Kanzlerschaft konnte er das Versäumte ausgiebig nachholen (hier auf dem Forum Romanum, 1951).

pranationalen Rechtsformen geworden wäre, ist schwer zu sagen. Vielleicht nicht allzu viel. Der Kanzler neigte immer dazu, vorwiegend in der Kategorie dynamischer politischer Prozesse zu denken und sich dabei stark auf die Direktkontakte der Spitzenpolitiker zu verlassen. Im ganzen setzte er mehr auf die Zusammenarbeit von Personen als auf das Eigengewicht von Institutionen.

So war es für das Gelingen der deutschen Europapolitik wesentlich und höchst folgenreich, daß nunmehr Juristen ins Spiel kamen, die primär in verfassungsrechtlichen Kategorien dachten. Persönlichkeiten wie Hallstein und von Brentano, der von seiner Position als Vorsitzender der CDU/CSU-Fraktion aus immer stärkeren Einfluß auf die europäische Entwicklung nahm, wirkten als Gegengewicht zum europapolitischen Pragmatismus des Kanzlers. Dieser war der Beweger, sie die Architekten. Wenn es der Bundesrepublik in den fünfziger Jahren relativ bald gelang, auf die europäische Einigungspolitik führenden Einfluß zu nehmen, so nicht zuletzt dank der Kombination des mehr politisch-pragmatischen und des stärker institutionellen Ansatzes.

Erstaunlich rasch bildete sich nun im Sechser-Europa im Zusammenhang mit den Verhandlungen eine europäische Denkschule heraus, die den engen Ansatz nationaler Interessenpolitik zugunsten gemeinschaftlicher Problemlösung aufzugeben bereit war. Jene Bonner Politiker, Beamten und Wirtschafter, die sich von »Europa« faszinieren ließen, lernten bei der Arbeit an den konkreten Projekten europäisch denken und erwarben gleichzeitig für die immer noch mißtrauisch beobachtete Bundesrepublik erstes Vertrauenskapital. Zwar gab es im damaligen Bonner Regierungsapparat weiterhin zahlreiche Vertreter der traditionellen Ansätze internationaler Politik, und auch Adenauer war stets beides: Verfechter deutscher Interessen und Europäer. Aber zweifellos wäre die Eingliederung der Bundesrepublik in die westlichen Demokratien ohne so ganz neuartige Entwürfe wie die Montanunion und später die EWG nicht derart schnell gelungen. Diese Ansätze hatten auch den großen Vorzug, modern zu sein. Ihre Faszination auf die Jugend war daher groß, auch wenn es die Politik eines betagten Kanzlers war.

Die große europäische Initiative der Monate Mai und Juni 1950 konnte sich allerdings nicht ungestört entfalten. Am 20. Juni traten die Delegationen der Sechs unter Vorsitz Monnets in Paris zusammen, um mit den Vertragsverhandlungen zu beginnen. Fünf Tage später, am 25. Juni, folgte der zweite schicksalhafte äußere Impuls: Der Korea-Krieg brach aus.

Deutschland – ein zweites Korea?

Neben dem Schuman-Plan hat der Korea-Krieg als zweiter entscheidender Anstoß die Entwicklung der Bundesrepublik für das gesamte Jahrzehnt und weit darüber hinaus bestimmt.

Alle Entscheidungen mußten nun vor dem Erwartungshorizont eines dritten Weltkrieges getroffen werden. Befand man sich bereits wieder am Ende einer Zwischenkriegszeit?

Die politische Planung für den möglichen Ernstfall verlieh auch allen Erörterungen über die Revision des Besatzungssystems größte Dringlichkeit. Außenminister Acheson hatte seinen Kollegen schon bei der NATO-Ratstagung Mitte Mai 1950 klarzumachen versucht, daß die Besatzungszeit nunmehr ihrem Ende zugehe. Die Arbeit der Hohen Kommission sei zu einem Abschluß zu bringen. Jetzt müsse man Deutschland rasch erlauben, sich selbst seinen Platz in der westlichen Gemeinschaft zu suchen.

Doch das erschien vor allem Frankreich noch als ferne Zukunftsmusik. Selbst Außenminister Schuman, der eben erst seine dramatische Initiative gestartet hatte, wollte sich nicht recht darüber klar werden, daß sein Plan auch weitreichende Auswirkungen auf das Besatzungssystem insgesamt sowie auf die Ruhrkontrolle haben würde. Dieser Erkenntnis war jetzt aber nicht mehr auszuweichen. Die Erwartung eines bevorstehenden Krieges setzte fieberhafte Planungen für die Verteidigung Westeuropas in Gang. Dabei schien den USA und Großbritannien die Beteiligung westdeutscher Truppen ganz unvermeidbar zu sein. Das hieß aber: die Bundesrepublik mußte jetzt aus dem Status eines Quasi-Protektorats entlassen werden und die Rolle eines Verbündeten übernehmen. Damit stellte sich ganz unvermeidlich die Frage der Gleichberechtigung. Die Tage der Besatzungsperiode waren nun gezählt.

Auch jetzt war freilich noch nicht an eine völlige Freilassung Westdeutschlands zu denken. Ganz im Gegenteil. Die Gefahr, daß die Deutschen angesichts des Ost-West-Konflikts versucht sein könnten, ihr eigenes nationales Problem durch geschickte Schaukelpolitik oder gar in Anlehnung an die Sowjetunion voranzubringen, verschärfte sich sogar noch. Um so dringlicher aber erschien es, das obsolete Besatzungsverhältnis so rasch wie möglich in neue Formen partnerschaftlicher Westintegration zu überführen.

Auch im innerdeutschen Bereich waren die Auswirkungen des Korea-Krieges dramatisch. Vor dem Einmarsch der Truppen Nordkoreas in den Süden hatte man von der Bundesrepublik aus die Ostzone in erster Linie als abgetrennten Teil Deutschlands gesehen, den es zu befreien galt. Jetzt begriff eine breite Öffentlichkeit die Sowjet-Republik auf deutschem Boden schockiert als Sicherheitsgefährdung. Die Warnungen des Kanzlers, der seit Monaten auf den Aufbau der Volkspolizei hingewiesen hatte, erwiesen sich nun als wohlbegründet. Verfügte nicht auch die DDR bereits über eine Bürgerkriegsarmee, die im Sommer 1950 auf 53000 Mann kasernierter Verbände angewachsen war und vielleicht schon bald in Marsch gesetzt werden würde? Der Kalte Krieg in Deutschland, der sich bereits in der ersten Jahreshälfte 1950 zusehends verschärft hatte, wurde jetzt auf Jahre hinaus die beherrschende Perspektive in den innerdeutschen Beziehungen.

Die Auswirkungen des fernöstlichen Krieges waren noch auf einem anderen Gebiet von größter Bedeutung: im Bereich der Wirtschaft. Der Korea-Krieg, der sich bis ins Frühjahr 1953 hinschleppte, führte zu einem weltweiten Rüstungsboom. Auch die deutsche Exportwirtschaft wurde von seinen Auftriebskräften voll erfaßt und profitierte enorm von der einmaligen Konstellation. Überall waren Investitionsgüter gefragt, also genau jene Produkte, auf denen die traditionelle Stärke der deutschen Industrie beruhte. Die Kapazitätsreserven der USA, Großbritanniens und Frankreichs waren teilweise durch die Herstellung von Rüstungsgütern gebun-

Der Kalte Krieg in Deutschland: Propaganda-plakate aus Ost und West.

den. Westdeutschland aber, dem ja immer noch jede Herstellung von Kriegsmaterial strikt untersagt war, konnte sich nun, beflügelt von der internationalen Nachfrage, voll auf den Wiederaufbau seiner Friedensindustrie konzentrieren und die verlorenen Märkte wieder erobern. Der Koreakrieg war also in diesen Jahren der Vater aller Dinge: nicht nur der Souveränität und der Bundeswehr, sondern – wenigstens zum Teil – auch des deutschen Wirtschaftswunders.

Doch die vorteilhaften wirtschaftlichen Auswirkungen wurden erst in den Jahren 1951 und 1952 in vollem Ausmaß erkennbar. Im Sommer 1950 lastete die Kriegsfurcht auf Deutschland. Zugleich erhielt die deutsche Politik mit der Wiederaufrüstung ihr Zentralthema, das sie während eines halben Jahrzehnts nicht mehr loslassen sollte.

Als sich die Frage eines Wehrbeitrags der Bundesrepublik im August 1950 konkret stellte, war dem bei allen Beteiligten eine schon mehr als zweijährige interne Diskussion vorangegangen. Den diesbezügli-

chen Überlegungen lag ein höchst einfacher Sachverhalt zugrunde: Wenn Westeuropa erfolgreich verteidigt werden sollte, brauchte man dringend deutsche Truppen.

Die westlichen Generalstäbe, die sich nach Gründung der NATO im April 1949 an eine systematische Bestandsaufnahme machten, hatten erst einmal eine hoffnungslose Asymmetrie der Kräfteverhältnisse in Europa konstatieren müssen. Die Schätzungen variierten naturgemäß. General Speidel, der Adenauer seit Dezember 1948 mit verschiedenen Denkschriften versorgte, ging Anfang August 1950 von einer Zahl von 22 Panzer-, mechanisierten und motorisierten Divisionen mit etwa 6000 Panzern in der Ostzone aus, die von 9 Flak-Divisionen, 3 Artillerie-Divisionen und rund 1800 Flugzeugen unterstützt wurden. Hinzu komme die kasernierte Volkspolizei in Stärke von etwa 70000 Mann. Eine rasche Verstärkung dieser für einen sofortigen Vorstoß gerüsteten östlichen Einheiten um jeweils 5 Divisionen in 3 Tagen schien möglich. In der Bundesrepublik und in Österreich befanden sich demgegenüber

8 Divisionen mit 80 000 Mann amerikanischer Landstreitkräfte, 40 000 Briten und 20 000 Franzosen. Ein erheblicher Teil dieser Truppen bestand aus unerfahrenen Rekruten. In ganz Europa standen auf westlicher Seite etwa 12 bis 14 Divisionen, von denen die meisten schlecht bewaffnet und nicht zentral geführt waren.

Die NATO ging denn auch im Jahr 1949 davon aus, daß angesichts dieser Umstände eine erfolgreiche Verteidigung Europas erst hinter den Pyrenäen möglich sei. Die Explosion der ersten sowjetischen Atombombe ließ aber erkennen, daß eine ungestörte Gegenoffensive von der Peripherie her ausgeschlossen, die Landverteidigung nicht mehr zu umgehen war. Den amerikanischen und kanadischen Kontinentalstrategen, die jetzt für eine möglichst vorgeschobene, starke Verteidigung in Zentraleuropa plädierten und wohl schon Ende 1949 den Rhein als erste Verteidigungslinie ins Auge faßten, schlossen sich 1950 erst die französischen, dann auch die britischen Planer an. Aber es erschien mehr als zweifelhaft, ob diese Front im Fall eines umfassenden Angriffs lange zu halten war.

So kam es im Herbst 1949 zu den ersten alarmierenden Feststellungen hochgestellter Generale. Feldmarschall Montgomery, der zeitlebens ein Faible für

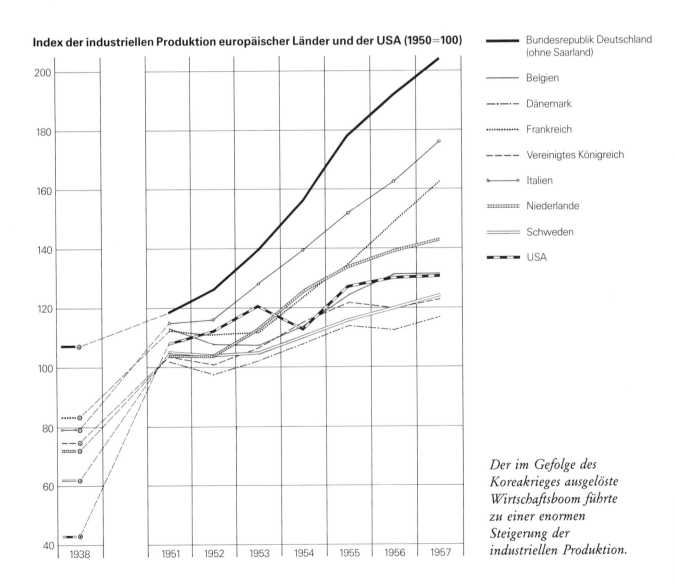

Index der industriellen Produktion europäischer Länder und der USA (1950=100)

——— Bundesrepublik Deutschland (ohne Saarland)

——— Belgien

—·—·— Dänemark

··········· Frankreich

— — — Vereinigtes Königreich

—o— Italien

———— Niederlande

——— Schweden

■—■—■ USA

Der im Gefolge des Koreakrieges ausgelöste Wirtschaftsboom führte zu einer enormen Steigerung der industriellen Produktion.

provozierende öffentliche Äußerungen hatte, ließ im November 1949 verlautbaren, selbst die gegenwärtig geplanten Streitkräfte seien nicht in der Lage, die Rheinlinie zu halten, von der Elbe ganz zu schweigen. Die einzig mögliche Lösung bestehe darin, die Lücke mit deutschen Streitkräften zu füllen. General Clay kam zur gleichen Zeit in den Vereinigten Staaten mit der Forderung nach einem begrenzten deutschen Beitrag zu einer europäischen Streitmacht heraus.

Seit dieser Zeit arbeitete die amerikanische Armee an internen Studien über die Aufstellung deutscher Divisionen. Ein von Generalstabschef Gruenther, dem späteren Nachfolger Eisenhowers als NATO-Oberbefehlshaber, genehmigter Plan sah die Einbeziehung deutscher Landverbände, nach Divisionen gegliedert, in die NATO vor, allerdings nur mit leichter Artillerie und leichten Panzern bewaffnet und unter zureichenden Kontrollen. Man dachte daran, diese Truppen den Besatzungsstreitkräften als angebliche Polizeieinheiten anzugliedern. Dieser Plan wurde von den Vereinigten Stabschefs, den »Joint Chiefs of Staff«, im April 1950 gebilligt, ohne daß sie ihn aber dem Präsidenten vorlegten. Sie teilten ihren Vorschlag jedoch Mitte Mai Außenminister Acheson bei der Londoner NATO-Tagung mit, der ihn aber nicht zur Sprache bringen wollte. Das State Department war damals noch der Meinung, der politische Schaden einer Wiederbewaffnung Deutschlands würde den militärischen Nutzen überwiegen.

Auf diese Überlegungen wirkte der Korea-Krieg als Katalysator. Man kann bloß darüber spekulieren, ob die militärischen Planungen ohne die kommunistische Aggression im Fernen Osten über das Entwurfstadium hinausgekommen wären. Truman war alles andere als enthusiastisch, und im State Department sah man die französische Reaktion ziemlich klar voraus. Dennoch traten jetzt alle politischen Bedenken vor den militärischen Notwendigkeiten zurück. Nun schalteten sich auch das State Department und die amerikanische Hohe Kommission voll in die Entscheidungen ein.

Die Frage eines deutschen Verteidigungsbeitrages verband sich unter dem Eindruck drohender Kriegsgefahr in Europa untrennbar mit den umfassenden Vorbereitungen für die Verteidigung des Kontinents. Mitte August war das State Department soweit, der Forderung der Vereinigten Stabschefs nach einer sofortigen direkten Inangriffnahme eines deutschen Verteidigungsbeitrags nachzugeben. Angesichts der kritischen Lage in Korea und mit Blick auf die Mitte September vorgesehene Konferenz mit den Außenministern Großbritanniens und Frankreichs setzte jetzt eine hektische Tätigkeit ein. Entscheidungen, die die amerikanische Europapolitik auf Jahrzehnte hinaus festlegten, wurden in diesen Wochen getroffen: Einrichtung eines integrierten militärischen Oberkommandos der NATO; Entsendung starker amerikanischer Landstreitkräfte – etwa 6 Divisionen – nach Deutschland, um hinter ihrem Schutz die Wiederaufrüstung der Europäer durchzuführen; Angebot eines Sofortprogramms amerikanischer Militärhilfe zur Ausrüstung und Modernisierung der europäischen Streitkräfte; Aufstellung deutscher Divisionen, aber ohne einen deutschen Generalstab. McCloy befürwortete sogar schon eine deutsche Armee von 10 Divisionen mit eigenem Generalstab. Am 8. September 1950 billigte Präsident Truman das zwischen State Department und Pentagon ausgehandelte Paket. Am 9. September fand ein vertrauliches Informationsgespräch zwischen McCloy und einigen Reportern statt, und am 10. September posaunten die Sonntagszeitungen die Nachricht in die Welt hinaus, daß nach amerikanischer Auffassung Deutschland etwa 10 Divisionen zur Verteidigung des Westens beisteuern könne. Bevin und Schuman wurden von der amerikanischen Entschlossenheit, die Frage übers Knie zu brechen, auf dem Weg nach New York überrascht. Und am 12. September ließ Dean Acheson – wie ein Delegationsmitglied bemerkte – die Bombe im Waldorf Astoria Hotel hochgehen.

Zur gleichen Zeit wurde die Forderung nach einem deutschen Verteidigungsbeitrag auch in Westeuropa laut. Winston Churchill – immer noch in der Opposition – hatte seit Mitte März, also schon vor dem Ausbruch des Korea-Krieges, im House of Commons eine »aktive Hilfe« der Bundesrepublik für die westliche Abwehr verlangt, ohne aber damit durchzudringen. Mitte Juli machte sich sogar General de Gaulle für die Wiederbewaffnung Deutschlands im

Rahmen eines effektiven westlichen Verteidigungssystems stark. Schließlich hatte Churchill am 11. August vor der Beratenden Versammlung des Europarats in Straßburg einen großen Auftritt, indem er angesichts der erneuten Bedrohung von Freiheit und Frieden in Europa »die sofortige Schaffung einer europäischen Armee unter einheitlichem Kommando« forderte. Vielleicht gestatte die amerikanische Überlegenheit an Atombomben noch eine Atempause von zwei Jahren, um ein verläßliches Verteidigungssystem aufzubauen. Auch er ließ erneut wissen, daß er einen deutschen Beitrag für nötig halte.

Die Frage des deutschen Verteidigungsbeitrags an sich war also auf internationaler Ebene von Anfang an mit dem Streit über die Modalitäten verbunden. Das Pentagon befürwortete die militärisch zweckmäßigste Lösung, die es nach vier Jahren quälender Umwege schließlich auch erreichte: deutsche Divisionen im Rahmen der NATO. Westeuropäische Politiker wie Churchill, Paul Reynaud oder der Sozialist André Philip, die das Projekt der Wiederbewaffnung im Straßburger Europarat vorantrieben, waren sich über die psychologischen Widerstände besser im klaren als die Planer des Pentagon und suchten diese durch das vage Konzept einer Europa-Armee mit deutscher Beteiligung zu überspielen. Doch hatte diese Idee auch in Kreisen der amerikanischen Hohen Kommission ihre Anhänger. Anfangs fand auch der Gedanke einer Bundespolizeitruppe als Gegengewicht zur ostzonalen Volkspolizei Befürworter, vor allem bei der britischen Hohen Kommission, zeitweise auch bei McCloy. Polizeistreitkräfte schienen auf internationaler Ebene, doch auch in Deutschland weniger Angriffsflächen zu bieten. Schließlich gab es auch Anhänger eines vergleichsweise zynischen Konzepts, nach dem allenfalls eine Art deutscher Fremdenlegion zu akzeptieren war – sei es als »Hilfsformationen« der alliierten Besatzungsstreitkräfte, sei es unter dem Deckmantel einer Europa-Armee. Dieser Ansatz fand besonders in Frankreich viele Befürworter.

So sah sich die Bundesrepublik, ob ihr dies gefiel oder nicht, im Sommer 1950 plötzlich von außen her mit Gefährdungen und Erwartungen konfrontiert, auf die die breite Öffentlichkeit so gut wie un-

Arthur Koestler (rechts) und Carlo Schmid gehörten zu den liberalen, sozialdemokratischen und konservativen Intellektuellen, die sich im Juni 1950 im Zeichen des Antikommunismus auf dem Berliner »Kongreß für die Freiheit der Kultur« zusammenfanden.

vorbereitet war. Die führenden Politiker allerdings waren sich seit der Berliner Blockade mehr oder weniger deutlich im klaren, daß die Frage der Wiederbewaffnung eines Tages aufgeworfen werden könnte. Der Parlamentarische Rat hatte bei seinen Ausschußberatungen das heiße Eisen Verteidigung zwar mehrfach berührt, war aber sorgsam bemüht, es ja nicht etwa zu schmieden, und ließ alle Türen offen. Den meisten Politikern erschien die Idee eines deutschen Verteidigungsbeitrags auch später noch als recht ferne Möglichkeit, zumal die Gegenwart ja nach wie vor durch Entmilitarisierungsmaßnahmen gekennzeichnet war. Noch im Frühjahr 1950 führte die auch nach dem Petersberger Abkommen weitergeführte Demontage der ehemaligen »Reichswerke Hermann Göring« in Salzgitter und anderer für Rüstungszwecke geeigneter Betriebe zu erbitterten Reaktionen in der deutschen Öffentlichkeit. Und während sich die Konservativen im briti-

schen Unterhaus bereits ebenso wie führende englische Militärs mit dem Gedanken an einen deutschen
Verteidigungsbeitrag abzufinden begannen, hatte in
Hamburg ein britisches Militärgericht Generalfeldmarschall von Manstein wegen angeblicher Kriegsverbrechen eben zu 18 Jahren Haft verurteilt, die
kurze Zeit später vom Oberkommandierenden der
Rheinarmee auf 12 Jahre herabgesetzt wurden.
Seit der Zeit des Parlamentarischen Rats hatte Adenauer in dem gesamten Fragenkomplex Wiederbewaffnung eine verblüffende Unbefangenheit an den
Tag gelegt, obwohl er – Erzzivilist, der er war –
dem Militär mit instinktivem Mißtrauen begegnete.
Schon früh hatte er der Sicherheitsgefährdung
durch Rote Armee und Volkspolizei stärkste Beachtung geschenkt. Als erster deutscher Politiker wies
er seit Anfang 1949 auf die völkerrechtliche Verpflichtung der Westalliierten hin, den Schutz der
deutschen Bevölkerung gegen Invasionen von außen
zu übernehmen, und zwar nicht am Rhein, sondern
an Elbe und Weser. Kontinuierlich brachte er dieses
Thema immer wieder zur Sprache, sowohl öffentlich wie später in Besprechungen mit den Hohen
Kommissaren, zuletzt und nunmehr endlich wirkungsvoll im Sicherheitsmemorandum vom 29. August 1950.
Allem Anschein nach dachte er in den Jahren 1949
und 1950 vor allem an eine wesentliche Verstärkung
der westalliierten Truppen in Deutschland, in erster
Linie der Amerikaner und der Briten. Allerdings
hatten ihn zwei Denkschriften von General Speidel,
der jetzt die Bühne deutscher Militärpolitik in der
Adenauer-Ära betrat, bereits im Dezember 1948
und im April 1949 auf die hoffnungslose westliche
Unterlegenheit aufmerksam gemacht. Wenn man
wie Speidel der Auffassung war, daß die rund 30
»schnellen Divisionen« der Sowjetunion nur durch
einen »Kräftezuschuß« von etwa 20 amerikanischen
Panzer-Divisionen aufzuhalten waren, dann drängte sich angesichts der Unmöglichkeit, eine so große
Streitmacht der USA nach Europa zu bekommen,
der Gedanke an deutsche Kontingente geradezu
auf. Speidel hatte für Adenauer bereits ein Konzept
skizziert: »Einheitliche deutsche Sicherungsverbän-
de im Rahmen einer europäischen Armee«. Diese
Idee fiel bei dem damaligen Präsidenten des Parla-

mentarischen Rates augenscheinlich auf fruchtbaren
Boden, denn Anfang Januar 1949 erklärte er auf einer streng vertraulichen Konferenz der CDU-Spit-
zen in Königswinter, man solle sich von allen Si-
cherheitsgesprächen »absolut fern« halten, aber
wenn einmal deutsche Verbände aufgestellt werden
sollten, dürfe dies nicht eine deutsche Truppe sein,
sondern »eine europäische Truppe, in der Deutsche
sind«. Dies sei nicht nur wegen der wohlbekannten
militärischen Instinkte der Deutschen geboten, sondern auch aus einem anderen Grund: »Eine europäische Truppe würde gleichzeitig bedeuten den Anfang eines wirklichen Europas, einer europäischen
Macht.«
Aber ein paar Monate später liefen seine Überlegungen schon in eine andere Richtung. Er wußte recht
gut, daß sich in diesem so sensiblen Bereich die
deutsche Seite nur für solche organisatorische Lösungen aussprechen konnte, die im westlichen Ausland schon konkretisiert oder jedenfalls in der Diskussion waren. Dies schien mit der NATO der Fall
zu sein. So preschte er zum ersten Mal im März
1949 und dann nochmals kurz nach Gründung des
Atlantikpakts und nach Verkündung des Grundgesetzes öffentlich vor. Am 25./26. Mai bezeichnete
er den gleichberechtigten Beitritt Westdeutschlands
zum Atlantikpakt als Notwendigkeit. Von deutschen Streitkräften war allerdings noch nicht die
Rede, und die Stellungnahme blieb damals relativ
unbeachtet.
Im November und Anfang Dezember 1949, als die
internationale Presse von dem Thema eines deutschen Verteidigungsbeitrages widerhallte, griff er
die Thematik wieder auf. Jetzt, wie auch auf dem
Höhepunkt der Kontroverse im Sommer und
Herbst 1950, gab er eine kurzfristige und eine langfristige Variante zu bedenken. Kurzfristig hielt er
mit ziemlicher Entschiedenheit eine Verstärkung
der Polizei der Länder oder den Aufbau einer Bundespolizei für unerläßlich. Auf längere Sicht aber
wollte er sich auch dem Gedanken »eines deutschen
Kontingents im Rahmen der Armee einer europäischen Föderation« nicht verschließen. Indem er beide Möglichkeiten mit vielen »Wenn« und »Aber«
versah und sich zugleich kompromißlos gegen die
Wiedererrichtung »einer deutschen Wehrmacht«

wandte, hielt er sich erst einmal alle Möglichkeiten offen und beeilte sich, vorerst wieder einen vollständigen Rückzieher vorzunehmen, als die öffentliche Reaktion zu heftig wurde und die offiziellen westalliierten Stellen noch nicht positiv reagierten. Selbst für den Kanzler war es damals noch außerordentlich schwer, den Willensbildungsprozeß in den westlichen Hauptstädten zu durchschauen. Fehlkalkulationen waren fast unvermeidlich.

Eine direkte Invasion der Roten Armee wurde allerdings weniger befürchtet. Es war vielmehr der Aufbau der kasernierten Volkspolizei, der damals in Bonn Sorge bereitete. Die Sowjetunion hatte schon auf der Pariser Deutschlandkonferenz im Juni 1949 den Abzug aller Besatzungstruppen aus Deutschland ein Jahr nach Abschluß eines Friedensvertrages vorgeschlagen. Seit dem Winter 1949/50 gab es Informationen, daß Moskau einen Separatfrieden mit der DDR vorbereite und dann seine Truppen innerhalb eines Jahres oder in noch kürzerer Frist abziehen wolle. Falls sich die Westmächte veranlaßt sähen, ganz oder teilweise nachzuziehen, stehe dann mit der Volkspolizei eine Bürgerkriegsarmee bereit, der die Bundesrepublik so gut wie nichts entgegenzusetzen habe. Adenauer befürchtete sogar, die Volkspolizei könne selbst bei Anwesenheit der alliierten Streitkräfte versucht sein, vorläufig ohne sowjetische Teilnahme gegen die Bundesrepublik vorzugehen. Für diesen Fall hielt er es nicht für ausgeschlossen, daß die militärisch schwachen Westmächte aus Sorge vor dem Ausbruch eines dritten Weltkrieges bestimmte *faits accomplis* hinnehmen würden.

So war man in Bonn während des ganzen Winters und im Frühjahr 1950 bemüht, die Länder und die Hohen Kommissare erst zur Verstärkung der Länderpolizei und gleichzeitig damit oder als Alternative für den Aufbau einer Bundespolizeimacht zu gewinnen. Beides hatte allerdings keinen durchschlagenden Erfolg. Ein offizielles Ersuchen der Bundesregierung von Ende April 1950, eine ganze Reihe diesbezüglicher Maßnahmen in die Wege zu leiten, blieb erst einmal bei den Hohen Kommissaren hängen. Auch die Länder zogen nicht mit.

Die nordkoreanische Invasion in Südkorea bestätigte genau jene Besorgnisse, die der Kanzler den Ho-

hen Kommissaren seit Monaten vorgetragen hatte. Unverzüglich ersuchte er nun, gestützt auf einen Kabinettsbeschluß, um eine alliierte Sicherheitsgarantie und drängte erneut auf Genehmigung zum Aufbau einer Bundespolizei von nicht spezifiziertem Umfang. Im Bundeskanzleramt hielt man etwa 100 000 Mann für erforderlich. Öffentliche Festlegungen unterblieben aber vorläufig. Offenbar war der Kanzler entschlossen, die Entwicklung der Lage in Korea und der öffentlichen Meinung im In- und Ausland abzuwarten.

Die deutsche Öffentlichkeit hatte erst mit erheblicher Nervosität auf die Vorgänge in Korea reagiert. Als jedoch die USA in Korea energisch eingriffen und als Mitte August auch eine Autorität wie Churchill die Idee einer Europa-Armee dramatisch forderte, fand zumindest bei der überregionalen Presse ein Umschwung zugunsten eines deutschen Verteidigungsbeitrages statt. Die *Welt am Sonntag*, die *Frankfurter Allgemeine*, der *Industriekurier*, selbst die ursprünglich ablehnende Wochenzeitung *Christ und Welt* fädelten sich nun auf diese Linie ein. Dabei zeitigte auch eine seit Mitte August recht intensive Pressepolitik des Kanzleramts erste Erfolge.

Von größter Bedeutung war die entschlossene Haltung der katholischen Kirche. In einer spektakulären Ansprache erklärte Kardinal Frings vor 25 000 Katholiken in Bonn: wo die göttliche Ordnung in ihren Grundpfeilern angegriffen werde und wenn andere Mittel versagten und berechtigte Aussicht auf Erfolg bestehe, hätten die Völker in ihrer Einheit unter Gott nicht nur das Recht, sondern sogar die Pflicht, mit Waffengewalt das gebrochene Recht und die gestörte Ordnung wiederherzustellen. Propaganda für uneingeschränkte und absolute Kriegsdienstverweigerung sei mit dem christlichen Gedanken nicht vereinbar: »Der Heilige Vater läßt keinen Zweifel daran, daß es eine verwerfliche Sentimentalität und ein falsch gerichtetes Humanitätsdenken wäre, wenn man aus Furcht vor den Leiden eines Krieges jegliches Unrecht geschehen ließe.« Die Botschaft war klar: Es war Christenpflicht, an einem deutschen Wehrbeitrag mitzuwirken.

In den politischen Parteien gingen die Auffassungen völlig durcheinander. Symptomatisch dafür war der erste Auftritt einer deutschen Delegation bei der

Beratenden Versammlung des Europarates, der unter anderen Heinrich von Brentano, Carlo Schmid und Eugen Gerstenmaier angehörten. Von dem früheren französischen Ministerpräsidenten Paul Reynaud direkt gefragt, ob die Bundesrepublik bereit sei, einen Beitrag zu einer europäischen Verteidigungsstreitmacht zu leisten, fiel die deutsche Delegation auseinander. Carlo Schmid zog sich auf die Position zurück, man könne die Frage Reynauds erst beantworten, wenn eine supranationale europäische Autorität existiere, und erteilte erst einmal namens der SPD allen Plänen für eine Wiederbewaffnung Deutschlands eine Absage. Diese könne auf die Sowjetunion provozierend wirken, die Nachbarn Deutschlands beunruhigen und zudem die ungefestigte deutsche Demokratie der Gefahr einer neuen überstarken Stellung des Heeres aussetzen. Damit waren schon einige der späteren Standardargumente gegen einen deutschen Verteidigungsbeitrag formuliert. Demgegenüber äußerte sich Eugen Gerstenmaier positiver, und als erkennbar wurde, wie negativ das deutsche Zögern sich auswirkte, rückte von Brentano schließlich mit einem Ja zum Gedanken eines deutschen Beitrags zur europäischen Verteidigung heraus – allerdings unter der Voraussetzung der Gleichberechtigung und nur, wenn die Gewißheit bestehe, daß die Bundesrepublik tatsächlich auch verteidigt werde.

Adenauer, der sich den Erörterungen für einige Wochen in einen Schweizer Urlaub entzogen hatte, kam nun zur Auffassung, daß ein entschiedener Anstoß von seiner Seite aus jetzt geboten war. Die Diskussion lief durchaus in Richtung seiner Vorstellungen und war nun an einem entscheidenden Punkt angelangt. Von amerikanischer Seite wurde er darüber informiert, daß die Auseinandersetzungen in Washington eine kritische Phase erreicht hätten. Die Gelegenheit, in der ganzen Frage einen Durchbruch zu erzielen, schien sich abzuzeichnen. In dieser Situation mußte aber das Argument aus der Welt geschafft werden, die Deutschen selbst wünschten keinen Verteidigungsbeitrag. Jedermann in verantwortlicher Position kannte zwar die Abneigung, die eine Mehrheit der deutschen Bevölkerung damals der Wiederbewaffnung entgegenbrachte. Die reservierte Reaktion der deutschen Parteien war überall genau registriert worden. Viel hing auch für die

Vor der friedlichen Kulisse des Vierwaldstätter Sees beraten Heuss und Adenauer am 21. Juli 1950 über die drohende Kriegsgefahr.

USA davon ab, ob die Regierung sich zutrauen würde, die öffentliche Meinung von der Richtigkeit des neuen Kurses zu überzeugen. Indem der Kanzler nun den Alliierten und dann der Öffentlichkeit gegenüber in aller Form eindeutig Stellung bezog, signalisierte er, daß er dazu entschlossen war und sein politisches Schicksal mit dem deutschen Wehrbeitrag verknüpfte.

Eine offizielle Stellungnahme schien aber auch geboten, um zu verhindern, daß die Verhandlungen über einen deutschen Wehrbeitrag von dem größeren Thema des internationalen Status der Bundesrepublik getrennt wurden. Wie sich schon auf der Sitzung des Bundeskabinetts vom 4. Juli 1950 zeigte, begriff man in Bonn rasch, daß nunmehr die große Gelegenheit gekommen war, das Besatzungsregime abzuschütteln oder doch der Souveränität einen bedeutenden Schritt näherzukommen. Auf der Konferenz der drei westalliierten Außenminister Mitte September in New York stand wieder die Gesamtheit der Beziehungen zur Bundesrepublik auf dem Programm. Jetzt war es also hohe Zeit, für den deutschen Verteidigungsbeitrag zugleich den Preis zu nennen und die Verhandlungen über die Rückgabe der Souveränität mit denen über einen Verteidigungsbeitrag unauflöslich zu koppeln.

Innenpolitisch schien gleichfalls die Stunde der Entscheidung gekommen. Schumacher war, wie der Kanzler genau wußte, kein prinzipieller Gegner eines deutschen Verteidigungsbeitrags. Wenn die Regierung und die Westalliierten entschieden vorangingen, konnte man damit rechnen, daß auch die SPD angesichts der offenkundigen Gefährdung nicht beiseite bleiben würde. Tat sie das aber doch, so manövrierte sie sich in eine ähnlich isolierte Position wie in der Frage des Beitritts zum Europarat. Es galt dann, die öffentliche Meinung kraftvoll für den eigenen Kurs zu gewinnen.

Obschon bald der Anschein entstand, als sei die Bereitschaft zu einem deutschen Wehrbeitrag einem einsamen Entschluß des Kanzlers entsprungen, hatte dieser sehr wohl darauf geachtet, sich bei diesem riskanten Vorgehen des Rückhalts der maßgebenden Politiker in der Koalition zu versichern. Ähnlich behutsam gingen übrigens auch die Amerikaner vor. McCloy hat gleich nach Ausbruch des Korea-Krieges in vertraulichen Gesprächen mit den Spitzenpolitikern der Fraktionen des Deutschen Bundestages sondiert, ob mit entsprechender Bereitschaft zu rechnen sei und zu welchen Bedingungen. Der Bundeskanzler diskutierte die Frage am 15. August im Kabinett und fand dabei für seinen Kurs

Unterstützung, ohne daß allerdings eine Abstimmung stattfand, und traf am 17. August zur entscheidenden Besprechung mit den Hohen Kommissaren zusammen. Hier legte er seine Wünsche auf den Tisch: überzeugende militärische Machtentfaltung der Westalliierten in Deutschland, um der allgemeinen Apathie entgegenzuwirken, und Genehmigung zum Aufbau einer deutschen Freiwilligenstreitmacht bis zu einer Gesamtstärke von 150000 Mann – eine entsprechende alliierte Ermächtigung könne aufgrund des Besatzungsstatuts gegeben werden. Wesentlich schien ihm auch jetzt eine Neutralisierung der Volkspolizei durch deutsche Polizeiverbände für den Fall, daß die Alliierten bei einem Überfall nicht eingriffen. François-Poncet verstärkte die Alarmstimmung noch mit der Feststellung, nach den ihm vorliegenden Informationen stehe ein Angriff der Volkspolizei tatsächlich nahe bevor.

In der Tat war die in der DDR herrschende Stimmung seit dem Frühjahr 1950 zunehmend militanter geworden. Anfang Februar war es zu Verkehrsschikanen der Sowjets gegen Berlin gekommen. Monatelang hatte ein großes Pfingsttreffen der »Freien Deutschen Jugend«, der Jugendorganisation der

SED, Alliierte und Deutsche in Alarmzustand gehalten. Man befürchtete eine kalte Machtübernahme von FDJ und Volkspolizei in West-Berlin. Massive Gegenmaßnahmen der Westalliierten unterbanden das Vorhaben zwar schon in seinen Ansätzen, aber nach dem Ausbruch des Korea-Krieges waren aus Ost-Berlin erneut drohende Töne zu vernehmen. Ulbricht forderte das »Parteiaktiv« zu Widerstands- und Sabotagemaßnahmen in Westdeutschland auf und kündigte die Einsetzung eines Volksgerichts zur Aburteilung Adenauers und anderer Repräsentanten der Bundesrepublik an. Offen wurde nun auf dem 3. Parteitag der SED der Herrschaftsanspruch auch über Westdeutschland formuliert, wobei die Drohungen gegen die imperialistischen Kriegstreiber und eine große Friedenskampagne Hand in Hand gingen. Als die Truppen Nordkoreas im Juli und August Südkorea überrollten, schrieb die sowjetoffizielle *Tägliche Rundschau*, auch die SED sei berufen »zur Befreiung der deutschen Westzonen von der widerrechtlichen Intervention, in die sich nach Bruch des Potsdamer Abkommens die ursprüngliche Okkupation der Westmächte verwandelt hat«. Im Westen wurden auch

*Die Außenminister-
konferenz im
New Yorker
Waldorf-Astoria-Hotel,
September 1950
(S. 112; zweiter von
links Schuman, in der
Mitte Acheson, rechts
vorn Bevin). Die Säle
um den Konferenzraum
waren zeitweilig
geräumt worden, um
jede Abhörmöglichkeit
auszuschließen.*

*Volkspolizei marschiert:
Vorbereitung auf das
Pfingsttreffen der FDJ
im April 1950.*

detaillierte Pläne der SED bekannt, welche Maßnahmen nach einer Besetzung West-Berlins durch
die Volkspolizei zu treffen seien.

Vor diesem innerdeutschen Hintergrund suchte der
Kanzler auch jetzt noch zwischen kurzfristigen,
gegen die Bedrohung durch die Volkspolizei gerichteten Maßnahmen und einem Verteidigungsbeitrag
zu unterscheiden, der auf die gesamte Bedrohung
durch die Sowjetunion abzielte. Vordringlich schienen ihm Sofortmaßnahmen. Doch als McCloy bei
der Besprechung am 17. August 1950 die Frage eines deutschen Beitrags zu einer Europa-Armee aufwarf, erklärte der Kanzler auch seine Bereitschaft,
auf der Basis der Vorschläge Churchills für die Aufstellung eines deutschen Kontingents einzutreten.

Die Geschehnisse der folgenden Tage, die schließlich zu den beiden Memoranden des Kanzlers an
die Hohe Kommission am 29. August führten, sind
noch nicht voll rekonstruierbar. Offenbar lag den
Amerikanern, auch mit Blick auf den zu erwartenden französischen Widerstand, daran, daß sich die
Bundesrepublik offiziell festlegte, während auf der
anderen Seite Adenauer in einer aktenkundigen Demarche die Sicherheitsfrage mit dem Problem der
deutschen Gleichberechtigung und Souveränität zu
koppeln wünschte. McCloy hatte noch bis zum 31.
August 1950 den turnusmäßigen Vorsitz der Hohen
Kommission inne und war entschlossen, entsprechende Wünsche der deutschen Seite entgegenzu-
nehmen, damit sie bei der Sitzung der Außenminister in New York offiziell unterbreitet werden
konnten. Nach Absprache mit McCloy wurden am
29. August im Bundeskanzleramt zwei Memoranden in größter Eile fertiggestellt und in den frühen
Morgenstunden des 30. August per Sonderkurier
zum Flugzeug McCloys gesandt, der eben nach
Washington startete. So konnte der amerikanische
Hohe Kommissar seinen Kollegen glaubhaft versichern, daß keine Gelegenheit mehr zu einer vor-
herigen Rücksprache bestanden habe.

In Bonn unterblieb aufgrund dieser von den Umständen gebotenen Blitzaktion allerdings eine Beschlußfassung im Bundeskabinett. Es ist zwar nicht
daran zu zweifeln, daß der Kanzler dabei die Unterstützung einer überwiegenden Kabinettsmehrheit

gefunden hätte, zumal der ganze Fragenkreis sowohl im Kabinett wie in einem Fraktionsgespräch
ausführlich erörtert worden war, wobei sich die Positionen deutlich geklärt hatten. Tatsächlich stimmte
das Kabinett am 31. August mit Ausnahme Heinemanns dem »Sicherheitsmemorandum« zu. Aber in
den späteren Auseinandersetzungen war der Eindruck, das Angebot deutscher Soldaten entspringe
einem einsamen Entschluß des Kanzlers, doch mehr
als nur ein Schönheitsfehler. Auf einer Kabinettssitzung am 29. August, bei der Haushaltsfragen zur
Erörterung anstanden, hatte Adenauer die Minister
lediglich darüber informiert, daß das Memorandum
am Abend fertig sei. Über den Inhalt wurde nicht
gesprochen. Der Bundesinnenminister regte zur
Vorbereitung der Beschlußfassung eine Übersen-
dung des Memorandums an die Kabinettsmitglieder
an. Dies unterblieb, und so kam es am 31. August,
als die Minister von der Übergabe des Memorandums aus der Zeitung erfuhren, zum Eklat, der in
der Folge zum Ausscheiden Heinemanns führte.

Das »Memorandum des Bundeskanzlers Konrad
Adenauer über die Sicherung des Bundesgebietes
nach innen und außen« war ein Appell von stärkster
Dramatik. Nach einer einleitenden Bemerkung über
das schwindende Vertrauen der deutschen Bevölkerung in die Verteidigungsfähigkeit des Westens galt
gut die Hälfte der Ausarbeitung einer detaillierten
Analyse von Stärke und Dislozierung der sechs in
der Ostzone stationierten Sowjetarmeen und der
Luftstreitkräfte. Adenauer wies darauf hin, daß die
22 motorisierten und Panzer-Divisionen mit etwa
5000 bis 6000 Panzern personell voll aufgefüllt und
verwendungsbereit auf den Sommerübungsplätzen
versammelt seien und innerhalb von 24 Stunden in
Marsch gesetzt werden könnten. Der Aufmarsch –
in vorderer Linie die motorisierten schweren Truppen, dahinter in zweiter Linie die schweren Panzer-
verbände mit dazwischenliegenden besonderen Ar-
tillerie- und Flakeinheiten – müsse »als ausgesprochener Offensiv-Aufmarsch bezeichnet werden«.
Daneben mache der Aufbau der kasernierten Volkspolizei in den letzten Monaten besondere Fortschritte. Gegenwärtig seien etwa 70 000 Mann aus
der allgemeinen Polizei der Ostzone herausgelöst,
in militärähnlichen Formationen organisiert und

*Politik der Stärke:
In den kritischsten
Wochen des Korea-
krieges Mitte Januar
1951 verlegten die USA
sechs Maschinen des
Strategic Air Command
nach England.
Die für den Atom-
bombeneinsatz
bestimmten B 36 mit
einem Aktionsradius
von 10000 Meilen
waren im Direktflug
von Fort Worth in
Texas nach dem bri-
tischen Luftwaffen-
Flugplatz Lakenheath
in Suffolk geflogen.*

würden militärisch ausgebildet. Unter Verwendung weiterer detaillierter nachrichtendienstlicher Informationen über diese Truppen wurden die Westalliierten darüber unterrichtet, »daß ihre in naher Zukunft zu lösenden Aufgaben darin bestehen sollen, Westdeutschland von seinen alliierten Gewalthabern zu befreien, die ›kollaborationistische Regierung‹ der Bundesregierung zu beseitigen und Westdeutschland mit der Ostzone zu einem satellitenartigen Staatengebilde zu vereinigen«. Man müsse annehmen, daß in der Ostzone Vorbereitungen zu einem Unternehmen getroffen würden, das unter vielen Gesichtspunkten an den Ablauf in Korea erinnere. Der Kanzler befürchtete, die Sowjetunion könnte noch im Verlauf des Herbstes, vielleicht nach den Mitte Oktober in der Ostzone stattfindenden Wahlen, sich von der Ostzonenregierung stärker distanzieren und ihr so größere völkerrechtliche Handlungsfreiheit gewähren, um dadurch die Voraussetzung dafür zu schaffen, daß sie selbständig ihr »Einigungswerk« zunächst mit einer Befreiung Berlins beginnen und später mit Aktionen der Volkspolizei gegen die Bundesrepublik fortsetzen könnte. Auch

unterschiedlichste Sabotageakte in der Bundesrepublik seien zu befürchten.

Vor diesem Hintergrund erdrückender Stärke und kurzfristig zu erwartender Angriffsbereitschaft der Gegenseite wurde dann im Memorandum in knappen Worten auf die klägliche Sicherheitsausstattung in der Bundesrepublik verwiesen: vier amerikanische und britische Divisionen sowie einige französische Verbände; in der britischen Zone nur eine auf kommunaler Ebene organisierte Polizei, ausgerüstet mit einer beschränkten Anzahl von Pistolen und einigen Karabinern; in der amerikanischen und französischen Zone eine Länderpolizei, die aber in kleinsten Gruppen von je vier bis höchstens zehn Mann über das Landesgebiet verteilt und gleichfalls so unzulänglich bewaffnet sei wie die in der britischen Zone. Auch die schon zugestandenen, noch nicht verfügbaren Polizeireserven in Höhe von 10000 Mann müßten auf die Länder verteilt werden, so daß der Bund im Gefahrenfall über kein einsetzbares Instrument verfüge. Diese Einheiten eigneten sich auch nicht zum Aufbau stärkerer Verbände. Ergebnis: die deutschen Machtmittel seien völlig unzureichend, um mit einem organisierten inneren Feind oder gar mit einem Eingriff der Volkspolizei fertig zu werden. Ebensowenig könne die lange Ostgrenze wirksam geschützt werden. Sollte sich die östliche Seite dafür entscheiden, offene oder getarnte Übergriffe in Gang zu setzen und die Alliierten »aus irgendwelchen Gründen ihre Kräfte nicht zum Einsatz bringen wollen«, so verfüge die Bundesregierung über keine Kräfte zum Schutz des Landes.

Von dieser illusionslosen Lagebeurteilung ausgehend, faßte der Kanzler alle Forderungen und Angebote nochmals zusammen, die er den Hohen Kommissaren schon geraume Zeit vorgetragen hatte. Er bat in dringendster Form um Verstärkung der Besatzungstruppen, die auch erforderlich seien, um in ihrem Schutz die gegenwärtig in Westeuropa anlaufenden Verteidigungsmaßnahmen durchzuführen. Für die Gewährleistung der inneren Ordnung schlug er vor, umgehend auf Bundesebene eine Schutzpolizei in hinreichender Stärke aufzustellen – den späteren Bundesgrenzschutz – und erklärte sich bereit, ein entsprechendes verfassungsänderndes Gesetz unverzüglich auf den Weg zu bringen. Da aber bis zur Verabschiedung dieses Gesetzes Monate vergehen würden, sei eine Weisung der Alliierten Hohen Kommission erforderlich, um die notwendigen Schritte einzuleiten. Die demokratische Kontrolle dieser Polizei – auch das war nicht vergessen – solle durch einen vom Bundestag gebildeten Ausschuß gewährleistet werden, die internationale Kontrolle könne beim Militärischen Sicherheitsamt liegen.

Hinsichtlich des Schutzes gegen die äußere Bedrohung lautete der entscheidende Satz: »Der Bundeskanzler hat ferner wiederholt seine Bereitschaft erklärt, im Fall der Bildung einer internationalen westeuropäischen Armee einen Beitrag in Form eines deutschen Kontingents zu leisten. Damit ist eindeutig zum Ausdruck gebracht, daß der Bundeskanzler eine Remilitarisierung Deutschlands durch Aufstellung einer eigenen nationalen militärischen Macht ablehnt.«

Adenauer griff also in dieser Lage die vor allem von Churchill ins Gespräch gebrachte Idee einer Europa-Armee auf, von der er auch selbst früher gesprochen hatte. Von einer NATO-Lösung war keine Rede.

Es leuchtet ein, daß dieses brisante Dokument, um das sich rasch eine gewaltige innenpolitische Kontroverse entwickelte, als strengste Geheimsache behandelt wurde. Der volle Wortlaut ist erst 1977 bekannt geworden.

Ebenso bedeutsam wie das »Sicherheitsmemorandum« war das zweite Memorandum »zur Frage der Neuordnung der Beziehungen zwischen der Bundesrepublik und den Besatzungsmächten«. Als wichtigste Stichworte waren genannt: Revision des Besatzungsstatuts und dessen Ersetzung durch Verträge; Souveränität; Aufhebung des Kriegszustandes; die Umwandlung der Besatzungstruppen in Verteidigungstruppen und der Wunsch nach Einsetzung einer Kommission zur Umgestaltung des Rechtsverhältnisses zwischen Alliierten und Deutschen.

In welchem Maß solche Verbesserungen auch als Kaufpreis für einen deutschen Verteidigungsbeitrag gedacht waren, kam ziemlich unverblümt zum Ausdruck. Der Zusammenhang zwischen dem Sicherheitsproblem und der Europapolitik war hier noch deutlicher hergestellt als im Sicherheitsmemorandum. Nach einem Verweis auf die durch den Beitritt zum Europarat und die Verhandlungen über den Schuman-Plan in Gang gekommene »Wiedereingliederung Deutschlands in die europäische Gemeinschaft« hieß es dann wörtlich: »Darüber hinaus ist in jüngster Zeit die Beteiligung der Bundesrepublik an der gemeinsamen Verteidigung Westeuropas in den alliierten Ländern in zunehmendem Maß erörtert worden. Wenn die deutsche Bevölkerung die Pflichten erfüllen soll, die ihr im Rahmen der europäischen Gemeinschaft aus der gegenwärtigen Lage und ihren besonderen Gefahren erwachsen, muß sie innerlich hierzu instand gesetzt werden. Es muß ihr ein Maß von Handlungsfreiheit und Verantwortlichkeit gegeben werden, das ihr die Erfüllung dieser Pflichten sinnvoll erscheinen läßt. Wenn der deutsche Mensch Opfer jeder Art bringen soll, so muß ihm wie allen anderen westeuropäischen Völkern der Weg zur Freiheit offen sein.«

Auf deutscher Seite waren damit die Würfel gefallen. Alle Fäden, die in den aufgeregten Monaten August und September des Jahres 1950 in den alliierten Hauptstädten und in Bonn gewoben worden waren, liefen jetzt bei der Außenministerkonferenz in New York zusammen. Wenn die Deutschen allerdings dort schon auf definitive Entscheidungen gehofft haben sollten, so wurden sie enttäuscht. Erreicht wurde nur ein neues Zwischenstadium.

Der Kriegszustand mit Deutschland wurde aufgehoben, eine weitere Revision des Besatzungsregimes in deutsch-alliierten Verhandlungen in Aussicht genommen. Die Bundesregierung wurde ausdrücklich als einzig legitime Regierung in Deutschland anerkannt. Doch war dies mit der Erwartung gekoppelt, daß die Bundesrepublik als Nachfolgestaat des Deutschen Reiches auch die deutschen Vorkriegsschulden anerkenne und bei der Ausarbeitung eines Tilgungsplans mitwirke. Sie sollte das Recht zum Aufbau eines auswärtigen Dienstes und zur Einrichtung von Auslandsvertretungen in den demokratischen Ländern Westeuropas erhalten. Allerdings behielten sich die Besatzungsmächte das Recht zur Mißbilligung deutscher außenpolitischer Aktivitäten vor. Die Beschränkungen für die deutsche Stahlproduktion, nach der nun in der Phase westlicher Wiederaufrüstung dringender Bedarf bestand, wurden aufgehoben, ebenso die Restriktion beim Bau von Handelsschiffen. Doch erwartete man von Bonn die Mitarbeit an einer westlichen Behörde zur Aufteilung knapper Rohstoffe.

Die größte Zurückhaltung zeigten die Deutschlandmächte in den Fragen des deutschen Wehrbeitrags. Gewiß hatten die Verhandlungen große Fortschritte auf dem Weg zu einer integrierten Verteidigung des Westens gebracht: gemeinsames NATO-Oberkommando mit einem integrierten Stab, Stationierung einer starken amerikanischen Überseearmee in Europa, amerikanische Militärhilfe in größtem Stil, um eine rasche Modernisierung der westeuropäischen Streitkräfte zu ermöglichen. Frankreich setzte dabei vorsorglich den Grundsatz einer Gleichgewichtspolitik im westlichen Lager durch. Die Modernisierung der alliierten Streitkräfte in Deutschland sollte sofort beginnen und damit zeitliche sowie sachliche Priorität vor einer allfälligen deutschen Wiederaufrüstung haben.

Aber die von Adenauer verlangte Errichtung einer Bundesschutzpolizei von beträchtlichem Umfang

wurde abgelehnt. Bevin hatte sich dafür ausgesprochen, das Problem des deutschen Verteidigungsbeitrages vor allem auf diesem Weg anzugehen, und folgte damit der Anregung des Bundeskanzlers. Doch die USA argwöhnten, daß sich daraus zu rasch eine Nationalarmee entwickeln könne. Mehr als 30000 Mann wurden nicht zugestanden. Vor allem gelang es Acheson nicht, die prinzipielle Zustimmung der französischen Delegation zu einem deutschen Verteidigungsbeitrag zu erreichen. Schuman befürchtete eine Kabinettskrise, da besonders die Sozialisten völlig ablehnend eingestellt waren. Andererseits zeigte sich, daß der deutsche Verteidigungsbeitrag nicht nur von Großbritannien als unvermeidlich angesehen wurde. Er fand vor allem bei den Benelux-Staaten starke Unterstützung. Das Thema wurde auf eine Konferenz der Verteidigungsminister im Oktober verschoben, und Adenauer sah sich nun dem Vorwurf seiner innenpolitischen Kritiker gegenüber, wieder einmal zu rasch vorgeprellt zu sein. Immerhin hatte die Bundesrepublik die erbetene Sicherheitsgarantie erhalten. Die Außenminister erklärten, sie würden jeden Angriff gegen die Bundesrepublik oder Berlin als gegen sich selbst gerichtet betrachten. Ebenso erfolgte eine Zusage rascher Verstärkung der alliierten Kontingente. Doch damit hatte es erst einmal sein Bewenden.

Im ganzen war jedoch die Bilanz ein Jahr nach Bildung der Bundesregierung nicht schlecht. Die Bundesrepublik war voll und zunehmend gleichberechtigt in den Prozeß der europäischen Einigung eingeschaltet. Sie sah sich de facto in einen westlichen Militärblock eingegliedert, der jetzt in rascher Wiederaufrüstung begriffen war. Die Besatzungstruppen waren auf dem Wege, die Funktion verbündeter Armeen zu übernehmen. Selbst deutsche Streitkräfte, vor einem Jahr noch ein fast unvorstellbarer Gedanke, waren nun Gegenstand offizieller Verhandlungen. Die politische Gleichberechtigung war zwar noch nicht hergestellt, aber selbst der französische Hohe Kommissar hatte bei der Interpretation der New Yorker Beschlüsse erklärt, die jetzt beginnende Periode werde vielleicht die letzte Phase des Besatzungsregimes sein. Die Produktionsbeschränkungen fielen nun rasch, und der weltweite Rüstungsboom eröffnete der deutschen Exportindustrie beste

Korea, 7. August 1950: Amerikanische Eingreifverbände auf dem Rückzug.

Chancen. Auch die Ostzonen-Propaganda für eine nationale Front hatte sich weitgehend als wirkungslos erwiesen.

Allerdings waren die Ungewißheiten noch längst nicht beseitigt. Die Kriegsgefahr bestand nach wie vor. Nicht einmal ob die Bundesrepublik als Staat Bestand haben würde, war schon sicher. Erneute Verhandlungen aller Siegermächte über Deutschland konnten hier dramatische Veränderungen herbeiführen. Die Vorkämpfer eines partnerschaftlichen Konzepts rangen in Paris immer noch mit den Befürwortern einer entschiedenen Sicherheitspolitik gegenüber Deutschland. Ob und in welcher Form es zu einem Verteidigungsbeitrag kommen würde, war völlig offen. Und im Innern der Bundesrepublik geriet nun in den Schlachten der Wiederaufrüstungsdiskussion, doch auch als Resultat davon unabhängiger Entwicklungen, die parteipolitische Landschaft in Bewegung.

So läßt sich zwar bei rückblickender Betrachtung erkennen, daß bereits im ersten Jahr die grundlegenden Weichenstellungen erfolgt waren. Die Diskussion über viele Zentralthemen der beginnenden fünfziger Jahre schlug schon hohe Wellen. Aber endgültig determiniert war noch nichts. Die Zukunft war weiter offen. Sie hing von vielen unvorhersehbaren Vorgängen in östlichen und westlichen Hauptstädten, im Fernen Osten, doch gleicherweise von den politischen Entwicklungen in der Bundesrepublik selbst ab. Von der behäbigen Sekurität, die die Adenauer-Ära schon wenige Jahre später kennzeichnete, war in dem trüben Herbst des Jahres 1950 nichts zu verspüren.

Der Aufstieg 1950–1953

Ohne mich

Kein politisches Thema seit dem Zweiten Weltkrieg hat die Westdeutschen so aufgewühlt wie die Auseinandersetzung über die Wiederbewaffnung. Der Streit drohte einige Jahre lang den inneren Frieden des neuen Staates zu zerstören, also genau das, was die junge Demokratie am dringendsten brauchte.

Mit Ausnahme einiger weniger »goldener« Jahre in der Weimarer Republik hatten sich die Deutschen seit dem Ersten Weltkrieg in einem ständigen Zustand politischer Überreizung befunden. Sollte sich die Demokratie stabilisieren, so war nun eine längere Periode erforderlich, in der keine politische Hochspannung herrschte. Doch eben der Kanzler, dem es in der Folgezeit gelang, relativ rasch ein Klima der Normalität herzustellen, hielt es für unumgänglich, die Bundesrepublik in ihren Anfängen dieser Zerreißprobe auszusetzen.

Der Korea-Krieg mit allem, was er auslöste, hat auch die mit der Initiative Schumans in Gang gekommene hoffnungsvolle europäische Entwicklung erst gebremst und dann zu ihrem Schaden mit dem Verteidigungsproblem belastet. Er hat aber auch die Regierung selbst für gut eineinhalb Jahre in ein tiefes Wellental der Unpopularität getrieben und der SPD für eine kurze Periode Chancen für den Durchbruch zur Macht eröffnet.

Innerhalb weniger Monate sackte bei den Meinungsumfragen die Zahl derer, die die Politik des Kanzlers für richtig hielten, von 31 auf 24 Prozent, während die der nicht Einverstandenen von 24 auf 32 Prozent anzog und sich bis Ende Frühjahr 1951, gespeist aus der großen Masse der Meinungslosen, auf 39 Prozent erhöhte. Die Landtagswahlen, die im Spätherbst 1950 abgehalten wurden, zeigten dasselbe Bild.

Wenige Tage vor Ausbruch des Korea-Krieges war es den Parteien der Bonner Koalition noch gelungen, ihre Basis bei den Landtagswahlen in Nord-rhein-Westfalen eindrucksvoll zu verbreitern. CDU und SPD stagnierten, die FDP holte von rund 6 auf 12 Prozent auf, und die KPD erhielt nun die Quittung für die Vorgänge in der DDR. Sie stürzte in ihrer Ruhrgebietshochburg von 14 auf 5,5 Prozent ab. Zwar gelang es Adenauer und der FDP nicht, den in Nordrhein-Westfalen immer noch starken linken Flügel der CDU zu einer Koalition nach Bonner Muster zu veranlassen. Aber immerhin konnte Karl Arnold gezwungen werden, die Koalition mit der SPD aufzugeben und eine Minderheitsregierung mit dem Zentrum zu bilden. Das stets verlockende Modell einer »Großen Koalition« in Düsseldorf war damit zerstört. Indirekt wirkte sich das Anwachsen der FDP, auch wenn sie nicht an der Regierung beteiligt worden war, als Schwächung des linken Flügels der CDU aus, der tatsächlich seit dieser Landtagswahl einigermaßen domestiziert war. Allerdings sah die CDU im Zuwachs der FDP einen beunruhigenden Vorgang: Er zeigte, daß sich das protestantische Bürgertum in steigendem Maß nicht der Union, sondern den Freien Demokraten zuwandte, die in Hessen, in Niedersachsen und in Nordrhein-Westfalen mehr und mehr die Züge einer betont nationalen Rechtspartei annahmen.

Einige Wochen später ließen die Wahlen in Schleswig-Holstein eine neue politische Kraft auf die Bühne der Bundesrepublik treten: den Bund der Heimatvertriebenen und Entrechteten (BHE), der auf Anhieb 23,4 Prozent der Stimmen gewann. Es war den Flüchtlingen erst seit dem Frühjahr 1950 gestattet, sich als Partei zusammenzuschließen. Jetzt zeigte sich, daß die Vertriebenen fast geschlossen auf Kosten von CDU und SPD für diese neue Vertriebenenpartei votierten.

Hoffnungsvoll stimmte allerdings, daß die Führung des BHE entschlossen war, die Interessen der rund acht Millionen Flüchtlinge pragmatisch zu vertreten. Waldemar Kraft, der Vorsitzende des BHE, erwies sich bald – wie ihn ein Publizist jener Jahre nannte – als Opportunist mit Prinzipien: einerseits bestrebt, jede Koalition zur Linken wie zur Rechten einzugehen, um in der jeweiligen Regierung für seine Klientel möglichst viel herauszuholen, andererseits aber doch bereit, allem Radikalismus entgegenzuwirken.

Das Flüchtlingsproblem, das einige Jahre als Zeitbombe im Gebälk des jungen Staates tickte, wurde so, vor allem auch dank der Mäßigung des BHE, relativ rasch entschärft. Ohne den wirtschaftlichen Aufschwung wäre allerdings wohl jede Mühe vergeblich gewesen. Nach den Landtagswahlen in Schleswig-Holstein gelang es nun zum ersten Mal, diese neue Partei in ein Koalitionsmodell nach Bonner Muster einzubinden. Die SPD verlor damit Schleswig-Holstein – wie sich zeigte, für mindestens drei Jahrzehnte.

Wie wichtig diese Erfolge bei den Regierungsbildungen des Sommers waren, wurde erst im nachhinein deutlich, als es bei der Wehrgesetzgebung 1952 und 1953 um jede Stimme im Bundesrat ging. Denn von jetzt an schlugen die Widerstände gegen den Regierungskurs bei den Landtagswahlen voll durch. Im November 1950 kam es zu einem politischen Erdrutsch. In Hessen sackte die CDU nach einem Verlust von 12 Prozent der Stimmen auf unter 19 Prozent ab, in Württemberg-Baden verlor sie etwa ebensoviel, und in Bayern ging die CSU sogar von 52 auf 27 Prozent zurück. Zur Wahlniederlage in Bayern trug allerdings nicht nur die Wiederaufrüstungsdiskussion bei, sondern ebenso das erstmalige Auftreten des BHE und die Erfolge der Bayernpartei, die bereits bei den Bundestagswahlen 1949 tiefe Einbrüche in die Wählerschaft der CSU erzielt hatte.

Direkte Auswirkungen auf die Regierungsbildung hatten die Wahlen nur in Hessen, wo die CDU dasselbe Schicksal erlebte wie gleichzeitig die SPD in Schleswig-Holstein. Sie sah sich von jetzt an auf die Oppositionsbänke verwiesen. Hingegen pflegte die Bonner SPD während ihrer gesamten Oppositionszeit künftig dann, wenn ihre Regierungsfähigkeit angezweifelt wurde, stolz auf das Land Hessen zu verweisen, das unter der eindrucksvollen Führung des Landesvaters Georg-August Zinn zum sozialdemokratischen Musterland ausgebaut wurde.

In Bayern verlor die CSU zwar die Wahl, gewann aber die Regierungsbildung. Die CSU/SPD-Koalition unter Hans Ehard als Ministerpräsident und Wilhelm Hoegner als Stellvertretendem Ministerpräsidenten und Innenminister blieb bestehen. Gemeinsame Gegnerschaft gegen die Bayernpartei und eine ziemlich konservative Grundeinstellung der bayerischen Sozialdemokratie machten dies möglich. Auch hier gelang es, den konservativen, vor allem auf die Sudetendeutschen im Bayerischen Wald gestützten BHE-Flügel zu integrieren.

In Stuttgart hingegen wurde die CDU aus der Regierung hinausgedrängt. Hier entstand unter Reinhold Maier ein Gegenmodell zur Bonner Koalition: ein Bündnis des bürgerlich-protestantischen Liberalismus mit einer pragmatischen Sozialdemokratie. Dieses Modell war zwar vorläufig nur unter den besonderen Bedingungen in Württemberg-Baden denkbar, wo über ein Fünftel der Wähler die FDP

Große Teile der SPD waren, wie das Plakat links unten zeigt, in der Frage des Verteidigungsbeitrags anderer Auffassung als ihr Vorsitzender, der einen Wehrbeitrag nicht grundsätzlich ablehnte. Doch im Kampf gegen die Politik des Bundeskanzlers war Kurt Schumacher mit Wiederaufrüstungsgegnern wie Pastor Martin Niemöller einig (rechts nach einem Treffen im Haus des Bruderrats der Bekennenden Kirche in Darmstadt am 30. Oktober 1950).

wählte und wo aufgrund der Südweststaat-Kontroverse ohnehin die Fronten verkehrt waren. Aber es war arbeitsfähig und ist vor allem Mitte der fünfziger Jahre, als sich Reinhold Maier auf der Bonner Bühne etablierte, von manchen Liberalen wie von gemäßigten Sozialdemokraten als denkbares Muster für eine Koalition in Bonn verstanden worden.

Psychologische Sieger der Herbstwahlen des Jahres 1950 waren aber die Sozialdemokraten. Sie vergrößerten ihren Stimmanteil zwar nirgendwo erheblich; die Gewinne lagen in Hessen und Baden-Württemberg unter 2 Prozent der abgegebenen Stimmen. Aber die dramatischen Verluste der CDU konnten eben als Sieg der Opposition verstanden werden, zumal die Wahlkämpfe in erster Linie mit dem in Bonn so kontroversen Thema Wehrbeitrag bestritten worden waren.

Schumacher befand sich in einer zwiespältigen Situation. Alles andere als ein prinzipieller Gegner eines deutschen Verteidigungsbeitrags oder gar ein Pazifist, erklärte er jedem, der es hören wollte: Wenn tatsächlich ein deutscher Verteidigungsbeitrag erfolge, dann müsse der Westen stark genug sein, die entscheidenden Schlachten sofort »östlich von Njemen und Weichsel« zu schlagen. Nur eine

energische Vorwärtsstrategie – er nannte dies »offensive Defensive« – schien ihm akzeptabel, nicht aber eine Strategie der verbrannten Erde, in der deutsche Kontingente nur die Aufgabe hätten, den alliierten Rückzug zu decken. Wenn irgendein deutscher Staatsmann 1950 und 1951 für eine Politik der Stärke plädiert hat, so war es Schumacher. Alle Indizien sprechen dagegen, daß dieses Offensivkonzept bloß taktisch gemeint war, auch wenn man sich schwer vorstellen konnte, wie der Westen eine derart massive Überlegenheit aufbauen sollte. Dementsprechend hielt er auch zu den Generalen, die den Kanzler berieten, intensiven Kontakt. Er war entschlossen, seine Partei auf den Kurs eines Verteidigungsbeitrags zu führen, sofern die entscheidenden Vorbedingungen erfüllt würden.

Wie die Bundesregierung forderte auch er unbedingte Gleichberechtigung der deutschen Kontingente. Die berühmte Formel »gleiches Risiko, gleiches Opfer, gleiche Chancen« hätte in der Sache auch von Adenauer stammen können. Doch warf der SPD-Chef dem Bundeskanzler vor, er habe sich durch sein voreiliges Angebot eines deutschen Verteidigungsbeitrags vieler Vorteile begeben. Besser wäre es gewesen, die Alliierten kommen zu lassen.

Freilich beinhaltete seine Zurückhaltung auch viel Taktik. Selbstverständlich sah er jetzt eine Chance, auf der Woge einer breiten Ohne-mich-Bewegung doch noch zur Macht zu kommen. Die Herbstwahlen schienen dieses Kalkül zu bestätigen. Beim Kampf um die Macht hatte er auch keinerlei Bedenken, mit Kirchenpräsident Niemöller, dem führenden Kopf der pazifistischen Wiederaufrüstungsgegner, ein Stück Wegs zusammenzugehen, obschon er von Gewissenskonflikten, Kirchen und Pastoren herzlich wenig hielt. In einem Kommuniqué betonten Schumacher und Niemöller, der gegenwärtige Bundestag sei nicht legitimiert, die Wiederaufrüstungsfragen zu entscheiden. Das Ergebnis der Landtagswahlen ermutigte den SPD-Vorsitzenden, die Forderung nach Neuwahlen mit noch größerem Nachdruck zu erheben.

Die Herbstwahlen brachten jedoch auch ihn selbst in einige Bedrängnis. Tatsächlich lag er in der Wehrfrage mit vielen Funktionären und Mitgliedern seiner eigenen Partei über Kreuz. Die pazifistische, antimilitaristische Tradition hatte in der SPD auch damals noch Gewicht. Im Unterschied zu Schumacher, der keine prinzipiellen Bedenken hatte, das Instrument militärischer Macht politisch einzusetzen, neigte die SPD instinktiv dazu, auf äußere Gefährdung nicht sofort mit dem Ruf nach Waffen, sondern mit der Forderung nach vernünftigem Verhandeln, internationaler Abrüstung und kollektiver Friedenssicherung zu reagieren. Auf einer Sitzung des SPD-Vorstands im Winter 1950/51 gelang es Schumacher angeblich nur mit größter Mühe, eine prinzipielle Entschließung gegen die Wiederbewaffnung abzuwehren. Teilweise wurde er nun zum Gefangenen der eigenen Taktik.

Die Bundesregierung sah den allgemeinen Widerstand gegen einen deutschen Wehrbeitrag mit größter Besorgnis. Ihre innenpolitische Position war vor allem deshalb schwach, weil von westalliierter Seite vorerst gar keine, dann aber nur unannehmbare konkrete Vorschläge formuliert wurden. Adenauer suchte sich während der Jahre 1950 und 1951 ständig die Rückzugslinie eines Zusammenwirkens mit der SPD offenzuhalten, zumal diese schon aus verfassungsrechtlichen Gründen über eine Art Veto-Position zu gebieten schien. Aber er wußte, daß Schumacher für jede Gemeinsamkeit einen hohen Preis fordern würde – seien es Neuwahlen, sei es die Regierungsbeteiligung.

Am meisten beunruhigte es die CDU aber, daß die Auseinandersetzung über den Wehrbeitrag sie an der Stelle traf, wo sie am verwundbarsten war: auf ihrem evangelischen Flügel. Das bekannte Diktum, daß Martin Luther die Grundtatsache der deutschen Geschichte ist, galt durchaus noch für die Adenauer-Ära, und es galt vor allem für die Unionsparteien. Den Gründern der CDU war es zwar in der einmaligen geschichtlichen Konstellation des Jahres 1945 gegen alle deutschen Traditionen gelungen, eine große interkonfessionelle Partei zu schaffen, die mit Adenauer sogar den ersten Bundeskanzler stellte. Aber die bisherigen Wahlerfolge waren doch zu ganz erheblichen Teilen der Unterstützung durch die katholische Kirche und dem Personal sowie dem Wählerstamm der ehemaligen Zentrumspartei zu verdanken. Nur etwa 25 Prozent der evangelischen Wähler dürften der Union bei den Bundestagswahlen 1949 ihre Stimme gegeben haben. Das reichte zwar eben aus, aber die Verwurzelung in der breiten Masse protestantisch geprägter Deutscher war

Einstellung zur Wiederbewaffnung nach Konfessionen (in Prozent)

		Oktober 1950	März 1951	Juni 1951	Februar 1952
für die	Protestanten	64	50	48	47
Wiederbewaffnung	Katholiken	60	47	43	52
gegen die	Protestanten	29	39	32	35
Wiederbewaffnung	Katholiken	33	39	34	28

Im Verlauf der öffentlichen Diskussionen um die Wiederaufrüstung nahm die Unterstützung vor allem der Protestanten stark ab.

doch erkennbar schwach. Die evangelischen Kirchenleitungen waren um parteipolitische Neutralität bemüht. An der Parteibasis der CDU fehlte es ebenso an evangelischen Mitgliedern wie in der Führungsspitze an bedeutenden Repräsentanten. Die Katholizität des Kanzlers, der im Oktober 1950 auch noch Parteivorsitzender der erst jetzt in Goslar gegründeten Bundes-CDU wurde, sowie die beim Aufbau der Bundesverwaltung zu beobachtende Personalpolitik, weckten nicht nur auf seiten kirchlich gebundener Protestanten Mißtrauen. Auch jene säkularisierten Evangelischen, deren Protestantismus sich vorwiegend in einer vagen antikatholischen Grundeinstellung äußerte, standen der CDU mit Reserve gegenüber.

Das freisinnig-kulturkämpferische Erbe wurde vorzugsweise bei den württembergischen Altliberalen um Reinhold Maier gepflegt, das nationalliberale und das deutschnationale in Hessen und Norddeutschland. Auch die volkskonservative niedersächsische DP, die mit den Ministern Hellwege und Seebohm gleichfalls eine unentbehrliche Stütze der ersten Bundesregierung war, hatte noch feste Wurzeln in einer traditionellen evangelischen Frömmigkeit. So war der evangelische Volksteil in der ersten Bundesregierung zu einem erheblichen Teil durch die kleineren Koalitionsparteien vertreten. Sie sahen in diesen Jahren eine gute Chance, die protestantische Wählerschaft, sofern sie nicht sozialistisch war, hinter sich zu scharen. Konfessionelle Forderungen konnten also von den Rechtsparteien je nach Zielgruppe ins Spiel gebracht werden, freilich meist zum Schaden der CDU. Diese lebte in ständiger Furcht, aus einem der kleineren Koalitionspartner könne eine große protestantische Rechtspartei werden, dann wahrscheinlich auch gestützt und radikalisiert durch frühere Nationalsozialisten.

Als Sprecher für das Unbehagen, das viele Evangelische anfänglich in der Adenauer-Ära empfanden, profilierte sich der weltbekannte Kirchenpräsident Martin Niemöller. Der ehemalige U-Boot-Kommandant, tapferer Prediger gegen Hitler in Berlin-Dahlem und KZ-Häftling konnte für jede seiner gepfefferten Reden einer aufmerksamen in- und ausländischen Zuhörerschaft sicher sein. Seine Gegner sahen in ihm den bedeutendsten evangelischen

Demagogen seit dem Hofprediger Stoecker, seine Bewunderer einen Propheten. Er stand von Anbeginn an zur Bonner Republik in Opposition. Schon im Dezember 1949 bezeichnete er die Bundesrepublik als »ein Kind, das im Vatikan gezeugt und in Washington geboren wurde«. Der Krieg sei vor allem vom deutschen Protestantismus verloren worden: Ostdeutschland sei jetzt polnisch und katholisch, Mitteldeutschland von den Russen neutralisiert und Westdeutschland ein katholischer Staat geworden. Gleichzeitig sprach er auch schon die nationale Thematik an: Wenn man die Deutschen vor die Alternative einer dauernden Spaltung oder die Aussicht auf Wiedervereinigung des Landes unter einer ausländischen Diktatur – selbst der Rußlands – stelle, dann würden sie es vorziehen, das Risiko des Kommunismus einzugehen. Er selbst – fügte er hinzu – hoffe aber auf einen dritten Weg: Besetzung durch einen Ausschuß von Neutralen unter der Aufsicht der UNO. Der Rat der EKD mußte sich ein erstes Mal von den Äußerungen des Leiters seines Außenamtes distanzieren.

Beim Bekanntwerden des Sicherheitsmemorandums sah Niemöller seinen schlimmsten Verdacht bestätigt. Als ein Wortführer der Bruderschaften der Bekennenden Kirche, in denen sich der linke Flügel der evangelischen Kirchen sammelte, richtete er nun denkbar scharfe Angriffe auf den Bundeskanzler. Dieser habe, so warf er ihm vor, bereits hinter dem Rücken der Deutschen ein Heer aufzustellen und Waffen zu produzieren versucht. Das war nun freilich unschwer zu widerlegen. Aber in diesen Wochen der internationalen Hochspannung entstanden durch solche Behauptungen des im westlichen Ausland bekanntesten protestantischen Kirchenführers erhebliche Zweifel an der Einstellung der öffentlichen Meinung in der Bundesrepublik. Der Kanzler mußte auch befürchten, daß es Niemöller in dem aufgeheizten Klima gelingen könnte, große Teile der evangelischen Christen für einen Frontalangriff gegen die CDU und – wie er überzeugt war – gegen die Bundesrepublik selbst zu mobilisieren.

In diesem Zusammenhang trieben die schon länger schwelenden Spannungen um den Bundesinnenminister ihrem Höhepunkt zu. Gustav Heinemann sah sich in einem tiefen Gewissenskonflikt. Bei allen

Krisenplanungen nahm sein Ressort eine Schlüssel-rolle ein. Doch eben in diesen Monaten kamen ihm immer grundsätzlichere Zweifel am Kurs des Kanzlers, den er anfänglich unterstützt hatte. Schon bei den Kabinettsdiskussionen um die Aufnahme des Saargebiets in den Europarat hatte er zusammen mit Jakob Kaiser opponiert, und zwar vorwiegend wegen der Rückwirkungen auf die Wiedervereinigung. Auch das scharfe Vorgehen gegen Kommunisten und Neutralisten, zu dem er von Amts wegen angehalten war, widerstrebte ihm sichtlich. Bei der Absendung der Sicherheitsmemoranden fühlte er sich glatt überspielt. Wie auch Schumacher damals, war er der Meinung, Adenauer sei zu rasch vorgeprellt. Er fürchtete, die Sowjetunion könne sich zum Präventivkrieg provoziert fühlen, und hielt unter den obwaltenden Umständen eine Politik des Stillsitzens für das Klügste. Eine friedliche Wiedervereinigungspolitik schien ihm unter den Bedingungen deutscher Aufrüstung ausgeschlossen, und daneben bewegten ihn die von vielen geteilten Befürchtungen vor einer Wiederkehr des Militärs und militärischen Denkens. Theologische Bedenken kamen hinzu, die ihn in der Folge immer stärkeres Verständnis für pazifistische Argumente finden ließen, auch wenn er selbst nie ein prinzipieller Pazifist wurde. Im übri-gen weigerte er sich, seine Verbindungen zu den Gruppen um Niemöller aufzugeben.

Adenauer und Heinemann schreckten allerdings beide vor der endgültigen Trennung zurück. Heinemann bot zwar seinen Rücktritt an, aber allem Anschein nach eher in der Absicht, den Kanzler unter Druck zu setzen. Der Kanzler war sich der verheerenden Auswirkungen, die eine Trennung von Heinemann bei den Protestanten haben würde, bewußt. Der Bundesinnenminister war zugleich Präses der Synode der EKD und damit der prominenteste evangelische Laie in der CDU. Auch er zögerte und wollte das Zentrum der Macht nicht verlassen, wo seiner Meinung nach in diesen Wochen über Krieg und Frieden entschieden wurde.

Als aber Heinemann einen öffentlichen Auftritt mit Niemöller ankündigte, der eben am Bundeskanzler schärfste Kritik geübt hatte, war der Bruch unvermeidlich. Adenauer trug Sorge, ihn vor versammeltem Kabinett zu vollziehen, um Heinemann zu demonstrieren, daß er allein stehe. Mehr unfreiwillig als freiwillig mußte dieser einzige entschiedene Kritiker, den der Wehrbeitrag innerhalb der Koalition fand, nunmehr die Regierung verlassen.

Heinemann machte dann den Fehler, nicht sofort eine Partei zu gründen, um mit ihr den politischen

Kirchenpräsident Niemöller (links), Präses Heinemann und Bischof Dibelius auf dem 2. Evangelischen Landesmännertag für Hessen-Nassau am 15. Oktober 1950 in Frankfurt am Main.

Durchbruch zu erzielen, solange die Ohne-mich-Welle noch durchs Land rollte. Statt dessen setzte er sich erst als einzelner, dann im Verein mit einer im November 1951 gegründeten »Notgemeinschaft für den Frieden Europas« mit dem offiziellen Kurs auseinander. Ein Jahr darauf erst gründete er die »Gesamtdeutsche Volkspartei« (GVP), um mit ihr die Vorstellungen durchzusetzen, zu denen er in der Zwischenzeit gefunden hatte: geduldige Gesprächsbereitschaft mit der Sowjetunion, Respektierung auch des sowjetischen Sicherheitsbedürfnisses, Neutralismus, Priorität für die Wiedervereinigung, Ablehnung des Antikommunismus, »Dritter Weg« zwischen Kapitalismus und Sozialismus. Die GVP sollte auch eine politische Heimat für alle Evangelischen sein, die mit der »katholischen CDU«, wie es in einem Flugblatt hieß, nichts mehr im Sinne hatten. Doch zu diesem Zeitpunkt hatte sich der Kanzler mit seiner Politik international bereits weitgehend durchgesetzt; im Innern war die panische Kriegsfurcht einer nüchternen Betrachtungsweise gewichen. Die intensive Inlandspropaganda unter der tatkräftigen Leitung von Staatssekretär Otto Lenz begann sich jetzt auszuwirken. Die CDU hatte inzwischen auch Sorge getragen, ihren protestantischen Flügel zu verstärken. Der Wahlausgang mit 318 000 Stimmen (1,16 Prozent) war für die GVP ein Desaster.

Letzten Endes erwiesen sich der Heinemann-Schock und die doch zu schrillen Angriffe Niemöllers für die Union als höchst heilsam. Sie zwangen die Konservativen in der evangelischen Kirche, die bei weitem in der Mehrheit waren, ihre abweichende Haltung gegenüber den Bruderschaften deutlicher zu markieren, als dies wohl sonst der Fall gewesen wäre. Eine leidenschaftliche Sondersitzung des Rats der EKD, die Mitte November 1950 in Berlin-Spandau abgehalten wurde und auf der sich nun vor allem das Gewicht der lutheranischen Gliedkirchen bemerkbar machte, führte zu einer deutlichen Distanzierung von Heinemann und Niemöller. Der Rat nahm jetzt eine Position strikter Neutralität ein und formulierte: »Auch die Frage, ob eine wie immer geartete Wiederaufrüstung unvermeidlich ist, kann im Glauben verschieden beantwortet werden.«

Der Nachfolger Erich Köhlers als Bundestagspräsident wurde Oberkirchenrat Hermann Ehlers (oben bei der Regierungserklärung Adenauers am 20. 10. 1953).

In der CDU selbst kam nun das evangelische Lager gleichfalls in Bewegung. Im Oktober 1950 wurde der Oberkirchenrat Hermann Ehlers zum Bundestagspräsidenten gewählt. Er brachte nicht nur das etwas verwilderte Hohe Haus souverän in Ordnung, sondern sorgte auch mit beträchtlichem Durchsetzungsvermögen innerhalb der Partei für eine Verbesserung der personellen Paritäten. Gegen Adenauers Widerstreben gründete er den Evangelischen Arbeitskreis der CDU/CSU, der ein gewisses Gegengewicht zu dem aber nach wie vor dominierenden katholischen Element herstellte. In den kirchlichen Gremien zog der fromme Lutheraner, in dem bald viele den Nachfolger Adenauers sahen, gegen die Gegner der Westpolitik zu Felde und hatte bis zu seinem frühen Tod im Jahre 1954 erheblichen Anteil daran, daß das Schiff einer interkonfessionellen Partei nicht in den Strudeln der Wiederaufrüstungskontroversen kenterte.

Verhängnisvoll für die damaligen Gegner der Wiederaufrüstung erwies sich der nach wie vor tiefe Graben zwischen der SPD und den Kirchen, der allenfalls für kurzfristiges taktisches Zusammenwirken überbrückt wurde. Die Sozialdemokraten, von denen zahlreiche führende Funktionäre keiner Religionsgemeinschaft angehörten, standen noch relativ fest in der Denktradition des marxistischen Atheismus und sahen in den Kirchen in erster Linie Bollwerke der gesellschaftlichen Reaktion. Erst 1957 stieß die Heinemann-Gruppe zur SPD, und es dauerte noch weitere Jahre, bis aktive evangelische Christen wie Fritz Erler, Adolf Arndt, Ludwig Metzger und Helmut Schmidt, taktisch klug unterstützt von Wehner, die Kirchenpolitik der Partei umstellten. Auf die Auseinandersetzungen um die Wiederbewaffnung hatte dies keinen Einfluß mehr.

Zahlungsbilanzkrise und Mitbestimmungsgesetz

Im Herbst und Winter 1950/51 kriselte es in vielen Bereichen. Auf längere Sicht erwies sich der Korea-Krieg zwar als großer Anreger der Weltkonjunktur. Aber erst einmal brachte er die westdeutsche Marktwirtschaft in Bedrängnis. Der internationale Rohstoffboom trieb die Weltmarktpreise steil nach oben. Was dies für die Bundesrepublik bedeutete, die damals etwa ein Viertel ihrer Rohstoffe und mehr als die Hälfte der Lebensmittel einführen mußte, war offenkundig. Die deutschen Betriebe begannen große Rohstofflager anzulegen und verschärften damit noch die Devisenklemme. Schon im Oktober 1950 hatte die Bundesrepublik gegenüber der eben erst gegründeten Europäischen Zahlungsunion (EZU) fast 300 Mio. $ Schulden und damit ihre Quote in Höhe von 320 Mio. $ so gut wie erschöpft. Die Handelsbilanz wurde passiv. Das Defizit ergab sich besonders aus dem Handel mit den westeuropäischen Ländern, der bereits zu 60 Prozent liberalisiert war. Auf diese Länder konzentrier-

ten sich etwa 75 Prozent des Außenhandels. Zugleich führte dies im Innern zu Preisauftriebstendenzen, die die Stimmung der Verbraucher drückten und die Gewerkschaften auf den Plan riefen.

Ein Versuch, die Situation durch Kreditrestriktionen in den Griff zu bekommen, zeitigte wenig Wirkung. Die EZU gewährte einen Sonderkredit in Höhe von 120 Mio. $, aber mit harten Auflagen. Zum einzigen Mal in ihrer Wirtschaftsgeschichte mußte sich die Bundesrepublik den Forderungen internationaler Währungsexperten unterwerfen, die die üblichen *Austerity*-Maßnahmen empfahlen.

Am Ende des Winters 1950/51 wurde die Situation alarmierend. Die Devisenreserven waren erschöpft. Landwirtschaftsminister Niklas überraschte das Kabinett mit der Eröffnung, es fehlten 400 000 Tonnen Getreide, so daß es in den nächsten 4 bis 8 Wochen zu Versorgungsschwierigkeiten kommen könne. Die Regierung war ziemlich zerstritten. Adenauer und Schäffer bedrängten Erhard, endlich administrative Importbeschränkungen sowie Maßnahmen

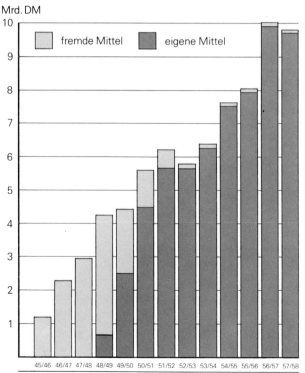

Die Finanzierung der ernährungswirtschaftlichen Einfuhr
Mrd. DM

fremde Mittel   eigene Mittel

45/46 46/47 47/48 48/49 49/50 50/51 51/52 52/53 53/54 54/55 55/56 56/57 57/58

der Rohstoffbewirtschaftung vorzunehmen. Auch ein Preisstopp war in der Diskussion. Blücher und Erhard bekämpften sich ebenfalls. Zum ersten und einzigen Mal mußte der Bundeswirtschaftsminister für sein politisches Überleben fürchten.

Adenauer war von seinen Ministern ziemlich desillusioniert und meinte zu Otto Lenz: »Was soll ich mit diesem Kabinett machen. Der einzige, auf den ich mich verlassen kann, ist der Außenminister.« Doch sorgte er nun dafür, daß mit Ludger Westrick ein erfahrener Manager ins Wirtschaftsministerium einzog. Der neue Staatssekretär, der das Haus in Ordnung bringen sollte, erwies sich für Erhard bald als Gottesgeschenk und trug auch dazu bei, die Reibungsflächen zum Bundeskanzler zu verringern. Die Liberalisierung der EZU-Einfuhren wurde nun aufgehoben; andere Lenkungsmaßnahmen folgten.

Erhard hatte aber Glück. Er konnte sich bald wieder in der Rolle des Propheten sonnen, der recht behalten hatte, als die Rohstoffmärkte im Frühjahr 1951 umkippten. Schon im Mai 1951 war der EZU-Kredit zurückgezahlt, und nun begann die Exportwirtschaft voll am internationalen Investitionsboom zu profitieren. Die Preise stabilisierten sich, und endlich konnte auch den lange zurückgestauten Lohnforderungen entsprochen werden, so daß sich die Lücke zwischen Preis- und Lohnentwicklung langsam schloß. Anfang 1952 wurden die Importrestriktionen wieder beseitigt, und von da an bewegte sich die deutsche Wirtschaft auf einem stetigen Wachstumspfad mit jährlichen Produktionssteigerungen von rund 10 Prozent und mit Exportsteigerungen um 20 Prozent pro Jahr. Schon im Dezember 1951 betrug der Nettodevisenreservenstand 1,5 Mrd. DM. Im Oktober 1952 war ein Reservenstand von 4,1 Mrd. DM erreicht, und im Juni 1953, kurz vor der Bundestagswahl, waren es schon 5 Mrd!

Ähnlich bedenklich wie die außenwirtschaftliche Situation hatte sich im Winter 1950/51 auch das Verhältnis zu den Gewerkschaften entwickelt. Diese hatten sich seit der Währungsreform als wichtiges Stabilisierungselement große Verdienste um den Wiederaufbau erworben. Ohne ihre bedingungslose Unterstützung wäre es kaum gelungen, die damals immer noch starke kommunistische Wühlarbeit in den Betrieben zu neutralisieren. Die aus Einsicht

und hartem Sachzwang gleicherweise herrührende Lohndisziplin war eine entscheidende Voraussetzung für den Wiederaufbau. Ebenso verhinderte ihre damals noch eindeutige parteipolitische Neutralität die Entstehung eines Klassenkampfklimas zu einem Zeitpunkt, als die SPD ihre marxistischen Denkansätze noch nicht völlig überwunden hatte.

Das hieß aber nicht, daß sich die Gewerkschaften künftig bloß auf die ideologiefreie Interessenvertretung ihrer Mitglieder beschränken wollten. Die marxistische Ideologie wurde zwar in jenen Jahren weitgehend preisgegeben, aber dafür entwickelte der DGB ein neues Konzept: die Mitbestimmung. Diese hatte schon im Allgemeinen Deutschen Gewerkschaftsbund der Weimarer Republik eine große Rolle gespielt und war seither untrennbar mit dem Gedanken der Wirtschaftsdemokratie verbunden. Ein umfassendes System von öffentlichen Körperschaften und Anstalten sollte der organisierten Arbeitnehmerschaft die Mitwirkung bei allen wichtigen sozial- und wirtschaftspolitischen Entscheidungen ermöglichen. Auch nach dem Zweiten Weltkrieg behielt die Mitbestimmungsidee diese Stoßrichtung. Dementsprechend drängten die Gewerkschaften bis in die fünfziger Jahre hinein auf die Errichtung eines Bundeswirtschaftsrates analog zum ehemaligen Reichswirtschaftsrat in der Weimarer Republik, auf die Errichtung von entsprechenden Länderkammern und auf die paritätische Besetzung der Industrie- und Handelskammern.

Mit diesen Vorstellungen, die praktisch auf eine gewerkschaftliche Mitbestimmung über die Gesamtwirtschaft abzielten, verband sich jetzt der Gedanke der innerbetrieblichen Mitbestimmung. Auch hier waren die Ideen erst einmal vage. Man dachte vorwiegend an weitgehende Mitbestimmungsrechte der Betriebsräte, aber auch an gewerkschaftliche Beteiligung an den Aufsichtsräten und Vorständen.

Starke Impulse für den Mitbestimmungsgedanken kamen aus der katholischen Arbeiterbewegung, die politisch in der CDU verankert war. Auch in beiden Kirchen fand der Gedanke lebhaftes Interesse. Sowohl der Bochumer Katholikentag 1949 als auch der Evangelische Kirchentag 1950 in Essen nahmen zur Mitbestimmung positiv Stellung. Ihre deutlichste Konkretisierung hatte die Idee innerbetrieblicher

1. Mai-Kundgebung
der Gewerkschaften auf dem
Münchner Königsplatz,
1952.

Mitbestimmung in der eisenschaffenden Industrie Nordrhein-Westfalens gefunden. Hans Böckler, der spätere DGB-Vorsitzende, hatte in Verhandlungen mit der britischen Besatzungsverwaltung und den deutschen Treuhandverwaltungen schon früh erreicht, daß in die Aufsichtsräte der unter britischer Verwaltung stehenden Montan-Unternehmungen neben fünf Aktionärsvertretern fünf Arbeitnehmervertreter und ein Neutraler einzogen. In den Vorständen trat neben den kaufmännischen und den technischen Direktor ein Arbeitsdirektor, dem vorwiegend das Personalwesen unterstand und der im Einvernehmen mit den Betriebsräten und den Gewerkschaften zu ernennen war.

Eine Reihe einflußreicher Industrieller stimmte dem Gedanken einer stärkeren Mitbestimmung zu, wenn auch mit erheblichen Einschränkungen. Ohne ein organisiertes Zusammenwirken von Kapital und Arbeit schien der Wiederaufbau der Werke und der Kampf gegen die Demontage nicht aussichtsreich. Angesichts der kommunistischen Agitation hätte man ohne die Unterstützung der Gewerkschaften auch mit schweren Arbeitskämpfen rechnen müssen. Hinzu kam, daß bis in die ersten Jahre der Bundesrepublik ungeklärt war, ob die alten Eigentumsverhältnisse an den jetzt unter fremder Verwaltung stehenden Betrieben überhaupt wiederhergestellt werden könnten. Auch in dieser Hinsicht schien die Mitbestimmung der Arbeitnehmer Möglichkeiten zu eröffnen, erst die von den Briten betriebene Sozialisierung zu vermeiden und später, seit 1948, die ebenso unerwünschte Entflechtung, die den Amerikanern am Herzen lag.

Bundesregierung und Bundestag sahen sich also von Anfang an mit weitgehenden Erwartungen der Gewerkschaften konfrontiert. Die bereits bestehende Mitbestimmung im Montanbereich sollte durch deutsche Gesetzgebung abgesichert und ausgeweitet werden. Mitbestimmungsregelungen, wie sie schon durch einzelne Länderverfassungen und -gesetze getroffen waren, verlangten nach einer bundeseinheitlichen Gesetzgebung. Auch für die Mitwirkung der Betriebsräte, die bisher nur durch Kontrollratsgesetz Nr. 22 geregelt war, sollten neue, weitreichende gesetzliche Bestimmungen erlassen werden. Die Gewerkschaften beschlossen, dort den Durchbruch zu versuchen, wo ihre Ausgangsposition am günstigsten war: im Montanbereich. Hier existierte nicht bloß ein ausbaufähiges Modell, das gesichert werden mußte. Zugleich war die Position der Eigentümer noch schwach, weil diese sich alliierten Entflechtungsauflagen gegenübersahen, denen sie mit gewerkschaftlicher Unterstützung entgegenwirken wollten.

Gestützt auf eine Urabstimmung rief die Betriebsrätekonferenz der Stahl- und Eisenindustrie am 3. Januar 1951 die Hüttenarbeiter zum Streik auf. Dabei wurde jede Aussage darüber vermieden, gegen wen sich der Streik richte. Gegen die Eigentümer, gegen Bundesregierung und Bundestag, um sie zum Handeln zu veranlassen, oder gegen die angelsächsischen Besatzungsmächte, die immer noch zuständig waren? Tatsächlich wurden alle für eine im Sinn der Gewerkschaften positive Lösung gebraucht.

Regierung und Regierungskoalition waren geteilter Meinung. Der starke industrielle Flügel mit Rückhalt beim Bundeswirtschaftsminister wandte sich entschieden gegen das Paritätsprinzip und ebenso gegen die Ausweitung auf die Kohleindustrie. Der Arbeitnehmerflügel der CDU unterstützte die von Gewerkschaften und SPD befürwortete paritätische Lösung. Adenauer, der bei dieser Frage eine Schlüsselposition einnahm, war um einen Ausgleich bemüht, aber auch entschlossen, eine völlige Parität nicht zuzugestehen, die ja auch in der eisenverarbeitenden Industrie nicht bestand. In der außen- und innenpolitisch labilen Lage hätte ein schwerer politischer Streik im Ruhrgebiet denkbar weitreichende Folgen haben können. Vor allem war zu befürchten, daß dabei der ostzonalen Propaganda der bisher ausgebliebene Durchbruch im Industrierevier an der Ruhr gelingen könne.

So kam es am 11. Januar 1951 zu einer Absprache zwischen dem Bundeskanzler und dem DGB-Vorsitzenden. Adenauer und Hans Böckler, die ihren jeweiligen Bereich gleicherweise souverän zu führen verstanden und sich aus der Arbeit in Köln seit den zwanziger Jahren kannten, sahen die außenpolitischen Gefährdungen ähnlich und waren beide an der Kraftprobe nicht interessiert. Sie vereinbarten, eine friedliche Lösung nach dem Modell der eisenschaffenden Industrie durchzusetzen und waren entschlossen, die Streithähne in den eigenen Reihen auf den Boden eines Kompromisses zu zwingen.

Der 75jährige DGB-Vorsitzende Hans Böckler beim Betreten des Palais Schaumburg am 11. Januar 1951. Bei der folgenden Verhandlung mit Adenauer wurde die grundsätzliche Einigung über die Mitbestimmung in der Montanindustrie erzielt.

Wahrscheinlich wäre es ohne das entschiedene Eintreten Adenauers zum Kampf gekommen. So brachte der Kanzler Unternehmer und Gewerkschaften an einen Tisch und bemühte sich gleichzeitig um Zustimmung der Koalitionsfraktionen. FDP und DP widerstrebten, wenn auch nicht mit letzter Entschiedenheit, und ließen offen, ob sie einem entsprechenden Gesetz zustimmen würden. Die CDU/CSU-Fraktion gab dem Kanzler freie Hand, zumal sie maßgebende Repräsentanten ihres Unternehmerflügels – Günter Henle vom Klöckner-Konzern und Robert Pferdmenges – in der Arbeitgeberdelegation wußte. Am Ende der Verhandlungen meinte der Kanzler zu Henle und Pferdmenges: »Mit der Mitbestimmung ist auch die Frage des gemischten Wirtschaftseigentums erledigt.« Den Gewerkschaften aber versicherte er, die im Regierungslager umstrittene Lösung parlamentarisch durchzusetzen. So wurde sein Ansehen auf beiden Seiten gemehrt, und die Öffentlichkeit feierte ihn, weil er den Streik abgewendet hatte.

Im Kabinett wie in den Fraktionen der Regierungskoalition schuf das Gesetz über die Montan-Mitbestimmung noch viel Verdruß. Es kam schließlich nur gegen die FDP, DP und Bayernpartei zustande.

Doch die Rechte sah sich isoliert, ohne etwas ausrichten zu können. Die SPD aber beschaffte dem Kanzler die Stimmen, die er brauchte, um bei seinen künftigen außen- und innenpolitischen Unternehmungen die Gewerkschaften bei Laune zu halten.

Wiederaufleben des Rechtsradikalismus?

Zu allen Schwierigkeiten, mit denen sich die Bundesrepublik im Jahre 1951 herumzuschlagen hatte, kamen auch noch Anzeichen eines Wiederauflebens des Rechtsradikalismus. Seine politische Heimat war Niedersachsen, wo sich in schwer unterscheidbarem Miteinander und Gegeneinander von Gruppen welfisch-konservativer, deutsch-nationaler und krypto-nationalsozialistischer Ideologie im Herbst 1949 eine neo-nazistische Partei herausgebildet hatte, die Sozialistische Reichspartei (SRP). Hier gaben ehemalige NSDAP-Funktionäre und Parteigenossen eindeutig den Ton an. In ideologischer Hinsicht wurde die bekannte Mischung von Nationalismus und Sozialismus angeboten, verbunden mit dem Führerprinzip. Die SRP kämpfte gegen die beiden deutschen »Satellitenstaaten« und bekannte sich

Der Parteiheld der SRP, Otto-Ernst Remer (links), wurde wegen Beleidigung von Mitgliedern der Bundesregierung zu vier Monaten Gefängnis verurteilt. Er hatte behauptet, Regierungsmitglieder hätten für den Fall eines Angriffs sowjetischer Truppen bereits Ausweichquartiere in London belegt.

zum Reich, das nach wie vor weiterexistiere und gegen alle Siegermächte wiederhergestellt werden solle. Dabei lehnte sie einen westdeutschen Wehrbeitrag als Söldnerdienst ab. Dem Bundesinnenministerium lagen auch Informationen über Kontakte zwischen führenden SRP-Funktionären und der DDR vor, wobei es vor allem um Geldbeihilfen für die unter chronischen Finanzierungsschwierigkeiten leidende Partei ging. Gewisse vorsichtige Distanzierungen konnten jedenfalls nicht darüber hinwegtäuschen, daß mit der SRP eine Partei auf die politische Bühne getreten war, in der sich ehemalige Nationalsozialisten mit den gewohnten Instrumenten der politischen Organisation und der Massenpropaganda an die einstigen Parteigenossen wandten. Eine Hauptzielgruppe waren die Frontsoldaten des Zweiten Weltkrieges.

Parteiheld und Hauptredner war Otto-Ernst Remer, ein hochdekorierter Wehrmachtsoffizier, der als Kommandeur des Berliner Wachbataillons eine Rolle bei der Niederschlagung des Umsturzversuchs am 20. Juli 1944 gespielt hatte. Er war ein großmäuliger, aber etwas beschränkter Demagoge, dem es jedoch in Niedersachsen gelang, überall volle Säle zu bekommen.

Schon im Mai 1950 erwog Gustav Heinemann, damals Bundesinnenminister, ein Versammlungsverbot gegen die SRP mit der denkwürdigen Begründung: »wer die freiheitlich-demokratische Staatsform als solche bekämpft, um an ihrer Stelle ein System der Freiheitsvernichtung zu errichten, hat die freiheitlichen Rechte unserer Grundordnung verwirkt.« In der Folgezeit war man bemüht, die SRP durch Prozesse, peinliche Enthüllungen gegen ihre Führer und bürokratisch-administrative Mittel zu behindern, doch ohne rechten Erfolg. Mit einem Verbot der Partei mußte abgewartet werden, da das Bundesverfassungsgericht noch nicht gebildet war. Jetzt beschloß die Bundesregierung im September 1950, noch auf Antrag Heinemanns, die Entfernung aller Anhänger rechtsradikaler Organisationen, namentlich der SRP, aus dem öffentlichen Dienst. Immerhin hatte die SRP auf dem Höhepunkt ihrer politischen Erfolge 40000 Mitglieder – halb soviel wie die FDP. Dieses erste »Berufsverbot« in der Geschichte der Bundesrepublik erstreckte sich auf links- wie auf rechtsradikale Organisationen. Aber man konnte die SRP immer noch als bloße Landplage ansehen, die allerdings in der ausländischen öffentlichen Meinung viel Flurschaden anrichtete.

Eine Versammlung der Sozialistischen Reichspartei in Glinde bei Hamburg am 3. Februar 1950 wird gesprengt: im Hintergrund (mit Stuhl als Deckung) der ehemalige Generalmajor Remer. Rechts vorn der rechtsradikale Bundestagsabgeordnete Dorls.

Wehrhafte Demokratie:
Bundeskanzler
Adenauer und Bundes-
innenminister
Heinemann gaben am
15. September 1950
bekannt, daß das
Bundeskabinett die
Entfernung von
Staatsfeinden aus dem
öffentlichen Dienst
beschlossen habe.

Die Landtagswahlen in Niedersachsen im Mai 1951 und in Bremen im Oktober desselben Jahres zwangen jedoch zur Revision dieser gelassenen Betrachtungsweise. In Niedersachsen eroberte die SRP rund 11 Prozent der Stimmen und 16 Mandate. In Bremen, wo die organisatorische Infrastruktur gar nicht stark und der Erfolg desto besorgniserregender war, schaffte sie acht Mandate. Ein paar Tage später hielt ein rechtsradikaler Bundestagsabgeordneter, der kurz danach als ein unter falschem Namen lebender ehemaliger NS-Funktionär entlarvt wurde, die bisher erste und einzige antiisraelische Rede im Deutschen Bundestag. Er berührte damit eines der stärksten Tabus der deutschen Nachkriegsgesellschaft und demonstrierte, was in Deutschland sechs Jahre nach dem Zusammenbruch schon wieder möglich schien.

Das Faß war nun übervoll. Die Bundesregierung befürchtete ein Übergreifen des nordwestdeutschen Rechtsradikalismus auf andere Länder und sah ihre Position bei den schwierigen internationalen Verhandlungen über Generalvertrag und EVG, die eben anliefen, durch die neo-nazistische Bewegung erheblich belastet. Nachdem sich am 28. September 1951 das Bundesverfassungsgericht in Karlsruhe konstituiert hatte, gab die Bundesregierung unmittelbar nach dem skandalösen Auftritt im Bundestag den Verbotsantrag gegen die SRP bekannt.

Wie in der Folge noch so oft, war auch diesmal die politische Bekämpfung des organisierten Rechtsradikalismus vom Kampf gegen die kommunistischen Verfassungsfeinde nicht zu trennen. Ein gleichzeitiger Verbotsantrag gegen die KPD erwies sich als unumgänglich, obschon man sich im Kabinett der Problematik einer solchen Maßnahme im Hinblick auf mögliche gesamtdeutsche Wahlen voll bewußt war. Doch konnten die unerwünschten Implikationen eines KPD-Verbots durch Feinsteuerung des Prozesses bis ins Jahr 1956 hinausgeschoben werden. Im Fall der SRP wurde aber auf ein rasches Urteil gedrängt. Das Verbot erfolgte im Oktober 1952, nachdem sich die SRP, dieses vorhersehend, schon einen Monat zuvor selbst aufgelöst hatte. Damit war der Spuk so schnell vorbei, wie er gekommen war. Der Rechtsradikalismus zerfaserte wieder in eine Vielzahl kleiner Parteien und Organisationen.

Obschon die SRP seinerzeit im In- und Ausland viele Besorgnisse wachrief, hatte sie wohl keine großen Chancen. In den maßgebenden Parteien CDU und SPD bestanden die Führungsgruppen durchweg aus Persönlichkeiten, die aktive Gegner Hitlers gewesen waren oder sich wenigstens von der NSDAP ferngehalten hatten. Sie waren entschlossen, einen neuen Nationalsozialismus um jeden Preis zu verhindern. Ähnliches galt für die meinungsbildende Presse und die Rundfunkanstalten. Schulen, Universitäten und zahlreiche staatlich finanzierte Institutionen waren um politische Bildung bemüht, was in jenen Jahren gleicherweise anti-nationalsozialistische und anti-kommunistische Aufklärung bedeutete. Die Bevölkerung insgesamt hatte den Krieg und alles, was danach über Partei und Führer bekannt geworden war, noch nicht vergessen. Zudem standen die Besatzungsmächte bereit, erforderlichenfalls hart durchzugreifen, wie dies am 15. Januar 1953 geschah, als die Briten eine Gruppe ehemaliger Nationalsozialisten um den früheren Staatssekretär im Reichsministerium für Volksaufklärung und Propaganda, Werner Naumann, verhafteten, die sich in der nordrhein-westfälischen FDP eingenistet hatten. Dennoch war in Erinnerung an die gleichfalls kleinen Anfänge der NSDAP Wachsamkeit geboten. Der Kern der SRP bestand teilweise, wie die seinerzeitigen Keimzellen der NSDAP, aus jüngeren Offizieren und Soldaten, die nach dem Krieg aus der Bahn geworfen worden waren. Sie hatten die Weimarer Republik meist nur in der Endphase erlebt, und ihr Weltbild war durch die NS-Propaganda noch stark geprägt. Daneben dominierten frühere NS-Funktionäre. Zu den Kundgebungen fanden sich meist nur Teilnehmer unter 40 Jahren ein.

Es ging also bei der Auseinandersetzung mit der SRP vor allem um die politisch aktiven Gruppen der Frontgeneration, in zweiter Linie um die Jüngeren, die nur der »Hitlerjugend« angehört hatten, vielfach aus nationalsozialistischen Elternhäusern stammten und – wie die »Kriegsjugend« des Ersten Weltkriegs – für die Parolen einer aktivistischen Rechtspartei ansprechbar sein konnten.

Weiter war zu befürchten, daß der organisierte Rechtsradikalismus bei den Heimatvertriebenen zündete, falls deren soziale Integration lange auf sich warten ließ. Ohnehin hing die künftige Entwicklung stark vom Fortgang der wirtschaftlichen Erholung ab. Ansatzpunkte für Rechtsextremisten gab es in Niedersachsen auch in dem von den Demontagen getroffenen Salzgitter und in jenen ländlichen Gebieten, wo schon die NS-Bauernbewegung ihre Hochburgen gehabt hatte. Beruhigenderweise erwiesen sich der Westen und Süden der Bundesrepublik weitgehend als immun. Aber man wußte zu gut, daß auch der Nationalsozialismus von der starken Basis in einem einzigen Land aus seinen Siegeszug begonnen hatte.

So sprach alles dafür, die Organisation in den Anfängen zu zerschlagen in der Hoffnung, einige Jahre Zeit zu gewinnen, um die politisch besonders labile Kriegsgeneration und die ungünstigenfalls für radikale Parolen gleichfalls anfälligen Vertriebenen zu integrieren.

Die Heranführung dieser Schichten zur Demokratie war für die demokratischen Parteien nicht nur ein Gebot politischer Vernunft, sondern auch des Eigennutzes. Nachdem die Entnazifizierung im Jahre 1950 rasch und verlegen zum Abschluß gebracht worden war, stand in den ehemaligen Nationalsozialisten ein großes Wählerpotential zur Verfügung, das alle gern erschließen wollten. Dabei war es ein verlockender Gedanke, politisch aktive Gruppen und Personen der Kriegsgeneration sowie aus der Hitlerjugend zur Mitarbeit zu gewinnen, auch mit der Absicht, die Masse der jetzt apolitischen ehemaligen Parteigenossen und Soldaten anzulocken. FDP, DP und BHE hatten meist wenig Bedenken, auf das Organisationsgeschick und den Schwung ehemaliger HJ-Führer und gelegentlich auch von Offizieren der früheren Waffen-SS zurückzugreifen, die sich, wie man hoffte, inzwischen der loyalen Mitarbeit beim demokratischen Aufbau verschrieben hatten. Das war häufig tatsächlich der Fall, bisweilen aber auch nicht. Besonders in der nordrhein-westfälischen FDP war es in den Jahren 1952 und 1953 verschiedentlich nicht mehr klar, was noch Integration und was schon nationalsozialistische Unterwanderung war.

Ein besonders beunruhigendes Phänomen waren in diesem Zusammenhang die Soldatenverbände, die im Sommer 1951 wie Pilze aus der Erde zu schießen begannen und eine Reihe großer Treffen durchführten, auf denen gelegentlich auch große Sprüche geklopft wurden.

Die Motive für Gründung und Attraktivität dieser Verbände waren vielschichtig. Es ging um Pflege der Frontkameradschaft und um Durchsetzung der Versorgungsansprüche nach dem 131er-Gesetz, um eine erneute Kontaktaufnahme mit Blick auf demnächst zu erwartende deutsche Streitkräfte und um Selbstrechtfertigung. Ein wichtiges Thema war auch die Forderung nach Freilassung jener deutschen Wehrmachtsangehörigen, die von alliierten Gerichten verurteilt worden waren, ohne sich wirklich krimineller Handlungen schuldig gemacht zu haben.

Die Bundesregierung verfolgte den Soldatenverbänden gegenüber eine Politik von Zuckerbrot und Peitsche. Die Gründung von Soldatenbünden und des Verbandes deutscher Soldaten sei, so wurde in einer offiziellen Erklärung betont, »mit Aufmerksamkeit und Verständnis« verfolgt worden. Auch die SPD-Führung hatte seit Anfang 1951 begonnen, mit ehemaligen Offizieren auf geschlossenen Foren Gespräche zu führen, um sich einen Überblick über die Auffassungen in diesen Gruppen zu verschaffen und ihre eigenen Vorstellungen geltend zu machen. Eine führende Rolle spielte in diesem Zusammenhang der Abgeordnete Fritz Erler, der bald zum maßgebenden Wehrexperten seiner Partei wurde.

Ähnlich wie gegenüber den Vertriebenenverbänden setzte die Regierung auch hier auf das Eigeninteresse der Berufssoldaten, nicht zuletzt der Offiziere, an Versorgung oder Wiederverwendung, woraus sich ein Zwang zur Mäßigung ergab. Sie war auch bemüht, in den begründeten Fällen eine Freilassung der Kriegsverurteilten zu erreichen. Andererseits zögerte sie nicht, überzogene Reden, wie sie in jenen Monaten nicht selten auf Soldatentreffen zu hören waren, deutlich zu kritisieren und eine politische Betätigung der Soldatenverbände abzulehnen.

In der Tat setzten sich auf seiten der Verbände die gemäßigten Mehrheiten meist durch. Nicht einmal die besonders umstrittene HIAG, die »Hilfsgemeinschaft auf Gegenseitigkeit« ehemaliger Waffen-SS-Angehöriger, wurde zu dem befürchteten neonazistischen Kristallisationszentrum.

Die Rechnung der Führungen in den gemäßigten Parteien ging auf. Indem sie sich selbst zu Sprechern nationaler Forderungen machten und dabei auch Zusammenstöße mit den Alliierten riskierten, verhinderten sie nationalistische Übersteigerungen. Bald wurde deutlich, daß eigentlich alle Soldatenverbände, trotz gelegentlicher rednerischer Exzesse, mitsamt ihren Vorständen eine gemäßigte Außenpolitik unterstützten und für den Rechtsextremismus wenig übrig hatten. Und auch die ehemaligen Parteigenossen wurden daran gewöhnt, trotz an-

fänglicher Vorbehalte für demokratische Parteien zu stimmen.

Sicherlich erfolgte im Jahr 1951 ein gewisser Ruck nach rechts. Doch das war der Preis für die Integration starker Gruppen in den demokratischen Staat, die ihm zuvor feindlich oder verständnislos gegenübergestanden hatten. Im Grunde konnte man es als ein Zeichen beginnender Normalisierung der Verhältnisse ansehen, daß sich die deutsche Politik nach den extremen Verirrungen seit Ende der zwanziger Jahre und nach der Apathie der Nachkriegsjahre wieder um den gewohnten Schwerpunkt Mitte-Rechts einzupendeln begann.

Für das Ausland mußte dies alles aber erst einmal bedenklich erscheinen, denn ob Adenauer und seine Ministerriege oder auch Schumacher Getriebene eines neuen Nationalismus und Militarismus waren, oder ob sie diesen souverän beherrschten, war so leicht nicht auszumachen. Tatsächlich gelang die Domestizierung der verworrenen Kräfte. Aber die

Für die meisten Deutschen ist das Dritte Reich Vergangenheit. Statt zum Wallfahrtsort wird der Wohnsitz des Führers zum Objekt touristischer Neugierde.

Zähmung des Nationalismus glich doch einem Ritt auf dem Tiger. Solange es nicht ausgemacht war, ob das wirklich glücken würde, hielt man es zumindest in Frankreich für geraten, die deutsche Bewegungsfreiheit noch nach allen Seiten einzugrenzen und vor allem eine voreilige Wiederbewaffnung zu hintertreiben.

Verzögerungsmanöver gegen den Wehrbeitrag

Im September 1950 hatte es den Anschein, als ob die Aufstellung deutscher Kontingente bereits 1951 beginnen würde. In Wirklichkeit dauerte es ein ganzes Jahr, bis man sich auch nur im Prinzip auf ein Verhandlungskonzept einigte. Die Verzögerung hatte viele Gründe.

Erstaunlicherweise wurde der amerikanische Außenminister Acheson bei dem Versuch, den Paketvorschlag durchzusetzen, von Großbritannien, den Benelux-Ländern und den Skandinaviern unterstützt. Bei diesen einstigen Kriegsgegnern war die Furcht vor der Roten Armee größer als die Erinnerung an die deutsche Kriegsmaschine. Dazu trug allerdings entscheidend bei, daß die USA glaubhaft versicherten, Westeuropa durch eine starke amerikanische Armee nicht nur vor der Sowjetunion, sondern notfalls auch vor den deutschen Verbündeten zu schützen.

Die französische Regierung weigerte sich jedoch anfänglich, auch bloß eine prinzipielle Zustimmung zu erteilen. Allerdings sah man in Paris deutlich, daß das Nein nicht auf Dauer durchzuhalten war. Die Lage Frankreichs ähnelte der des Frühjahrs, als die Regierung einer drohenden Isolierung in der Frage der Kontrolle über die deutsche Industrie gegenüberstand. Damals hatte Jean Monnet mit dem Plan einer europäischen Lösung den Ausweg gewiesen. Auch jetzt war er wieder mit einem Vorschlag zur Hand. Bereits auf der New Yorker Konferenz im September 1950 hatte Dean Acheson auf Umwegen erfahren, daß Jean Monnet schon wieder am Planen sei, ohne daß der französische Außenminister davon wußte. Adressat und Vater des neuen Projekts wurde diesmal Ministerpräsident Pleven, der am 24. Oktober vor der Assemblée Nationale in

vagen Umrissen die Idee einer Europa-Armee entfaltete.

Monnet war von dem Gedanken ausgegangen, die Frage des deutschen Verteidigungsbeitrages nach demselben Modell zu lösen wie das Problem der Montankontrolle: durch die Aufstellung einer europäischen Armee mit einheitlicher Organisation und gleicher Ausrüstung, finanziert aus einem gemeinsamen Budget. An der Spitze sollte ein europäischer Verteidigungsminister stehen, der einem Direktorium der nationalen Verteidigungsminister verantwortlich war, aber auch einer europäischen parlamentarischen Versammlung. Monnet hatte sogar eine einheitliche europäische Uniform für alle nationalen Kontingente vorgesehen und deutete an, daß diese Streitmacht an politische Institutionen des Vereinten Europa angebunden werden solle. In diesem Rahmen könne auch ein deutscher Verteidigungsbeitrag denkbar werden.

Doch auf dem Weg durch den französischen Ministerrat hatte das ohnehin schon einigermaßen barocke Konzept bereits entscheidende Veränderungen erfahren, die es zu einem kaum verhüllten Verzögerungsinstrument machten. Dabei war die Feststellung entscheidend, die Integration der von den Einzelstaaten gestellten Kontingente würde »auf der Basis der kleinstmöglichen Einheit erfolgen«. Bald ließ die französische Regierung erkennen, daß diese kleinstmögliche Einheit im Fall des deutschen Beitrags das Bataillon sein müsse. Aus deutscher Sicht war dies das Konzept einer europäisch drapierten Fremdenlegion, zumal man auch vernahm, daß nicht alle Staaten ihre sämtlichen Streitkräfte der Europa-Armee einzugliedern hätten.

So enthielt diese Idee, um die sich während der kommenden vier Jahre ein Großteil der deutschen Außenpolitik drehen sollte, bereits in ihrer ursprünglichen Form alle Merkmale innerer Widersprüchlichkeit. Für bedingungslose Gegner des deutschen Verteidigungsbeitrags wie den sozialistischen Verteidigungsminister Jules Moch, der einen Sohn bei der Résistance verloren hatte, war der komplizierte Plan ein Mittel, die Aufstellung deutscher Truppen um Monate und Jahre zu verzögern. Umgekehrt sahen die guten Europäer darin eine geniale Methode, aus der ungeliebten Notwendigkeit des deutschen Wehrbeitrags eine europäische Tugend zu machen und das Unvermeidliche zugleich hinauszuschieben. Dabei wußten aber auch sie auf die Paradoxie keine Antwort, wie man die deutschen Streitkräfte stärker als die sowjetischen, aber schwächer als die französischen machen könnte.

Fast alle militärischen Fachleute – Amerikaner, Briten, Deutsche, aber auch Teile der französischen Generalität – hielten den Pleven-Plan für unpraktikabel und sahen in den Verhandlungen darüber reine Zeitverschwendung. Tatsächlich erreichte der Vorschlag erst einmal seinen Zweck, das von Washington eingeschlagene Tempo zu verlangsamen.

Die ersten deutschen Militär-Planungen nahmen seit Oktober 1950 Gestalt an. Zwar hatten Spitzenpolitiker der verschiedenen Parteien – die Sozialdemokraten nicht ausgenommen – seit der krisenhaften Zuspitzung der internationalen Lage im Frühjahr 1948 gelegentlich den Rat militärischer Experten eingeholt, die ja im Lande reichlich verfügbar waren. Aber auch nach Gründung der Bundesrepublik schien es geboten, sich diesem Fragenkreis nur mit größter Vorsicht zu nähern. Im Dezember 1949, als schon allerhand Signale über den Atlantik gekommen waren, die Adenauer auffing, hatte der Deutsche Bundestag nach langer Debatte einstimmig eine deutsche Wiederbewaffnung abgelehnt. Ganz offenkundig waren die Westalliierten noch auf keinen klaren Kurs festgelegt, nicht einmal die Amerikaner. Während militärische Kreise der Hohen Kommission schon ein gewisses Drängen nach einer deutschen militärischen Kontaktstelle erkennen ließen, veröffentlichten die Hohen Kommissare noch am 16. Dezember 1949 ein harsches »Gesetz zur Ausschaltung des Militarismus«, das für alle einschlägigen Delikte lebenslängliche Haftstrafen festsetzte. Die rechte Hand wußte anscheinend nicht, was die linke tat.

Am 24. Mai 1950 schließlich, einen Monat vor Ausbruch des Korea-Krieges, ernannte Adenauer auf Empfehlung der Briten den ehemaligen Panzergeneral Graf von Schwerin zum ständigen Berater für Sicherheitsfragen, während die Amerikaner für diesen Posten General Gehlen favorisierten, der unter amerikanischer Leitung seit Jahren einen Nachrichtendienst aufgebaut hatte, für den eine Anzahl ehemaliger deutscher Offiziere willkommene Analysen über die militärischen Kräfteverhältnisse der Sowjetunion anfertigten. Das kleine Büro Schwerin, das zeitweilig die seltsame Bezeichnung »Zentrale für Heimatdienst« führte, begann im Sommer eine Reihe von Gutachten einzuholen, von eigentlichen Planungen konnte aber noch keine Rede sein.

Natürlich war man bestrebt, aus den Beratergremien alle nationalsozialistischen Offiziere fernzuhalten. Aber Generale wie Speidel, als Generalstabschef Rommels der führende Kopf bei der Pariser Offiziersverschwörung, oder auch ein Offizier wie Graf Schwerin, der seit 1939 bei der Militäropposition als vertrauenswürdiger Mann gegolten hatte, waren nicht allzu zahlreich. Größtenteils mußte man auf Offiziere zurückgreifen, die im Krieg schlicht ihre Pflicht getan hatten, ohne sich politisch nach irgendeiner Seite zu exponieren. Hauptsache, sie galten als charakterlich einwandfreie Soldaten und verstanden ihr Handwerk. So konnte auch ein General wie Heusinger, der immerhin vier Jahre lang Chef der Operationsabteilung des Heeres im Führerhauptquartier gewesen war und dessen Analysen auch die Amerikaner während seiner Tätigkeit für die Organisation Gehlen schätzen gelernt hatten, zu einer Schlüsselfigur bei der Wiederaufstellung deutscher Streitkräfte werden. Heusinger und viele seinesgleichen genossen als Offiziere einen untadeligen Ruf, aber daß fünf Jahre nach Kriegsende die Wiederkehr derer, die Hitlers Krieg geführt hatten, in Ost und West zu größten Bedenken Anlaß geben mußte, lag auf der Hand.

Nach der New Yorker Außenministerkonferenz ließ Adenauer hohe Offiziere zu einer Klausurtagung einberufen, die ein Konzept für einen deutschen Militärbeitrag ausarbeiten sollten. Die Zusammenkunft fand Anfang Oktober 1950 zu Zwecken der Geheimhaltung im Kloster Himmerod in der Eifel statt und brachte manche der Offiziere zusammen, die später in der Bundeswehr Führungspositionen einnahmen. Die Planungen der folgenden Jahre, doch auch manche der künftigen Verhandlungspositionen orientierten sich an den hier erarbeiteten Überlegungen. Sie wurden von den Generalen Speidel, Heusinger und Foertsch in einer Denkschrift zusammengefaßt und dem Kanzler zugeleitet.

Am 24. Mai 1950 begann der frühere Panzergeneral Gerhard Graf von Schwerin als »Berater des Bundeskanzlers in Sicherheitsfragen« mit dem Aufbau der »Zentrale für Heimatdienst«.

Das Problem der von alliierten Gerichten wegen Kriegsverbrechen angeklagten oder verurteilten deutschen Soldaten und Zivilpersonen war eine der dornigsten Fragen jener Jahre. Eine »cause célèbre« alliierter Vergeltungsjustiz bildete der Fall Krupp. Hier der aufgrund eines Gnadenaktes von McCloy am 3. Februar 1951 entlassene Firmenchef Alfried Krupp von Bohlen und Halbach (links) mit seinem Bruder.

Die Himmeroder Denkschrift zeigte die Handschrift von Wehrmachtsgeneralen mit Rußlanderfahrung. Rückgrat einer möglichst weit östlich und offensiv zu führenden Verteidigung sollte eine starke Panzerwaffe sein. Die Denkschrift sah insgesamt zwölf mit modernstem Gerät ausgerüstete, in Armeekorps zusammengefaßte Divisionen von insgesamt 250000 Mann vor, unterstützt durch eine taktische Luftwaffe und eine Küstenmarine. Diese Streitkräfte sollten ein Maximum an Kampfkraft und Beweglichkeit aufweisen. Ganz offenbar war nicht an bloße Abschreckungsstreitkräfte zum Zweck der Kriegsverhinderung gedacht, sondern an eine Armee, die im Verbund mit den Westalliierten einen Verteidigungskrieg erfolgreich und möglichst außerhalb des Gebiets der Bundesrepublik bestehen konnte.

Es ließ sich jetzt nicht mehr verheimlichen, daß die Sicherheitsplanung in eine konkrete Phase eingetreten war. Nun mußte an die Spitze des neuen Apparates auch eine Persönlichkeit treten, die den Primat der politischen Führung gewährleistete und von ihrer politischen Herkunft her geeignet war, im Ausland die Besorgnisse vor einer Wiederkehr des Militarismus etwas abzumildern. Eine Zeitlang schien es, als ob der Kanzler den FDP-Wohnungsbauminister Wildermuth, der sich im Krieg als Verteidiger von Le Havre einen Namen gemacht hatte, mit der Aufgabe betrauen würde. Aber Adenauer war entschlossen, diesen sensiblen Bereich nicht den Einflüssen aus der FDP zu öffnen. So ernannte er den christlichen Gewerkschafter Theo Blank zum »Beauftragten des Bundeskanzlers für die«, wie es

euphemistisch hieß, »mit der Vermehrung der alliierten Truppen zusammenhängenden Fragen« und
unterstellte ihn direkt seiner Oberaufsicht.

Blank war ein tüchtiger »Selfmademan«. Er hatte als
Tischler begonnen, war in den letzten Jahren der
Weimarer Republik bei den Christlichen Gewerkschaften Sekretär gewesen, hatte zwischen 1933 und
1939 erst die Reifeprüfung nachgeholt, dann
Maschinenbau studiert, am Zweiten Weltkrieg von
1939 bis 1945 in der Truppe teilgenommen, zuletzt
als Oberleutnant, und war danach dritter Vorsitzender der IG-Bergbau geworden. Adenauer hatte in
ihm einen treuen Gehilfen, der die Planung und den
Aufbau der Streitkräfte auch nach links hin politisch
absichern konnte, Kritik aus dem Ausland auffing
und Zug um Zug den Kern eines künftigen Verteidigungsministeriums aufbaute, dem schon 1953 700
Personen angehörten – unter ihnen zivile »Gutach-
ter« wie Speidel und Heusinger, die bis 1954 im Interesse ihrer persönlichen Unabhängigkeit auf Ho-
norarbasis arbeiteten, obschon sie als Unterhändler
und Berater eine Schlüsselrolle spielten.

Dem Auftakt im Herbst 1950 folgte ein Dreiviertel-
jahr komplizierter Verhandlungen auf den verschiedensten Ebenen, an deren Ende ein Kompromiß
stand. Paris ließ seine prinzipiellen Einwände gegen
deutsche Streitkräfte fallen, setzte sich aber bezüglich der Modalitäten des Wehrbeitrags durch.

Ein erster Versuch, die Differenzen im Militäraus-
schuß der NATO unter Vorsitz von Charles M.
Spofford zu lösen, hatte zunächst zu einem unhalt-
baren Kompromiß geführt: keine deutschen Divisionen, nur infantristische »combat teams« von 5000
bis 6000 Mann, ohne schwere Panzer und schwere
Artillerie; kein deutsches Verteidigungsministerium
und kein Generalstab – die deutschen Soldaten sollten voraussichtlich vom Arbeitsministerium ausge-
hoben werden; deutsche Truppenstärke nur ein
Fünftel der in Westeuropa stationierten alliierten
Streitkräfte. Diesem Spofford-Plan konnte selbst
der französische Ministerrat zustimmen, wenn auch
nur unter Seufzen.

Zur gleichen Zeit, als chinesische Armeen die UN-
Truppen in Korea vor sich her trieben und die Welt

*Eisenhower (auf dem linken
Bild rechts) im Gespräch mit
Adenauer und McCloy.
Zu den deutschen Gästen beim
Empfang des amerikanischen
Oberkommandierenden am
22. Januar 1951 in Bad Hom-
burg gehörten auch die Generale Speidel (auf S. 139 links)
und Heusinger (rechts) sowie
der einige Wochen zuvor
ernannte »Beauftragte für die
mit der Vermehrung der
alliierten Truppen zusammenhängenden Fragen« Theodor
Blank. Die Generale
erreichten eine Ehrenerklärung
Eisenhowers für die deutschen
Soldaten, die aber nicht veröffentlicht wurde.*

vor einem dritten Weltkrieg zitterte, billigte der NATO-Ministerrat diese Richtlinien, die unter Gesichtspunkten militärischer Effektivität ziemlich absurd waren. Und noch schlimmer: die Bundesregierung erfuhr während der folgenden Monate nicht eindeutig, auf welche Beschränkungen man sich bereits geeinigt hatte.

Um die Verwirrung noch zu vergrößern, wurden nun zwei Verhandlungsebenen entwickelt: eine Arbeitsgruppe alliierter und deutscher Militärexperten auf dem Petersberg und eine Konferenz über den Pleven-Plan, zu der Frankreich nach Paris einlud. Auf dem Petersberg dominierten die Amerikaner. Die Deutschen sahen sich von ihnen veranlaßt, ihre nicht unbescheidenen Wünsche für einen deutschen Wehrbeitrag innerhalb der NATO offenzulegen: national homogene deutsche Armeekorps; Panzerdivisionen als Kern der deutschen Streitmacht; ein parlamentarisch verantwortliches Verteidigungsministerium.

Frankreich sah seine schlimmsten Befürchtungen bestätigt: Hier machten sich ehemalige Hitler-Ge-

nerale wie Speidel und Heusinger, politisch gedeckt von dem schneidigen Gewerkschafter Theo Blank, resolut daran, eine neue Wehrmacht aufzubauen! Sie sahen sich dabei von amerikanischen und britischen Militärs ermutigt, die in erster Linie von dem Wunsch beseelt waren, in einem dritten Weltkrieg die bewunderte deutsche Militärmaschine auf der alliierten Seite zu haben.

Demgegenüber suchte Frankreich in Paris, wo die Vereinigten Staaten nur als Beobachter zugegen waren, die westeuropäischen Regierungen und nicht zuletzt Bonn auf sein primär von politischen Bedenken getragenes Konzept einer Europa-Armee zu verpflichten.

Adenauer neigte damals prinzipiell dazu, der amerikanischen Führung zu folgen. Wenn irgendwo Bereitschaft zu erkennen war, Deutschland Gleichberechtigung zu gewähren und eine positive Politik zu betreiben, dann in Washington. Solange er den Eindruck hatte, daß die USA hinter dem Petersberg-Konzept standen, war er auch dort zu finden. Als aber Washington Kurs auf die Europa-Armee nahm, akzeptierte er auch diesen. Irritierend war nur, daß auf allen Seiten mit verdeckten Karten gespielt wurde. Sowohl Amerikaner wie Franzosen sprachen die Erwartung aus, die Bundesrepublik solle erst einmal zu einem der beiden Modelle, dem atlantischen oder dem europäischen, ja oder nein sagen und dann alles den weiteren Verhandlungen überlassen.

Eben ein vorbehaltloses Ja oder Nein aber wollte die Bundesregierung vermeiden, und so schleppten sich die Verhandlungen ein halbes Jahr hin. Innenpolitisch bedrängt, wie Adenauer war, hütete er sich vor einseitiger Festlegung und ließ nach allen Seiten die deutschen Minimalforderungen vortragen: keine Diskriminierung für die Deutschen und Ablösung des Besatzungsstatuts durch einen Sicherheitsvertrag. Auch wenn dies nicht sein eigener dringender Wunsch gewesen wäre, hätte ihn die SPD zu diesen Forderungen getrieben.

Im Lauf der Verhandlungen wurde aber immer deutlicher, daß die Stagnation noch andere Ursachen hatte. Die amerikanische Administration war mit ihrem Vorhaben, eine Armee von etwa sechs Divisionen in Europa zu stationieren, im Kongreß auf

Während seiner schwierigen Verhandlungen über den Generalvertrag suchte der Kanzler das Gespräch mit dem Oppositionsführer. Gewichtige Kräfte in der CDU drängten darauf, die SPD in die Regierungsverantwortung einzubeziehen, um den deutschen Wehrbeitrag und die Wiedergewinnung der Souveränität auf breiter parlamentarischer Basis durchzusetzen. (Auf dem Bild Kurt Schumacher mit Erich Ollenhauer und seiner Sekretärin, der späteren Bundestagspräsidentin Annemarie Renger.)

den erbitterten Widerstand einer starken neo-isolationistischen Gruppierung gestoßen. Deren Wortführer, der frühere Präsident Hoover und Senator Taft, forderten statt eines Engagements in Europa eine Militärstrategie der »Festung Amerika«; auch die Asien-Lobby machte sich dort bemerkbar. Diese »Great Debate«, die erst im Frühjahr 1951 nach Niederkämpfung des neo-isolationistischen Widerstandes zu einem positiven Abschluß kam, legte die Grundlagen für die seitherige militärische Präsenz der USA in Europa. Aber bis es soweit war, wollte sich auch Paris nicht definitiv erklären. Denn ohne dauerhafte Stationierung starker amerikanischer Kontingente in Deutschland kam ein deutscher Wehrbeitrag überhaupt nicht in Frage.

In diese gänzlich verworrene Situation stieß eine neue sowjetische Initiative. Der Ostblock hatte auf einer Konferenz in Prag im Oktober 1950 den alsbaldigen Abschluß eines Friedensvertrages mit Deutschland und den Rückzug aller Besatzungstruppen ein Jahr danach verlangt. Auf diesem Hintergrund forderte Moskau dann in einer Notenoffensive die Einberufung einer Außenministerkonferenz über die deutsche Frage. Begleitet wurde dies durch eine weltweite Friedenskampagne aller kom-

munistisch gesteuerten Organisationen. Sie zielte in erster Linie gegen die Wiederbewaffnung Deutschlands, und während die sowjetische Diplomatie Frankreich gegenüber die Furcht vor einer deutschen Armee ins Spiel brachte, kehrte sie in Deutschland wieder zur Linie der »nationalen Front« zurück.

Paris drängte nun auf eine Viererkonferenz. Diejenigen, die sich wenig davon versprachen und bereit waren, die westliche Aufrüstung voranzutreiben, plädierten dafür, weil sie eine gescheiterte Konferenz als innenpolitisches Alibi brauchten. Die mehr oder weniger bedingungslosen Gegner einer deutschen Wiederbewaffnung sahen darin eine Chance, die gesamte Entwicklung der letzten Jahre zurückzudrehen und vielleicht doch zu einem ost-westlichen Kondominium über ein waffenloses, neutralisiertes Deutschland zurückzufinden. Auf alle Fälle erhofften sie einen Aufschub.

Die Furcht vor einem sowjetischen Präventivkrieg im Fall einer deutschen Wiederaufrüstung war weit verbreitet. Auch die Labour-Regierung, die vor Neuwahlen stand und ihren linken Flügel bei Laune halten wollte, schloß sich zögernd der französischen Forderung an. Washington hielt von einer Konferenz überhaupt nichts, konnte den Verhandlungen aber auch nicht ausweichen, wenn es in Paris keine völlig unkontrollierbare Entwicklung riskieren wollte.

In dieser Verlegenheit tauchte die Idee einer Vorkonferenz zur Entlastung der Tagesordnung auf. Sie fand vom 5. März bis 21. Juni im Palais Marbre Rose in Paris statt, ohne daß es zu einer Einigung über die Tagesordnung kam und vertagte sich ohne Terminvereinbarung, als die französischen Wahlen vorbei waren. Diese Wahlen brachten einen Rechtsruck und erlaubten es, die in der Wiederbewaffnungsfrage besonders widerspenstigen Sozialisten aus der Regierung zu entfernen.

Wahrscheinlich haben die Sowjets bei der Marbre-Rose-Konferenz den entscheidenden Fehler ihrer Deutschlandpolitik gemacht. Hätte Moskau ohne Zögern einer Außenministerkonferenz zugestimmt und dabei jene Neutralisierungsvorschläge vorgelegt, die erst am 10. März 1952 in Gestalt der be-

genüber zu nichts Endgültigem verpflichtet, was sie bei attraktiven Angeboten nicht ohne Gesichtsverlust hätten aufgeben können. Auch die westeuropäische Aufrüstung und die Verlegung amerikanischer Divisionen nach Europa war noch nicht recht in Gang gekommen.

Tatsächlich erwies sich aber die sowjetische Delegation als unelastisch, ganz im Unterschied zu den Amerikanern und Briten. So hatte das Alibi-Konzept vollen Erfolg. Wenn künftig die Forderung aufkam, vor endgültigen Festlegungen in der Deutschlandfrage nochmals den Versuch einer einvernehmlichen Lösung mit Moskau zu unternehmen, konnte stets auf diese gescheiterte Konferenz verwiesen werden.

Für Adenauer waren es angstvolle Monate. In dieser Zeit setzte sich bei ihm die konsequente Furcht vor einer Neutralisierung endgültig fest, die ihn nicht mehr verließ. Dabei schienen ihm Neutralisierung

Geistige Auseinandersetzung: das Düsseldorfer »Kom(m)ödchen« mit FDJ-Persiflage; rechts eine Demonstration der »jungen deutschen Friedenskämpfer« anläßlich der Ost-Berliner Weltjugendfestspiele am 12. August 1951.

rühmten Stalin-Note auf den Tisch kamen, so wäre die künftige Entwicklung völlig unvorhersehbar gewesen. Im Frühjahr 1951 war weder festgelegt, ob und in welcher Form es einen deutschen Verteidigungsbeitrag geben würde, noch, wie die Zukunft des Besatzungsregimes aussehen sollte. Bisher hatten sich die Westalliierten der Bundesrepublik ge-

und Waffenlosigkeit ziemlich dasselbe zu sein. Er gewann jetzt den Eindruck, daß starke Kräfte in Frankreich darauf hinaus wollten. Auch Großbritanniens Kurs unter dem todkranken Außenminister Bevin wurde für ihn zusehends unkalkulierbar. Seine einzige Hoffnung waren in dieser Periode die Amerikaner.

Doch auch ihrer konnte er im Winter und Frühjahr 1951 nicht ganz sicher sein. McCloy beruhigte ihn zwar im Hinblick auf mögliche Viermächte-Verhandlungen und meinte, man würde sich eines Diktats enthalten, bemerkte aber zugleich, wenn die Sowjets auf freie Wahlen und eine absolut gesicherte Bewegungsfreiheit aller Parteien eingingen, werde man schnell zu einer Einigung kommen können. Adenauer bestand zwar darauf, daß die Struktur der beiden Teile Deutschlands vorläufig aufrechterhalten bliebe, überlegte aber nun doch, ob darüber nicht ein deutscher Rat gebildet werden könne und hielt eine komplette Demilitarisierung bei Abzug aller Besatzungstruppen nicht mehr für undenkbar. Viel kam damals seiner Meinung nach auf den richtigen Zeitpunkt an, zu dem man der Sowjetunion entsprechende Angebote unterbreite, um ihr auch die Furcht vor dem Westen zu nehmen.

Angesichts dieser Unklarheiten ging es wenigstens mit der europäischen Integration etwas voran. Die Schuman-Plan-Verhandlungen hatten sich nach guten Anfängen ziemlich lustlos hingeschleppt, und es bedurfte schließlich ziemlicher Anstrengungen, um sie zu einem guten Ende zu bringen.

Im Bonner Kabinett und im Deutschen Bundestag waren die Vorbehalte gegen die Montanunion deutlich stärker geworden. Adenauer hatte Mühe gehabt, kritische Einwände von seiten der Ruhrindustrie zurückzuweisen, die manchen Grund zur Beschwerde sah. Die Deutsche-Kohle-Verkaufsgesellschaft mußte auf französischen Wunsch hin aufgelöst werden. Bei der amerikanischen Hochkommission, deren Anteil am Abschluß des Schuman-Plans entscheidend war, hatte eine Gruppe von Befürwortern einer Anti-Trust-Politik das Sagen, die eine Dekartellisierung der Ruhrindustrie als Voraussetzung jeder Neuordnung wünschte. Bei allen Besatzungsmächten waren bezüglich der Ruhr noch die alten Konzepte erkennbar, mit denen die westlichen Alliierten nach dem Krieg das Problem zu lösen versucht hatten: die Labour-Regierung durch Verstaatlichung und Mitbestimmung; Frankreich durch internationale Kontrolle; die USA durch Zerschlagung der Konzerne. Im Kabinett und in den Koalitionsfraktionen setzte die FDP, doch auch der rechte Flügel der CDU, der Dekartellisierung heftigen

Widerstand entgegen. Aber auch die Gewerkschaften fanden sich nur zögernd bereit, dem Kanzler weiter auf dem Weg zum Schuman-Plan zu folgen.

In der Schlußphase der Verhandlungen war auch noch das Stimmenverhältnis in den Organen der EGKS festzusetzen, und es hätte nahe gelegen, dieses an dem tatsächlichen Beitrag der Teilnehmer auszurichten. Statt dessen mußte Adenauer um des lieben Friedens willen eine von Monnet entwickelte, wesentlich ungünstigere Formel schlucken, nach der Deutschland und Frankreich den gleichen Stimmenanteil erhielten. Monnet war dabei zur Versicherung ermächtigt, Frankreich werde bei allen künftigen europäischen Institutionen ebenfalls das Prinzip der Parität akzeptieren – gleich, ob nun die Union Française beteiligt sei oder ein wiedervereinigtes Deutschland. Adenauer konnte dies kaum als Trost empfinden und mußte dafür bittere Vorwürfe der Opposition einstecken, aber er stimmte zu, um in der insgesamt prekären Situation nicht alles zu gefährden.

Die Unterzeichnung des Vertrags über die Gründung der Europäischen Gemeinschaft für Kohle und Stahl (EGKS) fand am 18. April 1951 in Paris statt. Der Kanzler besuchte zum ersten Mal die französische Hauptstadt. Kein Minister empfing ihn am Flughafen, nur Monnet war gekommen. Es folgte nochmals eine Reihe zäher Verhandlungen.

Wie jedesmal, wenn wichtige Etappen auf dem Weg der Westintegration greifbar nahe schienen, gab es auch diesmal erhebliche Schwierigkeiten mit der Saarfrage. Mehr als ein prekärer Kompromiß war nicht erreichbar. Frankreich nahm die Auffassung der Bundesrepublik zur Kenntnis, daß der Status des Saargebiets nur durch den Friedensvertrag endgültig geregelt werden könne. Adenauer hatte aber zugestehen müssen, anstelle des Friedensvertrags könne auch »ein gleichartiger Vertrag« treten. Es war vorherzusehen, daß Paris bei nächster sich bietender Gelegenheit versuchen würde, Bonn zum Abschluß eines solchen Vertrags zu nötigen. Wie wenig die Saarfrage gelöst war, zeigte sich schon ein Vierteljahr später, als unter direkter Beteiligung Robert Schumans die Demokratische Partei Saar (DPS), die für eine Rückkehr zu Deutschland eintrat, verboten wurde.

Regierungspropaganda für den Schumanplan, 1952.

Eine der wichtigsten westalliierten Konzessionen im Jahr 1951 war die uneingeschränkte Freigabe des deutschen Schiffsbaues. Das Bild zeigt die Flaggenhissung auf der Hamburger Stülcken-Werft am 4. April 1951, morgens um 7 Uhr.

Dennoch hatte Adenauer in Paris einen ersten großen Auftritt. Allerdings wirkte seine europäische Haltung in der ausländischen Öffentlichkeit damals stärker als in der deutschen. Als er optimistisch nach Bonn zurückkam, mußte ihn Staatssekretär Otto Lenz darauf aufmerksam machen, daß nur 20 Prozent der deutschen Wähler nach Aussage einer Umfrage hinter seiner Politik standen. Die Zukunft zeigte allerdings die Richtigkeit seines Kalküls. Nicht die gewichtigen Konzessionen zählten letzten Endes, sondern die Gesamtheit der politischen Neuorientierung.

Mit der Unterzeichnung des Schuman-Plans war eine weitere wesentliche, wenn auch nie offen eingestandene französische Vorbedingung für Verhandlungen über den deutschen Verteidigungsbeitrag erfüllt. Monnet machte sich nun daran, auch die USA auf seine Idee einer Europäischen Verteidigungsgemeinschaft einzuschwören.

Nachdem es ihm gelungen war, sowohl den neuen atlantischen Oberbefehlshaber Eisenhower wie McCloy von den politischen Vorzügen einer Europa-Armee zu überzeugen, nahm Mitte 1951 auch Washington Kurs auf das französische Projekt. Die NATO wurde nun als das große Dach angesehen, das im zentraleuropäischen Kommandobereich eine Europäische Armee mit einem französischen General an der Spitze überwölbte. Eine Reihe von Korrekturen trug den Forderungen der Militärs und der Deutschen Rechnung – vor allem akzeptierte nun auch Frankreich die Division als Grundeinheit. Auch sonst wurden einige weitere supranationale Elemente eingeführt, um der deutschen Forderung nach Gleichberechtigung Genüge zu tun. Allerdings mobilisierte dies die offene Gegnerschaft jener französischen Politiker, die – wie de Gaulle – unbedingt an der Nationalarmee festhalten wollten oder die im Pleven-Plan immer nur ein europäisch drapiertes Verzögerungsinstrument gesehen hatten. In dem Augenblick, als die deutsche Zustimmung erreicht war, zeichnete sich in der Assemblée Nationale schon die unerbittliche Front gegen die EVG ab. Auch Großbritannien zeigte sich über die EVG-Idee ebenso ungehalten wie seinerzeit über den Schuman-Plan.

In Bonn war man gleichfalls alles andere als enthusiastisch. Man beugte sich der amerikanischen Entscheidung gegen die eigene bessere Einsicht und ließ sich endlich auf den chimärischen Plan ein. Adenauer fürchtete, daß eine weitere Verzögerung die Befürworter der Neutralisierung stärken würde und stimmte jetzt zum großen Verdruß von Blank, Speidel und Heusinger zu.

Die NATO-Lösung verschwand nun für drei Jahre in den Schubladen, bis die Zeit dafür reif war. Der Kanzler fand bald an der Europa-Armee Gefallen. Denn sie ließ sich schön mit den andern Europa-Projekten verbinden und gefiel nun sogar den Amerikanern. Adenauer akzeptierte sie um so lieber, als jetzt – auf französischen Wunsch – die Verhandlungen über die EVG untrennbar mit denen über die Ablösung des Besatzungsstatuts verbunden wurden.

Um den Generalvertrag

Adenauer ging mit einem ebenso einfachen wie unrealisierbaren Konzept in die Verhandlungen. Der eben in San Francisco abgeschlossene Amerikanisch-Japanische Sicherheitsvertrag könnte, so stellte er sich vor, als Modell für die Neuordnung der deutsch-alliierten Beziehungen dienen. Kernbestimmungen dieses Vertrages sollten sein: eine Sicherheitsgarantie der Westmächte mit der Verpflichtung, hinlängliche Streitkräfte in der Bundesrepublik zu unterhalten; ein Wehrbeitrag der Bundesrepublik im Rahmen einer internationalen Streitmacht; die definitive Außerkraftsetzung des Besatzungsstatuts. Dabei könnten die Westalliierten ihre auf Besatzungsrecht beruhenden Zuständigkeiten für Deutschland als Ganzes und für Berlin weiterbehalten. Die deutsch-alliierten Beziehungen sollten also künftig die zwischen souveränen Staaten sein.

Mit diesen Vorstellungen eilte der Kanzler aber der Entwicklung um drei Jahre voraus. Wieder einmal blieben die Westalliierten hinter den deutschen Erwartungen weit zurück. Tatsächlich waren die Westmächte noch keineswegs bereit, die »oberste Gewalt« prinzipiell aufzugeben. Der Generalvertrag, den sie vorschlugen und auf den sich der Kanzler nach einigen unerquicklichen Sitzungen

mit den Hohen Kommissaren vergleichsweise rasch einließ, sah nur eine Teilrevision der Besatzungsherrschaft vor. Die Bundesrepublik erhielt zwar jetzt »die volle Macht über ihre äußeren und inneren Angelegenheiten«, aber eben nicht die Souveränität. Die Vorbehaltsrechte der Westmächte waren gravierend.

Die alliierten Truppen blieben weiterhin aus eigenem Recht in der Bundesrepublik stationiert, allerdings nicht mehr als Besatzungsarmeen. Ihre Aufgabe bestand künftig in der »Verteidigung der freien Welt, zu der die Bundesrepublik und Berlin gehören«. Die Regierungen der Drei Mächte behielten sich ebenso das Recht vor, umfassende Notstandsmaßnahmen zu ergreifen, wenn die Bundesrepublik und die Europäische Verteidigungsgemeinschaft zur Meisterung einer äußeren oder inneren Bedrohung nicht mehr in der Lage waren.

Die genauere Umschreibung der Umstände, unter denen alliierte Notstandsmaßnahmen ergriffen werden konnten, blieb naturgemäß vage. Lediglich deren zeitliche Dauer und die Modalitäten ihrer Aufhebung waren präziser umschrieben. Die Verknüpfung des Generalvertrags mit den Verträgen über die Europäische Verteidigungsgemeinschaft stellte auch die Fortdauer westalliierter Sicherheitskontrolle und gewisser Produktionsbeschränkungen sicher. Verglichen mit dem Besatzungsstatut war die Revision erheblich erschwert. Garniert wurde das Vertragswerk mit weitläufigen Annexverträgen (Finanzvertrag, Truppenvertrag, Überleitungsvertrag), in denen weitere Fesseln und Benachteiligungen verstreut waren.

Alles in allem blieben den drei Westmächten damit noch so weitgehende Zuständigkeiten, daß es die Opposition nicht allzu schwer hatte, der Bundesregierung vorzuwerfen, sie habe für den Wehrbeitrag nur eine völlig unbefriedigende Revision des Besatzungsstatuts eingehandelt.

Wenn sich Adenauer trotzdem auf den Generalvertrag einließ, so vor allem deshalb, weil sich die westlichen Alliierten nunmehr vertraglich verpflichteten, die Viermächtekontrolle nicht wieder aufleben zu lassen. Er hatte den Eindruck, sich in einem Wettlauf mit der Zeit zu befinden. Während des ganzen Jahres 1951 und auch noch 1952 war er von Äng-

Auftakt der deutsch-alliierten Verhandlungen über die Ablösung des Besatzungsstatuts am 24. September 1951.
Die Gegensätze zwischen Adenauer und den Westalliierten schienen bei dieser Sitzung unüberbrückbar. Der bri-
tische Hohe Kommissar Kirkpatrick (Bildmitte vor dem Spiegel) bemerkte dabei, er sei schon an vielen Verhand-
lungen beteiligt gewesen, habe aber noch keine mit größeren Anfangsschwierigkeiten erlebt.

sten geplagt, in den USA könnten sich die neo-isolationistischen Strömungen verstärken und bei den
Wahlen im November 1952 einen Vertreter dieser
Richtung ins Weiße Haus bringen. In diesem Fall
wäre die Präsenz einer amerikanischen Armee in
Europa, in der alle Westeuropäer die Grundvoraussetzung für einen deutschen Verteidigungsbeitrag
erblickten, weitgehend hinfällig geworden. Die in
Paris ohnehin sehr starken und auch in London
trotz allem Mißtrauen gegen Stalin doch noch latenten Neigungen, mit der Sowjetunion eine Vereinbarung über die Neutralisierung und gemeinsame Sicherheitskontrolle Deutschlands zu treffen,
würden sich dann wohl voll durchsetzen. Einer Ausdehnung des sowjetischen Einflusses auf Westdeutschland, wenn nicht gar auf den gesamten westeuropäischen Kontinent, stünde in diesem Fall
nichts mehr im Wege.

Auch Acheson sah dieses Problem: Wenn der Kongreß die Verträge nicht vor Sommer 1952 ratifiziert
hatte, war unvorhersehbaren Entwicklungen Tür
und Tor geöffnet. Die neunmonatigen Verhandlungen vom September 1951 bis Mai 1952 zeichneten
sich durch ein schon ziemlich enges amerikanisch-
deutsches Zusammenwirken aus. Großbritannien,
das wieder unter konservativer Führung stand, sah
die Lage ebenso und schloß sich weitgehend den
USA an. Frankreich leistete nach wie vor zähen Widerstand. Die immer schwächer werdenden Kabinette der Vierten Republik drohten die gesamte
Neuordnung in Mitteleuropa zum Scheitern zu
bringen. Starke Kräfte um den französischen Staatspräsidenten, im Quai d'Orsay und bei den Sozialisten drängten auf ein Arrangement mit der Sowjetunion. Und diese war ihrerseits bemüht, den
Zeitplan durcheinanderzubringen und die inneren

Widersprüche der kapitalistischen Staatenwelt zum Ausbruch kommen zu lassen.

In dieser Lage schien es geboten, den Verhandlungsspielraum der Westmächte nach Osten hin möglichst rasch vertraglich zu beschränken, selbst wenn dabei das Ziel der vollen Souveränität vorerst unerreichbar blieb. So kam es dem Bundeskanzler entscheidend auf den in der Folge im Zentrum der innerdeutschen Kontroversen stehenden Artikel VII,3 des Generalvertrages an, in dem festgelegt wurde, daß ein wiedervereinigtes Deutschland automatisch in die Rechte aus dem Generalvertrag eintreten könne. Als Adenauer diese Forderung vorbrachte, die jeder west-östlichen Einigung auf Kosten Deutschlands einen Riegel vorschieben sollte, akzeptierten die Westalliierten allerdings nur unter der Bedingung, daß das wiedervereinigte Deutschland zugleich auch die Pflichten aus dem Generalvertrag zu übernehmen hätte. Die sogenannte Bindungsklausel, die im Mai 1952 große politische Stürme entfesseln sollte, lautete: »Die Bundesrepublik und die Drei Mächte sind darin einig, daß ein wiedervereinigtes Deutschland durch die Verpflichtungen der Bundesrepublik nach diesem Vertrag, den Zusatzverträgen und den Verträgen über die Bildung einer integrierten europäischen Gemein-

schaft – in einer gemäß ihren Bestimmungen oder durch Vereinbarung der beteiligten Parteien angepaßten Fassung – gebunden sein wird, und daß dem wiedervereinigten Deutschland in gleicher Weise die Rechte der Bundesrepublik aus diesen Vereinbarungen zustehen werden.«

Man hat aus Adenauers Entscheidung für diese Formulierung weitgehende Schlüsse auf die Gesamtanlage seiner Außenpolitik gezogen. Hat er damit nicht sehenden Auges eine mit der Sowjetunion frei vereinbarte Wiedervereinigung unmöglich gemacht? Denn daß diese aus freien Stücken in die Integration der DDR in die westlichen Zusammenschlüsse einwilligen würde, war doch wohl kaum zu erwarten. Oder hat der Kanzler im Herbst 1951 tatsächlich noch auf einen totalen Zusammenbruch der sowjetischen Position dank westlicher Politik der Stärke spekuliert?

Daß Adenauer 1951 die Bundesrepublik politisch als deutschen Kernstaat und die DDR als unter Fremdherrschaft stehendes Gebiet ohne echte Staatsqualität verstand, ist sicher. Diese Auffassung herrschte damals in allen demokratischen Parteien ganz unbestritten. Wenn man jedoch von der Idee des Kernstaates Bundesrepublik ausging, war es gedanklich durchaus schlüssig, deren Bindungen auch auf das um die befreite Ostzone und vielleicht um die verlorenen Provinzen vergrößerte Deutschland zu übertragen. Nur so schienen die legitimen Sicherheitsbedürfnisse der westlichen Nachbarn und der Wunsch Deutschlands nach Gleichberechtigung miteinander vereinbar. Daß dieses Konzept gegenüber der Sowjetunion schwer durchsetzbar sein würde, war evident. Aber vorläufig galt es erst einmal zu verhindern, daß sich die Westalliierten auf Kosten Deutschlands und auf der Grundlage des Potsdamer Abkommens mit der Sowjetunion einigten. Der Artikel VII,3 legte die Westmächte völkerrechtlich fest. Künftig mußten sie bei Ost-West-Verhandlungen für das wiedervereinigte Deutschland denselben internationalen Status und dieselbe Rücksichtnahme auf deutsche Interessen fordern, wie sie dies im Generalvertrag zugestanden hatten.

Zeigte sich im Lauf von Verhandlungen tatsächlich, daß es ohne bestimmte Konzessionen nicht ginge, so

Der Bundeskanzler und sein Außenminister.

waren diese ja nicht ausgeschlossen. Das war der Sinn des verschachtelten Satzes »in einer gemäß ihren Bestimmungen oder durch Vereinbarung der beteiligten Parteien angepaßten Fassung«, und der Erzpragmatiker Adenauer war notfalls für Kompromisse immer zu haben. Aber als eine der »beteiligten Parteien« verfügte eben die Bundesrepublik nach Artikel VII,3 nunmehr über ein Vetorecht, falls die Westmächte etwa von den hier vereinbarten Bestimmungen abweichen wollten. Gewiß hatte auch jede der Westmächte ein solches Veto. Aber da Washington, Paris und London vor Abschluß der Verträge ohnehin in bezug auf den deutschen Friedensvertrag völlig frei waren, änderte sich durch die Bindungsklausel rechtlich und politisch nichts zuungunsten der Bundesrepublik.

Relativ unproblematisch waren demgegenüber die Bestimmungen über die Wiedervereinigung. Hier verpflichteten sich die Westalliierten auf ein Ziel, das später in der berühmten Formulierung »Wiedervereinigung in Frieden und Freiheit« umschrieben wurde. Wesentlich war dabei, daß die nationale Einheit nicht als Wert an sich bezeichnet wurde. Das wiedervereinigte Deutschland sollte vielmehr »eine freiheitlich-demokratische Verfassung ähnlich wie die Bundesrepublik« besitzen und in die europäische Gemeinschaft integriert sein. Die Verfassungsstaatlichkeit und die damit verbundene freiheitliche Gesellschaftsordnung blieb somit dem Ziel der nationalen Einheit übergeordnet. Dies war bereits die Grundentscheidung der Jahre 1948 und 1949, für die man sich in Westdeutschland mit Gründung der Bundesrepublik ausgesprochen hatte. Sie wurde nunmehr als gemeinsames Ziel der Deutschlandpolitik auch vertraglich festgelegt. Gefährliche Konzessionen in der Frage der inneren Ordnung hatte man damit für künftige Ost-West-Verhandlungen gleichfalls ausgeschlossen.

Besonders heikel war jener Teil der Verhandlungen, der sich mit den deutschen Grenzen befaßte. In zeitlichem Zusammenhang damit hatte der Kanzler öffentlich festgestellt, die Gebiete ostwärts der Oder-Neiße-Linie könnten von einer Wiedervereinigung nicht ausgenommen werden. Vor Vertriebenen erklärte er, die Westintegration habe das Ziel, zusammen mit dem Westen die verlorene Heimat wiederzugewinnen.

Paris zeigte sich aufs höchste alarmiert. Auch McCloy wies den Kanzler scharf zurecht. Wenn selbst Adenauer, in dem die meisten einen Verständigungspolitiker sahen, sich schon so offen zum Revisionismus bekannte, was mußte man dann erst von

Am 1. März 1952 kommt Helgoland, das der britischen Luftwaffe als Bombenziel gedient hat, nach siebenjähriger Sperre wieder unter deutsche Verwaltung und wird – mit Bundes- und Landesmitteln – wiederaufgebaut.

seinen Nachfolgern erwarten? War das Militär-
bündnis mit den Westmächten für die Bundesrepublik also doch ein Instrument, mit dessen Hilfe eine
zumindest politisch offensive Revision der Ostgrenze erreicht werden sollte?

Adenauer brachte mit dieser Forderung allerdings
nur den breiten Konsens zum Ausdruck, der in
der Bundesrepublik in dieser Frage bestand. Von
der SPD bis hin zum BHE, um den sich der Kanzler
gerade in diesen Monaten intensiv bemühte, über-
boten sich alle Parteien in der Verurteilung der polnischen Annexions- und Austreibungspolitik. Es war
auch sachlich ganz unvermeidlich, im Zusammenhang mit dem Generalvertrag die Grenzfrage anzu-
sprechen. Bei ruhiger Überlegung sahen dies die
Westalliierten auch ein. Natürlich kam eine offene
Identifikation mit den deutschen Ansprüchen gegenüber Polen nicht in Frage, wohl aber eine Be-
kräftigung der Position, die seit der Potsdamer
Konferenz von den USA und Großbritannien nie
verlassen wurde: Offenhalten der Grenzfrage bis
zur Regelung in einem Friedensvertrag. Dabei bekannten sich die Drei Mächte zum Grundsatz einer
frei vereinbarten friedensvertraglichen Regelung,
womit sogar in der Grenzfrage ein Diktat nach dem
Vorbild von Versailles künftig ausgeschlossen war.

Auch dieser Teil des Vertrages blieb also hinter den
deutschen Vorstellungen zurück, aber in der Situation von 1951, sechs Jahre nach der bedingungslosen Kapitulation, waren dies insgesamt doch recht
beachtliche westalliierte Konzessionen.

Während über den Generalvertrag, nicht zuletzt
aufgrund energischen Eingreifens von Acheson, im
November 1951 relativ rasch eine Einigung erzielt
wurde, lieferten sich die Bürokratien auf dem Petersberg und in Bonn in der Frage der komplizierten
Annexverträge einen halbjährigen Grabenkrieg, in
dem sich besonders Bundesfinanzminister Schäffer
durch grantige Zähigkeit auszeichnete.

Ebenso zähflüssig gestalteten sich die Verhandlungen über die Europa-Armee, mit denen ein Militär-
ausschuß der sechs am Schuman-Plan beteiligten
Länder in Paris beschäftigt war. Aus durchaus unterschiedlichen Motiven plädierten hier Franzosen,
Deutsche und Italiener für einen möglichst supranationalen Ansatz, während die Benelux-Staaten eher

von dem Modell einer Koalitionsarmee ausgingen.
Dabei spielte die Rücksichtnahme auf Großbritannien eine Rolle. Dieses verfuhr auch unter der konservativen Regierung nach dem Grundsatz: »Dabeisein, ohne mitzumachen« und stellte bei der Konferenz nur einen Beobachter.

Die französische Forderung nach strikt supranatio-
nalem Charakter der Europäischen Verteidigungsgemeinschaft zielte nach wie vor darauf ab, die unwiderrufliche Einbindung der deutschen Kontingente sicherzustellen. Im übrigen bestand Paris auch
auf spezifischen Sicherheitsvorkehrungen gegenüber Deutschland. Die Bundesrepublik mußte sich
freiwillig verpflichten, bestimmte Waffensysteme –
vor allem ABC-Waffen – nicht herzustellen. Andererseits bestand aber Frankreich darauf, nur die
Hälfte seiner Streitkräfte in die EVG einzubringen
mit der Begründung, der Rest sei für Aufgaben in
Übersee bestimmt.

Die französische Diplomatie verhandelte überhaupt
kühl und geschickt. Zuerst wurden alle Beteiligten
und im Hintergrund auch die Amerikaner auf das
komplizierte Vertragswerk der EVG festgelegt. Alsdann, nach Unterzeichnung, konnte man unter Verweis auf die prekären Mehrheitsverhältnisse in der
Kammer ständig neue Forderungen nach Zusatzprotokollen nachschieben, die zu einer weitgehenden Exemtion der französischen Armee und einer
Aushöhlung des Prinzips der Gleichberechtigung
geführt hätten.

Umgekehrt klammerte sich auch die Bundesrepublik
an das Prinzip der Supranationalität, weil nur so
wenigstens der Grundsatz der Gleichberechtigung
durchzusetzen war. Die Führungsgruppe um Adenauer verband mit dieser Forderung auch die Erwartung, über die Teilintegration der Streitkräfte
zur politischen Union voranzukommen. Diesen
Grundgedanken hatte der italienische Ministerpräsident De Gasperi mit dem Artikel 38 in den Vertrag
eingebracht. Er sah konkrete Schritte zur Ausarbeitung einer europäischen Bundesverfassung beziehungsweise eines staatenbündischen Systems vor. Im
Hinblick auf das Zusammenwirken mit Italien mußte die Bundesrepublik jedoch eine gewisse Vorsicht
walten lassen, um in Paris keine Erinnerungen an
die Achse Berlin – Rom wachzurufen.

Am »Spiegel«, schon bald publizistische Großmacht, faszinierte alles: Enthüllungsjournalismus und schnoddrige Sprache, suggestive Fotos und süffisante Kritik.

Man hielt es auf deutscher Seite aber doch für das Klügste, viele noch unbefriedigende und diskriminierende Regelungen vorläufig hinzunehmen. War das Projekt erst praktisch in Gang gekommen, so würde die Macht der Tatsachen von selbst manche Bestimmungen des mit viel zu vielen umständlichen Einzelheiten überladenen Vertragswerkes vergessen lassen oder eine Revision erzwingen.

Das galt besonders für einen der ärgerlichsten Schönheitsfehler: Die Bundesrepublik durfte als einziges EVG-Land nicht Mitglied der NATO werden. Doch war eine Verzahnung der beiden Paktsysteme sichergestellt, die auch die Bundesrepublik in den Schutz und die Verpflichtungen der NATO einbezog. Aber auch in dieser Hinsicht hoffte man in

Bonn, die französischen Einwände früher oder später zu überwinden. Die Tatsache der Diskriminierung ließ sich jedoch nicht aus der Welt interpretieren. Der Opposition war es jedenfalls leicht gemacht, mit spitzem Finger auch auf diese Unvollkommenheiten zu verweisen.

Sowjetische Notenoffensive und Unterzeichnung der Westverträge

Unerbittlich rückte seit Herbst 1951 auch die Frage der Wiedervereinigung ins Zentrum der politischen Auseinandersetzungen. In den kritischen Phasen des Korea-Krieges, als mit einem Bürgerkrieg in Deutschland ernsthaft gerechnet werden mußte, war an konkrete Wiedervereinigungspolitik nicht zu denken. Man begegnete der ostzonalen Einheitspropaganda mit der Forderung nach freien Wahlen und wies alle Versuche innerdeutscher Kontaktaufnahme zurück. Am 14. September 1950 war sogar eine interfraktionelle Erklärung zustande gekommen, die Herbert Wehner im Bundestag verlas. Anlaß dieser Erklärung war eine bevorstehende Wahlkomödie in der DDR gewesen, die am 15. Oktober 99,72 Prozent für die Einheitsliste zu den Volkskammerwahlen erbringen sollte. In der gemeinsamen Erklärung wurde die Bundesregierung unter anderem aufgefordert, die Besatzungsmächte in aller Form zu bitten, in den vier Besatzungszonen freie, allgemeine, gleiche, geheime und direkte Wahlen zu einem gesamtdeutschen Parlament unter internationaler Kontrolle vornehmen zu lassen. Außerdem solle sie gegen alle Personen, die an Verbrechen gegen die Menschlichkeit in der sowjetischen Besatzungszone beteiligt seien, im Gebiet der Bundesrepublik Deutschland Strafverfolgung einleiten sowie das deutsche Volk und die Welt über die Zustände der Rechtlosigkeit unter der kommunistischen Diktatur in stetiger Folge nachhaltig unterrichten.

Für die Politiker, die sich der nationalsozialistischen Diktatur noch wohl erinnerten und die auch viele Parteifreunde in ostzonalen Gefängnissen und Konzentrationslagern wußten, waren wehrhafte Demokratie und die Auseinandersetzung mit jeder Form von Unfreiheit auf deutschem Boden selbstverständlich. Die bedingungslose Ablehnung der vergangenen nationalsozialistischen Diktatur und der gegenwärtigen kommunistischen in der DDR galt als moralisches Fundament der Politik.

Die SPD, die mit der SED in unversöhnlicher Auseinandersetzung stand, übertraf die Regierungsparteien bei der Abgrenzungspolitik eher noch an Rigorosität. Sie lehnte damals auch jede Form eines deutschen Neutralismus ab, und zwar sowohl aufgrund sittlich motivierter Parteinahme im Ost-West-Konflikt wie auch aus realpolitischen Erwägungen. Der Antikommunismus Adenauers, der die Gefängnisse einer Diktatur am eigenen Leib erlebt hatte, war gleichfalls stark moralisch motiviert. Doch scheute er auch deshalb vor jeder politischen Kontaktaufnahme mit Ost-Berlin zurück, weil er sich der Rapallo-Ängste in den westlichen Hauptstädten genau bewußt war und an seiner bedingungslosen Ablehnung jeder nationalistischen Schaukelpolitik keinen Zweifel aufkommen lassen wollte. So ließen die demokratischen Parteien jede Initiative Ost-Berlins ins Leere laufen.

Als sich jedoch Mitte September 1951 abzeichnete, daß die Westmächte mit den Verhandlungen über einen deutschen Verteidigungsbeitrag endlich Ernst machten, ließ die Ost-Berliner Regierung unübersehbare Anzeichen der Konzessionsbereitschaft erkennen. Nach intensiven Beratungen von DDR-Politikern mit der sowjetischen Botschaft richtete die Volkskammer der DDR am 15. September einen Appell an den Deutschen Bundestag. Die DDR sei bereit, eine gemeinsame Beratung der Vertreter Ost- und Westdeutschlands durchzuführen, die über zwei Aufgaben zu entscheiden hätte: »Die Abhaltung freier gesamtdeutscher Wahlen mit dem Ziel der Bildung eines einheitlichen, demokratischen und friedlichen Deutschland« und »über die Beschleunigung des Abschlusses eines Friedensvertrages mit Deutschland«. Die Konfrontationslinie war damit wieder zugunsten des Kurses nationaler Einheit verlassen. Nun signalisierte die Sowjetunion sogar – vorläufig ohne sich selbst festzulegen – durch die Satellitenregierung der DDR eine ziemlich weitgehende Gesprächsbereitschaft in dem Zentralpunkt der freien Wahlen.

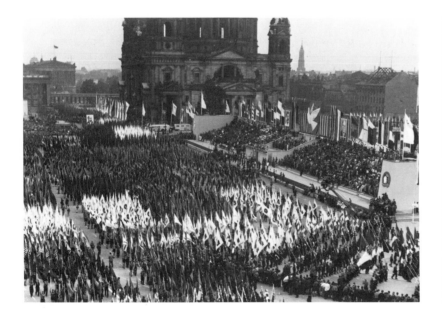

Aufmarsch auf dem Marx-Engels-Platz in Ost-Berlin, dem früheren Lustgarten. Die Holztribüne nimmt den Platz ein, auf dem früher das inzwischen abgebrochene Berliner Stadtschloß stand.

Appell der Volkskammer der DDR an den Deutschen Bundestag vom 15. September 1951.

Dies brachte im Westen einiges in Bewegung. Ernst Reuter preschte in Berlin ohne Abstimmung mit der Bundesregierung mit dem Vorschlag freier Wahlen in den Ost- und Westsektoren Berlins vor. Ernst Lemmer forderte die Aufnahme eines innerdeutschen Gesprächs. Und selbst im Bundeskabinett vertrat von nun an Jakob Kaiser die These, Moskau habe seine Deutschlandpolitik grundsätzlich umgestellt; jetzt gelte es zu verhandeln. Auch Schumacher wurde hellhörig und war für ein Höchstmaß an taktischer Behutsamkeit. Ohne direkt in Gespräche einzutreten, entschied sich die Bundesregierung, auf die Initiative der DDR mit der Ausarbeitung eines Wahlgesetzes für gesamtdeutsche Wahlen zu antworten. Diese griff den Ball auf und nahm in den folgenden Wochen weitere, der Bundesrepublik entgegenkommende Präzisierungen ihrer Vorstellungen von freien Wahlen vor.

Wesentliche Differenzen bestanden allerdings in der Frage der internationalen Kontrolle. Auf westlicher Seite wollte man keine Überwachung durch die Vier Mächte riskieren. Dabei hätte die Sowjetunion wieder ihr Veto-Recht ausüben und zugleich die Rückkehr zum Kontrollratssystem vorbereiten können. Gleichzeitig fürchtete Adenauer, ein innerdeutsches Gespräch könnte im Westen die Ängste vor einem deutsch-sowjetischen Zusammengehen nach dem Vorbild des Rapallo-Abkommens wiederbeleben. So kam es zu der Initiative, die deutsche Frage vor die Vereinten Nationen zu bringen. Eine UN-Kommission sollte überprüfen, ob in beiden Teilen Deutschlands Voraussetzungen für freie Wahlen gegeben seien. Einerseits war dieser Vorstoß dazu bestimmt, Zeit zu gewinnen und propagandistisch wieder Tritt zu fassen. Andererseits sollte damit ein Weg zur internationalen Kontrolle allfälliger Wahlen eröffnet werden, falls es tatsächlich dazu kommen würde. Eine entsprechende UN-Kommission wurde eingesetzt, aber das geschah gegen die Stimme der Sowjetunion. Infolgedessen erhielt die Kommission von der DDR keine Einreisegenehmigung, so daß dieser innerdeutsche Vorstoß erst einmal abgeblockt war.

Die Wirkung der Ost-Berliner Initiativen bei der deutschen Öffentlichkeit war durchaus schon fühlbar. Kirchliche Stellen informierten in Bonn wieder-

Seit einem großen Auftritt in der Wehrdebatte vom 8. Februar 1952 – noch vor der Lissabonner NATO-Konferenz – galt Franz Josef Strauß als einer der Star-Redner der CDU/CSU-Fraktion (hier mit dem Posteingang zu seiner Bundestagsrede).

holt darüber, welche Hoffnungen sich vor allem bei den Deutschen in der DDR zu regen begannen. Das Presseecho und Meinungsumfragen im Westen zeigten gleichfalls, wie sensibel die Bevölkerung auf jeden Anschein einer Bewegung in der deutschen Frage reagierte.

In allen westlichen Hauptstädten erwartete man nach diesen Anfängen direkte und weitgehende sowjetische Angebote und verfolgte alle diesbezüglichen Regungen in Bonn mit großer Nervosität. Moskau ließ sich aber erneut zuviel Zeit und kam mit einer neuen Initiative erst heraus, als sich bei der Lissabonner NATO-Konferenz Ende Februar 1952 die prinzipielle Einigung über die EVG abzeichnete. Für die sowjetische Diplomatie war es verführerisch, doch, wie sich zeigte, unzweckmäßig, mit eigenen Kompromißangeboten in der Hoffnung abzuwarten, daß sich das Vorhaben eines deutschen Verteidigungsbeitrags von selbst totlaufen würde. Tatsächlich hatte sich die Taktik des Abwartens in der Deutschlandfrage seit dem Jahr 1948 für

Moskau nicht ausgezahlt. Weil es an frühzeitig und entschieden vorgetragenen sowjetischen Angeboten fehlte, sah man sich nämlich auf westlicher Seite ständig zu Separatlösungen genötigt und auch berechtigt. Die Entscheidungen zur getrennten Währungsreform, zur Gründung der Bundesrepublik und, nach dem Scheitern der Marbre-Rose-Vorkonferenz, zur Forcierung des deutschen Verteidigungsbeitrages sind stets durch zu langes sowjetisches Abwarten provoziert worden.

Jedem größeren westlichen Schritt gingen erhebliche Bedenken voraus. Hatte man sich aber erst einmal zögernd zu vertraglichen Neugestaltungen entschlossen, so erforderte das bei allen Beteiligten – besonders in Frankreich und in der Bundesrepublik – einen immensen politischen Aufwand. Immer dann aber, wenn konkrete und höchst komplizierte innerwestliche Verhandlungen kurz vor dem Abschluß standen, wurde Moskau aktiv und kam mit interessanten Vorschlägen heraus, die positive und negative Möglichkeiten beinhalteten. Um jedoch auszuloten, ob es sich um bloße Verzögerungsmanöver oder tatsächlich um ernsthafte Angebote handelte, wäre es immer erforderlich gewesen, die eben erreichten Ergebnisse aufs Spiel zu setzen. Denn da diese ohnehin nur mühsam erreichbar und nie voll gesichert waren, drohte jede größere Ost-West-Verhandlungsrunde das Erreichte zunichte zu machen. Dann aber hätte die Sowjetunion ihr Ziel erreicht und keinen Grund mehr gehabt, weitgehende Konzessionen zu machen.

Am irritierendsten mußte diese Taktik auf die Deutschen wirken. Für sie stand am meisten auf dem Spiel: die Einheit ihres Landes und die Befreiung der 18 Millionen in der Ostzone. Zugleich ging es aber für die Bundesrepublik auch darum, endlich die vielfachen Belastungen und Unsicherheiten der Besatzungsherrschaft abzuschütteln. Jede neue Runde von Ost-West-Verhandlungen beinhaltete nicht nur Chancen, sondern ebenso viele, wenn nicht noch größere Risiken, als größtes das eines militärischen Rückzugs der USA aus Deutschland. Als sich nun im Frühjahr 1952 die Neugestaltung im Westen mit der Wiedervereinigungsfrage unauflöslich verquickte, war daher die verwirrte Reaktion nicht erstaunlich.

Die Bundesregierung, die sich vor einem Durchbruch sah und letztlich die Verantwortung trug, wollte jetzt sichergehen und die Ernte in die Scheuer fahren, bevor man sich erneut auf unabsehbare Ost-West-Verhandlungen einließ. Ohnehin mußte sorgfältig auf das Mißtrauen im Westen geachtet werden. Wenn die Westmächte den Eindruck deutschen Schwankens gewannen, so war immer noch nicht auszuschließen, daß sie ihre gesamte Politik von vier Jahren umstießen und doch eine dauerhafte Regelung gemeinsam mit der Sowjetunion anstrebten.

Ebenso verständlich war in dieser Lage aber auch das Zögern der sozialdemokratischen Opposition. Sie besaß keinen Überblick über die diplomatische Konstellation auf westlicher Seite, hatte nicht, wie die Regierung, ihre ganze politische Existenz bei den Verhandlungen aufs Spiel gesetzt und stand den vertraglichen Ausgestaltungen der Westintegration ohnehin ablehnend gegenüber.

Auch die tiefe Gespaltenheit der deutschen öffentlichen Meinung war begreiflich. In einer unübersichtlichen, aber gefährlich scheinenden Situation wird immer jede denkbare Politik leidenschaftliche Verfechter finden. Doch für alle, die sich des Dilemmas voll bewußt waren, mußte die Idee eines Aufschubs der Entscheidung besonders verführerisch sein.

So war – in groben Umrissen – die psychologische Lage in der Bundesrepublik, als die Sowjetunion am 10. März 1952 ihre berühmte Note an die westlichen Regierungen richtete.

In konziliantem, aber drängendem Ton schlug Moskau eine sofortige Konferenz über den deutschen Friedensvertrag vor. Die Hauptpunkte des beigefügten Vertragsentwurfs waren: Wiederherstellung eines einheitlichen deutschen Staates; Abzug der Besatzungsstreitkräfte ein Jahr nach Inkrafttreten des Friedensvertrags und Liquidierung sämtlicher ausländischer Militärstützpunkte auf deutschem Boden; Gewährleistung demokratischer Freiheiten; Verpflichtung Deutschlands, »keinerlei Koalition oder Militärbündnisse einzugehen, die sich gegen irgendeinen Staat richten, der mit seinen Streitkräften am Krieg gegen Deutschland teilgenommen hat«; Aufhebung aller Beschränkungen für die deutsche Friedenswirtschaft. Deutschland werde es gestattet

Stalins jähe Wendung
Von Paul Sethe

Der erste Eindruck bei der Lektüre der sowjetischen Dokumente, in denen der neueste diplomatische Vorstoß aus dem Kreml erläutert wird, ist der des Gespenstischen. Dies also ist möglich? Ist es wirklich nicht acht Jahre her, daß das Reich völlig zu Boden geworfen wurde, daß seine Soldaten verfemt und daß sich alle mächtigen Staaten der Welt darin einig waren, niemals, niemals wieder dürfe eine deutsche Wehrmacht auferstehen? Mit einer wahrhaft rasenden Eile scheint die Zeit darüber hinwegzuschreiten. Schon seit Jahren erleben wir, daß die Mächte des Westens die Deutschen auffordern, eben die Waffen wieder zu tragen, die ihnen für immer aus der Hand geschlagen sein sollten. Und gestern nun sahen wir, wie das mächtige russische Reich, das eben noch der erbittertste Gegner der deutschen Wiederbewaffnung gewesen war, den großzügigsten Vorschlag zu einer Friedensregelung mit Deutschland zu machen schien: ein ungeteilter Staat, Freiheit für alle, deutsche Souveränität, ungehemmte Entwicklung der deutschen Wirtschaft, gleiches Recht für Berufssoldaten und frühere Nationalsozialisten, und als Ueberraschendstes: eine eigene deutsche Wehrmacht mit einer eigenen deutschen Waffenproduktion. Die Welt hat in den letzten Jahrzehnten mehr als eine plötzliche Wendung der sowjetischen Politik kennengelernt; keine doch war so jäh wie diese.

Nüchtern bleiben

Was das Verführerische an dem Vorschlag für den oberflächlichen Blick ist, liegt in dem Umfassenden, dem scheinbaren Mangel an Kleinlichkeit, der Entschlossenheit, mit der hier die Periode des gegenseitigen Hasses, der Niederhaltung des Besiegten, kurz mit der hier die ganze noch immer lastende Atmosphäre des Krieges weggefegt werden soll. Und darüber hinaus wäre es zu begreifen, wenn nationalistische Gemüter in Deutschland von einer Art von Rausch über die veränderte Stellung Deutschlands in der Welt erfaßt würden. Der Westen und der Osten scheinen um Deutschland zu werben, beide bemühen sich offenbar, seine Unabhängigkeit und seine Selbständigkeit wiederherzustellen. Wer hätte noch vor wenigen Jahren an so bedeutende Möglichkeiten für den völlig zusammengebrochenen Staat denken können!

Aber der nationalistische Rausch ist schon einmal verhängnisvoll geworden, und die Befriedigung über das wiedererreichte Prestige ist nicht immer der beste Berater. Um ein Urteil zu bekommen, tut uns gerade in entscheidenden Augenblicken nichts so not als die kälteste Vernunft. Die erste Feststellung auch gegenüber dem neuen sowjetischen Schritt muß darin liegen, daß seine Beweggründe gegenüber wie immer gemäß im sowjetischen Egoismus liegen. Das ist nicht einmal als ein Vorwurf gemeint. Aber es kann uns davor bewahren, den russischen Schritt zu überschätzen und es kann einem helfen, ihn auf seine wahre Bedeutung zurückzuführen. Die Sowjetunion hat seit Jahren, um die nüchterne Feststellung, alles getan, um das Mißtrauen aller anderen Mächte an die Aufrichtigkeit ihrer Versicherungen und den Wert ihrer Vorschläge hervorzurufen. Dieses Mißtrauen ist eine der wichtigsten politischen Realitäten unserer Tage. Wenn die Sowjetunion es beseitigen will, muß sie mehr tun als Noten abschicken.

Die Einheit

Die Ursache des diplomatischen Vorgehens der Moskauer Regierung liegt in ihrer Besorgnis davor, daß Deutschland ökonomisch und militärisch in das System des Westens einverleibt werde. Dies zu verhindern, hat sie seit anderthalb Jahren einiges getan und noch mehr versprochen. In dieser Beziehung ist ihr Schritt von gestern nur eine Fortsetzung der Politik, die in den Briefen des Ministerpräsidenten Grotewohl zum Ausdruck kam. Sie wiederholen jetzt das Zugeständnis,

das sie schon mehr als einmal haben machen lassen: die Herstellung der deutschen Einheit. Aber wieder finden sich über die Voraussetzung dieser Einheit nur höchst unklare Andeutungen in ihren Dokumenten. Gerade dieser Punkt bedürfte aber noch der genauesten Klärung. Die Sowjetunion müßte wissen, daß sie dem Verdacht ausgesetzt ist, den gesamtdeutschen Staat nur schaffen zu wollen, um Gesamtdeutschland zu bolschewisieren. Sie müßte wissen, daß uns dieser Preis zu hoch ist. Eben deshalb müßte sie auch, wenn sie es aufrichtig meint, endlich klarlegen, daß sie die Voraussetzungen für freie Wahlen schaffen will.

Man sollte auf der anderen Seite doch wohl aufhören, von den Sowjets die Zulassung der Kommission der Vereinten Nationen zu fordern, die prüfen soll, ob jetzt schon die Voraussetzungen für freie Wahlen gegeben sind. Alle Welt weiß, daß in Mitteldeutschland der Terror herrscht; gerade deshalb haben die Sowjets die Zulassung der Kommission abgelehnt. Gewiß ist eine internationale Kontrolle nötig, aber es genügt, wenn diese die Voraussetzungen für die Zukunft schafft. Das sollte man den Russen vorschlagen; wenn sie dies ablehnen, ist alles geklärt.

Oder und Neiße

Für uns Deutsche ist dann der eine Punkt in den Dokumenten von der höchsten Bedeutung, in dem von der Potsdamer Grenzziehung die Rede ist. An anderer Stelle dieses Blattes wird noch auseinandergesetzt, wie vieldeutig dieser Begriff ist. Hält die Sowjetunion die Oder-Neiße-Linie für eine der Besatzungszonen oder für eine endgültige staatliche Grenze? Es braucht nicht näher ausgeführt zu werden, wieviel Deutsche, denen auf den ersten Blick der russische Vorschlag verlockend erscheinen könnte, hier doch zu einer Ablehnung kommen müßten. Der Nation wird es unmöglich erscheinen, die feierliche Zustimmung zu der Lostrennung dieser alten deutschen Gebiete zu geben.

Die eigene Armee

Der neue Gesamtstaat soll nach den russischen Vorschlägen neutralisiert werden. Es ist zweifellos sehr geschickt, wenn die Russen hinzufügen, daß dieses neutralisierte Deutschland eine eigene Armee haben solle. Den Verfechtern der These, daß eine wehrlose Neutralität keine echte Neutralität sei, könnte damit — wenn der Vorschlag ehrlich gemeint ist — eine Waffe aus der Hand geschlagen werden. Wenn die Sowjetunion Bürgschaften dafür wünscht, daß die deutsche Wehrmacht ihr nicht gefährlich werde, so wird das kaum Bedenken finden werden. Dergleichen ist in diesen Spalten als Inhalt einer konstruktiven Politik des Westens wiederholt vorgeschlagen worden.

Verhandeln!

Im ganzen ist es zu einem abschließenden Urteil wohl noch zu früh. Die Schriftstücke sind wichtig genug, um sie sorgfältig geprüft werden müssen. Es gibt viele Bedenken, das wurde hier schon nicht gesagt. Aber man darf seine Einwände nicht äußern, ohne gleich hinzuzufügen, daß man sich mit ihnen nicht begnügen darf. Eine einfache Ablehnung würde bei uns niemand verstehen. Mißtrauen gegenüber den Sowjets ist immer sehr naheliegend. Aber angesichts dessen, was auf dem Spiele steht, möchte man wünschen, die Diplomatie der Westmächte würde die Gelegenheit stärker als in den letzten Jahren benutzen, um in genauen Verhandlungen zu prüfen, welchen Wert die russischen Vorschläge haben. Es ist möglich, daß die russischen Vorschläge nur ein diplomatisches Scheingefecht bedeuten. Aber die Wahrheit wirklich mit äußerster Klarheit festzustellen, ist ohne eine gewisse diplomatische Aktivität kaum möglich. An ihre politische Phantasie und ihre Verhandlungskunst werden jetzt hohe Anforderungen gestellt. Kaum nötig zu sagen, daß dies auch für die Bundesrepublik gilt.

Vergleichsweise vorsichtig formulierte Paul Sethe anfänglich noch seine Leitartikel in der »FAZ« mit den kritischen Fragen an Adenauers Außenpolitik.

sein, eigene nationale Land-, Luft- und Seestreitkräfte für die Verteidigung des Landes aufzubauen und das dafür erforderliche Kriegsmaterial zu produzieren. Zur Grenzfrage hieß es etwas unklar: »Das Territorium Deutschlands ist durch die Grenzen bestimmt, die durch die Beschlüsse der Potsdamer Konferenz der Großmächte festgelegt wurden.«

Damit lag das Neutralisierungskonzept endgültig auf dem Tisch, von dessen Vorbereitung man schon seit einigen Jahren gerüchteweise gehört hatte. Besonders sensationell erschien das Angebot einer deutschen Nationalarmee. Damit wurde offenbar das schon früher mit der »Nationalen Front« begonnene Liebeswerben um die traditionelle deutsche Rechte fortgeführt, zumal Moskau gleichzeitig auch dafür plädierte, »allen ehemaligen Angehörigen der deutschen Armee, einschließlich der Offiziere und Generale, allen ehemaligen Nazis«, mit Ausnahme der wegen Verbrechen verurteilten, die gleichen bürgerlichen und politischen Rechte wie allen anderen deutschen Bürgern zu gewähren. Wichtig war auch der ziemlich genau spezifizierte Verweis auf die demokratischen Freiheiten im wiedervereinigten Deutschland, der den Anschein erweckte, als werde sich die Sowjetunion mit einem demokratischen deutschen Verfassungsstaat abfinden. Bedeutete dies also eine baldige Preisgabe der DDR und des SED-Regimes?

Die Note war an die drei Westmächte gerichtet, die auch allein zu antworten hatten. Dennoch verbreitete sich in der deutschen Öffentlichkeit sehr rasch die Auffassung, daß die sowjetische Initiative eine Frage und ein Angebot an die Westdeutschen sei.

Adenauer wollte dies allerdings anders sehen. Als das Bundeskabinett am 11. März erstmals über die Note diskutierte, meinte er, sie richte sich in erster Linie an Frankreich, um dieses zu seiner traditionellen Politik mit Rußland zurückzubringen. Man dürfe daher unter keinen Umständen das Mißtrauen erwecken, als schwanke die Bundesregierung in ihrer Politik. In diesem Sinne sei auch eine Sprachregelung für die Presse zu finden.

Das führte zu einer ziemlich heftigen Auseinandersetzung mit Jakob Kaiser. Dieser forderte, man müsse unter allen Umständen eine positive Haltung einnehmen. Als er feststellte, eine nationale deutsche Armee sei wertvoller als eine europäische, betonte Adenauer mit Nachdruck, die europäischen Staaten seien allein zur Verteidigung gar nicht imstande. Auch Dehler schloß sich den Ausführungen des Bundeskanzlers an und stellte fest, es helfe nur brutale Offenheit. Lehr pflichtete dem seinerseits bei, und Hellwege wollte hervorgehoben haben,

daß Deutschland nach Auffassung der Sowjets, wie sie in der Note zum Ausdruck komme, auf die deutschen Ostgebiete verzichten müsse.

In diesem Sinne wies der Sprecher der Bundesregierung am gleichen Tage auf die kritischen Punkte der Note hin: Die Sowjetunion wolle Deutschland aus der europäischen Integration ausklammern. Keine deutsche Regierung könne freiwillig auf die Ost-

Die Erinnerung an die verlorene Heimat – oben die Elisabethkirche in Breslau und der Blick zum Fischmarkt in Königsberg – wurde nur langsam von Vorstellungen über die neue Wirklichkeit verdrängt. In den fünfziger Jahren hielt sich in der deutschen Öffentlichkeit das Bild, daß die Ostgebiete nach der Austreibung der Deutschen der Verwahrlosung anheimgefallen seien (wie das Breslauer Schloß auf dem Foto von 1956). 1954 brachte »Die Zeit« eine Fortsetzungsreportage unter dem Titel: »In Ostpreußen heulen die Wölfe. Ein Bericht aus unseren Ostgebieten«.

gebiete verzichten. Und schließlich wäre eine deutsche Nationalarmee keinesfalls in der Lage, die Verteidigung der Freiheit durchzuführen. Deutschland würde also bestenfalls in den Status Österreichs versetzt, das damals zwar eine gesamtstaatliche Regierung, aber noch keinen Friedensvertrag besaß und die Vier Mächte im Lande hatte.

Seine Isolierung im Kabinett hinderte Kaiser nicht daran, am folgenden Tag mit einer Rundfunkansprache herauszukommen, in der er die Note als gewichtiges Ereignis bezeichnete, deren positive Elemente hervorhob und sich gegen »allzu hastige Meinungsäußerungen« wandte. Im Kabinett kam es darauf zu einer neuen Auseinandersetzung zwischen dem Bundeskanzler und dem Bundesminister für gesamtdeutsche Fragen. Adenauer stellte fest, die Verträge seien im wesentlichen fertig verhandelt. Hauptstörversuch sei die russische Note, die sich die Schwäche der französischen Regierung zunutze machen wolle. Oberste Pflicht sei es jetzt zu schweigen. Kaiser setzte sich zur Wehr und meinte, er habe so sprechen müssen, weil die Äußerungen der Pressestelle ungenügend gewesen seien. Auch McCloy und François-Poncet hätten sich zustimmend geäußert. Schließlich müsse man bedenken, daß alles ja noch ganz anders werden könne. Man dürfe jetzt nicht schweigen, sondern müsse reden.

Adenauer beharrte auf seinem Standpunkt, das Kabinett habe einmütig beschlossen, daß die Regierung nicht Stellung nehmen solle. Daher sei Kaisers Stellungnahme unmöglich gewesen. Bezeichnenderweise sei er von den Hohen Kommissaren gefragt worden, was vermuten lasse, daß diese mit Kaisers Rede nicht ganz einverstanden gewesen seien. Seiner Auffassung nach hätte die Bundesregierung ruhig zunächst einmal die anderen reden lassen sollen. Den Alliierten wäre es sicher sehr angenehm, wenn die Deutschen zuerst redeten. Kaiser lenkte nun ein und bemerkte, auch er wolle ja nur die Politik des Bundeskanzlers unterstützen. Man müsse die unter sich uneinigen westlichen Alliierten mit sich ziehen.

Adenauer hielt sich an diesen Rat und nahm am 16. März vor dem Evangelischen Arbeitskreis der CDU in Siegen nunmehr selbst öffentlich zu der sowjetischen Note Stellung. Dabei spielte die amerikanische Lagebeurteilung eine gewiß nicht unwichtige Rolle. Hallstein, der sich zu der Zeit in Washington aufhielt, übermittelte sie. Acheson hatte ihm am 11. März versichert, seiner Meinung nach enthalte die Note nichts Neues über das hinaus, was seit 1945 von den Sowjets immer erklärt worden sei. Es werde kein konstruktiver Vorschlag gemacht, während doch die Westmächte unter Einschaltung der UN-Kommission einen praktischen Weg zur Lösung der Wiedervereinigungsfrage und der Friedensregelung aufgezeigt hätten.

Ein Teil der im ganzen ziemlich zurückhaltend formulierten Siegener Rede hob denn auch eben diese Punkte hervor: Die Note bringe im Grunde wenig Neues. Abgesehen von einem stark nationalistischen Einschlag wolle sie die Neutralisierung Deutschlands. Zugleich sei sie darauf angelegt, die Europäische Verteidigungsgemeinschaft und damit die Integration Europas zu verhindern. Tatsächlich könne aber ein wiedervereinigtes Deutschland aufgrund der inzwischen erfolgten waffentechnischen Entwicklung seine Einheiten gar nicht mit modernen Waffen ausstatten. Es hätte auch gar nicht die dazu erforderlichen Geldmittel. Insofern sei dieser Teil der Note weiter nichts als Papier.

Doch hütete sich Adenauer vor allzu negativen Zungenschlägen. Die Note, so führte er zugleich aus, bedeute doch einen gewissen Fortschritt, wenn auch in viel geringerem Maß, als man allgemein glaube. Darum dürfe man keine Möglichkeit außer acht lassen, zu einer friedlichen Verständigung zu kommen. Der Zusammenschluß mit dem Westen bedeute in keiner Weise einen Druck gegen den Osten, sondern solle eine friedliche Neuordnung des deutschen Verhältnisses zur Sowjetunion und Osteuropa vorbereiten. Aber auf der anderen Seite dürfe man unter gar keinen Umständen zulassen, daß eine Verzögerung in der Schaffung der EVG eintrete. Man könne diese Dinge nicht dann, wenn sie kurz vor dem Abschluß stünden, auf Eis legen. Er schloß mit der Feststellung: »Wir wollen, daß der Westen so stark wird, daß er mit der Sowjetunion in ein vernünftiges Gespräch kommen kann, und ich bin fest davon überzeugt, daß diese letzte sowjetrussische Note ein Beweis hierfür ist. Wenn wir so fortfahren, wenn der Westen unter Einbeziehung der Vereinigten Staaten so stark ist, wie er

Durch den Sieg General Eisenhowers (bei der Annahme der Kandidatur für die republikanische Präsidentschaft am 14. Juli 1952) über seinen neo-isolationistischen Konkurrenten Senator Taft (rechts während einer Wahlveranstaltung in New York) wurde die Kontinuität der amerikanischen Europa- und Deutschlandpolitik gesichert.

stark sein muß, wenn er stärker ist als die Sowjetregierung, dann ist der Zeitpunkt gekommen, an dem die Sowjetregierung ihre Ohren öffnen wird. Das Ziel eines vernünftigen Gesprächs zwischen Westen und Osten aber wird sein: Sicherung des Friedens in Europa, Aufhören von unsinnigen Rüstungen, Wiedervereinigung Deutschlands in Freiheit und eine Neuordnung im Osten. Dann endlich wird der Welt nach all den vergangenen Jahrzehnten das werden, was sie dringend braucht: ein langer und sicherer Frieden!« Am folgenden Tag traf der Kanzler mit den drei Hohen Kommissaren zusammen und skizzierte die Linie, deren Hauptpunkte sich seit dem 11. März herauskristallisiert hatten und die darauf hinausliefen, an die Sowjetunion möglichst präzise Rückfragen zu stellen. Wie könne eine gesamtdeutsche Regierung zustande kommen? Durch freie Wahlen? Warum dürfe dann die UN-Kommission, die sich eben in Deutschland aufhalte, nicht in die Ostzone einreisen? Bedeute das von der Sowjetunion skizzierte Bündnisverbot für ein wiederverei-

nigtes Deutschland auch ein Verbot, an der Föderation Europas weiter teilzunehmen? Im übrigen müsse darauf hingewiesen werden, daß die Frage der deutschen Ostgrenze dem Friedensvertrag vorbehalten bleibe, und zwar im Zusammenhang mit einer Regelung des deutsch-polnischen Verhältnisses.

Aus der Gesamtheit dieser Stellungnahmen läßt sich der Schluß ziehen, daß Adenauer die sowjetische Initiative vorwiegend als Störmanöver verstand, durch das er den Abschluß der Verträge nicht aufhalten lassen wollte. Andererseits sah er gewisse Anknüpfungsmöglichkeiten und war bemüht, keine Tür für Verhandlungen zu schließen.

Entscheidend dürfte aber in diesen Wochen doch die Rücksichtnahme auf die USA gewesen sein. Ein Scheitern der EVG und ein Rückzug der USA aus Deutschland, so fürchtete er, würde dem amerikanischen Neo-Isolationismus erneut Auftrieb geben. Senator Taft, der aussichtsreiche neo-isolationistische Präsidentschaftskandidat bei den Republikanern, hatte zwar bei den ersten Vorwahlen schon deutliche Niederlagen gegen General Eisenhower erlitten, obschon dieser gar nicht als offizieller Kandidat aufgetreten war und erst am 11. April in die *primaries* eingriff. Bis Mai ergab sich aber doch noch ein ziemlich knappes Rennen zwischen Taft und Eisenhower. Da viel dafür sprach, daß die Republikaner im November 1952 die Demokraten ablösen würden, schien es Adenauer – aber ebenso der britischen und der französischen Regierung – vordringlich, auf keinen Fall in Europa Bewegungen in Gang zu bringen, die in den USA zu einem Sieg Senator Tafts führen könnten. Es gehörte nun einmal zu den Glaubenssätzen des Kanzlers, daß eine Neutralisierung Deutschlands den Rückzug der USA und damit zugleich die Hegemonie der Sowjetunion über Europa zur Folge haben würde. Eben diese Gefahr aber zeichnete sich in den Wochen des März und April 1952 ab, als die sowjetische Neutralisierungs-Initiative zeitlich genau mit den amerikanischen Vorwahlen zusammenfiel.

Doch die deutsche Öffentlichkeit ließ sich nun nicht mehr beruhigen. Großes Aufsehen erregte in diesen Wochen die *Frankfurter Allgemeine,* die bisher als offiziöses Sprachrohr der Regierung gegolten hatte. In einer Reihe vielbeachteter Leitartikel gab Paul Sethe der Vermutung Ausdruck, daß Stalins Deutschlandpolitik anscheinend eine jähe Wendung erfahren habe. Auch er war damals noch vorsichtig und meinte, man solle die Verhandlungen über die Westverträge und die mit der Sowjetunion parallel führen. Das wäre jedoch mehr als problematisch gewesen. Schon die Vorkonferenz im Palais Marbre Rose hatte gezeigt, daß von Viermächteverhandlungen so große Irritationen auf gleichzeitig laufende Verhandlungen über die Westverträge ausgingen, daß sich weder Adenauer noch Acheson darauf einlassen wollten. Die Bundesregierung geriet jedenfalls unter steigenden deutschlandpolitischen Erwartungsdruck. Auch die CDU/CSU-Fraktion selbst begann unruhig zu werden, während das Kabinett fest blieb.

Wichtiger als die öffentlichen Diskussionen in Deutschland waren aber die Gespräche, die der Kanzler am 20. und 21. März mit den Außenministern Schuman und Eden in Paris führte. Adenauer machte auch in diesem Kreis aus seiner vorwiegend skeptischen Einstellung kein Hehl. Zwar sollte der sowjetische Konferenzvorschlag nicht einfach abgelehnt werden, obschon er jetzt in der Schlußphase der Verhandlungen über die Westverträge empfindlich störte. Aber rasche und präzise Rückfragen schienen unerläßlich, bevor man ernste Überlegungen über eine mögliche Konferenz anstellte.

Auf alliierter Seite setzte sich der britische Außenminister Eden mit dem Vorschlag durch, den Notenwechsel auf die Frage einer gesamtdeutschen Regierung zu konzentrieren. Auch für den Kanzler war dies das entscheidende Problem. Er fürchtete nichts mehr als einen zwischen den Vier Mächten vereinbarten Friedensvertrag, auf den eine deutsche Regierung nicht von Anfang an als gleichberechtigter Verhandlungspartner Einfluß nehmen konnte. Eine gesamtdeutsche Regierung war aber nach der im Westen allseits geteilten Auffassung ohne freie Wahlen nicht denkbar. Und freie Wahlen ließen sich nur abhalten, wenn dafür in ganz Deutschland entsprechende Bedingungen geschaffen waren. Indem die Westmächte diese Vorbedingungen herausarbeiteten, stellten sie indirekt schon sicher, daß die Westverträge zu Ende verhandelt werden konnten, denn selbst bei günstigstem Verlauf hätte die Vorbereitung und Durchführung von Wahlen geraume Zeit in Anspruch genommen. Ebenso war in dieser Forderung die Absicht verborgen, die Sowjetunion vorläufig ohne Gegenleistung zur Diskreditierung ihrer Satellitenregierung in Ost-Berlin zu veranlassen. Es war aber kaum zu erwarten, daß sie darauf vorbehaltlos eingehen würde. Man wollte also ein Verzögerungsmanöver des Ostens gegen die Westverträge mit einem westlichen Verzögerungsmanöver gegen den Beginn von Viererverhandlungen über den deutschen Friedensvertrag beantworten.

Zugleich fand das zentrale Anliegen des Kanzlers in der westlichen Antwortnote Beachtung: Ein wiedervereinigtes Deutschland müsse nicht notwendigerweise bündnislos, sondern durchaus frei sein, Bündnisse einzugehen, die mit den Grundsätzen und Zielen der Vereinten Nationen vereinbar wären. Und damit auch recht deutlich wurde, daß die Westmächte entschlossen waren, die propagandistische Auseinandersetzung in Deutschland mit harten Bandagen durchzufechten, übernahmen sie die deutsche

Anregung, schon jetzt den Dissens in der Frage der Ostgrenze Deutschlands zu Protokoll zu geben. Tatsächlich gelang es dieser westlichen Antwort, die an diplomatischer Raffinesse der ersten Sowjetnote nicht nachstand, eine zweite sowjetische Note vom 9. April hervorzulocken, die noch weiter ging als die erste. Jetzt erklärte sich auch Moskau selbst zur unverzüglichen Erörterung freier gesamtdeutscher Wahlen bereit, die nach Einigung der Vier Mächte in kürzester Zeit durchzuführen wären. Die von der Volkskammer bereits angedeutete Konzession wurde damit in aller Form wiederholt, wobei nun sogar die bisherige Forderung, in erster Linie sollten sich die Deutschen um Aushandlung der Modalitäten eines Wahlverfahrens bemühen, fallengelassen wurde. Eine Überprüfung der Voraussetzungen von Wahlen durch die UN-Kommission, wie sie der Westen verlangte, wurde allerdings abgelehnt, aber auch das in einer Form, die keine Türen zuschlug.

In Deutschland hinterließ diese zweite Note den gewünschten Eindruck. Nachdem Regierung und Opposition bereits über die Westverträge in bitterer Fehde lagen, zerbrach nun auch die ostpolitische Gemeinsamkeit. Westverträge und Wiedervereinigungsfrage waren von jetzt an unauflöslich miteinander verbunden.

Kurt Schumacher, dessen Kräfte in jenen Monaten rasch dahinschwanden, der aber auch vom Krankenhaus aus noch den Kurs seiner Partei zu lenken wußte, schrieb in einem Brief an den Kanzler vom 22. April, »daß nichts unversucht bleiben darf, festzustellen, ob die Sowjetnote eine Möglichkeit bietet, die Wiedervereinigung Deutschlands in Freiheit durchzuführen. Um dies festzustellen, sollten so bald wie möglich Viermächteverhandlungen stattfinden.« Wenn sie scheiterten, »wäre doch auf jeden Fall klargestellt, daß die Bundesrepublik keine Anstrengung gescheut hat, um eine sich bietende Chance zur Wiedervereinigung Deutschlands und Befriedung Europas auszunützen«. Für einige Jahre hatte die SPD nun ein weiteres, plausibles Argument, mit dem sie sich gegen die von ihr ohnehin bekämpften Westverträge wenden konnte.

Der Kanzler sah sich jetzt seinerseits genötigt, seinen Wiedervereinigungskalkül zu präzisieren. Er tat dies in einer Reihe privater Gespräche, so mit Paul Sethe, aber auch in Reden und in einem vielbeachteten Rundfunkinterview mit Ernst Friedlaender am 24. April 1952. Man dürfe nicht übersehen, so argumentierte er nun durchaus realistisch, daß für die Sowjetunion die Frage der Wiedervereinigung untrennbar mit dem sehr viel weitergehenden Problemkreis der Sicherung ihres gesamten osteuropäischen Hegemonialsystems zusammenhänge. Eine Lösung der deutschen Frage ohne Neuordnung und Freiheit auch in Osteuropa sei undenkbar. Um derart weitgehende Veränderungen durchzusetzen, sei aber der Westen noch nicht stark genug. Zwei Jahre, so meinte der Kanzler bisweilen, werde man dafür schon warten müssen.

Aus vielen Zeugnissen ist bekannt, daß Adenauer im Jahr 1952 nicht an ein Zurückdrängen des sowjetischen Einflußbereichs durch militärischen Druck dachte. Schon in den Gesprächen jener Monate tauchte das Argument auf, dem man auch in der Folgezeit bei ihm immer wieder begegnete: Eine derartige Neuordnung und Wiedervereinigung werde nur in einem Klima europäischer und weltweiter Entspannung möglich sein. Zur Entspannung würde Moskau aber nur dann bereit sein, wenn der Westen stärker sowie unbedingt einig wäre, damit sich die innere Schwäche des sowjetischen Systems voll auswirken könne. Dann erst werde man die Sowjetunion zu einem friedlichen Modus vivendi, und zwar mehr oder weniger zu den Bedingungen des Westens, veranlassen können. Solange aber diese Bereitschaft fehle, sei es voraussehbar, daß bei Ost-West-Verhandlungen die propagandistischen Absichten dominieren würden.

Mit dieser Theorie war für ihn die konsequente Westintegration als tragendes Element einer auf lange Sicht angelegten Wiedervereinigungspolitik gerechtfertigt. Die Öffentlichkeit hörte in diesem Zusammenhang allerdings in erster Linie das Schlagwort von der Politik der Stärke. Und die einseitig auf das Ziel der deutschen Wiedervereinigung fixierten Politiker und Publizisten waren über den Hinweis auf die Zusammenhänge zwischen deutscher Frage und osteuropäischer Neuordnung ganz und gar nicht erbaut. Jedenfalls wurden in diesen Wochen auf allen Seiten die Argumentationsketten geschmiedet und festgezogen, mit denen dann die

Kontrahenten in den tagelangen Bundestagsdebatten der kommenden Jahre rasselten.

Noch aber hatten die Kritiker der Adenauerschen Deutschlandpolitik ihre vagen Vorstellungen nicht zu umfassenden Alternativkonzepten verdichtet. Das begann jedoch bereits im Zusammenhang mit der Diskussion über die sowjetische Notenoffensive. Den Anfang machte der ehemalige Diplomat und FDP-Abgeordnete Karl Georg Pfleiderer im Juni 1952 mit einer Rede im süddeutschen Waiblingen. In einer umfassenden Analyse arbeitete er heraus, daß die Sowjetunion aufgrund ihrer politischen, militärstrategischen und wirtschaftlichen Interessen nicht bereit sein könne, der vom Westen geforderten Lösung der Deutschlandfrage zuzustimmen, bei der freie Wahlen mit anschließender Bildung einer dem Volkswillen entsprechenden gesamtdeutschen Regierung am Anfang stünden. Wer die Deutschen in der Ostzone befreien und Deutschland wiedervereinigen wolle, müsse sich somit Gedanken über den Preis machen, den die Sowjetunion aufgrund ihrer vorgegebenen Interessen verlangen würde. Darüber müsse verhandelt werden, bevor durch Ratifizierung der Westverträge vollendete Tatsachen geschaffen seien.

Bei der Frage nach einem vorstellbaren europäischen System, in dessen Rahmen eine Wiedervereinigung auch die Zustimmung Moskaus finden könne, griff Pfleiderer dann Ideen auf, die erstmals, und damals noch intern, im Spätherbst 1948 von dem amerikanischen Diplomaten George Kennan entwickelt worden waren. Die beiden Mächtegruppierungen sollten in Deutschland auseinanderrücken, wobei beide Seiten auf deutschem Boden nur Brückenköpfe besetzen dürften: die Sowjetunion östlich von Oder und Neiße und die Westmächte im linksrheinischen Gebiet. Allerdings könne ein derart aus dem Zugriff der Großmächte herausgelöstes Deutschland keinen politisch bindungsfreien Status anstreben. Politische Rückendeckung durch die westlichen Demokratien sei wesentlich. Voraussetzung für die sowjetische Zustimmung zu einer derartigen Lösung wäre allerdings eine allgemeine Entspannung zwischen Ost und West.

Im Kern beinhaltete dieser Vorschlag nichts anderes als den Wunsch, noch einmal einen Versuch zu unternehmen, zu einem modifizierten europäischen Staatensystem nach dem Vorbild der Zwischenkriegszeit zurückzukehren.

Pfleiderer hatte diese publizistisch gut vorbereitete Rede mit seinem Landsmann und Parteifreund Reinhold Maier zuvor abgestimmt. Im Regierungslager, auch in der eigenen Partei, war er aber damals noch ein Einzelgänger. Es dauerte etwa drei Jahre, bis seine Vorstellungen, die er bald in die Form eines genauer ausgearbeiteten Plans brachte, in weiten Teilen der FDP durchgedrungen waren.

Nachdem Kurt Schumacher in der Nacht vom 20. zum 21. August 1952 seinem schweren Leiden erlegen war, fand auch die Opposition relativ rasch zur Forderung, ein wiedervereinigtes Deutschland müsse im Rahmen eines kollektiven Sicherheitssystems neutralisiert werden. Das auch unter Schumacher in der Partei latent vorhandene pazifistische Element machte sich nun stark bemerkbar, ebenso die traditionelle sozialdemokratische Abneigung gegen Militärallianzen zugunsten kollektiver Sicherheitsvereinbarungen. Dabei wurde der Gedanke stark in den Vordergrund gerückt, eine erfolgreiche Wiedervereinigungspolitik müsse auch das Sicherheitsbedürfnis der Sowjetunion angemessen berücksichtigen – eine Erkenntnis, für die Gustav Heinemann seit 1951 geworben hatte, ohne damit viel Gehör zu finden. Die Regierung argumentierte demgegenüber, daß hier aus lauter Rücksicht auf das sowjetische Sicherheitsbedürfnis die Sicherheit Deutschlands nicht hinreichend berücksichtigt würde.

Für die weitere Entwicklung der Deutschlandpolitik der großen Parteien markierte also das Frühjahr des Jahres 1952 den entscheidenden Einschnitt. Die sowjetische Notenoffensive, die im Lauf des Sommers relativ rasch in taktischem Hin und Her über die Kontrolle der freien Wahlen versandete, zeitigte so eine erhebliche Langzeitwirkung und hat die deutschlandpolitische Diskussion bis Ende der fünfziger Jahre stark bestimmt. Dabei bildete sich um die Noten vom März und April 1952 schon bald ein gewisser Mythos. Je mehr die diplomatische Konstellation des Frühjahrs 1952 in Vergessenheit geriet, um so nachdrücklicher gingen Paul Sethe und die von seiner Sicht der Dinge beeinflußte Publizistik dazu über, das Frühjahr 1952 als Zeit der »verpaßten

Gelegenheiten« zu beschwören. Von der nostalgischen Erinnerung an Angebote, die die Sowjetunion damals anscheinend gemacht hatte, war es nicht weit zur deutschlandpolitischen Dolchstoßlegende gegen den Kanzler, der damals alle Angebote zur Wiedervereinigung in verblendetem Vertrauen auf die Politik der Stärke und auf der Jagd nach einer chimärischen europäischen Integration ausgeschlagen habe.

Tatsächlich konzentrierte sich Adenauer in den Monaten April und Mai auf ein Ziel, das ihm vordringlicher und zugleich als Voraussetzung jeder künftigen deutschlandpolitischen Aktivität erschien. Er wollte die Bundesrepublik erst einmal durch Abschluß der Westverträge aus dem Zustand eines Objekts der internationalen Politik herausführen. Für ihn lautete die Alternative nicht Wiedervereinigung oder Westverträge, er war vielmehr überzeugt, daß bei dem immer noch leicht möglichen Scheitern der West-Verhandlungen eine völlig unübersichtliche und ungesicherte Lage entstehen müsse, in der Bonn nur geringe Möglichkeiten besäße, auf die Diplomatie der Großmächte im Sinn der deutschen Interessen einzuwirken. Statt zu zögern, forcierte er da-

her den Gang dieser Verhandlungen, nicht zuletzt unter dem Eindruck einer entschiedenen Warnung des amerikanischen Außenministers Acheson, der mit Blick auf die inneramerikanische Szenerie darauf drängte, die Westverträge bis spätestens Ende Mai 1952 unter Dach und Fach zu bringen.

Die größten Schwierigkeiten gingen auch dabei wieder von Frankreich aus. Die Minderheitsregierung Pinay suchte unter dem Druck der Vertragsgegner in der Nationalversammlung jede denkbare Sicherung einzubauen und rang zäh um kleinste Vorteile, besonders auf dem Feld der Finanzierung einer europäischen Armee. Das hatte zunehmend negative Rückwirkungen auf die Stimmung in Bonn, zumal die maßgebenden Parlamentarier auf deutscher Seite wegen der ständigen Änderungen die Texte des Vertragswerkes viel zu spät erhielten. Heinrich von Brentano beispielsweise, dem als Fraktionsvorsitzendem der CDU/CSU die Hauptlast bei der Ratifikationsdebatte zufiel, wurden die Vertragstexte auf intensivstes Drängen erst am 7. Mai ausgehändigt. Am 10. Mai begannen aber bereits die eine Woche andauernden Beratungen im Kabinett und mit den Fraktionsvorsitzenden, bei denen sich alle Beteilig-

Mit der historischen Fahne des Lassalle'schen Allgemeinen Deutschen Arbeitervereins von 1863 war der Sarg des am 20. 8. 1952 verstorbenen SPD-Vorsitzenden Kurt Schumacher bedeckt. Das auch unter seiner Führung in der Partei latent vorhandene pazifistische Element machte sich nach seinem Tod wieder stärker bemerkbar.

ten endlich mit den beiden Vertragswerken konfrontiert sahen und zum ersten und letzten Mal Gelegenheit erhielten, vor der Unterzeichnung ihrer Meinung Ausdruck zu geben.

Einmal mehr sorgte auch die Saarfrage für eine Trübung der Atmosphäre. Auf Drängen Achesons hin hatten Adenauer und Schuman von Februar bis April 1952 in einem großen Kraftakt den Versuch unternommen, die Probleme durch Europäisierung zu lösen. Der Kanzler fand sich nun doch bereit, in direkten deutsch-französischen Verhandlungen eine dauerhafte Regelung zu finden. Damit verließ er allerdings die bisherige Linie, die Frage bis zu einer friedensvertraglichen Regelung offenzuhalten.

Doch die Bemühungen, für die französisch-saarländischen Wirtschaftsbeziehungen und für alle anderen schwebenden Fragen europäische Konstruktionen zu entwickeln, blieben stecken. Die Position Schumans im Kabinett wurde immer schwächer; seine baldige Ablösung zeichnete sich ab. Grandval, der inzwischen gegen heftigen deutschen Protest zum Botschafter Frankreichs in Saarbrücken ernannt worden war, goß ebenso Öl ins Feuer wie die Gaullisten und andere Vertreter einer harten Linie in Paris. Umgekehrt lehnten in Bonn SPD und FDP jeden Saarkompromiß ab. Sie drängten den Kanzler, im Europarat die Einsetzung eines Ausschusses zu verlangen, der sich endlich mit den demokratischen Freiheiten an der Saar, um die es schlecht bestellt war, befassen sollte. Schließlich versuchte Frankreich auch noch, bei den deutsch-französischen Verhandlungen durch Hinzuziehung von saarländischen Regierungsvertretern eine Anerkennung der Saarregierung herauszuschlagen. Damit waren die Lösungsversuche an einem toten Punkt angelangt.

Als Kabinett und Koalitionsfraktionen endlich Gelegenheit erhielten, unter größtem Zeitdruck die Vertragswerke zu beraten, war die Stimmung in jeder Hinsicht schlecht. Allerdings handelte es sich bei vielem, was dann in Bonn von Ende April bis Mitte Mai öffentlich, aber auch nichtöffentlich vor sich ging, um ziemlichen Theaterdonner. Denn die maßgebenden Parlamentarier hatten dem Kanzler in den wirklich entscheidenden Fragen schon lange zuvor grünes Licht gegeben. Bereits im Oktober 1951

war in einem Unterausschuß des Bundestagsausschusses für das Besatzungsstatut und auswärtige Angelegenheiten ohne großen Aufruhr zur Kenntnis genommen worden, daß die Alliierten ihre Souveränität nicht aufgeben würden. Desgleichen hatte Adenauer die Fraktionsvorsitzenden der Koalitionsparteien vor der entscheidenden Verhandlung über die Bindungsklausel informiert und ihre Zustimmung erhalten. Den Kabinettsministern lag der Wortlaut des Generalvertrags seit langem vor. Die Koalitionsfraktionen waren rechtzeitig mündlich darüber informiert worden. Auch das Kabinett wurde fortlaufend in großen Zügen unterrichtet. Im übrigen berichtete die internationale Presse so ziemlich über jede Einzelheit des Verhandlungsstands, so daß sich niemand im Ernst überrascht zeigen konnte.

Natürlich hatte Adenauer die Taktik verfolgt, die maßgeblichen Politiker einerseits soweit zu informieren, daß sie später nicht behaupten konnten, von den großen Weichenstellungen nichts gewußt zu haben, andererseits aber die Gesamtheit der Vertragswerke doch erst einmal für sich zu behalten. Dies um so mehr, als die Verhandlungen über die EVG und die Annexverträge tatsächlich ja noch bis zuletzt in vielen Punkten offen waren.

Als er aber nun Kabinett und Fraktionsspitzen mit den fertigen Verträgen konfrontierte, die sie künftig gegenüber der Opposition zu vertreten haben würden, wirkte dies doch sehr irritierend. Die Herren waren in der ersten Maihälfte zudem auch noch durch die zweite und dritte Lesung des Lastenausgleichsgesetzes voll in Anspruch genommen und kamen sich etwas überfahren vor. Ein paar Tage lang sah es so aus, als ob sich eine Fronde von Kabinettsministern und Fraktionsvorsitzenden formieren würde. FDP und DP hüteten sich aber ebenso wie die Kritiker aus der CDU/CSU-Fraktion, den Dissens mit Adenauer auf die Spitze zu treiben.

Tatsächlich verlor der Kanzler bei den einwöchigen Kabinetts- und Fraktionsberatungen auch keinen Augenblick lang die Kontrolle über die heftigen Diskussionen. Letzten Endes nahm man es ihm eben doch ab, daß die Verhandlungslage keine günstigeren Ergebnisse zugelassen habe. Jedermann war inzwischen mit seiner Zähigkeit hinlänglich vertraut, um den diesbezüglichen Versicherungen einigermaßen Glauben zu schenken. Und bei ruhiger Betrachtung mußten sich alle eingestehen, daß die Koalition höchstens versuchen konnte, nochmals einige Modifikationen zu erzielen. Ein Scheitern des Vertragswerkes hätten sich die Regierungsparteien weder außen- noch innenpolitisch leisten können. Der einzige, der nun immer grundsätzlicher zu opponieren begann, ohne aber die Konsequenz eines Rücktritts zu ziehen, war Jakob Kaiser. Doch das Kabinett war schon seit langem an sein politisch folgenloses Aufbegehren gewöhnt. In der Fraktion hielt der eben erst neu in den Bundestag gekommene Berliner Abgeordnete Ernst Lemmer eine große Rede gegen die Verträge und machte die weitschauende Feststellung, daß dieses Jahr als das Jahr der historischen Teilung in die Geschichte eingehen würde. Er habe kein Vertrauen zu den Westalliierten, daß sie die Deutschen in den nächsten Jahren in der Frage der Wiedervereinigung unterstützen würden. Artikel VII sei eine freundliche Beruhigung. Der Preis für die Integration Europas werde von den Brüdern in der Ostzone und möglicherweise auch von Berlin gezahlt. Schließlich wußte aber auch dieser kritische Geist keine praktikable Alternative zu

Der Berliner Abgeordnete Ernst Lemmer, wie Jakob Kaiser ein engagierter Kritiker der Westverträge.

nennen; eine Neutralisierung kam auch für ihn nicht in Frage.

Am verblüffendsten war, daß Kabinett und Fraktion das alles andere als problemlose Vertragspaket der EVG-Verträge weitgehend ohne große Diskussion hinnahmen. Dies geschah wohl unter anderem deshalb, weil gar keine Zeit bestanden hatte, sich mit den weitläufigen Vereinbarungen vertraut zu machen. Hier wirkte aber auch das Prinzip Hoffnung, das damals mit jeder europäischen Institution verbunden war, ebenso der Umstand, daß man auf diese Art und Weise immerhin Streitkräfte bekam, wenngleich unter ziemlich diskriminierenden Bedingungen. So kamen die Unterhändler Blank und Schäffer ziemlich ungerupft davon.

Daß die Annexverträge zum Generalvertrag eine Vielzahl ungünstiger Regelungen enthielten, wurde zwar voll erkannt. Aber auch hier waren die damit verbundenen Fragen so vielschichtig und technisch so kompliziert, daß die Vereinbarungen nur in regulärer parlamentarischer Ausschußarbeit durchleuchtet werden konnten. Zeit dafür war ja während des Ratifikationsverfahrens gegeben, und so nahm man auch diesen Teil der Verträge, bei dem die Bonner Unterhändler aufgrund der schwachen deutschen Ausgangsposition am schlechtesten abgeschnitten hatten, betrübt, aber mit Fassung zur Kenntnis.

Überraschenderweise verweilte die Diskussion auch nicht allzulange bei den fragwürdigsten Elementen des Generalvertrags: den alliierten Vorbehaltsrechten und den Notstandsbestimmungen. Wahrscheinlich hatte man hier schon resigniert. Adenauer tröstete die Kabinettsrunde mit der zynischen Bemerkung, wenn erst deutsche Truppen aufgestellt seien, könnten die Alliierten das Ausnahmerecht auch nicht mehr ohne die Bundesregierung verhängen. Im übrigen hämmerte er den Ministern und den führenden Abgeordneten der Koalition unentwegt dieselben Argumente ein, gegen die sich nichts Durchschlagendes finden ließ: Was jetzt geschehe, sei die Liquidation eines verlorenen Krieges. Die gute Wirtschaftslage dürfe niemanden darüber hinwegtäuschen, daß die Deutschen keineswegs schon wieder eine Bedeutung hätten. Das Besatzungsstatut könne ohne die Verträge jederzeit reaktiviert werden. Die USA hätten sich erst im letzten Jahr dazu

Einholen der Fahnen der drei Besatzungsmächte auf dem Petersberg am 25. Juni 1952. Die Hohen Kommissare begannen mit der Auflösung ihres gemeinsamen Büros und wirkten von nun an nur noch im Hintergrund. Tatsächlich lag die oberste Gewalt in der Bundesrepublik aber noch bis 1955 bei ihnen.

Abschiedsbesuch des amerikanischen Hohen Kommissars McCloy bei Bundespräsident Heuss am 9. Juli 1952. Er schied als dauerhafter Freund der Bundesrepublik und machte nun in den USA seinen Einfluß für eine partnerschaftliche Zusammenarbeit zwischen Amerikanern und Deutschen geltend.

entschlossen, auch Deutschland zu verteidigen. Davon würden sie zweifellos wieder abgehen, wenn man jetzt nicht unterzeichne. Er rechne aber fest damit, daß die europäischen Spannungen vorbeigehen würden und daß es nicht zum Kriege komme. Im Zentrum der Auseinandersetzungen stand die Bindungsklausel in Artikel VII,3 des Generalvertrags. Zweifellos wirkten sich dabei die sowjetischen Noten aus, die nunmehr die Aufmerksamkeit voll auf die gesamtdeutschen Implikationen des Vertragswerks gelenkt hatten. In endlosen Sitzungen wurden die möglichen Auswirkungen erörtert, Formulierungsalternativen vorgelegt und verworfen, Bekenntnisse zur deutschen Einheit abgelegt und die großen Ziele der Westintegration beschworen. Zwischenzeitliche Verhandlungen mit den Hohen

Kommissaren, bei denen sich Adenauer aber nicht sehr ins Zeug legte, brachten auch keine Lösung. Bei CDU und FDP waren die Auffassungen bezüglich der Bindungsklausel geteilt. Auch die DP ließ bei den Kabinettsberatungen keine ganz einheitliche Meinung erkennen. Für einen völligen Wegfall sprachen sich nur drei Minister aus: Blücher, Dehler und Kaiser, dazu allerdings der Fraktionsvorsitzende der CDU/CSU-Fraktion, von Brentano. In Kenntnis der schlechten Stimmung in den Fraktionen von CDU/CSU und FDP erklärte Adenauer nunmehr, er werde für den Wegfall eintreten, machte aber zugleich klar, daß die Verantwortung für die Folgen nicht bei ihm liege. Das gefiel den Kritikern aus dem Regierungslager jedoch auch nicht, und schließlich kam es während der Bonner Konferenz zu dem ungewöhnlichen Vorgang eines Gesprächs zwischen ihren Wortführern und dem amerikanischen Außenminister. Dieser zauberte eine vorsorglich vorbereitete Formulierung aus der Tasche, die die Zustimmung aller Beteiligten fand. Darin war zwar deutlich gesagt, daß die Rechte aus den Verträgen auf ein wiedervereinigtes Deutschland übergehen würden, wenn es auch die entsprechenden Verpflichtungen übernehme. Eine darauf folgende verklausulierte Formulierung verpflichtete aber die Bundesrepublik, keiner Abmachung gegen den Willen der Vertragspartner beizutreten. Unter der Hand war damit die Bindung doch wieder hergestellt, aber jedermann war nun zufrieden.

Die Zukunft zeigte, daß alle Bedenken ziemlich theoretischer Natur waren. Die EVG kam überhaupt nicht zustande, womit auch alle diskriminierenden Bestimmungen hinfällig wurden. Als der Deutschlandvertrag nach zweieinhalb Jahren nochmals verhandelt wurde, war die Stellung der Bundesrepublik inzwischen so stark geworden, daß sie nunmehr mit Erfolg die volle Souveränität verlangen konnte und damit die alliierten Notstandsrechte weitgehend los war. Auch die Bindungsklausel, die

in einer ungewissen Lage die Einigung der Siegermächte auf Kosten Deutschlands verhindern sollte, war nun obsolet und konnte verschwinden.

Im nachhinein mußte sich Adenauer glücklich preisen, daß die im Mai unterzeichneten Verträge aufgrund französischen Widerstands auf der Strecke blieben. Einmal in Kraft, hätten sich ihre langfristigen Schwächen und Nachteile, die 1952 noch in Kauf genommen werden mußten, wohl rasch als drückende Last erwiesen. Als Schuldiger wäre der Bundeskanzler dagestanden.

So aber wurde aus der Bonner Außenministerkonferenz vom 26. Mai nur eine weitere Etappe auf dem Weg zur Westintegration, an dessen Ende die volle Souveränität stand. Und eine geschickte Pressepolitik der Bundesregierung sorgte dafür, die Unterzeichnung als strahlenden Triumph deutscher Diplomatie darzustellen. Vor allem der Kanzler erschien nun einer immer größeren Zahl von Deutschen als überlegener Staatsmann, dem man zwar jeden Trick zutraute, der sich aber auch durchsetzte und Fortüne hatte. Auf das deutsche Nachkriegspublikum, das mit Besuchen der Staatsmänner von Großmächten noch nicht abgesättigt war, machte es

doch Eindruck, als die Außenminister Acheson, Eden und Schuman die Verträge an dem Ort unterzeichneten, an dem bereits das Grundgesetz verabschiedet worden war.

Auch diese Konferenz verlief nicht ohne eine dramatische Krisenphase. In letzter Stunde stellte das französische Kabinett eine Reihe von Forderungen, insbesondere nach amerikanischen und britischen Garantien gegen einen deutschen Rückzug aus der EVG. Es wurde mit einer mageren Konsultationserklärung abgespeist. Besonders bedenklich war das kurz vor der Unterzeichnung nochmals vorgebrachte französische Verlangen, die Möglichkeiten für Reparationen aus der laufenden Produktion müßten in einem Friedensvertrag offengehalten werden. Adenauer, der bereits die Opposition im Deutschen Bundestag benutzt hatte, um den Alliierten noch einige Konzessionen abzuringen, nahm nun die französische Forderung zum Anlaß, eine Zusicherung zu verlangen, daß im Fall einer Verzögerung des Inkrafttretens der EVG die Deutschland-Verträge dennoch in Kraft treten sollten. Er wurde mit der – wie sich herausstellte – nicht unwichtigen Zusage beschieden, in diesem Fall werde eine Konferenz der Drei Mächte unter Teilnahme der Bundesrepublik zusammentreten, um über das Inkrafttreten des Deutschlandvertrags zu beraten und zu entscheiden. Die Souveränität schien nun zum Greifen nah. Jetzt spielten die deutschen Sender zum Abschluß des Programms auch wieder das Deutschlandlied. Mit sicherem Instinkt für das, was die Nation brauchte, hatte es Adenauer gegen den lyrischen Erguß von Rudolf Alexander Schröder durchgesetzt, für den sich der Bundespräsident lange stark gemacht hatte. Auch bei der SPD und bei manchen Gewerkschaftern waren die Vorbehalte gegen die alte Nationalhymne lange Zeit erheblich gewesen. Die geplanten Festlichkeiten, bei denen auch ein großer Fackelzug eingeplant war, kamen aufgrund des Widerstands der Opposition, doch auch aus den eigenen Reihen, nicht zustande. Schumacher blieb unfreundlich und nannte den Unterzeichnungsakt sogar »eine plumpe Siegesfeier der alliiert-klerikalen Koalition über das deutsche Volk«. Auch bei den ausländischen Staatsmännern, die nach Bonn gekommen waren, machte er sich keine Freunde mit der Feststellung: »Wer diesem Generalvertrag zustimmt, hört auf, ein guter Deutscher zu sein.« Trotz dieser Schelte markierte

Unterzeichnung des Deutschlandvertrags am 26. Mai 1952 durch Anthony Eden, Robert Schuman, Dean Acheson und Konrad Adenauer (S. 164).

»Wer diesem Generalvertrag zustimmt, hört auf ein Deutscher zu sein!« – Protestdemonstration gegen den Deutschlandvertrag in München.

aber der Mai 1952 den emotionalen Durchbruch, aus dem sich dann auch der entscheidende Wahlerfolg des folgenden Jahres ergab.

Die Popularitätskurve des Kanzlers war nun deutlich im Ansteigen begriffen, während die Zahl derer, die nicht mit seiner Linie einverstanden waren, von 39 Prozent im Frühsommer 1951 auf 30 Prozent im Frühjahr 1952 zurückging. Gewiß hatte die günstige Wirtschaftsentwicklung daran erheblichen Anteil. Aber vor allem die Europapolitik begann nun, ihren Sog auszuüben. 59 Prozent bekundeten bei einer Meinungsumfrage im April 1952 optimistische Erwartungen, die sie mit der Vereinigung Europas verbanden, nur 14 Prozent äußerten Skepsis oder Pessimismus. Bezüglich des Generalvertrags ließen die Umfragen allerdings Indifferenz erkennen, und im Hinblick auf die Europa-Armee kündete sich nach einer zeitweiligen Beruhigung eine erneute Phase erbitterter Ablehnung durch über ein Drittel bis fast die Hälfte der Befragten an. Die skeptische Beurteilung der damaligen Wiedervereinigungschancen, die die Regierung an den Tag legte, fand bei einer breiten Öffentlichkeit sehr viel mehr Verständnis als in den politisch meinungsbildenden Schichten. 44 Prozent hielten es bei einer Umfrage im Juni 1952 für wahrscheinlich, daß es bis zu einer friedlichen Wiedervereinigung mit der Ostzone noch ein paar Jahre dauern werde. Weitere 44 Prozent indessen sahen bereits damals keine Aussicht, daß eine Wiedervereinigung auf friedlichem Wege möglich wäre. Und auf die Frage, was den Befragten wichtiger sei, Sicherheit vor den Russen oder die Einheit Deutschlands, nannte im Juli 1952 über die Hälfte die Sicherheit und nur ein Drittel die Einheit.

Lastenausgleich und Eingliederung der Vertriebenen

Im Mai 1952, in demselben Monat, in dem der Regierung Adenauer durch Unterzeichnung der Westverträge ein außenpolitischer Durchbruch gelang, konnte sie auch eine ihrer vordringlichsten innenpolitischen Aufgaben bewältigen: die Verabschiedung des Lastenausgleichsgesetzes durch den Deut-

schen Bundestag. Das Zusammenfallen dieser beiden grundlegenden Gestaltungsmaßnahmen geschah zufällig, und endgültig war der Lastenausgleich erst über dem Berg, als es im Juli nach Anrufung des Vermittlungsausschusses zwischen Bundestag und Bundesrat zu einer Einigung kam. Aber der enge zeitliche Zusammenhang verdeutlicht, wie wenig in den Anfangsjahren der Bundesrepublik von einem eindeutigen Primat der Außenpolitik gesprochen werden konnte. Überall, auf den Feldern der Sozialpolitik, der Wirtschaftspolitik und der internationalen Beziehungen, mußten gleicherweise schwierige und für die Sicherung der künftigen demokratischen Entwicklung wesentliche Entscheidungen getroffen werden.

Das Zusammentreffen der abschließenden parlamentarischen Beratungen über den Lastenausgleich mit den Auseinandersetzungen über die Unterzeichnung der Westverträge führte in jenen Wochen zu hektischer politischer Betriebsamkeit. Kurze Zeit schien zu allem hin auch noch wegen des Lastenausgleichs eine Rebellion im Regierungslager möglich. Linus Kather, einer der härtesten Interessenvertreter in der Bonner Parlamentsgeschichte, CDU-Abgeordneter und Vorsitzender des etwa 1,7 Millionen Mitglieder umfassenden Bundes der vertriebenen Deutschen (BvD), holte 60 000 Vertriebene zu einer der in der Bundesrepublik damals noch seltenen Massendemonstrationen auf den Bonner Rathausplatz und drohte, mit seinen Anhängern zum BHE überzuwechseln. Damit hätte die Regierung wichtige Stimmen verloren, die sie für die Abstimmung über die Verträge brauchte. Außerdem würde der wahlpolitisch entscheidende Effekt der Gesetzgebung auf die Flüchtlingswähler verpuffen, und die Fäden, die damals schon vorsorglich zum BHE gesponnen wurden, wären zerrissen. Der Kanzler setzte nun gegenüber dem stets zugeknöpften Finanzminister, der zudem als harter Gegner der Vertriebenen galt, eine damals beachtliche Erhöhung des Lastenausgleichsaufkommens für die ersten acht Jahre um insgesamt 4,8 Mrd. DM durch. Die Mittel sollten in erster Linie für die Gründung neuer Existenzen und zur Schaffung von Arbeitsplätzen sowie für beschleunigte Umsiedlung und Unterbringung eingesetzt werden.

So wurde diese Gesetzgebung, deren politisch-psychologische Bedeutung vorerst größer war als die praktische, erfolgreich abgeschlossen. Von der Forderung der Vertriebenen nach einem Lastenausgleich aus der Substanz des Besitzes in Westdeutschland war nicht viel übriggeblieben. In den Koalitionsfraktionen neigte die Mehrheit einem sozial indizierten Lastenausgleich zu. Aber die SPD lehnte ein Quotenverfahren ab und war für eine egalitäre Rentenlösung. Schließlich setzte sich ein ziemlich eingeschränktes Entschädigungskonzept durch, das den konservativen Gruppen bei den Vertriebenen entgegenkam und auch der deutschen Eigentumsordnung entsprach. In der endgültigen Fassung wurde der Lastenausgleich nach einer degressiven Staffel berechnet. Verluste bis zu einer Mindesthöhe wurden voll ersetzt, Höchstschäden nur noch mit wenig über 2 Prozent.

Die Schlüsselzahl einer rund fünfzigprozentigen Vermögensabgabe in 30 Jahresraten hörte sich zwar gut an; tatsächlich kam aber im wesentlichen doch nur eine Abgabe auf den Ertrag von Vermögen zustande. Die Ansprüche mußten in einem langwierigen bürokratischen Verfahren, für das zu allem hin noch das Finanzministerium zuständig war, ermittelt werden. In 18 Jahren gingen 7,1 Millionen Feststellungsanträge ein, von denen 73 Prozent positiv beschieden und 23 Prozent abgelehnt oder zurückgenommen wurden. 4 Prozent waren 1970 – 25 Jahre nach Kriegsende – noch zu erledigen. Die Auszahlungen aus der Hauptentschädigung setzten erst Mitte der fünfziger Jahre voll ein und erreichten ihren Höhepunkt erst Mitte der sechziger Jahre. Für die Mehrzahl der Familien kam in der Regel nicht viel mehr heraus als relativ kleine Renten und Hausratsentschädigungen. Immerhin nahm der Ausgleichsfonds bis Ende 1971 rund 82,8 Mrd. DM ein, von denen 67 Prozent an Vertriebene ausgezahlt wurden und 20 Prozent an Kriegssachgeschädigte, die später hinzukamen.

Indessen blieb die anfangs befürchtete Belastung durch die Umverteilungsmaßnahmen im ganzen doch tragbar, allerdings nur deshalb, weil sich das gesamte Volkseinkommen rasch in damals unvorstellbarer Art und Weise erhöhte. Im Jahr 1952 konnte das keinesfalls als sicher gelten. Finanzielle

Notunterkunft 1950.

Leistungen, die aus späterer Sicht vergleichsweise bescheiden erscheinen, nahmen sich beim Blick auf die Haushaltslage und die Einkommensverhältnisse von 1952 gewaltig aus.

Wenn die soziale und politische Integration der Vertriebenen allerdings allein von der Durchführung des Lastenausgleichs abhängig gewesen wäre, hätte sich diese Gesetzgebung viel zu spät ausgewirkt und wäre trotz des erheblichen Volumens immer noch nicht durchschlagend genug gewesen. Die Not war Anfang der fünfziger Jahre riesengroß. 1951 wurden rund 400 000 Vertriebene als Fürsorgeempfänger registriert, rund 500 000 waren arbeitslos. In Schleswig-Holstein stellten die Vertriebenen noch 1952 51 Prozent der Arbeitslosen, insgesamt 74 000 Menschen, in Niedersachsen 40 Prozent oder 105 000. Dennoch war die Lastenausgleichsgesetzgebung wichtig. Sie hat die Organisationen und parteipolitischen Verfechter der Vertriebeneninteressen in den kritischen Anfangsphasen der Bundesrepublik veranlaßt, an systemkonformen

Lösungen mitzuarbeiten und sich auf die parlamentarische Interessendurchsetzung zu konzentrieren. Ebenso wesentlich wie der Lastenausgleich waren andere staatliche Maßnahmen, die vorweggingen oder parallel liefen, insbesondere die Soforthilfe. Große Umsiedlungsprogramme sorgten für eine Entlastung der Ballungszentren in Schleswig-Holstein, Niedersachsen und Bayern. 1946 hielten sich 66 Prozent der Vertriebenen in diesen Ländern auf, 1959 noch 40 Prozent. Jahrelang sind in zähem Feilschen und nach komplizierten Schlüsseln täglich zwischen 1000 und 2000 Flüchtlinge auf Gebiete

verteilt worden, in denen Arbeitsplätze zur Verfügung standen oder neu geschaffen wurden. Bis Ende 1953 erfolgten etwa 600 000 offizielle Umsiedlungen. Doch auch die Umsiedlung war nur ein Ansatz unter vielen. In den fünfziger Jahren kam ein ganzes System von gesetzlichen, administrativen und auch karitativen Maßnahmen in Gang – Soforthilfe, öffentliche Wohnungsbauprogramme, Unterbringung und Versorgung der Angehörigen des öffentlichen Dienstes nach dem 131er-Gesetz –, die in etwa einem Jahrzehnt die ärgste Misere beseitigen halfen. Entscheidend war die Gesamtanlage der Politik ge-

10. September 1949: Ein erster Umsiedlertransport mit insgesamt 311 Flüchtlingen verläßt Kiel in Richtung Südbaden.

Großkundgebung von 70 000 Heimatvertriebenen am 5. August 1950 vor der Ruine des Stuttgarter Neuen Schlosses. Die Landsmannschaften protestierten dabei gegen die Anerkennung der Oder-Neiße-Linie durch die Ostzonenregierung, verkündeten aber gleichzeitig die »Charta der deutschen Heimatvertriebenen«, in der sie sich zum bedingungslosen Verzicht auf Rache oder Anwendung von Gewalt zur Wiedergewinnung der Heimat verpflichteten.

genüber den Vertriebenen. Sie zielte konsequent auf Eingliederung und auf Abbau des sozialen Spannungspotentials ab. Die Alternative ist nie auch nur erwogen worden: bewußtes Offenhalten der explosiven Lage, um von den Deutschland-Mächten mit der Drohung gewaltsamer Konflikte die Rückgabe der Ostgebiete zu erzwingen. Das Gefühl nationaler Solidarität und die Sorge vor einer Bedrohung der Demokratie durch radikalisierte Vertriebene ließen allein die Eingliederungslösung als annehmbar erscheinen. Auch die anfänglich erwogene Auswanderungslösung hatte nie echte Chancen und wäre auch im Hinblick auf den bald spürbaren Arbeitskräftemangel die falsche Antwort gewesen. Immerhin haben von 1945 bis 1955 rund 230 000 Vertriebene Deutschland als Auswanderer verlassen.

Die Eingliederung wäre aber durch bloße politische und administrative Maßnahmen nicht geglückt. Es war in erster Linie der wirtschaftliche Boom, der die zu Beginn der Bundesrepublik unlösbar scheinende Aufgabe bewältigen half.

Ebenso entscheidend war aber die Grundeinstellung der Vertriebenen. In den meisten Fällen haben sie sich selbst geholfen, sowohl individuell wie kollektiv. Die Zahl derer, die ihren Wohnsitz aus eigener Initiative wechselten, um Arbeit zu finden, entsprach jener der amtlich umgesiedelten. Die meisten entfalteten eine bemerkenswerte wirtschaftliche Eigeninitiative. Bereits 1950 gab es 5000 industrielle Betriebe von Vertriebenen und Zugewanderten mit insgesamt 200 000 Beschäftigten. Einen großen Beitrag zur Eingliederung, kulturellen Stabilisierung und zur Verhinderung von Radikalität leisteten die Landsmannschaften, daneben die Kirchen. Natürlich hielten die Vertriebenenorganisationen an der politischen Forderung »Recht auf Heimat« fest, aber sie haben verantwortungsvoll darauf verzichtet, zum Revanchismus aufzurufen.

Trotz häufiger sozialer Spannungen zu den Einheimischen und obwohl sie eindeutig und lange Zeit wirtschaftlich sehr schlecht gestellt waren, haben sich die Vertriebenen innerhalb der bestehenden demokratischen Parteien engagiert und dabei bemerkenswerterweise in erster Linie das politisch konservative Lager in der Bundesrepublik gestärkt. Man hat sie mit einem gewissen Recht eine antikommu-

nistische Reservearmee genannt. Ihre Zahl wurde durch die 2,7 Millionen DDR-Flüchtlinge verstärkt, die vor dem Mauerbau herüberströmten. Eine Ausnahme vom Trend hin zur Adenauer-Koalition bildeten Teile der Sudetendeutschen, bei denen die SPD an Loyalitäten und einen sozialdemokratischen Mitgliederstamm aus der Vorweltkriegszeit anknüpfen konnte. Eine konservative Grundhaltung, vielfach auch starke kirchliche Bindung, die viele Vertriebene mitbrachten, waren für die politische Mäßigung der Vertriebenen ebenso bestimmend wie die antimarxistische Orientierung. Im großen und ganzen fiel es der CDU nicht allzu schwer, die Flüchtlinge sofort oder auf dem Umweg über den BHE für sich zu gewinnen. Mehr und mehr wurden sie neben den Katholiken zu einem weiteren Wählerstamm, auf dessen Vertrauen in den fünfziger Jahren die Macht Adenauers beruhte.

Das Ratifikationsverfahren

Im Mittelpunkt der politischen Auseinandersetzungen während der zwölf Monate nach Unterzeichnung des Generalvertrags und der Pariser Verträge im Mai 1952 stand aber weiter die Frage, ob es dem Kanzler gelingen würde, das Vertragswerk unversehrt durch alle Strudel und Klippen der parlamentarischen Beratung zu steuern.

Über die damit verbundenen Schwierigkeiten hatte er sich von Anfang an keine Illusionen gemacht und war deshalb bemüht, den mit der Unterzeichnung voll in Gang gekommenen Prozeß ohne Unterbrechung weiterzutreiben und die gesamte Ratifikation noch vor der parlamentarischen Sommerpause unter Dach und Fach zu bringen.

Jetzt aber formierte sich auf allen Seiten der Widerstand. Die Koalitionsfraktionen wehrten sich gegen eine überstürzte Beratung. Die Parlamentarier wollten dem Eindruck entgegenwirken, sie seien bloße Marionetten des Kanzlers. Deutlich war auch erkennbar, daß starke Kräfte in der Koalition ganz gerne abwarteten, ob aus der Viermächtekonferenz vielleicht doch etwas werden würde.

Während aber von dieser Seite her schlimmstenfalls Verzögerungen zu erwarten waren, drohten im

Bundesrat größere Unsicherheiten, vielleicht sogar die Gefahr eines Scheiterns. Entscheidend kam es dabei auf die Haltung der Regierung des neugegründeten »Südweststaats« an. Bei den Wahlen zur Verfassunggebenden Landesversammlung war die CDU mit 36 Prozent der Stimmen zwar zur stärksten Partei geworden, aber sie sah sich durch den heftigen Widerstand der Alt-Badener gegen das neue Bundesland intern geschwächt. Das Ringen um die Errichtung des neuen Bundeslandes hatte zwischen den maßgebenden Politikern der beteiligten Parteien ziemlich viele Blessuren hinterlassen, so daß es Reinhold Maier im Handstreich gelang, aus den Parteien FDP, SPD und dem BHE, die den »Südweststaat« mehr oder weniger vorbehaltlos bejahten, am 25. April 1952 eine Übergangsregierung zu bilden. Die CDU sah sich für eineinhalb Jahre schmollend auf die Oppositionsbänke verwiesen. Die Gründe für die Koalitionsbildung waren also weitgehend landespolitischer Natur, die Auswirkungen auf die Bundespolitik aber ungemein schwerwiegend. Niemand wußte genau vorherzusagen, wie sich Ministerpräsident Maier in der Frage der Westverträge entscheiden und wie stark dabei der Druck der südwestdeutschen SPD ausfallen würde.

Sprach sich Baden-Württemberg gegen die Verträge aus, so betrug das Stimmenverhältnis im Bundesrat 18 : 20 Stimmen gegen die Verträge.

Die unmittelbarste Gefahr aber ging von der Verfassungsklage der SPD aus. Die Sozialdemokraten waren entschlossen, die Vertragswerke im Bundesverfassungsgericht zu Fall zu bringen. Noch schlug sich das neugebildete Gericht mit der Aufgabe herum, den rechten Stil zu entwickeln und seinen angemessenen Platz im Gefüge der Verfassungsinstitutionen einzunehmen, da wurde es bereits einer politischen Zerreißprobe ausgesetzt.

Die Institutionen des Bonner Staates waren bisher von der politischen Polarisierung ziemlich unberührt geblieben. Das änderte sich mit dem Beginn des Ratifikationsverfahrens der Westverträge. Die Krise erfaßte alle Staatsorgane: Bundespräsident und Bundesregierung, Bundestag, Bundesrat und Bundesverfassungsgericht. Auch das Bund-Länder-Verhältnis geriet unter eine Belastungsprobe. Erst der überraschend klare Ausgang der Bundestagswahlen von 1953 hat die Auseinandersetzungen schlagartig beendet.

Nachträglich fällt die Feststellung nicht schwer, daß die Auswirkungen der Streitigkeiten auf den Be-

Die Klage Südbadens gegen die Neugliederung im südwestdeutschen Raum wurde vom Bundesverfassungsgericht (links ein Bild von der ersten Sitzung des zuständigen Zweiten Senats) verworfen. Ministerpräsident des neuen Bundeslandes Baden-Württemberg wurde allerdings nicht der Führer der stärksten Fraktion, Gebhard Müller (CDU; auf der Karikatur rechts), sondern der DVP-Vorsitzende Reinhold Maier.

stand des Verfassungsstaates damals übertrieben pessimistisch eingeschätzt worden sind. Gelegentliche Verfassungskonflikte gehören in gewaltenteiligen Regierungssystemen zur natürlichen Ordnung der Dinge. Was den Konflikt der Jahre 1952 bis 1953 so bedenklich machte, war eben vor allem der Umstand, daß die Verfassungsordnung des Grundgesetzes noch ziemlich ungefestigt war. Es fehlte bei allen Beteiligten an jener instinktiven Sicherheit im Umgang mit den vorgegebenen Verfassungsinstitutionen, die nur eine jahrzehntelange Gewöhnung an dieselbe Verfassung zu vermitteln pflegt.

Jetzt hatten die Juristen ihre große Stunde. Sie trugen dafür Sorge, die Auseinandersetzung mit allen Kniffen zu führen, wie sie bei großen Prozessen nun einmal üblich sind.

Ein Wehrbeitrag, so argumentierte die SPD, sei aus den verschiedensten Gründen mit dem Grundgesetz unvereinbar. Die Ratifikation des EVG-Vertrages setze daher Grundgesetzänderungen voraus, für die eine Zweidrittelmehrheit von Bundestag und Bundesrat erforderlich sei. Damit hätte die Opposition über eine Sperrminorität verfügt. Demgegenüber war nach Auffassung der Bundesregierung lediglich die einfache Gesetzgebungsmehrheit erforderlich.

Schon Anfang 1952 hatte die SPD eine vorbeugende Normenkontrollklage gegen den EVG-Vertrag beim Bundesverfassungsgericht erhoben. Sie zielte dabei gleichzeitig gegen den rechtlich damit verzahnten Generalvertrag.

Mit dieser Klage befaßte sich das Bundesverfassungsgericht, das von Bundestag und Bundesrat nach langem Kuhhandel in bedenklicher Weise mit Politikern und sonstwie parteipolitisch gebundenen Richtern besetzt worden war. Nur die Hälfte von ihnen verfügte über einige richterliche Erfahrung, und auch diese hatte in den meisten Fällen nur kurz gedauert oder lag weit zurück. Die Vorsitzenden beider Senate – Dr. Hermann Höpker-Aschoff und Dr. Rudolf Katz – waren prominente FDP- beziehungsweise SPD-Parlamentarier gewesen. Höpker-Aschoff hatte bis zu seiner Wahl eine maßgebende Rolle in der Bonner FDP-Fraktion gespielt und unterhielt besonders zum Bundespräsidenten beste Beziehungen. Katz war bis kurz vor seiner Wahl Justizminister in Schleswig-Holstein gewesen. Paradoxerweise saß der mit der Koalition verbundene Vorsitzende des Ersten Senats, Höpker-Aschoff, einem Gremium vor, von dessen Mitgliedern mit einiger Sicherheit sieben der SPD und zwei der CDU zuge-

rechnet werden durften. Umgekehrt sah es im Zweiten Senat aus, der unter Vorsitz von Rudolf Katz
sieben mehr oder weniger auf die CDU hin orientierte Richter und zwei Sozialdemokraten umfaßte.
Das Wahlmännerkollegium von Bundestag und
Bundesrat hatte also sehenden Auges denkbar ideale
Voraussetzungen für eine Politisierung des Bundesverfassungsgerichts geschaffen. Bald wurde denn
auch zum großen Verdruß der Richter, die ihre Objektivität nicht gern angezweifelt sahen, in Politik
und Publizistik der Erste Senat als »roter«, der
Zweite als »schwarzer« Senat bezeichnet.

Doch tat das Gericht wenig, um zu der in der Bundeshauptstadt tobenden politischen Schlacht Abstand zu gewinnen. Zwischen allen an der Auseinandersetzung beteiligten Parteien in Bonn und bestimmten ihnen zugewandten Richtern in Karlsruhe
fand in jener Periode ein ständiges Kommen und
Gehen statt, so daß Regierung und Opposition über
die jeweils zu erwartenden Positionen des Gerichts
meist schon im voraus mehr oder weniger detailliert
unterrichtet waren.

*Das Prinz-Max-Palais in Karlsruhe, erster Sitz des
Bundesverfassungsgerichts.*

Zum Zeitpunkt der Unterzeichnung der Verträge
sickerte bereits durch, der mit der Feststellungsklage
befaßte Erste Senat werde deren Zulässigkeit beja-
hen. So unmittelbar nach der Unterzeichnung und
noch vor der Ratifizierung durch einen der Unter-
zeichner-Staaten wären die außenpolitischen Folgen
eines derartigen Urteils katastrophal gewesen. In
dieser Situation griff der Bundespräsident ein. Mit
unbestreitbarem Geschick hatte er es bisher verstanden, als eine Art überparteiliche Integrationsfigur
des neuen Staates zu wirken, obschon ihn die Vorgänge bei seiner Wahl wie auch die persönliche
Überzeugung eng mit der »Kleinen Koalition« verbanden. Ein sauberes »Außenbild« der Bundesrepublik gegenüber der Welt, eine gewisse Harmonie
zwischen den Institutionen und den großen gesellschaftlichen Kräften im Innern herzustellen – von
solchen Maximen hatte er sich bei der Amtsführung
leiten lassen. Dabei war er allerdings ein scharfer
Gegner des Sozialismus und hatte sich vom Kanzler, der ihn mit großer Zuvorkommenheit zu behandeln wußte, von der Richtigkeit des mit den Verträgen eingeschlagenen Kurses überzeugen lassen.

Das Harmoniekonzept wurde aber durch den sich
abzeichnenden Verfassungsstreit gestört, denn es
war leicht absehbar, daß der Bundespräsident mitten zwischen die Fronten der Parteien geraten mußte, falls er Vertragsgesetze unterzeichnete, die die
Opposition als verfassungswidrig betrachtete. Beraten wahrscheinlich vom Bundesjustizminister, dem
es vor allem darum ging, die Entscheidung über die
Verträge vom Ersten Senat wegzubekommen, bat er
das Bundesverfassungsgericht um ein vom Plenum
des Gerichts zu erstattendes Rechtsgutachten über
die Frage, ob die Gründung der EVG im Widerspruch zum Grundgesetz stehe.

Die SPD war verbittert. In Karlsruhe aber, wo man
das Spekulieren auf die unterschiedliche politische
Färbung der beiden Senate mit Unbehagen verfolgt
hatte, begrüßte man es, daß nun beide Senate zusammen Stellung nehmen sollten, und schlug den
Kontrahenten eine Aussetzung des Normenkon-
trollverfahrens und die Unterwerfung unter das zu
erstattende Gutachten des Gerichts vor. Hoffnungsvoll stimmte die Bundesregierung zu, während die
Opposition mit der durchaus zutreffenden Feststel-

Als Bundespräsident Heuss mit seinem Ersuchen um ein Rechtsgutachten über die Verfassungsmäßigkeit der EVG-Verträge eine bedrohliche Entscheidung des Bundesverfassungsgerichts heraufbeschworen hatte, bewog ihn Bundeskanzler Adenauer, seine Bitte zurückzuziehen.

lung ablehnte, ein bloßes Rechtsgutachten habe schließlich keine rechtlich bindende Wirkung.

Als erstes entschied das Gericht, die Feststellungsklage der SPD als unzulässig abzulehnen, da die Beratungen der gesetzgebenden Körperschaften ja noch gar nicht abgeschlossen seien. Dann machte es sich an die Ausarbeitung des Rechtsgutachtens für den Bundespräsidenten, wofür einige Monate erforderlich waren. Schon diese Aussicht hatte eine merkliche Verlangsamung des Ratifikationsverfahrens zur Folge. Solange Karlsruhe nicht gesprochen hatte, war nicht an eine Unterzeichnung durch den Bundespräsidenten zu denken. Somit konnte man sich auch im Bundestag Zeit lassen. Der Kanzler, der die Vertragswerke am liebsten noch vor der parlamentarischen Sommerpause 1952 über die Hürde gebracht hätte, konnte diesem Argument wenig entgegenhalten. Mehr als die erste Lesung war nicht zu erzwingen. Gegen seinen Willen setzte jetzt die Fraktionsführung der CDU, dabei durchaus im Einvernehmen mit der FDP, eine Verschiebung der zweiten und dritten Lesung erst auf September und

dann noch weiter durch. Die Motive, die dem Wunsch nach Verzögerung zugrunde lagen, waren vielschichtig: Sorge vor einem großen Verfassungsstreit, Bestreben, die Verträge schließlich doch noch zusammen mit der SPD zu verabschieden, Warten auf eine Viererkonferenz und persönliche Ambitionen maßgebender Koalitionspolitiker spielten gleicherweise eine Rolle. Im Kabinett sprach sich vor allem Jakob Kaiser für eine Viererkonferenz aus. Adenauer aber meinte: »Ich bin gegen eine Viererkonferenz ohne Programm und ohne eine klare Haltung der Westmächte. Ich bin dafür, wenn ein klares Programm vorliegt und die Ratifizierung dadurch nicht aufgehalten wird.«

Im August 1952, während seines Urlaubs auf dem Bürgenstock am Südufer des Vierwaldstätter Sees, sah sich Adenauer plötzlich mit einem Versuch der CDU/CSU-Fraktion unter Führung des Fraktionsvorsitzenden von Brentano und von Franz Josef Strauß konfrontiert, ihn zur baldigen Aufgabe des Außenministeriums zu drängen. Begründet wurde dies mit dem Verweis auf die zu erwartenden Belastungen durch den Wahlkampf, aber auch auf die permanenten öffentlichen Auseinandersetzungen um die Tätigkeit von NS-Diplomaten im Auswärtigen Amt, zu denen es nach Meinung der Kritiker vor allem deshalb gekommen war, weil der Kanzler für das von ihm geführte Ministerium keine Zeit hatte. Machtkämpfe im innersten Kreis um den Kanzler, besonders zwischen dem neben Staatssekretär Hallstein maßgebenden außenpolitischen Berater Adenauers, Herbert Blankenhorn, der aus dem alten Auswärtigen Amt kam, und Staatssekretär Otto Lenz, einem Mann des 20. Juli, spielten dabei mit hinein. Von Brentano strebte nach dem Außenministerium und hoffte, damit auch eine Vorentscheidung über die Kanzlernachfolge zu erreichen. Adenauer sah in diesem Vorstoß aber ein großes Komplott, das sich nicht nur gegen seine Machtfülle, sondern auch gegen seine Außenpolitik richtete. Denn die an dem Vorstoß Beteiligten hatten kurz zuvor aus unterschiedlichen Motiven die Verlangsamung des Ratifikationsverfahrens erzwungen.

Auch andere machten sich damals Hoffnung auf die Nachfolge des Kanzlers. Jakob Kaiser, der sich in der CDU selbst immer stärker in eine Außenseiterposition manövriert hatte, plädierte seit Monaten unter Verweis auf die Notwendigkeit, die SPD für die Verträge zu gewinnen, für eine Große Koalition, als deren Kanzler er sich bereits sah. In die personalpolitischen Kombinationen einbezogen wurde gelegentlich auch der ehemalige Reichskanzler Brüning, der in Köln auf einem Lehrstuhl für Politische Wissenschaft vorerst abseits von der Tagespolitik, aber doch noch nicht resigniert Posten bezogen hatte und immer weniger mit seiner Kritik an der Frankreich- und Wiedervereinigungspolitik des Kanzlers hinter dem Berge hielt. Bei der Malaise mit der »Kleinen Koalition« kam besonders auf seiten führender katholischer CDU-Politiker das Mißfallen über die FDP zum Ausdruck, deren miteinander ziemlich zerstrittene Gruppen nur in der Ablehnung des politischen Katholizismus einig waren.

In der Koalition waren auch die Differenzen über das Betriebsverfassungsgesetz noch nicht vergessen. Kurz vor der Bonner Außenministerkonferenz im Mai 1952 hatte es einige Tage lang so ausgesehen, als würden die Gewerkschaften ihren Forderungen mit bundesweiten Streikaktionen Nachdruck verleihen. Die Regierung blieb zwar unter dem Druck der FDP und DP fest, und im Juli gelang es der Koalition, ihre diesbezüglichen Meinungsverschiedenheiten mit Ach und Krach beizulegen und das Betriebsverfassungsgesetz zu verabschieden. Der Koalitionsfriede war gerettet worden, aber auf der Strecke blieben die weitgehenden Erwartungen der Gewerkschaften, was zur Folge hatte, daß sich diese einige Monate später unter Führung von Walter Freitag für ein engeres Zusammengehen mit der SPD entschlossen.

Am beunruhigendsten war der Zustand der FDP. Sie stellte sich damals als ein Konglomerat von Landesverbänden dar, von denen jeder seine eigene Linie verfocht. Eine Minderheit spielte hier bereits mit dem Gedanken an einen bundesweiten Koalitionswechsel. Alle Freidemokraten aber waren entschlossen, beim künftigen Wahlkampf der CDU mit nationalen Parolen bürgerliche Wähler abzujagen. Doch wenn Adenauer die FDP bei der Stange halten wollte, mußte er sich zum Kummer der alten Zentrumskräfte in seiner Partei auf eben diese national orientierten Gruppierungen stützen, die damals auch der Schwerindustrie nahestanden. Erstaunlicherweise hatten die Vertreter der Rechten in der Regierungskoalition die Westverträge im großen und ganzen vorbehaltlos akzeptiert. Sie versuchten ihr gesamtdeutsches Gewissen aber jetzt mit einer gewissen Verzögerung der Ratifizierung zu beruhigen und wollten abwarten, ob vielleicht eine Viererkonferenz doch noch Fortschritte in der deutschen Frage erbringen würde.

Verlangt wurde aber in jedem Fall ein entschiedeneres Auftreten der Regierung in der Saarfrage. Hier konnte sich jedoch wenig bewegen, denn auf französischer Seite waren inzwischen die Gegner der Westverträge bemüht, ihrerseits ein deutsches Entgegenkommen bezüglich der Saar als Vorbedingung für die Ratifikation ins Spiel zu bringen. Man verhandelte zwar zwischen Paris und Bonn weiter über eine »Europäisierung« und spielte dabei auch mit der Idee, dem Washingtoner Beispiel zu folgen und aus dem Saarland eine Art europäischen »District of Columbia« als Sitz der europäischen Institutionen zu machen. Aber dieser Gedanke war viel zu kompliziert, und alle Beteiligten sahen sich zu so vorsichtigem Taktieren gezwungen, daß die deutsch-französischen Saarverhandlungen im Oktober 1952 wieder einmal zusammenbrachen mit entsprechenden atmosphärischen Rückwirkungen auf die Ratifikationsbereitschaft der Parlamente. Im übrigen bot das deutsche Zögern bei der Ratifizierung den Vertragsgegnern in Paris ein gutes Argument, auch ihrerseits die Verträge ruhen zu lassen.

Im November 1952 schloß der Bundestag endlich die Beratungen der Vertragswerke ab, an denen, wie jedermann wußte, ohnehin kein einziger Paragraph mehr zu ändern war. Jetzt aber erreichten düstere Nachrichten aus Karlsruhe das Regierungslager. Der dadurch alarmierte Kanzler drängte nun nochmals auf eine sofortige Ratifizierung durch den Bundestag, um das schwankende Gericht zu beeinflussen, das die weltpolitische Entscheidung, an der es mitwirkte, ohnehin zunehmend als Bürde betrachtete. Dann aber entschied sich der Kanzler für einen blitzartigen Kurswechsel, der die Öffentlich-

keit völlig verblüffte. Am 5. Dezember nahm der Bundestag zwar die zweite Lesung vor, votierte aber auf Antrag von CDU/CSU und FDP gleichzeitig für eine Aussetzung des Ratifikationsverfahrens. Und am 6. Dezember machten 201 Abgeordnete aus den Koalitionsfraktionen eine Organklage gegen die 128 SPD-Abgeordneten anhängig. Als Mehrheit des Deutschen Bundestages würden sie durch die Behauptung der Minderheit, die Verträge bedürften der Verfassungsänderung, in ihren Rechten beeinträchtigt und beantragten deshalb beim Bundesverfassungsgericht die Feststellung, daß die Ratifikation der Vertragsgesetze mit einfacher Mehrheit vorgenommen werden könne.

Die Beweggründe des Kanzlers für diesen verblüffenden Schachzug waren vielschichtig. In erster Linie ging es ihm darum, das kurz vor der Entscheidung stehende, wahrscheinlich negative, wenn auch nicht verbindliche Rechtsgutachten für den Bundespräsidenten zu konterkarieren. Ein leitender Gedanke war dabei die Überlegung, daß für die Behandlung einer Organklage der »schwarze« Zweite Senat

Der Ministerpräsident des Saarlandes, Johannes Hoffmann, und der französische Außenminister Georges Bidault am 10. Februar 1953 in Paris.

zuständig sei. Da die Klage der Mehrheit das Ratifikationsverfahren direkt betraf, mußte sie auch zeitlich vor der beim »roten« Ersten Senat anhängigen Feststellungsklage behandelt werden. Jene durfte erst verhandelt werden, wenn das parlamentarische Verfahren abgeschlossen war. Damit lag die Entscheidung in der Sache dort, wo die größten Erfolgsaussichten waren. Weiter bestand die Hoffnung, hier relativ rasch eine Entscheidung zu erhalten, während sich der Erste Senat mit Hunderten von Verfassungsbeschwerden herumzuschlagen hatte. Der Zweite Senat war damals aus Gründen der Geschäftsverteilung fast arbeitslos. Wäre die Feststellungsklage durch den Ersten Senat behandelt worden, so hätte man wohl bis in den Frühsommer 1953 auf eine bindende Entscheidung warten müssen. Denn das vom Bundespräsidenten angeforderte Gutachten, das noch im Dezember 1952 vorliegen würde, war ja von der Natur der Sache her nicht rechtlich verbindlich. Zu einem früheren Zeitpunkt, als sie noch mit einem für sie ungünstigen Bescheid rechnete, hatte die Opposition selbst darauf hingewiesen, woran sich die Regierung jetzt gern erinnerte. Eine negative Entscheidung über die dann fällige Feststellungsklage, die unmittelbar in die Vorwahlkampfphase gefallen wäre, hätte für die Koalition verheerende Folgen gehabt, während eine – theoretisch ja auch immer denkbare – negative Entscheidung des Zweiten Senats im Januar oder Februar 1953 politisch noch aufgefangen werden konnte.

Diese Erwägungen waren freilich so kompliziert, daß der Kanzler selbst in den Koalitionsfraktionen erhebliche Widerstände zu überwinden hatte. Die Öffentlichkeit konnte erst recht nicht mehr folgen und gewann den durchaus berechtigten Eindruck, daß jetzt von allen Seiten mit Advokatentricks gearbeitet werde. Doch das war erst der Anfang dieser *cause célèbre* deutscher Verfassungsgerichtsbarkeit.

Karlsruhe indessen mußte die Organklage der Regierungsmehrheit, die ganze drei Tage vor der Verhandlung über das Präsidentengutachten eingereicht wurde, als zynische Infragestellung seiner richterlichen Objektivität empfinden, was immer auch die politischen Absichten der einzelnen Richter gewesen sein mögen. Nicht nur die Qualität der bevorstehenden Plenumsentscheidung wurde ange-

zweifelt. Der Klage der Koalitionsmehrheit lag auch ganz offenkundig die Erwartung zugrunde, daß die Richter des Zweiten Senats nicht aus streng rechtlichen, sondern aus parteipolitischen Überlegungen heraus Recht sprechen würden. Gerade diejenigen Richter, die den Regierungsstandpunkt sachlich für richtig hielten, konnten diesen Zweifel an ihrer Integrität am wenigsten auf sich sitzen lassen.

Auf einer verworrenen Sitzung am 8. Dezember einigte sich das Plenum des Bundesverfassungsgerichts deshalb auf eine mit 20 von 22 Stimmen gebilligte Erklärung, in der es alle Spekulationen zurückwies, wonach es sich von politischen und nicht von rein rechtlichen Gesichtspunkten leiten lasse. Es beschloß, daß das zur Verhandlung stehende Gutachten für den Bundespräsidenten beide Senate binde.

Für die Regierung stellte sich jetzt die Lage so dar, als ob eine unwiderrufliche Entscheidung über die Verträge unmittelbar bevorstehe, von deren negativem Charakter man überzeugt war. Die Prozeßvertreter der Bundesregierung erreichten eine Vertagung der Verhandlung auf den folgenden Tag, und im Bundeskanzleramt und im Bundespräsidialamt begannen nun hektische Beratungen.

Der aufs höchste alarmierte Kanzler war entschlossen, es notfalls auf den Verfassungskonflikt ankommen zu lassen und das Gericht durch eine Novellierung des Richterwahlgesetzes auszuhebeln. Vernünftigerweise unternahm er aber als allererstes einen Gang zum Bundespräsidenten und überzeugte diesen ohne große Diskussion, daß der einzige Ausweg in einer Zurücknahme des Ersuchens um ein Gutachten bestand. Das Argument schien zwingend: Der Bundespräsident, der sich selbst als Hüter der Verfassung verstand, hatte um ein unverbindliches Gutachten gebeten, das ihm bei der Entscheidung helfen sollte, ohne ihn jedoch bei der Ausübung seiner verfassungsmäßigen Rechte zu binden. Nun aber war das Gericht im Begriff, durch seinen überraschenden, vom Bundesverfassungsgerichtsgesetz nicht gedeckten Beschluß eben die höchste Präsidentenprärogative an sich zu ziehen.

Diese Sicht der Dinge deckte sich voll mit der Auffassung von Bundespräsident Heuss. Er hatte mit seinem Gutachtenersuchen darauf abgezielt, die ei-

gene Position als Hüter der Verfassung nach allen
Seiten hin abzusichern, aber keinesfalls, sie in Frage
zu stellen. Der Kanzler hatte noch nicht geendet,
als Heuss schon auf einen Zettel notierte: »Ich werde das Ersuchen um ein Gutachten zurückziehen.«
Dabei blieb er, obwohl ihn verschiedene Länderministerpräsidenten und der SPD-Vorsitzende be-
stürmten, doch ja fest zu bleiben. Entschlossene Be-
rechnung des Kanzlers und der Wille des Präsidenten, die Unabhängigkeit seines Amtes zu wahren,
wirkten so zusammen, die Westverträge um die gefährlichste Klippe zu steuern. Guter Laune konnte
Adenauer nach diesem entscheidenden Tag zu Otto
Lenz bemerken, er werde lange nicht mehr so gut
schlafen wie heute. Ein Schlaf des Gerechten war es
wohl nicht, aber der des Siegers, der sich fürs erste
mit einigen raschen Windungen aus den prozessua-
len Schlingen befreit hatte.
Allerdings entfesselte die Zurücknahme des Gutachtenersuchens durch den Bundespräsidenten im ganzen Land einen politischen Sturm. Bundesjustizminister Dehler goß noch Öl ins Feuer, als er vor Journalisten bemerkte, man könne wegen eines solchen
Gremiums nicht Deutschland vor die Hunde gehen
lassen, und zu allem hin auch noch einer Gruppe
von Juristen, die ihm ein Protesttelegramm sandten,
zurückdrahtete: »Das Bundesverfassungsgericht ist
in einer erschütternden Weise von dem Wege des
Rechts abgewichen und hat dadurch eine ernste Krise geschaffen.« Dieses Telegramm und einige erregte Worte gegenüber Heuss kosteten ihn allerdings
bei der Regierungsbildung 1953 das Ministeramt
und machten in der Folge aus dem glühenden Bewunderer Adenauerscher Außenpolitik einen tief
enttäuschten, erbitterten Gegner.
Doch der Lärm der kommenden Wochen bewegte
nur die Oberfläche. Das politisch wesentliche Ergebnis bestand darin, daß der zu allem, auch zu einer Novellierung des Bundesverfassungsgerichtsge-
setzes und nötigenfalls zu vorzeitigen Neuwahlen
entschlossene Kanzler dem Karlsruher Gericht den
Schneid abgekauft hatte. Behutsam schob das Bundesverfassungsgericht nun die Klagen erst einmal
vor sich her. Es wies zwar, wie nicht anders zu erwarten, die Feststellungsklage der Koalition als unzulässig zurück, wartete aber mit dem Urteil in der

*Jahrelang ein Bewunderer Adenauerscher Außenpoli-
tik, gehörte Thomas Dehler seit 1953 zu den erbittert-
sten Gegnern des Bundeskanzlers.*

Hauptsache bis nach den Bundestagswahlen ab und
sah sich weiteren unangenehmen Entscheidungen
enthoben, als die Regierung in ihrem Gefolge in
Bundestag und Bundesrat eine Zweidrittelmehrheit
erreichte.
Im Bundesrat drohten gleichfalls viele Fallstricke.
Auch heute ist noch nicht ganz deutlich zu erkennen, ob die Schwierigkeiten, die der baden-würt-
tembergische Ministerpräsident Reinhold Maier den
Verträgen bereitete, als reiner Theaterdonner zu
werten waren oder ob diese im Frühjahr 1953 tatsächlich ernsthaft in Gefahr gewesen sind.
Schon als im April 1952 die Regierung Maier in Baden-Württemberg zustande gekommen war, hatte
Adenauer das Schlimmste befürchtet. In letzter
Stunde hatte er bei den Hohen Kommissaren einen
energischen Vorstoß unternommen, die schon fast
ausgehandelten Vertragswerke so umzuformen, daß
nur zwei aus deutscher Sicht weniger gewichtige

Verträge im Bundesrat zustimmungspflichtig gewesen wären. Insgeheim hoffte er gleichzeitig, dadurch auch verschiedene ungünstige Regelungen aus der Welt zu schaffen, denen sonst nicht auszuweichen war. Doch die Alliierten durchschauten diese Absicht und gingen das Risiko zustimmungspflichtiger Westverträge ein.

Die Bundesregierung hatte auch im Bundesrat kein Glück mit dem Versuch, die Vertragsmaterie noch nachträglich aufzuteilen. Die SPD-geführten Länder hatten seit 1949 ihr Herz für den Föderalismus entdeckt, und der niedersächsische Ministerpräsident Hinrich Wilhelm Kopf meinte in diesem Zusammenhang: »Wir sind nicht dazu da, um das Horst-Wessel-Lied zu singen und Ja zu sagen.« Auch den von CDU- oder CSU-Ministerpräsidenten geführten Landesregierungen schien eine prinzipielle Wahrung der Länderrechte damals wichtiger als die mögliche Gefährdung des Ratifikationsverfahrens durch Baden-Württemberg. Diese riskante Festlegung verfocht insbesondere der bayerische Ministerpräsident Hans Ehard, damals Vorsitzender des Außenpolitischen Ausschusses des Bundesrates. Damit war die Bühne für das Drama des April 1953 schon im Juni 1952 gerichtet.

In Reinhold Maier stieß der Kanzler auf einen Politiker, der ihm gewachsen war. Walter Henkels, einer der genauesten Kenner der personellen Szenerie in Bonn, schrieb damals, es gebe in Deutschland nur zwei Füchse, der eine heiße Maier, der andere Adenauer. Maier war aus den verschiedensten Gründen entschlossen, die Entscheidung des Bundesrates, dessen turnusmäßiger Präsident er damals auch noch war, nach besten Kräften hinauszuzögern. Kulturpolitisch dem in der Tradition des Freisinns stehenden Flügel seiner Partei zugehörend, wollte er im neuen Bundesland zusammen mit der SPD die schulpolitischen Vorstellungen des Liberalismus durchsetzen, die mit der von der CDU vertretenen Forderung nach Sicherung der Konfessionsschule nicht vereinbar waren. In bezug auf die deutsche Frage vertrat er prononciert nationalliberale Zielsetzungen, wobei er von dem mit ihm befreundeten schwäbischen Diplomaten Karl Georg Pfleiderer beraten wurde, dem der kompromißlose Westkurs des Kanzlers damals zu schnell ging und der die sowje-

tische Kompromißbereitschaft gerne ausgelotet gesehen hätte. Maier hatte aber zugleich seit 1945 Kredit bei den Amerikanern, die nicht glauben wollten, daß er, wenn es hart auf hart gehe, das gesamte Vertragswerk zerschlagen würde.

So lange wie möglich verfolgte aber der Bundesrat und besonders Maier die Linie, erst die juristische Klärung der Situation durch das Gutachten des Bundesverfassungsgerichts abzuwarten. Da im Winter 1952/53 außerdem der französische Wunsch nach Zusatzabkommen abgewehrt werden mußte, war noch mehr Zeit gewonnen. Als der Bundestag aber endlich im März 1953 ratifizierte, hatte es den Anschein, als ob der Entscheidung nicht mehr ausgewichen werden könne.

Doch das war ein Irrtum. In einer Lage, in der der Kanzler den Koalitionsparteien mit dem Hinweis ins Gewissen redete, »daß Deutschland jetzt tatsächlich im Mittelpunkt des Weltgeschehens steht«, schaffte es Maier durch souveräne Handhabung der Geschäftsordnung, die Verträge am 24. April 1953 unter der Tarnkappe eines Vertagungsantrags durch den Bundesrat zu schleusen. Baden-Württemberg vermied ein Ja oder Nein, die Bundesregierung aber war nun nach Ablauf der vierzehntägigen Frist des Artikels 77 Absatz 2 berechtigt, die Verträge, zu denen der Bundesrat ja keine Stellung genommen hatte, dem Bundespräsidenten zur Unterzeichnung vorzulegen. Der Schwarze Peter lag jetzt bei Heuss. Dieser hatte sich allerdings aufgrund heftiger Kritik an der Rücknahme seines seinerzeitigen Gutachtenersuchens darauf festgelegt, erst zu unterzeichnen, wenn eine höchstrichterliche Entscheidung vorlag. Darin ließ er sich auch von der Bundesregierung nicht beirren, die nun die Tür durchschreiten wollte, die ihr von Maier verstohlen geöffnet worden war. Heuss wußte sich bei der SPD im Wort und wollte sich kein zweites Mal von Adenauer überrollen lassen.

Alles drohte nun an der Rechtschaffenheit des sehr vorsichtig gewordenen Bundespräsidenten hängenzubleiben, denn daß ein nicht vom Bundesrat gebilligtes Vertragswerk im Bundesverfassungsgericht besonders gefährdet wäre mit dem Risiko weiterer, unkalkulierbar langer Verzögerungen, war offensichtlich.

Bemühungen der Regierung, die SPD-Regierung in Niedersachsen zu stürzen und so auf einem Umweg zum Ziel zu gelangen, kamen nicht zum Zuge. Jetzt endlich mußten Ehard und die anderen Bannerträger der Länderrechte kapitulieren, die letzten Endes die Hauptschuldigen an den ganzen Schwierigkeiten waren. Auch unter dem Eindruck der eben abgeschlossenen triumphalen ersten Amerikareise des Kanzlers, bei der er überall die Zustimmung des Bundesrats als sicher bevorstehend angekündigt hatte, fanden sie sich endlich bereit, die von der Bundesregierung von Anfang an vertretene Teilung der Verträge in nicht zustimmungspflichtige Hauptabkommen und zustimmungspflichtige Nebenverträge von nachgeordneter Bedeutung zu akzeptieren. Maier seinerseits sah sich vom FDP-Vorstand mit dem Parteiausschluß bedroht und wußte sich übrigens durch eine stillschweigende Absprache mit dem SPD-Parteisekretär des Bezirks Süd-West gedeckt. So nahmen die Verträge am 15. Mai 1953 auch die letzte Hürde. Eine Ausfertigung durch den Bundespräsidenten wurde in allseitigem Einvernehmen allerdings noch nicht vorgenommen, um Gelegenheit zur Entscheidung über die Normenkontrollklage der SPD zu geben.

Welchen Einfluß die Verzögerung der Ratifikation auf das gesamte Schicksal der Verträge hatte, ist noch nicht mit letzter Sicherheit auszumachen. Man kann bezweifeln, ob in Frankreich überhaupt je eine parlamentarische Mehrheit zustande gekommen wäre. Dort begann die Diskussion über die EVG, wie Raymond Aron später bemerkte, die Nation ähnlich zu polarisieren wie seinerzeit die Dreyfus-Affäre. Schon Mitte Januar 1953 hatte Georges Bidault, der Schuman als Außenminister ablöste, in den Verhandlungen über die Kabinettsbildung in seiner gewohnt saloppen Art bemerkt, die EVG sei ein »in den Wandschrank eingeschlossenes Wesen, bei dem man einmal nachsehen muß, ob es noch am Leben ist«. Die neue Regierung René Mayer brachte eine Annäherung an die Gaullisten, die die Verträge vor allem deshalb bekämpften, weil dadurch die Armee Frankreichs im Prinzip abgeschafft werden sollte.

»Denken Sie daran, daß noch nie Deutschland und die Welt auf eine Sitzung des Bundesrates so geschaut hat wie auf diese!« Adenauer vor dem Bundesrat am 24. April 1954; rechts hinter ihm Ministerpräsident Reinhold Maier, damals Präsident des Bundesrates.

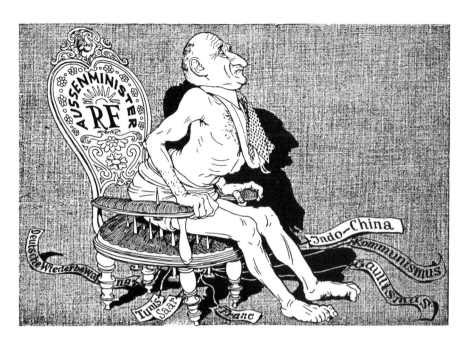

Zahlreich und vielschichtig waren die Probleme, mit denen Frankreichs Außenminister zu kämpfen hatte. Vielen »Europäern« erschien er – wie dem Zeichner Fritz Meinhard – als »Fakir von Frankreich«.

Angesichts der bis Mitte Mai 1953 ausstehenden deutschen Ratifizierung wäre in der Kammer und erst recht im Senat keine Mehrheit für eine vorhergehende französische Verabschiedung zu gewinnen gewesen. Dann aber standen die Bundestagswahlen vor der Tür, und es war begreiflich, daß Paris ihren Ausgang erst einmal abwarten wollte. Mehr und mehr verknüpfte sich auch das Schicksal der EVG in Frankreich mit den Belastungen durch den Indochina-Krieg und durch die beginnenden Wirren in Nordafrika. Die zunehmende innenpolitische Labilität wirkte sich außerdem hemmend aus. Zu allem kam dann im März 1953 der Tod Marschall Stalins, der besonders bei Winston Churchill in London, aber auch bei starken Gruppen in Paris, erneut einige Hoffnungen weckte, mit der Sowjetunion doch noch zu einer friedlich-schiedlichen Vereinbarung auch über Deutschland zu gelangen. So gesehen hat die ja nicht nur von der SPD zu verantwortende erhebliche Verzögerung der Ratifizierung durch die Bundesrepublik sicher nicht unwesentlich zu dem späteren Scheitern beigetragen.

Betrachtet man dieses Scheitern der EVG indessen aus der Interessenlage der Bundesrepublik, so war die zweieinhalbjährige Verzögerung der Ratifikation zweifellos ein Gewinn. Die Verträge, die im

Herbst 1954 neu zu verhandeln waren, fielen weit günstiger aus als diejenigen, die im August 1954 endgültig gescheitert sind, außerdem wurde die Bundesrepublik sofort Mitglied der NATO. Auch der anfänglich heftige Widerstand der Bevölkerung gegen den Wehrbeitrag hatte sich zu diesem Zeitpunkt schon ziemlich gelegt.

Anders sieht es aus, wenn man die Vorgänge im Hinblick darauf beurteilt, daß mit der EVG ja gleichzeitig ein Versuch verbunden war, über die Europa-Armee zu einer politischen Union Europas vorzustoßen. Die Frage, ob das deutsche Zögern den Zusammenbruch dieses großen Anlaufs zur Vereinigung Europas nicht wesentlich mitverschuldet hat, ist von mehr als akademischem Interesse.

Auf Ersuchen der Außenminister der Montanunion hatte eine teils aus Mitgliedern der Versammlung der Montanunion, teils aus nationalen Parlamenten zusammengesetzte Ad-hoc-Versammlung im März 1953 den Entwurf einer europäischen Verfassung vorgelegt, auf deren Grundlage beim Inkrafttreten der EVG mit dem Aufbau einer Politischen Union begonnen werden sollte. Führende deutsche Parlamentarier – so Heinrich von Brentano als Vorsitzender des Verfassungsausschusses und Hans-Joachim von Merkatz – hatten hier zusammen mit anderen ausgezeichneten Verfassungsjuristen aus der Sechsergemeinschaft unter Leitung von Paul-Henri Spaak diesen aus heutiger Sicht sehr weitgehenden, nach Auffassung vieler engagierter europäischer Föderalisten aber noch zu wenig kühnen Entwurf erarbeitet. Er sah die Gründung einer Europäischen Gemeinschaft übernationalen Charakters vor. Diese sollte Montanunion und EVG als eine Art politisches Dach überwölben. Die Europäische Gemeinschaft würde Rechtspersönlichkeit haben und war so konstruiert, daß eine organische Fortentwicklung zu einem Staatenbund oder Bundesstaat möglich gewesen wäre. Ähnlich wie im Fall von EGKS und EVG waren auch hier die Organe eines unvollendeten Bundesstaates vorgegeben: ein Zweikammersystem, ein Exekutivrat als Regierung, ein Gerichtshof sowie ein Wirtschafts- und Sozialrat. Die Regierungen waren aufgefordert, dieses Gemeinschaftsprojekt zu beraten und das Ratifikationsverfahren zusammen mit dem EVG-Vertrag in Gang zu bringen. Der Verfassungsentwurf der Ad-hoc-Versammlung markiert den Gipfelpunkt der europäischen Einigungsbewegung in den frühen fünfziger Jahren. Auch in der Bundesrepublik sahen sich viele Befürworter eines europäischen Bundesstaats nunmehr kurz vor dem Ziel, freilich zu Unrecht.

Die Regierungen reagierten nämlich zurückhaltend, auch Adenauer. Er fürchtete Rückschläge, die sich aus übereilten Maßnahmen ergeben könnten, und meinte, man solle sich vor allem am Beispiel der Schweiz im 19. Jahrhundert orientieren, deren Einigung auch aus weisem evolutionärem Fortschreiten entstanden sei. Bedenken hatte der Kanzler gegen eine Übertragung der Kompetenzkompetenz auf eine Europäische Gemeinschaft. Er wollte auch sichergestellt sehen, daß das Europäische Parlament seine Befugnisse nicht von sich aus auszudehnen versuche. Im ganzen hielt er es damals für seine Aufgabe, zwischen dem meist konservativen Beharrungsstreben der traditionellen Diplomaten und den vorwärtsdrängenden Gruppen der Europa-Parlamentarier sowie der Europa-Union eine ausgleichende Zwischenposition zu finden.

Seine Auffassungen deckten sich weitgehend mit denen der französischen Regierung. Auch Frankreich wäre allenfalls bereit gewesen, die Europäische Politische Gemeinschaft als Dach über EGKS und EVG zu errichten, ohne dieser jedoch schon größere Zuständigkeiten einzuräumen. Immerhin akzeptierten Paris und die Mehrzahl der anderen Regierungen im Mai 1953 die Forderung nach Direktwahlen für ein Parlament der Gemeinschaft. Adenauer, der erst etwas zurückhaltend gewesen war, meinte nach der Sitzung vor der Presse, man werde vielleicht schon zu Beginn des kommenden Jahres europäische Direktwahlen haben – eine Annahme, die der Zeit um ein Vierteljahrhundert vorauseilte. In dem Maß, in dem sich die Stimmung in Paris in den folgenden Monaten zunehmend gegen das Projekt der EVG kehrte, wurde aber auch der Grund für eine Europäische Politische Gemeinschaft hinfällig.

Allem Anschein nach war es also nicht das deutsche Zögern, das die europäischen Möglichkeiten verschüttet hat, denn der eigentliche Anlauf wurde erst im Frühjahr und Sommer 1953 genommen, als die Ratifizierung in Bonn schon über dem Berg war. In bezug auf die europäische Einigung ist demnach durch die fast einjährige Verzögerung in Bonn keine große Gelegenheit versäumt worden. In Wirklichkeit bestimmte noch auf einige Jahre hinaus weitgehend der Gang der Uhren in Frankreich das Eintreten oder Nichteintreten europäischer Sternstunden.

Die Wiederherstellung des deutschen Kredits

Zur grundlegenden Neuordnung der Beziehungen gegenüber dem Ausland, die am Ende der ersten Legislaturperiode ihre Regelung fanden, gehörte auch das Londoner Abkommen über die deutschen Auslandsschulden und das Abkommen mit Israel über die Wiedergutmachung. Beide Komplexe waren sachlich zwingend miteinander verbunden, und bei beiden ging es um die Wiederherstellung des deutschen Kredits. Im einen Fall handelte es sich um die Regelung von deutschen Verbindlichkeiten, die teilweise in die Zeit vor Gründung der Bundesrepublik zurückreichten. Wenn Bonn seinen Anspruch auf Identität mit dem Deutschen Reich international durchsetzen und zugleich neue Kreditfähigkeit erwerben wollte, mußten die Gläubiger befriedigt werden.

Im Fall des Israel-Abkommens ging es um den moralischen Kredit. Regierung und Öffentlichkeit in der Bundesrepublik hatten zwar von Anfang an keinen Zweifel daran gelassen, daß sie die im deutschen Namen an den Juden begangenen Verbrechen aufs tiefste bedauerten und verurteilten. Sie sahen sich aber der von Israel und dem Weltjudentum vertretenen Auffassung gegenüber, daß die Reue nur dann glaubhaft sei, wenn sich damit auch die Bereitschaft zur materiellen Wiedergutmachung verbinde. Sachlich hingen Schuldenregelung und Wiedergutmachung gegenüber den Juden deshalb zusammen, weil beide den Bundeshaushalt, besonders aber die Handels- und Dienstleistungsbilanz der Bundesrepublik, sehr stark beanspruchen mußten. Aufgrund der 1952 ausgehandelten Zahlungen und Lieferungen aus beiden Abkommen erwuchsen allein für das Haushaltsjahr 1953 Belastungen in Höhe von insgesamt 767 Millionen DM – dies bei einem Bundeshaushalt, der sich 1952 auf rund 23 Mrd. DM belief, und bei einem Leistungsüberschuß der deutschen Devisenbilanz in Höhe von nur 186 Millionen DM im Referenzjahr 1951, wobei im Jahre 1950 sogar noch ein Defizit von 601 Millionen zu verzeichnen gewesen war!

Eine Regelung der deutschen Auslandsschulden hatten die Außenminister der drei Westmächte bereits auf ihrer New Yorker Konferenz im September 1950 als Voraussetzung künftiger Souveränitätserweiterungen gefordert. Dabei handelte es sich sowohl um Staatsschulden wie um private Anleihen in nicht voll übersehbarer Höhe. Den Hauptteil von insgesamt rund 13 Mrd. DM, auf die man sich schließlich einigte, machten die Staatsschulden aus. Davon beliefen sich allein die von den USA und zu einem kleineren Teil von Großbritannien gewährten Schulden aus Nachkriegswirtschaftshilfeleistungen, insbesondere aus der Marshallplan-Hilfe, auf etwa 7 Mrd. DM. Rund 3,5 Mrd. entfielen auf Vorkriegsschulden, von denen die seinerzeit von den USA gewährten Dawes- und Young-Anleihen mit zirka 1,6 Mrd. DM besonders zu Buch schlugen.

In der Bundesregierung gab es unterschiedliche Meinungen, ob man sich bereits so frühzeitig auf eine Gesamtregelung des Schuldenkomplexes einlassen solle. Die Devisensituation war noch außerordentlich angespannt. Bundesfinanzminister Schäffer und Notenbankpräsident Vocke zögerten stark.

Doch niemand sah voraus, ob sich die Exportsituation nicht wieder so verschlechtern würde, daß

Der schon 1947 verkündete, aber erst nach der Währungsreform 1948 und der Gründung der Bundesrepublik wirksam gewordene Marshallplan setzte einen wirtschaftlichen Aufschwung in Gang, der später als der Beginn des »Wirtschaftswunders« bezeichnet wurde.

möglicherweise neue ausländische Staatskredite erforderlich sein könnten. Neue Kredite erhält aber auch im staatlichen Bereich im allgemeinen nur ein Schuldner, der seinen früheren Verbindlichkeiten pünktlich nachkommt. Das private Bankgewerbe und Teile der Wirtschaft, die angesichts des völlig zerrütteten Kapitalmarkts auf Auslandsanleihen hofften, drängten gleichfalls auf eine Regelung. Eine wesentliche Rolle spielte in diesem Zusammenhang die Überlegung, daß eine Gesamtregelung um so günstiger ausfallen werde, je früher man sich einige, weil die Gläubigerseite dann noch unter dem Eindruck der großen deutschen Transferprobleme stehe. Hauptexponent der Gruppen, die auf eine rasche Regelung drängten, war Hermann Josef Abs, damals Stellvertretender Vorsitzender der Bank für Wiederaufbau, der auch beim Kanzler Gehör fand. Er wurde mit der Leitung der deutschen Delegation beauftragt, die nach langwierigen Vorverhandlungen mit den drei Westalliierten im Februar 1952 zur Londoner Schuldenkonferenz zusammentraf. Dort befestigte er seinen Ruf als größter Bankier der bürgerlichen Republik. Adenauer war so sehr von seinen Verhandlungskünsten angetan, daß er eine Zeitlang erwog, ihn zum Außenminister zu machen.

Im ganzen kam die Bundesrepublik ziemlich günstig weg. Das Schuldenabkommen konnte im letzten Augenblick unter Dach und Fach gebracht werden, als sich die deutschen Devisenüberschüsse gerade noch in Grenzen hielten. Die Gläubigeransprüche, die naturgemäß bei Beginn der Verhandlungen weit über den deutschen Berechnungen lagen, wurden reduziert, allein die der USA aus der GARIOA-Hilfe der ersten Nachkriegsjahre und aus dem Marshallplan von 3,2 Mrd. auf 1,2 Mrd. Für die Zahlungen setzte die Gläubigerseite schließlich einen Schuldendienst in Höhe von 567 Millionen DM durch, während die Bundesregierung als äußerstes Angebot ursprünglich nur eine halbe Milliarde konzedieren wollte. Ab 1958 sollten sich die Annuitäten auf 765 Millionen erhöhen. Die Zeit für Rückzahlung und Schuldendienst wurde stark gestreckt, so daß die deutschen Schuldner Luft bekamen.

Die deutsche Delegation konnte auch durchsetzen, daß nur Zahlungen im Rahmen der zu erwartenden Transferkapazität geleistet wurden. Hätte man sich auf eine Regelung mit Sperrkonten eingelassen, so wäre dies ein ernstes Hindernis auf dem Weg zu der erstrebten baldigen Liberalisierung des Zahlungsverkehrs gewesen.

Die Leiter der drei westalliierten Delegationen (links Sir George Rendel und Warren Lee Pierson, rechts François Didier Gregh) und der deutsche Delegationsleiter Hermann J. Abs (zweiter von rechts) zu Beginn der Vorverhandlungen über die Regelung der deutschen Auslandsschulden am 5. Juli 1951 im Londoner Lancaster-Haus.

Grundsätzlich machte die Bundesrepublik deutlich, daß sie sich für die Schulden des Deutschen Reiches verantwortlich fühle, hütete sich aber, dafür eine Garantie auszusprechen. So wurden die Reichsschulden teilweise mit aufschiebender Wirkung bis zur Wiedervereinigung ausgesetzt. Auch hier führte eine Teilregelung zur Dauerregelung. Abseits bleibende Gläubiger konnten mit keinen Leistungen rechnen, was die meisten Staaten veranlaßte, der Londoner Regelung beizutreten. Daß Schuldentilgung und eine mögliche Reparationsregelung gleichfalls in innerem Zusammenhang stehen würden, war allen Beteiligten klar. Die deutsche Delegation gab zu Protokoll, daß die Bundesrepublik ihre Verpflichtungen aus dem Schuldenabkommen nicht erfüllen könne, wenn künftig auch noch Zahlungsverpflichtungen aufgrund von Reparationsforderungen entstehen sollten.

Wie die Zukunft zeigte, hatte man sich im Hinblick auf das ganze Problem viel zu viele Sorgen gemacht. Nach einigen Jahren war die Bundesrepublik bereits froh, durch vorzeitige Tilgungszahlungen ihren gefährlich hohen Devisenbestand etwas abtragen und damit zugleich einen Beitrag zur Erleichterung der angelsächsischen Stationierungskosten leisten zu können.

Psychologisch und politisch wesentlich schwieriger als die Londoner Schuldenverhandlungen wurde die Wiedergutmachung an die Juden. Hier lag seit September 1945 eine Forderung Chaim Weizmanns an die Siegermächte vor, in der dieser namens der Jewish Agency von den Siegermächten Wiederauffindung und Rückgabe des jüdischen Eigentums sowie Entschädigung für die an den Juden begangenen Verbrechen forderte. Er schätzte allein die Höhe der materiellen Verluste auf 8 Mrd. Dollar. Die Pariser Reparationskonferenz wischte diese Erwartungen weitgehend vom Tisch. Nach Gründung der Bundesrepublik erneuerte die israelische Regierung gegenüber den vier Besatzungsmächten die Forderungen Weizmanns, der inzwischen der erste Staatspräsident Israels geworden war. Eine Note vom 12. März 1951 machte Ansprüche in Höhe von 1,5 Mrd. Dollar geltend und ersuchte die alliierten Regierungen um Unterstützung dieser Forderung. Der hier genannten Summe lag die Überlegung zu-

grunde, daß 450000 Juden als direkte oder indirekte Folge der deutschen Verfolgungen nach Israel eingewandert seien. Die Eigenkosten für die Eingliederung jedes Einwanderers wurden auf 3000 $ veranschlagt.

Die Sowjetunion beantwortete diese Note überhaupt nicht. Die Westmächte erwiderten, sie sähen sich nicht in der Lage, der Bundesrepublik die Zahlung von Reparationen an Israel aufzuerlegen.

Die Gründe für diese westalliierte Weigerung waren vielschichtig. Völkerrechtlich gesehen konnte Israel keinen überzeugenden Rechtsanspruch auf Reparationen geltend machen. Sogar das Verlangen nach individuellen Wiedergutmachungsleistungen durch Israel war problematisch, da der Jüdische Weltkongreß eigene Forderungen für alle Opfer der deutschen Verbrechen erhob. Wären israelische oder jüdische Reparationsforderungen anerkannt worden, so hätte es sich nicht mehr vermeiden lassen, die Reparationsfrage insgesamt aufzurollen. Das wünschten die Westmächte aber aus Gründen ihrer übergeordneten Deutschlandpolitik unbedingt zu vermeiden. Reparationen hätten auch die wirtschaftliche Erholung der Bundesrepublik stark belastet und wären bei der propagandistischen Auseinandersetzung mit der Sowjetunion um die Orientierung der Deutschen in höchstem Maß unzweckmäßig gewesen. Außerdem mußten deutsche Zahlungen an die Vertreter jüdischer Wiedergutmachungsinteressen die deutsche Fähigkeit zur Schuldentilgung erheblich tangieren, an der den Gläubigerländern USA und Großbritannien in erster Linie gelegen war. Bei Großbritannien sprachen auch allgemeine Überlegungen der damaligen Nahostpolitik gegen deutsche Leistungen an Israel.

Israel, das in diesen Jahren ständig am Rande des Staatsbankrotts entlanglavierte und an deutschen Leistungen größtes Interesse hatte, mußte also nun wider Willen doch versuchen, seine Ansprüche im Direktkontakt mit der Bundesregierung durchzusetzen. Dies stieß sowohl in der israelischen Regierung wie im Lande selbst teilweise auf heftige Widerstände. Die Neigung, keinen Kontakt mit den Deutschen aufzunehmen, war wenige Jahre nach dem Holocaust verständlich. Der Haß war so groß, daß israelische Nationalisten durch ein Postpaket mit einer Sprengladung Adenauer kurz vor Abschluß der Wiedergutmachungsverhandlungen aus dem Weg zu räumen suchten. Dennoch trat die israelische Regierung unmittelbar nach Gründung der Bundesrepublik schon Anfang 1950 mit dem Bundeskanzleramt in Verbindung. Auf deutscher Seite liefen diese Kontakte damals und später vor allem über Herbert Blankenhorn, der im unmittelbaren Auftrag des Kanzlers bei der gesamten Regelung der Wiedergutmachungsfrage eine Schlüsselrolle spielte.

Adenauer hatte schon am 11. November 1949 in Erinnerung an die Reichskristallnacht öffentlich den guten Willen der Bundesrepublik zu einer gewissen Wiedergutmachung betont und eine symbolische Lieferung von Industrieprodukten an Israel im Wert von 10 Millionen DM angeboten. Es waren in erster Linie moralische Überlegungen, von denen sich der Kanzler in dieser Frage damals und später leiten ließ. Daneben stand die Erkenntnis, daß Großzügigkeit bei der materiellen Entschädigung der noch lebenden jüdischen Opfer auch zur Wiederherstellung des Ansehens der Deutschen in der Weltöffentlichkeit mithelfen könne, vor allem in den Vereinigten Staaten.

Während aber in der deutschen Öffentlichkeit Wiedergutmachungsleistungen an die individuellen jüdischen Opfer als Ehrenpflicht verstanden wurden, stieß der Gedanke besonderer Leistungen an den Staat Israel von Anfang an vielerorts auf Reserve. Die Motive waren häufig dieselben wie bei den Westalliierten auch. Zu den grundsätzlichen budgetären und wirtschaftlichen Bedenken traten bald auch Warnungen deutscher Unternehmen, die in den arabischen Raum exportierten, sowie direkter Druck von seiten der arabischen Staaten selbst. Wenn sich der Gedanke großzügiger Wiedergutmachungsleistungen an Israel dann doch durchgesetzt hat, so in erster Linie, weil Adenauer mit unbeugsamer Härte darauf drängte. Die sozialdemokratische Opposition hat ihn dabei nachhaltiger unterstützt als die Regierungskoalition.

Nachdem die Fragen eineinhalb Jahre mit zunehmender Intensität hinter den Kulissen vorgeklärt worden waren, kam der Kanzler am 27. September 1951 im Deutschen Bundestag mit einer Regierungserklärung zum Wiedergutmachungsproblem

Professor Franz Böhm, Leiter der deutschen Delegation bei den deutsch-jüdischen Verhandlungen in Wassenaar, Holland. Böhm wurde 1953 für die CDU in den Deutschen Bundestag gewählt.

heraus, deren Text in langwierigem Hin und Her mit der israelischen Seite abgestimmt worden war und die Tür zu Dreiecksverhandlungen zwischen der Bundesrepublik, Israel und Vertretern der Jewish Claims Conference öffnete.

Die Leitung der deutschen Delegation lag in den Händen von Professor Franz Böhm. Dieser führende neo-liberale Nationalökonom, der während des Dritten Reiches durch Kritik an der nationalsozialistischen Judenpolitik die akademische Karriere aufs Spiel gesetzt hatte, verstand seine Aufgabe in erster Linie als sittliche Pflicht. Der Gesichtspunkt einer Wahrung der deutschen wirtschaftlichen Interessen konnte seiner Meinung nach nur einen sehr nachgeordneten Stellenwert haben. Das führte aber zu heftigen Spannungen mit dem Bundesfinanzminister, doch auch mit Abs, der die deutsche Position bei den Londoner Wiedergutmachungsverhandlungen durch die deutsch-jüdischen Parallelverhandlungen im holländischen Wassenaar stark beeinträchtigt sah.

Es zeigte sich allerdings, daß entscheidende Eckdaten bereits im Vorfeld festgelegt worden waren, denn der Bundeskanzler hatte nach einer Unterredung mit dem Präsidenten der Jewish Claims Conference, Nahum Goldmann, in einem für den ganzen Gang der Angelegenheit entscheidenden, vom Kabinett nicht gedeckten Brief vom 6. Dezember 1951 zugesagt, »bei diesen Verhandlungen die Ansprüche, die die Regierung des Staates Israel in ihrer Note vom 12. März 1951 gestellt hat, zur Grundlage der Besprechungen zu machen«.

So führten die Verhandlungen durch verschiedene Krisen schließlich zur Vereinbarung von Sachlieferungen und Kapitalleistungen in Höhe von 3,450 Mrd. DM. Davon waren 450 Mio. DM zur Abdeckung der Ansprüche der Jewish Claims Conference vorgesehen. Der genaue Zeitraum der Lieferungen wurde aber auf 12 bis 14 Jahre veranschlagt. Sie kamen im Frühjahr 1966 zum Abschluß. Da die Lieferungen zu großen Teilen aus deutscher Produktion geleistet wurden, kam dies auch, volkswirtschaftlich gesehen, einer aus Steuermitteln geleisteten Hilfe für die beteiligten deutschen Unternehmen gleich. Geliefert wurden vor allem Schiffe, Investitionsgüter, Infrastruktureinrichtungen und Rohmaterialien. Israel konnte etwa 10 bis 15 Prozent seiner Importe damit decken, so daß sein Ausbau zu einem modernen Industriestaat zu einem Teil durch deutsche Wiedergutmachungsleistungen erfolgt ist. Da das Land in wirtschaftlich fast aussichtsloser Lage war, drängte es, die Ratifizierung noch vor Ablauf des Haushaltsjahres 1952 vorzunehmen, das bis zum 31. März 1953 dauerte. Schon im Vorgriff hat die Bundesregierung in einer für Israel besonders kritischen Periode sogar vor der Ratifizierung des Abkommens durch den Deutschen Bundestag die Deckung des bei der Shell-Oil in London offenstehenden israelischen Ölkontos übernommen, für das

in der Folge etwa 30 Prozent der Wiedergutmachungsmittel Verwendung fanden.

Die Ratifizierung des Israel-Abkommens begegnete im Bundestag ziemlichen Widerständen. Angesichts der damaligen Haushalts- und Außenhandelssituation der Bundesrepublik wurden die Leistungen von vielen als zu hoch angesehen, besonders vom Bundesfinanzminister. Die Arabische Liga drohte mit einem Boykott deutscher Waren, allerdings erfolglos, da die Bundesrepublik damals noch nicht von Öllieferungen abhängig war. Der Unwille der Araber mußte zusätzlich mit deutscher Wirtschaftshilfe besänftigt werden, was aber der deutschen Industrie auch half, auf dem arabischen Markt wieder Fuß zu fassen.

So kam es, daß die Abstimmung über das deutsch-israelische Abkommen trotz allseitiger Bekenntnisse zur freiwilligen Wiedergutmachung keine besonders eindrucksvolle parlamentarische Mehrheit erbrachte. Von 402 Abgeordneten waren nur 360 anwesend. 239 stimmten mit Ja, darunter alle Sozialdemokraten, die sich damals der moralischen Dimension des Verhältnisses zu Israel besonders stark bewußt waren, sowie 106 Abgeordnete der CDU/CSU, der FDP und der DP. Von den 35 gegen das Abkommen abgegebenen Stimmen kamen 13 von den Kommunisten, der Rest von rechtsradikalen Fraktionslosen und aus den Regierungsparteien. 86 Abgeordnete enthielten sich; die Prominentesten unter ihnen waren Fritz Schäffer und Franz Josef Strauß.

So war zwar im deutsch-jüdischen Verhältnis ein Neuanfang gemacht, und auch in der Öffentlichkeit gab es in zunehmendem Maß einzelne Personen und Gruppen, die sich nachhaltig für die deutsch-israelische Annäherung einsetzten. Aber Israel konnte sich noch längere Zeit nicht bereitfinden, diplomatische Beziehungen zur Bundesrepublik ins Auge zu fassen, und errichtete nur eine personell stark bestückte Israel-Mission in Köln unter dem Wirtschaftsexperten Felix E. Shinnar. Als sich die israelische Regierung schließlich in den Jahren 1955 und 1956 zu der Auffassung durchzuringen begann, daß die schon sehr engen wirtschaftlichen Verbindungen und die sich damals abzeichnende Gefahr internationaler Isolierung des Landes auch die Aufnahme voller diplomatischer Beziehungen zu Bonn erforderten, war der richtige Moment verpaßt. Die Lage im Nahen Osten hatte sich bereits erheblich verschärft, und die Bundesregierung brachte nun aus Sorge vor einer Anerkennung der DDR durch die arabischen Staaten nicht mehr den Mut auf, mit Israel Botschafter auszutauschen. Obwohl Adenauer mehr als jeder andere in der Nachkriegszeit dem Verhältnis Deutschlands zu den Juden einen vorrangigen Stellenwert zumaß, blieb es bis zum Ende seiner Amtszeit dabei.

Allerdings begann seit der zweiten Jahreshälfte 1957 eine streng geheime deutsch-israelische Zusammenarbeit auf militärischem Gebiet, für die es in der deutschen Geschichte nur in der Verbindung zwischen Reichswehr und Roter Armee Parallelen gibt. Strauß, der dem Israel-Vertrag anfänglich reserviert gegenüberstand, hat dafür mit Wissen Adenauers, der Spitzen aller Bundestagsfraktionen und der USA die Weichen gestellt. So war die ganze Adenauer-Ära durch intensive Sonderbeziehungen zu Israel gekennzeichnet, die aber erst zur Erschütterung der gesamten deutschen Nahostpolitik führten, als der erste Bundeskanzler, der sie initiiert und verantwortet hat, aus dem Amt geschieden war.

Ende der Unsicherheit

Das Jahr 1953 brachte einen dramatischen Umschwung der Wählermeinung zugunsten Adenauers. Die Zustimmungskurve bei Umfragen stieg von 34 Prozent im November 1952 auf 57 Prozent im Herbst des folgenden Jahres. Im gleichen Zeitraum sank die Zahl der nicht mit ihm Einverstandenen von 29 auf 17 Prozent. Wie spätestens die Wahlen zeigten, galt die Zustimmung zur Regierungspolitik in erster Linie dem Kanzler, erst in zweiter Linie den Regierungsparteien. Im August 1952 waren es nur 33 Prozent der Befragten gewesen, die Adenauer für den fähigsten deutschen Politiker hielten, 12 Prozent hatten noch Schumacher genannt. Im Juni 1953 waren es schon 51 Prozent, im November desselben Jahres sogar 62 Prozent. Erst von jetzt an beruhte die Kanzlerdemokratie, wie das westdeutsche Regierungssystem unter der Führung Adenauers bald genannt wurde, auf einem breiten Rückhalt bei der Wählerschaft. Die Zustimmungskurve veränderte sich zwar auch in Zukunft erheblich, sank aber bis 1961 nur einmal unter die 40-Prozent-Marke. Und da etwa ein Drittel der Befragten regelmäßig unentschieden war, bedeutete dies, daß diejenigen,

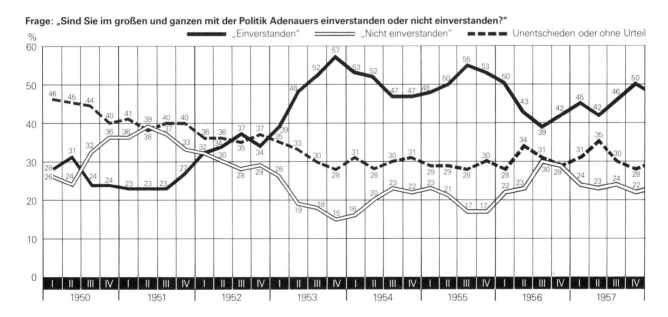

Frage: „Sind Sie im großen und ganzen mit der Politik Adenauers einverstanden oder nicht einverstanden?"

——— „Einverstanden"   ═══ „Nicht einverstanden"   ▬ ▬ ▬ Unentschieden oder ohne Urteil

Adenauer in der Wählergunst: die Zustimmungskurve stieg 1952/53 in einem Jahr von 34 auf 57 Prozent.

Adenauer auf den Treppen des Kapitols in Washington: sein Besuch war ein Zeichen für das wiedergewonnene internationale Ansehen.

die Adenauers Politik ablehnten, meist nur etwa die Hälfte derer ausmachte, die ihm zustimmten.

Auf welche Motive dieser erdrutschartige Stimmungsumschwung zurückging, läßt sich den Antworten auf die Frage nach den drei Punkten entnehmen, die aus verschiedenen Auswahlantworten benannt wurden. 55 Prozent eines repräsentativen Querschnitts von Wählern kreuzte im Februar 1953 den Satz an: »Adenauer kann gut verhandeln, hat das Ansehen Deutschlands wiederhergestellt«. 46 Prozent meinten, »Adenauer will uns Sicherheit vor dem Osten geben«. 44 Prozent stellten fest, »Adenauer hat dafür gesorgt, daß es uns wirtschaftlich wieder besser geht«. Wiedereingliederung in die Staatengesellschaft, anti-sowjetische Sicherheitspolitik und Wirtschaftswunder waren also demzufolge die Fundamente des Wahlerfolgs von 1953.

Schon im Frühjahr 1953 war eine Bevölkerungsmehrheit des hinhaltenden Widerstandes deutlich müde, der die Ratifikation der Westverträge behinderte. Die nun regelmäßigen Reisen des Kanzlers in die westlichen Hauptstädte erweckten den – objektiv noch gar nicht voll zutreffenden – Eindruck, die Bundesrepublik habe die Gleichberechtigung wiedererlangt. Die Hohen Kommissare hielten sich jetzt zunehmend im Hintergrund.

Besonders der erste Amerikabesuch eines deutschen Bundeskanzlers im April 1953, also schon in der Vorwahlkampfphase, machte auf die Geschlagenen des Jahres 1945 einen gewaltigen Eindruck. Der einstige alliierte Oberkommandierende Eisenhower, der nach dem Krieg noch harsche Worte für die Deutschen gefunden hatte, empfing den Repräsentanten des neuen Deutschland nun mit größtem Respekt im Weißen Haus. Auf dem Heldenfriedhof in Arlington spielte eine Militärkapelle bei einer mit martialischem Gepränge vollzogenen Kranzniederlegung das Deutschlandlied.

Das amerikanische Prestige in der Bundesrepublik war damals auf dem Höhepunkt. Die volle Unterstützung der USA für den Kanzler beeindruckte den Mann auf der Straße, zumal sich die Regierung der stärksten Weltmacht nun mit kräftigen Verlautbarungen für das Ziel der deutschen Wiedervereinigung stark machte. Vielleicht, so hofften viele, würde eine Viererkonferenz nach den Wahlen, auf die der Kanzler jetzt kräftig zu drängen begann, doch noch den großen Wandel herbeiführen.

Im Frühjahr und Sommer 1953 schien alles möglich. Stalin war tot, seine Nachfolger offensichtlich unsicher. Eisenhower hatte den Krieg in Korea endlich abgeschlossen, die Neo-Isolationisten zurückgedrängt und verfügte wieder über eine schlagkräftige Kriegsmaschine. Außenminister Dulles vermittelte den Eindruck der Entschlossenheit, Rußland aus Mittel- und Ostmitteleuropa zurückzudrängen. Statt sich vor einem sowjetischen Angriff zu fürchten, vertraute man nun auch in der Bundesrepublik auf das politische Offensivpotential des Westens.

Das SED-Regime in der Ostzone hatte total abgewirtschaftet und schien keine Gefahr mehr. Während eines schlimmen Jahres seit der 2. Parteikonferenz der SED im Juli 1952 war die Sowjetisierung in allen Bereichen beschleunigt worden. Die privaten Betriebe, die 1950 immerhin noch die Hälfte des Produktionssektors ausgemacht hatten, sollten von nun an durch ständigen Druck auf die Selbständigen in ein System von Landwirtschaftlichen Produktionsgenossenschaften (LPG), in solche des Handwerks und in die große Staatshandelsorganisation hineingedrängt werden. Die Arbeiterschaft sah sich stärksten Appellen zur Mehrarbeit ausgesetzt. Zugleich unternahm die DDR-Regierung größte Anstrengungen, um den Widerstand der Kirchen zu brechen. Der Kirchenkampf richtete sich nicht allein gegen Geistliche, sondern vor allem gegen die »Junge Gemeinde«, deren Mitglieder von Oberschulen und Universitäten verwiesen wurden. Zahlreiche Verhaftungen und Terrorprozesse verstärkten das Gefühl allgemeiner Unsicherheit.

Die Folge dieser forcierten Sowjetisierung waren eine schwere Ernährungskrise und erhebliche Produktionsverluste, auf die das Regime mit weiteren Zwangsmaßnahmen reagierte. Die unglücklichen Familien von Bauern, Handwerkern und mittleren Unternehmern, die sich zur Aufgabe ihrer Betriebe gezwungen sahen und häufig persönlich bedroht wurden, flüchteten zu Zehntausenden nach West-Berlin, dazu viele junge Leute. Die Flüchtlingszahlen zogen stark an: von 165 000 im Jahr 1951 über 182 000 im folgenden Jahr auf 331 000 im Jahr 1953. In den ersten fünf Monaten von 1953 waren es schließlich rund 180 000, 58 000 allein im März 1953. Dabei wurden in der offiziellen Statistik nur jene gezählt, die ein Notaufnahmeverfahren durchlaufen hatten. Die Dunkelziffer von Übersiedlern, die sich gar nicht meldeten, blieb stets beträchtlich. Die SED war zutiefst verunsichert und von heftigen Flügelkämpfen erschüttert. In dieser Lage entschloß sich die neue sowjetische Führung unter Malenkow, Berija und Molotow zum totalen Kurswechsel. Sie löste – wohl vor allem auf Betreiben Berijas – Ende Mai 1953 die sowjetische Kontrollkommission in Deutschland auf und ernannte Wladimir Semjonow zum Hohen Kommissar in der DDR. In seiner Funktion als Politischer Berater des Hohen Kommissars hatte dieser schon seit langem als Exponent einer gemäßigteren, mehr auf propagandistische Erfolge beim bürgerlichen Deutschland ausgerichteten Politik gegolten. Die SED wurde gezwungen, die gesamte Politik des verschärften Klassenkampfes zu revidieren und viele der harten Maßnahmen von heute auf morgen zurückzunehmen.

Bis heute ist unklar, ob dies nur eine zeitweilige Korrektur war, um die überall sichtbaren Krisensymptome zu bekämpfen, oder ob sich hier ein

Die Fluchtbewegung aus der Ostzone nach West-Berlin sprengte alle Aufnahmemöglichkeiten, so daß viele in leeren Fabrikhallen auf Strohlagern untergebracht werden mußten – allein hier kampierten 3000 Menschen.

fundamentaler Wandel in der Deutschlandpolitik abzeichnete. Später wurde dem gestürzten Geheimdienstchef Berija vorgeworfen, er sei damals bereit gewesen, das SED-Regime preiszugeben. Wieviel daran stimmte, ist immer noch nicht auszumachen. Der »Neue Kurs« scheiterte aber schon in seinen Anfängen, weil man es versäumt hatte, in die Entlastung auch die Arbeiterschaft einzubeziehen. Diese sah sich vielmehr zur gleichen Zeit mit einer Nor-

Bundesregierung und Westmächte hatten sich gegenüber dem Volksaufstand in der DDR vorsichtig zurückgehalten. Erst danach wurde in West-Berlin eine große amerikanische Nahrungsmittelspende an DDR-Bewohner in Gang gesetzt, die humanitäre wie propagandistische Zielsetzungen hatte. Aber der Eindruck des 17. Juni auf die westdeutsche Bevölkerung war groß und führte in der Konstellation des Sommers 1953 zur Stärkung der Position Adenau-

*17. Juni 1953.
Der einzige spontane
Arbeiteraufstand in der
deutschen Geschichte
des 20. Jahrhunderts
galt dem »ersten
deutschen Arbeiter-
und Bauernstaat«.*

menerhöhung konfrontiert. Das führte am 16. und 17. Juni 1953 zum Arbeiteraufstand erst in Ost-Berlin, dann in der ganzen DDR, bei dem nicht nur eine Rücknahme der verschärften Anforderungen und eine Senkung der Lebenshaltungskosten, sondern auch freie und geheime Wahlen gefordert wurden. Das SED-Regime wurde durch das Eingreifen der Roten Armee gerettet, die Lage durch brutale Terrorjustiz, eine Wiederaufnahme des harten Kurses und eine Säuberung unter höchsten SED-Funktionären stabilisiert. In Moskau setzte sich die Auffassung durch, daß ein Zurückweichen in der DDR und Nachgeben in der deutschen Frage zu unkontrollierbaren Entwicklungen in Deutschland wie im Satellitenbereich führen würde.

ers. Die Sowjetunion schien in der Tat angeschlagen und isoliert. Hatte also nicht doch der Kanzler mit seiner These recht, ein starker und einiger Westen könne auch die Wiedervereinigung herbeiführen? Adenauer vertrat jetzt konsequent die Auffassung, daß nun klug verhandelt werden müsse, wobei das legitime Sicherheitsverlangen der Sowjetunion nicht außer acht bleiben dürfe. Er teilte den Westmächten mit, daß er in dem vom britischen Premier Winston Churchill ins Gespräch gebrachten Plan eines gesamteuropäischen Sicherheitsvertrages nach dem Muster des Locarno-Vertrages eine nützliche Idee sehe. Ausgangspunkt eines europäischen Sicherheitssystems solle allerdings die EVG sein, die ja schließlich auch ein wiedervereinigtes Deutschland verläßlich zu kontrollieren vermöge. Im Grunde lief diese mit allen Anzeichen der Verständigungsbereitschaft präsentierte Anregung natürlich doch auf eine Kapitulation der Sowjetunion in der deutschen Frage hinaus. Aber eben das wollte auch eine Bevölkerungsmehrheit, die vom dumpfen Groll über die Niederschlagung des Aufstandes in der DDR erfüllt war und die darauf folgende Vergeltungsjustiz in grimmiger Ohnmacht verfolgte.

Während Schumacher zu den Westverträgen in diametralem Gegensatz stand, war zwischen ihm und der Regierung noch viel gemeinsamer Grund in den Fragen der Ost- und Deutschlandpolitik vorhanden. Er hatte zwar verlangt, die sowjetischen Angebote vom Frühjahr 1952 sorgfältig zu prüfen, doch immer gezögert, die Neutralisierung eines wiedervereinigten Deutschland zu propagieren. Auf eben dieses Konzept bewegte sich aber nun eine Mehrheit in

Sowjetische Panzer walzen den Volksaufstand nieder.

Gegen diese Stimmung konnte die SPD nicht aufkommen, von der kleinen Gesamtdeutschen Volkspartei (GVP) Heinemanns ganz zu schweigen, die in diesen Monaten auch noch mit dem kommunistisch infiltrierten »Bund der Deutschen« des früheren Reichskanzlers Wirth eine Verbindung einging und sich entsprechend kompromittierte.

Die SPD hatte nach dem Tode Schumachers am 20. August 1952 zwei grundlegende Entscheidungen getroffen, an deren Folgen sie bis Ende der fünfziger Jahre trug. Sie ließ sich auf ein ostpolitisches Gegenkonzept ein, und sie entschied sich dafür, den rechtschaffenen, aber der Ausstrahlung ermangelnden Erich Ollenhauer zum Vorsitzenden zu wählen und ihn Adenauer gegenüberzustellen.

Partei und Fraktion zu. Aus sozialdemokratischer Perspektive hatte die Idee eines kollektiven Sicherheitssystems unter Beteiligung aller vier Deutschlandmächte viele Vorzüge. Es konnte die Wiedervereinigung bringen, deren baldige Herbeiführung während des ganzen Jahrzehnts das erklärte außenpolitische Hauptziel der Sozialdemokraten war. Es schien einen Weg aus der Konfrontation der Blöcke zu weisen und erlaubte zudem, an die den Sozialdemokraten traditionellerweise am Herzen liegenden Ideen kollektiver Friedenssicherung, allseitiger internationaler Verständigung sowie der Ablehnung von Militär und Rüstung anzuknüpfen. Wie bei Heinemann und Pfleiderer trat nun auch bei der SPD die Überlegung in den Vordergrund, man müsse dem sowjetischen Sicherheitsbedürfnis größte Beachtung schenken, denn nur so könnten realistische Konzepte zur friedlichen Lösung der deutschen Frage und zur Überwindung der Blöcke in Europa möglich werden.

Es waren besonders die fünf Jahre später als Reformer auftretenden Abgeordneten Carlo Schmid, Fritz Erler, Herbert Wehner, die die Partei von der Richtigkeit eines in sich geschlossenen, zusammenhängenden außenpolitischen Kontrastprogramms überzeugten. Sie brauchten fast zwei Jahre, bis sie ihre Ideen intern durchgesetzt hatten, und später kostete es sie ebensogroße Anstrengungen, die Partei wieder von diesem Kurs abzubringen. Der Wahlkampf 1953 wurde noch mit einer modifizierten Schumacher-Linie bestritten. Erst im folgenden Jahr begann man, die großen Phasenpläne für eine neue europäische Friedensordnung zu entfalten.

Der Wahlkampf der SPD war bisweilen witzig wie hier in Köln: der »deutsche Michel« mit Figuren, die die Koalitionsparteien darstellten, während ein Lautsprecher dazu aufrief, »mehr links« zu halten. Man schmunzelte über den Einfall und wählte die CDU.

Doch die SPD sah sich 1953 nicht nur außenpolitisch, sondern auch wirtschaftspolitisch in der Defensive. Die Marktwirtschaft hatte den Test bestanden und war ein Haupttrumpf im Wahlkampf der Regierungsparteien. Auch auf seiten der Sozialdemokraten bewegte man sich nun auf Ziele und Methoden gemäßigter Labour-Provenienz zu. Das wirtschaftspolitische Konzept wurde schon stark von Professor Karl Schiller bestimmt, damals Hamburger Senator für Wirtschaft und Verkehr, der statt überholter Planungsvorstellungen für die Idee einer »gemischten Wirtschaftsordnung« plädierte. Ein Nationalbudget zum Zweck umfassender staatlicher Kredit-, Finanz- und Investitionspolitik sollte einen zweckmäßigen Einsatz von Ressourcen gewährleisten, die Vollbeschäftigung, nach wie vor ein überragendes Ziel der SPD, erreichen und mit der sozialen Notlage großer Schichten besser fertig werden. Die Forderung nach Überführung der Montanindustrie in Gemeineigentum wurde zwar noch mitgeschleppt, stand aber nicht mehr im Mittelpunkt. Hingegen machte sich die SPD erfreut die Erwartungen des DGB zu eigen, der im Bundestagswahlkampf 1953 nach den Enttäuschungen in der Mitbestimmungsgesetzgebung nunmehr ziemlich offen auf die Seite der Sozialdemokratie trat. Aber auch in der Wirtschaftspolitik hatte die SPD die Zeittendenz und die Erfahrung der letzten vier Jahre gegen sich.

Die deutsche Wirtschaft befand sich seit der zweiten Jahreshälfte 1952 in einem ständigen Auftrieb. Kontinuierliche Steigerungen des Exports, Produktionssteigerungen in den meisten Branchen um jährlich bis zu 10 Prozent bei stabilen Preisen und vernünftig steigenden Löhnen hatten die Beobachter im In- und Ausland schon längst veranlaßt, vom deutschen Wirtschaftswunder zu sprechen. Gegenüber der Vorkriegszeit waren die durchschnittlichen Reallöhne um etwa 20 Prozent gestiegen, gegenüber dem Stand bei der Währungsreform um etwa 50 Prozent. Viele Lohngruppen lagen aber wesentlich höher, und die Steigerungen waren besonders fühlbar, weil die Lebenshaltungskosten eine eher sinkende Tendenz aufwiesen. Die Arbeitslosigkeit wurde kontinuierlich abgebaut, obwohl ein ständiger Zustrom von Sowjetzonenflüchtlingen zusätzlich unterzubringen war und obschon auch für die erst teilweise integrierten Vertriebenen gleichfalls unentwegt neue Arbeitsplätze geschaffen werden mußten. Immerhin lag die Zahl der Arbeitslosen kurz vor der Bundestagswahl schon knapp unter einer Million und machte damit 5,5 Prozent der Beschäftigten aus.

Die Deutsche Mark war bereits eine der härtesten Währungen Europas, und die Bundesbank verfügte über Netto-Devisenreserven in Höhe von rund 1685 Mio. Dollar. Dabei resultierte die günstige Zahlungsbilanz damals zu einem Gutteil aus einer vergleichsweise niedrigen Einfuhr von Produkten der Konsumgüterindustrie. Die Deutschen des Jahres 1953 lebten noch relativ bescheiden. Die Exportindustrie hingegen wies schon beinahe wieder die Züge der Friedenswirtschaft auf.

Die Kriegsschäden hatte man größtenteils beseitigt. 1951 waren rund 430000 Wohnungen gebaut worden, 1952 440000, davon etwa ein Fünftel aus Mitteln der öffentlichen Hand. Die Bundesrepublik lag damit an der Spitze des europäischen Wohnungsbaus, und die florierende Bauwirtschaft wurde zu einem wichtigen Motor des allgemeinen Booms. 1952 gingen fast 10 Prozent des Bruttosozialprodukts in Bauinvestitionen, etwa die Hälfte davon in den Wohnungsbau. Auch die Kraftfahrzeugindustrie begann schon in ihre Rolle als Hauptantriebskraft der Konjunktur hineinzuwachsen. Noch steckte die Motorisierung allerdings erst in den Anfängen. Aber die Zahl der Autos und Motorräder lag schon weit über dem Bestand in der Vorkriegszeit. Imponierend wirkten die Zahlen des bis 1950 verbotenen Schiffsbaus. Bereits 1952 war das Produktionsvolumen der Vorkriegszeit wieder erreicht, 1953 wurden auf deutschen Werften Schiffe mit einer Tonnage von 634000 BRT gebaut.

Die Produktions- und Exportleistungen erschienen besonders eindrucksvoll, wenn man sie mit denen anderer westeuropäischer Staaten verglich, die unter im ganzen günstigeren Bedingungen als die Bundesrepublik in die Nachkriegszeit eingetreten waren. Während dort das Pro-Kopf-Einkommen immer noch nicht viel über dem des Jahres 1938 lag, stand die Bundesrepublik eben relativ gesehen schon wesentlich besser da.

Mit sechzig Metern Höhe war das Verwaltungsgebäude der Continental A.G. in Hannover im Jahr 1953 der höchste Nachkriegsbau der Bundesrepublik. Die gerasterte Fassade trat damals ihren Siegeszug durch die deutschen Lande an.

Vor dem Wahlkampf und in seinem Verlauf entdeckten allerdings alle Parteien jene großen Bevölkerungsgruppen, die noch im Schatten des Wirtschaftswunders standen: Sozialrentner, Kriegsopfer, Witwen und Waisen, doch auch große Teile der Beschäftigten des öffentlichen Dienstes, ganz zu schweigen von einem nach wie vor erheblichen Prozentsatz der Vertriebenen und Flüchtlinge.

Allgemein herrschte die Auffassung vor, daß sich der nächste Bundestag verstärkt sozialpolitischen Aufgaben widmen müsse. Doch da sich das wirtschaftspolitische Konzept der Regierung für den Wiederaufbau als richtig erwiesen hatte, waren viele, denen es noch nicht gut ging, bereit, ihr auch künftig einen Vertrauensbonus zu gewähren.

Der Wahlkampf Adenauers begann also unter außerordentlich günstigen Ausgangsbedingungen. Zudem verfügte er über einen höchst effektiven Propagandaapparat. Otto Lenz, der ein breit gefächertes

Otto Lenz, 1951–1953 Staatssekretär im Bundeskanzleramt, hatte am Wahlsieg Adenauers maßgebenden Anteil. Er gehörte zu den wenigen in der engeren Umgebung des Kanzlers, die diesem gegenüber ihren eigenen Willen geltend machten.

System von Organisationen zur politischen Meinungsbildung aufgebaut hatte, dies alles auf der damals neuen Basis einer differenzierten Meinungsforschung, wies den Kanzler nicht ohne Selbstbewußtsein darauf hin, daß wohl niemals bisher in Deutschland eine solche konsequente Propaganda gemacht worden sei.

Der CDU/CSU kam auch noch zugute, daß sich die größte Koalitionspartei – die FDP – in unversöhnliche Richtungskämpfe verwickelt hatte. Seit dem Emser Parteitag vom November 1952 lagen die Landesverbände Hessen, Nordrhein-Westfalen und Niedersachsen, die die FDP zur großen Rechtspartei, auch zum Sammelbecken früherer Nationalsozialisten, ausbauen und mit dem nationalen Flügel der DP zusammenführen wollten, in erbitterter Auseinandersetzung mit den nationalliberalen sowie stärker auf laizistische Ziele verpflichteten Gruppen in Süddeutschland und in den Hansestädten.

Die Infiltration der nordrhein-westfälischen FDP durch eine Gruppe ehemals hochrangiger Nationalsozialisten wurde der Öffentlichkeit voll bewußt, als die britische Besatzungsmacht im Januar 1953 eine schlagartige Verhaftungsaktion durchführte. Die Anschuldigungen ließen sich zwar nicht voll aufrechterhalten, aber der nationalistische FDP-Flügel in Nordrhein-Westfalen ist dadurch gerade in der entscheidenden Vorwahlkampfphase empfindlich geschwächt und so zusätzliche Verwirrung in die Reihen der Partei getragen worden. Auch Reinhold Maiers gewiegtes Finassieren um die Ratifizierung der Westverträge gewann der FDP keine besonderen Sympathien, nicht einmal bei den DVP-Wählern in Baden-Württemberg. So ging die FDP insgesamt stark geschwächt in die Wahlschlacht, obschon sie sich noch ein Jahr zuvor bereits als große dritte Kraft im deutschen Parteiensystem gesehen hatte.

Der größte Teil der Innenpolitik in der ersten Hälfte des Jahres 1953 hatte sich um die Beratung des neuen Bundeswahlgesetzes gedreht. Das verwirrende, auf allen Seiten mit größtem Raffinement geführte Feilschen bestimmte Wahlausgang und Regierungsbildung in erheblichem Maß. Auf der Strecke blieben die kleinen Parteien, denen die Garrotte einer 5-Prozent-Klausel im Bundesgebiet um den Hals gelegt wurde. Sie mußten entweder, wie die GVP, wie die bereits voll im Niedergang begriffene KPD, die DRP, die Bayernpartei und auch der Gesamtdeutsche Block/BHE, den Alleingang wagen oder sich aber zu den Bedingungen der CDU auf Listenverbindungen einlassen, wie die DP und das Zentrum. Damit war auch organisatorisch der Einschmelzungsprozeß der nicht-sozialistischen Parteien eingeleitet, dem während der fünfziger Jahre alle bis auf die FDP zum Opfer fallen sollten.

Der Kanzler war um jeden Preis bestrebt, den Fortbestand der Koalition zu sichern. Seine Machtstellung in der eigenen Partei beruhte ja nicht zuletzt darauf, daß er mit Unterstützung der kleineren bürgerlichen Parteien den linken Flügel in der CDU in Schach hielt. So sollte es weitergehen, und so ging es weiter; allerdings mit einer viel größeren Mehrheit für die CDU/CSU, als selbst deren Optimisten vorausgesehen hatten. Es war eine Mehrheit des Kanzlers, und erst der Wahlsieg hat seine Stellung innerhalb der Partei endgültig gefestigt. Von jetzt an wagte man nur noch hinter vorgehaltener Hand die Frage zu stellen, wann ein Kanzlerwechsel aus Altersgründen nötig werden könne. Richtungskämpfe mit Stoßrichtung gegen Adenauer waren nun für lange Zeit ausgeschlossen. Der 15. September 1953 markiert den eigentlichen Beginn der Kanzlerdemokratie.

Wenn eine Wahl nach 1945 die Bezeichnung einer Erdrutschwahl verdiente, dann diese Bundestagswahl, der übrigens ein ziemlich spannungsloser Wahlkampf vorausgegangen war. Die CDU/CSU erhielt 45,2 Prozent der Stimmen und über die Hälfte der Bundestagsmandate. Die SPD sah sich mit 28,8 Prozent wieder im Dreißig-Prozent-Turm eingemauert. Für die FDP stimmten nur noch 9,5 Prozent – weniger als bei den Bundestagswahlen 1949 und erst recht weniger als bei den zuvor so erfolgreichen Landtagswahlen. Auch die Bäume des BHE wuchsen nun nicht mehr in den Himmel. Überraschenderweise verblieb er bei 5,9 Prozent – genug, um bei der Verteilung von Ministerien mit

dabei zu sein, da Adenauer jedes Mandat des nichtsozialistischen Lagers für die Zweidrittelmehrheit bei den Wehrgesetzen brauchte, aber zu wenig im Hinblick auf die Erwartungen der BHE-Führer. Die meisten Vertriebenen hatten direkt für den Kanzler gestimmt. Auch die Bayernpartei blieb auf der Strecke. KPD und Bayernpartei holten nur 2,2 Prozent beziehungsweise 1,7 Prozent und blieben dem Bundestag künftig erspart, ebenso die Rechtsradikalen, die es auf 1,1 Prozent brachten. Die Parteienkonzentration hatte also voll eingesetzt.

Arrondiert wurde der Wahlerfolg durch den Rücktritt des baden-württembergischen Ministerpräsidenten Reinhold Maier. Dort kam es nun zu einer Großen Koalition unter Führung der CDU mit Gebhard Müller. Damit gab es auch im Bundesrat klarere Verhältnisse. Innenpolitisch waren die Westverträge somit endgültig gesichert, selbst bei einem negativen Spruch des Bundesverfassungsgerichts. Und im Überschwang des Erfolgs erschreckte jetzt sogar Adenauer bei einer Siegeskundgebung der CDU mit der Bemerkung, man solle künftig nicht mehr von der Wiedervereinigung Deutschlands, sondern lieber von der Befreiung der Ostzone sprechen. War

Auf Unverständnis in Teilen der Bevölkerung stieß die Verständigungsbereitschaft der Sozialdemokraten gegenüber Moskau. CDU und FDP machten sich dies in ihrem Wahlkampf zunutze.

Nach dem überwältigenden Wahlsieg der CDU bei den Bundestagswahlen 1953 trat Reinhold Maier (rechts) als Ministerpräsident von Baden-Württemberg zurück. Hier gratuliert er Gebhard Müller, der am 30. September 1953 zu seinem Nachfolger gewählt wurde.

er nun etwa entschlossen, nach Festigung der Basis im Westen in die Fußspuren Bismarcks zu treten? Wenn er sich damals Illusionen hingegeben haben sollte, wurden sie rasch zerstört. Er mußte feststellen, daß sein vorrangiges Ziel der Westbindung immer noch nicht endgültig gesichert war. Nicht einmal den Verträgen blieb das Schicksal eines weiteren einjährigen Liegenbleibens und schließlich des Scheiterns in der Pariser Assemblée Nationale erspart. Und Rußland blieb weiter bedrohlich stark. So markierten die Bundestagswahlen 1953 nicht den Anfang eines dynamischen Wiedervereinigungsprozesses. Sie zogen aber den Schlußstrich unter eine Periode erheblicher innen- und außenpolitischer Unsicherheit, die allerdings im Sekuritätsgefühl, das sich jetzt rasch ausbreitete, schon nach wenigen Jahren vergessen war.

Adenauer selbst freilich wurde bis an sein Ende von ständigen Sorgen umgetrieben, die außenpolitische Stabilisierung und der Sieg gemäßigter Kräfte im Innern könne nicht von Dauer sein. Voller Furcht vor der Unruhe im internationalen System und der inneren Unruhe der Deutschen war er immer weniger bereit, irgendwelche Risiken einzugehen. Tatsächlich hat er sie auch zu vermeiden gewußt. So wurde er kein zweiter Bismarck, sondern blieb der Gründungsvater der Bundesrepublik und ihrer bürgerlichen Gesellschaft, die sich nun rasch zu konsolidieren begann.

»Nein, geht doch nicht – für nur eine Hälfte Deutschlands ist dieser Helm zu groß.«

Abschluß der Nachkriegszeit 1953–1955

Das zweite Kabinett Adenauer

Das Jahr 1953 markierte auf vielen Feldern einen Einschnitt. Am auffälligsten war natürlich die Konsolidierung der bürgerlichen Republik durch die Wahlen vom 6. September. Die labile, bedrückte, zugleich aber auch aufregend interessante Anfangsphase des »Weststaates« ging nun zu Ende. Bis 1952 war es nicht ausgemacht gewesen, ob das Erhardsche Konzept der Sozialen Marktwirtschaft überleben würde. Genausowenig galt es bis ins Frühjahr 1953 hinein als sicher, ob die Westverträge das Hindernisrennen durch die Institutionen schaffen konnten. Und noch ein Jahr vor den Bundestagswahlen wurden viele von echter Sorge vor einem nationalistischen Dammbruch bewegt. Das alles schien nun wie weggeblasen. Entsprechend groß war der Jubel bei all denen im In- und Ausland, die in der Adenauer-Regierung die beste Garantie für eine gemäßigte Entwicklung in Deutschland sahen. Wilhelm Röpke konnte den Wahlausgang »als einen großen Treffer in der langen Serie der Nieten unserer Zeitgeschichte« feiern und meinte, daß die Bundesrepublik nunmehr nach einem Schnellkurs in Demokratie zu einem Kern europäischer Stabilität und ruhiger Besonnenheit geworden sei. Die Wahlen hätten eben bewiesen, daß die Deutschen im Kern ein bürgerliches Volk seien. Dolf Sternberger sprach von einem »Wahlwunder«, weil die Wähler in so überzeugender Weise für nicht-radikale Parteien votiert hatten.

Auf der anderen Seite sahen besorgte Sozialdemokraten und einzelne Intellektuelle nach den Erdrutschwahlen wieder einmal den Anfang vom Ende der Demokratie in Deutschland gekommen. Was würde die Union mit den etwa 50 Prozent Stimmen anfangen, die sie seit 1949 hinzugewonnen hatte? »Die CDU ist Staatspartei geworden«, konstatierte Augstein im *Spiegel*: »Noch ein solcher Sieg, und die deutsche Demokratie ist verloren.«

Von dieser Staatspartei merkte man allerdings in den kommenden Jahren nicht allzuviel. Die CDU war viel eher ein Instrument des Kanzlers als umgekehrt der Kanzler ein Mann seiner Partei. Nicht der CDU-Staat begann, sondern die nunmehr voll ausgereifte Adenauer-Ära. Es war symptomatisch, daß Adenauer sich unverzüglich bemühte, eine denkbar breite Koalition zu zimmern, der alle im Bundestag vertretenen Fraktionen mit Ausnahme der SPD angehören sollten. Dabei ließ er sich in erster Linie vom Primat der Außenpolitik leiten. Für die verfassungsändernden Wehrgesetze wurde eine Zweidrittelmehrheit gebraucht; Risiken wollte er nun nicht mehr eingehen. Aber die Entscheidung für die Sammel-Koalition ließ zugleich erkennen, nach welchen Maximen regiert werden sollte. Gleichgewicht und Kompromiß waren die operativen Prinzipien, die innerhalb der Koalition galten. Dabei kam dem Kanzler, wie ein guter zeitgenössischer Beobachter bemerkte, sein »an der Kommunalpolitik geschulter und in der Zentrumspartei geschärfter Instinkt für eine taktische Behandlung auch grundsätzlicher Fragen« zugute. Er herrschte nicht durch Unterwerfung, sondern durch Integration der auseinanderstrebenden Kräfte und durch Manipulation der Mitspieler: eine der großen Gestalten des bürgerlichen »juste milieu«.

Nie mehr bis zur Großen Koalition von 1966 haben die Deutschen ein politisch so buntscheckiges Kabinett erlebt, das vielfältige Kräfte der Republik umfaßte. Im Kern war es weiterhin eine Allianz der unterschiedlich stark ausgeprägten liberalen und konservativen Elemente in der deutschen Politik. Aber die Konservativen überwogen nun deutlich.

Adenauer, Erhard und Schäffer blieben auch künftig die tragenden Säulen der Regierung. Hinzu trat eine bemerkenswerte Gruppe neuer Minister, die zu Schlüsselfiguren der späten fünfziger und der sechziger Jahre geworden sind: Gerhard Schröder, Franz Josef Strauß und Heinrich Lübke.

20. 10. 1953: Das zweite Kabinett Adenauer beim Bundespräsidenten. 1. Reihe von links: Hermann Schäfer (Sonderaufgaben), Jakob Kaiser (gesamtdeutsche Fragen), Anton Storch (Arbeit), Theodor Heuss, Konrad Adenauer (Kanzler und Auswärtiges), Gerhard Schröder (Inneres), Waldemar Kraft (Sonderaufgaben); 2. Reihe: Heinrich Lübke (Ernährung, Landwirtschaft und Forsten), Heinrich Hellwege (Bundesrat), Victor-Emanuel Preusker (Wohnungsbau), Ludwig Erhard (Wirtschaft), Robert Tillmanns (Sonderaufgaben); oben: Franz-Josef Wuermeling (Familienfragen), Hans-Christoph Seebohm (Verkehr), Fritz Neumayer (Justiz), Franz Josef Strauß (Sonderaufgaben), Fritz Schäffer (Finanzen), Theodor Oberländer (Vertriebene). Auf dem Bild fehlt Vizekanzler Franz Blücher (Wirtschaftliche Zusammenarbeit); Siegfried Balke (Post) trat sein Amt erst im Dezember an.

Mit Schröder und Strauß kamen zwei Angehörige der Frontgeneration ins Kabinett. Der eine war damals 43, der andere 38 Jahre alt. Beide hatten nach kurzer Gefangenschaft schon 1945 Anschluß an die Politik gefunden und rasch ihren Weg gemacht – Schröder in der reich gegliederten politischen Landschaft Nordrhein-Westfalens, in der Großunternehmen, Gewerkschaftsmacht und eine komplizierte konfessionelle Gemengelage zu behutsamem Lavieren zwangen, Strauß im parteipolitisch aufgewühlten Bayern, wo innerhalb der CSU, aber auch zwischen dieser und der Bayernpartei vor den Augen einer faszinierten Öffentlichkeit heftige Feldschlachten ausgetragen wurden.

Von Schröder wußte man, daß hinter polierten äußeren Formen eine beträchtliche Härte steckte. Und der unterkühlte Machiavellismus, in den er sich zuweilen kleidete, konnte leicht darüber hinwegtäu-

schen, daß er sich auch von festen weltanschaulichen Überzeugungen leiten ließ, die im deutschen Protestantismus ihren Ursprung hatten.

Nach Anfängen in der Verwaltung erst der Nordrhein-Provinz, dann Nordrhein-Westfalens war er dort kürzere Zeit bei seinem späteren Vorgänger als Bundesinnenminister, dem damaligen Oberpräsidenten Robert Lehr, persönlicher Referent gewesen. Er hatte sich bald als Anwalt in Düsseldorf niedergelassen und war hier als Abteilungsdirektor bei der Stahltreuhändervereinigung und in verschiedenen Aufsichtsräten in enge Verbindung zur Industrie getreten. Im Ersten Bundestag, wo er 1952 Stellvertretender Fraktionsvorsitzender wurde, hat er sich aber durchaus nicht als einseitiger Verfechter von Interessen des Kapitals betätigt. Tatsächlich gehörte er zu jener Minderheit in der CDU/CSU-Fraktion, die sich bei der Neuordnung der Eigentumsverhältnisse im Montan-Bereich an den Grundsätzen des Ahlener Programms von 1947 orientieren wollte. Er hatte – ohne damit durchzudringen – einen Plan entwickelt, der keine völlige Rückgabe der Montan-Betriebe an die alten Eigentümer vorsah, sondern der öffentlichen Hand eine Sperrminorität verschafft hätte. Allerdings wäre dann auch im Aufsichtsrat keine Parität zwischen Kapital und Arbeit zustande gekommen. Ihm schwebte vielmehr eine Vertretung von Eigentümern, Gewerkschaften und Repräsentanten der öffentlichen Hand zu je einem Drittel vor. So konnte man ihn in diesen Anfängen als Reformkonservativen begreifen, der keine Bedenken trug, dem Staat auch in der Wirtschaft einen gewissen Einfluß zu eröffnen.

Als Bundesinnenminister ist er dann wieder stärker vom unverfälscht konservativen Geist seines Hauses beeinflußt worden. Unter den maßgebenden Politikern der Adenauer-Ära hat er neben dem Etatisten Fritz Schäffer, der aber im allgemeinen unideologisch argumentierte, am nachhaltigsten den Rang und die positive Qualität des Staates zu erhalten versucht. Allerdings war er in Diktion und Auftreten bemüht, als moderner Konservativer zu erscheinen. Die Liberalen haben ihn aber während seiner ganzen Amtszeit als Innenminister als einen ihrer Hauptgegner im Kabinett betrachtet, bis sich nach 1961 eine neue Konstellation ergab.

Franz Josef Strauß, dem damals gleichfalls der Sprung ins Kabinett glückte, wurde schon in diesen Anfängen als farbigste Figur in den Unionsparteien angesehen, von der man noch viel hören würde. In der CSU, wo er zwischen 1948 und 1952 als Generalsekretär amtierte, repräsentierte er den vergleichsweise säkularen Bonner Flügel, der mit der erzföderalistischen und konservativ-katholischen Richtung um Alois Hundhammer in erbitterter Fehde lag. Er war, wie ein zeitgenössischer Beobachter formuliert hat, ein Genie der Ellenbogen, hemdsärmlig, populistisch, ein Mann, der politisch das Gras wachsen hörte und einer der wenigen, die dem Kanzler offen zu widersprechen wagten, was ihm eine gute Presse verschaffte. Seit der Wehrbeitrag zur Debatte stand, zog es ihn in die Sicherheitspolitik. Aber er brauchte sechs Jahre, bis er Theodor Blank niedergekämpft hatte. Adenauer neutralisierte

ihn erst einmal als Sonderminister, seit 1955 als Bundesminister für Atomfragen. In dieser Position und später im Verteidigungsressort schuf sich Strauß, ohne dabei seine bayerische Parteibasis zu vernachlässigen, eine industrielle Klientel in den nun wieder zugelassenen Zukunftsindustrien, ganz besonders bei der Luftfahrtindustrie.

Die dritte wichtige Neuerwerbung für das Kabinett, das insgesamt personell wesentlich überzeugender zusammengesetzt war als die erste Regierung Adenauer, war der bisherige Landwirtschaftsminister von Nordrhein-Westfalen, Heinrich Lübke. Er sollte sich als einer der tüchtigsten Fachminister erweisen. Eine der großen Leistungen der fünfziger Jahre, die Modernisierung der deutschen Landwirtschaft, war in starkem Maß sein Werk. Er vollbrachte das Kunststück, einen erheblichen Teil der

Der 1951 eingerichtete Bundesgrenzschutz fiel in die Zuständigkeit des Innenministers. Dieses Amt hatte seit 1953 Gerhard Schröder inne (mit einem Offizier, der ihm während eines Manövers die Lage erläutert).

bäuerlichen Bevölkerung freizusetzen, ohne daß dies mit sozialen Erschütterungen bezahlt werden mußte. Und er erreichte das – darin für einen Landwirtschaftsminister alles andere als typisch – in teilweise heftigen Auseinandersetzungen mit dem Bauernverband und in prinzipiell verbraucherfreundlichem Geist.

Nicht ins Kabinett kamen Heinrich von Brentano, Theodor Blank und Otto Lenz. Die beiden ersten vertröstete der Kanzler auf die Zeit nach der Durchsetzung der Westverträge. So verblieb die gesamte Außen- und Sicherheitspolitik auch jetzt weiter in seiner unmittelbaren Zuständigkeit, und gleichzeitig hielt er damit die beiden künftigen großen Ressorts aus den Koalitionsverhandlungen heraus. Otto Lenz, der bisherige Staatssekretär im Bundeskanzleramt, wurde das erste Opfer in der Geschichte der Republik, das die Presse zur Strecke brachte. Als sie gegen die geplante Errichtung eines mit Information und Regierungspropaganda befaßten Ministeriums unter seiner Leitung Sturm lief, ließ ihn der Kanzler ungerührt fallen.

Überhaupt hat Adenauer bei Gelegenheit dieser Regierungsbildung seinen Ruf kalter, von Regungen der Dankbarkeit nicht gemilderter Herzlosigkeit in Personalfragen dauerhaft gefestigt.

Doch indem er sich bei dieser Kabinettsbildung an den Rat Machiavellis hielt, daß man die notwendigen Grausamkeiten tunlichst zu Beginn einer Herrschaft begehen soll, schuf er in einem wichtigen Fall zugleich auch die Ursache künftiger Schwierigkeiten. Nicht zuletzt aufgrund direkter Einwirkung des Bundespräsidenten, der sogar damit gedroht haben soll, die Ernennungsurkunde nicht wieder zu unterschreiben, entließ er Thomas Dehler aus der Zucht des Kabinetts. Dieser eifernde Kämpfer für antiklerikale Kulturpolitik war schon 1949 nur zögernd in die »Kleine Koalition« gegangen, seither aber zum Bewunderer des Kanzlers geworden, für den er sich während der ersten Legislaturperiode mit größter, wenn auch häufig überschäumender Einsatzbereitschaft in die Schanze geschlagen hatte. Dabei hatte er sich viele Feinde gemacht: nicht nur den DGB, sondern auch das Bundesverfassungsgericht. Dehler hat Adenauer diese – wie er es sehen mußte – undankbare Behandlung nicht verziehen. Die FDP-

Fraktion gab ihm zum Trost den Fraktionsvorsitz, und in dieser Funktion wurde er rasch zum Kristallisationspunkt allen freidemokratischen Unmuts an der Koalition.

Bald schon sprach man von einer Strategie der »Opposition innerhalb der Koalition«, sowohl in Fragen der Rechts- und Kulturpolitik, wie auch ganz besonders im Bereich der Deutschlandpolitik und der Saarfrage.

Freilich hatte die freidemokratische Koalitionsmalaise durchaus objektive Gründe. Die FDP hatte bei den Wahlen ziemlich Federn lassen müssen und ihr stand das Schicksal der kleineren Parteien vor Augen, die teilweise schon 1953 von CDU und CSU aufgesogen worden waren. Entsprechend unerquicklich gestalteten sich bereits die Koalitionsverhandlungen. Es fällt nicht schwer, einige Gründe für den Koalitionszerfall im Herbst 1955 und im Winter 1955/56 bis in den Vorgang der Regierungsbildung zurückzuverfolgen.

Eine zusätzliche Reibungsfläche mit den Freidemokraten erwuchs aus dem Umstand, daß auch der katholisch-konservative Flügel der CDU, ermutigt vom Episkopat, der eine Belohnung für die starke Wahlunterstützung erwartete, nunmehr energische Ansprüche anmeldete. Zum einzigen Mal in der Geschichte der Bundesrepublik wurde in diesen Monaten die Forderung nach Aufhebung der obligatorischen Zivilehe vorgetragen, die Bismarck im Kulturkampf durchgesetzt hatte. Die CSU hatte das sogar zu einem Punkt der Koalitionsverhandlungen gemacht. Adenauer war zwar nicht der Auffassung, daß dieses Ziel des Schweißes der Edlen wert sei, richtete aber als Konzession ein kleines Familienministerium unter Franz-Josef Wuermeling ein. Dieser temperamentvolle Katholik war schon in den Debatten des Ersten Bundestages verschiedentlich mit den Liberalen zusammengestoßen, so daß manche von ihnen seine Ernennung als Verstoß gegen den kulturpolitischen Koalitionsfrieden werteten. Weitere Rangeleien blieben nicht aus. Die FDP stellte zwar innerhalb der Koalition ein Gegengewicht gegen die verstärkten klerikalen Tendenzen dar, die ja vielfach nur widerspiegelten, wie es damals an der Basis der CDU aussah. Aber die Belastbarkeit dieser weltanschaulich heterogenen Koalition wurde

*»Oberländer hat's geschafft – durch Kraft!« Theodor
Oberländer wurde 1953 Vertriebenenminister.*

durch die kulturpolitischen Gegensätze ständig auf
die Probe gestellt.

Als einen seiner größten Erfolge betrachtete Adenauer damals die Verankerung der Flüchtlingspartei
im Kabinett. Der Stern des GB/BHE-Vorsitzenden
Waldemar Kraft, der Bundesminister für besondere
Aufgaben wurde, war allerdings schon im Sinken.
Zum starken Mann der Vertriebenen im Kabinett
wurde künftig der neue Bundesvertriebenenminister
Theodor Oberländer, ein zupackender Politiker
und fähiger Administrator, der in der Folge viel für
die Integration der Vertriebenen leistete und entscheidend dazu beitrug, daß sie nach dem Zerfall
des BHE im Jahr 1955 mehrheitlich zu CDU-Wählern wurden. Aber er war auch ein Mann mit Vergangenheit: ehemaliger SA-Hauptsturmführer und
Gauamtsleiter der NSDAP, außerdem ein Rußlandkenner, der während des Zweiten Weltkriegs bei
der Wehrmacht dafür gekämpft hatte, die Minderheiten in der Sowjetunion – Ukrainer, Kaukasier,
Georgier – im Zeichen des Anti-Bolschewismus für
die deutsche Sache zu gewinnen. Weil er sich für eine vernünftige Behandlung der Ostvölker einsetzte,
geriet er damals in Gegensatz zur offiziellen Linie.

Ende der fünfziger Jahre holte ihn dann seine
Kriegsvergangenheit ein, als die DDR eine Kampagne wegen Verwicklung in angebliche Massaker
einer von ihm geführten ukrainischen Sondereinheit
in Gang setzte.

Auffällig bleibt, daß während der Regierungsbildung niemand in der CDU und schon gar nicht in
der FDP energisch gegen die Hereinnahme dieses
langjährigen aktiven Nationalsozialisten ins Kabinett protestiert hat. Adenauer war allerdings nicht
wohl dabei, aber die Flüchtlingsverbände bestanden
auf Oberländer. Die CDU/CSU-Fraktion wandte
sich zwar bald, doch ohne Erfolg, gegen ihn, weil er
sein Ministerium anfänglich mit ehemaligen Parteigenossen zu besetzen begann, unter anderem mit
einem früheren Reichspropaganda-Redner der
NSDAP und Träger des goldenen Parteiabzeichens.
Aber das große öffentliche Echo blieb aus. Der später so kritische *Spiegel* half dem Angegriffenen sogar mit gezielter Sympathiewerbung. 1949 wäre so
viel Toleranz noch undenkbar gewesen. Aber jetzt
zählte allein die Koalitionsräson. Auch in anderen
Fällen wurde deutlich, daß nunmehr, nach Abschluß
der Entnazifizierung und nachdem die Gefahr des
Rechtsradikalismus fürs erste gebannt schien, die
Toleranzmarge gegenüber ehemaligen aktiven Nationalsozialisten erheblich größer geworden war.
Paradoxerweise verstärkte sich die Sensibilität der
öffentlichen Meinung erst wieder mit wachsender
Entfernung vom Dritten Reich.

Umstritten war seltsamerweise nicht die Ernennung
Oberländers, sondern die Besetzung des Bundespostministeriums. Dabei verhandelte die CSU besonders hartnäckig, ohne sich aber durchzusetzen.
Tatsächlich machten bei dieser Regierungsbildung
neben der FDP die Bayern die größten Schwierigkeiten. Als die Verhandlungen schließlich vom
Kanzler abgeschlossen worden waren, ohne daß er
voll auf die Wünsche der CSU eingegangen wäre,
wurde laut über eine Auflösung der Fraktionsgemeinschaft zwischen CDU und CSU nachgedacht.
In Wirklichkeit hatte Adenauer aber langmütig und
mit einer Tendenz zum Nachgeben verhandelt,
denn er war sich darüber im klaren, daß das Sonderverhältnis der CDU zur CSU die Gefahr des
Auseinanderbrechens in sich barg.

Verschnupft zeigten sich aber auch die Evangelischen, weil nur vier protestantische Minister der Union ins Kabinett kamen – neben sieben Katholiken. Erneut erwies sich, daß der evangelische Volksteil sehr viel stärker durch die kleineren Koalitionsparteien vertreten wurde.

Die Einzelheiten des ganzen Hin und Her können hier nicht interessieren; wesentlich war das Gesamtbild, das erkennen ließ, wie schwer sich selbst der Wahlsieger Adenauer tat, die divergierenden Strömungen im bürgerlichen Lager – Evangelische und Katholiken, Bayern und Freidemokraten, Sozialausschüsse, Landwirte und Flüchtlinge – unter einen Hut zu bringen. Schließlich wurden alle Schwierigkeiten mit dem in Vielparteiensystemen so beliebten Mittel einer Vermehrung der Ministerzahl gelöst. Statt 13 Minister hatte das neue Kabinett nun deren 18, darunter vier »Sonderminister«, für die eine angemessene Beschäftigung gesucht werden mußte. Jedenfalls hinterließen die Auseinandersetzungen dieser Nachwahlwochen allerseits ziemlich viele Blessuren, und als sich Adenauer dann rasch wieder der Außenpolitik zuwandte, dauerte es relativ lange, bis Kabinett und Koalition zur produktiven Gesetzgebungsarbeit kamen.

Im ganzen war diese Kabinettsbildung ein Lehrstück für die Art und Weise, wie der Kanzler auch künftig zu führen gedachte, und insofern über den Vorgang als solchen hinaus bemerkenswert. Adenauer verstand sich nicht als autoritärer Patriarch, sondern eher als großer Dompteur, der seine Autorität aus der Fähigkeit zur Balance bezog und sie zur Einschüchterung derer benutzte, die im Interesse ihrer Sonderwünsche aus der Reihe tanzen wollten. Allerdings hätte er dies kaum so überzeugend gemeistert, wenn ihm nicht dreierlei zu Hilfe gekommen wäre: die Wähler, der Wirtschaftsaufschwung der fünfziger Jahre und das Ausland.

Innerhalb der Union war es unumstritten, daß die Bundestagswahlen 1953 plebiszitäre Kanzlerwahlen gewesen waren. Solange es Adenauer gelang, derart überzeugende Wahlergebnisse zu erzielen, war seine Macht unanfechtbar. Auch manche der etwas weiter vorausschauenden Politiker aus den kleinen Koalitionsparteien waren von nun an sorgsam bestrebt, sich mit dem Führer der Union gut zu stellen: Wer wußte denn, ob man die eigene Wählerbasis nicht in ein paar Jahren los war und dann bei der Union Unterschlupf finden mußte?

Ebenso hat die anhaltend stabile Hochkonjunktur entscheidend zu diesem erfolgreichen Regierungsstil des allseitigen Interessenausgleichs beigetragen. Die schon bald zu beobachtende Maßlosigkeit einzelner Gruppen und Verbände konnte weitgehend aus dem Produktivitätszuwachs befriedigt werden. Gnadenlose Verteilungskämpfe, an denen schon manche Regierung zerbrochen ist, die auf dem komplizierten Konsens breiter Gruppen beruhte, blieben den Adenauerschen Kabinetten erspart.

Zwar sind auch die fünfziger Jahre von ständigen wirtschafts- und sozialpolitischen Auseinandersetzungen erfüllt gewesen, wie sie für pluralistische Gesellschaften kennzeichnend sind. Und natürlich zeigten sich alle daran Beteiligten mehr oder weniger ernsthaft davon überzeugt, daß ihr eigenes Wohl und Wehe wie das der Gesellschaft insgesamt vom Ausgang des jeweiligen Konflikts abhänge, an dem sie gerade eben engagiert waren. Doch diese Konflikte, die auch in das Regierungslager immer wieder Unruhe brachten, blieben im großen und ganzen Bewegungen an der Oberfläche. Die wirtschafts- und sozialpolitischen Grundsatzentscheidungen waren gefallen, und die Entwicklung schien in die gewünschte Richtung zu laufen. Jetzt galt es, behutsam und geduldig zu konsolidieren, die in Teilbereichen immer noch bestehenden Fesseln der Marktwirtschaft weiter zu lockern, im übrigen aber auch die sozialen Härten stärker zu mildern, als dies unter dem Diktat der Notlage in den Jahren vor 1953 möglich gewesen war. Diesen Kurs haben im großen und ganzen auch die gewerkschaftsorientierten Gruppen in der Union mitgetragen.

Der grundlegende Konsens hatte freilich auch seine Nachteile. Bewegtere Geister im Lager der Intellektuellen stellten schon bald mit Bedauern fest, daß die Innenpolitik fade und spannungslos zu werden begann. Die breite Masse der Bevölkerung hatte allerdings in den vergangenen Jahren und Jahrzehnten ihren Bedarf an Dramatik hinlänglich decken können. Unzufriedene Intellektuelle mochten über das biedermeierliche Klima der nun beginnenden Periode lästern. Daß sie eben dies gewährleistete,

Comeback der deutschen Industrie auf dem Weltmarkt. Wie hier die 2. Europäische Werkzeugmaschinen-Ausstellung im September 1952, lockten die Messen in Hannover wieder Einkäufer aus aller Welt.

empfahl aber die Regierung jener großen Mehrzahl der Deutschen, für die nun endlich die guten Jahre gekommen waren. Man verlangte nach Ruhe, nach innerem und äußerem Frieden und nach krisenfreier, kontinuierlicher Verbesserung der wirtschaftlichen Lage. Das damals von vielen beobachtete Streben nach sozialer Harmonie und die instinktive Ablehnung von fundamentalen Konflikten erleichterte einer Regierung, deren Hauptformeln Ausgleich und Gleichgewicht waren, die Arbeit ganz erheblich.

Im übrigen herrschte auf dem Feld der Außenpolitik weiterhin heftige Bewegung. Hier waren die Gegensätze schwer vereinbar, und zwar in zunehmendem Maß auch im Regierungslager. Die Generationen, die die erste Hälfte des 20. Jahrhunderts oder auch nur den Zweiten Weltkrieg und die Nachkriegszeit erlebt hatten, waren sich dessen bewußt, daß außenpolitische Sicherheit die Voraussetzung gesunder wirtschafts- und sozialpolitischer Verhältnisse im Innern ist. Mit ihr stand und fiel die Konsolidierung der Zweiten Republik, und so war es alles andere als ein Zufall, daß auch die großen Kontroversen der folgenden Jahre über den richtigen Kurs der Außenpolitik ausgefochten wurden.

Eben das aber verstärkte noch die Position des Kanzlers. Die Deutschen hatten aus der Erfahrung mit dem Dritten Reich manches gelernt. Eine ihrer wichtigsten Lektionen bestand darin, daß es lebenswichtig war, im Ausland Vertrauen zu erwerben. Dafür schien Adenauer der richtige Mann. Die westlichen Staatsmänner und auch große Teile der Presse ihrer Länder taten seit Jahren ihr Bestes, der eigenen Öffentlichkeit, aber auch der deutschen, ständig ins Bewußtsein zu rufen, welches Glück die Bundesrepublik mit dem Kanzler hatte. Auch spätere Bundeskanzler haben innenpolitisch von der starken Stellung profitiert, die sie in der öffentlichen Meinung des Auslands hatten. Adenauer war der erste, der sich eine dermaßen geachtete Position erwarb, und im Kampf um die Erhaltung seiner Machtposition im Innern zögerte er nicht, sie nach Kräften auszunützen. Er hatte diese Unterstützung allerdings auch dringend nötig. Denn seit den Anfängen im Jahr 1949 gab es so gut wie kein Jahr, in dem nicht aus dem Umfeld des internationalen Systems Unsicherheiten, Erschütterungen und Krisen drohten. Die rasch zunehmende Prosperität der Adenauer-Ära stand immer auf schwankendem außenpolitischen Boden.

Rückkehr unter die großen Mächte der Welt

Einen tiefen Einschnitt brachte das Jahr 1953 auch im Verhältnis zwischen der Bundesrepublik und den Westalliierten. Den Deutschen wurde jetzt von höchster Stelle versichert, daß ihr Staat, in dem formell immer noch die Hohen Kommissare die Oberhoheit ausübten, wieder etwas darstellte. Am vollmundigsten war wie immer Winston Churchill, der bei seinem lebenslangen Schwanken zwischen Sympathie für und Abneigung gegen die Deutschen erneut bei einer positiven Einstellung angelangt war. Nach den Bundestagswahlen erklärte er Mitte Oktober 1953 auf dem Parteikongreß der Konservativen in Margate: »Persönlich begrüße ich, daß Deutschland unter die großen Mächte der Welt zurückgekehrt ist.« Fast noch weiter ging der neue re-

Der amerikanische Außenminister John Foster Dulles und der deutsche Bundeskanzler waren sich einig, daß nur ein starker Westen die Expansionsbestrebungen der Sowjetunion eindämmen könne.

publikanische Außenminister John Foster Dulles beim ersten Zusammentreffen mit Adenauer nach den Bundestagswahlen, als er dem Kanzler eine Art informellen amerikanisch-deutschen Stabilitätspakt in Aussicht stellte. Viele Regierungen, so meinte er, trieben mit der Flut. Jetzt aber gebe es in Europa eine Regierung, die zu starken und kühnen Maßnahmen bereit sei. Die amerikanische und die deutsche Regierung sollten einen richtungweisenden Einfluß auf die politische Entwicklung nehmen.

Es war bezeichnend, daß man in diesem Zusammenhang meist ganz unbefangen von »Deutschland« sprach, wenn die Bundesrepublik gemeint war. Das Bonner Kernstaat-Konzept in Verbindung mit dem Alleinvertretungsanspruch wurde damals noch vorbehaltlos akzeptiert. Die DDR hingegen, über die nach dem 17. Juni 1953 erneut eine Welle des Polizeiterrors hinwegging, wurde nach wie vor als willenloser sowjetischer Satellitenstaat bewertet.

Wenn die Bundesrepublik in der jetzt langsam zur Ruhe kommenden europäischen Staatenwelt so rasch erhebliches Gewicht gewann, haben dazu im wesentlichen drei Faktoren beigetragen: das für ausländische Beobachter atemberaubende Tempo ihres wirtschaftlichen Wiederaufbaus, ihre politische Stabilität und die Schwäche Frankreichs.

Innerhalb der Europäischen Zahlungsunion (EZU) hatte Westdeutschland dank seiner Exporterfolge bereits eine erstaunliche Gläubigerposition erreicht. Seit Anfang 1953 wuchs Bonn unaufhaltsam in die Rolle des größten Kreditgebers hinein. Der kumulative Saldenstand der wichtigsten EZU-Mitgliedstaaten wies Ende 1953 einen Überschuß von 821,2 Mio. $ zugunsten der Bundesrepublik aus. Im Defizit standen demgegenüber Frankreich mit 832,1 Mio. $, Großbritannien mit 822 Mio. $ und Italien mit 112,5 Mio. $. Diese starke wirtschaftliche Position sollte sich noch verbessern, und von jetzt an konnten die Deutschen Prestige und Ressentiment kennenlernen, das die Rolle der dynamischsten Wirtschaftsmacht Westeuropas einbringt.

Beim Vergleich mit der wirtschaftlichen und politischen Stabilität Deutschlands schnitt Frankreich besonders schlecht ab. Im Jahr 1953 war es, in den Worten des ehemaligen Premiers Paul Reynaud, »der kranke Mann Europas«. Während sich die Tresore der Frankfurter Bundesbank mit Dollars, Gold sowie mit französischen und britischen Schuldverschreibungen zu füllen begannen, mußte der Gouverneur der Banque de France den Regierungen der Vierten Republik in regelmäßigen Abständen mitteilen, daß die Kassen leer waren. Amerikanische Kredite, die zur Finanzierung des ruinös kostspieligen Indochina-Krieges bestimmt waren, brachten das Land zusammen mit EZU-Krediten nur mühsam über die Runden. Die von Pinay begonnene Stabilitätspolitik hatte im Jahr 1953 erst einmal zur Rezession mit entsprechender Arbeitslosigkeit, mit Bauernunruhen und wilden Streiks geführt. So war die Furcht vor der wirtschaftlichen Dynamik Westdeutschlands allgemein und die Neigung groß, Wiederbewaffnung und Rückgabe der Souveränität so lange wie möglich hinauszuzögern, damit sich die wirtschaftliche Überlegenheit, die die Deutschen bereits wieder erreicht hatten, nicht in politische und militärische umsetzte.

Als die Nachricht vom Ergebnis der Bundestagswahlen in Paris eintraf, notierte der französische Staatspräsident Auriol in sein Tagebuch: »Adenauer triumphiert. Das ist ein großartiger Erfolg; aber wenn man alle die damit verbundenen Reden liest, muß man sich darüber klar sein, daß das ein Triumph des deutschen Nationalismus ist. Wie sich dieses Land wieder aufgerichtet hat, ist außergewöhnlich, und die Amerikaner unterstützen es von neuem. Wir sehen uns mit einer sehr ernsten Lage konfrontiert, analog zu der des Jahres 1936.« Andere Politiker in Paris beurteilten die Situation weniger düster; die französischen »Europäer« hofften jetzt erst recht, das Problem des deutschen Comeback mit Hilfe europäischer Konstruktionen positiv bewältigen zu können. Unbehaglich fühlten sich aber alle.

Die wirtschaftliche Schwäche Frankreichs ging mit einer chronischen politischen Instabilität Hand in Hand. Die Zersplitterung in viele Parteien, deren jede im Innern zusätzlich zerstritten war, führte zu Koalitionsregierungen, die so gut wie gelähmt waren. Damals wie später galt die Vierte Republik bei den Politologen in aller Welt als Demonstrationsobjekt für Unregierbarkeit wegen heilloser Zerklüftung des Parteiensystems in Verbindung mit einer fast schrankenlosen Parlamentsherrschaft. Hinzu kamen die Belastungen, die aus dem immer noch ungebrochenen Willen resultierten, das französische Kolonialimperium aufrechtzuerhalten. Der Indochina-Krieg, der nun rasch seiner dramatischen Krise entgegentrieb, kostete die Republik rund 3000 Milliarden Francs und entzweite die Nation. Als ihm aber Mendès-France im Frühsommer 1954 ein Ende gemacht hatte, begannen bereits die Unruhen in Tunesien, Marokko und Algerien.

Frankreich war also immer wieder das Hauptproblem, dem sich die Bundesregierung gegenübersah, wenn sie nun, mit dem Wahlerfolg im Rücken, daranging, die letzten Hindernisse vor der Souveränität und der Wiederbewaffnung wegzuräumen.

Adenauer konnte die internationale Lage jetzt mit größerer Gelassenheit betrachten, denn er wußte Eisenhower und Dulles fest hinter sich. Daß die USA ihr in Deutschland begonnenes Experiment zugunsten einer Einigung mit der Sowjetunion oder aufgrund des Überhandnehmens neo-isolationistischer Neigungen abbrechen würden, stand jetzt nicht mehr zu befürchten. Zwar war es alles andere als sicher, ob den kräftigen amerikanischen Worten von einem »roll back« der Sowjets wirklich Taten folgen würden. Die Eisenhower-Regierung hatte in einen nicht gerade ruhmvollen Waffenstillstand in Korea eingewilligt, der aber immerhin dem Krieg ein Ende machte. Sie hatte sich auch während der Erschütterung des DDR-Regimes am 17. Juni vorsichtig bedeckt gehalten. Und die bereits einsetzenden, energischen Bemühungen des finanzpolitisch konservativen Präsidenten, im Interesse der Budgetstabilität die konventionellen Streitkräfte zu reduzieren, zeugte auch nicht eben von großer Entschlossenheit zu einer Politik imponierender Stärke. Doch gab die auf einen hohen ethischen Ton gestimmte Ablehnung kommunistischer Regime in Europa und Asien Grund zur Hoffnung, daß die Wiedervereinigungspolitik der Bundesrepublik auch künftig voll gedeckt würde, zumindest diplomatisch und verbal. Vor allem war es offenkundig, daß man es hier mit einer Administration zu tun hatte, die alle Bemühungen um einen Zusammenschluß Europas ebenso vorbehaltlos unterstützte wie die vorhergehende. Die Diplomaten und Generale, die im Washington

Der britische Premierminister Churchill (in No. 10 Downing Street) vertrat bei Adenauers Besuch in London im Mai 1953 die Ansicht, daß die USA, das englische Commonwealth und das vereinigte Europa wie drei Kreise, die einander berühren, verbunden sein müßten (unten).

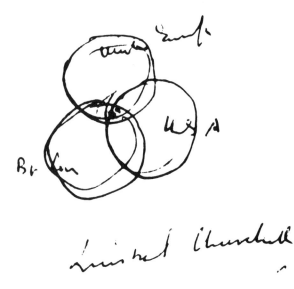

Eisenhowers den Ton angaben oder die amerikanischen Interessen in Europa vertraten, zeigten sich überwiegend europäisch orientiert. Sie betrachteten den Kontinent einschließlich der Bundesrepublik nicht nur als unverzichtbares strategisches Glacis, sondern sahen in den Bemühungen, Frankreich und Deutschland in einem Vereinten Europa zu versöhnen, auch den Schlüssel zur europäischen Stabilität. Jean Monnet besaß in den höchsten Rängen der amerikanischen Politik und Wirtschaft ein breitgespanntes Netz von Freunden der europäischen Integration, die für die jeweils von ihm verfolgten Integrationsprojekte mobilisierbar waren und das während der ganzen fünfziger Jahre auch blieben. Ebenso wie Adenauer drang Monnet weiter darauf, das EVG-Konzept nicht frühzeitig preiszugeben. So war zu erwarten, daß die amerikanische Regierung jetzt ihren ganzen Einfluß für eine Ratifikation durch Paris geltend machen würde.

Auch Großbritannien schien nun zum Handeln entschlossen. Winston Churchill führte im Herbst und Winter 1953 eine viel schärfere Sprache als Eisenhower und Dulles. Er drohte Paris öffentlich, im Fall eines Scheiterns der EVG einer neuen Vereinbarung zuzustimmen, durch die die deutschen Streitkräfte – also die gefürchtete Nationalarmee – direkt in die NATO eingegliedert würden.

Allerdings gab es damals gegenüber dem britischen Premier in Washington und in Bonn erhebliche Vorbehalte, seit dieser am 11. Mai 1953 ohne vorherige Absprache mit den Verbündeten in etwas meditativen Formulierungen vor dem Unterhaus über ein »Welt-Locarno« laut nachgedacht und für eine Ost-West-Konferenz auf höchster Ebene plädiert hatte. Der dadurch alarmierte Kanzler war zwar gleich darauf einigermaßen beruhigt worden. Churchill hatte ihm versprochen, er werde Westdeutschland in keiner Weise opfern, vielmehr wolle sich Großbritannien buchstabengetreu an die 1952 abgeschlossenen Verträge halten. Aber der britische Premierminister glaubte weiter an einen Ausgleich, und man wußte, daß er hinter den Kulissen fast das ganze Jahr 1953 hindurch bemüht war, eine Gipfelkonferenz in Gang zu bringen.

Angesichts der Stagnation in Frankreich und der untergründig spürbaren Beweglichkeit in der britischen Politik war Adenauer damals entschlossen, bedingungslos auf die USA zu setzen, die ihrerseits immer noch an der EVG festhielten. Einem Abgeordneten seiner Partei gab er Anfang August 1953 brieflich zu bedenken, »daß die Amerikaner z. Zt. unsere einzigen Freunde sind, und daß wir England und Frankreich zuliebe nicht auf diese, unsere Freunde, die zugleich die Entscheidung in der Hand halten, verzichten können«.

Beim Bemühen, die Westverträge unter Dach und Fach zu bringen, erschien es für die Deutschen ratsam, sich selbst in den Kulissen zu halten und die Angelsachsen operieren zu lassen. So beschränkte sich der Kanzler darauf, Amerikaner und Briten mit steigendem Nachdruck darauf hinzuweisen, daß seine Position im eigenen Land trotz des Wahlerfolgs bei einer längerdauernden Verschleppung der Ratifikation unterminiert würde. Er drängte auch mit steigender Ungeduld darauf, im Fall weiterer Ungewißheit über die EVG wenigstens den Deutschlandvertrag in Kraft zu setzen, der der Bundesrepublik die Souveränität verlieh. Im übrigen riet er den britischen und amerikanischen Staatsmännern, auf eine möglichst baldige Ratifikation in allen anderen EVG-Staaten hinzuwirken. Dann wäre Frankreich international isoliert und könnte wohl kaum länger Widerstand leisten. Aber auch er mußte resigniert einräumen, daß es erst noch einer gescheiterten Ost-West-Konferenz bedürfe, bevor Paris zum Ratifizieren bereit sei. Denn das Jahr 1953 war auch noch in anderer Hinsicht denkwürdig. Mit ihm begann die Entspannungspolitik.

Anfänge der Entspannungspolitik

Stalins Erben hatten im Frühjahr und Sommer 1953 eine Reihe von Gesten gemacht und einige Reden gehalten, aus denen gewichtige westliche Parteien und ein Teil der Presse den Schluß zogen, eine Ära der Détente kündige sich an. Auch der Begriff Entspannung war schon in aller Munde.

Am nachhaltigsten wurde der Entspannungsgedanke damals in Großbritannien vertreten, vorwiegend in den Reihen der Labour Party, doch auch bei den Konservativen. Neben der Commonwealth-Idee war die Entspannung das zweite große Thema britischer Außenpolitik in den fünfziger Jahren. Vor allem die britische Presse war seit dem Frühjahr 1953 mit wenigen Ausnahmen geneigt, entsprechende sowjetische Initiativen günstig zu beurteilen und beharrlich nach positiven Schritten des Westens zu rufen. Ähnliche Erwartungen wurden damals bei den französischen Sozialisten geweckt. Ihre Stimmen wurden für die EVG-Ratifizierung dringend gebraucht, und so konnten sie einer besonders pfleglichen Behandlung ihrer ostpolitischen Hoffnungen sicher sein. Doch auch einige Politiker der französischen Rechten begannen sich wieder des ja immer noch fortbestehenden Französisch-Sowjetischen Vertrags zu erinnern, den de Gaulle im Winter 1944 ausgehandelt hatte.

Hingegen war bald zu erkennen, daß Washington die Veränderungen in der sowjetischen Haltung erst einmal mit kühler Aufmerksamkeit zur Kenntnis nahm und nach gewichtigeren Beweisen für den Sinneswandel verlangte. Eisenhower hielt zwar im April 1953 eine bewegende Friedensrede, in deren Zentrum er den Abrüstungsgedanken rückte, aber weder die dem Tod Stalins folgende Europapolitik noch die sowjetische Fernostpolitik schienen darauf hinzudeuten, daß in Moskau mehr erstrebt wurde als eine Konsolidierung der neuen Regierung. Dennoch erkannten auch die amerikanischen Politiker, daß seit dem Tod Stalins bei wichtigen Gruppierungen innerhalb der westeuropäischen Politik ein Umdenken einsetzte, dem sorgfältig Rechnung getragen werden mußte.

Diese Détente-Denkschulen, die sich jetzt vernehmlich regten und zwei Jahre später im Zeichen des »Geistes von Genf« den großen Durchbruch gekommen sahen, stammten aus unterschiedlichen ideologischen Lagern. Bei den Sozialisten, Linksliberalen und progressiven Christen, die sich für die Entspannung erwärmten, war unverkennbar, daß ihre Détente-Politik tiefverwurzelte pazifistische Grundstimmungen artikulierte, die während der vorhergehenden Spannungen überdeckt, aber nie abgestorben waren. Sobald die internationale Lage das wieder zu gestatten schien, suchten diese Gruppierungen an Denkweisen und außenpolitische Verhaltensstile wieder anzuknüpfen, deren Wurzeln weit

*Am 5. März 1953
starb Josif Wissariono-
witsch Stalin.
An seine Nachfolger
(von rechts Berija,
Malenkow, Molotow
und Bulganin mit dem
Katafalk des toten
Diktators) knüpfte
man im Westen die
Hoffnung auf eine
Lockerung des harten
Regimes.*

in die Zwischenkriegszeit zurückreichten: Streben nach Abrüstung; Forderung nach bilateralen und multilateralen Gewaltverzichtsabkommen, um Militärallianzen und Rüstung allmählich überflüssig zu machen; Kritik an Paktsystemen, an provokativen Maßnahmen und an unnötiger Rüstung. Damit verbunden war in der Regel die Forderung, das Sicherheitsbedürfnis des Gegenspielers ernst zu nehmen und ihm entgegenzukommen, vielleicht sogar, um Vertrauen zu wecken, durch gewisse Vorleistungen. Und wie einstmals in der Zwischenkriegszeit wurde auch jetzt auf die furchtbaren technischen Zerstörungswaffen verwiesen. Inzwischen hatte die Menschheit die Wirksamkeit moderner Kriegsführung am eigenen Leib erfahren, und zu allem hin waren sowohl die USA wie die Sowjetunion seit 1953 im Besitz von Wasserstoffbomben, die jeden Krieg als Absurdität erscheinen ließen. Für ein gutes Jahrzehnt wurden die Atomwaffen, insbesondere auch die Tests in der Atmosphäre, zum großen Thema aller Linksparteien und pazifistischen Gruppierungen, dem sich kein Staatsmann entziehen konnte. Auch in dieser Hinsicht war 1953 ein Schwellenjahr, seit dem sich die öffentliche Meinung des Westens nachhaltig zu wandeln begann.

In der Bundesrepublik stand in erster Linie die deutsche Sozialdemokratie in mehr oder weniger pazifi-

stischen Denktraditionen, und so war es nicht erstaunlich, daß sich die SPD in zunehmendem Maß als Entspannungspartei verstand. Die stark nationale Komponente, die unter Schumacher in ihre Außenpolitik eingeflossen war, wurde allerdings nicht preisgegeben, wohl aber mit der Entspannungsthematik verbunden. Hoffnungsvoll und mit prinzipieller Aufgeschlossenheit begann man nun auch bei den deutschen Sozialdemokraten jede östliche Äußerung daraufhin abzuklopfen, ob sie nicht ein grundsätzliches oder allmähliches Umdenken in Moskau erkennen lasse. Zugleich überprüfte man nun unablässig, mit welchen Initiativen der Westen die Spannungen in Europa überbrücken und damit zugleich auch eine Lösung der deutschen Frage erreichen könnte.

Die Liste denkbarer Entspannungsmaßnahmen war lang, und die Beiträge ihrer Befürworter zur Außenpolitik jener Jahre bestanden größtenteils darin, deren Erprobung bei der Gestaltung des Ost-West-Verhältnisses anzuregen. Alle Pläne für Gipfeltreffen oder Außenministerkonferenzen wurden prinzipiell begrüßt. Bald faßte man auch eigene deutsche Aktivitäten ins Auge, etwa Besuche von Bundestagsdelegationen in Moskau, um die Position der Gegenseite besser kennenzulernen und den eigenen Standpunkt zu vermitteln.

Eine grundlegende Tatsache der internationalen Politik seit Anfang der fünfziger Jahre: die Wasserstoffbombe. Sie machte den Rüstungswettlauf fragwürdig, konnte ihn aber nicht verhindern.

Die seit den zwanziger Jahren so geschätzten Nichtangriffspakte und Gewaltverzichtsvereinbarungen sollten erneut ins Spiel gebracht werden. Man hoffte, damit mögliche Besorgnis der Gegenspieler zu zerstreuen und zugleich die eigene Sicherheit zu verstärken. Die durch das Scheitern des Völkerbundes und die schlechten Erfahrungen mit den Vereinten Nationen zeitweise ziemlich diskreditierten Ideen kollektiver Friedenssicherung erschienen nun wieder frisch und attraktiv. Selbst ein Status international garantierter Neutralität, der nach den Erfahrungen Belgiens, der Niederlande, Luxemburgs sowie Dänemarks und Norwegens im Jahr 1940 als nicht mehr sehr erstrebenswert gegolten hatte, fand nun bei den deutschen Sozialdemokraten und bald auch außerhalb der Bundesrepublik zunehmend Aufmerksamkeit.

Mit ebensoviel Aufgeschlossenheit begegnete man allen theoretischen und praktischen Ideen zur Abrüstungs- und Rüstungskontrolle. Bemühungen um regionale Inspektionszonen, die die Furcht beider Seiten vor Überraschungsangriffen verringern sollten, wurden natürlich begrüßt, aber die Wünsche gingen bald weiter. In Europa, und hier besonders zwischen den Blöcken, sollten Zonen reduzierter Rüstung geschaffen werden, von denen aus im weiteren Fortschreiten ein völliges militärisches Disenga-

gement erfolgen konnte. Die Stationierung bestimmter Massenvernichtungswaffen im eigenen Land betrachtete man als problematisch, weil sie den Gegner provoziere und die eigene Bevölkerung der Gefahr von Gegenschlägen aussetze. Fragwürdig schienen überhaupt der Rüstungswettlauf und die Abschreckungspolitik im Rahmen von Militärallianzen.

Die SPD hat solche und andere Vorschläge oder Instrumentarien ihrer Entspannungspolitik nicht auf einmal in die Diskussion eingeführt. Die verschiedenen Ansätze wurden erst im Lauf der Zeit miteinander verbunden und schließlich zu großen, differenzierten Plänen ausgearbeitet.

Meist wurden die Entspannungsmaßnahmen einigermaßen vorsichtig dosiert, und die Phasenpläne, zu denen es bald kam, begannen vernünftigerweise mit den am wenigsten riskanten Schritten. Ohnehin konnte auch die Opposition in der Regel nur das vorschlagen, was da und dort im Ausland schon im Gespräch war. In ihren diesbezüglichen Konzeptionen fand daher zumeist die internationale Diskussion ihren Niederschlag, insbesondere östliche Vorschläge, denen sie im Interesse des erhofften Erfolgs immer ein Stück entgegenkam.

Im ganzen bestand die innere Einheit dieser linken Entspannungsschulen der fünfziger Jahre, denen sich die SPD nun zugesellte, in einer grundlegend optimistischen Philosophie der internationalen Beziehungen. Optimistisch waren die Annahmen bezüglich der sowjetischen Ziele, Stärkeverhältnisse und Entwicklungstendenzen. Große Hoffnungen richteten sich darauf, die Ost-West-Spannungen durch guten Willen, durch rationale Diskussion und durch geduldiges Verhandeln mit dem Gegenspieler verändern zu können. Hochgespannt waren die Erwartungen bezüglich rationaler Steuerbarkeit der internationalen Beziehungen durch komplizierte Vertragssysteme, sei es zur einvernehmlichen Lösung der deutschen Frage, sei es zur Überwindung des Wettrüstens. Und ganz beträchtlicher Widerwille herrschte gegen eigene Maßnahmen zur Kriegsvorbereitung.

Je mehr Gewicht die Entspannungsschulen in der westlichen Öffentlichkeit gewannen, um so kühner wurden die deutschen Sozialdemokraten. Im großen und ganzen hat sich diese Grundorientierung in ihren Reihen in den Jahren 1953 bis 1955 ziemlich weitgehend durchgesetzt. Dabei war es unvermeidlich, daß die SPD trotz ihres völlig glaubwürdigen Antikommunismus in Fragen der Sicherheitspolitik und der allgemeinen Ost-West-Beziehungen mehr und mehr Positionen bezog, die vielfach mit denen in Berührung kamen, die auch vom Ostblock in den jeweiligen Sachfragen vertreten wurden.

Doch der Entspannungsenthusiasmus der westeuropäischen Linken, der aber schon damals auf die liberale Mitte ausstrahlte oder deren Ideen aufgriff, war vorläufig nicht mehr als die Außenpolitik oppositioneller Gruppierungen. Das galt seit 1951 für die Labour Party ebenso wie während der ganzen fünfziger Jahre für die italienischen Nenni-Sozialisten oder die deutschen Sozialdemokraten.

Entscheidend aber war noch auf lange Zeit hinaus die Politik der Regierungen, die im großen und ganzen den pazifistischen Denktraditionen ferner standen. Dennoch wollten und konnten auch sie sich den Entspannungsbemühungen nicht entziehen. So zeigen die Jahre seit 1953, verstärkt seit 1955, das inzwischen so wohlvertraute Phänomen, daß die westeuropäischen Regierungen ihre jeweilige Ostpolitik als Friedenspolitik mit dem Ziel der Entspannung konzipierten. Die britische Regierung machte den Anfang, die französische war immer mit dabei und zuletzt folgte auch die Bundesregierung in Bonn.

Dulles zögerte noch und neigte dazu, die amerikanische Außenpolitik stärker mit dem Ziel der Befreiung der unterdrückten Völker und des Widerstands gegen den Totalitarismus zu rechtfertigen als mit Friedensparolen. Aber bei Eisenhower war die Neigung groß, sich sowohl in der Selbstdarstellung wie auch in praktischen Schritten auf die Entspannungspolitik einzulassen.

Die Motive, von denen sich die konservativen Regierungen bei ihrer Spielart der Entspannungspolitik leiten ließen, waren vielschichtig. Das in der liberalen Presse vorherrschende Meinungsklima spielte eine wichtige Rolle, vor allem in Großbritannien, in steigendem Maß seit Mitte der fünfziger Jahre aber auch in den USA. Bei Eisenhower kamen budgetäre Überlegungen hinzu, die ihm den Ausweg naheleten, die Rüstungslasten durch Abrüstung zu verringern.

Bei Churchill und später bei Macmillan hatte zweifellos die Erinnerung an zwei furchtbare Kriege und das Entsetzen vor der Wasserstoffbombe Gewicht, daneben aber auch die Sorge, daß das britische Kolonialreich und die immer noch ausgedehnten überseeischen Einflußzonen Großbritanniens bei einem Andauern des Ost-West-Gegensatzes nicht zu halten sein würden. Die Rüstungslast, die die Verteidigung des Commonwealth in der ersten Hälfte der fünfziger Jahre Großbritannien aufbürdete, war in der Tat erdrückend. Auch hier sind es also in starkem Maße Budget-Zwänge gewesen, die es nahelegten, die sowjetische Entspannungsbereitschaft auszuloten. Andererseits zeigte sich sowohl im Fall Großbritanniens wie Frankreichs, daß die immer noch bestehende Entschlossenheit, die Übersee-Imperien nicht preiszugeben, zu ständigen Zusammenstößen mit der dort seit 1955 diplomatisch und strategisch zur Offensive ansetzenden Sowjetunion führte. In die daraus resultierenden Spannungen wurden zusehends auch die USA verwickelt.

Entspannungsdiplomatie und Kalter Krieg im Nahen und im Fernen Osten, bald auch in Afrika, liefen während der fünfziger Jahre schon nebeneinander her und hatten den für diese Periode so charakteristischen, oft raschen Wechsel zwischen Entspannung und Konfrontation zur Folge.

Die realpolitische Denkschule der Entspannungspolitik sollte bald auch in der Bundesrepublik ihre Vertreter finden. Hier versuchten vor allem die Freien Demokraten, inspiriert von Karl Georg Pfleiderer, ihre nationalpolitischen Zielsetzungen durch entspannungspolitische Maßnahmen voranzubringen. Auch im Auswärtigen Amt fand die Entspannungspolitik eine Reihe von Verfechtern, und in der CDU/CSU-Bundestagsfraktion waren es besonders Eugen Gerstenmaier, aber auch Kurt Georg Kiesinger, die zu bedenken gaben, daß man sich dem neuen Trend nicht völlig verschließen dürfe.

Adenauer selbst war die Idee einer Normalisierung der Ost-West-Beziehungen schon seit längerem geläufig. Er hat sich auch zum jeweils angebracht scheinenden Zeitpunkt öffentlich dazu bekannt. Doch sah er sich angesichts der ihm viel zu weitgehenden Forderungen der Opposition meist veranlaßt, die unbequemen Tatsachen des nach wie vor bestehenden Ost-West-Antagonismus zu beleuchten und zu illusionsloser und nüchterner Betrachtung zu mahnen. Wie Washington wollte auch er den Hauptakzent auf Bemühungen um allgemeine kontrollierte Abrüstung gesetzt sehen, zu denen er schon in den Bundestagswahlen 1953 aufgerufen hatte. Im übrigen aber sah er die Entspannung erst verwirklicht, wenn die Sowjetunion aufgrund innerer und äußerer Schwäche den unterworfenen Völkern zwischen Elbe und Bug mehr Freiheit gäbe. Seit 1953 wuchsen seine Zweifel, ob dieser Zeitpunkt wirklich bald kommen würde. Trotz aller Skepsis war er jedoch klug genug, den Erwartungen einer nach internationaler Harmonie verlangenden Öffentlichkeit flexibel Rechnung zu tragen. So hatte er sich im Frühjahr 1953 in ziemlich abruptem Kurswechsel noch rechtzeitig vor den Bundestagswahlen an die Spitze derer gestellt, die jetzt eine Außenministerkonferenz über die deutsche Frage forderten.

Der schwäbische Liberale Karl Georg Pfleiderer hielt die Lösung der deutschen Frage ohne Berücksichtigung des sowjetischen Sicherheitsbedürfnisses für unmöglich, eilte damit seiner Zeit aber um Jahre voraus.

Die Berliner Konferenz

Nach Stalins Tod am 5. März war das Jahr 1953 von zeitraubenden Vorbereitungen auf eine Ost-West-Konferenz erfüllt.

Die Meinungen der westlichen Regierungen gingen ziemlich auseinander. Der stark gealterte Churchill verlangte starrsinnig nach einem Gipfeltreffen, auf dem er sein immer noch großes persönliches Prestige zum Einsatz bringen wollte. Für die in Washington eben ins Amt gekommenen Republikaner, die an den von Roosevelt so geschätzten Gipfelkonferenzen über Jahre hinweg scharfe Kritik geübt hatten, kam jedoch ein Gipfel überhaupt nicht in Frage. Dulles war nicht bereit, der neuen, noch ungefestigten Moskauer Führung den Prestige-Erfolg eines spektakulären Treffens zuzugestehen und die Sowjetunion damit aus ihrer selbstverschuldeten Isolierung herauszuholen. Vordringlicher erschien es ihm, mit den Westverträgen möglichst entschieden voranzukommen. Allerdings konnte er sich dem Argument nicht verschließen, daß eben dafür eine gescheiterte Ost-West-Konferenz die Voraussetzung wäre.

Aus der Sicht der EVG-Anhänger in Paris war nämlich an eine Ratifikation der Westverträge überhaupt nur zu denken, wenn zuvor in Viererverhandlungen nochmals der Nachweis geführt worden wäre, daß eine zwischen Ost und West einvernehmliche Regelung des Deutschlandproblems keine Chancen hätte. Andererseits hofften die französischen Gegner der Verträge, aber auch diejenigen, die bisher noch unentschlossen schwankten, bei solchen Verhandlungen eine Tür zu finden, durch die sich Frankreich vor der Ratifikation davonstehlen könne.

Vor den Wahlen brauchte auch Adenauer die Aussicht auf eine Deutschlandkonferenz. Mit einer der für ihn charakteristischen Schwenkungen hatte er sich jetzt entschieden auf die Forderung nach einer Außenministerkonferenz festgelegt. Nach dem Amtsantritt von Eisenhower und Dulles, denen er erst einmal vertraute, gab es keinen echten Grund zum Widerstreben mehr, obwohl er ziemlich sicher war, daß nicht viel mehr herauskommen würde als eine große Propagandaschlacht. Aber diese konnte nützlich sein, um die Verträge in Paris endgültig über den Berg zu bringen. Zugleich verschaffte sie ihm ein Alibi vor der sozialdemokratischen Opposition im eigenen Land, wie auch gegenüber den ebenfalls drängenden Kräften in der Koalition.

Molotow ließ sich indessen nicht auf die wiederholten westlichen Vorschläge ein, am 15. Oktober beziehungsweise am 9. November 1953 in Lugano eine Konferenz der Außenminister über Deutschland und Österreich abzuhalten. Statt dessen verlangte er eine Fünfmächtekonferenz über globale Fragen unter Teilnahme Rotchinas. Dabei sollte insbesondere über die Aufnahme der rotchinesischen Regierung in die UN, die Rüstungsverminderung und das Verbot von Stützpunkten auf dem Territorium fremder Staaten verhandelt werden – alles Dinge, die für die USA völlig unannehmbar waren. Jetzt signalisierten die Angelsachsen durch Einladung zu einem Dreiergipfel mit Frankreich nach Bermuda, daß die Frist für das Hinauszögern der Entscheidung über die Westverträge endgültig ablief. Kaum war das bekannt, da sandte Moskau eine neue Note, in der die westliche Anregung zu einer Viermächtekonferenz der Außenminister aufgegriffen wurde, allerdings

mit Berlin als Tagungsort. Die Note ist bezeichnenderweise am Tag vor einer Vertrauensabstimmung in der französischen Nationalversammlung verbreitet worden, bei der es um den Kurs der Regierung Laniel in der EVG-Frage ging. Es kam dann zwar nicht zum Regierungssturz, aber das *Timing* ließ vermuten, daß es der Sowjetunion immer noch in erster Linie um Verhinderung der Westverträge ging. So wie die Dinge lagen, konnte sich aber nun auf westlicher Seite keine der beteiligten Regierungen mehr dem sowjetischen Vorschlag entziehen, obwohl die Erwartungen allgemein recht gedämpft waren.

In der Bundesrepublik waren sich Regierung und Opposition plötzlich bemerkenswert einig. Nach Ausweis der einstimmig gefaßten Bundestagsresolutionen vom 10. Juni und vom 10. Dezember 1953 stimmten die demokratischen Parteien in einer Reihe zentraler Punkte überein. Ziel der Verhandlungen einer Viererkonferenz müsse sein: 1. Abhaltung freier Wahlen in ganz Deutschland; 2. Bildung einer freien Regierung für ganz Deutschland; 3. Abschluß eines mit dieser Regierung frei vereinbarten Friedensvertrages; 4. Regelung aller noch offenen territorialen Fragen in diesem Friedensvertrag; 5. Sicherung der Handlungsfreiheit für ein gesamtdeutsches Parlament und eine gesamtdeutsche Regierung im Rahmen der Grundsätze und Ziele der Vereinten Nationen.

Alle maßgebenden Parteien einschließlich der Sozialdemokraten haben demnach für diese erste Außenministerkonferenz über Deutschland, die seit 1949 abgehalten wurde, von vornherein ein Programm vertreten, das für die Sowjetunion unannehmbar war. Konnte man von einer Großmacht, die eben erst erfolgreich eine Wasserstoffbombe gezündet hatte, im Ernst erwarten, daß sie angesichts der immer noch katastrophalen Lage in der Ostzone das von ihr gestützte Marionettenregime zur Disposition stellte und damit zugleich tiefe Erschütterungen im ganzen Satellitenbereich riskierte?

Nur in einem Punkt wurde die Gemeinsamkeit bereits im Vorfeld der Konferenz gestört, und zwar in der wichtigen Frage, welche Zuständigkeiten die gesamtdeutschen Organe erhalten sollten. Bisher war für die von Bonn eingenommene Position eine von

Aufruf der Bundesregierung zur Berliner Viermächtekonferenz. »Keiner von uns hatte auch nur einen Funken Hoffnung, daß diese Konferenz die Wiedervereinigung Deutschlands bringen könnte«, schrieb Eisenhower beim Rückblick auf die Erwartungen der amerikanischen Regierung.

den Koalitionsparteien und den Sozialdemokraten gemeinsam gefaßte Bundestagsentschließung vom 9. März 1951 maßgebend gewesen, in der es geheißen hatte: »Das aus solchen Wahlen hervorgegangene Parlament hat als echte Volksvertretung allein die Vollmachten einer verfassungs- und gesetzgebenden Versammlung. Es ist allein befugt, eine Regierung zu bilden und zu kontrollieren.« Den Besatzungsmächten wurde nahegelegt, die so gebildete Regierungsgewalt gegen unbefugte und rechtswidrige Eingriffe wirksam zu schützen. Dieser Willens-

äußerung lag die Auffassung zugrunde, daß die gesamtdeutschen Verfassungsorgane unverzüglich mit dem SED-Regime aufräumen sollten. Hingegen schien es nicht zweckmäßig, in expliziten Aussagen die Befugnisse der gesamtdeutschen Organe und der Verfassungsorgane der Bundesrepublik gegeneinander abzugrenzen. Eben dies tat nun Adenauer überraschenderweise auf einer Pressekonferenz am 14. Dezember 1953, wobei er sich anscheinend auf Ausarbeitungen seines Rechtsberaters Professor Erich Kaufmann stützte.

Bis heute läßt sich noch nicht völlig klären, welche Überlegungen den Kanzler damals zu dieser überraschenden Präzisierung bewogen haben. Wahrscheinlich fürchtete er, daß beim ursprünglich vorgesehenen Verfahren die Existenz der Bundesrepublik zu früh zur Disposition gestellt worden wäre. Noch war die Bundesrepublik ja kein souveränes Völkerrechtssubjekt. Bei einem allein auf die gesamtdeutschen Organe und die Alliierten abgestellten Wiedervereinigungsprozeß war eine Situation nicht völlig auszuschließen, in der sich die Westmächte über den Willen der Bundesregierung und die ihr gegenüber im Deutschlandvertrag eingegangenen Verpflichtungen hinwegsetzen konnten.

Zum ersten Mal waren im Dezember 1953 und Januar 1954 Vertreter der Bundesregierung voll in die Konferenzplanung der drei Westmächte einbezogen. Das bedeutete einerseits einen wichtigen Gewinn an Einflußmöglichkeiten, andererseits war das aber auch mit dem Risiko der Festlegung verbunden. Die langen Auseinandersetzungen um den Artikel VII, 3 des Deutschlandvertrages, aber auch eine spätere Kontroverse zwischen Adenauer und den Hohen Kommissaren bei der Abfassung der westlichen Note vom 10. Juli 1952 hatten gezeigt, wie ernst der Kanzler alle Bestimmungen nahm, die sich mit den Übergangsmodalitäten zu einer gesamtdeutschen Regierung befaßten. Im Kern ging es hier um die hochpolitische Frage der grundsätzlichen Westorientierung, aber auch um die Struktur der inneren Ordnung eines wiedervereinigten Deutschland.

Im Kabinett, unter den Beratern des Kanzlers und in der Öffentlichkeit stieß diese Linie des Regierungschefs aber auf Unverständnis und Ablehnung.

Im Hintergrund lauerten wieder die nie ganz aus-
diskutierten Streitfragen, wieviel man bei der Wiedervereinigung riskieren dürfe.

In dem offiziellen westlichen Vorschlag, der dann in
den Konferenzpapieren als sogenannter Eden-Plan
auftauchte, wurden schließlich vermittelnde Positionen skizziert, die im ganzen sehr viel näher bei der
Auffassung des Kanzlers lagen. Die Westmächte
machten sich auch weiterhin die deutsche Auffassung zu eigen, daß am Anfang des Wiedervereinigungsprozesses freie Wahlen unter genau beschrie-
benen Bedingungen stehen müßten. Das Wahlgesetz sollte von den Vier Mächten verkündet, seine
Durchführung von einer Aufsichtskommission über-
wacht werden. Für diese waren Vertreter der Vier
Mächte mit oder ohne Teilnahme Neutraler vorgesehen; sie sollte mit Stimmenmehrheit entscheiden.
Erste Aufgabe der gesamtdeutschen Nationalversammlung würde die möglichst rasche Vorbereitung
einer Verfassung sein. In der Zwischenzeit könne
sie eine vorläufige gesamtdeutsche Behörde bilden
mit der Aufgabe, die Versammlung bei der Ausarbeitung der Verfassung zu unterstützen und den
Kern der gesamtdeutschen Ministerien vorzubereiten. Auf Beschluß der Versammlung dürfe die Behörde auch mit den Vier Mächten vorbereitende

Verhandlungen über einen Friedensvertrag aufnehmen. *Nach* Annahme der Verfassung durch die Nationalversammlung werde die gesamtdeutsche Regierung gebildet, die für Verhandlung und Abschluß
eines Friedensvertrages verantwortlich sei, und erst
nach Bildung der gesamtdeutschen Regierung dürfe
die Nationalversammlung bestimmen, wie die Befugnisse der Bundesregierung und der deutschen
Behörden auf die gesamtdeutsche Regierung zu
übertragen seien und wie die zwei erstgenannten
aufgelöst werden sollten.

Dieses Angebot war freilich sorgfältig verpackt und
für die Gegenseite mit so viel Unzumutbarkeiten
verbunden, daß mit seiner Annahme kaum gerechnet werden konnte. Der Vorgang als solcher ist aber
doch bemerkenswert. Es war das erste und einzige
Mal in der Geschichte des westdeutschen Staates,
daß die Westmächte ihre Schöpfung, die Bundesrepublik Deutschland, in Ost-West-Verhandlungen
gleichsam aufs hohe Seil stellten, ohne daß diese
schon das sichere Fallnetz der Souveränität besaß.
Praktisch hätte wohl auch damals schon nichts mehr
gegen den Willen der Bundesregierung entschieden
werden können. Aber es wurde doch deutlich, was
alles noch möglich war und wohl erst recht in den
Jahren zuvor möglich gewesen wäre.

*Im Boxring präsen-
tierte ein Berliner
Kaffeegeschäft die
Außenminister der
Deutschland-Mächte
während der Vierer-
konferenz (von
links Eden, Molotow,
Bidault, Dulles).
Trotz langwieriger
Verhandlungen ver-
liefen die Gespräche
ergebnislos.*

Die Auffassungen in der deutschen Frage, die vom 25. Januar bis 18. Februar durch die Außenminister Bidault, Dulles, Eden und Molotow dargelegt wurden, hatten sich seit dem Notenwechsel 1952 nicht wesentlich geändert. Von allen Seiten waren die altbekannten Pläne hervorgeholt worden, wenn auch teilweise in modifizierter Form. Doch wurden die abgesteckten Positionen jetzt von erfahrenen Meistern ihres Faches, von denen einer den anderen an dialektischer Kunst und Schlagfertigkeit zu übertreffen suchte, in Rede und Gegenrede dargelegt. Gewisse Präzisierungen waren zwar aufschlußreich, ergaben aber keinerlei Anknüpfungspunkte für wirklich ergiebige Verhandlungen. Die Gesamtanlage der Konferenz, auf der die Deutschland betreffenden Sitzungen durchweg öffentlich abgehalten wurden, ließ gleichfalls erkennen, daß es nicht um ein seriöses Verhandeln, sondern um Beeinflussung der Öffentlichkeit in Frankreich und Deutschland ging. Die Konferenz wurde nach den Regeln des diplomatischen Stellungskrieges gespielt, große strategische Vorstöße unterblieben.

Wie schon verschiedentlich in den Jahren seit 1950 versuchte Molotow, mit der Forderung nach Einladung von Vertretern der DDR und der Bundesrepublik die Ostzonenregierung ins Spiel zu bringen, ohne aber damit durchzudringen. Auch sein Wiedervereinigungskonzept beruhte auf einem Zusammenwirken von Vertretern beider deutscher Staaten, die im Auftrag der Vier Mächte eine vorläufige Regierung zu bilden hätten.

Während die Westmächte – im Eden-Plan – die deutsche Vertretung aus freien Wahlen zu ermitteln wünschten, schlug die Sowjetunion die Bildung einer gesamtdeutschen provisorischen Regierung durch die Parlamente der beiden deutschen Staaten vor, womit die DDR anerkannt gewesen und mit gleichem Gewicht wie die sehr viel größere und politisch besser legitimierte Bundesrepublik zum Zug gekommen wäre. Allerdings sollte diese Regierung »unter breiter Teilnahme demokratischer Organisationen« gebildet werden. Sie hätte die Wahlen vorzubereiten gehabt, wobei vorsichtigerweise hinzugefügt war: »unter den Verhältnissen wirklicher Freiheit ..., die den Druck auf den Wähler seitens der Großmonopole ausschließt«. Besonders ominös klang es, wenn in diesem Zusammenhang der provisorischen gesamtdeutschen Regierung als Aufgabe vorgegeben wurde die »Sicherung freier Betätigung demokratischer Parteien und Organisationen und Nichtzulassung des Bestehens von faschistischen, militaristischen und anderen Organisationen, die

Zehneinhalb Millionen Unterschriften aus der Ostzone und Ost-Berlin, die von SED-Funktionären gesammelt wurden, sollten die Forderung nach Teilnahme deutscher Vertreter – also auch von DDR-Repräsentanten – bei der Berliner Konferenz unterstreichen.

der Demokratie und der Erhaltung des Friedens feindlich sind«.

Alle westlichen Beobachter mitsamt der deutschen Öffentlichkeit sahen in diesem Vorschlag das aus den Jahren zwischen 1945 und 1948 bestens bekannte Modell der Volksdemokratie durchscheinen. Es hätte der Sowjetunion einerseits jede Art von Einwirkungsmöglichkeiten verschafft, ihr andererseits aber zugleich zahlreiche Hintertüren eröffnet, um sich aus dem Projekt gesamtdeutscher Wahlen zurückzuziehen, falls die Dinge nicht in ihrem Sinn liefen. Besondere Bedenken erweckte der sowjetische Vorschlag, die Besatzungstruppen sollten sich noch vor Durchführung der Wahlen mit Ausnahme von beschränkten Kontingenten aus beiden Teilen Deutschlands zurückziehen.

Unvereinbar waren auch die Positionen in bezug auf den internationalen Status eines wiedervereinigten Deutschland. Die Frage, die seit 1952 in der Bundesrepublik so viel Staub aufgewirbelt hatte, stand auch bei den Vier Mächten im Mittelpunkt der Diskussionen. Da Molotow hinsichtlich freier Wahlen nichts Verlockendes anzubieten hatte, legte er zuvor nochmals den sowjetischen Vorschlag vom 10. März 1952 auf den Tisch, allerdings mit gewissen Einschränkungen bezüglich einer deutschen Nationalarmee, womit wohl in erster Linie französischen Besorgnissen Rechnung getragen werden sollte. Ein neutralisiertes Deutschland unter harten Sicherheitsauflagen der Vier Mächte war offenkundig die weitestgehende Offerte, zu der man sich in Moskau gegebenenfalls bereitfinden wollte.

Deutlicher, als dies in den unklaren Bestimmungen des Deutschlandvertrages geschehen war, arbeiteten die drei westlichen Außenminister nun heraus, daß ein wiedervereinigtes Deutschland völlige Freiheit der außenpolitischen Orientierung haben solle. Außenminister Dulles brachte am 3. Februar mit Billigung seiner westlichen Kollegen den formellen Vorschlag ein, den Eden-Plan durch den Zusatz zu ergänzen, daß eine künftige gesamtdeutsche Regierung die früheren Verpflichtungen der Bundesregierung und der Regierung der Sowjetzone annehmen oder ablehnen könne. In Bonn war der Deutschlandvertrag seit Mai 1952 in diesem Sinne interpretiert worden. Besonders für Frankreich bedeutete

Frei und geheim gewählt – auch ohne Pankow.

dies aber eine sehr weitgehende Festlegung, und es überraschte nicht, daß Robert Schuman seinen Amtsvorgänger und Parteifreund Bidault von Paris aus mit der Feststellung zurechtwies, daß er, Schuman, der er die Verhandlungen über den Generalvertrag geführt habe, von der Interpretation Bidaults abweiche. In der Tat war ja neben dem abgeänderten Absatz VII, 3 im Absatz 2 weiterhin als gemeinsames Ziel festgelegt: »Ein wiedervereinigtes Deutschland, das eine freiheitlich-demokratische Verfassung ähnlich wie die Bundesrepublik besitzt und das in die europäische Gemeinschaft integriert ist.« Molotow zeigte jedoch an dieser Konzession kein Interesse und entwertete dadurch eines der wichtigsten Argumente der innenpolitischen Kritiker des Kanzlers.

Welche Gründe die Sowjetunion damals bewogen haben, vor einem hohen Spiel zurückzuscheuen und bedingungslos an ihrer Position der Neutralisierung in Verbindung mit einer höchst fragwürdigen provisorischen Regierung aus DDR und Bundesrepublik festzuhalten, bleibt nach wie vor unklar. Allein die Andeutung einer Bewegung in Richtung auf Anerkennung des Prinzips der Entscheidungsfreiheit einer gesamtdeutschen Regierung und in der Frage freier Wahlen hätte in Bonn, aber auch in den westlichen Hauptstädten, vieles in Gang bringen können. Schließlich wären der Sowjetunion auf dem Weg zur Wiedervereinigung ja noch genügend prozedurale und machtpolitische Einwirkungsmöglichkeiten verblieben, um einen Ausverkauf der sowjetischen Interessen zu verhindern. Der Wechsel wäre also erst in einer noch nicht absehbaren Zukunft präsentiert worden, obschon die Westmächte im Eden-Plan bemüht waren, eine Verschleppung der Angelegenheit zu verhindern.

Ob nach dem im Juli 1953 erfolgten Sturz des Ersten Stellvertretenden Ministerpräsidenten und Innenministers Lawrentij Berija, dem man Kapitulantentum in der deutschen Frage vorgeworfen hatte, der außenpolitische Spielraum Moskaus durch die Machtkämpfe im Kreml eingeengt war, ist nicht genau zu übersehen; man kann es vermuten. Aber im Winter 1953/54 bestanden eben aus sowjetischer Sicht auch begründete Aussichten, daß die Westverträge in Paris auflaufen würden. Weshalb sollte man also frühzeitige Zugeständnisse machen? Außerdem hätte ein Eingehen auf zentrale Forderungen des Westens die noch längst nicht konsolidierte Situation in der Ostzone erneut ins Rutschen bringen können, von den Rückwirkungen auf den gesamten Satellitenbereich ganz abgesehen.

Viel klarer war, weshalb auch die Westmächte nicht viel riskieren wollten. Den westlichen Außenpolitikern und Diplomaten steckten die Erfahrungen mit den antifaschistischen Koalitionsregierungen in Polen, in der Tschechoslowakei und anderen osteuropäischen Staaten noch so in den Knochen, daß der Gedanke an eine provisorische Regierung nach dem Vorschlag Molotows völlig indiskutabel war. Hätte man sich darauf eingelassen, so wäre dadurch auch der Alleinvertretungsanspruch Bonns unterminiert worden, auf den sich die westlichen Regierungen seit der New Yorker Konferenz vom September 1950 verpflichtet hatten. Diese saßen damit genauso auf dem West-Staat fest wie die Sowjets auf dem von ihnen geschaffenen Ost-Staat. Es war immer das gleiche. Weil man sich in der deutschen Frage 1946 und 1947 nicht geeinigt hatte, konnte man sich auch 1949 nicht mehr einigen. Und nach der Schaffung vollendeter Tatsachen im Jahr 1949 gab es 1952 und 1954 erst recht kein Zurück mehr.

Auch an den Bedenken gegen das Neutralisierungskonzept hatte sich seit 1952 nichts geändert. Frankreich und ebenso die angelsächsischen Mächte waren so gut wie sicher, daß ein wiedervereinigtes Deutschland dann, wenn es nicht unauflöslich mit den westlichen Demokratien verbunden wäre, dank seiner industriellen Dynamik und seiner Bevölkerungsstärke erneut auf die alten Geleise deutscher Machtpolitik zurückfinden würde. Neutralisierung war dann entweder eine Umschreibung für die Wiederherstellung eines mächtigen Deutschen Reiches oder aber für ein Deutschland, dessen ungeheures Potential unter sowjetischen Einfluß geriet. An die Möglichkeit, ein wiedervereinigtes, blockfreies Deutschland einvernehmlich zu kontrollieren, wie die Sowjetunion dies anregte, glaubte niemand mehr so recht nach den Erfahrungen, die man in der Zwischenkriegszeit mit der Rüstungsbeschränkung nach dem Versailler Vertrag gemacht hatte. Aus der Sicht von Franzosen und Briten kam hinzu, daß bei dieser Lösung die amerikanischen Truppen aus Deutschland abgezogen worden wären – wohin, blieb unklar. Die Strategie einer peripheren Verteidigung Europas wäre dann fast unvermeidlich geworden.

Diese Sicht der Dinge herrschte nicht nur in Paris und London, sondern auch in Washington vor. Nach Auffassung der dort den Ton angebenden Persönlichkeiten waren die beiden europäischen Weltkriege, aus denen sich die USA nicht hatten heraushalten können, vor allem deshalb ausgebrochen, weil das überstarke Deutschland nicht verläßlich in das europäische Staatensystem eingebunden war, wobei ganz besonders die deutsch-französischen Gegensätze das Klima vergifteten. So wurde das Konzept der europäischen Integration als die richtige Alternative zu einem Irrweg verstanden, den die europäische Geschichte seit der Reichsgründung beschritten hatte.

Die westlichen Staatsmänner waren sich freilich auch der Risiken der Teilung Deutschlands bewußt. Ein in seinen nationalen Sehnsüchten ungestilltes, von rastloser Unruhe umgetriebenes Westdeutschland war ebenso ein Schreckgespenst aller Verantwortlichen wie die Vorstellung eines vom Westen losgelösten wiedervereinigten Deutschen Reiches.

Die Westintegration der Bundesrepublik bei gleichzeitigem Offenhalten der deutschen Frage war aber ein Risiko, mit dem man immerhin seit Jahren zu leben gelernt hatte und das im ganzen doch leichter zu beherrschen war als eine fundamentale Neuordnung durch Wiedervereinigung mit dem Ziel einer Neutralisierung. Kein Wunder also, daß man das bekannte Übel vorzog, bei dem weniger zu ändern war. Allen Kassandrarufen hielt man entgegen, daß die mangelnde Konzessionsbereitschaft der Sowjets eben keine Alternative biete. Hätten sich die Westmächte nun in einem bereits so fortgeschrittenen Stadium der europäischen Zusammenarbeit und unmittelbar nach dem überwältigenden Wahlsieg Adenauers doch noch auf eine Neutralisierungslösung eingelassen, wäre dies auch ein Dolchstoß in den Rücken aller pro-westlichen Kräfte in Deutschland gewesen. Der Westen hätte dann seine besten Freunde hoffnungslos diskreditiert.

So bestand also auf der Berliner Konferenz kaum Bewegungsspielraum. Doch ließ sich die Sowjetunion sogar die Chance entgehen, durch ein Entgegenkommen in der Frage des Österreichischen Staatsvertrages (wie sie es dann ein Jahr später zeigte) zumindest indirekt auf die Entwicklung im Westen einzuwirken. Im Frühjahr und Frühsommer 1955 wurde deutlich, welche Impulse allein schon von dieser relativ begrenzten und zudem längst überfälligen diplomatischen Frontbegradigung ausgehen konnten. Vielleicht wäre die dauerhafte Westbindung der Bundesrepublik doch noch in Frage gestellt worden, hätte Außenminister Molotow diese Karte früher ausgespielt. Die Berliner Konferenz bewies erneut, was sich seit 1947 immer wieder gezeigt hatte: Die Sowjetunion war zu wirklich großer Diplomatie in der deutschen Frage nicht fähig. Immer dann, wenn sie sich endlich zur Bewegung durchrang, war es zu spät.

Molotow versuchte aber bis zum Schluß, in Frankreich für eine Neutralisierungslösung Stimmung zu machen. Wenn die Neutralisierung eines wiedervereinigten Deutschland den Franzosen zu riskant erschien, warum sollte man dann nicht Deutschland geteilt halten und es erneut einer Kontrolle der Vier Mächte unterwerfen, eingebettet in ein kollektives europäisches Sicherheitssystem?

Dies war der Inhalt des einzigen neuen Vorschlages, den der sowjetische Außenminister am 10. Februar, ganz am Ende der Gespräche über Deutschland, in die Diskussion einbrachte. Bis zum Abschluß eines Friedensvertrages sollte das Territorium beider deutscher Staaten von Besatzungstruppen geräumt werden. Nur beschränkte Kontingente würden verbleiben. Im Fall einer Sicherheitsgefährdung in Deutschland müßten aber die Vier Mächte das Recht behalten, ihre Truppen wieder in ihre ehemaligen Besatzungszonen zurückzuführen. Die beiden deutschen Staaten dürften nur begrenzte, von Inspektionsgruppen der Vier Mächte überwachte Polizeieinheiten besitzen.

Der ingeniöse, den französischen Sorgen vor einer deutschen Armee entgegenkommende Plan war allerdings mit einem Vorschlag verbunden, der ihn praktisch entwertete. Alle europäischen Staaten »unabhängig von ihrer Gesellschaftsordnung« sollten einen Vertrag über die kollektive Sicherheit in Europa im Einklang mit der UN-Charta abschließen, der gemeinsames Vorgehen gegen jede Friedensstörung und auch gemeinsame Organe für Sonderberatungen vorsah. Die Unterzeichnerstaaten müßten sich verpflichten, an keinen Koalitionen oder Bündnissen teilzunehmen, die im Widerspruch dazu stünden. Die USA und Rotchina sollten eingeladen werden, als Beobachter mitzuwirken. Bis zur Bildung eines »einheitlichen, friedliebenden, demokratischen deutschen Staates« könnten auch die beiden deutschen Staaten gleichberechtigte Partner dieses Paktes sein, der für die Dauer von 50 Jahren gültig wäre. Im Klartext hieß dies: die Sowjetunion forderte die Auflösung der NATO und den Rückzug der Vereinigten Staaten vom Kontinent, wofür sie ein kollektives Sicherheitssystem auf Grundlage der permanenten Teilung und Neutralisierung Deutschlands anbot.

Der für Teile der französischen Öffentlichkeit vielleicht verführerische Vorschlag der Neutralisierung eines geteilten Deutschland war damit von vornherein aussichtslos. Denn ein sowjetisches Hegemonialsystem unter dem Deckmantel eines Paktes über die kollektive Sicherheit in Europa wünschte außer den französischen Kommunisten niemand. Auch hier verdarb sich die sowjetische Diplomatie wieder jeden Erfolg, indem sie das Spiel überreizte. Zudem sprachen auch die Erfahrungen in Korea gegen das Konzept einer militärischen Räumung und Neutralisierung Deutschlands.

Die Sowjetunion kam indessen auf die Grundzüge dieses Molotow-Plans, der von seiten der westlichen Außenminister völlig zerpflückt wurde, verschiedentlich zurück. Im Herbst 1954 präsentierte sie ihn erneut, um ihn, nachdem kein westliches Land Interesse gezeigt hatte, zur Grundlage des Warschauer Pakts zu machen. 1966 wurde die Idee eines kollektiven europäischen Sicherheitssystems mit eigenen Organen wieder vorgeschlagen; auch diesmal vor allem in der Absicht, die USA aus Europa zu verdrängen und die Teilung Deutschlands durch internationale Übereinkunft festzuschreiben. Aus der Initiative einer Europäischen Sicherheitskonferenz wurde schließlich, nachdem von der ursprünglichen sowjetischen Idee nicht mehr viel übriggeblieben war, die Konferenz von Helsinki, die im Sommer 1975 mit dem Gipfeltreffen und der Unterzeichnung der Schlußakte von Helsinki endete.

Jedenfalls machte dieser große Plan Molotows deutlich, daß sich die sowjetischen Vorstellungen bereits auf eine Konsolidierung des Status quo der Teilung zubewegten. Dem entsprach auch der noch in letzter Minute gemachte Vorschlag gesamtdeutscher Kommissionen, die im Auftrag der Vier Mächte die Verbesserung der Beziehungen zwischen Bundesrepublik und DDR prüfen sollten, wobei die Gebiete des Handels, der Finanzberechnungen, des Verkehrs, der Grenzen und anderer in Verbindung mit wirtschaftlichen Beziehungen stehenden Fragen genannt wurden, ebenso kulturelle, wissenschaftliche und sportliche Beziehungen. Damit war das ganze weite Feld der technischen Kontakte angesprochen, auf das sich in den folgenden Jahren alle jene Deutschlandpolitiker in SPD und FDP zubewegten, die Beziehungen zur DDR unterhalb der Schwelle völkerrechtlicher Anerkennung als Ausweg aus der innerdeutschen Sackgasse befürworteten. Die Vertreter der Westmächte winkten aber ab und empfahlen, diese Fragen auf dem normalen Geschäftsweg zwischen den Hohen Kommissaren weiterzuverfolgen.

Damit waren die Deutschlandverhandlungen endgültig am toten Punkt angelangt. Auf den nichtöffentlichen Sitzungen und in den Gesprächen am Rande der Konferenz hatte sich ohnehin immer stärker das Indochinaproblem in den Vordergrund geschoben. Bidault ließ sich jetzt von den Vorzügen einer Fünfmächtekonferenz unter Einbeziehung

In Paris überschattete in der ersten Jahreshälfte 1954 der Indochina-Krieg alle anderen Probleme. In den Reihen des französischen Expeditionskorps fochten auch zahlreiche deutsche Fremdenlegionäre, die vielfach als Kriegsgefangene für die Legion angeworben worden waren. Nach Gründung der Bundesrepublik sorgte die fortgesetzte Anwerbung junger Deutscher durch französische Dienststellen für zusätzliche Spannungen im deutsch-französischen Verhältnis.

*Fußball-Weltmeister 1954.
Helmut Rahn schießt beim Endspiel
Deutschland-Ungarn das Siegestor.
Im Fußball war Deutschland nun
wieder eine »Großmacht«. Die
nationale Begeisterung schäumte
über.*

*Exponenten der national orien-
tierten Presse (S. 221 von links):
Rudolf Augstein (»Der Spiegel«),
Paul Sethe (»Frankfurter
Allgemeine«) und Hans
Zehrer (»Die Welt«).*

Rotchinas überzeugen. Und nachdem er auf der Linie der Konferenzstrategie von John Foster Dulles
loyal dazu beigetragen hatte, die in erster Linie auf
Paris zielenden Bemühungen Molotows abzuwehren, war nunmehr die amerikanische Gegenleistung
fällig, die in den Grundzügen bereits auf der Konferenz von Bermuda vorbesprochen worden war: Mitwirkung an einer Fernost-Konferenz bei Teilnahme
Rotchinas, dessen Truppen bis zum koreanischen
Waffenstillstand mit den USA im Kampf gelegen
hatten. Auch Molotow war für dieses auf April festgelegte Konferenzprojekt zu haben, weil er zuver-
sichtlich hoffte, daß Frankreich dann, wenn ihm im
Frühjahr in Indochina das Wasser bis zum Hals stehen würde, die Westverträge schließlich doch auflaufen lassen würde. Auf der anderen Seite spekulierte Dulles ebenfalls darauf, über die französische
Hilfsbedürftigkeit auf dem indochinesischen Kriegs-
schauplatz das Pariser Ratifikationsverfahren im
Sinn seiner Ziele beeinflussen zu können. Die außenpolitische Zukunft der Bundesrepublik wurde also jetzt auf den Schlachtfeldern Indochinas mitentschieden.

In der Bundesrepublik selbst herrschte nach dem
Scheitern der Bemühungen in Berlin beträchtlicher
Katzenjammer. Die Ankündigung der Konferenz
hatte in der deutschen Öffentlichkeit ziemliche Er-
regung ausgelöst. Der Chefredakteur der *Welt*,
Hans Zehrer, hatte wie so häufig zuvor und danach

eine Schicksalsstunde deutscher Geschichte heran-
nahen gesehen und sich bemüht, für das diplomatische Schauringen den mit großen historischen Erinnerungen befrachteten Begriff »Berliner Kongreß«
einzuführen. Die Berliner Kirchen hatten Bittgottes-
dienste veranstaltet, und der Deutsche Bundestag
hatte eine gemeinsame Resolution beschlossen, der
er jetzt, nach dem Scheitern, eine gleichfalls gemeinsam formulierte Wehklage über die sowjetische
Unnachgiebigkeit folgen ließ. In Berlin demonstrierten nach dem fruchtlosen Ausgang 15 000 Gewerkschafter und in Bonn 3000 Professoren und Studenten. Das war aber auch alles. Die Bevölkerung ist
1954 durch die Fußballweltmeisterschaft in der
Schweiz, bei der die deutsche Nationalmannschaft
Weltmeister wurde, sehr viel tiefer aufgewühlt worden als durch diese Verhandlungen über die deutsche Einheit.

Weder die politische Führung noch die Wähler waren damals dafür zu haben, über das friedfertig vorgebrachte Verlangen nach Wiedervereinigung hinaus in der deutschen Frage verrückt zu spielen. Angesichts der jüngsten Erfahrungen mit deutschem
Nationalismus war dies vernünftig und allen Re-
spektes wert. Es war auch das Bequemste. Nach Lage der Dinge hätten die Großmächte die Teilung
wohl nur dann als unannehmbar betrachtet, wenn
wirklich Gefahr bestanden hätte, daß die Lage in
Deutschland dadurch außer Kontrolle geriete. Dafür

schien nichts zu sprechen. Im Gegenteil: die Teilung bei gleichzeitiger militärischer Präsenz der Vier Mächte sorgte für Ruhe. Aber der Bedarf der Deutschen an Unruhe war für einige Jahrzehnte gedeckt. Dem friedlichen Wiederaufbau und dem Wiedergewinn innen- und außenpolitischer Stabilität wäre mit einem großen Wiedervereinigungsfieber nicht gedient gewesen, und man kann nur darüber spekulieren, wozu es geführt hätte: zur Wiedervereinigung in Freiheit, zu einem Krieg, zu einer Neuauflage der Viermächtekontrolle oder zum Überhandnehmen des sowjetischen Einflusses?

Jedenfalls merkten die westlichen Großmächte damals und in den folgenden Jahren, daß der deutsche Kessel nicht mehr unter Druck stand. So bestand kaum ein Risiko, sich einerseits zwar die deutsche Frage politisch und rechtlich noch offenzuhalten, andererseits aber stillschweigend vom Status quo auszugehen. Die Berliner Konferenz hat diese Entwicklung nicht begonnen, sondern sie eher fortgesetzt. Doch hatten die westlichen Außenminister hier ihre Sache so gut gemacht, daß sogar Rudolf Augstein, neben Zehrer und Paul Sethe damals einer der Großen im Lager der national orientierten Presse, in einer Würdigung des Konferenzergebnisses meinte: »Künftig wird die deutsche Außenpolitik auf mehr Rückhalt unter den denkenden Menschen Westdeutschlands zählen können als vor der Konferenz.«

Das Scheitern der EVG

Seitdem die französische Nationalversammlung Ende November 1953 eine große außenpolitische Debatte abgehalten hatte, in der es zentral um die EVG ging, wußten gut informierte Beobachter, daß es um die Verträge sehr schlecht stand. In den folgenden Monaten ereignete sich nichts, was einen psychologischen Umschwung bewirkt hätte. Die Erfolglosigkeit der Berliner Konferenz beeindruckte wenig. Vordringlich erschienen nun die kritische Lage in Indochina und die Krisenerscheinungen in Nordafrika. Die »europäischen« Abgeordneten, die mehr oder weniger entschlossen waren, das Verhältnis zur Bundesrepublik auf der Grundlage der Europäischen Gemeinschaft für Kohle und Stahl (EGKS), der EVG und vielleicht auch einer Europäischen Politischen Gemeinschaft zu lösen, waren zwar eine starke Gruppe, sie hatten aber wohl zu keinem Zeitpunkt eine Mehrheit.

Schon im Lauf des Jahres 1953 war auch der Schwung bei den Beratungen über die Schaffung einer Europäischen Gemeinschaft erlahmt. Der Satzungsentwurf der Ad-hoc-Versammlung aus Abgeordneten der Sechsergemeinschaft, als deren Präsident Heinrich von Brentano fungierte, war am 10. März 1953 angenommen worden. Damit sollte auf ingeniöse Art und Weise der lebendige Kern einer Politischen Gemeinschaft geschaffen werden. Der

Satzungstext sah tatsächlich eine Art Verfassung vor. Ihre Organe – zwei Kammern, eine Exekutive, ein Gerichtshof und ein Wirtschafts- und Sozialrat – waren zwar vorläufig nur dazu bestimmt, als eine Art politisches Dach für die schon konkretisierten Gemeinschaften – Montanunion (EGKS) und Europäische Verteidigungsgemeinschaft (EVG) – zu dienen. Aber bei Annahme der Satzung wäre ein ausbaufähiges Instrument vorhanden gewesen, dessen Zuständigkeiten auch auf andere Bereiche ausgedehnt werden konnten – etwa auf das Saarland, für das sich damals die Lösung einer Europäisierung herauszukristallisieren schien.

Die Regierungen gossen jedoch gleich viel Wasser in den Wein der Begeisterung. Im Prinzip sprachen sie sich für die Errichtung einer Gemeinschaft aus, machten aber dabei ganz deutlich, es solle dies »eine Gemeinschaft souveräner Staaten« sein, die EGKS und EVG in sich aufnehmen werde. Auch sie sahen ein Zweikammerparlament vor, bestehend aus einem Oberhaus als Staatenkammer und einer aus unmittelbaren europäischen Wahlen hervorgehenden Völkerkammer, sowie einen Europäischen Gerichtshof. Bezüglich der Organisation einer Exekutive war nicht einmal eine prinzipielle Einigung möglich. Und über die Einzelheiten, auf die es bei Verfassungsberatungen allein ankommt, wurde überhaupt nichts beschlossen. Deutlich war nur, daß die Regierungen den Satzungsentwurf der Ad-hoc-Versammlung nicht zur Grundlage weiterer Beratungen zu machen wünschten. Zur gleichen Zeit, als die Pariser Nationalversammlung ihre Unlust erkennen ließ, mit der Ratifizierung der Westverträge Ernst zu machen, erfolgte auch eine Art Beerdigung zweiter Klasse für das Projekt der Europäischen Politischen Gemeinschaft. Die Minister beschlossen nämlich, eine Kommission zu beauftragen, auf der Grundlage ihrer Erörterungen die Bemühungen um die Bildung einer Europäischen Gemeinschaft fortzusetzen und mit der Ausarbeitung eines Vertragstextes zu beginnen. Damit war der Verfassungsentwurf der Ad-hoc-Versammlung vom Tisch und das große Vorhaben auf Eis gelegt, bis die Verwirklichung der EVG vielleicht eine neue Lage schaffen würde.

Daß der europäische Geist dabei war, sich zu verflüchtigen, zeigte sich auch bei den Verhandlungen über die Saarfrage. Die französische Regierung ebenso wie die Nationalversammlung betrachteten eine Saarlösung als Vorbedingung für die Westverträge. Adenauer, der dies genau wußte, hatte im März 1952, in der Endrunde der Verhandlungen über die Westverträge, eine »Europäisierung« des Saargebiets angeboten und damit einen ersten entscheidenden Schritt auf die französische Position zu gemacht. Saarbrücken könne als Sitz der Schumanplan-Behörden vorgesehen werden. Das Saargebiet solle eine autonome Verwaltung unter der Aufsicht des Ministerkomitees des Europarats erhalten. Die Zustimmung der Saarbevölkerung müsse durch einen frei gewählten Landtag erfolgen. Dabei könne die zwischen Deutschland und Frankreich ausgehandelte Regelung die im Friedensvertrag oder in einem diesem gleichen Vertrag vorgesehene Lösung ersetzen und müsse die Zustimmung der USA und Großbritanniens finden. Schuman hatte in den streng vertraulich geführten Verhandlungen allerdings keinen Zweifel daran gelassen, daß Frankreich in erster Linie eine Beibehaltung der französisch-saarländischen Wirtschaftskonventionen wünschte, den Vertrag als Ersatz für

»Es knistert im Gebälk.« Die Saarfrage belastete ständig den deutsch-französischen Ausgleich.

einen Friedensvertrag verstanden sehen wollte und daß die Regierungsorgane des Saarlandes erhalten bleiben müßten.

Seither waren die verschiedensten Versuche unternommen worden, die Einzelheiten einer Europäisierung zu präzisieren. Dabei wurde deutlich, daß das europäische Statut für Paris im wesentlichen die Funktion eines Feigenblatts hatte, hinter dem sich die politische Getrenntentwicklung und die wirtschaftliche Orientierung des Saarlandes auf Frankreich fortsetzen sollten. Umgekehrt wünschte Adenauer die Herstellung politischer Freiheiten an der Saar unter der wirksamen Kontrolle europäischer Organe und eine dem europäischen Charakter des Saargebiets entsprechende Lockerung der einseitigen wirtschaftlichen Abhängigkeit von Frankreich. Besonders heikel war in diesem Zusammenhang die Frage, inwieweit ein europäisches Statut unter dem Vorbehalt eines Friedensvertrags mit Deutschland stehen müsse.

Die Verhandlungen hatten sich bald festgefahren. Doch im Herbst 1953 war die Europäisierungsidee durch den Europarat erneut ins Gespräch gekommen. Der holländische Delegierte Goes van der Naters hatte eine den französischen Vorstellungen entgegenkommende Empfehlung ausgearbeitet, der sich die Beratende Versammlung mehrheitlich anschloß. Immerhin sah diese Empfehlung noch eine deutliche europäische Zielsetzung des Statuts vor; der entscheidende erste Satz lautete hier: »Die Saar wird europäisches Territorium, sobald die Europäische Politische Gemeinschaft gebildet wird, vorbehaltlich der Bestimmungen des Friedensvertrages oder eines ähnlichen Vertrages.«

Im Frühjahr 1954 begann sich aber das Projekt einer Europäischen Politischen Gemeinschaft zusehends zu verflüchtigen. Frankreich hielt zwar an dem Begriff Europäisierung des Saarlandes noch fest, machte aber deutlich, daß nur die Verteidigung und die auswärtigen Beziehungen auf eine europäische Behörde übertragen werden könnten, während sonst unter einem europäischen Gouverneur alles beim alten bleiben sollte. Zwar sollte ein europäisches Statut für die Saar, das die Frage dauerhaft regle, aus französischer Sicht Voraussetzung für die – damals schon ziemlich fragliche – Ratifikation der

EVG sein. Umgekehrt weigerte sich Paris aber, aus der Annahme eines europäischen Saarstatuts auch schon die Verpflichtung zur Errichtung der EVG und zur Schaffung einer Europäischen Politischen Gemeinschaft abzuleiten. Somit könne auch keine vertragliche Bindung des Statuts an die EVG akzeptiert werden. Bonn sah demgegenüber einen unauflöslichen Zusammenhang zwischen europäischem Saarstatut, EVG und Europäischer Politischer Gemeinschaft.

Ein letzter Versuch Adenauers Ende April 1954, in persönlichen Verhandlungen mit dem Stellvertretenden französischen Ministerpräsidenten Pierre-Henri Teitgen (MRP), der zu den glühenden Europäern im Pariser Kabinett gehörte, um den Preis weiterer Konzessionen einen Durchbruch zu erzielen, blieb erfolglos. Zwar gelang nun eine Interpretation des van-Naters-Plans, der das Saarstatut etappenweise in den Aufbau der europäischen Institutionen einbezog und damit immerhin die Zielsetzung deutlich machte, während sich in der Frage der französisch-saarländischen Wirtschaftsunion der französische Standpunkt praktisch durchsetzte. Aber Teitgen scheiterte im französischen Ministerrat – wohl vor allem deshalb, weil der Quai d'Orsay für einen harten Kurs in der Saarfrage war und ihm den Erfolg mißgönnte. So zeichnete sich bereits ab, daß der Bundesregierung im Interesse einer endgültigen Durchsetzung ihrer Westvertragspolitik nichts anderes übrigbleiben würde, als sich in der im ganzen doch sekundären Saarfrage lediglich mit »europäischem Etikett« auf der Autonomielösung zufriedenzugeben, wie das die Gegner dieser von der Staatsräson diktierten Verzichtpolitik ziemlich zutreffend kritisierten.

Nichts hat damals in der Bundesrepublik die europäische Idee so stark diskreditiert wie dieses sehr durchsichtige Spiel der französischen Saarpolitik, zu dem Adenauer wohl oder übel auch noch gute Miene machen mußte. Der Riß ging mitten durch die Koalition. Die FDP war in einem Zustand ständiger Erregung und rebellierte bei einer Saardebatte Ende April 1954 bereits offen im Plenum des Deutschen Bundestages, ohne es allerdings zur Kabinettskrise kommen zu lassen. Doch auch in der Unionsfraktion gab es heftigen Widerstand. So stand es

*In der Bonner
Ermekeil-Kaserne, dem
»Amt Blank«, wurden
die Vorbereitungen für
einen künftigen
deutschen Wehrbeitrag
getroffen.*

um die Europapolitik auch in Bonn schon ziemlich schlecht, noch bevor Mendès-France in Frankreich in der EVG-Frage reinen Tisch machte.

Bereits damals wurde viel darüber gestritten, ob der Kanzler wirklich gut daran tat, so lange an der EVG festzuhalten und bis in die letzten Wochen vor ihrem endgültigen Scheitern Zweckoptimismus zu verbreiten. Er sah natürlich genau, wie es um die Verträge stand. Schon im Herbst 1953 gab er gegenüber Cyrus Sulzberger von der *New York Times* zu, daß er sich für den Fall eines Scheiterns der EVG seine Gedanken machte. Die Hauptschwierigkeit war das doppelte Vetorecht Frankreichs, das ja nicht nur den Vertrag zu Fall bringen konnte, sondern auch in der Lage war, die dann nächstliegende Lösung – eine direkte Aufnahme der Bundesrepublik in die NATO – zu verhindern. Adenauer meinte auf die Frage nach einer Alternative zur EVG, er habe eine Karte im Kopf, die die USA, Deutschland, Spanien, England und die Türkei umfasse – also anscheinend eine Neukonstruktion des Atlantischen Bündnisses, schlimmstenfalls auch ohne Frankreich. Auf alle Fälle müsse dann sofort eine Allianz zwischen den USA und der Bundesrepublik geschlossen werden, der am besten auch England beitreten würde.

Von Dulles mußte der Kanzler allerdings einige Wochen später hören, daß der Plan einer amerikanisch-deutschen Zweierallianz nicht so einfach zu verwirklichen sei. Jedenfalls betrachtete man im innersten Kreis in Bonn die Stellung der Bundesrepublik damals schon als so stark, daß für den Verteidigungsbeitrag dann eben eine andere Form wahrscheinlich erschien. Ein Rückschritt zur Besatzungsherrschaft war jetzt so gut wie ausgeschlossen. Im Frühsommer 1954 ließ sich der Kanzler öffentlich vernehmen, daß Deutschland nun nicht sehr viel länger mehr auf seine Souveränität warten wolle. Das hieß: Auflösung des Junktims zwischen EVG und Deutschlandvertrag.

Die Streitkräfteplanung drohte auch bei einem Scheitern der EVG nicht in Verzug zu geraten. In der Bonner Ermekeil-Kaserne, wo eine rasch wachsende Zahl von Beamten und ehemaligen deutschen Offizieren alle Vorbereitungen traf, war schon 1953 die Auffassung weitverbreitet, daß alle EVG-Pläne ziemlich sinnlos seien. Für die Planung und Aufstellung der Verbände spielte es ohnehin kaum eine Rolle, ob sie in die Struktur der EVG oder der NATO eingegliedert wurden. Unter rein militärtechnischen Gesichtspunkten bedeutete die NATO-Lösung sogar eine erhebliche Vereinfachung.

Wenn sich Adenauer nunmehr, trotz seiner ursprünglichen Skepsis, förmlich an die EVG klammerte, so gab es dafür aber gute taktische und allgemeinpolitische Gründe.

Unter taktischen Aspekten fiel die Haltung Washingtons stark ins Gewicht, das sich immer noch von den Vorzügen der EVG überzeugt zeigte. War aber Paris nicht auf vielen Feldern, vor allem in der Indochinafrage, von den USA abhängig? Die französische Nationalversammlung war, wie die Parlamente in aller Welt, starken Stimmungsschwankungen unterworfen. Vielleicht gelang es also doch, eine Ratifizierung zu erzwingen, indem man Frankreich innerhalb der Sechsergemeinschaft und der NATO isolierte und entsprechenden Druck ausübte. Die Bundesrepublik selbst mußte sich aber dabei zurückhalten.

Diese Überlegung berücksichtigte freilich viel zu wenig, daß man zwar eine schwache Regierung mit den verschiedensten Mitteln in die Enge treiben kann, eine negativ eingestellte parlamentarische Mehrheit, die von seiten der Regierung nicht steuerbar ist, aber kaum. Außerdem setzte die Verwirklichung einer so revolutionären Idee wie die der Europäischen Verteidigungsgemeinschaft bei den entscheidenden Partnern ein erhebliches Maß an innenpolitischer Übereinstimmung voraus. Ein Unternehmen, das nur mit einigen wenigen Stimmen in der französischen Nationalversammlung in Gang gekommen wäre, hätte schwerlich gedeihen können.

Sachlich überzeugender waren die allgemeinpolitischen Überlegungen des Kanzlers. Er hatte ja ursprünglich gezögert, sich auf die EVG einzulassen. Aber nachdem die Europaidee nunmehr so stark mit dem Projekt einer Europäischen Verteidigungsgemeinschaft verbunden war, befürchtete er das Entstehen eines Vakuums in der öffentlichen Meinung der Bundesrepublik, in das die alten nationalistischen Ideen erneut einzuströmen drohten. Schon war Jakob Kaiser im Verein mit den Sozialdemokraten und der FDP dabei, eine überparteiliche »Gesamtdeutsche Bewegung« ins Leben zu rufen, für die der Bundespräsident die Bezeichnung »Kuratorium Unteilbares Deutschland« fand. Der vorläufige Vorstand, der bei Gründung des Kuratoriums am 14. Juni 1954 vor die Öffentlichkeit trat, erweckte den Gedanken an eine Neugruppierung der politischen Kräfte in Bonn: Jakob Kaiser, Erich Ollenhauer, Thomas Dehler, unterstützt vom DGB-Vorsitzenden Walter Freitag und vom Berliner Vorstandsvorsitzenden der AEG, Friedrich Spennrath. Andere Anzeichen deuteten in dieselbe Richtung. Mitte Mai kam es zu einem ziemlichen Koalitionskrach mit der FDP, deren Fraktion unter dem Einfluß Dehlers und Pfleiderers mehr und mehr die nationalen Anliegen in den Vordergrund rückte. Die Freien Demokraten schlugen jetzt vor, eine Parlamentarierdelegation nach Moskau zu entsenden, um dort Gespräche zu führen. Auch der Ostausschuß der deutschen Wirtschaft begann nun, seine Fühler nach Moskau auszustrecken. Die FDP-Initiative, die die im Ausland stets wachen Rapallo-Ängste verstärken konnte, kam dem Kanzler besonders ungelegen, weil er selbst einige Tage vorher auf

Der gesamtdeutsche Minister Jakob Kaiser (hier am 1. Mai 1954 in Berlin) versuchte vergebens, eine breite Volksbewegung für das Ziel der nationalen Einheit in Gang zu bringen. Desillusionierung, Einsicht in die begrenzten deutschen Möglichkeiten und Ruhebedürfnis waren in der Bevölkerung stärker als die nationalen Appelle von Politikern und Publizisten.

Hauptproblem neben der Gründung der EVG war für Frankreich der Indochina-Krieg, der auf der Genfer Ostasien-Konferenz mit dem Waffenstillstand vom 20. 7. 1954 und der Teilung Vietnams einer vorläufigen Lösung zugeführt wurde. Auf unserem Bild verabschiedet sich der französische Ministerpräsident Mendès-France (links) vom chinesischen Ministerpräsidenten und Außenminister Tschou En-lai.

einer Pressekonferenz bemerkt hatte, er halte es für möglich, daß noch im Lauf dieses Jahres diplomatische Beziehungen zwischen Bonn und Moskau aufgenommen würden. Tatsächlich hatte er zuvor auch mit Pfleiderer gesprochen, so daß ein Zusammenspiel vermutet werden konnte. In Wirklichkeit aber bemühte er sich damals, die trotz der negativ verlaufenen Berliner Konferenz überall moussierende nationale Unruhe durch ein gewisses Eingehen auf die FDP unter Kontrolle zu bringen. Es war kein Zufall, daß in dieser Situation Eugen Gerstenmaier, der sich in diesen Jahren als treuer Gefolgsmann Adenauers zum führenden Außenpolitiker aufzubauen suchte, in einer Grundsatzrede vor dem Kölner CDU-Parteitag als die »feste Rangordnung der Werte ... erstens Freiheit, zweitens Friede und drittens Einheit« nannte.

Noch hatte Adenauer die Partei hinter sich. Ein Vorstoß des zum national orientierten Flügel gehörenden früheren Berliner Bürgermeisters Ferdinand Friedensburg gegen Gerstenmaier, der hier mit einer in der Wiedervereinigungsfrage seltenen Deutlichkeit gesprochen hatte, fand kein Echo. Aber wie lange? So blieb der Kanzler mit einem schon nicht mehr von den Tatsachen gedeckten Optimismus dabei, dem Mythos von Tauroggen und Rapallo den Europa-Mythos entgegenzusetzen. Eben diesem

Mythos drohte aber nun in Paris die unwiderrufliche Entlarvung.

Im Grunde konnte den seit zwei Jahren verschleppten Westverträgen nichts Besseres widerfahren als ein französischer Ministerpräsident, der die Sache endlich zur Entscheidung brachte und mit dem festgefahrenen Projekt EVG aufräumte. Die brutale Operation wirkte tatsächlich befreiend.

Pierre Mendès-France, der am 18. Juni 1954 inmitten der Indochina-Krise endlich seine Chance erhalten hatte, ging es in erster Linie um die industrielle Modernisierung Frankreichs. Um sich dieser Aufgabe widmen zu können, mußten erst die schlimmsten außenpolitischen Belastungen abgetragen werden: der Indochina-Krieg, die Spannungen in Nordafrika, aber auch die EVG-Frage, die die gesamte Innenpolitik vergiftete und jede Regierung lähmte. Als er sich mit seiner von der Presse bestaunten Hau-Ruck-Methode den Westverträgen zuwandte, wurde allerdings rasch deutlich, daß der energische Neuerer doch mehr oder weniger im selben Geist an die Frage heranging wie die vorhergehenden Kabinette. Auch er war gezwungen, seine innenpolitische Basis zusammenzuhalten und hätte deshalb das Problem am liebsten wieder auf die lange Bank geschoben, indem er erneut Ost-West-Verhandlungen einleitete. Allerdings mußte er einsehen, daß das Argument, man müsse vor einer Entscheidung mit den Russen verhandeln, vorläufig mit der Berliner Konferenz verbraucht war. Alle westlichen Regierungen drängten Paris jetzt zur Entscheidung. Im tiefsten Inneren hatte Mendès-France in der Frage der deutschen Wiederaufrüstung schon geraume Zeit resigniert und glaubte, auf die Form dieses Beitrages komme es nicht besonders an. Entscheidend schien ihm vielmehr, Frankreich wirtschaftlich so zu stärken, daß es der deutschen industriellen Dynamik gewachsen war.

Wahrscheinlich hat Mendès-France eine NATO-Lösung also schon früh für unvermeidlich gehalten, denn er war überzeugt, daß die USA eher eine amerikanisch-deutsche Allianz schließen würden als auf den Wehrbeitrag zu verzichten. Dies aber mußte um jeden Preis verhindert werden; Frankreich brauchte die Wirtschaftshilfe Amerikas und durfte nicht in der Isolierung verbleiben. Solange Washington und die fünf Regierungen der Sechsergemeinschaft am EVG-Konzept festhielten, mußte aber auch er den Anschein erwecken, als wolle er die Verträge doch noch in modifizierter Form durchbringen. So ließ er im Juli 1954 die supranationalen Elemente aus dem EVG-Vertrag herausoperieren, die für die Gaulli-

sten in seinem Kabinett unannehmbar waren. Aber die Zukunft seiner Regierung war nicht nur von diesen abhängig. Er wußte auch, daß er dann, wenn er die Verträge mit dem Schicksal des Kabinetts verband, auf alle Fälle die Stimmen der Kommunisten verlieren würde, auf die er sich bei der Investitur gestützt hatte. So brauchte er also noch Zulauf aus den Reihen des »europäischen« MRP, der aber auf die supranationale EVG-Lösung eingeschworen und ihm größtenteils noch wegen seiner Indochina-Politik feindlich gesonnen war.

Deshalb versuchte er das Kunststück, eine Anzahl von »Vorbedingungen« zu formulieren, die sowohl für eine Mehrheit in der Nationalversammlung wie auch für die EVG-Partner annehmbar waren. Ohne die Abstimmungsmehrheit in Paris war jeder international vereinbarte Text wertlos; aber ohne ein Ja der Partner waren auch keine Stimmen der »Europäer« zu bekommen. So sah es jedenfalls von außen aus. In Wirklichkeit sprechen verschiedene Indizien dafür, daß Mendès-France gar nicht mehr an Kompromisse glaubte.

Die zahlreichen Änderungswünsche, die er unter dem Druck der Gaullisten als »Vorbedingungen« vorlegte, bedeuteten tatsächlich das Ende des EVG-

Schwierige Wahl: »...ganz einfach, Messieurs! Es soll ein bequemer, leichter und strapazierfähiger Schuh sein!«

Konzepts, und nicht einmal dies genügte, um alle Gaullisten zufriedenzustellen. Für acht Jahre sollte jede supranationale Klausel in den Verträgen ausgesetzt werden, so daß die französische Regierung über ein Vetorecht verfügt hätte. Zudem müsse die Integration auf Grenzdeckungstruppen – also die deutschen und die in Deutschland stationierten Streitkräfte – beschränkt werden. In Frankreich wären nur die Luftstreitkräfte integriert worden. Schließlich forderte er im Blick auf die Klarstellung bei der Berliner Konferenz das Recht für alle Staaten, aus der EVG auszutreten, falls Deutschland nach der Wiedervereinigung ausscheiden würde – ein sehr theoretischer Punkt, über den aber erbitterte Diskussionen geführt wurden.

Am schlimmsten war, daß die Änderungsvorschläge nicht mehr durch bloße Interpretation der Verträge aufgefangen werden konnten. Eine Analyse des Auswärtigen Amtes arbeitete heraus, daß in den 67 Absätzen des französischen Protokollentwurfs 43 Punkte steckten, die eine Vertragsänderung erforderten, davon 21 grundlegende. Ein neues Ratifikationsverfahren in allen Unterzeichnerstaaten mit entsprechendem Verzögerungseffekt wäre unvermeidlich gewesen. Auf deutscher Seite rechnete man, daß günstigenfalls eine Ratifikation der neuen Verträge im Frühsommer 1955 möglich wäre, wahrscheinlicher aber erst im Herbst.

Für die Außenminister der EVG-Staaten, die vom 19. bis 22. August 1955 nach hektischer Vorbereitung mit Mendès-France in Brüssel zusammentrafen, war der Vorgang nichts Neues. Wieder einmal kam eine französische Regierung mit der Forderung nach tiefgreifenden Abänderungen von Vereinbarungen, die nach schwierigsten Verhandlungen mit früheren französischen Regierungen auf deren Wunsch hin getroffen worden waren. Und wieder erklärte diese Regierung, deren schwankende parlamentarische Basis allseits bekannt war, falls man sich darauf einlasse, werde sie ihr möglichstes tun, um die Verträge durchzubringen. Adenauer fiel es also relativ leicht, eine geschlossene Front der fünf anderen Signatarstaaten zusammenzubringen, die hinter den Kulissen vom amerikanischen Botschafter David Bruce massive Rückenstärkung erhielten. Der Kanzler vermied es bis ganz zum Schluß, mit

dem französischen Ministerpräsidenten zu einem Zweiergespräch zusammenzutreffen. Er fürchtete, Mendès-France würde dabei die Saarfrage aufwerfen und ihn damit in die Enge treiben. Der Schwarze Peter läge dann bei der Bundesrepublik, während doch aus deutscher Sicht alles getan werden mußte, um Bonn im strahlenden Glanz europäischer Reinheit, Frankreich aber als den eigentlichen Störenfried erscheinen zu lassen. Als man sich schließlich doch traf, spielte die Saarfrage keine Rolle mehr. Adenauer gewann jetzt einen ganz günstigen Eindruck und nahm auch die Überzeugung mit, daß die französische Regierung selbst bei einem Scheitern der EVG in der Souveränitätsfrage keine Schwierigkeiten mehr machen würde.

Dennoch kam der Kanzler mit dem Wissen zurück, daß Mendès-France die EVG nicht wolle. Immer noch hoffte er aber auf eine Wende in der Nationalversammlung, wo die »Europäer« zwischen Plänen, das Kabinett über die EVG zu stürzen und dann auf einer westlichen Außenministerkonferenz nochmals zu verhandeln und verzweifelten Geschäftsordnungsmanövern mit dem Ziel einer Vertagung der Debatte zum Zweck weiterer Verhandlungen, die erneut von Mendès-France zu führen gewesen wären, hin und her schwankten. Eine neue Regierung, so meinten sie, könne die Verträge durchbringen, wenn die Partner außerhalb des Vertrages garantierten, daß die EVG nach zwei oder drei Jahren überprüft werden könne und wenn eine definitive Einigung über die Saar vorliege.

Das alles aber führte nicht mehr zum Ziel. Mendès-France war nach Brüssel erst recht entschlossen, die Hypothek der EVG so schnell wie möglich loszuwerden. Kontakte auf verschiedenen Ebenen mit der britischen Regierung, zuletzt ein Gespräch zwischen Mendès-France und Churchill selbst, hatten ihn davon überzeugt, daß die Briten bereitstanden, nach dem Scheitern der EVG alsbald diplomatisch aktiv zu werden. Sie hatten sich nicht ohne eigenes Verschulden, aber doch zu ihrem größten Unmut, aufgrund der EVG aus den westeuropäischen Kombinationen ausgeschlossen gesehen und sahen nun ihre Stunde gekommen. Damit könnte dann auch an die alte Tradition der britisch-französischen Entente wiederangeknüpft werden.

Die Art und Weise, wie Mendès-France der Nationalversammlung über die Verhandlungen und die Demütigung Frankreichs in Brüssel berichtete, machte ganz klar, wo er stand, auch wenn er sich nicht offen erklärte. So wurde die EVG nach einer zweitägigen tumultuösen Debatte und nach hektischen Geschäftsordnungsmanövern durch einen Antrag des konservativen Abgeordneten General Aumeran auf Wechsel des Verhandlungsthemas verfahrenstechnisch erledigt, ohne daß die Nationalversammlung zu den Verträgen selbst ja oder nein sagte. Der Ministerpräsident hatte allerdings vor der Abstimmung klargemacht, daß er darin auch eine materielle Entscheidung sehen müsse, was ja tatsächlich der Fall war. Die unerwartet hohe Mehrheit gegen die EVG betrug 319 Stimmen bei 264 Gegenstimmen. Auf seiten der Gegner war der Jubel groß, die »Europäer« begannen vom »Verbrechen des 30. August« zu sprechen, und die Vorkämpfer der EVG in Bonn standen vor einem Scherbenhaufen, für den sie in der ersten Erregung vor allem Mendès-France verantwortlich machten. Tatsächlich sollte es aber dieser aufs schwerste verdächtigte Ministerpräsident in der Folge fertigbringen, neue Verträge, in denen nun die gefürchtete deutsche Nationalarmee geschaffen wurde, innerhalb weniger Monate durch die Pariser Kammern zu peitschen. So hat der kühle Einzelgänger Mendès-France, der kurz darauf der Vendetta der EVG-Anhänger zum Opfer fiel und dann nie mehr eine politische Chance erhielt, für eine positive Entscheidung in der unlösbar scheinenden Frage der Westverträge mehr getan als viele wohlmeinende »Europäer« in den Jahren zuvor. Wenn von den bedeutenden Persönlichkeiten die Rede ist, die in den fünfziger Jahren die Westbindung der Bundesrepublik durchgesetzt haben, darf er nicht vergessen werden.

Koalitionsprobleme

Der Zusammenbruch ihrer Europapolitik traf die Bundesregierung in einer Phase zunehmender innenpolitischer Schwierigkeiten. Wie andere Bundeskanzler nach ihm, mußte Adenauer die Erfahrung machen, daß auch ein großer Wahlerfolg nach einem Jahr schon abgenutzt sein kann, wenn man die Dinge treiben läßt. In der Innenpolitik tat er das, und Klagen darüber hörte man überall.

Von der »umfassenden Sozialreform«, die der Kanzler in der Regierungserklärung angekündigt hatte, war im Frühjahr 1954 noch nicht viel zu sehen. Bei einer Bundestagsdebatte im Monat Mai, die die Opposition mit einer Großen Anfrage erzwungen hatte, hinterließ Bundesarbeitsminister Storch einen verheerenden Eindruck. Offenbar bestanden innerhalb der Regierung über Ziele und Inhalte der Reform noch keinerlei klare Vorstellungen. In der Tat kam dadurch der regierungsinterne Zustand hinsichtlich der Sozialpolitik zutreffend zum Ausdruck. Die Ressorts waren völlig uneins, und ihre Differenzen offenbarten nicht nur den naturgegebenen Egoismus der einzelnen Häuser, sondern auch die inneren Spannungen dieser Koalition. Der Bundesfinanzminister wünschte eine Reform, bei der man das finanziell Machbare im Auge hatte und auch vor Umschichtungen im Sozialhaushalt nicht haltmachte, was aber von den interessierten Gruppen und Bürokratien als soziale Demontage bezeichnet wurde. Wirtschaftsminister Erhard unterstützte ihn dabei. Der Arbeitsminister plädierte für das sozial Wünschbare und arbeitete in erster Linie auf eine umfassende, die großen Härten und Ungleichheiten beseitigende Anhebung der Renten hin. Und dem Kanzler schwebte die große Idee der umfassenden Sozialreform vor, um nun, da der wirtschaftliche Wiederaufbau in vollem Gange war, den Staat auch sozialpolitisch zu konsolidieren. Nur wußte er nicht, wo und wie man dabei ansetzen sollte, und die Außenpolitik ließ ihm auch keine Zeit, das Ganze voranzubringen. So herrschten erst einmal Zerfahrenheit und Stagnation.

Wenig erfreulich war auch der Zustand der Familienpolitik. Die Sozialpolitiker in der CDU und die – mit ihnen teilweise identischen – engagierten Katholiken drängten hier auf ein einigermaßen großzügiges Kindergeldgesetz, das in der endgültigen Form ein Kindergeld in Höhe von 25.- DM vom dritten Kind an vorsah (aufgebracht über Familienausgleichskassen). Sie prallten dabei aber einerseits auf die Liberalen, die an die Belastung der Wirtschaft dachten, sowie auf die Vorkämpfer für solide

Anfang der fünfziger Jahre erregte Hildegard Knef mit dem Film »Die Sünderin«, in dem sie einige Augenblicke unbekleidet zu sehen war, großes Aufsehen.

Finanzpolitik, andererseits auf die Sozialdemokraten, denen diese Sozialleistungen nicht weit genug gingen. Als das umstrittene Gesetz im Herbst 1954 schließlich ins Plenum des Bundestages kam, fiel die Koalition völlig auseinander, und es hagelte gegenseitige Vorwürfe.

Christliche Familienpolitik sollte allerdings nach den Vorstellungen von Bundesfamilienminister Wuermeling nicht nur in finanziellen Leistungen der Gemeinschaft für die rund 8 Prozent verheirateten Bundesbürger mit drei und mehr Kindern ihren Ausdruck finden. Er und die hinter ihm stehenden katholischen Kreise wünschten die Kinder auch vor den Einflüssen der Unsittlichkeit zu schützen, die sich nach seiner Meinung damals in erster Linie

über das Medium des Kinos ausbreitete. Entsprechende Versuche, über die Filmselbstkontrolle und mit Hilfe eines Filmförderungsgesetzes Einfluß zu nehmen, das Scheidungsrecht zu erschweren oder gar die Zivilehe zu modifizieren, kamen allerdings nicht weit, weil die liberale Presse Alarm schlug. So blieb es in erster Linie bei aufrüttelnden Reden, die aber die Freien Demokraten zu gereizten Entgegnungen veranlaßten. Die Auseinandersetzung um die »sittlichen Grundwerte«, als die es engagiert christlich gesonnene Koalitionspolitiker empfanden, beziehungsweise um den Klerikalismus, wie die Liberalen es formulierten, war während der ganzen fünfziger Jahre ein Dauerthema. Doch zwischen der Bundestagswahl 1953 und dem Winter 1954 schienen die kulturpolitisch aktiven Katholiken im Angriff. Für Freidemokraten wie Thomas Dehler und Reinhold Maier, die in der heterogenen FDP eine gewisse mittlere Position behaupteten, war dies eine Art Gottesgeschenk. Sie hatten so zwei große Themen für ihre Opposition innerhalb der Koalition und zugleich für die Integration der eigenen Partei: die nationale Frage und den Klerikalismus. Dabei lagen Deutschlandpolitik und Saarfrage weiterhin mehr dem norddeutschen Flügel am Herzen, der laizistische Liberalismus stärker den Süddeutschen. Im Zentrum der Auseinandersetzungen zwischen Laizisten und Klerikalen stand immer noch die Schulpolitik in den Ländern. Freidemokraten und Sozialdemokraten traten hier für die Gemeinschaftsschule beziehungsweise die christliche Gemeinschaftsschule ein, und besonders die SPD plädierte auch schon für eine akademische Lehrerbildung, in jedem Fall aber für nicht nach Konfessionen getrennte Lehrerbildungsanstalten. Demgegenüber bestanden die katholische Kirche und in ihrem Gefolge auch teilweise die CDU auf konfessionellen Volksschulen und konfessioneller Lehrerbildung. Die Evangelischen in der CDU – am deutlichsten ihr starker Mann Hermann Ehlers – befürworteten meistenteils die christliche Gemeinschaftsschule, waren ihren katholischen Parteifreunden gegenüber aber verschiedentlich im Hinblick auf Konfessionsschulen und konfessionelle Lehrerausbildung kompromißbereit. In der Praxis gab es entsprechend den Koalitionserfordernissen und der konfessionellen

Kräfteverteilung in den einzelnen Ländern unterschiedliche Spielarten, also ein Nebeneinander von christlicher Bekenntnisschule und christlicher Gemeinschaftsschule wie auch von laizistischen oder konfessionellen Lehrerbildungsanstalten. Nach welcher Seite hin aber schließlich die Kompromisse akzentuiert würden, das war ein Hauptthema jeder Landtagswahl und der darauf folgenden Koalitionsbildungen.

Da es in dieser Frage eine natürliche Allianz zwischen den Sozialdemokraten und den Freien Demokraten gab, ging es bei den Regierungsbildungen jener Jahre meistenteils darum, ob sie im Zeichen der Kulturpolitik oder der auf die Außenpolitik orientierten Bundespolitik standen. Dominierte die Bundespolitik, bei der es zwischen 1953 und 1956 im wesentlichen um die Erhaltung der Zweidrittelmehrheit zum Zweck der Grundgesetzänderung in der Wehrfrage ging, so bedeutete dies eine CDU/FDP-Koalition. Dominierte die Kulturpolitik, so entwickelte sich in der Regel eine SPD/FDP-Koalition, wenn nötig ergänzt durch kleinere Koalitionspartner.

1954 kamen beide Modelle zum Zuge. Im Juni dieses Jahres erzwang Adenauer unter großen Mühen in Nordrhein-Westfalen eine CDU/FDP-Koalition, nachdem die »christliche Mehrheit« aus CDU und Zentrum aufgrund des Stimmenschwundes der Zentrumspartei nicht mehr möglich war. Auf beiden

Seiten erhob sich Widerstand. Der katholische Arbeitnehmerflügel in der CDU lehnte die FDP sowohl wegen ihres Liberalismus wie auch wegen ihrer deutschnationalen Außenpolitik ab, die sich unter Friedrich Middelhauve und Ernst Achenbach durchgesetzt hatte; außerdem hielt man die Freien Demokraten für eine reine Unternehmerpartei. Auf der Gegenseite war die Wertschätzung ähnlich gering. Angesichts der schweren Krise der Westverträge, die sich schon abzeichnete, kam dann aber doch die Koalition nach Bonner Modell zustande, zumal die SPD nicht bereit war, bei den Wehrgesetzen mitzuarbeiten.

Umgekehrt verliefen die Dinge im Dezember 1954 in Bayern. Das große, kulturpolitisch kontroverse Thema war dort die Lehrerbildung. Die CSU, die bisher mit der ziemlich gemäßigt orientierten SPD koaliert hatte, konnte dort nach einem harten Wahlkampf ihren Wähleranteil von 28,4 auf 38 Prozent steigern und ließ sich dadurch verleiten, ihre kulturpolitisch extreme Position gegenüber der Bayernpartei ebenso zu überziehen wie ihre personalpolitischen Forderungen. SPD, Bayernpartei, FDP und BHE bildeten nun trotz entschiedener Einwirkungsversuche des Kanzlers eine – alles andere als homogene – Koalition.

Die Auswirkungen dieser Regierungsbildung auf die Union waren beträchtlich. Die Schuld an der verlorenen Regierungsbildung wurde dem von Alois

Nach den bayerischen Landtagswahlen von 1954 gelang es Wilhelm Hoegner (linkes Bild), eine Koalition aus SPD, Bayernpartei, FDP und BHE zu bilden. Die CSU mit Alois Hundhammer (rechtes Bild), einem Vorkämpfer katholisch-konservativer Schul- und Kulturpolitik (»Der schwarze Schatten über Bayern«), hatte ihre kulturpolitischen Forderungen überzogen.

Hundhammer geführten konservativ-katholischen CSU-Flügel angelastet. Diejenigen, die seit den Bundestagswahlen 1953 gewarnt hatten, daß ein extrem klerikaler Kurs selbstmörderisch sei, sahen sich nun bestätigt und zwangen von jetzt an die kulturpolitisch aktiven Katholiken zu einem moderaten Vorgehen. Ende 1954 war die kurze Sturm-und-Drang-Periode des politischen Katholizismus zu Ende, zumal auch die Kirchlichkeit der Bevölkerung immer spürbarer nachzulassen begann.

Die Bemühungen der katholischen Kirche, über die Unionsparteien das Kulturleben der Bundesrepublik nachhaltig zu beeinflussen, sind im Ergebnis weit hinter ihren Zielen zurückgeblieben. Hingegen waren die für die CDU negativen Auswirkungen auf das Meinungsklima in der liberalen Presse und bei vielen Intellektuellen erheblich.

Radikalisierung der Gewerkschaften?

Unzufrieden waren 1954 nicht nur strenggläubige Katholiken, laizistische Liberale und überzeugte Protestanten, sondern auch die Gewerkschaften. Die Überparteilichkeit der Einheitsgewerkschaft, die unter dem DGB-Vorsitzenden Hans Böckler noch über weite Strecken durchgehalten worden war, hatte seit Frühjahr 1952 einer immer offeneren SPD-Orientierung Platz gemacht.

Ein Hauptgrund dafür war die tiefe Enttäuschung der Gewerkschaften über das Steckenbleiben ihrer Mitbestimmungsforderung. Sie waren der Auffassung, daß sie mit der Mitbestimmung in der Montanindustrie, die nur etwa 800 000 Arbeiter und Angestellte betraf, zu billig abgespeist worden waren. Und das Betriebsverfassungsgesetz, das dem Betriebsrat eine starke Stellung verschaffte und in Großbetrieben, wenn sie Aktiengesellschaften waren, ein Drittel der Aufsichtsratssitze einräumte, wurde zwar in der ganzen Welt als vorbildliches Modell partnerschaftlicher Zusammenarbeit von Kapital und Arbeit bewundert, bedeutete aber aus der Sicht der deutschen Gewerkschaften gleichfalls eine Niederlage. Über praktische Mitwirkungsrechte in sozialen, personellen und einigen wirtschaftlichen Fragen waren sie nicht hinausgekommen. Von

wirtschaftlicher Mitbestimmung im strengen Sinne konnte keine Rede sein, zumal sie auch mit dem Wunsch nach Einrichtung von überregionalen Wirtschaftsräten nicht durchgedrungen waren. Sie hatten die volle Parität gefordert und bekamen statt dessen eine Regelung, die ihrer Integration in die kapitalistische Gesellschaft sehr viel dienlicher war als einer Überwindung der Vorherrschaft des Kapitals durch den Faktor Arbeit.

In programmatischer Hinsicht war der DGB auch in der Ära Böckler auf sozialistische Ordnungsvorstellungen festgelegt, die noch aus der alten Tradition des Allgemeinen Deutschen Gewerkschaftsbundes (ADGB) stammten und trotz der Verbindung mit den christlichen Gewerkschaften noch nicht grundlegend verändert worden waren. In der tagespolitischen, tarifpolitischen und innerbetrieblichen Praxis aber dominierte der Revisionismus. Er bildete eine tragfähige Basis für die Zusammenarbeit mit der auf etwa 25 Prozent der Mitglieder geschätzten christlich-sozialen Minderheit, die größtenteils an den Grundsätzen der katholischen Soziallehre orientiert war, aber auch zur Verständigung mit den Unternehmern und der bürgerlichen Bundesregierung drängte.

Diese pragmatische Mäßigung wurde von den Erfordernissen der Wiederaufbaujahre ebenso erzwungen wie von den politischen Kräfteverhältnissen. Die Sozialausschüsse der CDU verhalfen den Gewerkschaften immerhin zu einer gewichtigen Mitsprachemöglichkeit in der Regierungskoalition, und solange sie stark genug schienen, in wichtigen Gesetzgebungsfragen ihren Willen geltend zu machen, hatte ihr Wort auch im DGB Gewicht. Der Einfluß der katholischen Arbeitnehmer in der Gewerkschaftsbewegung selbst ließ aber deutlich nach, als erkennbar wurde, daß deren Durchsetzungskraft im Regierungslager Grenzen hatte. Die christliche Gruppierung in der Gewerkschaftsführung war seit 1949 auch dadurch geschwächt worden, daß einige ihrer Führer wie Anton Storch, Jakob Kaiser oder Theodor Blank jetzt voll in der Regierungsarbeit aufgingen. So kam bald der Umstand zum Tragen, daß ein erheblicher Teil des höheren und mittleren Funktionärskorps der SPD angehörte. Alle DGB-Vorsitzenden seit Hans Böckler waren Sozialdemokraten, desgleichen die Vorsitzenden der 16 Industriegewerkschaften; im Bundesvorstand des DGB gehörten nur zwei Mitglieder der christlichen Richtung an.

Obwohl die Regierung die Einheitsgewerkschaft immer auf das Prinzip parteipolitischer Neutralität festzunageln suchte, verstand sich der DGB satzungsgemäß nicht als neutral, sondern nur als unabhängig. Er war entschlossen, sich die Parteien, auf die er Einfluß nehmen konnte, dienstbar zu machen, ohne ihnen selbst sklavisch zu Diensten zu sein. Dennoch bewirkten die personellen Gegebenheiten und die ideologische Orientierung der Mehrheit eben doch eine ganz natürliche Nähe zur SPD.

Dem gab der DGB bei den Bundestagswahlen 1953 auch öffentlich Ausdruck, als er einen Aufruf unter dem Motto »Wählt einen besseren Bundestag« veröffentlichte. Sein Eingreifen in den Wahlkampf mit den verschiedensten Werbematerialien machte ganz deutlich, daß er seine Interessen in erster Linie von der SPD vertreten sah. Er beanspruchte das Recht auf Parteinahme damals ebenso wie auf der anderen Seite die Unternehmerverbände, der Bauernverband und die katholische Kirche, die für das Regierungslager eintraten.

Dies führte zu einer bemerkenswert törichten Reaktion des Arbeitnehmerflügels in der CDU, der sein Gewicht in der Partei dadurch fühlbar geschmälert sah, daß die Gewerkschaften, die er doch aus Sicht der Union zumindest neutralisieren sollte, jetzt offen zur Opposition übergeschwenkt waren. Gewiß gab es viel Grund zur Klage über Benachteiligung des christlichen Flügels, besonders im Pressewesen, aber die Forderung, die die christlich-sozialen Kräfte daraufhin an den DGB-Vorstand richteten, waren stark überzogen: Kooptation von zusätzlich drei Persönlichkeiten aus der christlichen Arbeitnehmerschaft in den Bundesvorstand des DGB und von jeweils mindestens zwei in die Landesvorstände; entsprechende Kooptationen auf seiten der Industriegewerkschaften bis hinunter zur Ortsebene; Berufung von sachverständigen christlichen Gewerkschaftern in die Redaktionen der Gewerkschaftspresse sowie in das Wirtschaftswissenschaftliche Institut der Gewerkschaften und Bildung eines paritätischen Ausschusses für die Schulungs- und Bil-

Rückkehr zur Überparteilichkeit oder Spaltung der Gewerkschaften

Von unserem Bonner Büro

H.-J. K. **Bonn**, 9. Sept.

Die CDU/CSU, insbesondere ihr starker Gewerkschaftsflügel, drängt jetzt darauf, von der Führung des DGB Garantien für eine künftige parteipolitische Neutralität der Gewerkschaften zu erhalten. Die Bundesregierung wird sich, wie von zuständiger Seite verlautet, nicht in diese Auseinandersetzung einmischen, sondern diese Aufgabe den ehemaligen Gewerkschaftsführern der CDU überlassen, als deren maßgebliche Vertreter Ministerpräsident Arnold, die Bundesminister Kaiser und Storch sowie der Sicherheitsbeauftragte Blank gelten.

Politische Beobachter weisen in diesem Zusammenhang darauf hin, daß in der CDU/CSU-Fraktion jetzt mehr Gewerkschafter sitzen als in der SPD-Fraktion. Bundeskanzler Adenauer empfing am Mittwochnachmittag Ministerpräsident Arnold, um mit ihm die Möglichkeiten zu erörtern, den DGB zu einer Rückkehr zur parteipolitischen Neutralität zu veranlassen.

Der Gewerkschaftsflügel der CDU denkt nicht daran, etwa in der Form eines „Ultimatums" eine sofortige personelle Umbildung des DGB-Vorstandes zu verlangen. Zum Ausgang der Wahl hatte der DGB erklärt, daß er in der Einheitsgewerkschaft selbstverständlich das Votum des Volkes für Adenauer und seine Partei respektieren werde. Nach diesem Kommentar sieht die CDU/CSU Möglichkeiten einer Verständigung, die allerdings nicht nur durch weitere schriftliche oder mündliche Erklärungen; son-

dern nun durch einen Wechsel an der Spitze des DGB gesichert werden soll.

Als beste Methode, die künftige politische Haltung des DGB im Sinne der Überparteilichkeit festzulegen, sehen die CDU-Gewerkschafter den Vorschlag an, daß entsprechend den Statuten des DGB alsbald ein außerordentlicher Delegierten-Kongreß des DGB einberufen wird, auf dem dann Vorstands-Neuwahlen und eine Änderung des bisherigen Kurses des DGB satzungsmäßig beschlossen oder bekräftigt werden könnten.

Der Gewerkschaftsflügel der CDU hofft, daß seine Empfehlungen zu einem Ausgleich führen. Sollte die Führung des DGB nicht in der Lage sein, die Delegierten-Versammlung von der Notwendigkeit eines Kurswechsels zu überzeugen, würden allerdings, so heißt es in diesen Kreisen, schwerwiegende Folgen für die Existenz des DGB als Einheitsgewerkschaft eintreten.

Nach den Erdrutschwahlen vom September 1953 forderte die CDU/CSU die Überparteilichkeit der Gewerkschaften (»Die Welt« vom 9. 9. 1953).

dungsarbeit. Zu allem hin wünschten sie sich innerhalb des DGB zur satzungsmäßig anerkannten Fraktion zusammenzuschließen.

Diese Forderung, zehn Tage nach den Erdrutschwahlen vom September 1953 erhoben, erinnerte nicht nur Gewerkschafter an die nationalsozialistische Gleichschaltungspolitik nach den Märzwahlen von 1933. Sie mußte zudem jene Kreise im DGB schwächen, die nach dem Wahldebakel der SPD, das ja auch eine Niederlage der Gewerkschaften war, darüber nachdachten, ob die enge Bindung an die Opposition wirklich zweckmäßig war. Der Bundesvorstand des DGB lehnte die Zumutung ab und verwies auf die Möglichkeit der Durchsetzung personalpolitischer Forderungen im Rahmen der bestehenden Satzung. Von da ab wurden auf seiten der katholischen Arbeitnehmerschaft die Sezessionstendenzen immer stärker, bis sie im Sommer 1955 zur Gründung einer Christlichen Gewerkschaftsbewegung (CGD) führten, die allerdings allgemeiner Ablehnung verfiel – vom BDI, der CDU und der FDP über die evangelische Kirche bis hin zur SPD.

Dementsprechend wenig Anziehungskraft besaß sie in der Folge auch.

Wichtiger war die Auswirkung dieser Entfremdung im DGB selbst. Hier spielte sich der auf den sozialistischen Grundsätzen bestehende Flügel erst einmal für einige Zeit nach vorn und lähmte zu allem hin auch noch die Reformdiskussion in der SPD.

1954 wurde das große Jahr von Viktor Agartz. Er hatte seine Karriere zuerst als Leiter des Zentralamtes für Wirtschaft in der britischen Zone, kurze Zeit auch als Vorgänger von Ludwig Erhard im Direktorium für Wirtschaft der Bizone begonnen und war nach dem Krieg einer der einflußreichsten Männer gewesen. Jetzt leitete er das Wirtschaftswissenschaftliche Institut des DGB. Er spielte die Rolle eines Cheftheoretikers der Gewerkschaften, wobei allerdings sein negatives Erscheinungsbild bei den Gewerkschaftsgegnern größer war als sein tatsächlicher Einfluß innerhalb der Organisation. Immerhin fand er nun im DGB ein Jahr lang offene Ohren für das von ihm vertretene Aktionsprogramm.

Agartz ging von der alt-marxistischen Auffassung aus, daß der liberal-kapitalistische Staat in der Bundesrepublik den Klassengegensatz verschärft habe und nur durch systemsprengende Politik überwunden werden könne. Die Interessen der Wirtschaftsverbände und der staatlichen Verwaltung seien weitgehend identisch – zwanzig Jahre später nannte man das »Stamokap-Theorie«. Da die parlamentarischen Wirkungsmöglichkeiten erschöpft seien, müsse man auch außerparlamentarische Maßnahmen ins Auge fassen. Dazu zähle besonders die gewerkschaftliche Lohnpolitik.

Im Grunde verfolgte Agartz mit seiner vieldiskutierten »expansiven Lohntheorie« ein politisches Ziel. Massive Lohnkämpfe sollten in der Arbeiterschaft erneut zu geschärfter politischer Bewußtseinsbildung führen und damit die verführerische Einwirkung kapitalistischer Integrationsideologie zerstören. Damit verbunden war die Absicht, über die Lohnpolitik nicht nur an der Produktivitätssteigerung teilzuhaben, sondern mit ihrer Hilfe auch eine Vermögensumverteilung in Gang zu bringen. Das wurde in die Form einer wissenschaftlich klingenden Lohntheorie gefaßt: In einem sogenannten marktwirtschaftlichen System drohe während einer Expansionsphase der Wirtschaft die Gefahr, daß die Nachfrage hinter dem Angebot zurückbleibe. Daher dürfe sich die Lohnpolitik nicht darauf beschränken, den Reallohn an die volkswirtschaftliche Entwicklung nachträglich heranzubringen. Sie müsse selbst Motor der Expansion sein, um durch Kaufkraftsteigerung auch eine Ausweitung des Produktionsapparates herbeizuführen.

Diese Neuauflage der wohlbekannten Unterkonsumtionstheorie hätte bei den Industriegewerkschaf-

Große Diskussionen löste Viktor Agartz (links) 1954 mit seiner expansiven Lohntheorie aus.
1957 stand der ehemalige Leiter des Wirtschaftswissenschaftlichen Instituts des DGB (mit seinem Verteidiger, dem früheren Bundesinnenminister Heinemann) unter dem Verdacht verfassungsfeindlicher Agententätigkeit.

ten nicht soviel Beachtung gefunden, wenn im Jahr 1953 nicht tatsächlich die Unternehmergewinne fühlbar höher gelegen hätten als der Lohnanteil am gestiegenen Sozialprodukt. Aus diesem Grund sprachen sich auch die unabhängigen wirtschaftswissenschaftlichen Institute im Sommer 1954 für Lohnerhöhungen in einem gewissen Umfang aus. Selbst der Bundeswirtschaftsminister, der den Deutschen in jenen Monaten »Mut zum Verbrauch« predigte, hütete sich, prinzipiell gegen das gewerkschaftliche Lohnbegehren Einwendungen zu machen. Auf der anderen Seite verwiesen die Arbeitgeber auf die aus maßloser Lohnpolitik resultierende Inflationsgefahr und machten auf ihre bisher bewiesene Preisdisziplin aufmerksam.

So kam es, daß in eben dem Monat August, der die Regierung in die Strudel der EVG-Krise stieß, auch die Wirtschaft von Streiks und starken Lohnbewegungen erschüttert wurde. In der bayerischen Metallindustrie traten rund 250 000 Beschäftigte zum bis dahin größten Lohnkampf der Nachkriegszeit an. Die von Idee und Praxis der Sozialpartnerschaft verwöhnte Öffentlichkeit konnte nun wieder einmal Streikbilder sehen, wie sie in den alten Tagen des industriellen Klassenkampfes an der Tagesordnung gewesen waren: fünf- bis zehnfach gestaffelte Ketten von Streikposten, Rempeleien zwischen Streikenden und Arbeitswilligen, Prügeleien zwischen den Streikenden und der zum Schutz der Arbeitswilligen massiv eingreifenden Polizei. Die Arbeitgeber reagierten mit Massenkündigungen und suchten zugleich nicht ohne Erfolg die Streikfront zu schwächen, indem sie den Arbeitswilligen tarifrechtlich nicht abgesicherte, betriebsbezogene Lohnerhöhungen gewährten, was die Erbitterung der IG-Metall nur noch steigerte, die jetzt das Prinzip des Tarifvertrags überhaupt gefährdet sah.

Nach drei Wochen machte das schlichtende Eingreifen der bayerischen Regierung den Auseinandersetzungen ein Ende. In der Zwischenzeit waren auch Lohnbewegungen in anderen Tarifbezirken und im öffentlichen Dienst erfolgt, wo die Waffe eines Verkehrs- und Versorgungsstreiks die Kommunen rasch zur Kapitulation getrieben hatte. Nach den bayerischen Erfahrungen reagierten die Arbeitgeber auf die Lohnwelle flexibel; die Lohnerhöhun-

gen hielten sich auch im ganzen noch innerhalb der Produktivitätsfortschritte, und die Bewegung kam rasch wieder zur Ruhe, ohne einen Inflationsschub ausgelöst zu haben.

Dennoch beobachteten Unternehmerschaft und Bundesregierung im Oktober mit großer Sorge den Frankfurter Kongreß des DGB, auf dem Agartz unter dem brausenden Beifall der Delegierten seine neuformulierten Klassenkampftheorien verkündete, ein Verständnis der Mitbestimmung als Partnerschaft von Kapital und Arbeit ablehnte und ihr statt dessen die Rolle eines Instruments zur Neuordnung von Wirtschaft und Gesellschaft zuwies, die in genossenschaftliche Formen zu überführen seien. Dabei orientierten sich die Vorstellungen von Agartz immer stärker am jugoslawischen Modell der Arbeiterselbstverwaltung, das sozialistische Intellektuelle bereits in dieser Frühzeit der Bundesrepublik zu interessieren begann.

Eine Zeitlang sah es so aus, als ob die Gewerkschaftsbewegung zur treibenden Kraft sozialistischer Veränderungen werden würde. Der DGB-Kongreß sprach sich bei dieser Gelegenheit auch gegen einen Wehrbeitrag aus.

Aber bei den Pragmatikern in den Industriegewerkschaften regte sich rasch der Widerstand. 1954 führte Agartz im DGB noch das große Wort. 1955 war er bereits höchst umstritten und wurde zum Jahresende zum Teil auch auf Drängen der christlichen Gewerkschafter aus der Leitung des Wirtschaftswissenschaftlichen Instituts entlassen. Im März 1957 schließlich griff der Bundesgrenzschutz einen Kurier aus der Ostzone auf, der 21 000 DM für Agartz bei sich trug sowie Abrechnungen, aus denen hervorging, daß dieser im Lauf der Zeit weitere 110 000 DM vom ostzonalen Freien Deutschen Gewerkschaftsbund (FDGB) erhalten hatte. Agartz verteidigte sich mit der Behauptung, es habe sich dabei um die Subventionierung einer von ihm herausgegebenen Wirtschaftskorrespondenz gehandelt und wurde wegen Mangels an Beweisen freigesprochen, war aber damit politisch endgültig erledigt.

Der Fall war insofern typisch, als er zeigte, wie zielbewußt die SED bemüht war, marxistische Tendenzen in den Gewerkschaften zu unterstützen. Doch eben das war auch ein Hauptgrund für die Vorsicht,

*Der spätere Vorsitzende des Deutschen Gewerkschafts-
bundes, Ludwig Rosenberg, übernahm 1954 die wirtschaftspolitische Abteilung des DGB.*

mit der damals die Gewerkschaftsführung, selbst ein
für die Arbeitgeber so unbequemer Mann wie der
Chef der IG-Metall, Otto Brenner, kommunistische
Zellenbildung in den Gewerkschaften unterband.
Paradoxerweise erwies sich die Existenz der DDR
als das beste Heilmittel gegen kommunistische Neigungen im DGB.
Als gegen Agartz Ende 1957 Anklage erhoben wurde, hatte sich im DGB schon wieder der pragmatische Flügel durchgesetzt. Gewerkschaftsführer wie
Ludwig Rosenberg, Otto Brenner, Georg Leber,
Heinrich Gutermuth oder Fritz Rettig von der DAG
hielten ihre Organisationen auf dem Kurs einer reformerischen Interessenvertretung der Arbeitnehmerschaft, die zwar auf den gesamtpolitischen
Anspruch nie verzichtete, diesen aber innerhalb des
Systems der parlamentarischen Demokratie und
der Sozialen Marktwirtschaft geltend machte.

Die John-Affäre

Den schlimmsten innenpolitischen Stoß erlitt die
Republik im Sommer 1954 durch die John-Affäre.
Bis heute sind weder Motive noch nähere Umstän-

de und Hintergründe geklärt, die den Präsidenten
des Bundesamts für Verfassungsschutz, Otto John,
damals bewogen, nach Ost-Berlin überzuwechseln.
Tatsache war, daß John am 21. Juli am Sitz der Ost-
zonen-Regierung auftauchte, erst über den Rundfunk und später auf einer Pressekonferenz sowie in
weiteren Verlautbarungen brisante Stellungnahmen
zur Entwicklung in Westdeutschland abgab,
schließlich von der Bildfläche verschwand und eineinhalb Jahre später wieder nach West-Berlin zu-
rückkehrte. Vor dem Bundesgerichtshof verteidigte
er sich mit der anfänglich auch bei Bundesinnenminister Schröder anklingenden These, er sei von seinem Freund, dem West-Berliner Modearzt Dr.
Wohlgemuth, durch eine Droge im Kaffee betäubt
und nach Ost-Berlin entführt worden. Dort habe er
eine Komödie gespielt, um bei erster sich bietender
Gelegenheit zu entfliehen. Das Gericht schenkte
ihm keinen Glauben. Es verurteilte ihn wegen lan-
desverräterischer Konspiration und Weitergabe
»falscher Staatsgeheimnisse« zu vier Jahren Zuchthaus, obwohl der Generalbundesanwalt höchstens
zwei Jahre beantragt hatte. Wiederaufnahmeanträ-
ge, die John in den Jahren 1964 und 1969 stellte,
wurden abgelehnt, ebenso eine Verfassungsbeschwerde beim Bundesverfassungsgericht.
Wie immer sich auch die Zusammenhänge verhalten
haben mögen, der Fall erweckte vielerorts im Inland
und Ausland den beklemmenden Eindruck, daß
man in dem scheinbar so gesicherten Bonner Staat
eine Kulissenwelt vor sich habe, aus der die verschiedensten Tapetentüren und Falltüren in fragwürdige Hinter- und Untergründe führten: in den
kommunistischen Ostzonen-Staat, in den politischen Dschungel der jüngsten deutschen Vergangenheit und in das Zwielicht machtvoller alliierter
Geheimdienste, die in Westdeutschland immer noch
frei zu schalten und zu walten schienen.
Am bedenklichsten war in den ersten Tagen der
Eindruck im Ausland. Gleich, ob John entführt wurde oder freiwillig nach Ost-Berlin gegangen war,
wie brüchig mußte ein Staat innerlich sein, dessen
Chef der politischen Polizei plötzlich in Ost-Berlin
auftauchen konnte! Das war also der Mann, dem
die Bundesregierung die Bekämpfung des Linksex-
tremismus und der östlichen Infiltration anvertraut

hatte! Dieser hohe Beamte sprach auch noch von Geheimabmachungen über die Wiederaufrüstung und machte sich damit direkt der ostzonalen Propaganda dienstbar!

Seine politischen Verlautbarungen riefen gleichfalls die schlimmsten Befürchtungen wach. Schließlich war John ein Mann des Widerstandes, der im Umkreis von Admiral Canaris beim Putschversuch gegen Hitler eine Rolle gespielt und noch am Nachmittag vor seinem Verschwinden nach Ost-Berlin an einer Gedenkfeier zum 20. Juli teilgenommen hatte. Dieser Gegner Hitlers warnte nun eindringlich vor der Wiederkehr ehemaliger Nationalsozialisten in Bonn. Wenn überhaupt jemand in dieser Hinsicht einen Überblick besaß, dann mußte es doch der Präsident des Bundesamtes für Verfassungsschutz sein, dem auch die Observierung des Rechtsextremismus unterstand!

Die rasch bekannt werdenden Einzelheiten über heftige interne Machtkämpfe zwischen den Bonner Geheimdiensten schienen diese Behauptung verständlich zu machen. Allem Anschein nach hatte John mit Friedrich Wilhelm Heinz, der im Amt Blank bis zu seiner Absetzung im Herbst 1953 die militärische Abwehr organisiert hatte, in erbitterten Auseinandersetzungen gestanden. Die politische

Vergangenheit von Heinz war noch viel farbiger als die von John selbst: Frontkämpfer, »Brigade Erhardt«, Teilnahme am Kapp-Putsch, einige Jahre SA-Führer, dann in der Bundesleitung des »Stahlhelm«, später ein entschlossener Gegner Hitlers in der »Abwehr« von Canaris, nach Kriegsende kurze Zeit in der Ostzone lebend. Dabei hatte er wahrscheinlich gegen die Sowjets spioniert, was diese aber nicht von Versuchen abhielt, auch ihrerseits verschiedentlich zu ihm in Verbindung zu treten. Ein solcher Mann, bei dem nicht klar war, wo er genau stand, von dem aber vermutet werden konnte, daß er ein deutscher Nationalist reinsten Wassers war, hatte kurze Zeit eine Schlüsselstellung in einem der westdeutschen Geheimdienste erhalten!

Ein anderer Gegner Johns war General Reinhard Gehlen, späterer Leiter des Bundesnachrichtendienstes, der vorwiegend dem Bundeskanzleramt zuarbeitete. Der frühere Chef der Abteilung »Fremde Heere Ost« im Oberkommando des Heeres (OKH) war das Musterbild eines Offiziers konservativer Prägung. Sein Antikommunismus war über jeden Zweifel erhaben, aber war dies auch seine Treue zur Demokratie? Im Ausland hatte man die jüngste Vergangenheit nie vergessen, und solche Einzelschicksale beleuchteten die westdeutsche Szenerie wieder

Erhebliches Aufsehen erregte im Ausland das Verschwinden des ehemaligen Präsidenten des Bundesamtes für Verfassungsschutz (Mitte, im Café Warschau, Stalin-Allee, am 6. August 1954 mit dem Ost-Berliner Architekten Henselmann, links, und dem Präsidenten des Nationalrats der DDR, Professor Correns).

Reinhard Gehlen, im 2. Weltkrieg Chef der Abteilung »Fremde Heere Ost«. Die amerikanische Besatzungsmacht betraute ihn mit der von der Öffentlichkeit abgeschirmten »Organisation Gehlen«, die die Bundesregierung 1956 als »Bundesnachrichtendienst« übernahm.

einmal schlagartig: hier mußte eine Demokratie aufgebaut werden mit Männern, die in ihren besten Jahren – und diese lagen erst ein Jahrzehnt zurück – als Offiziere, Geheimdienstleute, Verschwörer, Wirtschaftsführer an Deutschlands letztem »Griff nach der Weltmacht« beteiligt waren. Sie hatten nun zwar alle Anschluß an den Bonner Staat gefunden, sich auch den Westalliierten auf mannigfache Art und Weise nützlich gemacht, aber konnte man ihnen trauen? Würden sie in kritischen Momenten die Einheit und Größe Deutschlands nicht über die Treue zur westlichen Demokratie stellen? John selbst ließ in seinen Ost-Berliner Äußerungen als Hauptgrund für seine große Malaise die Sorge erkennen, daß die Politik Adenauers Deutschland auf ewig teilen könnte. War also nicht auch dieser anscheinend erprobte Gegner Hitlers im Grund seines Herzens ein Nationalist, und hatte ihn nicht

eine entsprechende Grundeinstellung zum orientierungslosen Wanderer zwischen zwei Welten werden lassen?

Aber auch bei den Parteien und in der Presse der Bundesrepublik selbst wurde das Mißtrauen wach. Jetzt erfuhr eine breitere Öffentlichkeit, daß John, der wahrscheinlich schon im Kriege nachrichtendienstliche Beziehungen zu den Briten unterhalten hatte, auf Empfehlung der Engländer Präsident des Bundesamts für Verfassungsschutz geworden war. Der Leiter der politischen Polizei des Bonner Staates ein Vertrauensmann Großbritanniens, wahrscheinlich von dieser Seite her druckempfindlich und vielleicht in widersprüchliche Loyalitätsverhältnisse verstrickt! Gehlen war ein ähnlicher Fall, nur daß er von den Amerikanern gefördert wurde.

Für die nationale Rechte war nun der Moment gekommen, grundsätzlich die Frage aufzuwerfen, ob Personen, die als Emigranten oder in anderer Funktion während des Krieges oder in den Anfängen der Besatzungszeit auf vielfältigste Art und Weise mit alliierten Stellen zusammengearbeitet hatten, in hohen Positionen des neuen Staates und seiner Parteien tragbar seien. DP und FDP richteten in diesem Zusammenhang ihre Blicke vor allem in Richtung SPD, bei der sich maßgebliche Mitglieder des Parteivorstandes – etwa Ollenhauer, der Pressesprecher Fritz Heine und Waldemar von Knoeringen – im Krieg in London aufgehalten hatten, während Wehner in Moskau gewesen war.

Am schrillsten ließ sich die *Zeit* vernehmen, die damals ziemlich stark im nationalen Fahrwasser schwamm. Richard Tüngel veröffentlichte dort Ende Juli einen vielbeachteten Leitartikel unter der Überschrift: »Herr Kanzler, säubern Sie!« Darin drängte er auf Überprüfung »aller Ernennungen, die unter Besatzungseinfluß vorgenommen wurden«, wobei er sowohl die pauschale Glorifizierung aller derer angriff, die in den verschiedensten Kreisen am Widerstand gegen Hitler teilgenommen hatten, als auch namentlich oder nicht namentlich genannte Persönlichkeiten aus dem Umkreis der sozialdemokratischen Emigration in Großbritannien. So kam die ganze jüngste Vergangenheit wieder hoch, die der Natur der Sache nach gar nicht bewältigt, sondern allenfalls zugedeckt werden konnte.

Manche derjenigen, die im Dritten Reich in Deutschland geblieben und in irgendeiner Art und Weise in der Verwaltung, beim Militär oder in der Wirtschaft mitgemacht hatten, begannen nun zu fragen, was eigentlich jene getan hätten, die sich im Krieg in alliierten Ländern aufgehalten hatten oder offen gegen Deutschland aufgetreten waren. Die Emigranten und die Männer des 20. Juli ihrerseits fragten genauso, was eigentlich diejenigen, die nicht emigriert waren und auch dem Widerstand ferngestanden hatten, während des Dritten Reiches getan hätten und ob sie für hohe Positionen tragbar seien. Die ersteren waren in der überwiegenden Mehrzahl und man konnte die neue Republik nicht ohne oder gegen sie aufbauen. Die zweite Gruppe hatte während der Besatzungszeit und auch noch in den allerersten Jahren der Bundesrepublik das Sagen gehabt, sah ihren Führungsanspruch im Zeichen der Normalisierung aber nun mehr und mehr in Frage gestellt. Irgendwie arrangierte man sich zwar in diesen und den folgenden Jahren auf allen Ebenen. Doch diejenigen, die sich nicht schweigend arrangieren wollten, und dazu gehörte wohl auch John, gerieten aus der Bahn oder doch in verbitterte Außenseiterpositionen.

Jedenfalls machte auch dieser Fall deutlich, wie sehr es nun an der Zeit war, daß sich die Westalliierten aus der Rolle von Besatzungsmächten in diejenige zurückhaltender Verbündeter zurückzogen. Nationalistische Reaktionen wären sonst unvermeidlich gewesen.

Offenkundig wurde dabei auch, daß es mit Führung und Koordination innerhalb der Bundesregierung nicht zum besten stand. Widersprüchliche Informationen der verschiedenen zuständigen Amtsträger trugen zur Verwirrung bei. Am stärksten kritisiert wurde die Auslobung von einer halben Million Mark zur Aufklärung des Falles durch den Innenminister Schröder, dessen Stuhl in jenen Tagen bedrohlich wackelte. Der Vertrauensverlust war allgemein, und niemand war erstaunt, als die CDU bei den Landtagswahlen in Schleswig-Holstein Mitte September 1954 gegenüber den Bundestagswahlen 1953 rund 15 Prozent an Stimmen verlor, während die SPD verglichen mit den Wahlen vor einem Jahr über 6 Prozent hinzugewann.

Die innere Verfassung der SPD

Dem Vertrauensschwund zum Trotz hielt sich die Regierung, und zwar nicht zuletzt deshalb, weil es der sozialdemokratischen Opposition immer noch an Durchschlagskraft fehlte.

Wie das nach großen Wahlniederlagen üblich ist, war in den Reihen der Sozialdemokraten anfänglich eine gewisse Reformdiskussion in Gang gekommen. Diese wurde allerdings von vornherein durch die damals noch intakte Parteidisziplin und durch die Loyalität zur gewählten Führung gedämpft, wohl auch durch die realistische Erkenntnis, daß beim gegenwärtigen Zustand der Partei große Veränderungen ohnehin nicht möglich sein würden.

Die für die SPD positivere Entwicklung, die Ende der fünfziger Jahre einsetzte, bewies, daß neben Fehlern der Regierung, auf die die SPD nur bedingt Einfluß hatte, nur zweierlei einen tiefgreifenden Einstellungswandel in der Öffentlichkeit bewirken konnte: personelle Veränderungen an der Spitze und eine große, in gleichsam heiligen Texten ihren Niederschlag findende Programmdiskussion.

Die personelle Diskussion unterblieb 1953 völlig. So wie die Dinge lagen, hätte nicht einmal Ernst Reuter, der kurz nach den Bundestagswahlen verstarb, den Parteiführer offen herausfordern können. Dieser war seiner Stellung sicher, weil die altgedienten, wennschon geistig nicht besonders beweglichen Funktionäre, auf deren Treue die Stärke der Partei beruhte, in dem fairen und verbindlichen Parteiarbeiter Ollenhauer ihr Ebenbild wiedererkannten.

Ollenhauers politischer Kurs eines pragmatischen Revisionismus bei gleichzeitigem Festhalten an den Grundsätzen sozialistischer Programmatik war auch der ihrige. Zudem hatten es die weit übers Land verstreuten »Reformer« versäumt, eine zweckmäßige Parteitagsstrategie zu planen. Als die vorwitzigsten der Reformer – Fritz Erler und Willy Brandt, der junge Mann Ernst Reuters – auf dem Berliner Parteitag für den Vorstand kandidierten, zeigte der alterprobte Funktionär den jungen Herausforderern, wer in der Partei das Sagen hatte. Während er selbst mit 342 von 366 Stimmen gewählt und auch der gesamte Vorstand mit großer Mehrheit bestätigt wurde, erlitten Brandt und Erler schwere Niederlagen.

Anders als zu Schumachers Zeiten wurde in der SPD unter Ollenhauer ein Stil kollektiver Führung gepflegt. Auf dem Bild von links Herbert Wehner, Erich Ollenhauer, Carlo Schmid, Willi Eichler.

Aber auch die innerparteiliche Diskussion um eine neue Programmatik versandete. Carlo Schmid, der allerdings bei der bürgerlichen Presse in der Regel mehr Anklang zu finden pflegte als landauf landab bei den Funktionären, hatte in verschiedenen grundsätzlichen Stellungnahmen für ein kräftiges Abwerfen von »totem Ballast« plädiert. Seine Stichworte waren: Absage an die marxistischen Dogmen, Preisgabe proletarischer Symbolik, Öffnung über die Arbeiterschaft hinaus mit dem Ziel, die SPD zur Volkspartei zu machen, positive Grundeinstellung zum Privateigentum, Beendigung der Kirchenfeindlichkeit. Das waren zwar zentrale Themen, die während der ganzen fünfziger Jahre in der innerparteilichen Reformdiskussion blieben, aber zunächst einmal hatte er alles in Frage gestellt, woran die damaligen Sozialdemokraten in ihrer Mehrheit noch festhalten wollten.

Als gewiegter Taktiker ließ Ollenhauer jetzt zwei Kommissionen an die Arbeit gehen, eine über Grundsatzfragen, eine andere über organisatorische Fragen. Der gefährlichste Reformer – Fritz Erler – wurde aus der Organisationskommission herausgehalten, deren Beschlüsse allein bedrohlich werden konnten. So kam nach umfangreichen internen Diskussionen unter Leitung Willi Eichlers ein Papier

zustande, das Parteivorstand und Parteiausschuß nach gewissen Abschwächungen als »Empfehlungen« ohne Bedenken annehmen konnten.

Erneut bekannte sich der Parteivorstand zu der ungefährlichen und ja auch schon im Dortmunder Aktionsprogramm von 1952 artikulierten Linie eines Sowohl-Als-auch. Die SPD wollte traditionsbewußt – das hieß: immer noch radikal – sein, aber zugleich auch modern, und das hieß: pragmatisch und für vieles zu haben.

Die Hauptpunkte dieser »Empfehlungen« lasen sich wie eine Widerlegung der Thesen Carlo Schmids. »Die Arbeiterschaft«, so wurde hier bekräftigt, »bildet den Kern der Mitglieder und Wähler der Sozialdemokratie.« Doch der Kampf der Sozialdemokratie liege im Interesse aller, die kein Herrschafts- oder Bildungsprivileg für sich anstrebten. Man könne also aufgrund ausländischer Erfahrungen damit rechnen, daß mit diesem Konzept auch andere Schichten für die Ziele des Sozialismus zu gewinnen seien.

Am entschiedensten waren die Stellungnahmen zur Symbolik, bei der einige der Reformer den Hebel ansetzen wollten. Schon Ollenhauer hatte sie zurückgewiesen: »Eine sozialdemokratische Partei ohne das Symbol der roten Fahne wäre eine Partei ohne Herz. Die Partei ohne die Lieder und Kampfgesänge, die uns in neunzig Jahren ans Herz gewachsen sind und die vielleicht und hoffentlich morgen durch zeitgerechtere ergänzt werden, ohne das kameradschaftliche ›Du‹, ohne die verpflichtende und verbindende Anrede ›Genosse‹, würde eine Partei ohne Blut sein.« Der »Entwurf« des Vorstands bestätigte diese Stellungnahme des Vorsitzenden. Erst Ende der fünfziger Jahre wurde das Genossen-Du von einer größeren Zahl akademischer Parteimitglieder als leicht komisch und atavistisch empfunden. Aber zehn Jahre später war es wiederum die Parteijugend, die dieses »Zeichen solidarischer Kraft«, wie es 1954 in der abschließenden parteioffiziellen Verlautbarung hieß, erneut zum unangefochtenen Umgangston machte.

Die erste, rasch versandete Reformdiskussion zeigte die innere Verfassung, in der sich die Partei damals befand. Ihre Programmatik war immer noch radikaler als ihre Politik. In vielem bot die SPD weiterhin das Erscheinungsbild der zwanziger Jahre, wobei aber das marxistische Element deutlich schwächer geworden war. Schumacher hatte ein letztes Mal versucht, den alten Anspruch zu erneuern, daß die Sozialdemokratie für die fundamentalen Probleme der Industriegesellschaft auch über die einzig richtigen und fortschrittlichen Lösungen verfüge. Mit großem Selbstbewußtsein hatte er den theoretischen und politischen Führungsanspruch der Partei artikuliert. Unter den Bedingungen der parlamentarischen Demokratie, zu der sich die SPD in ungebrochener Treue immer noch bekannte, hätte das freilich erfordert, daß die Arbeiterpartei, die mit dem Ziel umfassender Neugestaltung von Wirtschaft, Staat und Gesellschaft antrat, auch von einer breiten Mehrheit der Bevölkerung das politische Mandat erhalten würde.

Bereits die Weimarer SPD war aber nach der Revolution von 1918/19 an der Unvereinbarkeit von politischem Führungsanspruch und politischer Wirklichkeit gescheitert. Schumacher setzte damit das Parteischiff ein zweites Mal auf Sand. Er hatte gehofft, die Arbeiterpartei werde im Zeichen allgemeiner Verelendung für weiteste Kreise wählbar und damit mehrheitsfähig. Indem er die SPD auch zur Vorkämpferin der nationalen Anliegen deutscher

Politik machte, glaubte er, ihr zusätzliche Anziehungskraft zu verschaffen. Aber schon er mußte am Ende erkennen, daß die Partei im Kern ihrer Wähler, Mitglieder und Funktionäre immer noch eine Arbeiterpartei war, die höchstens 30 Prozent der Wähler hinter sich bringen konnte.

Sowohl die Weimarer SPD als auch die Sozialdemokratie der frühen fünfziger Jahre suchte darauf mit einer Art Doppelstrategie zu antworten: einerseits Festhalten an einer Reihe radikaler Grundsatzpositionen in der Hoffnung, eines Tages damit doch mehrheitsfähig zu werden, andererseits aber Bereitschaft, in einer Koalition mit gemäßigten nichtsozialistischen Parteien die Interessen der Arbeiterschaft optimal durchzusetzen. Manche, die nach 1945 in den Kommunen und in den Ländern an die Arbeit gingen, hielten diese bescheidenere Zielsetzung im Unterschied zu Schumacher schon ziemlich früh für das sinnvollste Konzept, erst recht aber seit Ende der vierziger Jahre, als die Wahlergebnisse die Grenzen sozialdemokratischer Anziehungskraft bei den Wählern schmerzlich erkennen ließen.

Die Lage hatte sich inzwischen für die SPD aber deshalb ungünstig gestaltet, weil ihr unter Führung Adenauers mit der CDU eine Volkspartei neuen Typs entgegentrat, die den Sozialdemokraten die Ausdehnungsmöglichkeiten in die Angestellten- und Beamtenschaft stark beschnitt und der 1953 auch schon kräftige Einbrüche in das Wählerpotential der Industriearbeiterschaft gelungen waren.

Ohnehin mußten klarsichtige Sozialdemokraten erkennen, daß erhebliche Teile der Arbeiterschaft auf dem besten Weg zur »Verbürgerlichung« waren und damit für die traditionellen sozialdemokratischen Parolen schwerer ansprechbar wurden. Der Arbeiterstamm umfaßte zwar Anfang der fünfziger Jahre noch etwa 45 Prozent der 1953 auf rund 600000 zusammenschmelzenden Mitgliederschaft, aber es waren meist die über Fünfzigjährigen, während der Zustrom des Nachwuchses aus dieser Schicht inzwischen versiegt war. Zumindest in den sozialdemokratisch regierten Kommunen und Ländern wurde die untere und mittlere Schicht der Mitglieder zunehmend vom Typ des städtischen Angestellten oder des Landesbeamten geprägt, für den die Parteiaktivität in ähnlicher Weise eine natürliche Ergänzung seiner Berufstätigkeit war, wie dies traditionellerweise für gewerkschaftlich organisierte Industriearbeiter gegolten hatte. Immerhin war aber die Zahl der Gewerkschafter unter den politisch Aktiven noch von größtem Gewicht.

Programmatisch hatten die Sozialdemokraten auf die neue, für sie so ungünstige Lage schon mit dem Dortmunder Aktionsprogramm von 1952 zu antworten gesucht, in dem der Klassenkampfgedanke zwar noch eine gewisse Rolle spielte, das aber doch in weiten Teilen revisionistischen Geist atmete, besonders in der Wirtschaftspolitik, wo der entscheidende Satz lautete: »Neuordnung der Wirtschaft durch eine Verbindung von volkswirtschaftlicher Planung und einzelwirtschaftlichem Wettbewerb.« Das war allerdings in der Praxis unterschiedlich ausdeutbar, und das Festhalten an der Forderung nach Überführung der Grundstoffwirtschaft in Gemeineigentum und nach gerechter Verteilung des Ertrags der Volkswirtschaft legte den Verdacht nahe, daß die SPD dann, wenn sie die Chance zur politischen Gestaltung erhielte, erneut zur Planwirtschaft zurückkehren würde. So war der Weg zum Zusammengehen mit der FDP immer noch verbaut.

In Wirklichkeit waren die radikalen Marxisten in der SPD bereits in der ersten Hälfte der fünfziger

Jahre keine intellektuell stimulierende Kraft mehr. Die Weimarer SPD hatte in der Parteijugend, in der Parteipresse und in verschiedenen Bezirken einen theoretisch sehr viel lebhafteren und kämpferischeren marxistischen Intellektuellen-Flügel besessen als die SPD der fünfziger Jahre. Er war zwar immer noch vorhanden, und gerade 1953/54 strahlten die Thesen von Viktor Agartz auch in die SPD aus. Aber tonangebend waren die marxistischen Theoretiker nicht. Allerdings gab es noch Parteiorganisationen – etwa der Bezirk Hessen-Süd oder der Berliner Landesverband –, wo die SPD-Linke bei starken Gruppen der Mitgliedschaft und der Funktionäre erheblichen Rückhalt besaß. Dort wurden noch kompromißlose koalitionspolitische Vorstellungen vertreten, ebenso eine dogmatische Schulpolitik, betont marxistische Überzeugungen hinsichtlich der Wirtschaftslenkung sowie des Eigentums an den Produktionsmitteln und selbstverständlich ein heftiger Antimilitarismus. Besonders letzteres: die SPD-Linke hat sich in diesen Jahren vorwiegend außenpolitisch artikuliert.

Diese Richtung war aber nicht mehr typisch für die ganze Partei. Ihr Einfluß überstieg jedoch die zahlenmäßige Stärke, weil die entscheidende Funktionärsschicht geistig eben doch noch auf den Positio-

Es waren vor allem die erfolgreichen Landesfürsten der SPD, die der Sozialdemokratie in den 50er Jahren Ansehen verschafften. Das Bild zeigt den Hamburger Bürgermeister Max Brauer im Gespräch mit den Nobelpreisträgern Otto Hahn (links), Werner Heisenberg und Adolf Butenandt (rechts) anläßlich der 3. Hauptversammlung der Max-Planck-Gesellschaft am 24. Oktober 1952 in Hamburg.

nen der zwanziger Jahre stand und ihrerseits an Forderungen festhielt, die ursprünglich in einem umfassenden marxistischen Konzept wurzelten, jetzt aber theoretisch nicht mehr überzeugend miteinander verbunden waren.

Die Neigung der meisten Funktionäre und Mitglieder galt immer noch planwirtschaftlichen Verfahren. Wirtschaftspolitiker und aktive Parteimitglieder mit moderner nationalökonomischer Ausbildung waren in der Sozialdemokratie eine Seltenheit. Den Kirchen stand man meist weiterhin ablehnend gegenüber. Viele führende Politiker ebenso wie Hinterbänkler und Parteiangestellte gehörten keiner Religionsgemeinschaft an, denn früher hatte es sich für einen sozialdemokratischen Funktionär gehört, aus seiner Kirche auszutreten. Sozialdemokratische Volksschullehrer und Pädagogen, die in diesem Punkt die Partei hinter sich hatten, waren weiter entschlossen, alle Bildungsbarrieren des bürgerlichen Gymnasiums zu beseitigen, und zwar gerade deshalb, weil die Sozialisten ihrer Generation noch großen Respekt vor der Wissenschaft und der bürgerlichen Bildung hatten, die auch den damals wie später vielbeschworenen Arbeiterkindern zuteil werden sollte. Patriotismus und Internationalismus existierten bei den Sozialdemokraten jener Jahre wie

eh und je ungeschieden nebeneinander. Doch je mehr sich die in diesem Punkt von Schumacher ausgegangenen »rechten« Impulse abschwächten, um so unwiderstehlicher kam auch wieder ein kräftiger Grundbestand an Pazifismus und Antimilitarismus an die Oberfläche. Ein harmloser Traditionsverein war die SPD der fünfziger Jahre also nicht.

Aber dies alles war kein waschechter Marxismus mehr, auch wenn sich gewisse Rückstände und Nachwirkungen orthodox-marxistischer Anschauungen vielfach deutlich bemerkbar machten. Die Erfahrung hatte zwar gezeigt, daß auch bei den Sozialdemokraten ideologische Überzeugungen dann, wenn die koalitionspolitische Opportunität in den Ländern dies erforderte, einem lebenspraktischen Pragmatismus Platz machten. Aber es war das Verhängnis der SPD in den fünfziger Jahren, daß sie auf Bundesebene nie die Chance erhielt, ihre revisionistische Flexibilität unter Beweis zu stellen. Vielmehr ließ sie sich gerade durch die Oppositionsrolle häufig zur prinzipiellen Argumentation verführen und machte es damit ihren Gegenspielern leicht.

So stellten diejenigen in der Partei, die programmatische und personelle Reformen anstrebten, eine Minderheit dar, die erst nach Überwinden einer längeren Durststrecke Ende der fünfziger Jahre den

Der Bremer Bürgermeister Wilhelm Kaisen (links mit Silberkrawatte) befestigte die dauerhafte Vorherrschaft der SPD in diesem Stadtstaat, drängte die anfänglich starke KPD an den Rand und schaffte es sogar, den Nichtraucher Adenauer zum Pfeifenrauchen zu bewegen (bei der Bremer Schaffer-Mahlzeit am 12. Februar 1954).

Durchbruch schaffte. Immerhin begannen sich schon 1953 und 1954 jene »Reformer« zu profilieren, die ab 1958 zusehends das Steuer in die Hand bekamen.

Ihre Herkunft war recht unterschiedlich. Carlo Schmid galt als der bürgerlichste unter ihnen; in Frankreich hätte er wohl den Radikalsozialisten angehört. Er war ein Professor in der Tradition des Paulskirchen-Liberalismus, dem das Kunststück gelang, weltweites Europäertum und deutschen Patriotismus mühelos miteinander zu verbinden. Als Verfassungsrechtler war er für die SPD im Parlamentarischen Rat unentbehrlich gewesen. Danach hatte er sich vor allem der Außenpolitik angenommen. Die Partei schätzte ihn als bürgerliches Aushängeschild, doch viele Funktionäre vermißten an ihm den richtigen sozialdemokratischen Stallgeruch. So hatte er nie eine wirkliche Chance, die Führung der Partei an sich zu reißen. Er wußte das selbst und versuchte es deshalb auch gar nicht. Doch gehörte er zu denen, die wortgewaltig und geistig unabhängig auf eine Überwindung doktrinären Denkens hinwirkten und die SPD damit in den Augen vieler Nicht-Sozialdemokraten respektabel machten.

Von anderer Art war Fritz Erler. Er kam aus einer sozialdemokratischen Familie und war im Milieu des Berliner Arbeiterviertels Prenzlauer Berg groß geworden. Wie so mancher später in die Parteirechte hineinwachsende Sozialdemokrat hatte er in der weit links angesiedelten Sozialistischen Arbeiterjugend (SAJ) begonnen. Während der ersten Jahre des Dritten Reiches war er in der Oppositionsgruppe »Neu Beginnen« illegal aktiv gewesen und hatte seit der Verhaftung Ende 1938 die gesamten Kriegsjahre in Lagern und Zuchthäusern verbracht. Nach Kriegsende hatte auch er, gleich den meisten Sozialdemokraten seiner Generation, eine radikale Gesellschaftsreform gefordert, und noch Anfang der fünfziger Jahre vertrat er in vielen Fragen sozialistische Positionen. Wenn er 1953 nach Reformen verlangte, so wohl in erster Linie auch aus Verdruß über die selbstgefällige Unbeweglichkeit der Funktionäre im Parteivorstand. Geistig eigenständig, brillant und ehrgeizig, wie er war, sprach er es früher als viele andere in der Partei aus, daß sich gegenüber der Weimarer Republik alles verändert hatte: das Par-

Neben Carlo Schmid und Willy Brandt zählte der Wehrexperte Fritz Erler (1956 bei der Wehrdebatte im Bundestag; auf der Regierungsbank Konrad Adenauer im Gespräch mit Gerhard Schröder) zu dem Kreis derer in der SPD, die programmatische und personelle Reformen anstrebten.

teiensystem, die deutsche Gesellschaft und auch das internationale System. Darauf müßte in neuer Sprache und mit modernisierter Programmatik geantwortet werden. Schlüssige Lösungen für die SPD hatte zwar auch er damals nicht anzubieten, aber er zeigte sich rastlos bestrebt, die Gegebenheiten zu analysieren und nach Antworten zu suchen, die zugleich sach- und machtgerecht waren. Schon damals schien es ihm aber zwingend geboten, die SPD von einer Arbeiterpartei zur Volkspartei weiterzuentwickeln.

An Gespür für die jeweils in der SPD vorherrschenden Strömungen und an taktischem Geschick fehlte es ihm durchaus nicht, und er war auch entschlossen, sich nicht auf Außenseiterpositionen drängen zu lassen. Dabei erwies sich jedoch die ihm von Parteivorstand und Fraktion übertragene Beschäftigung mit Wehrfragen vorerst als hinderlich, weil sie ihm die Einstufung als »Rechter« einbrachte, die er in diesen Anfängen noch gar nicht voll verdiente. Andererseits verschaffte ihm die Stellung des Wehrexperten jedoch auch eine Schlüsselposition. Die Schwierigkeiten, denen er sich bei der Durchsetzung des von ihm als richtig Erkannten gegenübersah, hingen vielfach nicht nur mit seinen politischen Positionen zusammen, sondern auch mit seinem Naturell. Unsentimentale Sachlichkeit und eine aus geistiger Überlegenheit herrührende Distanziertheit machten ihm in der Partei nicht nur Freunde. Er wurde wegen seiner Arbeitsintensität, wegen seiner analytischen Schärfe und seiner rhetorischen Brillanz zwar allseits respektiert und bewundert, aber nicht geliebt und mußte es erleben, wie ihm trotz seines exemplarisch sozialdemokratischen Lebenslaufs immer wieder Knüppel zwischen die Beine geworfen wurden.

Auch Willy Brandt begann damals schon seinen innerparteilichen Aufstieg als Reformer. Noch ausgeprägter als Erler kam er aus dem Arbeitermilieu und von der Parteilinken her. Unter dem Einfluß Ernst Reuters hatte er sich allerdings rasch auf den rechten Flügel der SPD geschlagen, der mit dem starken marxistischen Flügel der Berliner SPD unter Franz Neumann in dauernder Fehde lag.

Sehr viel deutlicher als bei Erler und Schmid waren für seine Kritik am Parteivorstand außenpolitische Überlegungen maßgebend. Er hielt damals und während der ganzen fünfziger Jahre eine bedingungslose Westbindung schon aufgrund der sonst schutzlosen Lage Berlins für ein Gebot der Vernunft und hatte für die Gegnerschaft gegen die Westverträge kein Verständnis. Die Neutralisierungstendenzen, die seit Schumachers Tod in der SPD immer stärker um sich griffen, schienen ihm selbstmörderisch, und er geriet deswegen nicht nur mit der eigenen Linken in Berlin, sondern auch mit dem Parteivorstand offen aneinander. Ein weiterer Punkt, über den er sich mit der Parteilinken stritt, war die Koalitionspolitik. Aufgrund der besonderen Gegebenheiten hielt er eine Allparteienkoalition im Berliner Senat für zwingend geboten; dogmatische innenpolitische Forderungen mußten dann eben zurückgestellt werden. Auch ein halbwegs positives Verhältnis zur Bundesregierung schien ihm aus Berliner Sicht ein

Gebot der Vernunft. Wie Reuter galt er als Mann der Amerikaner und neigte in der Wiedervereinigungsfrage anfänglich eher einer Politik der Stärke als dem vom SPD-Vorstand immer deutlicher favorisierten Verständigungskonzept zu.

Während Carlo Schmid schon an der Parteispitze stand und Fritz Erler bereits zu den aufstrebenden Talenten in der Fraktion zählte, war Willy Brandt aber vergleichsweise noch ein Neuling, der sich erst einmal darauf konzentrierte, in Berlin eine Machtbasis aufzubauen, nachdem ihn vier Jahre im Bonner Bundestag eher desillusioniert hatten. Mit seinen 40 Jahren hatte er ja durchaus Zeit. Auch er galt als bürgerlicher Sozialdemokrat, wobei er sich frühzeitig das damals sehr bekömmliche Image eines modernen Reformpolitikers amerikanischen Stils zulegte.

Schmid, Erler und Brandt wurden zwar in jenen Jahren schon am stärksten beachtet, weil sie innerhalb wie außerhalb der Partei offene, grundsätzliche Kritik übten. Sie standen aber nicht allein, sondern artikulierten bereits die Meinung gewichtiger – wenn auch noch nicht mehrheitsfähiger – Gruppen, die mit dem undynamischen, zugleich doktrinären wie tagespolitisch kurzatmigen Stil der Opposition unzufrieden waren. Daneben drängten die Ökonomen unter den Reformern nach vorn – Heinrich Deist, Erich Potthoff, Karl Schiller – die sich anschickten, die SPD von den planwirtschaftlichen Traditionen hin zu einem modernen Keynesianismus zu führen. Auch einige sozialdemokratische Christen wie Heinrich Albertz wußten mit den alten Parteidogmen nichts mehr anzufangen.

Die Entwicklung gab den innerparteilichen Kritikern von 1953/54 recht. Der Verzicht auf personelle und programmatische Reformen, wie er damals noch von der überwiegenden Mehrzahl in der Partei für richtig gehalten wurde und beim Berliner Parteitag im Juli 1954 demonstrativen Ausdruck fand, führte in die Sackgasse. Es dauerte weitere fünf Jahre, bis alle erkannten, daß Ollenhauer keine überzeugende personelle Alternative zum Kanzler darstellte. Erst dann war auch die Erkenntnis durchgesickert, daß die Partei in ihrer gegenwärtigen personellen und programmatischen Verfassung auf das meinungsbildende liberale Akademikertum und eine breite bürgerliche Öffentlichkeit nicht mehr attraktiv wirkte. Als auch die dritte Bundestagswahl verloren und ein letzter Versuch der Parteilinken zur außenpolitischen Radikalisierung abgewehrt war, kam die Stunde für das Konzept einer sozialdemokratischen Volkspartei mit einem Kanzlerkandidaten von ausgesprochen bürgerlichem Habitus.

Zu allem hin verpaßten ausgerechnet einige der entschiedensten Reformer in den Jahren 1953 und 1954 ihrer Partei, die sich schon mit der Last ihrer wirtschafts- und gesellschaftspolitischen Doktrinen schwertat, auch noch eine reichlich doktrinäre Außenpolitik. Auf dem Feld der Außenpolitik herrschte bis 1960 jenes Maß an programmatischer Bewegung, das in der Innenpolitik fehlte. Vor den Wahlen hatte die SPD trotz aller Gegnerschaft gegen die Westpolitik des Kanzlers noch vieles offen gelassen. Jetzt aber ließ sie sich dazu verführen, differenzierte Alternativkonzepte auszuarbeiten, die der Regierung die denkbar besten Angriffsflächen boten. Ihre Forderungen wurden in den folgenden Jahren unter wechselnden Akzentsetzungen präsentiert: als kollektives europäisches Sicherheitssystem, als Disengagement-Ideen und als Phasen-Pläne zur Wiedervereinigung. Eine neutralistische Grundströmung war bei dem allem unverkennbar, auch wenn dies die maßgebenden Persönlichkeiten sich selbst und der Öffentlichkeit nicht eingestehen wollten. Da sich zur gleichen Zeit die Suche nach außenpolitischen Alternativen auch auf seiten der FDP durchsetzte, hoffte die SPD-Führung damit freilich auch, aus der parteipolitischen Isolierung herauszukommen. Daß SPD und FDP im Zeichen des Kampfes für eine neue Außenpolitik die nächste Bundestagswahl gemeinsam verlieren könnten, wurde nicht vorhergesehen.

Jedenfalls waren es damals nicht zuletzt Schmid und Erler, die viel dazu beigetragen haben, ihre Partei in der Deutschland-, Ost- und Rüstungskontrollpolitik auf Positionen zu dirigieren, die sie unflexibel und bei vielen Wählern unglaubwürdig machten. Es kostete besonders Erler Ende der fünfziger Jahre gewaltige Anstrengungen, diesen Kurs wieder abzuändern, an dessen Festlegung er so maßgebend mitgewirkt hatte.

So trug die Opposition das ihre dazu bei, dem Kanzler erst über das Jahr 1954 und danach auch über weitere kritische Situationen hinwegzuhelfen.

Heinrich Deist, Mitte und Ende der 50er Jahre der maßgebende Wirtschaftspolitiker der SPD, hatte wesentlichen Anteil an der Öffnung seiner Partei und des DGB für marktwirtschaftliches Denken.

Die Konferenzen von London und Paris

Die Schnelligkeit, mit der das Fiasko der Adenauerschen Vertragspolitik durch neue Vereinbarungen überdeckt wurde, gehört zu den erstaunlichsten Vorgängen der deutschen Nachkriegsgeschichte. Während die Verhandlungen und Ratifikationsverfahren für die im August 1954 schließlich abgelehnten Verträge ganze vier Jahre in Anspruch genommen hatten, wurden zur Aushandlung und für die Ratifikation neuer Verträge durch Frankreich nur vier Monate benötigt.

Schnelligkeit war allerdings geboten. Der damals sehr pessimistische Kanzler hatte John Foster Dulles kurz nach dem Scheitern der EVG gesagt, wenn innerhalb der nächsten Wochen kein sichtbares Ergebnis vorgewiesen werden könne, bestehe die große Gefahr, daß Deutschland in den kommenden sechs bis zwölf Monaten nach dem Osten abgleite. Adenauer lebte in ständiger Furcht, die Sowjetunion werde in die völlig labile Situation mit einem verlokkenden Angebot für neue Deutschlandverhandlungen hineinstoßen, wobei er den Verdacht nicht loswurde, daß auch Mendès-France eben darauf warte. In diesem Fall hielt er alles für möglich: ein Abschwenken Frankreichs in den Neutralismus, vielleicht sogar – wie Dulles damals argwöhnte – eine Neuorientierung Großbritanniens, das immer noch den Vorstellungen unabhängiger Weltmachtpolitik nachhing. Das aber könnte, so meinte er, in Washington den Durchbruch jener Kräfte zur Folge haben, die angeblich eine periphere Verteidigung befürworteten, gestützt auf Großbritannien, Spanien und die Türkei, doch ohne die Bundesrepublik. Dann wäre es auch kein Wunder gewesen, wenn unter den desorientierten Westdeutschen rasch eine Art Wiedervereinigungs-Neutralismus um sich gegriffen hätte.

In solchen Befürchtungen wurzelten die später viel zitierten düsteren Zukunftsvisionen, die der Kanzler zu mitternächtlicher Stunde während der Londoner Konferenz 1954 vor dem luxemburgischen Ministerpräsidenten Bech und dem belgischen Außenminister Paul-Henri Spaak ausmalte, und die von Lothar Ruehl, damals *Spiegel*-Korrespondent, der unerkannt in einer Ecke des Claridge-Hotels saß, mitstenographiert und in einer entschärften Fassung veröffentlicht worden sind: »Glauben Sie mir, die Gefahr des deutschen Nationalismus ist viel größer, als man denkt. Die Krise der europäischen Politik macht die Nationalisten dreist, sie gewinnen an Selbstvertrauen und Anhang ... Die französischen Nationalisten sind ebenso wie die deutschen bereit, allen bösen Erfahrungen zum Trotz die alte Politik zu wiederholen. Denen ist Deutschland mit einer Nationalarmee lieber als Europa, wenn sie nur ihre eigene Politik mit den Russen machen können. Und die deutschen Nationalisten sind genauso; sie sind bereit, mit den Russen zu gehen ... Wenn ich einmal nicht mehr da bin, weiß ich nicht, was aus Deutschland werden soll, wenn es uns nicht doch noch gelingen sollte, Europa rechtzeitig zu schaffen ...« Europa zu schaffen gelang auf den großen Herbst-Konferenzen allerdings nicht. Dennoch erwies sich das dort ausgehandelte Vertragssystem, mit dem die Bundesrepublik in die westliche Staa-

tengemeinschaft eingebunden wurde, als ein Werk von bemerkenswerter Dauerhaftigkeit. Zwei relativ kurze Mammutkonferenzen – vom 28. September bis 3. Oktober 1954 in London und vom 19. bis 23. Oktober in Paris – haben in Europa westlich des Eisernen Vorhangs die Basis für ein neues Staatensystem gelegt, dessen friedenssichernde Stabilität durchaus den Vergleich mit dem europäischen System aushält, das auf dem Wiener Kongreß von 1814/15 ausgehandelt worden war. Wie damals wurde das Problem der deutschen Einheit ausgeklammert, und an ein Ende der zwischenstaatlichen Rivalitäten in Europa war natürlich nicht zu denken – aber immerhin hielten die prekären Kompromisse viel länger, als die skeptisch gewordenen Zeitgenossen zu hoffen wagten. Was in Versailles gar nicht versucht worden war und mit den Locarno-Verträgen mißglückte – die partnerschaftliche Einbeziehung Deutschlands in eine Gemeinschaft vernünftig kooperierender westlicher Demokratien – ist hier erreicht worden.

Erreicht wurde es allerdings nur für den deutschen Kernstaat – die Ostzone blieb zunächst einmal außerhalb und die deutschen Gebiete östlich der Oder-Neiße-Linie waren weiter verloren. Doch es gehörte gerade zu den Vorzügen dieser Lösung, daß sie die deutsche Frage noch offenzuhalten schien und damit ein immer als vorläufig betrachtetes Sich-Abfinden der Deutschen mit ihrem veränderten und reduzierten Status ermöglichte.

Die Moskauer Führung hingegen versäumte eine Sternstunde. Wahrscheinlich zum ersten und einzigen Mal seit den durch Molotows plumpes Verhandeln verursachten Niederlagen auf den Konferenzen der Jahre 1946 und 1947 hätte sie jetzt eine Chance gehabt, den Zusammenschluß der westlichen Demokratien doch noch aufzusprengen. Auch in der bereits ziemlich ruhig und satt gewordenen Bundesrepublik ist es der Masse der Bevölkerung gar nicht recht zum Bewußtsein gekommen, daß sie im Herbst 1954 entscheidende Wochen durchlebte, deren Ergebnisse die Zukunft auf längere Sicht bestimmen sollten.

Ob im Fall eines Scheiterns der Verhandlungen mit Frankreich eine Alternativ-Lösung zustande gekommen wäre, weiß niemand. Die USA und Groß-

Mendès-France: »Mon Dieu! Hat der Konrad ein Gewicht!«

Der französische Ministerpräsident Pierre Mendès-France unterzeichnet am 23. Oktober 1954 die Dokumente über die Aufnahme der Bundesrepublik in die NATO (S. 249). Deren Sitz befand sich damals im Pariser Palais de Chaillot.

britannien haben Mendès-France damals gedroht, notfalls allein Militärpakte mit der Bundesrepublik abzuschließen und dieser wenigstens für ihren Teil die Souveränität zurückzugeben. Dann wäre auch die NATO auf dem Spiel gestanden. Wenn sich Amerika nicht für die – in Wirklichkeit ziemlich unwahrscheinliche – periphere Verteidigung, sondern für ein Verbleiben in Zentraleuropa entschied, hätte Washington ein neues Sicherheitssystem ohne Frankreich konzipieren müssen. Selbst in diesem günstigsten Fall wären die Auswirkungen der Krise tiefgreifend und das endgültige Ergebnis kaum kalkulierbar gewesen. Doch tatsächlich lief alles vergleichsweise glatt.

Als es an den neuen Anlauf zur Lösung der altbekannten Probleme ging, war zweierlei bemerkenswert: wie rasch die Bundesrepublik nun die Europaidee in den Hintergrund treten ließ, aber auch wie schnell sich Frankreich mit der NATO-Lösung abfand, zu deren Verhinderung es doch 1950 den Gedanken einer Europa-Armee aufgebracht hatte. Die Gründe dafür waren allerdings einleuchtend. Adenauer sah alle seine Felle wegschwimmen und zugleich jenseits der Strudel eine Lösung auftauchen, die gegenüber den ursprünglichen Westverträgen von 1952 viele Vorteile bot. In Paris aber erkannte man plötzlich voller Überraschung, daß es neben

der vieldiskutierten und scheinbar einzigen Alternative EVG oder deutsche Nationalarmee durchaus noch weitere Möglichkeiten für einen kontrollierten Aufbau deutscher Streitkräfte gab. Wie die Zukunft zeigte, hat die NATO allen diesbezüglichen Erwartungen zufriedenstellend entsprochen. Im September 1954 allerdings schien das noch nicht sicher. Deshalb wurde in gemeinsamer Bemühung der britischen und der französischen Diplomatie der 1948 von den Benelux-Staaten, Frankreich und Großbritannien abgeschlossene Brüsseler Pakt rasch in ein funktionales Kunstgebilde, genannt Westeuropäische Union (WEU), verwandelt, das den Wünschen der verschiedensten Seiten entsprechen konnte.

Nach Auffassung der Amerikaner sollte die WEU in erster Linie dazu dienen, dem französischen Parlament gegenüber zu verhüllen, daß die Kontrolle der deutschen Streitkräfte künftig doch in erster Linie bei der NATO, genauer gesagt, bei den USA liegen würde. Aus britischer Sicht hatte die Kombination von NATO und WEU den zusätzlichen Vorzug, anders als der exklusive kontinentale Militärblock EVG Großbritannien nicht mehr durch supranationale Institutionen in unerwünschter Weise zu fesseln. Im Quai d'Orsay wurde in der WEU eine Möglichkeit gesehen, der französischen Kontrolle

einer deutschen Militärmacht, zu deren Zweck schon die unglückselige EVG erfunden worden war, nunmehr auf anderem Weg näherzukommen. Den »Europäern« in Frankreich, in den Benelux-Staaten und in der Bundesrepublik gefiel das Europäische an der WEU; manche gaben sich der trügerischen Hoffnung hin, daraus eines Tages unter günstigen Umständen doch noch den Kern einer europäischen Verteidigungsgemeinschaft machen zu können. Zumindest erlaubte diese Konstruktion, vor der eigenen Öffentlichkeit das Gesicht zu wahren. Und man konnte so auch dem Drängen der Amerikaner entgehen, von denen manche immer noch dazu neigten, auf europäische Ersatzlösungen für die EVG zu drängen. Adenauer gefiel besonders, daß der auf 50 Jahre abgeschlossene Vertrag eine automatische Beistandspflicht vorsah, im übrigen aber war er erst einmal soweit, mit jeder Organisationsform einverstanden zu sein, auf die sich die Westmächte einigen konnten – vorausgesetzt, die Bundesrepublik erhielt jetzt umgehend die Souveränität und wurde nicht diskriminiert.

Ersteres war ziemlich unstrittig, obschon Frankreich vorläufig darauf bestand, das Junktim von Souveränität und Wehrbeitrag nicht völlig aufzulösen. Im zweiten Punkt schienen aber die Auffassungen fast unvereinbar und drohten das ganze komplizierte Gebäude ineinander verschachtelter Vereinbarungen, das vor allem dank dem britischen Außenminister Eden in diesen hektischen Wochen gezimmert wurde, zum Einsturz zu bringen.

Nachdem Frankreich die WEU anfänglich als selbständige Organisation außerhalb der NATO vorgeschlagen und es offen gelassen hatte, ob die Bundesrepublik künftig überhaupt dem Atlantikpakt angehören könne, gab Mendès-France hinsichtlich der NATO-Mitgliedschaft bald nach. Aber die WEU sollte zu einem mächtigen Kontrollinstrument ausgebaut werden und nicht bloß die Truppenstärke der Partnerstaaten festlegen, sondern auch Produktion und Verteilung der Waffen lenken, allerdings nur in bezug auf die der NATO unterstellten Verbände und auch bloß insofern diese auf dem Kontinent stationiert waren. Im wesentlichen war also wieder nur an eine Kontrolle der deutschen Streitkräfte gedacht.

Paris hoffte, mit der Forderung nach einem Rüstungspool verschiedenen Zielen gleichzeitig näherzukommen: Die Deutschen sollten mittels Kontrolle über ihre Ausrüstung an kurzer Leine gehalten werden; ebenso hätte dann die amerikanische Rüstungsbeihilfe, von der die künftige Bundeswehr den Löwenanteil erhalten sollte, zu erheblichen Teilen nach Frankreich dirigiert werden können. Im übrigen wünschte Mendès-France, dessen Überlegungen unaufhörlich um eine Stärkung der eigenen Industrie kreisten, mittel- und langfristig die deutschen Verbände in starkem Maß aus der französischen Rüstungsproduktion auszurüsten, somit Kontrolle und Geschäft miteinander verbindend.

In der Bundesrepublik sollte die Rüstungsproduktion weitgehend unterbunden sein. Hier wollte Paris die schon im EVG-Vertrag vorgesehenen Beschränkungen wiederaufleben lassen. Die Herstellung von ABC-Waffen, weitreichenden Fernlenkgeschossen, Militärflugzeugen und größeren Kriegsschiffen sollte weiter verboten sein. Das sei keine Diskriminierung, sondern durch den Umstand bedingt, daß die Bundesrepublik eine »strategisch exponierte Zone« darstelle. Darüber hinaus hätten auch andere Rüstungsgüter – gleichfalls wegen der strategischen Exponiertheit – in der Bundesrepublik nur in erheblicher Entfernung von der Grenze zur Ostzone produziert werden sollen, in Wirklichkeit natürlich, um auf jeden Fall sicherzustellen, daß Westdeutschland möglichst wenig eigenes Rüstungsgerät besaß. Frankreich sprach sich statt dessen für gemeinschaftliche Produktionen im WEU-Verband aus und wies in der Folge auf die großen Möglichkeiten entsprechender Rüstungsinvestitionen in Nordafrika hin.

Alle anderen Regierungen waren aber für derart weitgehende Pläne nicht zu haben. Großbritannien dachte gar nicht daran, auch nur einen Teil der Ausrüstung seiner Streitkräfte einer WEU-Zentralbe-

hörde anzuvertrauen. Die USA wünschten selber über die Vergabe ihres Geräts zu bestimmen und trachteten danach, mittelfristig ihrerseits das große Rüstungsgeschäft mit der Bundesrepublik zu machen, wenn deren Streitkräfte durch die größtenteils kostenlos zur Verfügung gestellte Erstausstattung erst einmal an amerikanisches Gerät gebunden sein würden. Nicht einmal die Benelux-Regierungen wollten sich auf einen Vorschlag einlassen, dessen Urheber alle politischen Elemente der einstigen EVG entfernt hatten und nur die dort vorgesehene Rüstungsbürokratie in etwas abgeänderter Form beibehalten wollten. Aus deutscher Sicht beinhalteten die französischen Forderungen eine völlig unannehmbare Diskriminierung. Verstärkt kamen nun auch wirtschaftliche Bedenken gegen eine bürokratisierte und gleichzeitig die deutsche Wirtschaft benachteiligende gemeinschaftliche Rüstungspolitik zum Tragen. Sie wurden von der interessierten Industrie vorgebracht und fanden im Bundeswirtschaftsminister einen entschiedenen Anwalt.

Als die Londoner Konferenz über diesem Punkt fast zu scheitern drohte, bot Adenauer – ohne durch Kabinett oder Fraktion gedeckt zu sein – einen freiwilligen Produktionsverzicht der Bundesrepublik auf ABC-Waffen, sowie auf die Herstellung von schweren Kriegsschiffen, ferngelenkten, weittragenden Geschossen und strategischen Bombern an. Ein derartiger Verzicht war ja implizite auch schon im EVG-Vertrag enthalten gewesen. Wesentlich schien damals, daß es sich um ein aus freien Stücken ge-

Mendès-France: »Der Rüstungspool ist...

eine Kuh...   bei der du melkst...   und ich die Milch trinke!«

machtes Angebot handelte, das die Bundesrepublik nur gegenüber den WEU-Partnern band und das einvernehmlich gelockert werden konnte.

Nicht nur einvernehmlich! Als Adenauer sein Anerbieten gemacht hatte, das allem Anschein nach mit Dulles abgesprochen war, kam es zu einer Szene, von der Adenauer erst 1966, als er seinen vergeblichen Kampf gegen den Atomwaffen-Sperrvertrag führte, im zweiten Band seiner »Erinnerungen« berichtete. Dulles erhob sich, ging durch den ganzen Saal auf Adenauer zu und bemerkte mit lauter Stimme in der für ihn typischen legalistischen Ausdrucksweise, die er sich als internationaler Anwalt angewöhnt hatte: »Herr Bundeskanzler, Sie haben soeben erklärt, daß die Bundesrepublik Deutschland auf die Herstellung von ABC-Waffen im eigenen Land verzichten wolle. Sie haben diese Erklärung doch so gemeint, daß sie – wie alle völkerrechtlichen Erklärungen und Verpflichtungen – nur rebus sic stantibus gilt!« Adenauer gab laut zur Antwort: »Sie haben meine Erklärung richtig interpretiert!« Die übrigen Anwesenden nahmen das schweigend zur Kenntnis. Daß sie über die Szene erbaut waren, ist nicht zu vermuten.

So ist damals – wennschon in einer gewissen Vorläufigkeit, aus der aber ein Dauerzustand wurde – auch der Status der Bundesrepublik als Nicht-Kernwaffenmacht festgelegt worden. Die Generale in der Dienststelle Blank schüttelten den Kopf. Noch mehr als zwanzig Jahre später wunderte sich Speidel in seinen »Erinnerungen« darüber, weshalb der Bundeskanzler diesen Verzicht ohne Gegenleistung ausgesprochen hatte. Nach dessen Auffassung war dies aber der unerläßliche Kaufpreis für das gesamte Vertragswerk, der letztlich die französische Zustimmung ermöglichte. Und er beharrte immer darauf, daß die Bundesrepublik damals nicht generell und für alle Zeiten auf Atomwaffen verzichtet habe; sie hat dies während seiner Amtszeit tatsächlich nicht getan.

Die Frage eines Rüstungspools wurde schließlich ausgeklammert und für spätere Verhandlungen aufgespart, die sich durch den ganzen Winter 1954/55 hinzogen, aber aufgrund der unvereinbaren Interessenlage aller Beteiligten zu nichts führten. Wie schon im EVG-Vertrag legte man auch jetzt die

Stärke der deutschen Streitkräfte auf 500 000 Mann mit 12 Divisionen fest – Höchstzahlen, die einvernehmlich abgeändert werden konnten, aber tatsächlich für die folgenden Jahrzehnte den ungefähren Umfang westdeutscher militärischer Stärke bestimmten.

Als kleine Konzession an Mendès-France wurde im Rahmen der WEU ein Rüstungskontrollamt geschaffen, dessen Aufgabe im wesentlichen darin bestand, in Zusammenarbeit mit der NATO die Bestände an Waffen zu verifizieren, ohne aber auf Produktion und Verteilung Einfluß zu nehmen.

Entscheidende Planungs- und Kontrollinstitution für die deutschen Streitkräfte wurde nun die NATO. Die Bundesrepublik verpflichtete sich, die Gesamtheit ihrer Verbände dem NATO-Oberbefehlshaber zu unterstellen und in das Bündnis zu integrieren. Die alte Streitfrage, auf welche Ebene sich die Integration beziehen sollte, konnte wieder nicht gelöst werden. Man schob sie dem NATO-Oberbefehlshaber für Europa (SACEUR) zu, und der entschied sich für die Integration auf der Ebene von Armeekorps und Luftflotten – also genau die unter technisch-operativen Aspekten vernünftige Lösung, für die sich die deutschen Generale schon Anfang 1951 eingesetzt hatten! So war das, was in London und Paris zustande kam, eben tatsächlich die NATO-Lösung, versehen mit dem Feigenblatt der Westeuropäischen Union.

Es ist verständlich, daß Frankreich in Kenntnis der Tatsache, daß die damalige NATO eben nicht sehr viel mehr war als eine moderne Militärallianz souveräner Staaten, dieses Ergebnis nur mit größtem Mißtrauen beobachten konnte. Rechtlich betrachtet, besagte die militärische Integration nicht allzuviel. Die Inspektions- und Weisungsrechte des NATO-Oberbefehlshabers in Europa wurden zwar verstärkt, aber es war nicht zu verkennen, daß eine Reihe von Bündnisorganen, die ihm prinzipiell übergeordnet waren, nicht eigentlich integriert waren – der NATO-Rat, der NATO-Militärausschuß und die damals noch bestehende Standing Group. Hier kooperierten souveräne Regierungen, oder aber sie versagten sich kraft ihrer Souveränität gemeinsamen Beschlüssen. Nachdem der Bundesrepublik erst die volle Souveränität zugestanden war, unterschied sie sich im grundlegenden Status nicht von anderen Bündnispartnern.

Letzten Endes waren es also nicht irgendwelche Kontrollbestimmungen und institutionelle Regelungen, sondern die deutsche Interessenlage und die allgemeinen Umstände beim Aufbau der Bundeswehr, die dazu führen sollten, daß die NATO tatsächlich zu jenem wirksamen Kontrollinstrument wurde, an dem den westeuropäischen Nachbarn der Bundesrepublik so viel lag.

Die strategisch und politisch exponierte Lage der Bundesrepublik verbot ihr jeden Gedanken, sich aus dem Bündnis zu entfernen. Es lag ganz im Gegenteil in ihrem ureigensten Interesse, sich zusammen mit den USA stets als Befürworterin einer möglichst viele Ebenen erfassenden Bündnisintegration zu erweisen. Auch die Bundeswehr, die in einer waffentechnisch revolutionären Epoche einen zehnjährigen Rückstand aufzuholen hatte, konnte nur dann den Anschluß finden und damit über die Jahre hinweg auch langsam militärisches Gewicht erwerben, wenn sie im Bündnis so vertrauensvoll wie irgend möglich kooperierte. Nicht nur die Enge des deutschen Raums, sondern auch der Bedarf an modernem Rüstungsgut, an Treibstoff, Übungsgelände und vielem anderen machten Bonn im Bündnis strukturell abhängig und ließen atavistische Ideen von deutscher Verteidigungsautonomie gar nicht zum Durchbruch kommen. Die Bundeswehr wuchs so in der Zucht des Bündnisses auf, und die Politiker und Diplomaten Bonns lernten es, in für Deutschland neuen Sicherheitskategorien zu denken.

Die besondere Natur der Bedrohung zwang dazu, in der Präsenz tunlichst starker Streitkräfte aus möglichst vielen Bündnisstaaten die beste Sicherheitsgarantie zu erkennen. Im Unterschied zu den zwanziger Jahren richtete sich somit das künftige Hauptstreben der deutschen Diplomatie nicht darauf, die Truppen der Westmächte vom deutschen Boden zu entfernen, sondern sie zum Bleiben zu veranlassen. Doch war es verständlich, daß alle, denen noch die Erfahrungen der zwanziger und dreißiger Jahre in den Knochen saßen, diese völlig andere Entwicklung des deutschen Sicherheitsdenkens allenfalls erhoffen konnten. Immerhin enthielt das Vertragssystem so viele Notbremsen und sah eine so

Art. 5. (1) Für die in der Bundesrepublik stationierten Streitkräfte gelten bis zum Inkrafttreten der Abmachungen über den deutschen Verteidigungsbeitrag die folgenden Bestimmungen:

a) Die Drei Mächte werden die Bundesregierung in allen die Stationierung dieser Streitkräfte betreffenden Fragen konsultieren, soweit es die militärische Lage erlaubt. Die Bundesrepublik wird nach Maßgabe dieses Vertrags und der Zusatzverträge im Rahmen ihres Grundgesetzes mitwirken, um diesen Streitkräften ihre Aufgabe zu erleichtern.

b) Die Drei Mächte werden nur nach vorheriger Einwilligung der Bundesrepublik Truppen eines Staates, der zur Zeit keine Kontingente stellt, als Teil ihrer Streitkräfte im Bundesgebiet stationieren. Jedoch dürfen solche Kontingente im Falle eines Angriffs oder unmittelbar drohenden Angriffs ohne Einwilligung der Bundesrepublik in das Bundesgebiet gebracht werden, dürfen dagegen nach Beseitigung der Gefahr nur mit Einwilligung der Bundesrepublik dort verbleiben.

(2) Die von den Drei Mächten bisher innegehabten oder ausgeübten Rechte in bezug auf den Schutz der Sicherheit von in der Bundesrepublik stationierten Streitkräften, die zeitweilig von den Drei Mächten beibehalten werden, erlöschen, sobald die zuständigen deutschen Behörden entsprechende Vollmachten durch die deutsche Gesetzgebung erhalten haben und dadurch in Stand gesetzt sind, wirksame Maßnahmen zum Schutz der Sicherheit dieser Streitkräfte zu treffen, einschließlich der Fähigkeit, einer ernstlichen Störung der öffentlichen Sicherheit und Ordnung zu begegnen. Soweit diese Rechte weiterhin ausgeübt werden können, werden sie nur nach Konsultation mit der Bundesregierung ausgeübt werden, soweit die militärische Lage eine solche Konsultation nicht ausschließt, und wenn die Bundesregierung darin übereinstimmt, daß die Umstände die Ausübung derartiger Rechte erfordern. Im übrigen bestimmt sich der Schutz der Sicherheit dieser Streitkräfte nach den Vorschriften des Truppenvertrags oder den Vorschriften des Vertrags, welcher den Truppenvertrag ersetzt, und nach deutschem Recht, soweit nicht in einem anwendbaren Vertrag etwas anderes bestimmt ist.

Artikel 5 des Generalvertrags, der die Stationierung der alliierten Truppen regelt.

umfassende politische wie militärische Präsenz der Westalliierten vor, daß auf absehbare Zeit eine zu große deutsche Bewegungsfreiheit nicht zu befürchten war.

Der Bundesrepublik wurde zwar nach Ratifikation der Verträge die volle Souveränität zugesichert, und schon vorweg verpflichteten sich die Drei Mächte, die Zuständigkeiten aus dem Besatzungsstatut nur noch im Einvernehmen mit der Bundesregierung auszuüben. Doch die westalliierten Armeen verblieben in voller Stärke in der Bundesrepublik, jetzt aber aufgrund von Truppenstationierungsverträgen. Allerdings mußte das Recht zur Truppenstationierung in der bisherigen Höhe auch weiterhin zugesichert werden und blieb, wie in der Urfassung des Deutschlandvertrages, mit den Rechten und Verantwortlichkeiten für Berlin und Deutschland als Ganzes vertraglich verzahnt. In die Frage, ob die Bundesrepublik kraft ihrer Souveränität eines Tages das Recht zur Truppenstationierung kündigen könne, leuchtete tunlichst niemand genau hinein. Hier blieb allerhand Unklarheit, die dann 1966 nach dem Austritt Frankreichs aus der NATO-Organisation im deutsch-französischen Verhältnis eine erhebliche Rolle gespielt hat.

Immerhin konnten sich alle Beteiligten ausrechnen, wann nach Aufstellung der Bundeswehr der Zeitpunkt gekommen sein würde, zu dem die Westalliierten ihre Truppenpräsenz faktisch nur noch mit Zustimmung der Bundesrepublik aufrechterhalten konnten. Auch hier waren es letztlich nicht Vertragsklauseln, sondern die Interessenlage Bonns und die fortdauernde Ost-West-Spannung, die dazu führten, daß sich bald niemand mehr an die komplizierten Klauseln dieser Partien des Deutschlandvertrages erinnerte.

Ein fortwirkendes Problem, das Parlament und Regierung schon während der fünfziger Jahre intensiv beschäftigen sollte und Ende der sechziger Jahre zu einem zentralen Streitpunkt deutscher Innenpolitik wurde, waren die alliierten Rechte zum Schutz der Sicherheit ihrer Stationierungsstreitkräfte. Die deutschen Unterhändler hatten, um ihr Ziel der vollen Souveränität zu erreichen, einer ziemlich dehnbaren Notstandsklausel und anderen Sicherheitsmaßnahmen, die beispielsweise auch die Telefonkontrolle durch alliierte Dienststellen betrafen, zustimmen müssen. Doch war ein Erlöschen dieser Rechte vorgesehen, sobald die zuständigen deutschen Behörden entsprechende Vollmachten für wirksame Maßnahmen erhalten hatten.

Zusätzlich verpflichtete sich die Bundesrepublik auch noch, ihre Politik gemäß den Grundsätzen der UN-Charta zu gestalten und insbesondere die Wiedervereinigung Deutschlands oder die Änderung der bestehenden Grenzen nicht mit Gewalt herbeizuführen. Für die Nachbarstaaten Deutschlands, die in bezug auf deutsche Vertragstreue ihre Erfahrungen gemacht hatten, besagte das freilich nicht besonders viel. Man verließ sich lieber auf handfeste Sicherheitspfänder. Aber in den späteren diplomatischen Auseinandersetzungen um die deutsche Ostgrenze erwies sich dieser Gewaltverzicht einige Jahre lang als nützliches Argument.

Um die französischen Bedenken zu zerstreuen, stellte Dulles in Aussicht, die amerikanische Regierung werde im Fall einer Ratifizierung der Verträge ihre Streitkräfte weiterhin in Europa einschließlich Deutschland belassen und einen angemessenen Anteil zur Ausrüstung der NATO-Streitkräfte leisten. Für eine fernere Zukunft war das freilich keine Lebensversicherung; es war bekannt, daß die Administrationen in Washington wechselten und die Stimmung im Kongreß Schwankungen unterlag. Für die kommenden Jahre aber reichte es aus, zumal eine weitere Truppenstationierung im amerikanischen Eigeninteresse lag.

Eine britische Zusicherung, in Zukunft vier Divisionen und eine taktische Luftflotte auf dem Kontinent – also im wesentlichen in West- und Norddeutschland – zu stationieren, wurde von Eden mit großem Trompetenschall angekündigt. Bisher hatte London gezögert, eine derartige Zusage zu geben, obwohl sich verschiedene französische Regierungen schon während der Auseinandersetzungen um die EVG davon einen wundersamen Einfluß auf ihr Parlament versprochen hatten.

Um die französischen Bedenken zu zerstreuen, sicherte der britische Außenminister Anthony Eden zu, vier Divisionen und eine taktische Luftflotte auf dem Kontinent zu stationieren.

Adenauer, der sich doch manchmal Sand in die Augen streuen ließ, betrachtete das als einen revolutionär zu nennenden politischen Entschluß und eines der hervorragendsten Zeugnisse britischer Staatskunst. Als solches ging die Zusage Edens in die Geschichtsbücher ein. In Wirklichkeit war der britische Außenminister vorsichtig geblieben. Er hatte zwar zugestanden, diese Streitkräfte nicht gegen den Willen der Mehrheit der Mitglieder der WEU zurückzuziehen, damit aber den Vorbehalt verbunden, daß die britische Regierung bei einem akuten überseeischen Notstand – an Nordirland dachte damals noch niemand – gezwungen sein könnte, von diesem Verfahren abzugehen.

Premierminister Churchill, der britisches Denken und seinen Außenminister besser kannte als der deutsche Bundeskanzler, bemerkte dazu seinem Leibarzt Lord Moran gegenüber: »Das bedeutet überhaupt nichts. Alles Worte ... Was soll dieses ganze Getue? Niemand, der seine fünf Sinne beieinander hatte, hat im Ernst geglaubt, wir könnten unsere Truppen vom Kontinent zurückbringen ...« In der entscheidenden Kabinettssitzung hatte er sich von Eden nur widerwillig zu diesem Angebot bewegen lassen.

Für die Deutschen waren diese Zusicherungen der Angelsachsen ebensoviel wert wie für Frankreich. Überhaupt erhielt Adenauer auf diesen beiden Konferenzen, an denen die deutsche Delegation erstmals in einer gleichberechtigten Rolle teilnahm, so ziemlich alles, was er wollte: die volle Souveränität; den Rang eines gleichberechtigten Bündnispartners; die NATO-Mitgliedschaft und eine amerikanische Erstausstattung für die Bundeswehr als Mitgift; die sichere Gewißheit künftiger militärischer Präsenz der USA, Großbritanniens und Frankreichs zum Schutz der Bundesrepublik; eine vertragliche Verpflichtung der Drei Mächte, ergänzt durch entsprechende Erklärungen der NATO-Regierungen, sich für die Wiedervereinigung einzusetzen, den Alleinvertretungsanspruch der Bundesrepublik anzuerkennen, die Grenzfrage bis zu einem Friedensvertrag offenzuhalten und die Freiheit Berlins zu garantieren. Artikel VII,3 des Deutschlandvertrages, der seinen Zweck erfüllt und soviel Unfrieden gestiftet hatte, ließ man jetzt stillschweigend fallen.

Der Kanzler, der einige Wochen zuvor noch den Boden unter den Füßen wanken gespürt hatte, war fast auf der ganzen Linie Sieger geblieben, die neuen Verträge für die Bundesrepublik waren ungleich günstiger als die alten. Sogar in der heißumkämpften Saarfrage, die ganz zum Schluß wieder auftauchte und fast alles zu verderben drohte, erreichten die Deutschen, was sie sich nur wünschen konnten – auch wenn dies erst ein Jahr später deutlich wurde.

Das Saar-Statut

Wie alle vorhergehenden französischen Regierungs-Chefs hatte auch Mendès-France keinen Zweifel daran gelassen, daß eine Einigung über die Zukunft des Saargebiets im Sinn der bekannten Pariser Vorstellungen eine Grundvoraussetzung für die Ratifikation der Westverträge bilde. Aber auch Adenauer war in diesem Punkt kaum mehr manövrierfähig. Wenn er Paris in den Kernfragen zu weit entgegenkam, riskierte er eine Koalitionskrise mit FDP und DP, verschärft durch einen Aufstand in der eigenen Fraktion.

Wo die entscheidenden Differenzen lagen, war der Bundesregierung spätestens seit den Verhandlungen im Frühjahr 1954 bekannt. Frankreich wünschte nicht nur die wirtschaftlichen Bindungen zum Saargebiet aufrechtzuerhalten; es wollte auch eine Regelung, die so definitiv wie möglich war und in einem deutschen Friedensvertrag nicht mehr angefochten werden konnte. Adenauer seinerseits hatte in zweieinhalbjährigen Rückzugsgefechten nahezu alles konzediert, was zu konzedieren war: Direktverhandlungen mit Frankreich über ein Saar-Statut; de jure-Anerkennung der politischen Autonomie des Saarlandes unter einem Statut, dessen europäischer Charakter nach dem Scheitern der EVG praktisch entwertet war; die Wirtschaftsunion mit Frankreich. Weitere Konzessionen waren ausgeschlossen. Auf den Friedensvertrags-Vorbehalt konnte er nicht verzichten. Ebensowenig wollte er die seit Jahren von allen deutschen Parteien erhobene Forderung nach demokratischen Verhältnissen im Saargebiet zur Disposition stellen.

Adenauer hatte Vertreter aller im Bundestag vertretenen Parteien nach Paris gebeten, um mit ihnen über den Stand der Verhandlungen zu beraten (im Bild die SPD-Delegation mit – von links nach rechts – Carlo Schmid, Erich Ollenhauer, Herbert Wehner und Karl Mommer).

Anders als zwei Monate zuvor in Brüssel kämpfte jetzt nicht Mendès-France, sondern Adenauer mit dem Rücken zur Wand. Wenn das gesamte Vertragsgebäude an einem deutschen Nein zu einer Saarlösung scheiterte, war die Bundesrepublik ähnlich isoliert wie eben noch Frankreich. Denn die anderen Westmächte betrachteten die Saarfrage mehr oder weniger als ein rein deutsch-französisches Problem, bei dem letzten Endes Deutschland, das den Krieg verloren hatte, um des lieben Friedens willen nachzugeben hatte.

Es ist bei der heutigen Quellenlage nicht möglich, über das taktische Spiel völlige Klarheit zu gewinnen, das in einem nächtlichen Gespräch zwischen dem französischen Ministerpräsidenten und dem Kanzler einige Stunden vor der Unterzeichnung in die entscheidende Phase eintrat. Beide Seiten hatten zuvor hoch gepokert. Adenauer, der sich sonst bei internationalen Verhandlungen nicht gern die Hände binden ließ, hatte die Vorsitzenden aller Bundestagsparteien und Eugen Gerstenmaier, den Vorsitzenden des Außenpolitischen Ausschusses, nach Paris gebeten. Er wollte sich einerseits demonstrativ der Unterstützung aller Bundestagsfraktionen versichern, um zu weitgehende französische Forderungen abzuwehren, sich andererseits aber – wie er später berichtete – zum Abbruch der Verhandlungen

autorisieren lassen, falls Frankreich auf einer endgültigen Regelung beharre. Mendès-France, der den ungewohnten Schulterschluß zwischen Regierung und Opposition als Herausforderung empfand, hatte sich seinerseits von einem eilig einberufenen Ministerrat ermächtigen lassen, keines der bereits für die feierliche Unterzeichnung vorbereiteten Dokumente zu unterzeichnen, wenn das »préalable sarrois« nicht im französischen Sinn gelöst sei.

Die Sorge, der schwer zu durchschauende französische Ministerpräsident habe in souveräner Taktik die Saarfrage ins Spiel gebracht, um sich mit ihrer Hilfe auch aus den gesamten Westverträgen herauszuwinden und den Schwarzen Peter diesmal in der Hand der Deutschen zu lassen, bestätigte sich aber nicht. In der entscheidenden Frage des Friedensvertragsvorbehalts für den Fall eines Inkrafttretens des Saar-Statuts gab er nach und räumte sogar ein, daß die Bestimmungen im Friedensvertrag über die Saar durch die Saarbevölkerung in einem freien Referendum zu billigen seien. Dieses Zugeständnis, das für die Bundesrepublik aus allgemeinen deutschlandpolitischen und aus verfassungsrechtlichen Gründen zwingend war, kostete ihn jedoch nicht viel, da ja Frankreich als Vertragspartei bei allfälligen Friedensvertragsverhandlungen eine Saarlösung in seinem Sinn zur Grundbedingung einer Zustimmung zum Friedensvertrag hätte machen können. Ohnehin lag ein deutscher Friedensvertrag noch im Dunkel einer fernen Zukunft.

Auch in der Frage der Französisch-Saarländischen Wirtschaftsunion wurden Formulierungen gefunden, die den deutschen Wünschen nach größerem wirtschaftlichen Einfluß entgegenkamen. Dies fiel Paris jetzt etwas leichter als früher, weil die saarländischen Bergwerke und Stahlwerke in die roten Zahlen zu rutschen begannen und dringend Investitionsmittel benötigten, die auf dem ›französischen Kapitalmarkt nur schwer aufzubringen waren.

Am schwierigsten aber war es, die von Frankreich gewünschte Garantie, daß das Provisorium bis zu einem Friedensvertrag bestehen solle, mit der deutschen Forderung nach politischen Freiheiten an der Saar zu verbinden. Letzteres bedeutete die Zulassung der Parteien, die für den Wiederanschluß an Deutschland eintraten. Aber was waren die politischen Freiheiten dann noch wert, wenn das Statut erst einmal angenommen war und nicht mehr in Frage gestellt werden durfte?

Um die Endgültigkeit der Autonomie-Lösung rechtlich wie politisch-psychologisch zu unterstreichen, verlangte Mendès-France in diesem Zusammenhang eine Volksabstimmung über das zwischen Frankreich und Deutschland ausgehandelte und von der Saar-Regierung angenommene Statut. Der französische Ministerpräsident stützte sich dabei auf Informationen, die erwarten ließen, daß dieses Referendum eine große Mehrheit für das Statut erbringen würde. Diese Beurteilung wurde auch von führenden deutschen Saar-Politikern geteilt. Heinrich Schneider von der Demokratischen Partei des Saarlandes (DPS), die dynamischste Persönlichkeit auf seiten der späteren Heimatbund-Parteien, notierte sich am Abend des 23. Oktober 1954, er rechne mit 80 Prozent Ja-Stimmen für das Statut. Adenauer scheint die Situation ähnlich beurteilt zu haben und argumentierte vor allem, er sei gegen das Referendum, weil zu befürchten sei, daß beim Abstimmungskampf stark nationalistische Töne angeschlagen würden, die das deutsch-französische Verhältnis belasten könnten. Gewiß dachte er dabei auch an die Belastung seiner Koalition. Ein großer Schönheitsfehler des Plebiszits bestand darin, daß

nur über das Statut selbst mit »Ja« oder »Nein« abgestimmt werden konnte. Zur Alternative einer Rückkehr zu Deutschland durften sich die Saarländer nicht äußern. Aber Mendès-France setzte sich durch und bereitete damit nichtsahnend den Weg für die Rückkehr des Saarlandes zur Bundesrepublik Deutschland vor.

Adenauer hingegen forderte, hierbei auf eine Bestimmung zurückgreifend, die schon im van-Naters-Plan enthalten war, eine freie Landtagswahl nach Annahme des Statuts. In den Augen des Kanzlers bestand ein Hauptproblem der Saarfrage darin, daß es bisher zu keinem offenen oder verdeckten Zusammenspiel zwischen Bundesregierung und Saar-Regierung hatte kommen können, obwohl die Wirtschaftsinteressen des Saarlandes immer deutlicher eine Verflechtung mit der Bundesrepublik erforderlich machten. Schon 1953 hatte man im Bundeskanzleramt gehofft, der saarländische Ministerpräsident Hoffmann könnte durch weniger auf Frankreich fixierte Kräfte aus den eigenen Reihen in den Hintergrund gedrängt werden. Eine freie Landtagswahl unter Beteiligung der pro-deutschen Parteien versprach, den französischen Einfluß von innen her zu unterminieren. Selbst wenn das Statut dann in Kraft und das Saarland autonom wäre, sollte es doch – auch mit Hilfe des europäischen Kommissars – möglich sein, die politischen Freiheiten im Saarland zu festigen und das wirtschaftliche Übergewicht Frankreichs zurückzudrängen. In diesem Punkt hat sich der Bundeskanzler behauptet, er mußte allerdings in Kauf nehmen, daß in den rasch formulierten Texten nicht hinlänglich geklärt war, ob die freie Betätigung der pro-deutschen Parteien und die Pressefreiheit nach Annahme des Statuts auch noch bei den Landtagswahlen zulässig seien. Die Vereinbarung ließ hierin einen erheblichen Interpretationsspielraum, der alsbald sowohl in der Bundesrepublik selbst wie auch zwischen Bonn und Paris zu beträchtlichen Differenzen führte. Sie mußten aber nie endgültig ausgetragen werden, da ja bereits das Referendum zur Verwerfung des Statuts führte.

Unmittelbar nach Bekanntwerden des Statuts herrschte jedenfalls in Paris, bei der Saar-Regierung, aber auch in der öffentlichen Meinung der

Auch nach Abschluß der Pariser Verträge blieb die Saar-Frage eine Belastung für das deutsch-franzö-sische Verhältnis. Erst am 18. Januar 1955 konnte der französische Mini-sterpräsident Mendès-France (zwi-schen Hallstein und Adenauer, rechts Erhard) berichten, daß das Saar-Abkommen vor seiner Verwirklichung stehe.

Bundesrepublik die Auffassung vor, daß Frankreich im großen und ganzen obsiegt hatte. Die erst jetzt mit dem vollen Text der bisher geheim geführten Verhandlungen konfrontierte Öffentlichkeit wurde nun des ganzen Umfangs der deutschen Konzessionen gewahr. Besonders schockierend wirkte der Satz: »Nachdem dieses Statut im Wege der Volksabstimmung gebilligt ist, kann es bis zum Abschluß eines Friedensvertrages nicht mehr in Frage gestellt werden.« Auch das Verbot jeder von außen kommenden Einmischung, insbesondere in Form der Beihilfe oder Unterstützung für politische Parteien, für Vereinigungen oder die Presse, erweckte in der Bundesrepublik einen Sturm der Entrüstung.

Aus der Sicht des Kanzlers war und blieb die Saarfrage jedoch ein letztlich drittrangiges Problem, das sich mit steigendem wirtschaftlichen und politischen Gewicht der Bundesrepublik auf irgendeine Weise von selbst erledigen würde. Als er von den Verhandlungen in London zurückkam, resümierte er vor dem Vorstand seiner Partei in Erwartung eines diesmal günstigeren weiteren Verlaufs: »Wir haben dann auch den Status wieder errungen, den eine Großmacht haben muß. Wir können dann mit Fug und Recht sagen, daß wir wieder eine Großmacht geworden sind.« Aber große Teile der meinungsbildenden Presse – nicht zuletzt die doch in weiten

Kreisen als offiziös geltende *Frankfurter Allgemeine* –, die Sozialdemokraten, die Freien Demokraten und auch eine gar nicht besonders zaghafte Fronde in der eigenen Partei des Kanzlers wollten nur von der Saar sprechen und überschütteten Adenauer mit Vorwürfen, weil er nun doch einer endgültigen Abtrennung von Deutschland zugestimmt habe. Daß die Bundesrepublik eben eine der gefährlichsten Krisen ihrer Außenpolitik hinter sich gebracht und erst jetzt den Aufstieg der vergangenen Jahre vertraglich konsolidiert hatte, wurde wenig gewürdigt.

Im Jahr 1954 war das wirtschaftliche und politische Sicherheitsgefühl schon wieder beträchtlich. Der Schock, den die Niederlage, das Elend der Nachkriegsjahre und die Besatzungsherrschaft verursacht hatten, war weitgehend überwunden. Jetzt endlich schien die Stunde gekommen, sich mit ganzer Kraft den ungelösten nationalen Problemen zuzuwenden: der Saarfrage, der Wiedervereinigung und den verlorenen Ostgebieten. So dachten damals viele, und dementsprechend spielten sich die außenpolitischen Auseinandersetzungen der beiden Jahre vom Herbst 1954 bis Herbst 1956 in einem Klima ungeduldiger und zunehmend frustrierter Bemühungen ab. Ein Lichtblick war lediglich die Entwicklung, die das Saarproblem schließlich nahm.

Die Ratifizierung der Verträge

Sowohl in Paris wie in Bonn wurde das Ergebnis der Pariser Konferenz mit erheblichem Unbehagen aufgenommen. Zwar hatte Mendès-France nach den Londoner Verhandlungen in der Nationalversammlung eine überraschende Mehrheit für die dort in den Grundzügen festgelegte Lösung erhalten, aber im Dezember war die Stimmung schon wieder völlig umgeschlagen. Wenn der französische Ministerpräsident nicht sein politisches Schicksal mit dem Vertragswerk verbunden und die Ratifikation vor Jahresende durchgepeitscht hätte, wäre den neuen Verträgen wahrscheinlich das Schicksal der EVG zuteil geworden.

Die größten Schwierigkeiten machte jetzt der MRP, der an der WEU die supranationalen Züge vermißte und zudem an Mendès-France Rache nehmen wollte. Adenauer mußte die maßgebenden Politiker der französischen Schwesterpartei vertraulich beschwören, doch die Prioritäten nicht aus dem Auge zu verlieren. Aber auch alle anderen Parteien mit Ausnahme der Kommunisten waren in der Frage heillos zerstritten, und die ganzen Manöver drehten sich im wesentlichen darum, ob Mendès-France über die Verträge stürzen würde oder erst danach. Zum Glück hatte de Gaulle inzwischen erkennen lassen, daß man mit den neuen Vereinbarungen leben könne, auch wenn er vorschlug, vor einem Inkrafttreten die Verständigungsmöglichkeiten mit der Sowjetunion auszuloten. Aber Mendès-France, der seinerseits schon in aller Öffentlichkeit auf eine neue Viererkonferenz nach der Ratifikation zusteuerte, konnte darauf verweisen, daß eben dies seine Absicht sei, wobei es ja beim Staatspräsidenten liege, wann er die ratifizierten Verträge in Kraft setze. Wieweit dies Taktik war, um die Verträge durchzubringen, wieweit er tatsächlich mit dem starken Druckmittel ratifizierter, aber noch nicht in Kraft gesetzter Abkommen einen letzten Versuch zu einem neuen, großen Arrangement zwischen Ost und West machen wollte, wurde weder damals noch später klar. Seine Todfeinde Bidault und Teitgen warnten ihre deutschen Freunde jedenfalls davor, er sei entschlossen, die Deutschen auf einer Viererkonferenz den Russen zu verkaufen.

Am Vorabend des Weihnachtstages 1954 verwarf die Nationalversammlung mit einer Mehrheit von 280 gegen 259 Stimmen bei 73 Enthaltungen die Errichtung der WEU. Das verheerende Ergebnis kam vor allem deshalb zustande, weil der MRP in Erwartung einer genügend großen Zahl von Ja-Stimmen mit Nein gestimmt hatte. Am Heiligen Abend votierte allerdings dieselbe Nationalversammlung mit einer Mehrheit von 393 gegen 180 Stimmen für die Wiederherstellung der deutschen Souveränität. Es ging also jetzt nur noch um den Wehrbeitrag, wobei die Nein-Stimmen von den Kommunisten, von innenpolitischen Gegnern des Ministerpräsidenten, von alten Anhängern der sowjetisch-französischen Allianz, von enttäuschten Europäern und nicht zuletzt von Abgeordneten kamen, die im Vertrauen darauf, daß sich doch eine Mehrheit ergeben würde, trotz Einsicht in das Notwendige nicht selbst für die unpopuläre deutsche Wiederaufrüstung stimmen wollten.

In Bonn wurde angesichts dieser schönen Bescherung bereits über neue Alternativen nachgedacht, doch enthielt man sich weise aller öffentlichen Stellungnahmen, deren Auswirkungen gänzlich unvorhersehbar gewesen wären. Nur das Foreign Office verlautbarte, es gehe jetzt nicht mehr um das Ob, sondern nur noch um das Wie deutscher Streitkräfte und ließ durchblicken, notfalls müßten die Angelsachsen mit den Deutschen allein zusammengehen. Jetzt stellte Mendès-France fünfmal die Vertrauensfrage, unter anderem für einen Antrag, der feststellte, daß die Verträge mit dem Saar-Abkommen eine Einheit bildeten und nur zusammen in Kraft gesetzt werden dürften. Von den verschiedensten Seiten, sowohl von der gemäßigten Rechten wie von den Sozialisten, begannen der Regierung nun Stimmen zuzufließen. Der Ministerpräsident beschwor erneut die Gefahr einer internationalen Isolierung Frankreichs, und schließlich wurde in einer Atmosphäre völliger Konfusion die Ablehnung der WEU zurückgenommen. Am 30. Dezember billigte die Nationalversammlung mit der relativen Mehrheit von 287 gegen 260 Stimmen bei 74 Enthaltungen die Aufnahme der Bundesrepublik in die WEU; einen Tag zuvor hatte sie schon den NATO-Beitritt genehmigt.

Die Angstpartie ging aber noch weiter. In Paris erschien der Gedanke verführerisch, noch vor Inkrafttreten der Verträge in neue Viererverhandlungen einzutreten. In dieser Hinsicht war es ein Glück, daß Mendès-France Anfang Februar 1955 gestürzt wurde. Nun kamen mit Edgar Faure als Ministerpräsident und Antoine Pinay als Außenminister wieder Politiker der »alten Garde« ins Amt, zu deren pro-europäischer und anti-sowjetischer Politik man in Bonn Vertrauen hatte und die es noch vor Ostern schafften, die zeitweilig immer noch wackligen Verträge auch durch den Rat der Republik zu bringen. Bei allem half aber auch der Umstand mit, daß Frankreich wirtschaftlich wieder Tritt gefaßt hatte und jetzt in eine kurze, ruhigere Phase der »goldenen fünfziger Jahre« eintrat, die es sogar gestattete, die steckengebliebene europäische Einigung wieder aufzugreifen.

Nachfolger des französischen Ministerpräsidenten Mendès-France (im Hintergrund), der die Aufnahme der Bundesrepublik in die Westeuropäische Union parlamentarisch durchgesetzt hatte, wurde sein »europäisch« orientierter Parteifreund Edgar Faure.

Verglichen mit dem Drama in Paris, das auch deutlich machte, wie weit große Teile der Politik und Öffentlichkeit Frankreichs noch von einer Versöhnung mit Deutschland entfernt waren, ging die Ratifikation in Bonn sehr viel ruhiger vor sich.

In den Jahren 1952/1953 hatten die leidenschaftlichen Angriffe der Opposition allen Aspekten der Verträge gegolten. Die unbefriedigenden Deutschlandverträge und die Wiederbewaffnung, die Auswirkungen auf die deutsche Teilung und das Saarproblem waren gleicherweise auf vehemente Ablehnung gestoßen und hatten auch im Regierungslager alles andere als Begeisterung hervorgerufen.

Auch jetzt war die SPD nicht gesonnen, dem Vertragswerk etwa zuzustimmen, aber ihr Protest klang doch etwas gedämpfter – nicht zuletzt deshalb, weil sie keine Möglichkeit mehr hatte, den fahrenden Zug aufzuhalten.

Die fortbestehenden Sonderrechte der Alliierten boten zwar weiter Anlaß zur Kritik, und auch die Überleitungsverträge sowie der Truppenvertrag, der die Rechte der westalliierten Stationierungstruppen sicherte, hatten ihre Schattenseiten. So waren beispielsweise bis zum tatsächlichen Inkrafttreten der Verträge über die deutsche Wiederbewaffnung weiter Besatzungskosten in Höhe von monatlich 600 Millionen DM zu zahlen. Die Vorschriften der Hohen Kommission über die Dekartellisierung der Eisen- und Stahlindustrie und die Liquidation von IG-Farben durften nicht außer Kraft gesetzt werden. Das deutsche Auslandsvermögen in den nunmehr verbündeten Staaten blieb weiterhin unter Zwangsverwaltung und damit der Verfügung der Eigentümer entzogen. Doch das und anderes mußte eben als Preis für den von Deutschland begonnenen und verlorenen Krieg hingenommen werden.

In der Frage der Wiederbewaffnung herrschte wenigstens im Regierungslager Einigkeit, obwohl beim liberalen Flügel der Freien Demokraten verschiedentlich Warnungen vor einem neuen Militarismus zu vernehmen waren. Doch in dieser Hinsicht gab es auch in der Union genügend Politiker, die fest entschlossen waren, die neue Armee nicht wieder zum Staat im Staate werden zu lassen. Auch die SPD verfolgte diese Linie. Aus deutschlandpolitischen oder pazifistischen Motiven widerstrebte sie

»Zu entschlossenem Widerstand gegen die sich immer stärker abzeichnenden Tendenzen einer endgültigen Zerreißung unseres Volkes« riefen am 29. Januar 1955 Persönlichkeiten des öffentlichen Lebens auf; hier der evangelische Theologe Helmut Gollwitzer.

zwar der Wiederbewaffnung nach wie vor prinzipiell heftig und hatte dafür im Herbst 1954 auch die Unterstützung des DGB gefunden. Andererseits aber wollte sie unter dem Einfluß ihrer Wehrexperten, besonders Fritz Erlers, im Interesse einer demokratischen Kontrolle und des eigenen Einflusses auf die Streitkräfte doch an der Wehrgesetzgebung mitwirken.

Unvermindert stark waren immer noch die Bedenken wegen der Rückwirkung der Westverträge auf die Bemühungen um Wiedervereinigung. Die Sozialdemokraten hielten weiter an dem Kurs fest, den sie im Frühjahr 1952 eingeschlagen hatten. Sie verlangten auch jetzt unaufhörlich und darin den Vertragsgegnern in Paris durchaus ähnlich, die Verhandlungsbereitschaft der Sowjetunion nochmals auf die Probe zu stellen, bevor vollendete Tatsachen

geschaffen wären. Moskau hatte im Januar in einer Verlautbarung des sowjetischen Außenministeriums ein vage formuliertes Einverständnis mit der Durchführung international kontrollierter freier, gesamtdeutscher Wahlen in Deutschland signalisiert, was Molotow ein Jahr zuvor bei der Berliner Konferenz noch nicht hatte konzedieren wollen. Nun hieß es, über die Wiederherstellung der deutschen Einheit müsse erneut verhandelt werden. Außerdem könne man auch eine Normalisierung der Beziehungen zu Bonn ins Auge fassen. Voraussetzung für dies alles sei aber eine Aussetzung der Ratifikation der Pariser Verträge, die im Februar im Deutschen Bundestag anstand und eben beim Rat der Republik in Paris die letzte Hürde erreicht hatte. Der sowjetische Vorstoß kreuzte sich mit dem französischen Drängen, eine neue Viererkonferenz zustande zu bringen. So deutete schon manches auf eine neue Runde von Ost-West-Gesprächen.

Für die Sozialdemokraten war dies Grund genug, nunmehr erneut Verhandlungen *vor* Ratifikation und Inkrafttreten der Verträge zu fordern. Die angelsächsischen Kabinette und die Bundesregierung aber – froh, die Westverträge endlich soweit zu haben – weigerten sich ganz entschieden, in neue Verzögerungen einzuwilligen.

Der pazifistische Flügel der Partei, unterstützt von der protestantischen Opposition um Heinemann, Niemöller und Gollwitzer verlangte allerdings nach Taten. So ließ sich der Parteivorstand halbherzig darauf ein, eine Volksbewegung für die Einheit Deutschlands und gegen die Wiederaufrüstung in Gang zu bringen. In ausgewählten Gemeinden wurden Unterschriftsaktionen veranstaltet, doch an die Kampagne für eine Volksabstimmung, die von manchen gefordert wurde, wollte Ollenhauer nicht heran. In der wiederaufgebauten Frankfurter Paulskirche, einem Ort, von dem aus die Linke während der ganzen fünfziger Jahre dramatische, doch auch mit einer gewissen Würde vorgebrachte Appelle ins Land ergehen ließ, wurde ein »Deutsches Manifest« verabschiedet, das die bekannten Forderungen zusammenfaßte. Ollenhauer sprach hier wie auch später bei der Ratifikationsdebatte sehr gemäßigt, der DGB-Vorsitzende Freitag ließ sich vertreten, und das große Wort führten Professoren.

Die Regierungsparteien stellten eine Gegenkampagne auf die Beine, aber dessen hätte es gar nicht bedurft. Die Veranstalter dieser und folgender Kundgebungen erkannten rasch, daß die breite Masse der Bürger gelangweilt reagierte. Der Gedanke an eine deutsche Armee erweckte zwar keinerlei Begeisterung, aber die ursprünglich heftige »Ohne-mich-Stimmung« war einer ruhigeren Betrachtungsweise gewichen. In dieser Hinsicht erwies sich die lange Verzögerung der Wiederaufrüstung als großer Vorteil für die Regierung. So fanden sich da und dort im Land größere Mengen von Parteimitgliedern zu Kundgebungen oder Gegenkundgebungen zusammen. In München demonstrierten am Tag der zweiten Lesung der Verträge 25 000 Gewerkschaftsmitglieder. Das war die ganze Volksbewegung, und damit hatte es dann auch sein Bewenden.

Daß der Widerstand der SPD tatsächlich sehr viel gemäßigter als früher war, zeigte ein Antrag, der bei der zweiten Lesung eingebracht wurde. Darin verlangte sie, der Beitritt zur NATO dürfe erst vollzogen werden, nachdem der Bundestag die Ergebnislosigkeit von Viererverhandlungen über die Wiedervereinigung festgestellt habe. Nach bedingungsloser Opposition klang das nicht. Doch selbst mit der vergleichsweise gemäßigten Forderung nach einer nochmaligen Viermächtekonferenz stand die SPD jetzt ziemlich allein. Selbst bei der FDP fand der Gedanke vergleichsweise wenige Befürworter.

Nur in der Saarfrage flammten die Leidenschaften auf. Die Agitation gegen das Saar-Statut führte in erster Linie die FDP. Die Fraktion stand damals wie später mit der Demokratischen Partei Saar (DPS) in denkbar engster Verbindung. Der nationale wie der liberale Parteiflügel machten jetzt die Unterdrückung der deutschen Saarländer zu ihrem großen Thema.

Unmittelbar nach den Pariser Verhandlungen hatte die FDP-Fraktion das Saar-Statut abgelehnt und auf Anregung Thomas Dehlers ergänzende Zusatzprotokolle verlangt. Einige Tage lang sah es nach Koalitionskrise aus, wozu auch die Landtagswahlkämpfe beitrugen, die damals in Hessen und Bayern im Gange waren. So verschob man die außenpolitische Debatte klugerweise bis nach den Wahlen, und der Kanzler versprach, in neuen Gesprächen mit Paris zusätzliche Klärung über die widersprüchlichen Passagen des Saar-Statuts herbeizuführen.

Wie im August 1953 waren es auch jetzt wieder die Wähler, die Adenauer über den Berg halfen. Die CSU gewann gegenüber den Landtagswahlen von 1950 rund 10 Prozent der Stimmen hinzu, während die FDP, die unter Dehler erbittert gegen das Saar-Statut und gegen die Kulturpolitik der CSU zu Felde gezogen war, bei einem Wähleranteil von 7,2 Prozent stagnierte. Auch in Hessen, wo der auf dem rechten Parteiflügel stehende August-Martin Euler die Freien Demokraten anführte, verlor die Partei gegenüber 1950 über 11 Prozent, erhielt aber immerhin noch ein Fünftel der Stimmen. Die Wähler zeigten sich ganz offenbar vom Schicksal des Saarlandes sehr viel weniger aufgewühlt als die Politiker und große Teile der Presse.

Allgemein wurde die FDP als große Verliererin der Wahlen angesehen, und Thomas Dehler, seit dem Frühjahr Nachfolger Blüchers im Parteivorsitz, galt nun bei vielen seiner Parteifreunde als der eigentliche Sündenbock. Diejenigen, die an der Koalition festhalten und es auch in der Saarfrage nicht zum Bruch kommen lassen wollten, sahen sich bestätigt. Doch als es im Februar auf die Ratifikation des Saar-Statuts zuging, setzte bei DP und BHE eine ähnliche Tendenz ein, wie sie einige Wochen zuvor

Das Damokles-Schwert.

Kurt Georg Kiesinger (hier
bei der Debatte um die Westverträge, 1952) war wie
Adenauer von Anfang an
davon überzeugt, daß die
Bundesrepublik sich ohne ein
westliches Bündnis gegenüber
der Übermacht der Sowjet-
union nicht würde behaupten
können. Früher als mancher
andere in seiner Partei sah er
aber auch die Notwendigkeit,
mit dem Osten ins Gespräch
zu kommen.

»Es bleibt alles beim Alten.«
(S. 263)

bei den schwankenden Abgeordneten in der französischen Nationalversammlung zu beobachten gewesen war. Man wollte zwar trotz kräftiger Worte
durch eine Ablehnung des Saar-Statuts kein Scheitern der gesamten Verträge riskieren, die von
Frankreich untrennbar mit der Saar-Lösung verknüpft worden waren. Aber bei den kleineren Parteien im Regierungslager gab es neben den ganz
kompromißlosen Gegnern des Statuts eine Reihe
von Abgeordneten, die der Hoffnung waren, es
würden schon genügend Stimmen zusammenkom-
men, so daß man sich den Luxus eines Nein zum
Saar-Statut oder wenigstens eine Enthaltung leisten
könnte. Auch in der Union selbst gab es Widerstand, besonders von seiten der rheinland-pfälzischen CDU, aber nicht nur dort. Die Partei Adenauers sah sich jetzt in der wenig schönen Lage, eine Vereinbarung durchziehen zu müssen, die auch
sie als französische Erpressung betrachtete, und sie
mußte zudem noch befürchten, daß das Statut keine
Mehrheit bekommen würde. Entsprechend heftig
war der Druck, der nun auf die Koalitionspartner
ausgeübt wurde.
So war es im Grunde erstaunlich, daß nicht nur die
Pariser Verträge mit einer hohen Mehrheit von

rund 324 zu 151 Stimmen ratifiziert wurden, sondern auch das Saar-Statut. Es wurde mit 264 gegen
201 Stimmen bei 9 Enthaltungen angenommen.
Vizekanzler Blücher hielt sich nicht an die Linie
seiner eigenen Partei und stimmte mit Ja, die FDP-
Minister Schäfer und Preusker enthielten sich der
Stimme, ebenso Jakob Kaiser bei der CDU.
Aber sowohl der Fraktionsfriede im Innern der kleineren Koalitionspartner FDP und BHE wie auch
das Verhältnis zwischen CDU/CSU und FDP blieben nach diesen Auseinandersetzungen um die Saar
stark zerrüttet. Zwischen dem Ministerflügel bei
den Freien Demokraten und den Anhängern Dehlers begann sich eine Kluft aufzutun. Unzufriedenheit mit dem Parteivorsitzenden herrschte auch
beim industrienahen Flügel der FDP, der für die
finanzielle Unterstützung der Partei dringend gebraucht wurde. Dort vermochte man nicht einzuse-
hen, weshalb sich die Freien Demokraten von Dehler in eine fruchtlose Gegnerschaft zur Regierung
hineintreiben lassen sollten.
Auch die Zerrüttung der privaten Beziehungen im
rein menschlichen Bereich – etwa zwischen Blücher
und Dehler, oder zwischen Dehler und Adenauer –
ging über das sonst im Gefolge politischer Kontro-

versen übliche hinaus. Bei der Ratifikationsdebatte hatte Dehler vor dem erstarrten Bundestagsplenum eine erste hemmungslose persönliche Abrechnung mit Adenauer vorgenommen, weil dieser sich seinerseits dazu hatte hinreißen lassen, auf eine etwas polternd-konfuse Rede des Saar-Sprechers der FDP, Max Becker, zu giftig vom Leder zu ziehen. Wahrscheinlich ist der Koalitionsbruch damals nur vermieden worden, weil Adenauer es klugerweise vorzog, auf Dehlers Rede nicht zu antworten. Aber der Koalitionsfriede war empfindlich gestört.

Im BHE kriselte es ebenfalls. Eine zahlenmäßig stärkere Gruppierung der Fraktion neigte zur SPD; eine kleinere Gruppe um Waldemar Kraft und Theodor Oberländer war entschlossen, ihre Zukunft mit der CDU zu verbinden.

Wenn eine deutliche Mehrheit in der FDP dennoch weiter zum Verharren in der Koalition entschlossen war, so hing dies auch mit den Regierungsämtern zusammen, die einige der maßgebenden Parlamentarier für sich anstrebten. Immer wieder, wenn man den Kanzler gedrängt hatte, doch endlich das Außenministerium abzugeben, hatte er auf die Zeit nach Inkrafttreten der Verträge vertröstet. Zwar war bekannt, daß Heinrich von Brentano mit star-

ker Unterstützung der Unionsfraktion seit Jahren berechtigte Ansprüche anmeldete, und auch Adenauer hielt diese Lösung jetzt für das Beste. Aber in der FDP gab es gleichfalls Politiker, die sich Hoffnungen machten oder denen der Kanzler selbst schon Hoffnungen gemacht hatte. Vizekanzler Blücher gehörte dazu, desgleichen August-Martin Euler. Daneben gab es lockende Aufgaben im Verteidigungsministerium. Der Anspruch von Theodor Blank konnte zwar nicht in Frage gestellt werden, aber die FDP erwartete, daß einer der Ihren zum Staatssekretär ernannt würde. Favorisiert wurde Erich Mende. Er war Berufsoffizier gewesen, hatte vier Jahre an der Ostfront hinter sich und dort das Ritterkreuz erhalten. Dieser typische Vertreter der Frontgeneration, der nach dem Krieg mit Erfolg studiert hatte, war in der Fraktion rasch emporgestiegen. Unermüdliches Eintreten für die Rehabilitierung der deutschen Soldaten sowie für die Freilassung der von alliierten Gerichten verurteilten Wehrmachtsangehörigen hatten ihn bekannt gemacht.

Anfang Juni, als die Würfel für von Brentano bereits gefallen waren, brachte die FDP ihre Forderungen in einer offiziellen Demarche beim Kanzler vor. Dieser lehnte ab und versäumte es so, die FDP erneut fest in die Koalition einzubinden. Bei früheren Regierungsbildungen hatte er personalpolitische Wünsche der kleineren Partner oft über Gebühr berücksichtigt, um sie fest an die Regierung zu ketten. In diesem Fall versäumte er das, obwohl die FDP nach einer Besetzung des Außenministeriums und des Verteidigungsministeriums mit CDU-Ministern zweifellos nicht mehr ihrem politischen Gewicht entsprechend vertreten war. Daß er nicht erkannte, auf welche Haltetaue er damit verzichtete, ist unwahrscheinlich. Vielleicht war er schon damals zur Auflösung der Koalition entschlossen, von der er sich ein Auseinanderbrechen der FDP versprach.

Die Ressentiments gegen Adenauer, die ohnehin schon beträchtlich waren, verstärkten sich jetzt erheblich. Viele sahen in ihm nur noch den bösen Alten, der diejenigen, die ihn unterstützt hatten, nicht angemessen belohnte und seinen Willen auf allen Gebieten starrsinnig und kaltschnäuzig durchsetzte. Schon konnte man im *Spiegel* lesen: »Es ist noch nie die Frage gewesen, *ob*, sondern immer nur *wann* die FDP umfällt.« Vor dem Kanzler umzufallen – das wurde in der FDP rasch zu einem Trauma; es engte den politischen Spielraum derer zusätzlich ein, die es für richtig hielten, weiter in der Koalition zu verbleiben.

Die Gründe für die Weigerung Adenauers, den Forderungen des Koalitionspartners nachzugeben, hatten freilich Hand und Fuß. In der wieder in Fluß geratenen internationalen Lage des Frühjahrs 1955 sprach viel dafür, die Zügel der Außenpolitik nicht gerade jetzt aus der Hand zu legen. Der so eindeutig europäisch orientierte von Brentano bot für eine produktive Zusammenarbeit zweifellos eine bessere Gewähr als ein FDP-Politiker, der ständig unter dem nationalpolitischen Erwartungsdruck seiner Partei stand. Zugleich drängte nun die CDU/CSU-Fraktion, von Brentano endlich das schon lange versprochene Amt zu geben.

Selbst von Brentano gegenüber, der Anfang Juni 1955 zum Außenminister ernannt wurde, traf Adenauer alle erdenklichen Vorsichtsmaßnahmen. Er teilte ihm vor der Ernennung in einem eingeschriebenen Brief mit, daß er sich selbst, gestützt auf die Richtlinienkompetenz des Kanzlers, bis auf weiteres die Führung der europäischen Angelegenheiten, der Angelegenheiten der USA und der Sowjetunion sowie der Konferenzangelegenheiten im Binnenverhältnis in der Weise vorbehalte, daß er über alles informiert werde und daß von Brentano seine Schritte rechtzeitig mit ihm abstimme. Nicht genug damit, unterrichtete er auch noch den Bundespräsidenten im voraus über diese Absprache und bat um seine Zustimmung, die Heuss unter Hinzufügung einiger guter Ratschläge erteilte. Von Brentano hielt sich während seiner ganzen Amtszeit loyal an die Vereinbarung, und Adenauer brachte das Verhältnis zwischen Kanzler und Außenminister von Anfang an in die von ihm gewünschten Bahnen, indem er den empfindlichen Minister in den ersten Monaten verschiedentlich in unbarmherzigem Ton an die Informationspflicht mahnte. Der Außenminister hat in den folgenden Jahren zwar in verschiedenen Fragen bisweilen abweichende Auffassungen seines Hauses dem Kanzler gegenüber vertreten, letzten Endes aber beugte er sich den Weisungen des Regierungs-chefs. Die Bonner Außenpolitik war und blieb somit bis zum Amtsantritt Gerhard Schröders im Jahr 1961 die Außenpolitik Adenauers.

Mende wurde als Staatssekretär mit dem Argument abgelehnt, zum Aufbau eines so großen Ressorts werde ein Mann mit Verwaltungserfahrung gebraucht. Adenauer hatte ursprünglich vorgesehen, einen qualifizierten sozialdemokratischen Verwaltungsbeamten mit der Aufgabe zu betrauen und auf diese Weise die Opposition mit zu beteiligen. Ollenhauer sprach sich aber entschieden dagegen aus, und so wurde Josef Rust, bisher im Bundeskanzleramt tätig, Staatssekretär unter Theodor Blank.

Auswärtiges Amt und Bundesverteidigungsministerium waren damit reine Domänen der CDU. Wenn man nach Gründen dafür sucht, weshalb die Anfang 1955 noch mehrheitlich koalitionsfreudige FDP im Verlauf des Jahres die Lust an der Sache ziemlich verlor und sich nach dem immerhin verständlichen Krach in der Saarfrage so rasch auch auf ostpolitischen Gegenkurs zum Kanzler locken ließ, so dürfte das in nicht geringem Ausmaß auch auf die personalpolitische Frustration zurückzuführen sein.

Tauwetter im Ost-West-Verhältnis

Schon die Zeitgenossen hatten den Eindruck, daß um die Mitte der fünfziger Jahre das Ende der Nachkriegszeit weltweit angebrochen war. Mit dem Indochina-Krieg schien das letzte Kriegsfeuer gelöscht, das sich noch aus der Glut des Zweiten Weltkrieges genährt hatte.

Und im Frühjahr 1955 brach auch in den Ost-West-Beziehungen eine neue Ära an. Was jahrelang nur gefordert und erhofft worden war, schien nun bevorzustehen: das Ende des Kalten Krieges. Es hatte den Anschein, als ob die Großmächte nur darauf gewartet hätten, bis mit der Ratifizierung der Westverträge vollendete Tatsachen geschaffen waren. Die Weltpolitik kam nun offenbar in Fluß – allerdings mit noch völlig unabsehbaren Konsequenzen für die deutsche Frage.

Am 27. März billigte in Paris der Rat der Republik die Westverträge. Vier Tage zuvor schon hatte Präsident Eisenhower zu erkennen gegeben, daß er nach Ratifizierung der Pariser Verträge gegen eine gut vorbereitete Gipfelkonferenz der vier Großmächte keine Einwände mehr habe. Der neue sowjetische Regierungschef, Nikolai Bulganin, erklärte umgehend das sowjetische Einverständnis und bestätigte, daß Moskau mit der baldigen Abhaltung der Außenministerkonferenz zur Vorbereitung eines Österreichischen Staatsvertrages einverstanden sei. Knapp zwei Monate später – am 15. Mai – wurde der Staatsvertrag in Wien von den Außenministern der vier Großmächte unterzeichnet. Die Sowjetunion war jetzt bereit, die sowjetischen Truppen aus Österreich zurückzuziehen und willigte in die Neutralität dieses Landes nach dem Schweizer Modell ein.

Zehn Tage darauf traf eine sowjetische Delegation unter Leitung Chruschtschows in Jugoslawien ein, mit dem Moskau seit 1948 in bitterer Fehde lag, um bei Marschall Tito in aller Form zu revozieren und zu deprezieren. Am 6. Juni schlugen die drei Westmächte eine Gipfelkonferenz in Genf für die Zeit

Mitte der fünfziger Jahre wies die Bundesrepublik Deutschland alle Merkmale einer Friedensgesellschaft auf. Die in- und ausländischen Wagner-Enthusiasten fanden sich wieder wie in den Jahren vor 1914 und in der Zwischenkriegszeit zu den sommerlichen Festspielen in Bayreuth ein.

vom 8. bis 21. Juli vor. Und tags darauf machte die Sowjetunion der Bundesregierung über die Pariser Botschaft von ihrem Wunsch Mitteilung, die Beziehungen zu Bonn ohne Vorbedingungen zu normalisieren. Das Schreiben enthielt sogar den Hinweis, daß die Herstellung und Entwicklung normaler Beziehungen zur »Lösung der ungeregelten Fragen, die ganz Deutschland betreffen, beitragen wird und damit auch zur Lösung des gesamtnationalen Hauptproblems des deutschen Volkes – der Wiederherstellung der Einheit eines deutschen demokratischen Staates verhelfen muß«.

Die beweglichere Moskauer Linie, die im Kreml gegen den Widerstand Außenminister Molotows durchgesetzt worden war, machte sich auch auf dem Sektor der Informationspolitik bemerkbar. Zum ersten Mal seit dem Krieg durften nun ausgewählte westdeutsche Journalisten die Sowjetunion besuchen. Ihre Reiseberichte und Bildreportagen wurden in der deutschen Öffentlichkeit so neugierig verschlungen, wie man früher Berichte aus Tibet und der Verbotenen Stadt Lhasa aufgenommen hatte. Rußland trat in diesen Wochen wieder in den Informationshorizont der Westdeutschen ein. Sie erkannten plötzlich, daß die Russen nicht nur bolschewistische Apparatschiks und asiatische Eroberer waren, sondern Europäer von einer gewissen Umgänglichkeit und Zivilisiertheit. Und zwar nicht nur die einfachen Sowjetmenschen, sondern auch die Sowjetführer! »Die Sowjetregierung«, schrieb Hans Zehrer Anfang Juli 1955, noch vor dem spektakulären Genfer Gipfel, aus Moskau, »wünscht eine wirkliche Verständigung mit der Deutschen Bundesrepublik ... Rußland will Frieden und eine internationale Entspannung, die nicht auf Jahre, sondern vielleicht auf Jahrzehnte berechnet sind ...«

Daß in der Sowjetunion eine Tauwetterperiode eingesetzt hatte, war jedenfalls unbestreitbar. Aber was sie in Gang bringen würde, ob sie auch den gesamten Ostblock und Deutschland erfassen könnte, blieb vorerst unklar. Entsprechend zwiespältig und verworren war das Echo in der Bundesrepublik.

Auf den ersten Blick schien sich nun eine einmalige Konstellation herauszubilden. Die neue Führung in Moskau hatte die Lage offenbar noch nicht im Griff und zeigte sich wohl deshalb gesprächsbereit. Die

Westverträge waren endlich in Kraft getreten, aber die Aufstellung deutscher Streitkräfte hatte noch nicht begonnen. Sollte man also nicht jetzt versuchen, von jener Position der Stärke aus zu verhandeln, die in den Jahren 1952 bis 1954 noch nicht erreicht worden war? Bot sich dem Kanzler vielleicht 1955 sogar die Chance, nach Erlangung der Souveränität auch die Wiedervereinigung in Freiheit herbeizuführen?

Die Sozialdemokraten drängten wie immer darauf, doch wenigstens jetzt so intensiv wie möglich zu sondieren. Sie kamen Mitte Mai mit einem »Programm zu den Verhandlungen über die deutsche Wiedervereinigung« heraus, in dem sie voller Sorge vor einer endgültigen Verfestigung des Status quo in Europa verlangten, nunmehr anders als bei der gescheiterten Berliner Konferenz verhandlungsfähige Positionen zu entwickeln. Zwar vermieden sie es sorgfältig, für ein wiedervereinigtes Deutschland die Neutralität zu fordern, aber ihre Vorstellungen liefen genau darauf hinaus. Nach seiner Wiedervereinigung solle Deutschland gleichberechtigtes Mitglied eines kollektiven europäischen Sicherheitssystems werden, ohne den westlichen oder östlichen Militärpakten anzugehören. Dieser Status müsse noch vor der Durchführung freier Wahlen festgelegt werden, denn anders sei die Sowjetunion kaum bereit, den dabei ziemlich sicher zu erwartenden politischen Bankrott der pro-sowjetischen Kräfte in der DDR hinzunehmen. Während des Wiedervereinigungsprozesses sollten die aufgrund der Westverträge bestehenden Verpflichtungen zur Wiederbewaffnung storniert und später in ein kollektives Sicherheitssystem im Rahmen der Vereinten Nationen übergeführt werden.

Immerhin machte die SPD klar, daß sie ein europäisches Sicherheitssystem auf Grundlage der Teilung Deutschlands entschieden ablehnte. Sie zögerte auch, die Idee eines Gürtels neutraler Staaten in Europa aufzugreifen und wollte ebensowenig wie der Kanzler einen deutschen Alleingang nach Moskau befürworten.

Auch die Publizisten, die auf entschiedene Schritte zur Lösung der nationalen Frage drängten, waren in jenen Tagen meist nicht so waghalsig, ein deutsch-sowjetisches Gespräch über die Wiedervereinigung ohne oder gar gegen die Westmächte vorzuschlagen. Aber sie wiesen doch darauf hin, Deutschland müsse sich seiner Mittellage zwischen Ost und West wieder deutlicher bewußt werden und dürfe in einer Periode der Entspannung, die nun anhebe, nicht auf der Seite jener Gruppen im Westen zu finden sein, die den Kalten Krieg noch immer fortsetzen wollten. Die meisten Argumente der liberalen Entspannungsschule, die ein Jahrzehnt später, Mitte der sechziger Jahre, in der Bundesrepublik weithin Gehör fanden, sind so bereits im Frühjahr 1955 artikuliert worden, damals aber nicht nur von der SPD, sondern ebenso von der mit ihr in vielen Punkten übereinstimmenden nationalen Publizistik.

Unruhe herrschte aber nicht nur bei der Opposition und den ihr nahestehenden Journalisten. Im CDU-Vorstand kam es erneut zu Diskussionen zwischen Adenauer und dem Berliner Flügel der Partei. Der Kanzler hielt an seiner Linie fest, daß nur eine allgemeine Entspannung, insbesondere konkrete Fortschritte bei der allgemeinen kontrollierten Abrüstung, ein Klima schaffen könnte, in dem eine Lösung der deutschen Frage möglich sein würde. Aber auch seine Kritiker blieben bei ihrer Auffassung des unbedingten Vorrangs von Ost-West-Vereinbarungen über die Wiedervereinigung, mit denen jetzt begonnen werden müsse.

Adenauer selbst fürchtete einige Wochen lang ernsthaft, mit seiner Politik nun doch noch in die tiefen Strudel von Viermächteverhandlungen über Deutschland zu geraten, die er seit 1951 so sorgsam zu umschiffen gesucht hatte. War es wirklich denkbar, daß sich die Neutralisierungstendenzen genau zu dem Zeitpunkt durchsetzten, da er mit seiner Westpolitik über dem Berg zu sein glaubte?

Bereits vom Beginn der Verhandlungen über den Österreichischen Staatsvertrag an verfolgte er das Geschehen voller Mißtrauen. Aufs höchste alarmiert aber wurde er, als Präsident Eisenhower bei einer Pressekonferenz am 18. Mai 1955 auf die Frage eines Korrespondenten der seit Jahren neutralistischen französischen Zeitung *Le Monde* nach seiner Einstellung zur Idee eines europäischen Neutralitätsgürtels vage und bedeutungsvoll zugleich antwortete, es scheine sich der Gedanke zu entwickeln, daß man eine Reihe von neutralisierten Staaten von

WEHRGESETZE
Seien Sie nicht so juristisch

Der Berliner Senator Günter Klein, stellvertretender Vorsitzender des Sicherheitsausschusses des Deutschen Bundesrats, fand am Freitag vergangener Woche im Bonner Bundeshaus die bisher knappste Formel: „Dieses Gesetz ist ebenso kurz wie schlecht." Gemeint war der erste Wehrgesetzentwurf der Bundesregierung, den sie von den gesetzgebenden Körperschaften eilig verabschiedet wissen will.

Obgleich das Amt Blank die für den Aufbau einer westdeutschen Armee zunächst notwendigen 82 Gesetz- und Verordnungsentwürfe fix und fertig in seinen Panzerschränken liegen hat, wurde die Wehrgesetzgebung der Bundesrepublik nicht mit der Vorlage eines Grundgesetzes für die Streitkräfte, des Soldatengesetzes, begonnen, sondern mit einem neuen Trick. Die Idee zu diesem Kabinettsstück Bonner Politik entsprang dem listenreichen Hirn des Staatssekretärs im Bundeskanzleramt, Hans Globke.

Während der Kanzler noch auf Bühlerhöhe karge Urlaubsfreuden genoß, war nämlich offenbar geworden: Das umfassende Soldatengesetz würde schon im Kabinett langwierige Beratungen notwendig machen; Finanzminister Schäffer, dem selbst der geplante Sold von Offizieren und Unteroffizieren zu hoch ist, würde die in diesem Gesetz vorgesehene Pensionierung von 48jährigen Hauptleuten nicht widerspruchslos schlucken.

Der Kanzler aber wollte in Anbetracht seiner bevorstehenden Reise nach Amerika und wegen der Viererkonferenz so schnell als möglich deutsche Männer unter Waffen sehen. Alles andere interessierte ihn nicht. Sein treuester Diener, Hans Globke, ließ ihn auch diesmal nicht im Stich. Ein 28-Zeilen-„Gesetz über die vorläufige Rechtsstellung der Freiwilligen in den Streitkräften" wurde hastig in seiner Kanzlei aufgesetzt.

Der erste der drei Paragraphen bestimmt: „Der Aufbau der Streitkräfte ... beginnt mit der Einstellung von freiwilligen Soldaten ... Ihre Rechtsstellung entspricht zunächst derjenigen eines Beamten auf Probe ... Der Soldat hat die Pflicht, treu zu dienen und Vaterland und Freiheit unter Einsatz seiner Person tapfer zu verteidigen."

Zu dem traditionellen ruhmvollen Soldatentod auf dem Schlachtfeld hat sich

---

Norden nach Süden durch Europa aufbauen könne. Wenn dies eine Neutralisierung nach dem Muster der Schweiz wäre, so würde dadurch ja kein militärisches Vakuum geschaffen.

Allem Anschein nach hat Eisenhower damit eine Reihe von Signalen aufgegriffen, die in jenen Tagen aus Moskau zu vernehmen waren. Zum ersten Mal erregten jetzt die Vereinigten Staaten selbst bei Adenauer tiefes Mißtrauen. Hier war es ausgesprochen, was er immer befürchtet hatte: die Idee einer Neuauflage des *cordon sanitaire* nach dem Vorbild der zwanziger Jahre! Brachten die Verwicklungen der USA in das fernöstliche Spannungsfeld um Taiwan jetzt eine Abschwächung des amerikanischen Engagements in Europa? Setzte sich hier der Ehrgeiz Eisenhowers durch, der seinem Kriegsruhm auch noch den Ruhm des großen Friedenspräsidenten hinzufügen wollte und, wie alle Politiker, in erster Linie an die nächsten Wahlen dachte? Oder war es einfach so, daß die USA den Ost-West-Konflikt leid wurden und nach einem billigen Arrangement mit den Russen suchten?

Der Kanzler reagierte rasch. Er berief die eben neu ernannten deutschen Botschafter aus Washington, London und Paris zu einer Konferenz auf der Bühlerhöhe ein, um damit den Grad seiner Betroffenheit zu signalisieren und, wie er es formulierte, diese Idee ein für allemal »tot zu machen«. Zugleich ließ er Außenminister Dulles durch Botschafter Krekeler beschwörend um ein Dementi ersuchen. Vor allem aber ordnete er an, im Bundestag unverzüglich, noch vor der Sommerpause, ein Freiwilligengesetz einzubringen, um beim Aufbau der Bundeswehr möglichst rasch vollendete Tatsachen zu schaffen. Dies trug ihm erheblichen Ärger in der eigenen Koalition ein und belastete die gesamte Aufbauphase der Bundeswehr. Der Vorgang zeigte zudem, daß der Kanzler die Streitkräfte primär als politisches Instrument begriff und von militärorganisatorischen Erfordernissen keine rechte Ahnung hatte. Aber im ganzen trug diese Reaktion doch wesentlich dazu bei, eine Entwicklung in Richtung auf eine Neutralisierung »Zwischeneuropas« schon im Ansatz zu verhindern.

Dulles ließ Adenauer mitteilen, er habe von Eisenhowers Pressekonferenz nichts gewußt und sorgte für eine Korrektur. In Washington verschwand die Idee eines neutralen Gürtels ebenso rasch wie sie aufgekommen war, zumal die Sowjetunion darauf überhaupt nicht einging.

Aber die Moskauer Einladung zu Verhandlungen über die Aufnahme diplomatischer Beziehungen brachte die Ostpolitik des Regierungschefs erneut in ein erhebliches Dilemma. Adenauer hatte seit Frühjahr 1952 den Westalliierten gegenüber erst intern, dann auch öffentlich seine Absicht bekundet, nach der Rückgabe der Souveränität zur Sowjetunion diplomatische Beziehungen aufzunehmen. Gegenüber der SPD, die für den Fall der deutschen Wiederaufrüstung Konsequenzen Moskaus prophezeit hatte, konnte die Regierung jetzt triumphieren: Nun bot die Sowjetunion sogar eine Normalisierung der deutsch-sowjetischen Beziehungen ohne Vorbedingungen an. Auch jenen ziemlich zahlreichen Koalitionsabgeordneten, die schon seit langem eine aktive Wiedervereinigungspolitik forderten, ließ sich durch ein Eingehen auf das Angebot demonstrieren, wieviel dem Kanzler am Gespräch mit dem Kreml lag. Tatsächlich wußte Adenauer selbst am besten, daß die Wiedervereinigung ohne Normalisierung der Beziehungen zum Osten unmöglich war. Und er übersah auch nicht, wie sehr es den Westmächten

gegenüber von Vorteil war, wenn Bonn über einen direkten Draht nach Moskau verfügte.

Der Pferdefuß des sowjetischen Angebots war allerdings deutlich erkennbar. Eine Aufnahme diplomatischer Beziehungen zur östlichen Vormacht, die bereits Beziehungen zur DDR unterhielt und sich zusehends auf die Zwei-Staaten-Theorie festlegte, drohte den Alleinvertretungsanspruch auszuhöhlen und der östlichen Status-quo-Politik in die Hände zu arbeiten. In den Hauptstädten der Verbündeten hingegen mußte die Moskau-Reise einer deutschen Regierungsdelegation wenige Monate nach Rückgabe der Souveränität erneut die schlimmsten Ängste vor einem neuen Rapallo aufwühlen. Seit der gescheiterten Moskauer Konferenz im Frühjahr 1947 war kein westlicher Außenminister mehr in Moskau gewesen, geschweige denn ein Regierungschef. Ausgerechnet die Deutschen sahen sich nun dazu aufgerufen, im Zeichen der Entspannungspolitik mit der Reisediplomatie nach Moskau zu beginnen.

Adenauer argwöhnte deshalb, das sowjetische Anerbieten sei in erster Linie dazu bestimmt, ihn im Innern wie gegenüber den westlichen Verbündeten zu ruinieren. Ging er nicht nach Moskau, so setzte er sich dem Vorwurf aus, ihm sei an Frieden, Entspannung und Wiedervereinigung nichts gelegen. Kehrte er aber zurück, ohne aus den Besprechungen einen Erfolg mitzubringen, so konnte dies von seinen Kritikern als Beweis dafür gewertet werden, daß ein Reaktionär wie der Kanzler zur Entspannungsdiplomatie nicht geeignet sei. Und machten die Sowjets bei solchen Verhandlungen sogar verlockende Angebote im Hinblick auf die Wiedervereinigung, so wäre es innenpolitisch fast unmöglich, dem Drängen der nationalen Kreise zu widerstehen, die damals bereit waren, für die Wiedervereinigung auch mit Lockerung oder Preisgabe der Bindungen an den Westen zu bezahlen. Gab er aber tatsächlich nach, so wäre der Kredit in den westlichen Hauptstädten weitgehend verspielt gewesen.

In diese von allgemeinem Argwohn gekennzeichneten Wochen fiel auch noch eine irritierende gesamtdeutsche Aktion Bundesfinanzminister Schäffers, die den leitenden westlichen Staatsmännern ähnlich wie ein Jahr zuvor die John-Affäre vor Augen führte, was in Deutschland alles möglich war.

Ritter, Tod und Teufel – 1955.

Kurz vor Adenauers Reise nach Washington, wo die westliche Position bei künftigen Deutschland-verhandlungen erörtert werden sollte, unterrichtete Schäffer den Bundeskanzler über eine aus der DDR kommende Initiative. Vincenz Müller, der General-inspekteur der Nationalen Volksarmee, war über einen Mittelsmann an ihn herangetreten und hatte ein Treffen in Berlin angeregt, um ihm wichtige Informationen im Hinblick auf die bevorstehende Viererkonferenz zu geben.

Vincenz Müller gehörte zu jenen Wehrmachtsoffizieren, die sich in russischer Kriegsgefangenschaft auf die Zusammenarbeit mit den Sowjets eingelassen hatten. Er stammte aus bürgerlichem Haus in Bayern und kannte Schäffer seit der Schulzeit; sein Vater war später mit diesem zusammen Abgeordneter der Bayerischen Volkspartei gewesen.

Der Bundesfinanzminister überzeugte den Kanzler, daß es nützlich sei, diesen Kontakt wahrzunehmen. Adenauer äußerte Bedenken und fürchtete, Schäffer könne in eine Falle geraten. Andererseits wollte er ihm das Gespräch aber auch nicht verbieten und erbat für den Fall der Reise Schäffers nach Berlin eine sofortige Mitteilung. Er erhielt diese in Washington und erfuhr nun zu seinem Erstaunen, daß Schäffer nicht nur Vincenz Müller in Ost-Berlin getroffen hatte, sondern von diesem auch zum sowjetischen Botschafter Puschkin gebracht worden war, der sich allerdings verleugnen ließ.

Weder damals noch später, als Schäffer im Oktober 1956 eine ähnliche Exkursion zu Müller und Puschkin unternahm, ist das Vertrauensverhältnis zu den Westalliierten in Mitleidenschaft gezogen worden. Adenauer war vorsichtig genug, diese gleich beim ersten Mal über den Vorgang zu unterrichten. Aber der Vorstoß aus Ost-Berlin, dessen Motive im dunkeln lagen, machte deutlich, daß sich die nunmehr souveräne Bundesrepublik bei ihren jetzt fälligen Erkundungsunternehmen in Richtung Osten auf vermintem Gelände bewegte. Adenauer war entschlossen, sich nur mit äußerster Behutsamkeit voranzuwagen. Er wollte bei der Normalisierung der deutsch-sowjetischen Beziehungen erst einmal den am wenigsten riskanten Weg gehen, ohne sich jedoch die Hintertüren zu verschließen. Die Auffassungen der Bundesregierung in der deutschen Frage

sollten bei der deutsch-sowjetischen Begegnung zwar angesprochen werden; die eigentlichen Verhandlungen aber wären zwischen den Außenministern der Vier Mächte zu führen.

Der Termin für den Besuch in Moskau war in dieser Hinsicht glücklich gewählt. Die Genfer Gipfelkonferenz war vorgeschaltet. Lief sie gut, so war ein deutscher Auftritt in Moskau nicht mehr ganz so spektakulär und paßte in die Entspannungslandschaft. Ging es in Genf schlecht, so ließen sich immer noch Gründe für eine Verschiebung der deutsch-sowjetischen Gespräche finden. Die eigentlichen Verhandlungen über Deutschland sollten aber erst nach dem Moskau-Besuch erfolgen, und zwar zwischen den Außenministern der Vier Mächte. Dadurch wurde einerseits allfälliges westliches Mißtrauen ausgeräumt, andererseits aber stand nicht eine schwache Bundesrepublik der östlichen Hegemonialmacht allein gegenüber. Immerhin mochten sich in Moskau unter Umständen doch gewisse Chancen ergeben, bestimmte Weichenstellungen in der deutschen Frage einzuleiten, falls sich die sowjetische Seite etwas zugänglich zeigte.

In der Frage der Aufnahme diplomatischer Beziehungen selbst, bei der die sowjetische Zwei-Staaten-Theorie das größte Problem darstellte, hielt sich Adenauer jedenfalls alle Möglichkeiten vorsichtig offen. Das Auswärtige Amt war für ein langsames Vorgehen, und auch im Bundeskabinett wurden Bedenken laut. Verschiedene Vorschläge waren damals im Gespräch, die alle darauf abzielten, die negativen deutschlandpolitischen Begleiterscheinungen der Aufnahme von Beziehungen zu neutralisieren. Kaum zu realisieren war die Idee, die vollen diplomatischen Beziehungen nur befristet aufzunehmen und sie wieder einzufrieren, wenn nach einem bestimmten Zeitraum keine Fortschritte in der Wiedervereinigungsfrage zu verzeichnen wären. Ein anderer Ausweg hätte darin bestanden, auf der Moskauer Konferenz bloß Kommissionen einzusetzen, die die Voraussetzung für die Aufnahme der Beziehungen zu klären gehabt hätten. In diesem Sinne unterrichtete jedenfalls die Bundesregierung am 23. August die Verbündeten über ihre Absichten, und auf dieser Linie begann die deutsche Delegation anfänglich auch in Moskau zu verhandeln.

Während des Genfer Gipfels hielt sich Adenauer im schweizerischen Kurort Mürren zum Sommerurlaub auf und besprach sich dort mit Heinrich von Brentano, der im Juni 1955 das lange erstrebte Außenministerium übernommen hatte.

Immerhin wußte der Kanzler, daß vor der Opposition wie vor dem nationalen Flügel der Koalition das Scheitern von Verhandlungen schwerer zu vertreten gewesen wäre als die Aufnahme problematischer diplomatischer Beziehungen, sofern es nur gelang, die deutschen Rechtspositionen einigermaßen überzeugend darzustellen.

Für den Fall, daß die Sowjetunion in der deutschen Frage das Ruder aber wirklich herumlegte, war Adenauer entschlossen, bei den Viermächteverhandlungen ein eigenes Konzept für den Status des wiedervereinigten Deutschland vorzulegen, das den sowjetischen Sicherheitsbedenken Rechnung trug, ohne aber an die Befürworter einer neutralistischen Lösung Konzessionen zu machen.

Er ließ zu diesem Zweck Vorschläge ausarbeiten, die er im Juni 1955 auf höchster Ebene in die Konferenzvorbereitung einbrachte. In dem unter strengster Geheimhaltung von Heusinger und Blankenhorn verfaßten Plan, dessen Vorarbeiten bis auf den August 1953 zurückgingen, kann man das nunmehr nach Osten gewendete Modell des demilitarisierten Rheinlandes erkennen, wie es seinerzeit in den Locarno-Verträgen festgelegt worden war. Im Fall der Wiedervereinigung sollte ein Gürtel beiderseits der Linie Stettin – Prag – Wien – Triest, der praktisch das Gebiet der DDR einbezog, aufgrund eines Vertrags zwischen den Vier Mächten von allen Truppen freigehalten werden. Östlich und westlich schlossen sich daran zwei rüstungsverdünnte Zonen an, in denen beide Seiten keine weitreichenden Waffensysteme unterhalten durften. Ihre gleichfalls bewußt nicht klar fixierte und mit keiner Grenze zusammenfallende Ausdehnung sollte im Westen entlang der Westgrenze Deutschlands, im Osten entlang der Linie Riga – Brest Litowsk verlaufen. Dem würde sich auf beiden Seiten eine weitere Zone anschließen – im Westen bis zum Atlantik, im Osten bis zum Dnjepr –, in der die Streitkräfte nach Art und Zahl beschränkt wären. Ausgangspunkt für die Stärke der deutschen Truppen wäre dabei die schon in den Westverträgen vorgesehene Zahl von 12 Divisionen gewesen; auch in dieser Hinsicht hätte sich also im Fall der Wiedervereinigung keine Verstärkung des westlichen Potentials ergeben.

Das Schicksal dieses deutschen Vorschlags warf ein bezeichnendes Licht auf die damalige Einstellung der Westmächte in der Wiedervereinigungsfrage. Als der Kanzler den jetzt als Nachfolger Churchills amtierenden Premierminister Eden und dessen Außenminister Macmillan darüber informierte, wiesen diese darauf hin, daß auch sie an einem Disengagement-Plan arbeiteten. Die von ihnen vorgesehene neutrale Zone sollte aber neben einem Teil der sowjetischen Besatzungszone auch einen kleineren Teil des Gebiets der Bundesrepublik umfassen, soweit man militärisch darauf verzichten könne. Ebenso war aus den britischen Ausführungen nicht ganz klar zu erkennen, ob das militärische Disengagement nur im Fall einer Wiedervereinigung erfolgen sollte, oder vielleicht auch schon als Teil eines Wiedervereinigungsprozesses. In der Tat schlug Eden dann beim Genfer Gipfel bei der Diskussion über die europäische Sicherheit die Bildung militärisch verdünnter Zonen diesseits und jenseits des Eisernen Vorhangs vor. Die Verbindung von Wiedervereinigung und Sicherheitsmaßnahmen blieb unklar.

Damit deutete sich schon in diesen allerersten Phasen westlicher Vorbereitung auf Verhandlungen mit der Sowjetunion ein grundlegender Dissens zwischen der Bundesregierung und der britischen Regierung an, der sich in der Folge noch verschärfte. Während Bonn eine entmilitarisierte Zone nur für den Fall bereits vollzogener Wiedervereinigung und auch nur für das Gebiet der DDR vorsah, konnte London den Verdacht nie recht ausräumen, daß es gegebenenfalls auch für ein gewisses militärisches Disengagement auf der Basis des Status quo der Teilung zu haben gewesen wäre. Damit entwerteten die Briten den als Kompensationsobjekt gedachten Vorschlag und signalisierten, wo trotz aller gegenteiliger Bekundungen ihre eigentlichen Präferenzen in der deutschen Frage lagen: bei der Stabilisierung des Status quo.

London machte zugleich auch deutlich, daß das Foreign Office gegen eine Schlechterstellung der Bundesrepublik innerhalb des NATO-Bündnisses keine gravierenden Einwände hatte. Auf deutscher Seite verstimmte und beunruhigte dies.

Doch da sich die sowjetische Delegation bei beiden Genfer Konferenzen überhaupt nicht auf ein ernsthaftes Verhandeln über die Wiedervereinigung einließ, konnten diese grundlegenden Meinungsverschiedenheiten vorläufig überspielt werden, zumal da die USA in dieser Frage die Bundesrepublik unterstützten. Immerhin wurde in der Genfer Direktive der Regierungschefs vom 23. Juli der Wunsch nach »Errichtung einer Zone zwischen Ost und West« bekundet, »in der die Stationierung von Streitkräften der gegenseitigen Zustimmung unterliegt«. Wie nicht anders zu erwarten, zeigte sich die sowjetische Regierung in der Folgezeit bemüht, diese Zone beiderseits der innerdeutschen Demarkationslinie anzusiedeln. Aus einem Vorschlag, der den sowjetischen Sicherheitsbedenken vor einem wiedervereinigten Deutschland entgegenkommen sollte, wurde somit unter der Hand ein Konzept zur Verfestigung des Status quo bei gleichzeitiger Kontrolle der Bundesrepublik.

Unumstritten war demgegenüber der Plan, der Sowjetunion den Abschluß eines von den Vier Mächten und dem wiedervereinigten Deutschland abgeschlossenen kollektiven Sicherheitspaktes vorzuschlagen.

Diese Idee diente auch dazu, Diskussionen über das Problem der Ostgrenze Deutschlands aus dem Weg zu gehen. Adenauer hatte schon bei den Vorbesprechungen deutlich gemacht, daß er es für das beste hielt, die heikle Grenzfrage vorerst gar nicht anzuschneiden. Zwar müsse, so meinte er, eine Verständigung zwischen Deutschland und Polen in dieser Frage erzielt werden. Aber derart komplizierte Fragen könnten nicht auf einmal, sondern nur in einem langen, zeitraubenden Prozeß gelöst werden und auch nur dann, wenn Polen einmal kein Satellitenstaat mehr sei.

Es war charakteristisch, wie auch in solchen Gedanken wieder Ansätze auftauchten, die dreißig Jahre zuvor im Zusammenhang mit den Locarno-Verträgen eine Rolle gespielt hatten: Offenhalten der Grenzfrage gegenüber Polen, ohne daß dadurch aber die Normalisierung der Beziehungen zu den Großmächten belastet würde. Die Konzepte, mit denen man noch Mitte der fünfziger Jahre die Neuordnung Europas zu bewältigen suchte, glichen eben doch in vielem mehr denen der zwanziger Jahre als jenen anderen, die sich später im letzten Drittel des Jahrhunderts herausbildeten.

In gewissem Maß stellt die zwischen den USA, Großbritannien, Frankreich und der Sowjetunion vom 17. bis 23. Juli in Genf abgehaltene Gipfelkonferenz eine Art Wasserscheide dar zwischen der Nachkriegszeit und einer neuen Ära der Ost-West-Beziehungen, die fortan auch die Außenpolitik der Bundesrepublik bestimmte. Die Konturen des neuen Zeitalters wurden schon damals von vielen Kommentatoren mit Gespür für die neuen Wirklichkeiten erahnt. Die Stichworte hießen: Entspannungsbemühungen trotz weiterbestehender Differenzen in Deutschland und Europa; vorläufige schweigende Hinnahme des Status quo der deutschen Teilung; Streben nach neuartigen Formen der Rüstungskontrolle, um die Gefahr eines Kernwaffenkrieges zu

Kriegsschiffe der 7. Flotte im Chinesischen Meer zum Schutz von Taiwan. Die von der Volksrepublik China erzeugten Spannungen in der Straße von Formosa zwangen die USA seit 1955 zu einem stärkeren Engagement im Fernen Osten.

vermindern. Gleichzeitig, wenn auch nicht auf dem Genfer Gipfel, wurde ein weiterer Grundzug der kommenden Ära deutlich: eine gewisse Verlagerung des Ost-West-Konflikts auf die noch in kolonialem Status oder schon in voller Dekolonisierung begriffenen Länder Asiens und Afrikas. Die Konferenz von Bandung, die vom 18. bis 24. April 1955 unter Teilnahme aller dekolonisierten Staaten sowie der Volksrepublik China stattgefunden hatte, symbolisierte diese Neuentwicklung, die auch in der Bundesrepublik genau registriert wurde. Das Eindringen der Sowjetunion in den Nahen Osten und die Bemühungen um den indischen Subkontinent, die kurz nach Genf einsetzten, zeigten diese neue Stoßrichtung der sowjetischen Führung unter Chruschtschow und Bulganin an, die – wie erst viel später bekannt wurde – auf einer Sitzung des sowjetischen Zentralkomitees im Juli 1955 festgelegt worden ist.

In Genf gelang es den Westmächten zwar noch einmal, die Wiedervereinigung Deutschlands als Punkt Eins auf die Tagesordnung zu bringen, gefolgt von den Themen Europäische Sicherheit, Abrüstung und Förderung der Kontakte zwischen Osten und Westen. Doch auch die Verbündeten der Bundesrepublik verweilten bei der Deutschlandfrage nur so

lange, wie dies ihre Verpflichtungen gegenüber Bonn unerläßlich machten. Die auf der Berliner Konferenz schon hinlänglich bekräftigten Positionen wurden von allen Seiten nochmals markiert, ergänzt um Vorschläge zur Rüstungskontrolle.

Die Essenz der langen Reden kommt in unübertroffener Prägnanz in einem karikierenden Tagebucheintrag zum Ausdruck, den der damalige britische Außenminister Macmillan am 19. Juli zu Papier brachte:

»Erste Runde. Anthony Eden: Wie steht es mit Sicherheitsgarantien? Bulganin: Wir sind stark; wir wünschen keine Garantien. Weg mit NATO. Präsident: Ich versichere Ihnen, die NATO dient dem Frieden. Faure: Wir müssen Deutschland wiedervereinigen. Zweite Runde. Anthony Eden: Sie sagen, Sie wünschen keine Sicherheitsgarantien. Warum schlagen Sie dann ein europäisches Sicherheitssystem vor? Bulganin: Weg mit NATO. Kein Wort mehr über Deutschland. Präsident: Ich habe schon gesagt, was ich zu sagen hatte. Anthony Eden (unterbricht): Die deutsche Frage ist noch nicht erschöpfend behandelt. Wir müssen uns damit beschäftigen. Bulganin: Gehen wir lieber zur Frage der europäischen Sicherheit über. Faure: Einverstanden. Aber beide Fragen hängen miteinander zusammen. Dann gingen wir alle weg, und für das alles brauchten wir drei Stunden.«

Kein Wunder, daß sich in der Bundesrepublik Mißstimmung auszubreiten begann. Es wurde deutlich, daß das schöne Konzept, mit Hilfe der Westmächte den Status quo zu verändern, nicht viel mehr als Konferenzrhetorik erbrachte. Verglichen mit den Themen Abrüstung und Entspannung war die deutsche Frage tatsächlich schon ein Randproblem. Man einigte sich aber immerhin darauf, das Thema Deutschland auf einer Außenministerkonferenz im Herbst erörtern zu lassen. In den Direktiven wurde nach längerem Ringen auch mit Zustimmung der Sowjets nochmals der Zusammenhang zwischen europäischer Sicherheit und Deutschlandfrage betont. Der entscheidende Satz, auf den sich die Bundesregierungen in den folgenden Jahren häufig beriefen, lautete: »Die Regierungschefs sind in Erkenntnis ihrer gemeinsamen Verantwortung für die Regelung des deutschen Problems und der Wiedervereinigung Deutschlands mittels freier Wahlen übereingekommen, daß die Lösung der deutschen Frage und die Wiedervereinigung Deutschlands im Einklang mit den nationalen Interessen des deutschen Volkes und den Interessen der europäischen Sicherheit herbeigeführt werden soll.«

Dem mochte jedermann entnehmen, was ihm paßte. Die Bundesregierung konnte den Westmächten dafür danken, daß sie die Sache der Deutschen in so verbindlicher Solidarität zu der ihren gemacht hatten, und der Hoffnung auf die künftigen Verhandlungen Ausdruck geben. Dulles, der damit sich selbst oder andere gewaltig täuschte, bemerkte auf einer Pressekonferenz: »Die Wiedervereinigung liegt in der Luft.« Chruschtschow aber flog direkt vom Genfer Gipfel nach Ost-Berlin, um dort bei einer Kundgebung auf dem Marx-Engels-Platz, dem einstigen Lustgarten, in bisher ungehörter Schärfe zu betonen, die Politik der Stärke sei gescheitert und die Wiedervereinigung in erster Linie eine Angelegenheit der Deutschen selbst. Niemand auf der Welt würde ihnen das Recht dazu bestreiten, aber niemand könne ihnen auch diese Pflicht abnehmen. Allem Anschein nach vertraute er fest darauf, daß sich die Realität zweier deutscher Staaten früher oder später schon durchsetzen würde.

Die künftige Entwicklung gab ihm recht, und so wurde die Genfer Direktive in ihrem auf Deutschland bezogenen Teil bereits Makulatur, noch ehe die Unterschrift der Regierungschefs richtig getrocknet war.

Adenauer in Moskau

Noch im Juni und Juli hatten beim Blick auf die bevorstehenden Moskauer Verhandlungen viele gehofft, daß sich im Klima des weltpolitischen Tauwetters auch ein Eisgang in der deutschen Frage mit ganz unvorhersehbaren Folgewirkungen ereignen könnte. Jetzt sah es anders aus. Die deutsche Seite mußte nun in erster Linie befürchten, mit der von der Sowjetunion gewünschten Aufnahme diplomatischer Beziehungen an der Verfestigung der sowjetischen Zwei-Staaten-Doktrin selbst mitzuwirken.

Diesmal suchte der Kanzler die Verantwortung zumindest optisch auf möglichst viele Schultern zu verteilen. Der Delegation sollten neben ihm und dem Außenminister auch die Vorsitzenden der Auswärtigen Ausschüsse von Bundestag und Bundesrat, Kurt Georg Kiesinger und Ministerpräsident Karl Arnold, sowie ein Repräsentant der SPD angehören. Der SPD-Vorstand, der das Manöver des Kanzlers durchschaute, hatte zwar Bedenken, doch es überwog das Interesse, über die Verhandlungen aus erster Hand informiert und zugleich zum ersten Mal bei einer großen außenpolitischen Aktion vertreten zu sein. So stimmte man der Teilnahme von Carlo Schmid zu, der in seiner Eigenschaft als Stellvertretender Vorsitzender des Auswärtigen Ausschusses mitfuhr und sich als kluger und loyaler Begleiter erwies. Nicht beteiligt waren die kleineren Koalitionsparteien. Daß die FDP keinen Vertreter in der Delegation hatte, zeigte auch, wie tief die Entfremdung zum Regierungschef schon ging. Die Quittung dafür, daß er die Freien Demokraten nicht einbezogen hatte, erhielt der Kanzler nur wenige Wochen nach der Rückkehr aus Moskau. Auch Bundeswirtschaftsminister Erhard wurde nicht beteiligt, und ebensowenig Repräsentanten der deutschen Wirtschaft. Mit auf das Drängen industrieller Kreise hin, die ins Ostgeschäft kommen wollten, aber auch aufgrund genuin politischer Überlegungen, die auf Professor Müller-Armack, den damaligen Leiter der Grundsatzabteilung im Bundeswirtschaftsministerium zurückgingen, hatte Erhard geraten, bei der Normalisierung auch die Wirtschaftskraft der Bundesrepublik zugunsten von Konzessionen in der deutschen Frage einzusetzen. Müller-Armack regte an, bei einer Erfüllung von Teilforderungen der Bundesrepublik – etwa nach einer internationalen Straßenverbindung mit West-Berlin und nach Erweiterung des Freiheitsraums für die Deutschen in der Ostzone – Kredite in Aussicht zu stellen. Er wandte sich aber gegen rein optische oder nur die sowjetischen Wünsche berücksichtigende handelspolitische Maßnahmen. Dem Kanzler ging in dieser Phase selbst das zu weit. Er hielt es mit Blick auf das westliche Mißtrauen für das beste, den Verhandlungsrahmen zu beschränken und die wirtschaftliche Komponente erst zu einem späteren Zeitpunkt ins Spiel zu bringen.

So blieben als Themen, die Bonn nachdrücklich ansprechen wollte, in erster Linie die deutsche Frage, über die aber nicht im einzelnen verhandelt werden sollte, die Aufnahme diplomatischer Beziehungen sowie das schwierige Problem der von der Sowjetunion festgehaltenen Kriegsgefangenen und Zivil-

internierten. Diese hatten in der innenpolitischen Diskussion, aber auch beim Kanzler selbst, von Anfang an einen hohen Stellenwert. Bereits in dem Notenwechsel, der der Moskauer Konferenz voranging, brachte die Bundesregierung zum Ausdruck, daß sie die Freilassung der noch in der Sowjetunion festgehaltenen Deutschen als unerläßliches Element einer Normalisierung betrachte. Doch ließ sich noch nicht absehen, in welchem Maß die Gefangenenfrage zu einem Zentralpunkt werden würde.

Die Verhandlungen selbst sind häufig geschildert worden. Die jüngste Geschichte der deutsch-sowjetischen Beziehungen war in Gestalt des allerdings schon ziemlich entmachteten sowjetischen Außenministers Molotow sozusagen in persona anwesend. Wie in der historischen Nacht vom 23. auf den 24. August 1939, als zwischen Stalin, Molotow und von Ribbentrop der deutsch-sowjetische Nichtangriffspakt und das Geheimabkommen über die Aufteilung Polens vereinbart wurde, verhandelte auch jetzt die oberste sowjetische Führung selbst. Während aber für die Abkommen, die bei der Entfesselung des Zweiten Weltkrieges eine so verhängnisvolle Bedeutung gewonnen hatten, nur ganze sechs Stunden benötigt wurden, brauchte man jetzt etwas mehr Zeit, um die zwischen beiden Völkern liegen-

Zehn Jahre nach Kriegsende: Bundesadler und Mercedes-Stern auf dem Roten Platz in Moskau.

den Trümmer hinwegzuräumen. Die Moskauer Verhandlungen vom September 1955 markierten erst den Anfang dazu.

Fünf Tage lang – vom 9. bis 13. September – verhandelte die Bonner Delegation, die mit einem Troß von über 100 Bediensteten in zwei neuen Super-Constellations der Lufthansa und mit einem Sonderzug angereist war, der, weil es keine deutsche Botschaft gab, als Hauptquartier diente.

In vielem wirkten die Verhandlungen wie eine Wiederholung des Genfer Entspannungsgipfels. Die Reden wurden – obschon die Beratungen nicht öffentlich waren – größtenteils zum Fenster hinaus gehalten. Am Rande ergaben sich aber doch einige vertrauliche Gespräche, aus denen Adenauer für die folgenden Jahre die Überzeugung gewann, daß das sowjetisch-chinesische Verhältnis bereits damals ziemlich zerrüttet war. Daraus mochten sich später Chancen für die deutsche Wiedervereinigungspolitik ergeben. Ähnliche Andeutungen hatten die Sowjets übrigens auch schon auf dem Genfer Gipfel gegenüber den Briten gemacht; sie wurden aber vom Kanzler ernster genommen und spielten seither in seinem deutschlandpolitischen Kalkül eine zentrale Rolle. In der deutschen Frage vermittelten die Sowjets den Eindruck, daß sie ihr kommunistisches

Regime in der DDR vor allem auch aus ideologischen Gründen nicht preisgeben würden.

Ähnlich wie in Genf wurde in Moskau der Ernst der Verhandlungen durch gesellschaftliche Veranstaltungen aufgelockert, bei denen sich – erwärmt vom Alkohol – das menschliche Klima bessern konnte. Es fehlte nicht an symbolischen Gesten, die dartun sollten, daß Deutsche und Russen wieder aufeinander zugingen und sich über die Greuel der Vergangenheit hinweg die Hand reichen wollten.

Allerdings war die Erinnerung an den Krieg und die Nachkriegsereignisse noch auf beiden Seiten gegenwärtig. Bei der Aufarbeitung der Vergangenheit schenkte man einander nichts, bekundete aber doch den Willen zur Verständigung. Anders als beim Genfer Gipfel suchten bei diesen Verhandlungen nicht nur ehemalige Verbündete den Ausweg aus dem Kalten Krieg; hier ging es um die Normalisierung zwischen Völkern, die gegeneinander einen brutalen Krieg geführt hatten, der von Deutschland begonnen worden war. Kein Zufall, daß deshalb die Kriegsgefangenenfrage fast wie von selbst in den Mittelpunkt der Auseinandersetzungen rückte. Die Sowjets ließen bei allen Kontroversen allerdings nie ihr Ziel aus den Augen, volle diplomatische Beziehungen mit Bonn herzustellen.

Mangels einer Botschaft in Moskau mußte die Reise der deutschen Delegation wie eine Expedition vorbereitet werden. 13 Wagen der Deutschen Bundesbahn und 2 neue Super-Constellations der seit dem 1. April 1955 wieder zugelassenen Lufthansa brachten den Kanzler und seinen Troß in die russische Hauptstadt.

Die sowjetische Führungsspitze verhandelte persönlich mit dem Kanzler (links Ministerpräsident Bulganin, rechts neben Adenauer der 1. Sekretär der KPdSU, Nikita Chruschtschow, und der stellvertretende sowjetische Ministerpräsident Perwuchin, dahinter von links Außenminister Molotow, der ehemalige Ministerpräsident Malenkow und Staatssekretär Hallstein).

Wenn Adenauer wirklich geglaubt haben sollte, in dieser Frage mit halben Lösungen durchzukommen, so wurde rasch deutlich, daß er die Lage falsch eingeschätzt hatte. Man konnte nicht mit großem Gefolge anreisen und tagelang mit der ganzen sowjetischen Führung verhandeln, nur um dann mit dem Beschluß zur Einsetzung einer Kommission für die Klärung der Vorfragen der diplomatischen Normalisierung wieder abzureisen. Offen war nur, ob und in welcher Form die sowjetischen Verhandlungspartner die deutschen Vorbehalte in der Grenzfrage und in der Wiedervereinigungsfrage akzeptieren würden, sofern sich in der Gefangenenfrage ein Durchbruch erzielen ließ.

Für die Wiedervereinigung waren aber nicht einmal papierene Deklarationen zu erreichen. Durchsetzbar war lediglich ein einseitig ausgesprochener Rechtsvorbehalt des Bundeskanzlers. Darin wurde festgestellt, daß die Aufnahme diplomatischer Beziehungen keine Anerkennung des beiderseitigen territorialen Besitzstandes darstelle und daß die endgültige Festsetzung der Grenzen Deutschlands dem Friedensvertrag vorbehalten sei. Hinsichtlich der DDR hieß es: »Die Aufnahme diplomatischer Beziehungen mit der Regierung der Sowjetunion bedeutet keine Änderung des Rechtsstandpunkts der Bundesregierung in bezug auf ihre Befugnisse zur Vertretung des deutschen Volkes in internationalen Angelegenheiten und in bezug auf die politischen Verhältnisse in denjenigen deutschen Gebieten, die sich gegenwärtig außerhalb der effektiven Hoheitsgewalt befinden.« Die Entgegennahme dieses Vorbehaltsschreibens wurde von der sowjetischen Seite schriftlich bestätigt, allerdings erklärte die sowjetische Nachrichtenagentur *Tass* zwei Tage später, die Sowjetregierung betrachte die deutsche Bundesrepublik als einen Teil, die Deutsche Demokratische Republik als einen anderen Teil Deutschlands. Die Grenzfrage sei durch das Potsdamer Abkommen gelöst und die Bundesrepublik übe ihre Jurisdiktion auf dem Gebiet aus, das ihrer Hoheit unterstehe.

In der westlichen Welt wurde die Aufnahme diplomatischer Beziehungen, die vorbehaltlich der bald darauf einstimmig gegebenen Zustimmung des Deutschen Bundestages erfolgte, als eindeutiger Erfolg der Sowjetunion angesehen. Man hatte nicht damit gerechnet, daß Adenauer so weit gehen würde. Auch bestimmte westliche Botschaften in Moskau scheinen bis kurz vor Schluß der Verhandlungen nach Hause berichtet zu haben, es werde wohl zu keiner Einigung kommen. Der amerikanische Botschafter Bohlen machte Blankenhorn eine große Szene, als dieser ihn von dem Abschluß unterrichtete, und Dulles ließ sich einige Zeit, bis er nicht eben enthusiastisch mitteilte, er sehe die Herstellung diplomatischer Beziehungen als völlig natürlich an. Macmillan vermerkte sarkastisch in seinem Tagebuch, jetzt müßten die Deutschen wenigstens aufhören, den Briten Nachgiebigkeit gegenüber den Russen vorzuwerfen, wie sie dies so gerne täten. Nur Eisenhower hatte positiv reagiert, indem er dem Kanzler während der Verhandlungen telegraphisch carte blanche für alle Entscheidungen gegeben hatte.

Die eigentliche Konferenzkrise erwuchs aber gar nicht aus den voneinander abweichenden deutschlandpolitischen Positionen, sondern aus der Kriegsgefangenenfrage. Nach deutscher Auffassung ging es hier um eine elementare Angelegenheit nationaler Solidarität. Der Kanzler wußte, daß er das ganze Volk hinter sich hatte, wenn er in diesem Punkt hart verhandelte. Die sowjetische Führung dürfte in den Kriegsgefangenen und Zivilinternierten in erster Linie ein Mittel gesehen haben, mit dem sie die deutsche Delegation zur Aufnahme diplomatischer Beziehungen zwingen konnte. Zwar wandte sie sich mit prinzipiellen Argumenten scharf dagegen, daß die Deutschen, die den Krieg begonnen und Rußland verwüstet hatten, nun auch noch Vorbedingungen für die diplomatische Normalisierung stellten. Sie verwiesen auch darauf, daß es sich bei dem zur Diskussion stehenden Personenkreis gar nicht um Kriegsgefangene, sondern um rechtskräftig verurteilte Kriegsverbrecher handele. Die Gespräche liefen sich fest, und nicht einmal das Angebot von Brentanos, die Gefangenenfrage im Dreiecksgespräch – Sowjetunion, Bundesrepublik, DDR – zu erörtern, konnte das Eis brechen.

Erst als Adenauer in einem offenen Telefonat, das abgehört werden konnte, nach dem Festfahren der Verhandlungen die Lufthansa-Flugzeuge aus Hamburg zur vorzeitigen Rückkehr beorderte und damit zu erkennen gab, daß er die Konferenz als gescheitert betrachtete, kam es zu der berühmten Szene beim Bankett im Sankt-Georgs-Saal des Kreml, in der die sowjetischen Führer ehrenwörtlich, aber ohne jede schriftliche Zusicherung, die alsbaldige Rückführung der Verurteilten und Zivilinternierten zusagten.

Innerhalb der deutschen Delegation unterschieden sich die Auffassungen erheblich, ob es zu verantworten sei, allein auf diese mündlich gegebenen Zusagen hin abzuschließen. Der Bundesaußenminister war immer noch der Auffassung, man solle überhaupt keine diplomatischen Beziehungen aufnehmen; von deutsch-sowjetischer Normalisierung könne erst nach vollzogener Wiedervereinigung gesprochen werden. Adenauer schob aber jetzt mit richtigem Instinkt für die Erfordernisse der Stunde alle Einwände beiseite. Immerhin wurde auf Anraten Carlo Schmids mit dem Vorbehalt einer Zustimmung des Bundestages zur Aufnahme der Beziehungen eine leichte Bremse eingebaut. Adenauer ließ sich auch dazu bestimmen, die Sowjets doch noch um eine schriftliche Zusage zu ersuchen – ohne jeden Erfolg. Der Kanzler, der die gesamten Verhandlungen fast ganz allein führte, konnte die sowjetischen Führer aber wenigstens veranlassen, ihre ehrenwörtlichen Zusagen vor der gesamten Delegation in offizieller Sitzung zu wiederholen. Sie wurden pünktlich eingehalten.

Im Osten nichts Neues: »Kein einziger Kriegsgefangener mehr, nitschewo . . .«

Noch im Mai 1967, kurz nach Adenauers Tod, nannten 75 Prozent der Bevölkerung die Heimführung der deutschen Kriegsgefangenen als sein größtes Verdienst.

Doch selbst das Gefangenenproblem ist letzten Endes von der Sowjetunion mit der Zwei-Staaten-Doktrin verbunden worden. Zwei Tage nach dem Abflug der Westdeutschen traf eine (wahrscheinlich schon vorher anwesende) DDR-Delegation unter Führung von Ministerpräsident Grotewohl offiziell in Moskau ein. Mit ihr wurde nicht nur ein Vertrag abgeschlossen, der die Beziehungen zwischen der Sowjetunion und der DDR auf der Basis völliger Souveränität und Gleichberechtigung neu regelte – die sowjetische Regierung ließ sich nun auch zu einer öffentlichen Erklärung herbei, daß sie entsprechend einer Bitte von DDR-Staatspräsident Pieck sowie der Bundesrepublik eine Übergabe der Verurteilten an die jeweils zuständigen beiden deutschen Staaten in die Wege leiten werde.

In der Bundesrepublik ging eine Welle von Emotionen durchs Land, als im Oktober 1955 die letzten Rußlandheimkehrer eintrafen. Nur 9 626 von 98 229 namentlich bekannten Kriegsgefangenen kamen zurück – der Rest von 1 156 663 Soldaten, die in der Sowjetunion spurlos verschollen waren. Von den rund 30 000 Zivilinternierten, die bei westdeutschen Behörden verzeichnet waren, wurden mehr als 20 000 repatriiert.

Adenauer war nun der große Mann, der die Gefangenen heimgeholt hatte. Niemand interessierte sich mehr besonders für die problematischen deutschlandpolitischen Implikationen des Botschafteraustauschs. Die Popularitätskurve des Kanzlers stand zum Zeitpunkt der Moskauer Konferenz im Zenit – 55 Prozent, nur zwei Punkte weniger als auf dem höchsten Gipfelpunkt seines Ansehens im Herbst 1953. Der alte Mann, der dank seiner Zähigkeit die Gefangenen in Rußland befreit hatte – dieses Bild gehörte fortan zum innersten Kern des Adenauer-Mythos. Im Mai 1967, kurz nach seinem Tod, wurde eine Umfrage durchgeführt, bei der die Befragten aus einer Liste Adenauers größte Verdienste ankreuzen sollten. 75 Prozent nannten die Heimführung der deutschen Kriegsgefangenen aus Rußland, 69 Prozent die Aussöhnung mit Frankreich, 64 Prozent, daß er Deutschland wieder zu Ansehen und Geltung in der Welt verholfen habe, und 48 Prozent zugleich, daß er die Bundesrepublik zu einer stabilen Demokratie gemacht und sich um die Einigung Europas bemüht habe. Diese Einschätzung hielt sich auch in der Folgezeit. Im Jahr 1975 stand die Heimführung der Gefangenen immer noch an der Spitze der Antworten.

Die Wiedervereinigungspolitik in der Sackgasse

Nachdem die Bundesrepublik in der Grundsatzfrage diplomatischer Beziehungen mit Moskau nachgegeben hatte, war es unerläßlich, schnellstens Dämme zu errichten, um zu verhindern, daß auch andere Staaten nach dem Vorbild der Sowjetunion Beziehungen zu beiden deutschen Staaten aufnahmen. Schon auf dem Rückflug begann Professor Wilhelm Grewe, damals Chef der Politischen Abteilung im Auswärtigen Amt und der führende Kopf bei der deutschlandpolitischen Planung jener Jahre, im Auftrag Staatssekretär Hallsteins einen diesbezüglichen Problemkatalog aufzustellen. Wie konnte man begründen, daß die deutschen Doppelbeziehungen mit Moskau einen Sonderfall darstellten? Was sprach für, was gegen Beziehungen zu den anderen Ostblockstaaten? Mit welchen Mitteln ließ sich eine Anerkennungswelle der DDR durch Drittstaaten verhindern?

Eine erste Formulierung der seit 1958 als Hallstein-Doktrin bezeichneten Grundsätze, die der Bundeskanzler anläßlich seines Berichts über die Moskauer Konferenz vor dem Bundestag bekanntgab, zeichnete sich durch ein beachtliches Maß an Flexibilität aus: »Ich muß unzweideutig feststellen, daß die Bundesregierung auch künftig die Aufnahme diplomatischer Beziehungen mit der ›DDR‹ durch dritte Staaten als einen unfreundlichen Akt ansehen würde, da er geeignet wäre, die Spaltung Deutschlands zu vertiefen.« Begründet wurde das wie bisher damit, daß die DDR-Regierung kein demokratisches Mandat besitze und von der Mehrheit der Bevölkerung abgelehnt werde. Die Ausnahme im Fall der Sowjetunion sei hingegen unumgänglich, weil sie eine der vier Siegermächte sei, ohne deren Mitwirkung die Einheit Deutschlands nicht wieder hergestellt werden könne.

Die Opposition verfehlte nicht, schon diese sehr behutsame Ankündigung von Sanktionen im Fall der Aufnahme diplomatischer Beziehungen eines Drittstaates zur DDR zu kritisieren. Der politische Dissens über die spätere Hallstein-Doktrin, die damals noch in der Embryonalphase steckte, deutete sich somit bei der Bundestagsdebatte über die Moskauer Verhandlungen schon an. Jedoch blieb noch offen, was wirklich geschehen würde, wenn andere Staaten tatsächlich zur Anerkennung schritten.

Im Auswärtigen Amt selbst, aber bald auch in der Öffentlichkeit, bildete sich nun eine Denkschule heraus, die im Fall der osteuropäischen Satellitenstaaten der Sowjetunion analog zu der in Moskau getroffenen Regelung verfahren wollte und die Aufnahme diplomatischer Beziehungen mit entsprechendem Rechtsvorbehalt nicht für ausgeschlossen hielt. Man konnte dabei mit der sogenannten »Geburtsfehlerdoktrin« argumentieren, daß diese Staaten aufgrund ihrer Abhängigkeit von Moskau seit 1949 Beziehungen zur DDR unterhielten. Lehnte es die Bundesregierung ab, dort diplomatisch vertreten zu sein, so beschnitt sie selbst ihre Einflußmöglichkeiten, auch in Hinsicht auf die Wiedervereinigungspolitik. Dagegen wurde allerdings zu bedenken gegeben, daß ein solcher Schritt Bonns als Signal aufgefaßt würde und einen Dammbruch zur

Schon auf dem Rückflug von Moskau beschäftigte sich Wilhelm Grewe, der Leiter der Politischen Abteilung im Auswärtigen Amt, mit der Frage, wie man eine Anerkennung der DDR durch Drittstaaten verhindern könne.

Folge haben könnte. Am Ende stünde dann die Anerkennung der DDR durch den größten Teil der Staatengesellschaft, die ja bisher nur die Bundesrepublik als legitimen deutschen Staat betrachtete. Dieses Argument setzte sich durch.

Ihre Isolierungspolitik begründete die Bundesregierung mit einer Kombination verfassungsrechtlicher und politischer Argumente. Letztere überwogen. Die weltweite Ächtung der DDR als sowjetisches Marionettenregime und ihre internationale Isolierung schienen das beste Mittel, die Sowjetunion früher oder später zum Nachdenken darüber zu veranlassen, ob sie die Ostzone nicht freigeben sollte. Die Vorteile eines erfolgreich praktizierten Alleinvertretungsanspruchs auch im Verhältnis der Bundesrepublik zur DDR waren evident. Dagegen wurde man sich erst im Lauf der Zeit bewußt, daß die Durchsetzung der Isolierungspolitik auch von der Bundesrepublik einen immer höheren politischen Preis in Gestalt einer Einengung ihres diplomatischen Bewegungsspielraums forderte.

Zu allem hin führte die natürliche Schwerfälligkeit eines großen außenpolitischen Apparats auch noch zu einer unelastischen Handhabung der Isolierungspolitik, vor der ein Planer wie Grewe in diesen Anfängen eindringlich gewarnt hatte. Tatsächlich sahen sich auch die klügsten Beamten im Auswärtigen Amt in einem Dilemma: Einerseits wünschten sie eine möglichst wirksame Isolierung, andererseits wollten sie doch im Einzelfall mit abgestuften Maßnahmen operieren, um in dem jeweiligen Staat die Bundesrepublik nicht durch den selbstauferlegten Zwang zum Abbruch der diplomatischen Beziehungen aus dem Geschäft zu drängen.

Bei der Rückschau wird man feststellen müssen, daß es der Bundesregierung erstaunlich lange gelungen ist, den Durchbruch abzuriegeln, den die Sowjetunion bei den Moskauer Verhandlungen erzielt hatte. Aber diese Verhandlungen markierten doch einen Wendepunkt. Von jetzt an sah sich Bonn der Tatsache gegenüber, daß der zweite deutsche Staat mit energischer Unterstützung des Ostblocks zäh und entschieden das Ringen um weltweite Anerkennung aufnahm. Dieser Kampf wurde zwar erst im Jahr 1972 – 17 Jahre nach den Moskauer Verhandlungen – gewonnen, aber die Auseinandersetzung

mit dem Streben der DDR nach Anerkennung wurde seit 1955 immer mehr zu einem zentralen Problem der bundesdeutschen Außenpolitik wie auch der innenpolitischen Auseinandersetzung.

Aus der Sicht des Jahres 1955 war man sich über diese negativen Auswirkungen zwar schon im klaren, aber die Aufnahme der Beziehungen zur Sowjetunion konnte auch positiv interpretiert werden. Die Bundesrepublik, die sich immer noch als deutschen Kernstaat verstand, war nun weltweit, auch von der sowjetischen Siegermacht, als souveräner Staat anerkannt. Die Einrichtung diplomatischer Beziehungen erhöhte das Gewicht Bonns gegenüber den Westmächten. Auch im Verhältnis zur Sowjetunion war die Nachkriegszeit nunmehr abgeschlossen; erste Voraussetzungen für eine Normalisierung waren geschaffen.

Das kühle Echo im Westen, wo einflußreiche Kolumnisten bereits ein neues Rapallo prophezeiten, bewog den Kanzler allerdings, die deutsch-sowjetischen Beziehungen in der ersten Zeit nur ganz langsam anlaufen zu lassen. Botschafter Kroll, den es schon damals mächtig nach Moskau zog, wurde vorerst nach Tokio gesandt. Den Diplomaten des Auswärtigen Amts, die sich mit ihren sowjetischen Kollegen einen hartnäckigen Grabenkrieg um die praktischen Fragen der Einrichtung der Missionen lieferten, ließ der Kanzler freie Hand. Das erste längere Gespräch zwischen Adenauer und dem im Dezember 1955 nach Bonn gekommenen Botschafter Valerian Sorin fand im Juli 1956 statt, als dieser seinen Abschiedsbesuch machte.

Adenauer nahm an, daß auch Moskau zuerst auf Zeitgewinn spielen würde und bemerkte im Januar 1956 vor dem Parteivorstand der CDU, bis zur Bundestagswahl dürfte sich in den deutsch-sowjetischen Beziehungen wohl nichts ereignen, was von tiefgehender Bedeutung sein könnte. In ähnlichem Sinne schrieb er an Dulles.

Erst vom Frühjahr 1957 an kam von beiden Seiten aus Bewegung in die Beziehungen. Der von Moskau entsandte neue Botschafter, Andrej Smirnow, stellte rasch einen intensiven Gesprächskontakt mit allen politischen Kräften in Bonn, auch mit dem Bundeskanzler, her. In ähnlicher Weise war der zweite deutsche Botschafter in der Sowjetunion, Hans

Erstmals seit Kriegsende ziehen Sportler aus beiden Teilen Deutschlands in einem deutschen Olympia-Team unter der schwarz-rot-goldenen Fahne bei der Eröffnung der Winter-Olympiade 1952 in Oslo ins Stadion ein. Solange die Zustimmung zur gesamtdeutschen Olympia-Mannschaft für die DDR die einzige Möglichkeit zur Teilnahme bot, war sie in dieser Frage zu Kompromissen bereit.

Kroll, ein Diplomat, der Chruschtschow lag. Er brannte darauf, in der Tradition der großen deutschen Botschafter in Moskau eigene Initiativen zu entwickeln und tat dies auch. Dabei wurde er, zum Teil am Auswärtigen Amt vorbei, von Staatssekretär Globke im Bundeskanzleramt ferngesteuert, soweit ein Mann vom Temperament Krolls überhaupt zu steuern war.

Vorerst aber kam es zum völligen Stillstand. Der Impuls, den die Kanzlerreise nach Moskau dem deutsch-sowjetischen Verhältnis verliehen hatte, verflüchtigte sich. Schon wenige Wochen später herrschten wieder die Gereiztheiten des Kalten Krieges vor. Die Genfer Außenministerkonferenz über Deutschland im Oktober und November 1955 dokumentierte fast drei Wochen hindurch, daß sich der Status quo in der deutschen Frage nicht mehr verändern ließ.

Die Sowjetunion versteifte sich auf ihre Zwei-Staaten-Doktrin und erklärte die Wiedervereinigungsfrage zur Sache der beiden deutschen Regierungen. Die Westmächte zeichneten zwar die Umrisse des schon im Sommer unterbreiteten Eden-Plans für einen Fünf-Mächte-Sicherheitspakt etwas genauer nach und warben für freie Wahlen im September

1956. Aber die gemeinsam ausgearbeiteten Vorschläge, die Grundgedanken des Heusinger-Plans ebenso einbezogen wie die von Briten und Franzosen ins Spiel gebrachten Ideen einer phasenweisen Koppelung von Wiedervereinigungsschritten mit Maßnahmen auf dem Feld der militärischen Sicherheit, brauchten gar nicht im einzelnen vorgelegt zu werden, da die sowjetische Haltung völlig kompromißlos blieb.

Die Bundesregierung fühlte sich jetzt in ihrer skeptischen Beurteilung der sowjetischen Entspannungsbereitschaft voll bestätigt. Sie konnte auch darauf verweisen, daß Moskau in Europa zwar einen Modus vivendi auf der Grundlage der Teilung anstrebte, gleichzeitig aber in Übersee vielfältige weltpolitische Initiativen entwickelte, die alle darauf hinausliefen, den Westen aus seinen Einflußsphären zu verdrängen.

Adenauer war besonders beunruhigt, weil sich bei der Vorbereitung dieser neuen Runde von Ost-West-Verhandlungen noch deutlicher als im Sommer schon gezeigt hatte, daß Großbritannien an dem Ansatz eines militärischen Disengagements entlang der Demarkationslinie in Deutschland festhielt – Ideen, die auch auf französischer Seite Interesse

fanden und selbstverständlich von Molotow aufgegriffen wurden.

Wiedervereinigungsverhandlungen auf Viermächte-
ebene, so hatte es den Anschein, entwickelten also
eine bedenkliche Tendenz. Sie brachten zwar wegen
der sowjetischen Unbeweglichkeit in den Grundsatzfragen keinen Fortschritt, setzten aber auf westlicher Seite Kräfte frei, die militärische Sicherheits-
arrangements auf der Grundlage der deutschen Teilung anstrebten. Das drohte nicht nur den Status
quo der Spaltung zu zementieren. Zugleich mußte
man deutscherseits befürchten, daß die neugewon-
nene Souveränität innerhalb der NATO durch einen
militärischen Sonderstatus abgelöst würde, der zu
allem hin auch noch der Sowjetunion Mitsprache-
rechte gewähren könnte. Diese Erfahrungen waren
für den Kanzler Grund genug, es mit dem gescheiterten Versuch der in unerquicklichem Klima abge-
laufenen Genfer Außenministerkonferenz vorläufig
sein Bewenden haben zu lassen. Die SPD drängte
freilich weiterhin auf Wiedervereinigungsinitiativen
und hatte auch wenig Bedenken, sich auf Pläne für
ein militärisches Disengagement einzulassen. Eben
das aber war für die Bundesregierung ein weiterer
Grund, abzuwarten und nichts zu übereilen. So ging
das Jahr 1955, das mit hochgespannten Erwartungen einer großen Bewegungspolitik begonnen hatte,
als das Jahr endgültiger Verfestigung der Teilung in
die deutsche Geschichte ein.

Wiedervereinigung im kleinen: Die Saar kehrt heim

Zur gleichen Zeit, als alle Hoffnungen auf Wiedervereinigung mit der Ostzone auf eine ferne Zukunft
vertagt werden mußten, vollzog sich an der Saar die
Wiedervereinigung im kleinen.

Seit den Landtagswahlen Ende November 1952 war
im Saarland ein erheblicher Stimmungsumschwung
erfolgt. Damals hatten immerhin 93 Prozent der
Bevölkerung an den Wahlen teilgenommen, die
allerdings ohne Beteiligung pro-deutscher Parteien
durchgeführt werden mußten. Aber nur 24 Prozent
hatten sich an die Parole der deutsch-orientierten
Gruppen gehalten und ungültige Stimmzettel abgegeben. Im Frühjahr 1955, als nach zähem Hin und

Her zwischen Deutschland und Frankreich die letzten Modalitäten der Abstimmung geklärt wurden,
sah das Bild anders aus. Eine im Saargebiet durchgeführte Umfrage des Instituts für Demoskopie in
Allensbach vom April, in der nach der besten Dau-
erlösung gefragt wurde, zeigte, daß bereits 43 Prozent der Befragten den endgültigen Anschluß an
Deutschland wünschten. 27 Prozent sprachen sich
für eine Autonomie-Lösung aus, 13 Prozent für die
Umwandlung des Saarlandes in ein europäisches
Gebiet unter einer internationalen europäischen
Kommission.

Die Motive für den Meinungswandel lagen in nicht
geringem Maß im wirtschaftlichen Bereich. Im Verlauf des Jahres 1954 wurde nicht nur in der Saar-
Wirtschaft und von den mit Wirtschaftsfragen befaßten Ministern, sondern auch von einem wachsenden Teil der Bevölkerung erkannt, daß das von Ministerpräsident Hoffmann jahrelang vertretene Konzept der Wirtschaftseinheit Saar-Lothringen nicht
mehr der Wirklichkeit entsprach. Die durch Frankreich verstärkt ausgebaute lothringische Stahlindustrie hatte sich zu einer gefährlichen Konkurrenz
der Stahlwerke an der Saar ausgewachsen, und die
Erzversorgung mit lothringischer Minette wurde
unsicher. Es zeichnete sich auch bereits ab, daß der
französische Bedarf nach Saarkohle in Zukunft
rückläufig sein würde mit der Folge, daß die Saar-
bergwerke auf dem französischen Markt gleichfalls
mit erbitterter Konkurrenz zu rechnen haben würden. Nun wurde es für das Saarland zu einer wirtschaftlichen Existenzfrage, die alten Absatzmärkte
in Deutschland, insbesondere in Süddeutschland,
erneut zu erschließen. Dem standen aber viele Bestimmungen des Saarländisch-Französischen Wirt-
schaftsabkommens und die Verkaufspolitik der
nach wie vor unter Zwangsverwaltung stehenden
Betriebe entgegen. Wie man in Bonn wußte, gab es
seit 1954 im Kabinett Hoffmann eine Gruppe, die
als einzige Lösung eine Art gemeinsamen deutsch-
französischen Markts an der Saar ansah.

Der weitgehend von der Montanindustrie abhängigen Saarbevölkerung blieb das nicht verborgen. Zudem waren die Verhältnisse in der Bundesrepublik
nunmehr soweit stabilisiert, daß der früher vorhandene Anreiz, das eigene Land aus der Konkursmas-

se des Reiches herauszulösen, gleichfalls nicht mehr gegeben war. Auch die repressiven Methoden, die von der Regierung Hoffmann zur Niederhaltung der pro-deutschen Opposition eingesetzt wurden, wirkten inmitten der westeuropäischen Demokratien Mitte der fünfziger Jahre anachronistisch und reizten zum Widerstand. Ebensowenig paßten die Versuche Frankreichs noch in die politische Landschaft, in letzter Stunde die weiterhin sequestrierten Röchling-Werke in französische Eigentümerschaft zu überführen.

So kam es nicht ganz überraschend, daß in dem Augenblick, als drei Monate vor der Abstimmung über das Saar-Statut die politischen Freiheiten eingeführt wurden, der große Dammbruch erfolgte. Knapp drei Wochen, nachdem die drei pro-deutschen Parteien und die freie Presse zugelassen worden waren, sprachen sich bei einer Umfrage des *Emnid*-Instituts in Bielefeld bereits 79 Prozent der Befragten für ein Nein zum Saar-Statut aus, nur 21 Prozent für ein Ja. Die Demokratische Partei Saar (DPS), die Deutsche Sozialdemokratische Partei (DSP) und nach einigen internen Auseinandersetzungen auch die Saar-CDU entschieden sich für die Nein-Parole. Ihre Versammlungen hatten gewaltigen Zustrom, während es bei den Auftritten des Ministerpräsidenten zu Demonstrationen und Tumulten kam.

Zum ersten und einzigen Mal in ihrer Geschichte erlebten die Bundesbürger aus der Ferne den Durchbruch einer vaterländischen deutschen Bewegung. Von Anfang an stand ein großer Teil der meinungsbildenden Presse – an ihrer Spitze die *Frankfurter Allgemeine* – auf seiten der Gegner des Statuts. SPD und FDP unterstützten jene Saar-Parteien, die die Rückkehr zu Deutschland auf ihre Fahnen geschrieben hatten.

Die einzige Unterstützung von Belang erhielten die Befürworter des Statuts um den saarländischen Ministerpräsidenten vom Bundeskanzler. Dieser ließ zwar durchaus erkennen, daß er für die Parole der Gegner Hoffmanns – »Der Dicke muß weg!« – viel übrig hatte, aber er fürchtete, daß eine Ablehnung zwischen Deutschland und Frankreich einen Scherbenhaufen hinterlassen würde. Dagegen hegte er die Zuversicht, daß sich hinter der Fassade des Saar-Statuts faktisch doch eine Art Rückgliederung durchsetzen würde. Zwar hatte er während der Pariser Verhandlungen im Oktober 1954 zu Journalisten in seiner Umgebung von seiner Vermutung gesprochen, bei einer Volksabstimmung werde es eine negative Mehrheit geben und man solle ja diese Möglichkeit nicht groß herausstreichen, um die Ratifikation in der französischen Kammer nicht zu gefährden. Aber es dürfte doch zutreffen, daß er mit

Die Gegenspieler: der Führer der DPS, Heinrich Schneider (links), kämpfte für den Anschluß der Saar an die Bundesrepublik, der saarländische Ministerpräsident Johannes Hoffmann trat, unterstützt von Konrad Adenauer, für eine »europäisierte Saar« ein.

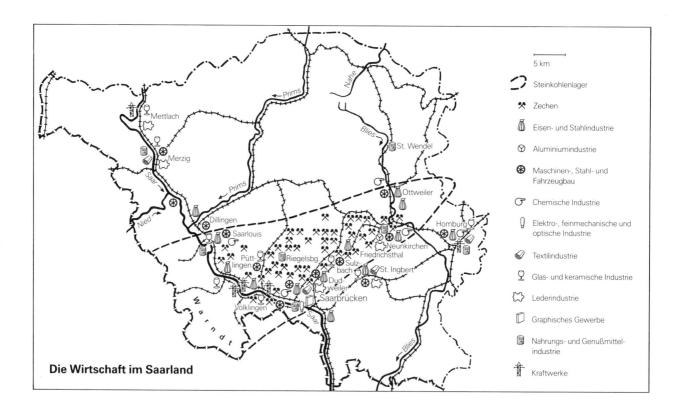

Die Wirtschaft im Saarland

Blick auf die Gesamtheit der deutsch-französischen Beziehungen ein »Ja« lieber gesehen hätte.

Innerhalb der CDU gab es allerdings eine entschiedene Oppositionsgruppe um Jakob Kaiser, den rheinland-pfälzischen Ministerpräsidenten Peter Altmeier und den aus dem Saarland stammenden Abgeordneten Fritz Hellwig, der vor dem Krieg Geschäftsführer der Industrie- und Handelskammer Saarbrücken gewesen war. Aber es gelang dem Kanzler, alle Kabinettsminister der CDU/CSU außer Kaiser, die Fraktion und den Parteivorstand auf der Linie seiner Politik zu halten. Er ging sogar so weit, durch den Deutschland-Union-Dienst (DUD) und eine wohl unter französischem Druck so formulierte Rede in Bochum, die er kurz vor seiner Abreise nach Moskau hielt, zum Ja für das Statut aufzurufen.

Dementsprechend führte die Saar-Regierung den Abstimmungskampf zu einem erheblichen Teil mit Zitaten und Plakatabbildungen des Bundeskanzlers. Die drei pro-deutschen Saarparteien antworteten auf die Bochumer Rede mit der Bildung des Deut-

schen Heimatbundes Saar, konnten aber nicht verhindern, daß die Argumente des Bundeskanzlers, wie die Umfragen erkennen ließen, bei manchen Gehör fanden.

Von beiden Seiten wurde im Saarland mit einer für das apolitische Klima jener Jahre beispiellosen Erbitterung gekämpft. Vor allem im christlichen Lager waren die bei dieser Gelegenheit geschlagenen Wunden so tief, daß es Jahre dauerte, bis eine gewisse Beruhigung eingetreten war.

Das Ergebnis der Abstimmung vom 23. Oktober war aber eindeutig: 96 Prozent der Bevölkerung nahmen an der Abstimmung teil, davon sprachen sich 67 Prozent gegen das Statut, praktisch also für die Rückkehr zu Deutschland aus. Noch in der Nacht nach der Abstimmung trat die Regierung Hoffmann zurück und machte damit den Weg für Neuwahlen frei. Bei diesen gleichfalls unter freien Bedingungen am 18. Dezember 1955 durchgeführten Landtagswahlen erhielten die durch ihre jahrelange Autonomiepolitik diskreditierten Regierungsparteien nur noch 28 Prozent der abgegebenen

Stimmen. Wahlsieger wurden die Saar-CDU mit 25 Prozent, die in der Person von Hubert Ney den neuen Ministerpräsidenten stellte, sowie die Deutsche Partei Saar (DPS) mit 24 Prozent, deren redegewaltiger Führer Heinrich Schneider der stärkste Motor des Abstimmungskampfes war.

Als das eigentliche Wunder an der Saar betrachteten damals viele die französische Reaktion. Die Pariser Regierung, die lange Jahre hindurch wenig Bedenken gehabt hatte, das deutsch-französische Verhältnis und die europäische Einigung durch eine harte Saarpolitik zu belasten, erwies sich nun als bemerkenswert guter Verlierer. Der unverzügliche Rücktritt Hoffmanns war auch mit auf ihre Einflußnahme zurückzuführen, und in den folgenden Wochen und Monaten war das Bestreben ganz offensichtlich, das gescheiterte Unternehmen möglichst geräuschlos, aber um den Preis erheblicher deutscher wirtschaftlicher Konzessionen zu liquidieren.

Die Gründe für das Umdenken in Paris waren vielschichtig. Die europäisch orientierten Gruppen hatten damals das Sagen – Pinay war zur Zeit der Abstimmung Außenminister, im folgenden Kabinett Mollet, mit dem die neuen Saar-Vereinbarungen endgültig abgeschlossen wurden, dominierten gleichfalls die »Europäer«. Man war nun auch in Paris auf dem Weg, den großen Anlauf für eine Europäische Wirtschaftsgemeinschaft zu wagen, in deren Rahmen alle wirtschaftlichen Probleme des Saarlandes eine sinnvolle Lösung finden mußten. Vor allem aber wurde Frankreich jetzt ganz durch Algerien in Anspruch genommen, wo die FLN den Kampf um die Unabhängigkeit begonnen hatte.

Der frühere französische Botschafter Gilbert Grandval, der die schwachen Pariser Kabinette jahrelang auf einen harten Kurs in der Saarfrage festgezurrt hatte, residierte nicht mehr in Saarbrücken und hatte sich eben als gescheiterter Generalresident von Marokko mit dem Kabinett Faure überworfen, was seinen Einfluß erheblich minderte. Vor dem Hintergrund der nordafrikanischen Unruhen aber war ein rebellisches Saarland das letzte, was man sich in Paris wünschen konnte. Da im Verhältnis zur Bundesrepublik die Besatzungszeit endgültig zu Ende war, schien auch das Mini-Besatzungsregime in Saarbrücken nicht mehr haltbar.

Sogar den wirtschaftlichen Nutzen einer Verbindung des Saarlands mit Frankreich beurteilte man in Paris inzwischen ähnlich skeptisch wie die Saarländer selbst. Frankreich fehlten die Mittel für die dringend notwendige Modernisierung der Saarbetriebe. Als beispielsweise die Bundesrepublik im Interesse einer haltbaren Saar-Lösung zugestimmt hatte, daß die Röchling-Werke je zur Hälfte für insgesamt 200 Millionen Mark vom französischen und vom deutschen Staat erworben wurden, mußte sie nicht nur den eigenen Anteil entrichten, sondern – nach ziemlich verbürgten Nachrichten – auch noch Frankreich den seinen vorstrecken!

Immerhin gelang es den französischen Unterhändlern, bei den folgenden Verhandlungen Frankreich eine Reihe gewichtiger wirtschaftlicher Vorteile zu sichern. Die Bundesrepublik erklärte sich bereit, bei der Schiffbarmachung der Mosel für Schiffe bis 1500 Tonnen mitzuwirken. Der Kohletransport von der Ruhr nach Lothringen wurde dadurch erheblich verbilligt, ebenso die Ausfuhr lothringischer Produkte in die Bundesrepublik und zu den Nordseehäfen. Für die Montanbetriebe an der Saar hatte das allerdings auch ungünstige Folgen. Die Konkurrenz verminderte dadurch ihre Standortnachteile. Von den Kosten der Schiffbarmachung, die vorwiegend im französischen Interesse lag, übernahm die Bundesrepublik 120 Millionen Mark, Frankreich 248 Millionen.

Auch die Zusage, daß Frankreich von Lothringen aus im Verlauf von 25 Jahren 66 Millionen Tonnen Kohle in dem besonders günstige Förderbedingungen aufweisenden Warndt-Gebiet abbauen durfte, entsprach nicht den saarländischen Interessen. Die letzte große Kohlenreserve, über die das Land verfügte, wurde damit zu Lasten der Arbeitsplätze in den Saargruben angegriffen. Frankreich erhielt auch eine Liefergarantie von 33 Prozent der Saarkohle ausschließlich des Warndt und übernahm dafür – nicht sehr weitschauend, wie sich bald danach bei der Kohlekrise zeigte – eine Abnahmeverpflichtung.

Allerdings machte Paris auch seinerseits wirtschaftliche Konzessionen. In Verbindung mit dem neuen Saar-Abkommen vom 27. Oktober 1956 trug eine Vereinbarung über den Canal d'Alsace deutschen

Bedenken wegen der – durch den Ausbau verursachten – Versteppung der Oberrheinischen Tiefebene Rechnung. Im Saarland selbst stimmte Frankreich nun doch der Rückgabe der Röchling-Werke an die Familie Röchling zu; hier setzte sich also die deutsche Seite durch.

Rückblickend läßt sich feststellen, daß die Bundesrepublik selten ein so gutes Geschäft gemacht hat. Die aufgewandten Summen waren bescheiden im Vergleich zu dem politischen Gewinn, der in der Eingliederung des Saarlands in die Bundesrepublik am 1. Januar 1957 bestand und in der dauerhaften Lösung eines Konflikts, der die deutsch-französischen Beziehungen seit dem Ersten Weltkrieg immer wieder belastet hatte.

Häufig wurde jetzt im Hinblick auf die Saar-Lösung die Auffassung geäußert, man müsse versuchen, auch das Problem der DDR in erster Linie durch wirtschaftliche Leistungen aus der Welt zu schaffen. Aber die Größenordnungen beider Konflikte waren unvergleichbar, und im Osten ist der Einsturz des Regimes Hoffmann nach der Herstellung politischer Freiheiten gewiß ebenso sorgsam registriert worden wie in Bonn.

Nachdem alles gut ausgegangen war, konnten beide Seiten in dem erbitterten Streit um die richtige deutsche Saarpolitik durchaus zutreffend behaupten, daß letzten Endes ihr Kurs erfolgreich gewesen sei. Die Kritiker der Regierungspolitik waren in ihrer Auffassung von der Unhaltbarkeit eines halbkolonialen Regimes inmitten der demokratischen Staatenwelt Westeuropas bestätigt worden und sahen auch ihren konsequent nationalen Kurs gerechtfertigt. Der Kanzler, der die Ablehnung des Statuts nicht erhofft, aber doch einkalkuliert hatte, konnte darauf verweisen, daß ohne seine konsequente Versöhnungspolitik gegenüber Frankreich die letztlich einvernehmliche Lösung nicht erreichbar gewesen wäre. Jedermann hatte also recht behalten. Schon nach wenigen Jahren vermochte sich niemand mehr vorzustellen, daß die Saarfrage ein gutnachbarliches

Zusammenleben zwischen Franzosen und Deutschen fast unmöglich gemacht hätte.

Am schwersten fiel es der Saar-CDU, die Erinnerung an den Konflikt zu bewältigen. Zwischen ihren Mitgliedern und den geschlagenen Anhängern Johannes Hoffmanns herrschte noch eine Reihe von Jahren tiefste Abneigung, obwohl eine Einigung zwischen CDU und Christlicher Volkspartei (CVP) die Grundvoraussetzung für die innere Versöhnung in dem neuen Bundesland war. Adenauer, der sich – unvoreingenommen, wie er war – im Interesse der Vorherrschaft seiner Partei im Saarland intensiv um eine Verschmelzung der beiden christlichen Parteien bemühte, stieß auf erbitterten Widerstand in den eigenen Reihen. Selbst als schon alles vorbei war, kam es in Bonn und Saarbrücken wegen der Vorgänge im Jahr 1955 noch verschiedentlich zu giftigen Auseinandersetzungen. Die CVP ging anfänglich mit dem deutschen Zentrum zusammen, dann, als ihr klar wurde, daß so keine Bundestagsmandate zu gewinnen waren, mit der bayerischen CSU. Erst 1959 kam es zur Fusion von Saar-CDU und CVP.

Das neue Wappen des Saarlandes repräsentiert die Gebiete der Grafschaft von Nassau-Saarbrücken (links oben), Kurtrier (rechts oben), Herzogtum Lothringen (links unten) und Kurpfalz.

Konsolidierung 1955–1957

Staatsbürger in Uniform

Wer geglaubt hatte, nach Ratifizierung der West-verträge im Frühjahr 1955 würde der Aufbau deutscher Streitkräfte zügig in Gang kommen, wurde – je nach politischem Standort – erfreut oder enttäuscht. Es ging noch eineinhalb Jahre lang nicht richtig voran. Die neue Verzögerung ergab sich in erster Linie aus dem Erfordernis der Wehrgesetzgebung. Sie hatte ihre Ursachen aber auch darin, daß sich das Konzept eines deutschen Wehrbeitrages seit dem Jahr 1950 erheblich verändert hatte.

Während der Korea-Krise 1950 und 1951 stand die Idee im Vordergrund, eine Art Mobilmachungsarmee aus dem Boden zu stampfen. Maßgebliche amerikanische Militärs wie beispielsweise der Stellvertretende Hohe Kommissar, General Hays, alarmierten ihre deutschen Gesprächspartner mit der Warnung, der dritte Weltkrieg stehe bevor, man müsse sofort mit der Aufstellung von Truppen beginnen. Als der Krieg aber weder 1950 noch im Winter 1950/51 ausbrach, betrachteten viele Planer 1952 als kritisches Jahr.

Eine solche Mobilmachungsarmee hätte weitgehend aus Frontsoldaten des Zweiten Weltkrieges aufgebaut werden können, von denen damals viele arbeitslos waren oder jedenfalls den festen Grund und Boden eines bürgerlichen Berufs noch nicht unter den Füßen hatten. Die jüngsten Unteroffiziere und Leutnante, die gegen Kriegsende noch ihre Ausbildung erfahren hatten, waren damals etwa Mitte Zwanzig, der vielgeprüfte Jahrgang 1922 erst 28 Jahre alt! Vergleichsweise jung war auch die Generation der Stabsoffiziere. Oberst Graf Kielmansegg, von Anfang an einer der einflußreichsten Planer, und Major Graf Baudissin, der bald maßgeblich das Konzept der »Inneren Führung« ausarbeitete, waren gerade erst 43 Jahre alt. Die später rangältesten Offiziere der Bundeswehr – die Generale Speidel und Heusinger – standen im 53. Lebensjahr.

Eine »Bundeswehr 1951« wäre also eine Armee mit einem jungen, kriegserfahrenen, auch entsprechend selbstbewußten Offizierskorps und einem gleichfalls kriegserfahrenen, aber noch nicht voll aufs Zivilleben eingestellten Unteroffizierskorps sowie entsprechenden Mannschaften gewesen. Was dies für den Geist der Truppe bedeutet hätte, ist schwer einzuschätzen. Die bruchlose Eingliederung in die bürgerliche Gesellschaft hätte aber wahrscheinlich nicht so vergleichsweise problemlos erfolgen können, wie das dann tatsächlich der Fall war.

Diese Truppen wären von Amerikanern und Briten größtenteils mit eingemottetem Gerät des Zweiten Weltkrieges ausgerüstet worden. Nach den in der »Himmeroder Denkschrift« entwickelten Vorstellungen hätte jede dieser zwölf Panzer-Divisionen in Erwartung des kommenden Krieges in Zelt- und später Barackenlagern untergebracht werden müssen – jeweils etwa 20000 Mann und rund 5000 Kraftfahrzeuge in einem Camp. Somit hätte sich mit einer Verzögerung von fünf bis sechs Jahren doch noch die Erwartung erfüllt, von der mancher höhere deutsche Offizier im Frühjahr 1945 geträumt hatte: die deutsche Armee des Zweiten Weltkrieges Seite an Seite mit den Westalliierten gegen die Sowjetunion!

Doch dazu kam es nicht. Statt dessen drehte sich die internationale und die innenpolitische Diskussion über vier Jahre lang um das Ob eines deutschen Verteidigungsbeitrages sowie um die Frage, in welchen internationalen Rahmen deutsche Streitkräfte gegebenenfalls eingebaut werden sollten. Dementsprechend wurde auch die Energie der deutschen Planer bis zum Jahr 1954 von der komplizierten Aufgabe in Anspruch genommen, deutsche Kontingente für eine Europäische Verteidigungsgemeinschaft vorzubereiten. Erst im Herbst 1954 hatte sich die NATO-Lösung durchgesetzt. Dies bedeutete aber, daß nun erneut eine komplette Wehrmacht geplant werden mußte. Aus den zwölf Panzer-Divisionen wurde die für moderne

1955 wurde die Bundesrepublik ein souveräner Staat. Zu den wesentlichen Attributen der Souveränität ge-hörten auch deutsche Streitkräfte.

Armeen übliche Mischung von Panzer- und motorisierten Divisionen, ergänzt um jeweils zwei Gebirgs- und Luftlandebrigaden, sowie eine Luftwaffe von Schlachtflieger-, Jäger- und Aufklärergeschwadern und eine Küstenschutzmarine.

Zwar mußten die Planer in der Bonner Ermekeil-Kaserne jetzt nicht mehr wie die von Adenauer im Jahr 1950 herangezogenen Offiziere befürchten, nach dem Gesetz Nr. 16 der Hohen Kommission vom 19. Dezember 1949 wegen geheimer militärischer Betätigung gegebenenfalls zu lebenslänglicher Freiheitsstrafe verurteilt zu werden. Aber obwohl die vorbereitenden Arbeiten für einen deutschen Wehrbeitrag seit Anfang 1951 legalisiert waren, hatte die politische Führung bis zur endgültigen Ratifizierung der Westverträge im Frühjahr 1955 alle konkreten Maßnahmen, die über eine reine Planung hinausgingen, strikt untersagt. Niemand wollte durch vorzeitiges Ingangsetzen der Maschinerie den Vorwurf riskieren, der Bundesrepublik könne es gar nicht schnell genug gehen, bis sie zu einer neuen Wehrmacht komme. Dies hätte, so meinte man da-

mals, die Ratifikation in Paris möglicherweise gefährdet. Das führte dazu, daß vordringliche Maßnahmen wie die Erstellung von Personalunterlagen, Kasernenbau, Einrichtung von Truppenschulen, Prüfung von Rüstungsgerät oder Schulung spezialisierter Ausbilder nicht in Gang gesetzt werden konnten. Als der Startschuß endlich gefallen war, sollte aber dann alles doppelt schnell gehen.

Die Planer im Amt Blank rechneten ursprünglich mit einer für Wehrgesetzgebung, Kasernenbau und ähnliche Maßnahmen erforderlichen Vorlaufzeit von 18 Monaten bis zur Aufstellung der ersten Einheiten. Vier weitere Jahre waren dann für die Aufstellung aller zwölf Divisionen vorgesehen. Im Mai 1955 begann aber Adenauer angesichts der neuen Bewegung, die damals in die Ost-West-Beziehungen gekommen war, plötzlich zu drängen. Blank ließ sich jetzt dazu bewegen, der NATO die Aufstellung von 500 000 Mann in drei Jahren ohne Vorlauf in Aussicht zu stellen. Bis 1. Januar 1959 sollten zwölf Heeresdivisionen voll ausgerüstet und ausgebildet bereitstehen, bis 1. Januar 1960 auch die Luftwaffe mit 80 000 Mann und eine Marine mit 20000 Seeleuten. Aber was unter politischen Gesichtspunkten geboten erschien, erwies sich in praktischer Hinsicht als schwerer Planungsfehler. Alles kam jetzt durcheinander. Nicht nur der geordnete Aufbau der Bundeswehr wurde ein Opfer dieser Entscheidung des Kanzlers, sondern auch Bundesverteidigungsminister Blank, der als Ressortchef die Verantwortung zu tragen hatte und im Herbst 1956 gehen mußte.

Inzwischen war auch die Aussicht, in großem Umfang auf ein ausgebildetes Offizierskorps und entsprechende Unterführer zurückgreifen zu können, immer mehr geschwunden. 1955 und 1956 erwischte man, wie ein maßgebender Generalstäbler jener Jahre formulierte, gerade noch den letzten Zipfel dieser Jahrgänge, die größtenteils schon voll ins Zivilleben integriert waren.

Eine weitere Schwierigkeit kam hinzu. Seit 1950 vollzog sich in den westlichen Armeen eine waffentechnische Revolution. Die Entwicklung ging damals so rasant vor sich, daß die deutschen Offiziere den Eindruck hatten, ein Jahr bringe jetzt so viele Neuerungen wie früher zehn Jahre.

An die Ausrüstung mit Gerät aus dem Zweiten Weltkrieg war nun nicht mehr zu denken. Die seit Mitte der fünfziger Jahre aufzustellende Bundeswehr mußte aus diesem Grund auch erheblich kostspieliger werden als die in den Anfängen des Koreakrieges konzipierten Streitkräfte, und die Ausbildung der Ausbilder wurde immer deutlicher zu einem Zentralproblem.

Hinzu kam, daß man wieder in einer Friedensgesellschaft lebte. Der Arbeitsmarkt war ziemlich leergefegt. Wollte man tüchtigen Nachwuchs für die Bundeswehr gewinnen, mußte man diesem in jeder Hinsicht ansprechende Lebensbedingungen bieten – Baracken kamen nicht mehr in Frage. Damit wurde der Kasernenbau zum eigentlichen Flaschenhals bei der Aufstellung der Streitkräfte. Er durfte aber nicht vor der Ratifikation beginnen, und danach setzten erst die Schwierigkeiten mit den Länder- und Gemeindeverwaltungen ein.

Die für den Aufbau der Streitkräfte Verantwortlichen sahen sich jetzt zwischen zwei Feuern. Einerseits wußten sie, daß dieser auf lange Sicht und damit überlegt betrieben werden mußte. Die eben eingetretene Entspannung schien durchaus eine Atempause zu gewähren, die Improvisationen unnötig erscheinen ließ. Andererseits aber sahen sie sich dem ungeduldigen Drängen des Kanzlers ausgesetzt, der immer noch befürchtete, die Entwicklung werde vielleicht doch noch zu einer Quasi-Neutralisierung Deutschlands führen, und der deshalb möglichst schnell vollendete Tatsachen schaffen wollte.

Was leicht vorauszusehen war, trat ein. Es zeigte sich, daß stürmischer politischer Wille die organisatorischen Engpässe nicht einfach beseitigen konnte. Die Stunde der Wahrheit kam im Herbst 1956. Damals führten der stockende Kasernenbau und andere Mangelerscheinungen zu einer echten Krise, so daß Hals über Kopf ein längerer Einstellungsstopp verfügt werden mußte. Dies war aber nur der Tiefpunkt von Schwierigkeiten, die von Anfang an in aller Öffentlichkeit sichtbar wurden und im In- und Ausland zu vielen spöttischen Kommentaren über die mangelnde Effizienz der neuen Generation deutscher Militärplaner Anlaß gaben.

Der größte Teil der erforderlichen Vorlaufzeit wurde für die Wehrgesetzgebung gebraucht. Auch diese Aufgabe konnte erst nach vollzogener Ratifizierung in Angriff genommen werden. Nach den Jahren der Planung durch die Exekutive kam jetzt die Stunde des Parlaments. Damit rückte für ein gutes Jahr eines der klassischen Probleme deutscher Parlamentsgeschichte ins Zentrum der Bonner Politik: die Einordnung der Streitkräfte in den Verfassungsstaat.

Daß die Reichswehr während der Weimarer Republik ein »Staat im Staate« gewesen war, gehörte zum elementaren zeitgeschichtlichen Bildungswissen aller damaligen Politiker und Publizisten, welcher politischen Couleur sie auch angehörten. Sozialdemokraten, ehemalige Zentrumspolitiker und Liberale erinnerten sich noch gut an das Scheitern des Versuchs, die konservative Armee für die Demokratie zu gewinnen. Allerdings hatte es auch Adolf Hitler nicht ganz vermocht, das Offizierskorps in seinen nationalsozialistischen Staat einzuschmelzen. Das war nicht nur die Folge der monarchistischen Orientierung, die in der Weimarer Republik noch spürbar war. Im deutschen Offizierskorps hatte sich ebenso wie in der hohen Beamtenschaft bis zum Zusammenbruch 1945 eine starke Kernsubstanz preußischer Staatsgesinnung erhalten, an der die Parteipolitik vielfach ebenso abprallte wie die Erwartung, eine Armee müsse sich zur Gesellschaft hin öffnen.

Was seither in den Köpfen der ehemaligen Berufsoffiziere, auf die man beim Aufbau der neuen Streitkräfte zurückgreifen mußte, vorgegangen war, wußte man in Politik und Öffentlichkeit nicht genau zu sagen. Ihr Korpsgeist war offensichtlich noch ziemlich intakt. Das hatte sich gleich zu Beginn der Diskussion über die Aufstellung deutscher Streitkräfte gezeigt. Unüberhörbar und durchaus mit Erfolg hatten die ehemaligen Generale die Westalliierten veranlaßt, erst einmal die Diskriminierung des deutschen Soldaten zu widerrufen und schuldlos als Kriegsverbrecher verurteilte Kameraden zu entlassen. Eisenhower hatte sich bei einer Begegnung mit Speidel und Heusinger im Januar 1951 zu einer mündlich abgegebenen, aber nicht veröffentlichten Ehrenerklärung bereitgefunden, in der er feststellte: »Der deutsche Soldat hat für seine Heimat tapfer und anständig gekämpft. Wir wollen alle für die Erhaltung des Friedens und für die

Menschenwürde in Europa, das uns allen ja die Kultur geschenkt hat, gemeinsam eintreten.«

Kampf für die Werte des alten Europa und Antikommunismus – von dieser Grundeinstellung ließen sich die Offiziere wohl weitgehend leiten, jedenfalls unter den gegebenen Umständen. Nachdem sie jahrelang unter Verfemung gelitten hatten, war ihre Bereitschaft ziemlich glaubhaft, mit den früheren westalliierten Gegnern erst in der EVG, dann im NATO-Rahmen fachmännisch zusammenzuarbeiten. Natürlich zeigten die alliierten Militärs gegenüber den deutschen Standeskollegen meist größere Unvoreingenommenheit als die westlichen Politiker. Es gab somit einigen Grund zur Erwartung, daß die militärische Elite statt wie früher in Staat und Nation nunmehr in der demokratischen Grundordnung und in der westlichen Gemeinschaft die höchsten Werte erkennen würde. Sofern ehemalige Offiziere in den Streitkräften wieder etwas werden wollten, empfahl sich das freilich auch. Deutsche Offiziere hatten im 20. Jahrhundert lernen müssen, daß auch in ihrer Zunft ohne Bereitschaft zur Anpassung an die politischen Gegebenheiten nicht durchzukommen war. So wurde nun mancher Offizier zum vorbildlichen Demokraten, obschon er früher anders gedacht und geredet hatte.

Eben diese pragmatische Einstellung wurde allerdings von den Reformern kritisiert, die sich seit 1951 um Wolf Graf Baudissin sammelten, der in der Ermekeil-Kaserne ein Referat »Inneres Gefüge« aufbaute, das später zur Unterabteilung »Innere Führung« ausgeweitet wurde. Baudissins Forderungen waren auf einen hohen ethischen Ton gestimmt. Die neue Armee dürfe gerade nicht von angepaßten Kriegstechnikern geführt werden. Ein ganz neuer Geist sei jetzt vonnöten, in dem die edelsten Gedanken der preußischen Reformer mit den wissenschaftlichen Erkenntnissen moderner Menschenführung und den Erfordernissen pluralistischer Demokratie eine ideale Verbindung eingehen sollten. Eine auf unreflektierten Gehorsam festgelegte Armee erschien als Widerspruch zu einer Demokratie mündiger Bürger. Der neue Soldat sollte sich demgegenüber durch freiwilligen Einsatz aus Einsicht in das sachlich Gebotene und das moralisch Richtige leiten lassen. Mit Nachdruck wurde dabei auch auf die

Erfordernisse einer technischen Armee abgehoben, bei der es auf Kooperation, gutes Betriebsklima, Selbstdisziplin, Intelligenz und Einsatzbereitschaft ankomme. Formaldienst alter Art war abzulehnen.

In diesem Zusammenhang spielte natürlich die Auseinandersetzung mit der jüngsten Vergangenheit der Armee eine zentrale Rolle. Die institutionalisierte Dauerreflexion über das Problem der Reichswehr in der Weimarer Republik, über den 20. Juli, über die Nürnberger Prozesse und über das Wesen der ideologischen Auseinandersetzung zwischen freier Welt und Kommunismus schien ebenso wichtig wie der Unterricht in Taktik oder Waffenkunde.

Konservative preußische Staatsgesinnung sollte mit preußischem Reformertum ausgetrieben werden. Während General von Seeckt, in der Hegelschen Denktradition stehend, der Reichswehr eingeimpft hatte, daß sie nur dem Staat zu dienen, sich aber von jeder Parteipolitik fernzuhalten habe, wurde hier auf Scharnhorst und Gneisenau zurückgegriffen. Für Scharnhorsts Idee, »Armee und Nation inniger zu vereinen«, prägte Baudissin den Begriff

»Staatsbürger in Uniform«. In den neuen Streitkräften sollte es humaner zugehen als unter den Bedingungen des Krieges. Die Einschränkung der Grundrechte müsse auf ein funktionsnotwendiges Minimum beschränkt werden.

Das neue Leitbild brachte aber nicht nur abwehrende, sondern auch gestaltende Intentionen zum Ausdruck. Vom Soldaten allgemein, ganz besonders aber vom Offizier solle eine idealistische Grundeinstellung aktiver Teilnahme am politischen Leben der Demokratie erwartet werden. Intensive Bemühungen um politische Bildung innerhalb der Streitkräfte müßten auf dieses Ziel gerichtet sein. Praktisch lief das auf die Forderung nach einer Armee hinaus, in der die verschiedenen parteipolitischen Strömungen vertreten sein sollten. Die Streitkräfte als Spiegelbild der Gesellschaft in ihren politischen Widersprüchen – dieses Konzept schien die beste Garantie gegen die einseitige Inanspruchnahme der Armee durch nur *ein* politisches Lager. Die dadurch hervorgerufenen Spannungen müßten durch Bereitschaft zu fairer Diskussion aufgefangen werden.

Das Stichwort, unter dem dies alles subsumiert wurde, lautete »Innere Führung«. Dieser Begriff war glücklich gewählt, weil er so unpräzise war und sich deshalb hervorragend dazu eignete, eine Vielzahl recht heterogener Neuerungen als gedankliche Einheit erscheinen zu lassen. Er erlaubte in der Praxis der Durchsetzung des Neuen auch die unerläßlichen bürokratischen Kompromisse.

Tatsächlich war längst nicht alles neu, was hier gefordert wurde. Altbekannte Wahrheiten wurden in attraktiver Verpackung vorgestellt, freilich zugleich auch mit Ideen verbunden, die vorwiegend im Lager der Linksliberalen hoch geschätzt wurden: Mündigkeit, Selbstverwirklichung, Abbau von hierarchischen Befehlsverhältnissen, Primat der Individualrechte, rationale Diskussion über möglichst alles und jedes, Unterwerfung des Staates unter die pluralistische Gesellschaft und bedingungslose Friedensliebe.

Was ein Jahrzehnt später unter dem Stichwort »Demokratisierung« die politische Diskussion bestimmte, ist – wenn auch vorsichtiger artikuliert – schon

Er prägte den Begriff »Staatsbürger in Uniform«: Wolf Graf Baudissin, der im Amt Blank seit 1951 das Referat »Inneres Gefüge«, die spätere Unterabteilung »Innere Führung«, aufbaute (S. 290).

So wie in dem Film »08/15« nach dem Roman von Hans Hellmut Kirst sollte es in der Bundeswehr nicht zugehen. Nicht Drill, sondern Einsatz aus Einsicht forderten die Reformer um Graf Baudissin vom neuen Soldaten.

Mitte der fünfziger Jahre in bezug auf die Streitkräfte in unendlichen Akademiegesprächen und grundsätzlichen Stellungnahmen erörtert worden. Die besondere Natur der bewaffneten Macht und der Umstand, daß die SPD damals in der Opposition war, verhinderten allerdings ein Überborden der reformerischen Ideen. Vieles mußte behutsam verhüllt, den Machtverhältnissen angepaßt und in kompromißfähiger Formulierung vorgetragen werden. Wer genauer hinhörte, merkte aber, daß es dabei um Grundsätzliches ging. Was die Reformer forderten, war letzten Endes die Unterwerfung auch des innersten Kerns alter Staatlichkeit unter den Anspruch einer bürgerlichen Gesellschaft, die pluralistisch war, sich nach Ruhe und Frieden sehnte, individueller Wohlbefindlichkeit den höchsten Stellenwert einräumte und möglichst niemandem mehr gehorchen wollte.

Die Konservativen in der Dienststelle Blank und später in den Streitkräften, aber auch in der Öffentlichkeit, spürten dies durchaus. Sie waren, wie es ein amerikanischer Beobachter damals formulierte, der Auffassung, »daß eine Wehrmacht, die fünf Jahre hindurch fast der ganzen Welt standgehalten hatte, gut genug sei«. Sie merkten auch genau, daß es im Grunde um die Frage ging, ob die Armee auf den Ernstfall des Krieges hin ausgebildet werden sollte oder auf die Bedürfnisse der demokratisch verfaßten bürgerlichen Gesellschaft. Aber grundsätzlicher Widerspruch blieb selten. Als es an die Umsetzung der Planung in organisatorische Gestaltung ging, hatte sich die Idee der »Inneren Führung« sowohl bei der politischen Spitze des Hauses wie auch im Parlament voll durchgesetzt, wennschon dann die praktischen Erfahrungen zeigten, daß die Realität dem hohen Anspruch nur recht unvollkommen gerecht werden konnte.

Wesentlich war in der Planungs- und Aufbauphase in erster Linie, daß das Amt Blank und später das Bundesverteidigungsministerium damit eine gut formulierte Hausideologie besaßen, die in vielfacher Hinsicht legitimierend und integrierend wirkte.

Indem Baudissin das Konzept einer primär an innenpolitischen Erfordernissen und weniger an der Realität des Krieges orientierten Armee in der Sprache der preußischen Reformer artikulierte, baute er

den Traditionalisten eine goldene Brücke. Praktisch wurde das harte, auf das Überleben des Staates gerichtete preußische Dienst- und Pflichtethos zugunsten von humanitär-eudämonistischen Zielen seiner Inhalte entleert, aber die Sprache des deutschen Idealismus der Reformära verhüllte dies. Die Öffentlichkeit, in der sich die materialistischen und individualistischen Wertvorstellungen bereits auf breiter Front durchzusetzen begannen, hörte aber mit feinen Ohren heraus, daß die künftige Bundeswehr etwas Bequemeres und Ungefährlicheres sein würde als die früheren deutschen Armeen.

So schien die Idee der »Inneren Führung« allen das zu geben, was sie erwarteten. Den Traditionalisten vermittelte sie die Illusion, am Aufbau einer Armee mitzuwirken, in der die alten Werte des Dienstes und der Pflichterfüllung weiter in Kraft blieben. Den Bürgern wurde gesagt, daß es künftig auch in der Truppe zivil zugehen werde. Die Sozialdemokraten und Gewerkschaften konnten hoffen, auch mit ihren Wertvorstellungen zum Zuge zu kommen. Selbst kritische Christen wurden durch die moralisch anspruchsvollen Ziele mit der bedenklichen Realität einer staatlichen Tötungsmaschinerie versöhnt. Und die politische Führung durfte erwarten, daß ein von diesem Geist durchdrungenes Offizierskorps ihren Primat nicht anfechten würde.

Die Wehrgesetzgebung

Die Politiker wollten jedoch nicht vertrauensvoll darauf warten, bis sich die Ideen der Reformer beim Militär durchsetzen würden. Von der CDU/CSU bis zu den Sozialdemokraten zeigte man sich entschlossen, die Streitkräfte einer engmaschigen Kontrolle zu unterwerfen. Föderalisten, die sich an den preußischen Militarismus erinnerten, ehemalige Zentrumspolitiker, Liberale und Sozialdemokraten waren übereinstimmend der Auffassung, die neue Armee dürfe nicht wieder zum »Staat im Staate« werden. Die Meinungen darüber, wie man dies erreichen konnte, gingen allerdings auseinander. Adenauer vertrat im großen und ganzen die Auffassung, daß dem Primat der Politik Genüge getan sei, wenn die Armee der Regierungskontrolle voll unterliege und man außerdem dafür Sorge trage, nur solche Offiziere in Spitzenstellungen zu berufen, die sich mit dem Kurs der Westbindung identifizierten. Blank dachte ähnlich, wollte aber mit den Prinzipien der »Inneren Führung« ein weiteres Sicherheitsinstrument einbauen.

Demgegenüber herrschte im Bundestag quer durch die Fraktionen die Auffassung vor, daß politische Kontrolle in erster Linie parlamentarische Kontrolle bedeute. Am lautesten verlangten selbstverständlich die Sozialdemokraten danach. Ihr wehrpolitischer Sprecher Fritz Erler ging in die Beratungen mit dem in sich geschlossenen Konzept einer Parlamentsarmee hinein. Kernpunkte seiner Vorstellungen waren: Aufgliederung des Oberbefehls, um nicht alle militärischen Machtbefugnisse in einer Hand zu vereinigen; Institutionalisierung der Parlamentskontrolle durch einen Parlamentsausschuß im Rang eines Verfassungsorgans; Sonderstellung des Verteidigungsministers gegenüber dem Deutschen Bundestag; Einsetzung eines Wehrbeauftragten des Parlaments nach schwedischem Vorbild zum Schutz des »Staatsbürgers in Uniform«; Überprüfung der ersten Bewerbungen für den Dienst in den Streitkräften durch einen von der Regierung unabhängigen Personalausschuß; Einsetzung eines überparteilichen Bundesverteidigungsrates.

Diese Forderungen brachten die politischen Interessen der Opposition ebenso zum Ausdruck wie ihre innere Gespaltenheit in der Frage des Wehrbeitrages. Starkes Gewicht des Parlaments insgesamt bei Aufbau und Kontrolle der Bundeswehr mußte den Sozialdemokraten naturgemäß Einflußmöglichkeiten eröffnen, die beim Modell einer rein regierungsseitigen Kontrolle nicht gegeben waren. Ihre Sorge, daß sich die CDU/CSU, gestützt auf konservative Offiziere, eine Parteiarmee aufbauen könne, war beträchtlich. Andererseits hatten die bereits Anfang 1954 ziemlich genau ausgearbeiteten Vorstellungen von einer Art Parlamentsarmee auch den Zweck, die in der Wiederbewaffnungsfrage noch zögernde Mehrheit der SPD auf den Grundsatz der Mitwirkung beim Aufbau der Streitkräfte mit dem Argument festzulegen, daß wehrpolitische Abstinenz allein der Regierung zugute komme. In der Tat ist es Erler dank seines klaren Konzepts auch gelungen,

den Gang der Wehrgesetzgebung im Sinne seiner Vorstellungen stark zu beeinflussen.

SPD-Parlamentarier wie Erler, Helmut Schmidt und Karl Wienand, die dem Aufbau der Bundeswehr grundsätzlich positiv gegenüberstanden, merkten aber rasch, daß auf seiten der CDU/CSU-Fraktion aus recht unterschiedlichen Motiven gleichfalls die Neigung groß war, bei der Wehrgesetzgebung die Möglichkeiten parlamentarischer Gestaltung voll auszuschöpfen. Auch dort gab es Abgeordnete, wie etwa den einflußreichen Vorsitzenden des Bundestagsausschusses für Fragen der europäischen Sicherheit, Richard Jaeger, die eine Wiederkehr des preußischen Militarismus um jeden Preis zu verhindern wünschten und in strikter parlamentarischer Kontrolle dafür das beste Mittel sahen. Bei Jaeger und anderen in zivilen Kategorien denkenden CDU/CSU-Abgeordneten spielten die Erfahrungen mit der Wehrmacht im Zweiten Weltkrieg ebenso eine Rolle wie süddeutsch-föderalistische Überzeugungen.

Hinzu kam, daß die CSU in Franz Josef Strauß von Anfang an über eine durchsetzungswillige Persönlichkeit verfügte, die sich zur Leitung des künftigen Verteidigungsministeriums berufen fühlte. Viele Schwierigkeiten, denen sich Theodor Blank in der eigenen Fraktion und im Bundestag insgesamt gegenübersah, gingen auf Strauß zurück.

Bereits während der Regierungsbildung von 1953 hatte sich die CSU unter dem Einfluß von Strauß bemüht, einen maßgebenden Anspruch auf das Verteidigungsministerium geltend zu machen. Sie war dabei auf den energischen Widerstand Adenauers gestoßen, der an Blank festhielt.

Die entscheidende Besprechung zwischen dem Kanzler, Globke, von Brentano, Schäffer und Strauß hatte zu einem unklaren Kompromiß geführt, der alsbald vom Kanzler und der CSU unterschiedlich ausgelegt wurde und von dem ein jahrelanges Tauziehen seinen Ausgang nahm.

Die CSU behauptete, Adenauer habe ihr bei dieser Besprechung zugesagt, falls die FDP vier Ministerposten erhalte – wozu es tatsächlich kam –, könne sie neben den drei CSU-Ministern im später zu errichtenden Verteidigungsministerium den ersten oder zweiten Mann stellen. Auf Drängen Globkes

Anfang Oktober 1950 hatten die Generale Speidel, Heusinger und Foertsch dem Kanzler auf dessen Wunsch hin ein Konzept für einen deutschen Wehrbeitrag unterbreitet. Doch fünf Jahre vergingen, bis Verteidigungsminister Blank (links mit General Speidel) am 12. November 1955 den ersten Freiwilligen der Bundeswehr ihre Ernennungsurkunden überreichen konnte.

habe die CSU allerdings erklärt, daß damit die spätere Ernennung Blanks zum Verteidigungsminister weder präjudiziert noch ausgeschlossen sei.

Adenauer interpretierte den Hergang und das Ergebnis der Besprechung ganz anders. Er habe sich lediglich dazu bereit erklärt, der CSU den zweiten Mann im Verteidigungsministerium zuzugestehen. Allem Anschein nach hatte er aber Bedenken gegen einen zweiten Minister im Verteidigungsbereich, doch auch gegen die Einrichtung eines parlamentarischen Staatssekretärs. Er war nur bereit, der CSU Einfluß auf die Personalpolitik des Verteidigungsministeriums einzuräumen. Das richtete sich gegen Strauß, der für den Fall der Ernennung Blanks eine Aufgliederung des gesamten Verteidigungsbereichs unter zwei Minister am liebsten gesehen hätte. Offenbar fand er dabei die Unterstützung des CSU-Vorstandes. Dieser stellte am 7. November 1953 ausdrücklich fest, die Zusage, einen CSU-Parlamentarier mit Kabinettsrang an erster oder zweiter Stelle ins Verteidigungsministerium zu berufen, sei die Voraussetzung für den Eintritt ins Kabinett gewesen. Die Bonner CSU-Freunde sollten unbedingt daran festhalten.

So tickte bei den ohnehin schon komplizierten Fragen der politischen Kontrolle über die Bundeswehr immer auch die Drohung einer Koalitionskrise zwischen CDU und CSU wie eine Zeitbombe im Gebälk. Solange Blank Wehrbeauftragter und später Verteidigungsminister war, zeigte sich die CSU bestrebt, seine Zuständigkeiten einzuengen. Dementsprechend hat sie auch in der maßgeblichen Mitsprache des Parlaments eine gute Sache gesehen.

Doch war bei der CDU/CSU auch die Meinung weitverbreitet, daß eine neue Armee nicht ohne oder gar gegen die Sozialdemokraten und die Gewerkschaften aufgebaut werden könne. Eine gewisse Kompromißbereitschaft gegenüber dem Konzept einer Parlamentsarmee erschien unerläßlich. Und nachdem der Kanzler die Fraktion in Zentralfragen der Außenpolitik immer wieder überfahren hatte, genoß sie es, nunmehr in einem Schlüsselbereich der Gesetzgebung endlich einmal ihren Willen zur Geltung bringen zu können.

Am soldatenfreundlichsten waren damals die Freien Demokraten. Ihrer Fraktion gehörten seit 1953 verschiedene frühere Berufsoffiziere an, und sie neigten auch von ihrer allgemeinen Orientierung her dazu, an die alten Traditionen anzuknüpfen. Allerdings verfolgten sie gleichfalls Sonderziele. Sie forderten für ihren Bundespräsidenten Heuss den Oberbefehl und wollten damit sowohl diesem wie auch sich selbst mehr Einfluß sichern.

Adenauer spürte den rebellischen Geist, der ihm in der Fraktion wie im gesamten Bundestag entgegenschlug. Er gab zwar frühzeitig zu erkennen, daß er für den Bundeskanzler nicht nach dem Oberbefehl strebe und sträubte sich auch nicht dagegen, die Grundzüge der Wehrverfassung in einem verfassungsändernden Gesetz festzulegen. Aber zugleich hielt er an dem Vorrang der Regierungskontrolle fest. In den Fragen des Oberbefehls und der Stellung des Verteidigungsministers war vor allem die CDU-Fraktion keinesfalls bereit, etwa den Oberbefehl an den Bundespräsidenten gehen zu lassen oder eine Sonderstellung des Bundesverteidigungsministers gegenüber dem Bundestag hinzunehmen.

So stand es um die Grundsatzpositionen zu Beginn der parlamentarischen Beratungen, als das überraschende Vorprellen des Kanzlers in der Frage des Freiwilligengesetzes zu einer Situation führte, in der die Stellung der Regierung entscheidend geschwächt wurde. Ein Jahr lang ergab sich eine in der deutschen Verfassungsgeschichte einzigartige Situation: Nicht die Regierung spielte bei den Streitkräften die erste Geige, sondern das Parlament, wobei sogar die Unterschiede zwischen Regierung und Opposition zeitweise verwischt wurden.

Adenauer konnte zwar gute Gründe anführen, weshalb er Ende Mai 1955 darauf bestand, noch vor

Ablauf des Jahres müsse wenigstens ein symbolisches Freiwilligenkontingent unter den Fahnen stehen.

Aber die Art und Weise, wie das Ganze in Gang gesetzt wurde, erweckte überall den Verdacht, daß der Kanzler wieder einmal unter Berufung auf eine besonders ernste außenpolitische Lage drauf und dran war, den Bundestag zum Instrument seines autoritären Willens zu machen. Wenn ausgerechnet die ersten Kader im Schnellverfahren aufgestellt würden, dann drohte genau jene sorgfältige Absicherung der politischen Kontrolle verlorenzugehen, an der den Abgeordneten doch von Anfang an so viel gelegen war!

Beim Bundesrat und im Bundestag kam es zu einem Aufstand, als der Kanzler den parlamentarischen Körperschaften ein drei kurze Paragraphen umfassendes Blitzgesetz zuleitete. Es war zwischen dem 23. und 25. Mai auf Weisung Adenauers im Bundeskanzleramt ausgearbeitet worden und sollte erlauben, bis Frühjahr 1956 genügend Freiwillige als Ausbilder und für Stabspositionen einzustellen. Der Bundesrat bezweifelte, daß dem Bund ohne Verfassungsänderung Kompetenzen bei Wehrverfassung und Wehrverwaltung zustünden. Ollenhauer sprach von einem »totalitären Gesetz«. Aber auch die Regierungsfraktionen waren nicht gesonnen, die Einberufung von Freiwilligen zu genehmigen, bevor

Ritter Konrad:
»Nanu, die haben doch sonst
immer gleich kapituliert.«

nicht die Grundzüge der Wehrverfassung festgelegt waren. Eine stattliche Parlamentsmehrheit nutzte nun das verunglückte Blitzgesetz, um darin ihre Forderung nach einem Organisationsvorbehalt des Bundestages bezüglich der Spitzengliederung des Verteidigungsministeriums festzuschreiben. Vergeblich versuchte die Regierung, unter Berufung auf ihre Organisationsgewalt dem zu widerstehen; wenn sie Freiwillige wollte, mußte sie auch diesem Wunsch des Parlaments nachkommen.

Die »große Wehrkoalition«, die sich in diesen Tagen für einige kurze Monate herausbildete, führte sogar zu einem aufgrund interfraktioneller Initiative zustande gekommenen Gesetz über die Bildung eines Personalgutachterausschusses. Übereilt zusammengehauen wie die heftig kritisierte Freiwilligenvorlage des Kanzlers war freilich auch dieses Gesetz über den Personalgutachterausschuß. Es übertrug einem weisungsfreien, im Benehmen von Regierung und Bundestag zu benennenden Gremium, in dem Zivilisten aller politischen Richtungen sowie ältere Offiziere vertreten waren, weitgehende Vollmachten zur Überprüfung der persönlichen Eignung aller Bewerber für Spitzenpositionen in den Streitkräften. Kein Bewerber um eine Position vom Range eines Oberst an aufwärts durfte ohne die Zustimmung dieses Komitees eingestellt werden.

Nach Lage der Dinge führte beim Aufbau der Bundeswehr kein Weg an einem Personalgutacherausschuß vorbei. Die Parlamentarier erinnerten sich noch gut daran, welche Erfahrungen man Anfang der fünfziger Jahre beim Wiederaufbau des Auswärtigen Amtes gemacht hatte. Dort war es nicht zuletzt aufgrund des Korpsgeistes der einstigen Beamten der Wilhelmstraße zur Einstellung einer Reihe politisch belasteter Diplomaten gekommen, die später nur mit Mühe wieder entfernt werden konnten. Ebenso wurde in der Öffentlichkeit verschiedentlich der Verdacht geäußert, daß im Amt Blank eine gewisse Cliquenwirtschaft herrsche, die jetzt, da die Streitkräfte in voller Breite aufgebaut werden mußten, nicht mehr zu tolerieren sei. Bei dem allgemeinen Mißtrauen gegen das frühere Offizierskorps kam es auch nicht in Frage, die politische Unbedenklichkeit allein durch einen Ehrenrat geachteter ehemaliger Offiziere überprüfen zu lassen.

Die Mängel lagen also nicht in der Institution als solcher. Sie verwirklichte schließlich nur, und zwar zum ersten- und letztenmal, den in der Diskussion über die Reform des öffentlichen Dienstes häufig befürworteten Gedanken unabhängiger Einstellungskommissionen. Anstößig war vielmehr das Verfahren, zu dem das unüberlegte Gesetz die Handhabe bot und das vom Ausschuß dann praktiziert wurde. Dieser machte von dem ihm übertragenen Recht, sich ganz nach eigenem Ermessen eine Geschäftsordnung zu geben, vollen Gebrauch und legte dabei fest, daß gegen seine Entscheidungen keine Revision möglich sei. Nicht einmal die Entscheidungsgründe mußten den Bewerbern oder dem Verteidigungsminister mitgeteilt werden.

Nach diesem mit rechtsstaatlichen Prinzipien nicht zu vereinbarenden Verfahren wurden bis Ende 1957 600 Bewerbungen überprüft und nur 500 bejaht. Trotz der Proteste Blanks lehnte der Ausschuß auch eine Reihe von Offizieren ab, die seit Jahren in der Ermekeil-Kaserne in Schlüsselpositionen tätig waren, darunter den im In- und Ausland geschätzten Oberst Fett, der unter Speidel erst die militärischen EVG-Verhandlungen in Paris geführt hatte und jetzt Chef der militärischen Planungsabteilung im Bundesverteidigungsministerium war. Die Personalgutachter ließen es sich auch nicht nehmen, in Überschreitung ihrer Kompetenzen selbst für die höchste Generalität Empfehlungen bezüglich der Verwendung auszusprechen. Beim Offizierskorps, das dazu aufgerufen war, der Bundesrepublik eine bewaffnete Macht aufzubauen, führte die Prozedur zu einer unnötigen Belastung des Klimas, und das Ansehen des Verteidigungsministers wurde weiter lädiert. Von manchen Parlamentariern war aber eben die Demütigung beabsichtigt: Die Militärs sollten ein für alle Mal zur Kenntnis nehmen, wer jetzt politisch das Sagen hatte, und Blank sollte möglichst bald seinen Sessel räumen!

Die weiteren Beratungen über die Wehrverfassung wurden durch Zerfallserscheinungen zusätzlich kompliziert, die sich seit Sommer 1955 in den kleineren Regierungsparteien bemerkbar machten. Von der BHE-Fraktion spaltete sich eine kleinere, auf die CDU hin orientierte Gruppe ab, und in der FDP spitzten sich die inneren Auseinandersetzungen weiter zu. Wollte die Regierung ihr – verfassungsrechtlich nicht zwingend gebotenes – Versprechen wahrmachen, die Wehrverfassung durch ein verfassungsänderndes Gesetz zu regeln, dann mußten nach allen Seiten hin Kompromisse gesucht werden.

Strittig war vor allem die Frage, ob der Bundesverteidigungsminister, anders als alle anderen Minister, unter Außerkraftsetzung der Kanzlerverantwortlichkeit direkter parlamentarischer Kontrolle unterworfen werden sollte, wie die SPD es wünschte. Er wäre dadurch die schwächste Figur im Kabinett geworden, und die im Grundgesetz geschaffene Gewichtsverteilung hätte hier zuungunsten des Kanzler- und Kabinettsprinzips und zugunsten der parlamentarischen Kontrolle eine Verschiebung erfahren. In diesem Punkt blieb die Regierung eisern und setzte sich auch im Bundestag durch.

Die FDP kam mit ihren von der CSU teilweise unterstützten Vorstellungen zum Oberbefehl ebenfalls nur sehr begrenzt zum Zuge. Hier blieb es bei der inzwischen eingespielten Gewichtsverteilung zwischen Regierung und Bundespräsident. Dieser erhielt lediglich, in Analogie zur Regelung bei den Bundesbeamten und Bundesrichtern, das Ernennungsrecht für die Offiziere und Unteroffiziere. Falls dem Zusammentreten des Bundestages unüberwindliche Hindernisse entgegenstünden oder bei Gefahr im Verzug, war der Bundespräsident aber berechtigt, mit Gegenzeichnung des Kanzlers und möglichst nach Anhörung der Präsidenten von Bundestag und Bundesrat das Eintreten des Verteidigungsfalls zu erklären. Im Regelfall aber lag die Feststellung des Verteidigungsfalls – von Kriegserklärung konnte gemäß Artikel 26 des Grundgesetzes nicht mehr die Rede sein – beim Bundestag.

Da der Bundeskanzler nicht daran dachte, das Verteidigungswesen wie bisher unter seiner Oberaufsicht zu halten, war das laute Warnen der FDP vor weiterer Machtanhäufung beim Kanzler nichts weiter als Kulissendonner. Der Bundesverteidigungsminister erhielt in Friedenszeiten unbeschadet der Richtlinienkompetenz des Kanzlers die Befehls- und Kommandogewalt; im Verteidigungsfall aber sollten diese Zuständigkeiten auf den Bundeskanzler übergehen. Hier orientierte man sich also am »Churchill-Modell«.

Die Zustimmung der SPD zur Verfassungsänderung wurde erkauft mit der Schaffung des Amtes eines Wehrbeauftragten des Deutschen Bundestages, mit der verfassungsrechtlichen Verankerung des Verteidigungsausschusses im Grundgesetz, wobei dieser die Rechte eines Untersuchungsausschusses erhielt, und mit der Zusicherung, daß der Einsatz der Bundeswehr im Fall eines inneren Notstands durch Verfassungsgesetz geregelt würde. Die SPD glaubte damit die Gewähr zu haben, doch relativ gründlich ins Innenleben der Streitkräfte hineinleuchten zu können. Allerdings wurde aus ihrer Sicht die Institution des Wehrbeauftragten dadurch beeinträchtigt, daß dieser mit der einfachen Mehrheit der Mitglieder des Bundestages zu bestellen war. Tatsächlich haben sich die Wehrbeauftragten später auch weitgehend auf die Überprüfung des Grundrechtsschutzes und die Fürsorge für die sozialen Belange der Soldaten beschränkt; ein politischer Arm des Bundestages zum Hineinregieren in die Armee, woran die Sozialdemokraten ursprünglich gedacht hatten, ist daraus nicht geworden.

Der Bundestag gab der neuen Armee den unverfänglichen Namen »Bundeswehr«. Die Traditionsbezeichnung »Wehrmacht«, für die sich die FDP stark gemacht hatte, wurde abgelehnt. Adenauer und Blank wären bereit gewesen, der FDP in dieser Frage entgegenzukommen.

Während sich die Bestimmungen über den Oberbefehl in der Folge im großen und ganzen bewährten, sollten sich die von der zivilen Spitze des Amtes Blank und vom Bundestag entwickelten Konzepte über die Organisation des Verteidigungsministeriums und die Spitzengliederung der Bundeswehr als ziemlich unzweckmäßig erweisen.

Schon früh hatte im Amt Blank ein erbitterter Grabenkrieg zwischen ziviler Verwaltung und Militär eingesetzt. Erstere saß am längeren Hebel; das Kabinett wie der spätere Verteidigungsminister vertraten aufgrund der Erfahrungen mit der Reichswehr die Auffassung, daß politische Kontrolle auch und in erster Linie als Kontrolle der Soldaten durch die zivile Bürokratie begriffen werden müsse. Dementsprechend zeigte sich Blank entschlossen, die Inspekteure der Teilstreitkräfte als weisungsgebundene Sachbearbeiter ohne eigene Disziplinargewalt oder militärische Kommandobefugnis in die horizontale Abteilungsgliederung des Ministeriums einzufügen. Weisungsberechtigt sollte nur der Minister beziehungsweise ein ziviler Staatssekretär sein. Auch auf die Streitkräfte sollte die Gemeinsame Geschäftsordnung der Bundesministerien (GGO) volle Anwendung finden.

Die Frage der Spitzengliederung wurde noch dadurch kompliziert, daß die Teilstreitkräfte – vor allem Luftwaffe und Marine – naturgemäß eine weitgehende Autonomie mit direktem Vortragsrecht bei der politischen Führung anstrebten. Demgegenüber traten die militärischen Spitzenberater Blanks, besonders General Heusinger, aufgrund der schlechten Erfahrungen mit der Zersplitterung bei den Teilstreitkräften im Zweiten Weltkrieg, für eine konsequente »Wehrmachts-Lösung« ein, bei der die Teilstreitkräfte der Führung der Gesamtstreitkräfte strikt untergeordnet gewesen wären.

Heusinger hatte aber auch den alten Wunsch des Militärs nicht vergessen, das militärische Personalwesen in eigene Regie zu bekommen, und unternahm im Herbst 1955 einen erfolglosen Vorstoß für eine Drei-Säulen-Konzeption – drei Teilstreitkräfte unter einer militärischen Hauptabteilung mit Zuständigkeit auch für das Personalwesen. Speidel und Heusinger richteten sogar über den Verteidigungsminister einen Brief an den Kanzler, in dem sie sich über das den Soldaten entgegengebrachte Mißtrauen bitter beklagten und darauf hinwiesen, der vom Militär freudig bejahte Primat der Politik sowie der parlamentarischen Kontrolle dürfe nicht mit einer Kontrolle durch die Beamten verwechselt werden. Schließlich gehe es doch darum, ein möglichst schlagkräftiges Instrument der Politik gegen den äußeren Feind aufzubauen.

Der Kanzler hütete sich aber, den Brief zu beantworten, denn die innenpolitische Stimmung im Jahr

Die militärischen Spitzenberater um General Adolf Heusinger (hier beim ersten Besuch des österreichischen Bundeskanzlers Julius Raab, links, neben Bundeskanzler Adenauer auf dem Bonner Bahnhof) traten für eine strikte Unterordnung der Teilstreitkräfte unter die Gesamtstreitkräfte ein.

1955 war nun einmal so, daß der Schutz der Republik vor ihren Soldaten wichtiger erschien als die effektive Verteidigung nach außen. Der Bundestag stellte sich gleichfalls voll auf den Boden der von Blank angestrebten »Integrationslösung«, entwickelte allerdings zugleich Sympathie für das Konzept von Gesamt-Streitkräften. Somit wurden die drei Teilstreitkräfte und eine Abteilung »Streitkräfte« mit sieben zivilen Abteilungen horizontal gleichgeschaltet, während daneben ein Militärischer Führungsrat aus den vier Inspekteuren als Beratungsorgan des Ministers eingerichtet wurde.

Damit hatte man sich glücklich für eine Spitzengliederung entschieden, die ein Maximum an administrativen und persönlichen Reibungsverlusten sicherstellte. Schon Strauß begann bald nach seiner Übernahme des Verteidigungsministeriums, die wenig leistungsfähige Organisation wieder umzugestalten und den Leiter der Abteilung Gesamtstreitkräfte, der zugleich als Mitglied des Militärischen Führungsrates als Generalinspekteur amtierte, mit beschränkter Weisungsbefugnis gegenüber den Abteilungen der Teilstreitkräfte auszustatten – allerdings nur im Auftrag des Ministers.

Die Umstrukturierungen zogen sich hin, bis man endlich Mitte der sechziger Jahre doch bei dem Organisationsmodell angelangt war, das den militärischen Spitzenberatern Blanks schon 1955 vorgeschwebt hatte.

Die Aufbaukrise der Bundeswehr

Die Malaise im Verteidigungsbereich war beträchtlich und wurde bald auch von der Öffentlichkeit wahrgenommen. Die meisten Schwierigkeiten beim Aufbau der Bundeswehr resultierten weitgehend aus den von Regierung und Parlament getroffenen Entscheidungen.

Organisationspannen häuften sich. Es begann damit, daß bereits für die ersten 100 Freiwilligen bei der Verpflichtung nicht genügend jener Uniformen zur Verfügung standen, deren unpraktisch-ziviler Schnitt bald eine beliebte Zielscheibe für Witzeleien bot. Die lange Dauer der parlamentarischen Beratungen, die erst im März 1956 mit der erforderli-

chen Zweidrittelmehrheit für die Wehrgesetzänderung abgeschlossen wurden, brachte die Regierung der NATO gegenüber in Verzug. Bei der Beschaffung von Übungsgelände und Unterkünften erwies sich der Föderalismus als weitere Bremse. Auch die erhofften Freiwilligen ließen auf sich warten, unter anderem deshalb, weil Bundesregierung und Bundestag nicht bedacht hatten, daß man in einem Klima wirtschaftlicher Hochkonjunktur an den Berufssoldaten schlecht ein Exempel staatlicher Sparsamkeit statuieren konnte. Nicht einmal aus dem Bundesgrenzschutz kamen genügend der dringend benötigten qualifizierten Kader. Nur 9500 BGS-Angehörige wollten der Bundeswehr beitreten.

Mit der Wehrfreudigkeit und der organisatorischen Effizienz der Deutschen war es also doch nicht mehr so weit her, wie man im Ausland teils erfreut, teils besorgt feststellte. Jedenfalls wurde deutlich, daß man schleunigst eine viel größere Zahl von Wehrpflichtigen brauchte, als ursprünglich vorgesehen war. Damit rückte seit dem Frühjahr 1956 auch die letzte der in diesem Zusammenhang wesentlichen Streitfragen in den Mittelpunkt der politischen Diskussion: Sollte die Bundeswehr eine Wehrpflicht- oder eine Berufsarmee sein?

Eigentlich war man sich im Bundestag anfänglich einig gewesen, daß schon aus innenpolitischen Gründen nur eine Armee von Wehrpflichtigen, eingefügt in die Kader von Berufssoldaten, in Frage komme. Die Reichswehr in der Weimarer Republik hatte nur deshalb zum Staat im Staat werden können, weil sie eine reine Berufsarmee gewesen war. Die Vorstellungen über das richtige Mischungsverhältnis von Wehrpflichtigen und Berufssoldaten wechselten je nach Anzahl der Bewerbungen. Ende 1956 lagen 265000 Bewerbungen vor, darunter etwa 175000 von ehemaligen Soldaten, von denen aber nur ein Teil diensttauglich war. Im großen und ganzen stellte sich in diesen Anfängen beim Heer ein Verhältnis von eins zu eins ein, das sich aber schnell zugunsten der Dienstpflichtigen veränderte. Jedenfalls war das Planziel von 485000 Mann nur mit einer Wehrpflichtigenarmee zu erreichen, wobei man auch daran dachte, daß nur dann über eine Reihe von Jahren hinweg genügend frische Reserven zur Verfügung stehen würden.

Nicht nur mit organisatorischen Schwierigkeiten mußte man in den Aufbaujahren der Bundeswehr fertig werden: Auch die prinzipiellen Gegner eines Wehrbeitrags meldeten sich immer wieder unüberhörbar zu Wort.

Vorschläge für eine sehr viel kleinere und vorwiegend auf Panzerabwehr ausgerichtete Berufsarmee, wie sie im Frühjahr 1955 von Oberst von Bonin vorgelegt worden waren, der damals die Unterabteilung »Militärische Planung« leitete, wurden von der politischen Führung und der militärischen Spitze allgemein abgelehnt. Diese Haltung wurde dadurch verstärkt, daß von Bonin als Exponent des Traditionalismus im Amt Blank galt, der sich an der Reichswehr orientierte und dem eine eigene nationale Verteidigung – ungünstigstenfalls auch ohne westalliierte Beteiligung – vorschwebte. Er mußte ausscheiden, und danach ist in der ganz auf Integration ausgerichteten Bundeswehrführung nie mehr eine grundlegende Alternative zum NATO-Konzept in Erwägung gezogen worden. Tatsächlich war die von außen so mißtrauisch beobachtete militärische Führung jener Jahre bereit, die jeweiligen Ziele der politischen Führung und des Nordatlantischen Bündnisses bis zur Selbstverleugnung in die Tat umzusetzen.

Als aber nun die Gesetzgebung über die allgemeine Wehrpflicht anstand und zugleich schon die Bundestagswahlen in Sichtweite herangerückt waren, entdeckten SPD und auch die im März 1956 in die Opposition gegangene FDP plötzlich ihr Herz für eine Berufsarmee. Sie begründeten dies in erster Linie mit dem Hinweis auf das geänderte Verteidigungskonzept der NATO, die im Dezember 1954 einen Grundsatzbeschluß zum frühzeitigen Einsatz strategischer und taktischer Nuklearwaffen gefaßt hatte. Beim Manöver »Carte Blanche« im Sommer 1955 wurde die Explosion von 355 atomaren Sprengköpfen simuliert, bei denen auf seiten der deutschen Zivilbevölkerung 1,7 Millionen Tote und 3,5 Millionen Verletzte angenommen wurden, obwohl nur Angriffe gegen militärische Ziele eingeplant waren. Zur gleichen Zeit kamen Informationen über den Atlantik, daß sich in den amerikanischen Streitkräften das Konzept durchzusetzen beginne, die Zahl der Divisionen dank verstärkter atomarer Feuerkraft drastisch zu reduzieren. Würde sich die Bundeswehr aus dieser allgemeinen Tendenz heraushalten können? Keinesfalls wollte Erler damit für die Ausrüstung der deutschen Streitkräfte mit Kernwaffen plädieren. Ihm und der Opposition ging es nur um den Nachweis, daß die allgemeine Wehrpflicht unnütz sei.

Die Bundesregierung hielt bei der großen Debatte im Mai 1956 noch an dem ursprünglichen Konzept fest. Es sah eine Wehrdienstzeit von 18 Monaten vor. Sie wurde dabei von einem – unvorsichtigerweise von der SPD selbst initiierten – Gremium unabhängiger Fachleute unterstützt, das unter Vorsitz von Generalfeldmarschall von Manstein sogar eine Dienstpflicht von 24 Monaten vorschlug. Aber die Sorge, daß die Oppositionsparteien die unpopuläre Wehrpflicht zu einem großen Wahlkampfschlager machen würden, verließ die Regierung nun nicht mehr. Im Herbst 1956 war sie soweit, daß sie zwar noch an der allgemeinen Wehrpflicht festhielt, diese aber auf 12 Monate begrenzte. Dadurch hoffte sie, auch das Problem der Kasernenknappheit lösen zu können. NATO und Amerikaner äußerten schwere Bedenken wegen dieser Entscheidung; auch die militärische Führungsspitze warnte.

Von diesen Schwierigkeiten des Aufbaus wurde Verteidigungsminister Blank, der sich nach Auffassung vieler in den Anfangsjahren erhebliche Verdienste erworben hatte, völlig zerschlagen. Angesichts der allgemeinen Verwirrung und der vielen Widrigkeiten setzte sich innerhalb von Regierung und Fraktion immer stärker die Auffassung durch, daß der damals auch gesundheitlich angeschlagene Minister die Krise nicht mehr bewältigen könne. Gerhard Schröder, an den man bereits im Herbst 1955 als personelle Alternative gedacht hatte, winkte aber ab. Das Amt des Verteidigungsministers erschien damals als Himmelfahrtskommando. Der einzige, der seit Jahren auf diesen Posten drängte, war Franz Josef Strauß. Er war überzeugt, die richtigen Konzepte und das entsprechende Führungstalent zu besitzen, um mit allen fertig zu werden: mit der Opposition, der öffentlichen Meinung, den NATO-Verbündeten und den auseinanderstrebenden Kräften im Regierungslager selbst. Entsprechend schonungslos betrieb er auf allen Ebenen die Demontage von Blank.

Ein Hauptpunkt der Differenzen innerhalb des Kabinetts war die Zuständigkeit für die Gesamtplanung der Verteidigung. Eine Reihe von Ressorts – vor allem das Bundesinnenministerium, das Bundeswirtschaftsministerium, das Bundesfinanzministerium – nahmen dabei neben dem Bundeskanzleramt wichtige Funktionen wahr. Ihre Koordination war eine sachliche Notwendigkeit. Zugleich sah die CSU aber hier einen Ansatzpunkt, dem alten Wunsch nach personeller Teilhabe am Verteidigungsbereich näherzukommen. Mit auf ihr Drängen hin ließ Adenauer im Oktober 1955 durch Kabinettsbeschluß einen Koordinationsausschuß einrichten: den Bundesverteidigungsrat.

Schon bei dieser Gelegenheit waren Blank und Strauß aufeinandergeprallt. Blank hatte die Zuständigkeit für die Koordinierung der Gesamtverteidigung für sein Haus beansprucht; Strauß forderte damals, alle Aspekte der Landesverteidigung – die militärischen wie die nichtmilitärischen – müßten in einem Ministerium zusammengefaßt werden, wobei für ihn über die Person des Leiters dieses Hauses kein Zweifel bestand. Das Bundesverteidigungsministerium wäre damit zu einem reinen Bundeswehrministerium degradiert worden, aber auch der Bundeskanzler und die anderen Ressorts hätten Zuständigkeiten eingebüßt. Strauß konnte sich jedoch bei dieser Gelegenheit nicht durchsetzen. Der Kanzler mißtraute der Dynamik dieses jungen Mannes, der im Unterschied zu den meisten anderen Ministern über eine eigene politische Hausmacht verfügte, und verwies ihn weiterhin darauf, als Atomminister für den Aufbau zukunftsweisender Technologien Sorge zu tragen.

Als die CSU nicht nachließ, dem Bundesverteidigungsminister Schwierigkeiten zu bereiten, war man in Bonn allgemein der Auffassung, daß diese in erster Linie auf Strauß zurückgingen. Seine Stunde kam im Herbst 1956, als bei den Auseinandersetzungen über die Wehrpflicht deutlich wurde, wie wenig Theodor Blank in der Lage war, auf die neuen Entwicklungen der amerikanischen Strategie überzeugende Antworten zu geben.

Die Entscheidung fiel auf einer Klausurtagung der CDU/CSU-Fraktion in Bad Honnef. Dort entwickelte Strauß sein neues Programm. Die ehrgeizigen

Aufbaupläne – 270000 Mann bis Ende 1957, 485000 Mann bis Ende 1959 – müßten zugunsten eines langsameren Aufbaus aufgegeben werden. Ohne eine ausreichende Anzahl von Kasernen und Ausbildern könne es nicht weitergehen. Ein rasches Tempo bei der Aufstellung habe auch den Nachteil, daß die Bundeswehr übereilt und zu sinnlos hohen Kosten nur mit dem derzeit verfügbaren amerikanischen Gerät ausgerüstet werde, das weitgehend veraltet sei. Statt überstürzt eine Massenarmee aufzubauen, solle die Bundesregierung lieber darauf achten, daß die Umrüstung auf modernstes Gerät, die gegenwärtig bei den amerikanischen Streitkräften schon in vollem Gange sei, nicht an der Bundeswehr

Zwar wurde auch die Bundesmarine bald mit modernstem Gerät ausgestattet, ein Segelschulschiff wie die Handelsmarine erhielt sie erst nach dem Untergang der »Pamir« (oben) im Sturmfeld des Orkans »Carrie«.

vorbeilaufe. Modernstes Gerät: das bedeutete 1956 Ausrüstung der Bundeswehr mit atomaren Trägerwaffen und damit eine gewisse Schwerpunktverlagerung des Aufbaus vom Heer auf die Luftwaffe. Man solle also aus der Not der Aufbauschwierigkeiten eine Tugend machen und jetzt eine ultramoderne Qualitätsarmee schaffen. Mit diesem Konzept war nicht zuletzt das Ziel verbunden, auf diese Weise auch den Wiederaufbau der deutschen Luftfahrtindustrie voranzubringen. Blank beschränkte sich wieder darauf, auf die Notwendigkeit einer Erfüllung der Verpflichtungen hinzuweisen, die man der NATO gegenüber eingegangen sei. Damit zeigte er aber nur, daß er nicht erkannte, was die Stunde geschlagen hatte. Gesucht wurde jetzt nicht mehr nach Argumenten für die Fortführung der bisherigen Politik, sondern nach guten Gründen, die den abrupten Kurswechsel rechtfertigten. Ein strategischer Kurswechsel konnte aber nur von einem neuen Mann vollzogen werden. Die Fraktion sah das ein, auch der Kanzler sträubte sich nicht mehr gegen das Unvermeidliche, und damit war für Strauß der Weg ins Verteidigungsministerium frei.

Mit dem Beginn der Ära Strauß war die verfassungspolitische Phase des deutschen Wehrbeitrages zu Ende. Künftig ging es primär um militärstrategische Konzepte und beschaffungspolitische Entscheidungen. Dabei wurde deutlich, daß die deutschen wehrpolitischen Auseinandersetzungen mit den Entwicklungen in den USA und innerhalb der NATO-Allianz unauflöslich verbunden waren. Die großen parlamentarischen Debatten über die Wehrverfassung waren gleichsam mit rückwärts gerichtetem Blick geführt worden; man sprach zwar über die Zukunft der Bundeswehr, im Kern aber ging es um die Bewältigung der preußisch-deutschen Vergangenheit.

Bei den neuen Entscheidungen, die jetzt rasch an sie herantraten, sah sich die Bundesrepublik aber tatsächlich der Zukunft gegenüber. Jetzt ging es nicht mehr um spezifisch deutsche Probleme, sondern um umfassende Entwicklungen im europäisch-atlantischen Rahmen, die unter dem Druck einer rasanten Entwicklung der Rüstungstechnologie zu einer permanenten Überprüfung der verteidigungspolitischen Vorstellungen zwangen.

Koalitionsbruch und Umorientierung der FDP

Im Herbst 1955 und im Winter 1955/56 wurde nun auch offenkundig, daß die Koalitionsehe zwischen den Unionsparteien und der FDP am Ende war. Die Konflikte, die schließlich zur Trennung führten, nehmen sich freilich nicht schlimmer aus als frühere auch, nach denen man sich wieder arrangiert hatte, und das Auseinandergehen war letztlich nicht das Ergebnis planvoller Berechnungen, sondern das Resultat von Fehlkalkulationen, die schwierige Zwangslagen schufen.

Alle Anzeichen sprechen dafür, daß sich der Kanzler von den Freien Demokraten auch jetzt nicht

die übrigen Fraktionsmitglieder hatten sich für den Austritt aus der Koalition entschieden. Ein derart geschwächtes Gefolge ließ sich mit Hilfe eines geschickt konstruierten Wahlgesetzes auch in den nächsten Bundestag bringen und konnte der CDU/CSU weiter zu einer stabilen Mehrheit verhelfen.

In dieser Hinsicht dachte der Kanzler subtiler als diejenigen in den Reihen der Union, die auf eine Radikalkur drängten. Zu diesen gehörten große Teile der CSU, aber auch starke Kräfte vom katholischen Arbeitnehmerflügel und eine Reihe einflußreicher CDU-Spitzenpolitiker. In einem nach einfachem Mehrheitswahlrecht in Einerwahlkreisen gewählten Bundestag hätte die CSU nämlich bei gün-

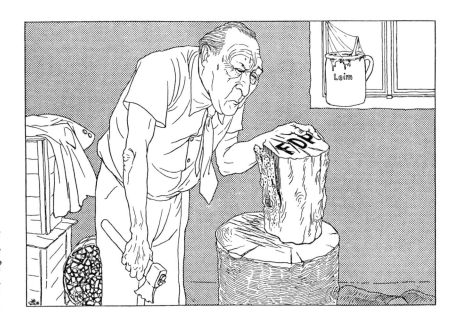

Wie die Karrikatur von Fritz Meinhard zeigt, war die Meinung weitverbreitet, daß Adenauer die Spaltung der FDP betreibe.

trennen wollte. Er wünschte allerdings den Partei- und Fraktionsvorsitzenden Dehler zu stürzen, um die FDP seinem politischen Willen wieder stärker zu unterwerfen und den Kurs der Partei wieder berechenbarer zu machen. Dabei kalkulierte er aber ein, oder hielt es gar für wahrscheinlich, daß die Partei bei dieser Operation auseinanderbrach. Die Vorgänge beim Gesamtdeutschen Block/BHE, die sich im Juli vollzogen hatten, schienen ein Vorbild abzugeben. Hier war die Gruppe um die Minister Kraft und Oberländer aus der Partei ausgetreten;

stigem Wahlausgang etwa hundert Mandate erringen und zudem Rache für die Bildung der Regierung Hoegner nehmen können. So wäre der immer schwierige bayerische Flügel in der Regierung gestärkt worden. Genützt hätte die Trennung von den Liberalen, die in der Koalition teilweise die Wirtschaft repräsentierten, aber auch dem Arbeitnehmerflügel der Union, bei dem es immer noch Sympathien für ein Zusammengehen mit der SPD gab. Die Interessen der Flügelgruppen in der Union liefen denen des Kanzlers zuwider. Dieser wünschte auch weiterhin nach der Technik des »divide et impera« zu herrschen. Dazu wurde eine relativ gewichtige FDP gebraucht, mit deren Hilfe die rivalisierenden und seiner Führung des öfteren widerstrebenden Kräfte in der Union gebändigt werden konnten. Zwar hatte auch er keine Bedenken, das Wahlrecht als Druckmittel einzusetzen und vielleicht mit Hilfe einer begrenzten Wahlrechtsmanipulation die FDP zu schwächen. Zerschlagen aber wollte er sie nicht. Er wußte genau, daß eine radikale Wahlrechtslösung, wie sie seit Jahren von der »Deutschen Wählergesellschaft« verfochten wurde, zur Todfeindschaft der liberalen öffentlichen Meinung führen mußte, die ihm ohnehin schon genug zu schaffen machte.

Diese Interessenlage Adenauers wurde von den Freien Demokraten nicht völlig klar erkannt. Zwar sah man hier richtig, daß der Kanzler die Liberalen, wie er dies seit 1949 getan hatte, mehr oder weniger seinem Willen unterwerfen wollte. Viele argwöhnten aber darüber hinaus, er wolle die FDP nun durch ein neues Wahlrecht zerstören, und unterschieden nicht hinlänglich zwischen ihm und den starken, aber doch nicht übermächtigen Kräften innerhalb der Union, die eben darauf abzielten.

In der gesamten Auseinandersetzung spielte auch die zeitliche Planung eine entscheidende Rolle. Die Unionsfraktion und der Kanzler suchten die Wahlrechtsentscheidung möglichst nahe an den Wahltermin heranzuschieben, um zuvor mit Unterstützung der ständig unter dem Fallbeil der Wahlrechtsänderung lebenden kleineren Parteien die Wehrverfassung und das Soldatengesetz über die Bühne zu bringen. Umgekehrt lag der FDP und dem GB/BHE viel daran, ein Wahlgesetz in ihrem Sinn zu bekommen, solange ihre Stimmen für die verfassungsändernden Gesetze noch gebraucht wurden. Diesen Kalkül durchkreuzte die CSU in Gestalt des Abgeordneten Jaeger geschickt, indem sie – sicher auch mit Blick auf ihre Wahlrechtswünsche – die SPD zur Mitwirkung an der Grundgesetzänderung veranlaßte. Damit war die Vetoposition der FDP überspielt. Daß es gerade im Frühjahr 1956 zum Bruch kam, war die Folge dieses zwar nicht sachlichen, aber machtpolitischen Zusammenhangs zwischen Wehrgesetzgebung und Wahlrechtsfrage.

Der Kanzler war allerdings ursprünglich entschlossen gewesen, den Sturz Dehlers und die eventuelle Abspaltung seines Anhangs auf dem Feld der Außenpolitik zu vollziehen. Vieles spricht dafür, daß ihn dabei nicht nur taktische Überlegungen leiteten, sondern auch seine echte Sorge um die Fortsetzung des bisherigen Kurses.

Die deutsche Delegation war kaum aus Moskau zurückgekehrt, als Dehler schon in einer Rede auf dem Parteitag der niedersächsischen FDP in Uelzen feststellte, es gebe keine Wiedervereinigung auf der Grundlage der Pariser Verträge, und hinzufügte, das direkte Gespräch der Bundesrepublik mit der Sowjetunion sei wichtiger als die Genfer Außenministerkonferenz. Das war Wasser auf die Mühlen jener westlichen Politiker, die die Bundesregierung bereits voll auf dem Weg zu einem neuen Rapallo sahen. Nicht genug damit, begann sich Dehler nun auch von der europäischen Integrationspolitik zu distanzieren, die eben durch die Konferenz von Messina, auf der Verhandlungen über eine europäische Wirtschaftsgemeinschaft beschlossen worden waren, erneut Auftrieb erhalten hatte.

Der FDP-Vorsitzende konnte allerdings geltend machen, daß es in Uelzen darum ging, den rechtsradikalen Flügel der niedersächsischen FDP zu entmachten, der seit einiger Zeit die Parteiorganisation beherrschte. Die dortigen Vorgänge waren typisch für die inneren Spannungen, die damals der Gesamtpartei zu schaffen machten. Im Sommer erst war es in Göttingen zu einem bundesweit beachteten Protest der Universität gegen die Ernennung des Göttinger Verlegers Leonhard Schlüter zum Kultusminister in Hannover gekommen. Schlüter – paradoxerweise ein durch die Nürnberger Gesetze diskriminierter Halbjude, der seinerzeit trotz intensiver Bemühungen nicht in der Wehrmacht dienen durfte – war nach politischen Anfängen in der teilweise neo-nazistischen Deutschen Reichspartei zur FDP gestoßen. Er hatte es zum FDP-Fraktionsvorsitzenden im Niedersächsischen Landtag gebracht, während einer seiner politischen Freunde – der ehemalige HJ-Obergebietsführer Huisgen – Landesgeschäftsführer der FDP geworden war. Als Schlüter bei Bildung der Regierung Hellwege in Niedersachsen das Kultusministerium erhielt, protestierten die

Professoren und Studenten der Göttinger Universität protestierten gegen die Ernennung des FDP-Fraktionsvorsitzenden Leonhard Schlüter zum Kultusminister von Niedersachsen. In seinem Verlag waren Bücher ehemaliger NS-Autoren erschienen.

Göttinger Professoren und Studenten vor allem deshalb, weil in seinem Verlag verschiedene Bücher ehemaliger NS-Autoren erschienen waren.

Zum ersten Mal in der Geschichte der Bundesrepublik wurde bei dieser Gelegenheit von Universitätsseite aus konkret und mit Erfolg in die Politik eingegriffen. Die Göttinger Professoren, die mit bundesweiter Unterstützung der liberalen Presse das unerfreuliche politische Postenspiel in Hannover durchkreuzt hatten, sahen sich als späte Nachfahren der Göttinger »Sieben« – jener Professoren, die 1837 gegen den Verfassungsbruch König Ernst Augusts protestiert hatten und dafür amtsenthoben worden waren. Diesmal verloren aber nicht die Professoren ihr Amt, sondern die Regierung in Hannover wurde gedemütigt – ein Anzeichen auch dafür, wie sehr sich die Verhältnisse in der angeblich restaurativen Adenauer-Ära tatsächlich doch von denen in der Restaurationszeit unterschieden.

Die Studenten, die gegen ihren Kultusminister im würdigen Stil der fünfziger Jahre mit einem Fackelzug demonstriert hatten, waren stolz darauf, anders als die Generation der zwanziger und frühen dreißiger Jahre diesmal durch demokratische Wachsamkeit gegen die Anfänge des Nationalismus obsiegt zu haben. Die liberale akademische Gemeinschaft, deren politischer Einfluß in den kommenden Jahren noch wachsen sollte, besaß nun mit dem erfolgreichen Protest in der Schlüter-Affäre ihren Mythos, von dem sie lange zehren konnte. Im Ausland wurden die Göttinger Vorgänge als Beweis dafür gewertet, daß beim deutschen akademischen Nachwuchs nun doch ein neuer Geist herrsche. Immerhin machten die nationalistischen Strömungen in wichtigen Landesverbänden der FDP auch verständlich, weshalb ein Nationalliberaler wie Dehler in diesen Monaten mit dem ihm eigenen Pathos der nationalen Unruhe Ausdruck verlieh.

Er war nicht der einzige. Nach wie vor herrschte in den vorwiegend national-liberal bis deutsch-national gestimmten Landesverbänden Nordrhein-Westfalen, Hessen und Niedersachsen wegen der deutschen Frage spürbare Unruhe. Am rührigsten war dabei der nordrhein-westfälische Landesverband, in den Anfang der fünfziger Jahre eine erhebliche Anzahl junger Mitglieder aus der Generation der Heimkehrer, Berufssoldaten und ehemaliger jüngerer Nationalsozialisten eingeströmt war. 1952 und

1953 hatte dies tatsächlich zur Gefahr einer nationalsozialistischen Unterwanderung geführt. Drahtzieher im Hintergrund war damals der einstige Staatssekretär im Reichspropagandaministerium Werner Naumann gewesen, während der persönliche Assistent des FDP-Landesverbandsvorsitzenden Middelhauve, ein früherer SS-Standartenführer und seit 1942 Rundfunkchef im Reichspropagandamisterium, eine Schlüsselstellung in der FDP-Organisation einnahm. Nach dem britischen Eingreifen gegen Naumann und seinen Anhang waren die jungen Kräfte zwar vorsichtiger geworden, und verschiedene der bald zu hohen Positionen aufsteigenden früheren HJ-Führer sind zweifellos durch die FDP in den demokratischen Staat integriert worden. Mitte der fünfziger Jahre war es aber nicht so klar wie später, ob der Sinneswandel von Dauer sein würde. Deutlich war nur, daß die jungen Männer in der nordrhein-westfälischen FDP an die Stelle des Honoratioren-Liberalismus eine von zupackenden Funktionären geführte, politisch disziplinierte Volkspartei setzen wollten, während sie außenpolitisch auf eine stramme, auch vor Risiken und Fehldeutungen nicht zurückscheuende Wiedervereinigungspolitik drängten.

Der Verleger Middelhauve, selber kein ehemaliger Nationalsozialist, aber Protektor der jungen Kräfte, der damals auch Stellvertretender Ministerpräsident im Kabinett Arnold war, trat jetzt für direkte Verhandlungen zwischen den Regierungen der beiden deutschen Staaten sowie für eine Ausweitung des Ost-Handels ein. Man könne nicht so tun, als ob die DDR nicht bestehe.

Da sich zur gleichen Zeit auch die Sozialdemokraten für das Thema von innerdeutschen Verhandlungen über »technische« Fragen zu erwärmen begannen, zeichneten sich somit bei SPD und FDP schon deutliche Tendenzen in Richtung auf einen deutschlandpolitischen Kurswechsel ab.

Nun gab es freilich zur gleichen Zeit in der FDP immer noch Persönlichkeiten und starke Gruppen, die weiter die vom Kabinett betriebene Außenpolitik unterstützten. Aber selbst ein Abgeordneter wie der Vorsitzende der hessischen FDP, August-Martin Euler, der jahrelang die Außenpolitik des Kanzlers gegen Kritiker in der eigenen Partei verteidigt hatte

Bündnislosigkeit oder Superpakt
Von Adelbert Weinstein

Die Sowjets sagen, die Einbeziehung der westdeutschen Bundesrepublik in das atlantische Paktsystem habe neue Tatsachen geschaffen, die sie zu respektieren hätten. Sie haben deshalb ein europäisches Sicherheitssystem vorgeschlagen, in dem der durch Westdeutschland erweiterte Atlantikpakt mit dem durch Mitteldeutschland zu erweiternden Warschauer Pakt zusammenzulegen sei. Der bewaffnete Westen Deutschlands und die bewaffnete Mittelzone Deutschlands wären dann mit ihrer militärischen Kraft, voneinander getrennt, in die beiden Mächteblöcke eingegliedert, über die sich ein Superpakt spannen würde. Damit sei die Gefahr einer Spannung in Europa nicht mehr gegeben und die politische Entspannung auch auf das militärische Gebiet ausgedehnt.

Es ist anzunehmen, daß die Sowjets diesen Plan nur als eine Ersatzlösung für ihr eigentliches politisches Ziel betrachten, das immer noch darin besteht, Westdeutschland aus dem Atlantikpakt herauszuholen und schließlich die atlantische Organisation überhaupt aufzulösen. Der Gedanke des überregionalen Sicherheitspaktes sowjetischer Lesart ist unrealistisch. Die Westmächte haben sich heute schon so festgelegt, daß ihr Eingehen darauf gleichbedeutend wäre mit der Zustimmung zu dem politischen Status quo des geteilten Deutschland. Eine Zustimmung, die sich die freie Welt schon aus psychologischen Gründen nicht mehr leisten kann.

Unabhängig von der politischen Unwirklichkeit, mit der hier die Moskauer Diplomatie versucht, das große Spiel zu variieren, wie man die „Zone" gegen den Atlantikpakt tauscht, bleibt die Frage zu untersuchen, ob dieses erweiterte, das atlantische Bündnis und den Warschauer Pakt umfassende System nicht auch militärisch unrealistisch ist.

Zur Zeit ist der Atlantikpakt militärisch fast unwirksam. Das wird aber nicht immer so bleiben. Die Erkenntnis hat sich bei den ganz Großen durchgesetzt, daß die Wasserstoffbombe und die ferngelenkten Raketen, der große Vorrat an Atombomben und die Möglichkeit, sie fast an jedem Ort der Erde abzuwerfen, einen Zustand eines strategischen Gleichgewichtes herbeigeführt haben, der die beiden Mächteblöcke praktisch lähmt. Die Abschreckung der gegenseitigen Vernichtung verhindert zur Zeit und für die absehbare Zukunft den dritten Weltkrieg, und die Entspannung als politischer Ausdruck dieser militärischen Paralyse ist schon ein Teil des praktischen Erfolges der ganz Großen geworden. Die Notwendigkeit, immer stark zu bleiben, um das Grauen der Vernichtung möglichst plastisch zu demonstrieren, wird automatisch dazu führen, daß der Atlantikpakt, in der voratomaren Zeit geplant, sich in Kürze der neuen militärischen Lage anpassen muß. Die Gedanken Montgomerys, die zugleich eine Kritik an der jetzigen Situation sind, sind soeben der Beginn für die neue Deutung der Aufgaben des atlantischen Systems. Die Möglichkeit des Gebrauchs der Wasserstoffbombe wird England und Amerika dazu zwingen, zu einer politischen und militärischen Integration der beiden Völker zu kommen. Dieses Zusammenwachsen wird sich dann aber auf die meisten atlantischen Staaten auswirken, weil Amerika und England auf Grund ihrer geographischen Lage und des Vorsprunges, den sie in der Entwicklung und Produktion von Wasserstoff- und Atombomben haben, die stärksten Mächte dieser Gemeinschaft werden dürften. Ihr verständlich begründetes Ziel wird es immer bleiben, den dritten Weltkrieg zu verhindern, selbst wenn — sei es auch nur vorübergehend — andere die Zeche bezahlen. Es stellt sich so für alle anderen Atlantikpaktstaaten die Frage, ob sie als Ganzes werden in dieses militärische Tabu, das durch Abschreckung erreicht wird.

Westdeutschland befindet sich am Rande der atlantischen Zone. Es hat zur Zeit nicht eine strategische Aufgabe im Rahmen des atlantischen Systems zu erfüllen, die wichtig ist. Auf seinem Gebiet sind Luftstützpunkte, und mit seiner östlichen Grenze beginnt das westliche Radarwarnsystem. Je stärker das

atlantische System werden sollte im Sinne der Planung Montgomerys, um so unwichtiger wird Deutschland als strategischer Stützpunkt des Westens im weitgefaßten Sinne. Mit dem Sinken unserer Bedeutung wird für die Bundesrepublik mehr und mehr die Gefahr eintreten, die der englische Militärtheoretiker Liddell Hart dadurch kennzeichnet, daß er sagt, die Wasserstoffbombe verhindere zwar den dritten Weltkrieg, könne aber regionale begrenzte Kriege verhindern. Anders gesprochen bedeutet das, daß wir in Westdeutschland in die Situation kommen können, daß wir einmal Ziel einer begrenzten östlichen Aggression werden und die atlantischen Staaten sowie der Osten, um den dritten Weltkrieg nicht auslösen zu lassen, stillschweigend eine solche Aggression als lediglich lokal registrieren und begrenzen. Wenn man uns nun sagt, eine solche Entwicklung setze Zustände wie in Korea und wie in Indochina voraus, und diese seien für Europa nicht gegeben, so müssen wir widersprechen. Die Tatsache des geteilten Deutschland hat eine derartige Fülle von Spannungselementen angehäuft, daß sie irgendwie und irgendwann zur Entzündung kommen können. Die Spaltung einer Nation im Herzen Europas ist im Grunde politisch so unrealistisch, daß es gar keine militärischen oder politischen Ersatzlösungen geben kann. Deshalb muß auch der sowjetische Sicherheitsplan militärisch in einer Sackgasse enden, weil er die Tatsache der Spaltung nicht beseitigt, im Gegenteil aufrechterhält, die Fiktion eines militärischen Gleichgewichtes herzustellen sucht, aber dennoch die Spannung nur verschärft. Zwei bewaffnete deutsche Staaten in einem Sicherheitssystem vermindern nicht die Spannung, sondern erhöhen sie. Nicht bewaffnet würden sie an den Randzonen zweier großer Militärsysteme ein Vakuum bilden, das nur durch die militärische Besetzung von beiden Seiten ausgefüllt werden könnte. Die permanente militärische Besetzung Deutschlands bedeutete aber wiederum, daß sich die beiden Mächteblöcke für immer Auge gegen Auge gegenüberstünden und damit der militärische Spannungsstoff noch größer würde. Die Theorie der Abschreckung würde beide Seiten dazu führen, daß sie immer heftiger atomar aufrüsteten, und dann könnte ein Zustand erreicht werden, bei dem die eine Seite zeitlich und materiell eine geringen Vorsprung vor der anderen ausnutzte und mit dem sie das Tabu der Abschreckung in eine blitzschnelle kriegerische Lösung umwandelte. Das heißt, aus der deutschen Teilung kann immer, trotz aller Angst vor der Wasserstoffbombe, der gefürchtete dritte Weltkrieg entstehen.

Weder der Osten noch der Westen kommen also darum herum, ihre Politik auf die Dauer so einzurichten, daß sie in die Wiedervereinigung einmündet. Wir wiederholen es, denn sonst besteht die Gefahr, daß ein lokaler Krieg in Mitteleuropa immer ausbrechen kann, der schließlich doch die gesamte Welt erfaßt. Diese eigenartige Lage Westdeutschlands führt nun zu bitteren Konsequenzen für uns. Wir werden nicht umhin können, solange die Sowjets bei ihren Vorstellungen eines Sicherheitssystems bleiben, aufzurüsten. Wir werden sogar den atomaren Forderungen nachkommen müssen und unsere Truppen so zu gliedern haben, daß sie taktische Atomwaffen gegenüber bestehen können. Wir werden uns bewaffnen müssen, wenn wir wiedervereinigt werden, und zwar im gleichen Grad, wie unsere Nachbarländer in Mittel- und Osteuropa bewaffnet sind. Wir werden eine Armee haben müssen, die atomar gegliedert sein muß, wenn Deutschland wiedervereinigt sein sollte, damit das von Besatzungstruppen geräumte Land nicht ein militärisches Vakuum bleibt und dadurch provokatorisch auf die eine oder die andere Seite wirkt. Aber auch dann wird unsere Sicherheit nicht gegeben sein. Wir müssen zusätzlich von beiden Mächteblöcken eine Garantie unserer Grenzen erhalten, eine Garantie, die zugleich die Garantie für den Weltfrieden wird. Aber die Voraussetzung für den Frieden bleibt immer die Ueberwindung des jetzigen Zustandes und das rücksichtslose Bloßstellen von der Unwirksamkeit solcher Ideen, wie sie der sowjetische Sicherheitspakt vorsieht.

Adelbert Weinsteins Plädoyer für ein wiedervereinigtes, blockfreies Deutschland (FAZ v. 8. November 1955).

und der einige Monate später mit Dehler brach, arbeitete im November 1955 im Auftrag des Außenpolitischen Ausschusses der FDP einen Plan aus, demzufolge Deutschland aus der NATO ausscheiden sollte, wenn es dafür die Wiedervereinigung erhielte. Allerdings müsse dieses Deutschland bis an die Zähne bewaffnet sein. Solche Forderungen fanden damals auch in der überregionalen Presse Unterstützung. Ein stark beachteter Leitartikel Adelbert Weinsteins in der *Frankfurter Allgemeinen* hatte zur gleichen Zeit ein wiedervereinigtes, blockfreies, mit Kernwaffen ausgerüstetes Deutschland als wünschenswerte Lösung des deutschen Sicherheitsproblems bezeichnet.

Aus der Sicht des Kanzlers zeichnete sich hier eine gefährliche Lage ab: die FDP schien sich darauf vorzubereiten, den Wahlkampf 1957 mit nationalistischen Parolen gegen die CDU zu führen. 1953 war diese Strategie durch die Affäre Naumann im Keim erstickt worden. Wahrscheinlich wollten es aber nun dieselben Kräfte bei den Freien Demokraten erneut versuchen, um so die FDP doch noch zur großen nationalen Rechtspartei zu machen.

Der Kanzler beschloß, die Initiative zu ergreifen. Er begann schon im Frühherbst 1955 einen intensiven Briefwechsel mit Dehler, der wohl keinen anderen Zweck hatte als den, die außenpolitischen Gegensätze herauszuarbeiten – sei es, um innerhalb der Fraktion eine Rebellion gegen Dehler auszulösen, sei es um eine Absplitterung derer zu erreichen, die seiner Außenpolitik nicht mehr folgen wollten. Adenauer wurde dabei von Bundespräsident Heuss unterstützt, der die von Dehler ausgehenden Irritationen gleichfalls beklagte, bei dieser Gelegenheit aber feststellen mußte, daß sein Einfluß auf die Fraktion nicht mehr beträchtlich war. Allerdings bemerkte Dehler jetzt doch die Schwäche seiner eigenen Position und verstand es, die außenpolitischen Differenzen vorerst einmal beizulegen.

Beide Seiten begannen nun, die Außenpolitik mit dem Wahlgesetz zu verknüpfen. Im Dezember 1955 signalisierte die FDP erneut ihre Geneigtheit, die bisherige Linie der Bundesregierung weiterhin einzuhalten. Sie verlangte aber, daß neue Situationen künftig unverzüglich in gemeinsamen Koalitionsbesprechungen zu klären seien, und verknüpfte ihr au-

ßenpolitisches Wohlverhalten außerdem mit der Forderung, innerhalb von zwei Monaten müsse das Bundeswahlgesetz nach den Grundsätzen des Wahlrechts für den Zweiten Deutschen Bundestag verabschiedet werden. Auf der anderen Seite forderte nun die CDU nicht nur »personelle Garantien« für die Fortsetzung der Koalition, womit wohl die Ablösung Dehlers gemeint war, sondern brachte parallel dazu bei den Koalitionsgesprächen in dem neugebildeten Bundestags-Sonderausschuß für Wahlrechtsfragen den Antrag zur Einführung eines sogenannten »Graben«-Wahlsystems ein.

Nach diesen Vorstellungen sollten 60 % der Bundestagsabgeordneten direkt, 40 % auf Listen nach dem Verhältniswahlsystem gewählt werden. Die Gesamtzahl der Abgeordneten wäre aber nicht festgelegt worden, denn der von der Unionsfraktion und der DP gemeinsam eingebrachte Vorschlag sah eine Anrechnung der direkt gewonnenen Mandate auf die Listen-Mandate nicht vor. Mehrheitswahl und Listenwahl waren zwar miteinander verbunden, aber nicht vermischt. Beide Systeme trennte ein tiefer Graben. Die CDU/CSU, die bereits nach dem Verhältniswahlsystem erfolgreich abgeschnitten hatte und gleichzeitig eine große Anzahl Direktmandate gewann, hätte nach diesem Verfahren einen erheblichen Mandatsvorsprung erzielt. Wäre 1953 nach dem »Graben«-System gewählt worden, so hätte die CDU/CSU statt 50,1 Prozent der Mandate 64,0 Prozent erhalten, die FDP statt 9,9 nur 5,5 Prozent, der BHE anstelle von 5,5 lediglich 2,5 Prozent; auch die SPD hätte 7,4 Prozent weniger Mandate bekommen.

Die Motive für diesen Mitte Dezember 1955 vorgelegten Vorschlag mögen unterschiedlich gewesen sein. Die Befürworter einer radikalen Lösung innerhalb der CDU/CSU-Fraktion hofften, nun auch den Kanzler, der im allgemeinen die FDP lieber schonte, auf ihrer Seite zu haben. Adenauer, der, als der Vorstoß gescheitert war, behauptete, er habe von diesem Antrag der Fraktion nicht genau Kenntnis gehabt, hat die Wahlrechtsfrage in dieser Phase wohl in erster Linie als Druckmittel verstanden, um die FDP gegen Dehler zu mobilisieren, dessen Wiederwahl als Fraktionsvorsitzender demnächst anstand.

Daß die CDU in diesem Augenblick mit einem so weitgehenden Vorschlag zur Änderung des Wahlrechts herauskam, war taktisch ein großer Fehler. Dehler, von dem man sich in der FDP schon langsam abzuwenden begonnen hatte, stand jetzt plötzlich als David da, gegen den der Riese Goliath die Keule des »Graben«-Wahlrechts schwang. War es zuvor um die umstrittene Außenpolitik, um personalpolitischen Ehrgeiz und um die irritierende Persönlichkeit Dehlers gegangen, so stand jetzt die Existenz der FDP selbst auf dem Spiel. Entsprechend stark war der innerparteiliche Solidarisierungseffekt. Nicht nur Dehlers Position wurde gestärkt, die CDU trieb damit die FDP den Sozialdemokraten direkt in die Arme, die beim Blick auf die voraussichtlichen Auswirkungen eines »Graben«-Wahlsystems ihrerseits allen Grund dazu hatten, ein großes Lamento über den »schleichenden Staatsstreich« anzustimmen. In der veröffentlichten Meinung setzte gleichfalls eine Sympathiewelle für die bedrohten schwächeren Parteien ein, und das Mißtrauen gegen den bedenkenlosen Machtwillen des Kanzlers, das vielerorts ohnehin schon groß war, erhielt neue Nahrung.

Diejenigen in der Fraktionsführung der Union, die zum »Mord« an FDP und BHE entschlossen waren, merkten nun zu spät, daß sie zweierlei nicht genau bedacht hatten: die Tatsache, daß Adenauer die FDP gar nicht zerstören, sondern bloß gefügig machen wollte, und die Vergeltungsmöglichkeiten, die eine in ihrer Existenz bedrohte FDP zusammen mit BHE und SPD in den Ländern hatte. In Nordrhein-Westfalen, wo es prompt zu ersten Fühlungnahmen zwischen SPD und FDP kam, war eine sozial-liberale Koalition durchaus möglich. Auch in Schleswig-Holstein, Hamburg, Niedersachsen und Baden-Württemberg wären Regierungen der bedrohten Parteien gegen die CDU von den parlamentarischen Stärkeverhältnissen her denkbar gewesen.
So war es kein Wunder, daß man bei der CDU bald zur Besinnung kam. Adenauer selbst war es jetzt, der die Herren seiner Fraktion von der Notwendigkeit des Entgegenkommens überzeugte, obwohl es nicht gelungen war, Dehler bei der Wahl zum Fraktionsvorsitzenden zu stürzen. So lief schon Ende Januar die Entwicklung auf eine etwas modifizierte Neuauflage des Wahlgesetzes von 1953 hinaus.

In der Düsseldorfer Wohnung des späteren FDP-Vorsitzenden Walter Scheel fanden die Gespräche der »Jungtürken« um Wolfgang Döring (rechts mit seinen Parteifreunden Willi Weyer und Reinhold Maier) über die erste sozial-liberale Koalition Nordrhein-Westfalens statt.

Doch der Zug, der durch die Diskussion um das »Graben«-Wahlsystem in Nordrhein-Westfalen in Bewegung gesetzt worden war, ließ sich nicht mehr anhalten. Die Düsseldorfer »Jungtürken«, wie sie bald genannt wurden – an ihrer Spitze der schneidige Landesgeschäftsführer Wolfgang Döring und Walter Scheel – führten einen doppelten Coup durch. Sie sahen jetzt eine Chance, die Landtagsfraktion in eine Koalition gegen die CDU zu führen, mit der sie in einer Regierung saßen, und verbanden das mit einer Palastrevolution gegen ihren einstigen Ziehvater Middelhauve, der übrigens seinerseits mit Thomas Dehler bitter verfeindet war und bei dieser Gelegenheit sein Ministeramt in der Regierung Arnold verlor. Willi Weyer, der zu dieser Gruppe gehörte, aber schon Minister im Kabinett Arnold war, an der Planung des Coups jedoch nicht teilnahm, schloß sich später an.

Die nordrhein-westfälische SPD zeigte sich der Stunde gewachsen. Ihr Vorsitzender Fritz Steinhoff, der als Oberbürgermeister von Hagen eine Reihe von Jahren mit Willi Weyer als Stellvertretendem Oberbürgermeister persönlich gut zusammengearbeitet hatte, zeigte keinerlei Skrupel, mit der wirtschaftsnahen und betont nationalen FDP zusammenzugehen. Zur Sozialisierungsfrage meinte er bei der entscheidenden Besprechung, es gebe Dinge, die in unserer Bibel stünden, aber von denen spräche man nicht mehr. Sozialisierung sei glatter Unsinn. Zur politischen Vergangenheit der freidemokratischen »Jungtürken« meinte er nur, man wolle nun doch mal sehen, wie die jungen Hitler-Jungen inzwischen gewachsen und was aus ihnen geworden sei. Und die FDP-Politiker, die sich im Kabinett Arnold mit zwei Ressorts nur spärlich zufriedengestellt sahen, erlebten nun, wie großzügig Sozialdemokraten sein konnten, wenn sie mit Hilfe der FDP zur Macht kommen wollten. Die FDP erhielt jetzt statt zweier Ministerien gleich vier große: das für Finanzen, Kultur, Wirtschaft und Verkehr sowie das Ministerium für Ernährung, Landwirtschaft und Forsten.

Von der CDU wurde zwar nun das »Graben«-Wahlsystem schleunigst aus dem Verkehr gezogen. Doch am Sturz der Regierung Arnold durch konstruktives Mißtrauen änderte dies nichts mehr. Immerhin konnte durch die rasche und nicht eben ruhmvolle Liquidierung der mißglückten Wahlrechts-Operation wenigstens gewährleistet werden, daß die FDP die Koalition in anderen Landesregierungen nicht aufkündigte. Dafür kam nun aber Bewegung in die Bonner FDP-Fraktion. 16 von 54 Abgeordneten schieden in einer ziemlich überstürzten Aktion aus der von Dehler geführten Fraktion aus und ruinierten damit, wie sich bald zeigte, ihre politischen Karrieren. Sie hatten wohl ursprünglich nur einen Mißtrauensantrag gegen Dehler geplant, waren aber dabei überrascht und praktisch aus der Fraktionssitzung hinausgeworfen worden.

Die Gruppe begründete diesen Schritt vorwiegend mit ihrer Weigerung, sich an der »außenpolitischen Abenteuerfahrt ins Blaue« weiter zu beteiligen. Zweifellos spielten tiefgreifende Differenzen über die Außenpolitik eine erhebliche Rolle. Aber die Motive waren vielschichtiger. Vier der Ausgeschiedenen waren die FDP-Minister im Kabinett Adenauer. In ihrem Fall, wie in dem des hessischen FDP-Vorsitzenden August-Martin Euler, waren politische Grundsatzüberlegungen, persönliche Feindschaft zu Dehler und anderen Protagonisten des neuen Kurses sowie begründete Sorge um die eigene Zukunft untrennbar miteinander verbunden.

An der Sezession beteiligten sich auch einige wirtschaftlich unabhängige Liberale vom industriellen Flügel der Partei. Jene Wirtschaftskreise, die als Finanziers der bürgerlichen Parteien während der ganzen Koalitionskrise im Hintergrund eine nicht unwichtige Rolle gespielt hatten, waren generell bemüht, die CDU-FDP-Koalitionen in Bonn und Düsseldorf zusammenzuhalten. Nach dem Sturz Arnolds zeichnete sich zwar für kürzere Zeit die Tendenz ab, nunmehr die FDP finanziell auszuhungern. Rasch waren aber einige Schlüsselfiguren der Rhein-Ruhr-Wirtschaft wie der CDU-Abgeordnete Pferdmenges wieder bemüht, die zerstrittenen Freien Demokraten erneut zusammen- und in die Regierung zurückzuführen. Erst als dies scheiterte, verfestigte sich die Spaltung.

Die ausgeschiedenen Abgeordneten, die bemerkenswerterweise größtenteils weder dem liberal-demokratischen noch dem nationalen Flügel, sondern eher der Mitte angehörten, galten nun in der FDP

*Ebenso wie Konrad Adenauer war der Kölner Ban-
kier und CDU-Abgeordnete Robert Pferdmenges bemüht, die Spaltung der Freien Demokratischen Partei
rückgängig zu machen.*

als Verräter. Euler wurde schon einige Wochen später als Landesvorsitzender ausgebootet. Als die Ab-
gefallenen schließlich zur Gründung einer neuen
Partei schreiten mußten, die sie Freie Volkspartei
(FVP) nannten, erlebte diese schon bei den Kom-
munalwahlen im Oktober 1956 ein Desaster. Auch
die daraufhin vorgenommene Fusion mit der DP
wurde von den Wählern nicht honoriert; sofern diese auf der Linie der Sezessionisten lagen, gingen sie
größtenteils direkt zur CDU über.

Diejenigen in der CDU, die auf eine Spaltung der
FDP-Organisation gehofft hatten, wurden also enttäuscht. Die Union hatte es jetzt geschafft, durch
den Geniestreich des »Graben«-Wahlsystems die
heterogenen Landesverbände in leidenschaftlicher
Gegnerschaft zu Adenauer zu einigen und die koali-
tionstreuen Abgeordneten aus der FDP-Fraktion
herauszusprengen. Dem Bundeskanzler kam diese
Entwicklung ganz und gar nicht zupaß, weil nun
im Spiel um die Schuld am Koalitionsbruch der

Schwarze Peter bei ihm lag. Die Minister, die aus
Treue zu ihm ihrer Fraktion den Rücken gekehrt
hatten, konnte er nicht entlassen. Es erwies sich
aber auch als unmöglich, die Dissidenten im Kabinett zu behalten und gleichzeitig die FDP in der
Koalition.

Unvoreingenommen, wie Adenauer in solchen Situationen war, machte er nun, als sich die FDP-
Fraktion innerlich schon für die Opposition entschieden hatte, den Freien Demokraten ein neues
Koalitionsangebot. Dehler sollte erneut Bundesjustizminister werden; Erich Mende wurde durch das
Angebot gelockt, Bundesminister für besondere
Aufgaben zu werden. Ganz zu Kreuze kriechen
wollte und konnte Adenauer aber nicht. Für den
Fall der Wiederversöhnung verlangte er das Ausscheiden der FDP aus der eben neugebildeten Düsseldorfer Regierung. Die Bonner FDP wäre jedoch
gar nicht in der Lage gewesen, die Düsseldorfer
Fraktion zu einem zweiten Regierungssturz zu veranlassen, und hatte zudem ebenso wie der Kanzler
ein Gesicht zu verlieren. So kam es zu keiner Einigung mehr.

In der FDP sahen nun die Befürworter einer dynamischen Ostpolitik freie Bahn vor sich. Erich Mende, der stellvertretende Fraktionsvorsitzende vom
»Jungtürken«-Flügel, brachte jetzt Gedanken zur
Wiedervereinigung in die Öffentlichkeit, die erkennen ließen, daß die Ideen des seinerzeitigen Außen-
seiters Karl Georg Pfleiderer nunmehr zur herrschenden Lehre geworden waren. Ein wiedervereinigtes Deutschland solle bündnisfrei sein, aber
einem kollektiven Sicherheitssystem angehören. Damit war die gemeinsame außenpolitische Plattform
für ein Zusammengehen mit der SPD gezimmert.
Auch in der Wehrfrage schwenkte die FDP um und
plädierte für eine Berufsarmee.

Die Partei näherte sich nun auch der kritischen Publizistik. Paul Sethe, der kurz zuvor wegen seiner
außenpolitischen Haltung aus dem Herausgeberkreis der *Frankfurter Allgemeinen* hatte ausscheiden
müssen und schon an der Legende von den verpaßten Gelegenheiten des Jahres 1952 wob, wurde von
Bundesvorstand und Bundestagsfraktion der FDP
zu einem Vortrag eingeladen und bestärkte diese in
der Entschlossenheit zu einer aktiven Ostpolitik. In

dieselbe Richtung drängte Rudolf Augstein, der Herausgeber des *Spiegel,* der den Düsseldorfer »Jungtürken« publizistischen Feuerschutz gab.

So war es kein Wunder, daß Dehler im Juni 1956 verstärkt mit der Forderung nach sofortiger Aufnahme deutsch-sowjetischer Wiedervereinigungsverhandlungen herauskam. Wenn die Regierung nicht aktiv werde, müsse eben eine aus allen Fraktionen gebildete Parlamentarierdelegation nach Moskau fahren. Auch direkte Gespräche mit Ost-Berlin lehnte der FDP-Vorsitzende nun nicht mehr grundsätzlich ab. Mit dem sowjetischen Botschafter, der sich damals in Bonn etablierte, wurde rasch Kontakt aufgenommen, nachdem die FDP zuvor schon die Verbindungen nach Jugoslawien besonders gepflegt hatte, wo Pfleiderer als Botschafter der Bundesrepublik amtierte. Und landauf landab beklagte Dehler in bewegter Rhetorik, daß in der Bundesrepublik keine »heilige Unruhe« bezüglich der Wiedervereinigung herrsche. Freilich ließ sich der selbstzufriedene Bundesbürger von ihm ebensowenig aufrütteln wie von anderen.

Besonders die Düsseldorfer »Jungtürken« entfesselten eine lebhafte deutschlandpolitische Aktivität. Ohne jede Berührungsscheu wurden Kontakte zur LDPD in der DDR geknüpft, gemeinsame Klausurtagungen abgehalten, und sogar ein Redneraustausch zwischen beiden Parteien versucht. Das Ganze war mehr deutschlandpolitisches Pfadfinderspiel als seriöse Politik. Natürlich wußten auch die daran beteiligten FDP-Politiker, daß ihr Gesprächspartner, die LDPD, weitgehend von der SED kontrolliert wurde. Was aber im Jahr 1956 zählte, war die Bewegung an sich. In der Rückschau wirkt die Stimmung, die damals bei der FDP vorherrschte und auch schon in den Reihen der SPD zu verspüren war, wie ein Vorklang der ostpolitischen Aufbruchsjahre 1968 und 1969. Doch wurden diese Ansätze jäh geknickt, als das Tauwetter im Ostblock schließlich zur Ungarischen Revolution führte, die von der Sowjetunion brutal niedergeworfen wurde. Aus Sorge vor westlicher Infektion machte nun die DDR selbst den innerdeutschen politischen Kontakten rasch ein Ende, und auch in der Bundesrepublik folgte im Spätherbst 1956 auf die Hochkonjunktur der Entspannungspolitik ein kräftiger Kurssturz.

Bald zeigte es sich, daß auf längere Sicht doch die FDP beim Koalitionsbruch den kürzeren gezogen hatte. Es war ihr zwar gelungen, die Parteiorganisation zusammenzuhalten. Aber sie verlor ein gutes Viertel ihrer rund 80 000 Mitglieder, einen Teil der Geldgeber und schließlich auch die Bundestagswahlen, bei denen sich über 20 Prozent der Wähler verflüchtigten. Im Endergebnis hat sich die Sezession eben doch als eine Art Parteispaltung herausgestellt. Auch die Koalition zwischen SPD und FDP in Nordrhein-Westfalen hielt sich nur zwei Jahre an der Macht.

Die Umorientierung der Partei blieb somit politisch weitgehend folgenlos, weil die Wähler nicht mitmachten. 1961, nach vier wenig erfreulichen Oppositionsjahren, kehrten die Freien Demokraten dann doch wieder in die Koalition mit der Union zurück – sogar unter Adenauer.

Aber der Koalitionsbruch von 1956 hatte auch Langzeitwirkungen, die noch über Jahrzehnte hinweg spürbar waren. Die Koalition von 1961 war nicht mehr die der Jahre 1949–1955. Man war sich schon ziemlich fremd geworden. Die Freien Demokraten hatten das Umschwenken zu den Sozialdemokraten hin geprobt. Eigentlich bedeuteten Koalitionen zwischen SPD und FDP in den Ländern ja durchaus nichts Sensationelles; aber das Neue an dem Düsseldorfer Handstreich war eben die erklärte Stoßrichtung auf eine SPD-FDP-Koalition auch in Bonn gewesen. Die Freien Demokraten hatten in Düsseldorf die angenehme Erfahrung gemacht, daß die Sozialdemokratie ein durchaus generöser Koalitionspartner sein konnte, dem es auch möglich war, die sozialistische Programmatik zu vergessen, wenn es darauf ankam. Zudem wuchs in Düsseldorf zwischen SPD und FDP auch das menschliche Vertrauen. Es war doch mehr als ein Zufall, daß der FDP-Vorsitzende, der in der Wahlnacht vom 27. September 1969 die sozial-liberale Koalition zustande brachte, Walter Scheel hieß, in dessen Wohnung schon der Düsseldorfer Coup von 1956 vorbereitet worden war. Einer der tragenden Pfeiler der Adenauer-Koalition von 1949 war jedenfalls geborsten und auch später nicht mehr ganz reparierbar.

Von einer Auflösung des »Bürgerblocks« zu sprechen, wäre allerdings verkehrt. Einmal deshalb, weil dieses von den Sozialdemokraten auf die »Kleine Koalition« gemünzte Schlagwort die politische Wirklichkeit des Bündnisses nie angemessen erfaßte. Das Auseinanderfallen der Koalition in der Mitbestimmungsfrage hatte dies 1951 deutlich gezeigt. Auch die Entwicklung bei der SPD, die in den Länderkoalitionen schon längst ihren Frieden mit der bürgerlichen Gesellschaft geschlossen hatte, verbot, das Bonner Bündnis vorwiegend unter Aspekten des Klassenkampfes zu begreifen: der Begriff »Bürgerblock« kann nur etwas aussagen, wenn ihm eine anti-bürgerliche, sozialistische Klassenpartei gegenübersteht. Das war die Ollenhauersche SPD nicht mehr. Dennoch ist es richtig, daß die Koalition zwischen CDU/CSU und FDP in starkem Maße vom Unternehmertum gestützt wurde, das die Union wie die Freien Demokraten gleicherweise als Sachwalter ihrer wirtschaftspolitischen Interessen verstand. Die starken kulturpolitischen und außenpolitischen Gegensätze innerhalb der Adenauer-Regierung wären ohne den einigenden Willen zur Durchsetzung der Marktwirtschaft und zur Wahrung bestimmter Interessen der Industrie und des Kapitals kaum zusammenzuhalten gewesen. Es überraschte nicht, daß im Moment des Bruchs die Wirtschaft von Rhein und Ruhr starke Anstrengungen unternahm, das Bündnis doch noch zu kitten.

Aber gegenüber den frühen fünfziger Jahren hatte sich die Lage doch entscheidend verändert. Die Marktwirtschaft schien etabliert, die SPD wenigstens halbwegs gezähmt, so daß erhebliche Teile der FDP nunmehr ohne wirtschaftspolitische Rücksichtnahme handeln zu können glaubten. Ein Grund dafür bestand auch darin, daß in der Partei eine junge Gruppe von Parteifunktionären nach vorn drängte, während das Gewicht der Selbständigen oder der Repräsentanten des Großkapitals zurückging. Auf seiten der Wirtschaft zogen manche daraus den Schluß, jetzt allein die CDU/CSU zu unterstützen, um ihr eine absolute Mehrheit zu verschaffen. Andere hielten es aber weiter für zweckmäßig, sich auch die FDP weiter zu verpflichten, falls sie doch wieder gebraucht würde oder sich benützen ließe, zumal die Mitglieder- und Wählerbasis beim selbständigen Mittelstand immer noch ungebrochen war, vor allem in Süddeutschland.

Jedenfalls zeigte der Koalitionsbruch, daß die Selbstverständlichkeit vorläufig der Vergangenheit angehörte, mit der gerade beim Unternehmertum, doch auch bei der SPD, viele die wirtschaftspolitischen Gegensätze als letztlich maßgebende Determinante der Koalitionsbildung angesehen hatten. Spätestens seit 1956 war die FDP keine Wirtschaftspartei mehr. Welche ihrer wesentlichen Komponenten sich durchsetzen würde – die mittelständisch-liberale oder die nationale – war aber noch nicht zu erkennen. Bald wurde deutlich, daß die Partei trotz der Abspaltung weiter ein Kampfplatz unterschiedlicher sozialer und ideologischer Gruppierungen bleiben würde. Selbst Teile des Großkapitals fanden wieder Anschluß.

Was sich bei der FDP dauerhaft hielt, war der tiefe Haß vieler auf »den Alten«. Obwohl Adenauer, wie die maßgebenden Leute der Freien Demokraten durchaus wußten, bei den verschiedenen Krisen eher für eine pflegliche Behandlung des an seiner inneren Zerrissenheit leidenden Koalitionspartners eingetreten war, galt er jetzt als der Mann, der die FDP mit Hilfe des »Graben«-Wahlsystems umbringen wollte. Die Partei hatte in ihm endgültig ihre negative Integrationsfigur gefunden und sah künftig eine ihrer politischen Hauptaufgaben darin, die Adenauer-Ära möglichst bald zu Ende zu bringen.

Kanzler-Dämmerung?

Obwohl die Bundesregierung nach dem Koalitionsbruch keinen Augenblick in Schwierigkeiten geriet, glaubten viele Zeitgenossen, ein politisches Erdbeben zu erleben. Große Zukunftsperspektiven schienen sich nun aufzutun. Das Wort Anfang vom Ende der Ära Adenauer war in aller Munde. Der Rebellenflügel in der FDP sah ebenso ein neues Zeitalter anbrechen wie die SPD. Es schien nicht mehr ausgeschlossen, daß sich beide Parteien in der Opposition finden und die nächsten Bundestagswahlen gemeinsam gewinnen würden. Von entsprechend düsteren Vorahnungen war die Union geplagt.

Das große Echo, das der Vorgang fand, erklärte sich auch aus der politischen Orientierung der meinungsbildenden überregionalen Presse in der Adenauer-Ära. Diese war zwar seit 1949 insoweit bürgerlich, als sie die von der SPD vertretene Wirtschafts- und Gesellschaftspolitik ablehnte. Das galt für ein Magazin wie den *Spiegel* oder eine Wochenzeitung wie *Die Zeit* ebenso wie für die *Frankfurter Allgemeine, Die Welt* oder die *Süddeutsche Zeitung.* Aber die parteipolitischen Sympathien dieser unabhängigen Blätter galten mehr der FDP mit ihrer schillernden Mischung aus kulturpolitischem Liberalismus und Nationalorientierung als der CDU. Dieser hing in großen Teilen immer noch der Ruch des Klerikalismus an, außerdem hatte sie als stärkste Partei auch stets gegen den Verdacht zu kämpfen, von ihrer parlamentarischen Macht in einem freiheitsbeschränkenden Sinn Gebrauch zu machen.

Die Außenpolitik schien zu stagnieren. Im ersten Jahrfünft der Adenauer-Ära hatte der Kanzler dank seiner Europapolitik den Erwartungen im Hinblick auf Beweglichkeit und Dynamik, an denen liberalen Publizisten nun einmal gelegen ist, doch ziemlich entsprochen. Seit Herbst 1955 sah sich die Regierung aber immer stärker gezwungen, in der Ostpolitik mit defensiver Behutsamkeit vorzugehen. Daß sie in der deutschen Frage so vorsichtig auf Zeit spielte und riskanten Operationen abhold war, entsprach zwar, wie die Wahlergebnisse immer wieder gezeigt hatten, der sicherheitsbedachten Grundstimmung in der Bevölkerung. In Politik und Publizistik wirkte sich aber Mitte der fünfziger Jahre die Wirtschaftswunder-Mentalität anders aus als beim Mann auf der Straße: Hier verlangte man nach Bewegung und nach dramatischen außenpolitischen Initiativen.

Die trotz widriger Umstände erzwungene Saar-Lösung schien dem Kanzler unrecht zu geben, der stets so zaghaft für Rücksichtnahme auf das mißtrauische Ausland plädierte. Heinrich Schneider von der Saar, dem die FDP bei ihrem Stuttgarter Parteitag im April 1956 einen großen Auftritt verschaffte, wies dort darauf hin, was sich alles erreichen läßt, wenn man auch gegen den Willen der ganzen Welt nur beharrlich nein sagt. Die tiefgreifenden Veränderungen im Ostblock zeigten, daß die Weltpolitik in Bewegung geraten war. Sollte man also nicht doch allmählich versuchen, die russische Karte ins Spiel zu bringen?

Auch in der Innenpolitik konnte nach dem Ausscheiden der Freien Demokraten aus der Bonner Koalition die Kritik am »halbautoritären Adenauer-Regime« viel ungehinderter ausgesprochen werden als bisher schon. Während das Alter des Kanzlers Anfang der fünfziger Jahre vorwiegend ein Grund zur Bewunderung für soviel geistige und physische Leistungsfähigkeit gewesen war, wurde es jetzt zunehmend als Problem empfunden. Männer, die in den besten Jahren standen, vermerkten es als peinlich, von einem achtzigjährigen Greis mit zähem Eigensinn regiert zu werden. Die von der FDP ausgegebene doppeldeutige Parole »Weg mit dem Alten, damit das Neue beginnen kann!« fand im intellektuellen Deutschland spürbaren Anklang.

Damit verband sich eine verstärkte Kritik am Bonner Staat allgemein. Wie zumeist in ruhigen Zeiten waren es vielfach Nichtigkeiten, mit denen sich die Presse damals wochenlang beschäftigte – etwa der Schmeißer-Prozeß, bei dem es um Geheimdienst-Kontakte Adenauers und Blankenhorns aus den Jahren 1948 und 1949 ging! Im ganzen war bei diesem Unbehagen an dem Adenauer-Regime, das sich damals bei Intellektuellen und in Teilen des Bildungsbürgertums auszubreiten begann und vor allem vom *Spiegel* geschürt wurde, die Stimmungskomponente viel gewichtiger als die konkreten Ziele und Beschwerden. Die Vorwürfe, die zu hören waren, gehörten weitgehend schon zur Vorwahlkampf-Atmosphäre, die sich im Herbst 1955 bereits bemerkbar zu machen begann. Kritisiert wurde vielfach die harte Machtpolitik der CDU, für die das »Graben«-Wahlsystem eben wieder ein Beispiel geliefert hatte. Die »Einparteienherrschaft«, die nach Meinung vieler nun voll begonnen hatte, weckte ungute Erinnerungen. Im Affekt gegen jeden offiziellen Konformismus und in der Anprangerung unerträglicher Selbstherrlichkeit, mit der die CDU/CSU regiere, wurde zwar vor allem der Verdruß derjenigen laut, die sich von der Macht in Bonn ausgeschlossen sahen. Es herrschte jedoch im geistigen Bereich tatsächlich eine weitverbreitete Stimmung des Unbehagens und das Verlangen nach Wechsel. Die bisweilen neurotisch wirkende Angst, daß der politische Gegenspieler, der sich doch bisher als besonnener Demokrat erwiesen hatte, in Zukunft unverantwortlich handeln könnte, war dabei durchaus nicht nur auf FDP und SPD beschränkt. Auch Adenauer und Teile der CDU ließen ähnliche Besorgnisse erkennen, wenn sie ständig verlautbarten, die naßforsche Wiedervereinigungspolitik der Düsseldorfer »Jungtürken« oder das von der SPD verfochtene außenpolitische Programm würden zwangsläufig zur außenpolitischen Isolierung, zur Verstärkung des sowjetischen Einflusses oder direkt in die Unfreiheit führen.

Angst war immer noch ein Grundmotiv dieser sonst anscheinend schon wieder von Sekuritätsgefühl und Stolz auf das Erreichte gekennzeichneten Jahre: Angst vor den Schatten der Vergangenheit und den Unsicherheiten der Zukunft, die so völlig von den Entscheidungen in außerdeutschen Hauptstädten abhängig war, Angst auch vor dem jeweiligen innenpolitischen Gegenspieler und vor einer Bevölkerung, die mehrheitlich immer noch aus Deutschen bestand, die Hitler einmal zugejubelt hatten.

Gartenparties, Kleidermode (A-Linie), Kleinwagen (Goggomobil mit 14 PS): Das beginnende »deutsche Wirtschaftswunder« fand vielerlei Ausdrucksformen. Der Stolz auf das Erreichte konnte jedoch die Angst vor den Unsicherheiten der Zukunft nicht völlig verdecken.

Im Jahr 1956 entsprang die Angst in den Reihen der Unionsparteien aber vor allem der Befürchtung, bei den kommenden Bundestagswahlen von der Macht verdrängt zu werden. Umfragen zeigten, daß die Adenauer-Regierung nach dem Bruch mit der FDP etwa acht Prozent ihrer Anhänger verloren hatte. Das konnte sich wahlentscheidend auswirken. Die Popularitätskurve Adenauers, die im Januar 1956 – kurz nach dem mit großem Pomp gefeierten 80. Geburtstag des Kanzlers – auf 56 Prozent gestiegen war, stand Ende Februar 1956 bei 48 Prozent und sank bis Mai des Jahres auf 40 Prozent ab. Damit war keine absolute Mehrheit zu gewinnen. Im Juli 1956 antworteten auf die Frage, ob sie nach der Bundestagswahl 1957 einen Wechsel an der Regierungsspitze für gut halten würden, 44 Prozent mit dem Wunsch nach einem Wechsel; 34 Prozent wünschten ein Verbleiben Adenauers. Die Zahl der Unentschiedenen lag wie immer bei solchen Umfragen hoch; sie vor allem würden also die Wahl entscheiden. Es war auch bezeichnend, daß diejenigen, die für einen Wechsel plädierten, größtenteils keine personelle Alternative zu Adenauer zu nennen wußten. Es fiel übrigens auf, daß viel mehr männliche als weibliche Wähler ein Abtreten Adenauers wünschten. Jedenfalls war die Wählermeinung Mitte 1956 am Umkippen.

Im Herbst 1955, als Adenauer erstmals über einen Monat lang an einer Lungenentzündung erkrankt war, hatten bereits in allen Parteien die Nachfolgespekulationen begonnen. Damit war nicht nur persönlicher Ehrgeiz verbunden, sondern ebenso unterschiedliche Auffassungen über die Grundorientierung. Das alles zeigte sich natürlich erst in Ansätzen; solange der Kanzler nicht offenkundig ausfiel, war größte Vorsicht geboten.

Fast am wichtigsten war die Bündnisfrage für die Sozialdemokraten. Nach Lage der Dinge konnten sie nur durch eine Koalition zur Macht kommen. Es fand deshalb Beachtung, daß Ollenhauer im Herbst 1955 in Gesprächen mit Journalisten durchblicken ließ, die Idee, sich in eine Koalition mit einer CDU ohne Adenauer zu begeben, erscheine ihm nicht undenkbar. Wie immer bei solchen Versuchsballonen, war aber unklar, ob sie nicht in erster Linie dazu dienen sollten, den Partner, auf den es einem vor al-

lem ankam – in diesem Fall die FDP –, nervös zu machen.

Aber auch in der CDU begann man sich Gedanken zu machen. Verschiedene ihrer maßgebenden Politiker, zu denen auch Außenminister von Brentano gehörte, begannen Signale zur SPD hin auszusenden. Eugen Gerstenmaier, der seit den Zeiten des Widerstandes für den Gedanken eines Zusammenwirkens national gesonnener Konservativer und Sozialdemokraten viel übrig hatte und sich auf dem Posten

Der Staatssekretär im Bundeskanzleramt, Hans Globke (vor dem Haus Konrad Adenauers in Rhöndorf), galt als der »bestinformierte Mann in Deutschland«.

Keineswegs amtsmüde zeigte sich der 80jährige Bundeskanzler beim Besuch des indischen Ministerpräsidenten Nehru (während einer Rheinfahrt mit seiner Tochter Indira Gandhi und seinen beiden Enkeln). Hoffnungen auf seine Nachfolge machten sich damals – von links –: Ludwig Erhard, Heinrich von Brentano und Eugen Gerstenmaier (vor Vizekanzler Franz Blücher).

des Bundestagspräsidenten etwas ins politische Abseits verwiesen sah, galt damals schon als ein Mann, der gegebenenfalls für ein Zusammengehen mit der SPD zu gewinnen wäre. An Jakob Kaisers Neigungen für einen solchen Kurs hatte sich nach wie vor nichts geändert.

Auch die Bemühungen der CSU um eine vom ganzen Haus getragene Wehrpolitik hatten ihre koalitionspolitische Seite. Die CSU in München wollte möglichst bald wieder in die Regierung, eventuell in der alten CSU-SPD-Koalition. Manche glaubten damals, daß auch Strauß dem Gedanken einer Koalition mit den Sozialdemokraten nicht völlig abweisend gegenüberstünde. In dem Kreis um Arnold bestanden gleichfalls immer noch verborgene Sympathien für ein mögliches Bündnis mit der SPD, die allerdings nach dem Düsseldorfer Coup vom Februar 1956 einem zeitweiligen tiefen Ressentiment gegen SPD und FDP gleicherweise gewichen waren, wobei aber die alte und neue Abneigung gegen die Freien Demokraten überwog. Immerhin bewies das bei der Beratung der Rentenreform zu beobachtende Zusammenspiel von SPD und linker CDU, wieviel sozial- und wirtschaftspolitische Gemeinsamkeit es damals über die Fraktionsgrenzen hinaus gab.

Von den Granden der CDU war Ludwig Erhard am bedingungslosesten auf Erhaltung oder Wiederer-

neuerung des Bündnisses mit den Freien Demokraten eingeschworen. Er brachte damit eine beim Wirtschaftsflügel der Partei weitverbreitete Stimmung zum Ausdruck. Auch Schröder drängte auf eine Versöhnung mit der FDP.

Solche Manöver hinter den Kulissen oder gewisse vorsichtige Andeutungen gegenüber Journalisten durften natürlich nicht überbewertet werden. Doch machten sie eines deutlich: Auch auf Bundesebene gewann die Auffassung an Boden, daß Unionsparteien, SPD und FDP grundsätzlich miteinander koalitionsfähig wären.

Bei alledem spielten die Überlegungen eine zentrale Rolle, wer der nächste Bundeskanzler sein würde. Im Herbst 1955 wurde von vielen noch Fritz Schäffer als denkbarer Nachfolger genannt. Er galt ebenso wie der Kanzler als strikter Gegner einer Großen Koalition. Aber ein Jahr später war sein politischer Stern bereits erloschen. Ludwig Erhard konnte sich am ehesten in Verbindung mit der FDP Chancen ausrechnen. Von Brentano, Gerstenmaier und Arnold versprachen sich unter bestimmten Bedingungen mehr von einer CDU-SPD-Koalition.

Über die Stärkeverhältnisse innerhalb der Parteiorganisation gab der CDU-Parteitag in Stuttgart Ende April 1956 interessante Aufschlüsse. Gegen den Widerstand Adenauers wurde die Zahl der Stellvertreter des Parteivorsitzenden von zwei auf vier erhöht. Der Parteitag wählte in diese Positionen Gerstenmaier, Arnold, von Hassel und Kaiser und bekundete damit nicht nur ein gewisses Selbstbewußtsein gegenüber dem Vorsitzenden, sondern ließ auch erkennen, daß die Befürworter eines möglichen Zusammengehens mit der SPD in der Partei mehr Rückhalt hatten als in der Fraktion und im Kabinett. Die Führungsmannschaft innerhalb der Parteiorganisation hat damals aber gegenüber dem Kanzler noch kein Eigengewicht erringen können. Immerhin mochten diese, im ganzen gesehen zweitrangigen Verschiebungen innerhalb der Partei zum Zeitpunkt, da der Erbfall eintreten würde, eine gewisse Bedeutung gewinnen. Aber es war klar, daß das letzte Wort über die Personen und auch über die koalitionspolitische Orientierung bei der Fraktion liegen würde. Sowohl jetzt wie auch später vermied es Adenauer aber sorgsam, für diesen Fall Verfahrensrichtlinien festzulegen, und während der ganzen Adenauer-Ära wagte es niemand, in der Partei im Hinblick auf das nach Lage der Dinge doch mögliche Ausfallen des Kanzlers eine Regelung vorzuschlagen oder gar durchzusetzen. Resigniert nahmen es die Parteigrößen zur Kenntnis, wie die noch relativ jungen Stellvertreter Adenauers im Parteivorsitz vom Tod ereilt wurden – Hermann Ehlers verstarb 1954, Robert Tillmanns 1955, Karl Arnold 1958 und Jakob Kaiser 1961. Der greise Kanzler überlebte sie alle.

Eine Zeitlang sah es im Jahr 1956 so aus, als würde ausgerechnet die FDP, auf die die Bewegung in der Parteienlandschaft in erster Linie zurückging, die Fronten zwischen den Parteien wieder erstarren lassen. Nachdem sich Dehler und die Düsseldorfer »Jungtürken« in der Partei durchgesetzt hatten, schien es ziemlich sicher, daß dann, wenn die Wahlen des Jahres 1957 eine numerische Mehrheit von SPD und FDP erbracht hätten, diese beiden Parteien auch eine Koalition bilden würden. Zwar lautete die Parole der FDP »Bindungslosigkeit«; aber die Signale standen 1956 doch recht deutlich auf Zusammengehen mit der SPD.

Das Echo der Sozialdemokraten auf die freidemokratischen Avancen war günstig. Für die SPD wäre eine Koalition mit der kleineren FDP die ideale Lösung gewesen, weil sie dabei den Kanzler gestellt hätte. Doch blieb die SPD klug genug, die Tür zu einer Koalition mit der Union nicht zu verschließen. Wie schon vor den Bundestagswahlen 1953 gab sie sich auch jetzt auf ihrem Parteitag im Juli 1956 betont gemäßigt. Der linke Flügel kam nicht zum Zug. Eine glasklare Festlegung auf das Ziel einer Abschaffung der Wehrpflicht wurde vermieden. Ebenso grenzten sich Ollenhauer und der Parteitag scharf gegen die SED ab, was allerdings den damaligen Tendenzen bei der FDP eher zuwiderlief. Jedenfalls bestand bei den Sozialdemokraten keine prinzipielle Abneigung dagegen, sich je nachdem, was die Lage erforderte, sowohl mit der Union wie mit der FDP zu verbinden. Die Souveränität, mit der sich der Parteivorstand damals gegen den linken Flügel behauptete, ließ erwarten, daß er bei Koalitionsverhandlungen stark genug sein würde, sich mit einer Entscheidung für die eine oder die andere Kombination parteiintern auch durchzusetzen.

Adenauer, der die Gefahr genau erkannte, unternahm im September 1956 nochmals einen Anlauf zur Wiederherstellung der Koalition mit der FDP. Im Vorfeld der Regierungsumbildung vom Oktober 1956 kam es erneut zu Versuchen, die zerstrittenen Freidemokraten – FDP und FVP – wieder zusammenzuführen und mit Blick auf die Wahlen das alte Bündnis wiederherzustellen. Der Anstoß dazu ging von Ludwig Erhard aus; wieder spielte Robert Pferdmenges eine vermittelnde Rolle. Allerdings forderte Adenauer erneut einen Koalitionswechsel in Düsseldorf, wo es in der jungen Koalitionsehe zu ersten Trübungen gekommen war, lockte aber Dehler und Weyer gleichzeitig mit Posten in seinem Kabinett. Dehler, der nicht mehr besonders fest im Sattel saß, zeigte sich gesprächsbereit, doch wurde sein Manövrierfeld von den Landesverbänden der FDP stark eingeengt. In Düsseldorf war besonders Döring bemüht, die Wiederherstellung des alten Bündnisses zu verhindern. So kam es nur zu vagen Absichtserklärungen, sich bei allfälligen Koalitionsverhandlungen nach den Bundestagswahlen nicht durch die Erinnerungen an die Differenzen im Frühjahr stören zu lassen. Die Gegner einer Wiederannäherung von Union und FDP brachten die in den Kulissen geführten Gespräche rasch an die

Öffentlichkeit, und die fein eingefädelte Operation endete in bitterem Streit darüber, welche Seite die Initiative dazu ergriffen habe.

Die nach Adenauers Wahlsieg im Jahr 1957 bald vergessenen Vorgänge des Jahres 1956 sind deshalb von Bedeutung, weil sie die spätere Legende fragwürdig erscheinen lassen, als habe erst die »Godesberger Wandlung« der SPD sowie die in der Wehner-Rede vom Juni 1960 endgültig vollzogene Hinnahme der Adenauerschen Westpolitik die Sozialdemokraten koalitionsfähig gemacht. Vieles spricht dafür, daß der Kurswechsel eben auch schon 1957 erfolgt wäre, wenn das Wahlergebnis und der Verlauf von Koalitionsverhandlungen dies ermöglicht hätten. Die SPD der Jahre 1956 und 1957 war auf eine Koalition mit der CDU innerlich nicht viel schlechter vorbereitet als die des Jahres 1966. Doch die FDP war schon damals ihr Wunschpartner.

Auf der anderen Seite wäre auch der Eindruck falsch, als hätten sich die Unionsparteien nicht bereits Mitte der fünfziger Jahre eine Koalition mit der SPD vorstellen können. Auch auf ihrer Seite war das Interesse an der Machterhaltung, doch ebenso das Vertrauen in die Vernunft der SPD größer als die vielbeschworene Sozialistenfurcht. Die Bonner Politik jener Jahre spielte sich auf allen Seiten schon viel eindeutiger in einem gemäßigten juste milieu ab, als alle Beteiligten wahrhaben wollten. Dementsprechend waren die koalitionspolitischen Entwicklungsmöglichkeiten wesentlich vielfältiger, als dies beim vereinfachenden Rückblick auf die vierzehnjährige Adenauer-Ära erscheint.

Diesen Wandlungstendenzen stand Adenauer jedoch im Weg. In der durch beträchtliche Labilität gekennzeichneten Konstellation des Jahres 1956 hat er einer Neuformierung der Parteienlandschaft den schärfsten Widerstand entgegengesetzt. Dabei ließ er sich vom Primat der Außenpolitik leiten. Eine im Jahr 1957 von SPD und FDP gebildete Bundesregierung hätte auf dem Feld der Außenpolitik die stärksten Veränderungen erbracht. Während die spätere sozialliberale Koalition des Jahres 1969 letzten Endes nur zur Anerkennung der DDR und der Oder-Neiße-Linie führte, ohne dabei die dauerhafte Westintegration der Bundesrepublik in Frage zu stellen, hätte ein Regierungswechsel im Jahr 1957 die außenpolitische Grundorientierung viel stärker beeinflussen können. Noch befand sich die Bundeswehr erst in ihren Anfängen; noch schien auch in der deutschen Frage nicht alles erstarrt.

So war es nur folgerichtig, daß Adenauer zwischen 1955 und 1957 sowohl im Verhältnis zur FDP wie im Kampf mit den Sozialdemokraten die Gräben in der Außenpolitik am tiefsten zog. Obwohl die klügeren Köpfe in der SPD schon damals für eine Strategie des begrenzten Konflikts plädierten und die innenpolitische Auseinandersetzung vorgezogen hätten, ließ sich die Partei schließlich doch wieder auf die vom Kanzler für unerläßlich gehaltene außenpolitische Polarisierung ein. Auch die FDP konnte sich diesem Sog nicht mehr entziehen.

Wie die Kulissengespräche im September 1956 gezeigt hatten, waren manchen Freien Demokraten schon im Lauf des Jahres 1956 Zweifel gekommen, ob es wirklich klug wäre, sich innerlich so eindeutig, wie Döring forderte und Dehler es zeitweilig bekundet hatte, auf eine Koalition mit der SPD einzustellen. Diese Erkenntnis, und nicht nur die irritierenden rednerischen Auftritte des FDP-Vorsitzenden, führte im Januar 1957 zur Ablösung Dehlers als Parteivorsitzenden durch den früheren Ministerpräsidenten Reinhold Maier.

Obwohl Maier und Adenauer nicht eben durch Freundschaft verbunden waren, bedeutete dieser Wechsel eine gewisse Rückkehr der FDP in eine glaubhafte Mittellage als »dritte Kraft« zwischen den Unionsparteien und der SPD. Die Bemühungen Maiers, die ostpolitische Unruhe der Düsseldorfer »Jungtürken« und Dehlers zu dämpfen, waren offenkundig, auch wenn ihm dabei ein überzeugender Erfolg versagt blieb. Ostpolitische Mäßigung war aber ein für jede spätere Koalitionsbildung entscheidender Punkt; dagegen bestanden zwischen den kultur- oder wirtschaftspolitischen Vorstellungen Dehlers und Maiers keine wesentlichen Unterschiede. Maiers Wahl wurde jedenfalls von manchen als Indiz dafür gewertet, daß sich die FDP künftig mehr vom Gesichtspunkt eines wohlverstandenen Parteiinteresses und weniger von deutschlandpolitischen Zielvorstellungen leiten lassen würde oder gar von den besonderen Gegebenheiten im Land Nordrhein-Westfalen.

So stand am Ende des Jahres 1956 doch wieder die Bereitschaft der FDP zu Koalitionen nach beiden Seiten – oder auch zur vorläufigen Tolerierung einer Minderheitsregierung Adenauer. Die Unsicherheit blieb aber. Der Kanzler, der inzwischen wieder innerparteilich und auch in der öffentlichen Meinung Tritt gefaßt hatte, entschied sich nun wohl oder übel dafür, den Wahlkampf allein im Verbund mit den schwachen Hilfstruppen von DP und FVP zu führen.

An der Schwächeperiode der Adenauer-Regierung im Jahr 1956 waren nicht nur der Bruch mit der FDP und die Schwierigkeiten schuld, die sich bei der Realisierung des Wehrbeitrages ergaben. Die außenpolitische Großwetterlage trug ebenso dazu bei wie die überschäumende Konjunktur. Daneben spielte auch der Umstand eine Rolle, daß der Kanzler die längst fällige Kabinettsumbildung viel zu weit hinausgezögert hatte.

Als sie im Oktober 1956 nach den in solchen Fällen unvermeidlichen Peinlichkeiten endlich vollzogen wurde, war die einzige ins Gewicht fallende Veränderung der Wechsel von Blank zu Strauß. Die bis dahin über Gebühr starke Vertretung der FVP im Kabinett wurde auf Blücher und Preusker beschränkt, die in ihren Ressorts verblieben. Indem Adenauer Blücher behielt, konnte er auch in der Frage der Vizekanzlerschaft, die mit Blick auf die Kanzlernachfolge von Erhard, Schäffer, von Brentano und Arnold gleicherweise erstrebt wurde, einer

Entscheidung ausweichen. Das Bundesjustizministerium übernahm nun zusätzlich zum Bundesratsministerium Hans-Joachim von Merkatz von der DP, die bei den ganzen Krisen der vergangenen Jahre eine der verläßlichsten Stützen der Regierung gewesen war und sich jetzt langsam darauf einstellte, in der CDU aufzugehen. Siegfried Balke behielt das Bundespostministerium und übernahm gleichzeitig das von Strauß aufgebaute Bundesministerium für Atomfragen.

Vor allem der Arbeitnehmerflügel der CDU war empört, weil er nach dem Ausscheiden Blanks sein Gewicht im Kabinett stark reduziert sah. Adenauer hatte sich damit auch für das Vorprellen Arnolds in der Stellvertreterfrage auf dem Stuttgarter Parteitag revanchiert. Der Vorgang zeigte, wie unerheblich Parteitagsentscheidungen der CDU damals waren. Doch auch die Fraktion war von Adenauer wieder einmal ziemlich überfahren worden. Der Kanzler war längst zur Auffassung gekommen, daß ihm die komplizierte Zusammensetzung der ihn stützenden Kräfte das Regieren völlig unmöglich machen würde, wenn er sich erst einmal auf das von allen Gremien gewünschte Mitspracherecht einließe. Je näher der Wahltermin rückte, um so klarer wurde das aber auch allen Beteiligten in der Union. Sie sahen, daß allein die autoritäre Führung durch den Kanzler jetzt noch die Wahlniederlage verhindern konnte. Letztlich hing der Fortbestand der Adenauer-Ära auch diesmal wieder vom Erfolg des Wahlkämpfers Adenauer ab.

Bayerischer Defiliermarsch.

Kontroversen über Konjunkturdämpfung und Haushaltsstabilität

Wenn die Regierung im Jahr 1956 ihre Wahlchancen recht pessimistisch einschätzte, so in erster Linie im Hinblick auf die wirtschaftliche Entwicklung. Schon damals behauptete eine einflußreiche Schule der Wahlforschung, Zufriedenheit mit der wirtschaftlichen Lage sei der entscheidende Bestimmungsgrund des Wahlverhaltens, besonders bei den politisch nicht besonders interessierten Wählern. Daß die Adenauer-Ära nun ausgerechnet durch Vorgänge in der Wirtschaft zu einem jähen Ende

Vor allem im Exportgeschäft zeigte sich die Kfz-Industrie bereits als eine der bedeutendsten Antriebskräfte der wirtschaftlichen Entwicklung.

kommen sollte, schien freilich paradox. Denn verglichen mit den Vorkriegs-, Kriegs- und Nachkriegsjahren, aber auch aus der Sicht von heute, herrschte Mitte der fünfziger Jahre eine Periode beispiellosen Wachstums, die von einer deutlichen und raschen Ausweitung des Massenwohlstands begleitet war.

Die deutsche Wirtschaft stand glänzend da. Mitte 1956 lag der Produktionsindex mehr als doppelt so hoch wie im Jahr 1936. Allein in den Jahren 1954 und 1955 hatte die industrielle Produktion um insgesamt 27 Prozent zugenommen. Die Investitionsraten waren ungewöhnlich hoch: im Jahr 1955 erreichten sie mit 20,8 Prozent den Höchststand der Nachkriegszeit.

Im Verlauf eines Jahres – vom September 1954 bis September 1955 – wurden 975 000 neue Arbeitsplätze geschaffen. Seit Anfang 1955 war die Vollbeschäftigung erreicht. Im Sommer 1955 lag die Zahl der Arbeitsuchenden mit etwa 495 000 unter der Vier-Prozent-Marke, die damals nach international geltender Auffassung die Vollbeschäftigung anzeigte. Männliche Arbeitsuchende gab es sogar nur drei Prozent. Der relativ geringen Zahl von Arbeitsuchenden standen etwa 221 000 offene Stellen gegenüber.

Die Zunahme des Bruttosozialprodukts in konstanten Preisen von 1950 lag 1954 bei 140 Punkten, 1955 bei 157 und 1956 bei 168. Das verfügbare Ein-

kommen der privaten Haushalte stieg von 64,9 Mrd. DM im Jahr 1950 auf 113,3 Mrd. DM 1955, wobei die Lebenshaltungskosten nur um rund zehn Prozent zugenommen hatten. Die Spareinlagen auf Bankkonten kletterten von 4,055 Mrd. DM im Jahr 1950 auf 20,668 Mrd. DM im Jahr 1955. Die Einlagen auf Bausparkonten – eine angesichts der damit verbundenen Steuervergünstigungen schon damals geschätzte Form des Sparens – erhöhten sich von 503 Mio. DM im Jahr 1950 auf 3,019 Mrd. DM im Jahr 1955. Dank der kräftigen Lohnzuschläge der vergangenen Jahre hatten auch die Arbeitnehmereinkommen an der allgemeinen Einkommensverbesserung einen erheblichen Anteil.

Die Exportüberschüsse erweckten noch stärker als zuvor den Neid der großen westeuropäischen Nachbarstaaten. Der Gold- und Devisenbestand der Deutschen Bundesbank lag 1955 bei 13,1 Mrd. DM, davon 3,9 Mrd. in Gold.

Was sich aber aus größerem zeitlichen Abstand als kontinuierliche wirtschaftliche Aufwärtsentwicklung auf einem sehr hohen Wachstumspfad darstellt, schien in der zweiten Jahreshälfte 1955, vor allem jedoch im Jahr 1956 gefährdet. Politiker, die breite Öffentlichkeit und auch die Masse der Wähler begannen gebannt auf die Krisensymptome der Hochkonjunktur zu starren. Die kritische Einschät-

Den Wunsch nach einem eigenen Heim konnte selbst die Verteuerung der Baukosten um 12 % allein im Jahr 1955 nicht beeinträchtigen. 1952 hatte die Wohnfläche im Sozialen Wohnungsbau noch 55,2 qm je Wohnung betragen.

zung der wirtschaftlichen Lage stand damals in starkem Kontrast zu den statistischen Daten.

Die Hauptsorge galt der Preisentwicklung bei den Lebenshaltungskosten. Hier waren Veränderungen zu beobachten, die in der stabilitätsbewußten Sicht jener Jahre dramatisch erschienen. Das Jahr 1953 hatte eine Preissenkung für Lebenshaltungskosten um 1,7 Prozent gebracht – ein einmaliger Vorgang in der Geschichte der Bundesrepublik. Auch 1954 waren die Preise gegenüber dem Vorjahr mit einer Preissteigerungsrate von 0,1 Prozent fast konstant geblieben. 1955 aber erfolgte eine Zunahme von 1,7 Prozent gegenüber dem Vorjahr und 1956 von 2,6 Prozent. Beim Vergleich der Periode von Mitte 1955 bis Mitte 1956 sah es sogar noch bedrohlicher aus: Dieser ließ eine Preissteigerungsrate von fast 4 Prozent erkennen.

Die Ursachen dieser Entwicklung wurden von den Fachleuten ziemlich einmütig beurteilt. Die Industrie war von einem großen Investitionsrausch erfaßt worden, den die Steuerpolitik jener Jahre bewußt förderte. Anlagegüter konnten innerhalb von zwei Jahren zu 48 Prozent, bei zehnjähriger Nutzungsdauer sogar zu über drei Fünfteln innerhalb von drei Jahren amortisiert werden. Hatte man sich aber erst einmal darauf eingelassen, in großem Maßstab durch Reinvestierung Steuern zu sparen,

so war es unvermeidlich, ständig neue Investitionen vorzunehmen, wollte man sich nicht plötzlich einer großen Steuerlast gegenübersehen. Das hatte aber Rückwirkungen auf die Liquidität der Unternehmen einerseits, die Preisentwicklung auf dem Investitionsgütermarkt andererseits. Kritisch war besonders die Lage auf dem Baumarkt, wo es im Jahr 1955 zu einer Steigerung des Baukostenindex um 12 Prozent kam. Vielfach wurde schon die Sorge geäußert, daß da und dort Überkapazitäten aufgebaut worden seien.

Die Ausweitung der industriellen Produktion durch Selbstfinanzierung stieß nun in einer Reihe von Branchen an ihre Grenzen. Zudem sahen sich die Unternehmen einem ziemlich leergefegten Arbeitsmarkt gegenüber.

Ende 1955 hatte man zum ersten Mal in größerem Stil mit der Anwerbung ausländischer Arbeitskräfte begonnen. Allerdings war die Bemühung, Italiener für die Problembranche Baugewerbe und für die Landwirtschaft anzuwerben, noch nicht von besonderem Erfolg gekrönt. Nur etwa die Hälfte des für 1956 vorgesehenen Kontingents von 31 000 Saisonarbeitern kam tatsächlich, und Mitte 1956 lag das Kontingent der ausländischen Arbeitnehmer im Bundesgebiet noch nicht einmal bei Hunderttausend, darunter viele Grenzgänger. Ihre Zahl stieg auch in den folgenden Jahren nur vergleichsweise langsam an. 1958 waren es rund 127 000, 1960 329 000. Dann aber begann eine dramatische Zunahme: 1961 war eine halbe Million bereits überschritten, und 1963, am Ende der Adenauer-Ära, beschäftigte die Bundesrepublik bereits 829 000 Gastarbeiter. Das bedeutete eine Ausländerquote an der Arbeitnehmerschaft von 3,7 Prozent. Es waren noch nicht die 2 595 000 und die 11,9 Prozent auf dem Höhepunkt im Jahr 1973; aber die Tendenz zeichnete sich bereits klar ab.

Mitte der fünfziger Jahre war von dieser Seite aber noch keine Entlastung für die Wirtschaft zu erwarten. Das bedeutete, daß die Arbeitnehmerschaft nunmehr eine Chance bekam, ihren Anteil am gestiegenen Sozialprodukt in voller Höhe einzufordern. Nach dem harten Streik in der bayerischen Metallindustrie hatten die Gewerkschaften in den meisten Branchen günstige Tarifabschlüsse erzielt. Sie standen dabei unter dem Druck ihrer Mitglieder, die sich vielfach auf langfristige Ratenzahlungskäufe eingelassen hatten. Diese Abschlüsse belasteten die Unternehmen, die für ihre Investitionen nun verstärkt den Kapitalmarkt in Anspruch nehmen mußten. Teile der Arbeiterschaft und der Unternehmen suchten sich also gleichermaßen mit einer gesteigerten kurzfristigen Verschuldung zu behelfen. Ein erheblicher Prozentsatz der erhöhten Arbeitnehmereinkommen wurde damals in Konsumgütern angelegt, wobei sich Kapazitätsengpässe ergaben, die zu entsprechenden Preissteigerungen führten.

An dem Verteilungskampf, der aber immerhin auf der Basis eines phänomenalen Wirtschaftswachstums stattfand, nahmen auch die Landwirte, unterstützt vom Landwirtschaftsminister, teil. Mit voller Rückendeckung des Bundeskanzlers, der bereits an die Wahlen von 1957 dachte, waren die jahrelang zurückgebliebenen landwirtschaftlichen Erzeugerpreise heraufgesetzt worden mit der Folge, daß sich die Verbraucherpreise für Lebensmittel innerhalb von zwei Jahren um 14 Prozent erhöhten.

Entsprechend der jeweiligen Interessenlage ging das Urteil über die Wirtschaftsentwicklung weit auseinander. Bei der Masse der Verbraucher begannen sich Inflationsängste bemerkbar zu machen, zumal da Presse und Politiker den vergleichsweise bescheidenen Preissteigerungen größte Beachtung schenkten. Entsprechende Unruhe auf seiten der Gewerkschaften und die Neigung zu Ausgleichslohnforderungen waren eine natürliche Folge. Die Unternehmer wollten die Lage nicht dramatisieren und forderten lediglich die Gewerkschaften zur Lohndisziplin auf, während sie von der öffentlichen Hand weitere Steuererleichterungen verlangten, um mit ihren Liquiditätsproblemen fertig zu werden. Hingegen zeigten sich die unabhängigen Experten ebenso beunruhigt wie Bundeswirtschaftsminister Erhard, der entschlossen war, nun die überschäumende Konjunktur möglichst rasch in eine Phase ruhiger Konsolidierung zu überführen. Am größten war die Sorge bei der Bank Deutscher Länder, die seit der Währungsreform ihre Aufgabe als Hüterin der Währungsstabilität mit großer Entschlossenheit wahrnahm und vom Jahresanfang 1955 an in ihren Monatsberichten ständig auf die bedenklichen Symptome aufmerksam machte.

Im Vertrauen darauf, daß eine kurzfristige inflationäre Kaufkraftsteigerung der Arbeitnehmerhaushalte anfänglich meist die Preiserhöhungen übersteigt, pflegen aber Politiker in Vorwahlperioden die Inflationsgefahr gern auf die leichte Schulter zu nehmen. Der Kanzler machte von dieser Regel keine Ausnahme und dachte gar nicht daran, die so günstig laufende Konjunktur durch scharfe Dämpfungsmaßnahmen zum ungünstigsten Zeitpunkt abzuwürgen. Natürlich wurde er darin von der Industrie bestätigt, die er zudem auch für die Finanzierung des Wahlkampfes 1957 brauchte. Ein Konflikt zwischen Adenauer und dem stabilitätsbewußten Bundeswirtschaftsminister, der in jenen Monaten auf scharfen Gegenkurs zu den Forderungen des Bundesverbandes der Deutschen Industrie ging, war somit unvermeidlich und bestimmte die wirtschaftspolitischen Auseinandersetzungen der Jahre 1955 und 1956 in starkem Maße.

Die Bedenken des Direktoriums der Bank Deutscher Länder wurden vom Notenbankpräsidenten Geheimrat Vocke mit großer Entschiedenheit ausgesprochen. Wilhelm Vocke war bereits Ende der dreißiger Jahre Mitglied des Direktoriums der Reichsbank gewesen und hatte schon einmal bei dem vergeblichen Versuch mitgewirkt, eine Rüstungsinflation zu verhindern. Jetzt schien sich die Geschichte zu wiederholen, obgleich unter einer demokratischen Regierung. Aber wie unter Hitler war die politische Führung auch diesmal entschlossen, die als notwendig erachtete Aufrüstung nicht zu Lasten des privaten Konsums gehen zu lassen. Bei den harten Bremsmaßnahmen, die die Bank Deutscher Länder seit Mitte 1955 vornahm, spielte jedenfalls auch die Sorge vor einer zusätzlichen Überhitzung der Investitionskonjunktur durch den Aufbau der Bundeswehr eine nicht unwichtige Rolle.

Eine Reihe von einschneidenden Diskonterhöhungen – im August 1955 auf 3,5 Prozent, im März 1956 auf 4,5 Prozent und zwei Monate später auf 5,5 Prozent sowie noch höhere Lombardsätze – sollte die Überhitzung beseitigen. Die Mindestreservesätze wurden drastisch erhöht, das Instrument der

Der Präsident der Bank Deutscher Länder, Wilhelm Vocke, teilte die Sorge des Bundeswirtschaftsministers vor einer konjunkturellen Überhitzung und inflationärer Wirtschaftspolitik.

Offen-Markt-Politik zur Absaugung von Kaufkraft stärker eingesetzt, außerdem schränkte die Bank Deutscher Länder die Rediskontierungsmöglichkeiten für Exporte ein. Parallel zu den Bremsmaßnahmen der Notenbank sah Erhard, der diesen Kurs voll unterstützte, eine kurzfristige Zollsenkung um 30 Prozent vor, für die allerdings die Zustimmung des Bundestages gebraucht wurde. Der schon im Vorjahr versuchte Ausweg der Bewilligung von »Jedermann-Einfuhren«, bei denen jeder Bundesbürger auf Einfuhr-Rechnungen bis zu einer bestimmten Höhe im Ausland Bestellungen tätigen durfte, hatte keine durchschlagenden Erfolge gebracht.

Die letzte Diskonterhöhung führte zum Krach in Kabinett und Fraktion. Der Kanzler behauptete mit einem gewissen Recht, die Maßnahmen seien mit ihm nicht abgestimmt gewesen, und übte vor der Jahresversammlung des BDI im Kölner Gürzenich, wo die schärfsten Gegner der Konjunkturdämpfungspolitik versammelt waren, öffentlich Kritik an der Bank Deutscher Länder, aber auch an Erhard und Schäffer, die sie toleriert hatten.

In der liberalen Presse und bei der Wissenschaft wurde die Kanzler-Schelte allgemein mit Kopfschütteln aufgenommen und als weiteres Anzeichen dafür gewertet, daß sich Adenauer vorwiegend von Erwägungen tagespolitischer Opportunität leiten ließ. Der Unwille, den der Angriff gegen Erhard und Schäffer in der Fraktion und in der Öffentlichkeit auslöste, war allerdings so groß, daß sich Adenauer rasch wieder mit beiden versöhnte. Voller Groll mußte er bei dieser Gelegenheit feststellen, wie der Bundeswirtschaftsminister von überall her bis hin zum DGB so viel Unterstützung erhielt, daß er unangreifbar war. Erhard war auf gutem Weg, sich eine Stellung über dem Parteienstreit und den Gruppeninteressen aufzubauen.

Er und Schäffer hätten sich aber damals gegen den Kanzler und starke Kräfte in der Fraktion kaum behaupten können, wenn sie nicht in der Bank Deutscher Länder einen institutionell autonomen Verbündeten gehabt hätten. Deren weitgehende Unabhängigkeit hat sich in der kritischen konjunkturellen Lage jener Tage als Garantin der Währungsstabilität bewährt und auch gegen die Kräfte in der Bundesregierung und im Bundestag durchgesetzt, denen

324 Konsolidierung 1955–1957

eine laxere Geldpolitik zupaß gekommen wäre. Tatsächlich geriet die Konjunktur Ende 1956 wieder in ruhigeres Gewässer. Die »Seelenmassagen« Erhards fanden sogar bei den unter der neuen Führung Willi Richters wieder konstruktiver werdenden Gewerkschaften Anklang. Viele Unternehmen ließen sich für 1957 zu einem Stillhalteabkommen bei den Preisen überreden, und so erntete Adenauer bei den in einem Klima beruhigter Preise stattfindenden Bundestagswahlen dort, wo er nicht gesät hatte.

Doch die Konjunkturdebatte war nur ein Teil der damaligen wirtschaftspolitischen Auseinandersetzung. Mit ihr verband sich eine grundsätzliche, langfristig noch viel bedeutsamere Auseinandersetzung über die Steuerpolitik, in der tiefgehende Meinungsverschiedenheiten über die Sozialpolitik und die Rolle des Staates im Wirtschaftsleben zum Ausdruck kamen.

In allen politischen Lagern war damals die Überzeugung weitverbreitet, daß die seit Jahren andauernde Hochkonjunktur die Möglichkeit eröffnete, nunmehr endlich langgehegten wirtschaftspolitischen und sozialpolitischen Zielen näherzukommen. Diese waren allerdings höchst gegensätzlicher Natur. Auf der einen Seite standen die Gruppen, die den gestiegenen Massenwohlstand endlich dazu nutzen wollten, die Last der Steuern und der Sozialabgaben nachhaltig zu senken. Sie wiesen darauf hin, daß die in der Bundesrepublik erhobenen Abgaben im internationalen Vergleich an der Spitze lagen. Die vielfach konfiskatorische Besteuerung aus der Kriegszeit und den Jahren der Besatzung war erst teilweise abgebaut. Wollte man überhaupt den Staatsanteil am Bruttosozialprodukt senken und die auch damals schon große Begehrlichkeit der öffentlichen Hände dämpfen, dann mußte jetzt gehandelt werden.

Die Reihe derer, die Steuersenkungen verlangten, war lang. Industrie, selbständiger gewerblicher Mittelstand, Landwirtschaft, Gewerkschaften und Beamtenbund wußten jeweils beredt auf ihre besondere Notlage hinzuweisen. Die Forderungen der Gruppen fanden im Parlament und bei den als Anlaufstellen der Gruppeninteressen geeigneten Ministerien Unterstützung und wurden, wie immer in solchen Auseinandersetzungen, von Wissenschaftlern unterschiedlicher Orientierung theoretisch gerechtfertigt.

Dieselben Verbände, die Steuererleichterungen forderten, riefen aber häufig auch nach verbesserten staatlichen Leistungen, um das Auseinanderklaffen zwischen dem Einkommen ihrer Klientel und der allgemeinen Einkommensentwicklung zu verringern. Wollte man diesen Erwartungen Rechnung tragen, so war an Steuersenkungen kaum zu denken, eher mußten dann die Einnahmen des Staates gesteigert werden. So spielte sich im Vorfeld der Bundestagswahlen und vor dem Hintergrund einer die Begehrlichkeit anstachelnden Hochkonjunktur ein heftiger Verteilungskampf ab, in dem die damals voll ins Blickfeld geratende »Herrschaft der Verbände« ebenso deutlich wurde wie die Zerrissenheit der Regierungsmehrheit und des Kabinetts.

Unterstützt vom Landwirtschaftsministerium plädierten die parlamentarischen Vertreter der landwirtschaftlichen Interessen dafür, endlich damit zu beginnen, die Schere zwischen industriellen und landwirtschaftlichen Einkommen zu schließen. Zwar bestanden zwischen den Bauernverbänden und Landwirtschaftsminister Lübke über das Konzept der Agrarpolitik heftige Meinungsverschiedenheiten. Lübke wünschte zusätzliche Mittel für eine tiefgreifende Agrarreform, während dem Deutschen Bauernverband in erster Linie an Erhaltungssubventionen und hohen Preisen gelegen war. Aber beide Seiten stimmten wenigstens darin überein, den Bundeshaushalt für entsprechende Steuererleichterungen und Subventionen stark heranzuziehen.

Einkommensverbesserungen für die Landwirte waren aber nur *ein* Programmpunkt der Mittelstandspolitik von CDU und FDP, die ein ganzes Bündel von Maßnahmen zur steuerlichen Entlastung von Selbständigen wie von Arbeitnehmern mit mittleren und höheren Einkommen befürworteten.

Steuerentlastung forderte auch die Wirtschaft. Den ersten, vom Bundesfinanzminister aber noch niedergeschlagenen Aufstand von Teilen der Industrie gegen die vergleichsweise immer noch hohe Besteuerung hatte es schon anläßlich der im ganzen erfolgreichen, durchaus konjunkturgerechten großen Steuerreform im Spätherbst 1954 gegeben. Doch die Unternehmen waren damals mit ihren Forderungen nur teilweise durchgedrungen. Sie verlangten nun um so energischer ein Zurückfahren der staatlichen Anforderungen bei der Einkommens- und Körperschaftssteuer und sogar bei der Umsatzsteuer.

In gleicher Weise wünschten die Sozialpolitiker der Fraktionen längst fällige Verbesserungen für die in der Tat bisher im Schatten der Hochkonjunktur lebenden Kriegsopfer und Rentner. Die Schlußrunde der großen Auseinandersetzung um die Rentenreform kündigte sich an, und es war klar, daß damit bereits auf den Haushalt 1957 große Belastungen zukommen würden, gleichgültig, welches Konzept auch immer sich durchsetzte.

Aber auch bei der Finanzierung des Aufbaus der Bundeswehr, deren Schatten seit Jahren über allen Haushaltsplanungen lagen, sollten aus außenpolitischen Erwägungen keine Abstriche gemacht werden. Allerdings konnte man dafür teilweise Mittel einsetzen, die zuvor als Besatzungs- und später als Stationierungskosten gezahlt werden mußten. Schon frühzeitig zeichnete sich indessen ab, daß Amerikaner und Briten auch künftig nicht auf Stationierungskosten verzichten würden.

In dieser Situation, da von allen Seiten aus weitgehende Forderungen auf den Bundeshaushalt zukamen, brach die bisher so erfolgreich durchgehaltene antizyklische Finanzpolitik Bundesfinanzminister Schäffers zusammen. Man wußte zwar schon lange, daß die öffentlichen Hände seit dem Ende des Steuerjahres 1952 Kassenüberschüsse hatten, die von 1,9 Mrd. DM Ende 1952 bis Ende Oktober 1956 auf 7,2 Mrd. DM gestiegen waren. Soweit das den Bundeshaushalt anging, handelte es sich teilweise um Besatzungskosten, die von den Alliierten nicht abgerufen worden waren, ohne daß diese aber darauf verzichteten. Seit 1955 waren darin auch erhebliche Rückstellungen für den Aufbau der Bundeswehr enthalten, die aber erst in der zweiten Jahreshälfte 1956 voll in Gang kam. Man nannte diese Rücklage den Juliusturm in Erinnerung an das Gebäude bei Berlin-Spandau, wo nach dem Deutsch-Französischen Krieg 1870/71 120 Millionen aus den 4 Mrd. Mark französischer Kriegsentschädigung als »Kriegsschatz« des Reiches gehortet waren. Dieser Juliusturm geriet nun unter starken Beschuß und wurde schließlich erfolgreich gestürmt.

In Erwartung der auf den Bund zukommenden hohen Ausgabenverpflichtungen hatte Finanzminister Fritz Schäffer bedeutende Rücklagen gebildet. Aus diesem »Juliusturm« wurden 1956/57 die nicht unerheblichen Wahlgeschenke finanziert.

Es war eine bemerkenswerte psychologische Fehlleistung, daß das Bundesfinanzministerium geglaubt hatte, in Erwartung der in der Tat hohen Ausgabenverpflichtungen, die auf den Bund zukamen, beträchtliche Kassenreserven dem Zugriff eines ausgabenfreudigen Kabinetts und Parlaments entziehen zu können. Initiativen, die politisch durchaus gegenläufig waren, wirkten nun zusammen, die bisherige Haushaltspolitik zum Einsturz zu bringen. Da die einen nach Steuersenkungen verlangten, die anderen nach weiteren staatlichen Leistungen, die erheblich mehr Mittel erforderten, war es nicht erstaunlich, daß beides gleichzeitig beschlossen wurde.

Gedrängt vom Bundeskanzler, vom Landwirtschaftsminister und von einer Mehrheit in der Regierungsfraktion öffnete ein fraktionsinterner Arbeitskreis der CDU/CSU, der die unverfängliche Bezeichnung »Programmkommission« oder »18er-Ausschuß« erhielt, bald aber sehr viel treffender als »Kuchen-Ausschuß« bezeichnet wurde, im Jahr 1956 das Füllhorn über alle Gruppen, die irgendwie wahlentscheidend sein konnten. Man ging dabei nach dem Grundsatz vor, die eigenen Wähler tunlichst zufriedenzustellen und im übrigen die Wahlgeschenke so zu streuen, daß möglichst breite Bevölkerungsschichten daran teilhaben konnten.

Die Geneigtheit der unteren und mittleren Einkommensschichten, der Landwirte und anderer Selbständiger, der Kriegsrentner und der Sozialrentner sollte mit einem ausgeklügelten System von Steuererleichterungen, Vergünstigungen, Rentenaufbesserungen oder Subventionen erkauft werden. Sogar die gut Verdienenden erhielten Entlastungen: Der Höchststeuersatz der Einkommensteuer wurde von 55 auf 52 Prozent gesenkt. Die Summen, die mittels dieser Kombination von Steuersenkung und Erhöhung der Ausgaben bewegt wurden, waren ungeheuer, wie die dafür verantwortlichen Politiker genau wußten. Der ordentliche Haushalt für 1955 war noch bei 26,5 Mrd. DM gelegen. Er kletterte für 1956 auf 31,4 Mrd. DM und war im Wahljahr 1957 bei 35,4 Mrd. DM angelangt. Gegenüber dem Regierungsentwurf hat der Bundeshaushalt 1956 aufgrund der im Bundestag beschlossenen Mehrausgaben um 3,4 Mrd. DM zugenommen. Dazu kamen ab 1957 – durch die Steuersenkung vom 5. Juli 1956 bedingt – Einnahmeausfälle des Bundes in Höhe von 1,7 Mrd. DM. So schmolzen die für die Aufrüstung zurückgestellten Reserven dahin, während der Bundeshaushalt förmlich explodierte.

Diese beispiellose Expansion war nur möglich, weil das Sozialprodukt gleichfalls gewaltig zunahm: allein im Jahr 1955 um 14,2 Prozent. Entsprechend hoch waren die Steuereinnahmen. Aber das Wachstum des Bundeshaushalts ging doch weit über die Zunahme des Sozialprodukts hinaus. Allein in den Haushaltsjahren von 1954 bis 1957 stiegen die Ausgaben des Bundes um rund 40 Prozent, während das Sozialprodukt nur um 37 Prozent anwuchs. Ganz deutlich war jedenfalls, daß von einer Bundestagsmehrheit, die sich auf Wahlen vorbereitet, keine durch ein Übermaß an Solidität oder Prinzipienfestigkeit gekennzeichneten konjunktur- und haushaltspolitischen Maßnahmen erwartet werden können. In dieser Hinsicht sind damals Maßstäbe gesetzt worden.

Rückblickend konnten sich freilich die Befürworter wie die Kritiker dieser Wahlgeschenke bestätigt fühlen. Kurz- und mittelfristig ist der haushaltspolitische Sündenfall des Jahres 1956 ziemlich folgenlos geblieben. Steuererhöhungen waren auch nach den Wahlen nicht nötig. Der Bund mußte erst 1959 eine Anleihe auflegen, um die Haushaltsdeckung sicherzustellen. Das ging auf eine Reihe günstiger Entwicklungen zurück, die nur teilweise vorhersehbar waren. Die Hochkonjunktur hielt an und schwemmte auch weiterhin hohe Steuereinnahmen in die Staatskassen. Zudem besaß die Bundesrepublik in den hohen Devisenbeständen der Bank Deut-

»Mal sehen, was Schäffer noch
im Bundesbeutel hat!«

scher Länder, die 1957 in Bundesbank umbenannt wurde, noch einen zweiten Juliusturm, der als Puffer wirkte. Die Devisenüberschüsse aus dem Exportgeschäft erlaubten es in den kommenden Jahren, einen Großteil der Rüstungsgüter im Ausland zu kaufen und dadurch die befürchteten negativen konjunkturellen Auswirkungen der Aufrüstung zu begrenzen. Ebenso verschaffte das langsame Anlaufen des Bundeswehraufbaus viel mehr Luft als 1956 zu erwarten war. Die hohen Zuwächse des Verteidigungshaushalts fielen erst in die frühen sechziger Jahre.

In langfristiger Sicht hatten die liberalen Kritiker der Entscheidungen des Jahres 1956 recht; Befürworter des Wohlfahrtsstaates brauchten nicht zu verzweifeln. Während unter der bis 1957 von Bundesfinanzminister Schäffer verantworteten Finanzpolitik der Anteil der Steuereinnahmen am Sozialprodukt von 24,2 Prozent im Jahr 1953 auf 22 Prozent im Jahr 1958 zurückging, stieg er in den Jahren 1958 bis 1963 wieder auf über 25 Prozent an.

Auch der Staatsanteil an der Vermögensbildung nahm kontinuierlich zu, von 3,5 Prozent des Bruttosozialprodukts im Jahr 1950 auf 8,8 Prozent im Jahr 1961. Die vielbeklagte Schwäche des deutschen Kapitalmarkts und die während der ganzen Adenauer-Ära im internationalen Vergleich ziemlich schmale Kapitalbasis der deutschen Unternehmen hatten darin einen ihrer Hauptgründe. Am Ende der Ära Schäffer, im Jahr 1956, belief sich der Staatsanteil an der Gesamtersparnis bereits auf 42 Prozent, 1962 waren es 47 Prozent. In den fünfziger Jahren, von 1950 bis 1960, die doch nach Auffassung späterer Kritiker die goldenen Jahre des westdeutschen Kapitalismus waren, lag der Staatsanteil an der Nettovermögensbildung mit 36,6 Prozent sogar um ein Geringfügiges höher als der Anteil der Unternehmen mit 36,3 Prozent und überstieg bei weitem den der privaten Haushalte mit 27,1 Prozent.

Immerhin wurden die finanzpolitisch problematischen Auswirkungen der Haushaltsentscheidungen von 1956 durch das kontinuierliche Wachstum gemildert. Die langfristigen gesellschaftspolitischen Auswirkungen aber waren beträchtlich. Bevölkerung, Verbände und Politiker wurden damals an flinke öffentliche Hände gewöhnt, die dank der Hochkonjunktur durch Subventionen, Sozialleistungen und Steuersenkungen scheinbar mühelos mit allen Verteilungsproblemen fertig wurden. Skeptiker, die in der Tendenz zum Wohlfahrtsstaat ein säkulares Schicksal demokratischer Industriestaaten sahen, konnten sich bestätigt fühlen. Offenbar gelang es nicht einmal mehr einer relativ starken bürgerlichen Regierung, die einen so kräftigen liberalen Flügel besaß, diesem Trend zu widerstehen. Ganz im Gegenteil: Während die wohlfahrtsstaatlichen Maßnahmen in der ersten Hälfte der fünfziger Jahre noch weitgehend von der Not diktiert waren, kam seit 1956 in zunehmendem Maß ein demagogisches Element ins Spiel, das auf die Begehrlichkeiten der Verbände und Wähler mit den Wohltaten des Gefälligkeitsstaates antwortete. So war das Jahr 1956 tatsächlich ein Schwellenjahr auf dem Weg zum Wohlfahrtsstaat. Diese Tendenz fand ihren stärksten und dauerhaften Ausdruck in der Adenauerschen Rentenreform.

Die Adenauersche Rentenreform

Daß die Empfänger von Sozialleistungen zu den Stiefkindern des Wirtschaftswunders gehörten, war Mitte der fünfziger Jahre ein Gemeinplatz. Die Ursachen dafür lagen in der begrenzten Leistungsfähigkeit des Bundes, die ihrerseits nur die harte Realität einer durch den Krieg verarmten Gesellschaft zum Ausdruck brachte. Doch waren die Sozialleistungen bereits damals bemerkenswert.

Von den Gesamtaufwendungen des Bundeshaushalts in Höhe von 20,8 Mrd. DM im Jahr 1951 entfielen 6,8 Mrd. DM (36,5 Prozent) auf Sozialausgaben, 1955 waren es bereits 9,8 Mrd. DM (42,6 Prozent) bei einem Ausgabenvolumen von 29,6 Mrd. Neben den Besatzungskosten (1951: 7,9 Mrd.; 1954: 5,3 Mrd. DM) machten also die Sozialausgaben den Löwenanteil des Haushalts aus. Da noch kein funktionierender Kapitalmarkt bestand, wäre eine Verbesserung der Sozialleistungen nur über Steuererhöhungen möglich gewesen. Das verbot sich aber aus übergeordneten wirtschaftspolitischen Überlegungen. Immerhin lag die Steuerbelastung des Sozialprodukts 1951 bei 23,6 und 1954 bei 24,6

Prozent. Rechnet man die Sozialabgaben noch hinzu, so betrug die Belastung des Bruttosozialprodukts zu Marktpreisen 1956, im Jahr der Rentenreform, sogar 31,6 Prozent.

Man stand damit an der Spitze der westlichen Industriestaaten. Die Bundesrepublik war also schon in der ersten Hälfte der fünfziger Jahre ein ausgeprägter Sozialstaat. Die Gesamtheit der öffentlichen Sozialleistungen lag 1953 bei 19,4 Prozent des Volkseinkommens. 1928, im letzten guten Jahr der Weimarer Republik, waren es 11,8 Prozent gewesen, 1938, im letzten Friedensjahr, 9,7 Prozent. Auch im internationalen Vergleich lag die Bundesrepublik damit vor Österreich und Frankreich damals an der Spitze. In exemplarischen Wohlfahrtsstaaten wie Schweden und Großbritannien wurden im Jahr 1953 nur 13,5 Prozent und 12,5 Prozent des Volkseinkommens für Sozialleistungen ausgegeben.

Wie die Aufwendungen für Sozialleistungen generell erkennen lassen, haben hier Regierung und Parlament schon frühzeitig gehandelt. So wurden beispielsweise bereits in den Jahren 1950 bis 1953 die Renten etwa im gleichen Prozentsatz heraufgesetzt wie die Brutto-Lohnsumme der Arbeiter und Angestellten – nämlich um rund ein Viertel. Die Arbeiter- und Angestelltenrenten waren somit faktisch schon

dynamisiert, als noch niemand von dynamischer Rente sprach. Dennoch war die Not vieler Rentner und anderer Empfänger von Sozialleistungen groß, weil eben die Ausgangsbasis der Erhöhungen so außerordentlich niedrig lag. Noch 1955 wurden in der endlich abgeschlossenen Sozial-Enquête etwa eine Million Haushalte erfaßt, die mit einem Einkommen von weniger als 130 DM monatlich unterhalb der Armutsgrenze lagen.

Nicht nur für diesen Personenkreis, sondern für die Mehrzahl der Empfänger von Sozialleistungen war somit jede Veränderung der Leistungen eine Existenzfrage und ein hohes Politikum. Die Deutschen waren schon damals ein Volk von Sozialleistungsempfängern. Mehr als 10 Millionen und damit ein Fünftel der Bevölkerung erhielten im Jahr 1953 in irgendeiner Form Sozialleistungen. Jeder zweite Haushalt bezog 1955 Einkommen aus Sozialleistungen, teilweise allerdings nur kleine Zuschußbeiträge. Immerhin waren nach Aussage der seit 1953 durchgeführten und im Jahr 1955 abgeschlossenen Sozial-Enquête 38 Prozent dieser Haushalte praktisch ganz davon abhängig, 11 Prozent überwiegend.

Daß hier große Elendsherde bestanden, die zugleich Herde potentieller politischer Unruhe waren, wurde

Obdachlosensiedlung bei Mannheim. 1955 hatte noch eine Million Haushalte ein monatliches Einkommen von weniger als 130 DM.

allgemein erkannt. Dennoch gebot der harte Öko-
nomismus jener Jahre erst den Wiederaufbau des
Produktionsapparates, bevor man das entbehrungs-
reiche Schicksal jener Schichten mildern konnte, die
nicht im Produktionsprozeß standen.

In den Jahren 1952 und 1953, als die erste Phase des
Wiederaufbaus im großen und ganzen abgeschlossen war, wurde die Forderung nach entschiedener
Verbesserung der Sozialleistungen immer nachdrücklicher vorgebracht. Dabei ging es in erster Linie um Alters- und Invaliditätsrenten, die 47 Prozent der Leistungen ausmachten, sowie die Kriegsopferversorgung mit rund 30 Prozent.

Die Regierungserklärung Adenauers zu Beginn der
zweiten Amtsperiode ging auf diese Erwartungen
ein. Der Kanzler versprach eine »umfassende Sozialreform«, um die Lage der Gruppen zu verbessern, deren Einkommen sich nicht am Markte bildete: der Rentner, Invaliden, Waisen und Hinterblie-
benen. Adenauer zeigte sich damals wie später davon überzeugt, daß die Bundesrepublik nach der außenpolitischen Grundlegung nunmehr auch sozialpolitisch auf neue Fundamente gestellt werden solle.
Mit ihrer Vorstellung, daß nach einer Periode pragmatischen Flickwerks endlich ein umfassender So-
zialplan angepackt werden müsse, befand sich die
Bundesregierung durchaus im Einklang mit den
meisten gesellschaftlichen und politischen Kräften,
die damals Gewicht hatten.

Die Diskussion um eine umfassende Neuordnung
des Sozialsystems hatte die deutsche Politik seit
dem Zusammenbruch beschäftigt. Dabei standen
sich zwei grundlegend unterschiedliche Denkschulen gegenüber. Die Sozialdemokraten und der DGB
forderten die »Einheitsversicherung« für alle Berufsgruppen mit stark egalitärem Leistungssystem und
Einheitsverwaltung. In den Selbstverwaltungsorga-
nisationen sollten die Gewerkschaftsvertreter dominieren. Eine Heranziehung aller jener Gruppen, die bisher in Sonderkassen versichert waren,
sollte die Leistungsfähigkeit des neuen, einheitlichen Sicherungssystems verbessern – allerdings mit
der unausgesprochenen Tendenz, die besser Verdienenden innerhalb der sogenannten Solidargemein-
schaft der Versicherten mit höheren Leistungen zur
Kasse zu bitten.

Ebendies fürchteten die mittelständischen Gruppen,
die sich für eine Wiederherstellung des traditionell
gegliederten Versicherungssystems einsetzten. Angestellte, Bauern, Handwerker, freie Berufe und natürlich das private Versicherungsgewerbe mitsamt
der Ärzteschaft verurteilten alle Pläne einer Einheitsversicherung als Ausfluß kollektivistischen
Denkens und wiesen darauf hin, daß gerade das
Ziel einer Einheitsversicherung auch schon von der
nationalsozialistischen Deutschen Arbeitsfront Robert Leys angestrebt worden sei.

Dementsprechend wurde die Frage des sozialen Leistungssystems ursprünglich von allen Seiten in den
Kategorien des Klassenkampfes gesehen. Entsprechend politisiert waren die Auseinandersetzungen
während der Jahre der Besatzung, doch auch noch
im ersten Deutschen Bundestag.

Die Mehrheitsverhältnisse im Frankfurter Wirtschaftsrat und nach dem Wahlsieg des anti-soziali-
stischen Lagers bei den Bundestagswahlen brachten
auch die Restauration des Systems der gegliederten
Sozialversicherung mit sich.

Die SPD gab ihre traditionelle Zielsetzung allerdings noch nicht auf. Sie verlangte weiter nach einem umfassenden, von allen politischen und gesellschaftlichen Kräften gemeinsam erarbeiteten Sozial-
plan und ging in die Bundestagswahlen 1953 mit
Forderungen, die sich weitgehend an den britischen
Beveridge-Plan anlehnten: integrierte, größtenteils
aus Steuermitteln finanzierte Gesundheitssicherung;
umfassende Berufssicherung; Zusammenfassung aller Systeme der wirtschaftlichen Sicherung. Trotz
der vagen Formulierung und obwohl sich Kompromisse mit dem bestehenden gegliederten System
durchaus andeuteten, war die Gesamtorientierung
grundsätzlich egalitär und auf Umschichtungsmaß-
nahmen großen Stils abgestellt. Statt des immer
noch geltenden Versicherungsprinzips, bei dem jeder prinzipiell nur soviel ausgezahlt erhält, wie er
selbst eingezahlt hat, sollte das Versorgungsprinzip
maßgebend sein, wobei ein erheblicher Teil der Leistungen über Steuern zu finanzieren gewesen wäre.
Diese Ziele wurden zwar von allen Kräften des Re-
gierungslagers mehr oder weniger entschieden abgelehnt. Aber die Idee eines Gesamtplans aller Sozialleistungen wirkte doch als Herausforderung zur

Bundesarbeitsminister Anton Storch (rechts neben Kardinal Faulhaber) und die CDU-Sozialausschüsse forderten in der Diskussion um die Sozialversicherung einen großzügigen Ausbau der Sozialleistungen.

Entwicklung eines eigenen Konzepts, um so mehr, als zur gleichen Zeit sowohl die Wissenschaft wie auch die Verwaltungspraktiker darauf hinwiesen, daß das restaurierte, gegliederte System in vielen Punkten widersprüchlich und reformbedürftig war. Auch im Regierungslager machte sich das Gegeneinander verschiedener Gruppen bemerkbar. Die Sozialausschüsse, deren Zitadelle das Bundesministerium für Arbeit und Sozialordnung unter Anton Storch war, strebten einen Kompromiß zwischen dem auch von ihnen befürworteten gegliederten System und dem Wunsch nach stärkerer Beteiligung der Sozialleistungsempfänger an der allgemeinen Einkommensentwicklung an. Allerdings gelang es ihnen bis Mitte 1955 nicht, ein klares Konzept zu entwickeln. Deutlich war nur die Zielrichtung: großzügiger Ausbau des Systems sozialer Leistungen, wobei diese nicht an Bedarfsprüfungen gebunden sein durften, sondern einen Rechtsanspruch des Versicherten zur Grundlage haben sollten.

Demgegenüber setzte sich der liberale Flügel der Regierung, der seinen Sprecher im Bundeswirtschaftsminister hatte, gestützt auf die Arbeitgeberverbände und die Organisationen der Selbständigen, für Erhaltung und Ausbau des Gedankens der Selbsthilfe ein. Das Versicherungsprinzip wurde hier voll bejaht, doch versäumte es auch diese Seite, rechtzeitig ein Konzept zu entwickeln, das mit den unbestreitbaren Reformproblemen des Leistungssystems fertig werden konnte.

Am klarsten waren anfänglich die Vorstellungen jener Kräfte, die sich wie die Liberalen an der Ordnungsvorstellung einer von staatlicher Gleichmacherei möglichst freien bürgerlichen Gesellschaft orientierten, in erster Linie aber an dem Nahziel interessiert waren, die explosionsartig zunehmenden Ausgaben für den Sozialhaushalt zu bremsen. Dafür schien es nur *ein* Konzept zu geben: fühlbare Verbesserungen für die wirklich Bedürftigen bei gleichzeitiger Herabsetzung der Leistungen für die Bessergestellten. In der Bürokratie hatte diese Denkschule ihren Vorkämpfer im Bundesfinanzminister. Es gelang Fritz Schäffer sogar, in die Regierungserklärung vom Oktober 1953 einen Passus hineinzubringen, der Umschichtungen innerhalb der Sozialhaushalte als notwendig bezeichnete, und zwei Jahre lang war das Bundesfinanzministerium in zähen, aber letztlich erfolglosen Kämpfen bemüht, dem Bundesministerium für Arbeit die Zuständigkeit für die Reformplanung zu entwinden und das neue Reformkonzept auf das Prinzip der Bedarfsprüfung abzustellen.

So war allseits kein klarer Entwurf erkennbar, und die unterschiedlichen Bestrebungen der Ressorts blockierten einander gegenseitig. Bis Mitte 1955 war es unsicher, ob aus der Sozialreform etwas würde. Viele sagten den von der Bundesregierung groß angekündigten Plänen ein ähnlich klägliches Schicksal voraus, wie es eine Legislaturperiode danach den Bemühungen Bundesarbeitsminister Blanks beschieden sein sollte, als er 1960/61 mit dem Regierungsentwurf für eine große Krankenversicherungsreform im Bundestag scheiterte.

Ohne das Drängen Adenauers wären die Reformbemühungen wohl in der Tat versandet. Er ging dabei von einfachen Gedanken aus. Er wollte eine gewisse Ordnung in das unübersichtlich gewordene Versicherungssystem bringen und fühlte, daß die Wandlungen der Gesellschaftsstruktur, die sich seit Bismarck vollzogen hatten, neue Konzepte erforderten – ohne daß er aber klare Vorstellungen davon hatte. Die Maßnahmen sollten auch stabilisierend wirken und die Arbeit von Partei und Regierung »in gewisser Hinsicht krönen«. Schließlich sollte die Reform im Wahlkampf 1957 beweisen, daß die Regierung nicht nur für die Aufrüstung, sondern ebenso für die sozial Schwachen große Leistungen erbrachte. Als der Kanzler merkte, daß vom Bundesarbeitsministerium kein großer Reformplan zu erwarten war, während andererseits das Bundesfinanzministerium vorwiegend unter dem negativen Aspekt der Ersparnis an das Problem heranging, suchte er Hilfe bei der Wissenschaft. Eine von ihm unter Umgehung des Bundesarbeitsministers um ein Gutachten gebetene Professorengruppe arbeitete zwar mit dem »Rothenfelser Gutachten« eine umfassende und differenzierte Diskussionsgrundlage aus. Doch waren die darin enthaltenen Empfehlungen innerhalb der kurzen, noch verfügbaren Zeit nicht mehr zu verwirklichen.

So ließen sich der Kanzler und das Bundesarbeitsministerium, dessen Planungen endlich in Gang kamen, schließlich doch davon überzeugen, daß in der laufenden Legislaturperiode allein eine Teilreform, die aber in die Tiefe wirkte, noch Aussicht auf Erfolg versprach.

Hatte man sich jedoch erst einmal zum Gedanken einer Teilreform durchgerungen, so lag es nahe, den Schwerpunkt auf die Rentenreform zu legen. Die im Frühjahr 1955 abgeschlossene Sozial-Enquête hatte gezeigt, daß die Notlage bei denjenigen Alten und Invaliden am größten war, die von einer Sozialrente leben mußten. Wenn man also bei der Rentenversicherungsreform ansetzte, konnten die schlimmsten Armutsherde und etwa die Hälfte der Sozialleistungsfälle erfaßt werden. Die demographischen Gegebenheiten ließen ohnehin erkennen, daß die Zahl der Rentner stark im Zunehmen begriffen war. Bereits seit einigen Jahren waren die staatlichen Zuschüsse zu den Rentenversicherungen deutlich angestiegen. Auch unter dem Gesichtspunkt der Haushaltsplanung sprach somit viel dafür, sich auf diesen Bereich zu konzentrieren.

Zur gleichen Zeit begann sich auch die sozialdemokratische Opposition von der Idee einer umfassenden Sozialreform abzuwenden und das operativ besser faßbare Ziel einer Rentenreform anzupacken. So geriet die Regierung auch von dieser Seite her in Handlungszwang.

Glücklicherweise stellte sich in dem Augenblick, als die Notwendigkeit einer Teilreform zwingend deutlich wurde, auch ein brauchbares Konzept ein, das von dem damaligen Kölner Privatdozenten Wilfrid Schreiber im Juli 1955 in die Diskussion gebracht worden war und Adenauer in der Ruhe des Urlaubs zu Gesicht kam.

Die Grundgedanken Schreibers waren ebenso einfach wie einleuchtend: Das Kapitaldeckungsprinzip, das der Bismarckschen Rentenversicherung zugrunde gelegen hatte, war tot. Die Geldentwertungen nach dem Ersten und nach dem Zweiten Weltkrieg hatten den Gedanken bereits ad absurdum geführt, daß der Rentner im Alter oder bei Invalidität von seinem Ersparten leben könne. Tatsächlich war die Rentenversicherung bereits, ohne daß dies aber bisher im Konzept deutlich genug zum Ausdruck kam, »ein Solidar-Vertrag zwischen zwei Generationen«. Die Lösung bestand also darin, daß jeder Erwerbstätige der aktiven Generation eine bestimmte Quote seines Bruttoeinkommens in eine Rentenkasse zahlte, die dieses jährliche Beitragsaufkommen voll an die nicht mehr aktive Rentnergeneration weitergab.

Da auf die Differenzierung gemäß individueller Beitragsleistung nicht verzichtet werden sollte, bot sich die Lösung an, dem einzelnen Beitragszahler »Rentenanspruchspunkte« gutzuschreiben und aus diesen sowie dem jährlichen Beitragsaufkommen in Verbindung mit der Summe aller Anspruchspunkte den im Zeitpunkt der Auszahlung maßgebenden Rentenwert zu berechnen. So war die Rente vom Nominalwert der eingezahlten Beiträge gelöst und automatisch mit dem Einkommen der jeweils Erwerbstätigen gekoppelt. Sie war eine »dynamische Rente« – auch dieser Begriff fand im Herbst 1955 Eingang in die Diskussion.

In solchen Überlegungen kamen Gedanken zum Ausdruck, wie sie damals vielfach in der wissenschaftlichen und politischen Diskussion geäußert wurden. Dadurch, daß sie zum richtigen Zeitpunkt in zugespitzter Formulierung an den entscheidenden Mann gebracht wurden, bestimmten sie die ganze Sozialreformdiskussion. Erst jetzt kam das Arbeitsministerium mit seinen noch weiter gehenden Vorstellungen einer Rentenreform zum Zuge.

Diese orientierten sich an dem Ziel, den Lebensstandard des Rentners in die Nähe dessen zu rücken, der aktiv im Arbeitsprozeß stand und eine vergleichbare Arbeitsleistung erbrachte. Logischerweise trat somit die Idee einer indexierten, bruttolohnbezogenen Rente in den Mittelpunkt. Die Idee des Generationenvertrags und einer Anlehnung der Rente an das jeweils aktuelle Arbeitseinkommen war einprägsam genug, um die Phantasie der Politiker wie der Öffentlichkeit anzuregen und die Reformdiskussion von der rein theoretischen auf die operative Ebene zu bringen. Sie war andererseits noch so vage, daß alles davon abhing, wie das Konzept im einzelnen ausgestaltet wurde. Jedenfalls entschied sich der Kanzler dafür, jetzt mit Macht auf die Rentenreform zu drängen.

Allen Beteiligten wurde allerdings rasch deutlich, daß man im Begriff war, sich auf ein höchst ungewisses Abenteuer einzulassen. Die demographische Entwicklung der kommenden Jahrzehnte ließ sich zwar einigermaßen ausrechnen, aber schon dabei war der »Rentenberg« nicht zu übersehen, der auf die Wirtschaft und den Bundeshaushalt zukam. Nach den Berechnungen des Statistischen Bundesamts, die den Zeitraum bis 1982 erfaßten, würde die Altersklasse der über 65jährigen von 9,4 Prozent im Jahr 1952 auf rund 14,8 Prozent im Jahr 1977 stei-

Die umfassende Sozialreform sollte nach dem Willen des Bundeskanzlers nicht zuletzt Ordnung in das unübersichtlich gewordene Versicherungssystem bringen (hier eine Anlage zum Rentenbescheid vor der Reform).

gen. Wie aber würden die Verhältnisse bei den Geburten liegen?

Noch ungewisser wurden die Prognosen, wenn man sich klarmachte, wieviel für ein Gelingen oder Scheitern dieses langfristigen Experiments vom Konjunkturverlauf der kommenden Jahrzehnte sowie von der Geldentwertungsrate abhing. Viele wünschten damals, sie hätten schon den Anfängen der Reformdiskussion entschieden widerstanden und sich mit dem zwar einigermaßen planlosen und politisch immer ziemlich umstrittenen Verfahren periodischer Rentenanpassungen durch die gesetzgebenden Körperschaften begnügt, statt dem Moloch eines derartigen Systems zu opfern. Aber nachdem das Konzept einer »dynamischen Rente« mit starker Unterstützung Adenauers erst einmal ins Zentrum der Kabinettsdiskussion und damit gleichzeitig der öffentlichen Erörterungen gerückt war, ließ sich der Geist nicht mehr in die Flasche zurückzaubern.

Der Bundesfinanzminister setzte dem »Rentenformel-Abenteuer« erbitterten Widerstand entgegen. Eine Anbindung der Rente an den Bruttolohn, so argumentierte er nicht ungeschickt, würde die Masse der Rentner zu Parteigängern überzogener gewerkschaftlicher Lohnforderungen machen. Dieses »Abenteuer« würde gleichfalls, vor allem während der Umstellungsperiode, aber auch in wirtschaftlichen Krisenzeiten, gewaltige Zuschüsse aus dem Bundeshaushalt erfordern – allein für das Jahr 1957 wurde vom Bundesfinanzministerium ein Mehraufwand in Höhe von 4–4,2 Mrd. DM veranschlagt. Die Berechnungen des Bundesarbeitsministeriums standen auf schwankendem Boden. Tatsächlich beruhten sie auf der Arbeit eines einzigen qualifizierten Mathematikers, dessen Zahlen aus dem Umkreis der Versicherungswirtschaft bald in Zweifel gezogen wurden. Von dorther wurde die Befürchtung geäußert, daß langfristig 40 Prozent des Einkommens der Erwerbstätigen für die Rentenversicherung beansprucht würden.

Der Bundeswirtschaftsminister sah in der Indexierung eine akute Inflationsgefahr. Der Bundesfinanzminister prophezeite völlig zutreffend, daß das Prinzip der Dynamisierung von Sozialleistungen bald auch über den unmittelbaren Bereich der Rentenversicherung hinauswirken würde.

Auch Gerechtigkeitsargumente wurden vorgebracht. War es wirklich zumutbar, den Lebensstandard der Rentner durch Koppelung an das Bruttoeinkommen der Arbeitnehmer zu garantieren, während die Alterssicherung durch Sparen oder durch Lebensversicherungen ohne Inflationsschutz blieb? Dieses Argument beeindruckte den Kanzler eine Zeitlang so stark, daß er nun auch eine Einbeziehung der Selbständigen ins Auge faßte und sich damit einer klassischen Forderung der SPD in dem Augenblick näherte, als diese von deren Sozialpolitikern stillschweigend fallengelassen wurde.

Die Hauptauseinandersetzung galt der Frage, ob das preisbereinigte Nettosozialprodukt oder der Bruttolohn als Bemessungsgrundlage dienen sollte. Hier hatte der Arbeitsminister alle mit Wirtschaftsfragen befaßten Minister gegen sich, obsiegte aber schließlich mit Hilfe des Kanzlers.

Die widerstrebenden Ressorts beugten sich schließlich der Erkenntnis, daß man sich auf dem Felde der Rentenreform in einem scharfen Wettbewerb mit der SPD befand, die nun ganz von ihren Forderungen nach umfassender Sozialreform abgegangen war und statt dessen einen unter Leitung von Professor Ernst Schellenberg ausgearbeiteten eigenen Gesetzentwurf vorlegte. Dieser beruhte ganz auf der Idee einer bruttolohnbezogenen Rente bei automatischer jährlicher Anpassung und durfte somit als Maximalfassung von Überlegungen verstanden werden, die damals auch im Arbeitsministerium angestellt wurden, wegen der Widerstände im Kabinett aber nicht voll zur Entfaltung kommen konnten. Immerhin bedeutete dies auch, daß die SPD nunmehr das Prinzip der individuellen Beitragsleistung akzeptierte und mit dem gegliederten System der Sozialversicherung einen vorläufigen Waffenstillstand geschlossen hatte.

Im Bundestag entwickelte sich jetzt eine Konstellation, die in vielem an die Auseinandersetzungen um die Mitbestimmung im Montanbereich erinnerte. Bald vor und bald hinter den Kulissen ergab sich ein gewisses Zusammenspiel zwischen dem Arbeitnehmerflügel der CDU sowie den Reformern im Arbeitsministerium und den Sozialdemokraten. In Opposition standen der rechte Flügel der CDU/CSU-Fraktion, FVP und FDP sowie die DP in Gestalt

WOHLSTAND AUS EIGENER KRAFT

Seit fünf Jahren wächst und erstarkt die deutsche Wirtschaft, so rasch, daß die Welt erstaunt. Am eigenen Leib, an Kleid und Nahrung, hat's jeder von uns erfahren. Verantwortlich für die deutsche Wirtschaft steht vor uns Professor Dr. Ludwig Erhard. Er hat für uns Entscheidendes geleistet.

1948 Ein zerstörtes Land, ein durch Hunger geschwächtes Volk, eine zerrüttete Währung. Ehrliche Arbeit hatte ihren Sinn verloren.

Mit schnellem Entschluß zerreißt Ludwig Erhard am Tage der Währungsreform die Karten und Bezugscheine der Zwangswirtschaft.

Seine Ideen feuern die Produktion an: Zeige jeder, was er kann! Sicherheit des Daseins soll jeder aus sich selbst, aus seiner schöpferischen Arbeit gewinnen. Nur harte Konkurrenz, nicht Polizei und Schnellgerichte, drücken die Preise und erhöhen die Kaufkraft des Geldes. Wir schaffen Arbeit, nicht durch Inflation, sondern durch Aufbau. Nur wenn soziale Gesinnung und persönliches Leistungsstreben sich vereinigen, können wir dauerndem Wohlstand entgegengehen.

Auch heute sind noch nicht alle Wunden geheilt, die der Krieg geschlagen hat, nicht alle Gefahren gebannt, die unsere wirtschaftliche Gesundung bedrohen. Deshalb gilt es, unseren friedlichen Wiederaufbau zu sichern und morgen unsere Stimme einer der Parteien zu geben,

die sich bekennen zu

1953 Fünf Jahre harter Arbeit liegen hinter uns, aber sie waren nicht vergeblich.

Das graue Gespenst der Arbeitslosigkeit wurde gebannt. Fast drei Millionen neue Arbeitsplätze wurden geschaffen. Wohnungen für über 5 Millionen Menschen wurden neu erbaut.

Unerbittlich wacht Erhard über den festen Wert des Geldes. Die D-Mark ist heute so kerngesund wie der Dollar und der Schweizer Franken. Der deutsche Export, ohne den wir hungern müßten, ist in vier Jahren um das Siebenfache gestiegen. Wir verfügen über 6 Milliarden D-Mark an Gold und Devisen.

In Deutschland ist der Mensch nicht verstaatlicht, sondern Staat und Wirtschaft sind dem Menschen dienstbar gemacht worden!

Das ist der »betrügerische Bankrott«, der Ludwig Erhard von seinen Gegnern vorausgesagt wurde. Aber er weiß, daß er längst die überwältigende Mehrheit des Volkes hinter sich hat.

ERHARDS SOZIALER MARKTWIRTSCHAFT

der streitbaren Margot Kalinke. Vermittelnde Positionen wurden von Persönlichkeiten des katholischen Unternehmertums eingenommen, vor allem aber vom Kanzler selbst, der – den Wahltag fest im Blick – entschlossen war, die Sozialreform über die Hürden zu bringen. Letzte Widerstände im Kabinett wurden unter Verweis auf die Richtlinienkompetenz des Kanzlers überrollt.

Auch die Öffentlichkeit nahm lebhaften Anteil an den Auseinandersetzungen. Der DGB setzte seinen ganzen Einfluß für eine Verabschiedung des Gesetzeswerks ein, darin aber behindert von der Deutschen Angestellten-Gewerkschaft, die gegen eine Verschmelzung von Arbeiter- und Angestellten-Rentenversicherung erbitterten Widerstand leistete und schließlich auch erreichte, daß zwei getrennte Gesetze verabschiedet wurden. Das private Versicherungsgewerbe, das bei der obligatorischen Einbeziehung großer Gruppen der Angestelltenschaft in die Rentenversicherung ruinöse Konsequenzen befürchtete, stemmte sich ebenso gegen die Rege-

lung wie die höheren Angestellten, die in die Rentenversicherung hineingezwungen werden sollten. Die Banken einschließlich der Bank Deutscher Länder warnten entschieden vor den inflationären Gefahren der dynamischen Rente. Sie wurden dabei von der liberalen Wirtschaftspresse und von der »Aktionsgemeinschaft Soziale Marktwirtschaft« unter Führung prominenter neo-liberaler Nationalökonomen wirkungsvoll unterstützt.

Doch der im Vorfeld der Wahlen entscheidende Druck ging von den Erwartungen der Sozialrentner aus. Nachdem das Vorhaben nun einmal so weit gediehen war, hätten sie der Regierung ein Scheitern der Reformgesetzgebung nicht verziehen. Das sahen auch die Gegner der Rentenreform ein. Sie beruhigten also ihr Gewissen beim Gedanken an die Bremsen, die in die Rentenautomatik eingebaut waren. Und schließlich wußten sie auch, daß fehlkonstruierte Gesetze notfalls durch Novellen verbessert werden können.

Bei den abschließenden Beratungen wurden trotz heftigen Ringens nur noch Abänderungen vorgenommen, die an der Gesamtanlage nichts Entscheidendes änderten. Das Zentralstück der Reform – die Lohnkoppelung bei der Erstfestsetzung der Rente – blieb in leicht modifizierter Form erhalten. Statt einer automatischen Anpassung der laufenden Renten an die Lohnentwicklung wurde allerdings durch Zwischenschaltung des Gesetzgebers eine »Halbautomatik« eingebaut: Auf der Grundlage des Vorschlags eines Sozialbeirats hatte künftig der Bundestag jährlich über die Anpassung zu entscheiden.

Weshalb die Gegner der dynamischen Rente dies als Kompromiß betrachteten, ist rätselhaft. Bis 1978 hat es kein Bundestag gewagt, sich der Anpassung einiger Millionen Renten an die Bruttolohn-Entwicklung zu versagen.

Ihr abschließendes Ja half der SPD allerdings nicht viel. Die Regierung hatte Sorge getragen, das Gesetz rückwirkend auf den 1. Januar 1957 festzulegen. Die umfangreichen Nachzahlungen zusammen mit der regulären Erhöhung kamen wohlgezielt vom Mai 1957 an zur Auszahlung. Die Versichertenrenten stiegen bei der Arbeiterversicherung um durchschnittlich 65 Prozent, bei der Angestelltenversicherung sogar um fast 72 Prozent. Nie zuvor und danach ist in der Geschichte der Bundesrepublik ein zeitlich so gut gezieltes Wahlgeschenk gemacht worden, nie aber auch eines mit so weitreichenden gesellschaftspolitischen Auswirkungen.

Beobachter der parlamentarischen Szenerie nahmen schon damals an, daß die Kritiker der Rentengesetzgebung auf der Arbeitgeberseite ihren Widerstand vor allem deshalb aufgegeben haben, weil sie dafür ein ziemlich entschärftes, im Juli 1957 verabschiedetes Kartellgesetz erhielten.

So kam das ebenso großartige wie – aus der Sicht des Jahres 1956 – fragwürdige Projekt erstaunlich ungeschoren über die parlamentarischen Hürden. Bei den Abstimmungen während der zweiten Lesung im Januar 1957 zog die Unionsfraktion das Gesetz ziemlich geschlossen durch. In der dritten Lesung sprachen sich dann CDU/CSU, FVP und auch – nach dramatischer Sondersitzung der Fraktion – die SPD für das Gesetz aus. Die FDP war geschlossen dagegen, die DP enthielt sich größtenteils. Auch hier zeigte sich wieder, wie wenig die Vorstellung von einem »Bürgerblock« der Parlamentswirklichkeit in den fünfziger Jahren gerecht wird.

Nach einiger Zeit konnte man auch feststellen, daß die befürchteten negativen Auswirkungen der Rentenreform wenigstens kurz- und mittelfristig nicht eintraten, während die Vorteile überwogen. Der für Frühjahr und Sommer 1957 erwartete Inflationsstoß unterblieb, weil viele Rentner ihre Nachzahlungen erst einmal auf die Sparkasse brachten. Banken und Lebensversicherungen nahmen keinen Schaden, zu-

mal aufgrund ihrer energischen Einwirkungen schließlich doch noch eine Versicherungspflichtgrenze für Angestellte eingeführt worden war. Meinungsforscher versicherten den Politikern, daß bei den Rentnern Zufriedenheit eingekehrt sei. Die Reform wirkte integrierend: Aus Leuten, die etwas haben wollten, wurden Leute, die etwas bewahren wollten.

Die Vorzüge des politischen Systems und des Wirtschaftssystems waren gleicherweise bestätigt worden. Die bürgerliche Demokratie hatte ihre Fähigkeit zur großzügigen Sozialreform bewiesen, wobei für die unterschiedlichen Interessen der Gruppen ebenso Kompromisse gefunden wurden wie zwischen Regierung und sozialdemokratischer Opposition. Es hatte sich auch gezeigt, daß der von großen Wählergruppen ausgehende Druck die soziale Komponente des marktwirtschaftlichen Systems hervorzuheben vermag. Eben dieses war dadurch erheblich gestärkt worden, daß nun auch die großen Massen der Rentner an seiner Leistungsfähigkeit unmittelbar beteiligt waren. Klassenkampfparolen und Umverteilungsforderungen fanden jetzt noch weniger Anklang als zuvor schon.

Freilich waren bereits die kurz- und mittelfristigen Belastungen durch die Reformgesetzgebung beträchtlich. Die Zuschüsse aus dem Bundeshaushalt für die Sozialversicherung stiegen von 2,9 Mrd. DM im Jahr 1955 auf 5,1 Mrd. DM im Haushaltsjahr 1958. Immerhin konnte auch das dank der Hochkonjunktur aufgefangen werden. Die Beiträge für

»Sie werden doch wohl nicht behaupten wollen, das sei Ihr Mantel?«

die Rentenversicherung mußten erst 1967 über die Grenze von 14 Prozent hinaus gesteigert werden. Das gelang allerdings nur deshalb, weil sich 1958 die Bundestagsmehrheit, anders als ursprünglich vorgesehen, doch dazu entschloß, die Bestandsrentenanpassung um ein Jahr hinauszuschieben. Zyniker bemerkten damals, daß nun einige Wahlgeschenke wieder eingesammelt würden.

Diejenigen, die von der Rentenreform eine Verstärkung des Wohlfahrtsstaates erhofft oder befürchtet hatten, wurden in ihren Erwartungen bestätigt. Sie wirkte im ganzen Sozialversicherungssystem musterbildend. Schon im letzten Jahr der Adenauer-Ära wurde auch die Unfallversicherung dynamisiert, 1970 die Kriegsopferversorgung und 1972 der Lastenausgleich. Überall wurde das Kapitaldeckungsverfahren von einem modifizierten Umlageverfahren abgelöst. Die ursprünglich nur bei den Beamtenpensionen übliche Kaufkraftsicherung wurde somit für die große Mehrheit der Arbeitnehmer und Sozialleistungsempfänger zum Modell. Das soziale Leistungssystem ist dadurch immer unbeweglicher geworden, auch die Belastung durch Steuern und Nebensteuern wuchs beträchtlich. Die Erwartung, daß die eingebauten Automatismen künftig eine Politisierung der Rentengesetzgebung verhindern würden, ging nicht in Erfüllung. Zu groß war die Versuchung, das Rentensystem aus wahltaktischen Überlegungen heraus zu überlasten.

Doch das alles zeigte sich erst im Lauf der Zeit. Wie mit anderen riskanten Grundsatzentscheidungen hatte man in der Adenauer-Ära selbst mit der Rentenreform Glück und konnte sich noch ohne große Sorgen allein ihrer Vorzüge erfreuen. Die langfristigen Probleme traten erst in einer Zukunft auf, in der die politischen Hauptakteure jener Jahre die Bühne schon verlassen hatten.

Gründung der Europäischen Wirtschaftsgemeinschaft

In das letzte Jahr der zweiten Regierung Adenauer fiel eine weitere grundlegende Weichenstellung, deren Auswirkungen damals noch gar nicht voll abzusehen waren: die Gründung der Europäischen Wirtschaftsgemeinschaft. Heute erscheint die feierliche Unterzeichnung der Römischen Verträge, die am 25. März 1957 durch den Kanzler selbst auf dem Kapitol zu Rom vorgenommen wurde, als ein außenpolitischer Höhepunkt der Adenauer-Ära. In Wirklichkeit fand dieser Vorgang damals in Parlament und Publizistik keine überwältigend starke Beachtung und bei den deutschen Wählern schon gar nicht.

Die Verhandlungen über die EWG waren fast unter Ausschluß der Öffentlichkeit geführt worden. Obwohl es dabei um eminent politische Fragen ging, erschienen sie auch damals schon so technisch, daß sie zum Gestaltungsfeld für einige wenige hochqualifizierte Experten aus den Bürokratien der europäischen Länder wurden, während die Abgeordneten und die Presse ihre Aufmerksamkeit spektakuläreren Vorgängen zuwandten. Als es dann im Frühjahr 1957 mit der Ratifizierung ernst wurde, wäre es deshalb schwergefallen, nun aller Welt den Eindruck zu vermitteln, daß sich hier ein Ereignis von erstrangiger geschichtlicher Bedeutung vollzog. Nicht einmal die führenden Politiker haben dies voll vorausgesehen. Sie alle waren sich nämlich nur zu gut der kommenden Schwierigkeiten bewußt, in denen das große Vorhaben kläglich zugrunde gehen konnte. Das sprach dafür, die Posaunen nicht allzu laut blasen zu lassen.

Man hatte es auch mit dem ersten großen Europavertrag zu tun, über den zwischen der Regierung und den Sozialdemokraten Einmütigkeit herrschte. Darin kam zwar eine wichtige Wandlung der SPD zum Ausdruck, deren Spitzenpolitiker unter dem Einfluß Jean Monnets für den Gedanken der europäischen Integration voll gewonnen worden waren. Aber gleichzeitig bewirkte gerade das Fehlen größerer Kontroversen, daß die Gründung der EWG im Winter 1956/57 und im Frühjahr 1957 ganz und gar nicht im Zentrum der politischen Aufmerksamkeit stand.

Dank einer überaus günstigen innenpolitischen und internationalen Konstellation ist so gleichsam hinter dem Rücken der Öffentlichkeit eine außenpolitische Grundsatzentscheidung von größter Tragweite erfolgt. Die Pariser Verträge hatten zwar den Kurs der Westbindung fürs erste festgelegt. Aber es ist fraglich, ob die Bundesrepublik dem Sog ihrer unerfüllten nationalen Sehnsüchte auf die Dauer wider-

Gründung der Europäischen Wirtschaftsgemeinschaft. Am 25. März 1957 unterzeichneten – von links nach rechts – die Vertreter Belgiens (Spaak, Snoy), Frankreichs (Pineau, Faure), der Bundesrepublik Deutschland (Adenauer, Hallstein), Italiens (Segni, Martino), Luxemburgs (Bech, Schaus) und der Niederlande (Luns, Linthorst Homan) die Römischen Verträge.

standen hätte, wenn nicht mit der Europäischen Wirtschaftsgemeinschaft ein neues, höchst dynamisches Element in die Politik gekommen wäre. Ihr Ausbau mit allem, was er an Kooperation, doch auch an Spannungen innerhalb der westlichen Staatengesellschaft zur Folge hatte, zwang künftig dazu, die außenpolitischen Energien in erster Linie auf diese große westeuropäische Gemeinschaftsaufgabe zu konzentrieren. Die Wiedervereinigung geriet darüber zwar nicht in Vergessenheit, aber sie trat in den Hintergrund.

Wie bei der früheren Integrationspolitik kamen im Fall der EWG auch diesmal die Impulse von den westeuropäischen Nachbarn der Bundesrepublik. Doch konnte sich Bonn jetzt frühzeitig mit einem maßgeblichen eigenen Beitrag einschalten.

Beim Planen und Aushandeln der Europäischen Wirtschaftsgemeinschaft zeigte sich allerdings, daß das Projekt nicht nur mit den Einwänden der immer noch eifrigen Befürworter einer national orientierten Außenpolitik zu rechnen hatte. Als fast noch schwieriger erwies es sich, die schwer zu vereinbarenden Konzepte derer auf einen Nenner zu bringen, die zwar prinzipiell für einen engeren europäischen Zusammenschluß eintraten, wohl aber höchst unterschiedliche Vorstellungen über die Methoden und den Teilnehmerkreis hatten.

Aus dem Fehlschlag der EVG und des damit verbundenen Vorhabens einer Europäischen Politischen Gemeinschaft ließ sich erkennen, wie geringe Realisierungschancen das Ziel eines europäischen Bundesstaates oder Staatenbundes hatte. Die Europabewegung mitsamt ihren publizistischen Vorkämpfern – etwa Ernst Friedländer oder eine Zeitung wie der *Rheinische Merkur* – drängte allerdings weiter in diese Richtung. Auch im Auswärtigen Amt waren Walter Hallstein und seine Mitarbeiter mit Unterstützung Adenauers nach wie vor willens, wenigstens langfristig auf dieses Ziel hinzuarbeiten. Doch verschlossen sie sich nicht der Erkenntnis, daß nach Lage der Dinge nur der Umweg über eine Wirtschaftsgemeinschaft weiterführen könne. Allerdings bestanden sie darauf, daß auch bei der Entscheidung für diese Integrationsmethode ein starkes institutionelles Gefüge die spätere Entwicklung zum politischen Zusammenschluß ermöglichen müsse.

Was den Teilnehmerkreis anbelangte, so plädierten die »Institutionalisten« dafür, erst einmal mit der Gemeinschaft der Sechs voranzugehen. Diese hatte in der Montanunion schon eine Basis gefunden und immerhin den großen Versuch mit EVG und Europäischer Politischer Gemeinschaft gemacht. Auch diesmal erwuchs die neue Initiative aus dem Ministerrat der Montanunion.

Den »Institutionalisten« standen die »Funktionalisten« gegenüber. Sie hatten ihre wissenschaftlichen Vorkämpfer in den Reihen der führenden liberalen Nationalökonomen. Professor Wilhelm Röpke führte damals einen leidenschaftlichen publizistischen Kampf gegen ein enges, zu stark politisch akzentuiertes Europa der Sechs. Der einflußreiche Wissenschaftliche Beirat des Bundeswirtschaftsministeriums bestärkte die Leitung des Hauses in ihren Überzeugungen, und liberale Blätter wie die *Frankfurter Allgemeine* gaben journalistische Schützenhilfe. Die Forderungen dieser Seite zielten auf die Wiederherstellung eines möglichst freien Welthandels ab. Wenn die europäische Integration diesem Ziel diente, war sie willkommen. Die bisherige Parallelität globaler Zusammenschlüsse wie GATT, Internationaler Währungsfonds (IWF) und OEEC auf der einen Seite, der europäischen Wirtschaftsinstitutionen wie der Europäischen Zahlungsunion (EZU) und der Montanunion (EGKS) auf der anderen, war durchaus erwünscht, solange keine gravierenden Zielkonflikte auftraten. Mitte der fünfziger Jahre aber war die Liberalisierung von Handel und Zahlungsverkehr soweit gediehen, daß eben diesen Zielkonflikten nicht mehr ausgewichen werden konnte. Sie wurden noch durch den Umstand verschärft, daß verstärkte wirtschaftliche Liberalisierung im europäischen Rahmen praktisch die Verengung auf einen kontinentalen, kleineuropäischen Block bedeutete. Erhard wollte daher während der zweiten Hälfte der fünfziger Jahre den Hauptakzent auf Zollsenkungen im Rahmen des GATT und der OEEC sowie auf eine Erweiterung des EZU-Systems zur weltweiten Konvertibilität legen. Regionale Wirtschaftsblöcke schienen ihm unter ordnungspolitischen Gesichtspunkten wie auch mit Blick auf das deutsche Exportinteresse verfehlt. Eine politische Institutionalisierung der europäischen Zusammenarbeit über den Europarat hinaus würde, so fürchteten die Liberalen, mit einem starken Maß an Dirigismus bezahlt werden müssen.

Allerdings war diese Auffassung innerhalb des Bundeswirtschaftsministeriums selbst nicht unumstritten. Eine starke Gruppe um den Leiter der Grundsatzabteilung, Professor Müller-Armack, und den rasch in eine Schlüsselstellung hineinwachsenden Leiter der Unterabteilung Schuman-Plan, Hans von der Groeben, setzte sich für eine vermittelnde Linie zwischen reinem Freihandel und europäischem Regionalismus ein. Sie sah die Chance, die Vorteile einer Freihandelskonzeption innerhalb eines großen, stabil abgesicherten Wirtschaftsraums zu verwirklichen, ohne dafür nach außen hin mit einem schädlichen Dirigismus zu bezahlen. Zugunsten eines solchen Ansatzes schienen auch genuin politische Überlegungen zu sprechen. So kam es schon im Frühjahr 1955 zu einem Kompromiß zwischen Institutionalisten und Funktionalisten, dem auch Erhard zustimmte.

Die funktionale weltwirtschaftliche Integration sollte durch eine unauflösliche Zollunion mit einem ausdifferenzierten und entwicklungsfähigen Institutionengefüge, vergleichbar dem der EGKS, ergänzt werden. Dieser Lösung neigte auch das Auswärtige Amt zu. Wie aus dem deutschen Memorandum für die Konferenz von Messina hervorging, sah der Kompromiß zwischen Institutionalisten und Funktionalisten schon in dieser Frühphase der Planungen einen Gemeinsamen Markt der beteiligten europäischen Volkswirtschaften vor, der allerdings nur schrittweise realisiert werden sollte.

Nach den unbefriedigenden Erfahrungen mit der Montanunion bestand in der Bundesregierung für einen neuen Ansatz zur Integrierung einzelner

Wirtschaftssektoren keine große Neigung mehr. Völlig offen war zu diesem Zeitpunkt aber noch, ob Großbritannien einer solchen Wirtschaftseinheit angehören würde.

Der Anstoß zu einer gemeinsamen und noch ziemlich flexiblen Formulierung der Vorstellungen von Bundeswirtschaftsministerium und Auswärtigem Amt kam aus den Benelux-Staaten. Holländer und Belgier, die immer zu den entschiedensten Befürwortern des europäischen Zusammenschlusses gehört hatten, hielten seit dem Debakel der EVG nach Möglichkeiten für eine »relance européenne« Ausschau. Auf deutscher Seite spielte während des ganzen Entstehungsprozesses der EWG der Vizepräsident der Hohen Behörde der Montanunion, Franz Etzel, eine große Rolle. Er hatte das Ohr des Kanzlers, und auch in der CDU/CSU-Fraktion hatte sein Wort stärkstes Gewicht. Zwei unterschiedliche Konzepte standen zur Diskussion.

Monnet setzte sich dafür ein, es erneut mit einem der Pläne zur sektoralen Integration zu versuchen,

Die Europäische Gemeinschaft übernahm im institutionellen Bereich weitgehend das Vorbild der Montanunion. Deren Vizepräsident war 1952 bis 1957 der CDU-Abgeordnete Franz Etzel.

die seit einigen Jahren in innerstaatlichen und internationalen Gremien erwogen wurden. Dabei neigte er dazu, entweder die EGKS auf das Verkehrswesen und den Energiesektor auszudehnen oder sogar im Bereich der friedlichen Nutzung der Kernenergie einen eigenen Schwerpunkt zu setzen. Die sich damals schon in Umrissen abzeichnende Abhängigkeit Europas von nahöstlichen Erdölzufuhren schien ebenso für das letztere zu sprechen wie die grandiosen Zukunftsperspektiven der Kernenergie, die in jenen Jahren die Phantasie vieler Politiker bewegten. In diesem Zusammenhang fehlte auch nicht die Überlegung, durch Errichtung eines »Atompools« die Kernkraftindustrie der Bundesrepublik einzubinden, die in den Jahren 1955 und 1956 unter dem Drängen des Atomministers Franz Josef Strauß ihren Rückstand auf diesem entscheidenden Gebiet der Zukunftstechnologie aufzuholen begann.

Es gab aber unter den »Europäern« jener Jahre genügend Politiker und Fachleute, die aufgrund der Erfahrungen mit der Montanunion dem Gedanken der Integration einzelner Bereiche mit zunehmender Skepsis gegenüberstanden. Über einen längeren Zeitraum hinweg hatten sie den Eindruck gewonnen, daß die Entwicklung in der Montanindustrie im Guten und im Bösen wahrscheinlich ähnlich verlaufen wäre, wenn es keine EGKS gegeben hätte.

Statt des von Monnet erwarteten Zwangs zum Übergreifen (»spill over«) der Integration auf andere Bereiche bewirkte die Montanunion eher lästige Friktionen. So schien keine Gewähr gegeben, die Schwierigkeiten durch Integration weiterer Teilbereiche zu lösen. Daher entschloß sich der holländische Außenminister Beyen erneut dazu, unterstützt von seinem belgischen Kollegen Paul-Henri Spaak, im Frühjahr 1955 im Ministerrat der Montanunion einen über zehn Jahre verteilten Zollabbau vorzuschlagen und damit das Konzept einer umfassenden Wirtschaftsintegration ins Auge zu fassen.

Als die Außenminister der Montanunion-Staaten Anfang Juni 1955 zu einer ihrer regelmäßigen Zusammenkünfte in Messina zusammenkamen, lagen drei Vorschläge auf dem Tisch, unter anderem auch das deutsche Memorandum, das sich als höchst folgenreich erwies. Der Ministerrat enthob sich der Qual der Wahl, indem er die einzelnen Vorschläge in einer Resolution zusammenfaßte. Danach sollte eine neue, diesmal wirtschaftliche Phase auf dem Weg zum Bau Europas eingeleitet werden. Die Minister erachten es, so konnte man lesen, »als notwendig, die Schaffung eines Vereinigten Europas durch den Ausbau der gemeinsamen Institutionen, durch die schrittweise Fusion der nationalen Wirtschaften, durch die Schaffung eines Gemeinsamen Marktes und durch die schrittweise Koordination ihrer Sozialpolitik fortzusetzen«. Die im folgenden genannten Einzelmaßnahmen zeigten, wie sehr man noch mit der Stange im Nebel umherstocherte. Aufgeführt waren fast alle großen Ziele, mit denen sich die EWG dann in den folgenden Jahrzehnten befaßte: gemeinsame Verkehrspolitik, insbesondere der Bau großer Verbindungsstraßen; Koordination der Energiepolitik, wobei speziell von Maßnahmen zur Entwicklung der Atomenergie zu friedlichen Zwekken die Rede war; phasenweise Schaffung eines Gemeinsamen Marktes durch Errichtung einer Zollunion und durch Koordinierung der Wirtschafts-, Finanz-, Sozial- und Währungspolitik; europäischer Investitionsfonds zur gemeinsamen Entwicklung, insbesondere auch der weniger begünstigten Gebiete. Wie immer, wenn man einen neuen europäischen Anlauf nahm, wurde auch diesmal der Wunsch ausgesprochen, Großbritannien mit dabei zu haben. Am wichtigsten war die Entscheidung für die Einsetzung eines Sachverständigen-Ausschusses unter Vorsitz des dynamischen belgischen Außenministers Paul-Henri Spaak.

Die europäische und die deutsche Öffentlichkeit nahmen von dieser Tagung kaum Kenntnis. In jenen Wochen und Monaten war vorwiegend von den Ost-West-Beziehungen und von den Möglichkeiten zur Lösung der deutschen Frage die Rede. Spöttische Geister meinten, daß die Konferenz in Messina ihren Zweck bereits dadurch erfüllt habe, daß sie dem damaligen italienischen Außenminister Martino mit Blick auf die kommenden Wahlen einen großen europäischen Auftritt im eigenen Wahlkreis ermöglichte.

Wider Erwarten kam aber die konkrete Planung rasch in Gang, und zwar nicht zuletzt deshalb, weil die Deutschlandpolitik in der innerdeutschen Diskussion jenes Jahres so hoch rangierte. Gesucht

wurde in dieser Lage ein neuer europäischer Anker für die unruhigen Deutschen. Es ist später etwas in Vergessenheit geraten, daß dem Versuch, der europäischen Einigungsbewegung einen neuen Impuls zu geben, in nicht unerheblichem Maß deutschlandpolitische Überlegungen zugrunde lagen.

So umschrieb beispielsweise der belgische Außenminister Paul-Henri Spaak in einem Memorandum an Premierminister Eden vom 7. Februar 1956 das Hauptmotiv für die europäische Integration wie folgt: »Vor allem ist sie meiner Ansicht nach die richtige Art und Weise, das deutsche Problem zu lösen. Es ist bezeichnend, daß ein Mann wie Kanzler Adenauer so leidenschaftlich ›pro-europäisch‹ ist. Er sieht in dieser Politik – und ich bin sicher, daß er recht hat – das wirksamste Mittel und vielleicht das einzige, um Deutschland vor sich selber zu schützen. Ein in den europäischen Verbänden und damit im Nordatlantikpakt integriertes Deutschland verteidigt sich sowohl gegen einen Individualismus, der nur allzuschnell die Formen eines Nationalismus annimmt, dessen Wirkungen wir ermessen konnten, als auch gegen die Versuchung, sich allein an die Russen zu wenden, die strittigen Probleme unmittelbar mit ihnen zu lösen, ohne den allgemeinen Interessen des Westens Rechnung zu tragen. Die europäische Integration gibt Deutschland einen Rahmen, in dem seine Expansion begrenzt bleibt, und schafft eine Interessengemeinschaft, die es absichert und die uns gegen gewisse Versuche und Abenteuer absichert. Darf ich Sie darauf aufmerksam machen, daß die Entwicklung der öffentlichen Meinung in Deutschland zur Unruhe Anlaß gibt, und daß es in unserem gemeinsamen Interesse liegt zu handeln, solange dazu noch Zeit ist, das heißt, solange Kanzler Adenauer an der Macht ist. Ich glaube, die – übrigens recht schwachen – Bindungen des Atlantikpakts allein genügen nicht, um die deutsche Politik in der Zukunft endgültig festzulegen. Mir scheint es unzweifelhaft, daß wir mehr tun müssen . . .«

Auf zahlreichen Sitzungen der Sachverständigen-Kommissionen wurden in der Folge die Optionen eingeengt, die in der Resolution von Messina noch zusammengepackt worden waren.

Eine britische Delegation, die anfangs an den Gesprächen teilgenommen hatte, reiste bald wieder ab.

Auf großer Fahrt: »Beide Maschinen volle Kraft voraus!«

Großbritannien sah, daß die Überlegungen auf eine Zollunion zuliefen, während es selbst einer Freihandelszone im OEEC-Rahmen zuneigte, bei der die Außenzölle der Mitgliedstaaten nicht zu harmonisieren wären. Diese Lösung wurde aber aus den deutschen Planungen schon im Herbst 1955 eliminiert und fand auch in Frankreich keinen Anklang, wo der Reiz einer EWG vor allem in der Vorstellung eines Wirtschaftsraums mit hohen Zollmauern nach außen lag. In einer Freihandelszone wäre Großbritannien zum Einfallstor für die Waren aus dem gesamten Commonwealth geworden. Doch nicht einmal das Freihandelszonen-Projekt schien London damals besonders vordringlich. Erst 1956 begannen die Briten ernsthaft, über konkrete Alternativen zu einer Wirtschaftsgemeinschaft nachzudenken. Vorerst aber liefen die Planungen ohne England weiter.

Nachdem Großbritannien ausgeschieden war, kam es entscheidend darauf an, was Frankreich und die Bundesrepublik wollten. Paris gab dem Konzept einer Atomgemeinschaft den Vorzug. Sie war auch für Belgien attraktiv, das die Uran-Minen des Kongo einbringen wollte und damit ein Liefermonopol zu gewinnen suchte. Die Deutschen standen dem Euratom-Projekt größtenteils kühl gegenüber. Sie waren eben dabei, mit starker Unterstützung der amerikanischen Industrie ihr erstes Atomprogramm in Gang zu bringen und fürchteten Lieferschwierigkeiten sowie administrative Behinderungen, aber auch eine Diskriminierung gegenüber Frankreich, das schon damals aus seiner Absicht militärischer Nutzung der Atomenergie kein Hehl machte.

Umgekehrt war auf deutscher Seite der Enthusiasmus für einen gemeinsamen Markt beträchtlich. Zwar nahm in dieser Phase der Expertengespräche die Industrie keinen wesentlichen Einfluß auf die Überlegungen; doch im Bundeswirtschaftsministerium ging man davon aus, daß ein gemeinsamer Markt für Industriegüter der Wirtschaft nur Vorteile bringen konnte. Die deutsche Industrie hatte die Konkurrenz aus den westeuropäischen Nachbarländern nicht zu fürchten, sah aber dort sehr wohl die Chance einer weiteren Expansion.

Der Außenhandelsanteil der Benelux-Länder, Frankreichs und Italiens lag im Jahr 1955 bei rund einem Viertel des gesamten Außenhandels der Bundesrepublik; die Steigerungsraten der vorhergehenden Jahre ließen auch für die Zukunft starke Zuwächse erwarten.

Demgegenüber fühlte man sich in Frankreich zwischen Befürchtungen und Hoffnungen hin und her gerissen. Einerseits war ganz offenkundig, daß ein gemeinsamer Markt die im ganzen weniger leistungsfähige französische Industrie der vollen Wucht deutscher Konkurrenz aussetzen würde. Andererseits erhofften sich diejenigen, die auf längere Sicht das Heil nur in verstärkter Industrialisierung sahen, von einem großräumigen Markt jene stimulierende Wirkung, wie sie ja auch tatsächlich eingetreten ist. Von Anfang an war aber ziemlich klar, daß Frankreich nur dann seine Tore für die deutsche Industrieproduktion öffnen würde, wenn sich in der Bundesrepublik als Ausgleich ein großer Markt für die französischen Agrarprodukte fände. Deutlich wurde auch, daß Paris, das weder die französische Industrie noch die Landwirtschaft einem weltweiten Wettbewerb aussetzen konnte, auf einen möglichst protektionistischen Charakter der künftigen Zollunion großen Wert legte.

Frühzeitig schälte sich so heraus, daß die großartigen Pläne nur dann Aussicht auf Verwirklichung haben würden, wenn sich der Grundsatz eines allseitigen Gebens und Nehmens durchsetzte. Frankreich wollte der Wirtschaftsgemeinschaft nur zustimmen, wenn die Bundesrepublik gleichzeitig das Euratom-Projekt akzeptierte, desgleichen war der Gemeinsame Markt für Paris nur bei einem angemessenen Quidproquo von industriellem gegen agrarischen Freihandel akzeptabel, wobei zusätzlich ein System von Sicherheitsvorkehrungen für den Fall französischer Zahlungsbilanzschwierigkeiten eingebaut werden mußte.

Welche Bedeutung schon in der Planungsphase der Ausgleich zwischen den französischen und deutschen Vorstellungen hatte, zeigt die Entstehungsgeschichte des Spaak-Berichts, von dem alle weiteren Überlegungen ihren Ausgang nahmen. Er ist auf der Grundlage langwieriger Kommissionsarbeiten, an denen Vertreter der Sechs teilnahmen, von einem Deutschen und einem Franzosen ausgearbeitet worden. Der deutsche Experte, Hans von der Groeben, war ein Ministerialbeamter, der noch aus der großen Tradition der deutschen Reichsministerien kam, der Franzose, Pierre Uri, ein Nationalökonom aus dem Technokraten-Stab Jean Monnets. Das Euratom-Projekt ging in starkem Maß auf französische Vorstellungen zurück, die von dem Atomphysiker und späteren ersten Präsidenten von Euratom, Louis Armand, maßgebend entwickelt worden sind. Politisch durchzusetzen hatte den Bericht Paul-Henri Spaak, der allerdings vorsichtig klarmachte, daß er dabei in persönlicher Eigenschaft und nicht als belgischer Außenminister handelte.

Der Spaak-Bericht ließ bereits die Konturen der EWG erkennen, machte aber auch deutlich, wie weitgehend sich in dieser entscheidenden Planungsphase die Vorstellungen der Bundesrepublik und der Benelux-Staaten durchgesetzt hatten. Vorgesehen war, in 12 bis 15 Jahren einen unkündbaren Gemeinsamen Markt zu schaffen, in dem alle Zölle und mengenmäßigen Beschränkungen beseitigt waren, in dem Freizügigkeit von Kapital und Arbeit herrschte, und der ein einheitliches Wettbewerbsrecht aufwies. Die Wirtschafts- und Sozialpolitik, von deren Harmonisierung das Gelingen des Unternehmens abhing, sollte durch gemeinsame Institutionen koordiniert werden. Ein europäischer Investitionsfonds zur Förderung der Wirtschaftsexpansion war dazu bestimmt, die regionalen Ungleichgewichte abzubauen.

Erstaunlicherweise machte sich der Ministerrat der Montanunion in Venedig Ende Mai 1956 den Experten-Bericht ohne große Diskussion zu eigen und beschloß, auf seiner Grundlage nunmehr in die Phase von Regierungsverhandlungen einzutreten.

Die deutsche Öffentlichkeit nahm auch jetzt von dem Vorhaben kaum Kenntnis. Während die Pläne in der französischen Nationalversammlung leidenschaftlich diskutiert wurden, verwandte der Deutsche Bundestag auf das Projekt nur ein paar Stunden. Bei gähnender Leere im Plenum gab er dem Vorhaben in einer Resolution seinen Segen, und richtig ernst wurde es erst, als es um die zollfreie Einfuhr eines Viertelpfundes Kaffee ging, für die sich die SPD gegen den Bundesfinanzminister stark machte. Nun war eine Abstimmung im Hammelsprung erforderlich, bei der sich die Beschlußunfähigkeit des Hohen Hauses herausstellte.

Die Bundesregierung hatte also weiterhin die Hände frei und nutzte diesen Spielraum entsprechend. Die eigentlichen Differenzen wurden nicht zwischen Regierung und Opposition und auch nicht – wie bei späteren europapolitischen Beschlüssen – zwischen den Interessengruppen, sondern allein im Schoß der Regierung ausgetragen. In der Öffentlichkeit zu vernehmen war dabei vor allem Ludwig Erhard, der in gewissen Abständen seinem Mißmut über das ganze Vorhaben öffentlich Ausdruck gab und sich nach Kräften bemühte, wenigstens die deutsche Verhandlungsdelegation auf den Grundsatz zu verpflichten, daß der Gemeinsame Markt nach außen offen sein müsse und nach innen nicht so dirigistisch sein dürfe wie die Montanunion, von deren Leistungen man im Bundeswirtschaftsministerium nicht viel hielt. Umgekehrt schöpfte Adenauer, darin voll unterstützt durch von Brentano und Hallstein, aus den jetzt wieder in Gang gekommenen Bemühungen um einen Zusammenschluß Hoffnung für seine im Jahr 1956 in ziemlicher Flaute einherdümpelnde Außenpolitik.

Die Beziehungen zu den USA waren seit Mitte 1956 alles andere als ungetrübt und entsprachen durchaus nicht der späteren Legende von der stets spannungsfreien Zusammenarbeit zwischen Adenauer und John Foster Dulles. Die Verzögerungen beim Aufbau der Bundeswehr und der im Zeichen des Radford-Plans in Gang kommende amerikanische Abbau konventioneller Streitkräfte spielten dabei ebenso eine Rolle wie das starke Engagement der USA im Fernen Osten und das undurchsichtige Lavieren von Dulles in der Suez-Krise. Aus einer ganzen Reihe von Anzeichen hat der mißtrauische Adenauer damals den Schluß gezogen, Amerika strebe hinter dem Rücken der Verbündeten einen weltweiten Ausgleich mit der Sowjetunion an, und zwar auch auf Kosten deutscher Sicherheitsinteressen. Trotz aller amerikanischen Beteuerungen bemerkte man auf deutscher Seite auch sehr wohl, daß nach dem Scheitern der Genfer Außenministerkonferenz das Deutschlandproblem auf der Prioritätenliste des State Department weit nach unten gerutscht war.

Zu allem hin kamen im Frühjahr 1956 auch noch die auf der Genfer Gipfelkonferenz im Grundsatz beschlossenen Ost-West-Abrüstungsverhandlungen in Gang, die auf seiten der westlichen Großmächte ein deutliches Abgehen von der Koppelung zwischen Wiedervereinigungsfrage und Abrüstung erkennen ließen. Zu befürchten war, daß es früher oder später zu Abmachungen kam, die den militärpolitischen Spielraum der Bundesrepublik durch ost-westliche Vereinbarungen einschränkten, ohne daß die Bundesregierung darauf allzu starken Einfluß nehmen konnte. Dabei schien nicht nur die amerikanische Position ins Wanken gekommen zu sein. Es war auch kein gutes Omen, daß die französische Abrüstungsdelegation von Jules Moch geführt wurde, der noch aus der Zeit der EVG als ein Vorkämpfer der anti-deutschen Gruppen in Paris bekannt war.

Voller Beunruhigung konstatierte das offizielle Bonn, wie 1956 die erste Runde einer Besuchsdiplomatie zwischen Ost und West einsetzte. Die sowjetische Führung stattete in London einen spektakulären Staatsbesuch ab. Der sozialistische französische Ministerpräsident Mollet flog in Begleitung seines ganz besonders auf Entspannungspolitik bedachten Außenministers Pineau nach Moskau, von wo er eine Äußerung Chruschtschows mit nach Haus brachte, der Sowjetunion seien 17 Millionen Deutsche unter ihrer Kontrolle lieber als 70 Millionen Deutsche, die im Westen integriert oder bestenfalls neutral seien. Die westlichen Initiativen erfolgten vor dem Hintergrund starker Bewegung im Ostblock, wo die auf dem 20. Parteitag der KPdSU zum Durchbruch gekommene Entstalinisierung Kräfte freizusetzen begann, deren Auswirkungen noch völlig unabsehbar waren.

Zwar brachten die Gipfelbegegnungen eher Mißklänge als den Ansatz für fruchtbare Entspannungspolitik. Auch bei den Abrüstungsverhandlungen ging es nicht voran. Und im Nahen Osten baute sich nach der Verstaatlichung des Suez-Kanals rasch eine Weltkrise auf, die sowohl Großbritannien wie Frankreich in schärfsten Gegensatz zur Sowjetunion brachte. Dennoch sprach angesichts der großen Bewegung, die jetzt in den Beziehungen zwischen den Großmächten herrschte, alles dafür, zumindest Frankreich, vielleicht sogar Großbritannien, durch neue Integrationsimpulse eng mit der Bundesrepublik zu verbinden und so deren Isolierung zu verhindern. Im Frühherbst 1956 war Adenauer so besorgt, daß er sogar eine EWG ohne supranationale Organe und nach Möglichkeit mit Großbritannien für richtig hielt.

In dieser Lage schien es ein Glücksfall, daß die von Sozialisten, Radikalsozialisten und dissidenten Gaullisten gebildete Regierung Mollet vorwiegend aus erprobten »Europäern« bestand, die das immer problematische Verhältnis zur wirtschaftlich erfolgreichen Bundesrepublik mit Hilfe europäischer Konstruktionen zu lösen wünschten. Als die Entspannungsinitiative des Kabinetts Mollet in Enttäuschung endete und der nun in vollem Gang befindliche Krieg gegen die algerische Aufstandsbewegung Frankreichs internationale Bewegungsfähigkeit immer stärker lähmte, führte dies einerseits zu einer Hinwendung zur Bundesrepublik und den anderen Staaten der Montanunion, andererseits zum kurzfristigen Versuch einer Wiederbelebung der französisch-britischen Entente im Zeichen des Kampfes

Die Krise der französischen Algerienpolitik (hier eine Demonstration gegen die Reformpläne des Kabinetts Mollet in Paris) bewirkte eine Hinwendung Frankreichs zur Bundesrepublik und erleichterte so die Einigung über die EWG.

gegen den arabischen Nationalismus. Doch die unglücklich verlaufende Suez-Intervention brachte eine tiefe Entfremdung nicht nur zu den USA, sondern auch zwischen England und Frankreich. London wandte sich nun mit ziemlicher Entschiedenheit Washington zu, während sich die französische Regierung – so sahen es jedenfalls die gaullistischen Kritiker – verzweifelt in die Arme der Deutschen warf und nun rasch alle Hindernisse auf dem Weg zu einer Europäischen Wirtschaftsgemeinschaft beseitigen half.

In dieser Hinsicht war die Stimmenwägung im EWG-Ministerrat, die sich am Vorbild der EGKS orientierte, von wesentlicher Bedeutung. Frankreich, Deutschland und Italien erhielten in allen Fällen, in denen qualifizierte Mehrheitsentscheidungen vorgesehen waren, je vier Stimmen, Belgien und die Niederlande je zwei, Luxemburg eine. Dadurch wurde der deutsche Einfluß in Grenzen gehalten, zugleich aber auch die Möglichkeit einer Zweierherrschaft der beiden Großmächte verhindert, vor der sich Italien und die Benelux-Staaten sorgten.

Nach einer Verhandlungskrise im Oktober 1956 erfolgte der entscheidende Durchbruch zur EWG bezeichnenderweise während einer deutsch-französi-

schen Konferenz, zu der Adenauer auf dem Höhepunkt der Suez-Krise im November 1956 nach Paris gekommen war. Während sich die leitenden Staatsmänner mit der vordringlichen Frage befaßten, wie ein Ausbruch des dritten Weltkrieges verhindert werden könne, waren es wieder die Experten – Robert Marjolin in der französischen Delegation, Karl Carstens, der damals im Auswärtigen Amt rasch aufsteigende neue Stern auf deutscher Seite –, die die wesentlichen Kompromisse ausarbeiteten. Sie konnten die politische Führung, die gerade in jenen Stunden den Kopf mit anderen Dingen voll hatte, von der Nützlichkeit und Anwendbarkeit der von ihnen ausgehandelten Lösungsformeln leicht überzeugen.

Frankreich setzte sich hier mit seinen Vorschlägen für Euratom im wesentlichen durch. Es erreichte, daß die Europäische Atomgemeinschaft den Aufbau einer eigenen französischen Atombombe nicht behinderte, während andererseits durch die zentrale Versorgung eine gewisse europäische Kontrolle der deutschen Nuklearindustrie erreicht wurde. Immerhin sollte es den Mitgliedstaaten erlaubt sein, ihren Bedarf notfalls auch durch Lieferungen aus Staaten außerhalb der Euratom-Gemeinschaft zu decken.

Präsident der EWG-Kommission wurde 1958 Walter Hallstein (Mitte), den Konrad Adenauer schon 1950 mit den Schuman-Plan-Verhandlungen (links Robert Schuman) beauftragt hatte.

Damit war eine wesentliche Forderung der deutschen Atomindustrie erfüllt.

In der Frage der Harmonisierung der sozialen Lasten, die nach der in Paris vorherrschenden Auffassung die französische Wettbewerbsfähigkeit besonders stark berührten, fand man hingegen eine Formulierung, die nur notdürftig verdeckte, daß hier die deutschen Vorstellungen obsiegt hatten. Das so heiß umstrittene Problem der Bezahlung von Überstunden und der gleichen Entlohnung männlicher und weiblicher Arbeitskräfte hat sich später als völlig unerheblich herausgestellt. Frankreich versprach auch einen Abbau seiner Exportsubventionen und Einfuhrabgaben, sobald die durch den Algerienkrieg belastete französische Zahlungsbilanz wieder ins Gleichgewicht gekommen sei.

Bei den abschließenden Verhandlungen zwischen den Delegationen der sechs Staaten wurden schließlich auch die für den weiteren Gang der Integration ausschlaggebenden Kompromisse im institutionellen Bereich erzielt.

In der Bundesregierung konnte man sich dabei aufgrund der Erfahrungen mit der EGKS der Erkenntnis nicht verschließen, daß künftig der Ministerrat, in dem die Staaten ihren politischen Willen artiku-

lierten, eine stärkere Stellung erhalten mußte, als dies in der Montanunion der Fall war. Doch schafften es die »Institutionalisten« im Auswärtigen Amt, das vor allem von Hallstein entwickelte Konzept eines »unvollendeten Bundesstaates« in den organisatorischen Teil des Vertrages hineinzubringen. Sie fanden dabei auch bei einflußreichen Mitgliedern des Bundeswirtschaftsministeriums Unterstützung und auf europäischer Ebene besonders bei den Benelux-Staaten und Italien.

Der Begriff »supranational«, der seinerzeit in Frankreich so große Leidenschaften aufgewühlt hatte, wurde sorgfältig vermieden. Die Idee supranationaler Organe und eines supranationalen Rechtssystems setzte sich hingegen durch. Es gelang, der EWG-Kommission so viele Zuständigkeiten zu geben und sie so stark in den Entscheidungsprozeß des Ministerrates einzubinden, daß sie in der Aufbauphase unter dem EWG-Präsidenten Walter Hallstein zur motorischen Kraft der Wirtschaftsgemeinschaft werden konnte.

Mehrheitsentscheidungen wurden im Prinzip akzeptiert, aber bei besonders wichtigen Fragen wie der Aufnahme neuer Mitglieder hatten die einzelnen Regierungen ein Veto-Recht, und sie konnten auch den Übergang zur jeweils nächsten Stufe und zur uneingeschränkten Einführung des Gemeinsamen Marktes verzögern. Ebenso gestattete ein System von Schutzklauseln, daß ein Mitgliedstaat während der schrittweisen Errichtung des Gemeinsamen Marktes von den allgemeinen Vorschriften des Vertrags abwich – allerdings nur für einen begrenzten Zeitraum und bei maßgeblicher Beteiligung der Kommission. Die Regierungen hätten sich jedenfalls auf das weitreichende Unternehmen nicht eingelassen, wenn ihnen nicht auf längere Zeit noch eine rechtliche Möglichkeit eingeräumt worden wäre, den Integrationsprozeß notfalls zu verzögern, sofern er den eigenen Interessen offenkundig zuwiderlief. Das ganze System war so konstruiert, daß es den Wagemutigen genügend Gestaltungsspielraum eröffnete, zugleich aber den Ängstlichen einige Schlupflöcher offenließ. Die parlamentarische Vertretung der Völker war wieder nur in Ansätzen entwickelt. Aber die »Europäer« hatten inzwischen gelernt, daß man nicht zu hoch greifen durfte, wenn das Vorhaben die parlamentarischen Hürden in Paris nehmen sollte. Vor allem der Pragmatiker Adenauer warnte immer wieder vor einem Übermaß an perfektionistischen Vereinbarungen.

Von großer Bedeutung erwies sich die Einrichtung eines unabhängigen Europäischen Gerichtshofs, auf die die deutsche Seite bei den Verhandlungen größten Wert gelegt hatte. Die Entscheidung für eine Gemeinschaft mit einem hochentwickelten eigenen Rechtssystem hat sehr wesentlich bewirkt, daß aus der EWG viel mehr wurde als bloß eine internationale Organisation, in der unabhängige Regierungen ihre Wirtschaftspolitik pragmatisch koordinierten. In diesem Punkt gab es zwischen dem Bundeswirtschaftsminister und den »Institutionalisten« im Kabinett erhebliche Meinungsverschiedenheiten, die aber zugunsten des vom Auswärtigen Amt und Teilen des Bundeswirtschaftsministeriums vertretenen Ansatzes entschieden wurden. Die dabei gefundene Linie setzte sich schließlich auch bei den Vertragsverhandlungen durch.

Die letzte Hürde bildete die ohne jede Kompromißbereitschaft vorgebrachte Forderung Frankreichs, die Staaten der Union Française in die Gemeinschaft einzubeziehen. Wieder sträubte sich das Bun-

deswirtschaftsministerium gegen eine grundlegende Verzerrung der Bedingungen des Welthandels, die daraus zwangsläufig resultieren mußte. Bei der Ratifizierungsdebatte äußerte besonders auch die SPD Bedenken dagegen, die Mitgliedstaaten der EWG gewissermaßen zu Teilhabern, Garanten und Financiers des französischen Kolonialreiches zu machen. Aber das Bundeskabinett neigte überwiegend der Auffassung zu, daß diese für die französische Zustimmung unerläßliche Konzession gerechtfertigt sei. Vor allem Adenauer war damals wie später vom Glauben an die zivilisatorische und geostrategische Bedeutung der europäischen Kolonialherrschaft durchdrungen und dachte gar nicht daran, Frankreich in diesem Punkt irgendwelche Widerstände in den Weg zu legen.

Als die Verhandlungen zwischen den Sechs vor ihrem Abschluß standen, waren schließlich auch die Briten soweit, die auf Drängen des im Prinzip proeuropäischen neuen Premierministers Harold Macmillan das Konzept einer Freihandelszone ausgearbeitet und über die OEEC auf die internationale Verhandlungsebene eingebracht hatten. Ihre Initiative, die im Februar 1957 in einigermaßen konkreten Umrissen auf dem Tisch lag, kam aber zu spät und konnte den Abschluß des EWG-Vertrags nicht mehr verhindern. Die der Sechsergemeinschaft nicht angehörenden europäischen OEEC-Länder, die inzwischen sämtlich aufgewacht waren, doch auch Bundeswirtschaftsminister Erhard, der mit ihnen ziemlich offen sympathisierte, konnten nur erreichen, daß parallel zur Ingangsetzung der EWG Verhandlungen zwischen den Sechs und den Sieben über eine Freihandelszone in Gang kamen.

Die parlamentarische Behandlung in Bonn verlief erstaunlich glatt, obwohl die Abgeordneten, besonders die der oppositionellen Parteien SPD und FDP, beklagten, daß Verhandlungen von größter Tragweite wieder einmal völlig am Parlament vorbeigelaufen seien. Begeisterung herrschte allerdings in keiner Fraktion.

Erhard ließ Pressevertreter wissen, der Gemeinsame Markt in seiner nun beschlossenen Form möge politisch notwendig sein, bleibe aber »ein volkswirtschaftlicher Unsinn«. In der Bundestagsdebatte kurz vor der Unterzeichnung drückte er sich jedoch ge-

mäßigter aus; schließlich hatte der Kanzler das Kabinett schon Anfang 1956 in einem detaillierten
Schreiben unter Berufung auf seine Richtlinienkompetenz nachdrücklich auf die Unterstützung dieses
Projekts verpflichtet. Während der ganzen Dauer
der Verhandlungen war es aber verschiedentlich nötig gewesen, Erhard daran zu erinnern, daß die
Wirtschaftspolitik allgemeinpolitischen Zielen zu
dienen habe und nicht umgekehrt. Als der Bundeswirtschaftsminister dann nach sorgfältigem Abwä-
gen des Für und Wider vor dem Bundestag schließlich ein kräftiges Ja sprach, war die Debatte weitgehend entschieden. Der Kanzler brauchte gar nicht
einzugreifen.

Den gesamtdeutschen Bedenken, die besonders von
der FDP geltend gemacht wurden, kam Annex II
der Römischen Verträge entgegen, in dem der zollfreie innerdeutsche Handel auch für die Zukunft
gewährleistet wurde.

Die Ratifikation erfolgte am 5. Juli 1957. Der zweite Deutsche Bundestag stand kurz vor seiner Auflösung, und das schwüle Sommerwetter trug weiter
dazu bei, daß die ganze Angelegenheit in vier Stunden abgewickelt wurde. Eine große Mehrheit aus
CDU/CSU, DP, FVP und SPD billigte die Verträge. Es war Heinrich Deist gelungen, die SPD-Fraktion davon zu überzeugen, daß es sich bei diesem
Integrationsprojekt im wesentlichen um eine wirtschaftliche Sache handele. Nur FDP und BHE
stimmten dagegen. Die Länder drückten im Ratifi-
kationsgesetz noch eine wichtige Bestimmung
durch, die ihnen künftig erhebliche Einflußnahme
auf den Erlaß von Rechtsverordnungen der Europäischen Gemeinschaft verschaffte. So zeichnete sich
trotz des Zögerns der FDP bereits in den Anfängen
der Europäischen Wirtschaftsgemeinschaft jener
überparteiliche Konsens über die Wünschbarkeit
dieses Zusammenschlusses ab, der in den kommenden Jahrzehnten die deutsche Europapolitik kennzeichnen sollte.

Für französische Verhältnisse erstaunlich glatt verlief auch die Ratifizierungsdebatte in Frankreich.
Klugerweise ließ sich die Regierung Mollet nicht
auf eine lange parlamentarische Beratung ein, die
seinerzeit der EVG den Garaus gemacht hatte. Es
gab die zu erwartenden Gegenstimmen der Tradi-

tionsnationalisten bei der Rechten und den Kommunisten. Auch Mendès-France, ein alter Intim-
feind des Ministerpräsidenten Mollet, gab erneut seinen bekannten Überzeugungen Ausdruck, man müsse
Frankreich wirtschaftlich gesunden lassen und
könne es dann erst der deutschen Konkurrenz aussetzen. Außerdem sei das Fehlen Englands zu beklagen.
Der junge Abgeordnete Giscard d'Estaing,
der damals als ein Repräsentant der Interessen
von Hochfinanz, Großhandel und Großindustrie
in die Debatte eingriff, hielt diesen Argumenten

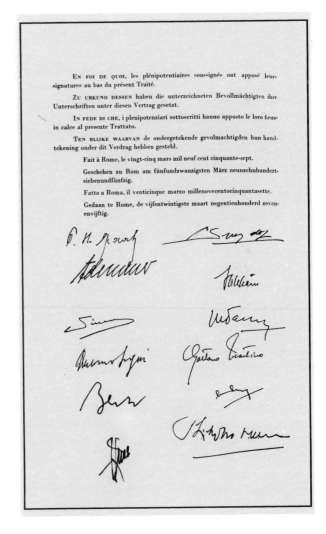

*Die Signatarseite der Römischen Verträge vom
25. März 1957, mit denen die EWG gegründet wurde.*

entgegen, daß nur der Mut zur Liberalisierung und auch zum Wettbewerb in einer Wirtschaftsgemeinschaft mit Deutschland die Modernisierung Frankreichs erreichen könne.

Beträchtliche politische Schubkraft entwickelten besonders die Vertreter der agrarischen Großproduzenten, die auf Expansion über die Grenzen Frankreichs hinaus setzten. Aufgrund wirtschaftlicher Interessenabwägungen wandten sich im wesentlichen nur die parlamentarischen Sprecher des kleinen und mittleren Gewerbes und der Kleinhändler sowie der kleinen ländlichen Familienbetriebe gegen die Verträge. Die nicht-kommunistischen Gewerkschaften aber waren ebenso dafür wie die Großindustrie. So erschien es bemerkenswert und kennzeichnend für den innerhalb von drei Jahren erfolgten Klimawandel, in welchem Maß die Diskussion vorwiegend von wirtschaftlichen Nutzenerwägungen bestimmt war.

Dennoch waren auch hier allgemeinpolitische Überlegungen wichtig: die in den Erfahrungen mit der Suez-Krise wurzelnde Forderung nach Unabhängigkeit in der Energieversorgung durch Ausbau von Euratom; ein gewisser Antiamerikanismus, der zu einem europäischen Zusammenschluß drängte; Sorge um den Bestand der Union Française, die mit Hilfe der Partner erhalten werden sollte, und natürlich nach wie vor das deutsche Problem.

Hier dominierten aber nach der Lösung der Saarfrage eindeutig die gemäßigten europäischen Gruppierungen mit dem Argument, man müsse die Bundesrepublik mit tausend konkreten Banden an Europa fesseln. Während die Spaltung der gemäßigten Gruppen des Zentrums sowie der linken und rechten Mitte im Jahr 1954 das Scheitern der EVG zur Folge gehabt hatte, wirkten diese nun zusammen und brachten die Verträge mit stattlichen Mehrheiten von jeweils rund 100 Stimmen sicher über die Hürden.

Die Zukunft der Bundesrepublik wurde auch diesmal wieder in Paris entschieden, und zwar im letzten Augenblick dieser einmalig günstigen geschichtlichen Konstellation. Zur selben Zeit, als der deutsche Wähler die Adenauer-Ära erneut verlängerte, stürzte der Algerienkrieg die Vierte Republik endgültig in einen Sumpf politischer Stagnation und

wirtschaftlicher Schwäche. An ihrem Ende stand die Machtübernahme durch General de Gaulle. Es ist schwer vorstellbar, daß de Gaulle sich auf ein so riskantes Unternehmen wie die EWG eingelassen hätte, wenn die Europäische Wirtschaftsgemeinschaft Mitte 1958 nicht bereits in vollem Aufbau gewesen wäre. So aber überdauerte die neugeschaffene EWG sowohl die Vierte Republik wie die Adenauer-Ära. Deren große Themen in der bewegten Phase zwischen 1957 und 1963 waren zu einem Gutteil bereits in der Entscheidung für die EWG enthalten, und diese wurde neben den Pariser Verträgen, den diplomatischen Beziehungen zur Sowjetunion und der dynamischen Rente ein weiteres gewichtiges Erbe, das die zweite Regierung Adenauer der Nachwelt vermachte.

Die neue europäische Großmacht

Die Jahre 1955 und 1956 können als kritische Reifungsperiode deutscher Außenpolitik verstanden werden. Dank der Gründung der EWG war bereits 1957 eine neue Konstellation geschaffen, die mit der ungünstigen Ausgangslage der Jahre 1954 und 1955 nur noch wenig gemein hatte und in der Spätphase der Adenauer-Ära eine umsichtige, für die deutschen Interessen optimale Gleichgewichtspolitik im Rahmen der westlichen Zusammenschlüsse erlaubte.

Die altvertrauten Themen standen zwar weiter auf der internationalen Tagesordnung – Kalter Krieg, Deutschlandpolitik, Verhältnis zu den USA und zu Frankreich, Außenwirtschaftsbeziehungen innerhalb der westlichen Verbundsysteme. Aber sie gingen gewissermaßen in einen neuen Aggregatzustand über. Der Kalte Krieg war noch nicht zu Ende. Er griff sogar durch die Einbeziehung des Nahen Ostens in eine weitere geopolitische Dimension über. Aber zugleich wurde er auch um neue Elemente der Entspannungspolitik zwischen Ost und West angereichert. Dabei traten bald die Rüstungskontroll- und Abrüstungsverhandlungen in den Vordergrund, die im Londoner Fünfmächte-Unterausschuß der Zwölfmächte-Abrüstungskommission der UN geführt wurden. Hier saßen vier Westmächte (USA,

Großbritannien, Frankreich, Kanada) der Sowjetunion gegenüber. In die Arbeiten kamen seit Frühjahr 1956 von allen Seiten neue Impulse, und bis zur Schwelle der Bundestagswahlen im September 1957 war hier der Ort, wo alle Beteiligten bemüht waren, ihre Positionen durch Rüstungskontrolldiplomatie zu verbessern. Die Bundesregierung fühlte, wie von diesen Verhandlungen, an denen sie nicht beteiligt war, fühlbare Wirkungen ausgingen – auf die Ost-West-Beziehungen insgesamt, auf die Entscheidungsprozesse bei den Verbündeten, auf die öffentliche Meinung im Westen und nicht zuletzt auf die sicherheitspolitische Position der Bundesrepublik.

Auch an den bisherigen Bedingungen und Zielen der Deutschlandpolitik änderte sich seit dem Jahr 1955 nicht viel. Aber die Unruhe im Ostblock, die eines der großen Themen des weltpolitisch bewegten Jahres 1956 bildete, schien zeitweise auch neue Möglichkeiten für die Wiedervereinigungspolitik zu eröffnen. Andererseits ließ gerade die von deutscher Seite so lebhaft gewünschte Verklammerung von Abrüstungsmaßnahmen mit Fortschritten in der deutschen Frage die Gefahr einer Einigung der Großmächte auf Kosten deutscher Interessen erneut aktuell werden.

In diesem Zusammenhang nahm auch das Bündnis mit der amerikanischen Schutzmacht eine neue Qualität an. Die sicherheitspolitische Hegemonie der USA in der westlichen Allianz war zwar immer noch unangefochten. Aber die Verwundbarkeit Amerikas durch sowjetische Kernwaffen sowie die weltweiten Interessen Washingtons weckten in Westeuropa ganz allgemein und in Bonn ganz besonders die Besorgnis vor einem amerikanisch-sowjetischen Bilateralismus. Zweifel traten auch auf, ob das militärstrategische Umdenken, zu dem die USA gezwungen waren, nicht auf Kosten der Sicherheitsinteressen ihrer Verbündeten gehen würde. Auf alle Fälle sahen sich diese mit der schwierigen Lage konfrontiert, die eigenen Verteidigungsplanungen ständig auf Veränderungen der amerikanischen Waffentechnologie und Militärstrategie einzustellen. Dabei ließ sich meist nur schwer voraussagen, welche der in Washington miteinander ringenden Denkschulen sich im jeweils gegebenen Fall durchsetzen würde.

Doch auch die westeuropäischen Großmächte Großbritannien und Frankreich sahen sich in diesen Jahren gezwungen, ihre weltpolitische Rolle radikal zu revidieren, ohne daß schon absehbar war, welche Konzepte sich durchsetzen würden. Es zeigte sich nun deutlich, daß die gesamten kolonialen Positionen, auf denen die bisherige Weltmachtstellung Englands und Frankreichs beruht hatten, in Frage gestellt waren. Sowohl in London wie in Paris wurde die außenpolitische Tagesordnung während der

Im Mittelpunkt der Londoner Konferenz vom Februar 1957 (von links Botschafter von Herwarth, Außenminister von Brentano und Wilhelm Grewe) stand die Verringerung der britischen Streitkräfte in der Bundesrepublik Deutschland.

ganzen Adenauer-Ära von den vielschichtigen Problemen der Dekolonisierung beherrscht. Beide Großmächte standen unter einem vielfachen Druck. Das Aufbegehren in den Kolonialimperien fiel zusammen mit wirtschaftlicher und militärischer Schwächung der Metropolen. Zusätzlich verschärft wurde der Ablösungsprozeß der Kolonialherrschaft durch den Ost-West-Konflikt. Dabei haben sowohl die Sowjetunion wie die USA mit durchaus unterschiedlicher Zielsetzung den Zusammenbruch der europäischen Überseereiche beschleunigt.

In den Metropolen der Kolonialmächte, zu denen neben Paris und London damals auch noch Brüssel gehörte, war es umstritten, wie man auf diese Herausforderungen antworten sollte. Es gab Denkschulen, die angesichts ihrer überseeischen Interessen für Entspannungspolitik plädierten, und andere, die den Dekolonisierungsvorgang als Teil des globalen Dramas des Kalten Krieges verstanden. Ebenso fanden sich Gruppen, die daraus den Schluß zogen, unbedingt mit den Vereinigten Staaten zusammenzuwirken, während andere auf die zwiespältige Überseepolitik Washingtons mit Antiamerikanismus antworteten.

Welche Rückwirkungen sich aufgrund der in raschem Fluß befindlichen Entwicklung auf die Europa- und Ostpolitik der westeuropäischen Großmächte ergeben würden, war aus deutscher Sicht jedenfalls schwer vorhersehbar. Aber eben diese Ungewißheit machte der damaligen Bundesregierung stark zu schaffen.

Großbritannien zögerte nach wie vor, sich definitiv für eine der unterschiedlichen Optionen zu entscheiden, denen es sich seit dem Zweiten Weltkrieg gegenübersah. Einer damals häufig vertretenen Theorie zufolge, wollten sich die Briten in der Nachkriegszeit mittels einer Art neuer Gleichgewichtspolitik zwischen drei ausschlaggebend wichtigen Bezugskreisen ihren Weg suchen. Der erste dieser Kreise war das Commonwealth. Mit Kanada, Australien und Neuseeland gehörten ihm zwar weiterhin Staaten des angelsächsischen Kulturkreises an, aber seit der Unabhängigkeit Indiens und Pakistans im Jahr 1947 zeichnete sich schon ab, daß in dieser Staatengemeinschaft künftig die jungen, aus dem kolonialen Status entlassenen farbigen Völker

zunehmend ein Übergewicht erhalten würden. Als zweiten Kreis sah man die Sprach- und Kulturgemeinschaft angelsächsischer Völker, unter denen die amerikanischen »Vettern« den zentralen Platz einnahmen. Den dritten Bezugskreis bildeten aus Londoner Sicht die kontinentaleuropäischen Demokratien. Alle drei Bezugskreise erschienen zwar wesentlich, aber die damals in Großbritannien tonangebenden Denkschulen gaben ihnen doch unterschiedliches Gewicht.

Die Befürworter der alten Empire-Tradition mit Repräsentanten wie Churchill und Eden setzten nach wie vor primär auf das Commonwealth und plädierten dafür, die britische Weltmachtposition durch eine eigene Kernwaffenstreitmacht zu bestätigen. Sie gaben auch dem verführerischen Gedanken nach, den eigenen Großmachtrang mittels britischer Initiativen auf dem Feld der Entspannungspolitik zu festigen. Zumindest wollten sie im Interesse der Erhaltung der eigenen Weltmachtpositionen eine sehr unabhängige Bewegungsdiplomatie betreiben.

Eine andere mögliche Rolle Englands war die eines bevorzugten Juniorpartners der USA – abgesetzt von Westeuropa und dank dem Commonwealth und eigener Kernwaffen den kontinentalen Staaten überlegen.

Schließlich zeichnete sich auch schon die westeuropäische Option ab, zu der Großbritannien genötigt sein könnte, wenn seine wirtschaftlichen und militärischen Kräfte zur Aufrechterhaltung der Machtposition in Übersee nicht ausreichten. Macmillan, der von 1957 bis 1963 die britische Politik bestimmte, suchte zwischen 1957 und 1960 die beiden erstgenannten Optionen offenzuhalten, um alsdann stärker auf Westeuropa zu setzen.

Frankreich befand sich gleichfalls in einer Phase der Umorientierung. Noch waren die Pariser Führungsgruppen mehrheitlich entschlossen, auf die Besitzungen in Nordafrika und in Schwarzafrika nicht zu verzichten. Schon war ihnen aber ziemlich deutlich, daß diese Positionen auf längere Sicht nur mit Unterstützung der westeuropäischen Staatengruppe gehalten werden konnten. Aber auch die Vierte Republik wollte noch nicht als Weltmacht abdanken und suchte die Schwäche Frankreichs durch unterschiedliche diplomatische Manöver auszugleichen.

Hier bereitete man sich ebenfalls bereits auf die Rolle einer Nuklearmacht vor.

Komplizierter wurden in diesen Jahren auch die Außenwirtschaftsbeziehungen zwischen den westlichen Industriestaaten. Die wirtschaftliche Erholung Westeuropas machte es nicht mehr länger notwendig, die amerikanische Hegemonie als natürliche Ordnung zu akzeptieren. Wie es aber gelingen sollte, die Erfordernisse weltweiter und regionaler wirtschaftlicher Zusammenarbeit aufeinander abzustimmen, war damals noch unklar und strittig. Für Frankreich und Großbritannien verband sich dieses Problem untrennbar mit der allgemeinen weltpolitischen Orientierung.

In dieser Situation mußte die souverän gewordene Bundesrepublik ihre eigene Linie entwickeln. Da Bonn bisher weitgehend auf den Ost-West-Konflikt in Europa, das Deutschlandproblem und die Wiedergewinnung der Souveränität fixiert gewesen war, fiel es den deutschen Politikern und der öffentlichen Meinung aber schwer, ihre verengte Sicht der Dinge zu überwinden. Der Umstand, daß sich selbst während des Jahres 1955 und 1956 ein Großteil der außenpolitischen Diskussion darum drehte, wie möglichst rasch ein Wiedervereinigungsprozeß in Gang gebracht werden könne, bewies dies deutlich. Auch diejenigen, die wie die Sozialdemokraten auf die Zusammenhänge zwischen der Wiedervereinigung und der Rüstungskontrollpolitik hinwiesen, taten dies meist nur, um mittels sicherheitspolitischer Zugeständnisse möglichst rasch zu Fortschritten in der deutschen Frage zu gelangen; oder aber sie betrachteten die Rüstungskontrolle als Wert an sich.

Der Bundeskanzler, der die Grundanlage der Außenpolitik nach wie vor ziemlich souverän bestimmte, war sich als einer der wenigen über die gefährliche Labilität im klaren, die der weltpolitische Umbruch in Ost und West zur Folge hatte. Wie jede genauere Analyse zeigt, erwuchsen seine viel verspotteten Hinweise auf den Ernst der internationalen Lage aus dieser Erkenntnis, die bei ihm durch ein natürliches Mißtrauen und häufige Neigung zu pessimistischer Zukunftserwartung noch verstärkt wurde. Anders als die Opposition und eine Reihe von Politikern und Diplomaten im Regierungslager scheute er in zunehmendem Maß davor zurück, in

Am 5. Mai 1955 unterzeichneten die Hohen Kommissare eine Proklamation über die Aufhebung des Besatzungsstatuts. Im Garten des Bundeskanzleramts wurde die Flagge der Bundesrepublik Deutschland aufgezogen. 10 Jahre nach Ende des Zweiten Weltkriegs war die Bundesrepublik Deutschland souverän.

einer dermaßen kritischen Konstellation, wo allenthalben Neuorientierungen mit unabsehbaren Konsequenzen im Gange waren, die Deutschlandfrage zu forcieren. Vordringlicher erschien es ihm, die Bundesrepublik so stark zu machen, daß sie von den Ereignissen nicht einfach überrollt werden konnte.

Stärke und Widerstandsfähigkeit ergaben sich gewiß zu einem Gutteil aus dem gemeinschaftlichen Zusammenwirken der westlichen Demokratien. Wie bisher war auch weiterhin davon auszugehen, daß

Sicherheit und Wohlstand der Bundesrepublik nur in den großen militärischen und wirtschaftlichen Verbundsystemen der freien Welt zu gewährleisten waren. Der Harmonisierung innerhalb und zwischen diesen Systemen und dem Ausgleich der unterschiedlichen Interessen westlicher Staaten und Regierungen hatte daher die deutsche Außenpolitik weiterhin als vorrangiges Ziel zuzustreben.

Aber der Kanzler war Realist genug, um zu wissen, daß ein Staat auch in Allianzen und Wirtschaftsgemeinschaften nur dann Gehör findet, wenn er über Macht und einen anerkannten Rang verfügt. So suchte er den Ungewißheiten der weltpolitischen Lage zu begegnen, indem er die Bundesrepublik stillschweigend und möglichst unangefochten, aber sehr zielbewußt auf eine annähernd gleiche Ebene wie Frankreich und Großbritannien zu bringen bemüht war.

Die Hypotheken der jüngsten Vergangenheit und die mit der Deutschlandfrage zusammenhängenden alliierten Rechte standen freilich einer vollen Gleichrangigkeit entgegen. Ebenso besaßen sowohl Großbritannien wie Frankreich damals noch Kolonialimperien und eine überseeische Klientel, die es ihnen erlaubten, als Weltmächte zu agieren. Aber zugleich war Frankreich wirtschaftlich und innenpolitisch eindeutig schwächer als die Bundesrepublik. Auch das französische Überseeimperium erwies sich zusehends als Belastung. Ebenso glaubte der Kanzler ziemlich deutlich zu erkennen, daß Großbritannien machtpolitisch über seine Verhältnisse lebte. Als Industriemacht war die Bundesrepublik schon damals auf dem besten Weg, England hinter sich zu lassen.

Im europäischen Vergleich hatte das um die Ostgebiete und die Ostzone verkleinerte Deutschland seit Mitte der fünfziger Jahre jedenfalls politisch und wirtschaftlich die Qualität einer Großmacht erreicht. Wenn die Wiederbewaffnung erst vollzogen war, würde auch noch die militärische Komponente hinzukommen.

Meist hütete sich der Kanzler, den Status der Bundesrepublik als den einer europäischen Großmacht zu definieren. Der Begriff rief zu viele ungute Erinnerungen wach und weckte falsche Assoziationen. Die Tage voll souveräner, nach allen Seiten bindungsfreier, klassischer Kabinettspolitik nach Art der europäischen Großmächte in der Zeit vor und zwischen den Weltkriegen schienen Adenauer der Vergangenheit anzugehören. Das galt seiner Auffassung nach nicht nur für Deutschland, sondern ebenso für Frankreich und Großbritannien.

Die von amerikanischen und deutschen Architekten entworfene Berliner Kongreßhalle war ein Symbol deutsch-amerikanischer Zusammenarbeit. Die kühne Dachkonstruktion hielt bis zum Jahr 1980.

Oskar Kokoschka, Bildnis des Bundespräsidenten Theodor Heuss (1950), Öl auf Leinwand.

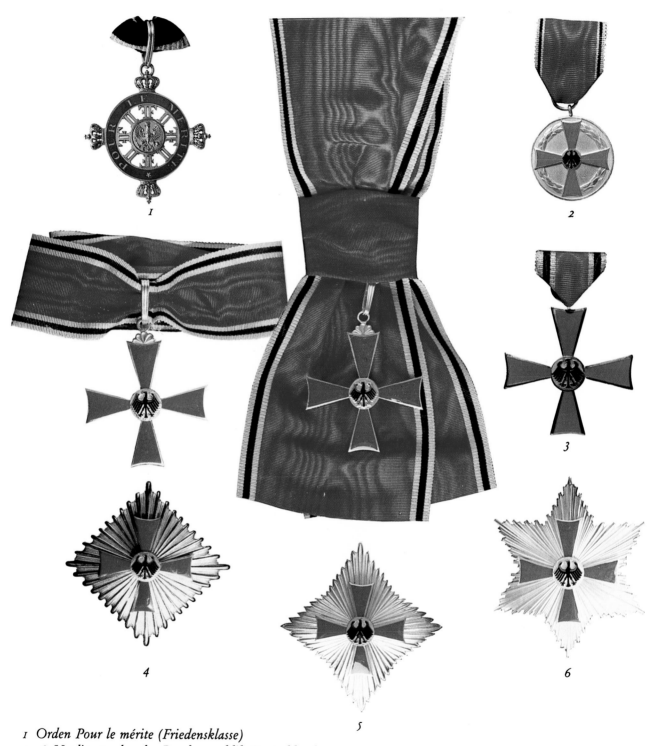

1 Orden Pour le mérite (Friedensklasse)
2–6 Verdienstorden der Bundesrepublik Deutschland:
2 Verdienstmedaille   3 Verdienstkreuz am Bande   4 Großes Verdienstkreuz mit Stern   5 Großes Verdienst-
kreuz mit Stern und Schulterband   6 Stern zum Großkreuz

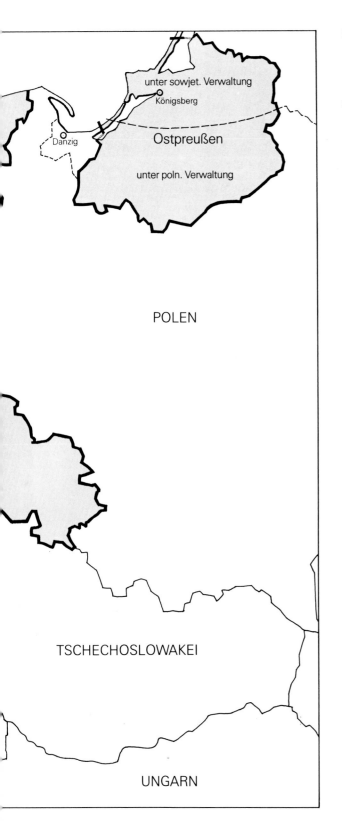

Maßstab 1:4500000

| 0 | 25 | 50 | 100 | 150 | 200 | 250 | 300 km |

Deutschland in den Grenzen vom 31.12.1937

•••••••••••••••••••••••••••• Ländergrenzen in Deutschland

*   seit 1952 Baden-Württemberg

unter sowjet. Verwaltung

Königsberg

Danzig

Ostpreußen

unter poln. Verwaltung

POLEN

TSCHECHOSLOWAKEI

UNGARN

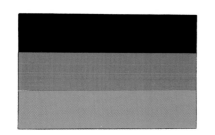

Flagge

*Wappen
der Bundesrepublik Deutschland*

Dienstflagge

Schleswig-Holstein

Hamburg

Niedersachsen

Hessen

Freistaat Bayern

Bremen

Nordrhein-Westfalen

Rheinland-Pfalz

Saarland

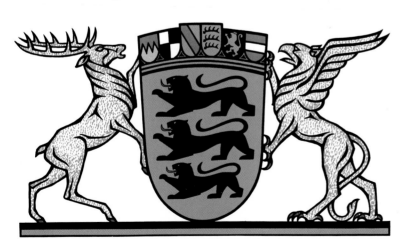

Baden-Württemberg

Berlin

Wolfgang Znamenacek, Szenenentwurf zu »Die Ehe des Herrn Mississippi« von Friedrich Dürrenmatt für die Aufführung in den Münchner Kammerspielen 1952.

Wohnhäuser Schmitz, Biberach (1950); Architekt: Hugo Häring.

Thyssenhaus (»Dreischeibenhaus«), Düsseldorf (1957–1960); Architekten: Helmut Hentrich und Hubert Petschnigg.

Wols, Die Windmühle (um 1951), Öl auf Leinwand.

Willi Baumeister, Bluxao VIII (1955), Öl auf Pappe.

Hans Hartung, Composition T 55-18 (1955), Öl auf Leinwand.

Max Ernst, Die dunklen Götter (1957), Öl auf Leinwand.

HAP Grieshaber, Fasanerie (1957), Farbholzschnitt.

Die modernen zwischenstaatlichen Verbundsysteme engten den Handlungsspielraum aller Beteiligten ein und schufen ganz neue Rahmenbedingungen für die Außenpolitik. Sie boten aber zugleich auch allen Beteiligten mehr Sicherheit voreinander und bessere wirtschaftliche Entfaltungsmöglichkeiten.

Innerhalb dieses veränderten Rahmens aber und unter Berücksichtigung der begrenzten Möglichkeiten moderner Außenpolitik war der Kanzler entschlossen, dem neuen Deutschland zäh, mißtrauisch und unter genauer Beachtung aller Protokollfragen nicht nur Gleichberechtigung, sondern auch eine gewisse Ranggleichheit mit Frankreich und England zu verschaffen. Zumindest sollten deutliche Diskriminierungen abgebaut oder tunlichst vermieden und der Weg zu künftiger voller Ranggleichheit offengehalten werden.

Es blieb späteren Politikern vorbehalten, in ziemlicher Verkennung der Gegebenheiten den Status der Bundesrepublik als den eines wirtschaftlichen Riesen zu definieren, der politisch ein Zwerg sei. Ein wirtschaftlicher Riese war sie im Vergleich mit den anderen westeuropäischen Partnern bereits Mitte der fünfziger Jahre. Es hätte aber auch eine völlige Verkennung ihres politischen Gewichts bedeutet, wenn sie in den Jahren seit 1955 als politischer Zwerg bezeichnet worden wäre. In den Kabinetten der westlichen Hauptstädte kam man ebensowenig auf diesen Gedanken wie in Moskau. Für das Washington Präsident Eisenhowers waren London und Bonn die wichtigsten Adressen in Westeuropa. Und so hütete sich der Kanzler wohlweislich, auf eine Reihe noch offenkundiger Schwächen der deutschen Position allzu laut aufmerksam zu machen.

Der Status einer Weltmacht war gewiß für immer verspielt. Auch eine Großmacht alten Stils konnte und wollte das neue Deutschland nicht mehr werden. Aber solange Frankreich und Großbritannien auf den Rang einer Großmacht Wert legten und daraus Ansprüche ableiteten, konnte auch die Bundesrepublik, die sich damals noch unbefangen »Deutschland« nannte, die Position einer europäischen Großmacht neuer Art anstreben – einer Großmacht, die sich freiwillig und kooperativ in die westlichen Systeme einfügte, ohne aber auf das Geltendmachen eigener Interessen zu verzichten.

Adenauer wußte freilich selbst am besten und hat intern häufig daran erinnert, daß es in Paris und London deutliche Bestrebungen gab, die Bundesrepublik immer noch in einem Zustand minderen Ranges zu halten. Dafür wurden ganz besonders auch die Rüstungskontroll- und Abrüstungsverhandlungen genutzt. In der Bundesregierung war man sich sehr wohl darüber im klaren, daß die Hypotheken der jüngsten Vergangenheit für solche Tendenzen zahlreiche Ansatzpunkte boten. So schienen dem Kanzler zwar Behutsamkeit und »respektable Bescheidenheit« am Platze, Demutsgebärden und unkluge Selbstfesselungen aber nicht geboten.

In zunehmendem Maß hielt es Adenauer deshalb auch für problematisch, nach dem Scheitern der Genfer Außenministerkonferenz auf neue Vier-Mächte-Verhandlungen zu drängen. Sie erschienen nach Lage der Dinge nicht bloß aussichtslos, sondern drohten auch ausgerechnet jene Materien auf den Verhandlungstisch zu bringen, für die sich die Zuständigkeiten der Siegermächte erhalten hatten. Immer, wenn die Deutschlandfrage international zur Diskussion stand, wurde nämlich deutlich, daß die Bundesrepublik in bestimmten Bereichen noch ein Staat minderen Rechts war.

Hier lag auch eine Hauptproblematik von Rüstungskontrollverhandlungen. Diese sollten die Bundesrepublik tunlichst erst tangieren, wenn sie nach Aufstellung einer modernen Armee auch militärisch den Rang einer europäischen Großmacht erlangt hatte. Der Kanzler wurde also nicht nur von der Sorge vor den häufig beschworenen Sicherheitsgefährdungen einer Neutralisierung motiviert, sondern ebenso von der Entschlossenheit, keinem internationalen Regime zuzustimmen, das die Bundesrepublik zur zweitrangigen Macht degradierte. Auch aus diesem Grund setzte er sich während der ganzen Jahre 1956 und 1957 vorrangig für die allgemeine atomare Abrüstung ein und sträubte sich gegen regionale Inspektionszonen, die wohl die Bundesrepublik einbezogen, nicht aber auch das Territorium der anderen europäischen NATO-Mächte. Das drohte vor allem im Frühjahr und Sommer 1957 bei den Londoner Abrüstungsverhandlungen. In der Tat gelang es, während der besonders empfindlichen Anlaufphase des Bundeswehraufbaus durch

Einwirkung auf die USA allen Rüstungskontrollver-
einbarungen über Deutschland aus dem Wege zu
gehen, die der Bundesrepublik einen minderen Status zugewiesen hätten.

Dabei erwies sich gerade das EWG-Konzept für das
Bestreben förderlich, die Rolle der Bundesrepublik
als europäische Macht zu verstärken. Da es um die
Gründung einer Wirtschaftsgemeinschaft ging, kam
das immense wirtschaftliche Gewicht, über das die
Bundesrepublik Mitte der fünfziger Jahre bereits
verfügte, voll zum Tragen. Diskriminierende Bestimmungen, für die es im Sicherheitsbereich unter
Verweis auf die jüngste Vergangenheit, auf die
exponierte Lage Berlins und auf das Teilungspro-
blem immerhin noch plausible Argumente gab,
konnten in Wirtschaftsfragen nicht geltend gemacht
werden.

Aber das war noch nicht alles. Bei der Gründung
der EWG ergab sich auch bereits ein deutlich ausgeprägter deutsch-französischer Bilateralismus, der
den Rang der Bundesrepublik gegenüber den kleineren EWG-Partnern deutlich hervorhob. Die Weigerung Großbritanniens, an der EWG teilzunehmen, eröffnete einer geschickten deutschen Diplomatie zusätzlichen Handlungsspielraum. Frankreich
und England waren jetzt beide im Hinblick auf die
EWG, wenn auch mit unterschiedlichen Zielsetzungen, der deutschen Unterstützung bedürftig, und
Adenauer hat schon 1957, ganz besonders aber seit
der Machtübernahme durch de Gaulle, diese günstige Situation behutsam, aber durchaus überlegt im
Sinne der Steigerung deutschen Einflusses ausge-
nutzt.

Auch gegenüber den USA bot die EWG erhebliche
Vorteile. Der Eisenhower-Administration war zwar
selbst daran gelegen, auf lange Sicht in Westeuropa
ein neues Machtzentrum zustande zu bringen. Nur
so schien es möglich, eines Tages die Last der amerikanischen Truppenpräsenz abzubauen. Aber aus
deutscher Sicht hatte der enge westeuropäische Zusammenschluß den Vorteil, sich der Hegemonialmacht nicht allein gegenüberzusehen. Als eine der
beiden Vormächte der EWG konnte Bonn notfalls
das Gewicht der Gemeinschaft gegen die USA ins
Spiel bringen. Seit Herbst 1956 begannen erst mit
Frankreich, dann auch mit Italien streng vertrau-

liche Gespräche über eine kontinentaleuropäische
militärische Zusammenarbeit.

So war im Jahr 1957 eine diplomatische Konstellation entstanden, in der die drei ehemaligen westlichen Siegermächte, vorläufig noch halbwegs im Guten, schon ziemlich fühlbar auseinanderrückten.
Frankreich hatte sich zu einer Politik enger Partnerschaft innerhalb der EWG bereitgefunden, Großbritannien bemühte sich um die Teilnahme zu vorteilhaften Bedingungen und die USA standen völlig außerhalb, ohne aber dem Unternehmen feindlich gesonnen zu sein. Wenn es tatsächlich gelang, mit
dem Aufbau der EWG voranzukommen, so erlaubte
dies Bonn innerhalb der westlichen Staatengemeinschaft eine Art Gleichgewichtspolitik, die in manchem an das Konzept erinnerte, das Bismarck in
dem berühmten Kissinger Diktat vom 15. Juni 1877
skizziert hatte. Seit 1957 existierte eine Gesamt-
situation, in der alle westlichen Mächte der Bundesrepublik bedurften und von antideutschen Koalitionen durch ihre Beziehungen gegeneinander abgehalten wurden.

Die Rolle des französischen »Erbfeinds«, auf dessen
Isolierung das Bismarcksche Gleichgewichtssystem
angelegt gewesen war, spielte nun die Sowjetunion.
Wie der erste Reichskanzler legte auch der erste
Bundeskanzler alles darauf an, jeden der Partner
daran zu hindern, mit dem gefährlichen Gegner in
enge Beziehungen zu treten. Diese behutsame
Gleichgewichtspolitik der späten Adenauer-Ära, die
nicht offen proklamiert, aber stillschweigend praktiziert wurde, ist damals in ihrer Gesamtanlage nicht
voll erkannt worden.

Die Analogie sollte nicht übertrieben werden; ganz
offenkundig war die Position der Bundesrepublik
sehr viel schwächer als die des Deutschen Reiches
zur Zeit Bismarcks. Wer aber die Außenpolitik Adenauers nur in der Perspektive des Antikommunismus, des Strebens nach europäischer Einheit und
nach Einheit der freien Welt sieht, verkennt eine
entscheidende Komponente. Staatsmänner wie de
Gaulle und Macmillan haben ihn darin sehr viel besser verstanden als die deutsche Öffentlichkeit.

Gerade die Sorge vor einem teilweisen oder vollständigen »renversement des alliances«, das aus der
Entspannungspolitik erwachsen konnte, hat den

Kanzler aber auch veranlaßt, die Sowjetunion in die Kombination seiner Diplomatie nach Möglichkeit einzubeziehen.

Da die Entspannung offenbar einen hohen internationalen Kurswert besaß, konnte auch die Bundesrepublik nur den Rang einer anerkannten Macht erringen und halten, wenn sie in diesen Dialog intensiv eingeschaltet war. Nachdem Adenauer das Jahr 1956 ungenutzt hatte verstreichen lassen, um die im Herbst 1955 aufgekommenen Rapallo-Ängste erst einmal zur Ruhe kommen zu lassen, aktivierte er seit Anfang 1957 die deutsche Ostpolitik, obwohl dies ein paar Monate nach der Niederschlagung der Ungarischen Revolution innenpolitisch nicht besonders populär wirkte. Aber es war ganz offenkundig, daß die westlichen Großmächte ihre Rüstungskontroll- und Abrüstungspolitik nach einer kurzen Schamfrist wieder aufnehmen würden, und die Nachteile eines Ausschlusses der Bundesrepublik aus dem Entspannungsdialog erschienen nicht länger tragbar.

Adenauer begann jetzt, mit dem neuen sowjetischen Botschafter Smirnow in regelmäßigen Abständen Gespräche zu führen. Ein entgegenkommendes Schreiben Ministerpräsident Bulganins von Anfang Februar 1957, der aus der peinlichen internationalen Isolierung herauskommen wollte, wurde mit einer von Adenauer persönlich redigierten Note beantwortet, die bei aller Härte in der Sache gleichfalls verbindliche Töne anschlug. Der Kanzler war nun endlich bereit, in Verhandlungen über einen Handelsvertrag einzutreten, worauf Moskau schon seit längerem drängte. Auch in den folgenden Wochen gab sich Adenauer konziliant und bekräftigte verschiedentlich seine Auffassung von der vorrangigen Bedeutung einer atomaren Abrüstung. Es wurden bereits Gerüchte über einen Besuch des sowjetischen Stellvertretenden Ministerpräsidenten Mikojan oder sogar von Bulganin selbst ausgestreut.

Man spekulierte damals viel über die Motive Adenauers und vermutete, er wolle sein Lebenswerk mit einer deutsch-sowjetischen Verständigung krönen. Richtiger ist es, diese Impulse als Teil einer vorwiegend innerwestlichen Gleichgewichtspolitik zu sehen, die dazu bestimmt war, den Rang der Bundesrepublik auch im Gespräch mit der Sowjetunion zu

Ungarn-Aufstand 1956. Zehn Tage lang hielt sich die verzweifelte Hoffnung auf demokratische Freiheiten, ehe sie unter den Ketten russischer Panzer begraben werden mußte. Das Foto aus den letzten Oktobertagen zeigt aufständische Posten vor einem ausgebrannten sowjetischen Panzer.

festigen und die westlichen Entspannungsmanöver auszubalancieren.

Diese Absicht, die bereits im September 1955 in Moskau eingeleitet worden war, wurde allerdings im April 1957 durch eine andere Linie Adenauerscher Außenpolitik in den Hintergrund gedrängt: die Bemühungen um Ausrüstung der Bundeswehr mit atomaren Trägersystemen. Auch diese hatten viel mit dem Bestreben zu tun, der Bundesrepublik gegenüber Frankreich und Großbritannien den Rang einer gleichberechtigten europäischen Großmacht zu sichern.

Atomare Bewaffnung der Bundeswehr

Von vorrangiger Bedeutung für die Sicherung der neugewonnenen Machtposition war der Aufbau der Bundeswehr. Der Kanzler bemühte sich, seinem Kabinett und dem Vorstand der CDU immer wieder klarzumachen, daß er damit in erster Linie ein politisches Ziel verfolge. »Ein Staat, der keine Wehrmacht besitzt«, referierte er im Februar 1957 vor dem CDU-Vorstand eine Feststellung von John Foster Dulles, »ist bestenfalls ein Protektorat, aber kein Staat.« Im Frühjahr 1957 handelte es sich schon nicht mehr darum, bloß aus dem Protektoratsstatus herauszukommen. Jetzt ging es bereits um eine gewisse Ranggleichheit mit Großbritannien und Frankreich, auch wenn sich Adenauer und Strauß peinlich hüteten, diesen Punkt allzu nachdrücklich zu artikulieren.

Niemand dachte zwar daran, den WEU-Vertrag abzustreifen. Aber daß viele der Beschränkungen im Bereich von Produktion und Erwerb von schwerem Gerät fallen mußten, stand außer Zweifel.

Dabei wurde es allen Beteiligten immer klarer, daß die Forderung nach einer modern ausgerüsteten, den Armeen der anderen Großmächte ebenbürtigen Bundeswehr auch deren Bewaffnung mit Waffensystemen einschloß, die für den Atomkrieg geeignet waren.

Bereits im Dezember 1954, also noch vor dem Beitritt der Bundesrepublik, hatte der NATO-Ministerrat die militärischen Befehlshaber ermächtigt, in ihre Planungen den Einsatz von Kernwaffen mit einzubeziehen. Allerdings gingen alle Überlegungen auch weiterhin davon aus, daß die letzte Einsatzentscheidung wie bisher beim amerikanischen Präsidenten liegen müsse.

Dieser Beschluß, der damals nur von deutschen Militärspezialisten, nicht aber von einer breiteren Öffentlichkeit beachtet wurde, entsprang einer Vielzahl von Bedingungen und Überlegungen. Die im Jahr 1952 in Lissabon vorgesehene Aufstellung von 96 Divisionen in Europa hatte sich als wirklichkeitsfern erwiesen. Dieses Ziel überstieg die finanzielle Leistungsfähigkeit der NATO-Staaten ebenso wie die Gegebenheiten, die damals auf dem Arbeitsmarkt herrschten. Ein derart massiver Truppenauf-

bau paßte auch nicht mehr in die internationale Landschaft der nach-stalinschen Ära. 30 Divisionen, so beschloß man jetzt, könnten für Zentraleuropa ausreichen. Dabei weckte die Entwicklung der Waffentechnologie die Erwartung, Mannschaftsstärke durch atomare Feuerkraft ausgleichen zu können. Die USA besaßen damals im Bereich der nuklearen Gefechtsfeldwaffen einen deutlichen Vorsprung und hofften, damit den in Europa seit dem Zweiten Weltkrieg bestehenden Überhang an konventionellen sowjetischen Streitkräften auszugleichen. Die amerikanischen Strategen begannen jetzt, den Kalkül mit der Eskalationsleiter zu entwickeln, der dann für ein gutes Vierteljahrhundert in der NATO-Strategie eine so hervorragende Bedeutung erhalten sollte. Ein Angriff der Sowjetunion mit konventionellen Streitkräften würde nach ihrer Auffassung unvermeidlich den Einsatz von taktischen Atomwaffen zur Folge haben, die aber ihrerseits auf vielfache Art und Weise mit dem strategischen Nukleararsenal der USA gekoppelt waren. In beiden Bereichen der Atomkriegführung besaßen die USA damals einen klaren Vorsprung. Da also der Angrei-

fer befürchten müßte, bei einem konventionellen Angriff auf eine gefährliche nukleare Eskalationsleiter zu geraten, schien diese Strategie eine effektive Abschreckung auch gegen konventionelle Angriffe zu bieten. In den Vordergrund schob sich damit auch die Überlegung, daß die westlichen Streitkräfte sowohl eine glaubhafte Abschreckung darstellen wie zur Kriegführung imstande sein sollten.

Die neue NATO-Strategie schrieb den konventionellen Streitkräften in erster Linie die Funktion zu, den Gegner zur operativen Konzentration zu zwingen, um ihn dann durch Kernwaffeneinsatz zu zerschlagen. In diesem Sinne war der Bundeswehr und den anderen Landstreitkräften an der mitteleuropäischen Front die Rolle eines »Schildes« zugedacht, während die strategischen Luftstreitkräfte der USA, aber auch die für den Einsatz der atomaren Gefechtsfeldwaffen vorbereiteten taktischen Luftflotten und Raketenbataillone, als »Schwert« dienen sollten.

Das alles stellte an die bundesdeutsche Verteidigungspolitik eine Vielzahl schwierigster Anforderungen, deren sie sich in den Jahren 1955 und 1956

aber nur langsam bewußt wurde. Am lebhaftesten diskutiert wurde dabei, ob die am Modell eines großen Landkrieges orientierten Bundeswehrplanungen noch wirklichkeitsnah seien oder ob sich nicht bereits der Aufbau der deutschen Streitkräfte am Leitbild einer gleichzeitig für die konventionelle wie für die Atomkriegführung geeigneten Qualitätsarmee orientieren solle. Mit der Ablösung von Blank durch Strauß war der Streit zugunsten der Qualitätsarmee entschieden. Strauß hat dabei ziemlich eigenmächtig gehandelt. Er rühmte sich später, im Herbst 1956 vor dem NATO-Rat für eine Armee von nur 350000 Mann eingetreten zu sein, ohne daß ihn Kanzler oder Kabinett formell dazu ermächtigt hätten.

Doch es gab in diesem Zusammenhang noch weitere, beunruhigende Fragen, die erst im Frühjahr 1957 die öffentliche Diskussion mehr und mehr zu beschäftigen begannen. Mußte man nicht auch damit rechnen, daß der Gegner von vornherein oder aber als Antwort auf einen Kernwaffeneinsatz des Westens seinerseits Kernwaffen gegen Deutschland und Westeuropa einsetzte? Erweckte die neue Strategie aus deutscher Sicht nicht sogar einen höchst

»Jede Nation, die zuerst auf das Knöpfchen drückt, um die Atombombe auszulösen, begeht praktisch Selbstmord.« Auf seiner abschließenden Pressekonferenz wies der Oberkommandierende der NATO-Streitkräfte in Europa, General Gruenther (links), auf die Strategie der nuklearen Abschreckung des westlichen Bündnisses hin.

Die Schrecken eines möglichen Atomkrieges mobilisierten immer wieder pazifistische Proteste gegen die Aufrüstung in Ost und West.

fatalen Eindruck, weil dann, wenn die Abschrek-
kung wider Erwarten doch scheiterte, mit unvor-
stellbaren Zerstörungen zu rechnen war? So einleuchtend also die nukleare Abschreckung war,
wenn man davon ausging, daß sie die Sowjetunion
auch von konventionellen Angriffen abhalten würde, so irrsinnig erschien sie beim Eintreten des Verteidigungsfalls. Unausgesprochen verband sich damit die Frage, ob sich die Amerikaner nicht stillschweigend auf einen regional begrenzten Kernwaf-
fenkrieg in Zentraleuropa vorbereiteten, denn sonst
hätten sie ja im Fall von strategischen Atomschlägen
gegen die Sowjetunion mit Vergeltungsschlägen gegen das eigene Territorium rechnen müssen.
Aber ganz abgesehen von den großen strategischen
Kalkülen ergaben sich für die Bundeswehrplanung
auch schwierigste organisatorische Probleme.
Konnte man eine Armee gleichzeitig für die konventionelle Verteidigung und für die Atomkriegführung vorbereiten? Und wenn die Gegenseite gleichfalls Kernwaffen einsetzen würde, mußte dann nicht
auch die Bundeswehr mit atomaren Trägersystemen
ausgerüstet sein? Wie würden aber die Verbündeten
– vor allem Frankreich – darauf reagieren? Und wie
der Gegenspieler, dem nach einem wenig mehr als
zehn Jahre zurückliegenden Weltkrieg wahrscheinlich doch noch die Furcht vor dem deutschen Revanchismus in den Knochen saß? Provozierte man
ihn damit nicht sogar zu einem Präventivschlag?
Adenauer selbst stand ursprünglich den Vorstellungen einer allein auf den Kernwaffeneinsatz abgestellten Verteidigung mit größten Bedenken gegenüber, die teils ethischer, teils praktischer Art waren.
Im Zusammenhang mit der Kritik am Radford-Plan
beschwor er die amerikanische Führung, sich der
Implikationen solcher Planungen doch voll bewußt
zu sein. Sie schienen einen sowjetischen Präventivschlag zu provozieren, im Kriegsfall die Zerstörung
Europas zu riskieren und nicht zuletzt mit christlichen Grundsätzen unvereinbar zu sein.
In der politischen und militärischen Führung der
Bundeswehr waren die Auffassungen geteilt. Bei
den Landstreitkräften überwog die Vorstellung, daß
sich die Planungen auf das Ziel der konventionellen
Verteidigung orientieren sollten – ohne daß freilich
eine vernünftige Vorbereitung gegen östlichen

Kernwaffeneinsatz vernachlässigt wurde. In der
Luftwaffe gab es natürlich viele, die von der Idee
fasziniert waren, zusammen mit der US-Air Force
modernste Einheiten aufzubauen, die sowohl für
den konventionellen wie für den atomaren Einsatz
geeignet sein würden. Im Spätherbst setzte sich aber
intern das Konzept einer für den Atomkrieg ausgerüsteten Bundeswehr durch; auch Adenauer begann
jetzt, sich den Argumenten von Strauß und der
NATO zu beugen. Das Votum für ein 350 000-
Mann-Heer bedeutete hier eine Vorentscheidung.
Eine zahlenmäßig so schwache Truppe konnte sich
gegen den numerisch weit überlegenen Gegner nur
unter Einsatz von Kernwaffen halten.
Daß dabei aus den planerischen Überlegungen tödlicher Ernst werden konnte, bewiesen nicht nur verschiedene Stabsmanöver, deren Ergebnisse bekannt
wurden, sondern vor allem die Weltkrise im November 1956. Tatsächlich gingen seit 1954 Informationen durch die Presse, daß die USA ihre europäischen Streitkräfte, besonders die 7. Armee in
Deutschland, mit Kernwaffen ausgerüstet hätten.
Aufgrund dieser Gesamtentwicklung, aber sehr
stark auch unter dem Eindruck der Ost-West-Spannungen des Spätjahres 1956, erhoben verschiedene
europäische NATO-Staaten – Frankreich, Großbritannien, die Niederlande, die Türkei, aber auch die
Bundesrepublik – die Forderung, Amerika möge
den europäischen Streitkräften taktische Nuklearwaffen zur Verfügung stellen. Dabei war in erster
Linie an die Trägersysteme gedacht, während die
atomaren Sprengköpfe selbst nach wie vor in amerikanischer Obhut bleiben oder durch ein Zweischlüsselsystem gesichert werden sollten. Die USA signalisierten, daß sie sich den europäischen Wünschen
nicht verschließen wollten.
Die Frage der Atombewaffnung wurde für die Bundesregierung noch drängender, als Großbritannien
unter der neuen Regierung Macmillan mit dem von
Verteidigungsminister Duncan Sandys vorgelegten
Verteidigungsweißbuch vom 4. April 1957 darlegte,
daß es sich nach amerikanischem Vorbild gleichfalls
voll auf eine Strategie des frühzeitigen Einsatzes
von Kernwaffen verlasse. Eine kräftige Reduktion
der Landstreitkräfte, die auch die Rheinarmee betreffen sollte, wurde in die Wege geleitet. Und be-

reits Mitte Mai 1957 zündete Großbritannien im Gebiet der Weihnachtsinsel die erste britische Wasserstoffbombe.

Bonn sah sich also mit der Tatsache konfrontiert, daß jetzt zwei der Großmächte, die Truppen auf deutschem Boden stationiert hielten, auf die Abschreckungsstrategie setzten und ihre Truppen mit taktischen Kernwaffen ausgerüstet hatten oder dies beabsichtigten. Ebenso war bekannt, daß Frankreich an einer eigenen Atombombe arbeitete.

Hätte sich die Bundesrepublik dieser Entwicklung nicht angeschlossen, so wäre die nur konventionell ausgerüstete Bundeswehr im Konfliktfall das erste und weitgehend wehrlose Opfer gegnerischer Angriffe geworden. Nicht unwichtig erschien der deutschen Führungsspitze aber auch die Überlegung, daß die Bundesrepublik den Rang einer europäischen Großmacht, den sie immer unübersehbarer einzunehmen begann, nur dann konsolidieren konnte, wenn auch die Bewaffnung ihrer Streitkräfte derjenigen Großbritanniens und Frankreichs ebenbürtig sei. Da jedoch einerseits die Produktion deutscher Kernwaffen ebenso ausgeschlossen war wie auch deren Erwerb von den USA, andererseits aber die Bundeswehr im Kriegsfall über die entsprechenden Systeme verfügen mußte, sprach alles für eine mittlere Lösung: Ausrüstung mit Trägersystemen, während die Sprengköpfe selbst in amerikanischer Obhut blieben. Die nukleare Option sollte zwar nicht angestrebt, aber prinzipiell offengehalten werden. Ob und wie sie eines Tages konkretisierbar sein würde, war unklar. Verschiedene multilaterale Lösungen schienen denkbar, aber auch ein amerikanisch-deutsches Zweischlüsselsystem.

Die Dinge waren also bereits sehr weit gediehen, als eine große Anfrage der SPD vom 2. April 1957 die öffentliche Erörterung in Gang brachte. Die Sozialdemokraten hatten sich bisher vor allem aus zwei Gründen zurückgehalten. Zum einen wollten sie sich auf die vordringlich wichtige Wehrgesetzgebung konzentrieren und hier unter Beweis stellen, daß auch sie bedingt wehrwillig waren. Zum anderen wußten sie, daß jede Kritik an der Atomstrategie der NATO einer Kritik an den USA gleichkäme, was ebenfalls nicht in die Wohlverhaltenslinie während des Vorwahlkampfes gepaßt hätte. Die Entwicklungen im NATO-Bereich in Verbindung mit wahltaktischen Überlegungen ließen aber nun das vorsichtige Schweigen nicht mehr zu.

Adenauer reagierte auf diese Vorgänge rasch, aber mit erstaunlich ungeschützten Stellungnahmen. Nur einen Tag nachdem die britische Regierung ihr Verteidigungsweißbuch vorgelegt und drei Tage nachdem die SPD ihre große Anfrage eingereicht hatte, bemerkte er auf einer Pressekonferenz, die Deutschen könnten die Entwicklung hin zu den taktischen Nuklearwaffen nicht stoppen, sie könnten sich nur anpassen. Große Waffen habe die Bundesrepublik ja nicht, aber man müsse zwischen den taktischen und den großen atomaren Waffen unterscheiden: »Die taktischen Waffen sind nichts weiter als die Weiterentwicklung der Artillerie. Selbstverständlich können wir nicht darauf verzichten, daß unsere Truppen auch in der normalen Bewaffnung die neueste Entwicklung mitmachen . . .«

Damit hatte der Kanzler gegenüber seiner bisherigen Position in der Kernwaffenfrage vor den Augen einer erstaunten Öffentlichkeit eine jener abrupten Kehrtwendungen vollzogen, für die er berühmt war. Die Forderung nach Ausrüstung der Bundeswehr mit taktischen Atomwaffen war nun unüberhörbar angemeldet. Er hatte besorgten Geistern und den Kritikern seiner Politik durch den Vergleich taktischer Kernwaffen mit der Artillerie aber auch ein Stichwort geliefert, das in der nun rasch aufflammenden Kontroverse eine erhebliche Rolle spielte. Denn mußte man aus einem solchen Vergleich nicht den Schluß ziehen, daß der greise Kanzler im Begriff war, sich ohne vertiefte Kenntnis der Zusammenhänge blindlings auf eine verhängnisvolle Entwicklung einzulassen?

Bemerkenswerterweise war es aber nicht die Opposition, sondern eine Gruppe hochangesehener deutscher Atomphysiker, die eine Woche darauf in einer öffentlichen Erklärung warnend ihre Stimme erhoben. Sie wiesen darauf hin, daß taktische Atombomben selbst dann, wenn sie nur gegen gegnerische Truppen eingesetzt würden, die Zerstörungskraft der Atombombe von Hiroshima besäßen. Eine Wasserstoffbombe könne einen Landstrich von der Größe des Ruhrgebiets zeitweilig unbewohnbar machen. Auch wenn man sich zur westlichen Freiheit bekenne und nicht leugnen wolle, daß die gegenseitige Angst vor Wasserstoffbomben friedenserhaltend wirke, sei diese Methode der Friedenssicherung doch auf Dauer unzuverlässig und im Fall des Versagens tödlich.

Vorsichtig wurden daraus einige Konsequenzen abgeleitet. Ein kleines Land wie die Bundesrepublik könne sich heute noch am besten schützen, so hieß es in der Erklärung, »wenn es ausdrücklich und freiwillig auf den Besitz von Atomwaffen jeder Art verzichtet«. Die Unterzeichner erklärten für ihre Person, daß sie nicht bereit seien, sich an der Herstellung, der Erprobung oder dem Einsatz von Atomwaffen in irgendeiner Weise zu beteiligen. Hingegen sei es äußerst wichtig, die friedliche Verwendung der Atomenergie mit allen Mitteln zu fördern; dem wollten sie sich auch nicht verschließen.

Den 18 Professoren, die diese Erklärung veröffentlichten, gehörten die Nobelpreisträger Max Born, Otto Hahn, Werner Heisenberg, Max von Laue an. Als treibende Kraft und politischer Kopf dieser Gruppe galt Professor Carl Friedrich von Weizsäkker. Der Sohn des früheren Staatssekretärs im Auswärtigen Amt hatte an der Reichsuniversität Straßburg zeitweilig selbst an dem deutschen Atombombenprojekt gearbeitet und wuchs mit dieser Erklärung in die Rolle einer bundesweiten Autorität in allen Fragen hinein, die die Zusammenhänge zwischen den modernen Naturwissenschaften, Technologie, Politik und Ethik berührten.

Fritz Bopp, 47

Max Born, 74

Rudolf Fleischmann, 55

Walther Gerlach, 67

Otto Hahn, 78 / Otto Haxel, 48

Werner Heisenberg, 55

Max von Laue, 77

Josef Mattauch, 61

Hans Kopfermann, 61

Heinz Maier-Leibnitz, 46

Friedrich Adolf Paneth, 69

Wolfgang Paul, 43

Wolfgang Riezler, 51

Fritz Straßmann, 55

Wilhelm Walcher, 46

Friedrich v. Weizsäcker, 44

Karl Wirtz, 46

BONN

ATOMEINSATZ

Ein Divisionskommandeur der Bundeswehr hat sich während der Nato-Stabsübung „Schwarzer Löwe", bei der die Abwehr eines sowjetischen Großangriffs auf Europa theoretisch durchgespielt wurde (SPIEGEL Nr. 13/1957), geweigert, amerikanische Atombomben anzufordern, weil ihr Einsatz schwere Verluste unter der deutschen Zivilbevölkerung verursacht hätte. Ein Oberst der Bundeswehr protestierte schriftlich dagegen, daß sein Kommandierender General mehrere bereits eingekesselte sowjetische Divisionen unnötigerweise durch einen Atomschlag vernichtete, nur weil man nach Erfüllung des Kampfauftrags noch einige solcher Bomben auf Lager hatte.

ATOMWARNUNG

Die Achtzehn

„Daß der Schritt so viel Auffälliges gewonnen hat, legt eben keinen günstigen Beweis für die Empfindlichkeit der Gewissen ab."

Georg Gottfried Gervinus, einer der „Göttinger Sieben" von 1837.

Göttingen ist berühmt als Stadt der aufrechten Hochschullehrer, die vor Fürsten- und Kanzlerthronen Männerstolz bewiesen. Die „Göttinger Sieben" des Jahres 1837 gingen lieber ihrer Ämter verlustig oder gar in die Verbannung, als daß sie die verfassungsaufhebende Willkür ihres hannoverschen Souveräns schweigend hinnahmen.

Die koalitionsarithmetisch erklügelte Berufung des dreiunddreißigjährigen Göttinger Skandalhelden Leonard Schlü-

ter zum niedersächsischen Kultusminister scheiterte vor zwei Jahren nicht am Widerspruch der mundfaulen Öffentlichkeit, sondern am Protest der Nobelpreisträger der Georgia Augusta. In einem Land, das gleichermaßen autoritäts- und wissenschaftsgläubig ist, scheint nur die Wissenschaft noch in der Lage, der Regierung Widerpart zu bieten, nachdem Bundestagsopposition, Bundesländer und Bundesverfassungsgericht, von einer höheren Instanz zu schweigen, kein wirksames Gegengewicht zum machtbewußten Bundeskanzler zu behaupten vermochten.

Als der verantwortliche Regierungschef die taktischen Atombomben eine „Weiterentwicklung der Artillerie" nannte, telephonierte man sich zusammen. Die Besorgnis der Wissenschaftler schlug sich in einem Manifest nieder, das für die Bundesrepublik den freiwilligen Verzicht auf Atomwaffen jeder Art empfahl. In dem rührenden Bestreben, pfiffig zu sein wie die Kinder der Politik, hatte der achtundsiebzigjährige Otto Hahn die Erklärung erst am Freitag vorletzter Woche an die Deutsche Presse-Agentur geben lassen, um der Regierung keine Gelegenheit zur Entgegnung vor Montag zu bieten. Natürlich war der sensationelle Text so lange nicht aufzuhalten.

Der Bundeskanzler reagierte mit einer verletzenden schriftlichen Gegenerklärung, in der es hieß: „Zur Beurteilung dieser Erklärung muß man Kenntnisse haben, die diese Herren nicht besitzen. Denn sie sind nicht zu mir gekommen."

Vier Nobelpreise lagen gegen die vierzehn Ehrendoktorhüte Konrad Adenauers, der selbst keine Doktorarbeit abgeliefert hat, in der Waagschale: die Nobelpreise für Physik der Jahre 1914 (Max von Laue), 1932 (Werner Heisenberg), 1944 (Otto Hahn) und 1954 (Max

Die Unterzeichner der »Göttinger Erklärung« (»Der Spiegel« vom 24. April 1957).

Zur Einstellung aller Kernwaffenversuche rief der Urwaldarzt Albert Schweitzer (rechts) auf, der in der deutschen Öffentlichkeit großes Ansehen genoß. 1951 hatte ihm Bundespräsident Heuss (links neben dem Vorsitzenden des Börsenvereins des Deutschen Buchhandels, Josef Knecht) den »Friedenspreis des Deutschen Buchhandels« überreicht.

Die deutschen Atomforscher begannen sich mit ihrer Stellungnahme in einen Prozeß öffentlichen Nachdenkens und teilweise auch öffentlicher Kontroversen einzufädeln, der in den USA seit dem Abwurf der Atombombe auf Hiroshima eingesetzt hatte und von dem natürlich auch die führenden deutschen Physiker stark bewegt wurden. Seit die Pariser Verträge Deutschland die Möglichkeit zur friedlichen Nutzung der Kernenergie eröffneten, waren die meisten derer, die sich hier zu Wort meldeten, in unterschiedlichsten Funktionen mit der Bundesregierung in Beziehungen gestanden. Sie alle wußten, daß es schwierig war, deutlich zwischen Grundlagenforschung, Arbeit an der friedlichen Nutzung der Kernenergie und waffentechnisch relevanter Forschung zu unterscheiden. Heisenberg hatte über den gesamten Bereich der damit zusammenhängenden Fragen verschiedentlich mit dem Bundeskanzler gesprochen, der auf sein Urteil Wert legte. Verschiedene der Unterzeichner hatten in den Monaten zuvor sowohl Strauß wie Atomminister Balke ihre Bedenken mitgeteilt. Dabei drängten die Naturwissenschaftler darauf, von der Bundesregierung eine bindende Erklärung zu erhalten, daß eine Produktion von Atomwaffen nicht angestrebt werde. Adenauers verharmlosende Feststellung, die taktischen Waffen seien nichts weiter als die Weiterentwicklung der Artillerie, provozierte schließlich die »Göttinger Erklärung«.

Nach der Affäre Schlüter war dies die zweite größere politische Initiative in der Geschichte der Bundesrepublik, die unmittelbar aus dem akademischen Bereich kam. Wieder stand die Universität Göttingen im Mittelpunkt, die seit den zwanziger Jahren als Mekka der modernen Physik galt. Eben weil dieser Impuls aus einem ansonsten politikfernen Bereich der Gesellschaft kam, war die Wirkung auf das liberale und konservative Bildungsbürgertum beträchtlich. Sie wurde einige Wochen später durch einen Aufruf des Urwaldarztes Albert Schweitzer verstärkt, der in der deutschen Öffentlichkeit seit Jahren als Vorbild christlicher Humanität größte Hochachtung genoß und nun zur Einstellung aller Kernwaffenversuche aufrief.

Die Verfasser der »Göttinger Erklärung« hatten nicht beabsichtigt, sich damit auf das Feld der Parteipolitik zu begeben. Aber die meisten von ihnen wußten doch gut, daß sie sich in einer außen- und innenpolitisch höchst heiklen Frage mit der Bundesregierung anlegten. Soweit sie das übersehen haben sollten, zeigte die Reaktion der Opposition, wie sehr diese die Stellungnahme der ungebundenen Gruppe als eine Art Gottesgeschenk begrüßte, das ihrem Wahlkampf eine gewisse Schubkraft verleihen konnte. Die Sozialdemokraten, etwas zurückhaltender die Freien Demokraten, die IG-Metall und die protestantische Linke nebst einer Reihe weiterer, pazifistisch orientierter Gruppierungen unternahmen denn auch in den kommenden Wochen erhebliche Anstrengungen, eine allgemeine Anti-Atomwaffen-Kampagne in Gang zu bringen.

Nachdem der Kanzler zuerst ungeschickt reagiert hatte, indem er die politische Kompetenz der Atomforscher anzweifelte, besann er sich bald eines besseren und lud sie zu einem Gespräch ein, zu dem die Bundesregierung und die Militärbürokratie in großer Besetzung antraten. Nur der Atomminister nahm nicht teil. Diesem lag in erster Linie das Programm zur friedlichen Nutzung der Kernenergie am Herzen, und so verspürte er wenig Lust, sich mit den in aller Welt angesehenen Fachkapazitäten zu streiten, deren Mithilfe er dringend brauchte.

Bei dem Gespräch erreichte der Kanzler wieder einmal, was er wollte: ein gemeinsames Kommuniqué, in dem alle Beteiligten übereinstimmend die unabdingbare Notwendigkeit einer allgemeinen, kontrollierten Abrüstung betonten. Auf dieser Linie lag Adenauer, unaufhörlich bestärkt vom Bundespressechef von Eckardt, schon seit Jahren, und dieser Kurs erlaubte es nun, die Aufmerksamkeit von der Atombewaffnung der Bundeswehr weg auf die in London laufende Fünfmächte-Abrüstungskonferenz zu lenken. Beruhigend teilte die Bundesregierung mit, in den kommenden eineinhalb bis zwei Jahren sei eine atomare Bewaffnung der Bundeswehr nicht akut. Man müsse freilich handeln, wenn die Gespräche bis dahin keine konkreten Ergebnisse erbracht hätten. Damit war die Taktik für den Wahlkampf festgelegt: keine frontale Ablehnung der Forderung, sondern elastisches Spiel auf Zeit, um erst einmal über den Wahltag hinwegzukommen. Der Kanzler richtete an die USA die dringende Bitte, die Londoner Gespräche doch auf keinen Fall vor den Bundestagswahlen abzuschließen, selbst wenn sie nicht ertragreich verlaufen sollten.

Obwohl Adenauer zeitweise gefürchtet hatte, sein Wahlkampfkonzept könne durch die Atomfrage stark in Mitleidenschaft gezogen werden, gelang es der Regierung bald, die erregte Diskussion in die erfolgversprechenden Bahnen einer Auseinandersetzung mit den Sowjets und mit den Sozialdemokraten zurückzuleiten. Die während der ganzen fünfziger Jahre durch plumpes Agieren gekennzeichnete Moskauer Diplomatie half dabei nach Kräften, indem sie Ende April 1957 in einer scharfen Note vor einer Atombewaffnung der Bundeswehr warnte. Auch die SPD ließ sich nun erneut zu einem außenpolitischen Frontalangriff gegen die Regierung verleiten. Auf der Strecke blieben die eben erst begonnenen Bemühungen um einen deutsch-sowjetischen Entspannungsdialog wie die Absicht mancher Sozialdemokraten, endlich von der totalen außenpolitischen Konfrontation wegzukommen, mit der die SPD bisher wenig Erfolg gehabt hatte.

Die Atomdebatte am 10. Mai 1957 war eine der leidenschaftlichsten außenpolitischen Auseinandersetzungen der ganzen Adenauer-Ära. Die SPD hatte beantragt, die Ausrüstung der Bundeswehr mit atomaren Waffen zu unterlassen und, was noch sehr viel weiter ging, die Zustimmung zur Lagerung von Atombomben und zur Stationierung von Atomwaffen-Verbänden durch NATO-Staaten auf dem Gebiet der Bundesrepublik zu verweigern. Damit hatten sich die Sozialdemokraten erneut in einen völligen Gegensatz zur Sicherheitspolitik der gesamten NATO manövriert, wobei der pazifistische Flügel mit den Pragmatikern um Erler ziemlich einträchtig zusammenarbeitete. Adenauer hatte also jetzt die SPD genau dort, wo er sie für seinen auf Konfrontation angelegten Wahlkampf brauchte.

Demgegenüber hielten sich die Regierungsparteien vorsichtig bedeckt. Strauß beteuerte, man strebe keine nationale Verfügungsgewalt über Atomwaffen an, blieb allerdings in der Frage der Ausrüstung der Bundeswehr mit atomaren Trägerwaffen für den Fall erfolgloser Abrüstungsverhandlungen hart. Die Regierungsfraktionen forderten eine begrenzte Einstellung der Atombombenversuche durch die Großmächte, was sie nichts kostete, und beteuerten mit treuherzigem Augenaufschlag, daß die Ausrüstung der Bundeswehr mit atomaren Waffen »jetzt nicht« zur Entscheidung stehe. Die Forderung nach Einschränkungen in der Bewaffnung der Verbündeten wurde kompromißlos abgelehnt.

Erstaunlich blieb bei alledem, wie wenig sich die breiten Wählerschichten von der Aufregung in der veröffentlichten Meinung und in Teilen des Bildungsbürgertums beeindrucken ließen. Zwar war aus Repräsentativbefragungen im Frühjahr 1957 ablesbar, daß sich knapp zwei Drittel der Befragten gegen die Ausrüstung deutscher Truppen mit Atomwaffen aussprachen. Aber zugleich befand sich die Sympathiekurve der CDU/CSU im Anstieg. Die Anti-Atomtod-Kampagne bewirkte nur einen kurzfristigen Einbruch, der rasch ausgebügelt wurde. Offenbar war zwar vielen Bürgern beim Gedanken an Atomwaffen nicht wohl, aber die Frage schien doch nicht von vordringlicher Bedeutung, und man hatte eben auch in dieser Hinsicht zu den Positionen der Bundesregierung mehr Zutrauen als zu denen der Opposition, die den Forderungen der Sowjetunion so fatal glichen. Zugleich zeigte auch diese Kontroverse wieder einmal, daß der Kanzler zwar starke Strömungen in der veröffentlichten Meinung und auf seiten der Gebildeten gegen sich, die breiten Massen aber auf seiner Seite hatte.

Adenauer im Zenit

Adenauers Wahlsieg vom 15. September 1957 wirkt im nachhinein wie ein unabwendbares Naturereignis. Bei den Sozialdemokraten begann man resigniert zu fragen, ob die parlamentarische Opposition im Wohlfahrtsstaat überhaupt eine echte Chance

habe. Standen der Regierung nicht alle Arten konjunktur- und sozialpolitischer Hebel sowie eine ganze Anzahl meinungsbildender Propagandaapparate zu Gebote? Besaß sie nicht im Antikommunismus eine weitere Waffe, die sich gegen die SPD wenden ließ, solange diese dem Marxismus nicht in aller Form abgeschworen hatte und zwischen den antagonistischen Fronten des Kalten Krieges einen Weg der Entspannung suchte? Verfügte der Regierungschef im westdeutschen Verfassungssystem nicht über einen zusätzlichen Kanzlerbonus, der bei dem Patriarchen Adenauer besonders ausgeprägt war?

Solche nachträglichen Erklärungen beleuchteten sicher wichtige Faktoren, lassen aber doch vergessen, wie schlecht es im Jahr 1956 um die Popularität der Regierung bestellt war. Noch im Frühjahr 1957 bot sich den Wahlstrategen aller Parteien ein durchaus unklares Bild. Die Labilität breiter Wählerschichten gab dabei ebenso zu Ängsten Anlaß wie die von vielen Unwägbarkeiten abhängenden Wahlchancen der kleineren Parteien.

Vom Dezember 1956 bis in den Juni 1957 zeigte die Sympathiekurve der Unionsparteien ziemlich heftige Schwankungen, die – nach einer Allensbach-Umfrage – zwischen 38 Prozent Mitte Dezember 1956

Im Bundestagswahlkampf 1957 spielte das Fernsehen (hier das erste Fernsehinterview mit dem Bundeskanzler) noch eine untergeordnete Rolle. Die Frage der Manipulation des Wählerverhaltens durch Propagandainstrumente der Regierung wurde aber bereits gestellt.

*Adenauer im
Zenit. Der
»demagogische
Patriarch« wurde
laut Umfragen
von einer Mehr-
heit der Bürger
wie ein Monarch
verehrt (S. 365).*

und 42 Prozent Anfang Juni 1957 lagen. Die SPD-Kurve, die im Dezember 1956 bei 45 Prozent stand, begann sich, nach gleichfalls irritierenden Ausschlägen, erst ab Ende April 1957 von immerhin 40 Prozent aus kontinuierlich nach unten zu entwickeln. Freilich war es auch schon damals bekannt, mit wieviel Vorbehalten man Umfragedaten zu beurteilen hatte. Die beauftragten Institute erbrachten teilweise ziemlich abweichende Werte; aber alle stimmten darin überein, daß die Zahl der Meinungslosen beträchtlich sei. Sie streute in den eben genannten Allensbacher Zahlen bei durchschnittlich 35 Prozent. Im Mai noch nannten EMNID, DIVO und Allensbach zwischen 21 und 39 Prozent Meinungslose. Eines war jedenfalls ganz klar: Der Wahlkampf würde durch diese Gruppe entschieden werden.

Allerdings konnte die Union die hohe Zahl der Unentschiedenen mit größerer Gelassenheit betrachten als die anderen Parteien. Der Bundestagswahlkampf 1953 hatte gezeigt, daß sich in dieser amorphen Masse ein ziemlich hoher Prozentsatz von Unionswählern verbarg. Aber würde es gelingen, sie erneut

an die Urnen zu bringen? Und konnte man mit einer politischen Großwetterlage rechnen, in der diese Wählerscharen, darunter auch zahlreiche frustrierte ehemalige Anhänger Hitlers, tatsächlich die Unionsparteien wählten? War nicht auch eine Orientierung hin zur FDP oder zum BHE möglich? Vielfach wurde aber damals schon vermutet, daß die Austauschprozesse im wesentlichen zwischen dem nicht-sozialistischen Lager vor sich gingen. In der Tat rechnete eine auf DIVO-Befragungen gestützte Wähleranalyse der SPD vom Frühjahr 1957 mit 9 Millionen sicheren und weiteren 3,25 Millionen »weichen« SPD-Wählern, das entsprach rund 33 Prozent der Gesamtwählerschaft und war, wie das Wahlergebnis zeigte, bereits eine zu optimistische Annahme. Die Sozialdemokraten blieben eben eine starke, auf etwa ein Drittel der Wählerschaft gestützte Minderheitspartei, die überhaupt nur bei günstiger Konstellation des Parteiensystems eine Chance zur Regierungsbildung erhalten konnte.

So spitzte sich der Wahlkampf im wesentlichen auf zwei Fragen zu: Konnte die Regierung ihre Stamm-

Die größte Unbekannte für Parteiführungsstäbe und Wähler waren indessen die Freien Demokraten. Weder wußte man, wie gut sie sich halten würden, noch konnte man im Regierungslager oder bei der SPD voraussehen, wie sie sich nach einem Wahlausgang entscheiden wollten, wenn ein knapper Wahlausgang sie vielleicht doch zum Zünglein an der Waage machte. Der Grund für soviel Unsicherheit war einfach: Sie wußten dies selbst nicht, weil sie verzweifelt bemüht sein mußten, sowohl diejenigen ihrer Wähler und Parteiaktivisten bei der Stange zu halten, die nichts mit sozialistischem Kollektivismus im Sinne hatten, als auch diejenigen, die der Adenauer-Ära ein Ende machen wollten.

Die Union zog aus ihrer Analyse den Schluß, daß es entscheidend darauf ankomme, durch einen massiv geführten Wahlkampf nicht nur das eigene Stammwählerpotential voll auszuschöpfen, sondern auch das Millionenheer der Unentschiedenen zu gewinnen. Die Zentralfigur der Wahlschlacht sollte deshalb wieder der Kanzler sein, der nach Aussage der Umfragen von rund mehr als der Hälfte der Bevölkerung wie ein Monarch verehrt wurde. Dieser demokratische Monarch war aber zugleich der gefährlichste Wahlkämpfer der fünfziger Jahre. Ihm müßte es wieder gelingen, die Themen und das Tempo des Wahlkampfes zu bestimmen.

Gekonnte Inszenierung der zahlreichen Wahlreisen und ein überzeugendes Konzept der Plakatwerbung sollten die staatsmännischen Qualitäten ebenso hervortreten lassen wie verschiedene Auslandsreisen im Vorwahlkampfzeitraum, die in der Illustriertenpresse einen bunten Niederschlag fanden. Im übrigen war der Kanzler seinen Wahlstrategen dafür gut, daß das Bild des Monarchen nicht zur steifen Pose mißriet, sondern durch interessante menschliche Züge lebendig blieb. Das polemische Talent dieses »demagogischen Patriarchen«, wie ihn Augstein in widerwilligem Respekt nannte, mußte dabei vergessen machen, daß hier ein Einundachtzigjähriger erneut um eine vierjährige Amtszeit kämpfte.

Immerhin war die Union klug genug, dem Altersargument vorsorglich zu begegnen, indem ihre Werbemittel »Adenauer und sein Team« vorstellten. Eine überlegen konzipierte Plakatkombination verband das Bild des Bundeskanzlers mit denen der

wähler wie auch die potentiellen Wähler aus den Scharen der Meinungslosen mobilisieren? Und wie würden die kleineren Parteien abschneiden?

Bis zum Wahltag blieb unklar, ob der BHE, der 1955 aus der Regierung ausgeschieden war und eher der SPD zuneigte, die Fünf-Prozent-Hürde nehmen würde. Ebenso ungewiß war das Abschneiden der DP, in der die dissidenten Freien Demokraten nach Auflösung der kurzlebigen FVP aufgegangen waren. Würde sie der FDP genügend entscheidende Prozente abjagen können?

Weitere Unsicherheiten gab es in Bayern, wo die inzwischen durch den Spielbanken-Skandal geschwächte Bayernpartei bei den vergangenen Landtagswahlen immerhin noch 13 Prozent errungen hatte. Aber auch im Saarland war nicht absehbar, ob sich die Listenverbindung zwischen der CSU und der früheren Christlichen Volkspartei von Ministerpräsident Hoffmann attraktiv erweisen oder ob nicht Heinrich Schneider von der Demokratischen Partei des Saarlandes (DPS) seinen Erfolg bei den Landtagswahlen wiederholen würde.

CDU- und CSU-Führer. Einträchtig, wie es sich in Wahlkampfzeiten schickt, umgaben ihn darauf die künftigen Diadochen, die Minister und die Parteigrößen aus den Ländern. Noch war keiner besonders hervorgehoben; nur Ludwig Erhard schaffte es mit Unterstützung potenter Geldgeber aus Handel und Industrie, eine eigene Wahlkampagne auf die Beine zu stellen und damit sichtbar aus der Gruppe seiner Konkurrenten herauszutreten.

Der Hauptakzent der Wahlkampfaussage lag auf dem Bewahren. Das Schlagwort »Keine Experimente« sollte die damalige Grundstimmung der bürgerlichen Republik ansprechen und erwies sich als Schuß ins Schwarze. Vor der Erfolgsbilanz der Außen-, Wirtschafts- und Sozialpolitik wurde der Wähler vor die einfache Frage gestellt, ob er von der Adenauer-Regierung weiter regiert zu werden wünsche oder aber von Parteien, deren Kurs nicht deutlich war. Kraft, Zielklarheit und Erfolg auf der einen Seite, Funktionärsmittelmaß, Zweideutigkeit und erprobte Fehlprognosen der Opposition auf der anderen Seite: so sollte die Alternative lauten. Der Erfolg dieses Konzepts hing in starkem Maß davon ab, ob man imstande war, die innere Widersprüchlichkeit der oppositionellen Politik deutlich genug herauszuarbeiten.

Anders als die CDU ging die SPD-Führung von Anfang an ohne große Siegeszuversicht an den Wahlkampf heran. Kritischere Geister im Parteivorstand waren sich über die Schwächen der Ausgangsposition ziemlich im klaren. Obwohl erneut ein Kanzlerwahlkampf der CDU zu erwarten war, hatte man es seit Jahren versäumt, gegen Adenauer einen zugkräftigen Gegner aufzubauen. Das war auch schwer. Fritz Erler war noch nicht soweit. Carlo Schmid, der an und für sich lange genug im vordersten Glied gestanden hatte und als einziger der sozialdemokratischen Bundestagsabgeordneten die entsprechende Statur aufwies, kam nicht in Frage, weil er als zu bürgerlich galt. Manche beklagten auch, daß es diesem loyalen Genossen am richtigen Biß fehle, und außerdem war er in der entscheidenden Vorwahlkampfphase durch eine schwere Erkrankung gelähmt. Von den Landesfürsten der SPD wagte keiner den Griff nach der Macht. Nur der hessische Ministerpräsident Zinn machte einige zögernde Schritte. Entgegen dem Rat von Carlo Schmid versäumte es die SPD, ein Schattenkabinett zu präsentieren, um wenigstens dadurch darauf aufmerksam zu machen, daß sie in Bund und Ländern über präsentable Politiker verfügte.

Der politischen Strategie der SPD in den Jahren 1955 und 1956 hätte eigentlich auch eine gemäßigte Wahlkampfführung entsprochen, die zwar schwache Stellen der Regierungsposition unbarmherzig attackierte, aber gleichzeitig die bereits vorhandenen Gemeinsamkeiten herausstellte. Dann hätte man aber auch die Außenpolitik möglichst aus dem Spiel lassen müssen. Dem stand jedoch zweierlei im Wege. Erstens ließ sich gegen eine Regierung, die auf der Woge des Wirtschaftswunders schwamm, die eben eine große Rentenreform durchgezogen hatte und auch sonst das Füllhorn nach allen Seiten öffnete, mit sozial- und wirtschaftspolitischen Argumenten kein überzeugender Wahlkampf führen. Zweitens wollte die SPD von ihrer außenpolitischen Grundlinie noch nicht abgehen, da sie diese nach wie vor für richtig hielt.

Die Partei versuchte zwar Anfang 1957 – nicht zuletzt mit Blick auf die nach der ungarischen Tragödie umgeschlagene Stimmung –, pazifistische Neigungen und die Abneigung gegen Militärallianzen in den Hintergrund treten zu lassen. Aber schließlich mochten die Sozialdemokraten doch nicht auf zugkräftige Reizthemen verzichten und legten sich deshalb in ihrer Wahlplattform mit Blick auf die Jungwähler und die eigenen Anhänger auf eine Abschaffung der allgemeinen Wehrpflicht fest. Adenauer war es dadurch leicht gemacht, die SPD dort zu packen, wo sie am unklarsten und zudem auch international ziemlich isoliert war. Ebenso gaben die Sozialdemokraten im Frühjahr 1957 gern der Versuchung nach, aus den Atomängsten der Bevölkerung das große Wahlthema zu machen. Aber das Thema wurde zu früh angesprochen und lief sich noch in der Vorwahlkampfphase tot, während der Kanzler nun um so fester entschlossen war, die SPD auf dem Feld der Außenpolitik aus der Reserve herauszulocken.

Am schwersten hatte es die FDP. Das Konzept der »dritten Kraft« mit der Bereitschaft, gegebenenfalls nach beiden Seiten koalitionsbereit zu sein, setzte im Grunde eine homogene Wähler- und Mitgliederschaft voraus, die die FDP um ihrer selbst willen wählte. Eben daran gebrach es aber. Der liberale Flügel, der seine Hochburg in Baden-Württemberg und seine Exponenten in Reinhold Maier und Thomas Dehler hatte, war strikt anti-sozialistisch. Ende Mai brachte die FDP-Fraktion im Bundestag sogar einen Antrag ein, den Artikel 15 des Grundgesetzes dahingehend zu ändern, daß die Überführung der Produktionsmittel in Gemeineigentum verboten sei. Das sollte die Trennungslinie zur SPD markieren, zugleich aber auch zum Arbeitnehmerflügel der CDU, die – wie die Freien Demokraten rügten – das Ahlener Programm immer noch nicht widerrufen habe. Gegen die Sozialisten in SPD und CDU lautete also die eine Parole, die man von seiten der FDP hörte.

Demgegenüber arbeiteten die »Jungtürken« in Nordrhein-Westfalen, die mit Döring den Wahlkampfleiter der FDP stellten, weiterhin auf eine SPD-FDP-Koalition hin. Sie hoben auf die deutschlandpolitischen Gegensätze zur Regierung ab, betonten, daß auch sie eine atomar gerüstete Bundeswehr ablehnten und rückten somit jene Punkte in den Vordergrund, in denen weitgehende Gemeinsamkeiten mit der SPD bestanden.

In gewissem Sinn führte die FDP also einen Wahlkampf gegen sich selbst, und das Ergebnis war dementsprechend.

Gemeinsamkeit bestand auch in der schrillen Verurteilung jedes »abendländischen« Konfessionalismus. Das alte Thema des autoritären Adenauer-Systems wurde erneut aufgewärmt und die Bedrohung der Demokratie durch eine Einparteienherrschaft der CDU beschworen. Mit solchen Parolen ließ sich auch gut gegen die von der CDU abhängige DP und die FDP-Dissidenten Front machen, die neben der Union Hauptgegner des Wahlkampfes waren.

Wie spätere Bundestagswahlen bewiesen, war das Konzept einer bürgerlichen Alternative zur CDU durchaus nicht unrealistisch. 1957 kam es aber nicht zum Tragen, weil die Außenpolitik den Wahlkampf völlig beherrschte. Eben hier lagen aber FDP und SPD weitgehend auf demselben Kurs, obschon die Freien Demokraten markiger als die Sozialdemokraten ihre völlige Ablehnung der Oder-Neiße-Grenze betonten. Damit richtete sich jedoch die Of-

fenheit der Wahlaussage, die bei einem innenpolitisch akzentuierten Wahlkampf durchaus sinnvoll gewesen wäre, gegen die FDP selbst. Wenn es in erster Linie auf die Außenpolitik ankam, dann war die FDP eben keine Alternative zur Regierung oder zur SPD. Bürgerliche Wähler mußten befürchten, daß die freidemokratische Strategie des Offenhaltens der Optionen nur die Absicht zur Koalition mit der SPD bemäntelte. So blieb schließlich keine andere Wahl, als sich wohl oder übel der Union zuzuwenden, die schließlich in Gestalt des Bundeswirtschaftsministers genügend Liberalität verkörperte und auch nicht an nationalen Tönen sparte.

Zu allem hin mußte die FDP auch noch erleben, daß die CDU ihr überhaupt keine Beachtung

Große Köpfe der deutschen Politik wurden bei der Münchner »Großen Kunstausstellung« 1957 gezeigt. Hier das Adenauer-Bild des Kölner Malers Herkenrath.

Ungebetene Unterstützung erhielt die SPD im Wahlkampf von SED-Chef Ulbricht während Chruschtschows DDR-Besuch im August 1957 (von links: Ulbricht, Ministerpräsident Grotewohl, der stellvertretende sowjetische Ministerpräsident Mikojan und der sowjetische Parteichef Chruschtschow), während von wohlgesonnenen Publizisten wie Paul Sethe Kritik zu hören war (S. 369).

schenkte. Deren Redner hatten strikte Weisung, ihre Angriffe nur auf die SPD zu richten. So wurden die Freien Demokraten im Kampf der Giganten CDU und SPD fast zerdrückt. Alle Bemühungen konnten doch nichts daran ändern, daß die Wähler nicht wußten, woran sie bei der FDP waren. Dem BHE widerfuhr dasselbe Schicksal.

Die Regierung lag von Anfang an in der Offensive. Als es in die heiße Wahlkampfphase ging, suchte Adenauer die SPD erst zu provozieren, indem er vor 20 000 katholischen Männern in Bamberg ausführte, bei der kommenden Wahl werde es sich entscheiden, ob Deutschland christlich bleiben oder kommunistisch werden solle. Als sich die Opposition dadurch noch nicht genügend gereizt zeigte, gab Felix von Eckardt, der um pfiffige Vorschläge nie verlegen war, dem Kanzler den Rat, doch einfach zu behaupten, »eine sozialdemokratische Regierung wäre das Ende der Bundesrepublik«. Als Adenauer einwandte, ob das nicht ein bißchen hart sei, meinte von Eckardt: »Herr Bundeskanzler, man muß immer eine Behauptung aufstellen, wo das Gegenteil nicht beweisbar ist!« Tatsächlich hat Adenauer während des ganzen Jahres 1956 intern immer wieder prophezeit, bei einem Wahlsieg der

SPD werde das Wort »Finis Germaniae« Wirklichkeit werden. Sein Zögern galt nur der Frage, ob es auch klug sei, die heiße Phase des Wahlkampfs auf diese Parole abzustellen.

So kam es – ausgerechnet auch noch in Nürnberg, der Stadt der einstigen Reichsparteitage – zu jener wohlüberlegten, kräftig beklatschten Äußerung, die Adenauer von den Sozialdemokraten lange nicht verziehen worden ist: »Wir sind fest entschlossen, daß die SPD niemals an die Macht kommt. Warum sind wir dazu fest entschlossen? Nicht etwa – glauben Sie mir das – aus parteipolitischem Haß. Das ist nicht der Grund, sondern wir sind dazu so fest und zutiefst entschlossen, weil wir glauben, daß mit einem Sieg der Sozialdemokratischen Partei der Untergang Deutschlands verknüpft ist.«

Wie erwartet, erweckte das bei der SPD und den SPD-nahen Journalisten ungeheure Empörung. Die sozialdemokratischen Ministerpräsidenten blieben einem Empfang, den der Bundesrat für die Regierung gab, demonstrativ fern, und der SPD-Parteivorstand antwortete mit einem Wahlaufruf, der den Satz enthielt: »Von diesen Ergebnissen der acht Jahre Adenauer-Politik profitieren nur die Kräfte, die, wie das Pankower Regime, von der Teilung

Deutschlands leben.« Er rief die Staatsbürger auf, dafür zu sorgen, daß die Freiheit in Deutschland »nicht noch einmal durch die Alleinherrschaft einer Partei und eines Mannes in Gefahr gebracht« wird. Auch die FDP konnte nun beweisen, daß sie sich auf den Wahlkampf mit vagen Zukunftsängsten verstand. Döring stellte fest, »wenn die CDU am 15. September noch einmal allein oder mit ihren DP-Satelliten die absolute Mehrheit im Bundestag erhält, bedeutet das das Ende des zweiten Versuches, in Deutschland einen demokratischen Staat zu errichten«, und Reinhold Maier sagte dem Sinn nach dasselbe, wennschon in anderer Formulierung: »Erhält die CDU nochmals die absolute Mehrheit, so wird sie den demokratischen Laden zumachen.« Jedenfalls war die CDU voll im Angriff. Der Aufschrei der Getroffenen gab Adenauer über Wochen hinweg Gelegenheit, im einzelnen auszuführen, weshalb ein Wahlsieg der SPD der Untergang Deutschlands sei, wobei er dieser nicht bösen Willen, sondern bloß Torheit unterstellte. Die Sozialdemokraten, die zu allem hin auch noch von Ulbricht ungebetene Unterstützung erhielten, während Chruschtschow in Ost-Berlin eine Brandrede gegen Adenauer hielt, hatten demgegenüber die größte Mühe, dem Wähler ihre komplizierte Außenpolitik zu erklären. Sogar Paul Sethe, der es gut mit ihnen meinte, begann nun Anfang August, die Unklarheiten der SPD zu beklagen. Sein Artikel in der *Welt* mit der Überschrift »Ave Caesar« signalisierte die Abwendung der kritischen Intelligenz von dem ins Schwimmen gekommenen Wahlkampf der Opposition: »Alle her zu mir«, so persiflierte er den Wahlkämpfer Ollenhauer, »die ihr auch nicht wißt, was ihr wollt: ich will euch führen, denn ich bin Fleisch von eurem Fleisch. Heraus aus der NATO: nein, vorläufig bleibt doch drinnen! Her mit der Revisionsklausel: nein, vorläufig wollen wir sie doch nicht anwenden! Her mit der Kontrolle über die Industrie! Was das ist? Ich weiß es nicht, die Sachverständigen wissen es. Her zu mir vor allem, die Angst davor haben, Macht zu haben und auszuüben. Gemeinsam wollen wir in die Niederlage reiten. – Auf seinem Feldherrnhügel steht der Alte vom Siebengebirge. Der Zug der Menschenverachtung um seinen Mund hat sich vertieft. Mit Wehmut denkt er an

die Jahre, da er noch einen würdigen Gegner hatte . . .«

So wurde der Wahlkampf zwar vorrangig mit außenpolitischen Argumenten bestritten. Ob die Wähler, die sich jetzt dem Kanzler zuwandten, dies allerdings vorwiegend aus sicherheitspolitischen Motiven taten, steht zu bezweifeln. Der außenpolitische Schlagabtausch dürfte in erster Linie den Effekt gehabt haben, die Opposition auf dem einzigen Feld kampfunfähig zu machen, auf dem im politischen Schönwetterklima des Sommers 1957 überhaupt ein Angriff geführt werden konnte. Dies gelang, und so war in der Schlußphase des Wahlkampfes der Weg frei für eine triumphierende, in farbigen Plakaten prangende Selbstdarstellung der Regierung. Unbefangen identifizierte sie sich mit dem Wirtschaftswunder, mit der wiedergewonnenen Selbstachtung der deutschen Familien, mit der ganzen Republik und bat darum, ihre Leistung zu honorieren.

Das Wahlresultat übertraf aber alle Erwartungen. Zwar war die CDU/CSU auch schon 1953 aufgrund des für sie günstigen Wahlgesetzes mit 243 Mandaten nur um zwei Sitze unter der absoluten Mehrheit geblieben, und die Übertritte während der zweiten Legislaturperiode hatten ihr bereits eine komfortable absolute Mehrheit verschafft. Aber jetzt gelang es einer einzigen Partei, als die CDU und CSU damals verstanden wurden, zum ersten und einzigen Mal in der deutschen Parlamentsgeschichte, in freien Wahlen die Fünfzig-Prozent-Grenze zu überspringen. 50,2 Prozent der abgegebenen Stimmen bei einer Wahlbeteiligung von 87,8 Prozent bedeuteten 270 Sitze – 54,4 Prozent der Mandate. Die durch Listenverbindungen an die CDU gekettete Deutsche Partei brachte weitere 17 Sitze. Das Regierungslager verfügte damit über eine sichere Mehrheit von 77 Abgeordneten.

Die SPD hatte ziemlich stagniert. Zwar war ihre Stimmenzahl um 3 auf 31,8 Prozent angestiegen, wodurch sich die Zahl der Mandate um 18 auf insgesamt 169 erhöhte. Aber wie die Analyse der Ergebnisse in den Einzelwahlkreisen erbrachte, steckten darin rund eine Million von Stimmen der früheren GVP, deren Führungsgruppen sich unter Heinemann der SPD angeschlossen hatten. Auch von ehemaligen kommunistischen Wählern, die nach dem im Herbst 1956 erfolgten Verbot der KPD durch das Bundesverfassungsgericht politisch heimatlos geworden und von der SED zur Wahl der SPD aufgefordert worden waren, erhielt die SPD Zulauf.

Der einzige tiefere Einbruch ins gegnerische Lager gelang den Sozialdemokraten in den Hansestädten Hamburg und Bremen, wo sie mit Max Brauer und Wilhelm Kaisen tüchtige Politiker stellten, während sich die bürgerlichen Parteien dort nicht vorteilhaft präsentierten.

Große Teile der Arbeiter hatten zwar immer noch sozialdemokratisch gestimmt. Aber ihr Anteil an der Gesamtbevölkerung ging bereits zurück, und besonders beunruhigend war, daß die CDU in Nordrhein-Westfalen, wo zudem rund ein Drittel der westdeutschen Wähler wohnte, einen großen Erfolg errungen hatte. Sie konnte nun mit einigem Recht behaupten, daß auch erhebliche Teile der Arbeiterwählerschaft zur Kanzlerpartei gestoßen seien – und zwar nicht nur kirchlich besonders intensiv gebundene Katholiken.

War das Wahlergebnis für die SPD eine Enttäuschung, mit der aber immerhin viele gerechnet hatten, so bedeutete es für die FDP eine Tragödie. Die Wahlen von 1953 hatten bereits einen Rückgang

von 11,9 auf 9,5 Prozent der Stimmen gebracht; dieser setzte sich nun auf 7,7 Prozent fort. Statt 48 Mandaten erhielt die FDP noch 41. Bei späteren Bundestagswahlen hat die Partei nur 1969 noch schlechter abgeschnitten als damals.

Die Verluste waren in den einzelnen Ländern unterschiedlich schwer. Am katastrophalsten endete die Wahl in Hessen und in Nordrhein-Westfalen. In Hessen, wo die Dissidenten mit August-Martin Euler einen ihrer Führer gehabt hatten, verlor die FDP etwa 270 000 Stimmen, größtenteils bäuerliche und kleinbürgerliche Wähler, die auf dem Umweg über die FVP zur DP oder direkt zur CDU übergingen. Das Wahlergebnis in Nordrhein-Westfalen konnte nur als deutlicher Mißerfolg der »Jungtürken« aufgefaßt werden. Auch in diesem früher den Freien Demokraten geneigten Land wandten sich rund 130 000 Wähler, etwa ein Viertel, von der FDP ab. Die Düsseldorfer mußten künftig innerhalb der Bundes-FDP viel bescheidener auftreten.

Hingegen hatten sich die Liberalen in ihrem Kernland Baden-Württemberg erstaunlich gut gehalten und sogar zwei zusätzliche Direktmandate errungen. Baden-Württemberg stellte jetzt etwa ein Viertel der gesamten FDP-Stimmen im Bund. Das traditionell liberale Element war damit erheblich gestärkt; Reinhold Maier durfte dies als persönlichen Erfolg werten. Aber er konnte parlamentarisch nichts damit anfangen.

Politisch bedeutete die Wahl 1957 für die FDP einen entscheidenden Einschnitt. Die Schwächung des nationalen Flügels, der nur in Schleswig-Holstein und Niedersachsen noch geringfügige Gewinne erzielte, ließ nun das liberale Profil dauerhaft hervortreten. Auch die Düsseldorfer entwickelten sich künftig weniger in die deutsch-nationale als in die linksliberale Richtung. Wesentlich aber war, daß von der FDP, wenn auch vorerst nur zu Wahlkampfzwecken, nun eine neue Partei-Ideologie der »dritten Kraft« entwickelt worden war, die sich verstärkte, als sich die Freien Demokraten trotz verschiedener Bemühungen in den Tagen nach der Bundestagswahl doch für die Opposition entschieden. Bei künftigen Wahlen erwies sich das neu gefundene Selbstverständnis als ein Pfund, mit dem man wuchern konnte, obschon der Verzicht auf

Teilnahme an der Regierung erst einmal mit vier Jahren auf den Oppositionsbänken bezahlt werden mußte.

Immerhin hatte die FDP wenigstens wieder den Bundestag erreicht. Alle anderen Parteien verloren entweder – wie die DP – ihre Selbständigkeit oder blieben auf der Strecke. Am bemerkenswertesten war das Scheitern des Gesamtdeutschen Blocks/BHE. Technisch gesehen wurde er ein Opfer der Fünf-Prozent-Grenze. Politisch betrachtet, kam darin die erfreuliche Tatsache zum Ausdruck, daß die Vertriebenenfrage fast gelöst war. Ausgerechnet in Schleswig-Holstein und Niedersachsen, wo der BHE seine großen Anfangserfolge erzielt hatte, erlitt er nun die schlimmsten Verluste. Die Vertriebenen wanderten hier vielfach zur CDU ab.

Doch auch die Regionalparteien kamen unter die Räder. Die Bayernpartei, die sich mit den in Westfalen verwurzelten Resten des Zentrums verbunden und dabei in vier bayerischen Wahlkreisen Hilfe von der SPD erhalten hatte, wurde praktisch von der CSU aufgesogen. Der welfische Stamm der Deutschen Partei hielt sich zwar in Niedersachsen, aber seine Selbständigkeit war gebrochen. 1959 wurde der DP-Ministerpräsident Hellwege von ei-

ner sozialdemokratisch geführten Regierung unter Hinrich Wilhelm Kopf abgelöst, und im Jahr 1960 traten neun Abgeordnete der DP, darunter die Minister Seebohm und von Merkatz, der CDU-Fraktion bei. Auch im Saarland war es gelungen, die Anhänger des ehemaligen Ministerpräsidenten Hoffmann über die Listenverbindung mit der CSU dauerhaft in die Unionsgemeinschaft einzubinden.

Das Parteiensystem der Bundesrepublik nahm mit der Bundestagswahl 1957 die seither bekannten Züge an. Der Konzentrationsprozeß war unübersehbar: 82 Prozent der Stimmen waren für Union und Sozialdemokraten zusammen abgegeben worden. Man konnte bereits absehen, daß die Parteien, die unter der Fünf-Prozent-Grenze geblieben waren, bald auch in den Ländern von der Bildfläche verschwinden würden.

Unklar blieb das Schicksal der FDP. Bis 1961 war es eine offene Frage, ob sich in der Bundesrepublik ein mehr oder weniger reines Zweiparteiensystem oder – wie es dann kam – ein Zweiparteien-Blocksystem durchsetzen würde. An eine Wiederauferstehung des klassischen deutschen Parteiensystems war jedenfalls nicht mehr zu denken. Aber auch Anhänger Adenauers mußten besorgt fragen, was es für die

Spitzenkandidat der FDP im Bundestags-Wahlkampf 1957 war der schwäbische Liberale Reinhold Maier (beim Parteitag der FDP 1957 in Berlin mit – von rechts – dem Präsidenten des Berliner Abgeordnetenhauses, Willy Brandt, der Alterspräsidentin des Bundestags, Marie-Elisabeth Lüders, und – links – dem stellvertretenden Berliner Bürgermeister Amrehn).

Zukunft der deutschen Demokratie bedeutete, daß die größte Oppositionspartei nur etwa ein Drittel der Wähler auf sich vereinigte und neben sich nur eine schwache, innerlich wenig homogene bürgerliche FDP sah. Begann sich nun nicht doch ein »Regime« zu etablieren, schlimmstenfalls eine demokratisch legitimierte Einparteienherrschaft?

Das Erbe der Zerfallsmasse nicht-sozialistischer Parteien trat jedenfalls die Union an. Am größten waren ihre Erfolge in Bayern. Hier gewann die CSU alle Wahlkreise, wodurch ihr Selbstbewußtsein sowohl im Bund wie im eigenen Land kräftig wuchs. Die dauerhafte Machtergreifung in Bayern selbst ließ zwar noch ein gutes Jahr bis zu den Landtagswahlen auf sich warten. Aber die Septemberwahlen von 1957 markieren den eigentlichen Beginn ihrer Vorherrschaft, die sich auf eine von dem späteren Ministerpräsidenten Hanns Seidel konsequent ausgebaute Parteiorganisation stützte.

Am eindrucksvollsten und zugleich symptomatisch fielen die Gewinne der nordrhein-westfälischen CDU aus, die fast 900 000 Stimmen und damit 15 Bundestagsmandate hinzugewann. Hier wurde der Beweis erbracht, daß die CDU eine breitgefächerte Volkspartei unter Einbeziehung erheblicher Teile der Arbeiterschaft war. Im ganzen Bundesgebiet blieben die großstädtischen Wahlkreise, die die Union 1953 landauf landab erobert hatte, weitgehend in ihrer Hand. Die Ausweitung in den evangelischen Volksteil hinein machte weitere Fortschritte.

Für die Entwicklung der Union als Partei war mit dieser Bundestagswahl ebenso eine Wasserscheide erreicht. Freunde und Gegner, Publizisten und politische Wissenschaftler analysierten nun mit mehr oder weniger Wohlwollen und Kunst der Vorausschau, was aus der Partei des Kanzlers nach diesem Wahlsieg werden würde. Bis zum Koalitionsbruch im Jahr 1956 hatte die dominierende Stellung Adenauers auf seiner Fähigkeit beruht, eine heterogene Koalition nicht-sozialistischer Parteien durch den Einsatz von Zuckerbrot und Peitsche zum Zusammenwirken zu bringen. Die eineinhalb Jahre vor der Bundestagswahl waren eine Übergangsperiode gewesen. Jetzt aber hatte der Kanzler ein Mandat zur Alleinherrschaft erhalten. Was wollte er damit anfangen?

Seine erste Antwort gab der Wahlsieger am Montagmorgen nach der Wahlnacht, als er an die Wahlkampfmannschaften der CDU, die sich mit ihren Lautsprecherwagen vor dem Palais Schaumburg versammelt hatten, das Wort richtete: »Nächstes Jahr ist Landtagswahl in Nordrhein-Westfalen. Dann müssen wir wieder 'ran, aber gründlich! Es wird nicht mehr gefeiert!« Auch seine Ansprache vor dem Parteivorstand der CDU, mit dem er am 19. September zusammentraf, beschäftigte sich in weiten Teilen mit der Frage, wie nunmehr auch die bevorstehenden Landtagswahlen gewonnen werden könnten – in Hamburg, in Nordrhein-Westfalen, in Schleswig-Holstein und in Bayern. Immerhin traf er bei dieser Gelegenheit doch eine Reihe von Feststellungen, die erkennen ließen, wie er die neue Lage beurteilte und was er sich für die kommende Phase der Adenauer-Ära vorgenommen hatte.

Die SPD, so meinte er, sei hoffnungslos geschlagen. Welche Konsequenzen sie aus ihrer Niederlage ziehe, wisse man nicht. Man müsse wohl einige Zeit warten, bis sie die erforderlichen Änderungen vornehmen werde: »sei es auf dem Gebiete ihres Programms – soweit sie eins hat –, sei es in ihrer Organisation«. In der Verstaatlichungsfrage sei bei den Sozialdemokraten ein heilloses Durcheinander festzustellen. Adenauer schloß nicht aus, daß bei ihnen auch weiterhin die Neigung vorherrschen könnte, sich als Klassenpartei zu verstehen und damit einen Keil ins Volk zu treiben. Deshalb müsse es gelingen, »die Sozialdemokratie als Klassenpartei zu erledigen«. Bei den Wahlen sei es bereits gelungen, einen gewissen Prozentsatz der jungen Arbeitnehmer aus dem Klassendenken herauszuholen; darin solle man fortfahren.

Die FDP sei ein Opfer des Sterbens des Liberalismus geworden. Früher hätten die Liberalen, wie ihm Churchill einmal gesagt habe, ja durchaus berechtigte Forderungen vertreten. Diese hätten sich aber seither alle Parteien mehr oder weniger zu eigen gemacht. Damit habe der Liberalismus keine Existenzberechtigung mehr. Der württembergische Liberalismus, der in der Tradition der schwäbischen Demokratie stehe, halte sich noch; aber die Württemberger seien eben in allen Sachen langsamer als die meisten anderen Landsleute. Die nationalistische

Von der breiten Zustimmung der Bevölkerung konnte sich Konrad Adenauer während seiner Wahlkampfreisen (hier an der Bergstraße im August 1957) überzeugen. Die CDU war eine breitgefächerte Volkspartei geworden.

FDP in Nordrhein-Westfalen sei gescheitert. Übertriebenes Nationalgefühl, wie es früher die Deutschnationalen als ideologische Grundlage hatten, könne heute keine Werbekraft mehr entwickeln. Auch die FDP solle man also in ihrer inneren Entwicklung in Ruhe lassen. Vor allem aber dürfe man sich keine Läuse in den Pelz setzen. In diesem Punkt sei er klüger geworden als vor vier Jahren.

Der BHE sei verschwunden, aber nun müsse man sich um die BHE-Leute kümmern, um ihr Übergehen zu einer anderen Partei zu verhindern. Die ostpolitische Hypothek dieser Erkenntnis wurde von Adenauer zwar nicht angesprochen, sie lag aber auf der Hand.

Am günstigsten zeigte sich der Kanzler der DP gegenüber eingestellt; vielleicht deshalb, weil sie die schwächste war. Ihm saß noch die Wahlpropaganda gegen die Einparteienherrschaft der CDU in den Knochen, und so plädierte er ziemlich offen dafür, alle Kränkungen des Wahlkampfs möglichst rasch

zu vergessen und die für Norddeutschland immer noch wichtige kleine Partei erneut in die Regierung aufzunehmen.

Die Sorge vor autoritärer Einparteienherrschaft, von der manche Liberale und Sozialdemokraten damals umgetrieben wurden, schien ihm jedenfalls unrealistisch. Zu gut kannte er den fast unregierbaren Pluralismus der Union und die Stimmungsschwankungen in der Wählerschaft. Seine Besorgnis galt in erster Linie dem Verlust der Mehrheit.

Ein künftiger Absturz, so führte er bei dieser Gelegenheit aus, könne verschiedene Gründe haben. Es könne der Union widerfahren, daß man einmal andere Gesichter und andere Tapeten sehen wolle. Ebenso gefährlich würde es für sie werden, wenn sie sich bequem ausruhen wollte und sich nicht auf die raschen Veränderungen des Lebensrhythmus unaufhörlich einstelle. Bedenken erwecke vor allem die Stärke der SPD in den Kommunen. Als alter Kommunalpolitiker wisse er, welche Macht sie damit in

Händen halte. Unerfreulich sei auch die Entwicklung, die der Bundesrat genommen habe; schon deshalb könne auf neue Wahlsiege in den Ländern nicht verzichtet werden. In diesem Zusammenhang wurde die innere Verfassung der CDU angesprochen. Sie müsse konsequent mit dem Honoratiorensystem brechen und sich zum Mittelstand sowie zur Arbeiterschaft hin öffnen.

Nicht vergessen wurde von Adenauer auch in der Stunde des Sieges die Frage der weltanschaulichen Basis der Unionsmacht. Über den weithin vorherrschenden Materialismus machte er sich immer seine eigenen Gedanken, und so plädierte er auch jetzt dafür, das christliche Erbe zu bewahren. Ohne dieses ideelle Fundament könne man gegenüber dem östlichen Materialismus nicht bestehen. Daher sei auch die Zusammenarbeit zwischen den Konfessionen so wichtig.

Hingegen war nicht zu erwarten, daß der Kanzler auch auf das Zentralproblem künftiger CDU-Politik – die erfolgreiche Bewältigung der Nachfolgefrage – zu sprechen kam, obwohl er selbst wie alle Vorstandsmitglieder darüber häufig nachdachte. Die meisten beruhigten sich bei dem Gedanken, daß die Adenauer-Ära erst einmal wieder für vier Jahre prolongiert worden war.

Auffällig an den Überlegungen auf dem Höhepunkt der Kanzlerherrschaft war, wie vergleichsweise wenig von substantiellen Zielen die Rede war, die über die Aufgabe der Machterhaltung hinausgingen. Adenauer signalisierte indessen, daß er sich wieder einmal mit Gedanken einer Wahlgesetzänderung trug, die der Parteiführung Einfluß auf die Kandidatenauswahl geben würde, nannte die Ziele der Landwirtschaftsförderung sowie der Mittelstandspolitik und schließlich das Stichwort Rundfunkgesetzgebung, die denn auch in der dritten Legislaturperiode bald ins Zentrum der innenpolitischen Kontroversen geriet. Das alles müsse am besten bereits im ersten Jahr in Angriff genommen werden – die absolute Mehrheit änderte eben nichts an der Tatsache, daß Regierungen immer bewegungsunfähiger werden, je mehr es auf Wahlen zugeht.

Desgleichen schien auch auf dem Feld der Außenpolitik »respektable Bescheidenheit« am Platze zu sein. Außenminister von Brentano stimmte ebenso wie der Kanzler ein Klagelied darüber an, daß man im Ausland die jüngste deutsche Vergangenheit nicht vergessen habe und die Entwicklung der Bundesrepublik nicht ohne Neid betrachte: »Man sieht, wie ein Teil der Auslandspresse dumpf zu grollen anfängt. Jetzt kommt alles zusammen: Der Devisenüberfluß, der Wahlerfolg, der Wohlstand, die Sicherheit, die Stabilität usw. Man sieht draußen alles mit einem gewissen verhaltenen Unmut an. Gewisse Teile sagen dort: Wir hatten geglaubt, die Bestie sei endgültig tot, aber nach 12 Jahren ist sie wieder da ...« Die nächsten Jahre sollten tatsächlich zeigen, daß die Schatten der Vergangenheit in der Innen- und Außenpolitik paradoxerweise um so bedrängender wurden, je weiter man sich vom Dritten Reich und von der Kriegszeit entfernte.

Der Kanzler beendete schließlich seine schweifenden und eher sorgenvollen Ausführungen vor der zum Jubeln aufgelegten Parteiführung mit der Feststellung: »Wir sind noch kein fertiges Land. Ganz Europa ist noch nicht in Ordnung. Alles das kommt noch auf uns zu. Und wir sind hier die führende Partei.« Die CDU habe somit bei diesem Wahlsieg auch eine ungeheuer große Verantwortung für Europa als Mitgabe bekommen. Deswegen sei er am Montag nach der Wahl nicht himmelhoch jauchzend gewesen. Er fügte indessen schnell hinzu: »Ich war auch nicht zu Tode betrübt.« Was hätte aber eintreten können, wenn dieser Erfolg nicht erzielt worden wäre!

Mit solchen Überlegungen begann die lange zweite Halbzeit der Adenauer-Ära.

Der Geist der fünfziger Jahre

Ruhige Zeiten: Lebensgefühl und Lebensstil

Nachdem die Kriegsgefahr der Jahre 1950/51 abgeklungen und die ersten großen Wiederaufbaujahre geschafft waren, begannen für die Bürger der Bundesrepublik ruhige Zeiten. Endlich konnte man so leben, wie man es sich immer gewünscht hatte, und man tat es. Schon früher hatten diejenigen, die »noch einmal davongekommen« waren, erste Anzeichen von Zufriedenheit erkennen lassen. Zwar bezeichneten nur 9,3 Prozent in einer Umfrage vom Frühjahr 1950 ihr gegenwärtiges Dasein als »glücklich«. Aber 60,9 Prozent nannten es »befriedigend«. Ein Fünftel hielt es für »unbefriedigend«, der Rest antwortete mit »bedrückend« oder »unerträglich«.

Seit den Jahren 1953/54 gab es noch sehr viel mehr Anlaß zur Zufriedenheit. Damals wurden auch die ersten größeren Umfragen durchgeführt, die im einzelnen in das Leben und Treiben der Massen eindringen sollten. Sie lassen erkennen, wie sich die breite Mehrheit der Bürger einigermaßen behaglich in der Normalität einzurichten begann.

Noch waren die Deutschen ein Volk, das im großen und ganzen an der Arbeit Freude hatte. Sie unternahmen eben alle Anstrengungen, den Mythos deutschen Fleißes weltweit erneut zu festigen. So gaben denn auf die Frage: »Glauben Sie, es wäre am schönsten zu leben, ohne arbeiten zu müssen?« während der ganzen Adenauer-Ära eine unverändert große Zahl der Befragten die Antwort: Nein. Im Oktober 1952 waren es 82 Prozent, im August 1957 hatte sich diese Zahl nicht verändert, und im Juni 1963 waren es immer noch 81 Prozent. Gleich groß blieb allerdings auch die Zahl der Faulpelze, die sich ein glückliches Leben ohne Arbeit durchaus vorstellen konnten; sie schwankte zwischen 11 und 14 Prozent.

Man arbeitete damals lange. Die durchschnittliche, bezahlte Wochenarbeitszeit der Industriearbeiter lag zwischen 1950 und 1957 bei 47 bis 49 Stunden und begann erst dann deutlich abzusinken. Überstunden waren an der Tagesordnung. Die groben Durchschnittswerte vermitteln aber ein schiefes Bild. In Wirklichkeit wurde in manchen Branchen viel länger gearbeitet; für die eisenschaffende Industrie etwa werden 1955 durchweg 54 Stunden genannt. Viele Selbständige, die damals ihre Firmen und Betriebe mit großem Einsatz der Familienangehörigen erneut aufbauten, mußten sich noch länger abrackern.

Der Arbeitstag der meisten Deutschen begann früh am Morgen und endete häufig erst spät am Abend mit Hausarbeiten. Eine im Frühjahr 1955 durchgeführte Untersuchung aus Marl, einer typischen Industriestadt, zeigt, daß die Frühschicht der Industriearbeiter und Bergleute wie seit Jahrzehnten zwischen 6 und 7 Uhr begann; Geschäftsleute, Beamte und Angestellte gingen üblicherweise um 8 Uhr zur Arbeit. Fast alle Arbeiter kamen damals noch mit dem Fahrrad, hatten aber auch ihre Wohnungen in der Nähe des Werkes, daher ging im allgemeinen für die Fahrt zum Arbeitsplatz noch nicht soviel Zeit verloren wie später.

In diesem gewohnten Rhythmus gab es seit Mitte der fünfziger Jahre eine einschneidende Veränderung: die Einführung der Fünf-Tage-Woche. Sie wurde weithin als großer Fortschritt betrachtet, und die meisten im Frühjahr 1955 Befragten wären bereit gewesen, dafür eine Verlängerung der Arbeitszeit von Montag bis Freitag in Kauf zu nehmen.

Natürlich wurde die seit 1952 von den Gewerkschaften wieder nachhaltig vertretene Forderung nach der Vierzig-Stunden-Woche durch die Arbeitnehmer schon deshalb unterstützt, weil dadurch die Anzahl der höher bezahlten Überstunden anstieg. 1955 begann ein gleitender Übergang zur Vierzig-Stunden-Woche. Zuerst wurde die Fünfundvierzig-Stunden-Woche erreicht, dann, Ende der fünfziger Jahre, war das Ziel der Vierzig-Stunden-Woche mit vollem Lohnausgleich für die meisten Branchen

*Begehrter Luxus.
Zwar war Anfang
der fünfziger
Jahre das Fahrrad
noch vorherr-
schendes Indivi-
dualverkehrs-
mittel, doch
rückten bald
Motorräder und
sparsame Klein-
wagen ins Ziel
der Wünsche.*

schon in erreichbarer Nähe. Damit hatte sich der Trend zur konsequenten Verkürzung der Arbeitszeit durchgesetzt. Er führte im Zeitraum von 1955 bis 1970 zu einer Verringerung der jährlich je Industriearbeiter geleisteten Arbeitsstunden um genau ein Sechstel und hatte als Nebeneffekt eine verstärkte Verknappung der Arbeitskräfte im Gefolge. Entsprechende Entwicklungen begannen auch bei der Angestellten- und Beamtenschaft. So ließen sich am Ende der Normalisierungsperiode die Konturen einer kommenden Freizeitgesellschaft bereits erahnen. Noch war es nicht soweit, doch Soziologen, die das Gras wachsen hörten und außerdem das amerikanische Vorbild studiert hatten, wiesen schon darauf hin, daß sich die deutsche Gesellschaft mitten im Prozeß der Herausbildung einer hochindustriellen Freizeit- und Verbrauchergesellschaft befand.

Ob sich damals auch im Bewußtsein der Massen ein Umbruch vom puritanischen Arbeitsethos zu einer Einstellung vollzog, die im Beruf mehr den Job und in der Arbeit in erster Linie eine Anstrengung zur Befriedigung gestiegener Bedürfnisse sieht, ist schwer nachzuweisen. Man kann kaum davon ausgehen, daß das preußische Pflichtethos in der ersten Hälfte des 20. Jahrhunderts ausnahmslos verinnerlicht war. Und daß man arbeiten mußte, um Geld zu verdienen, ist nicht erst in den fünfziger Jahren entdeckt worden. Die Einstellungen waren auch von

Berufskreis zu Berufskreis verschieden. Aber zweifellos traten nun Freizeit und Freizeitgestaltung bei vielen zumindest gleichrangig neben die Arbeit.

Um die Mitte der fünfziger Jahre wies das Freizeitverhalten der Massen und der wohlhabenderen oder gebildeten Schichten im großen und ganzen noch die aus früheren Jahrzehnten vertrauten Züge auf. Doch deutete es sich an verschiedenen Stellen bereits an, daß das rasche Durchsickern des erhöhten Sozialprodukts von den begüterten bis hin zu den einkommensschwachen Schichten erhebliche Langzeitwirkungen auf Wertsystem und Verhaltensmuster zur Folge haben würde.

Umfragen aus den Jahren 1953 bis 1955 ließen die wohlbekannten Erscheinungsformen deutschen Freizeitverhaltens erkennen. Der Bürger schätzte, wie schon zu Zeiten Goethes, seinen Spaziergang an Sonn- und Feiertagen, oft mit kurzen Besuchen bei benachbarten Verwandten und Freunden. Wenn keine Hausarbeiten zu erledigen waren, verbrachte man die Abende mit dem Lesen von Zeitungen, doch auch von Zeitschriften, die meist in speckigen Lesemappen ins Haus kamen, häufig auch von Trivialliteratur. Daneben lief das Radio.

Die starke Familienorientierung, in der die Soziologen übereinstimmend einen Grundzug der ersten Nachkriegsjahre und der frühen Adenauer-Ära erkannt hatten, hielt noch das ganze Jahrzehnt über an. Solange die Wohnverhältnisse beengt und die wirtschaftliche Lage drückend blieben, waren es allerdings oft nervöse und gereizte Familien mit überlasteten Müttern, die neben ihren Pflichten im Haushalt häufig nebenher noch in einem Erwerbsverhältnis standen oder im eigenen Geschäft zu arbeiten hatten.

Das Chaos, das die Kriegs- und Besatzungsjahre im privatesten Bereich angerichtet hatten, wich zwar vielfach nur langsam einer neuen Lebenssicherheit. Zahllose Familien waren auf Dauer zerstört. Aber nachdem die große Scheidungswelle der in Ausnahmesituationen geschlossenen und vielfach durch die Umstände zum Scheitern verurteilten Kriegsehen vorbei war, hatten sich die Ehen bald wieder deutlich stabilisiert.

Mit zunehmender Normalisierung widmeten sich besonders bürgerliche und kleinbürgerliche Familien wieder anspruchsvolleren Betätigungen wie dem Basteln und Handarbeiten, dem Malen und der Musik. Wenn sich die Bürger weithin in den privaten Bereich zurückzogen, so bedeutete das nicht unbedingt eine Isolierung in der Kleinfamilie. Alle Umfragen lassen erkennen, daß die meisten vergleichsweise enge soziale Beziehungen zu ihrem nachbarschaftlichen Umfeld unterhielten, die Männer mehr als die Frauen und die jungen Leute stärker als die Familien mit Kindern.

Sport wurde nach wie vor groß geschrieben, sowohl aktiver Sport wie auch das Dabeisein als Zuschauer. Die Männer zogen sonntags oder am Samstagnachmittag in großen Scharen auf den Fußballplatz, wobei die Arbeiter ebenso fußballbegeistert waren wie Handwerker oder Geschäftsleute. Wenn die Nationalmannschaft unter ihrem Trainer Sepp Herberger und mit Fritz Walter als Mannschaftskapitän spielte und es gar – wie im Frühsommer 1954 in der Schweiz – zur Fußballweltmeisterschaft brachte, wühlte dies das ganze Volk auf. In dieser Nationalelf von Amateuren, deren Angehörige teilweise noch bürgerlichen oder kleinbürgerlichen Berufen nachgingen, erkannte sich jedermann wieder. Sie waren die Heroen der Deutschen in den fünfziger Jahren und wurden ähnlich gefeiert wie 10 und 15 Jahre zuvor die Jagdflieger-Asse und die erfolgreichen U-Boot-Kommandanten.

Überhaupt entfaltete das Vereinsleben wieder seine gewohnte Anziehungskraft. Sportvereine, Faschings-Vereinigungen, religiöse Jugendgruppen, Gesangsvereine, Chöre, Tennisclubs und sogar schon wieder Aeroclubs und Reitervereine begannen jetzt erneut aufzublühen. Etwa jeder zweite gehörte einem Verein an, die Angehörigen mittlerer und gehobener Schichten mehr als die einfachen Leute.

Die Tage und Wochen organisierter Geselligkeit bildeten wichtige Höhepunkte im Jahresablauf. Fasching, Oktoberfest, Winzerfeste in Süddeutschland und Schützenfeste in Norddeutschland wurden ausgiebig gefeiert und konnten als Wiederauferstehung eines tiefverwurzelten deutschen Philistertums verstanden werden.

Im ganzen waren die Vergnügungen aber noch einfach und folgten traditionellen Mustern. Die jungen Leute trieben Sport oder beschäftigten sich mit Lesen, die Mädchen auch noch mit Handarbeiten, und viele fuhren am Wochenende in größeren Gruppen mit Fahrrädern weg. Das Wandern erfreute sich bei dieser Jugendgeneration noch ähnlich großer Beliebtheit wie zur Zeit der Jugendbewegung. Im übrigen aber war das Interesse an beruflicher Weiterbildung bei den Jugendlichen deutlich ausgeprägt und nahm auch einen großen Teil ihrer Freizeit in Anspruch. Gelegentlich ging man ins Kino oder zum Tanzen. Aber genauere Untersuchungen zeigten, daß unter den jungen Leuten die Zahl der ständigen Kinogänger und der tanzbegeisterten Jugendlichen viel geringer war, als in der Öffentlichkeit oft behauptet wurde. Musizieren war immer noch beliebt, besonders bei den höheren Schülern.

Das Musik- und Konzertleben jener Jahre stand überhaupt in Blüte. Was die Brüder Walter oder Max Morlock für die Fußballfreunde waren, bedeuteten Furtwängler, Karajan und Elly Ney dem musikbegeisterten Bürgertum, und viele der Deutschen, die im Dritten Reich mitgemacht oder sich jedenfalls arrangiert hatten, wollten nichts Anstößiges darin erkennen, daß etliche bedeutende Künstler der fünfziger Jahre auch zu Hitlers Zeiten große Leute gewesen waren. Die glanzvolle Wiedereröffnung der Bayreuther Festspiele, bei denen die Wagner-Enkel Wieland und Wolf entschlossen und bald unter allgemeinem Beifall die Modernisierung der

Wagner-Aufführungen versuchten, markierte auf dem Feld der Musik, daß sich nun die Normalisierung durchgesetzt hatte. Das deutsche »Comeback« in der ausländischen Öffentlichkeit bereiteten neben den Sportlern vor allem die renommierten Musikinterpreten.

Bemerkenswert war auch die Freude, die breite Schichten am Theater hatten. Es befand sich auf einem unangefochtenen Höhepunkt. Für einen großzügigen Wiederaufbau von Theatern, Opernhäusern und Konzerthallen fanden sich deshalb bald die Mittel. Einige dieser Bauten zählen noch heute zu den gelungensten Werken bundesdeutscher Architektur in den fünfziger Jahren.

Auch der Film, der sich eines nach wie vor großen Zuspruchs erfreute, vermittelte die Botschaft der Normalität. Film-Clubs schossen aus dem Boden und verschafften einem anspruchsvolleren Publikum zum ersten Mal einen Überblick über das internationale Filmschaffen der dreißiger und vierziger Jahre. Aber die Mehrheit der Bevölkerung bevorzugte den anspruchslosen Unterhaltungsfilm.

Die Intellektuellen, die den sozialkritischen Film nach dem Vorbild der italienischen Neo-Veristen schmerzlich vermißten, sparten zwar nicht mit Unwerturteilen über die Massenproduktion von Heimat-, Tourismus-, Klamauk-, Ärzte- und Liebesfilmen. Sie sahen darin eines der deutlichsten Anzeichen für die bürgerliche Restauration und beklagten den künstlerischen Verfall seit der großen Zeit des deutschen Films während der Weimarer Republik. Die Kinobesucher ließen sich aber dadurch nicht

Der Dirigent Wilhelm Furtwängler (links) und der Schauspieler-Regisseur Gustaf Gründgens. Im Dritten Reich an prominenter Stelle tätig (beide waren »Preußische Staatsräte«), mußten sie nach dem Krieg ihre Arbeit vorübergehend unterbrechen, gewannen aber bald ihr altes Ansehen wieder: Gründgens als Intendant der Schauspielhäuser Düsseldorf und Hamburg, Furtwängler als Leiter der Berliner Philharmoniker, obwohl seine erste Amerika-Tournee noch am Protest einflußreicher amerikanischer Kreise gescheitert war.

stören und wanderten erst in den frühen sechziger Jahren ab, als sich die Konkurrenz des Fernsehens voll auswirkte.

Die düsteren und zu politischer Besinnung geeigneten Themen der Jahre 1933 bis 1945 standen nicht im Zentrum der Filmproduktion. Im Kino wünschte man unterhalten, nicht aber an die politische Vergangenheit erinnert oder gar belehrt zu werden. Politisch-biographische Filme wie »Canaris«, »Des Teufels General« oder »Es geschah am 20. Juli« wurden zwar durchaus gedreht und hatten verschiedentlich auch Erfolg. In der zweiten Hälfte der fünfziger Jahre kamen auch mehr deutsche Kriegsfilme auf die Leinwand. Filme dieses Genres ließen meist deutlich erkennen, wie die Bevölkerung die jüngste Vergangenheit sah und dargestellt sehen wollte: ritterliche, idealistische deutsche Soldaten oder Offiziere des Widerstands, tapfere Frauen und junge Leute standen dämonisch-schurkischen SS-Offizieren gegenüber. Die wenigen, aber mächtigen Nazis waren die Schuldigen, die Guten mußten unterliegen oder sie wurden geopfert.

Soweit die deutsche Nachkriegsgesellschaft überhaupt auf der Leinwand erschien, spielten sich die Handlungen vielfach im Milieu des wohlhabenden Bürgertums ab, in dessen Komfort und gepflegt ausgetragene Konflikte sich die Zuschauer hineinträumten. Einige der größten Erfolge waren Filmen beschieden, die von gekrönten Häuptern handelten. Hier spiegelten sich ähnliche Neigungen des Publikums wider wie in der Illustriertenpresse jener Jahre. Mitte der fünfziger Jahre hatte es den Anschein, als befände sich eine erhebliche Zahl deutscher Frauen politisch auf dem Rückweg zur Monarchie.

Das Bild, das der deutsche Film- oder Illustriertengeschmack der frühen und mittleren Adenauer-Ära gibt, läßt sich auch in allen Umfragen und Beschreibungen des Sozialverhaltens wiederfinden: Diese Gesellschaft hatte sich in ihrer großen Mehrheit ganz bewußt von der Politik abgewandt und sich in die Privatheit der Familie oder der weiteren Nachbarschaft zurückgezogen. Unter den in Befragungen ermittelten Interessengebieten wurde Politik regelmäßig ganz am Schluß genannt.

Das galt auch für die höheren Schüler und Studenten. Schelskys Charakteristik der »skeptischen Ge-

neration«, die auf die »politische« Generation gefolgt sei, fand keinen entschiedenen Widerspruch. Aber der Begriff »skeptische Generation« enthält Elemente von Erfahrung und Nachdenklichkeit, die der Jugend weithin abgingen. »Skeptisch« waren die Hitler-Jungen der dreißiger Jahre geworden, die dann in die Mühlen des Krieges geraten waren. Die Jüngeren hingegen waren meist schlicht apolitisch, ohne daß ihr Desinteresse einer bewußten Entscheidung entsprang.

Die meisten Beobachter waren sich darin einig, daß die apolitische Grundeinstellung der Gesamtbevölkerung eine Reaktion auf die politische Mobilisierung durch den Nationalsozialismus darstellte. Zwar suchten Politiker und wohlmeinende Aktivisten der politischen Bildung unentwegt gegen die

Romy Schneider als Prinzessin Sissi. Der große Erfolg des Films über die bayerische Prinzessin und spätere österreichische Kaiserin (Regie: Ernst Marischka) ließ sie von diesem Rollenklischee nur sehr schwer wieder loskommen.

weitverbreitete Apathie anzukämpfen. Aber ihre Erfolge waren im ganzen nicht eindrucksvoll. Das Volk wollte in Ruhe gelassen werden und seine politischen Präferenzen nur dort zum Ausdruck bringen, wo dies zeit- und kräftesparend möglich war: bei den allgemeinen Wahlen.

So fand die Nachkriegsgesellschaft in ihrem Alltagsleben zur ruhigen Normalität. Überall bemerkbar machte sich allerdings das Bestreben, aus den engen deutschen Verhältnissen herauszukommen. Die augenfälligste Erscheinungsform dieser gewandelten Einstellung bildete der Tourismus. Die große Masse der Bevölkerung hatte früher ihren kurzen Urlaub in der Regel zuhause verbracht, vielleicht gelegentlich bei Verwandten. In der Zwischenkriegszeit unternahmen meist nur Angehörige der Oberschicht und die gleichfalls meist aus höheren Schülern rekrutierten Gruppen der Jugendbewegung Auslandsreisen. Angestellte und Beamte hatten allerdings schon die Gepflogenheit angenommen, ihren Urlaub in einer billigen, vom Komfort her bescheidenen Sommerfrische der Mittelgebirge, der Alpen oder an der See zu verbringen. Das Volksreisebüro Dr. Carl Degener und die nationalsozialistische Reiseorganisation »Kraft durch Freude« hatten aber schon einen gewissen Massentourismus zuwege gebracht, doch an einen Auslandstourismus großen Stils war noch nicht zu denken. Die im Dritten Reich mit KdF gemachten Anläufe fielen zahlenmäßig kaum ins Gewicht.

An diesem allgemeinen Bild änderte sich auch in den Anfängen der Bundesrepublik noch nichts. Eine Umfrage aus dem Jahr 1952 zeigt, daß nur ein Viertel der erwachsenen Bevölkerung in den letzten Jahren eine Urlaubsreise gemacht hatte. 1955 gab immerhin schon die Hälfte aller Erwachsenen an, seit der Währungsreform eine oder mehrere Urlaubsreisen unternommen zu haben. Die Zahl derer, die in den Ferien nun regelmäßig von Zuhause wegzugehen begannen, stieg zwar ständig, aber von eigentlichem Massentourismus kann erst für die späten fünfziger Jahre gesprochen werden.

Doch schon 1955 gaben die Deutschen für ihren Inlandsurlaub, der sich auf wenige Sommermonate zusammendrängte, mehr aus als für den Kauf von Fertigkleidern im ganzen Jahr. Große Reiseunternehmen – »Touropa« mit seinem Chef Degener, »Hummel« und »Scharnow« – setzten nun durch Organisation von Gruppenreisen, durch Anregung des Baus von Hotels und Ferienzentren und mit verführerischer Reklame einen sommerlichen Massentourismus in Bewegung, der für die Bundesdeutschen bald zum festen Bestandteil des Jahres wurde. Die auffälligste Erscheinung war die Reisewelle, die sich ins Ausland ergoß. Sie setzte 1954 schlagartig ein, als die allgemeine Einkommensentwicklung der besser Verdienenden und die günstige Devisenlage dies erlaubten. Von den 37 Prozent befragter Bundesbürger, die für 1954 einen Urlaub planten, beabsichtigten 18 Prozent, diesen im Ausland zu verbringen. Noch 1955 hatten aber nur 20 Prozent der Deutschen einen Reisepaß.

Mit zunehmender Motorisierung und dank der Generalstabsarbeit der Reisegesellschaften drängten nun Jahr für Jahr größere Massen von Deutschen ins benachbarte Ausland: erst nach Österreich und ins Tessin, nach Paris und nach Dänemark, bald nach ganz Oberitalien, an die Adria, die Riviera und nach Jugoslawien.

Für die Deutschen bildeten diese ersten Auslandsreisen die nachhaltigsten Erlebnisse der fünfziger Jahre. Der Krieg und die entbehrungsvollen Nachkriegsjahre, in denen eine Auslandsreise zu den größten Wunschträumen gehört hatte, gehörten nun endgültig der Vergangenheit an. Millionen konnten zum ersten Mal in ihrem Leben der Sehnsucht nach südlichen Gegenden nachgeben. Ein neues Selbstwertgefühl stellte sich ein. Daß man nach Jahren der Verfemung und der Armut in Ländern, die vor noch nicht allzu langer Zeit von der Wehrmacht besetzt waren, jetzt als gut zahlender Gast wieder willkommen war, beseitigte manche Verklemmung.

Wenige Erfahrungen haben die Mentalität und das Lebensgefühl breiter Schichten so stark geprägt wie der Auslandstourismus, der rasch zur Gewohnheit wurde und einen neuen Typ hervorbrachte: einen Deutschen, der zwar nicht im eigentlichen Sinn weltläufig, aber doch weitgereist war und die Strände, Hauptstädte und kulturellen Zentren Westeuropas bald besser kannte als die eigene Heimat oder gar die DDR und die verlorenen Ostgebiete.

Der Provinzialismus verlor sich; man glaubte, über die Nachbarvölker nunmehr aus erster Hand informiert zu sein und verlor tatsächlich manches von der weltunkundigen Überheblichkeit früherer Epochen. Auch Blasiertheit stellte sich ein, die den Kabaretts der Adenauer-Ära viel Stoff zur Satire bot. Nicht zuletzt verbreitete die Leichtigkeit, mit der man sich jetzt bewegen und die Früchte seines Fleißes im Ausland genießen konnte, jene durchgehende Grundstimmung materialistischer Zufriedenheit mit sich selbst und der Welt, die mehr als alles andere dazu beigetragen hat, daß die unruhigen Deutschen zur Ruhe kamen.

Noch ein weiteres Element der Modernisierung begann während dieser Periode vom deutschen Alltagsleben langsam Besitz zu ergreifen: das Fernsehen. Das tägliche Fernsehen begann am 25. Dezember 1952 mit einem Programm, das der NWDR vorerst zwischen 20 und 22 Uhr sowie halbstündlich beziehungsweise stündlich am Nachmittag ausstrahlte. Die erste große Direktübertragung im Rahmen eines europäischen Programmaustauschs erfolgte anläßlich der Krönung von Elisabeth II. am 2. Juni 1953, die von vielen Frauen und Mädchen mit einer Anteilnahme verfolgt wurde, als ginge es um die eigene Monarchin.

Der Ausbau der Fernsehnetze brauchte aber doch Zeit, und die Geräte waren teuer. Das neue Medium entfaltete erst gegen Ende der fünfziger Jahre seine volle Breitenwirkung. Anfang 1955 waren noch keine 100 000 Fernsehteilnehmer registriert, aber als im Oktober 1957 die dritte Regierung Adenauer gebildet wurde, war die Ein-Millionengrenze erreicht, Ende 1958 die Zwei-Millionengrenze. Mitte 1960 gab es in der Bundesrepublik schon vier Millionen Fernsehteilnehmer, und als Adenauer von der Kanzlerschaft zurücktrat, waren es bereits acht Millionen.

Noch suchten sich die Fernsehsendungen in den Familienalltag einzupassen. Einige der über lange Jahre hinweg beliebtesten Programme – die 1954 beginnende Serie »Familie Schölermann« und später die »Familie Hesselbach« – wurden als Familien-Epos verstanden und sind heute Dokumente der deutschen Nachkriegs-Kulturgeschichte. Werner Höfer schaffte es, mit seiner Journalistenrunde von Anfang

In diesem nachträglich mit Fenstern versehenen Hochbunker – Relikt aus dem Zweiten Weltkrieg – begann der Nordwestdeutsche Rundfunk 1950 den Versuchsbetrieb seiner Fernsehausstrahlungen.

an in die Traumzeit am Sonntag um 12 Uhr zu kommen, und hat damit im Sonntagsablauf zahlloser Haushalte einen deutlichen Medien-Akzent gesetzt. Ähnlich strukturierend wirkte sich die »Tagesschau« auf den Ablauf des Tages aus. Neben die Prominenten der Politik, der Bühne, des Films und des Sports traten nun bald die großen Show-Master und Unterhalter, denen in den folgenden Jahrzehnten der Feierabend der Nation gehörte und die ihren großen Beitrag zur Einebnung des Geschmacks leisteten: Peter Frankenfeld, Hans-Joachim Kulenkampff, Robert Lembke, Georg Thomalla, Lou van Burg.

Das alles setzte in den fünfziger Jahren beinahe geräuschlos ein; viele der später so umstrittenen Machtpositionen in dem neuen Medium sind damals stillschweigend besetzt worden. Noch hielten sich die Auswirkungen des Fernsehens in Grenzen.

Im großen und ganzen sind die fünfziger Jahre das einzige Jahrzehnt in der Geschichte der Bundesrepublik gewesen, in dem Politik und Gesellschaft nicht durch das Fernsehen und seine recht bald in Erscheinung tretenden Herren mitgeprägt wurden. Die Entwicklung war aber im Gang, und viele sahen schon voraus, wie tiefgreifend sie das Bewußtsein der Bürger, die politische Landschaft, aber auch das gesellige Leben beeinflussen würde.

Modernisierung: Wohnkomfort, Motorisierung, Städtebau

Alle Anzeichen deuteten darauf hin, daß die Deutschen in überwältigend großer Zahl und mit dem denkbar besten Gewissen zu den Lebensgewohnheiten zurückkehrten, in denen sie vom Krieg und teilweise schon vom Dritten Reich gestört worden waren. Jene Gruppen von Intellektuellen, die mit der politischen Entwicklung unzufrieden waren, zögerten daher nicht, den Vorwurf, in der Bundesrepublik vollziehe sich eine Restauration, auch auf den allgemeinen Lebensstil und das Daseinsgefühl zu übertragen. Die Auffassung hielt sich bei ihnen, daß diese Epoche durch ein deutliches Defizit an gesellschaftlicher Veränderung gekennzeichnet gewesen sei: statische Jahre!

Die Wirklichkeit sah wesentlich anders aus. Die fünfziger Jahre waren zugleich eine Periode aufregender Modernisierung. Für die Intensität des Wandels, der sich in diesem Zeitraum vollzogen hat, gibt es in der neueren deutschen Sozialgeschichte nur noch eine Parallele: die Jahrzehnte des Übergangs zur Industriegesellschaft zwischen der Reichsgründung und dem Ersten Weltkrieg.

Zugleich mit der Normalisierung setzte ein neuer, großer Umbruch ein. Die Anfänge der Adenauer-Ära wirken noch in vielen Bereichen wie eine Wiedergeburt der deutschen Gesellschaft vor dem Zweiten Weltkrieg. Hingegen erkennen wir in der Gesellschaft der späten Adenauer-Ära bereits die vertrauten Züge unserer Gegenwart.

Die Veränderungen jener Epoche haben sich in zwei großen Schüben vollzogen, die bruchlos ineinander übergingen. In einer ersten Phase, die mit der Währungsreform begann und gegen Mitte der fünfziger Jahre einen gewissen Abschluß erreicht hatte, richteten sich die Energien auf den Wiederaufbau. Treibendes Motiv war das Bestreben aller Bevölkerungsgruppen, möglichst rasch aus der Misere der Kriegs- und Nachkriegszeit herauszukommen. Es war fast selbstverständlich, daß sich dieser Wiederaufbau dabei an den Daseinsformen, am Lebensstandard, an den Sozialverhältnissen, auch an den Ideen der Vorkriegszeit orientierte.

Das Verlangen nach Normalisierung herrschte überall vor. Als normal wurde dabei die Gesellschaft vor dem Zweiten Weltkrieg angesehen. So ganz vollständig wollte man die Vorkriegszeit allerdings nicht wiederherstellen. Angestrebt wurde eine gesäuberte, heile »Welt von gestern«, eine Gesellschaft ohne die Politisierung durch den Nationalsozialismus, ohne die Zerrüttung von Inflation und Weltwirtschaftskrise. Auch das gewaltsam amputierte preußische Organ der deutschen Vorkriegsgesellschaft schien den meisten verzichtbar. Der vorläufig, vielleicht sogar für immer verlorene Osten mit seinen besonderen Wirtschafts- und Sozialverhältnissen, die preußisch-deutsche politische Elite, der preußische Geist – diese bis zum »Zusammenbruch« für die deutsche Sozialgeschichte grundlegenden Elemente sollten nicht mehr bestimmend werden. Insofern waren die noch in der Besatzungszeit vollzogene Auflösung Preußens und die Wahl Bonns zur Bundeshauptstadt Vorgänge von beträchtlicher Symbolik. Soweit die Muster der Vorkriegswelt als Vorlage für die Gegenwart dienten, sind sie also nur in einer Auswahl aufgegriffen worden.

Aus dem Normalisierungsvorgang der frühen fünfziger Jahre entfaltete sich alsbald in einer zweiten Welle der Veränderung die typisch moderne Gesellschaft der zweiten Jahrhunderthälfte. Dieser Modernisierungsprozeß setzte in manchen Bereichen früher, in anderen später ein – im ganzen war er aber schon das große Thema der Sozialgeschichte in der zweiten Hälfte der fünfziger Jahre. Allerdings wurde weder damals noch später voll erkannt, daß hier nicht nur Wiederaufbau und Rückkehr zur Normalität vor sich gingen, sondern eine in die Tiefenschichten der Gesellschaft reichende Veränderung.

Der von Fritz Leonhardt konstruierte Stuttgarter Fernsehturm, dessen Bau 1956 richtungweisend für die Gestaltung von Sendetürmen wurde: nach dem Eiffelturm das damals zweithöchste Bauwerk Europas und sehr bald das neue Wahrzeichen der Stadt.

Der Umbruch vollzog sich auf vielen Ebenen und in unterschiedlichen Erscheinungsformen. Am unmittelbarsten faßbar und erlebbar war er in der staunenerregenden Zunahme des Zivilisationskomforts. Wesentliche Begleiterscheinungen des Massenwohlstandes – Motorisierung, besseres Wohnen, gewandeltes Freizeitverhalten – veränderten jetzt das Bild der Großstädte, der kleineren Städte und der Dörfer von Grund auf. Die industrielle Modernisierung mit ihren Folgeerscheinungen begann bisher unberührte oder doch noch weitgehend intakte Landschaften zu erfassen. Neue Industriegebiete, besonders in Süddeutschland, Straßen, Flughäfen und – auf dem Reißbrett geplante – ganze Wohnviertel veränderten die Umwelt. Diese Vorgänge mitsamt ihren kaum bedachten Nebenfolgen in Gestalt von Lärm, Gewässerverschmutzung, Zersiedelung von Naherholungsgebieten und Zerstörung gewachsener Wohnformen sind damals nur selten als Bedrohung empfunden worden. Die seit langem von der Technik begeisterten Deutschen haben ihre grundsätzlich positive Einstellung zur technischen Modernität auch in dieser Epoche beibehalten und noch verstärkt. Man erfreute sich an der technischen Eleganz der Autobahnführungen, der wiederaufgebauten Brücken, der Wolkenkratzer aus Stahl und Glas oder der modern gestalteten Bürogebäude und Fabrikanlagen, während die negativen Begleiterscheinungen der Modernisierung tragbar erschienen. Die Öffentlichkeit war sich des Zusammenhangs zwischen Industrialisierung und heiß erstrebter Wohlstandsmehrung voll bewußt, und so begrüßte sie entsprechende Veränderungen mit jener optimistischen Naivität, die auch in den westeuropäischen Nachbarstaaten in dieser großen Periode des Aufbaus und des Wirtschaftswunders vorherrschte. Skeptische Warnungen, wie sie damals etwa von den Brüdern Ernst und Friedrich Georg Jünger oder von José Ortega y Gasset zu vernehmen waren, wurden überhört.

Die Verbesserungen des Zivilisationskomforts schienen alles aufzuwiegen. Sie waren in der Tat phantastisch und wirkten auf dem Hintergrund des Elends der Nachkriegsjahre überwältigend. Die Älteren wußten, daß die Deutschen seit der Weltwirtschaftskrise, im Grunde sogar seit dem Ersten Weltkrieg, keine derart fühlbare Verbesserung ihrer Lebensverhältnisse mehr erlebt hatten.

Besonders nachhaltig wurden die positiven Veränderungen der Wohnungsverhältnisse empfunden. In den Anfängen der Bundesrepublik, als sich die Versorgung mit Lebensmitteln und Kleidung bereits wieder dem Niveau der Vorkriegszeit näherte, waren hier die katastrophalen Zustände der Kriegs- und Nachkriegsperiode noch längst nicht beseitigt. Ein großer Teil der Bundesbürger fand sich unter schäbigsten Bedingungen zusammengepfercht. Der Wohnküchenmief, dem heute fast nur noch literarisch im erzählerischen Werk des frühen Heinrich Böll zu begegnen ist, war damals die Lebensluft von Millionen.

1950 standen 16,4 Millionen Haushaltungen nur 10,1 Millionen Wohnungen gegenüber. Von 10,8 Millionen Wohnungen, die 1939 auf 39 Millionen Einwohner entfallen waren, wurden rund 2,3 Millionen durch Kriegseinwirkung zerstört. Bis 1950 hatte sich aber die Einwohnerzahl des Bundesgebiets von 39 Millionen in der Vorkriegszeit auf 47 Millionen Einwohner erhöht.

Bei den vorhandenen Wohnungen handelte es sich zudem in der Regel um Häuser aus der Zeit vor dem Ersten Weltkrieg. So entstammten beispielsweise von den Normalwohngebäuden in Frankfurt am Main 60 Prozent der Epoche vor 1918, 33 Prozent waren zwischen 1918 und 1944 gebaut worden. Die Belegungsdichte in dieser stark vom Krieg betroffenen Stadt belief sich auf 1,46 Personen je Zimmer, Küchen inbegriffen; sie lag im Bundesdurchschnitt etwas niedriger: bei 1,2 Personen pro Raum.

Auch als dank der gewaltigen Investitionen im Wohnungsbau von 1950 bis einschließlich 1957 insgesamt 3,9 Millionen Neubauwohnungen buchstäblich aus dem Boden gestampft wurden, änderten sich die drückenden Verhältnisse nur langsam. Noch im Jahr 1954 erbrachte eine im Bundesgebiet durchgeführte Repräsentativbefragung der Wohnungsbaugesellschaft »Neue Heimat«, daß von den Befragten 70 Prozent in Norddeutschland und 77 Prozent in Süddeutschland Wohnungen von 1 bis 2½ Zimmern bewohnten; 60 Prozent erstrebten eine 2- bis 3-Zimmerwohnung!

Entsprechend schäbig war der Wohnkomfort. Man saß meist dicht aufeinander. 8,4 Prozent der Frankfurter Hauptmieter besaßen 1950 keine eigene Küche. 34,7 Prozent aller Untermieter hatten weder eine Küche, noch konnten sie eine Küche mitbenutzen. Zwar standen in über der Hälfte aller Wohnungen Gasherde – eine der großen Errungenschaften früherer Jahrzehnte. Aber ein Fünftel hatte nur Kohleherde, und 15,2 Prozent der Wohnungen besaßen gar keine Küche. Nur in 2,3 Prozent der Wohnungen fand sich ein Elektroherd. Ähnlich klein – nämlich 2,4 Prozent – war die Zahl jener wohlhabenden Wohnparteien, die einen Kühlschrank ihr eigen nannten! 68,1 Prozent aller Hauseigentümer und Hauptmieter verfügten nicht über ein eigentliches Wohnzimmer, und in rund 11 Prozent aller Haushaltungen schliefen Eltern mit Kindern unter 12 Jahren in einem Raum. Bei 3,5 Prozent aller Wohnparteien benutzten zwei oder gar drei Erwachsene verschiedenen Geschlechts ein gemeinsames Schlafzimmer.

In 81,5 Prozent der Wohnungen gab es lediglich Ofenheizung; bloß 15,2 Prozent waren mit Zentralheizung ausgestattet. Nur 43,6 Prozent der erfaßten Wohnungen verfügten über eine Badegelegenheit, wobei ein Drittel der Badezimmer und Badenischen von zwei oder mehreren Wohnparteien benutzt wurde. In immerhin 11 Prozent der Wohnungen lagen die Toiletten noch außerhalb.

Bis zur Mitte der fünfziger Jahre sind die Wohnungen nur selten mit Waschmaschinen ausgestattet gewesen. Vielerorts war entweder am Montag großer Waschtag, oder man gab die Wäsche aus. Erst jetzt wurden in den Miethäusern in zunehmendem Maß auch zentrale Waschanlagen eingerichtet, die von allen Mietparteien benutzt werden konnten.

Ähnlich mies stand es in den Anfängen der Adenauer-Ära um das Transportwesen. Hauptverkehrsmittel Anfang der fünfziger Jahre waren Straßenbahn, Bus und Fahrrad. Noch Anfang 1954, als die Motorisierungswelle bereits in Gang gekommen war, wurden in der Bundesrepublik rund 15 Millionen Fahrräder gezählt. Die vorhandenen Autos waren größtenteils Klapperkisten aus den Jahren vor 1940. Von den 355 000 zugelassenen Personenwagen, die 1949 über die Straßen rollten, waren nur 84 300

Neuzulassungen aus den Jahren 1948 und 1949. Die Zahl der Autos stieg zwar seit 1950 kräftiger an, aber der gewaltige Autoboom der sechziger Jahre ließ sich allenfalls erahnen.

Wer sich motorisierte, fing meist bescheiden mit einem Motorrad an. 1953 lag die Zahl der zugelassenen Krafträder mit rund 2 Millionen noch fast um das Doppelte über den Kraftwagen. Erst im Jahr 1957 überstieg die Zahl der Autos die der Motorräder. Das Verhältnis war jetzt 2,3 Millionen Krafträder zu 2,4 Millionen Personenkraftwagen.

Hingegen hatte der Lastkraftwagenverkehr seit der Währungsreform voll eingesetzt; bereits 1950 verkehrten 358000 Lastwagen auf den schlechten Straßen, 1957 waren es fast 600000. Natürlich dominierten bei den Personenwagen kleinere und Kleinstfahrzeuge. Die fünfziger Jahre waren das Jahrzehnt des VW-Käfers, des Lloyd, des Goggo-Mobils, des Heinkel-Rollers, der Vespa und der Lambretta.

Der aus diesem Nebeneinander verschiedener Fahrzeugarten entstehende Mischverkehr war mörderisch. 1953 zählte man bereits 10936 Verkehrstote – das waren etwa genauso viele Tote, wie die deutsche Armee 1939 im Polenfeldzug verloren hatte.

Doch an einen Neubau von Straßen in größerem Maßstab war noch nicht zu denken. Fast alle verfügbaren Mittel wurden durch die Beseitigung der Kriegsschäden in Anspruch genommen. Allein von den Brücken mit einer lichten Weite von über 5 Metern waren im Krieg 1508 zerstört worden.

Im äußeren Bild der vom Krieg getroffenen Städte ließen sich zwar seit etwa 1948 erstaunliche Anzeichen von Normalisierung erkennen. Vielerorts, vor allem in den Altstadtzentren, wo die Stadtverwaltungen mit den Grundstückseigentümern um sinnvolle Konzepte für den Wiederaufbau rangen, gab es zwar noch größere oder kleinere Trümmergrundstücke. Aber die meisten zerstörten Häuserzeilen waren wiederaufgebaut, in der Regel allerdings in phantasieloser, meist mehrgeschossiger Bauweise. Die rasche Schaffung von Wohnraum besaß Priorität vor ästhetischen Gesichtspunkten.

An Wolkenkratzer wagte man sich noch nicht, aber der Trend ging verstärkt zu vielgeschossigen Wohnblöcken, die, wenn die verantwortliche Wohnbaugenossenschaft vorbildlich sein wollte und genügend Platz hatte, zunehmend auch mit Grünflächen und Parkraum umgeben wurden.

Eine der neuinstallierten Signalanlagen auf dem Frankfurter Bahnhofsplatz. Ein Polizist, der von einem der angrenzenden Häuser aus die Szene überwachte, mußte anfänglich noch ungeduldige Passanten über Mikrophon ermahnen, die Ampellichter zu respektieren. Im Hintergrund das zweitürmige Schumann-Theater, das vor dem Krieg für seine Variété-Vorstellungen bekannt war.

Auch im Städtebau wurde also zunächst eine mühsame und größtenteils häßliche Normalisierung erreicht. Bahnhöfe und Behördenzentren sind anfänglich in vergleichsweise prosaischer Gestalt wiederhergestellt worden. Das großzügige öffentliche Bauen begann erst Mitte der fünfziger Jahre. Immerhin gab es schon markante neue Großbauten: Kaufhäuser, Kino-Paläste, Bürohäuser von Versicherungen, Großbanken. Da die Planung mit dem chaotisch wachsenden Verkehr nicht Schritt hielt, waren die Stadtzentren tagsüber meist laut, gefährlich und verstopft. Nachts waren die Großstädte ziemlich ruhig. Nur in bestimmten Renommierstraßen, wo sich auch schon wieder feine Lokale fanden, und in den vielfach noch nicht oder nur ganz schäbig aufgebauten Altstadtvierteln mit ihren Amüsierlokalen und billigen Absteigen herrschte reger Betrieb.

In vielen mittleren und kleineren Städten sowie in den Dörfern sah es fast wieder so aus wie vor dem Krieg. Den Handel wickelte man noch vielfach in Einzelhandelsgeschäften ab, die von der Familie des Eigentümers mit einem oder mehreren Angestellten betrieben wurden. Diese sahen sich aber bald mit Großkaufhäusern konfrontiert, deren Geschäftsleitungen nach bundesweiten Ausdehnungsplänen die deutschen Städte mit grobklotzigen Bauten ausstatteten.

Neben den Kaufhäusern waren es auch in Klein- und Mittelstädten anfänglich vor allem Kino-Paläste, die anzeigten, daß man jetzt moderner war als in der Vorkriegszeit.

Das gesellige Leben spielte sich in plüschig ausstaffierten Cafés ab, die oft noch das Vorkriegsmobiliar enthielten, oder in den Gasthäusern und Kneipen, deren verräucherte Kärglichkeit sich durch Krieg und Nachkriegszeit nicht gebessert hatte. Gepflegte Speise- und Amüsierlokale waren selten. Wo alliierte Truppen stationiert waren, florierten meist auch einige Barbetriebe. Alles war noch ziemlich schmucklos. Vielfach brachte aber die aufkommende Plastikmöbel-Kultur, die man damals für schön hielt, einen neuen Akzent. Da und dort gab es auch schon elegant ausgestattete, auf eine wohlhabende Kundschaft eingestellte Läden, und zu den ersten mit einigem Luxus ausgestatteten Geschäften gehörten nicht selten die Frisiersalons.

Am deutlichsten ließ sich auf dem Land erkennen, daß im Augenblick nur an Normalisierung, doch kaum an Modernisierung zu denken war. Im Straßenbild der Dörfer, in denen oft nur die Hauptstraße einen festen Belag hatte, dominierten noch Ochsengespanne und Pferdefuhrwerke. Die Statistik zeigt für das Jahr 1950 denselben Pferdebestand wie für die Jahre 1935/38. Die Zahl der Zugochsen war geringfügig zurückgegangen, die Zahl der Traktoren, Melkmaschinen und Mähdrescher war auf dem Vorkriegsstand stehengeblieben und begann sich erst langsam zu vermehren. Auch hier wurden die tiefgreifenden Veränderungen, die durchaus schon im Gange waren, erst gegen Mitte der fünfziger Jahre unübersehbar. Oft sind die banalsten statistischen Angaben die aussagekräftigsten: Statt 280000 Zugochsen im Jahr 1950 waren 1958 noch 59000 im Einsatz, dafür gab es statt rund 100000 nunmehr 600000 Zugmaschinen. Statt etwa 10000 Mähdreschern standen jetzt 25000 zur Verfügung, statt rund 1000 Melkmaschinen bereits an die 150000.

Als Schlafstätte für die in der Stadt Arbeitenden war das Dorf immer noch nicht richtig entdeckt. Die unterentwickelte Motorisierung erlaubte dies meist noch nicht. Wie früher bildeten für die Kinder die Dorfschule, für die Männer das Wirtshaus, für die Frauen das Milchhaus und der Krämer und für viele sonntags die Kirche noch die Zentren geselligen Lebens auf dem Dorf. Immerhin ließen die ersten dorfsoziologischen Untersuchungen, die Anfang der fünfziger Jahre gemacht wurden, schon erkennen, daß die geschlossene bäuerliche Welt bereits im Zerbrechen war. Halbstädtische Lebensformen und Ansprüche begannen sich auch auf dem Dorf zu verbreiten, das sich von nun an dem Sog der Industriegesellschaft nicht mehr entziehen konnte.

Die allgemeine Normalisierung auf dem bescheidenen Zivilisationsniveau der Vorkriegszeit wurde mit Beginn des zweiten großen Nachkriegsbooms um 1953/54 durch eine Kaufkraftwelle überrollt, der im Verlauf weniger Jahre eine tiefgreifende Modernisierung des materiellen Lebens folgte.

Im Wohnungswesen, wo besonders deprimierende Zustände geherrscht hatten, ließ sich der Wandel am deutlichsten verspüren. Die rund 4,5 Millionen Wohnungen, die zwischen 1950 und 1958 gebaut wurden, verschafften etwa 15 bis 16 Millionen Menschen, also etwa einem Drittel der westdeutschen Bevölkerung, eine eigene Unterkunft. Während der Soziale Wohnungsbau aus Gründen der Sparsamkeit anfänglich Kleinstwohnungen hervorgebracht hatte, die den gestiegenen Erwartungen bald nicht mehr entsprachen, rückte nun der Wohnstandard breiter Bevölkerungsgruppen im Verlauf weniger Jahre an den der künftigen Jahrzehnte heran. Der Anteil der Neubauwohnungen mit drei Räumen einschließlich Küche sank von 46 Prozent im Jahr 1952 auf 27 Prozent im Jahr 1958, während umgekehrt die Zahl der Wohnungen mit vier Räumen einschließlich Küche von 28 Prozent auf 43 Prozent anstieg. 1952 hatte nur ein Zehntel der deutschen Familien in Wohnungen mit fünf Räumen und mehr gewohnt, 1958 belief sich ihre Zahl schon auf ein Fünftel. Darin kam auch zum Ausdruck, daß sich neben den Sozialen Wohnungsbau in starkem Maß der Eigenheimbau Privater geschoben hatte.

Beharrliche Werbung und eine große Zahl von Wohn- und Einrichtungszeitschriften dienten jetzt dazu, qualitativ hochwertiges, durch moderne Technik angenehm gestaltetes Wohnen als ein Hauptziel gutbürgerlicher Lebensweise in immer breiteren Volksschichten populär zu machen. Zivilisationskomfort, der Anfang und noch Mitte der fünfziger Jahre nur einer relativ kleinen Schicht zugänglich war, die über altes Vermögen verfügte oder zu den »Neureichen« gehörte, erschien Anfang der sechziger Jahre bereits einer großen Zahl von Bürgern und Arbeitern als selbstverständlich.

Noch hatte aber die Ausstattung der Familien mit technischem Haushaltsgerät nicht die Sättigungsgrade späterer Jahrzehnte erreicht. Elektrische Waschmaschinen sind erst in den sechziger Jahren in der Mehrzahl der Haushalte in Betrieb gekommen, Geschirrspülmaschinen erst in den siebziger Jahren. Als Mindestkomfort von Neubauwohnungen setzten sich indessen schon in der Modernisierungsperiode der fünfziger Jahre durch: Zentralheizungen, Gas- oder Elektroherde, Bäder, Elektrokühlschränke.

Daneben begannen die Bundesbürger sich zu motorisieren. Die Autobegeisterung war damals grenzenlos. Grand Prix-Rennen, die große Massen an-

Wolfgang Graf Berghe von Trips, einer der bekanntesten deutschen Rennfahrer nach dem Krieg, vor einem Weltmeisterschaftslauf in Monza – der Rennstrecke, auf der er 1961 tödlich verunglückte.

zogen, besaßen eine gewaltige Publizität, zumal die deutschen Marken wieder vorn lagen. Im internationalen Vergleich des Kraftfahrzeugbesitzes rangierte die Bundesrepublik noch 1953 ziemlich weit unten. Auf jeweils hundert Einwohner kamen damals in den USA 25, in Großbritannien 5, in Frankreich 4 und in Deutschland 2 Kraftwagen. 1958 lagen die USA bei 33, Großbritannien bei 8,3, Frankreich bei 10 und die Bundesrepublik bei 5,8. Diese Zahl zeigt auch, daß die Motorisierung trotz allem erst in ihren Anfängen stand. Der Trend war aber unverkennbar. Immerhin sollte es gute zwanzig Jahre dauern, bis die Bundesrepublik den Motorisierungsgrad der USA im Jahr 1953 erreicht hatte. Erst 1974 lag ihr PKW-Bestand mit rund 17 Millionen bei 27,9 Autos auf 100 Einwohner.

Der Vergleich mit den USA drängt sich in mancherlei Hinsicht auf. Tatsächlich lassen die fünfziger Jahre in der Bundesrepublik weithin dasselbe Profil erkennen wie die »Roaring Twenties« in den Vereinigten Staaten: Motorisierung, Technisierung des

Die Alweg-Bahn, benannt nach dem schwedischen Industriellen Axel Leonard Wenner-Gren, wurde 1952 auf einer anderthalb Kilometer langen Versuchsstrecke in Köln erstmals erprobt. Obwohl das technische Prinzip auf großes Interesse stieß, war dem Projekt kein durchschlagender Erfolg beschieden.

Alltags und feste Etablierung einer vom Komfortdenken geprägten Massenzivilisation, deren hedonistische Elemente alle überkommenen Werte und Lebensformen kräftig zu durchdringen begannen.

Die Modernisierung schickte sich nun auch an, den Städtebau deutlich zu verändern. Jetzt mußten aber die Kommunen voll Kummer erkennen, daß die Bewältigung des Verkehrs ähnlich schwierige Gestaltungsfragen aufwarf wie der noch in Gang befindliche Wiederaufbau. Mit beiden sind sie nicht befriedigend fertig geworden.

Von den Konzepten, die alle Probleme einer modernen Stadt lösen sollten, wurde zwar ein großes Aufheben gemacht. Aber über die Qualität der Lösungen, die dann durchgesetzt wurden, war man nach zwanzig und mehr Jahren durchaus geteilter Meinung. Wer den berühmten Städteplanern der fünfziger Jahre wohl will, hält ihr wild-entschlossenes, auch vor großen städtebaulichen Kahlschlägen nicht zurückschreckendes verkehrsgerechtes Planen für einen ganz unvermeidlichen Prozeß von »trial and error«, der in vielem doch Resultate erbrachte, die den Erfordernissen der Modernisierung entsprachen. Wer von ihren Künsten weniger hält, begrüßt es im nachhinein, daß die politischen Instanzen in diesem durch ziemliche Bedenkenlosigkeit gekenn-

zeichneten Jahrzehnt sich doch standhaft weigerten, durch großzügige Bodenreform und Planungsgesetzgebung der kommunalen Planungswut die Hindernisse aus dem Weg zu räumen, nach deren Beseitigung alle fortschrittlichen Geister damals riefen. Jedenfalls erhielten die Großstädte – manche nach geglückten, andere nach weniger geglückten Eingriffen – damals ihr heutiges Gesicht mit breiten Ausfallstraßen, Ringen und Verkehrstangenten, großen Verkehrskreiseln, Ampelwäldern und mit des Nachts leeren City-Vierteln. In finanzkräftigen Großstädten begannen private Unternehmer schon damals mit dem Bau einzelner Hochhäuser – Frankfurt machte den vielbeachteten Anfang. Die Stadtsilhouetten sind allerdings erst in den sechziger Jahren unwiderruflich verändert worden.

Die Städte begannen sich aber unter dem Diktat der hohen Grundstückspreise nicht nur in die Höhe zu strecken, sondern auch ins Umfeld auszudehnen. Bald erlaubte die Motorisierung der Angestellten- und Arbeitermassen die Planung von Satellitenstädten und die Einbeziehung benachbarter Kommunen in die Großstadt. Während noch Anfang der fünfziger Jahre die Stadt vielfach dort aufhören mußte, wo die Straßenbahn zu Ende war, konnte nun in großem Stil mit einer gut oder weniger gut geplanten Erschließung und Besiedelung der Umgebung begonnen werden.

Überall setzte somit in den fünfziger Jahren ein unwiderstehlicher Trend ein, der seinen Gipfel erst in dem Jahrzehnt nach dem Abschluß der Adenauer-Ära erreicht hat. Aber die städtebaulichen Konsequenzen des Verlangens nach mehr und besserem Wohnraum auf dem Hintergrund gleichzeitig gesteigerter Mobilität zeichneten sich schon damals deutlich ab. Das unaufhaltsame Vordringen städtischer Siedlungen ins Umland war eine mehr oder weniger direkte Folge der Wohlstandsexplosion in den fünfziger Jahren. Hinzu kam, daß das damalige Steuer- und Mietrecht im Wohnungsbau Versicherungen, Bausparkassen, Wohnungsbaugesellschaften und privaten Anlegern beim Bau von Miet- und Eigentumswohnungen ein gutes Geschäft verhieß.

Auch neue Straßen wurden nun gebaut. Aber der Straßenbau hatte noch keine Priorität. Die große Epoche des deutschen Autobahnbaus fällt erst in die sechziger Jahre. In den fünfziger Jahren blieben die Planungen einigermaßen vorsichtig und die Leistungen gering. Wie in vielen anderen Bereichen war auch hier zu erkennen, daß die Maßnahmen der öffentlichen Hand zur Verbesserung der Infrastruktur den Modernisierungsimpulsen nicht vorangingen, sondern ihnen bedächtig nachfolgten.

Einschmelzung traditioneller Sektoren

Vielschichtig und widerspruchsvoll wie die äußeren Erscheinungsformen und das Daseinsgefühl der damaligen westdeutschen Gesellschaft waren auch deren Strukturen.

Unter Soziologen und Sozialhistorikern bestand indessen eine gewisse Übereinstimmung darüber, in Industrie und Technik den am stärksten prägenden Faktor zu sehen. Von ihnen schienen direkt oder indirekt die wichtigsten Impulse des Wandels auszugehen. Insofern bürgerte es sich in der Publizistik rasch ein, die Gesellschaft der Bundesrepublik in erster Linie als moderne Industriegesellschaft zu begreifen – was immer dies auch heißen mochte.

Industriegesellschaft – das war freilich noch nichts eigentlich Neues, sondern nur die Fortsetzung eines

säkularen Trends. Die deutsche Sozialgeschichte von der Mitte des 19. Jahrhunderts bis in die Tage der Adenauer-Ära kann als ein großer Vorgang verstanden werden, in dem jene Produktionsverhältnisse, Gesellschaftsschichten, Wertvorstellungen, die ganz oder teilweise in vorindustriellen Gesellschaftsformen wurzelten, unerbittlich in die Industriegesellschaft eingeschmolzen wurden. Das gilt für die Bauern und die Kirchen, den preußischen Adel und die Universitäten, das Heer und große Teile der Verwaltung.

In der Adenauer-Ära aber hat dieser Vorgang einen merklichen Reifegrad erreicht. Zur Zeit des Kaiserreichs, in der Weimarer Republik und auch im Dritten Reich hatten die verschiedensten vormodernen Sektoren noch ein gewisses Gegengewicht zur Industriegesellschaft gebildet, wennschon sie mit dieser bereits die vielfältigsten Verbindungen eingegangen

Die Erinnerung an die abgetrennten Ostgebiete Deutschlands pflegten in der Bundesrepublik vor allem die Landsmannschaften der einzelnen Provinzen auf ihren stark besuchten Heimattreffen wie hier die Pommern 1953 in Hamburg, wo sie ihre alten Stadtwappen mit sich führten.

waren. Aber die Sozialrevolution des Nationalsozialismus und der Kriegszeit, die Kriegsverluste und die Abtrennung des agrarischen Ostens hatten die soziale Basis der vorindustriellen Gesellschaftselemente größtenteils schon vor Gründung der Bundesrepublik zerstört.

Wohin man sieht – auf das Verhältnis Stadt-Land, auf die Kirchen, auf die politischen und administrativen Eliten –, überall bewirkten die Jahre 1933 bis 1945 eine tiefgreifende Veränderung. Doch die Reste der vorindustriellen Elemente ragten immer noch weit in die Adenauer-Ära hinein. Nur war die Industriegesellschaft jetzt so überstark geworden, daß inzwischen das meiste, was an vorindustriellen Beständen noch übriggeblieben war, nunmehr weitgehend zerstört oder eingeschmolzen wurde. Mit einiger Überspitzung läßt sich die These formulieren, daß die Adenauer-Ära eine Periode des großen Abräumens jener vorindustriellen Reste gewesen ist, die das Dritte Reich und den Krieg noch überlebt hatten. In dieser Hinsicht wurde in den fünfziger Jahren ein Punkt überschritten, von dem aus keine Rückkehr mehr möglich war.

Mit welchem Tempo sich dieser Prozeß durchsetzte, wird am deutlichsten sichtbar beim Blick auf die demographischen Veränderungen zwischen agrarischer und nicht-agrarischer Bevölkerung.

Seit Beginn der Industrialisierung war das Verhältnis zwischen Erwerbspersonen, die auf dem Land oder in der Industrie tätig waren, kontinuierlich zugunsten des industriellen Bereichs verschoben worden. Im Jahr 1939 hatten aber immerhin noch 24,2 Prozent aller Erwerbspersonen in der Landwirtschaft Brot und Arbeit gefunden. Trotz des Verlusts der Agrargebiete im Osten war das Verhältnis zwischen dem Primärsektor Landwirtschaft und den anderen Sektoren auch in der Nachkriegszeit unverändert geblieben. 1950 waren knapp ein Viertel der Erwerbspersonen einschließlich mithelfender Familienangehöriger in der Land- und Forstwirtschaft tätig, gegenüber drei Vierteln der Erwerbsbevölkerung im sekundären Sektor der gewerblichen Wirtschaft und im tertiären Sektor von Handel und Dienstleistungen. Hier brachten erst die fünfziger Jahre den entscheidenden Umbruch. 1960 arbeite-

ten nur noch 13,3 Prozent der Erwerbstätigen in der Landwirtschaft: ihre Zahl hatte sich somit in einem einzigen Jahrzehnt fast um die Hälfte verringert. Gewiß waren die Veränderungen von Region zu Region unterschiedlich stark. Doch an der Gesamttendenz konnte kein Zweifel sein.

Da die im landwirtschaftlichen Sektor vorherrschenden Lebenseinstellungen auf einen weiteren Raum der umliegenden kleineren und mittleren Städte ausgestrahlt hatten, wurde tatsächlich ein noch viel größerer Kreis der Gesamtbevölkerung von den damit verbundenen Veränderungen der Lebensgewohnheiten und des politischen Bewußtseins erfaßt. Das um so mehr, als in diesem und im folgenden Jahrzehnt die Durchschnittseinkommen in der Landwirtschaft an die Gegebenheiten in Wirtschaft, Handel und im Dienstleistungsbereich herangeführt wurden mit entsprechenden Auswirkungen auf den Lebensstandard und die Mentalität der bäuerlichen Bevölkerung. Im großen und ganzen ist während der Adenauer-Ära das Land in die Industriegesellschaft integriert worden.

Das Absinken der Zahl der im landwirtschaftlichen Sektor beschäftigten Erwerbstätigen war gleichzeitig ein Indiz für die allmählich zurückgehende Bedeutung der Landwirtschaft für die Produktion. 1936 wurden in Land- und Forstwirtschaft noch 10,8 Prozent des Bruttosozialprodukts erwirtschaftet – gegenüber 32,9 Prozent Anteil der industriellen Produktion. In der zweiten Jahreshälfte 1950 lag der Sektor von Land- und Forstwirtschaft immerhin noch bei 9,7 Prozent – verglichen mit 36,4 Prozent Produktionsanteil der Industrie. Der Beitrag des Primärsektors zum Volkseinkommen war also bereits erheblich geringer als sein Anteil an den Erwerbstätigen.

Auch in dieser Hinsicht brachten die fünfziger Jahre einen merklichen Wandel. Sie ließen nicht nur die Zahl der in Land- und Forstwirtschaft Beschäftigten kontinuierlich absinken, sondern gleichzeitig auch den Beitrag dieses Sektors zum Sozialprodukt. Im Jahr 1960 lag er noch bei 5,7 Prozent, im Jahr 1968 bei 3,6 Prozent.

Zur gleichen Zeit erfolgte eine mindestens ebenso folgenreiche Zunahme der Urbanisierung. Auch hierbei manifestierte sich ein säkularer Prozeß, in

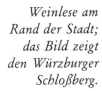

Weinlese am Rand der Stadt; das Bild zeigt den Würzburger Schloßberg.

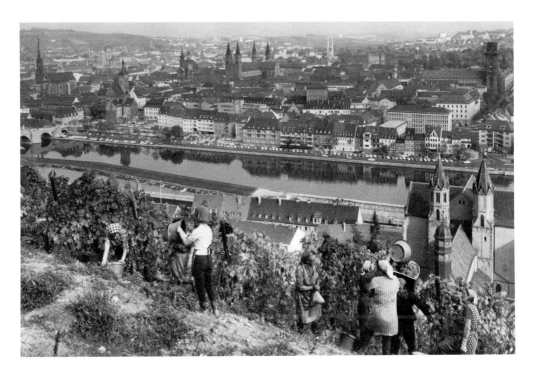

dem die Adenauer-Ära wiederum einen besonders deutlichen Einschnitt brachte.

Das alte Deutschland war bis in die Vorkriegsjahre ein Land, in dem große industrielle Ballungszentren teilweise recht bezugslos neben ausgedehnten Provinzen von betont kleinstädtisch-agrarischem Charakter lagen. Noch in den Anfängen der Bundesrepublik ist dieses Grundmuster gut zu erkennen. Von den 47 686 000 Bundesbürgern wohnten im Jahr 1950 noch 24 513 000 oder 51 Prozent in Gemeinden unter 10 000 Einwohnern. Diese Zahl war allerdings unnatürlich hoch, weil ein erheblicher Teil der Vertriebenen in ländlichen Gebieten untergebracht worden war. In den fünfziger Jahren erfolgte nun ein Doppelvorgang: einerseits strömten erhebliche Bevölkerungsmassen in die Großstädte, die zwischen 1950 und 1956 jährlich um rund 2,4 Prozent zunahmen, während sich andererseits die Städte aufs Land ausdehnten. So kam es, daß in diesem Zeitraum trotz der dramatischen Verringerung der bäuerlichen Erwerbstätigen die Gesamtzahl derer, die in Gemeinden unter 10 000 Einwohnern wohnten, mit 46 Prozent prozentual nicht stark abgenommen hat. Solche Globalzahlen vermitteln frei-

lich nur bedingt ein richtiges Bild. Denn selbst jene Regionen, die ihren provinziellen Charakter bewahren konnten, wurden als Fremdenverkehrsgebiete nun meist auch in die Industriegesellschaft einbezogen.

Diese Entwicklung verlief indessen nicht so ungeplant, wie damals und später oft kritisch angemerkt wurde. Sicher waren es weitgehend unabhängige Entscheidungen der Privatwirtschaft, aus denen das System der Industriegesellschaft seine Kraft bezog. Aber staatliche Strukturpolitik hat schon in jenen Jahren rahmensetzend, regulierend, steuernd gewirkt und vor allem durch den unerläßlichen Ausbau der Infrastruktur die Ausdehnung dieser modernen Gesellschaft ermöglicht und ihre Lebensqualität gesichert. Die Dynamik der Veränderung ergab sich also aus einem engen Zusammenwirken privatwirtschaftlicher und öffentlicher Aktivitäten, wie es für die Entwicklung des industriewirtschaftlichen Systems in großen Teilen der westlichen Welt typisch geworden ist.

Bis zum Beginn der sechziger Jahre setzte sich das bald jedoch deutlich verlangsamte Wachstum der Großstädte, dann auch der Mittelstädte noch fort.

Ein Teil der in den Städten arbeitenden Bevölkerung wohnte jetzt in der Umgebung. Manche von ihnen kamen von den Dörfern, andere zogen nun aufs Land, wo billigere Wohnungen oder Bauplätze zur Verfügung standen, oder sie fanden ihren Wohnsitz in neuen Satellitenstädten. Das Ergebnis des Gesamtprozesses war in vielen Gebieten eine graduelle Einebnung zwischen Stadt und Land. Die Siedlungsgeographen begannen nun von einem »Stadt-Land-Kontinuum« zu sprechen.

Auch die Bevölkerung auf dem Land begann sich innerhalb weniger Jahre in Wirtschaftstätigkeit, Lebensweise und Lebensansprüchen nach den städtischen Zentren auszurichten. Provinz im alten Sinn gab es zwar immer noch, aber die Landesplanung war schon zum Zweck der Arbeitsplatzbeschaffung unablässig am Werk, viele der bisher vorwiegend ländlich strukturierten Gebiete durch Straßenbau und Industrieansiedlung in die industrielle Gesellschaft einzugliedern.

Mit Industrialisierung und Verstädterung in einem gewissen Zusammenhang stand auch eine spürbare Erosion kirchlicher Bindung und religiös geprägten Verhaltens.

Gewiß kann man die Religion nur sehr bedingt zu den vorindustriellen Elementen der deutschen Gesellschaft rechnen. Die Entkirchlichung war auch früher schon ein Vorgang gewesen, der wenigstens teilweise durchaus unabhängig von der Industrialisierung verlaufen war. Andererseits hatte im protestantischen Volksteil das religiös geprägte Bürger- und Kleinbürgertum vielfach zu den wichtigsten Trägern der Industrialisierung gehört. Dennoch galt auch schon für die Sozialverhältnisse im Kaiserreich wie in der Weimarer Republik und noch im Dritten Reich, daß die Stellung der Kirchen und die Prägekraft religiöser Daseinsführung häufig dort noch am stärksten waren, wo die Sozialstruktur den Zuständen in der vorindustriellen Gesellschaft am nächsten kam: in den Dörfern sowie in den Klein- und Mittelstädten. Hier konnten die Kirchen und in gewissem Maß auch freikirchliche Religionsgemeinschaften ihren Einfluß am ehesten aufrechterhalten. Durch den Verlust der protestantischen Ostgebiete und die damit verbundenen großen Wanderungsbewegungen, doch auch durch die in den fünfziger Jahren in raschem Tempo erfolgende Verstädterung, sind die geschlossenen Regionen, in denen die Kirchen und religiös bestimmtes Verhalten noch von erheblichem Einfluß waren, dezimiert und aufgelöst worden.

Die religionssoziologischen Untersuchungen, die in den fünfziger Jahren durchgeführt wurden, lassen bereits das Bild einer Gesellschaft erkennen, in der die Kirchen nur noch in den durchgehend katholisch geprägten, vorwiegend ländlichen Gebieten ihre soziale Führungsstellung bei der Normierung des Alltagslebens, im Erziehungswesen und im politischen Raum mühsam wahren oder – gegenüber den Verhältnissen im Dritten Reich – wiederherstellen konnten. Tatsächlich hat der Katholizismus der fünfziger Jahre gegenüber der Verweltlichung eine stärkere Abwehrkraft besessen als der Protestantismus.

Insgesamt aber ließ sich deutlich erkennen, daß die nun überall durchschlagende Industrialisierung jene Konstellation weitgehend zerstörte, auf die sich religiös geprägtes Dasein früher gestützt hatte. In dieser modernen Industriegesellschaft war die Kirche nur noch eine Organisation unter anderen; ihre Ansprüche und Einflüsse standen in Konkurrenz zu vielen anderen, die aus der pluralistisch aufgefächerten Gesellschaft auf den einzelnen einwirkten. Religion wurde nach einem letzten Aufflackern ihres universellen Geltungsanspruchs in den ersten Nachkriegsjahren sowie in den Anfängen der Adenauer-Ära unbestritten zur Privatsache. Die Kirchentreuen und die kirchlichen Amtsträger akzeptierten es bald, daß sie ihre Glaubensvorstellungen in einem schwer faßbaren Milieu religiös indifferenter Schichten und Individuen bewahren mußten.

Es wurde zunehmend schwerer, Berufsgruppen auszumachen, deren Angehörige noch durch regelmäßigen Gottesdienstbesuch und in der Gestaltung ihres Alltagslebens die Lebendigkeit religiöser Kräfte erkennen ließen. Die schon früher bekannten Zusammenhänge zwischen Berufstätigkeit und Kirchlichkeit waren zwar da und dort noch spürbar. Die protestantische Arbeiterschaft insgesamt war immer noch die am wenigsten kirchlich orientierte Schicht, während die vorwiegend in Kleinbetrieben beschäftigten katholischen Arbeiter erstaunlich kirchentreu blieben.

Wo katholisches Verbandswesen oder ein ins 19. Jahrhundert zurückreichendes pietistisch geprägtes Milieu bestimmend waren, ergab sich noch ein deutlich günstigeres Bild für die Religionsgemeinschaften. Die Handwerker, Bauern, Beamten waren auch in der Adenauer-Ära insgesamt kirchlicher gesinnt als die Massen der Angestellten und erst recht der Arbeiter. Von allen sozialen Faktoren war aber neben der Konfession das Stadt-Land-Gefälle beim Gottesdienstbesuch wohl das wichtigste. Doch gab es noch andere. Der Gottesdienstbesuch der Frauen lag deutlich über dem der Männer, junge Leute und Alte gingen deutlich häufiger zur Kirche als die erwachsenen Jahrgänge im breiten Zwischenfeld.

Je weiter es in die Nachkriegszeit hineinging, um so uneinheitlicher wurde das Bild. Da die religiöse Orientierung vorwiegend durch die mehr oder weniger zufällige Prägekraft der Familien und kaum noch durch das sozio-kulturelle Milieu ganzer Regionen

oder einzelner Berufsgruppen bedingt wurde, erwies sich schon damals die eindeutige Zuordnung des Kerns von Kirchentreuen zu einzelnen Schichten als immer schwieriger.

Deutlich erkennbar war ein nicht zu bremsender, langsamer Rückgang des Gottesdienstbesuches, der beim evangelischen Volksteil – bedingt durch die Kirchenferne der großen Arbeitermassen – ohnehin schon seit langem vergleichsweise niedrige Werte aufwies. 1954 erklärten bei Repräsentativumfragen 19 Prozent der Protestanten und 61 Prozent der Katholiken, sie seien am letzten Sonntag in der Kirche gewesen. Ein Jahrzehnt später war die durchschnittliche Zahl der evangelischen Kirchgänger auf 15 Prozent gesunken, die der Katholiken auf 58.

Nun ist der Kirchenbesuch nur bedingt ein Indiz für christlich bestimmte Lebensformen und Überzeugungen. Man sollte auch nicht übersehen, daß es nicht immer die statistisch erfaßbaren Durchschnittshaltungen sind, die sich im politischen System auswirken. Zweifellos haben sich in den fünfziger Jahren gerade die gesellschaftlich und politisch

Der durch die Industrialisierung bedingte gesellschaftliche Wandel zeigte sich auch im religiös bestimmten Verhalten der Bevölkerung. Die Zahl der Gottesdienstbesucher ging zurück. Regen Zuspruch aus allen Teilen Deutschlands fanden aber die Kirchentage. Hier treffen im Juli 1954 Besucher des Evangelischen Kirchentags auf dem flaggengeschmückten Leipziger Bahnhof ein.

Aktiven in unverhältnismäßig großer Zahl aus den Kirchentreuen rekrutiert. Aber im ganzen ließ sich doch am Ende des Jahrzehnts gar nicht übersehen, daß die früher religiös geprägten Schichten und die kirchlichen Institutionen voll in die Industriegesellschaft mit allen ihren sozialen Folgeerscheinungen einbezogen, damit zugleich aber relativ schwächer geworden waren.

Endgültig durchgesetzt hatten sich die Bedingungen der Industriegesellschaft auch in der Struktur der Elite. Die preußische Oberschicht, die im Modernisierungsprozeß der vergangenen hundert Jahre eine so ambivalente Rolle gespielt hatte, kam im Bonner Staat nicht mehr zum Zuge. Damit entfiel die einstige Elite, die in der Reichsregierung und in der preußischen Verwaltung für die Entwicklung zum modernen Industriestaat einen wesentlichen Beitrag geleistet hatte, andererseits aber noch stark im Wertsystem der vorindustriellen Gesellschaft wurzelte. Die große, in Schüben erfolgende Entmachtung dieser Oberschicht war am Ende des Dritten Reiches abgeschlossen. Mit den ostelbischen, schlesischen und brandenburgischen Gütern hatte diese einstmals dominierende Klasse nun auch die wirtschaftliche Basis ihrer Macht eingebüßt.

So wurde die Bundesrepublik ein Staat, in dem zum ersten Mal in der neueren deutschen Geschichte die Angehörigen der preußischen Oberschicht politisch nichts mehr zu sagen hatten. Ein Vergleich der Bundeskabinette oder der Länderregierungen mit den Reichsregierungen im Kaiserreich oder auch mit den letzten Kabinetten der Weimarer Republik zeigt mit hinlänglicher Deutlichkeit, daß sich seither ein tiefgreifender Elitenaustausch vollzogen hatte. In diesem Punkt vermied die Bundesrepublik jede Anknüpfung an die Zeit vor 1933.

Der einzige Minister im Kabinett Adenauer, der noch in eigener Person die Traditionen des preußischen Schwertadels verkörperte und sich auch publizistisch für das in der Schwüle Bonns deutlich erschlaffende Ethos des Dienstes am Staat einsetzte, war der DP-Minister Hans-Joachim von Merkatz. Ähnlich wie von Merkatz suchte auch der Minister für gesamtdeutsche Fragen Jakob Kaiser, noch an die letztlich in der vorindustriellen Gesellschaft ver-

ankerten preußischen Werte zu erinnern. Aber das war eine Ironie der Geschichte, denn Jakob Kaiser war Katholik, ein aus dem Arbeiterstand kommender Gewerkschafter und von landsmannschaftlicher Herkunft ein Franke.

Ganz allgemein zeigte sich fast jedermann in Politik und Öffentlichkeit befriedigt darüber, daß man nun die alte Oberschicht los war. Die bürgerliche Gesellschaft des deutschen Südens und Westens wünschte endlich einen Staat ohne ausgeprägt autoritäre Strukturen, ohne harten Durchsetzungswillen nach außen und innen und ohne jene problematische Präsenz vorindustrieller Haltungen, denen viele Angehörige der preußischen Eliten trotz ihrer Öffnung für die Industriegesellschaft nie völlig abgeschworen hatten.

Auch in der Bundesverwaltung kam der alte Dienstadel nur noch beschränkt zum Zuge. Hier dominierten jetzt Verwaltungsbeamte aus bürgerlichen Beamten- und Juristenfamilien. Nur im Auswärtigen Amt und später in der Bundeswehr fand die entmachtete Oberschicht noch begrenzte Reservate.

Auf dem Weg zur Mittelstandsgesellschaft

Die in den fünfziger Jahren rasch aufblühende Soziologie zeigte sich von Anfang an bestrebt, die Grundbedingungen der reifen Industriegesellschaft analytisch zu erfassen. Auffällig war dabei im Unterschied zu späteren Jahrzehnten, wie wenig sich die Empiriker und Theoretiker der ersten Soziologengeneration in der Nachkriegszeit von marxistischen Interpretationsmodellen versprachen. Eine große Mehrheit des Faches ließ sich von der Überzeugung leiten, daß die moderne Industriegesellschaft der Bundesrepublik durch komplexe Schichtungsstrukturen gekennzeichnet sei. Die objektiven Gegebenheiten legten diese Auffassung ebenso nahe wie die wahrnehmbaren Gesellschaftsbilder und Wertvorstellungen.

Beim Blick auf das Beschäftigungssystem waren neben dem rasch schrumpfenden agrarischen Bereich zwei große Sektoren erkennbar: der sekundäre Sektor der gewerblichen Wirtschaft und der tertiäre Dienstleistungssektor einschließlich Handel und

Verkehr. In den fünfziger Jahren nahm der sekundäre Sektor des produzierenden Gewerbes noch zu. Die Aufblähung des Dienstleistungsbereiches, die sich in den sechziger und siebziger Jahren vollziehen sollte, hatte noch nicht begonnen.

In der gewerblichen Wirtschaft wie im tertiären Sektor war die Kontinuität zwischen Vorkriegszeit und früher Adenauer-Ära noch ungebrochen. Das Verhältnis zwischen den großen Sektoren stellte sich in den Stichjahren 1939 und 1950 wie folgt dar: Produzierendes Gewerbe 40,5 : 44,7; Handel und Verkehr 15,1 : 15,9; Dienstleistungen 20,2 : 17,2.

Im Jahr 1960 ließen sich schon deutliche Veränderungen erkennen. Die im produzierenden Gewerbe Tätigen machten nun mit 48,4 Prozent fast die Hälfte aller Beschäftigten aus. Die Arbeitskräfte im Bereich Handel und Verkehr umfaßten mit 19,9 Prozent rund ein Fünftel der Gesamtbeschäftigten. Das Wachstum im sonstigen Dienstleistungsbereich hielt sich aber mit 18,4 Prozent noch in Grenzen.

Die tiefgreifenden Verschiebungen haben sich erst in den sechziger Jahren vollzogen. 1971 zeigte sich, daß die Zahl der im produzierenden Gewerbe Beschäftigten stagnierte; auch Handel und Verkehr waren aufgrund verschiedener Rationalisierungsmaßnahmen von 19,9 auf 17,5 Prozent zurückgegangen. Der übrige Dienstleistungssektor aber nahm nun mit 25,7 Prozent ein Viertel aller Beschäftigten in Anspruch – eine Folge vor allem der explosionsartigen Vermehrung im öffentlichen Dienst.

Die Unterscheidungen zwischen den Sektoren waren allerdings schon damals einigermaßen künstlich. Denn ein genauerer Blick auf den sekundären Sektor ließ erkennen, daß dort die Entwicklung hin zur Dienstklassen-Gesellschaft schon begonnen hatte. Manuelle Arbeit war im Abnehmen begriffen, während nichtmanuelle Tätigkeiten zunahmen. Millionen von Arbeitern standen zwar noch an Maschinen und arbeiteten mit Werkstoffen. Aber die Zahl der Angestellten wuchs auch hier ziemlich rasch.

1950 waren etwas mehr als die Hälfte aller Beschäftigten Arbeiter. Unter den in abhängiger Position Beschäftigten belief sich die Zahl der Arbeiter sogar auf 71,8 Prozent, die der Angestellten auf 22,5 und die der Beamten auf 5,6 Prozent. 1960 hatte sich innerhalb dieser abhängig Beschäftigten

eine deutliche Verschiebung vollzogen, die aber ihren Gipfelpunkt noch längst nicht erreicht hatte. Die Arbeiter machten noch 62,3 Prozent aus (1974: 53,2), die Zahl der Angestellten war auf 30,4 Prozent gestiegen (1974: 37,2) und die der Beamten lag nun bei 7,2 Prozent (1974: 9,6). Hier kam gleichfalls ein säkularer Trend zum Ausdruck, der schon im Kaiserreich begonnen hatte und sich in ähnlicher Weise auch in den anderen westlichen Industriegesellschaften vollzog.

Das Wachstum des tertiären Sektors, der im Bereich des Arbeitskräfteeinsatzes nachhaltige Veränderungen zur Folge hatte, entsprach übrigens nicht dem Beitrag, den die Sektoren zum Bruttoinlandsprodukt leisteten. Während 1950 im sekundären Sektor 47,3 Prozent des Bruttoinlandsprodukts erwirtschaftet wurden und 1960 55,6 Prozent, wies der tertiäre Sektor im gleichen Zeitraum eine sinkende Tendenz auf. Obwohl die Erwerbstätigen hier prozentual von 32,3 Prozent auf 37,2 Prozent zunahmen, sank der Beitrag zum Bruttoinlandsprodukt von 42,4 auf 38,1 Prozent. Derartige Entwicklungen wurden indessen in der öffentlichen Diskussion nur wenig vermerkt. Die Auseinandersetzungen über die sektorale Produktivität, insbesondere über die des öffentlichen Dienstes, lagen noch in einer fernen Zukunft.

Vergleichsweise stark verändert hat sich in den fünfziger Jahren auch die Arbeitstätigkeit von Frauen. Sie war unter den Arbeitern immer ziemlich hoch gewesen und lag sowohl 1950 wie 1960 bei 28 Prozent der Arbeiterschaft. Bei den Angestellten vollzog sich ein Zuwachs von 42,9 Prozent im Jahr 1950 auf 49,3 im Jahr 1960. Von da an blieb die Relation männlicher und weiblicher Angestellter bis Mitte der siebziger Jahre konstant. Auch bei den Selbständigen und den mithelfenden Familienangehörigen zeigte sich, daß der gestiegene Arbeitskräftebedarf in den kaufmännischen und Büro-Berufen während der Wachstumsperiode der fünfziger Jahre in starkem Maß durch Mobilisierung weiblicher Arbeitskräfte bewältigt wurde. Ihre Zahl stieg zwischen den Jahren 1950 und 1957 von insgesamt 4,1 Millionen auf 6,2 Millionen an. Mehr als ein Drittel der gesamten Arbeitnehmerschaft waren jetzt Frauen.

Die meisten dieser Arbeitskräfte kamen aus der »stillen Reserve« der Ehefrauen. Diejenigen, die in der Familie arbeiteten, waren aber gegenüber den berufstätigen Verheirateten immer noch in der Mehrzahl. Von mehr als 11 Millionen verheirateten Frauen nahmen 1960 aber doch schon 4,2 Millionen eine Ganz- oder Teilzeitbeschäftigung wahr. Die gleichzeitige Belastung durch Mutterpflichten und Berufstätigkeit, bisher vorwiegend ein Problem der Arbeiterinnen, griff nun auch auf die Angestellten über. 1961 waren bereits mehr als ein Drittel der weiblichen Erwerbstätigen Mütter mit Kindern unter 15 Jahren.

In den globalen statistischen Zahlenangaben für die im industriellen Bereich Tätigen kommt freilich nicht genügend zum Ausdruck, wie unterschiedlich die Gegebenheiten von Branche zu Branche waren. Die Verteilung der Beschäftigten auf die einzelnen Betriebsgrößen ergab das bereits aus der Vorkriegszeit gewohnte Bild. Im produzierenden Gewerbe herrschten die Kleinbetriebe mit unter 10 Arbeitern und Angestellten vor. Ihre Zahl lag bei 841 000 Betrieben mit 2,1 Millionen oder knapp einem Viertel der in Industrie und Baugewerbe Beschäftigten. Die Kleinbetriebe und kleineren Mittelbetriebe mit Betriebsgrößen zwischen 10 und 100 Beschäftigten boten weitere 97 000 Arbeitsstätten für rund 2,5 Millionen Arbeitnehmer. Insgesamt arbeitete also fast die Hälfte der industriellen Arbeitnehmer in Betriebseinheiten, die noch überschaubar waren und einen direkten Kontakt zwischen dem Arbeitnehmer und dem Betriebsleiter ermöglichten.

Dem standen auf der anderen Seite 662 Großbetriebe von über 1000 Beschäftigten mit 1,5 Millionen und 948 große Mittelbetriebe mit rund 646 000 Arbeitern und Angestellten gegenüber. Hier war somit ein weiteres Viertel der gewerblichen Arbeitnehmer beschäftigt. Das letzte Viertel arbeitete in den rund 10 000 Mittelbetrieben mit Betriebsgrößen zwischen 100 und 500 Beschäftigten.

Dieses bundesweit vergleichsweise ausgewogene Verhältnis zwischen den Beschäftigten in kleineren, mittleren und großen Betrieben blieb während der ganzen Adenauer-Ära ziemlich unverändert. Allerdings wuchsen zahlreiche Betriebe in die nächste Größenklasse hinein.

Bei den Großbetrieben vollzogen sich in einzelnen Industriezweigen vieldiskutierte Konzentrationsvorgänge. Doch ihr Ausmaß war recht unterschiedlich. Es war besonders ausgeprägt in der Montanindustrie, wo nach 1952 eine Rekonzentration der durch die alliierten Entflechtungsmaßnahmen künstlich zerlegten Konzerne in Gang kam, die allerdings nicht die Intensität der Verflechtung in der Vorkriegszeit erreichte. Ebenso kam es auch in der Mineralölindustrie, die Mitte der fünfziger Jahre in großem Stil mit dem Bau von Raffinerien begann, in der chemischen Industrie, in der elektrotechnischen Industrie und in der Kraftfahrzeugindustrie zu einem relativ hohen Konzentrationsgrad. Hier wirkten sich besonders nachhaltig die sachlichen Gegebenheiten dieser kapitalintensiven Industriezweige aus, in denen das Erfordernis der Großforschung, des Einsatzes von Großanlagen oder der Massenproduktion häufig zu Verflechtungen führte.

Für die Gesellschaftsstruktur besagten diese Vorgänge allerdings so gut wie nichts. Da die Konzentrationsprozesse in der Regel zur Verflechtung von

Großbetrieben führten, hatten sie keinen Einfluß auf die Arbeits- und Lebensbedingungen der dort Beschäftigten. Entsprechend gleichgültig stand die Bevölkerung dem Thema gegenüber.

Gravierender wirkten sich viel eher die Umschichtungen innerhalb der Produktionsstruktur aus. In den frühen und mittleren fünfziger Jahren waren die meisten Branchen Wachstumsbranchen. Nur in der Montanindustrie machte sich in den späten fünfziger Jahren schon ein spürbarer Schrumpfungsprozeß bemerkbar, dessen soziale Folgen aber aufgrund der dynamischen Aufwärtsentwicklung der meisten anderen Industriezweige aufgefangen werden konnte. Die insgesamt günstige Ertragslage in fast allen Branchen blieb so nicht ohne Auswirkung auf die Gesellschaftsstruktur. Obwohl die Arbeitsbedingungen, die Organisationsformen und das politische Klima aufgrund der höchst unterschiedlichen Gegebenheiten vielfach deutlich variierten, glichen sich doch die Einkommensverhältnisse der Arbeiter- und Angestelltenschaft bundesweit einander an. Dies erlaubte jene durchgehende Verbreitung des gehobenen Zivilisationskomforts, der trotz aller Unterschiede der Arbeitsweise zu einer gewissen Nivellierung des Konsumverhaltens auf ständig steigendem Niveau führte. Nicht die Arbeitswelt wies bald Anzeichen von Uniformität auf, sondern die Freizeit.

Dennoch hat die günstige Entwicklung der Einkommensbedingungen, die nicht ohne tiefgreifende Rückwirkungen auf den allgemeinen Lebensstil blieb, die großen Verschiedenheiten der Arbeitsverhältnisse nicht neutralisiert. Das politische Bewußtsein in Großbetrieben mit dem für sie typischen hohen Anteil gewerkschaftlich Organisierter unterschied sich oft erkennbar von dem der Arbeiter in kleinen Mittelbetrieben oder Kleinbetrieben. Da Großbetriebe vielfach auch durch freiwillige Sozialleistungen, durch betriebseigene Wohnungen, durch Betriebssport und andere Leistungen in vielen Daseinsbereichen der bei ihnen beschäftigten Familien hervortraten, bildeten sich hier vielfach gesellschaftliche Strukturen heraus, die häufig größere soziale und politische Bedeutung gewannen als etwa die

Arbeiterinnen der Olympia-Werke West in Wilhelmshaven an der Stanzstraße bei der Herstellung von Kleinschreibmaschinen im Jahr 1952 (S. 396).

Schichtwechsel. Die Zahl der Bergarbeiter ging während der fünfziger Jahre im Zuge des Schrumpfungsprozesses der Montanindustrie spürbar zurück.

*Nobelpreisträger Otto Hahn,
Präsident der Max-Planck-
Gesellschaft, im Mai 1954
nach einem Vortrag vor der
Belegschaft der VW-Werke
über die Bedeutung der
Atomforschung für die
Friedenswirtschaft;
neben ihm der damalige
VW-Generaldirektor
Heinrich Nordhoff (links).*

Wohngemeinde mit ihren unterschiedlichen sozialen Verkehrskreisen und Einrichtungen.

Die meist in eigenen Siedlungen wohnenden Bergarbeiter bildeten immer noch eine ziemlich abgeschlossene Subkultur innerhalb der Arbeiterschaft. Die Hüttenindustrie Nordrhein-Westfalens, die Werftindustrie in Hamburg, Kiel und Bremen, die großen Automobilwerke oder die chemischen Großbetriebe prägten das gesellschaftliche Milieu ganzer Regionen oder zumindest ganzer Stadtviertel.

Die Zusammenhänge zwischen Gesellschaftsbild beziehungsweise politischer Orientierung und Arbeitsplatz sind zwar nie vergleichend untersucht worden. Aber Politiker, die bei Wahlkämpfen weit herumkamen, und die Sozialwissenschaftler, die im Auftrag der Parteiführungen politische Verhaltensforschung betrieben, waren sich des Gewichts dieses Faktors wohl bewußt.

Auch im tertiären Sektor von Handel und Verkehr sowie der öffentlichen und privaten Dienstleistungen unterschieden sich die Arbeitsbedingungen beträchtlich, allerdings bei ständiger Verbesserung der Einkommensverhältnisse und einer Tendenz zu Angleichungen im Zivilisationskomfort.

Ähnlich wie im produzierenden Gewerbe die Bergleute, die Hüttenarbeiter oder die Werftarbeiter fanden sich auch hier große Berufsgruppen mit eigener Prägung. Dazu gehörten die Eisenbahner, die Fernfahrer, vielfach auch die Postbeamten und die Lehrer, letztere allerdings deutlich geschieden in akademisch ausgebildete Gymnasiallehrer einerseits, die Volks- und Mittelschullehrer andererseits.

Je deutlicher sich allerorts die Strukturen einer Dienstklassengesellschaft mit ähnlichen Einkommensverhältnissen herauszubilden begannen, um so wichtiger wurden Statusfragen – besonders bei den männlichen Arbeitnehmern. Die Durchsetzung des öffentlichen Dienstes mit weiblichem Personal, die in vielen Berufsgruppen bald zu einer deutlichen Abschleifung des berufsspezifischen Selbstbewußtseins führte, steckte aber in den fünfziger Jahren vielfach noch in ihren Anfängen.

Überblickte man die Berufsstruktur der westdeutschen Bevölkerung im ganzen, so war jedenfalls eines ziemlich deutlich: Hier hatte sich eine Gesellschaft entwickelt, in der Arbeiter und Angestellte überwogen. Der naturbestimmte Rhythmus der vorindustriellen Gesellschaft war für die meisten nur noch eine ferne Erinnerung. In dem personell schrumpfenden Agrarsektor wurde die Naturabhängigkeit durch intensiven Einsatz von Düngemitteln, durch wissenschaftlich geplante Anbaumethoden und durch Technisierung immer weiter zurückgedrängt. Auch in der Bauwirtschaft erlaubten es moderne Techniken und eine entwickelte Planung, den Jahreszeitenrhythmus zu neutralisieren. Andererseits nahm im produzierenden Gewerbe die Kapitalintensität weiter zu, während parallel dazu der nicht-manuelle Organisationsbereich in den Betrieben ebenso anwuchs wie der Dienstleistungssektor in der Gesamtgesellschaft. Die einstige Naturabhängigkeit war jetzt durch Maschinenabhängigkeit und Kooperationsabhängigkeit abgelöst.

Zunehmende Abhängigkeit war überhaupt ein kennzeichnendes Merkmal der Gesellschaftsentwicklung in den fünfziger Jahren. Trotz intensiver Mittelstandsförderung nahm die Gruppe der Selbständigen im Vergleich zu den Erwerbspersonen in abhängiger Stellung ab. Sie hatte zu Beginn der Adenauer-Ära im Jahr 1950 unter Einschluß der mithelfenden Familienangehörigen bei knapp 30 Prozent gelegen. 1962 belief sich ihre Zahl nur noch auf 21,3 Prozent. Darin kam natürlich in erster Linie das große »Bauernsterben« zum Ausdruck.

1971 machten die Abhängigen bereits 81,7 Prozent der Erwerbstätigen aus. Abhängige Arbeit brachte im Einzelfall zwar vielfach größere wirtschaftliche Sicherheit, bedeutete aber andererseits Einbindung in komplizierte Entscheidungszusammenhänge des Kollektivs, auf die der einzelne so gut wie keinen Einfluß mehr hatte. Auffällig im Unterschied zur späteren Entwicklung war, daß die Zahl derer, die in der gewerblichen Wirtschaft arbeiteten, noch im Zunehmen begriffen war.

Besonders gewichtig waren die Veränderungen, die während der fünfziger Jahre im Bereich der Einkommen erfolgten. Vorherrschend wurde auch hier eine fühlbare Tendenz zur Angleichung auf einem mittleren Niveau.

Die in den fünfziger Jahren noch nicht besonders reichhaltige Statistik der Einkommensverhältnisse ließ deutlich erkennen, daß über die Jahre hinweg ein steigender Prozentsatz der Arbeitnehmer in höhere Einkommenskategorien hineinwuchs. Dabei fanden die nominalen Zuwächse einen unmittelbaren Niederschlag in einer Steigerung des Lebensstandards, weil die Preise nur relativ geringfügig anzogen (vgl. Tabelle »Bruttolöhne« mit Vergleichszahlen aus der Lohnsteuerstatistik von 1950, 1955

und 1957 auf der Basis der individuellen Einkommensbezieher).

Aufteilung der Bruttolöhne auf individuelle Einkommensbezieher (in Prozent)

Bruttolohn pro Jahr	1950	1955	1957
unter 2400 DM	44,6		
2400 DM bis unter 3600 DM	30,3	18,5	15,7
3600 DM bis unter 4800 DM	15,8	21,1	18,0
4800 DM bis unter 12000 DM	8,8	31,1	40,6
12000 DM und mehr	0,5	1,8	2,4

Individualstatistische Berechnungen sind allerdings täuschend, weil sie einen entscheidenden Einkommensfaktor – die Familienkaufkraft – nicht erkennen lassen. Da gerade in der Arbeiterschaft, in rasch zunehmendem Ausmaß aber auch in den Angestelltenhaushalten, vielfach zu zweit verdient wurde, vermittelt die Analyse nach Familieneinkommen einen wesentlich verläßlicheren Einblick in den Lebensstandard der damaligen Arbeitnehmer (vgl. Tabelle »Monatliches Nettoeinkommen«).

Monatliches Nettoeinkommen von Arbeitnehmer-Haushalten (Anfang 1957)

	Prozent
unter 200 DM	2,4
200 DM bis unter 300 DM	7,5
300 DM bis unter 400 DM	21,4
400 DM bis unter 500 DM	20,3
500 DM bis unter 600 DM	15,9
600 DM bis unter 700 DM	11,5
700 DM bis unter 800 DM	7,4
800 DM bis unter 1000 DM	7,8
1000 DM bis unter 1500 DM	5,1
1500 DM und mehr	0,7
zusammen	100,0

Das auffälligste Merkmal dieser Statistiken sind die breiten mittleren Einkommensgruppen.

Die hier zum Ausdruck kommenden Tendenzen waren das Resultat von recht unterschiedlichen Entwicklungen. In der Industrie hatte sich schon eine deutliche Angleichung der Arbeiterlöhne vollzogen. Während ein ungelernter Arbeiter im Jahr 1913 rund 40 Prozent weniger verdiente als ein gelernter, brachte der angelernte Mitte der fünfziger Jahre knapp 6 Prozent und der ungelernte Arbeiter rund ein Fünftel weniger nach Hause als der gelernte. Als Folge der Massenproduktion und Akkordarbeit hatten sich die Löhne der Fach- und Spezialarbeiter auf der einen Seite, der ungelernten und Hilfsarbeiter auf der anderen, die 1938 noch rund 35 Prozent auseinanderlagen, erheblich angenähert.

Aber auch bei den Angestellten vollzog sich eine gewisse Einkommensnivellierung. In der Vorkriegszeit hatte die Differenz zwischen den Angestellten mit schematischer Tätigkeit und denen mit selbständiger Tätigkeit rund 60 Prozent betragen. 1957 lag sie nur noch bei etwa 40 Prozent. Doch auch die Stundenlöhne von Männern und Frauen begannen sich aneinander anzugleichen, und zwar bereits bevor die höchsten Gerichte ihre epochemachenden Entscheidungen hinsichtlich der Gleichberechtigung von Mann und Frau getroffen hatten. Angleichungen vollzogen sich ebenso zwischen Angestellten und Arbeitern, auch wenn die Angestellteneinkommen durchschnittlich immer noch über denen der Arbeiter lagen. Ebenso waren zwischen den industriellen Branchen Nivellierungstendenzen erkennbar. Und in der Entwicklung der Netto-Familieneinkommen fand auch die auf Entlastung der unteren Einkommenskategorien und der kinderreichen Familien abzielende staatliche Steuer- und Familienpolitik ihren Niederschlag.

Der öffentliche Dienst hatte in jenen Jahren an die Einkommensentwicklung in der Industrie noch nicht Anschluß gefunden. Vor allem in der ersten Hälfte der fünfziger Jahre konnten gut verdienende Facharbeiter an die normalerweise höher liegenden Durchschnittsverdienste der Beamtenschaft herankommen. Das Bild verändert sich aber merklich, wenn Schichten der Selbständigen (etwa Landwirte, Handwerker, Handel, Unternehmer, freie Berufe) und der Nichterwerbstätigen (etwa Rentenbezieher, Pensionäre, Sozialhilfeempfänger) in die Betrachtung mit einbezogen werden (vgl. Statistik »Einkommensverteilung der privaten Haushalte«).

Die durchschnittliche Stellung dieser großen Gruppen in der Einkommensschichtung wird darin deutlich: Familien von Selbständigen wiesen im Schnitt ein höheres Einkommen auf als die Familien von Beamten und Angestellten, deren Verdienst durchschnittlich über dem der Arbeiter lag. Am schlechtesten sahen sich die Empfänger von Renten und Sozialhilfe gestellt. Auffällig aber waren weniger die Unterschiede als die Gemeinsamkeiten und die Entwicklungstendenzen, die innerhalb eines Jahrzehnts zum Durchbruch kamen.

Der Einkommensschichtung des Jahres 1950 lag ein deutlich erkennbares Drei-Klassen-Modell zugrunde: eine breit gelagerte Unterschicht, eine vergleichsweise schmale Mittelschicht und eine kleine Oberschicht. Die verarmte Unterschicht war in Wirklichkeit noch viel breiter als es die hier wiedergegebene Statistik erkennen läßt, weil die Zahl der Arbeiterhaushalte in absoluten Zahlen annähernd doppelt so groß war wie die der Angestellten. Demgegenüber hatte sich innerhalb von zehn Jahren eine bemerkenswerte Veränderung vollzogen.

Einkommensverteilung der privaten Haushalte (in Prozent)

Monatliches Nettoeinkommen	unter 500 DM 1950	1960	500–1000 DM 1950	1960	1000–1500 DM 1950	1960	1500–2000 DM 1950	1960	über 2000 DM 1950	1960
Selbständige	58,8	7,6	29,7	31,9	6,8	29,9	2,1	15,3	1,6	15,3
Angestellte/Beamte	74,9	20,0	19,8	45,2	3,8	21,2	1,0	7,6	0,5	6,0
Arbeiter	84,6	28,8	14,2	47,4	1,2	17,8	0,1	4,2		1,8
Rentner	93,5	65,6	6,1	24,0	0,4	7,7		2,1		0,7
Alle	80,6	34,6	15,9	37,5	2,5	17,4	0,6	6,0		4,9

Das Durchschnittseinkommen lag nicht mehr an der Basis der Einkommenspyramide, sondern war gegen die Mitte der Pyramide verschoben. Zwar ruhte sie nach wie vor auf dem breiten Sockel einer Unterschicht mit sehr geringen Einkommen, aber das eigentlich Bemerkenswerte war die Mittelschicht, die sich darauf aufbaute. Unterhalb einer vergleichsweise starken Spitzengruppe von Selbständigen und Angestellten oder Beamten, die sich in ausgezeichneten Einkommensverhältnissen befanden, umfaßte sie nun eine obere Mittelschicht, die zahlenmäßig bereits erheblich größer war als die bescheidene Mittelschicht zehn Jahre zuvor.

In beiden Stichjahren kam es vor, daß Selbständige, Angestellte oder Beamte, Arbeiter und Rentner in dieselben Einkommenskategorien der unteren und der mittleren Einkommensschicht fielen, was den Schluß zuläßt, daß es den meisten Haushalten, die diesen großen sozialen Gruppen angehörten, entweder gleich schlecht oder bereits wieder einigermaßen gut ging. Bei den Rentnern lag zwar der Durchschnitt in der unteren Einkommensschicht, aber entscheidend war die Tatsache, daß nunmehr die überwiegende Mehrzahl der Haushalte aller Großgruppen in einem breiten Mittelfeld lagerte, wobei sogar eine kleinere Gruppe von Arbeiterhaushalten – im wesentlichen wohl die Familien der Werkmeister oder gut gestellten Doppelverdiener – im oberen Mittelfeld auftauchte. Auch darf hier allerdings nicht übersehen werden, daß die Zahl der Arbeiterhaushalte real viel größer und die der Selbständigen real kleiner war als es diese statistische Übersicht erkennen läßt.

Die meisten Deutschen gehörten jetzt also einer mittleren Einkommensschicht an. Die Einkommensunterschiede zwischen den großen Gruppen der Arbeiter und Angestellten schwanden, und auch zwischen diesen beiden Gruppen und den Selbständigen gab es mehr Gemeinsamkeiten als Unterschiede. Derartige Beobachtungen hatten den Soziologen Helmut Schelsky zu der 1953 erstmals formulierten These bewogen, daß die westdeutsche Gesellschaft in zunehmendem Maß das Profil einer »nivellierten Mittelstandsgesellschaft« aufweise.

In der ursprünglichen Formulierung aus dem Jahr 1953 hatte Schelsky seine Theorie vor allem mit dem Verweis auf die dramatischen Aufstiegs- und Abstiegsprozesse begründet, die zu einem allmählichen Abbau der Klassengegensätze, zu einer gewissen Einschränkung und zu einem Verlust der sozialen Hierarchie geführt hätten. Die Gesellschaft von »kleinbürgerlich-mittelständischem« Lebensstil, die er dabei beschrieb, war tatsächlich jene breite untere Einkommensschicht, wie sie in der Einkommensstatistik des Jahres 1950 erkennbar ist. Verarmtes Bürgertum, deklassierte, vertriebene Landwirte, schlecht bezahlte Angestellte und Beamte sahen sich auf das Lebenshaltungsniveau der Industriearbeiterschaft heruntergedrückt, brachten aber ihre früheren Statusvorstellungen und Daseinshaltungen weiter in diese neue und – wie sich zeigte – nicht dauerhafte Einkommenssituation ein. Ihr Wille, möglichst rasch wieder den früheren Lebensstandard zu erreichen, dessen sich eine kleinere Gruppe von Selbständigen bereits wieder erfreute, wurde auch von der Arbeiterschaft geteilt. Das allgemeine Aufstiegsstreben orientierte sich am – vorläufig noch fernen – Bild einer bürgerlichen Einheitsschicht, die am Zivilisationskomfort der Industriegesellschaft teilhaben sollte.

Schelsky mußte daher seine These Mitte der fünfziger und Anfang der sechziger Jahre modifizieren. Jetzt war dieser Traum von Millionen bereits Wirklichkeit geworden. Die Angleichung der wirtschaftlichen Positionen fand in der Einkommensstatistik ebenso ihre Bestätigung wie im Lebensgefühl breiter Schichten. Und der Annäherung des Einkommens folgte unmittelbar die Vereinheitlichung der sozialen Verhaltensformen und der Daseinswünsche auf dem Niveau einer hochindustriellen Freizeit- und Verbrauchergesellschaft.

Von Nivellierung der gesamten Einkommensstruktur konnte allerdings nicht die Rede sein. Was sich abzeichnete, waren nur Angleichungen auf einem breiten Mittelfeld. Jede eingehendere Untersuchung von Schichtengliederung und sozialer Mobilität ließ zudem erkennen, daß die Einkommensverhältnisse nur *ein* wesentlicher Faktor unter anderen waren. Für das erste Jahrzehnt der Bundesrepublik gibt es Einzelstudien aus Teilbereichen, doch auch bundesweite Erhebungen, die zeigen, welches Bild sich die Angehörigen der einzelnen Gruppen von dem

Gesamtgefüge der Gesellschaft machten und wo sie den eigenen Platz wie den der anderen verorteten. Auch über die wesentlichen objektiven Faktoren, aus denen sich die Schichtenzugehörigkeit ergab, ist damals viel gearbeitet worden.

Schicksalskategorien wie »Flüchtling«, »Heimkehrer«, »Kriegerwitwe«, »Ausgebombter«, die in den ersten Nachkriegsjahren die gewohnten sozialen Typisierungen in den Hintergrund gedrängt hatten, wichen nun einer Sozialstruktur, in der neben dem Einkommen die bekannten Statusmerkmale wie Berufszugehörigkeit, Ausbildung, privater Verkehrskreis oder Besitz wieder die gewohnte Rolle zu spielen begannen. Auch die altbekannten Sozialkategorien Arbeiter, Angestellter, Beamter hatten ihre Bedeutung noch nicht verloren und fanden als Orientierungshilfen weiter Verwendung.

Die ersten empirischen Arbeiten zur Familiensoziologie, zur Flüchtlingssoziologie, zur Dorf- und Jugendsoziologie, die Anfang der fünfziger Jahre in Angriff genommen wurden, ließen zwar noch das Bild einer zutiefst aufgewühlten Gesellschaft erkennen, die aber bald eine deutliche Neustrukturierung erfuhr, über deren Eigenart gegen Ende des Jahrzehnts unter den Soziologen ziemliche Übereinstimmung herrschte.

Die »neue« Gesellschaft war zwar von komplexer Schichtung, in ihr gab es aber ganz deutlich so etwas wie ein Oben, eine Mitte und ein Unten. Die oberen Schichten waren vergleichsweise schmal, die unteren breit und zahlreich, aber am breitesten waren die mittleren.

Ihnen gehörten dem Anschein nach weit mehr als die Hälfte der Westdeutschen an. Die Position der Gruppen subjektiv oder objektiv einzuordnen, war oft schwierig, und je mehr empirisches Material vorlag, um so komplizierter wurden die Schichtungsmodelle. Die meisten Befragten neigten ebenso wie

Schichtenprofil der westdeutschen Gesellschaft (Ende der 50er Jahre)

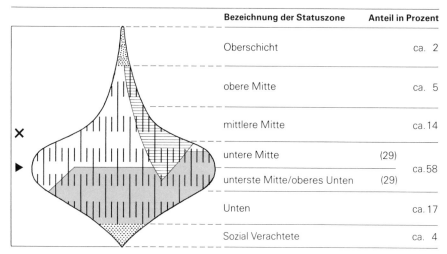

	Bezeichnung der Statuszone	Anteil in Prozent
	Oberschicht	ca. 2
	obere Mitte	ca. 5
	mittlere Mitte	ca. 14
	untere Mitte	(29)
		ca. 58
	unterste Mitte/oberes Unten	(29)
	Unten	ca. 17
	Sozial Verachtete	ca. 4

Die Markierungen in der breiten Mitte bedeuten:

☐ = Angehörige des sogenannten neuen Mittelstands

▤ = Angehörige des sogenannten alten Mittelstands

▦ = Angehörige der sogenannten Arbeiterschaft

Punkte zeigen an, daß ein bestimmter gesellschaftlicher Status fixiert werden kann.

Senkrechte Striche weisen darauf hin, daß nur eine Zone bezeichnet werden kann, innerhalb derer jemand etwa im Statusaufbau liegt.

✗ = Mittlere Mitte nach den Vorstellungen der Bevölkerung

▶ = Mitte nach der Verteilung der Bevölkerung. 50 Prozent liegen oberhalb bzw. unterhalb im Statusaufbau.

die Soziologen dazu, Schwierigkeiten bei der eigenen Einordnung durch großzügige Zuordnung zur gesellschaftlichen Mitte aus dem Wege zu gehen und dort zusätzliche Differenzierungen vorzunehmen. Wo der Begriff Mittelschichten nicht weiter gedehnt werden konnte, behalf man sich gern, indem man von »oberer Unterschicht« oder »oberer Mittelschicht« sprach. Nicht die Abgrenzungen zwischen den Schichten schienen das Wesentliche, sondern die gleitenden Übergänge.

Amerikanische Sozialforscher, die in zunehmender Zahl in der Bundesrepublik auszuschwärmen begannen, um die im Zeichen des Wirtschaftswunders entstandene neue Gesellschaft zu untersuchen, stellten bei aller Würdigung der Unterschiede rasch fest, daß die Strukturen der westdeutschen Gesellschaft den bekannten Grundmustern entsprachen, die man aus einer jahrzehntelangen Beobachtung der amerikanischen Industriegesellschaft kannte. Das Schichtungsgefüge war multidimensional, die Mobilität vergleichsweise hoch, die Grenzen zwischen den Schichten durchaus fließend, und die sozialen Spannungen wurden durch die Komplexität des Gesamtgefüges wenigstens teilweise aufgefangen.

Was den Status des einzelnen und seiner Gruppe am nachhaltigsten bestimmte, war nicht eindeutig auszumachen. Die große Bedeutung der Einkommensschichtung war zwar unverkennbar, aber die Deutschen jener Jahre sträubten sich gegen ein derart eindimensionales Modell, so nachhaltig sich der Einkommensfaktor in der Praxis auch auswirkte. Es waren nicht nur die Bildungsbürger aus dem alten Mittelstand, die häufig voller Ressentiment feststellten, daß der Lebensstandard nicht-akademischer »Neureicher« dem ihren weit überlegen war. Auch in anderen Schichten erwies sich das zähe Leben alter Sozialkategorien wie Arbeiter, Angestellter, Beamter, Selbständiger. Die Einkommensverschiebungen mochten neue Tatsachen geschaffen haben, aber das Bewußtsein begann diese nur zögernd zu verarbeiten, und das geltende Arbeitsrecht schien dies zu bestätigen.

Das Ergebnis einer Allensbach-Umfrage, die während der fünfziger Jahre regelmäßig wiederholt wurde, ließ sowohl die langsamen Bewußtseinsveränderungen als auch die beträchtlichen Unsicher-

heiten bei der Zuordnung erkennen. (*Frage:* »Wer, glauben Sie, ist in der Bevölkerung mehr angesehen: ein kaufmännischer Angestellter, der 300 Mark im Monat verdient, oder ein Gießerei-Arbeiter, der 450 Mark im Monat nach Hause bringt?«)

	Oktober 1952	März 1955	Mai 1960
Kaufmännischer Angestellter	59	56	51
Gießerei-Arbeiter	24	21	20
Unentschieden	17	23	29
	100	100	100

Ganz allgemein hat in den fünfziger Jahren die Berufszugehörigkeit bei der Schichtenzuordnung die wesentliche Rolle gespielt. Da mit dem beruflichen Status häufig auch Ausbildungsstatus und Einkommensstatus verbunden waren, schienen hier die verläßlichsten Einteilungskriterien einer Gesellschaft vorzuliegen, deren Komplexität und Dynamik der einzelne immer schwerer zu durchschauen vermochte.

Eine auf verschiedenen bundesweiten Repräsentativbefragungen beruhende Untersuchung aus den Jahren 1958 und 1959, bei der die Befragten sich selbst einzustufen hatten, läßt die berufsbezogene Rangordnung erkennen, die den Westdeutschen Ende der fünfziger Jahre angebracht erschien. Das dem Befund zugrunde gelegte Schichtungsmodell illustriert zugleich, welche Zuordnungen die Soziologen damals vornahmen, und wie diese die ungefähre Verteilung gesehen haben. (Vgl. Tabelle »Verteilung der Berufe auf Gesellschaftsschichten«, S. 404).

In Verbindung mit dem Beruf trat in den fünfziger Jahren auch die Ausbildung als statusbestimmende Determinante wieder voll in ihr Recht ein. Die rund zwei Prozent erwerbstätiger Deutscher mit Universitätsabschluß gehörten sowohl nach subjektiven wie auch nach objektiven Maßstäben zur Oberschicht und zur oberen Mittelschicht. Da die deutsche Gesellschaft seit der Zeit des Kaiserreichs für begabten und leistungswilligen Nachwuchs aus unteren Schichten bis zu einem gewissen Maß offen

Verteilung der Berufe auf Gesellschaftsschichten

Benennung	Anteil an der Gesamt- bevölkerung in Prozent	Berufe
Oberschicht	1	Inhaber großer Unternehmen, Großgrundbesitzer, Adel, Prestige-Berufe in Politik, Wirtschaft, Finanzwesen, Rechtswesen usw.
Obere Mittelschicht	5	Führungspositionen in der Industrie, leitende Angestellte großer und mittlerer Unternehmen, Abteilungsleiter, höhere Beamte, Schuldirektoren, Personalchefs, Leiter von Laboratorien oder Berufe in vergleichbaren Stellungen, sowie freie Berufe mit Universitätsausbildung, Universitätsprofessoren, Fachärzte, Richter.
Mittlere Mittelschicht	15	Mittlere Angestellte, mittlere Verwaltungsbeamte, Polizeiinspektoren, Elektro- ingenieure in größeren Firmen mit Fachschulausbildung, Kanzleivorsteher, Fach- schullehrer, Versicherungsinspektoren, Inhaber mittelgroßer Geschäfte und freie Berufe wie Apotheker, Dentisten.
Untere Mittelschicht a) nichtindustriell b) industriell	17 13	Die Masse der Angestellten und der unteren Beamten, Handwerksmeister mit kleineren eigenen Handwerksbetrieben, kleinere Selbständige. Die obersten Gruppen der Arbeiter: „Industriemeister".
Obere Unterschicht a) nichtindustriell b) industriell	10 18	Unterste Angestellte bei Post und Bahn, Büroboten, Kellner, Krankenpfleger, Handwerksgesellen in selbständigen Handwerksbetrieben, Inhaber von kleinsten Geschäften. Die Masse der Industriearbeiter wie Elektroschweißer, Eisengießer, Dreher, Maschinenschlosser, Stanzer.
Untere Unterschicht	17	Berufe mit harter körperlicher Arbeit im Freien wie Bauarbeiter, Straßenarbeiter, Hafenarbeiter, Matrosen, einfache landwirtschaftliche Arbeiter.
Sozial Verachtete	4	Hilfs- und Gelegenheitsarbeiter wie Handlanger, Saisonarbeiter, Tagelöhner, ungelernte Arbeiter wie Zeitungsausträger, Parkwächter und Arbeiter, die sehr schwere und schmutzige Arbeiten verrichten wie Kanalarbeiter usw.

gewesen war, umfaßte diese Oberschicht auch eine Gruppe sozialer Aufsteiger. Insgesamt rekrutierte sie sich aber überwiegend aus den eigenen Reihen oder aus der benachbarten mittleren Mittelschicht von Angestellten, Beamten und besser situierten Selbständigen. Und die Kinder aus den oberen Schichten absolvierten, wenn möglich, wieder ein Universitätsstudium.

Nach einer Untersuchung von Ralf Dahrendorf, die auf Zahlen aus den Jahren 1955/56 fußte, entstammten rund 47 Prozent der deutschen Studenten der oberen Mittelschicht und weitere 47 Prozent der unteren Mittelschicht. Höhere Schulbildung mit anschließender Universitätsausbildung bildete ganz offenkundig die breite Hauptstraße, auf der man zu gesellschaftlichem Ansehen, zu Wohlstand und zu Macht kam – und sie stand vorwiegend denen offen, deren Väter bereits denselben oder einen ähnlichen Weg gegangen waren.

In Interviews ließ sich zwar leicht ermitteln, daß sich auch die einfachen Leute dieser Zusammenhänge wohl bewußt waren. Aber die »Bildungsbarrieren« für Kinder aus der Arbeiterschaft und vom Land, gegen die sich in den letzten Jahren der Adenauer-Ära schon ein vernehmliches Aufbegehren richtete, sind einer breiteren Öffentlichkeit in den fünfziger Jahren noch nicht als Politikum erschienen.

Soziologen und Pädagogen begannen sich dieser Frage aber seit der Mitte des Jahrzehnts eindringlich anzunehmen. Die große Ausbildungsrevolution, die Mitte der sechziger Jahre zu einem Zentralthema der Innenpolitik wurde, ist von den Bildungsspezialisten unterschiedlicher ideologischer Herkunft zehn Jahre lang vorbereitet worden. Auch auf diesem Feld reichen die Keime der späteren Reformbewegung in die zweite Hälfte der fünfziger Jahre zurück.

Die meisten derjenigen, die damals die ersten bohrenden Fragen stellten, haben die grundlegenden Strukturen der hochdifferenzierten Industriegesellschaft aber nicht in Zweifel gezogen. Die Leistungsgesellschaft selbst wurde noch ganz unbefangen bejaht, und eben deshalb schien die Überprüfung des

Ausbildungssystems am Platz. Nur selten spielte bei einigen auch schon der später so häufig zu hörende Verdacht eine Rolle, daß die oberen Schichten absichtlich oder unabsichtlich die soziale Vorherrschaft des Bürgertums mit Hilfe des Ausbildungssystems stabilisierten.

Kontinuität und Umschichtung der Eliten

Sofern von seiten der Sozialwissenschaften die Frage nach den Herrschaftsstrukturen der Gesellschaft überhaupt aufgeworfen wurde, ließ sich vergleichsweise schnell ein Einverständnis darüber erzielen, daß die Macht bei den Funktionseliten der einzelnen Sektoren liege. Das galt nicht nur für Politik, Verwaltung, Bildungswesen, Wissenschaft, Kultur und Kommunikationswesen, sondern gerade auch für die Wirtschaft. James Burnhams Schlagwort von der »Herrschaft der Manager«, die die Herrschaft der Kapitaleigentümer alten Stils abgelöst habe, wurde auch in der Bundesrepublik gern aufgegriffen. Ganz offensichtlich entsprach es der Wirklichkeit in den meisten deutschen Großunternehmungen, Banken und Versicherungen. Als Ralf Dahrendorf im Jahr 1957 eine großangelegte Studie »Soziale Klassen und Klassenkonflikt« veröffentlichte, fand diese ebenso rasch Anklang. Dort stand die These im Mittelpunkt, daß auch in den Konflikten der industriellen Gesellschaft die Herrschaft das Primärphänomen und nicht – wie der orthodoxe Marxismus behauptete – ein Ergebnis der Produktionsverhältnisse und des Klassenkampfes sei.

Aber für die meisten Sozialwissenschaftler war die politische Soziologie kein Thema von großem Interesse, auch für die Öffentlichkeit nicht. Außer einigen in die Vereinigten Staaten emigrierten Soziologen hat sich in den fünfziger Jahren kaum jemand eingehend mit den Führungsschichten in der Bundesrepublik befaßt. Die politische Macht befand sich damals fest in den Händen des Kanzlers. Die Funktionseliten der einzelnen Bereiche schienen ihre Sache gut zu machen. Die Mobilität in der Gesellschaft war zufriedenstellend, und so verspürte kaum jemand Veranlassung, sich mit den Eliten zu befassen. Diese hatten weit über ein Jahrzehnt Zeit, sich zu konsolidieren, ohne das kritische Interesse der Forschung in besonderem Maß zu erregen. Auch seither sind die Untersuchungen über ziemlich pauschale Aussagen nicht hinausgelangt. Die Führungsschichten in der Adenauer-Ära sind wissenschaftlich noch nicht richtig entdeckt.

Konzernherr und Manager: Alfried Krupp von Bohlen und Halbach (rechts) und sein Generalbevollmächtigter Berthold Beitz, der die Entwicklung der Firma Krupp entscheidend beeinflußte und als Repräsentant der deutschen Wirtschaft wesentlich dazu beitrug, die Handelsbeziehungen zum Ausland nach dem Krieg wieder zu festigen.

Die einzelnen Funktionsbereiche lassen ein recht uneinheitliches Bild erkennen. Da es noch weitgehend an fundierten Einzeluntersuchungen fehlt, wird im Schrifttum oft behauptet, die Eliten der katholischen und der evangelischen Kirche, der Gewerkschaften, der Wirtschaft und der Verwaltung hätten den Wechsel der politischen Systeme personell ziemlich unangefochten überdauert und seien im Unterschied zu den politischen Eliten durch auffällige Kontinuität gekennzeichnet. Derartige Feststellungen müssen bei genauerem Zusehen jedoch relativiert werden.

Am überzeugendsten ist die Kontinuitätsthese im Hinblick auf die katholische Hierarchie, die sich auch in den fünfziger Jahren in eindrucksvoller Geschlossenheit darstellte. Ihre ungebrochene Tradition wurde bis 1952 von Kardinal v. Faulhaber verkörpert, der im selben Jahr 1917, in dem Konrad Adenauer zum Oberbürgermeister von Köln gewählt wurde, das Amt des Erzbischofs von München und Freising übernommen hatte. Der Wechsel im Vorsitz der Fuldaer Bischofskonferenz von Bertram, der noch den Typ des konservativen Kirchenfürsten verkörperte, zu dem Kölner Kardinal Frings zeigte aber zugleich einen gewissen Kurswechsel innerhalb des katholischen Episkopats an. Dieser stand jetzt voll auf dem Boden des republikanischen Verfassungsstaates, sofern der dem Gestaltungsauftrag der Kirche keine Hindernisse in den Weg legte und die christlich geprägte Gesellschaftsordnung unter seinen Schutz stellte. Autoritäre Staatsideen hatten keinen Kurswert mehr. Der Antikommunismus schien zwar vordringlicher als je, zugleich aber herrschte jetzt entsprechend den gerade im Rheinland schon lange bedeutsamen Traditionen eine starke Aufgeschlossenheit für soziale Fragen.

Es lag nahe, daß der politisch derart ausgerichtete Episkopat seine Vorstellungen in der CDU am klarsten verwirklicht sah und diese entsprechend unterstützte, nachdem die Entwicklung über das Zentrum hinweggegangen war.

Allerdings sprachen die Erfahrungen aus der Endphase der Weimarer Republik dafür, die persönliche politische Betätigung von Geistlichen, die im alten Zentrum eine gute Tradition dargestellt hatte, nunmehr aufzugeben. Für ein enges Zusammenwirken

Der Erzbischof von Köln, Kardinal Frings (Mitte), bei der Trauerfeier für Kardinal Faulhaber 1952 in München (links neben ihm der Wiener Kardinal Innitzer). Als Vorsitzender der Deutschen Bischofskonferenz – dazu gehörten auch die Bistümer in der DDR – stand er an der Spitze des deutschen Katholizismus.

der Kirchenführung mit den katholischen Führungsgruppen in den Unionsparteien stellte dies aber kein Hindernis dar.

Während die Hierarchie der katholischen Kirche ihre inneren Differenzen mit größter Diskretion ausglich und sich der Außenwelt stets in völliger Geschlossenheit darbot, waren die Führungsgruppen des deutschen Protestantismus wesentlich weniger einheitlich. Die ganz verschiedenartigen theologischen Traditionen, die Entwicklungsgeschichte der einzelnen Gliedkirchen der Evangelischen Kirche in Deutschland (EKD), auch die erbitterten innerkirchlichen Auseinandersetzungen während des Kirchenkampfes im Dritten Reich bewirkten, daß die Führungsgruppen des deutschen Protestantismus in den Anfangsjahren der Bundesrepublik durch politische Zerrissenheit gekennzeichnet waren. Zwar besaß der konservative deutsche Protestantismus in Otto Dibelius, Bischof von Berlin-Brandenburg und von 1949–1961 Vorsitzender des Rates der EKD, eine herausragende Führungspersönlichkeit, die geistig noch in der Kaiserzeit wurzelte und nur mit Gestalten wie Kardinal Faulhaber oder Bundeskanzler Adenauer zu vergleichen war. Aber auch Dibelius gelang es nur mit größter Mühe, die auseinanderstrebenden Kräfte der evangelischen Führung zusammenzuhalten. Anders als in der katholischen Kirche wurden die Gegensätze hier – wenigstens teilweise – auf offenem Markt ausgetragen.

Die Verhältnisse in den einzelnen Gliedkirchen sowie in der EKD insgesamt waren recht unterschiedlich, und die Elitenforschung hat sie bisher noch nicht zum Gegenstand systematischer Untersuchungen gemacht. Aufgrund der Erfahrungen des Kirchenkampfes hatten sich verschiedentlich personalpolitische Korrekturen als unerläßlich erwiesen, die zwar meist mit geistlicher Behutsamkeit vorgenommen wurden, aber doch dazu führten, daß jetzt in den Spitzenpositionen wie auch auf der mittleren Führungsebene häufig Persönlichkeiten zum Zug kamen, die sich in der Bekennenden Kirche besonders bewährt hatten. Bischof Hanns Lilje in Hannover oder Kirchenpräsident Martin Niemöller in Frankfurt repräsentierten die Generation von Kir-

chenführern, die sich im Kirchenkampf profiliert hatten, ebenso wie der Präses der Synode der EKD Gustav Heinemann, Bundestagspräsident Hermann Ehlers oder sein Nachfolger Eugen Gerstenmaier. Diese Namen zeigen auch schon die theologische und politische Spannweite, die damals in der protestantischen Führung herrschte.

Aber trotz unterschiedlicher politischer Haltung entstammten die maßgebenden evangelischen Geistlichen und Laien einer Schicht, die eine starke soziale Homogenität aufwies. Es war immer noch eine Führungsschicht von Persönlichkeiten aus dem Bürgertum. Die Auffassung war zwar weitverbreitet, daß die evangelische Kirche jahrzehntelang die Industriearbeiterschaft vernachlässigt habe. Aber politische Querverbindungen zur immer noch stark kirchenfeindlichen Sozialdemokratie waren damals nur schwach entwickelt, obschon eine Reihe von Theologen unter dem geistigen Einfluß Karl Barths bereits heftig in diese Richtung drängte. Politisch standen die protestantischen Führungsgruppen der CDU und auch der FPD noch viel näher oder neigten allenfalls der Gesamtdeutschen Volkspartei des CDU-Dissidenten Gustav Heinemann zu.

Ein vielschichtiges Bild bot auch die Führungsspitze der Gewerkschaften. Daß diese nach 1945 von erprobten Funktionären aufgebaut wurden, die aus

Die Gesamtdeutsche Synode der evangelischen Kirche mußte 1957 wegen des Einspruchs der DDR von Halle nach Spandau verlegt werden. Links der Ratsvorsitzende der EKD, D. Dr. Otto Dibelius, der – 1933 seines Amts enthoben – seit 1945 Bischof von Berlin-Brandenburg war; neben ihm der Herausgeber des evangelischen »Sonntagsblatts« und Gründer der evangelischen Akademie Loccum, der Hannoversche Landesbischof D. Hanns Lilje, seit 1952 auch Präsident des Lutherischen Weltbundes.

der Gewerkschaftsbewegung vor 1933 stammten, prägte zwar ihre Programmatik sowie ihren Stil und sorgte für eine gewisse Kontinuität. Aber die neuen gewerkschaftlichen Eliten, die in der Besatzungszeit und seit Gründung der Bundesrepublik auf Politik und Gesellschaft Einfluß nahmen, waren alles andere als politisch einheitlich. Es war ihnen nicht einmal gelungen, den getrennten Aufbau einer vom DGB unabhängigen Deutschen Angestellten-Gewerkschaft (DAG) zu verhindern. Und wenn die Führung des DGB und der ihm angehörenden Gewerkschaften als politisch homogene Elite erschienen, so meist nur deshalb, weil eine breitere Öffentlichkeit über das differenzierte Innenleben dieser Großorganisationen und über die Positionskämpfe zwischen den verschiedenen Gruppierungen kaum informiert war.

In Wirklichkeit waren die Organisationen, die Denktraditionen und die parteipolitischen Lager, aus denen die gewerkschaftlichen Führungsgruppen in den Anfängen der Bundesrepublik stammten, ziemlich verschiedenartig. Die drei großen Richtungen der deutschen Gewerkschaftsbewegung – die sozialistische, die christliche und die liberale – waren trotz aller Bemühungen um eine Einheitsgewerkschaft noch nicht ganz zusammengewachsen. Gewerkschafter aus den ehemaligen Freien Gewerkschaften, die in der Weimarer Republik im Allgemeinen Deutschen Gewerkschafts-Bund (ADGB) zusammengeschlossen waren, bildeten zwar eindeutig die Mehrheit und fühlten sich nach wie vor der Sozialdemokratie verbunden. Aber sie mußten sich mit den Funktionären aus der christlichen Gewerkschaftsbewegung zusammenraufen, die, soweit sie auch parteipolitisch aktiv waren, in der Regel zur CDU gegangen waren. Die Auffassungen, nach welchen Ordnungsvorstellungen sich die politische Mitbestimmung der Arbeiterschaft vollziehen sollte, mit welchen politischen Kräften man zusammenwirken wolle und welche Mittel des politischen Kampfes legitim seien, blieben dementsprechend umstritten.

Dieses interne Ringen wurde indessen in der ersten Hälfte der fünfziger Jahre zugunsten einer engen personellen Verflechtung mit der SPD entschieden. Aber auch dann war noch unklar, ob sich die mehr klassenkämpferischen oder die stärker revisionistischen Gruppierungen durchsetzen würden.

Unzweifelhaft war allerdings, daß diese Führungsschicht in der Bekämpfung aller antidemokratischen Kräfte von rechts und von links eine ihrer besonders vordringlichen politischen Aufgaben sah. Hierüber bestand ebenso Einmütigkeit wie über das Ziel, den Einfluß der Gewerkschaften im Staat und in der Wirtschaft stark auszubauen. So gesehen stellte die Gewerkschaftsführung durchaus eine Machtelite von einheitlicher Ausrichtung dar. Und auch der Umstand, daß fast alle maßgebenden Funktionäre der DGB-Gewerkschaft aus der Arbeiterschaft stammten, gab dieser Elite im Unterschied zu den sonst größtenteils bereits akademisch gebildeten Führungsgruppen der anderen gesellschaftlichen Funktionsbereiche ein unverwechselbares Gepräge.

Wie mit den Gewerkschaften verhielt es sich auch mit den Eliten der Wirtschaft. Auf den ersten Blick schien ihre Kontinuität ungebrochen. Erst bei genauerem Zusehen lassen sich auch hier Umschichtungen erkennen.

Die Aufmerksamkeit von Politik und Öffentlichkeit konzentrierte sich dabei auf die Großindustrie an Rhein und Ruhr – dem industriellen Herzen Deutschlands, wie das Revier damals noch stolz genannt wurde. Hier setzte sich die Umbruchperiode der Besatzungszeit bis in die ersten Jahre der Bundesrepublik hinein fort. Immerhin waren die Briten bereits klug genug gewesen, die unter Zwangsverwaltung stehenden Betriebe größtenteils durch das erprobte Management verwalten zu lassen. Es hatte hier wenigstens eine Hand am Zügel und schaffte es, die Montanbetriebe der Ruhrindustrie durch die Fährnisse der Besatzungszeit hindurchzubringen, bis in den Jahren 1952 und 1953 einigermaßen festes Ufer erreicht war. Jetzt setzte, nicht zuletzt begünstigt durch die Montanunion, die Periode der Rekonzentration ein, und Mitte der fünfziger Jahre begannen die großen Namen an Rhein und Ruhr – Klöckner, Thyssen, Krupp, Otto Wolff, Mannesmann – erneut zu strahlen, wenn auch vielfach in neuen Verbindungen. Die Öffentlichkeit zog daraus den Schluß, daß die früheren Führungsschichten die Montanindustrie wieder weitgehend unter ihre Kontrolle gebracht hatten.

Daß sich in Wirklichkeit seit den späten vierziger Jahren auch innerhalb der wirtschaftlichen Führungsgruppen dieser Industriezweige dramatische Umschichtungen, Machtkämpfe, Neugruppierungen vollzogen, wurde zwar verspürt, aber der Eindruck starker personeller Kontinuität konnte sich doch halten. Die sozialgeschichtliche Forschung hat diese Elite-Verschiebungen bislang nicht analysiert; tatsächlich ist ja nicht einmal der große Vorgang der Neustrukturierung und der Rekonzentration als solcher in zeitgeschichtlichen Untersuchungen dargestellt worden. Die Ablösung der großen Gründerpersönlichkeiten und ihrer Nachkommen durch ein auf Autonomie bedachtes Management, die schon viel früher begonnen hatte, ist nämlich auch in dieser Periode weitergegangen. Allerdings haben sich daneben einige bedeutende Familienunternehmen und die weitverzweigten Imperien einzelner Konzernschmiede doch gehalten.

Ähnliche Vorgänge vollzogen sich in anderen Wirtschaftszweigen. Die Zerschlagung und die Wiedergeburt der Großbanken oder der Aufbau von drei Giganten der chemischen Industrie aus der nach dem Willen der Westalliierten zerschlagenen IG-Farben führten auch dort zu veränderten personellen Konstellationen. In der ganzen Wirtschaftslandschaft der fünfziger Jahre herrschte das Fieber einer neuen Gründerzeit, und die Machtverschiebungen, Umgruppierungen und Verflechtungen unter den industriellen Führungsgruppen waren von einer Dramatik, die den vergleichbaren Vorgängen im Kaiserreich oder in der Weimarer Republik in nichts nachstand. Die gängige These von der Kontinuität der wirtschaftlichen Eliten wird diesen Vorgängen nur sehr unvollkommen gerecht.

Dabei waren auch Entwicklungen im Gang, die nicht in die Vorstellung von einer allgemeinen Verdrängung des großbetrieblichen Unternehmers durch die Manager paßten. In den fünfziger Jahren gelang es nämlich einigen wenigen Technikern, Kaufleuten und vordem unselbständigen Managern, ein paar große Unternehmen oder ganze Konzerne aus dem Nichts aufzubauen – allerdings nicht in allen Fällen mit bleibendem Erfolg. Max Grundig, Carl F. W. Borgward, Helmut Horten, Josef Nekkermann, Hermann D. Krages, Willy Schlieker waren Namen, die bewiesen, daß auch die Zeiten des großen Einzelunternehmers noch nicht vorbei seien. Zweifellos waren die fünfziger Jahre das »goldene« Zeitalter der deutschen Wirtschaftskapitäne. Eine breite Öffentlichkeit gewöhnte sich daran, in den erfolgreichen, manchmal auch gar nicht mehr publizitätsscheuen Unternehmern und Managern die neue Machtelite der Bundesrepublik zu erkennen. Wie weit deren Macht aber in den politischen Bereich hineinwirkte, läßt sich beim gegenwärtigen Forschungsstand nicht gesichert erkennen, zumal die Bedingungen vielschichtig waren und sich rasch veränderten. Schon die Besatzungsperiode, aber ebenso die erste Hälfte der Adenauer-Ära war durch ein untrennbares Ineinander von Politik und Wirtschaft gekennzeichnet. Anfänglich war es in erster Linie die Politik in Gestalt westalliierter Besatzungsverwaltungen, gestützt auf deutsche Bürokratien, später auch deutscher parlamentarischer Körperschaften und Regierungen, die große Industriezweige umgemodelt und damit auch die Machtpositionen der alten oder neuen industriellen Eliten geformt hat. Über eine Reihe von Karrieren und Eigentumsverhältnissen ist damals im politischen Raum auf eine Art und Weise mitentschieden worden, die einige Jahre später völlig undenkbar gewesen wäre. Die maßgeblichen strukturpolitischen und unternehmenspolitischen Entscheidungen im Bereich der dem alliierten Zugriff unterliegenden Großunternehmen lagen jedenfalls noch bei den politischen Instanzen; die wirtschaftlichen Eliten mußten sich aufs Argumentieren und Überzeugen verlegen. Autonom waren sie nicht.

Das änderte sich bald. Und nachdem sich Ende der vierziger Jahre auch wieder wirtschaftliche Spitzenverbände gebildet hatten, in denen, verglichen mit den Jahren bis 1933 und 1945, teilweise neue Führungspersönlichkeiten zum Zuge kamen, sind zudem auf seiten der Wirtschaft die klassischen Instrumentarien zur Einflußnahme auf Exekutive und Legislative rasch wieder ausgebildet worden.

Die Periode des Ersten Bundestages besaß auch in dieser Hinsicht noch den Charakter einer Übergangszeit. Informelle Einflußnahmen einzelner bedeutender Persönlichkeiten, Grundsatzentscheidungen, bei denen politische und wirtschaftliche

Gesichtspunkte untrennbar miteinander verknüpft waren, dazu die höchst wirksame Rolle der Hohen Kommission, doch auch verschiedener ausländischer Kapitalgruppen, schufen einzigartige und zugleich komplizierte Formen eines Ineinander von Wirtschaft und Politik. Zumindest für diese entscheidende Phase ist die oft unkritisch übernommene Behauptung von den deutlichen Unterschieden zwischen den Eliten der einzelnen Sektoren nicht ohne weiteres haltbar.

Selbst auf die Beamtenschaft trifft die These von der Kontinuität der Eliten nur bedingt zu. Verglichen mit den dramatischen Umschichtungsprozessen in der Wirtschaft stellte der öffentliche Dienst allerdings ein Element zäher Beharrung dar, nachdem die amerikanischen und britischen Versuche zu einer tiefgreifenden Umgestaltung in den Anfängen der Bundesrepublik schon abgeblockt worden waren. Insofern ist die Kontinuität bei den Verwaltungseliten und auch in der Justiz stark ausgeprägt

Fritz Berg (im Gespräch mit dem Bundeskanzler) wurde 1951 Präsident des Bundesverbandes der Deutschen Industrie.

Ihre Aufbauleistung verschaffte den Managern und Industriellen aber nun rasch ein erhebliches Eigengewicht, und nachdem sich die Alliierten aus der deutschen Wirtschaftspolitik zurückgezogen hatten, erreichten die wirtschaftlichen Führungsgruppen wieder jenes Maß an Autonomie, das für marktwirtschaftliche Systeme typisch ist. Jetzt vollzog sich in der Welt der Großunternehmen bis zum Ende der Adenauer-Ära ein Strukturwandel, auf dessen Dynamik die Politiker nur durch eine immer vorsichtiger werdende Industriegesetzgebung und durch Steuerpolitik rahmensetzend einwirkten. Dabei bildete sich jenes kooperative Nebeneinander von Wirtschaft und Politik heraus, das für die Folgezeit kennzeichnend geworden ist.

gewesen. Wenn es dem jungen Staat gelungen ist, die schwierigen Probleme des Wiederaufbaus zu meistern, so sicher zu einem Gutteil dank der qualifizierten Führungsschicht in den unterschiedlichen Zweigen der Staatsverwaltung.

Dennoch wird bei dem zutreffenden Verweis auf die Kontinuität des Verwaltungsrechts, der Verwaltungsorganisation oder der Verwaltungspraxis und die Beibehaltung des Verwaltungspersonals doch oft übersehen, daß innerhalb der Führungsspitzen der Verwaltung eine folgenreiche, stark politisch akzentuierte Umschichtung erfolgt war. Nach dem Zusammenbruch des Dritten Reichs waren die leitenden Positionen auf allen Ebenen mit Persönlichkeiten besetzt worden, die entweder den demokratischen Weimarer Parteien angehört hatten und somit eine gewisse Gewähr für ihre politische Grundeinstellung boten, oder zumindest mit Beamten, die nicht Mitglied der NSDAP gewesen waren. Der Abschluß der Entnazifizierung und die Rückkehr des früheren Personals brachte hier zwar erneut Verschiebungen. Aber in den maßgebenden Stellen saßen nun doch vielfach weiterhin jene Amtsinhaber, die in den ersten Nachkriegsjahren als eine Art »Gegenelite« innerhalb der Verwaltung

durchweg mit Journalisten besetzt worden, die zum Nationalsozialismus Distanz gehalten hatten. Auch hier tauchten allerdings seit Gründung der Bundesrepublik bald wieder Journalisten wie Henri Nannen oder Giselher Wirsing auf, die in Propagandakompanien oder Zeitungsredaktionen ihren publizistischen Beitrag zum Endsieg geleistet hatten. Aber sie gelangten bei der überregionalen Presse, die zählte, oder gar bei den Rundfunkanstalten meist doch nur dann in einflußreiche Positionen, wenn sie

Zwei Juristen, beide SPD-Mitglieder von eher bürgerlichem Habitus, die auf ihre Verwaltungserfahrung aus der Weimarer Republik zurückgreifen konnten: Herbert Weichmann (links), damals enger Mitarbeiter des preußischen Ministerpräsidenten Otto Braun, wurde 1957 Finanzsenator, später Erster Bürgermeister von Hamburg; Hermann Heimerich übernahm 1949 wieder das Amt des Oberbürgermeisters von Mannheim, das er von 1928–1933 bereits innegehabt hatte.

zum Zug gekommen waren und dafür Sorge trugen, daß sich die Beamtenschaft künftig auf dem Boden der freiheitlich-demokratischen Grundordnung bewegte. Wo die Behördenspitzen nicht von sich aus aufmerksam waren, haben Presse und Parlamente in verschiedenen Fällen Alarm geschlagen. So hat es eben auch auf diesem Sektor nicht nur Elitenkontinuität, sondern zugleich auch einen merklichen Kontinuitätsbruch gegeben.

Viel ausgeprägter war der Führungswechsel in der Presse und im Rundfunkwesen. Die alliierte Lizenzierungs- und Rundfunkpolitik hatte hier eine neue Eigentümerschicht ins Geschäft gebracht. Die Spitzenpositionen in den Redaktionen sind anfänglich

sichtbare Zeichen von Sinneswandel erkennen ließen. Gerade die pluralistisch stark aufgefächerte und durch eine besonders fühlbare Elitenumschichtung gekennzeichnete Medienlandschaft wies daher auch personell wesentlich andere Züge auf als die der Weimarer Republik.

Die stärksten Veränderungen hatten sich aber bei den politischen Führungsgruppen vollzogen. Die nationalsozialistische Führungsschicht war nach 1945 so schnell verschwunden, wie sie zwölf Jahre vorher gekommen war. Sofern diejenigen, die ihr angehört hatten, in der Politik erneut Fuß fassen wollten, kamen sie nicht weit. Die nationalsozialistische Staatspartei war und blieb mitsamt ihrem Führungspersonal hinweggefegt. Was sich hingegen in

412 Der Geist der fünfziger Jahre

pluralistischer Umformung hielt, war der Grundsatz des Primats der politischen Partei, den Hitler erfolgreich etabliert hatte.

Den demokratischen Parteien in der Weimarer Republik war es nur teilweise gelungen, sich gegen die bürokratisch-junkerliche Oberschicht durchzusetzen. Jetzt aber wurde der demokratische Staat, erst unter dem Patronat der Militärregierungen und dann im Rahmen des Grundgesetzes, konsequent von den Parteien aus aufgebaut. Ihre Führungsgruppen haben die politische Macht nie mehr aus der Hand gegeben. Sie ließen die alte preußische Oberschicht nicht mehr aufkommen, deren letzte Repräsentanten nur willkommen waren, wenn sie sich mit dienenden Funktionen zufriedengaben. Aber die Parteiführer dachten auch nicht daran, die Eliten der Wirtschaft an die Hebel der Macht zu lassen.

Der Bonner Staat wurde eine Parteiendemokratie. Auch der erste Bundeskanzler kam nicht deshalb zum Zug, weil er in der preußischen Kommunalverwaltung eine Spitzenposition bekleidet und somit den traditionellen Verwaltungseliten angehört hatte, sondern weil er Anfang 1946 mit scharfem Blick erkannte, daß die Macht künftig den Parteiführern zufallen würde.

Die soziale Zusammensetzung der Parteieliten entsprach teilweise den Elitestrukturen der demokratischen Parteien vor 1933. Aber daneben kamen zahlreiche Zufallskarrieren zustande wie seither nie mehr in der Geschichte der Bundesrepublik.

Die Sozialdemokraten verfügten über die größte personelle Kontinuität. Ihre neue Führungsschicht rekrutierte sich vielfach aus Politikern oder Alt-Funktionären, die in zahlreichen Fällen aus dem Exil zurückkehrten. Eine politische Nachkriegskarriere wie die von Carlo Schmid, die bei den bürgerlichen Parteien kaum aufgefallen wäre, gehörte in der SPD zu den Seltenheiten. Die Londoner Exilgruppe hatte im Parteivorstand bis Ende der fünfziger Jahre größtenteils das Sagen. Erich Ollenhauer, Fritz Heine, der langjährige Pressesprecher, Willi Eichler, in den fünfziger Jahren zuständig für programmatische Grundsatzfragen, Waldemar von Knoeringen, neben Hoegner die maßgebende Persönlichkeit der SPD in Bayern, Erwin Schoettle, der Vorsitzende des SPD-Bezirks Württemberg-Baden

– sie alle kamen aus dem Londoner Exil. Der Hamburger Bürgermeister Max Brauer hatte die Emigrationsjahre in den USA verbracht, der Berliner Regierende Bürgermeister Ernst Reuter in Ankara, Willy Brandt in Norwegen und Schweden. Andere waren durch die Gefängnisse oder Konzentrationslager des Dritten Reiches gegangen: Kurt Schumacher, Fritz Erler, Karl Mommer. Aber sie alle wurzelten noch in der alten SPD der Jahre vor 1933.

Dagegen kam in CDU und CSU nur ein Teil der maßgebenden Politiker aus Fraktionen oder Parteiorganisationen der Zwischenkriegszeit. Die Zahl der Spitzenpolitiker, die vor 1933 als Regierungspräsidenten, Oberbürgermeister oder Ministerialbeamte hohe Verwaltungspositionen innehatten, ohne in Parteiorganisationen oder Parlamenten eine Rolle gespielt zu haben, war relativ groß. Adenauer selbst gehörte zu ihnen. Bei diesem Personenkreis konnte in gewisser Hinsicht von einer Kontinuität der Führungsgruppe gesprochen werden.

Ebenso charakteristisch waren aber die typischen Nachkriegskarrieren: Politiker aus dem Widerstand oder der Bekennenden Kirche; Entdeckungen von alliierten Besatzungsoffizieren, die über Minister-, Bürgermeister- oder Landratsposten in die hohe Bonner Politik gekommen waren; christliche Gewerkschafter aus der Spitze des neugegründeten DGB; ehrgeizige Nachwuchspolitiker, die rasch aus dem Schatten ihrer Ziehväter hervortraten; wenige Manager, Bankiers und selbständige Unternehmer.

Ähnlich bunt zusammengesetzt war die Führungsgruppe der Freien Demokraten. Neben Politikern oder wenigstens Parteimitgliedern aus der Weimarer Zeit fehlte es auch hier nicht an »neuen Männern«, die in den ersten Nachkriegsjahren oder auch noch während der Anfänge der Bundesrepublik politisch Karriere machten. Noch größer war die Zahl der politischen Neulinge in den Führungsgruppen von BHE und DP.

Auch auf Landesebene bot sich vielfach ein recht buntes Bild mit deutlichen Unterschieden von Land zu Land. Insgesamt waren die Parteiführungen auf seiten der nicht-sozialistischen Parteien doch weitgehend ein Spiegelbild der anfangs ziemlich unstrukturierten, durcheinandergeschüttelten Gesellschaft. Von eindeutigem Übergewicht bestimmter

Schichten konnte nicht die Rede sein. Aber der Pluralismus war noch nicht so perfekt geplant und durch sorgsame Kompromisse zustande gebracht, wie in den Parteiführungen, Fraktionsvorständen und Kabinetten späterer Jahre, sondern häufig ein Spiel des Zufalls, wie dies die wirre Nachkriegszeit mit sich brachte.

Ehemalige NSDAP-Mitglieder, Hitlerjugend-Führer oder Mitglieder anderer NS-Parteigliederungen spielten in den maßgebenden Führungsgruppen der Bonner Parteien anfänglich keine Rolle. Zahlenmäßig am stärksten machten sie sich beim BHE bemerkbar sowie in einer Reihe von Landesverbänden der FDP – besonders in Nordrhein-Westfalen und Niedersachsen. Allerdings tauchten sie seit 1953 zunehmend in allen Fraktionen des Deutschen Bundestages auf. In dieser Hinsicht war das Hohe Haus in Bonn ein Abbild des deutschen Volkes. Dennoch konnten die Führungsspitzen der Parteien als »Gegenelite« zur einst herrschenden Elite der NSDAP verstanden werden, und sie haben trotz zahlreicher personalpolitischer Kompromisse darauf geachtet, daß führende Nationalsozialisten nicht in Spitzenpositionen der Parteiführungen einrückten. Der Elitewechsel ist also unverkennbar.

Die Ministerliste der ersten Kabinette Adenauer liest sich wie ein Gotha der kleinbürgerlich-mittelständischen Gesellschaft. Man entdeckt nur ganz wenige Abkömmlinge aus Familien der früheren deutschen Oberschichten – Hans-Christoph Seebohm, der aus dem wohlhabenden Unternehmertum kam, Heinrich von Brentano und Hans-Joachim von Merkatz.

Auch die Gruppe, deren Väter in Verwaltung oder Politik der Jahrzehnte vor 1933 Spitzenpositionen bekleidet hatten, war klein. Sie umfaßte neben von Brentano noch Franz-Josef Wuermeling und Bundesjustizminister Neumayer. Hingegen rekrutierte sich ein erheblicher Teil des Kabinetts aus den mittleren und unteren Schichten des Bürgertums. Manche waren typische soziale Aufsteiger, so auch Adenauer selbst, der allerdings früh dank seiner Leistung und mit seiner Heirat ins Kölner Großbürgertum Eingang gefunden hatte. Die ehemaligen Gewerkschaftssekretäre Jakob Kaiser, Theodor Blank und Anton Storch kamen aus der Arbeiterschaft.

Heinrich Lübke entstammte einer kleinbürgerlichen Familie. Der Vater von Heinrich Hellwege hatte ein kleines Kolonialwarengeschäft betrieben und der von Franz Josef Strauß eine Metzgerei.

Recht unterschiedlich war der politische Erfahrungshorizont, den die Bonner Führungsgruppen in den Anfängen der Bundesrepublik mitbrachten. Adenauer stammte noch ebenso wie die Generation Gustav Stresemanns, Friedrich Eberts, Walther Rathenaus, Franz von Papens, Matthias Erzbergers und Kurt von Schleichers, die er alle überlebt hatte, aus den siebziger Jahren des 19. Jahrhunderts. Wenn es überhaupt jemanden gab, der die ungebrochene Tradition der deutschen Geschichte seit den Tagen des wirtschaftlichen Aufstiegs im Kaiserreich über die Katastrophen des 20. Jahrhunderts hinweg verkörperte, war er es. Zwar gehörte er nicht zur Verwaltungselite aus dem preußischen Adel, wohl aber zu jener Schicht hoher Beamter, die noch im Geist der preußischen Kommunalverwaltung erzogen worden war. In Haltung, Daseinszuschnitt und historischem Sinn stellte dieser stolze und skeptische Großbürger unter den Politikern der fünfziger Jahre bereits eine Gestalt aus der Vergangenheit dar. Nur Theodor Heuss (Jahrgang 1884) oder Fritz Schäffer (geboren 1888) verkörperten noch in vergleichbarer Weise den Geist der Vorweltkriegsgeneration.

In den Bundeskabinetten der fünfziger Jahre, doch auch in den Fraktionen der ersten beiden Bundestage war indessen jene Generation am stärksten vertreten, deren Geburtsjahr im Umkreis der neunziger Jahre des 19. Jahrhunderts oder nach der Jahrhundertwende lag.

Für die meisten von ihnen – Ernst Reuter (Jahrgang 1889), Kurt Schumacher (1895), Heinrich Krone (1895), Franz Blücher (1896), Carlo Schmid (1896), Ludwig Erhard (1897), Thomas Dehler (1897) – hatte der Erste Weltkrieg das prägende Erlebnis bedeutet. Sie brachten alle noch ein ungebrochenes Nationalgefühl in den Bonner Staat mit ein, aber auch die Gesamtheit der politischen Erfahrungen aus den aufgewühlten Jahrzehnten seit 1914. Anders als viele Gleichaltrige aus der Kriegsgeneration hatten sie für die Demokratie und gegen den Nationalsozialismus optiert. Sie verstanden sich zu Recht als

Kurt Schumacher, nach dem Krieg Vorsitzender der SPD, deren scharfe Frontstellung gegenüber dem Kommunismus er bestimmte, 1951 im Gespräch mit Theodor Heuss, dem Mitgründer der FDP, der als Bundespräsident auch ein Repräsentant des geistigen Deutschland war.

post-totalitäre Elite und waren entschlossen, Staat und Gesellschaft im Geist der demokratischen deutschen Traditionen aufzubauen. Deutscher Idealismus und Humanismus waren für viele von ihnen noch lebendige Wirklichkeit; manche hielten auch über alle Zusammenbrüche hinweg an den Ideen der Jugendbewegung fest. Sie waren sich ihrer Werte sicher, und so lag es ihnen fern, einen völligen Traditionsbruch zu empfinden. Diese Generation gab im Bundeskabinett, aber anfänglich auch in den Fraktionsführungen und in den Länderregierungen, den Ton an.

Dort und seit 1953 auch zunehmend im Kabinett fanden sich aber auch schon die Angehörigen der Generation, die den Ersten Weltkrieg als Kinder oder Jugendliche erlebt und ihre eigentlich prägenden Erfahrungen in den kritischen Jahren der Weimarer Republik sowie danach gemacht hatten. In den Lebensläufen dieser Politiker spiegelte sich die Zerrissenheit der Epoche. Ihr aller Schicksal war in der einen oder anderen Weise der totale Staat geworden: Erich Ollenhauer (geboren 1901), Hermann Ehlers (1904), Kurt Georg Kiesinger (1904), Herbert Wehner (1906), Gerhard Schröder (1910), Fritz Erler (1913), Willy Brandt (1913). Hinzu kamen jene Angehörigen der Frontgeneration des Zweiten Weltkriegs, für die Aufstieg und Untergang des Dritten Reiches eine unauslöschliche Erfahrung bedeuteten: Franz Josef Strauß (Jahrgang 1915), Erich Mende (1916), Wolfgang Döring (1919), Walter Scheel (1919).

Diese umgetriebene, zumeist tief skeptische, von den Krisen und Irrungen des 20. Jahrhunderts gekennzeichnete, stark pragmatische Generation wurde während der fünfziger Jahre aber noch weitgehend von der älteren Vorkriegsgeneration gebremst, doch auch geführt. Die Selbstsicherheit und die ungebrochenen Überzeugungen der Vorweltkriegszeit gingen ihr meistenteils ab. Aber auch sie hatte ihre Erfahrungen mit dem Totalitarismus gemacht und war bereit, sich auf die freiheitliche Demokratie einzulassen.

Gerade in den Anfängen der Bundesrepublik hat der Faktor »politische Generation« für die Grundeinstellung und der Verhaltensstil der parlamentarischen Führungsgruppen wohl eine ebenso große Bedeutung gehabt wie die in den parteisoziologischen Untersuchungen meist vorwiegend berücksichtigten Sozialdaten.

Diese wiesen die ersten Bundestage als einen vergleichsweise vielfältig zusammengesetzten Querschnitt der Bevölkerung aus. Gewiß gehörte die Mehrzahl der Abgeordneten nicht zur politischen Elite im strengen Sinne, sondern bildete das große Korps der Hinterbänkler. Aber die soziale Zusammensetzung der Fraktionen ließ doch bis zu einem gewissen Grad erkennen, welchen Schichten Gewicht zukam.

Verglichen mit den späteren Verhältnissen war auffällig, wie viele Abgeordnete dem Ersten Deutschen Bundestag angehörten, die nur Volksschulbildung hatten: insgesamt 40,8 Prozent. Weitere 7,9 Prozent besaßen Realschulbildung oder die Mittlere Reife. Man kann das als Indiz dafür werten, daß diese Parlamentarier aus den unteren Mittelschichten oder aus der Arbeiterschicht stammten. Bemerkenswert ist dabei, daß diese Gruppe in allen Fraktionen stark vertreten war. Sie umfaßte mehr als die Hälfte der SPD-Fraktion, in der gleichzeitig auch die Gewerkschaftsmitglieder mit 61,1 Prozent dominierten. Aber immerhin ein Drittel derer, die keine höhere Schulbildung hatten, saß in der CDU/CSU-Fraktion und – verglichen mit späteren Verhältnissen ein Unikum – 21,1 Prozent bei der FDP. Demgegenüber wiesen 38,7 Prozent aller Abgeordneten einen Universitätsabschluß auf – sie stammten sicher nicht alle aus bürgerlichen Familien, gehörten aber doch zu der damals noch vergleichsweise schmalen Schicht von Akademikern, deren Anteil an der erwachsenen Bevölkerung etwa zwei Prozent ausmachte.

Dies waren die Ausgangspunkte einer Entwicklung, bei der die Zahl der Abgeordneten mit Hochschulabschluß schubweise zunahm, während die Parlamentarier allein mit Volksschulabschluß rasch weniger wurden. Bereits im Zweiten Deutschen Bundestag gaben 43,9 Prozent einen Universitätsabschluß an, nur noch 22 Prozent einen Volksschulabschluß. Von den letzteren gehörten 54 zur CDU/CSU, 56 zur SPD und einer zur FPD.

Unter den Akademikern überwogen die Juristen, die im Dritten Deutschen Bundestag von 1957 bereits fast ein Fünftel aller Abgeordneten ausmachten, wobei naturgemäß die Zahl der Juristen in führender parlamentarischer Position noch erheblich größer war. Eine andere, in der parlamentarischen Führungsschicht besonders stark vertretene Gruppe mit Hochschulausbildung rekrutierte sich aus der Lehrerschaft.

Die einzelnen Fraktionen der ersten Bundestage ließen im ganzen ein deutlich ausgeprägtes Sozialprofil erkennen, ohne daß aber von einer ausgeprägt klassenspezifischen Zusammensetzung gesprochen werden kann. In der CDU/CSU-Fraktion von 1953 wiesen über 40 Prozent einen akademischen Abschluß auf, in der SPD-Fraktion nur ein Fünftel, bei der FDP über zwei Drittel. Aber die Zahl der Akademiker in der SPD und die der Arbeiter, Landwirte und Handwerker in der CDU sorgte doch für einen gewissen Ausgleich.

An der pluralistischen Offenheit der ersten Bundestage für alle Schichten der Gesellschaft war noch kein Zweifel möglich. Erst in den späteren Jahrzehnten ist die Akademisierung des Parlaments zu einem Problem geworden – 1976 hatten schon 60,1 Prozent aller Abgeordneten einen Hochschulabschluß, während die Zahl derer mit nur Volks- oder Mittelschulbildung auf rund 10 Prozent gesunken war. Darin spiegelte sich auch der hohe Anteil von Parlamentariern, die aus der Beamtenschaft oder dem öffentlichen Dienst kamen. Er belief sich Ende der siebziger Jahre bereits auf 30 Prozent aller Bundestagsabgeordneten.

Indessen ließ die relative Konzentration von Akademikern aus bürgerlichen Berufen bei der FDP und bei CDU/CSU und die Konzentration von Gewerkschaftern mit vorwiegend handwerklicher Ausbildung bei der SPD doch erkennen, daß die Regierungskoalition vorwiegend auf die bürgerlichen Schichten anziehend wirkte, während die SPD noch weitgehend die Züge der klassischen Arbeiterpartei aufwies. Allerdings sorgte der relativ hohe Anteil von Gewerkschaftern in der CDU/CSU-Fraktion für einen gewissen Ausgleich und ließ erkennen, daß die Unionsparteien schon aufgrund ihrer sozialen Zusammensetzung für eine gesellschaftspolitische Polarisierung nicht zu haben waren.

Der geraffte Überblick über die wichtigsten Führungsgruppen der frühen und mittleren fünfziger Jahre läßt somit jenes Mischungsverhältnis von Kontinuität und Neuem erkennen, das für die Nachkriegsgesellschaft überhaupt kennzeichnend war. Er vermittelt auch den Eindruck, daß zumindest für diese Phase die Auffassung nicht zutrifft, die deutschen Nachkriegseliten seien zwar im Innern der einzelnen Sektoren ziemlich homogen, untereinander aber doch durch deutliche Distanz getrennt.

Tatsächlich kann von Homogenität nur die Rede sein, wenn man den Begriff über Gebühr dehnt. Auch der Eindruck einer merklichen Trennung hält sich nur, solange man die Mobilität zwischen den Berufen verschiedener Sektoren als wesentliches Kriterium versteht. Doch zeichnen sich Funktionseliten in stark arbeitsteiligen Gesellschaften unvermeidlicherweise durch ein insgesamt geringes Maß an entsprechender Mobilität aus. Die deutsche Nachkriegsgesellschaft hat davon keine Ausnahme gemacht.

Politisch viel wichtiger ist die Frage, ob zwischen den Bereichen ein genügend enger Kontakt besteht, ohne den die Integration des Gesamtsystems mißlingen müßte.

In dieser Hinsicht waren die Bereichseliten in den fünfziger Jahren recht stark verflochten, stärker wahrscheinlich als in späteren Perioden. Die Kirchen nahmen entschiedenen Anteil am politischen Geschehen – sowohl auf Bundes- wie auf Landes-

Nicht nur der erste Vorsitzende des DGB, Hans Böckler, sondern auch seine Nachfolger Christian Fette (links) und Walter Freitag (rechts) waren Zentralfiguren der bürgerlichen Republik.

ebene. Eine relativ große Zahl ihrer maßgebenden Laien hat damals gleichzeitig dem Bundestag und wichtigen Spitzengremien der Evangelischen Kirche angehört. Aber auch die Verflechtung zwischen Parlament und Gewerkschaften, selbst zwischen Gewerkschaften und Regierung, war ausgesprochen eng. Hier kann von sektoraler Distanz ebensowenig die Rede sein wie in bezug auf das Verhältnis von Politik und Wirtschaft oder Politik und Presse. Auch jene für die Bundesrepublik typische Erscheinung, daß die Spitzen der Verwaltung auf der Ebene der Staatssekretäre, doch teilweise auch auf der nächst unteren Etage der Behördenpyramiden der politischen Leitung nicht getrennt gegenüberstehen, sondern mit ihr zusammen die Spitze des Regierungssystems bilden, fällt schon damals auf.

Die Verflechtung der einzelnen Bereichseliten mit dem politischen Sektor war naturgemäß stärker als die Verflechtung untereinander. Die Politik ist der natürliche Boden, auf dem sich die unterschiedlichen Führungsgruppen einer pluralistischen Gesellschaft begegnen. Aber der Elitendialog hat damals nicht nur im gouvernementalen und im parlamentarischen Raum stattgefunden. Es gab auch andere Plattformen, und man kann das kontinuierliche, organisierte Gespräch zwischen den Führungsgruppen geradezu als Charakteristikum des geistigen und politischen Lebens in den fünfziger Jahren werten. Die kirchlichen Akademien, doch auch andere Gesprächskreise haben unablässig und mit ziemlichem Erfolg zahlreiche Persönlichkeiten unterschiedlicher Führungsgruppen zusammengeführt. Nicht zuletzt sah sich auch die CDU als die erste und zudem noch in der Regierungsverantwortung stehende Volkspartei gezwungen, den ständigen Dialog zwischen den auseinanderstrebenden Eliten im eigenen Lager zu organisieren.

Zur Elitenintegration jener Zeit, die später zeitweise wieder schwächer geworden ist, trug allerdings auch die Unfertigkeit der damaligen Gesellschaftsstrukturen bei. Vieles war noch im Fluß, vieles mußte grundlegend neu gestaltet werden. Die meisten Bereiche waren noch von rastloser Bewegung gekennzeichnet, auch die Führungsgruppen. Verkrustung oder Abkapselung wurden dadurch verhindert. Im Rückblick und beim Vergleich mit späteren

Entwicklungsphasen hat es vielmehr den Anschein, als ob die damaligen sozialen Schichten und ihre Eliten dem Idealbild einer aktiven Gesellschaft ganz besonders nahegekommen sind.

So war es auch nicht erstaunlich, daß diese Periode ein interessantes, spannungsreiches Geistesleben aufwies, das viel lebendiger war, als es die später verbreitete Fama wahrhaben will.

Die Abendröte der bürgerlichen Kultur und die neuen Kräfte

Wie der allgemeine Lebensstil der Gesellschaft wies auch die Kultur in einem engeren und strengeren Sinne während der fünfziger Jahre zwei ineinander übergehende Phasen auf: eine Periode unverkennbarer Kontinuität und eine teils parallel zur ersten beginnende, teils unmittelbar anschließende Phase, in der sich schon der Umbruch der sechziger Jahre ankündigte. In den Anfängen der Adenauer-Ära dominierten noch in allen Bereichen Gelehrte, Autoren, Künstler, die ihren Ruhm meist schon in den zwanziger Jahren begründet hatten.

Das galt ganz besonders für die Universitäten. Das Mandarinentum der deutschen Ordinarien ging in diesem Jahrzehnt zu Ende. Jede Disziplin bewegte sich in die Nachkriegswelt mit jenem Pluralismus der Ansätze, Methoden, Doktrinen hinein, der sich weitgehend in der Zeit vor dem Dritten Reich ausgebildet hatte. Aber der Vielfalt in den Fächern wirkte im Umkreis der einzelnen Lehrstühle das durchaus noch erfolgreiche Bestreben der Ordinarien entgegen, ihre Studenten im Sinn der wissenschaftlichen Auffassungen zu prägen, die sie für die allein angemessenen hielten. Tatsächlich gelang es ihnen vielfach, durch ihre Vorlesungen, Seminare und Veröffentlichungen jene Studenten nachhaltig zu prägen, die sich auf das Studium bei ihnen einließen oder einlassen mußten. Die Strenge war meist größer als die Liberalität; aber es gab beides. Wer einigermaßen beweglich war und geistige Neugier aufbrachte, konnte sich durchaus noch einen Gesamtüberblick über die ihn interessierenden Wissenschaften verschaffen, ohne daß dabei das Empfinden eines chaotischen Relativismus der Auffassungen überhandnahm. Natürlich merkten schon viele, daß die Institutionen und die geistigen Grundlagen der deutschen Universität auf schwankendem Boden standen. Dennoch sind in den fünfziger Jahren noch einmal zwei Generationen im Geist der alten deutschen Universität geformt worden: die Kriegsgeneration, die das Bild der Studentenschaft bis in die fünfziger Jahre hinein bestimmte, und die ersten Jahrgänge der Nachkriegsgeneration.

Die Ausbildung in den überkommenen Formen war allerdings nur deshalb möglich, weil die Zahl der Studenten überschaubar blieb. Dabei machte sich immer noch die restriktive Schul- und Universitätspolitik des Dritten Reiches bemerkbar, die bemüht gewesen war, die Zahl der höheren Schüler, Studierenden und der Professoren nicht auszuweiten. Die durchschnittliche deutsche Universität oder Technische Hochschule in der ersten Hälfte der fünfziger Jahre hatte zwischen vier- und sechstausend Studenten. München, die größte Universität, zählte 1950/51 10997 Studierende, Heidelberg 4169, Köln 5516, Göttingen 4338, die TH Aachen 3632. An den höheren Schulen machten 1950 nur 31216 Gymnasiasten oder rund 4 Prozent eines Jahrgangs das Abitur. 1962 waren es aber bereits 57638 oder 6,8 Prozent des Geburtsjahrgangs.

Das änderte sich allerdings bald. Die Zahl der Studierenden lag 1950/51 bei 108000, 1955/56 waren es 123000, 1959/60 dann schon 186000 und 1962/63, am Ende der Adenauer-Ära, 213000. Massenseminare, starke Prüfungsbelastungen für die Lehrstuhlinhaber, eine damit zusammenhängende fachliche Verengung und das daraus vielfach resultierende Fehlen persönlichen Kontakts zwischen Studenten und Professoren wurden seit Mitte der fünfziger Jahre allgemein beklagt. Sie bildeten ein Dauerthema jener zahlreichen Kreise, die sich mit Fragen der Hochschulreform beschäftigten.

Die Universitäten erhielten von den Gymnasien Abiturienten, die – trotz der deutlich spürbaren Unterschiede zwischen humanistischen oder neusprachlich-naturwissenschaftlichen Gymnasien und den Handelsschulen – im Deutschunterricht, in Geschichte und Religion, in Mathematik und Sprachen nach ziemlich einheitlichen Grundsätzen, wenn auch mehr oder weniger gut ausgebildet worden

Der Philosoph Karl Jaspers (rechts) nimmt aus der Hand des Vorstehers des Börsenvereins den Friedenspreis des deutschen Buchhandels (1958) entgegen. Jaspers war über Psychiatrie und Psychologie zur Philosophie gekommen, die für ihn auch die kritische Auseinandersetzung mit der jeweiligen politischen Wirklichkeit einschloß. 1937–1945 mit Lehrverbot belegt, folgte dieser führende Vertreter der Existenzphilosophie 1948 einem Ruf nach Basel. Nur wenige Jahre jünger war Martin Heidegger, der 1927 sein grundlegendes Werk »Sein und Zeit« veröffentlicht hatte und ein Jahr später in Freiburg die Nachfolge seines Lehrers Husserl antrat. Die Erinnerung an seine politischen Irrwege während der Hitler-Zeit tat dem Weltruhm des Philosophen keinen Abbruch.

waren. Als ausschlaggebend erwies sich, daß doch weitgehend dieselben Bildungsgehalte vermittelt wurden. Auch in diesem Bereich sind die fünfziger Jahre das letzte Jahrzehnt gewesen, in dem ein einigermaßen homogenes Wissen nach vergleichsweise einheitlichen Lehrplänen von annähernd gleichwertig ausgebildeten Lehrern vermittelt wurde, obwohl über die Begründung und den Zusammenhang des Bildungskanons schon lange keine Übereinstimmung mehr bestand.

Die vergleichsweise breite Allgemeinbildung, mit der die Studenten zum Studium kamen, hatte auch ein entsprechend starkes Interesse an einem akademisch fundierten »Studium generale« zur Folge. Geistig rege Studenten haben sich damals oft nicht auf ein reines Fachstudium beschränkt. Manche trieben sich eine Zeitlang bei jenen Professoren herum, die über ihre Disziplin hinaus wirkten und von denen es an den meisten Universitäten einige gab.

Vielerorts galt die Philosophie wieder als eine der faszinierendsten Disziplinen. Es war die große Periode Heideggers und seiner Schule, deren Wirkungen weit in die anderen Geisteswissenschaften ausstrahlten. Karl Jaspers, der weniger schulenbildend wirkte, doch das Ohr einer breiten Öffentlichkeit hatte, hielt die existenzphilosophischen Fragestellungen seinerseits im Gespräch. Er entfaltete damals aber seine Hauptwirkung auf dem Feld der Zeitdiagnose und der politischen Standortbestimmung – zuerst unmittelbar in der Nachkriegszeit und dann wieder seit 1958. Von diesem Jahr an bis zu seinem Tod war er der Gelehrte mit der stärksten politischen Breitenwirkung – ein politischer Professor nach Art Max Webers, an dessen Vorbild er sich orientierte.

Doch die existenzphilosophischen Richtungen waren weit davon entfernt, die philosophische Diskussion allein zu bestimmen. Daneben gab es weitere

Schulen und bedeutende Einzelpersonen, die jeweils in ihrer Universität als Kristallisationspunkte des geistigen Lebens wirkten: Theodor Litt und Erich Rothacker in Bonn, Helmuth Plessner in Göttingen, Theodor W. Adorno in Frankfurt. Auch Theologen, Rechtsphilosophen, Mediziner, Naturwissenschaftler griffen in die philosophischen Diskussionen ein, die sich um Themenkreise der Anthropologie und der Gesellschaft, um die geschichtliche Ortsbestimmung und den Zusammenhang der Wissenschaften bemühten.

In den verschiedensten Disziplinen war die Bereitschaft zum Dialog mit den Nachbarwissenschaften und zur Erörterung von Grundsatzfragen ganz unverkennbar. Einige Jahre lang gab es an den meisten Universitäten ein gut organisiertes »Studium generale«, das allerdings seit Mitte der fünfziger Jahre in eine spürbare Krise geriet. Die Generation akademischer Lehrer, die vielfach aus der Jugendbewegung kam und in die Wissenschaft den Impuls zu fundamentaler Neubesinnung hineintrug, entfaltete eine letzte, bedeutende Lehrtätigkeit, auch in den Naturwissenschaften, wo Werner Heisenberg, Carl Friedrich von Weizsäcker und viele andere aus der Pioniergeneration der zwanziger und dreißiger Jahre stark in die Geisteswissenschaften hineinwirkten.

Gerade aufgrund der Anfeindung durch die Nationalsozialisten war die humanistische Denkweise aus dem Dritten Reich gekräftigt hervorgegangen. Eine ganze Generation von Altphilologen, Romanisten, Kunsthistorikern, Althistorikern und Mediävisten verstand es, für die formale Vielfalt, den gedanklichen Reichtum und die Widersprüchlichkeit abendländischer Tradition Verständnis zu wecken. Die Bedeutendsten – etwa Ernst Robert Curtius, Wolfgang Schadewaldt, Wolfgang Kayser, Hugo Friedrich – griffen weit über die Grenzen ihres Faches hinaus und leisteten es ein letztes Mal, die europäische Literaturgeschichte in ihrer Gesamtheit zu erfassen. Die in den Anfängen der fünfziger Jahre so starke Renaissance des abendländischen Denkens fußte in starkem Maß auf den Arbeiten der literatur- und kulturwissenschaftlichen Disziplinen und wurde von ihnen legitimiert.

Wenn die Rückbesinnung auf europäische Literatur, Gesellschaft, Philosophie und Kunst in der zweiten Hälfte der fünfziger Jahre deutlich nachließ und später weithin versandete, so sicher zu einem Teil auch deshalb, weil die akademischen Meister, die dieser Bewegung seit den zwanziger Jahren den Boden bereitet hatten, abtraten oder sich im Betrieb der Massenuniversität aufrieben.

Ähnlich anregend war in jenen Jahren das Studium der Rechtswissenschaft oder der Wirtschaftswissenschaften. Beide Disziplinen existierten häufig noch gemeinsam unter dem Dach einer Fakultät, was in vielen Fällen einem umfassenden Verständnis von Staat und Wirtschaft zugute kam. Sowohl das Bürgerliche wie das Öffentliche Recht und die Wirtschaftswissenschaften schenkten den grundlegenden ordnungspolitischen Fragen starke Beachtung, wobei die wissenschaftliche Aufarbeitung der Erfahrungen mit dem Nationalsozialismus ebenso vordringlich schien wie die Bemühung um zeitgemäße Organisationsformen einer freien Wirtschaft. Im übrigen verteidigten die rechtswissenschaftlichen Fakultäten auch weiterhin mit Erfolg ihre Funktion, als eine Art deutscher »Grandes Écoles« für die einheitliche Ausbildung qualifizierter Verwaltungs- und auch Wirtschaftseliten zu sorgen. Für die Ausbildung der Führungskräfte in der Wirtschaft und in der Wirtschaftsverwaltung setzten sich aber in den fünfziger Jahren Volkswirtschaftslehre und Betriebswirtschaftslehre mehr und mehr durch.

Auch die Repräsentanten der neuen Sozialwissenschaften – Soziologie und Politische Wissenschaft – galten vielfach als Persönlichkeiten, die über ihre Fächer hinaus etwas zu sagen hatten. Beide Disziplinen, die in manchen Fällen noch ungeschieden waren, wiesen Mitte der fünfziger Jahre eine Reihe ähnlicher Merkmale auf. Auffällig war das durchgängige Fehlen allgemein anerkannter Fragestellungen und Methoden; jeder Fachvertreter betrieb seine eigene Version von Politischer Wissenschaft und Soziologie. Ebenso charakteristisch war die Abwesenheit professioneller Verengung. Die Politischen Wissenschaftler und Soziologen kamen, häufig auf dem Umweg über die Emigration, aus den unterschiedlichsten Disziplinen und sahen ihre Aufgabe vielfach darin, interdisziplinäre Fragestellungen anzuregen. Das verschaffte ihnen starkes Gehör, brachte sie allerdings auch – bald zu Recht, bald zu

Unrecht – bei den etablierten, methodensicher arbeitenden Disziplinen in Verruf.

Zum letzten Mal gab es auch an den Universitäten eine Soziologie und eine Politische Wissenschaft mit typisch deutschem Profil. Sowohl jene Professoren, die, aus dem Ausland kommend, die neuen Fächer aufbauten – René König, Arnold Bergstraesser, Carl Joachim Friedrich, Ernst Fraenkel – als auch die anderen, die Deutschland nicht verlassen hatten – Alfred Weber, Helmut Schelsky, Theodor Eschenburg, Dolf Sternberger, Michael Freund – fußten ganz selbstverständlich in der deutschen Geistestradition der Vorweltkriegszeit und der zwanziger Jahre; keiner bezog seine Vorstellungen in erster Linie von der amerikanischen Soziologie oder der amerikanischen Political Science.

Dies änderte sich dann im Verlauf weniger Jahre. Die professionelle Verengung der Fächer und die Orientierung an den ausländischen Vorbildern, zu denen es bald kam, waren mehr oder weniger unvermeidlich. Sie ließen aber auch in symptomatischer Art und Weise erkennen, daß sich die Verbindung zu den originär deutschen Denktraditionen der ersten Jahrhunderthälfte merklich zu lockern begann.

So waren die Universitäten der frühen und mittleren fünfziger Jahre insgesamt durch ein lebendiges interdisziplinäres Gespräch, durch intensive Bemühungen um die Klärung von Grundsatzfragen und durch eine überall noch ziemlich stark traditionelle Orientierung gekennzeichnet. Keine Spur von Traditionsbruch, allerdings schon zunehmende Merkmale von geistiger Enge, von einseitiger Fachbezogenheit und von institutioneller Schwerfälligkeit. Ohne daß es den Gelehrten und Studenten jener Jahre bewußt war, erlebten sie damals die Abendröte der alten deutschen Universität.

In vielem zeigten Literatur und Theater dasselbe Bild wie die Universitäten. Auch hier gehörte das Feld noch ziemlich weitgehend den Autoren von gestern. Zugleich aber war ein ganz neues Element gar nicht zu übersehen: Die Literaturszene und die deutschen Bühnen haben sich damals voller Erwartung und ganz ohne jeden Vorbehalt den geistigen Einflüssen geöffnet, die seit dem Zusammenbruch aus dem westlichen Ausland hereinströmten. Soweit es deutsche Autoren anbelangte, kennzeichnete Kontinuität diese Jahre, die Stimmung insgesamt aber war eindeutig kosmopolitisch.

Zunächst fiel die Kontinuität auf. Beim »Kutscher-Test«, mit dem Professor Artur Kutscher die Studenten des Theaterwissenschaftlichen Instituts der Universität München jährlich befragte, welche deutschen nach-naturalistischen Schriftsteller sie für die bedeutendsten hielten, wurde 1950 eine bezeichnende Reihenfolge genannt: Hermann Hesse, Gerhart Hauptmann, Rainer Maria Rilke, Thomas Mann, Ernst Wiechert, Hans Carossa, Bert Brecht, Werner Bergengruen, Franz Kafka, Carl Zuckmayer, Hugo von Hofmannsthal, Ernst Jünger, Franz Werfel, Stefan Zweig. Trotz aller Zufälligkeit, die solchen Ergebnissen immer innewohnt, waren damit doch die meisten der großen Namen genannt, auf die die Verleger und Intendanten in den folgenden Jahren setzten und die auch beim gebildeten Publikum Anklang fanden. Gewiß: man hatte an der Münchner Universität anscheinend verschlafen, daß Gottfried Benn, seitdem er 1948 wieder publizieren durfte, eben dabei war, sich bis gegen Ende der fünfziger Jahre als literarischer Stern erster Ordnung zu etablieren – respektiert sogar von seinen politischen Gegnern aus dem Lager der »littérature engagée«, die ihm die Irrtümer des Jahres 1933 vorhielten. Und als Robert Musils »Mann ohne Eigenschaften« 1952 erneut, und um die Fragmente vermehrt, erschien, wurde auch er als einer der ganz Großen aus der Reihe derer gefeiert, die ihren Ruhm schon vor 1933 begründet hatten.

Daneben fanden weitere Autoren der Zwischenkriegszeit erneut Bewunderer, etwa Hermann Broch, Walter Benjamin, Rudolf Alexander Schröder. Der Pluralismus weltanschaulicher Orientierung, der Stilrichtungen, literarischer Formen und Themen wirkte wiederum ähnlich widersprüchlich, und daher belebend, wie vor der Machtergreifung Adolf Hitlers. Auch die literarischen Fehden und eine gewisse Schärfe der Kritik weckten verschiedentlich noch die Erinnerung an frühere Glanzzeiten.

So wußte sich die alte Garde erneut durchzusetzen, erwarb teilweise einen posthumen Nachruhm oder erhielt doch wenigstens den verdienten Ehrensold starker und pietätvoller Gemeinden.

Die Seminare des Münchner »Theaterprofessors« Artur Kutscher (oben links), dessen Studienfahrten nach seinem Tod mit großem Anklang auf kommerzieller Basis weitergeführt wurden (»Kutscher-Reisen«), waren für ihre lebendige und weltoffene Art bekannt. Zu den bedeutendsten nachnaturalistischen Schriftstellern rechneten seine Studenten bei der jährlichen Umfrage (Kutscher-Test) im Jahr 1950 unter anderen: Thomas Mann (daneben, gezeichnet bei einer Lesung aus seinen 1954 veröffentlichten »Bekenntnissen des Hochstaplers Felix Krull«), Hermann Hesse (hier eine Büste des Autors von »Steppenwolf« und »Glasperlenspiel«), Bertolt Brecht (das »Ex libris« zeigt ihn umgeben von Figuren aus seinen Stücken) und Carl Zuckmayer (untere Reihe links außen, 1955 mit Gustaf Gründgens bei den Proben zu »Das kalte Licht«). Gottfried Benn (rechts außen neben Werner Bergengruen), der beim Kutscher-Test nicht genannt worden war, erlebte – nach einer Zwangspause bis 1948 – noch einmal große Erfolge.

Unter den großen Vorkriegsautoren wirkte Thomas Mann am mächtigsten in die Breite. Von seinen »Buddenbrooks« sind zwischen 1950 und 1960 1,2 Millionen Bände verkauft worden, von den in der Neufassung 1954 (ursprünglich 1922) erschienenen »Bekenntnissen des Hochstaplers Felix Krull« 720000. Demgegenüber ging von anderen Autoren eine stärkere Tiefenwirkung aus. Während bald deutlich wurde, daß man die Anfangsperiode der Bundesrepublik politisch gesehen als Adenauer-Ära bezeichnen mußte, war sie in literarischer Hinsicht die Ära von Kafka, Brecht, Musil, Benn, auch noch von Ernst Jünger. Das heißt: eine Ära ohne klare Konturen, in der die Impulse der großen einzelnen und der heterogenen Schulen eine geistige Spannung schufen. Aus größerem Abstand kann man darin doch ein würdiges Aprèslude zur großen Zeit der ersten Jahrhunderthälfte vernehmen.

Diese eigentlich ganz natürliche Kontinuität – das Dritte Reich hatte schließlich nur zwölf Jahre gedauert! – war den Zeitgenossen durchaus bewußt. Sie ist aber in den folgenden Jahrzehnten etwas in Vergessenheit geraten, als das Bild von der Literaturszene in den fünfziger Jahren zunehmend durch die Generation von Nachkriegs-Schriftstellern und Literaturwissenschaftlern gezeichnet wurde, die erst nach 1945 zu schreiben begonnen hatten. Sie erweckten den ganz unzutreffenden Eindruck, als habe die deutsche Nachkriegsliteratur von einem geistigen Nullpunkt im Jahre 1945 ihren Anfang nehmen müssen. In Wirklichkeit aber lag die Kontinuität damals ganz offen zutage.

Das galt auch für das Theater, wo nichts von Traditionsbruch zu erkennen war. Die Regisseure und Schauspieler mit klangvollen Namen brachten erneut das vertraute Repertoire der Klassiker und der bereits klassisch gewordenen Moderne auf die Bühne, ergänzt allerdings um die Stücke ausländischer Autoren, die im Dritten Reich nicht gespielt werden durften. Charakteristisch für das Jahrzehnt waren nicht so sehr einzelne Spitzenensembles, wie sie etwa von Gustaf Gründgens erst in Düsseldorf, dann im Hamburger Schauspielhaus zusammengebracht wurden, sondern die Vielzahl vorzüglicher Bühnen und unvergeßlicher Theaterwochen, die damals große Zuschauermassen begeisterten. Keine Spur von provinzieller Enge oder Zurückgebliebenheit! Auch ausländische Kritiker kamen zum Schluß, daß Deutschland hier ohne Zögern an seine vielfältige Tradition anknüpfte, gleichzeitig aber alles aufnahm, was im Ausland etwas galt.

Die große, trotz aller Unterbrechung und Unterdrückung doch noch ungebrochene Blütezeit deutscher Literatur, deren Wurzel bis in die Zeit der Jahrhundertwende oder des Umbruchs im Ersten Weltkrieg zurückreichte, ist erst Mitte der fünfziger Jahre zu Ende gegangen – dann allerdings ziemlich schnell und unwiderruflich.

Wer nach Jahreszahlen sucht, die den Prozeß der Ablösung von einer ganzen Epoche markieren, stößt dabei auf die Jahre 1955 und 1956. Das Schiller-Jahr von 1955 mit den beiden Gedenkreden Thomas Manns im Württembergischen Staatstheater in Stuttgart und im Deutschen Nationaltheater

Zu den ausländischen Autoren, die nach dem Zweiten Weltkrieg wieder zahlreiche Leser fanden, gehörten – von links – die beiden Amerikaner Ernest Hemingway und William Faulkner. Aber auch die Schweizer Neuentdeckungen Max Frisch und Friedrich Dürrenmatt eroberten damals ein breites Publikum.

»Die« Nachkriegsliteratur war in Wirklichkeit das Werk zweier literarischer Generationen: zum einen von Autoren wie – obere Reihe von links – Wolfgang Koeppen, Karl Krolow und dem 1972 verstorbenen Günter Eich, der auf dem rechten Bild gemeinsam mit seiner Frau Ilse Aichinger und Heinrich Böll, links, zu sehen ist, die beide schon der jüngeren Schriftstellergeneration zuzurechnen sind. Die Jüngeren waren in der »Gruppe 47« tonangebend, zu der auch – in der unteren Reihe von links – Ingeborg Bachmann, Günter Grass und Siegfried Lenz gehörten; Initiator und Haupt der Gruppe war Hans Werner Richter.

zu Weimar kann rückblickend als eine Art feierlicher Höhepunkt und als ein Abschiednehmen von der deutschen und europäischen bürgerlichen Kultur verstanden werden, die nochmals eine kurze Nachblüte erlebt hatte. Das edle Pathos Thomas Manns klang schon ziemlich hohl, und auch der gute Wille, mit dem er die kulturelle und literarische Teilung Deutschlands wie Europas zu überspielen suchte, zündete nicht mehr richtig.

Kurz darauf verstarb er, 1956 folgten ihm Bert Brecht und Gottfried Benn. Jeder der drei hatte auf seine Weise nochmals die Kraft der alten Garde demonstriert.

Jetzt kam endlich die von den Nachkriegsautoren langersehnte Stunde. Sie waren bisher im Schatten der großen Alten gestanden und an ihnen gemessen worden, obschon ihre Wortführer – in der bekannten Naivität jeder Nachwuchsgeneration – seit dem

Gründungsjahr der »Gruppe 47« davon überzeugt waren, daß eigentlich doch sie selbst dazu berufen seien, die politischen und literarischen Maßstäbe zu entwickeln.

Was man damals und später als Nachkriegsliteratur verstand, war in Wirklichkeit das Werk zweier literarischer Generationen. Die erste umfaßte Autoren, die bereits im fünften Lebensjahrzehnt standen – Günther Eich, Wolfgang Koeppen, Gerd Gaiser, Hans Egon Holthusen, Karl Krolow – und die schon in der Zeit des Dritten Reiches publiziert hatten. Zu ihnen stießen die bei Kriegsende Dreißigjährigen, die seit Ende der vierziger Jahre mit ihrer Prosa und Lyrik herauskamen und rasch tonangebend wurden.

Das breite Leserpublikum nahm von ihren Arbeiten zwar nicht allzuviel Kenntnis, doch die Kritik brachte dem, was man Nachkriegsliteratur nannte, durchaus jenes Wohlwollen entgegen, das man einem etwas unsicheren und nicht etablierten Nachwuchs in der Regel zuteil werden läßt. Schon Anfang der fünfziger Jahre ist Heinrich Böll – 1951 Preisträger der »Gruppe 47« – von Friedrich Sieburg, dem damaligen Papst der liberal-konservativen Literaturkritik, freundlich als eine der großen Hoffnungen eingeführt worden.

Überhaupt war überall das Interesse am Nachwuchs groß, wobei die Kritiker der fünfziger Jahre allerdings auch die Grenzen der vorhandenen Talente meist deutlicher beim Namen nannten, als dies später geschah. Jedenfalls mußten sich die in der »Gruppe 47« locker verbundenen Jüngeren nicht gegen Widerstände durchsetzen; sie wurden von Verlegern, Kritikern, Rundfunkanstalten, von der öffentlichen Hand und dem Kulturkreis der deutschen Industrie liebevoll gehegt. Die Restauration war gut zu ihren kritischen Intellektuellen. Sieburg hatte durchaus recht, wenn er im Jahr 1954 süffisant feststellte:

»In unserem Lande sind die Machtverhältnisse eindeutig, aber sie sind auch diskret gruppiert, so daß schon eine gewisse Schulung dazu gehört, sie zu unterscheiden. Ihnen allen ist eine wachsende Duldsamkeit gegen das Radikale, soweit es sich auf das Geistige beschränkt, gemeinsam – eben weil sie die Überzeugung gewonnen haben, daß von dort keine

Störung mehr kommt. Das konservative Prinzip sitzt so fest im Sattel, daß die Toleranz in künstlerischen Dingen sozusagen zu den Attributen seines Hofstaates gehört. Mit anderen und etwas gröberen Worten: die Politik ist ›rechts‹, und die Kunst ist ›links‹. Diese Verteilung der Akzente gibt unserem Gemeinwesen den vielbeneideten Anstrich des Musterhaften.« An die Machtergreifung durch die Hofnarren der bürgerlichen Gesellschaft war demnach gar nicht zu denken, von der praktischen Möglichkeit dazu ganz zu schweigen.

In den fünfziger Jahren hielt sich die »Gruppe 47« klugerweise aus der Politik ziemlich heraus. Sozialistische, antimilitaristische und antifaschistische Neigungen waren zwar häufig verspürbar und eine gewisse säuerliche Distanz zu allem, was in Kultur, Gesellschaft und Politik konservativ schien, immer noch ausgeprägt. Aber das Vergnügen am Experimentieren mit neuen Formen und an der Ausbildung eines eigenen Klangs überwog noch.

Zugleich arbeitete man mit der Emsigkeit, die jede nach vorn drängende Generation aufzubringen pflegt, an der Ausweitung und Befestigung literarischer Machtpositionen. Doch erst gegen Ende der fünfziger Jahre begann der Einfluß dieser Nachkriegsautoren zu überwiegen; zuvor waren sie nur eine wichtige Strömung unter anderen. Und erst in den sechziger Jahren schien es ihnen verlockend, die nunmehr errungene Überlegenheit im literarisch-publizistischen Bereich für genuin politische Ziele einzusetzen.

Daß im Innern der »Gruppe« jene Rivalität und zugleich eine erhebliche Vielfalt der Ausdrucksmöglichkeiten und Talente vorherrschte, wie sie für literarische Cliquen aller Zeiten kennzeichnend ist, war den Beteiligten naturgemäß besser bekannt als den Außenstehenden. Diejenigen, die sich ausgeschlossen sahen oder der weltanschaulichen Orientierung der »Gruppe 47« mißtrauten, sahen hier freilich mit zunehmendem Mißtrauen eine zielbewußt arbeitende Seilschaft von politisch einseitiger Ausrichtung am Werk. In den fünfziger Jahren aber überwogen noch das Wohlwollen und die Erwartung.

Ebenso ausgeprägt wie die literarische Kontinuität und der Pluralismus jener Jahre war aber auch deren kosmopolitische Offenheit.

Unter den Verlegern und Intendanten hatte seit der Währungsreform eine wahre Jagd auf ausländische Autoren eingesetzt. So wurden beispielsweise in der Spielzeit 1950/51 neben immerhin 232 deutschen Schauspielen bereits 293 Stücke ausländischer Autoren aufgeführt: 86 von Franzosen, 83 von Briten, 32 von Amerikanern. Es ist bezeichnend, daß auf einer Liste der zwischen 1950 und 1960 meistverkauften Romane mit Thomas Mann erst an neunter Stelle ein deutscher Autor stand. Drei Romane von Hemingway, der zum großen deutschen Volksschriftsteller der fünfziger Jahre geworden ist, lagen auf den Plätzen drei, vier und sieben vor ihm. Unter den anspruchsvollen Buch- und Bühnenautoren dominierten die Amerikaner und die Franzosen. Thornton Wilder, William Faulkner, John Steinbeck, Thomas Wolfe, Arthur Miller, Tennessee Williams, Christopher Fry, Theodore Dreiser wurden ebenso übersetzt wie André Gide, Jean-Paul Sartre, Antoine de Saint-Exupéry, Albert Camus, Jean Anouilh und Jean Giraudoux.

Die Gründe für diesen ziemlich wahllosen Einkauf zeitgenössischer Literatur des Auslands lagen auf der Hand. Angesichts der langen Abschließung bestand ein großer Nachholbedarf. Ebenso spielte eine gewisse Rolle, daß ausländische Autoren lesbarer zu schreiben und ein Stück oft dramaturgisch spannender anzulegen verstanden als die deutschen Nachwuchsautoren.

Auf der Bühne konnten meist nur deutsche Dramatiker der älteren Generation wie Carl Zuckmayer oder Bert Brecht den ausländischen Star-Autoren Vergleichbares entgegensetzen. Die einzigen jüngeren deutschsprachigen Theaterautoren, deren Stücke während der fünfziger Jahre auf allen Bühnen unablässig gespielt wurden, waren die beiden Schweizer Max Frisch und Friedrich Dürrenmatt. Ihre deutschen Altersgefährten, die doch so ungleich viel mehr erlebt hatten, fanden hingegen kaum zur dramatischen Gestaltung ihrer Erfahrungen.

Gewiß spielte auch beim großen Erfolg des zeitgenössischen ausländischen Theaters ähnlich wie im gesamten Literaturbereich der generelle Nachholbedarf des deutschen Theaterpublikums eine wesentliche Rolle. Der gebildete Deutsche hatte die Deutschtümelei früherer Jahrzehnte satt, er wollte endlich auf der Höhe der Zeit sein.

Doch nicht nur das deutsche Lese- und Theaterpublikum öffnete sich der ausländischen Literatur. Die Nachwuchsautoren taten meist dasselbe. Die Stilanalyse zeigt, wie nachhaltig damals besonders die angelsächsischen Autoren wirkten. James Joyce, Ernest Hemingway, William Faulkner, John Dos Passos waren oft imitierte Vorbilder.

Man kann nicht sagen, daß die große Einverleibung der neueren westlichen Literatur, die damals stattfand, bestimmten weltanschaulichen Mustern folgte. Alles wurde verschlungen, was in Amerika, Frankreich, England oder Italien auf dem Markt war. Jeder fand dort, wonach ihn dürstete. Die Christlich-Konservativen in der Bundesrepublik öffneten sich für Paul Claudel und Thomas S. Eliot. Elitäre Humanisten entdeckten Ortega y Gassets »Aufstand der Massen« und den wortreichen Heroismus Saint-Exupérys. Katholiken, die vor dem Blick in die Welt der Sünde nicht zurückschreckten, kamen bei Graham Greene, Georges Bernanos, Julien Green und François Mauriac auf ihre Rechnung. Linksintellektuelle, denen es in der Bundesrepublik an anspruchsvollen Autoren gebrach, fanden häufig im Existentialismus Jean-Paul Sartres, was sie suchten, oder sie begeisterten sich am Werk von Albert Camus, solange dieser anarcho-liberale Überzeugungen formulierte und noch nicht zu deutliche antikommunistische Positionen vertrat. Antikommunisten griffen gerne zu den Büchern und Aufsätzen von Raymond Aron, Arthur Koestler, James Burnham und lasen den liberalen *Monat.*

Mehr und mehr weitete sich damals die Begegnung mit Literatur und Theater der USA und Frankreichs zur Auseinandersetzung mit den dort vorherrschenden weltanschaulichen Strömungen aus. In dem Maß, in dem die Bundesrepublik politisch und kulturell in die westliche Welt einbezogen wurde, fanden auch die tonangebenden amerikanischen oder französischen Intellektuellen deutsche Verlage und Leser.

Der Strom kultureller Einflüsse, die in erster Linie aus den USA kamen, beschränkte sich aber nicht auf die Literatur, das Theater und die politischen Ideen. Ein breites Publikum sog begierig alle Nach-

Jazz war »in«: zwei der führenden amerikanischen Jazzinterpreten, die Sängerin Ella Fitzgerald und der Trompeter Louis Armstrong.

Zu den jüdischen Emigranten, die nach ihrer Rückkehr dem deutschen Kulturleben neue Impulse gaben, gehörten auch der Schauspieler Ernst Deutsch (S. 427 links als »Nathan der Weise« in einer Fernsehinszenierung des Nordwestdeutschen Rundfunks) und der Regisseur Fritz Kortner (rechts), dem hier der bayerische Ministerpräsident Hoegner das Große Bundesverdienstkreuz mit Stern überreicht.

richten und Bilder über die für fortschrittlich und meist auch für vorbildlich gehaltene amerikanische Kultur ein, die in den Amerikahäusern über zusätzliche Einfallspforten verfügte.

Amerikanische Filme überschwemmten die deutschen Kinos, amerikanischer Jazz die Funkstudios, Tanz- und Konzertsäle. Als besonders aufnahmefähig erwies sich die Jugend. Eine gewisse Lässigkeit der Umgangsformen, die man für amerikanisch hielt, wurde gerne nachgeahmt. Die jungen Männer huldigten anfangs dem Bürstenhaarschnitt und schmückten sich später mit Frisuren nach Art von James Dean oder Elvis Presley. Die Damenwelt nahm sich die Hollywood-Schönen zum Vorbild: Jane Russell, Marilyn Monroe, Audrey Hepburn oder Grace Kelly. Amerikanischer Jazz war »in«. Louis Armstrong, Duke Ellington, Lionel Hampton, Ella Fitzgerald, Benny Goodman feierten Triumphe, Hunderte von Amateurbands eiferten den großen Vorbildern nach, vier jährliche Jazz-Festivals führten die Gruppen und Fans zusammen, und die Big Bands von Kurt Edelhagen, Erwin Lehn und Max Greger haben dem Lebensgefühl der fünfziger Jahre zumindest ebenso überzeugend Ausdruck gegeben wie das zeitgenössische Theater oder die nur von vergleichsweise wenigen wahrgenommene Nachkriegsliteratur.

Aber der amerikanische Kultureinfluß reichte noch weiter. Fortschrittliche Pädagogen reisten in die USA und kamen oft als Bewunderer der High School zurück, die um vieles demokratischer schien als das gegliederte deutsche Schulsystem. Der sozialwissenschaftliche Nachwuchs entdeckte in Amerika eine Soziologie, die der in Deutschland betriebenen in Methodik und Kapazität überlegen war. Die Städteplaner und Architekten begannen die Art und Weise zu kopieren, in der man in den USA mit dem Verkehrsproblem und dem Hochhausbau fertig wurde. Amerikanische Formen der Produktion, des Marketing, des Vertriebs wurden von den Unternehmen genau studiert. Die deutschen Offiziere, vor allem die der Luftwaffe, übernahmen damals, wie so viele ihresgleichen aus anderen Ländern des amerikanischen Militär-Imperiums, die Organisationsmethoden und das Gerät der Amerikaner. Die Parteimanager lernten beim Studium amerikanischer Präsidentschaftswahlen, wie man moderne Wahlkämpfe führt, und rühmten sich dessen. Wenn der amerikanische Einfluß jener Jahre besonders stark war, so zu einem Gutteil auch deshalb, weil in vielen Bereichen eine erhebliche Anzahl aus Deutschland stammender, vielfach jüdischer Emigranten eine oft bewunderungswürdig selbstlose Vermittlerfunktion wahrnahm – in der Naturwis-

senschaft ebenso wie in den Geisteswissenschaften, aber auch auf dem Feld der Architektur, des Films und im Literaturbetrieb.

Während die kulturelle Amerikanisierung beträchtlich gewesen ist und auch ziemlich unkritisiert vor sich ging, waren die Einflüsse, die von Frankreich kamen, geringer. Das deutsche Theater vor allem lebte teilweise von französischen Stücken. Der hervorragende französische Film jener Jahre bildete das Entzücken junger und älterer Cinéasten. Und der Existentialismus von Jean-Paul Sartre oder Albert Camus war bei den fortschrittlichen akademischen Intellektuellen immer noch im Gespräch. Damit sind die Zonen des französischen Kultureinflusses aber auch schon ziemlich erschöpfend benannt, wobei natürlich noch die vierlerorts wirksamen Ausstrahlungen der in Paris versammelten zeitgenössischen Maler, die Architektur Le Corbusiers und nicht zuletzt die wie schon in der Zwischenkriegszeit vorwiegend von Paris diktierte Damenmode nicht vergessen werden dürfen.

So waren die Einflüsse, die aus dem westlichen Ausland kamen, stark, aber recht ungleich. Die Deutschen hatten eigentlich gegen keines der westlichen Länder prinzipielle Vorbehalte. Die Amerikaner bewunderte man am meisten und ahmte sie deshalb am liebsten nach. Frankreich erweckte im ganzen

vorwiegend touristische Sehnsüchte und galt weiter als Eldorado modernen Intellektuellentums sowie der schönen Künste. England war in Literatur und Wissenschaft mit ein paar wenigen Namen präsent – Graham Greene, Thomas S. Eliot, John Osborne, Arnold Toynbee – und erschien vor allem den

Umschlagbild des 1955 in deutscher Sprache erschienenen Buches des weltbekannten Architekten Le Corbusier, der schon 1929 mit seinem Werk »Die kommende Baukunst« Aufsehen erregt hatte.

Oberschichten, aber auch jenen Millionen, die gern englische Kriminalfilme sahen, als Muster stilvoller Lebenskunst, während die um politische Bildung Bemühten nicht genau wußten, ob sie das Vorbild des englischen Parlamentarismus oder das der amerikanischen Demokratie höher preisen sollten. Meistens taten sie beides gleichzeitig, weil sie beides nicht kannten. Daß aber das französische politische System der Vierten Republik minderwertiger war als das angelsächsische und auch viel schlechter als die neue deutsche Demokratie, glaubte damals jedermann zu wissen. Trotz der touristischen Kontakte, ungeachtet des hohen Ansehens der französischen Kultur und ungeachtet des Idealismus der um den deutsch-französischen Austausch Bemühten, blieb das Frankreich der fünfziger Jahre doch vergleichsweise fern und vermochte die deutsche Nachkriegskultur längst nicht so stark zu prägen wie dies den USA gelang.

Entscheidend war aber auch hier, daß selbst die noch recht erheblichen deutsch-französischen Spannungen der frühen fünfziger Jahre das einst leicht zu weckende provinzielle Ressentiment gegen die französische Zivilisation nicht mehr aufstacheln konnten – möglicherweise deshalb, weil Frankreich nicht mehr als ernstzunehmender Rivale galt und weil sich ein nicht unerheblicher Teil der deutschen Männer von dem Land seit der Besatzungszeit wesentlich realistischere Vorstellungen machen konnte als jemals zuvor.

Ein weiterer hervorstechender Zug der Kultur in den fünfziger Jahren war die fast widerstandslose Offenheit der gebildeten Deutschen in der Adenauer-Ära für die unterschiedlichen Ausdrucksformen der modernen Kunst. Zweifellos schwang dabei untergründig ein stark politisches Motiv mit. Das Dritte Reich hatte sich durch unversöhnliche Feindschaft gegen die moderne Kunst hervorgetan; die Ablehnung der nichtgegenständlichen Malerei, der zeitgenössischen bildenden Kunst oder der Zwölftonmusik hätte jetzt politischen Verdacht geweckt, den jedermann tunlichst vermeiden wollte. Ein starkes Empfinden, daß man den modernen Künstlern eine gewisse Wiedergutmachung schuldete, öffnete die Museen, die Konzertsäle, die Repräsentationsräume öffentlicher Gebäude oder von Industrieverwaltungen für deren Arbeiten. Zugleich überwog aber auch hier wieder das Bedürfnis, kennenzulernen, was der totale Staat zwölf Jahre lang verboten hatte, und damit auch wieder auf die Höhe der Zeit zu gelangen. So stießen die modernen Künstler bei den Gebildeten kaum auf Widerstand, während die Bevölkerung insgesamt ihre Werke meist ohne Verständnis und mit einem gewissen Spott, aber auch ohne Feindschaft zur Kenntnis nahm.

Auffällig war, wie rasch die Bundesrepublik zu einem günstigen Nährboden für die zeitgenössische Musik wurde. Das vor allem deshalb, weil diese in den Rundfunkanstalten Mäzene gewann, die nicht auf den Geschmack des breiten Publikums achten mußten. So wetteiferten die Sender in der Förderung des modernen Musikschaffens. »Musica Viva« strahlte von München auf ganz Westdeutschland aus, und die »Donaueschinger Musiktage« konnten wieder zu einem international beachteten Forum werden. Auch die Opernbühnen versuchten sich unablässig an der Musik der Zeit: Carl Orff, Werner Egk, Wolfgang Fortner, Gottfried von Einem und Hans Werner Henze erfuhren ebenso beachtete wie lebhaft umstrittene Aufführungen. Auf den Internationalen Ferienkursen für Neue Musik in Schloß Kranichstein bei Darmstadt wurde eine ganze Generation junger europäischer Komponisten zusammengeführt. So bildete sich unter den deutschen Musikschaffenden rasch eine starke Gruppe aus, die Anschluß an die internationale Entwicklung suchte und fand.

Dasselbe galt für Malerei und bildende Kunst. Einige Maler, die im Dritten Reich im verborgenen arbeiten mußten, begannen sich nun rasch wieder durchzusetzen. Die Jüngeren griffen auf die 1933 abgebrochenen Ansätze zurück oder sie ahmten die zahlreichen neuen Stile nach, die jetzt hereinströmten. Normalisierung bedeutete also auch in den Künsten: Rückkehr zu den 1933 unterbrochenen Traditionen bei gleichzeitiger Öffnung für das Neue, das seither im Ausland versucht worden war. Dasselbe spielte sich in der Architektur ab. So wie in der Literatur die im Dritten Reich emporgestiegenen Autoren von Blut-und-Boden-Romanen und in Malerei oder bildender Kunst die Naturalisten jetzt der Mißachtung anheimfielen, wandte man sich auch von der klassizistischen Monumentalarchitektur ab, die im faschistischen Italien und im nationalsozialistischen Deutschland so beliebt gewesen war. Auch hier kam es zu einer fast bruchlosen Wiederaufnahme der Stilrichtungen, die vor 1933 modern gewesen waren. Der Funktionalismus der zwanziger Jahre triumphierte nun bei den öffentlichen Bauten und den Geschäftsbauten, doch auch bei manchen Fabrik- und Kirchenbauten der fünfziger Jahre. Hochhauskuben, schlichte Blockformen, Stahlbeton-Konstruktionen, Sichtbeton-Architektur, weite, freie Räume, großzügige Glasfronten, geometrisch

Das Bedürfnis, lange Zeit verbotene Kunstwerke kennenzulernen, war auch von dem Gefühl begleitet, den modernen Künstlern Wiedergutmachung zu schulden. Die Arbeiten lösten immer wieder heftige Diskussionen aus. Auf der ersten Kasseler »documenta« im Jahr 1955 drängten sich täglich Hunderte von Menschen. Die Bilder links zeigen die Plastik »König und Königin« von Henry Moore (unten) und die Künstler auf der Fotowand im Treppenhaus des Museum Fridericianum, rechts oben Bundespräsident Heuss (mit Professor Bode, dem Leiter der Ausstellung) vor einem Picasso-Gemälde. Das Ölbild »Die rote Sonne« von Marc Chagall (rechts unten) fand 1956 während der Großen Kunstausstellung München im Haus der Kunst großes Interesse.

strukturierte Flächen wurden für das Bauen der
Adenauer-Ära charakteristisch.

Mit wenigen Ausnahmen lehnten es die Städtebauer
ab, die zerstörten Stadtkerne originalgetreu wiederaufzubauen – auch hier baute man konsequent modern, und das hieß in den fünfziger Jahren meist:
nach den Grundsätzen des »Neuen Bauens« und mit
den Werkstoffen der Gegenwart. Wie es häufig geschieht, wenn abrupte Stilwandel erfolgen, wurde
dabei auch kräftig übertrieben, aber immerhin fand
die Architektur der Epoche dort, wo die Mittel zu
großzügigerer Bauweise zur Verfügung standen, zu
eigenem, unverwechselbarem Ausdruck. Man kann
es bezweifeln, ob das neue Daseinsgefühl der fünfziger Jahre in der zeitgenössischen Literatur oder in
den Künsten tatsächlich typischen Ausdruck gefunden hat. Der Pluralismus der Strömungen und die
individuelle Beliebigkeit der einzelnen Künstler lassen keinen durchgehenden Stil erkennen. Die Architektur hingegen war keine Angelegenheit vergleichsweise kleiner und oft esoterischer Intellektu-
ellengruppen. Sie war Sache der Gesellschaft in ihrer Breite: der Unternehmungen, der öffentlichen
Instanzen, der privaten Bauherren, der Ingenieure,
der Techniker und einer Schicht talentierter Architekten, die es insgesamt fertigbrachten, der Epoche
ein Gesicht zu geben und sie durch überlegten Stil-
willen zu kennzeichnen. Hier und im industriellen
Design war sich die Epoche ihrer Sache auffällig sicher. Kein Wunder, daß die Kultur der Wiederauf-
bauperiode in Großbauten und technischen Produkten wie Autos oder Elektrogeräten ihren überzeugendsten Ausdruck fand. Sie dienten der Arbeit, der
Erholung, aber nicht zuletzt auch dem anfänglich
klotzigen, bald aber mehr und mehr veredelten Re-
präsentationsbedürfnis einer Gesellschaft, die sich in
einem Jahrzehnt aus den Trümmern zur Höhe eines
erstaunlichen Wohlstandes emporgearbeitet hatte.

Eine post-totalitäre Ideenlandschaft

Gegen Ende der Adenauer-Ära und verstärkt in der
Mitte der sechziger Jahre wurde es vielfach üblich,
beim Rückblick auf die fünfziger Jahre das Fehlen
heftiger politischer Ideenbewegungen und Ideen-

*Der politische Extremismus von links und rechts, im
Ausland oft überbewertet, besaß in Wirklichkeit keine
Anziehungskraft mehr. Die KPD, deren Parteihaus
schon 1950 einmal auf Anordnung des britischen Lan-
deskommissars W. H. Bishop beschlagnahmt worden
war, wurde 1956 verboten.*

kämpfe zu beklagen. Aber war diese Periode tatsächlich durch Dürre, Stagnation und eine gewisse
Langeweile gekennzeichnet? Wer die weite Landschaft überblickt, auf der die tiefgestaffelten weltanschaulichen Heerscharen, einzelne verlorene Fähn-
lein und wenige große schweifende Ritter ihre Koalitionen eingingen oder ihre Schlachten schlugen,
kann diesen Eindruck nicht bestätigen. Wie überall
in pluralistischen Gesellschaften war der Tumult beträchtlich und das Interesse einer geistig anspruchsvolleren Öffentlichkeit an den Kontroversen der Intellektuellen groß. Die Auswirkungen dieser Diskussionen auf die Orientierung der parteipolitischen
Führungsgruppen sind zwar noch nicht systematisch
untersucht worden; man geht aber kaum fehl mit
der Feststellung, daß sie mittel- und langfristig beträchtlich waren.

Beim Blick auf die Ideen-Walstatt der fünfziger Jahre fällt ein grundlegender Sachverhalt als erster ins Auge: hier wurden die Schlachten einer post-totalitären Epoche geschlagen. Voreilige Soziologen haben damals das Ende des ideologischen Zeitalters proklamiert. Diese Feststellung traf nicht einmal den Geist der Adenauer-Ära richtig, geschweige denn die darauffolgende Epoche. Es stimmt aber, daß für eine Reihe von Jahren eine gewisse Beruhigung eingekehrt war. Politischer Extremismus war nicht mehr gefragt.

Nicht nur die Bevölkerung insgesamt, sondern auch die Intellektuellen hatten mit dem eben zurückliegenden Totalitarismus der Nationalsozialisten ihre Erfahrungen gemacht, und der zeitgenössische Totalitarismus in der Ostzone diskreditierte auch diese zweite deutsche Diktatur. So erschien der demokratische Verfassungsstaat mit allen seinen Unvollkommenheiten jetzt doch vielen, die ihn einstmals totgesagt hatten, im Glanz offenkundiger Vorzüge.

Man hatte erfahren, daß Freiheit und Unfreiheit existentielle Kategorien sind. Entsprechend geschätzt wurden jetzt freiheitssichernde Institutionen und politische Kräfte, während man den totalitären Weltanschauungen zutiefst mißtraute. Daher begann sich seit Ende der vierziger Jahre ein anti-totalitärer Konsens aufzubauen, der das Ideenklima der Adenauer-Ära von dem der Weimarer Republik ganz wesentlich unterschied.

Ebenso hatten auch die Intellektuellen der diskreditierten radikalen Rechten erkannt, daß der Krieg der Vater aller schlimmen Dinge ist. In den zwanziger Jahren war trotz der deprimierenden Erfahrungen aus den Materialschlachten im Westen doch bald eine vielbeachtete Gruppe einstiger Frontkämpfer, die noch nicht genug hatten, in die literarische Arena getreten und hatte eine Haltung des »heroischen Realismus« proklamiert. Das war nun anders. Bezeichnenderweise verfaßte ausgerechnet Ernst Jünger, einer der mitreißendsten »heroischen Realisten« der zwanziger Jahre, schon während des Krieges eine Schrift »Der Frieden«, die im Stabe Rommels zirkulierte; und nach 1945 fand sich weit und breit niemand mehr, der dem Krieg persönlichkeitssteigernde oder staatstragende Werte abgewinnen konnte. Die Zeitstimmung während der ganzen

fünfziger Jahre war ziemlich stark pazifistisch. Auch Konservative waren allenfalls bereit, einen aufgezwungenen Verteidigungskrieg zu führen. Der Krieg als Mittel der Politik hatte im deutschen politischen Denken keinen Platz mehr, trotz aller gegenteiliger Propagandabehauptungen aus dem Ostblock.

Die Ehrfurcht vor dem Heldentod, in der früher ganze Generationen deutscher Schüler erzogen worden waren, wich nun einem verlegenen Wegsehen, das in vielen symptomatischen Vorgängen zum Ausdruck kam. So beschlossen am 30. Januar 1958, genau 25 Jahre nachdem Hitler Reichskanzler geworden war, ein Drittel der 15 000 Münchner Studenten nach leidenschaftlicher Vollversammlungsdebatte mit beträchtlicher Mehrheit, die alte, an einem wiederaufgebauten Gebäude der Universität angebrachte Inschrift »Dulce et decorum est pro patria mori« im Gedenken an die Geschwister Scholl durch den Spruch »Mortui viventes obligant« zu ersetzen. Auch das klang noch idealistisch genug, aber der Akzent lag nun, wie es dem Zeitgeist entsprach, auf dem zivilen Widerstand gegen die nationalsozialistische Unrechtsherrschaft. Kriegerischer Revisionismus oder gar Revanchismus wurden schon in den fünfziger Jahren undenkbar.

Ein weiterer Grundzug des Zeitgeistes war der ausgeprägte Pragmatismus in politischen Fragen und die Bereitschaft zum Kompromiß. Helmut Schelsky hat 1957 die unter der Jugend vorherrschende Stimmung mit dem von der Öffentlichkeit rasch aufgegriffenen Stichwort »Die skeptische Generation« gekennzeichnet. Er stellte die sachliche, individualistische, mehr am eigenen Fortkommen als an der Durchsetzung hoher politischer Ziele orientierte Einstellung der zeitgenössischen Jugend dem ideologisch aufgeheizten, stark politisierten Geist der bürgerlichen Jugend in der Zwischenkriegszeit gegenüber und sah im Stimmungswandel auch einen Reflex der Auffassungen, die im ganzen Land vorherrschten. Generell wurde damals beklagt, daß die Politik in erster Linie auf die Durchsetzung von Partikularinteressen in einem komplizierten, durch Verbände, Bürokratien und innerparteiliche Gruppen strukturierten Gleichgewichtssystem abziele, während der Sinn für die Erfordernisse des Ganzen

Der Soziologe Helmut Schelsky (»Das Restaurative in unserer Zeit«) hielt es nach den Umschichtungen des Dritten Reichs, der Kriegs- und Besatzungszeit für beinahe selbstverständlich, daß sich die Menschen der fünfziger Jahre an den Wertvorstellungen der Zwischenkriegszeit orientierten.

fehle. Utopisches oder auf andere Art festgezurrtes ideologisches Denken fand sich nur bei politischen Randgruppen. Die damalige Universitätsjugend nahm es nicht weiter zur Kenntnis; von geschlossenen Weltanschauungen ging keine Anziehungskraft aus.

Utopien wurden abgelehnt, weil sie die rationale Wohlstandssicherung gefährdeten. Die Älteren hielten sich an den Schwur der Scarlett O'Hara in dem vielgelesenen amerikanischen Bürgerkriegsroman »Vom Winde verweht«: »Nie wieder arm, nie wieder Hunger, nie wieder Niederlage!« Doktrinäre Forderungen, die den wirtschaftlichen Wiederaufbau beeinträchtigten, verfielen demnach der Ablehnung. Von einer unvernünftigen Außenpolitik, die in die Kriegskatastrophe geführt hatte, wollte man gleichfalls nichts mehr wissen. Auch diese Grund-

stimmung der Bevölkerung fand in der politischen Publizistik ihren Ausdruck.

So war es zu erklären, daß die fünfziger Jahre eigentlich keine besonders ernstzunehmende marxistische Linke kannten, aber auch keine ins Gewicht fallende antidemokratische oder nationalistische Rechte. Wenn vor allem eine radikale linke Publizistik später die geistige Stagnation der Adenauer-Ära verhöhnt hat, so nicht zuletzt deshalb, weil damals fast niemand auf sie hören wollte.

Die beiden großen extremistischen Heerhaufen, die in den letzten Jahren der Weimarer Republik aus den verschiedensten Lagern Zuzug erhalten hatten, waren völlig zersprengt, ihre publizistischen Führer und Unterführer zum Verstummen gebracht oder aber veranlaßt, sich in den siegreichen Lagern einzufinden. Das Fehlen dieser beiden Armeen – der linksradikal-marxistischen und der rechtsradikal-nationalistischen – unterschied die Ideenlandschaft der Adenauer-Ära ganz wesentlich von den Jahren vor 1933 beziehungsweise vor 1945, aber auch – soweit es den Marxismus angeht – von der Folgezeit. Die Öffentlichkeit empfand beides als Segen: die Schwäche des Rechtsextremismus und das Fehlen einer starken marxistischen Bewegung. Ersteres erschien vielen als wahres Wunder, das letztere kam den Zeitgenossen dagegen weitgehend selbstverständlich vor.

Der Nationalsozialismus war hinweggefegt. Millionen bewahrten ihm anfänglich zwar noch ein verwirrtes, doch mehr und mehr verunsichertes Andenken. Im August 1947 ergab ein OMGUS-Survey, daß in der amerikanischen Zone immerhin noch 55 Prozent den Nationalsozialismus als gute Idee bezeichnet hatten, die schlecht verwirklicht worden sei, während nur 35 Prozent ihn seinem Wesen nach als schlechte Idee bezeichneten. Noch im Mai 1955 antworteten bei einer Allensbach-Umfrage 48 Prozent der Befragten, ohne den Krieg wäre Hitler einer der größten Staatsmänner gewesen; diese Zahl sank aber bald deutlich ab.

Die offenkundigen Erfolge der erneuerten demokratischen Staatsform blieben nicht ohne Wirkung. Im Oktober 1951 hatten auf die Frage, wann es Deutschland am besten gegangen sei, 42 Prozent die Antwort gegeben: »zwischen 1933 und 1939«;

nur 2 Prozent meinten: »in der Gegenwart, heute«. 45 Prozent vermuteten die guten Jahre in der Zeit vor 1914. Im Juni 1959 hingegen antworteten auf dieselbe Frage 42 Prozent »in der Gegenwart, heute«. Die Zahl derer, die die Jahre 1933 bis 1939 nannten, war auf 18 Prozent zurückgegangen; die Kaiserzeit vor 1914 wurde noch von 28 Prozent genannt. Und Ende 1963 waren bereits 62 Prozent davon überzeugt, daß es ihnen heute am besten gehe; immerhin nannte doch noch ein harter Kern von 10 Prozent, meist aus den Altersgruppen der 45- bis 59jährigen, die Friedensjahre des Dritten Reiches.

Eine gewisse Disposition zum Nationalsozialismus mußte also bei der Breite der Bevölkerung in den ersten Perioden der Adenauer-Ära durchaus vermutet werden. Die Stimmung war noch labil. Um so wichtiger war, daß dem keine ähnlich starke Strömung in der Publizistik entsprach. In der Tat wagte damals niemand, der auf sich hielt, ein offenes Bekenntnis zu jenen Irrlehren abzulegen, die als Kernelemente der Hitlerschen Ideologie erkannt wurden: Führerprinzip, Antisemitismus und Verachtung als minderwertig angesehener Völker, Sozialdarwinismus und Lebensraumideologie, atavistischer Kriegerkult, radikaler Nationalismus, totaler Staat. Die politischen Randgruppen, die noch an solchen Auffassungen festhielten, wurden in den Untergrund sektiererischer Kleinstparteien und entsprechender Publikationsorgane abgedrängt. Anspruchsvolle geistige Leistungen hatte die Hitler-Bewegung ohnehin nie hervorgebracht; in der Nachkriegszeit waren solche erst recht nicht zu erwarten.

Nun war der Nationalsozialismus allerdings nie eine homogene Denkschule gewesen. Weltanschauliche Gruppen und Intellektuelle höchst unterschiedlicher Provenienzen und Zielsetzungen hatten sich zeitweise im Lager Hitlers eingefunden oder doch die liberale Demokratie bekämpft: völkische Ideologen; Kritiker der modernen Zivilisation; obrigkeitsstaatlich gesinnte Protestanten; Idealisten, die nach einer egalitär-sozialistischen Volksgemeinschaft verlangten; starke deutschnationale Kolonnen, deren oberster Glaubenswert Deutschland hieß; Kämpfer für eine deutsche Weltmachtstellung; Militaristen; bürgerliche und kleinbürgerliche Anti-Liberale, Anti-Sozialisten und Anti-Kommunisten.

Manche von ihnen konnten nicht einfach als Nationalsozialisten bezeichnet werden, verschiedene stießen schließlich sogar zum Widerstand, und viele waren subjektiv aufrichtig, wenn sie betonten, daß sie mit den besonders verheerenden Elementen in Hitlers Ideologie nicht viel im Sinn gehabt hatten. Während man also über den Nationalsozialismus im engeren Sinne relativ rasch zur Tagesordnung übergehen konnte, fanden sich bei den Gruppierungen der nicht-hitlerischen radikalen Rechten ideologische Residuen, aber auch Einzelpersonen, die nicht einfach kriminalisiert werden konnten.

Bei der gesamten Auseinandersetzung wirkte sich auch von Anfang an die unterschiedliche Bewertung aus, die der Nationalsozialismus durch die siegreichen ideologischen Lager erfuhr.

Die marxistischen Antifaschisten, die sich vor allem aus der DDR zu Wort meldeten, fahndeten besonders eifrig nach den Zusammenhängen zwischen dem Monopolkapital und der NSDAP. Soweit aber in der DDR marxistische Gesamtdeutungen des Nationalsozialismus veröffentlicht wurden, sind sie in der Bundesrepublik kaum zur Kenntnis genommen worden. Darüber hinaus griffen die DDR-Kommunisten aber auch planmäßig in die ihnen zur Verfügung stehenden Personalkarteien, um je nach taktischer Opportunität bestimmte Persönlichkeiten aus den Bonner Regierungsapparaten herauszuschießen oder unter Sympathisanten im westlichen Ausland gegen die Bundesrepublik Stimmung zu machen. Solche Hexenjagd-Kampagnen waren allerdings in der zweiten Hälfte der fünfziger Jahre beliebter und auch politisch ergiebiger als in den Anfängen der Adenauer-Ära.

Die Stoßrichtung sozialdemokratischer und vielfach auch der liberalen Vergangenheitsbewältigung ging in erster Linie auf die Verbindung zwischen den Nationalsozialisten und der traditionellen deutschen Rechten in Politik, Verwaltung, Reichswehr, Justiz sowie an den Universitäten. Man bemühte sich hier, ein möglichst breites gesellschaftliches und geistiges Wurzelwerk der deutschen Katastrophe freizulegen und deutlich zu machen, daß sich die Konservativen durch die Allianz mit Hitler diskreditiert hatten – sei es, weil ihre Ideen und politischen Manöver eine Disposition der Öffentlichkeit für den Sieg der

NSDAP geschaffen hatten, sei es, weil sie den Führer und das Dritte Reich ganz konkret unterstützten. Der sozialdemokratische oder radikal-liberale Kampf für eine fundamentale Demokratisierung und gegen die vielberufenen autoritären Strukturen in Staat und Gesellschaft konnte so als besonders dringlich gerechtfertigt werden. Wie immer bei derartigen Abrechnungen wurden dabei historisch richtige und weniger zutreffende Geschichtsdeutungen miteinander vermischt.

Katholische Kreise haben demgegenüber stärker darauf abgehoben, daß der Nationalsozialismus eine Massenbewegung gewesen sei, deren Führer und Gefolgsleute von den naturrechtlich begründeten abendländischen Wertvorstellungen abgefallen seien. Aus dieser Sicht der Dinge war die Entfernung der NSDAP von kollektivistischen Heilsbewegungen marxistischer Observanz nicht allzu groß. Allerdings wurde dabei auch die Schuld der protestantischen und vielfach im deutsch-nationalen

Denken befangenen Schichten hell beleuchtet. Liberal-konservative Analytiker wie etwa Wilhelm Röpke arbeiteten daneben auch die sozialistischen Elemente im Nationalsozialismus heraus und leiteten daraus zusätzliche Begründungen für ihren Widerstand gegen sozialistische Planwirtschaft und marxistischen Utopismus ab. Auch in den großen Reden Adenauers während der ersten Nachkriegsjahre spielte diese Auffassung eine gewichtige Rolle.

Alle Parteien der fünfziger Jahre einschließlich der kommunistischen waren aber bereit, nationalsozialistische Verirrung im Einzelfall großzügig zu vergeben, wenn der Betreffende sich ihnen anschloß und damit die bisherigen Irrtümer revidierte. Ob die CDU oder die SPD damals die geistige Auseinandersetzung mit dem Dritten Reich intensiver führte, ist schwer zu sagen. Überall mußte man Rücksichten auf eigene Parteiangehörige und auf die Wähler nehmen, war aber zugleich entschlossen, durch Förderung der politischen Bildung einen Rückfall zu verhindern. Im ganzen neigten die bürgerlichen Parteien, vor allem die FDP, eher dazu, die Vergangenheit nicht immer wieder aufzuwühlen. In der SPD, die stärker verfolgt worden war, die unter ihren maßgebenden Politikern einen größeren Teil von Emigranten stellte und auch dem Ermächtigungsgesetz vom 24. März 1933 ihre Zustimmung versagt hatte, war man stärker und länger der Auffassung, daß die Wunde offengehalten werden mußte, um die Wachsamkeit nicht erlahmen zu lassen.

Natürlich war jede der westdeutschen Parteien der Auffassung, daß ein Wiedererstarken der antidemokratischen Rechten dann am sichersten verhindert würde, wenn ihre eigene Position in Öffentlichkeit und Verwaltung möglichst stark wäre. In einer so gearteten politischen Landschaft, über der deutlich spürbar ein Ruch von intellektueller Inquisition lag und wo eingehende Fragen nach der Tätigkeit im Dritten Reich eine zunehmend beliebte Waffe publizistischer Auseinandersetzung darstellten, kamen die Ideologien der radikalen Rechten nicht mehr zur Entfaltung. Wie ihre Anhänger im einzelnen fertiggemacht wurden, war nicht immer fein, aber angesichts der jüngsten Vergangenheit verständlich und in der Konsequenz für die demokratische Stabilität segensreich.

So nicht, Herr Rasner!
Herbert Wehners aufgewärmte Vergangenheit

Die letzte Nummer der *Vossischen Zeitung* vor ihrem Verbot durch *Goebbels* enthielt einen Abschiedsartikel des großen liberalen Journalisten Georg Bernhard, der mit folgenden Worten schloß: „Eine Zeit wird kommen wie jene in Wien, da der Ehemann nach Hause kam und zu seiner Frau sagte: ,Rosa, kauf dir ein neues Kleid, ich weiß was auf wen'."

In bezug auf Verleumdung und Erpressung um *materieller* Vorteile willen hielt das Dritte Reich nicht ganz, was dieser Satz versprach. Dafür erreichten Lüge, Korruption und Niedertracht auf anderen Gebieten ungeahnte Rekorde.

In Bonn sprießt nun seit fast einem Jahrzehnt neues Leben aus den Ruinen. Man tituliert sich „Sehr geehrter ..." und ist voll guter Vorsätze, politische Streitigkeiten *nicht* mit persönlicher Verunglimpfung auszutragen. Dieser Entschluß trug auch der Tatsache Rechnung, daß es *den* Deutschen, auf den man nicht „was weiß", gar nicht gibt. Denn ein solcherblütenweißerDeutscher müßte nämlich zugleich ein guter (also gehorsamer) Soldat Hitlers und ein tapferer Widerstandskämpfer gewesen sein, ein Nazi-Gegner und ein unerbittlicher Feind der Kommunisten. Gemessen an diesem Idealwert der stets neuen ausgesonnen nämlich gilt nicht, wer „Herr Wehner! ist" — aber stets auch dagegen war, gemessen an diesem Deutschen, den es nicht gibt, haben alle Deutschen mehr oder weniger sichtbare Flecken auf ihrer Weste.

Jeder Abgeordnete — auch der Geschäftsführer der CDU Bundestagsfraktion — sollte es sich daher sehr überlegen, bevor er mit dem Finger auf die Weste seines Nebenmannes zeigt, auch wenn

dies so verschämter Weise geschieht, daß er einer Pressekonferenz einen Zeitungsartikel verunglimpfenden Inhalts vorliest — und ist gefragt wird, ob es einen solchen Artikel gibt! Hätte Herr Rasner einen Tag gewartet, dann hätte er zusammen mit jenem Artikel der schwedischen Zeitung *Dagens Nyheter* zugleich das Dementi der gleichen Zeitung verlesen können. Daß Herbert Wehner sich vor nunmehr fünfzehn Jahren, in einer Zeit, da Schweden vor einem deutschen Angriff bangte, (und, um seine Neutralität zu beweisen, sowohl kommunistisch-schwedische Hitler-Gegner, Kommunisten und Nicht-Kommunisten, einsperrte), in den Netzen der schwedischen „Spionageabwehr" verfing, hat nicht das mindeste mit dem Wahlkampf in der Bundesrepublik zu tun. Aber Herr Rasner „wußte was auf wen" und konnte es leider nicht für sich behalten.   —II

Bonn wieder privat

RS, Bonn, im März

Der Ältestenrat des Bundestages hat mit den Stimmen sämtlicher Fraktionen einen lobenswerten Entschluß gefaßt. Es wird für den Rest der Legislaturperiode keine Parlamentssitzung mehr im Rundfunk und im Fernsehen übertragen werden. Damit wird erfreulicherweise verhindert, daß Abgeordnete eine Bundestagssitzung mit einer Wahlversammlung verwechseln. Wenn man nicht mehr mit dem Fernsehschirm rechnen muß, wenn man seine *Pointen* auf den Rundfunkhörer und Wähler abstellen kann, ist für den sachlichen Verlauf der Arbeit auch kurz vor der Wahl noch eine gewisse Gewähr geboten. Der Friseur im Bundeshaus wird vielleicht einen kleinen Geschäftsrückgang haben, aber der Gesetzgebung wird ein guter Dienst erwiesen. Die Mutterländer der Demokratie verbannen die kinohaften Effekte aus ihren Räumen. Der taktlose Schnappschuß eines Photographen kann dem Ansehen des Parlaments mehr schaden, als ihm das beste Gesetz nützen kann. Niemand kann zehn Stunden am Tage jede Bild unvorteilhaft wirkende Geste vermeiden. Gerade auf solche lauern aber die Photographen. Deshalb begrüßen wir, daß nun auch das Photographieren im Parlament verboten wurde.

Für unfair hält »Die Zeit« (21. 3. 57) die Denunziation der Vergangenheit eines politischen Gegners.

Das Gedankengut der Völkischen war diskreditiert und wurde durch den damals weitverbreiteten Europa-Enthusiasmus weiter verdrängt. Immerhin verschwanden die einstigen Ideologen und Propagandisten nicht völlig von der Bildfläche. Einige, die an Hitlers neuer Ordnung in Polen, Rußland und auf dem Balkan mitgewirkt hatten, fanden beim BHE Unterschlupf. Auch im Umkreis der sudetendeutschen Landsmannschaft konnten sich einige völkische Theoretiker halten. Manche, die sich jetzt darauf beschränkten, künftig allein antikommunistisch im Sinn der jetzt herrschenden europäischen Ideologie tätig zu sein, ohne zugleich ihre früheren Volkstumsideologien zu vertreten, waren auch in den regierungsnahen Propagandaorganisationen brauchbar. Aber von allen wurde erwartet, daß sie erforderlichenfalls nachweisen konnten, den anständigen Elementen der deutschen Besatzung oder der NSDAP angehört zu haben, die mit Verbrechen nichts zu tun hatten. Dann konnten sogar kompromittierende Aufsätze und Bücher mit dem Mantel des Schweigens zugedeckt werden, es sei denn, diese wurden von kritischen Journalisten ausgegraben. In solchen Fällen neigten die Parteien dazu, die Angegriffenen anfänglich zu entschuldigen, sie dann jedoch fallenzulassen, wenn das publizistische Trommelfeuer nicht nachließ. Der Umstand, daß die Betreffenden sehr wohl wußten, ob diskriminierende gedruckte Äußerungen von ihnen vorlagen, war für viele ein Grund mehr, sich jetzt vorsichtig auf dem Pfad demokratischer Tugend zu halten. Die ziemlich unerbittliche publizistische Kontrolle jener Jahre führte jedenfalls dazu, daß die Autoren der einstigen nationalistischen und antidemokratischen Rechten ihre Spuren behutsam zu verwischen suchten. Wo sie aber immer noch an ihren Ideologien festhielten, beschränkten sie sich häufig auf Selbstrechtfertigung, ohne wie früher für nationalistische und expansionistische Ziele zu werben. Einzelne bekannte Autoren der völkischen Richtung – etwa Hans Grimm in der 1950 erschienenen »Erzbischofschrift« – erhoben bisweilen noch anklagend ihre Stimme gegen die Sieger und fanden heftigen Widerspruch. Die meisten jener Autoren aber, die sich nicht groß ändern und auch nicht verstummen wollten, mußten sich darauf beschränken, ihre häufig etwas weinerlichen und im ganzen recht vorsichtig abgefaßten Bücher bei kleinen rechtsradikalen Verlagen und in sektiererischen Zeitschriften zu veröffentlichen, während die seriöse Publizistik von ihnen keine Kenntnis nahm. Ähnlich stand es mit den Soldaten-Autoren und den einstigen Kämpfern für deutsche Wehrhaftigkeit. Ihre Nachkriegsveröffentlichungen gehörten entweder dem Genre der militärischen Traditionspflege an, oder sie waren vorwiegend um Ehrenrettung des deutschen Soldatentums bemüht, wozu ja aller Anlaß bestand. In manchen Fällen wurde die Enthüllung alliierter Kriegsverbrechen versucht, und verschiedentlich bemühte man sich auch um eine revisionistische Sicht der Schuld am Zweiten Weltkrieg. Wo das zu bunt wurde, rechnete die seit Anfang der fünfziger Jahre mit ziemlichem Nachdruck geförderte zeitgeschichtliche Fachwissenschaft mit solchen Versuchen ab, oder die liberale Presse schlug Alarm.

Für die unaufhörliche Vergangenheitsbewältigung, die besonders bei der Linken gepflegt wurde, stellte die Existenz der rechtsradikalen Presse und entsprechender Verlage ein Geschenk dar. Von Blättern wie der *Deutschen Soldaten-Zeitung* lebte auch die anti-revanchistische Propaganda des Ostblocks, und sie boten ebenso den ja nicht ganz ohne Grund auf die Gefahr eines Wiederauflebens der deutschen Rechten fixierten westdeutschen Journalisten ständig neue Nahrung. Das Niveau des rechtsradikalen Schrifttums war aber im ganzen so niedrig, daß es nur noch von kleineren Gruppen ideologisch Festgezogener aufgenommen wurde.

Auch von ständestaatlichen oder autoritären Gegenentwürfen zur parlamentarischen Demokratie war kaum mehr die Rede. Die Idee einer autoritären Demokratie wurde während der fünfziger Jahre nur einmal heftig diskutiert, als der konservative Publizist Winfried Martini in seinem Buche »Das Ende aller Sicherheit« (1954) ausführte, es gehe heute in erster Linie um die Selbstbehauptung der abendländischen Völker gegen den Kommunismus und dabei müsse die Frage nach der Krisenanfälligkeit der Demokratien erlaubt sein. Sie war es nicht, wie eine massiv vorgetragene Kritik Martini belehrte, dem damals eine Republik vorschwebte, wie sie einige Jahre später von de Gaulle in Frankreich gestaltet

VIERTELJAHRSHEFTE FÜR ZEITGESCHICHTE

1. Jahrgang 1953   1. Heft / Januar

HANS ROTHFELS

ZEITGESCHICHTE ALS AUFGABE

1

Es gibt Begriffe und Wortbildungen, die logisch und philologisch unbefriedigend sind und trotzdem sich aufdrängen, weil sie einmal bestehen und einen dringenden Sachverhalt sinngemäß umschreiben. Das gilt schon vom Worte Geschichte selbst in seiner bekannten Doppeldeutigkeit als Geschehenes und als geistige Vergegenwärtigung von Geschehenem. Es gilt erst recht von einigen der Wortverbindungen. So hat Jakob Burckhardt im Einleitungsabschnitt seiner „Weltgeschichtlichen Betrachtungen" der Geschichtsphilosophie vorgeworfen, ein „Kentaur" zu sein, um dann doch der Forderung eines Philosophierens über die Geschichte in höchst bedeutsamer Weise Genüge zu tun. Was er als Widerspruch in den beiden zusammengefügten Worten und damit in der Sache selbst als „contradictio in adjecto" beanstandete, erschien Benedetto Croce als Wiederholung des Gleichen, als „Tautologie". Alle Geschichte, so erklärte er, sei Philosophie, was ihn dann nicht gehindert hat, seine Reflexionen in der üblichen Weise des Historikers auf eine sehr konkrete Darstellung von Ereignisreihen zu gründen. Manchmal scheint die Sprache besser zu verstehen, was nottut, als der nachsinnende Verstand.

Vielleicht ist dieser Vergleich etwas hoch gegriffen, und er soll gewiß nicht auf der gleichen Ebene fortgesetzt werden. Das Wort Zeitgeschichte weist auf einen schlichteren und zunächst scheinbar sehr unphilosophischen Bereich. Es lassen sich indessen gegen diesen Begriff ähnliche, ja begründetere Einwände erheben sowohl in dem Sinne, daß er logisch Widerspruchsvolles verbinde bzw. der klaren Ausrichtung auf einen Gegensatz entbehre, wie auch in dem, daß er zwei Worte zusammenkopple, die der gleichen Kategorie zugehören. Hat nicht alle Geschichte es mit Zeitlichem zu tun? – Man kann versucht sein, dieser Unklarheit auszuweichen, indem man „Zeit" durch „Gegenwart" ersetzt. Aber damit gerät man nur tiefer in Schwierigkeiten hinein. Nach einer geläufigen Auffassung beschäftigt sich der Historiker mit „der Vergangenheit, also der „Nicht-mehr-Gegenwart"[1]. „Religion in Geschichte und Gegenwart", so legt der Titel eines bekannten

[1] Peter Rassow, Der Historiker und seine Gegenwart (1948), S. 10.

Im 1950 als »Deutsches Institut zur Erforschung der nationalsozialistischen Zeit« gegründeten und 1952 umbenannten »Institut für Zeitgeschichte« erschienen seit 1953 die »Vierteljahrshefte für Zeitgeschichte«, herausgegeben von Theodor Eschenburg und Hans Rothfels.

wurde. Martini hatte seine These törichterweise mit einem Verweis auf das Portugal Salazars entwertet. So wurde er zwar bekannt und viel gelesen, zugleich aber hatte die Diskussion zur Folge, daß die hier nur vorsichtig angedeuteten Ideen von einer beunruhigten Öffentlichkeit tief im Giftschrank verschlossen wurden.

Am stärksten bewegten die Diskussionen jene nicht besonders zahlreichen Autoren der einstigen radika-

len Rechten, die literarisch und publizistisch zur ersten Garnitur zählten. Gerade sie ließen erkennen, daß sie aus Erfahrung gelernt hatten. Ernst Jünger begann im Zweiten Weltkrieg die Bibel zu lesen und entdeckte die bewahrenswerten Traditionen der abendländischen Kultur. Seine stark beachteten, im Gründungsjahr der Bundesrepublik erschienenen »Strahlungen« markierten den Beginn der konservativen Gegenbewegung zur linksliberalen und sozialistischen Besinnungspublizistik. Sie erfolgte im Zeichen der klassischen europäischen Kultur, die in jenen Jahren sowohl an den Universitäten wie in der Literatur in hohem Ansehen stand.

Auch der *Tat*-Kreis aus der Weimarer Zeit fand seinen Weg zur demokratischen Republik. Hans Zehrer, der in den dreißiger Jahren ebenfalls die Kirchenväter entdeckt hatte, wurde zuerst Chefredakteur des von Bischof Lilje herausgegebenen *Sonntagsblatts*, das unter seiner Leitung zu einem maßgebenden Organ weltoffener Protestanten von vorwiegend konservativer Ausrichtung wurde, dann übernahm er als Chefredakteur der *Welt* eine der wichtigsten Positionen im deutschen Nachkriegsjournalismus. Seiner bedeutungsvoll-verblasenen Zeitkritik blieb er dort ebenso treu wie der deutschen Nation, und er gehörte während der ganzen fünfziger Jahre zu den Rufern nach west-östlicher Bewegungspolitik, um die Wiedervereinigung herbeizuführen. Vom Cäsarismus der frühen dreißiger Jahre aber war nicht mehr die Rede. Er hatte mit der parlamentarischen Demokratie ebenso seinen Frieden gemacht wie Ferdinand Fried, der gleichfalls zur *Welt* stieß, oder Giselher Wirsing, der Chefredakteur von *Christ und Welt* wurde.

Diese und andere Intellektuelle der 1945 völlig diskreditierten Rechten hüteten sich jetzt sorgfältig, die Grenzen eines moderaten National-Konservatismus zu überschreiten. Wenn Kurt Schumacher mit Bezugnahme auf Herbert Wehner bemerkt hatte, man müsse die Kommunisten mit Kommunisten bekämpfen, so galt dies mutatis mutandis auch für die einsichtig gewordenen Publizisten der Rechten. Wie immer, wenn sich in Perioden heftiger ideologischer Kämpfe bestimmte Star-Intellektuelle als Renegaten bekennen, wirkte es auch jetzt als hoffnungsvolles Signal, daß einige bedeutende Köpfe der seinerzeitigen »Konservativen Revolution« den Weg zur Bonner Republik gefunden hatten.

Unbußfertig zeigten sich indessen Ernst von Salomon und Gottfried Benn, und in beiden Fällen war die Wirkung auf das intellektuelle Klima nicht unerheblich. Salomons »Fragebogen« (1951) markierte literarisch das definitive Ende der Reedukationsperiode. Er bereute nicht, sondern erinnerte daran – ähnlich wie auf einer anderen Stilebene Ernst Jünger –, daß man eben in den Jahren seit 1914 eine chaotische Epoche durchlebt hatte, die weder klare Fronten kannte noch feste ethische Kategorien. Viele Leser freuten sich ganz besonders darüber, daß einer endlich einmal beschrieb, wie wenig auch die Sieger edlen moralischen Idealen entsprachen.

Ähnlich skeptisch urteilte Benn über die ideologischen Verirrungen der jüngsten Vergangenheit. Von der provinziellen Republik, die sich in Bonn etabliert hatte, hielt er wenig, aber im Dritten Reich hatte er die Nationalsozialisten bald ebenso gründlich verachten gelernt wie zuvor schon die linken Fortschrittsgläubigen und eine eifernde »littérature engagée«. Er war auch jetzt nicht bereit, sich ideologisch zu echauffieren und hatte seiner elitären Geschichtstheorie aus den letzten Jahren der Weimarer Republik nichts wesentlich Neues hinzuzufügen: »Die Armen wollen hoch und die Reichen nicht herunter, schaurige Welt, aber nach drei Jahrtausenden Vorgang darf man sich wohl dem Gedanken nähern, dies alles sei weder gut noch böse, sondern rein phänomenal.«

Im großen und ganzen vollzog sich so in den Anfängen der Adenauer-Ära bei der einstmals antidemokratischen rechten Intelligenz derselbe Vorgang wie auf allen anderen Ebenen der Gesellschaft: manche korrigierten ihre Auffassungen, viele paßten sich an, einige wandten sich stolz ab oder begannen Kinderbücher zu schreiben, und der Rest blieb unbelehrbar, aber zugleich auch ohne großes Gehör und damit ohne Einfluß. So endete die Tradition des einst so explosiven antidemokratischen Denkens von rechts. Besorgte Liberale und Sozialdemokraten fürchteten zwar bis in die siebziger Jahre hinein seine Wiederkehr, tatsächlich aber sind diese Gruppen in den fünfziger Jahren schon domestiziert und amalgamiert worden.

Auseinandergelaufen war in den fünfziger Jahren auch der Heerhaufen der Kommunisten, die vor 1933 nicht nur in der Arbeiterschaft fest verankert waren, sondern auch bei der literarischen und künstlerischen Intelligenz einen gewissen Anklang gefunden hatten. Die nationalsozialistische Verfolgung, die Moskauer Säuberungen, der Hitler-Stalin-Pakt, die Erfahrungen in der westlichen oder östlichen Emigration und schließlich die abstoßende Wirklichkeit des DDR-Kommunismus hatten ihre Reihen gelichtet. Der deutsche Kommunismus war geistig bereits stark geschwächt, als die KPD in Deutschland wieder zugelassen wurde. Die renommiertesten kommunistischen Intellektuellen und Künstler, die – 1933 emigriert – nach Berlin zurückgekehrt waren, fanden nach dem Ausbruch des Kalten Krieges in der DDR die Erfüllung oder die Desillusionierung ihrer Träume – Hanns Eisler, Bertolt

Ernst Jünger, im 1. Weltkrieg mit dem Orden »Pour le mérite« ausgezeichnet, danach Gegner der Weimarer Republik und im Zweiten Weltkrieg unter den Offizieren des 20. Juli, erzielte 1949 mit seinem Kriegstagebuch »Strahlungen« große Resonanz.

Bertolt Brecht mit dem Kulturminister der DDR, Johannes R. Becher (rechts), im Dezember 1954 in West-Berlin.

Brecht, Johannes R. Becher, Anna Seghers, Alfred Kantorowicz, Ernst Bloch, Arnold Zweig, Ernst Busch. Im Westen blieben nur wenige.

Der Kommunismus in der Bundesrepublik trocknete aus. Soziologisch gesehen stellte er eine nicht mehr zeitgemäße politische Subkultur in der Arbeiterschaft dar. Zu den Altkommunisten im Ruhrgebiet oder in Hamburg gesellte sich nur noch selten Intellektuellennachwuchs aus dem akademischen Bildungsbürgertum. Kleine Zirkel von Jüngeren oder Älteren suchten da und dort die Tradition zu pflegen, oft mehr aus Neugier oder Pietät als aus politisch entschlossenem Wollen. Lesbare DDR-Autoren fanden in Westdeutschland zwar immer einen Verlag – wenn nicht Rowohlt, so Suhrkamp oder Luchterhand. Aber nicht allzu viele waren lesbar und die DDR-Literatur noch kein Geheimtip wie in den späten sechziger und den siebziger Jahren.

Wo man sich wissenschaftlich mit marxistischen Autoren befaßte, wie etwa in den »Marxismusstudien« der Evangelischen Studiengemeinschaft oder in einzelnen politologischen und literaturwissenschaftlichen Seminaren, war das Interesse zumeist rein antiquarisch. Als Vermittler und Deuter marxistischer Ideologie fungierten, wenn überhaupt, häufig Sozialdemokraten oder zu Antikommunisten gewor-

dene Renegaten wie Wolfgang Leonhard. Die Häupter der berühmten Frankfurter Schule kamen aus den USA zurück, als sich die Adenauer-Ära etablierte, aber Adorno, dessen große Jahre nun anhoben, war nicht bereit, seinen Bewunderern mehr als eine mit marxistischen Elementen angereicherte bildungsbürgerliche Kulturkritik anzubieten.

Wolfgang Abendroth, der es wissen mußte, bemerkte im Jahre 1962 in einer resignierten Bilanz, die kleinen sozialistischen Zirkel, die noch bestünden, seien irrelevant geworden. Es bedürfe gar keiner Zuchthäuser und KZs zur Ausschaltung der sozialistischen Ideen. Gefängnis drohte den kommunistischen Funktionären allerdings doch, nachdem die KPD verboten worden war. Solche Prozesse waren zwar gesetzlich geboten, machten aber viel böses Blut und berührten liberale Geister peinlich. Doch der intellektuelle Verfall des westdeutschen Kommunismus hatte schon längst vor dem KPD-Verbot begonnen und konnte dadurch gar nicht mehr beschleunigt werden.

Der einzige kommunistische Intellektuelle, dessen Erfolg auch in Westdeutschland an den aus der Weimarer Republik anknüpfen konnte, war Bertolt Brecht. Er wurde bald sakrosankt. Von Zeit zu Zeit richteten sich gegen die Aufführung seiner Stücke politische und publizistische Kampagnen, doch sie waren im ganzen Randerscheinungen, die von der liberalen Presse kritisiert wurden. Wenn ein Bildungsbürger aus dem Westen in die alte Reichshauptstadt kam, gehörte es sich, auch eine Aufführung des Berliner Ensembles am Schiffbauerdamm anzusehen. Brechts Einfluß auf die Nachwuchsdramaturgen war beträchtlich. Über das Theater gingen einige Impulse in die westdeutsche Kulturszene ein, die später virulent wurden. Aber die Tatsache, daß das deutsche Bildungsbürgertum nun auch einen kommunistischen Klassiker auf seinen Parnaß versetzte, änderte doch nichts daran, daß vom Marxismus keine geistige Kraft ausging.

Sicher hat auch die innerdeutsche Auseinandersetzung zur Schwächung der kommunistischen Intelligenz in der Bundesrepublik beigetragen. Alle nichtkommunistischen Parteien waren sich einig, kommunistischen Kadern in allen Bereichen – auch im Kulturbereich und im Erziehungswesen – die Agitationsmöglichkeiten abzuschneiden. Aber in der Öffentlichkeit bestand damals gar kein erkennbares Interesse an marxistischer Gesellschaftsanalyse, Literatur, Bühnenkunst, Ästhetik oder Erziehungstheorie.

Zweifellos war das vor allem auch auf den dogmatischen Charakter des in der DDR herrschenden SED-Kommunismus zurückzuführen. Wenn sich doch einmal muntere kommunistische Intellektuelle zusammenfanden und ein Blatt herausbrachten, wie Klaus Rainer Röhl und Peter Rühmkorf mit dem Hamburger *Studentenkurier* und seit Oktober 1957 mit *Konkret*, fanden sie durchaus ihr Publikum. Aber sie hüteten sich, in ihrer Sprache oder in der Gestaltung des Blattes die marxistische Orientierung allzu deutlich erkennen zu lassen. Erst recht blieb verborgen, daß diese Blätter ebenso wie verschiedene andere, langweiligere Organe der Linken von Ost-Berlin aus dirigiert und zu einem Gutteil auch finanziert wurden.

So sind die kommunistische Linke und die extreme Rechte in den weltanschaulichen Kontroversen während der Adenauer-Ära weitgehend ausgefallen. Indessen fehlte es auch so nicht an ideologischen Auseinandersetzungen. Aber sie spielten sich auf einer breiten Ebene des juste milieu ab, in der sich die

größeren und kleineren Denkschulen deutlich voneinander abhoben, und wo ziemlich viel Bewegung herrschte.

Es ging dabei um drei Zentralfragen: die Form des Staates, die Ordnung der Gesellschaft und die Orientierung der Außenpolitik.

Der Verfassungskonsens in der Adenauer-Ära

Die Denkschulen, die sich trotz aller grundsätzlichen Auffassungsunterschiede letztlich doch auf dem Boden des demokratischen Verfassungsstaates trafen, schöpften – obwohl inzwischen eine Welt in Trümmer gefallen war – immer noch aus dem überkommenen Ideenfundus. Die Verfassungsberatungen über die Länderverfassungen während der Besatzungszeit und die Verhandlungen des Parlamentarischen Rats hatten zwar gezeigt, daß man bereit war, aus gewissen verfassungspolitischen Fehlern zu lernen und – soweit erforderlich – auch neue Wege zu gehen. Aber an den maßgebenden Ideenkreisen hatte sich nicht viel geändert: nach wie vor gab es Gruppierungen, die man, trotz vieler Unterschiede im einzelnen, als Konservative bezeichnen konnte; es gab die gleichfalls durchaus nicht homogenen Liberalen und daneben die ihrerseits durch deutliche Binnendifferenzierungen gekennzeichnete Denkschule der Sozialdemokraten beziehungsweise der demokratischen Sozialisten.

Jede Denkschule war nicht zuletzt deshalb bei vielen Gemeinsamkeiten in den Grundsätzen zugleich auch stark differenziert, weil die Grenzen zwischen diesen großen Ideenkreisen fließend waren. Und das im Grundlegenden übersichtliche Bild der drei großen nichtextremistischen Lager wurde weiterhin dadurch verworren, daß mit dem katholischen und dem evangelischen Staatsdenken eigenständige Ideenkreise hinzukamen, deren Theoretiker zwar zu den drei großen Lagern in mehr oder weniger engen Verbindungen standen und meist dem einen oder anderen angehörten, daneben aber eben doch gleichzeitig ein unverwechselbar eigenes Profil aufwiesen. Sowohl der katholische wie der evangelische Ideenkreis hatten ihren konservativen und sozialistischen oder doch stark sozial ausgerichteten

Die Institutionen des Bonner Staates gerieten nur einmal in eine Krise – beim Verfassungsstreit über die Westverträge. Adenauers eindeutiger Wahlsieg von 1953 machte dem ein Ende. Hier der Bundesrat während der Beschlußfassung über die EVG-Verträge.

Flügel. Bei beiden fanden sich ebenso liberale Gruppierungen, die freilich im evangelischen Lager traditionellerweise viel stärker waren als im katholischen. Aber Katholiken und Protestanten wurden durch gemeinsame religiöse Grundüberzeugungen und Traditionen geeint, die eine unterschiedslose Verschmelzung mit den großen verfassungs- und gesellschaftspolitischen Denkschulen nicht zuließen.

Ein weiterer Faktor, der die Klarheit des Grundmusters auflöste, war die Orientierung der einzelnen Lager bezüglich der nationalen Frage und im Hinblick auf die besondere Form der Westbindung und der europäischen Integration. Hierdurch ergaben sich zusätzliche Binnendifferenzierungen, Gegnerschaften und Allianzen.

Mit diesen mehr ideengeschichtlichen Grundgegebenheiten verband sich die besondere Konstellation des Parteiensystems in den Anfängen der Bundesrepublik. Es befand sich in starker Bewegung. Die einzelnen Parteien wiesen im Innern ein recht starkes Maß an Zerklüftung und Spannung auf, so daß sich die meisten schwer dabei taten, ein durch klare Konturen gekennzeichnetes ideologisches Programm aufzustellen oder gar in praktische Politik umzusetzen.

Diese Umstände führten dazu, daß nicht bloß in der politischen Praxis, sondern auch in den theoretischen Entwürfen und Kontroversen nicht die scharfen Gegensätze, sondern die gleitenden Übergänge das eigentlich Kennzeichnende waren. Zwar fehlte es in Wahlkampfzeiten nie an Schwarz-Weiß-Malerei; aber im großen und ganzen stellten die Konzepte und Theorien doch eher eine Mischung von Grautönen dar. Eine scharfe Polarisierung, wie sie in der Bundesrepublik Ende der sechziger und Anfang der siebziger Jahre auftrat und auch die Weimarer Republik belastet hatte, wollte sich in den fünfziger Jahren nicht so recht einstellen – je weiter es in die Adenauer-Ära hineinging, um so weniger. Dies alles muß berücksichtigt werden, wenn man versucht, die großen Linien der verfassungspolitischen, gesellschaftspolitischen und außenpolitischen Gegensätze herauszuarbeiten.

Die Vorstellungen der politischen Ordnung trafen sich auf dem Boden des demokratischen Verfassungsstaates in der Gestalt, die ihm der Parlamentarische Rat gegeben hatte. Alle Auseinandersetzungen drehten sich in erster Linie darum, in welcher Richtung die Gewichte des Verfassungskompromisses verschoben werden sollten. Stärker auf föderalistische oder auf zentralstaatliche Lösungsformen hin? Mehr in Richtung auf eine quasi-plebiszitär legitimierte starke Exekutive oder in Richtung auf eine Parlamentsherrschaft? Sollte die naturrechtliche oder die sozialstaatliche Komponente dominieren? Müßten sich radikal-demokratische Vorstellungen durchsetzen oder die Idee einer gegliederten Volksgemeinschaft?

Diese und andere Grundsatzfragen wurden auf verschiedenen Ebenen erörtert: auf der theoretischen zwischen den Gelehrten und Intellektuellen, auf der parteipolitisch-programmatischen und auf der Ebene konkreter Gesetzgebung.

Naturgemäß war die Spannweite auf der theoretischen Ebene am größten. Die wichtigsten Beiträge kamen von seiten der Rechtswissenschaft, von der katholischen Soziallehre und von der Theologie.

Es lag in der Natur der Sache, daß die juristischen Disziplinen beim Wiederaufbau des demokratischen Rechtsstaates von ausschlaggebender Bedeutung waren. Die Grundlagen des freiheitlichen Verfassungs- und Verwaltungsrechts mußten gelegt werden; ebenso galt es, die wirtschaftsrechtlichen, arbeitsrechtlichen und die prinzipiellen zivilrechtlichen Implikationen des erneuerten Grundrechtsverständnisses herauszuarbeiten. Auf dem Feld der europäischen Zusammenschlüsse harrte mit dem Europarecht ein ganzes neues Gebiet der Entwicklung.

Bei diesen Bemühungen kamen die wohlbekannten Traditionen erneut zum Tragen, deren Dialektik die deutsche Rechtsentwicklung des 19. und des 20. Jahrhunderts bestimmt hatte.

Die Vertreter stärker konservativer Positionen, die im öffentlichen Recht nach wie vor über erheblichen Einfluß verfügten, suchten den klassischen Staatsgedanken in zeitgemäße Formen umzusetzen. Sie mußten freilich, wie etwa Werner Weber, Ernst Forsthoff oder Herbert Krüger, nicht ohne eine gewisse Resignation erkennen, daß die demokratisch verfaßte Gesellschaft in vollem Begriff war, die Reste der traditionellen Staatlichkeit aufzusaugen. Der Ausbau des modernen Leistungsstaates und die Verlagerung des Schwergewichts der politischen Gesamtordnung in die Industriegesellschaft waren in vollem Gang und begannen zunehmend auch die verfassungsrechtlichen Vorstellungen zu bestimmen.

»So nimmt der Leviathan mehr und mehr die Züge einer Milchkuh an«, resümierte Ende der sechziger Jahre Arnold Gehlen, einer der schärfsten Kritiker, diese von der gesamten konservativen Staatslehre beklagte Entwicklung: »die Funktionen als Produktionshelfer, Sozialgesetzgeber und Auszahlungskasse treten in den Vordergrund, und man hat dem humanitär-eudämonistischen Ethos die Tore so weit geöffnet, daß das eigentlich der Institution angemessene Dienst- und Pflichtethos aus der öffentlichen Sprache und aus den Kategorien der Massenmedien vollständig verschwunden ist und dort nur noch Gelächter auslöst.«

Die Zukunft gehörte den Liberalen, die vorwiegend auf den Schutz der individuellen Grundrechte abhoben, bezüglich der Bürgerpflichten betonten, daß der Staat vor allem in seinen Grenzen zu bleiben habe, und andererseits zunehmend der Neigung nachgaben, denselben Staat nur zu gern für Wohlfahrtssicherung, Schmerzverringerung und Glücksgewährleistung des Individuums in Pflicht zu nehmen. Daß sich dabei genuin liberales Denken mit sozialstaatlichen Ansätzen vermischte, die sowohl in der sozialdemokratischen wie in der staatskonservativen Tradition wurzelten, war schon in den fünfziger Jahren zu beobachten.

Konsequenterweise wies die liberale politische Theorie jener Jahre den Parteien als den Hauptinstrumenten der Vergesellschaftung des Staates einen zentralen Platz zu. Jetzt wurde die moderne Demokratie vorwiegend als Parteiendemokratie begriffen. Symptomatisch dafür waren die Forschungsthemen und das vergleichsweise reduzierte Politikverständnis der damals neu in Erscheinung tretenden deutschen Politischen Wissenschaft. Es gab zwar unter ihren Vertretern auch eine Reihe konservativer Gelehrter, aber die meisten der damals um eine zeitgemäße politische Theorie Bemühten neigten dazu, den demokratischen Staat vorwiegend als ein von der Gesellschaft nicht mehr geschiedenes pluralistisches System zu begreifen, das vom Widerstreit der Parteien und Verbände im Gleichgewicht gehalten wird. Die ehemalige Staatslehre reduzierte sich in dieser Sicht der Dinge darauf, Spielregeln und angemessene Verhaltensweisen zum friedlich-schiedlichen Austrag der Gruppenkonflikte zu entwickeln.

Rationaler Utilitarismus und ein individualistisches Glücksstreben der Individuen und Gruppen erschienen vielen als Haupttriebfedern des Handelns und zugleich als die letzten normativen Elemente im demokratischen System.

Liberales politisches Denken setzte sich im Verlauf der fünfziger Jahre allerdings noch nicht unangefochten durch. Die Konservativen leisteten durchaus Widerstand, und zeitweise ließ sich nicht genau ausmachen, ob sie sogar im Vorrücken waren oder aber nur – wie dann bald deutlich wurde – heftige Rückzugsgefechte lieferten.

In den fünfziger Jahren herrschte zwischen den großen Denkschulen noch ein gewisses Gleichgewicht. Führend unter den Widersachern der liberalen Staats- und Gesellschaftstheorie waren damals jene Staatslehrer und Sozialphilosophen, die an konservative Denktraditionen der christlichen Kirchen anknüpften. Die katholische Naturrechtslehre hatte ihre großen Jahre und machte sich auch in der Rechtsprechung des Bundesverfassungsgerichts bemerkbar. Aber auch von der konservativ-protestantischen Theologie gingen damals starke Einflüsse aus.

In der politischen Theorie jener Jahre war ein deutliches Zusammenrücken von Lutheranern und Katholiken zu beobachten. Beide hielten – wenn auch von unterschiedlichen Grundauffassungen herkommend – am Staat als einer metaphysischen Grundwerten verpflichteten Ordnungsmacht fest. Beide betonten die Bedeutung der natürlichen Gemeinschaften – Familie, Berufsstand, Volk – und lehnten einen bindungslosen liberalen Individualismus ebenso ab wie die Auswüchse einer allein auf labile Wählermehrheiten oder gar auf die Diktatur totalitärer Gruppen gestützten Massendemokratie. Wenn sich liberale und sozialistische Vorstellungen im Geistesklima der fünfziger Jahre nicht so ungebremst entfalten konnten wie später, so ist dies zu einem guten Teil darauf zurückzuführen, daß konservativer Protestantismus und Katholizismus in Wissenschaft und Publizistik, im Verbandswesen und in den Kirchen über eine breite Phalanx argumentationsfreudiger, an den öffentlichen Angelegenheiten brennend interessierter und für die Probleme der Modernität aufgeschlossener Persönlichkeiten verfügten.

Andererseits kamen aber von der katholischen Soziallehre und auch von der im protestantischen Denken nie völlig untergegangenen, nach 1945 wiederbelebten christlich-sozialen Tradition kräftige Impulse. Von dieser Seite ertönten entschiedene Forderungen nach einer sozial verpflichteten Gesetzgebung und nach entsprechender Rechtsprechung sowie einer durchgehend auf das Gemeinwohl orientierten Ausgestaltung des öffentlichen Lebens. Diese haben dazu beigetragen, daß sich die bürgerliche Gesellschaft der fünfziger Jahre zugleich als Sozialstaat begriffen hat. In einer Epoche, die vom triumphierenden Wirtschaftsliberalismus und einem schon weithin ausgeprägten Materialismus der Lebensführung charakterisiert war, wurden dadurch wichtige Korrekturen vorgenommen.

Vorherrschend und im juste milieu der Diskussion stehend waren in dieser Periode des Übergangs somit jene theoretischen Bemühungen, die zwischen konservativem und liberalem, zwischen christlich-konservativem und säkularem Staatsdenken, zwischen Rechtsstaat und Sozialstaat zu vermitteln suchten. Typisch für diese vermittelnde Richtung und daher besonders einflußreich war ein Staatslehrer wie Ulrich Scheuner. Bei ihm und anderen ähnlich orientierten Theoretikern begegnete man einer für die Vorstellungen im Verlauf der fünfziger Jahre mehr und mehr kennzeichnenden Neigung zur Harmonisierung der Gegensätze. Statt einer konsequenten Scheidung von Staat und Gesellschaft zeigte sich nun eine zunehmende Bereitschaft, deren ungeschiedenes, wenn auch noch nicht völlig identisches Miteinander herauszuarbeiten und dementsprechend staatliche Funktionen relativ autonomen gesellschaftlichen Trägern zu überantworten, aber auch umgekehrt Gruppen und Parteien in den öffentlich-rechtlichen Bereich zu integrieren.

Typisch war etwa die Entwicklung auf dem Feld des Staatskirchenrechtes. Seit dem Zerbrechen des Bündnisses von Thron und Altar war das Verhältnis zwischen den protestantischen Kirchen und dem Staat unklar geworden und verlangte nach neuen theoretischen, aber auch praktischen Gestaltungen. Doch auch die sowohl von seiten des Liberalismus wie der katholischen Kirche früher stark befürwortete prinzipielle Trennung der Bereiche war nicht mehr haltbar. Jetzt kamen überall partnerschaftliche, koordinative Konzepte und Regelungen zum Zuge.

Ähnlich vermittelnde Vorstellungen setzten sich bezüglich des Bund-Länder-Verhältnisses durch. Während in den Anfängen der Bundesrepublik noch vielfach scharfe Gegensätze zwischen den Aufgabenbereichen der Länder und des Bundes, aber auch zwischen föderalistischer und unitaristischer Staatstheorie gesehen wurden, kamen jetzt die auf Ausgleich be-

auch einer schon vorhandenen arbeitsrechtlichen Tradition, die auf sozialdemokratisches Staatsdenken zurückging.

Allerdings waren die Staatstheorien spezifisch sozialdemokratischer Provenienz damals ausgesprochen schwach vertreten, von genuin sozialistischen Konzepten ganz zu schweigen. Politische Wissenschaftler, Staatslehrer und Theologen, die sich der SPD verbunden fühlten, lehrten und schrieben vorwiegend im Geist liberaler Theorie – mit der Folge,

Die Vorstellungen von der politischen Ordnung trafen sich auf dem Boden der Verfassung, aber grundsätzliche Auffassungsunterschiede der Denkschulen gab es doch, auch wenn die großen klassischen Ideenkreise fließende Grenzen hatten. Unsere Bilder zeigen einige ihrer führenden Köpfe (von links): den Nestor der neoliberalen »Freiburger Schule«, Walter Eucken (zusammen mit Werner Heisenberg, rechts); Pater Oswald v. Nell-Breuning SJ, der die katholische Wirtschafts- und Soziallehre entscheidend prägte; den Soziologen und Philosophen Theodor W. Adorno, Mitbegründer der »Frankfurter Schule«, und Arnold Gehlen, ebenfalls Philosoph und Soziologe, ein scharfer Kritiker des überzogenen Sozialstaats.

dachten Theoretiker eines kooperativen Föderalismus mehr und mehr in Führung, wobei die Wissenschaft im wesentlichen der Praxis folgte.

Hingegen wurde die sozialstaatliche Komponente damals nicht vornehmlich vom öffentlichen Recht her entwickelt. Soweit sie schon in den Anfängen der Adenauer-Ära in das Staatsverständnis und die Rechtsprechung nachhaltig Eingang gefunden hatte, entsprang sie zu großen Teilen der katholischen und evangelischen Soziallehre, in manchen Fällen

daß manche von ihnen, die in den fünfziger Jahren im politischen Spektrum ihrer Fächer zum linken Flügel zählten, später, als die sozialistischen Theorien aus dem Boden zu schießen begannen, dem konservativen Lager zugerechnet wurden. Im großen und ganzen waren die wenigen sozialdemokratischen Theoretiker der Politik damals in der Kritik an den Konservativen stärker als in der Entwicklung eigener Ordnungsvorstellungen. So kam es bisweilen zu heftigen Disputen, die aber in der Regel noch in der Geschliffenheit bildungsbürgerlicher akademischer Auseinandersetzungen geführt wurden.

Doch nahm die Auseinandersetzung ab und zu auch eine persönliche Färbung an – besonders wenn es gegen Carl Schmitt und seine Schule ging. Man konnte es nicht vergessen, daß manche der konservativen Theoretiker in der Endphase der Weimarer Republik oder in den Anfängen des Dritten Reiches die parlamentarische Demokratie als überlebt kritisiert und dem neuen nationalsozialistischen Staat zunächst viel Wohlwollen entgegengebracht hatten. Andere, zum Teil aber auch dieselben, waren dann jedoch zum Widerstand gestoßen oder hatten aus der Erfahrung gelernt und nach 1945 mit der Demokratie ihren Frieden gemacht. Das half ihnen aber nun nicht viel.

Mitte der fünfziger Jahre war die zeitgeschichtliche und politikwissenschaftliche Analyse des Scheiterns der Weimarer Republik voll in Gang gekommen. Sie fand einen ersten Höhepunkt in Karl Dietrich Brachers Darstellung »Die Auflösung der Weimarer Republik« (1955). Auch die neue Forschung ließ deutlich genug erkennen, wie problematisch die Rollen bestimmter konservativer Denkrichtungen in diesem Fall gewesen waren. Kritische Vorsicht erschien somit geboten.

Es war durchaus verständlich, daß die sozialdemokratischen und liberalen Gegner die Auseinandersetzung im einen oder anderen Fall unter Verweis auf die persönliche Biographie führten. Dieser auch im politischen Raum gepflogene Brauch gewann übrigens an Beliebtheit, je weiter sich die Jahre der Weimarer Republik und des Dritten Reiches entfernten. Tatsächlich ließ sich bei manchen Konservativen auch nach 1945 nicht verkennen, daß sie der Demokratie aus den verschiedensten Gründen mit Skepsis gegenüberstanden. Die meisten, die sich politisch diskreditiert hatten, blieben aber vorsichtig. In den fünfziger Jahren bekannten sich in erster Linie diejenigen noch zu ihren konservativen Überzeugungen, die aus der Emigration oder dem Widerstand kamen und daher von persönlichen Angriffen auf ihre theoretische Position nicht getroffen werden konnten.

Im großen und ganzen aber machten Staatslehre und politische Theorie der Adenauer-Ära die innere Wandlung mit, die sich damals in der ganzen Bevölkerung vollzog. Aufgrund der schlechten Erfahrungen mit dem totalitären Staat herrschte auch hier die Bereitschaft vor, die real vorhandene Demokratie zu akzeptieren. Und da sich diese bewährte, gewannen selbst jene zum neuen Staat Vertrauen, die

Nicht nur die Vertreter der geistigen Strömungen in der Adenauer-Ära hatten die geltende Verfassung akzeptiert – auch die Bevölkerung identifizierte sich mit ihren Repräsentanten: Bonner Bürger begrüßen den wiedergewählten Bundespräsidenten Heuss bei seiner Rückkehr aus Berlin am 20. Juli 1954.

einzelne seiner tragenden Elemente mit einer gewissen Reserve betrachteten.

Wenn sich also auf der theoretischen Ebene noch eine gewisse Spannweite der Auffassungen zeigte, die bisweilen in nichtdemokratische Ordnungsvorstellungen übergingen, so stellte die parteipolitische Programmatik die konkret existierende Staatsform bereits überhaupt nicht mehr in Frage.

In den staatspolitischen Vorstellungen der Parteien spielte natürlich die Dialektik von Regierung und Opposition die Hauptrolle. Während Adenauer für eine starke Exekutive eintrat, betonte die Opposition in erster Linie die parlamentarische Komponente des Verfassungsstaates. Aber da die Sozialdemokraten in den Ländern mitregierten, während auf der anderen Seite der unbedingte Führungsanspruch der Bundesexekutive auch von den Christlichen Demokraten in den Ländern längst nicht in allen Fällen hingenommen wurde, ergaben sich daraus keine unvereinbaren verfassungspolitischen Gegensätze. Die einzige kritische Phase, in der es wegen der EVG zur Verfassungskrise hätte kommen können, ging aufgrund des eindeutigen Wahlsieges Adenauers bei den Bundestagswahlen 1953 rasch vorüber.

Die Programmatik, aber auch der gesetzgeberische Alltag der Adenauer-Ära lassen nur einen Schluß zu: Die geistigen Kräfte, die hier zählten, hatten die geltende Verfassung akzeptiert. Vielen schien es fast so, als sei der demokratische Ideenhimmel nun zum ersten Mal in der deutschen Geschichte auf Erden gekommen und habe im Grundgesetz Gestalt angenommen. Sehr rasch verbreitete sich eine zuweilen etwas naive Bereitschaft, die empirische Form des westlichen Verfassungsstaates mit einem Idealtyp der Demokratie schlechthin gleichzusetzen und auch nur leise Zweifel, die in der Theorie doch immerhin legitim waren, als unerlaubt und gefährlich anzusehen. Der Verfassungskonformismus, der sich schon Mitte der fünfziger Jahre sowohl in der Staatslehre wie bei der Politischen Wissenschaft zeigte, war – verglichen mit der Weimarer Republik oder dem zeitgenössischen Frankreich – ganz bemerkenswert. Und das Bundesverfassungsgericht trug durch eine das Staatsdenken stark prägende Rechtsprechung seinerseits dazu bei, Geist und Buchstaben des Grundgesetzes als den schlechthin

gültigen, über alle Zweifel oder auch nur Fragen erhabenen Maßstab eines guten Staates im Bewußtsein zu verankern. So wurde aus dem verfassungsstaatlichen Legitimismus sehr rasch ein grundgesetzlicher Legalismus, dem sich Theoretiker, Politiker und Öffentlichkeit erstaunlich willig beugten.

Renaissance der bürgerlichen Gesellschaft

Die ideologischen Auseinandersetzungen über die Gesellschaftsordnung waren vergleichsweise schärfer als die Gefechte auf dem Feld der Staatstheorie. Hier haben sich auch die Bemühungen der Theoretiker und die politisch-programmatischen Gegensätze zwischen den Parteien und in ihrem Innern viel stärker durchdrungen als im Bereich der Staatsauffassung. Drei große kontroverse Komplexe standen im Mittelpunkt: die Wirtschaftsordnung, die damit zusammenhängende Frage der sogenannten Restauration und der Verbindlichkeitscharakter religiös bestimmter Forderungen.

In den ersten Jahren der Adenauer-Ära haben auch in der weltanschaulichen und publizistischen Diskussion die wirtschaftspolitischen Auseinandersetzungen im Vordergrund gestanden. Die liberalen Ökonomen hatten ihre große Stunde. Einige ihrer entschiedensten Vorkämpfer – Wilhelm Röpke, Alfred Müller-Armack, Alexander Rüstow – verstanden es, die Forderung nach einer freien Wirtschaft aus einer umfassenden Zeitkritik zu entwickeln und mit einer politischen Ordnungstheorie zu verbinden, die Innen- und Außenpolitik gleicherweise erfaßte. Für einige Jahre herrschte somit in Teilen der Volkswirtschaftslehre der Mut zu einer politischen Ökonomie, die auf liberal-konservativen Überzeugungen beruhte.

Der ökonomische Liberalismus dominierte bald in der akademischen Lehre und Forschung und wurde von einer breiten Phalanx volkswirtschaftlicher und betriebswirtschaftlicher Teildisziplinen gestützt. Diese haben eine ganze Generation zukünftiger Unternehmer, Beamten, Wirtschaftsjournalisten und Nachwuchspolitiker im Geist der Marktwirtschaft ausgebildet. Die Widerstandskraft, die das seit Mitte der sechziger Jahre politisch und akademisch

Die liberalen Ökonomen hatten ihre große Stunde: ihnen gelang die Verbindung von freier Wirtschaft und politischer Ordnungstheorie. Ludwig Erhard mit Alfred Müller-Armack (links), Wilhelm Röpke (Mitte) und Alexander Rüstow.

stark angefochtene marktwirtschaftliche Denken im großen und ganzen bewiesen hat, ist auf diese große Periode der Vorherrschaft liberaler Ideen in den wirtschaftswissenschaftlichen Fakultäten und in der Öffentlichkeit der fünfziger Jahre zurückzuführen. Dabei erfuhr die Theorie durch den Erfolg der Erhardschen Wirtschaftspolitik eine überwältigende Bestätigung. Letztlich war es dieser, der die durchaus noch vorhandenen Verfechter anderer Vorstellungen entwaffnete und häufig zur Anpassung an die herrschende Lehre nötigte.

So ließen sich auch hier Annäherungen der Positionen erkennen. Der scharfe Antagonismus zwischen Vorkämpfern für planwirtschaftliche oder marktwirtschaftliche Ordnungsformen schwächte sich bereits Mitte der fünfziger Jahre deutlich ab, und zwar in erster Linie deshalb, weil sich in Wissenschaft und Publizistik keine ernstzunehmenden Befürworter ausgeprägt planwirtschaftlicher Vorstellungen mehr fanden. Soweit die Neo-Liberalen noch wissenschaftlich gewichtigen Einwänden begegneten, kamen diese bald nur noch von keynesianischen Positionen. Die wenigen Vertreter sozialistischer oder linkskatholischer Auffassungen, die an ihren Überzeugungen festhielten, vereinsamten und zogen sich weitgehend in die Bereiche der Gesellschaftspolitik zurück, wo der Widerstand gegen den

Liberalismus mit mehr Aussicht auf Erfolg fortgesetzt werden konnte. Die wirtschaftspolitischen Grundsatzdiskussionen gingen nur dort noch mit unverminderter Heftigkeit weiter, wo Teilbereiche wie die Landwirtschaft, der Wohnungsbau oder das Verkehrswesen nicht nach den Grundsätzen der Marktwirtschaft geordnet waren. Ebenso strittig blieb die konkrete Ausgestaltung der Wettbewerbspolitik.

Als sich die Soziale Marktwirtschaft mit den Bundestagswahlen von 1953 politisch durchgesetzt hatte, verlagerte sich aber auch in Wissenschaft und Publizistik die Diskussion stärker in den Bereich der Gesellschaftspolitik, wo es um die Ordnung der Sozialversicherungssysteme, der Familienpolitik und seit Ende der fünfziger Jahre verstärkt auch des Erziehungs- und Ausbildungssystems ging.

Vertreter unterschiedlicher Denkschulen vereinigten hier ihre Kritik an den gesellschaftspolitischen Konsequenzen des ökonomischen Liberalismus und an dem gar nicht zu übersehenden Materialismus, der seit der Währungsreform und verstärkt mit dem zweiten Boom seit 1953/54 in weiten Schichten des westdeutschen Bürgertums zutage trat.

Der Begriff »Restauration« wurde 1950 von linkskatholischer Seite in die Diskussion geworfen. Damals veröffentlichte Walter Dirks in den *Frankfurter Heften* einen Aufsatz mit dem Titel: »Der restaurative Charakter der Epoche«. Eugen Kogon sekundierte 1952 mit einem weiteren, auf der Linken stark beachteten Beitrag: »Die Aussichten der Restauration«. Sozialdemokratische und sozialistische Publizisten griffen das Stichwort ebensogern auf wie die linksprotestantischen Gruppen. Als diese in den sechziger Jahren mehr und mehr meinungsbildend wurden, diente der bald zum politischen Schlagwort degenerierte Begriff dazu, die geistig vom ökonomischen Liberalismus und teilweise noch von konservativen Staats- und Gesellschaftsvorstellungen bestimmte Adenauer-Ära als Fehlentwicklung zu brandmarken. Anfang und Mitte der fünfziger Jahre aber fühlten sich die Intellektuellen, die den Vorwurf der Restauration erhoben, eher als Außenseiter, die beklagten, daß die Zeit über ihre unmittelbar nach dem Zusammenbruch entwickelten Ideen hinweggegangen war.

Im 19. Jahrhundert, besonders nach der Rückkehr der Bourbonen nach Frankreich und nach dem Wiener Kongreß, wurden als Restauration alle Bestrebungen bezeichnet, die darauf gerichtet waren, die Grundsätze und Ideen der Französischen Revolution außer Kraft zu setzen und erneut vorrevolutionäre Zustände einzuführen. Das Wiederaufgreifen dieses der demokratischen Bewegung so verhaßten Begriffes war nach 1949 deutlich dazu bestimmt, die neue marktwirtschaftliche Ordnung und die damit verbundene bürgerliche Gesellschaft als Rückfall in vordemokratische, eigentlich von der Zeit überholte Zustände zu diskreditieren.

Nach Auffassung von Dirks und Kogon hatten das Dritte Reich und der Zweite Weltkrieg eigentlich das Ende von Individualismus und Kapitalismus besiegelt. Ein Neuaufbau der Demokratie konnte, so glaubten sie, nur im breiten Bündnis von christlichen Reformern und humanitär orientierten Sozialisten gelingen. Politische Demokratie, Planwirtschaft und konsequente Demokratisierung der ganzen Gesellschaft im Zeichen egalitärer und solidarischer Zielvorstellungen schienen unerläßlich. Auch der Nationalstaat hatte angeblich seine Zukunft hinter sich. Die Zeit verlangte nach einem europäischen Sozialismus in christlicher Verantwortung.

Aus dieser Sicht der Dinge bildete der »Bürgerblock« Adenauers, in dem die CDU mit den Liberalen und mit kleineren konservativen Gruppierungen eine Allianz einging, den großen Sündenfall der Christlichen Demokratie. Die Kritik zielte also in starkem Maß auf den Liberalismus, bezog aber von Anfang an Adenauer selbst ein. Kogon sprach von der »christlichen, autoritären Restaurationsregierung Adenauers«, dem in der Folge unaufhörlich Zynismus, Menschenverachtung, das Fehlen schöpferischer Ideen und die Zerstörung jeder außen- und innenpolitischen Gemeinsamkeit vorgeworfen wurde. Je deutlicher sich Adenauer und die Liberalen in der deutschen Bundesrepublik durchsetzten, um so lebhafter wurden ein Mangel an Vorstellungskraft, das Ausbleiben von Besinnung, der Rückgriff auf überlieferte Denkformen und Mittel, die Wiederherstellung kapitalistischer Macht und eine allgemeine Unfähigkeit zur Neuerung beklagt. Der Erfolg im »baren Wirtschaftsbereich« müsse mit »Verwachsungen und gefährlichsten Substanzverhärtungen« bezahlt werden. Kogon und Dirks, deren Widerstand gegen den Adenauer-Kurs ihnen einen scharfen Rückgang der Abonnentenzahlen ihrer Zeitschrift einbrachte, wußten allerdings, daß sie eine intellektuelle Minderheitenposition einnahmen.

Die beiden Herausgeber der »Frankfurter Hefte«, Walter Dirks (links) und Eugen Kogon, gehörten zu den kritischen Beobachtern restaurativer Tendenzen in der Bundesrepublik.

Auch mit der Ideologie der damaligen Sozialdemokraten hatten sie nämlich nicht viel im Sinn, und schon 1952 meinte Kogon ganz zutreffend, Restaurationsperioden könnten in der Geschichte manchmal lange dauern.

Wie für die zusehends säuerlicher werdende linkskatholische Richtung bestand auch für Sozialisten und Sozialdemokraten das Wesen der Restauration einerseits in der Wiederherstellung des Kapitalismus, andererseits in der unterbliebenen Demokratisierung der Gesellschaft, worunter die auf halbem Weg steckengebliebene industrielle Mitbestimmung ebenso gemeint war wie der bald einsetzende industrielle Konzentrationsprozeß und die ungleiche Vermögensverteilung. Und bald diente das Schlagwort »Restauration« dazu, ziemlich alles zu erfassen, was die Befürworter egalitärer und sozialistischer Ordnungsformen in der Adenauer-Ära beklagten: die Erhaltung des gegliederten Schulsystems mit dem angeblich damit verbundenen bürgerlichen Bildungsprivileg, das Ausbleiben einer Hochschulreform, die Beibehaltung der gegliederten Sozialversicherung, das Wiederaufleben der Korporationen, der Aufbau der Bundeswehr mit Offizieren der früheren Wehrmacht, Fortführung der alten Justiz- und Verwaltungstraditionen, aber auch das Vorherrschen einer liberal-konservativen großbürgerlichen oder katholisch-reaktionären abendländischen Ideologie und des damit verbundenen Antikommunismus.

Je länger die Adenauer-Ära andauerte, um so bitterer wurde der Ton, freilich auch um so resignierter. Zugleich aber stießen nun einzelne oder Gruppen zu den Kritikern am herrschenden Zeitgeist im allgemeinen und an Adenauer im besonderen, die durchaus nicht nur aus dem Einzugsbereich des Linkskatholizismus, des Linksprotestantismus oder der demokratischen Sozialisten kamen. Oft war es gar nicht leicht zu erkennen, welchen Ansätzen eigentlich die Restaurationskritik entsprang. So meldete sich beispielsweise mit dem Berliner Professor für Politische Wissenschaft Otto Heinrich von der Gablentz, der 1959 eine Streitschrift des Titels »Die versäumte Reform« veröffentlichte, eine Persönlichkeit zu Wort, die aus dem teils preußisch-konservativen, teils sozialpolitisch progressiven Umfeld der

Berliner CDU kam. Und die von Hans Werner Richter, dem Haupt der »Gruppe 47« im Jahr 1962 herausgegebene »Bestandsaufnahme«, die als eine Art Summa der Kritik an der Adenauer-Ära gedacht war, vereinigte durchaus Geister unterschiedlicher Couleur: neben Altsozialisten und Linkskatholiken schrieben hier kulturpolitisch liberale oder anarcho-liberale Schriftsteller, aber ebenso liberale Sozialdemokraten, Liberal-Konservative und bürgerliche Autoren, die in keinem der damals bekannten Lager so recht zu verorten waren.

Manche der dort und anderswo geäußerten kritischen Ideen gingen ein paar Jahre später direkt in die seit Mitte der sechziger Jahre stürmisch einsetzende Reformbewegung ein. Nicht wenige der in der »Bestandsaufnahme« zu Wort kommenden radikaleren Autoren gehörten in der Periode der Außerparlamentarischen Opposition und in den ersten Jahren der Ära Brandt zu den publizistischen Vorkämpfern der »neuen Linken«: Hartmut von Hentig, Walter Jens, Erich Kuby, Rudolf Walter Leonhardt, Robert Jungk, Heinrich Böll, Alexander Mitscherlich, Wolfgang Abendroth, Carl Amery, Peter Rühmkorf, Hans Magnus Enzensberger. Die Schelte der Intellektuellen unterschiedlicher ideologischer Orientierung, die in dem Schlagwort »Restauration« zum Ausdruck kam, hat somit die ganze Adenauer-Ära begleitet wie mißtönendes Möwenkrächzen die Fahrt eines großen Schiffes.

So jedenfalls sahen es diejenigen, die im Unterschied zur kritischen Intelligenz die Bundesrepublik auf dem rechten Weg sahen. Die mit der Restauration abrechnenden kritischen Geister fanden natürlich bald ihre eigenen Kritiker im Lager der mit dem herrschenden Zeitgeist verbundenen Intellektuellen. Helmut Schelsky, der damals manches Stichwort lieferte und seine aufblühende Disziplin als wissenschaftliche Zeitdiagnose begriff, ließ 1955 seinerseits einen Aufsatz »Das Restaurative in unserer Zeit« erscheinen. Hier stellte er fest, daß die fünfziger Jahre insgesamt restaurativ seien und zwar in allen Bereichen. Kapitalisten und Proletarier, freie Konkurrenzwirtschaft und Klassenkampf seien ebenso restauriert worden wie die Regierungsform des demokratischen Verfassungsstaates, die Parteien, Verbände, Logen, Zeitungen und Zeitschrif-

ten, aber auch Lebensformen und Standesbe-
wußtsein. Es gebe nur »Neo-ismen«. Jede Bewegung werde nach dem Ende des utopischen Zeitalters in sich selbst konservativ. Ein stillgestandenes
Bewußtsein bemühe sich um die Reproduktion der
Welt. Freilich sei dies auch gut erklärlich. Worauf
hätte nach den ungeheueren Veränderungen und
Umschichtungen des Dritten Reiches, der Kriegszeit und der Besatzungsjahre denn auch zurückgegriffen werden sollen, wenn nicht auf die Werte,
Daseinsformen, Institutionen und Ideologien der
zwanziger Jahre oder gar der Welt vor 1914! Das
Sicherheitsbedürfnis der Menschen sei der hohen
Mobilität und Dynamik der gegenwärtigen Gesell-
schaftsverfassung nicht gewachsen: daher strebe jeder nach seiner »guten alten Zeit«, Fürst und
Flüchtling ebenso wie Kapitalist und Arbeiterführer.
Diese Sicht der Dinge, die von anderen geteilt wurde, erfaßte den Zeitgeist tatsächlich präziser als der
einseitig gegen die bürgerliche Gesellschaft gerichtete Restaurationsvorwurf. Auch hier wurde allerdings übersehen, in wie vielen Bereichen gerade in
den späten vierziger und fünfziger Jahren Neues geschaffen worden ist. Das Grundgesetz stellte gewiß
eine Restauration der parlamentarischen Demokratie dar, war aber zugleich eine produktive Verarbei-
tung negativer Erfahrungen der Weimarer Republik. Im Gewerkschaftswesen und im Parteiensystem, in der Neuordnung der Zusammenarbeit von
Kapital und Arbeit, im Sozialversicherungswesen
und in der Bemühung um einen Lastenausgleich, in
der Organisation der Betriebe, des Handels und der
Landwirtschaft, in der Bundeswehr, in der Außenpolitik und in vielen anderen Daseinsbereichen,
auch im Lebensstil, wurden überkommene Elemente
und einfallsreiche, von Lernfähigkeit gekennzeichnete Neuschöpfungen miteinander verbunden. Die
pauschale Charakterisierung der Epoche als Restau-
rationsperiode läßt das unbeachtet und verkürzt das
volle Verständnis dieser Jahre, die gleicherweise
durch Neugestaltung wie durch überständige Tradi-
tionalismen gekennzeichnet gewesen sind. Was sich
in ganz Westeuropa vollzog, war eine politische,
wirtschaftliche und soziale Renaissance – die erste
und letzte, zu der sich die bürgerliche Gesellschaft
im 20. Jahrhundert als fähig erwiesen hat. Für die

*Am späten Ruhm des Arztes Werner Forßmann nah-
men die Bundesbürger regen Anteil: 1956 erhielt er für
seinen Selbstversuch mit einem Herzkatheder im Jahr
1929 den Nobelpreis für Medizin.*

Fehler der zwanziger und dreißiger Jahre hatte sie
allerdings auch genügend Lehrgeld bezahlt.
Wer die gesamteuropäische Entwicklung aus dem
Auge verliert, kann auch die Veränderungen in der
Ideenlandschaft der Adenauer-Ära nicht voll verstehen. Die Grundelemente dieser wiederhergestellten
bürgerlichen Gesellschaften waren im Westeuropa
der späten vierziger und frühen fünfziger Jahre in
mehr oder weniger starker Abwandlung überall dieselben: demokratischer Verfassungsstaat, sozial verpflichtete Marktwirtschaft, bürgerliche Denk- und
Lebensformen und technisch-wissenschaftliche Su-
perstruktur einer modernen Industriegesellschaft.
Die in den dreißiger Jahren von vielen totgesagten
und während des Zweiten Weltkrieges fast ausnahmslos zerbrochenen kontinentalen Demokratien
erfuhren eine Renaissance. Da die Führungsgruppen und Massen die totalitäre Herrschaft eben hinter sich gebracht oder in Gestalt der kommunistischen Diktaturen noch täglich vor Augen hatten,
war die Legitimitätsbasis der erneuerten Verfassungsstaaten wesentlich stabiler als nach dem Ersten

Weltkrieg. Man wußte nun aus Erfahrung, was Grundrechtsschutz, Meinungsfreiheit, Parteienkonkurrenz, Gewaltenteilung, Erhaltung gesellschaftlicher Freiräume wert sind und worum es dabei ging. Wie in der Zwischenkriegszeit kamen auch in den konkreten Ausprägungen dieser erneuerten Demokratien in unterschiedlich starker Beimischung die Traditionen der großen Denkschulen zum Tragen. Die in sich ihrerseits vielschichtigen liberalen, konservativen, katholischen, sozialistischen Strömungen, die zuvor schon in den modernen Verfassungsstaaten vielfältige Kombinationen eingegangen sind, sahen sich wieder einmal zu Verfassungskompromissen und zum Kompromiß im politischen Alltag veranlaßt – Kompromisse, die durch die gemeinsame Gegnerschaft gegen die totalitären Feinde von rechts und links erleichtert wurden.

In den ersten Nachkriegsjahren hatte in Westeuropa noch vielfach die Meinung vorgeherrscht, daß der demokratische Verfassungsstaat unter den harten Bedingungen von Trümmerwelt und Massenverarmung nur in Verbindung mit sozialistischer Gesellschaftsplanung und egalitärer Zuteilung von Wohlfahrtsleistungen und Daseinschancen Bestand haben würde. Die späten vierziger und frühen fünfziger Jahre brachten den großen Wandel. Jetzt setzte teils aufgrund amerikanischer Einflußnahme, zugleich aber auch als Folge eigenständiger Entwicklungen in den einzelnen Ländern der Siegeszug der Marktwirtschaft ein. Die fünfziger Jahre wurden so etwas wie ein augusteisches Zeitalter des liberalen Kapitalismus. Mitte des Jahrzehnts war die totgesagte »Welt von gestern« eines weitgehenden Freihandels und des freien Kapitalverkehrs schon wieder halbwegs hergestellt, Ende der fünfziger Jahre war sie in vielen Schlüsselbereichen Wirklichkeit.

In der deutschen Sozialgeschichte stellte der Triumph des ökonomischen Liberalismus, wie Ralf Dahrendorf richtig gesehen hat, ein neues Phänomen dar. Zum ersten Mal war jetzt die bürgerliche Gesellschaft allein tonangebend ohne das Gegengewicht der ehemaligen preußischen Feudalaristokratie und der von ihr verteidigten wirtschaftlichen und politischen Strukturen.

Dieser ökonomische Liberalismus war allerdings von vornherein politisch gezähmt. Die Politik setzte den Ordnungsrahmen und nahm Umverteilungsmaßnahmen zugunsten der sozial Schwachen vor – nicht selten aber auch zugunsten der sozial Starken, die im Verteilungskampf besonders gut organisiert waren. Die zahlreichen Kompromisse, die mit den sozialistischen, sozialdemokratischen und christlichsozialen Gruppierungen eingegangen werden mußten, verhinderten ein Überborden des Laissez-faire-Kapitalismus alten Stils. Doch die antiliberalen Gegenkräfte waren ihrerseits zu schwach, um die von ihnen bevorzugten kollektivistischen oder egalitären Gestaltungsformen durchzusetzen.

Die wiederhergestellte Meinungsfreiheit ließ erneut die gleichfalls totgesagte pluralistische Kultur der bürgerlichen Gesellschaft aufblühen. Wie in der Vorkriegszeit und Zwischenkriegszeit war sie heterogen, aus vielen unterschiedlichen Subkulturen gespeist und von ständiger Gefahr der Selbstzerfleischung und des Wertzerfalls bedroht, aber zugleich lebendig und der parteilich verengten Dürre des Totalitarismus ganz offensichtlich überlegen. Die traditionellen und modernen wissenschaftlichen, literarischen, künstlerischen Schulen traten wieder an die Öffentlichkeit – erneuert oder auch nicht. Neue intellektuelle Moden – vor allem aus den USA und aus Frankreich kommend – traten hinzu.

Gewiß war in allen Bereichen die Neigung stark, die Ideologien, Gegnerschaften, Lösungsformeln und Verhaltensweisen der Vorkriegszeit unverändert wiederherzustellen. Alle politischen Lager gaben dieser Versuchung mehr oder weniger stark nach, am meisten die sozialistischen Gruppierungen – mit der Folge, daß sie zeitweise den Anschluß an die Entwicklung verloren. Am konservativsten im Sinn unschöpferischen Festhaltens an den Denkformen der Vorkriegszeit waren die Kommunisten und die radikalen Nationalisten. Natürlich strebten auch Unternehmer, Gewerkschaften, Beamte und Landwirte erst einmal danach, die Tragfähigkeit ihrer überkommenen Positionen zu erproben. Und derselben Tendenz begegnete man in den kulturpolitischen Bereichen oder auf dem Feld der Außenpolitik.

Aber mit dem Rückgriff auf den demokratischen Verfassungsstaat, auf bewährte wirtschaftspolitische Konzepte oder auf kulturelle Ausdrucksweisen, die

Obere Reihe (von links): Abschied von »Otto Normalverbraucher«. Diese Filmfigur, dargestellt von dem damals noch unbekannten Schauspieler Gert Fröbe, hatte ihren Namen von der Lebensmittelkarte für Normalverbraucher. Sie symbolisiert den abgemagerten und sorgengeplagten Nachkriegsdeutschen, der nun der Vergangenheit angehörte. Die neue Wohlstandsgesellschaft präsentierte sich auf andere Weise. 1955 empfängt Bundespräsident Heuss Schah Resa Pahlawi und seine damalige Frau Soraya; beim Presseball in Bad Neuenahr probiert Bundestagspräsident Ehlers den Tombolagewinn aus. Unten: ein Wagen des Mainzer Rosenmontagszugs verspottet die ungeliebte H-Linie aus Paris, der »Topfhut« der Eis löffelnden Dame war dagegen 1956 unerläßlich. Der amerikanische Modetanz Rock 'n' Roll überrollte in den fünfziger Jahren auch die Bundesrepublik. Er trennte jung und alt in Hingerissene und Schockierte.

in der totalitären Epoche verschüttet gewesen waren, verband sich eben vielfach der Wille und die Kraft zu schöpferischer Neugestaltung. Aus den negativen Erfahrungen der Zwischenkriegszeit wurden Schlußfolgerungen gezogen. Institutionen und Verhaltensweisen wurden erprobt, die den veränderten Bedingungen entsprachen. Nach den geistigen und organisatorischen Verheerungen der totalitären Epoche ist so doch bei vielen Führungsgruppen und bei der Bevölkerung in ihrer Breite die Fähigkeit sichtbar geworden, eine anscheinend ausweglose Gegenwart durch schöpferischen Rückgriff und gleichzeitige Neugestaltung zu bewältigen.

Auf einem wichtigen Nebenschauplatz der allgemeinen Auseinandersetzungen über die Gesellschaftspolitik war in der ersten Hälfte der fünfziger Jahre die katholische Kirche um die Durchsetzung ihrer Ordnungsvorstellungen bemüht. Sie erwies sich in den Anfängen der Bundesrepublik durchaus noch stark genug, die maßgebende Stellung im öffentlichen Raum zu bewahren, die ihr nach dem Zusammenbruch des Jahres 1945 zugefallen war. In der katholischen Soziallehre verfügte sie über eine differenzierte Theorie zur Orientierung der neuen Gesellschaft, im wiederaufgebauten Verbandswesen über tief gestaffelte Hilfstruppen und in der nach einigem Zögern nachhaltig unterstützten Christlich-Demokratischen Union über einen Partner, der ihr vielfach verpflichtet war. Die katholische Staats- und Soziallehre wirkte damals auch weit über den ureigenen katholischen Bereich hinaus auf andere geistes- und sozialwissenschaftliche Disziplinen, nicht zuletzt auch auf die evangelische Theologie.
Das Gewicht des Katholizismus in den weltanschaulichen und politischen Diskussionen der frühen Adenauer-Ära war nicht zuletzt deshalb groß, weil seine Gesellschaftstheorie einen relativ breiten Raum abdeckte. Der Schwerpunkt lag ziemlich eindeutig auf konservativen Positionen, aber mit einem Theoretiker wie Oswald von Nell-Breuning strahlte dieses Denken auch weit auf das linke politische Spektrum aus.
Der geistige Einfluß der katholischen Soziallehre war jedoch nicht mit einer Machtsteigerung der Kirche als Organisation gleichzusetzen. Je überzeu

gender bestimmte Grundpositionen der katholischen Soziallehre wirkten, um so weniger wurden sie in der Öffentlichkeit als spezifisch katholisch empfunden.
Allerdings bestand zwischen den gesellschaftspolitisch durchaus nicht einigen katholischen Kräften dahingehend Übereinstimmung, daß der Öffentlichkeitsanspruch der katholischen Kirche im Bereich des Schulwesens und der Lehrerausbildung, der Familienpolitik, der Jugendpflege und der Fürsorge ebenso durchgehalten werden sollte wie die Forderung nach Durchsetzung gewisser moralischer Minimalstandards im Kino, bei Theateraufführungen oder im Schrifttum. Im Mittelpunkt der katholischen Bemühungen standen jedoch ganz deutlich die schulpolitischen Forderungen.
Hier ergaben sich auch die Hauptkonflikte mit den liberalen Strömungen, die sich dabei parteipolitisch vorwiegend in SPD und FDP artikulierten. Allerdings war die liberale Position im Vergleich mit entsprechenden Auseinandersetzungen in der Kaiserzeit und in der Weimarer Republik anfänglich deutlich schwächer. Numerisch herrschte jetzt zwischen Katholiken und Protestanten ungefähr ein Gleichgewicht. Organisatorisch und geistig war der Katholizismus führend. Der liberale Kulturprotestantismus war weitgehend tot. Im übrigen war auch das liberale Denken, soweit es um den akademischen Dialog ging, für den sich mit den Evangelischen und Katholischen Akademien neue Plattformen herausbildeten, durch Toleranz und ein im Dritten Reich erwachsenes Verständnis für den Wert kirchlich geprägter Daseinshaltungen gekennzeichnet.
So fanden zwar in der Tagespolitik weiterhin die bekannten Auseinandersetzungen statt, in denen manche Liberale der katholischen Kirche Klerikalismus vorwarfen, während diese die »liberalistische« Bindungslosigkeit scharf kritisierte. In der deutschen Innenpolitik bedeutete das aber nichts Neues, und es waren auch Kontroversen, wie sie nun einmal generell westliche Demokratien kennzeichnen, in denen ein starkes katholisches Element wirksam ist.
In der parteipolitischen Programmatik spielten die kulturpolitischen Fragen, die der katholische Ge

staltungsanspruch aufwarf, jedenfalls eine erhebliche Rolle. Aber in der anspruchsvolleren weltanschaulichen Erörterung verstand man die Kontroverspunkte meist nicht mehr als allzu tiefgreifend. Selbst dort, wo die kulturpolitischen Kämpfe mit Leidenschaft ausgefochten wurden, sind sie jedenfalls nie so unversöhnlich geworden, daß der Konsens über die Staatsform durch die Zielkonflikte über die Ordnung der Gesellschaft in Frage gestellt wurde.

Die unerläßlichen Kompromisse erleichterten auch das deutliche Abflauen des jahrhundertelang für die deutsche Politik so charakteristischen konfessionellen Gegensatzes. Aus Sorge um die Unions-Einheit, aber auch aufgrund von Annäherungen zwischen der katholischen Soziallehre und neu entwickelter evangelischer Sozialethik begann das konservative Lager des deutschen Protestantismus sogar bestimmte schulpolitische Forderungen der Katholiken zu tolerieren oder gar zu unterstützen. Im Wahlverhalten, bei der Personalpolitik, im Schulwesen, in Fragen der Mischehe zwischen Protestanten und Katholiken und im allgemeinen Lebensstil spielten die überkommenen Gegensätze zwar immer noch eine oft gewichtige Rolle. Aber die Angleichung, erst im Zeichen der Union und der Una-Sancta-Bewegung, bald auch in dem der Säkularisierung, hatte begonnen.

Das Verhalten der Parteien im politischen Alltag – bei Regierungsbildung und Gesetzgebung in den Ländern, aber auch bei der Bundesgesetzgebung – zeigte zudem deutlich, daß für schulpolitische Differenzen durchaus ein Kompromiß zu finden war. Zudem begünstigte die weitgehende Ausschaltung radikal marxistischer Kräfte sogar auf diesem umstrittenen Feld doch die Koexistenz der Weltanschauungen.

Die außenpolitischen Denkschulen

Eine tiefgreifende Neuorientierung erfolgte auch im außenpolitischen Denken. Hier waren Zwiespalt und Unentschiedenheit allerdings noch bestimmender als in den Bereichen Staatstheorie oder Wirtschafts- und Gesellschaftstheorie. Der nationale Gedanke blieb weiter lebendig, und über die zweckmäßige Form der Verbindung mit den westlichen Demokratien herrschten unterschiedliche Vorstellungen.

Im Grundsätzlichen waren die Positionen in der nationalen Frage und bezüglich der allgemeinen außenpolitischen Orientierung sehr viel weniger kontrovers, als es der heftige tagespolitische und programmatische Streit zwischen den Parteien eigentlich erwarten ließ. Darin wirkten sich die Diskreditierung des extremen Nationalismus und die Unmöglichkeit eines Anknüpfens an die zerbrochene deutsche Weltmachtstellung aus. Das heftige Ringen um die richtige Wiedervereinigungspolitik hat den Sachverhalt verdunkelt, daß sich alle Parteien, die auf dem Boden der Verfassung standen, programmatisch zu gemäßigt nationalen Zielsetzungen bekannten und aufrichtig bereit waren, auf die verhängnisvollen Traditionen rücksichtsloser Machtpolitik nicht nochmals zurückzugreifen.

Die neue Außenpolitik sollte in unübersehbarem Kontrast zu der Adolf Hitlers stehen: unbedingte Friedlichkeit, makellose Vertragstreue, vorbildliche Bereitschaft zur internationalen Zusammenarbeit und zum Kompromiß, Respekt vor den Lebensinteressen und Empfindlichkeiten anderer Staaten galten nun als Selbstverständlichkeiten. Man kann diese Grundeinstellung mit dem schon in der Zwischenkriegszeit im angelsächsischen Ideenraum entwickelten Begriff »Internationalismus« charakterisieren. Die internationalistische Orientierung stand allerdings unter dem Vorbehalt, daß die maßvoll vertretenen nationalen Interessen dadurch ebensowenig verletzt werden durften wie der Gleichberechtigungsanspruch der Bundesrepublik in der Staatengemeinschaft.

Bei schematischer Vereinfachung lassen sich im außenpolitischen Denken der fünfziger Jahre drei unterschiedliche Ausprägungen einer neuen internationalen Orientierung erkennen: erstens ein europäischer, am Ziel der Integration orientierter Internationalismus; zweitens der liberal-freihändlerische Internationalismus mit stark atlantischer Komponente; drittens der linksliberal-sozialdemokratische Internationalismus mit seinen traditionellen Sympathien für weltweite internationale Organisationen,

kollektive Sicherheitssysteme, globale Abrüstungspolitik und Entspannung, humanitäre Entwicklungshilfe und Dekolonisierung.

Zwischen dem europäischen und dem freihändlerischen Internationalismus bestand kein unbedingter
Gegensatz. Adenauer suchte beide Ansätze zu verbinden und gab entsprechend der jeweiligen Lage
bald der europäischen, bald der atlantischen Zielsetzung den Vorzug. Erhard war der Hauptexponent
des freihändlerischen Internationalismus.

Daß die Idee eines sozialistischen Europa zwischen
amerikanischem Kapitalismus und sowjetischer
Planwirtschaft ein nicht realisierbarer Wunschtraum
war, hat Kurt Schumacher, der diesem Gedanken
anfänglich zuneigte, schon Anfang der fünfziger
Jahre eingesehen. Von da an setzte sich bei der SPD
immer stärker der traditionelle linksliberal-sozialdemokratische Internationalismus mit stark pazifisti-
scher Komponente durch.

So unterschiedlich diese Ansätze auch waren, und
so verschiedenartigen Denkschulen sie entsprangen,
eines hatten sie gemeinsam: sie zielten auf Lösungs-
möglichkeiten für das internationale Zusammenleben und die deutschen Probleme ab, die den klassi-

schen Nationalstaat überwinden und die traditionelle Machtpolitik hinter sich lassen sollten. Friedlicher
Interessenausgleich, Zusammenarbeit im Rahmen
neuartiger internationaler Organisationen, Beja-
hung der gegenseitigen Abhängigkeit, Bereitschaft
zu Verständigung und internationaler Solidarität
wie zum Aufbau einer allseits anerkannten internationalen Rechtsordnung – das waren Grundsätze,
denen man über alle Parteigrenzen hinweg zustimmte. Diesen Internationalismus als alles durch-
dringenden Stil westdeutscher Außenpolitik schließlich unangefochten durchgesetzt zu haben, war eine
der wichtigsten politischen Leistungen der Adenauer-Ära. Sie ist an Bedeutung durchaus der in jenen
Jahren erfolgten Verwurzelung des demokratischen
Verfassungsstaates vergleichbar.

Die Denkschulen, die sich an der Zielvorstellung eines europäischen Zusammenschlusses orientierten,
hatten schon Vorläufer in den zwanziger und frühen dreißiger Jahren. Dennoch stellte die deutsche
Europabewegung der späten vierziger und der fünfziger Jahre etwas qualitativ Neues dar. Sie war Teil
einer transnationalen Bewegung, die ihre Wirksam-

*Begeisterte Anhänger fand
die Europabewegung vor
allem innerhalb der Jugend,
die mit Grenzbaum-
demontagen und Demon-
strationsfahrten – wie hier
am Übergang Hirschthal bei
Pirmasens – für ein Europa
ohne Grenzen und Zoll-
schranken warben.*

keit im gesamten westeuropäischen Raum entfaltete. Die Europabewegung schuf sich rasch ihre Institutionen und Integrationskonzepte, aber auch ihre Heroen, ihre Symbolik und ihre Mythologie. In der Bundesrepublik stützte sie sich ursprünglich vor allem auf die Christlichen Demokraten wie auf einige führende Sozialdemokraten, und seit Mitte der fünfziger Jahre begann die SPD mehrheitlich ihren Frieden mit der Europaidee zu machen. Eine überparteiliche Organisation – der Deutsche Rat der Europäischen Bewegung – suchte die vielfältigen Strömungen zusammenzufassen und tat ihr Bestes, in der Öffentlichkeit das für ein Gelingen der Integrationspolitik günstige Klima zu schaffen.

Bei den jungen Europa-Enthusiasten, die Anfang der fünfziger Jahre Grenzbäume demontierten, war viel Idealismus im Spiel. Nicht wenige fanden in der Europabewegung einen Rückhalt für ihre pazifistische, vom militaristischen Nationalstaat wegstrebende Einstellung. Auch die politischen Führungsgruppen ließen sich nicht allein von nüchternen Zweckmäßigkeitserwägungen leiten. Das idealistische Element hatte bei ihnen gleichfalls Gewicht. Aber bei den Politikern und den Spitzenbeamten, auf die es ankam, gaben häufig doch recht handfeste politische und wirtschaftliche Erwägungen den Ausschlag. Die europäische Integration sollte die gleichberechtigte Einbeziehung der Bundesrepublik in die westeuropäische Staatengemeinschaft ermöglichen. Sie konnte der Sowjetunion einen festen Block untrennbar miteinander verbundener Völker entgegensetzen, aber auch ein gewisses Gegengewicht zum überstarken amerikanischen Bündnispartner darstellen und als Auffangposition für den Fall einer Abschwächung des Engagements der USA dienen. Manche verfolgten auch primär wirtschaftliche Ziele, wenn sie sich für supranationale Verbundsysteme oder die Schaffung eines Wirtschaftsgroßraums einsetzten.

Freilich fehlte die weltanschauliche Komponente selten. Die Idee eines christlichen Abendlandes war in den Vorstellungen vieler maßgebender CDU-Politiker, die sich mit der Adenauerschen Integrationspolitik identifizierten, meist irgendwie präsent. Das galt ebenso für die antikommunistischen Unter- und Obertöne der damaligen abendländischen Ideo-

logie. Aber die abendländischen Motive waren eben doch nur ein Faktor unter anderen, auch bei Adenauer selbst. Sie wirkten am stärksten in der katholischen Publizistik und im katholischen Verbandswesen, fanden aber auch in Teile des konservativen Protestantismus Eingang.

Vor allem in den Nachkriegs-Anfängen hatten die föderalistischen Bewegungen in Süd- und Westdeutschland zugleich auch als eine Art Auslöser für die Europa-Orientierung gewirkt. Im Zeichen des Anti-Preußentums und der Rückwendung zu den staatenbundlichen Organisationsformen der Periode vor 1866 wollten sie zeitweise auch die Idee des deutschen Nationalstaates in Frage stellen. Aber diese Richtung war schon im Vorfeld der Gründung der Bundesrepublik zu gemäßigt-bundesstaatlichen Vorstellungen zurückgekehrt und hatte sich damit abgefunden, daß der »Weststaat« in der Wiedervereinigung eine seiner vornehmsten außenpolitischen Aufgaben wahrnehmen müsse. Die Ablehnung des Grundgesetzes durch den bayerischen Landtag war das letzte Gefecht des radikalen Föderalismus gewesen.

Dennoch hielt sich bei diesen Gruppierungen auch jetzt der ursprüngliche Impuls, der darauf abzielte, den Schwerpunkt deutscher Politik vom preußisch-protestantischen Osten weg in den stärker katholisch geprägten Süden und Westen zu verlagern. Diese Grundlinie ließ sich nun unschwer mit dem europäischen Gedanken verbinden, der seit 1948 zunehmend die politische Phantasie bewegte. Wie schon einmal in der Zeit der deutschen Romantik erschien auch diesmal das karolingische und hochmittelalterliche Europa als Fata Morgana überstaatlicher Einheit und einer an überzeitlichen geistigen Werten ausgerichteten Gesellschaft.

So war es nicht erstaunlich, daß gerade jene christlich-konservativen Gruppierungen, die auf dem Feld der Staats- und Gesellschaftspolitik einen Wiederaufbau nach naturrechtlichen und föderalistischen Grundsätzen anstrebten, im europäischen Föderalismus die außenpolitische Ergänzung ihrer innenpolitischen Reformvorstellungen sahen. Viel mehr als eine vage Grundstimmung war dies nicht. Aber die politische Schubkraft von Stimmungen ist meist stärker als die Wirkung ideologischer Programme.

*Während sich viele Jugend-
liche für die Europaidee
begeisterten, versuchten die
Politiker, allen voran
Konrad Adenauer, praktische
Fortschritte zu erzielen. Das
Bild zeigt ihn mit dem franzö-
sischen Außenminister
Pineau, rechts Heinrich von
Brentano, im Hintergrund der
französische Botschafter Joxe
und Walter Hallstein (links).*

Auch an solchen fehlte es zwar in den fünfziger Jahren bei den konservativ-abendländischen Gruppierungen nicht. Aber die Wirksamkeit von Gruppen
wie der »Abendländischen Aktion« und der späteren
»Abendländischen Akademie« ist damals doch ziemlich überschätzt worden, vor allem von deren Gegnern.

In Wirklichkeit sind die Konzepte der westeuropäischen Integration, die damals in der Öffentlichkeit
starken Widerhall fanden, vorwiegend im administrativen und politischen Bereich ausgearbeitet worden, teilweise auch im Umkreis der universitären
Rechtswissenschaften und der Wirtschaftswissenschaften. Für den Entschluß, die Integration erst
einmal im Rahmen der bewährten Sechsergemeinschaft voranzubringen, waren die praktischen Erfahrungen und die zahlreichen politischen und administrativen Kontakte, die sich im Rahmen der
Montanunion sowie der geplanten EVG herausgebildet hatten, viel wichtiger als die schönen, aber
doch auch etwas verblasenen Vorstellungen von einem karolingischen Europa.

Große, über die Parteien hinauswirkende geistige
Führer hat die im deutschen außenpolitischen Denken rasch feste Wurzeln schlagende westeuropäische Orientierung in jenen Anfängen nicht gehabt.
Damals herrschte ein Primat der Politik, nicht der
Ideen. Die politischen Praktiker, allen voran der
Bundeskanzler, setzten die Akzente und gaben die
allgemeine Richtung an, und eine breite Schar von
Abgeordneten, Parteiaktivisten und Publizisten be-
gleitete sie. In zunehmendem Maß hat aber die Europabewegung in Walter Hallstein, der 1958 Präsident der EWG wurde, eine Art geistigen Führer gefunden, der das bundesstaatliche, auf die EWG auf-
bauende Integrationskonzept in einer Anzahl stark
beachteter Grundsatzreden entwickelte.

Ebenso wichtig wie die Wirksamkeit des europäischen Ideenkreises jener Jahre war der Einfluß des
global konzipierten Neo-Liberalismus. Er verband
sich von Anfang an mit einer Orientierung, die man
seit Ende der fünfziger Jahre als Idee der »atlantischen Gemeinschaft« oder Denkschule der »Atlanti-
ker« bezeichnet hat. In den frühen fünfziger Jahren
sprach man in diesem Zusammenhang meist von der
»freien Welt« und meinte damit das Verbundsystem
freiheitlicher Demokratien beiderseits des Atlantik.

Die freie Welt sollte nach den seit 1948 in Westdeutschland vorherrschenden Vorstellungen auf allen wichtigen gesellschaftlichen und politischen Ebenen Gestalt annehmen. In den außen- und binnenwirtschaftlichen Zusammenhängen wurde sie als Funktionssystem marktwirtschaftlich verfaßter Volkswirtschaften entworfen, die am Ziel der schrittweisen Wiederherstellung eines weltweiten Freihandelssystem orientiert waren. In sicherheitspolitischer Perspektive stellte sich die freie Welt als antisowjetisches Bündnis der europäisch-atlantischen Demokratien unter Führung der USA dar. Hinsichtlich der politischen Grundordnung schien entscheidend, daß sich Deutschland nun vorbehaltlos als freiheitliche Demokratie nach westlichem Modell verstand. Die früher so folgenschwere Gegenüberstellung von »deutschem Geist« und »Westeuropa« sollte jetzt auch dadurch überwunden werden, daß die bürgerliche Bonner Demokratie in einen engen Sicherheits- und Wirtschaftsverbund mit den westlichen Demokratien gebracht wurde. Das Konzept einer Gemeinschaft der freien Völker enthielt auch eine wichtige kulturelle Dimension: Deutschland konnte sich im Zeichen dieser Grundorientierung allen geistigen Strömungen öffnen, die damals die Kultur der westeuropäischen Nachbarn wie auch die amerikanische bestimmten.

Während die Ideen des europäischen Zusammenschlusses aus vielen einzelnen Impulsen zusammenflossen, lag für die Idee der freien Welt seit den Jahren der Besatzungszeit der in sich geschlossene Entwurf eines einzelnen vor: die Bücher und Aufsätze Wilhelm Röpkes. Blätter wie die *Frankfurter Allgemeine* und die *Neue Zürcher* und eine starke Gruppe neo-liberaler Nationalökonomen drängten in dieselbe Richtung.

Internationalistische Ideen dieser Richtung wirkten auf die deutsche Öffentlichkeit auch deshalb so nachhaltig, weil Ludwig Erhard kraft seines Amtes und seines Erfolges die von der Röpke-Schule ohnehin schon mit großer publizistischer Durchschlagskraft vertretenen Gedanken popularisierte und wirtschaftspolitisch weitgehend durchsetzte. Die Neo-Liberalen artikulierten seit Mitte der fünfziger Jahre auch ihre Bedenken gegen eine zu ausgeprägte Eingrenzung des deutschen Internationalismus auf die

Sechsergemeinschaft. Damals deuteten sich bereits tiefreichende Gegensätze zwischen freihändlerischen »Atlantikern« und den »Europäern« an, ohne daß sie aber schon in ihrer vollen Schärfe empfunden wurden.

Der Beitrag dieser Denkschule für die Westorientierung der Bundesrepublik kann gar nicht überschätzt werden. Wie im Fall der europäischen Orientierung wirkte auch wiederum in erster Linie deshalb dieses Konzept so folgenreich, weil es sich mit den konkreten Ausprägungen des Wirtschaftens, der Sicherheitspolitik und des kulturellen Lebens der fünfziger Jahre verband. Nachdem das Gesamtsystem erst einmal auf die freie Welt hin ausgerichtet war, verbanden sich damit Interessen, Erfahrungen, Theorien von Teilbereichen. Die allgemeine Orientierung erschien um so natürlicher, als sie ganz offenkundig erfolgreich war.

In der Öffentlichkeit dominierten also damals die europäischen Zielvorstellungen und die teilweise damit identische oder dazu parallel laufende Orientierung auf die freie Welt. Demgegenüber sind die bei den Sozialdemokraten und im Einzugsbereich des Linkskatholizismus während der Besatzungszeit entwickelten Vorstellungen eines sozialistischen Europa schon in den Anfängen der Adenauer-Ära rasch versandet. Ein »dritter europäischer Weg« zwischen amerikanischem Kapitalismus und sowjetischem Kommunismus, wie es häufig hieß, erwies sich seit 1948 zusehends als Utopie. Kurt Schumacher, der anfänglich durchaus nicht abgeneigt war, sich darauf einzulassen, entwarf in Auseinandersetzung mit der Integrationspolitik des Kanzlers bald ein Konzept, das am ehesten die Bezeichnung »national-sozialistisch« verdient hätte, wenn der Begriff durch die Hitler-Bewegung nicht mit einer indiskutabel negativen Bedeutung belastet gewesen wäre. Jedenfalls überwog in den ersten Jahren der Adenauer-Ära bei der demokratischen Linken das Denken in nationalen Kategorien doch die internationalistischen Traditionen.

Nach dem Tod Schumachers setzten sich bei der Linken aber bald wieder jene auch zuvor schon durchaus zugkräftigen internationalistischen Ideen linksliberaler oder sozialistischer Provenienz durch,

Kurt Schumacher (gestützt auf Herbert Wehner) hatte schon Anfang der 50er Jahre eingesehen, daß die Idee eines sozialistischen Europa zwischen amerikanischem Kapitalismus und sowjetischer Planwirtschaft nicht zu realisieren war.

die über die Weimarer Republik hinweg bis in die Vorweltkriegszeit zurückreichten. Damals hatte sie der revisionistische Flügel der deutschen Sozialdemokratie wie auch verschiedene parteipolitische und akademische Gruppierungen des Linksliberalismus aufgegriffen, die seinerzeit im Gegensatz zu den nationalistischen und machtstaatlichen Ideologien standen. Die sozialliberale Koalition lag zwar noch in weiter Ferne. Aber die Eigenart eines internationalistischen Ideensyndroms, das sowohl in der liberalen wie in der sozialistischen Gedankenwelt wurzelte, erlaubt es, hierbei von einem sozial-liberalen Internationalismus zu sprechen.

Die Sozialdemokraten waren seine artikuliertesten parlamentarischen Vertreter – an ihrer Spitze Carlo Schmid und Fritz Erler. Und die damit verbundenen Ansätze blieben auch beim Linksprotestantismus nicht ohne Echo. Im ganzen aber war der sozialliberale Internationalismus ganz im Unterschied zur Si-

tuation seit Mitte der sechziger Jahre auffällig theorielos und an den Universitäten sowie in der Publizistik nur schwach vertreten. Die Friedensbewegung, die ja auch in Deutschland durchaus über einige Tradition verfügte, fand in der Bundesrepublik erst seit Ende der sechziger Jahre mit der sogenannten »Friedensforschung« wieder zur Theoriebildung und begann sich im akademischen Raum auszubreiten. Abrüstung stand in der sozialdemokratischen Publizistik zwar erneut an hervorragender Stelle, und seit Mitte der fünfziger Jahre griff die Partei auch begierig nach allen Ansätzen einer Rüstungskontrollpolitik zwischen Ost und West, die damals in den USA aufkamen. Aber auch hier fehlte es noch weitgehend an Fachleuten, Institutionen und »pressure groups«, die diesen Vorstellungen in einer breiteren Öffentlichkeit Gehör verschafft hätten. Da die Bundesrepublik den Vereinten Nationen nicht angehörte, ging auch von diesem für den Linksliberalismus früher und später so wichtigen Kristallisationszentrum internationalistischer Orientierung kein Anreiz aus.

Ideen weltweiter Planwirtschaft, wie sie etwa zu jener Zeit im Umkreis der London School of Economics gelehrt wurden, die dann gegen Ende der sechziger Jahre auch in den sozialistischen Ideenkreis der Bundesrepublik Eingang fanden, blieben in der Adenauer-Ära noch ohne großes Echo. Dasselbe galt für die Vorstellung europäischer *Planification*. Diese hatte zwar seit Anfang der fünfziger Jahre in der Technokratengruppe um Jean Monnet ihre Befürworter, aber aufgrund der Ablehnung durch die damals vorherrschende neo-liberale Schule blieben die Ideen dieser Denkschule ohne nachhaltige Wirkung. Hingegen lagen die Überlegungen, daß der Friede nur gesichert wäre, wenn auch die kommunistischen Staaten in das von gutem Willen gestaltete internationale Kooperationssystem einbezogen wären, den Linksliberalen und Sozialdemokraten spätestens seit Mitte der fünfziger Jahre sehr am Herzen. Doch noch verhinderten die scharfen Ost-West-Spannungen jener Epoche eine konkrete Ausgestaltung derart wohlmeinender Auffassungen.

Nur in einem Bereich konnten sich genuin linksliberale Ideen bereits in der Adenauer-Ära stärker durchsetzen: in der Entwicklungspolitik. Dies vor allem deshalb, weil Konservative und Liberal-Konservative diesen Fragen bis Ende der fünfziger Jahre nicht viel Beachtung schenkten.

Sympathie für antikolonialistische Befreiungsbewegungen, besonders für die algerische FLN, und die Kritik am Beharren auf kolonialen Positionen wurden bald auch in Deutschland ein Hauptthema außenpolitischer Programmatik und Publizistik der linksliberalen und sozialdemokratischen Gruppen. Hier pflegte man Entwicklungspolitik stark auf internationale Organisationen oder auf zwischenstaatliche Hilfe abzustellen und die Entwicklung durch privatwirtschaftliche Initiative vorwiegend unter dem Aspekt der Ausbeutung zu verstehen. Darin ergab sich übrigens eine weitgehende Parallelität zum Denken progressiver kirchlicher Kreise, die damals in den Entwicklungsländern eine ihrer wichtigsten Aufgaben zu erkennen begannen. Rein deutsche Beiträge zur Entwicklungspolitik fehlten aber fast völlig. Wie auf vielen anderen Feldern außenpolitischen Denkens kam es auch hier zu einer ziemlich unkritischen Übernahme von Ideen aus dem angelsächsischen Raum.

Doch die Fragen von Dekolonisierung und Entwicklung traten erst seit Mitte der fünfziger Jahre in den Aufmerksamkeitshorizont. Je mehr sie allerdings die Diskussion zu bestimmen begannen, um so ausgeprägter rückten auch die Ideen des sozialliberalen Internationalismus ins Zentrum der außenpolitischen Diskussion.

Eine Skizze der damals wirksamen internationalistischen Ideenkreise wäre aber ungenau, würde man nicht gleich hinzufügen, daß sie allesamt nicht in reiner Form auftraten. Typisch für die Adenauer-Ära war vielmehr, daß sich das internationalistische Denken jeweils mit Ideen verband, die um das gesamtdeutsche Anliegen und die Idee der deutschen Nation kreisten.

Das galt für die europäische Idee ebenso wie für die einer Gemeinschaft der freien Welt oder für die sozialliberalen Überzeugungen. Es wäre ziemlich oberflächlich, wollte man in den miteinander verwobenen internationalistischen und national orientierten Vorstellungen bloß das Ergebnis eines politischen Zusammenwirkens unterschiedlicher Gruppen sehen, die in den großen Parteien zusammengespannt waren. Die Verhältnisse waren vielschichtiger. In Wirklichkeit kennzeichnete das Schwanken zwischen beiden Betrachtungsweisen die meisten

Wie viele Publizisten und Politiker der Zeit suchten auch die meisten Kabinettsmitglieder (hier bei einem Empfang zu Adenauers 80. Geburtstag) nationalorientiertes (und das hieß gesamtdeutsches) Denken mit internationalistischer Außenpolitik zu verbinden.

Politiker und Publizisten jener Jahre – Adenauer, Erhard, von Brentano und Gerstenmaier, aber auch Carlo Schmid und Fritz Erler.

Jedes politische Lager entwickelte damals eine eigene Doktrin über den unauflöslichen Zusammenhang zwischen seiner jeweiligen internationalistischen Orientierung und dem gleichzeitigen Festhalten am Ziel der Wiedervereinigung. Die »Europäer«, doch auch die Befürworter einer untrennbaren Integration der Bundesrepublik in die »freie Welt« argumentierten, daß ihre Spielart des Internationalismus der einzig gangbare Weg zur Wiedervereinigung sei. Die Sozialdemokraten verbanden ihre Lieblingsgedanken kollektiver Friedenssicherung, der Entspannung, der Abrüstung und der Rüstungskontrolle ihrerseits unauflöslich mit einer ausgeprägt nationalen Ausrichtung. Und beide Lager waren sich darüber im unklaren, wie sie die Bundesrepublik letztlich verstehen sollten. War diese ein deutscher Kernstaat auf dem Rückweg zur Wiedervereinigung oder ein Transitorium auf dem Weg nach Europa? Viele große Leitgedanken früherer deutscher Außenpolitik waren in den Vorstellungen der fünfziger Jahre durchaus noch gegenwärtig, auch wenn sie häufig nur noch in verhüllter Form angesprochen

wurden – sei es, weil man ausländisches Mißtrauen fürchtete, sei es, weil die deutschen Politiker und Publizisten selbst nicht recht wußten, wie sie die alten Konzepte auf die völlig veränderte Lage anwenden sollten.

Am entschiedensten war Adenauer in seiner Ablehnung einer bindungsfreien Außenpolitik der Mittellage. Er wünschte vielmehr die Auffassungen jener schon vor 1914 einflußreichen Gruppierungen fortzusetzen, die für feste Allianzen eingetreten waren und dem Bismarckschen Gleichgewichtssystem instinktiv widerstrebt hatten. Nach Lage der Dinge kam für ihn nur die Allianz mit den freiheitlichen Demokratien in Frage.

Demgegenüber suchte sich die national orientierte Richtung bei den Freien Demokraten, den Sozialdemokraten und – verschwiegener – auch in den Reihen der CDU mehr an der Idee des traditionellen Gleichgewichtssystems auszurichten, wie es zuletzt von Stresemann gestaltet worden war. Wer die in wahren Papierfluten entwickelten Pläne für eine deutsche Wiedervereinigung im Rahmen eines kollektiven Sicherheitssystems analysierte, fand leicht heraus, daß dabei an eine Restauration des Staatensystems der Zwischenkriegszeit gedacht war, wenn-

*Adenauersche
Ostpolitik:
»... da jibt
es ja noch
eine Himmelsrichtung!«*

schon unter Einbeziehung der USA. Die Konturen des kollektiven Sicherheitssystems der Sozialdemokraten hatten mit dem Völkerbundssystem große Ähnlichkeit. Und in dem vor allem in den frühen fünfziger Jahren in allen politischen Parteien bald stärker, bald schwächer zum Ausdruck kommenden Zögern, sich einseitig in eine antisowjetische Allianz einbinden zu lassen, waren auch noch Überreste traditionellen preußisch-deutschen Denkens zu erkennen, in dem positive Beziehungen zu Rußland immer als wesentliches Element erfolgreicher deutscher Außenpolitik gegolten hatten. So war es kein Zufall, daß die national orientierten Kritiker der Adenauerschen Westpolitik diesem eine bedauerliche Verständnislosigkeit für das Erfordernis einer aktiven deutschen Ostpolitik vorwarfen. Die Bereitschaft des Kanzlers, in eine endgültige Westbindung des deutschen Kernstaates einzuwilligen, wurde als ausgeprägtes Desinteresse an der Wiederherstellung des deutschen Nationalstaates gewertet, die man sich nur vorstellen konnte, wenn das gegenwärtige Blocksystem erneut einem polyzentrischen Gleichgewicht Platz gemacht hätte.

Das Fortleben von Denktraditionen der Zwischenkriegszeit war überall zu spüren, etwa auch in der seit Anfang der fünfziger Jahre ständig erörterten Idee, die vorläufig unlösbar erscheinenden Differenzen zwischen Deutschland und Polen durch Gewaltverzichtsvereinbarungen nach Art der Locarno-Verträge anzupacken.

Die Ungunst der Lage hatte allerdings zur Folge, daß die außenpolitische Publizistik der fünfziger Jahre durch eine gewisse Künstlichkeit und Sterilität gekennzeichnet war. Alle, die sich überlegten, unter welchen Bedingungen die Wiederherstellung Deutschlands und ein Wiederanknüpfen an die Außenpolitik der Jahrzehnte vor Hitler möglich sein würden, sahen sich entweder zur Ausarbeitung von reichlich akademisch anmutenden Phasenplänen veranlaßt, oder sie beschränkten sich darauf, an die Kraft des nationalen Willens zu appellieren und unablässig Wiedervereinigungsinitiativen anzuregen. Je deutlicher es aber zutage trat, daß sich das europäische Staatensystem der Nachkriegszeit verfestigt hatte, um so mehr wuchs bei den von der Wiedervereinigungsmalaise Geplagten die Neigung, selbst-

quälerisch und polemisch nach den »versäumten Gelegenheiten« zu forschen.

Im großen und ganzen war die nationale Tradition noch erstaunlich stark. Während unmittelbar nach dem Krieg vor allem in West- und Süddeutschland die Zweifel am preußisch-deutschen Irrweg der Reichsgeschichte seit Bismarck nachdrücklich aufgeworfen worden waren, fand seit Anfang der fünfziger Jahre eine bemerkenswerte Rückkehr zur Reichsidee und zur nationalen Gesinnung statt. Das äußerte sich nicht nur in der parteipolitischen Programmatik, wo sich vor allem FDP und DP durch Restauration nationaler Symbolik und Phraseologie hervortaten, sondern es durchzog die gesamte öffentliche Diskussion.

Die nationalkonservative Einstellung war vielerorts noch ungebrochen, besonders in starken Gruppen der protestantischen Bevölkerung. Dafür gab es viele Anzeichen. Eine im Dezember 1955 im ganzen Bundesgebiet unter Einschluß Westberlins durchgeführte Repräsentativbefragung, in der die Befragten zum Ausdruck bringen sollten, ob ihnen die schwarz-weiß-roten oder die schwarz-rot-goldenen Nationalfarben lieber seien, ergab, daß sich 43 Prozent der Befragten für Schwarz-Weiß-Rot aussprachen, 38 für Schwarz-Rot-Gold, 19 Prozent waren unentschieden. 48 Prozent derer, die Schwarz-Weiß-Rot vorzogen, waren Protestanten, nur 35 Prozent Katholiken. Zahlreiche ähnliche Umfragen zeigten, daß sich vor allem die Protestanten mit dem Zerbrechen des Deutschen Reiches nicht abfinden wollten und an gemäßigt nationalen Traditionen festhielten. Das Wiederaufleben dieser Ideen im Bürgertum und Kleinbürgertum fand aber auch in der akademischen Welt seine Entsprechung.

Für die unmittelbar nach dem Krieg sowohl von der westalliierten Reedukation wie von deutschen Besinnungspublizisten oder von föderalistischen Gruppen des Südens und Westens verfemten preußischen und nationalen Traditionen traten nun in der Geschichtswissenschaft erneut die Verteidiger auf den Plan. Die nationalkonservative Denkschule hatte dort die Weimarer Republik ebenso wie das Dritte Reich relativ ungebrochen überstanden. Ihre Vorherrschaft in der Disziplin war weiter unangefochten, und sie wirkte auch in der Adenauer-Ära stark

Einig in der Ablehnung des Nationalsozialismus waren sich Friedrich Meinecke (rechtes Bild), Hans Rothfels (links) und Gerhard Ritter (Mitte links, beim Historikertag 1953 mit dem DDR-Historiker Meusel), wenn sich auch der erste der bürgerlichen Linken zurechnete, während die beiden anderen westdeutschen Historiker einer nationalkonservativen Denkschule angehörten.

auf das politische Bewußtsein der historisch Gebildeten. Es kam dieser Richtung zugute, daß sich eine Reihe ihrer wissenschaftlich produktivsten und zugleich politisch engagierten Persönlichkeiten – etwa Gerhard Ritter oder Hans Rothfels – im Dritten Reich nicht kompromittiert hatten, sondern dem konservativen Widerstand angehörten oder emigriert waren.

In Rothfels' noch in Amerika verfaßter Untersuchung »Die deutsche Opposition gegen Hitler« (1949) und in Ritters Goerdeler-Biographie (1954) wurde herausgearbeitet, daß es in erster Linie die deutschen Konservativen im Offizierskorps, in den Kirchen, in der Verwaltung waren, die mutigen Widerstand gegen das Dritte Reich geleistet hatten. Beide gingen davon aus, daß zwischen dem lauteren Nationalgefühl dieser Gruppen und dem radikalen Nationalismus und Militarismus Hitlers ein wesensmäßiger Gegensatz bestand.

Diese Bücher konnten als Rechtfertigung nationalkonservativer Überzeugungen verstanden werden, und sie haben das Nationalbewußtsein der Füh-

rungs- sowie Bildungsschichten in der Adenauer-Ära ähnlich stark beeinflußt wie Ritters groß angelegtes Werk »Staatskunst und Kriegshandwerk«, dessen erster Band 1954 erschien und in dem die These verfochten wurde, daß die gute, auch europäisch verantwortungsbewußte Tradition preußisch-deutscher Außenpolitik und eine entsprechend gemäßigte Einstellung zum Krieg bis gegen Ende des 19. Jahrhunderts in Preußen vorgeherrscht hatten. Der Bruch sei erst in den Jahrzehnten nach Bismarck eingetreten, und der Erste Weltkrieg habe dann vollends zerstörerische Kräfte freigesetzt, die schließlich in Hitler ihre Verkörperung fanden.

Eben weil die national-konservative Historikerschule einer Überprüfung der deutschen Nationalgeschichte nicht auswich, wirkte sie so nachhaltig. Ihre Vertreter waren auch sorgsam darauf bedacht, die gleichzeitige europäische Orientierung der Repräsentanten verantwortungsbewußter deutscher Nationalgesinnung hervorzuheben. Eine geistig verunsicherte, zur Absage an den Nationalsozialismus entschlossene, aber zugleich nach Rechtfertigung verlangende breitere Öffentlichkeit konnte aus diesen und anderen Forschungen die Gewißheit ziehen, daß es gute, bewahrenswerte Traditionen der deutschen Nationalgeschichte gab. Ausgeschieden werden mußten nur die fragwürdigen Traditionsbestände des extremen und zugleich an die primitiven Masseninstinkte appellierenden Rechtsradikalismus. Doch auch für die national-konservativen Denkschulen der fünfziger Jahre gilt, daß ihre Auffassungen durch internationalistische Orientierung zusätzlich veredelt waren. Sie hatten ihren nationalen Kompaß zwar über das Dritte Reich hinweggerettet, wollten aber nun auch nicht bestreiten, daß die Marschziele in Richtung auf größere europäische oder atlantische Einheiten geändert werden mußten. Wohin es endgültig gehen sollte, wußte man auch in diesem Kreis nicht mehr recht zu sagen.

Neben den – sei es in internationalistischem, sei es in einem geläuterten nationalen Sinne – positiv Eingestellten stand aber damals noch eine weitere große Gruppe: die völlig Desillusionierten. Sie entstammten zumeist der Kriegsgeneration, von der die meisten mit tiefem Widerwillen gegen alle Ideen zurückkamen, die im Dritten Reich pervertiert worden waren. Ihr Skeptizismus fand vielfältigen Ausdruck: in einem kritischen Journalismus, in der für den Massengeschmack zubereiteten Trivialliteratur von Autoren wie Hans Hellmut Kirst oder Willi Heinrich und zunehmend auch in den Romanen und Kurzgeschichten der Nachwuchsschriftsteller, die sich im Umkreis der »Gruppe 47« zusammengefunden hatten. Zwar hielten sich die Nachkriegsschriftsteller, deren große öffentliche Wirkung erst Mitte der fünfziger Jahre einsetzte, damals noch meist aus der Tagespolitik heraus. Aber die politische Botschaft dieser weitgehend linksliberalen, linkskatholischen oder sozialistischen Autoren war doch unüberhörbar. Wie bei der expressionistischen Generation im Ersten Weltkrieg und danach dominierten auch in den Romanen und Kurzgeschichten der Wolfgang Koeppen, Hans Werner Richter, Alfred Andersch, Walter Jens, Heinrich Böll, Günter Grass pazifistische und antimilitaristische Grundeinstellungen, ebenso eine starke Skepsis gegenüber den überkommenen nationalen Ideen. Sie gaben

darin nicht nur eigenen Erfahrungen Ausdruck, sondern wußten, daß sie damit für Unzählige ihrer Altersgenossen sprachen.

Im ganzen lag also über dem nationalen Selbstverständnis der Adenauer-Ära und somit über den geistigen Grundlagen der Außenpolitik ein diffuses Licht. Wohin die Reise schließlich gehen würde, war noch nicht auszumachen. Welche Auffassungen sich letzten Endes durchsetzen würden, blieb ungewiß. Alles in allem war dies eine denkbar günstige Ausgangslage für die endgültige Konsolidierung der Bundesrepublik, denn viele Beobachter im In- und Ausland hatten einen neuen, virulenten Nationalismus befürchtet. Wie die sechziger Jahre dann endgültig beweisen sollten, gerieten die Kämpfer für ein Wiederanknüpfen an die nationale Tradition in eine immer hoffnungslosere Defensive. Die Zukunft gehörte den neuen internationalistischen Denkschulen. Spätestens Anfang der siebziger Jahre mußten auch die treuesten Befürworter der Idee eines deutschen Nationalstaats offen oder doch insgeheim eingestehen, daß ihre Sache verloren war – wenigstens rebus sic stantibus, und das hieß: auf eine unabsehbar lange Zeit.

Man mochte somit blicken, wohin man wollte: die Bedingungen für eine Verwurzelung der Zweiten Republik waren vergleichsweise günstig. Die Staatsform war weitgehend unumstritten. Um die Ordnung von Wirtschaft und Gesellschaft herrschte, wie es sich in einem freien Gemeinwesen gehört, ein heftiger, aber doch nicht zügelloser Streit der Geister. Die Kompaßnadel der Außenpolitik zeigte trotz aller Gegensätze nach Westen, ohne daß aber schon die Neigung bestand, von der deutschen Nation Abschied zu nehmen. Die Voraussetzungen für eine stabile Entwicklung waren somit gegeben, falls sich die internationalen und wirtschaftlichen Rahmenbedingungen nicht erneut zum Schlimmeren veränderten.

Wer sich in der zweiten Hälfte der fünfziger Jahre über die Zukunft der Bundesrepublik Gedanken machte, zeigte in der Regel eher Optimismus als Pessimismus, aber es war meist ein Optimismus mit vielen Vorbehalten. Der Schweizer Fritz René Allemann, der 1956 ein betont optimistisches Porträt des Bonner Staates unter dem Titel »Bonn ist nicht Weimar« veröffentlichte, arbeitete dort auch die problematischen Fragen heraus, die damals jedem bewußt waren, der gründlicher nachdachte: Wie würden sich die Deutschen im Fall einer Wirtschaftskrise verhalten? Erneut so panisch wie in den Jahren 1930 bis 1933? Und durfte man wirklich hoffen, daß Ruhe und Besonnenheit anhielten, wenn die Wiedervereinigungsfrage noch länger ungelöst blieb? Niemand wußte auch genau vorherzusagen, welchen Anteil der alte Kanzler an der offenkundigen Stabilität hatte. Welchen Gang würden die Dinge ohne ihn nehmen? Daß Adenauer nach den Bundestagswahlen 1957 noch sechs weitere bewegte Jahre regieren würde, um auch dann nur widerwillig und noch gar nicht verbraucht seinem Nachfolger Platz zu machen, haben die wenigsten vorausgesehen.

Tatsächlich endeten die Gründerjahre der Republik aber nicht im Kladderadatsch. Die weltwirtschaftliche Entwicklung blieb stabil, der Wohlstand wuchs, und so konnten die gesellschaftlichen Konflikte weiter im Geist der Mäßigung und des Ausgleichs gelöst werden. Aber die außenpolitische Basis von Wohlstand und Demokratie blieb schwankend wie eh und je; sie wurde eher noch labiler.

Auf eine kurzfristige Beruhigung des Ost-West-Verhältnisses in Deutschland folgte mit dem sowjetischen Berlin-Ultimatum von Ende 1958 die gefährlichste Spannungsperiode der Nachkriegszeit. Alle Außenpolitik fast bis zum Ende der Adenauer-Ära spielte sich danach im Schatten des dritten Weltkrieges ab. Der Ernstfall drohte auch von Westen her, wo Frankreich zur gleichen Zeit verschiedentlich nur kurz vor dem Ausbruch des Bürgerkrieges oder dem Übergang zu einer Militärdiktatur stand. Im Binnenverhältnis der westlichen Allianz leiteten die Jahre nach der Machtübernahme General de Gaulles gleichfalls eine lange Periode heftiger Bewegung ein, in der sich die Bundesrepublik immer wieder vor schwierige Entscheidungen zwi-schen ihren großen Verbündeten gestellt sah. Zugleich tauchte erneut die Fata Morgana eines engen politischen Zusammenschlusses Europas mit ganz unabsehbaren Konsequenzen auf.

So war auch die zweite Hälfte der Adenauer-Ära in der Außenpolitik durch eine ähnliche Dramatik gekennzeichnet wie die Aufbauperiode bis zur Bundestagswahl 1957. Das Zwielicht über der endgültigen außenpolitischen Grundorientierung der Deutschen sowie in der nationalen Frage hielt weiter an, und Deutschland fand sich erneut im Spannungszentrum des europäischen Staatensystems. Die Gründerjahre der Republik waren zu Ende, aber die Unsicherheit über die Zukunft des jungen Staates blieb.

»Keine Experimente«: der Slogan, mit dem Konrad Adenauer bei den Wahlen zum Dritten Deutschen Bundestag seinen größten Erfolg errang.

Anhang

Zeittafel

1949

14.8.1949 Wahlen zum Ersten Deutschen Bundestag.

17.8.1949 Churchill fordert Aufnahme Deutschlands in den Europarat.

30.8.1949 16-Punkte-Entschließung der SPD in Bad Dürkheim (»Oppositionsprogramm«).

7.9.1949 Konstituierung von Bundestag und Bundesrat. Erich Köhler (CDU) wird zum Präsidenten des Bundestages gewählt, Ministerpräsident Karl Arnold (Nordrhein-Westfalen, CDU) zum Bundesratspräsidenten.

12.9.1949 Wahl des FDP-Vorsitzenden Theodor Heuss zum Bundespräsidenten.

15.9.1949 Wahl Konrad Adenauers, Vorsitzender der CDU in der britischen Zone, zum Bundeskanzler.

18.9.1949 Abwertung des britischen Pfund Sterling um 30,5 % gegenüber dem Dollar.

20.9.1949 Erstes Kabinett Adenauer (CDU/CSU, FDP, DP).

21.9.1949 Inkrafttreten des Besatzungsstatuts. Amtsantritt der Hohen Kommissare François-Poncet, Robertson, McCloy.

25.9.1949 Tass-Meldung über den ersten Atombombenversuch in der UdSSR.

28.9.1949 Abwertung der DM um 20,7 % gegenüber dem Dollar.

7.10.1949 Die Verfassung der DDR tritt in Kraft. Otto Grotewohl (SED) wird Ministerpräsident.

14.10.1949 Gründungskongreß des DGB.

16.10.1949 Bürgerschaftswahl in Hamburg schafft Voraussetzung für Fortsetzung der SPD-FDP-Regierung unter Max Brauer (SPD).

21.10.1949 Adenauer begründet in Regierungserklärung Alleinvertretungsanspruch der Bundesrepublik.

3.11.1949 Der Bundestag entscheidet sich für Bonn als Sitz der Bundesorgane.

9./10.11. Außenministerkonferenz der drei Westmächte in
1949 Paris schafft Voraussetzungen für konstruktive Politik gegenüber der Bundesrepublik.

11.–14.11. Besuch des amerikanischen Außenministers Ache-
1949 son in der Bundesrepublik und in Berlin.

22.11.1949 Unterzeichnung des Petersberger Abkommens.

30.11.1949 Die Bundesregierung tritt der Internationalen Ruhrbehörde bei.

3.12.1949 Adenauer spricht sich in Interview mit dem »Cleveland Plain Dealer« für ein deutsches Kontingent in einer europäischen Streitmacht aus.

1950

13.1.1950 Aufhebung der Lizenzierungspflicht für politische Parteien.

13.–15.1. Besuch des französischen Außenministers Schu-
1950 man in Bonn.

3.3.1950 Unterzeichnung der französisch-saarländischen Abkommen in Paris.

7.3.1950 Adenauer schlägt in einem Interview mit Kingsbury-Smith eine vollständige politische Union zwischen Deutschland und Frankreich vor.

10.3.1950 Rechtsverwahrung der Bundesregierung gegen die Saar-Konventionen.

16.3.1950 Churchill spricht sich als erster führender westlicher Politiker für deutschen Verteidigungsbeitrag aus.

22.3.1950 Erklärung der Bundesregierung über die Durchführung gesamtdeutscher Wahlen unter internationaler Kontrolle.

28.3.1950 Verabschiedung des Gesetzes über den sozialen Wohnungsbau durch den Bundestag.

31.3.1950 Der Europarat lädt die Bundesrepublik und das Saarland zum Beitritt als assoziierte Mitglieder ein.

1.4.1950 Errichtung einer Dienststelle für Auswärtige Angelegenheiten im Bundeskanzleramt.

4.5.1950 Sowjetische Regierung erklärt Rückführung deutscher Kriegsgefangener für abgeschlossen.

9.5.1950 Bekanntgabe des Schuman-Plans in Paris und Bonn.

11.–13.5. Londoner Konferenz der drei Westmächte über
1950 die Deutschlandfrage.

24.5.1950 Beginn der Tätigkeit von General Graf von Schwerin als ständiger Berater des Bundeskanzlers für Sicherheitsfragen.

1.6.1950 Inkrafttreten des Gesetzes der Alliierten Hohen Kommission vom 30. 3. 1950 zur Verhinderung einer deutschen Wiederaufrüstung.

6.6.1950 Polen und die DDR erklären in Warschau die Oder-Neiße-Linie zur endgültigen deutsch-polnischen Grenze.

13.6.1950 Rechtsverwahrung des Bundestages gegen die Anerkennung der Oder-Neiße-Linie.

15.6.1950 Bundestag beschließt Beitritt zum Europarat.

18.6.1950 Wahlen zum Landtag von Nordrhein-Westfalen.

20.6.1950 Eröffnung der Besprechungen in Paris über den Abschluß einer europäischen Montanunion unter Teilnahme Frankreichs, der Benelux-Staaten, Italiens und der Bundesrepublik, aber ohne Großbritannien.

25.6.1950 Nordkoreanische Streitkräfte rücken in Südkorea ein.

7.7.1950 Errichtung eines gemeinsamen Oberkommandos der Vereinten Nationen zur Unterstützung Südkoreas unter dem Oberbefehl General MacArthurs.

9.7.1950 Landtagswahl in Schleswig-Holstein mit großem Erfolg des BHE.

1.8.1950 Bildung einer »christlichen« Regierung aus CDU und Zentrum in Nordrhein-Westfalen unter Karl Arnold (CDU).

5.8.1950 Verkündung der Charta der Heimatvertriebenen in Stuttgart.

11.8.1950 Die Beratende Versammlung des Europarats nimmt den Vorschlag Churchills, eine europäische Armee unter Einbeziehung deutscher Kontingente zu errichten, mehrheitlich an.

29.8.1950 Memorandum des Bundeskanzlers über die Sicherung des Bundesgebiets nach außen und innen in Verbindung mit einem Memorandum zur Frage der Neuordnung der Beziehungen zwischen der Bundesrepublik und den Besatzungsmächten.

5.9.1950 Bildung einer Regierung aus CDU, FDP, DP und BHE in Schleswig-Holstein unter Ministerpräsident Walter Bartram (CDU).

12.–26.9. Konferenzen der Außen- und Verteidigungsminister der drei westlichen Großmächte sowie des
1950 Nordatlantikrats in New York.

15.9.1950 Landung der UN-Streitkräfte bei Inchon.

19.9.1950 Gründung der Europäischen Zahlungsunion (EZU).

24.9.1950 Volksbefragung über den Südweststaat.

9.10.1950 Rücktritt Bundesinnenminister Heinemanns. – Himmeroder Denkschrift.

19.10.1950 Bundestag verabschiedet Bundesversorgungsgesetz. – Wahl von Hermann Ehlers (CDU) zum Bundestagspräsidenten.

20./21.10. Prager Konferenz der Ostblockstaaten.
1950

20.–22.10. Erster gesamtdeutscher Parteitag der CDU in
1950 Goslar. Adenauer wird zum Vorsitzenden gewählt.

26.10.1950 Vorlage und grundsätzliche Billigung des Pleven-Plans in der französischen Nationalversammlung. – Ernennung des CDU-Abgeordneten Theodor Blank zum Beauftragten des Bundeskanzlers für die mit der Vermehrung der alliierten Truppen zusammenhängenden Fragen.

3.11.1950 Die Sowjetunion schlägt in einer Note an die Westmächte eine Außenministerkonferenz der Vier Mächte über Deutschland vor.

19.11.1950 Die Landtagswahlen in Württemberg-Baden und Hessen erbringen schwere Verluste der CDU und große Gewinne der FDP.

25.11.1950 Beginn des umfassenden chinesischen Eingreifens in den Koreakrieg mit anschließendem allgemeinen Rückzug der UN-Truppen.

26.11.1950 Landtagswahl in Bayern mit schweren Verlusten der CSU zugunsten von Bayernpartei und BHE/DG.

30.11.1950 Ministerpräsident Grotewohl schlägt die Schaffung eines Gesamtdeutschen Konstituierenden Rates vor.

5.12.1950 Die Berliner Wahlen erbringen Erfolge der CDU und der FDP.

4.–8.12. Krisenberatung der amerikanischen und britischen
1950 Regierungschefs in Washington.

15.12.1950 Proklamation des nationalen Notstandes in den USA.

16.12.1950 Bildung einer Regierung aus CSU, SPD und BHE in Bayern unter Ministerpräsident Hans Ehard (CSU).

18./19.12. Tagung des Nordatlantikrats in Brüssel. Ernen-
1950 nung von General Eisenhower zum Obersten Alliierten Befehlshaber in Europa.

22.12.1950 In Antwortnoten an die Sowjetunion erklären sich die Westmächte zur Erörterung der Frage einer Außenministerkonferenz bereit.

1951

3.1.1951 Streikdrohung der IG-Metall zur Durchsetzung der paritätischen Mitbestimmung im Montan-Bereich.

9.1.1951 Beginn der deutsch-alliierten militärischen Sachverständigengespräche auf dem Petersberg.

10.1.1951 Bildung einer SPD-Alleinregierung in Hessen unter Ministerpräsident Georg-August Zinn.

11.1.1951 Bildung einer DVP-SPD-Regierung in Württemberg-Baden unter Ministerpräsident Reinhold Maier (DVP).

15.1.1951 Adenauer lehnt den Vorschlag Ministerpräsident Grotewohls ab, einen paritätisch zusammengesetzten Gesamtdeutschen Konstituierenden Rat zu bilden und fordert, die Voraussetzungen für freie Wahlen als ersten Schritt zur Wiedervereinigung zu schaffen.

25.1.1951 Grundsätzliche Einigung zwischen Adenauer und dem DGB-Vorsitzenden Böckler über die Mitbestimmung im Montan-Bereich.

1.2.1951 Verabschiedung des Gesetzes über die Errichtung des Bundesverfassungsgerichts durch den Bundestag. – Bildung eines Allparteien-Senats aus SPD, CDU und FDP in Berlin unter dem Regierenden Bürgermeister Ernst Reuter (SPD).

15.2.1951 Beginn der Beratungen über den Pleven-Plan in Paris. – Verabschiedung des Gesetzes über den Bundesgrenzschutz durch den Bundestag.

27.2.1951 Bundesregierung beschließt Einfuhrstopp für Waren aus EZU-Raum aufgrund der Devisenkrise.

5.3.1951 Zusammentreten der dreieinhalb Monate dauernden Vorkonferenz der Vier Mächte im Palais Marbre Rose in Paris zur Beratung der Tagesordnung für eine Sitzung des Rats der Außenminister über Deutschland.

6.3.1951 Kleine Revision des Besatzungsstatuts.

15.3.1951 Wiedererrichtung des Auswärtigen Amts. Übernahme des Außenministeriums durch Bundeskanzler Adenauer.

10.4.1951 Verabschiedung des Gesetzes über die Mitbestimmung im Montan-Bereich durch den Bundestag.

11.4.1951 Bundestag verabschiedet Gesetz zur Regelung der Rechtsverhältnisse der unter Art. 131 GG fallenden Personen.

18.4.1951 Unterzeichnung des Vertrags über die Gründung der Europäischen Gemeinschaft für Kohle und Stahl (EGKS). Der Bundeskanzler kommt bei dieser Gelegenheit zum ersten Mal in die französische Hauptstadt.

29.4.1951 Landtagswahlen in Rheinland-Pfalz mit Wahlerfolg der FDP.

2.5.1951 Ministerkomitee des Europarats billigt Aufnahme der Bundesrepublik als vollberechtigtes Mitglied. Das Saarland bleibt assoziiertes Mitglied.

6.5.1951 Die Landtagswahlen in Niedersachsen erbringen 11% der Stimmen für die neonazistische SRP.

31.5.1951 Abschließende Rückzahlung des zu Beginn des Jahres aufgenommenen EZU-Kredits.

13.6.1951 Fortsetzung der auf SPD und Zentrum gestützten Regierung von Ministerpräsident Hinrich Wilhelm Kopf (SPD) in Niedersachsen unter Einbeziehung des GB/BHE. –
In Rheinland-Pfalz Bildung einer CDU-FDP-Regierung nach dem Bonner Modell unter Ministerpräsident Altmeier (CDU).

14.–18.6. Mit einem Staatsbesuch in Italien absolviert Adenauer seinen ersten offiziellen Auslandsbesuch als Regierungschef.
1951

17.6.1951 Wahlen zur französischen Nationalversammlung.

21.6.1951 Aufnahme der Bundesrepublik in die UNESCO.

22.6.1951 Abbruch der Vorkonferenz im Pariser Palais Marbre Rose.

5.7.1951 Beginn der Vorkonferenz zwischen der Bundesrepublik und den drei westlichen Großmächten über die deutschen Auslandsschulden im Lancaster-Haus in London.

10.7.1951 Beginn der zwei Jahre andauernden Waffenstillstandsverhandlungen in Korea.

8.9.1951 Unterzeichnung des Friedensvertrags mit Japan in San Francisco.

10.–14.9. Außenministerkonferenz der drei Westmächte in Washington zur Deutschlandpolitik.
1951

15.9.1951 Appell der DDR-Volkskammer an den Bundestag, gesamtdeutsche Beratungen der Vertreter Ost- und Westdeutschlands über die Abhaltung gesamtdeutscher Wahlen und den Abschluß eines Friedensvertrags durchzuführen.

20.9.1951 Interzonenhandelsabkommen wird in Berlin unterzeichnet.

24.9.1951 Beginn der Verhandlungen zwischen Adenauer und den Hohen Kommissaren über die Ablösung des Besatzungsstatuts.

27.9.1951 Bundestag verabschiedet Wahlordnung für freie gesamtdeutsche Wahlen, in der die Überwachung der Wahlen durch eine UN-Kommission vorgesehen ist. –
Die Bundesregierung erklärt ihre Bereitschaft zur Wiedergutmachung gegenüber Israel.

28.9.1951 Konstituierung des Bundesverfassungsgerichts in Karlsruhe.

7.10.1951 Wahlen zur Bremer Bürgerschaft erbringen Erfolg der SRP.

25.10.1951 Wahlsieg der Konservativen in Großbritannien. Churchill wird Premierminister.

16.11.1951 Verbotsantrag der Bundesregierung gegen SRP und KPD beim Bundesverfassungsgericht.

20.–22.11. Pariser Konferenz der drei West-Mächte mit dem Bundeskanzler. Billigung des Entwurfs des Generalvertrags.
1951

29.11.1951 Bildung des Bremer Senats unter Senatspräsident Wilhelm Kaisen (SPD) aus SPD, FDP und CDU.

3.–7.12. Erster offizieller Besuch des Bundeskanzlers in London.
1951

9.12.1951 Die Bevölkerung Badens, Württemberg-Badens und Württemberg-Hohenzollerns entscheidet sich mit den erforderlichen Mehrheiten für die Errichtung eines Südweststaats.

13.12.1951 Ratifizierung des Montanunion-Vertrags durch die französische Nationalversammlung.

20.12.1951 Die UN-Vollversammlung beschließt gegen die Stimmen des Ostblocks und Israels, eine Kommission zur Untersuchung der Voraussetzungen für gesamtdeutsche Wahlen nach beiden Teilen Deutschlands zu entsenden.

21.12.1951 Aufhebung des Ruhrstatuts.

1952

9.1.1952 Volkskammer billigt den Entwurf eines Gesetzes für die Durchführung gesamtdeutscher Wahlen zur Nationalversammlung auf der Basis des Reichstagswahlgesetzes der Weimarer Republik.

11.1.1952 Ratifikation des Vertrags über die Gründung der Europäischen Gemeinschaft für Kohle und Stahl (EGKS) im Bundestag.

16.1.1952 Die DDR verweigert der UN-Kommission die Einreise.

31.1.1952 Vorbeugende Normenkontrollklage der SPD gegen den EVG-Vertrag.

8.2.1952 Grundsätzliche Zustimmung des Bundestages zum EVG-Vertrag.

11.–19.2. Debatte der französischen Nationalversammlung über eine EVG mit deutscher Beteiligung führt zu bedingter Zustimmung.
1952

20.–25.2. NATO-Ratstagung in Lissabon. Beschluß zur langfristigen Aufstellung von 90 Divisionen in Europa. Bis Ende 1952 sollen 50 Divisionen aufgestellt werden, die Hälfte als Kadereinheiten.
1952

28.2.1952 Beginn der Londoner Schuldenkonferenz.

1.3.1952 Rückgabe der Insel Helgoland unter deutsche Verwaltung.

6.3.1952 Investitur der Regierung Antoine Pinay.

9.3.1952 Wahlen zur Verfassunggebenden Landesversammlung von Baden-Württemberg.

10.3.1952 »Stalin-Note« zur Frage des deutschen Friedensvertrags.

20.3.1952 Beginn der Wiedergutmachungsverhandlungen zwischen Vertretern der Bundesrepublik, Israels und der jüdischen Weltorganisationen in Waasenar bei Den Haag (Holland).

20./21.3. Gespräche Adenauers mit Schuman und Eden in Paris über die Antwortnote an die Sowjetunion.
1952

25.3.1952 Antwortnote der drei Westmächte auf die sowjetische Note vom 10. März.

9.4.1952 Sowjetunion spricht sich in neuer Note an die Westmächte für freie gesamtdeutsche Wahlen aus.

23.4.1952 Adenauer erklärt Scheitern der deutsch-französischen Saarverhandlungen.

25.4.1952 Reinhold Maier (DVP) bildet Regierung für Baden-Württemberg aus DVP (FDP), SPD und BHE unter Ausschluß der CDU.

13.5.1952 Antwort der drei Westmächte auf die sowjetische Note vom 9. April.

16.5.1952 Bundestag verabschiedet das Lastenausgleichs-Gesetz.

24.–26.5. 1952 Bonner Konferenz zwischen den drei Mächten und der Bundesrepublik.

26.5.1952 Unterzeichnung des Generalvertrags (Deutschlandvertrag) und der Zusatzverträge in Bonn.

27.5.1952 Unterzeichnung des Vertrags über die Europäische Verteidigungsgemeinschaft (EVG) in Paris.

6.6.1952 Karl Georg Pfleiderer (FDP) entwickelt in Waiblingen seine Vorschläge zur Wiedervereinigung.

10.6.1952 Gutachten-Ersuchen des Bundespräsidenten über die Verfassungsmäßigkeit der EVG-Vertragswerke.

9.7.1952 Auf der republikanischen Convention in Chicago setzt sich der Internationalist General Eisenhower gegen den neo-isolationistischen Präsidentschaftskandidaten Senator Taft durch.

9.–12.7. 1952 Zweite Parteikonferenz der SED beschließt »planmäßigen Aufbau des Sozialismus« in der DDR.

9./10.7. 1952 Im Bundestag erste Lesung der Westverträge. – Annahme der Vorschläge des Vermittlungsausschusses zum Lastenausgleichs-Gesetz durch den Bundestag.

19.7.1952 Verabschiedung des Betriebsverfassungsgesetzes durch den Bundestag.

23.7.1952 Abdankung König Faruks von Ägypten.

25.7.1952 Inkrafttreten des Vertrags über die Europäische Gemeinschaft für Kohle und Stahl (EGKS).

30.7.1952 Bundesverfassungsgericht lehnt Feststellungsklage der Opposition zu den Vertragswerken als unzulässig ab.

1.8.1952 Wiederaufnahme der deutsch-französischen Saargespräche.

8.8.1952 Abschluß der Londoner Schuldenkonferenz.

14.8.1952 Unterzeichnung der Abkommen über den Beitritt der Bundesrepublik zur Internationalen Bank für Wiederaufbau und Entwicklung sowie zum Internationalen Währungsfonds.

18.8.1952 Gründung des Verbands der Landsmannschaften.

20.8.1952 Tod des SPD-Vorsitzenden Kurt Schumacher.

8.–10.9. 1952 Der Ministerrat der Montanunion beschließt auf seiner konstituierenden Sitzung, die erweiterte Versammlung der Montangemeinschaft mit dem Entwurf eines Vertrags über die Gründung der Europäischen Politischen Gemeinschaft zu beauftragen.

10.9.1952 Unterzeichnung des Wiedergutmachungsabkommens zwischen der Bundesrepublik und Israel.

19.9.1952 Bundestagspräsident Ehlers empfängt eine Delegation der Volkskammer.

24.–28.9. 1952 SPD-Parteitag in Dortmund beschließt Aktionsprogramm und wählt Erich Ollenhauer zum SPD-Vorsitzenden.

3.10.1952 Erprobung der ersten britischen Atombombe auf den Monte Bello-Inseln.

23.10.1952 Das Bundesverfassungsgericht verbietet die Sozialistische Reichspartei (SRP).

1.11.1952 Erprobung der ersten amerikanischen Wasserstoffbombe auf dem Atoll Eniwetok.

4.11.1952 Wahl Eisenhowers zum amerikanischen Präsidenten.

19.–22.11. 1952 FDP-Parteitag in Bad Ems.

30.11.1952 Gründung der Gesamtdeutschen Volkspartei (GVP) unter Vorsitz von Gustav Heinemann. – Die Landtagswahl im Saarland führt zu einem Mißerfolg der prodeutschen Kräfte, die zur Abgabe ungültiger Stimmen aufgerufen hatten (70,3 % gültige Stimmen).

5.12.1952 Bundestag stimmt den Westverträgen in zweiter Lesung zu.

6.12.1952 Feststellungsklage der Regierungskoalition (CDU/CSU, FDP, DP) zu den Vertragswerken beim Bundesverfassungsgericht.

9.12.1952 Beschluß des Bundesverfassungsgerichts, daß das Gutachten für den Bundespräsidenten beide Senate binde. – Der Bundespräsident nimmt sein Gutachten-Ersuchen zurück.

23.12.1952 Rücktritt Ministerpräsident Pinays.

1953

7.1.1953 Außenhandelsbilanz 1952 schließt erstmals mit Überschüssen ab. – Ollenhauer fordert in Brief an Adenauer internationale Verhandlungen über ein System kollektiver Sicherheit. – Investitur der Regierung René Mayer. Neuer französischer Außenminister ist Georges Bidault.

15.1.1953 Verhaftung der Naumann-Gruppe in Nordrhein-Westfalen.

16.1.1953 Adenauer lehnt Vorschlag Ollenhauers ab.

20.1.1953 Vereidigung Eisenhowers als amerikanischer Präsident. John Foster Dulles wird Außenminister.

11.2.1953 Frankreich ersucht um Billigung von Zusatzprotokollen zum EVG-Vertrag.

27.2.1953 Unterzeichnung des Londoner Abkommens über die Regelung der deutschen Auslandsschulden.

5.3.1953 Tod Stalins.

6.3.1953 Malenkow wird sowjetischer Ministerpräsident.

7.3.1953 Bundesverfassungsgericht weist Klage der Regierungskoalition zurück.

10.3.1953 Erweiterte Versammlung der Montangemeinschaft (»ad hoc-Versammlung«) billigt Vertragsentwurf ihres Verfassungsausschusses über die Gründung der Europäischen Politischen Gemeinschaft.

18.3.1953 Bundestag verabschiedet Zustimmungsgesetz zum deutsch-israelischen Wiedergutmachungsabkommen.

19.3.1953 Verabschiedung der Ratifikationsgesetze für die Westverträge durch den Bundestag in dritter Lesung.

25.3.1953 Bundestag verabschiedet Bundesvertriebenengesetz.

6.–17.4. Besuch Adenauers in den USA.
1953

24.4.1953 Bundesrat beschließt, Stellungnahme zu den Westverträgen bis zu einem Gutachten des Bundesverfassungsgerichts zu vertagen.

11.5.1953 Premierminister Churchill fordert Ost-West-Gipfelkonferenz. – Normenkontrollklage der Opposition gegen die Westverträge.

15.5.1953 Bundesrat läßt Ratifikationsgesetze zu den deutsch-alliierten Verträgen passieren. – Gemeinsame Entschließung des Bundestages zur Wiedervereinigung durch freie Wahlen.

21.5.1953 Sturz der Regierung René Mayer.

2.6.1953 Verabschiedung des Bundesbeamtengesetzes durch den Bundestag.

10.6.1953 Regierungserklärung Adenauers, in der er für Abhaltung einer Viermächtekonferenz über die Deutschlandfrage eintritt.

25.6.1953 Bundestag verabschiedet Wahlgesetz mit bundesweiter Fünfprozentklausel.

26.6.1953 Investitur der Regierung Joseph Laniel unter Beteiligung der dissidenten Gaullisten.

2.7.1953 Bundestag verabschiedet Grundsätze zur Behandlung der Saarfrage.

3.7.1953 Billigung der sieben Zustimmungsgesetze zu den Abkommen über deutsche Vor- und Nachkriegsauslandsschulden durch den Bundestag.

10.–14.7. Washingtoner Außenministerkonferenz der drei
1953 Westmächte.

15.7.1953 Die drei westlichen Großmächte schlagen eine Viermächtekonferenz über Deutschland vor.

27.7.1953 Waffenstillstand in Korea.

29.7.1953 Bundestag verabschiedet Bundesergänzungsgesetz zur Entschädigung für Opfer der nationalsozialistischen Verfolgung.

12.8.1953 Erster erfolgreicher Versuch mit einer sowjetischen Wasserstoffbombe.

20.8.1953 Absetzung des Sultans von Marokko durch Frankreich.

6.9.1953 Wahlen zum Zweiten Deutschen Bundestag.

20.9.1953 Van Naters-Plan zur Europäisierung des Saargebiets.

29.9.1953 Tod des Regierenden Bürgermeisters von Berlin, Ernst Reuter (SPD).

7.10.1953 Bildung einer Allparteienregierung in Baden-Württemberg mit CDU, SPD, FDP/DVP, GB/BHE unter Ministerpräsident Gebhard Müller (CDU).

20.10.1953 Bildung der zweiten Regierung Adenauer aus CDU/CSU, FDP, DP und BHE.

1.11.1953 Hamburger Bürgerschaftswahlen.

13.11.1953 Saarländischer Landtag billigt französisch-saarländische Konventionen.

2.12.1953 Regierungsbildung durch den Hamburg-Block aus CDU, FDP, DP unter dem Ersten Bürgermeister Kurt Sieveking (CDU).

4.–7.12. Bermuda-Konferenz zwischen Eisenhower, Chur-
1953 chill und Laniel unter Teilnahme der Außenminister.

1954

12.1.1954 John Foster Dulles entwickelt Konzept der »massive retaliation«.

25.1.–18.2. Außenministerkonferenz der Vier Mächte über
1954 Deutschland in Berlin.

26.2.1954 Bundestag billigt »erste Wehrergänzung« des Grundgesetzes.

1.3.1954 Detonation der ersten transportablen amerikanischen Wasserstoffbombe auf dem Bikini-Atoll (Marshall-Inseln).

5.–7.3. Bundesparteitag der FDP wählt Thomas Dehler
1954 zum Parteivorsitzenden.

9.3.1954 Verhandlungen zwischen Adenauer und Bidault über die Saarfrage in Paris.

25.3.1954 Erklärung der Sowjetregierung über die Souveränität der DDR.

26.4.1954 Beginn der bis 21. Juli andauernden Ostasienkonferenz in Genf.

7.5.1954 Fall von Dien-Bien-Phu. – Positive Äußerung Adenauers über künftige Beziehungen zwischen Bonn und Moskau.

17.5.1954 FDP-Vorstand spricht sich für eine Normalisierung der Beziehungen zur Sowjetunion aus.

19./20.5. Besprechungen zwischen Adenauer und dem stell-
1954 vertretenden französischen Ministerpräsidenten Teitgen über die Saarfrage scheinen eine Lösung zu eröffnen.

12.6.1954 Sturz der Regierung Laniel.

14.6.1954 Konstituierung des Kuratoriums Unteilbares Deutschland.

18.6.1954 Investitur von Pierre Mendès-France als französischer Ministerpräsident.

20.6.1954 Adenauer fordert Souveränität auch unabhängig von Ratifizierung des EVG-Vertrags.

27.6.1954 Landtagswahl in Nordrhein-Westfalen.

6.–11.7. Gesamtdeutscher Evangelischer Kirchentag in
1954 Leipzig.

17.7.1954 Theodor Heuss wird in Berlin mit 871 von 1018 Stimmen erneut zum Bundespräsidenten gewählt.

20./21.7. Waffenstillstand in Indochina und Teilung Viet-
1954 nams. – Übertritt des Präsidenten des Bundesamts für Verfassungsschutz, Otto John, nach Ost-Berlin.

20.–24.7. SPD-Parteitag in Berlin bestätigt den Kurs Ollen-
1954 hauers.

27.7.1954 Fortsetzung der auf CDU und Zentrum gestützten Regierung Arnold in Nordrhein-Westfalen unter Einbeziehung der FDP. – Großbritannien einigt sich mit Ägypten auf Räumung der Suezkanalzone.

19.–22.8. Brüsseler Konferenz über die Zusatzforderungen
1954 von Mendès-France zum EVG-Vertrag bleibt ergebnislos.

30.8.1954 Ablehnung des EVG-Vertrags durch die französische Nationalversammlung.

31.8.1954 Ende des wochenlangen Metallarbeiterstreiks in Bayern.

8.9.1954 Südostasienpakt in Manila unterzeichnet.

12.9.1954 Relativ ungünstiges Abschneiden der CDU bei den Landtagswahlen in Schleswig-Holstein.

28.9.–3.10. 1954 Londoner Neun-Mächte-Konferenz erarbeitet Neuregelung für Westintegration und Wehrbeitrag der Bundesrepublik.

11.10.1954 Regierungsbildung in Schleswig-Holstein durch Kai-Uwe von Hassel (CDU) mit Koalition aus CDU und GB/BHE.

12.10.1954 Vertrauensvotum der französischen Nationalversammlung für die Londoner Vereinbarungen.

19.–23.10. 1954 Endgültige Fassung und Unterzeichnung der neuen Vertragswerke auf den Pariser Konferenzen.

28.10.1954 FDP-Bundestagsfraktion gegen das Saar-Statut.

1.11.1954 Beginn des algerischen Aufstandes.

2.11.1954 GB/BHE-Bundestagsfraktion gegen das Saar-Statut.

11.11.1954 GB/BHE-Bundestagsfraktion entscheidet sich für Verbleiben in der Regierung.

16.11.1954 Wahl von Eugen Gerstenmaier zum Bundestagspräsidenten anstelle des am 29.10. verstorbenen Hermann Ehlers.

28.11.1954 Landtagswahl in Bayern erbringt große Gewinne der CSU. – Landtagswahl in Hessen mit großen Verlusten der FDP und Gewinnen der CDU.

5.12.1954 Wahlen zum Berliner Abgeordnetenhaus mit großen Verlusten der FDP bei Gewinnen der CDU.

14.12.1954 In Bayern Bildung der Regierung Wilhelm Hoegner (SPD) aus SPD, BP, FDP und GB/BHE.

15./16.12. 1954 Erste Lesung der Pariser Verträge im Deutschen Bundestag.

17.12.1954 NATO-Rat beschließt Reduktion der konventionellen Streitkräfte und verstärkte Ausrüstung mit taktischen Kernwaffen.

24.12.1954 Französische Nationalversammlung billigt französisch-deutsches Saarabkommen.

27.–30.12. 1954 Beitritt der Bundesrepublik zur NATO und zur WEU von der französischen Nationalversammlung gebilligt.

1955

15.1.1955 Sowjetregierung spricht sich in *Tass*-Erklärung für Abhaltung freier Wahlen in Deutschland aus.

19.1.1955 Fortsetzung der SPD-Regierung unter Ministerpräsident Georg-August Zinn in Hessen bei Einbeziehung des GB/BHE.

22.1.1955 Regierungsbildung in Berlin mit einer SPD-CDU-Koalition unter dem Regierenden Bürgermeister Otto Suhr (SPD).

25.1.1955 Präsidium des Obersten Sowjet erklärt Kriegszustand mit Deutschland für beendet.

28.1.1955 Formosa-Resolution des amerikanischen Senats ermächtigt die US-Regierung zum militärischen Schutz Taiwans und der Pescadores-Inseln.

5.2.1955 Sturz der Regierung Mendès-France.

8.2.1955 Bulganin löst Malenkow als sowjetischen Ministerpräsidenten ab.

23.2.1955 Investitur Edgar Faures.

27.2.1955 Bundestag ratifiziert Pariser Verträge.

28.2.1955 Vizekanzler Blücher bietet dem Bundeskanzler wegen Meinungsverschiedenheiten mit seiner Fraktion den Rücktritt an.

23.3.1955 Eisenhower spricht sich für Gipfelkonferenz der vier Großmächte nach Ratifizierung der Pariser Verträge aus.

27.3.1955 Französischer Rat der Republik ratifiziert Pariser Verträge.

4.4.1955 Adenauer lehnt Rücktrittsgesuch Blüchers ab.

6.4.1955 Eden wird britischer Premierminister.

18.–24.4. 1955 Konferenz von 29 blockfreien Staaten in Bandung.

24.4.1955 Landtagswahl in Niedersachsen bringt Erfolg der Niederdeutschen Union aus CDU und DP bei Verlusten des GB/BHE.

1.5.1955 Veröffentlichung des Aktionsprogramms des DGB. – Umwandlung der deutschen diplomatischen Vertretungen in Washington, London und Paris in Botschaften.

4.5.1955 Bundesverfassungsgericht weist Normenkontrollklage gegen das Saar-Statut ab.

5.5.1955 Inkrafttreten der Pariser Vertragswerke.

9.5.1955 Aufnahme der Bundesrepublik in die NATO. – Veröffentlichung des Programms der SPD zu den bevorstehenden Viermächteverhandlungen über die Wiedervereinigung.

10.5.1955 Westmächte laden Sowjetunion zu Gipfelkonferenz ein.

14.5.1955 Unterzeichnung des Warschauer Paktes.

15.5.1955 Landtagswahl in Rheinland-Pfalz mit Erfolgen der CDU und Verlusten von FDP und SPD. – Unterzeichnung des Österreichischen Staatsvertrags durch die Außenminister der vier Großmächte.

18.5.1955 Eisenhower äußert sich auf Pressekonferenz zu neutralem Gürtel in Europa.

24.5.1955 Dulles distanziert sich von dem Gedanken einer Neutralisierung Deutschlands.

26.5.1955 Regierungsbildung in Niedersachsen unter Heinrich Hellwege (DP) mit CDU, DP, FDP und GB/BHE. – Wahlen in Großbritannien bestätigen Premierminister Eden.

1.6.1955 Fortsetzung der CDU-FDP-Regierung in Rheinland-Pfalz unter Ministerpräsident Peter Altmeier (CDU).

1.–3.6. 1955 Konferenz der Außenminister der Montanunion in Messina setzt die Arbeit zur Bildung eines Gemeinsamen Marktes und einer Europäischen Atomgemeinschaft in Gang.

2.6.1955 Belgrader Deklaration über die Besprechungen zwischen Chruschtschow und Tito.

6./7.6.1955 Heinrich von Brentano (CDU) wird Außenminister und Theodor Blank (CDU) Verteidigungsminister.

7.6.1955 Einladung der Sowjetregierung an die Bundesregierung zu Verhandlungen über die Aufnahme diplomatischer Beziehungen.

8.6.1955 Bundestag verabschiedet Personalvertretungsgesetz.

16.6.1955 Rückkehr Bourguibas nach Tunesien.

20.6.1955 Grandval wird französischer Generalresident in Marokko.

8.7.1955 Bundestag verabschiedet Landwirtschaftsgesetz.

11.7.1955 Spaltung der BHE-Bundestagsfraktion.

15.7.1955 Bundestag verabschiedet Gesetz über den Personalgutachterausschuß für die Streitkräfte.

16.7.1955 Verabschiedung des Freiwilligengesetzes durch den Bundestag.

18.–23.7. Genfer Konferenz der Regierungschefs der vier
1955 Großmächte.

26.7.1955 Chruschtschow verkündet in Ost-Berlin die sowjetische Zweistaatendoktrin.

31.8.1955 Rücktritt Grandvals als Generalresident von Marokko.

9.–13.9. Verhandlungen zwischen Bundesregierung und
1955 Sowjetregierung in Moskau.

20.9.1955 Sowjetische Souveränitätserklärung für die DDR.

22.9.1955 Erste Formulierung der »Hallstein-Doktrin« in einer Note der Bundesregierung an die Westmächte.

22./23.9. Bundestag billigt die Moskauer Vereinbarungen
1955 über die Aufnahme diplomatischer Beziehungen.

25.9.1955 FDP-Vorsitzender Dehler erklärt, es gebe keine Wiedervereinigung auf der Grundlage der Pariser Verträge.

27.9.1955 Ankündigung sowjetischer Waffenlieferungen für Ägypten.

9.10.1955 Bei Wahlen zur Bremer Bürgerschaft behauptet sich die SPD.

15./16.10. Bundesparteitag des GB/BHE beschließt dessen
1955 Ausscheiden aus der Regierungskoalition in Bonn.

23.10.1955 Bevölkerung des Saarlandes lehnt mit 67,7 % der abgegebenen Stimmen das Saar-Statut ab. Rücktritt der Regierung Hoffmann.

27.10.1955 Beginn der bis zum 16.11. andauernden Genfer Außenministerkonferenz der Vier Mächte.

30.10.1955 Gründung der Christlichen Gewerkschaftsbewegung Deutschlands (CGB).

6.11.1955 Abkommen über Unabhängigkeit Marokkos.

17.11.1955 Koalitionskrise nach Äußerungen Dehlers.

18.11.1955 Beginn einer bis 7. Dezember dauernden Südostasienreise Chruschtschows und Bulganins.

11.12.1955 Interview Professor Grewes über Grundsätze zur Durchsetzung des Alleinvertretungsrechts.

13.12.1955 Rückkehr von Otto John aus Ost-Berlin.

15.12.1955 Bundestag verabschiedet Finanzverfassungsgesetz.

18.12.1955 Wahlsieg der Heimatbund-Parteien im Saarland.

20.12.1955 Abkommen zwischen der Bundesrepublik und Italien über die Beschäftigung italienischer Arbeitnehmer.

28.12.1955 Fortsetzung der Bremer Koalition unter Wilhelm Kaisen (SPD) mit SPD, CDU und FDP.

1956

2.1.1956 Wahlen zur französischen Nationalversammlung.

5.1.1956 80. Geburtstag Adenauers.

10.1.1956 Bildung einer Regierung der Heimatbund-Parteien im Saarland unter Hubert Ney (CDU) mit CDU, DPS und SPD.

31.1.1956 Saarländischer Landtag fordert in Grundsatzerklärung Angliederung des Saarlandes an die Bundesrepublik. –
Investitur Guy Mollets.

2.2.1956 Einigung innerhalb der Regierungskoalition über das Wahlsystem für die Bundestagswahlen.

14.–25.2. XX. Parteitag der KPdSU, auf dem die Entstalini-
1956 sierung durchgesetzt wird.

20.2.1956 Ablösung der Regierung Arnold (CDU) aus CDU, FDP und Zentrum in Nordrhein-Westfalen durch konstruktives Mißtrauen.

23.2.1956 Spaltung der FDP-Bundestagsfraktion.

28.2.1956 In Nordrhein-Westfalen Bildung der Regierung Fritz Steinhoff (SPD) aus SPD, FDP und Zentrum.

2.3.1956 Frankreich anerkennt Unabhängigkeit Marokkos.

4.3.1956 Landtagswahl in Baden-Württemberg bringt Wahlerfolg der CDU.

6.3.1956 Bundestag verabschiedet »zweite Wehrergänzung« des Grundgesetzes. Soldatengesetz verabschiedet.

12.3.1956 Abstimmung über Sondervollmachten für Algerien in der französischen Nationalversammlung.

15.3.1956 Bundestag verabschiedet Bundeswahlgesetz.

19.3.1956 Beginn der bis 5.5. andauernden Fünf-Mächte-Abrüstungsgespräche in London. –
Note Adenauers an die drei Westmächte zur deutschen Position bei den Abrüstungsverhandlungen.

20.3.1956 Frankreich anerkennt Unabhängigkeit Tunesiens.

4.4.1956 Der französische Ministerpräsident Mollet spricht sich für Vorrang der Abrüstung vor der deutschen Wiedervereinigung aus.

18.–27.4. Staatsbesuch Chruschtschows und Bulganins in
1956 London.

27.–29.4. CDU-Parteitag in Stuttgart.
1956

9.5.1956 Fortsetzung der Allparteienregierung unter Ministerpräsident Gebhard Müller (CDU) in Baden-Württemberg mit CDU, SPD, FDP/DVP und GB/BHE.

14.4.1956 Ankündigung der Verringerung der sowjetischen Streitkräfte um 1,2 Millionen Mann zugunsten verstärkter atomarer Rüstung.

15.–19.5. Rußlandreise Ministerpräsident Guy Mollets.
1956

23.5.1956 Rede Adenauers vor dem Bundesverband der Deutschen Industrie im Kölner Gürzenich mit Kritik an Konjunkturpolitik der Bank Deutscher Länder, Erhards und Schäffers.

31.5.1956 Außenminister der Montanunion stimmen bei Treffen in Venedig dem Brüsseler Expertenbericht über EURATOM und Gemeinsamen Markt als Verhandlungsgrundlage zu.

4.6.1956 Adenauer und Ministerpräsident Mollet einigen sich in Luxemburg über die Angliederung des Saarlandes an die Bundesrepublik zum 1. Januar 1957.

21.6.1956 Erste Entschließung des Bundestages zur Entwicklungspolitik.

28./29.6. Arbeiteraufstand in Posen.
1956

5.7.1956 Bundestag verabschiedet Steuersenkungsprogramm.

7.7.1956 Bundestag verabschiedet Wehrpflichtgesetz.

10.–15.7. SPD-Parteitag in München.
1956

17.7.1956 Radford-Plan dringt an die Öffentlichkeit.

19.7.1956 Adenauer äußert Bedenken gegen Umrüstung. – USA ziehen Finanzierungszusage für den Assuan-Damm zurück.

26.7.1956 Nationalisierung des Suezkanals.

17.8.1956 Verbot der KPD mitsamt ihren Hilfs- und Nachfolgeorganisationen durch das Bundesverfassungsgericht.

27.9.1956 Bundeskabinett verabschiedet Gesetzentwurf über die Dauer des Grundwehrdienstes von 12 Monaten.

3.10.1956 Britischer Vorschlag einer europäischen Freihandelszone.

16.10.1956 Umbildung der Bundesregierung. Franz Josef Strauß (CSU) wird Verteidigungsminister.

20./21.10. Außenministerkonferenz der Montanunion-Staaten über EURATOM und Gemeinsamen Markt erbringt wenig Fortschritte.
1956

21.10.1956 Wahl Gomulkas zum Generalsekretär der polnischen KP.

23.10.1956 Beginn der Ungarischen Revolution.

27.10.1956 Unterzeichnung der Saarverträge.

29.10.1956 Angriff Israels gegen Ägypten.

4.11.1956 Sowjetische Truppen schlagen die Ungarische Revolution nieder.

5.11.1956 Landung britischer Fallschirmjägertruppen bei Port Said.

6.11.1956 Besuch Adenauers in Paris. – Feuereinstellung am Suezkanal. – Wiederwahl Eisenhowers.

30.11.1956 Von Brentano bietet Polen Gewaltverzicht an.

5.12.1956 Bundestag verabschiedet Gesetz über die Dauer des Grundwehrdienstes von 12 Monaten.

14.12.1956 Bundestag verabschiedet Saarverträge.

1957

1.1.1957 Eingliederung des Saarlandes als 11. Bundesland.

10.1.1957 Harold Macmillan wird britischer Premierminister.

22.1.1957 Bundestag verabschiedet Rentenreformgesetz.

24.–26.1. FDP-Bundesparteitag wählt Reinhold Maier zum Bundesvorsitzenden und verabschiedet Berliner Programm.
1957

30.1.1957 Billigung der Eisenhower-Doktrin gegen kommunistisches Vordringen im Mittleren Osten durch das amerikanische Repräsentantenhaus.

5.2.1957 Erster Brief Bulganins an Adenauer.

19./20.2. Pariser Konferenz der Regierungschefs und Außenminister der Montanunion.
1957

27.2.1957 Antwortschreiben Adenauers auf den Brief Bulganins.

18.3.1957 Beginn der bis 6.9.1957 andauernden Londoner Abrüstungskonferenz. – Zweiter Brief Bulganins an Adenauer.

25.3.1957 Unterzeichnung der Verträge zur Gründung einer Europäischen Wirtschaftsgemeinschaft und einer Europäischen Atomgemeinschaft auf dem Kapitol in Rom.

1.4.1957 Einberufung der ersten Wehrpflichtigen. – General Speidel wird Befehlshaber der NATO-Landstreitkräfte Europa-Mitte.

4.4.1957 Adenauer spricht sich auf Pressekonferenz für Ausrüstung der Bundeswehr mit Atomwaffen aus. – Britisches Verteidigungsweißbuch.

11.4.1957 Bundestag verabschiedet Gesetz über den Wehrbeauftragten.

12.4.1957 »Göttinger Erklärung« von 18 deutschen Atomwissenschaftlern für den Verzicht der Bundesrepublik auf Atomwaffen.

13.4.1957 Antwortschreiben Adenauers auf den zweiten Brief Bulganins.

27.4.1957 Sowjetunion warnt in Note vor Ausrüstung der Bundeswehr mit Atomwaffen.

10.5.1957 Atomdebatte im Bundestag.

15.5.1957 Erprobung der ersten britischen Wasserstoffbombe.

21.5.1957 Sturz Guy Mollets.

23.5.1957 Ollenhauer-Plan für Sicherheit und Wiedervereinigung.

12.6.1957 Investitur von Bourgès-Maunoury.

4.7.1957 Bundestag verabschiedet Kartellgesetz.

5.7.1957 Bundestag verabschiedet Ratifizierungsgesetz zu den Verträgen über die Europäische Wirtschaftsgemeinschaft und die Europäische Atomgemeinschaft.

23.7.1957 Beginn deutsch-sowjetischer Verhandlungen in Moskau über die Handelsbeziehungen, einen Konsularvertrag und die Repatriierung der in der UdSSR noch zurückgehaltenen Deutschen.

29.7.1957 »Berliner Erklärung« der drei Westmächte und der Bundesrepublik zur Wiedervereinigung.

15.9.1957 Wahlen zum Dritten Deutschen Bundestag.

Wahlen und Regierungen in Bund und Ländern

Wahl zum 1. Bundestag der Bundesrepublik Deutschland (14. 8. 1949)

a) Wahlergebnis

Wahlberechtigt: 31 207 620   Wahlbeteiligung: 78,5 Prozent
Gültige Stimmen: 23 732 398   Mandate: 402

	Stimmen absolut	Stimmenanteil	Mandate
CDU/CSU	7 359 084	31,0	139
SPD	6 934 975	29,2	131
FDP/DVP/BDV	2 829 920	11,9	52
KPD	1 361 708	5,7	15
BP	986 478	4,2	17
DP	939 934	4,0	17
Z	727 505	3,1	10
WAV	681 888	2,9	12
DReP/DKP	429 031	1,8	5
NG	248 305	1,0	1
SSW	75 388	0,3	1
Unabhängige	893 342	3,8	2

b) Regierung
1949–1953:
Bundeskanzler Konrad Adenauer (CDU)
Koalition aus CDU/CSU, FDP, DP

Wahlen zur 2. Hamburger Bürgerschaft (16. 10. 1949)

a) Wahlergebnis

Wahlberechtigt: 1 151 566   Wahlbeteiligung: 70,5 Prozent
Gültige Stimmen: 789 240   Mandate: 120

davon	SPD	VBH	DP	KPD	RSF
Stimmen absolut	337 697	272 649	104 728	58 134	15 505
Stimmenanteil in %	42,8	34,5	13,3	7,4	2,0
Mandate	65	40	9	5	1

b) Regierung
1949–1953:
1. Bürgermeister Max Brauer (SPD)
Koalition aus SPD, FDP (am 28. 2. 1950 schied die FDP aus)

Wahl zum 2. Landtag von Nordrhein-Westfalen (18.6.1950)

a) Wahlergebnis

Wahlberechtigt: 8 892 305   Wahlbeteiligung: 72,3 %
Gültige Stimmen: 6 201 117   Mandate: 215

davon	CDU	SPD	FDP	Z	KPD
Stimmen absolut	2 286 644	2 005 312	748 926	466 497	338 862
Stimmenanteil in %	36,9	32,3	12,1	7,5	5,5
Mandate	93	68	26	16	12

b) Regierung
1950
Ministerpräsident Karl Arnold (CDU)
Alleinregierung CDU
1950–1954
Ministerpräsident Karl Arnold (CDU)
Koalition aus CDU, Zentrum

Wahl zum 2. Landtag von Schleswig-Holstein (9.7.1950)

a) Wahlergebnis

Wahlberechtigt: 1 715 496   Wahlbeteiligung: 78,2 %
Gültige Stimmen: 1 310 758   Mandate: 69

davon	SPD	BHE	CDU	DP	FDP	SSW
Stimmen absolut	360 188	306 570	258 907	125 663	92 454	71 811
Stimmenanteil in %	27,5	23,4	19,7	9,6	7,1	5,5
Mandate	19	15	16	7	8	4

b) Regierung
1950–1951
Ministerpräsident Walter Bartram (CDU)
Koalition aus CDU, DP, BHE, FDP
1951
Ministerpräsident Friedrich Wilhelm Lübke (CDU)
Koalition aus CDU, FDP
1951–1954
Ministerpräsident Friedrich Wilhelm Lübke (CDU)
Koalition aus CDU, GB/BHE, FDP, DP

Wahl zum 2. Landtag von Hessen (19.11.1950)

a) Wahlergebnis

Wahlberechtigt: 2 985 021   Wahlbeteiligung: 64,9 %
Gültige Stimmen: 1 851 087   Mandate: 80

davon	SPD	FDP	CDU
Stimmen absolut	821 268	588 739	348 148
Stimmenanteil in %	44,6	31,8	18,8
Mandate	47	21	12

b) Regierung
1951–1955
Ministerpräsident Georg-August Zinn (SPD)
Alleinregierung der SPD

Wahl zum 2. Landtag von Württemberg-Baden (19. 11. 1950)

a) Wahlergebnis
Wahlberechtigt: 2 583 015   Wahlbeteiligung: 57,2 %
Gültige Stimmen: 1 442 058   Mandate: 100

davon	SPD	CDU	DVP	DG-BHE
Stimmen absolut	476 262	379 487	303 510	212 431
Stimmenanteil in %	33,0	26,3	21,1	14,7
Mandate	34	28	22	16

b) Regierung
1951–1952
Ministerpräsident Reinhold Maier (DVP)
Koalition aus DVP/FDP, SPD

Wahl zum 2. Landtag von Bayern (26. 11. 1950)

a) Wahlergebnis
Wahlberechtigt: 6 026 641   Wahlbeteiligung: 79,8 %
Gültige Stimmen: 9 237 840   Mandate: 204

davon	SPD	CSU	BP	BHE/DG	FDP
Stimmen absolut	2 588 549	2 527 370	1 657 713	1 163 148	653 741
Stimmenanteil in %	28,0	27,4	17,9	12,3	7,1
Mandate	63	64	39	26	12

b) Regierung
1950–1954
Ministerpräsident Hans Ehard (CSU)
Koalition aus CSU, SPD, BHE/DG

Wahl zum Berliner Abgeordnetenhaus (3. 12. 1950)

a) Wahlergebnis
Wahlberechtigt: 1 664 221   Wahlbeteiligung: 90,4 %
Gültige Stimmen: 1 464 470   Mandate: 127

davon	SPD	CDU	FDP
Stimmen absolut	654 211	361 050	337 589
Stimmenanteil in %	44,7	24,6	23,0
Mandate	61	34	32

b) Regierung
1951–1953
Regierender Bürgermeister Ernst Reuter (SPD)
Allparteiensenat aus SPD, CDU, FDP
1953–1955
Regierender Bürgermeister Walther Schreiber (CDU)
Koalition aus CDU, FDP

Wahl zum 2. Landtag von Rheinland-Pfalz (29.4.1951)

a) Wahlergebnis

Wahlberechtigt: 2 021 104 Wahlbeteiligung: 74,8 %
Gültige Stimmen: 1 437 250 Mandate: 100

davon	CDU	SPD	FDP
Stimmen absolut	563 274	488 374	240 071
Stimmenanteil in %	39,2	34,0	16,7
Mandate	43	38	19

b) Regierung

1951–1955
Ministerpräsident Peter Altmeier
Koalition aus CDU, FDP

Wahl zum 2. Landtag von Niedersachsen (6.5.1951)

a) Wahlergebnis

Wahlberechtigt: 4 475 688 Wahlbeteiligung: 75,8 %
Gültige Stimmen: 3 330 440 Mandate: 158

davon	SPD	NU	BHE	SRP	FDP	Z	DRP	KPD	DSP
Stimmen absolut	1 123 199	790 766	496 569	366 793	278 088	110 473	74 017	61 364	25 546
Stimmenanteil in %	33,7	23,8	14,9	11,0	8,4	3,3	2,2	1,8	0,8
Mandate	64	35	21	16	12	4	3	2	1

b) Regierung

1951–1955
Ministerpräsident Hinrich Wilhelm Kopf (SPD)
Koalition aus SPD, GB/BHE, Zentrum (bis 1.12.1953)

Wahl zur 3. Bremer Bürgerschaft (7.10.1951)

a) Wahlergebnis

Wahlberechtigt: 407 712 Wahlbeteiligung: 83,3 %
Gültige Stimmen: 333 500 Mandate: 100

davon	SPD	DP	FDP/BDV	CDU	SRP	KPD	BHE	WDF
Stimmen absolut	130 471	49 007	39 432	30 172	25 813	21 244	18 744	14 355
Stimmenanteil in %	39,1	14,7	11,8	9,1	7,7	6,4	5,6	4,3
Mandate	43	16	12	9	8	6	2	4

b) Regierung

1951–1955
Senatspräsident Wilhelm Kaisen (SPD)
Koalition aus SPD, FDP/BDV, CDU

Wahl zum 1. Landtag von Baden-Württemberg (9. 3. 1952)

a) Wahlergebnis

Wahlberechtigt: 4 382 117   Wahlbeteiligung: 63,7 %
Gültige Stimmen: 2 730 820   Mandate: 121

davon	CDU	SPD	DVP	BHE	KPD
Stimmen absolut	982 727	765 032	491 711	170 751	119 604
Stimmenanteil in %	35,9	28,0	18,0	6,3	4,4
Mandate	50	38	23	6	4

b) Regierung

1952–1953
Ministerpräsident Reinhold Maier (FDP/DVP)
Koalition aus FDP/DVP, SPD, BHE
1953–1956
Ministerpräsident Gebhard Müller (CDU)
Koalition aus CDU, SPD, FDP/DVP, GB/BHE

Wahl zum 2. Landtag des Saarlandes (30. 11. 1952)

a) Wahlergebnis

Wahlberechtigt: 622 428   Wahlbeteiligung: 93,1 %
Gültige Stimmen: 437 350 (= 70,3 %)   Mandate: 50

davon	CVP	SPS	KP
Stimmen absolut	239 405	141 872	41 404
Stimmenanteil in %	54,7	32,4	9,5
Mandate	29	17	4

b) Regierung

1952–1954
Ministerpräsident Johannes Hoffmann (CVP)
Koalition aus CVP, SPS
1954–1955
Ministerpräsident Johannes Hoffmann (CVP)
Alleinregierung der CVP
1955–1956
Ministerpräsident Heinrich Welsch
Übergangsregierung aus Parteilosen

Wahl zum 2. Bundestag der Bundesrepublik Deutschland (6.9.1953)

a) Wahlergebnis

Wahlberechtigt: 33 202 287   Wahlbeteiligung: 86,0 %
Gültige Stimmen: 27 551 272*)   Mandate: 487

	Stimmen*) absolut	Stimmenanteil in Prozent*)	Mandate
CDU/CSU	12 443 981	45,2	243
SPD	7 944 943	28,8	151
FDP/DVP	2 629 163	9,5	48
GB/BHE	1 616 953	5,9	27
DP	896 128	3,3	15
KPD	607 860	2,2	—
BP	465 641	1,7	—
GVP	318 475	1,2	—
DRP	295 739	1,1	—
Zentrum	217 078	0,8	3
DNS	70 726	0,3	—
SSW	44 585	0,2	—

b) Regierung

1953–1957
Bundeskanzler Konrad Adenauer (CDU)
Koalition aus CDU/CSU, DP, GB/BHE (bis 15. 10. 1955),
FDP (ab 23. 2. 56 nur noch FVP)

*) Zweitstimmen

Wahl zur 3. Hamburger Bürgerschaft (1.11.1953)

a) Wahlergebnis

Wahlberechtigt: 1 261 902   Wahlbeteiligung: 80,8 %
Gültige Stimmen: 1 008 072   Mandate: 120

davon	HB	SPD
Stimmen absolut	504 084	455 402
Stimmenanteil in %	50,0	45,2
Mandate	62	58

b) Regierung

1953–1957
1. Bürgermeister Kurt Sieveking (CDU)
Koalition aus CDU, FDP, DP

Wahl zum 3. Landtag von Nordrhein-Westfalen (27. 6. 1954)

a) Wahlergebnis
Wahlberechtigt: 9 730 072   Wahlbeteiligung: 72,6 %
Gültige Stimmen: 6 923 069   Mandate: 200

davon	CDU	SPD	FDP	Z
Stimmen absolut	2 855 988	2 387 718	793 736	278 863
Stimmenanteil in %	41,3	34,5	11,5	4,0
Mandate	90	76	25	9

b) Regierung
1954–1956
Ministerpräsident Karl Arnold (CDU)
Koalition aus CDU, FDP, Zentrum
1956–1958
Fritz Steinhoff (SPD)
Koalition aus SPD, FDP, Zentrrum

Wahl zum 3. Landtag von Schleswig-Holstein (12. 9. 1954)

a) Wahlergebnis
Wahlberechtigt: 1 548 832   Wahlbeteiligung: 78,6 %
Gültige Stimmen: 1 194 288   Mandate 69

davon	SPD	CDU	GB/BHE	FDP	SHB
Stimmen absolut	396 073	384 875	167 320	89 415	61 277
Stimmenanteil in %	33,2	32,2	14,0	7,5	5,1
Mandate	25	25	10	5	4

b) Regierung
1954–1958
Ministerpräsident Kai-Uwe von Hassel (CDU)
Koalition aus CDU, GB/BHE, FDP

Wahl zum 3. Landtag von Bayern (28. 11. 1954)

a) Wahlergebnis
Wahlberechtigt: 6 089 384   Wahlbeteiligung: 82,5 %
Gültige Stimmen: 9 724 178   Mandate 204

davon	CSU	SPD	BP	GB/BHE	FDP
Stimmen absolut	3 691 954	2 733 946	1 286 937	990 109	703 924
Stimmenanteil in %	38,0	28,1	13,2	10,2	7,2
Mandate	83	61	28	19	13

b) Regierung
1954–1957
Ministerpräsident Wilhelm Hoegner (SPD)
Koalition aus SPD, GB/BHE, FDP, BP
1957–1958
Ministerpräsident Hanns Seidel (CSU)
Koalition aus CSU, GB/BHE, FDP

Wahl zum 3. Landtag von Hessen (28. 11. 1954)

a) Wahlergebnis

Wahlberechtigt: 3 105 125 Wahlbeteiligung: 82,4 %
Gültige Stimmen: 2 501 273 Mandate: 96

davon	SPD	CDU	FDP	GB-BHE
Stimmen absolut	1 065 733	603 691	513 421	192 390
Stimmenanteil in %	42,6	24,1	20,5	7,7
Mandate	44	24	21	7

b) Regierung

1955–1959
Ministerpräsident Georg-August Zinn (SPD)
Koalition aus SPD, GB/BHE

Wahl zum West-Berliner Abgeordnetenhaus (5. 12. 1954)

a) Wahlergebnis

Wahlberechtigt: 1 694 896 Wahlbeteiligung: 91,8 %
Gültige Stimmen: 1 535 893 Mandate 127

davon	SPD	CDU	FDP
Stimmen absolut	684 906	467 117	197 204
Stimmenanteil in %	44,6	30,4	12,8
Mandate	64	44	19

b) Regierung

1955–1957
Regierender Bürgermeister Otto Suhr (SPD)
Koalition aus SPD, CDU
1957–1959
Regierender Bürgermeister Willy Brandt (SPD)
Übernahme des Koalitionssenats

Wahl zum 3. Landtag von Niedersachsen (24. 4. 1955)

a) Wahlergebnis

Wahlberechtigt: 4 400 635 Wahlbeteiligung: 77,5 %
Gültige Stimmen: 3 357 778 Mandate: 159

davon	SPD	CDU	DP	GB/BHE	FDP	DRP	KPD	Z
Stimmen absolut	1 181 963	894 018	415 183	370 407	264 841	126 692	44 788	37 563
Stimmenanteil in %	35,2	26,6	12,4	11,0	7,9	3,8	1,3	1,1
Mandate	59	43	19	17	12	6	2	1

b) Regierung

1955–1957
Ministerpräsident Heinrich Hellwege (DP)
Koalition aus DP, CDU, GB/BHE, FDP
1957–1959
Ministerpräsident Heinrich Hellwege (DP)
Koalition aus DP, CDU, SPD

Wahl zum 3. Landtag von Rheinland-Pfalz (15.5.1955)

a) Wahlergebnis

Wahlberechtigt: 2 151 228   Wahlbeteiligung: 76,0 %
Gültige Stimmen: 1 583 829   Mandate: 100

davon	**CDU**	**SPD**	**FDP**
Stimmen absolut	741 384	501 751	201 847
Stimmenanteil in %	46,8	31,7	12,7
Mandate	51	36	13

b) Regierung

1955–1959
Ministerpräsident Peter Altmeier (CDU)
Koalition aus CDU, FDP

Wahl zur 4. Bremer Bürgerschaft (9.10.1955)

a) Wahlergebnis

Wahlberechtigt: 440 100   Wahlbeteiligung: 84,9 %
Gültige Stimmen: 364 706   Mandate: 100

davon	**SPD**	**CDU**	**DP**	**FDP**	**KPD**
Stimmen absolut	174 127	65 749	60 557	31 486	18 229
Stimmenanteil in %	47,8	18,0	16,6	8,6	5,0
Mandate	52	18	18	8	4

b) Regierung

1955–1959
Senatspräsident Wilhelm Kaisen (SPD)
Koalition aus SPD, FDP, CDU

Wahl zum 3. Landtag des Saarlandes (18.12.1955)

a) Wahlergebnis

Wahlberechtigt: 664 388   Wahlbeteiligung: 90,3 %
Gültige Stimmen: 589 179   Mandate: 50

davon	**CDU**	**DPS**	**CVP**	**SPD**	**KP**	**SPS**
Stimmen absolut	149 525	142 602	128 658	84 414	38 698	34 285
Stimmenanteil in %	25,4	24,2	21,8	14,3	6,6	5,8
Mandate	14	13	12	7	2	2

b) Regierung

1956–1957
Ministerpräsident Hubert Ney (CDU)
Koalition aus CDU, SPD, DPS
1957–1959
Ministerpräsident Egon Reinert (CDU)
Koalition aus CDU, SPD, DPS

Wahl zum 2. Landtag von Baden-Württemberg (4.3.1956)

a) Wahlergebnis

Wahlberechtigt: 4738867   Wahlbeteiligung: 70,2%
Gültige Stimmen: 3266169   Mandate: 120

davon	CDU	SPD	DVP	GB/BHE
Stimmen absolut	1392635	942732	541221	204339
Stimmenanteil in %	42,6	28,9	16,6	6,3
Mandate	56	36	21	7

b) Regierung

1956–1958
Ministerpräsident Gebhard Müller (CDU)
Allparteienregierung
1958–1960
Ministerpräsident Kurt Georg Kiesinger (CDU)
Übernahme der Allparteienregierung

Wahl zum 3. Bundestag der Bundesrepublik Deutschland (15.9.1957)

a) Wahlergebnis

Wahlberechtigt: 35400923   Wahlbeteiligung: 87,8%
Gültige Stimmen: 29905428*)   Mandate: 497

	Stimmen*) absolut	Stimmenanteil in Prozent*)	Mandate
CDU/CSU	15008399	50,2	270
SPD	9495571	31,8	169
FDP	2307135	7,7	41
GB/BHE	1374066	4,6	—
DP	1007282	3,4	17
DRP	308564	1,0	—
FU	254322	0,9	—
BdD	58725	0,2	—
VU	37282	0,1	—
Mittelstand	36592	0,1	—
SSW	32262	0,1	—
DG	17490	0,1	—
PdgD	5020	0,0	—

b) Regierung

1957–1961
Bundeskanzler Konrad Adenauer (CDU)
Koalition aus CDU/CSU, DP (bis 1.7.1960)

*) Zweitstimmen

BUNDESPRÄSIDENTENWAHL

1. Zusammensetzung der Bundesversammlungen

Partei	1. Bundesversammlung (1949) Delegierte der Landtage	Mitglieder des Bundestages	insgesamt	2. Bundesversammlung (1954) Delegierte der Landtage	Mitglieder des Bundestages	insgesamt
CDU/CSU	140	139	279	171	249	420
SPD	148	131	279	185	162	347
FDP	36	52	88	59	53	112
KPD	25	15	40	10		10
BP	17	17	34	15		15
DP	11	17	28	10	15	25
WAV	12	12	24			
Zentrum	11	10	21	11	3	14
SSW	2	1	3	1		1
DReP/DKP		5	5	1		1
NG		1	1			
Unabh.		2	2	3		3
GB/BHE				34	27	61
HB				9		9
insgesamt	402	402	804	509	509	1018

2. Wahlergebnisse

Bundesversammlung	Kandidaten	1. Wahlgang	2. Wahlgang	Gewählt	Amtszeit
12. 9. 1949	abgegebene Stimmen insgesamt	803	800		
	davon für: Theodor Heuss (FDP)	377	416	Theodor Heuss	13. 9. 1949 – 12. 9. 1954
	Kurt Schumacher (SPD)	311	312		
	Rudolf Amelunxen (Z)	28	30		
	Hans Schlange-Schöningen (CDU)	6	2		
	Alfred Loritz (WAV)	1			
	Karl Arnold (CDU)	1			
	Josef Müller (CSU)	1			
	Enthaltungen	76	37		
	ungültige Stimmen	2	3		
17. 7. 1954	abgegebene Stimmen insgesamt	987			
	davon für: Theodor Heuss (FDP)	871		Theodor Heuss	13. 9. 1954 – 12. 9. 1959
	Alfred Weber (SPD)	12			
	Sonstige	6			
	Enthaltungen	95			
	ungültige Stimmen	3			

Auswahlbibliographie

Aus der großen Fülle von Arbeiten, die für den hier behandelten Zeitraum von Bedeutung sind, kann im folgenden nur eine kondensierte Auswahl genannt werden. Die Titel sollen dem interessierten, aber nicht fachlich spezialisierten Leser zur weiteren Orientierung dienen. Dementsprechend wurden neben grundlegenden Quellenwerken vor allem zeitgenössische oder neue Überblicksdarstellungen sowie Einzelstudien aufgenommen, die den gegenwärtigen Forschungsstand erkennen lassen und in der Regel auch weiterführende Bibliographien enthalten.

Auf die Vielzahl amtlicher Materialien oder anderer Dokumentensammlungen, von denen jede wissenschaftliche Beschäftigung mit der Adenauer-Ära ihren Ausgang nehmen muß, konnte hier nicht hingewiesen werden. Einige besonders wichtige Quellensammlungen, darunter statistische Veröffentlichungen, werden aber im Anmerkungsapparat aufgeführt.

Die Darstellung des vorliegenden Bandes stützt sich auch in starkem Maß auf unveröffentlichte Quellen. Dabei wurden besonders herangezogen: Teile des Adenauer-Nachlasses (StBKAH, Rhöndorf); die Stenographischen Sitzungsprotokolle des Bundesvorstandes der CDU (StBKAH im Einvernehmen mit der CDU); Sitzungsprotokolle der CDU/CSU-Fraktion und des Fraktionsvorstandes (Archiv für Christlich-Demokratische Politik der Konrad-Adenauer-Stiftung, St. Augustin); das Tagebuch von Otto Lenz (Archiv für Christlich-Demokratische Politik).

1 Acheson, Dean: Present at the Creation. My Years in the State Department. London 1969.
2 Adenauer, Konrad: Erinnerungen 1945 – 1953 (= Erinnerungen I). Erinnerungen 1953 – 1955 (= Erinnerungen II). Erinnerungen 1955 – 1959 (= Erinnerungen III). Erinnerungen 1959 – 1963. Fragmente (= Erinnerungen IV). Stuttgart 1965 – 1968.
3 Adenauer, Konrad: Reden 1917 – 1967. Eine Auswahl. Herausgegeben von Hans-Peter Schwarz. Stuttgart 1975.
4 Adenauer Studien. Band I – III. Herausgegeben von Morsey, Rudolf und Konrad Repgen. Mainz 1971 – 1974 (= Adenauer Studien).
5 Konrad Adenauer. Seine Deutschland- und Außenpolitik 1945 – 1963. München 1975.
6 Konrad Adenauer und seine Zeit. Politik und Persönlichkeit des ersten Bundeskanzlers. Band I: Beiträge von Weg- und Zeitgenossen (= KAZeit I). Band II: Beiträge der Wissenschaft (= KAZeit II). Herausgegeben von Blumenwitz, Dieter, Klaus Gotto, Hans Maier, Konrad Repgen und Hans-Peter Schwarz. Stuttgart 1976.
7 Allemann, Fritz René: Bonn ist nicht Weimar. Köln – Berlin 1956.
8 Alphand, Hervé: L'étonnement d'être. Journal (1939 – 1973). Paris 1977.
9 (Keesing's) Archiv der Gegenwart. Wien – Bonn-Bad Godesberg 1949 – 1957 (= AdG).
10 Auriol, Vincent: Journal du Septennat. 7 Bände. Paris 1970 – 1979 (= Journal I – VII).
11 Baring, Arnulf: Außenpolitik in Adenauers Kanzlerdemokratie. Bonns Beitrag zur Europäischen Verteidigungsgemeinschaft. München – Wien 1969.
12 Ders.: Sehr verehrter Herr Bundeskanzler! Heinrich von Brentano im Briefwechsel mit Konrad Adenauer 1949 – 1964. Hamburg 1974.
13 Die Bemühungen der Bundesrepublik um Wiederherstellung der Einheit Deutschlands durch gesamtdeutsche Wahlen. Dokumente und Akten. II. Teil. November 1953 – Dezember 1955. Herausgegeben vom Bundesministerium für gesamtdeutsche Fragen. Bonn 1959.
14 Bérard, Armand: Un ambassadeur se souvient. Band 2. Washington et Bonn. 1945 – 1955. Paris 1978.
15 Bolte, Karl Martin: Deutsche Gesellschaft im Wandel. Opladen 1966.
16 Bracher, Karl Dietrich: Europa in der Krise. Innengeschichte und Weltpolitik seit 1917. Frankfurt/M. – Berlin – Wien 1979.
17 Brandt, Willy und Richard Löwenthal: Ernst Reuter – ein Leben für die Freiheit. Eine politische Biographie. München 1957.
18 Bucerius, Gerd: Der Adenauer. Subjektive Beobachtungen eines unbequemen Weggenossen. Hamburg 1976.
19 Buczylowski, Ulrich: Kurt Schumacher und die deutsche Frage. Sicherheitspolitik und strategische Offensivkonzeption vom August 1950 bis September 1951. Stuttgart 1973.
20 10 Jahre Bundesrepublik Deutschland. Herausgegeben vom Presse- und Informationsamt der Bundesregierung. Wiesbaden 5 1959.
21 Verhandlungen des Deutschen Bundestages. Stenographische Berichte. Bonn 1949 – 1957.
22 30 Jahre Deutscher Bundestag. Dokumentation, Statistik, Daten. Bearbeitet von Peter Schindler. Herausgegeben vom Deutschen Bundestag. Bonn 1979.
23 Daten zu Wirtschaft, Gesellschaft, Politik, Kultur der Bundesrepublik Deutschland 1950 –1975 (mit Vergleichszahlen EG-Länder und DDR). Bearbeitet und erläutert von Franz Neumann. Baden-Baden 1976.
24 Dahrendorf, Ralf: Gesellschaft und Demokratie in Deutschland. München 1968 (1965).
25 DDR-Handbuch. Herausgegeben vom Bundesministerium für innerdeutsche Beziehungen. 2. überarbeitete und erweiterte Auflage. Köln 1979.
26 Deutsch, Karl W. und Lewis J. Edinger: Germany Rejoins the Powers. Mass Opinion, Interest Groups, and Elites in Contemporary German Foreign Policy. Stanford, Calif. 1959.
27 Deutschland-Jahrbuch 1953. Herausgegeben von Mehnert, Klaus und Heinrich Schulte. Essen 1953.
28 Dohse, Rainer: Der Dritte Weg. Neutralitätsbestrebungen in Westdeutschland zwischen 1945 und 1955. Hamburg 1974.
29 Dokumente zur parteipolitischen Entwicklung in Deutschland seit 1945. 9 Bände. Berlin 1962 – 1971.

30 Domes, Jürgen: Mehrheitsfraktion und Bundesregierung. Aspekte des Verhältnisses der Fraktion der CDU/CSU im zweiten und dritten Deutschen Bundestag zum Kabinett Adenauer. Köln – Opladen 1964.

31 Eckardt, Felix von: Ein unordentliches Leben. Lebenserinnerungen. Düsseldorf – Wien 1967.

32 Edinger, Lewis Joachim: Kurt Schumacher. Persönlichkeit und politisches Verhalten. Köln – Opladen 1967.

33 Eisenhower, Dwight D.: Die Jahre im Weißen Haus, 1953 – 1956. Düsseldorf – Wien 1964 (1963).

34 Elgey, Georgette: Histoire de la IVᵉ République. La République des Contradictions 1951 – 1954. Paris 1968.

35 Erdmann, Karl Dietrich: Die Zeit der Weltkriege. Gebhardt, Handbuch der deutschen Geschichte, 9. Aufl., 2. Teilband von Band 4. Stuttgart 1976.

36 Erhard, Ludwig: Deutsche Wirtschaftspolitik. Der Weg der Sozialen Marktwirtschaft. Düsseldorf – Wien – Frankfurt/M. 1962.

37 Eschenburg, Theodor: Staat und Gesellschaft in Deutschland. Stuttgart 1956.

38 Europa. Dokumente zur Frage der europäischen Einigung. 3 Bände. Bonn 1962.

39 Faul, Erwin (Hrsg.): Wahlen und Wähler in Westdeutschland. Villingen 1960.

40 Fauvet, Jacques: Von de Gaulle bis de Gaulle. Frankreichs Vierte Republik. Tübingen 1959/60.

41 Fischer, Per: Die Saar zwischen Deutschland und Frankreich. Politische Entwicklung von 1945–1959. Frankfurt/M.– Berlin 1959.

42 Frank-Planitz, Ulrich: Konrad Adenauer. Eine Biographie in Bild und Wort. Bergisch-Gladbach ²1975.

43 Freymond, Jacques: Die Saar 1945 – 1955. München 1961 (1959).

44 Fürstenberg, Friedrich: Die Sozialstruktur der Bundesrepublik Deutschland. Ein soziologischer Überblick. Opladen ⁵1976 (1967).

45 Gotto, Klaus (Hrsg.): Der Staatssekretär Adenauers. Persönlichkeit und politisches Wirken Hans Globkes. Stuttgart 1980.

46 Grewe, Wilhelm G.: Deutsche Außenpolitik der Nachkriegszeit. Stuttgart 1960.

47 Ders.: Rückblenden 1976 – 1951. Aufzeichnungen eines Augenzeugen deutscher Außenpolitik von Adenauer bis Schmidt. Frankfurt/M. – Berlin – Wien 1979.

48 Grosser, Alfred: Die Bonner Demokratie. Deutschland von draußen gesehen. Düsseldorf 1960.

49 Ders.: La IVᵉ République et sa politique extérieure. Paris 1961.

50 Ders.: Das Bündnis. Die westeuropäischen Länder und die USA seit dem Krieg. München – Wien 1978.

51 Gutscher, Jörg Michael: Die Entwicklung der FDP von ihren Anfängen bis 1961. Meisenheim am Glan 1967.

52 Haftendorn, Helga: Abrüstungs- und Entspannungspolitik zwischen Sicherheitsbefriedigung und Friedenssicherung. Zur Außenpolitik der BRD 1955 – 1973. Düsseldorf 1974.

53 Hamburger Bibliographie zum Parlamentarischen System der Bundesrepublik Deutschland. Herausgegeben von Udo Bermbach. Opladen 1973.

54 Henkels, Walter: Zeitgenossen. Fünfzig Bonner Köpfe. Hamburg ²1954 (1953).

55 Ders.: 99 Bonner Köpfe. Düsseldorf – Wien 1963.

56 Heuss, Theodor: Tagebuchbriefe 1955 – 1963. Herausgegeben und eingeleitet von Eberhard Pikart. Tübingen 1970.

57 Hillgruber, Andreas: Deutsche Geschichte 1945 – 1972. Die »deutsche Frage« in der Weltpolitik. Frankfurt/M. – Berlin – Wien 1974.

58 Ders.: Europa in der Weltpolitik der Nachkriegszeit, 1945 – 1963. München – Wien 1979.

59 Hirsch-Weber, Wolfgang: Gewerkschaften in der Politik. Von der Massenstreikdebatte zum Kampf um das Mitbestimmungsrecht. Köln – Opladen 1959.

60 Hoopes, Townsend: The Devil and John Foster Dulles. The Diplomacy of the Eisenhower Era. Boston – Toronto 1973.

61 Hornung, Klaus: Staat und Armee. Studien zur Befehls- und Kommandogewalt und zum politisch-militärischen Verhältnis in der Bundesrepublik Deutschland. Mainz 1975.

62 Hrbek, Rudolf: Die SPD – Deutschland und Europa. Die Haltung der Sozialdemokratie zum Verhältnis von Deutschland-Politik und West-Integration (1945 – 1957). Bonn 1972.

63 Jäckel, Eberhard (Hrsg.): Die deutsche Frage, 1952 – 1956. Notenwechsel und Konferenzdokumente der vier Mächte. Frankfurt/M. – Berlin 1957.

64 Jahrbuch der öffentlichen Meinung. 1947 – 1955 (= Jahrbuch der öffentlichen Meinung 1947 – 1955). 1957 (= Jahrbuch der öffentlichen Meinung 1957). 1958 – 1964 (= Jahrbuch der öffentlichen Meinung 1958 – 1964). Herausgegeben von Noelle, Elisabeth und Erich Peter Neumann. Allensbach 1956 – 1965.

65 Die Internationale Politik 1955. Eine Einführung in das Geschehen der Gegenwart. Jahrbücher des Forschungsinstituts der Deutschen Gesellschaft für Auswärtige Politik. Herausgegeben von Bergstraesser, Arnold und Wilhelm Cornides. München 1958.

66 Die Internationale Politik 1956/57. Die Begegnung mit dem Atomzeitalter. Jahrbücher des Forschungsinstituts der Deutschen Gesellschaft für Auswärtige Politik. Herausgegeben von Wilhelm Cornides. München 1961.

67 Jenke, Manfred: Verschwörung von rechts? Ein Bericht über den Rechtsradikalismus in Deutschland nach 1945. Berlin 1961.

68 Kaack, Heino: Geschichte und Struktur des deutschen Parteiensystems. Opladen 1971.

69 Kaiser, Karl und Roger Morgan (Hrsg.): Strukturwandlungen der Außenpolitik in Großbritannien und der Bundesrepublik. München – Wien 1970.

70 Kaltefleiter, Werner: Wirtschaft und Politik in Deutschland. Konjunktur als Bestimmungsfaktor des Parteiensystems. Köln – Opladen ²1968 (1966).

71 Koch, Diether: Heinemann und die Deutschlandfrage. München 1972.

72 Kosthorst, Erich: Jakob Kaiser. Bundesminister für gesamtdeutsche Fragen 1949 – 1957. Stuttgart – Berlin – Köln – Mainz 1972.

73 Lange, Erhard H. M.: Wahlrecht und Innenpolitik. Entstehungsgeschichte und Analyse der Wahlgesetzgebung und Wahlrechtsdiskussion im westlichen Nachkriegsdeutschland 1945 – 1956. Meisenheim am Glan 1975.

74 Laqueur, Walter: Europa aus der Asche. Geschichte seit 1945. München – Zürich – Wien 1970.

75 Lattmann, Dieter (Hrsg.): Die Literatur der Bundesrepublik Deutschland. Autoren, Werke, Themen, Tendenzen seit 1945. München – Zürich 1973.

76 Lemberg, Eugen und Friedrich Edding (Hrsg.): Die Vertriebenen in Westdeutschland. 3 Bände. Kiel 1959.

77 Loewenberg, Gerhard: Parlamentarismus im politischen System der Bundesrepublik Deutschland. Tübingen 1969 (1967).

78 Löwenthal, Richard und Hans-Peter Schwarz (Hrsg.): Die zweite Republik. 25 Jahre Bundesrepublik Deutschland – eine Bilanz. Stgt. ³1979 (1974) (= Die zweite Republik).

79 Löwke, Udo F.: Für den Fall, daß... Die Haltung der SPD zur Wehrfrage 1949 – 1955. Hannover 1969.

80 Loth, Wilfried: Die Teilung der Welt 1941 – 1955. München 1980.

81 Macmillan, Harold: Tides of Fortune, 1945 – 1955. London – Melbourne – Toronto 1969.

82 Ders.: Riding the Storm, 1956 – 1959. London – Melbourne – Toronto 1971.

83 Maier, Reinhold: Erinnerungen, 1948–1953. Tübingen 1966.

84 Meissner, Boris: Rußland, die Westmächte und Deutschland. Die sowjetische Deutschlandpolitik 1943 – 1953. Hamburg ²1954 (1953).

85 Ders. (Hrsg.): Moskau – Bonn. Die Beziehungen zwischen der Sowjetunion und der Bundesrepublik Deutschland 1955 – 1973. Dokumentation. 2 Bände. Köln 1975.

86 Mende, Erich: Die FDP. Daten, Fakten, Hintergründe. Stuttgart 1972.

87 Mendès-France, Pierre: Choisir. Conversations avec Jean Bothorel. Paris 1974.

88 Monnet, Jean: Erinnerungen eines Europäers. München – Wien 1978 (1976).

89 Moras, Joachim und Hans Paeschke (Hrsg.): Deutscher Geist zwischen gestern und morgen. Bilanz der kulturellen Entwicklung seit 1945. Stuttgart 1954.

90 Müller-Armack, Alfred: Auf dem Weg nach Europa. Erinnerungen und Ausblicke. Tübingen – Stuttgart 1971.

91 Müller-Roschach, Herbert: Die deutsche Europapolitik. Wege und Umwege zur politischen Union Europas. Baden-Baden 1974.

92 Münch, Ingo von (Hrsg.): Dokumente des geteilten Deutschland. Stuttgart 1968.

93 Nell-Breuning, Oswald von: Wirtschaft und Gesellschaft. Band I – III. Freiburg 1956 – 1960.

94 Neumann, Franz: Der Block der Heimatvertriebenen und Entrechteten 1950 – 1960. Ein Beitrag zur Geschichte und Struktur einer politischen Interessenpartei. Meisenheim am Glan 1968.

95 Neunreither, Karlheinz: Der Bundesrat zwischen Politik und Verwaltung. Heidelberg 1959.

96 Noack, Paul: Das Scheitern der Europäischen Verteidigungsgemeinschaft. Entscheidungsprozesse vor und nach dem 30. August 1954. Düsseldorf 1977.

97 Nolte, Ernst: Deutschland und der Kalte Krieg. München – Zürich 1974.

98 Osterheld, Horst: Konrad Adenauer. Ein Charakterbild. Bonn ⁴1974 (1973).

99 Parteien in der Bundesrepublik. Studien zur Entwicklung der deutschen Parteien bis zur Bundestagswahl 1953. Mit Beiträgen von Max Gustav Lange, Gerhard Schulz, Klaus Schütz u. a. Stuttgart – Düsseldorf 1955.

100 Pikart, Eberhard: Theodor Heuss und Konrad Adenauer. Die Rolle des Bundespräsidenten in der Kanzlerdemokratie. Stuttgart – Zürich 1976.

101 Planen und Bauen im neuen Deutschland. Herausgegeben von BDA, DAI und BDGA. Köln – Opladen 1960.

102 Poppinga, Anneliese: Konrad Adenauer. Geschichtsverständnis, Weltanschauung und politische Praxis. Stuttgart 1975.

103 Pritzkoleit, Kurt: Männer, Mächte, Monopole. München – Wien – Basel ¹³1963 (1953).

104 Pross, Harry (Hrsg.): Deutsche Presse seit 1945. Bern – München – Wien 1965.

105 Reigrotzki, Erich: Soziale Verflechtungen in der Bundesrepublik. Tübingen 1956.

106 Rhöndorfer Gespräche. Veröffentlichungen der Stiftung Bundeskanzler-Adenauer-Haus. Stuttgart – Zürich 1978 – 1979 (= Rhöndorfer Gespräche).

107 Richardson, James L.: Deutschland und die NATO. Strategie und Politik im Spannungsfeld zwischen Ost und West. Köln – Opladen 1967.

108 Richter, Hans Werner (Hrsg.): Bestandsaufnahme. Eine deutsche Bilanz 1962. München – Wien – Basel 1962.

109 Sieburg, Friedrich: Die Lust am Untergang. Selbstgespräche auf Bundesebene. Hamburg 1954.

110 Siegler, Heinrich von (Hrsg.): Wiedervereinigung und Sicherheit Deutschlands. Eine dokumentarische Diskussionsgrundlage. Bonn – Wien – Zürich ⁴1960.

111 Ders. (Hrsg.): Dokumentation der Europäischen Integration mit besonderer Berücksichtigung des Verhältnisses EWG – EFTA. Von der Zürcher Rede Winston Churchills 1946 bis zur Bewerbung Großbritanniens um Mitgliedschaft bei der EWG 1961. Bonn – Wien – Zürich 1961.

112 Ders. (Hrsg.): Dokumentation zur Deutschlandfrage. Von der Atlantik-Charta 1941 bis zur Berlin-Sperre 1961. Hauptband I: Von der Atlantik-Charta 1941 bis zur Aufkündigung des Berlin-Status durch die UdSSR 1958. Bonn – Wien – Zürich ²1961.

113 Soell, Hartmut: Fritz Erler. Eine politische Biographie. 2 Bände. Berlin – Bonn-Bad Godesberg 1976.

114 Soergel, Albert und Curt Hohoff: Dichtung und Dichter der Zeit. Vom Naturalismus bis zur Gegenwart. 2 Bände. Düsseldorf 1964.

115 Sontheimer, Kurt: Grundzüge des politischen Systems der Bundesrepublik Deutschland. München ⁵1976 (1971).

116 Sowjetunion. Außenpolitik 1917 – 1955. Herausgegeben von Dietrich Geyer. Köln – Wien 1972.

117 Spaak, Paul-Henri: Memoiren eines Europäers. Hamburg 1969.

118 Speidel, Hans: Aus unserer Zeit. Erinnerungen. Frankfurt/M. – Wien 1977.

119 Spotts, Frederic: Kirchen und Politik in Deutschland. Stuttgart 1976 (1973).

120 Deutscher Städtebau nach 1945. Herausgegeben von der Deutschen Akademie für Städtebau und Landesplanung. Essen 1961.

121 Sulzberger, Cyrus L.: Auf schmalen Straßen durch die dunkle Nacht. Erinnerungen eines Augenzeugen der Weltgeschichte 1934 – 1954. Wien – München – Zürich 1971 (1969).

122 Survey of International Affairs. Herausgegeben im Auftrag des Institute of International Affairs. 1947/48 – 1957. London – New York – Toronto 1952 – 1962.

123 Schallück, Paul (Hrsg.): Deutschland. Kulturelle Entwicklungen seit 1945. München 1969 (1965).

124 Schelsky, Helmut (Hrsg.): Auf der Suche nach Wirklichkeit. Düsseldorf – Köln 1965.

125 Schieder, Theodor (Hrsg.): Handbuch der europäischen Geschichte. Band VII: Europa im Zeitalter der Weltmächte. Stuttgart 1979.

126 Schmid, Carlo: Erinnerungen. Bern – München – Wien 1979.

127 Schmidt, Robert H.: Saarpolitik 1945 – 1957. 3 Bände. Berlin 1959–1962.

128 Schneider, Heinrich: Das Wunder an der Saar. Ein Erfolg politischer Gemeinsamkeit. Stuttgart 1974.

129 Schubert, Klaus von: Wiederbewaffnung und Westintegration. Die innere Auseinandersetzung um die militärische und außenpolitische Orientierung der Bundesrepublik 1950 – 1952. Stuttgart ²1972 (1970).

130 Ders. (Hrsg.): Sicherheitspolitik der Bundesrepublik Deutschland. Dokumentation 1945 – 1977. 2 Bände. Bonn 1977/78.

131 Schwarz, Hans-Peter: Vom Reich zur Bundesrepublik. Deutschland im Widerstreit der außenpolitischen Konzeptionen in den Jahren der Besatzungsherrschaft 1945 – 1949. 2. erweiterte Auflage. Stuttgart 1980 (1966).

132 Ders. (Hrsg.): Handbuch der deutschen Außenpolitik. München – Zürich 1975.

133 Ders.: Das außenpolitische Konzept Konrad Adenauers. In: Konrad Adenauer. Seine Deutschland- und Außenpolitik 1945 – 1963. München 1975.

134 Ders.: Entspannung und Wiedervereinigung. Deutschlandpolitische Vorstellungen Konrad Adenauers 1955 – 1958. In: Rhöndorfer Gespräche. Bd. 2. Stuttgart – Zürich 1979.

135 Ders.: Adenauer und Europa. In: VfZ 27 (1979), S. 471 – 523.

136 Statistisches Jahrbuch für die Bundesrepublik Deutschland. 1950 ff. Herausgegeben vom Statistischen Bundesamt Wiesbaden. Stuttgart – Köln 1950 ff.

137 Storbeck, Anna Christine: Die Regierungen des Bundes und der Länder seit 1945. München – Wien 1970.

138 Wagner, Wolfgang: Europa zwischen Aufbruch und Restauration. Die europäische Staatenwelt seit 1945. München 1968.

139 Wallich, Henry C.: Triebkräfte des deutschen Wiederaufstiegs. Frankfurt/M. 1955.

140 Wettig, Gerhard: Entmilitarisierung und Wiederbewaffnung in Deutschland 1943 – 1955. Internationale Auseinandersetzungen um die Rolle der Deutschen in Europa. München 1967.

141 Willis, F. Roy: France, Germany, and the New Europe, 1945 – 1963. Stanford, Cal. – London 1965.

142 Winkel, Harald: Die Wirtschaft im geteilten Deutschland 1945 – 1970. Wiesbaden 1974.

143 Winkler, Heinrich August (Hrsg.): Politische Weichenstellungen im Nachkriegsdeutschland 1945 – 1953. Göttingen 1979.

144 Der Wissenschaftliche Beirat beim Bundesministerium für Wirtschaft: Sammelband der Gutachten von 1948 bis 1972. Göttingen 1973.

Abkürzungsverzeichnis

ABC-Waffen	Sammelbezeichnung für atomare (A), bakteriologische (B) und chemische (C) Waffen
ADGB	Allgemeiner Deutscher Gewerkschaftsbund
BDI	Bundesverband der Deutschen Industrie
BDV	Bremer Demokratische Volkspartei
BENELUX	Belgien – Niederlande – Luxemburg
BGS	Bundesgrenzschutz
BHE	Bund der Heimatvertriebenen und Entrechteten
BP	Bayernpartei
BvD	Bund der vertriebenen Deutschen
CDU	Christlich-Demokratische Union
CGD	Christliche Gewerkschaftsbewegung Deutschlands
CSU	Christlich-Soziale Union
CVP	Christliche Volkspartei (des Saarlandes)
DAG	Deutsche Angestellten-Gewerkschaft
DBD	Demokratische Bauernpartei Deutschlands
DDR	Deutsche Demokratische Republik
DG	Deutsche Gemeinschaft
DGB	Deutscher Gewerkschaftsbund
DIVO	Deutsches Institut für Volksumfragen
DKP	Deutsch-Konservative Partei (von 1946–1949)
DKP	Deutsche Kommunistische Partei (seit 1968)
DP	Deutsche Partei
DPS	Demokratische Partei Saar
DReP	Deutsche Rechts-Partei
DRP	Deutsche Reichs-Partei
DSP	Deutsche Sozialdemokratische Partei (Saar)
DUD	Deutschland-Union-Dienst (der CDU)
DVP	Demokratische Volkspartei
EGKS	Europäische Gemeinschaft für Kohle und Stahl
EKD	Evangelische Kirche in Deutschland
EMNID	Erforschung, Meinung, Nachrichten, Informationsdienst
ERP	European Recovery Program
EURATOM	Europäische Atomgemeinschaft
EVG	Europäische Verteidigungsgemeinschaft
EWG	Europäische Wirtschaftsgemeinschaft
EZU	Europäische Zahlungsunion
FAZ	Frankfurter Allgemeine Zeitung
FDGB	Freier Deutscher Gewerkschaftsbund
FDJ	Freie Deutsche Jugend
FDP	Freie Demokratische Partei
FLN	Front de Libération Nationale
FU	Föderalistische Union
FVP	Freie Volkspartei
GARIOA	Government and Relief in Occupied Areas
GATT	General Agreement on Tariffs and Trade
GB/BHE	Gesamtdeutscher Block/Bund der Heimatvertriebenen und Entrechteten
GGO	Gemeinsame Geschäftsordnung der Bundesministerien
GVP	Gesamtdeutsche Volkspartei
HB	Hamburg-Block
HIAG	Hilfsorganisation auf Gegenseitigkeit (ehemaliger Soldaten der Waffen-SS)
HICOG	High Commissioner for Germany
HJ	Hitlerjugend
IWF	Internationaler Währungsfonds
KP	Kommunistische Partei
KPD	Kommunistische Partei Deutschlands
KPdSU	Kommunistische Partei der Sowjetunion
LDPD	Liberal-Demokratische Partei Deutschlands
LPG	Landwirtschaftliche Produktionsgenossenschaft
MRP	Mouvement Républicain Populaire
NATO	North Atlantic Treaty Organization
NDPD	National-Demokratische Partei Deutschlands
NG	Notgemeinschaft
NSDAP	Nationalsozialistische Deutsche Arbeiterpartei
NU	Niederdeutsche Union
NZZ	Neue Zürcher Zeitung
OEEC	Organization for European Economic Cooperation
OKH	Oberkommando des Heeres
OMGUS	Office of the Military Government of the United States for Germany
PdgD	Partei der guten Deutschen
RSF	Radikal-Soziale Freiheitspartei
SACEUR	Supreme Allied Commander Europe
SBZ	Sowjetische Besatzungszone
SED	Sozialistische Einheitspartei Deutschlands
SHB	Schleswig-Holstein-Block
SMAD	Sowjetische Militäradministration in Deutschland
SPD	Sozialdemokratische Partei Deutschlands
SPS	Sozialdemokratische Partei Saar
SRP	Sozialistische Reichspartei
SSW	Südschleswigscher Wählerverband
TASS	Telegrafnoe Agenstvo Sovetskogo Sojuza (Sowjetische Telegraphenagentur/Nachrichtenagentur)
UNO	United Nations Organization
VBH	Vaterstädtischer Bund Hamburg
VfZ	Vierteljahreshefte für Zeitgeschichte
VU	Vaterländische Union
WAV	Wirtschaftliche Aufbau-Vereinigung
WDF	Wählergemeinschaft der Fliegergeschädigten, Vertriebenen und Währungsgeschädigten
WEU	Westeuropäische Union
Z	Zentrum
ZK	Zentralkomitee

Anmerkungen

Da Fußnoten im Textteil mit dem Charakter des Werkes nicht vereinbar sind, wird hier zum sicheren Auffinden der Nachweise folgendes System verwandt: Die jeweils außerhalb des Zeilenrandes stehende Ziffer verweist auf *Seite* und Spalte (L = links, R = rechts) im Textteil; die zu Beginn der einzelnen Nachweise stehenden Ziffern bezeichnen die Zeilen, auf die sich die Anmerkung bezieht.

Die Anmerkungen stellen eine Auswahl aus dem umfangreichen Anmerkungsapparat des Originalmanuskripts dar, der ein Vielfaches an Belegstellen und auch kritische Auseinandersetzungen mit dem Schrifttum enthält, auf die hier verzichtet werden mußte.

Wörtliche oder sinngemäße Zitate und Inhaltswiedergaben werden generell nachgewiesen, ebenso Sachverhalte und Vorgänge, bei denen ein legitimes Interesse des Lesers an genauen Nachweisen zu erwarten ist.

Die wichtigsten einschlägigen Quellen und Darstellungen werden zu Beginn jedes Kapitels aufgeführt. Die Reihenfolge dieser Titel richtet sich in der Regel nach dem Erscheinungsjahr. Die neuesten Publikationen sind somit jeweils als erste genannt. Auf Arbeiten, die in dieser knappen Literaturangabe zu den einzelnen Kapiteln erwähnt sind, wird bei den folgenden Nachweisen nur dann nochmals verwiesen, wenn dies zwingend geboten erschien. Die hier genannte Sekundärliteratur enthält in der Regel auch umfangreiche weiterführende Literaturhinweise.

In begrenztem Maße wird im Nachweis-Teil auch auf wichtige Bücher, Aufsätze oder Quellen verwiesen, in denen die jeweils behandelten Zusammenhänge ausführlich dargestellt sind. Das gilt besonders für Teil V. Aber auch dabei mußte eine strenge Auswahl getroffen werden. Maßgebendes Kriterium war die Absicht, dem interessierten, aber nicht unbedingt fachlich spezialisierten Leser ein rasches Auffinden wesentlicher Arbeiten zu ermöglichen.

Bücher und Aufsätze, die in der diesem Werk beigegebenen Auswahlbibliographie Aufnahme gefunden haben, werden im Anmerkungsteil nicht mit vollem Titel zitiert. Die Klammer ( ) verweist jeweils auf die laufende Nummer der Auswahlbibliographie.

Elemente des Grundgesetzes

Von Theodor Eschenburg

8 R 27–29 Hesse, Konrad: Grundzüge des Verfassungsrechts der Bundesrepublik Deutschland. Heidelberg/Karlsruhe 1978, S. 12.

R 33 a.a.O., S. 5 ff.

9 L 4–9 Artikel 79 III.

L 10–11 Artikel 19 II.

R 35–37 Hesse, Konrad: a.a.O., S. 92.

10 L 41–44 Artikel 118.

R 6–7 Artikel 20 II 1.

R 12–14 Artikel 20 II 2.

R 26–27 Maunz, Theodor/ Dürig, Günter/ Herzog, Roman: Grundgesetz-Kommentar, 3 Bände. München 1958 ff., Artikel 20, S. 49.

R 37–40 Artikel 38, 21, 5 und 9.

11 L 3–4 Hesse, Konrad: a.a.O., S. 54.

R 10–27 Entscheidungen des Bundesverfassungsgerichts, herausgegeben von den Mitgliedern des Bundesverfassungsgerichts. Tübingen 1952 ff., Band 2, S. 12 f.

R 27–29 Maunz/Dürig/Herzog: a.a.O., Artikel 20, S. 20.

R 31–38 Artikel 65, 37, 76, 80, 81 I.

R 42–43 170 bis 228 n. Chr.

12 L 12–13 Ellwein, Thomas: Das Regierungssystem der Bundesrepublik Deutschland. Opladen 1973, S. 465.

L 14–17 Artikel 20 II.

L 41–42 Artikel 33 II und 21 I 2.

R 17–18 Artikel 101 I 2.

R 19–21 Artikel 103 I.

13 L 7–8 Artikel 20 I und 28 I.

L 13–22 Huber, Ernst Rudolf: Nationalstaat und Verfassungsstaat. Studien zur Geschichte der modernen Staatsidee. Stuttgart 1965, S. 267.

L 26–27 Wolff, Hans J./ Bachof, Otto: Verwaltungsrecht III. München [4]1978, S. 191.

L 34 Artikel 1.

R 11–14 Hesse, Konrad: a.a.O., S. 87.

R 17–19 Wolff/Bachof: a.a.O., S. 56.

R 32 Wolff, Hans J./ Bachof, Otto: Verwaltungsrecht II. München [4]1976, S. 51.

R 40–46 Hartwich, Hans-Hermann: Sozialstaatspostulat und gesellschaftlicher status quo. Opladen [2]1977, S. 361 f.

14 L 1 Artikel 2 I.

L 3–9 Hartwich, Hans-Hermann: a.a.O., S. 352.

L 12–15 Schmid, Richard: Unser aller Grundgesetz? Praxis und Kritik. Frankfurt a.M. 1971, S. 24.

L 31–33 Grundgesetz mit Deutschlandvertrag, Menschenrechtskonvention, Bundeswahlgesetz, Bundesverfassungsgerichtsgesetz, Parteiengesetz und Gesetz über den Petitionsausschuß, Textausgabe mit ausführlichem Sachverzeichnis und einer Einführung von Universitätsprofessor Dr. Günter Dürig. München [18]1976, S. 8.

R 15–18 a.a.O., S. 9.

R 28–30 Artikel 2 I und 3 I.

R 42–44/

15 L 1 Artikel 2 I.

L 12–13 Wolff, Hans J./ Bachof, Otto: Verwaltungsrecht I. München [9]1974, S. 234.

L 19–21 Artikel 104 I.

L 22–25 Wolff/Bachof: a.a.O., S. 220.
R 1–6 a.a.O., S. 179.
R 8–9 Artikel 19 II.
15 R 11–13 Maunz/Dürig/Herzog: a.a.O., Artikel 19 II, S. 11.
R 30–31 a.a.O., Artikel 2 I, S. 62.
R 40–43 Artikel 5 I.
16 L 2–4 Maunz/Dürig/Herzog: a.a.O., Artikel 5, S. 22.
L 14–15 a.a.O., Artikel 5 I, S. 33.
L 23–25 Artikel 5 I.
L 29–31 Maunz/Dürig/Herzog: a.a.O., Artikel 5, S. 52.
R 16 Artikel 5 I 3.
R 21–23 Entscheidungen des Bundesverfassungsgerichts, a.a.O., Band 12, S. 205 ff.
R 25–26 Duden. Das große Wörterbuch der deutschen Sprache, Band 1. Mannheim 1977, S. 254.
17 L 11–12 Bundesbeamten-Gesetz §§ 53 und 54.
L 16–17 Artikel 9 I.
L 21–23 Maunz/Dürig/Herzog: a.a.O., Artikel 9, S. 43.
18 L 11–12 Ellwein, Thomas: Das Regierungssystem der Bundesrepublik Deutschland. Opladen ³1973, S. 163.
L 45–46/
R 1–2 Artikel 9 III 1.
19 L 35–36 Entscheidungen des Bundesverfassungsgerichts, a.a.O., Band 2, S. 73.
L 37–40 Grewe, Wilhelm: Zum Begriff der politischen Partei, in: Um Recht und Gerechtigkeit. Festgabe für Erich Kaufmann überreicht von Freunden, Verehrern und Schülern. Köln/Stuttgart 1950, S. 65–82.
L 42–44 Artikel 38 I.
L 46 Handbuch des politischen Systems der Bundesrepublik Deutschland, herausgegeben von Kurt Sontheimer und Hans H. Röhring. München/Zürich 1977, S. 205.
19 R 16–18 Artikel 65 I.
20 L 2–7 Artikel 21 II.
L 15–17 Artikel 21 I.
L 29–31 Artikel 21 I 2 und 38 I 1.
L 44 Artikel 8.
R 11 Artikel 8 II.
R 23–24 Ellwein, Thomas: a.a.O., S. 118.
R 27–30 Artikel 14 I 1 und 2.
R 34 Artikel 14 II.
R 39–42 Maunz/Dürig/Herzog: a.a.O., Artikel 14, S. 14.
21 L 2–4 a.a.O., S. 44.
L 7–11 Artikel 14 III.
L 35–36 Krüger, Herbert: Sozialisierung, in: Bettermann, K.A./ Nipperdey, H.C./ Scheuner, U. (Hrsg.): Die Grundrechte. Handbuch der Theorie und Praxis der Grundrechte, Band III/1. Berlin 1958, S. 267–324.
L 44–46/
R 1–6 Entscheidungen des Bundesverfassungsgerichts, a.a.O., Band 4, S. 7 ff.
R 19–20 Hamann jr., Andreas/ Lenz, Helmut: Das Grundgesetz für die Bundesrepublik Deutschland vom 23. Mai 1949. Neuwied/Berlin ³1970, S. 302.
R 36–41 Handbuch des politischen Systems der Bundesrepublik Deutschland, a.a.O., S. 571.
22 L 3–4 Artikel 3 I.
L 5–10 Wolff/Bachof: Verwaltungsrecht I, a.a.O., S. 236 f.

L 21–26 Entscheidungen des Bundesverfassungsgerichts, a.a.O., Band 1, S. 52.
L 27 Wolff/Bachof: a.a.O., S. 237.
L 36–38 Artikel 3 II und 6 V.
L 39–42 Artikel 3 III.
22 R 5–7 Artikel 33 I.
R 10–19 Artikel 33 II und III.
23 L 39–41 Maunz/Dürig/Herzog: a.a.O., Artikel 38, S. 51.
L 43–44 Artikel 55 I.
R 13–14 Maunz/Dürig/Herzog: a.a.O., Artikel 3 I, S. 64.
R 15–16 Artikel 19 IV.
R 36–40 Artikel 93 IV a.
24 L 11–14 Ellwein, Thomas: Das Regierungssystem der Bundesrepublik Deutschland. Opladen ⁴1977, S. 429.
L 34–35 Maunz/Dürig/Herzog: a.a.O., Artikel 3, S. 28.
R 15–16 Strafgesetzbuch § 63.
R 37–38 Smend, Rudolf: Staatsrechtliche Abhandlungen. Berlin 1956, S. 195.

Das erste Jahr 1949–1950

Adenauers »Kleine Koalition«

Quellen: KAZeit I (1976). – Pünder, Hermann: Von Preußen nach Europa. Lebenserinnerungen. Stuttgart 1968. – Adenauer: Erinnerungen I (1965). – Sitzungsprotokolle der CDU/CSU-Bundestagsfraktion.
Literatur: Hüwel, Detlev: Karl Arnold. Eine politische Biographie. Wuppertal 1980. – Morsey, Rudolf: Die Rhöndorfer Weichenstellung vom 21. August 1949. In: *VfZ* 28 (1980), S. 508–542. – Die Bildung der ersten Regierungskoalition 1949. Adenauers Entscheidungen von Frankfurt und Rhöndorf am 20. und 21. August 1949. In: *Aus Politik und Zeitgeschichte.* B 34/26.8.1978, S. 1–14. – Ders.: Personal- und Beamtenpolitik im Übergang von der Bizonen- zur Bundesverwaltung (1947–1950). Kontinuität oder Neubeginn? In: Verwaltungsgeschichte. Aufgaben, Zielsetzungen, Beispiele, hrsg. von Rudolf Morsey. Berlin 1977, S. 191–239. – Ders.: Der politische Aufstieg Konrad Adenauers. In: Konrad Adenauer. Seine Deutschland- und Außenpolitik 1945–1963 (5), S. 38–75. – Alt, Franz: Es begann mit Adenauer. Der Weg zur Kanzlerdemokratie. Freiburg 1975.

27 L 6–11 Adenauer: Erinnerungen I, S. 228.
L 26–38 Adenauer an Paul Silverberg, 23.4.1946 (StBKAH, 07.03).
R 18–23 Kramer, Franz Albert: Unsere Führer. In: *Rheinischer Merkur*, 17.7.1948.
28 L 7–10 *The Times* (London), 16.9.1949.
L 10–14 *NZZ*, 2.10.1949.
29 L 19–21 Adenauer an Franz Blücher, 3.1.1948 (StBKAH, 07.04).
L 25–31 Stenografische Niederschrift über die Sitzung des Zonenausschusses der CDU der britischen Zone am 24. und 25. Februar 1949 in Königswinter (Stegerwaldhaus). In: Konrad Adenauer und die CDU der britischen Besatzungszone, hrsg. v. der Konrad-Adenauer-Stiftung. Bonn 1975, S. 775–866.
R 12–13 Lukomski, Jess M.: Ludwig Erhard. Der Mensch und der Politiker. Düsseldorf/Wien 1965, S. 109.

R 26–27 Dreher, Klaus: Der Weg zum Kanzler. Adenauers Griff nach der Macht. Düsseldorf/Wien 1972, S. 251.

30 R 12–17 *AdG*, 26.8.1949, 2051 B.
R 17–21/ So u.a. vor der CDU/CSU-Bundestagsfraktion
31 L 1–4 am 31.8.1949. Vgl. auch Adenauer: Erinnerungen I, S. 226.
L 4–10 Adenauer an Gebhard Müller, 25.8.1949 (StBKAH, 07.28).
R 2–7 Müller, Josef: Bis zur letzten Konsequenz. Ein Leben für Frieden und Freiheit. München 1975, S. 357.
L 16–21/ Siehe Morsey: Die Bildung der ersten Regierungs-
R 1–45/ koalition 1949, a.a.O.
32 L 1–11
L 2–5 Alt: Es begann mit Adenauer, a.a.O., S. 64.
L 14–16 *Rheinischer Merkur*, 27.8.1949.
L 27–30 So Carlo Schmid, in: *Badische Neueste Nachrichten*, 16.8.1949.
L 42–46/ Text in: Dokumente zur parteipolitischen Ent-
R 1–4 wicklung in Deutschland seit 1945. 3/2 (29), S. 34–36.
R 7–8 *AdG*, 30.8.1949, 2053 D.
R 15–46/ Die Darstellung stützt sich in diesem Teil auch auf
33 L 1–15/ die Stenographischen Niederschriften über die Sit-
R 1–14/ zungen der CDU/CSU-Bundestagsfraktion
34 L 1–46/ 1.9., 6.9., 8.9., 11.9., 17.9.1949, der Sitzung der
R 1–28 Landesvorsitzenden, Ministerpräsidenten, Minister und Landtagspräsidenten der CDU/CSU am 31.8.1949 und der CDU/CSU-Wahlmänner am 31.8.1949 (Archiv für Christlich-Demokratische Politik, KAS).
R 21–28 Müchler, Günter: CDU/CSU. Das schwierige Bündnis. München 1976, S. 103. – Pikart, Eberhard: Theodor Heuss und Konrad Adenauer. Die Rolle des Bundespräsidenten in der Kanzlerdemokratie (100), S. 77.
35 L 19–46/ Dazu die politische Biographie Jakob Kaisers
R 1–17 (Kosthorst, Erich: Jakob Kaiser. Der Arbeiterführer. Stuttgart/Berlin/Köln/Mainz 1967. – Conze, Werner: Jakob Kaiser. Politiker zwischen Ost und West 1945–1949. a.a.O. 1969. – Kosthorst, Erich: Jakob Kaiser. Bundesminister für gesamtdeutsche Fragen 1949–1957 (72).
38 R 24–45/ Zur Gestalt und Bedeutung Globkes. Der Staatsse-
39 L 1–4 kretär Adenauers. Persönlichkeit und politisches Wirken Hans Globkes, hrsg. v. Klaus Gotto. Stuttgart 1980.
L 16–40 Siehe Morsey: Personal- und Beamtenpolitik im Übergang..., a.a.O.
R 25–37 Eschenburg, Theodor: Aus persönlichem Erleben. Zur Kurzfassung der Denkschrift 1943/44. In: Kriegsfinanzierung und Schuldenkonsolidierung. Faksimiledruck der Denkschrift von 1943/44, hrsg. v. Ludwig Erhard. Berlin 1977, S. XV–XXI.
R 23–46/ Caro, Michael K.: Der Volkskanzler. Ludwig Er-
40 L 1–11/ hard. Köln/Berlin 1965.
R 1–11/
41 L 1–22
L 10–13 KAZeit I, S. 171.
L 45–46/ Baring, Arnulf: Sehr verehrter Herr Bundeskanz-
R 1–11 ler! (12), S.36–38. – Zur Persönlichkeit Gotto,

Klaus: Heinrich von Brentano. In: Aretz, Jürgen u.a. (Hrsg.): Zeitgeschichte in Lebensbildern. Bd. 4. Mainz 1980.
42 L 6–11 Dazu in systematischer Perspektive: Domes, Jürgen: Mehrheitsfraktion und Bundesregierung (30). – Wildenmann, Rudolf: Partei und Fraktion. Ein Beitrag zur Analyse der politischen Willensbildung und des Parteiensystems in der Bundesrepublik. Meisenheim am Glan 1954.

Die Regierung auf dem Petersberg

Quellen: Dokumente der Deutschen Politik und Geschichte von 1848 bis zur Gegenwart. Bd. VII/VIII: Das Ringen um Deutschlands Wiederaufstieg, hrsg. v. Johannes Hohlfeld. Berlin 1955–1956.
Literatur: Grewe, Wilhelm G.: Deutsche Außenpolitik der Nachkriegszeit (46), S. 11–45. – Handbuch des Besatzungsrechts, hrsg. v. Gustav von Schmoller. Tübingen 1951–1958. – Litchfield, Edward H. (Hrsg.): Governing Postwar Germany. Ithaca, N.Y.: Cornell University Press 1953. – Plischke, Elmer: The Allied High Commission for Germany. Berlin 1953. – Ders.: Allied High Commission Relations with the West German Government. Berlin 1952.

44 L 9–16 *Monthly Report of the Control Commissioner for Germany (British Element).* Vol. 5, July 1950, Appendix 20.
L 25–30 Sechs Jahre Besatzungslasten. Eine Untersuchung des Problems der Besatzungskosten in den drei Westzonen und in Westberlin 1946–1950, hrsg. v. Institut für Besatzungsfragen. Tübg. 1951, S. 8f.
L 30–40 *Deutsche Zeitung und Wirtschafts-Zeitung*, 4.11.1950.
45 R 21–22/ Edinger, Lewis J.: Kurt Schumacher. A Study in
46 L 1–3 Personality and Political Behavior (32), S. 251f.
47 L 16–18/ KAZeit I, S. 422.
R 1–9
R 12–18/ Adenauer: Erinnerungen I, S. 233–235.
48 L 1–8

Bonn und die Länder

Quellen: Storbeck, Anna Christine: Die Regierungen des Bundes und der Länder seit 1945. München/Wien 1970.
Literatur: Parteien in der Bundesrepublik (99).

48 L 25–42/ Dreher, Klaus: Ein Kampf um Bonn. München
R 1–46/ 1979.
49 L 1–7
48 R 4–17 Adenauer an Frans van Cauwelaert, 8.10.1948 (StBKAH, 09.01).
R 43–44 *Die Gegenwart*, 15.9.1949, S. 7.
49 R 1–6 *Der Spiegel*, 27.9.1950, S. 5–7.
R 11–13 *AdG*, 23.5.1951, 2950 K.
51 L 1–9 Neumann, Franz: Der Block der Heimatvertriebenen und Entrechteten 1950–1960 (94).
52 L 21–22/ Unger, Ilse: Die Bayernpartei. Geschichte und
R 1–16 Struktur 1945–1957. Stuttgart 1980. – Thränhardt,

Dietrich: Wahlen und politische Strukturen in Bayern 1948–1953. Historisch-soziologische Untersuchungen zum Entstehen und zur Neuerrichtung eines Parteiensystems. Düsseldorf 1973. – Behr, Wolfgang: Sozialdemokratie und Konservatismus. Ein empirischer und theoretischer Beitrag zur regionalen Parteianalyse am Beispiel der Geschichte und Nachkriegsentwicklung Bayerns. Hannover 1969.

52   L 1–22/ Republik im Stauferland. Baden-Württemberg
    R 1–22/ nach 25 Jahren, hrsg. v. Theodor Eschenburg und
53   L 1–19 Ulrich Frank-Planitz. Stuttgart 1977, S. 10–26, 62–93. – Konstanzer, Eberhard: Die Entstehung des Landes Baden-Württemberg. Stuttgart/Berlin/Köln/Mainz 1969. – Weinacht, Paul-Ludwig (Hrsg.): Die CDU in Baden-Württemberg und ihre Geschichte. Stuttgart 1978, S. 83–297.

    L 20–22/ Hüwel, Detlev: Karl Arnold. Eine politische Bio-
    R 1–22/ graphie. Wuppertal 1980. – Först, Walter: Ge-
54   L 1–16 schichte Nordrhein-Westfalens. Bd. I: 1945–1949. Köln/Berlin 1970. – Keinemann, Friedrich: Von Arnold zu Steinhoff und Meyers. Politische Bewegungen und Koalitionsbildungen in Nordrhein-Westfalen 1950–1962. Münster 1973.

53   R 22 Spotts, Frederic: Kirchen und Politik in Deutschland (119), S. 282.

54   L 28–36 Brandt, Willy und Richard Löwenthal: Ernst Reuter. Ein Leben für die Freiheit. München 1957. – Ashkenasi, Abraham: Reformpartei und Außenpolitik. Die Außenpolitik der SPD. Berlin/Bonn/Köln/Opladen 1968, S. 50–103.

55   L 5–13 Jahrbuch der öffentlichen Meinung. 1947–1955 (64), S. 280.

Die Ansätze der Außenpolitik: Adenauer und Schumacher

Quellen: Adenauer: Reden 1917–1967. – Konrad Adenauer und die CDU in der britischen Besatzungszone 1946–1949, a.a.O. – Adenauer: Erinnerungen I. – Turmwächter der Demokratie: Ein Lebensbild von Kurt Schumacher, hrsg. v. Arno Scholz und Walther G. Oschilewski. Bd. II: Reden und Schriften. Berlin-Grunewald 1953.
Literatur: Schwarz, Hans-Peter: Adenauer und Europa. In: *VfZ* 27 (1979), S. 471–523. – Ders.: Das außenpolitische Konzept Konrad Adenauers. In: Konrad Adenauer. Seine Außen- und Deutschlandpolitik (5), S. 97–155. – Ders.: Vom Reich zur Bundesrepublik (131). – Edinger, Lewis J.: Kurt Schumacher (32). – Ritter, Waldemar: Kurt Schumacher. Eine Untersuchung seiner politischen Konzeption und seiner Gesellschafts- und Staatsauffassung. Hannover 1964.

55   L 34–41/ Adenauer an Frau Wessel, 27.7.1949 (StBKAH,
    R 1–7 09.01).
    R 19–22 Adenauer: Reden 1917–1967, S. 167.
56   L 17–23 Tagung der Landesverbandsvorsitzenden der CDU/CSU, der Ministerpräsidenten und der Fraktionsvorsitzenden in Königswinter, 8./9.1.1949 (StBKAH, 11.08).
    L 28–38 KAZeit I, S. 538–565.

    R 4–14 Rede in der Universität Köln, 24.3.1946. In: Adenauer: Reden 1917–1967.
    R 39–46/ Zusammenfassend zur Wiedervereinigungspolitik
57   L 1–18/ Adenauers. Schwarz, Hans-Peter: Das Spiel ist aus
    R 1–14 und alle Fragen offen, oder: Vermutungen zu Adenauers Wiedervereinigungspolitik. In: Konrad Adenauer 1876/1976, hrsg. v. Helmut Kohl. Stuttgart/Zürich ²1976, S. 168–184. Eine andere Auffassung vertreten Baring, Arnulf: Außenpolitik in Adenauers Kanzlerdemokratie (11) sowie Rudolf Augstein, in: *Der Spiegel*, 29.12.1975, S. 3–34 und 5.1.1976, S. 32–43.

58   R 1–3 Schumacher an Dr. Hamburger, 28.8.1949. In: Alt, Franz: Der Prozeß der ersten Regierungsbildung unter Konrad Adenauer. Bonn 1970, S. 70f. Im übrigen meinte er, es sei weniger die Frankfurter Wirtschaftspolitik, die der SPD bei den Wahlen geschadet habe, »als vielmehr die kämpfende Kirche, die nicht sehen will, daß hier ein deutsches Staatswesen neu entstehen soll, sondern die die Neuregelung und Ausweitung der kirchlichen Rechte im Auge hat.«

59   L 18–26 Auriol: Journal III, S. 456.

DM-Abwertung und Petersberger Abkommen

Quellen: Deutsche Zeitung und Wirtschafts-Zeitung. – NZZ. – KAG. – Adenauer: Erinnerungen I.
Literatur: Mehnert, Klaus und Heinrich Schulte (Hrsg.): Deutschland-Jahrbuch 1953 (27). – Harmssen, Gustav Wilhelm: Am Abend der Demontage. Sechs Jahre Reparationspolitik. Bremen 1951.

62   L 38–43 Acheson, Dean: Present at the Creation (1), S. 338.
63   R 4–13 ibd., S. 338f.
64   L 1–37
65   L 16–18 *AdG*, 10.11.1949, 2128 B/J. – Adenauer: Erinnerungen I, S. 256.
    L 24–28 *AdG*, 13.11.1949, 2130 D. – *NZZ*, 12.11.1949; 18.11.1949.
66   L 8–22/ Foreign Relations of the United States. Diplomatic
    R 1–2 Papers. 1949: Vol. III: Council of Foreign Ministers. Germany and Austria. Washington, D.C. 1974, S. 308–314. Die Schilderung, die Dean Acheson von dem Gespräch mit Schumacher gibt (Present at the Creation, S. 342), stimmt mit dem offiziellen Protokoll nicht überein.
67   L 1–4 *Die Zeit*, 9.10.1949.
    L 6–9 Adenauer: Erinnerungen I, S. 259.
68   R 23–27 Inter-Allied Reparation Agency: Report to the Assembly. Brüssel 1951.
    R 42–46/
69   L 1–3 Adenauer: Erinnerungen I, S. 286–288.
    R 13–22 ibd., S. 288–293.

Gründung der DDR und Alleinvertretungsanspruch

Literatur: DDR-Handbuch (25). – Weber, Hermann: Von der SBZ zur DDR 1945–1968. Hannover 1968. – Stern, Carola: Ulbricht. Eine politische Biographie. Köln/Berlin 1963. – Meissner, Boris: Rußland, die Westmächte und Deutschland (84).

70 L 13–18 Text des Telegramms vom 13. 10. 1949 bei Meissner, Boris: Rußland, die Westmächte und Deutschland (84), S. 216.

L 19–22 *Die Welt*, 13. 9. 1949.

L 25/ *NZZ*, 16. 10. 1949.
R 1–3

R 7–11 Dokumente des geteilten Deutschland, hrsg. v. Ingo von Münch. Stuttgart 1968, S. 325–327.

71 L 22–25/ *NZZ*, 18. 10. 1949.
R 1–7

72 · L 15–21 *NZZ*, 13. 10. 1949.

L 27–30 *Tägliche Rundschau*, 16. 2. 1950.

L 44–46/ Zit. nach Weber, Hermann: Von der SBZ zur
R 1–13 DDR 1945–1968. a. a. O., S. 60 f.

R 17–25 Meissner, Boris: Rußland, die Westmächte und Deutschland (84), S. 234 f.

73 L 6–7/ DDR-Handbuch (25), S. 907.
R 1–2

74 L 15–18 Fricke, Karl Wilhelm: Politik und Justiz in der DDR. Zur Geschichte der politischen Verfolgung 1945–1968. Bericht und Dokumentation. Köln 1979, S. 548.

L 18–19 Weber, Hermann: Von der SBZ zur DDR 1945–1968. a. a. O., S. 66.

L 23–25 Die Flucht aus der Sowjetzone und die Sperrmaßnahmen des kommunistischen Regimes vom 13. August 1961 in Berlin, hrsg. vom Bundesministerium für gesamtdeutsche Fragen. Bonn/Berlin 1961, S. 15.

L 34–41 *NZZ*, 21. 10. 1949.

L 41–45 *NZZ*, 22. 10. 1949.

R 32–34 Auriol: Journal III, S. 397.

R 38–46/ Verhandlungen des Deutschen Bundestages.
75 L 1–8 1. Wahlperiode 1949. Stenographische Berichte. 13. Sitzung vom 21. 10. 1949, S. 308.

76 L 7–10 Freudenhammer, Alfred und Karlheinz Vater: Herbert Wehner. Ein Leben mit der deutschen Frage. München 1978, S. 42–155.

L 14–46/ Verhandlungen des Deutschen Bundestages.
R 1–4 1. Wahlperiode 1949. Stenographische Berichte. 13. Sitzung vom 21. 10. 1949, S. 314–319.

R 13–14 ibd., S. 309.

R 35–43 Deutschland-Jahrbuch 1953, S. 228.

R 44–46/ Mahncke, Dieter: Berlin im geteilten Deutschland.
77 L 1–3 München/Wien 1973, S. 55–58.

Das Wagnis der Marktwirtschaft

Quellen: Statistisches Jahrbuch (136). 1950, 1951, 1952. – Wirtschaft und Statistik, hrsg. vom Statistischen Bundesamt Wiesbaden. Stuttgart/Mainz 1950, 1951, 1952. –
Literatur: Pohl, Manfred: Wiederaufbau. Kunst und Technik der Finanzierung 1947–1953. Frankfurt/M. 1973. – Wallich, Henry C.: Triebkräfte des deutschen Wiederaufstiegs (139). – Mehnert, Klaus und Heinrich Schulte (Hrsg.): Deutschland-Jahrbuch 1953 (27).

77 R 13–15 Die Studie wurde von einer Arbeitsgemeinschaft deutscher Wirtschaftsforschungsinstitute unter Federführung des Instituts für Weltwirtschaft an der Universität Kiel im April 1950 erstellt; siehe Wallich, Henry C.: Triebkräfte des deutschen Wiederaufstiegs (139), S. 141.

R 42–45 Harmssen-Bericht. Reparationen, Sozialprodukt, Lebensstandard. Heft 3. Bremen 1948, S. 44.

78 L 4–7 Wallich, Henry C.: Triebkräfte des deutschen Wiederaufstiegs (139), S. 260. Noch 1951 waren 32,3 % der Vertriebenen arbeitslos (Statistisches Jahrbuch 1952, S. 90).

L 14–20 Wallich, Henry C.: Triebkräfte des deutschen Wiederaufstiegs (139), S. 280. – Deutschland-Jahrbuch 1953 (27), S. 225.

R 1–8 Bulletin der Bundesregierung, 15. 1. 1954, S. 65.

R 8–12 Deutschland-Jahrbuch 1953, S. 445.

79 R 18–19 Blum, R.: Soziale Marktwirtschaft. Tübingen 1969.

80 R 2–16/ Währung und Wirtschaft in Deutschland
81 L 1–13 1876–1975, hrsg. v. d. Deutschen Bundesbank. Frankfurt/M. 1976, S. 433–607.

83 L 10–14 Deutschland-Jahrbuch 1953, S. 209.

84 R 46 Hüwel, Detlev: Karl Arnold. Eine politische Biographie. Wuppertal 1980.

85 L 15–22 Zum Inhalt siehe *AdG*, 19. 2. 1950, 2267 A.

Winter des Mißvergnügens

Quellen: Adenauer: Erinnerungen I. – *NZZ*. – *AdG*. –
Literatur: Schindler, Peter: 30 Jahre Deutscher Bundestag (22). – Loewenberg, Gerhard: Parlamentarismus im politischen System der Bundesrepublik Deutschland (77). – Schmidt, Robert H.: Saarpolitik 1945–1957 (127). – Fischer, Per: Die Saar zwischen Deutschland und Frankreich (41). – Freymond, Jacques: Die Saar 1945–1955 (43).

86 L 41–42 Obermann, Emil: Alter und Konstanz von Frak-
R 1 tionen. Veränderungen in deutschen Parlamentsfraktionen seit dem Jahre 1920. Meisenheim am Glan 1956, S. 105.

R 3 Schindler, Peter: Parlamentsstatistik für die 1. bis 7. Wahlperiode. In: *Zeitschrift für Parlamentsfragen*. 2 (1977), S. 148.

R 10–11 Loewenberg, Gerhard: Parlamentarismus im politischen System der Bundesrepublik (77), S. 117.

R 14–19 Neumaier, Eduard: Bonn, das provisorische Herz. Rückblick auf 20 Jahre Politik am Rhein. Oldenburg/Hamburg 1969, S. 68.

R 23–46/ Schindler, Peter: Parlamentsstatistik für die 1. bis
87 L 1–3 7. Wahlperiode. a. a. O., S. 148–150.

L 3–5 Ders.: Daten zur Tätigkeit des 1. bis 6. Deutschen Bundestages. In: *Zeitschrift für Parlamentsfragen*. 4 (1973), S. 7.

L 14–21 Jahrbuch der öffentlichen Meinung 1947–1955 (64), S. 162.

R 3–8 ibd., S. 249.

88 R 18–25 Seydoux, François: Beiderseits des Rheins. Erinnerungen eines französischen Diplomaten. Frankfurt 1975, S. 131 f.

R 27–33 Adenauer: Erinnerungen I, S. 341.

90 R 19–27 Molênes, Melchior de: L'Europe de Strasbourg. Une première expérience de parlementarisme international. Paris 1971.
91 L 8–16 Auriol: Journal III, S. 191, 417.
    L 16–23 Adenauer: Erinnerungen I, S. 269 f.
    L 24–26 Auriol: Journal III, S. 417.
    L 27–46 Verhandlungen des Deutschen Bundestages. 1. Wahlperiode 1949. Stenographische Berichte. 17. Sitzung vom 15.11.1949, S. 400–408.
    R 1–44 Adenauer: Erinnerungen I, S. 296–308.
    R 46/ Rochefort, Robert: Robert Schuman. Paris 1968.
92 L 1–25/
    R 1–3
    L 19–22 ibd., S. 95.
93 L 15–20 NZZ, 14.1.1950.
    L 20–23 AdG, 23.1.1950, 2233 A. – NZZ, 24.1.1950.
    L 23–31 Kosthorst, Erich: Jakob Kaiser (72), S. 317–320. – AdG, 21.1.1950, 2229 C.
    R 3–9 AdG, 26.1.1950, 2237 G.
    R 14–17 Adenauer: Erinnerungen I, S. 301.
    R 27–32 ibd., S. 305.
    R 37–41 NZZ, 6.3.1950; 7.3.1950.
94 L 1–17 AdG, 8.3.1950, 2291 D. – Adenauer: Erinnerungen I, S. 311–316. Entgegen Adenauers Feststellung in den Erinnerungen (S. 312) war in dem Interview von Italien nicht die Rede.
    L 30–45 De Gaulle, Charles: Discours et messages. Bd. 2: Dans l'attente. Paris 1970, S. 348–350.
    R 10–15 NZZ, 7.3.1950.
    R 16–19/ Regierungserklärung vom 10.3.1950. In: DBT,
95 L 1–2 46. Sitzung. 10.3.1950, S. 1555 ff.
    L 10–29 AdG, 22.3.1950, 2307 E. – Adenauer: Erinnerungen I, S. 312–316.
    L 29–32 AdG, 2.4.1950, 2318 H.
    L 33–35 AdG, 28.3.1950, 2312 D.
    L 38–41 NZZ, 24.3.1950.
    L 41–46/ AdG, 16.4.1950, 2336 A.
    R 1–3
    R 19–38 Adenauer: Erinnerungen I, S. 317–326.
    R 41–46 Kosthorst, Erich: Jakob Kaiser (72), S. 124–128.
96 L 8–10 AdG, 19.4.1950, 2340 E.
    L 11–13 Adenauer: Erinnerungen I, S. 319 f.
    R 1–10 Rochefort, Robert: Robert Schuman. a.a.O., S. 272. – Adenauer: Erinnerungen I, S. 327
96 R 14–18 Adenauer: Reden 1917–1967, S. 179.
97 L 44–46/ Hanrieder, Wolfram F.: Die stabile Krise. Ziele
    R 1–3 und Entscheidungen der bundesrepublikanischen Außenpolitik 1949–1969. Düsseldorf 1971 (1967).
    R 19 Monnet, Jean: Erinnerungen eines Europäers (88), S. 418.
98 L 12–15 NZZ, 12.5.1950.
    L 21–22/ Monnet, Jean: Erinnerungen eines Europäers (88),
    R 1–17 S. 376 f.
99 L 5–13 Diebold, William: The Schuman Plan. a.a.O., S. 23 f.
    L 20–22/ Bariéty, Jacques: Les Relations Franco-Alleman-
    R 1 des après la Première Guerre Mondiale. 10 Novembre 1918–10 Janvier 1925 de l'Exécution à la Négociation. Paris 1977. – Erdmann, Karl Dietrich: Adenauer in der Rheinlandpolitik seit dem Ersten Weltkrieg. Stuttgart 1966, S. 156–186.
    R 18–19 Deutschland-Jahrbuch 1953, S. 264.
    R 21–22/ Jerchow, Friedrich: Deutschland in der Weltwirt-
100 L 1–5 schaft 1944–1947. Alliierte Deutschland- und Reparationspolitik und die Anfänge der westdeutschen Außenwirtschaftspolitik. Düsseldorf 1978, S. 262–266.
    L 18–20/ Hempel, Gustav: Die deutsche Montanindustrie.
    R 1 Essen 1969, S. 212.
    R 18–20/ NZZ, 17.5.1950: »Die westdeutsche Montanindu-
101 L 1–3 strie und der Plan Schumans«.
    L 18–28 Adenauer an Robert Schuman, 25.8.1949 (StBKAH, III 6).
    L 4–34 Henle, Günter: »Vom Ruhrstatut zur Montanunion«, in: KAZeit I, S. 566–590.
    L 13–16 Stenographischer Bericht über die 49. und 50. Sitzung des Landtages von Nordrhein-Westfalen am 14./15.6.1948. Dort Regierungserklärung Ministerpräsident Arnolds.
    L 32–34 Loth, Wilfried: Sozialismus und Internationalismus. Die französischen Sozialisten und die Nachkriegsordnung Europas 1940–1950. Stuttgart 1977, S. 187 f.
102 R 33–46/ Mosler, Hans: Die Entstehung des Modells supra-
103 L 1–2 nationaler und gewaltenteiliger Staatenverbindungen in den Verhandlungen über den Schuman-Plan. In: Caemmerer, Ernst von u. a. (Hrsg.): Probleme des europäischen Rechts. Festschrift für Walter Hallstein zu seinem 65. Geburtstag. Frankfurt/M. 1966, S. 355–387. – Ophüls, Friedrich Carl: Zur ideengeschichtlichen Herkunft der Gemeinschaftsverfassung. ibd., S. 387–414.

Europäischer Frühling

Quellen: Monnet, Jean: Erinnerungen eines Europäers (88). – Bérard, Armand: Un ambassadeur se souvient. Bd. 2: Washington et Bonn, 1945–1955. Paris 1978. – Adenauer und der Schuman-Plan. In: *VfZ* 20 (1972), S. 192–203. – Adenauer: Erinnerungen I. – Europa. Dokumente zur Frage der europäischen Einigung, hrsg. v. Forschungsinstitut der Deutschen Gesellschaft für Auswärtige Politik. Bonn 1962.
Literatur: Dichgans, Hans: Montanunion. Menschen und Institutionen. Düsseldorf/Wien 1980. – Poidevin, Raymond: Robert Schumans Deutschland- und Europapolitik zwischen Tradition und Neuorientierung. München 1976. – Diebold, William: The Schuman Plan. A Study in Economic Cooperation 1950–1959. New York 1959.

Deutschland – ein zweites Korea?

Quellen: Speidel, Hans: Aus unserer Zeit (118). – Schubert, Klaus von (Hrsg.): Sicherheitspolitik der Bundesrepublik Deutschland (130). – Adenauer: Erinnerungen I. – *NZZ.* –
Literatur: Mai, Gunther: Westliche Sicherheitspolitik im Kalten Krieg. Der Korea-Krieg und die deutsche Wiederbewaffnung 1950. Boppard am Rhein 1977. – Acheson, Dean: Present at the Creation (1). – Baring, Arnulf: Außenpolitik in Adenauers Kanzlerdemokratie (11). – Wettig, Gerhard: Entmilitarisierung und Wiederbewaffnung in Deutschland 1943–1955 (140). – Martin,

Laurence W.: The American Decision to Rearm Germany. In: Stein, Harold (Hrsg.): American Civil-Military Decisions. A Book of Case Studies. Birmingham, Alabama 1963.

104 L 20–34 Acheson, Dean: Present at the Creation (1), S. 395.

  R 27 *NZZ*, 23.8.1950.

105 R 10–22/ Speidel, Hans: Aus unserer Zeit (118), S. 479. –

106 L 1–7 Wettig, Gerhard: Entmilitarisierung und Wiederbewaffnung (140), S. 266f., 307. – *NZZ*, 14.7.1950.

107 L 1–10 *NZZ*, 2.12.1949.

108 L 2–13 Text in: Documents on International Affairs 1949–1950. London/New York/Toronto 1953, S. 328–330.

  R 5–9 Wettig, Gerhard: Entmilitarisierung und Wiederbewaffnung (140), S. 238–243.

  R 13–19 *NZZ*, 10., 11. und 16.3.1950.

109 L 3–8 *NZZ*, 28.2.1950.

  L 16–21 *Deutscher Pressedienst*, 30.1.1949.

  L 30–45 Text bei Speidel, Hans: Aus unserer Zeit (118), S. 468–476.

  R 2–14 Tagung am 8./9.1.1949. a.a.O. (StBKAH, 11.08).

  R 22–30 *United Press*, 21.3.1949. – Interview mit dem *West-Echo*, 29.4.1949. – Wettig, Gerhard: Entmilitarisierung und Wiederbewaffnung (140), S. 251.

  R 36–46/ Wortlaut der Interviews im November und Dezember bei Wettig, a.a.O., S. 283–288. – Adenauer: Erinnerungen I, S. 341–345.

110 L 1–5 zember bei Wettig, a.a.O., S. 283–288. – Adenauer: Erinnerungen I, S. 341–345.

  L 14–18 Meissner, Boris: Rußland, die Westmächte und Deutschland (84), S. 190f.; 241f.

  L 18–22 *NZZ*, 4.12.1949 und 1.9.1950.

  R 26–41 Spotts, Frederic: Kirchen und Politik in Deutschland (119), S. 213.

  R 45–46/ Wortlaut der bei den Sitzungen der Beratenden

111 L 1–24/ Versammlung zwischen dem 8. und 11.8. abgegebenen Stellungnahmen in: Conseil d'Europe. Assemblée Consultative, 2e session (I). Comptes rendus, Bd. I, S. 30–139.

  R 1–4 Versammlung zwischen dem 8. und 11.8. abgegebenen Stellungnahmen in: Conseil d'Europe. Assemblée Consultative, 2e session (I). Comptes rendus, Bd. I, S. 30–139.

112 L 13–18 *NZZ*, 5.7.1950.

  R 2–4 Buczylowski, Ulrich: Kurt Schumacher und die deutsche Frage (19), S. 78–83.

113 L 4–12 Adenauer: Erinnerungen I, S. 350–355.

  R 8–24 *NZZ*, 9.8., 13.8., 24.8.1950.

  R 24 Adenauer: Erinnerungen I, S. 376.

114 L 1–3

  R 10–18 Koch, Dieter: Heinemann und die Deutschlandfrage (71), S. 168f.

  R 22–46/ Text der Memoranden bei Schubert, Klaus von

115 L 1–23/ (Hrsg.): Sicherheitspolitik der Bundesrepublik

  R 1–23/ Deutschland. Teil I (130), S. 79–85.

116 L 1–43

117 L 7–44 Text der Beschlüsse in: American Foreign Policy 1950–1955. Basic Documents. Ed. by Department of State. Washington, D.C. 1957. Vol II: Parts X–XX, S. 1711ff. Deutsche Übersetzung des Abschlußkommuniqués im *Europa-Archiv*. November 1950, S. 3495ff.

  R 43–44 *NZZ*, 25.9.1950.

Der Aufstieg 1950–1953

Ohne mich

Quellen: Storbeck, Anna Christine: Die Regierungen des Bundes und der Länder seit 1945 (137).

Literatur: Spotts, Frederic: Kirchen und Politik in Deutschland (119). – Dohse, Rainer: Neutralitätsbestrebungen in Westdeutschland zwischen 1945 und 1955 (28). – Buczylowski, Ulrich: Kurt Schumacher und die deutsche Frage (19). – Koch, Dieter: Heinemann und die Deutschlandfrage (71). – Neumann, Franz: Der Block der Heimatvertriebenen und Entrechteten 1950–1960 (94).

119 L 27–33 Jahrbuch der öffentlichen Meinung 1947–1955 (64), S. 172f.

  L 36–38/ Kleinemann, Friedrich: Von Arnold zu Steinhoff

  R 1–14 und Meyers. Politische Bewegungen und Koalitionsbildungen in Nordrhein-Westfalen 1950–1962. Münster 1973, S. 11–45.

  R 39–40/ Allemann, Fritz René: Das deutsche Parteiensystem. In: *Der Monat.* 5 (1953), S. 385.

120 L 1–6 Allemann, Fritz René: Das deutsche Parteiensystem. In: *Der Monat.* 5 (1953), S. 385.

121 R 11–13 Speidel, Hans: Aus unserer Zeit (118), S. 275f.

  R 19–20 Titel einer SPD-Broschüre; siehe Buczylowski, Ulrich: Kurt Schumacher und die deutsche Frage (19), S. 108.

122 L 11–14 *AdG*, 30.11.1950, 2649 J.

  L 30–34 Soell, Hartmut: Fritz Erler. Eine politische Biographie (113). Bd. 1, S. 571.

  R 31–33 Faul, Erwin (Hrsg.): Wahlen und Wähler in Westdeutschland (39), S. 205.

123 R 5–6 *AdG*, 20.12.1949, 2173 C.

  R 6–20 Kirchliches Jahrbuch für die Evangelische Kirche in Deutschland. Gütersloh 1950, S. 240f.

  R 20–22 Auf seiner ersten Januartagung 1950 in Halle. Siehe ibd., S. 253f.

  R 29–31 *Evangelischer Pressedienst (epd)*, 13. Oktober 1950.

124 L 22 Spotts, Frederic: Kirchen und Politik in Deutschland (119), S. 222f.

125 L 43–46 Kirchliches Jahrbuch für die Evangelische Kirche in Deutschland. a.a.O., S. 223.

  R 2–14/ Börner, Weert: Hermann Ehlers und der Aufbau

126 L 1–5 einer parlamentarischen Demokratie in Deutschland. Bonn/Hannover/München 1967. – Egen, Peter: Die Entstehung des Evangelischen Arbeitskreises der CDU/CSU. Diss. Bochum 1971.

Zahlungsbilanzkrise und Mitbestimmungsgesetz

Quellen: Tagebuch von Otto Lenz 1951–1957.

Literatur: Hirsch-Weber, Wolfgang: Gewerkschaften in der Politik (59). – Vetter, Heinz-Oskar (Hrsg.): Vom Sozialistengesetz zur Mitbestimmung. Köln 1975. – Potthoff, Erich: Der Kampf um die Montanmitbestimmung. Köln-Deutz 1957. – Teuteberg, Hans-Jürgen: Geschichte der industriellen Mitbestimmung in Deutschland. Tübingen 1961. – Wallich, Henry C.: Triebkräfte des deutschen Wiederaufstiegs (139). – Mehnert, Klaus und Heinrich Schulte (Hrsg.): Deutschland-Jahrbuch 1953 (27).

126 L 35–43/ Wallich, Henry C.: Triebkräfte des deutschen
R 1 Wiederaufstiegs (139), S. 86, 182.
R 4 Siehe Rede von Viktor Agartz am 26.9.1950. In:
AdG, 26.9.1950, 2600 J.
R 7–8 Deutschland-Jahrbuch 1953, S. 183.
R 15–21/ Tagebuch von Otto Lenz. Einträge vom 19.1.,
127 L 1–5 26.1., 24.2., 27.2., 19.3., 20.3.1951.
L 6–9 ibd., Eintrag vom 19.3.1951.
130 L 14–16 ibd., Eintrag vom 24.1.1951.

Wiederaufleben des Rechtsradikalismus?

Literatur: Tauber, Kurt P.: Beyond Eagle and Swastika. German
Nationalism since 1945. 2 Bde. Middletown 1967. – Jenke, Manfred: Die nationale Rechte. Parteien, Politiker, Publizisten. Berlin 1967. – Ders.: Verschwörung von rechts? (67). – Knütter,
Hans-Helmuth: Ideologien des Rechtsradikalismus in Deutschland. Eine Studie über Nachwirkungen des Nationalsozialismus.
Bonn 1961.

131 R 4–7 Nach Koch, Diether: Heinemann und die
Deutschlandfrage. München 1972, S. 132.
R 13–17 *AdG*, 19.9.1950, 2589 C.
R 19 Jenke, Manfred: Die nationale Rechte. a.a.O.,
S. 45.
132 L 8–17 DBT. 175. Sitzung vom 15.11.1951. Rede von Dr.
F. Richter (alias Fritz Rössler), S. 7185.
134 L 9–10 *AdG*, 4.10.1951, 3143 B.
L 16–18 Soell, Hartmut: Fritz Erler. Eine politische Biogra-
phie (113), S. 143–145.

Verzögerungsmanöver gegen den Wehrbeitrag

Quellen: Monnet, Jean: Erinnerungen eines Europäers (88). –
Speidel, Hans: Aus unserer Zeit (118). – Moch, Jules: Une si longue vie. Paris 1977. – Ders.: Histoire du réarmement allemand
depuis 1950. Paris 1965. – Sulzberger, Cyrus L.: Auf schmalen
Straßen durch die dunkle Nacht (121). – Acheson, Dean: Present
at the Creation (1). – Tagebuch von Otto Lenz.
Literatur: Rautenberg, Hans-Jürgen und Norbert Wiggershaus:
Die »Himmeroder Denkschrift« vom Oktober 1950. In: Militär-
geschichtliche Mitteilungen 1 (1977), Bd. 21. Boppard am Rhein
1977, S. 135–206. – Löwke, Udo F.: Für den Fall, daß... (79). –
Baring, Arnulf: Außenpolitik in Adenauers Kanzlerdemokratie
(11). – Wettig, Gerhard: Entmilitarisierung und Wiederbewaffnung in Deutschland 1943–1955 (140).

135 L 40–42/ Text der Regierungserklärung Plevens am
R 1–2 24.10.1950. In: Europa. Dokumente zur Frage der
europäischen Einigung, hrsg. vom Forschungsinstitut der Deutschen Gesellschaft für Auswärtige
Politik. Bonn 1962, S. 812–817.
R 39–44 Moch, Jules: Une si longue vie. a.a.O., S. 420.
136 R 33–46/ Rautenberg, Hans-Jürgen und Norbert Wiggers-
137 L 1–16 haus: Die »Himmeroder Denkschrift« vom Oktober 1950. a.a.O., S. 135–306.
140 L 16–24 Text des Schlußkommuniqués der Prager Außenministerkonferenz vom 20./21.10.1950. In: *Europa-Archiv* 5 (1950), S. 3560–3662. – Text der so-

wjetischen Note vom 3.11.1950 ibd., 6 (1951),
S. 3711.
141 R 16–26 Tagebuch von Otto Lenz. Einträge vom 1.2. und
21.2.: »Der Bundeskanzler gab einen eingehenden
Überblick über seine Haltung gegenüber der Ostzone und der Notwendigkeit, eine absolut klare
Politik zu machen, die insbesondere in Amerika
nicht der Eindruck erwecke, daß Deutschland
zwischen dem Osten und dem Westen schwanke.
Er wies darauf hin, daß sowohl die französische
wie die englische Politik z.Zt. für uns außerordentlich ungünstig sei und daß wir deshalb versuchen müßten, Amerika bei der Stange zu halten.«
R 25–27 Tagebuch von Otto Lenz, 22.2.1951.
142 R 12–17 Monnet, Jean: Erinnerungen eines Europäers (88),
S. 448. – Adenauer: Erinnerungen I, S. 433.
143 R 4–8 Tagebuch von Otto Lenz, 20.4.1951.

Um den Generalvertrag

Quellen: Grewe, Wilhelm G.: Rückblenden 1976–1951 (47),
S. 127–156. – Auriol: Journal du Septennat. Bd. V (10). – Acheson, Dean: Present at the Creation (1). – Adenauer: Erinnerungen II (2). – Tagebuch von Otto Lenz.
Literatur: Baring, Arnulf: Außenpolitik in Adenauers Kanzlerdemokratie (11). – Wettig, Gerhard: Entmilitarisierung und Wiederbewaffnung in Deutschland 1943–1955 (140).

144 L 18–34 Grewe, Wilhelm G.: Rückblenden 1976–1951 (47),
S. 144f.
L 40–42/ Text des Generalvertrags (Deutschlandvertrag)
R 1–29 vom 26.5.1952 in: Die Auswärtige Politik der
Bundesrepublik Deutschland, hrsg. vom Auswärti-
gen Amt. Köln 1972, S. 208–213.
R 40–45 In diesem für ein Verständnis der Adenauerschen
Deutschlandpolitik zentralen Punkt kamen genau
beobachtende alliierte und deutsche Politiker zu
ähnlichen Schlußfolgerungen hinsichtlich der Motive des Kanzlers. Dean Acheson meinte beim
Rückblick auf die entscheidenden Pariser Verhandlungen der drei westlichen Außenminister mit
Adenauer: »We had satisfactorily reassured Adenauer as to his main fear, which was that the allies
might, at German expense, conclude a deal on
German unification with the Soviets« (Present at
the Creation. S. 586f.). Otto Lenz notierte sich
nach der Rückkehr des Kanzlers aus Paris am
27.11.1951 über dessen Bericht: »Es hätten mit
Rücksicht auf die Präsidentschaftswahlen in USA
die Verhandlungen schnell abgeschlossen werden
müssen... Wichtigstes Ergebnis ist, daß auf unserem Rücken nunmehr mit den Russen keine Vereinbarung getroffen wird.«
146 L 21–26/ Wortlaut der Bindungsklausel in ihrer ursprüngli-
R 1–6 chen Fassung bei Grewe, Wilhelm: Deutsche Außenpolitik der Nachkriegszeit (46), S. 327.
147 R 14–21 Bei einer Rede in Berlin am 6.10.1951.
R 22 Auriol, Journal V (10), S. 547.
148 R 37–40 Kohler, Adolf: Alcide de Gasperi. Bonn 1979,
S. 119.

Sowjetische Notenoffensive und Unterzeichnung der Westverträge

Quellen: Acheson, Dean: Present at the Creation (1). – Adenauer: Erinnerungen I (2). – Die deutsche Frage 1952–1956. Notenwechsel und Konferenzdokumente der vier Mächte, hrsg. von Eberhard Jäckel. Berlin/Frankfurt/M. 1957. – Die Vertragswerke von Bonn und Paris vom Mai 1952. Dokumente und Berichte des *Europa-Archivs*. Bd. 10. Frankfurt/M. 1952. – *AdG*. – *NZZ*. – Tagebuch von Otto Lenz.
Literatur: Kosthorst, Erich: Jakob Kaiser (72). – Baring, Arnulf: Außenpolitik in Adenauers Kanzlerdemokratie (11). – Wettig, Gerhard: Entmilitarisierung und Wiederbewaffnung in Deutschland 1943–1955 (140).

149 R 16–36 Text in: Die Bemühungen der Bundesrepublik um Wiederherstellung der Einheit Deutschlands durch gesamtdeutsche Wahlen (13), S. 16 f.
150 R 12–17 Text ibd., S. 36 f.
151 L 1–4 *AdG*, 22.9.1951, 3124 B.
L 4–6 Tagebuch von Otto Lenz. Eintrag vom 21.9.1951.
L 6–11 ibd., Eintrag vom 25.9.1951. – *NZZ*, 21.9.1951.
L 11–15 Nach einer zuerst abweisenden Radiorede Adenauers am 18.9.1951 (*AdG*, 3123 B) erfolgte am 27.9. die Ankündigung der Vorlage eines Wahlgesetzes (*AdG*, 3134 A).
L 22–24 Das befürchtete auch Adenauer, wie er in Gesprächen mit evangelischen und katholischen Kirchenführern am 5.11.1951 in Königswinter zum Ausdruck brachte (Tagebuch von Otto Lenz, Eintrag vom 5.11.1951).
L 38–41 Die entsprechenden Dokumente finden sich in der Publikation des gesamtdeutschen Ministeriums: Bemühungen der Bundesrepublik um Wiederherstellung der Einheit Deutschlands durch gesamtdeutsche Wahlen (13).
152 R 1–12 Adenauer: Erinnerungen I, S. 535–539.
R 13–20 Charakteristisch für die Haltung der SPD in diesem Zeitpunkt war die Bundestagsrede Carlo Schmids während der Debatte am 3./4.4.1952. In: Verhandlungen des Deutschen Bundestages. 1. Wahlperiode 1949. Stenographische Berichte. 204. Sitzung. 3./4.4.1952, S. 8771–8776.
R 29–31 Text in: Dokumentation zur Deutschlandfrage. a.a.O., S. 138–140.
153 R 35–46/ Tagebuch von Otto Lenz. Eintrag vom 11.3.1952.
154 L 1–8/
R 1–3
R 4–8/ *NZZ*, 13.3.1952.
155 L 1–7
L 8–13 *AdG*, 13.3.1952, 3387 f. B.
L 13–41 Tagebuch von Otto Lenz. Eintrag vom 14.3.1952.
L 45–46/ Adenauer: Erinnerungen II, S. 74.
R 1–10/
R 11–46/ Text nach dem Bericht der *Siegener Zeitung*,
156 L 1–11 17.3.1952. – Zum bisherigen Forschungsstand bezüglich der März-Note 1952 zusammenfassend Hillgruber, Andreas: Adenauer und die Stalin-Note vom 10.März 1952. In: KAZeit II, S. 111–130. Abweichend Meyer, Gerd: Die sowjetische Deutschland-Politik im Jahre 1952. Tübingen 1970.

157 R 19–21/ Divine, Robert A.: Foreign Policy and U.S. Presidential Elections 1952–1960. New York 1974, S. 15–17.
L 1–6
L 22–31 *FAZ*, 12.3., 14.3., 23.3., 25.3.1952.
L 42–46/ Adenauer: Erinnerungen II, S. 74–76.
R 1–46/
158 L 1–2
L 3–19 Text der Noten in: Dokumentation zur Deutschlandfrage. a.a.O., S. 140 f.
L 27–40 Adenauer: Erinnerungen II, S. 84.
R 1–3 Text des Friedländer-Interviews in: *Bulletin*. Nr. 47, 26.4.1952, S. 487 f.
R 12–37 Zum Wiedervereinigungskalkül dieser Periode siehe Schwarz, Hans-Peter: Die deutschlandpolitischen Vorstellungen Konrad Adenauers 1955–1958. In: Ders. (Hrsg.): Entspannung und Wiedervereinigung. Rhöndorfer Gespräche, Bd. 2. Bonn 1979, S. 17 f.
159 L 8–25 Text der Rede bei Pfleiderer, Karl Georg: Politik für Deutschland. Reden und Aufsätze 1948–1956. Stuttgart 1961. S. 83–99. Dort ist auch der sogenannte Pfleiderer-Plan, eine am 2.9.1952 veröffentlichte Denkschrift, abgedruckt (S. 100–123). Zu Pfleiderer allgemein Schlarp, Karl-Heinz: Alternativen zur deutschen Außenpolitik 1952–1955. Karl Georg Pfleiderer und die »Deutsche Frage«. In: Aspekte deutscher Außenpolitik im 20. Jahrhundert. Aufsätze Hans Rothfels zum Gedächtnis, hrsg. v. Wolfgang Benz und Hermann Graml. Stuttgart 1976, S. 211–248.
L 29–37 Kennan, George F.: Memoirs 1925–1950. London 1967, S. 442–448.
R 17–28 Eine Darstellung der neuen Konzeption der SPD, die sich zwischen 1953 und 1955 entwickelte, gibt Löwke, Udo F.: Für den Fall, daß . . . (79), S. 159–215.
160 R 3–6 Adenauer: Erinnerungen I, S. 513, 527.
R 17–20 Baring, Arnulf: Adenauer – v. Brentano (12), S. 102.
161 L 43–46/ Baring, Arnulf: Außenpolitik in Adenauers Kanzlerdemokratie (11), S. 173.
R 1–5
R 6–10 ibd., S. 136, 159.
162 L 12–24 Tagebuch von Otto Lenz. Eintrag vom 13.5.1952.
R 32–36 ibd., Eintrag vom 10.5.1952.
163 L 6–16/ ibd., Eintrag vom 20.5.1952.
R 1–16/
164 L 1–3
L 3–14 Acheson, Dean: Present at the Creation (1), S. 645 f.
165 L 11–15 Tagebuch von Otto Lenz. Eintrag vom 30.5.1952.
R 19–20 Tagebuch von Otto Lenz. Eintrag vom 27.8.1951.
R 17–24 Adenauer: Erinnerungen I, S. 533, 535.
166 L 5–36 Jahrbuch der öffentlichen Meinung 1947–1955 (64), S. 172, 339, 349, 356, 357 f., 360 f.

Lastenausgleich und Eingliederung der Vertriebenen

Quellen: Kather, Linus: Die Entmachtung der Vertriebenen. 2 Bde. München 1964 und 1965.
Literatur: Hilger, Dietrich: Die mobilisierte Gesellschaft; Nahm, Peter Paul: Lastenausgleich und Integration der Vertriebenen

und Geflüchteten. In: Löwenthal, Richard und Hans-Peter Schwarz (Hrsg.): Die zweite Republik (78), S. 95–122; 817–842. – Nahm, Peter Paul: ... doch das Leben ging weiter. Skizzen zur Lage, Haltung und Leistung der Vertriebenen, Flüchtlinge und Eingesessenen nach der Stunde Null. Köln/Berlin 1971. – Lemberg, Eugen und Friedrich Edding (Hrsg.): Die Vertriebenen in Westdeutschland (76).

167   L 26–40   Nahm, Peter Paul: Lastenausgleich und Integration der Vertriebenen und Geflüchteten. a.a.O., S. 825. – Ders.: ... doch das Leben ging weiter. a.a.O., S. 134, 140f.
      R 12–17   Deutschland-Jahrbuch 1953 (27), S. 384. – Nahm, Peter Paul: ... doch das Leben ging weiter. a.a.O., S. 87f.
168   L 8–12   Nahm, Peter Paul: ... doch das Leben ging wei-
      R 1–4   ter. a.a.O., S. 112–116.
169   L 14–16   Reichling, Gerhard: Die Heimatvertriebenen im Spiegel der Statistik. Berlin 1958, S. 39.
      L 29–31   Deutschland-Jahrbuch 1953 (27), S. 386.

Das Ratifikationsverfahren

Quellen: Maier, Reinhold: Erinnerungen 1948–1953. Tübingen 1966. – Der Kampf um den Wehrbeitrag. 3 Bde. München 1952 und 1953. – *AdG.* – Tagebuch von Otto Lenz.
Literatur: Pikart, Eberhard: Theodor Heuss und Konrad Adenauer (100). – Baring, Arnulf: Sehr verehrter Herr Bundeskanzler! (12). – Ders.: Außenpolitik in Adenauers Kanzlerdemokratie (11).

169   R 28–32   Tagebuch von Otto Lenz. Eintrag vom 6.6., 10.6.1952.
170   L 22–25   ibd., Eintrag vom 10.6.1952.
171   R 7–13   Billing, Werner: Das Problem der Richterwahl zum Bundesverfassungsgericht. Ein Beitrag zum Thema »Politik und Verfassungsgerichtsbarkeit«. Berlin 1969, S. 181–189.
172   L 8–12   Die Spekulationen um einen »roten« und »schwarzen« Senat hatten bereits 1951 bei der Verhandlung der Südweststaat-Frage eingesetzt. *NZZ*, 12.12.1952.
      R 29–36   Pikart, Eberhard: Theodor Heuss und Konrad Adenauer (100), S. 106.
173   R 8–14   Tagebuch von Otto Lenz. Eintrag vom 27.6.1952.
      R 15–21/ ibd., Einträge vom 17.8., 18.8., 19.8., 2.9.1952.
174   L 1–22
      L 45–46/ *AdG*, 17.5.1952, 3473 B.
      R 1–3
176   L 31–33   Tagebuch von Otto Lenz. Eintrag vom 2.12.1952.
      R 11–12   *FAZ*, 10.12., 12.12.1952.
      R 27–29   Tagebuch von Otto Lenz, Eintrag vom 9.12.1952.
177   L 4–5   Baring, Arnulf: Außenpolitik in Adenauers Kanzlerdemokratie (11), S. 244. – Pikart, Eberhard: Theodor Heuss und Konrad Adenauer (100), S. 107–112.
      L 13–15   Tagebuch von Otto Lenz. Eintrag vom 9.12.1952. Baring, Arnulf: Außenpolitik in Adenauers Kanzlerdemokratie (11), S. 251.
      L 27–30   Verhandlungen des Deutschen Bundestages.

1.Wahlperiode 1949. Stenographische Berichte. 252. Sitzung vom 4.3.1953, S. 12098
178   L 14–15   Baring, Arnulf: Außenpolitik in Adenauers Kanzlerdemokratie (11), S. 269.
      L 27–31   Henkels, Walter: Zeitgenossen (54), S. 148.
      R 18–19   Ansprache vor dem Hamburger CDU-Parteitag. In: Deutschland, sozialer Rechtstaat im geeinten Europa, hrsg. von der Bundesgeschäftsstelle der CDU. Hamburg/Bonn o.J., S. 52.
179   R 10–12   Aron, Raymond et Daniel Lerner: La Querelle de la C.E.D. Essais d'analyse sociologique. Paris 1956, S. XI.
      R 16–18   *NZZ*, 10.1.1953.
180   L 1–26/   Text in: Europa. Dokumente zur Frage der euro-
      R 1   päischen Einigung, hrsg. vom Forschungsinstitut der Deutschen Gesellschaft für Auswärtige Politik. Bonn 1962, S. 947–982.
181   R 3–4   Auriol, Vincent: Journal du Septennat. Bd. VII (10), S. 158.

Die Wiederherstellung des deutschen Kredits

Quellen: Abs, Hermann J.: Konrad Adenauer und die Wirtschaftspolitik der fünfziger Jahre. In: KAZeit I, S. 229–245. – Vogel, Rolf (Hrsg.): Deutschlands Weg nach Israel. Eine Dokumentation. Stuttgart 1967. – Shinnar, Felix E.: Bericht eines Beauftragten. Die deutsch-israelischen Beziehungen 1951–1966. Tübingen 1967. – Eckardt, Felix von: Ein unordentliches Leben (31). – Adenauer: Erinnerungen II. – Abs, Hermann J.: Zeitfragen der Geld- und Wirtschaftspolitik. Aus Vorträgen und Aufsätzen. Frankfurt 1959.
Literatur: Balabkins, Nicholas: West German Reparations to Israel. New Brunswick 1971.

182   R 8–17   Verhandlungen des Deutschen Bundestages. 1.Wahlperiode 1949. Anlagen zu den Stenographischen Berichten. 23.Teil. Drs. 4260, S. 154.
183   R 8–18   ibd., S. 154, 156.
184   L 13–18   *AdG*, 8.8.1952, 3598 B.
      L 42–46/ Text der Note bei Vogel, Rolf (Hrsg.): Deutsch-
      R 1–5   lands Weg nach Israel. a.a.O., S. 29–34.
      R 45–46/ Tagebuch von Otto Lenz. Eintrag vom 1.4.1952.
185   L 1–3   – Eckardt, Felix von: Ein unordentliches Leben (31), S. 202f.
      L 11–16   Text des Interviews mit der *Allgemeinen Wochenzeitung der Juden in Deutschland* am 11.11.1949 in: Vogel, Rolf (Hrsg.): Deutschlands Weg nach Israel. a.a.O., S. 17–19.
      L 44–46/ Text der Regierungserklärung vom 27.9.1951
      R 1–2   ibd., S. 35–36.
186   L 15–19   Text des Briefes Adenauers vom 6.12.1951 ibd., S. 39.
      L 20–26   Text des Abkommens vom 10.9.1952 ibd., S. 62–75.
      L 34–35   Shinnar, Felix E.: Bericht eines Beauftragten. a.a.O., S. 86.
      L 41–46/ Balabkins, Nicholas: West German Reparations to
      R 1–2   Israel. a.a.O., S. 186.
      R 16–31   Verhandlungen des Deutschen Bundestages. 1.Wahlperiode 1949. Stenographische Berichte.

254. Sitzung vom 18.3.1953, S. 12290–12293.

187 R 41–46/ Seelbach, Jörg: Die Aufnahme der diplomatischen
  L 1–7 Beziehungen zu Israel als Problem der deutschen
  Politik seit 1955. Meisenheim am Glan 1970,
  S. 10 f.

  L 12–16 Deutschkron, Inge: Israel und die Deutschen.
  Zwischen Ressentiment und Ratio. Köln 1970,
  S. 113–123. – Einzelheiten gibt aus israelischer
  Sicht Shimon Peres in: *Lui*, 8.9.1979.

Ende der Unsicherheit

Quellen: 10 Jahre Bundesrepublik Deutschland (20). – Deutschland im Wiederaufbau 1953. Tätigkeitsbericht der Bundesregierung für das Jahr 1953, hrsg. vom Presse- und Informationsamt
der Bundesregierung. Bonn 1953.
Literatur: Lange, Erhard H. M.: Wahlrecht und Innenpolitik.
Entstehungsgeschichte und Analyse der Wahlgesetzgebung und
Wahlrechtsdiskussion im westlichen Nachkriegsdeutschland
1945–1956. Meisenheim am Glan 1975, S. 409–586. – Baring, Arnulf: Der 17. Juni 1953. Köln/Berlin 1965. – Hirsch-Weber,
Wolfgang und Klaus Schütz: Wähler und Gewählte. Eine Untersuchung der Bundestagswahlen 1953. Berlin 1957.

187 R 1–23/ Jahrbuch der öffentlichen Meinung 1947–1955
188 L 1–2 (64), S. 172 f., 192.
  L 7–14 ibd., S. 167.
189 L 3–4 DDR-Handbuch (25), S. 944.
  L 27/ Die Flucht aus der Sowjetzone und die Sperrmaß-
  R 1–5 nahmen des kommunistischen Regimes vom
  13. August 1961 in Berlin, hrsg. vom Bundesministerium für Gesamtdeutsche Fragen. Bonn/Berlin
  1961, S. 15.
190 L 2–4 Meissner, Boris und Jörg K. Hoensch: Deutschland und Österreich. In: Sowjetunion. Außenpolitik 1917–1955 (116), S. 485.
  R 14–24/ Adenauer: Erinnerungen II, S. 207–217, 224–232.
191 L 1
192 L 16–18 Soell, Hartmut: Fritz Erler. Eine politische Biographie (113), S. 164–188.
  R 11–12 Köser, Helmut: Die Grundsatzdebatte in der SPD
  von 1945/46 bis 1958/59. Freiburg im Breisgau
  1971, S. 184 f.
  R 30–46/ Wallich, Henry C.: Triebkräfte des deutschen
193 L 1–7 Wiederaufstiegs (139), S. 96–101.
  L 19–21 Deutschland im Wiederaufbau 1953. a.a.O.,
  S. 259. – Warner, Bruno E.: Neues Bauen in
  Deutschland. München 1952.
  L 36–37 Statistisches Jahrbuch für die Bundesrepublik
  Deutschland 1956. Stuttgart 1956, S. 73.
194 L 20–24 Tagebuch von Otto Lenz. Eintrag vom 26.6.1953.
195 R 19–24/ *NZZ*, 10.9., 11.9.1953.
196 L 1–2

Abschluß der Nachkriegszeit 1953–1955

Das zweite Kabinett Adenauer

Literatur: Domes, Jürgen: Mehrheitsfraktion und Bundesregierung (30). – Müchler, Günter: CDU/CSU. Das schwierige
Bündnis. München 1976.

197 L 19–26 *NZZ*, 23.9.1953.
  L 26–29 Sternberger, Dolf: Das deutsche Wahlwunder. In:
  Die Gegenwart. 8 (1953), S. 584–587.
  L 36–38 Daniel, Jens (= Rudolf Augstein): Gott schütze
  Sie, mein Kanzler. In: *Der Spiegel*, 16.9.1953, S. 4.
  R 20–23 Altmann, Rüdiger: Das Erbe Adenauers. Stuttgart
  ³1960, S. 52 f.
199 L 39 Henkels, Walter: Zeitgenossen. Fünfzig Bonner
  Köpfe. Hamburg ²1953, S. 229.
200 L 32–36 Mende, Erich: Die FDP (86), S. 87. – Eckardt, Fe-
  lix von: Ein unordentliches Leben (31), S. 275.
  R 30–32 Domes, Jürgen: Mehrheitsfraktion und Bundesre-
  gierung (30), S. 89.
201 R 10–12 Eckardt, Felix von: Ein unordentliches Leben (31),
  S. 274.
  R 19–20 *Der Spiegel*, 21.4.1954, S. 9–16.
203 R 6–11 Dazu Merkl, Peter H.: Das Adenauer-Bild in der
  öffentlichen Meinung der USA (1949–1955). In:
  KAZeit II, S. 220–228.

Rückkehr unter die großen Mächte der Welt

204 L 11–15 *NZZ*, 13.10.1953.
  L 15/ Adenauer: Erinnerungen II, S. 240.
  R 1–10
  R 23–26 Westdeutschlands Stellung in der Weltwirtschaft.
  In: *NZZ*, 18.12.1953.
  R 31–37 *NZZ*, 19.1.1954.
  R 46 Nach Fauvet, Jacques: Von de Gaulle bis de Gaul-
  le (40), S. 231.
205 L 21–31 Auriol: Journal VII, S. 419.
  R 6–7 Nach offiziellen französischen Angaben beliefen
  sich die Kosten des Indochinakrieges zwischen
  1946 und 1954 auf 2932 Mrd. Francs. *AdG.*,
  21.7.1954, 4638 A.
206 R 21–27 In einer Unterhaus-Rede vom 17.12.1953. *NZZ*,
  19.12.1953.
  R 28–35 Text in: *Europa-Archiv* 8 (1953), S. 5747.
  R 35–40 Adenauer: Erinnerungen II, S. 207.
207 L 5–9 Adenauer an Erik Blumenfeld. 4.8.1953
  (StBKAH, 11.05).
  L 25–27 Adenauer: Erinnerungen II, S. 240.

Anfänge der Entspannungspolitik

Literatur: Schwarz, Hans-Peter und Boris Meissner (Hrsg.): Entspannungspolitik in Ost und West. Köln/Berlin/Bonn/München
1980. – Geyer, Dietrich (Hrsg.): Sowjetunion. Außenpolitik
1917–1955. Köln/Wien 1972.

207 R 21–23 Rede vor der American Society of Newspaper Editors am 16.4.1953. In: *Europa-Archiv* 8 (1953), S. 5749–5750.

Die Berliner Konferenz

Quellen: Grewe, Wilhelm G.: Rückblenden 1976–1951 (47), S. 174–189. – Alphand, Hervé: L'étonnement d'être. Journal 1939–1973. Paris 1977. – Eckardt, Felix von: Ein unordentliches Leben (31), S. 285–317. – Eisenhower, Dwight D.: Die Jahre im Weißen Haus. 1953–1956. Düsseldorf/Wien 1964 (1963). – Eden, Anthony: Full Circle. London 1960, S. 53–76. – Siegler, Heinrich von (Hrsg.): Wiedervereinigung und Sicherheit Deutschlands (110). – Jäckel, Eberhard (Hrsg.): Die deutsche Frage. 1952–1956 (63).
Literatur: Hoopes, Townsend: The Devil and John Foster Dulles (60). – Drummond, Roscoe und Gaston Coblentz: Duell am Abgrund. John Foster Dulles und die amerikanische Außenpolitik 1953–1959. Köln/Berlin 1961.

212 L 28–46/ Texte des Notenwechsels in der Dokumentation
       R 1   von Jäckel, Eberhard (Hrsg.): Die deutsche Frage (63).
       R 1–5   *NZZ*, 26.11.1953.
       R 15–29 Texte der Entschließungen in: *Europa-Archiv* 8 (1953), S. 5825–5826 und 6273.
       R 45–46/ Text der Entschließung vom 9.3.1951 in: *Europa-*
213 L 1–11/ *Archiv* 6 (1951), S. 3871f.
       R 1–7
       R 33–43 Adenauer: Erinnerungen II, S. 113–126.
214 L 4–26/ Siegler, Heinrich von: Dokumentation zur
       R 1–11 Deutschlandfrage (112), S. 180–184.
215 R 8–26/ Jäckel, Eberhard: Die deutsche Frage (63), S. 68f.
216 L 1–2
       L 23–27 ibd., S. 67f.
       L 37–44 Die Bemühungen der Bundesrepublik um Wiederherstellung der Einheit Deutschlands durch gesamtdeutsche Wahlen. II. Teil (13), S. 53.
       L 44–46 So Adenauer am 24.4.1952. *Europa-Archiv* 7 (1952), S. 4901.
       L 46/   *NZZ*, 13.2.1954.
       R 1–7
217 L 37–39 Kommuniqué der Außenministerkonferenz vom 19.9.1950. *Europa-Archiv* 5 (1950), S. 3046f.
218 L 39–46/ Jäckel, Eberhard (Hrsg.): Die deutsche Frage (63),
       R 1–38 S. 69f.
       R 39–41 Alphand, Hervé: L'étonnement d'être. a.a.O., S. 244.
219 L 8–9   Rede Molotows zum 5. Jahrestag der Gründung der DDR 6.10.1954. *AdG*, 6.10.1954, 4774 A.
       L 11–13 Von Gromyko auf einer Pressekonferenz in Rom am 27.4.1966. *AdG*, 27.4.1966, 12469 A.
       L 26/   Siegler, Heinrich von (Hrsg.): Dokumentation zur
       R 1–9   Deutschlandfrage (112), S. 206. – *NZZ*, 19.2.1954.
       R 16–19 *NZZ*, 20.2.1954.
220 R 2–4   *Die Welt*, 20.2.1954.
       R 10–13 *NZZ*, 20.2. und 21.2.1954.
221 L 26–29 Daniel, Jens (= Rudolf Augstein): Die Quittung. In: *Der Spiegel*, 24.2.1954, S. 4.

Das Scheitern der EVG

Quellen: Schneider, Heinrich: Das Wunder an der Saar (128). – Mendès-France, Pierre: Choisir. Conversations avec Jean Bothorel. Paris 1974. – Spaak, Paul-Henri: Memoiren eines Europäers (117). – Sulzberger, Cyrus L.: Auf schmalen Straßen durch die dunkle Nacht (121). – Adenauer: Erinnerungen II. – Europa. Dokumente zur Frage der europäischen Einigung (38).
Literatur: Noack, Paul: Das Scheitern der Europäischen Verteidigungsgemeinschaft (96). – Kiersch, Gerhard: Parlament und Parlamentarier in der Außenpolitik der 4. Republik. Diss. Berlin 1971. – Elgey, Georgette: Histoire de la IVe République. Tome II: La République des contradictions (1951–1954). Paris 1968. – Wettig, Gerhard: Entmilitarisierung und Wiederbewaffnung in Deutschland 1943–1955 (140). – Rouanet, Pierre: Mendès-France au pouvoir. Paris 1965. – Grosser, Alfred: La IVe République et sa politique extérieure (49). – Schmidt, Robert H.: Saarpolitik 1945–1957. Bd. 2 (127). – Fauvet, Jacques: Von de Gaulle bis de Gaulle (40).

221 R 1–5   *NZZ*, 28.11.1953. – Sulzberger, Cyrus L.: Auf schmalen Straßen durch die dunkle Nacht (121), S. 521.
222 L 14–44 Europa. Dokumente zur Frage der europäischen Einigung (38), S. 982–985.
       R 6–7   *AdG*, 21.3.1952, 3395 C.
       R 8–22/ Schneider, Heinrich: Das Wunder an der Saar
223 L 1–3   (128), S. 203–206. – *NZZ*, 14.4., 27.4., 30.4.1952. – Zu dem in Paris nicht mehr auffindbaren Brief Adenauers siehe Sulzberger, Cyrus L.: Auf schmalen Straßen durch die dunkle Nacht (121). Einträge vom 19.10., 29.10. und 17.12.1953.
       L 24–34 Schmidt, Robert H.: Saarpolitik 1945–1957. Bd. 2 (127). S. 760–768.
       R 11–27 *NZZ*, 28.5.1954. – Spaak, Paul-Henri: Memoiren eines Europäers (117), S. 224. – Text der Vereinbarungen bei Schneider, Heinrich: Das Wunder an der Saar (128), S. 236–238. – Elgey, Georgette: La République des contradictions (34), S. 540f.
       R 44–45 Als sich die FDP-Abgeordneten Karl Georg Pfleiderer und Hubertus Prinz zu Löwenstein deutlich von Adenauers Linie in der Saarfrage absetzten, meinte dieser zu Otto Lenz, »wenn die FDP gegen uns stimme, dann könne es zu einer Kabinettskrise kommen.« (Tagebuch von Otto Lenz. Eintrag vom 29.4.1954).
224 L 9–26 Sulzberger, Cyrus L.: Auf schmalen Straßen durch die dunkle Nacht (121). Eintrag vom 19.10.1954, S. 516f.
       R 1–4   Adenauer: Erinnerungen II, S. 241.
       R 9–12 *NZZ*, 22.6.1954.
       R 16–21 *Der Spiegel*, 8.9.1954, S. 5. – *NZZ*, 10.4.1954.
225 L 5–12 Noack, Paul: Das Scheitern der Europäischen Verteidigungsgemeinschaft (96), S. 22–29.
       L 41–47/ Kosthorst, Erich: Jakob Kaiser (72), S. 284–295.
       R 1–6
       R 8–14 *AdG*, 15.5.1954, 4524 A; 22.5.1954, 4534 D. – *NZZ*, 3.6.1954.
       R 17–19/ *AdG*, 7.5.1954, 4511 B. – *Der Spiegel*, 8.9.1954,
226 L 1–6   S. 5.
               NZZ, 2.6.1954.

227 L 4–8 Das glaubt Alphand, Hervé: L'étonnement d'être (8), S. 251.
L 16–19 Mendès-France, Pierre: Choisir (87), S. 73–76.
228 L 18–28 Noack, Paul: Das Scheitern der Europäischen Verteidigungsgemeinschaft (96), S. 64, 69.
R 16–17 Adenauer an Heuss. 25.8.1954 (StBKAH, III 47).
R 35–46 Vogelsang, Thilo: Großbritanniens Politik zwischen Mendès-France und Adenauer. In: KAZeit II, S. 37–52. – Moran, Lord (Charles McMoran Wilson): Winston Churchill. The Struggle for Survival 1940–1965. London 1966. Einträge vom 4.7., 18.8., 24.8., 2.9. und 7.9.1954.

Koalitionsprobleme

229 R 4–42 Hockerts, Hans-Günther: Adenauer als Sozialpolitiker. In: KAZeit II, S. 473.
R 4–5 Verhandlungen des Deutschen Bundestages. 2. Wahlperiode 1953. Stenographische Berichte. 18. Sitzung vom 20.10.1953, S. 13.
R 7–10 ibd., 30. Sitzung vom 21.5.1954, S. 1408–1411.
R 37–46/ NZZ, 17.10.1954.
230 L 1–6
L 7–12 *Der Spiegel*, 15.9.1954, S. 11.
R 3–4 ibd., 17.3.1954, S. 5 f.
R 4–5 NZZ, 4.4.1954.
R 7–9 Bei der Beratung des Bundeshaushalts 1954 stimmte die Mehrzahl der FDP-Abgeordneten einem SPD-Antrag zu, den Etat des Familienministeriums zu streichen. *AdG*, 5.5.1954, 4510 A1.
R 29–38 Ellwein, Thomas: Klerikalismus in der deutschen Politik. München 1955, S. 113, 231–233.
231 L 24–29/ Keinemann, Friedrich: Von Arnold zu Steinhoff.
R 1–13 Politische Bewegungen und Koalitionsbildungen in Nordrhein-Westfalen 1950–1962. Münster 1973, S. 46–76.

Radikalisierung der Gewerkschaften?

Literatur: Pirker, Theo: Die blinde Macht. Die Gewerkschaftsbewegung in Westdeutschland. Zweiter Teil 1960. Weg und Rolle der Gewerkschaften im neuen Kapitalismus. München 1960. – Triesch, Günter: Die Macht der Funktionäre. Macht und Verantwortung der Gewerkschaften. Düsseldorf 1956.

232 R 19–21 Triesch, Günter: Die Macht der Funktionäre. a.a.O., S. 295, 333.
R 45–46/ ibd., S. 299, 311.
233 L 1–4
L 15–21 Hirsch-Weber, Wolfgang und Klaus Schütz: Wähler und Gewählte. Eine Untersuchung der Bundestagswahlen 1953. Berlin/Frankfurt/M. 1957, S. 66 f.
L 21–25 ibd., S. 54–59, 61–62, 70–73 zur Einflußnahme der Unternehmerverbände, des Bauernverbandes und der katholischen Kirche auf die Bundestagswahlen 1953.
L 36–46/ Text des Briefes bei Pirker, Theo: Die blinde
R 1–4 Macht. a.a.O., S. 83–86.

235 R 5–14 *AdG*, 11.10.1954, 4788 A5.
R 31–42 *AdG*, 27.3.1957, 6356A; 13.12.1957, 6792D.
R 43–45 Leber, Georg: Vom Frieden. Stuttgart 1979, S. 28–56.

Die John-Affäre

Quellen: Nollau, Günther: Das Amt. 50 Jahre Zeuge der Geschichte. München 1978. – Gehlen, Reinhard: Der Dienst. Erinnerungen 1942–1971. Mainz/Wiesbaden 1971. – NZZ. – AdG. – Sitzungsprotokolle der CDU/CSU-Fraktion.
Literatur: Boveri, Margret: Der Verrat im XX. Jahrhundert. Bd. II: Für und wider die Nation. Das unsichtbare Geschehen. Hbg. 1956.

236 R 4–11 *AdG*, 23.7.1954, 4641 B2; 12.8.1954, 4675 A; 30.7.1954, 4653–55 D4, 6; 21.8.1954, 4690 C1; 12.12.1955, 5514 G. – *Der Spiegel*, 28.7.1954, S. 5–10. – ibd., 4.8.1954, S. 5. – ibd., 18.8.1954, S. 5 f.
R 12–13 *AdG*, 30.7.1954, 4653 D.
R 11–18 *AdG*, 22.12.1956, 6167 D.
R 23–25 Munzinger Archiv. Intern. Biogr. Archiv. 27.9.1969. Lieferung 39/69 – P – 4036⁶a. – ibd., 28.8.1971. Lieferung 34/71 – P – 4036⁷b.
237 L 19–22 NZZ, 24.7.1954.
L 25–26 Heinz bezeichnete John in einem Zeitungs-Interview als seinen »schlimmsten Feind«; siehe *FAZ*, 22.12.1954.
238 R 31–43 *Die Zeit*, 29.7.1954. – NZZ, 5.8.1954.
239 L 36–40 *AdG*, 6.8.1954, 4667 A5. Die schärfsten Angriffe kamen von Reinhold Maier und Thomas Dehler: *AdG*, 17.9.1954, 4737 D5. Der Mißtrauensantrag der SPD gegen Schröder wurde aber mit 223 gegen 128 Stimmen abgelehnt; 37 Abgeordnete der FDP, 10 des BHE und 2 der DP enthielten sich: *AdG*, 17.9.1954, 4737 D1. Die CDU/CSU-Fraktion stellte sich auf einer Sondersitzung am 24.8.1954 nach einiger Kritik an dem widersprüchlichen Verhalten der Regierung hinter Schröder. Als von Brentano auf einer weiteren Sitzung am 15.9.1954 mitteilte, daß sich die FDP beim Mißbilligungsantrag gegen Schröder der Stimme enthalten wolle, beauftragte die Fraktion ihren Vorsitzenden, der FDP für den Fall einer Stimmenthaltung ernsthafte Konsequenzen anzudrohen. Die Affäre John trug also auch weiter zur Vergiftung des Koalitions-Klimas bei.

Die innere Verfassung der SPD

Quellen: Schmid, Carlo: Erinnerungen. Bern/München/Wien 1979. – Jahrbuch der Sozialdemokratischen Partei Deutschlands 1954/55, hrsg. v. Vorstand der Sozialdemokratischen Partei Deutschlands. Hannover/Bonn o.J.
Literatur: Soell, Hartmut: Fritz Erler. Eine politische Biographie (113). – Köser, Helmut: Die Grundsatzdebatte in der SPD von 1945/46 bis 1958/59. Entwicklung und Wandel der Organisationsstruktur und des ideologisch-typologischen Selbstverständnisses der SPD. Diss. Freiburg 1971. – Pirker, Theo: Die SPD

nach Hitler. Die Geschichte der Sozialdemokratischen Partei Deutschlands 1945–1964. München 1965. – Lange, Max-Gustav u.a.: Parteien in der Bundesrepublik (99). – Allemann, Fritz René: Bonn ist nicht Weimar. Köln/Berlin 1956.

240 L 2–13 *NZZ*, 30.10.1953;.20.11.1953.
     R 13–26/ Pirker, Theo: Die SPD nach Hitler. a.a.O.,
241 L 1–8 S. 188–191. – Jahrbuch der Sozialdemokratischen Partei Deutschlands 1954/55. Hannover 1956, S. 322. – *NZZ*, 20.11.1954.
     R 35–41 Lange, Max-Gustav u.a.: Parteien in der Bundesrepublik (99), S. 198 und 203 f.
242 L 13–23 Jahrbuch der Sozialdemokratischen Partei Deutschlands 1954/55. a.a.O., S. 298. – *AdG*, 11.5.1953, 3987 B; 8.6.1953, 4027 C.
245 L 19–26 Prittie, Terence: Willy Brandt. Biographie. Frankfurt/M. 1973, S. 163–202.

Die Konferenzen von London und Paris

Quellen: Grewe, Wilhelm G.: Rückblenden 1976–1951 (47), S. 195–217. – Adenauer: Erinnerungen II. – Eden, Anthony: Full Circle. London 1960, S. 146–174. – Grewe, Wilhelm G.: Deutsche Außenpolitik der Nachkriegszeit (46), S. 185–196.
Literatur: Noack, Paul: Das Scheitern der Europäischen Verteidigungsgemeinschaft (96). – Wettig, Gerhard: Entmilitarisierung und Wiederbewaffnung in Deutschland 1943–1955 (140).

246 R 36–42 Adenauer: Erinnerungen II, S. 310.
247 L 7 ibd., S. 309 f.
     L 38–43 *Der Spiegel*, 6.10.1954, S. 5 f.
     R 46/ Eisenhower, Dwight D.: Die Jahre im Weißen
248 L 1–5 Haus (33), S. 442.
250 R 23–24 Adenauer: Erinnerungen II, S. 347.
251 L 29–33 Speidel, Hans: Aus unserer Zeit (118), S. 324 f.
252 R 5–6 Text der Pariser Verträge in: *Europa-Archiv 9* (1954), S. 7171–7181.
253 R 2–6 Text in: *NYT*, 30.9.1954.
254 L 2–5 Adenauer: Erinnerungen II, S. 353.
     L 15–22 Moran, Lord (Charles McMoran Wilson): Winston Churchill. The Struggle for Survival 1940–1965. London 1966. Eintrag vom 1.10.1954.

Das Saar-Statut

Quellen: Schneider, Heinrich: Das Wunder an der Saar (128). – Adenauer: Erinnerungen II.
Literatur: Schmidt, Robert H.: Saarpolitik 1945–1957. Dritter Band (127).

256 L 33–44 Schneider, Heinrich: Das Wunder an der Saar (128), S. 414 f., 423.
     L 38–46/ Adenauer: Erinnerungen II, S. 364–381.
     R 1–36
257 L 7–14 Nach dem Text des Saar-Statuts bei Schmidt, Robert H.: Saarpolitik 1945–1957. Dritter Band (127), S. 687.
     L 15–16 Adenauer sprach dies intern auch offen aus, so bei der Kabinettssitzung vom 24.6.1952. Otto Lenz

notierte sich damals: »BK sagt, die Saarfrage sei eine Frage dritten Ranges ... Im übrigen sei die Haltung der Saarbevölkerung zweifelhaft.«
     L 19–26 Bundesparteivorstand der CDU. Stenographische Protokolle. Sitzung vom 11.10.1954 (StBKAH, 05.06).

Die Ratifikation der Verträge

Quellen: Mende, Erich: Die FDP (86). – Adenauer: Erinnerungen II. – *NZZ*. – Tagebuch von Otto Lenz.

258 L 24–29 De Gaulle, Charles: Discours et messages. Bd. 2: Dans l'attente. Paris 1970, S. 620.
     L 29–31 Entsprechende Anregungen, die nicht mit den Verbündeten abgestimmt waren, machte er erstmals in einer Rede vor der UN-Vollversammlung Ende November 1954. *NZZ*, 24.11.1954; 9.12.1954.
     L 33–34 *NZZ*, 13.12.1954.
     L 35–41 Adenauer, der aber damals doch bestrebt war, den französischen Ministerpräsidenten nach Möglichkeit zu stützen, ohne dessen Einsatz auch die neuen Verträge in der Nationalversammlung gescheitert wären, bemerkte am 14.12.1954 bei einer Koalitionsbesprechung völlig illusionslos, Mendès-France sei bis zum letzten undurchsichtig (Tagebuch von Otto Lenz, Eintrag vom 14.12.1954). Deutscherseits wurde jetzt vor allem geargwöhnt, daß der französische Ministerpräsident durch eine von der Bonner Interpretation abweichende Auslegung der Saar-Vereinbarungen eine Ablehnung des Saar-Statuts durch den Deutschen Bundestag herbeiführen wolle, womit der Schwarze Peter für das Scheitern des gesamten Vertragswerks bei den Deutschen gelegen hätte.
     L 41–44 Tagebuch von Otto Lenz. Eintrag vom 31.1.1955.
     R 21–25 Adenauer hatte schon am 17.12.1954 auf einer Besprechung im kleinen Kreis durchblicken lassen, daß man ein Scheitern der Ratifizierung in Paris in Rechnung stellen müsse. Für diesen Fall wollte er Dulles und Eden zu einer neuen Garantieerklärung drängen. Blankenhorn hoffte, die USA und Großbritannien zu einer Erklärung veranlassen zu können, sie hielten auch bei Nichtbeteiligung Frankreichs an der WEU fest (Tagebuch von Otto Lenz. Eintrag vom 17.12.1954).
     R 25–29 *NZZ*, 27.12.1954.
260 L 2–3 *NZZ*, 9.10.1954. – Wortlaut der Rede des DGB-Vorsitzenden Walter Freitag in: *AdG*, 5.10.1954, 4788 A.
     L 13–17/ Brief Ollenhauers an Adenauer vom 23.1.1955.
     R 1 In: Adenauer: Erinnerungen II, S. 410–413.
     R 1–15 Text der *Tass*-Erklärung vom 15.1.1955 in: *Europa-Archiv 10* (1955), S. 7345–7346.
     R 23 Adenauer an Ollenhauer vom 25.1.1955. In: Erinnerungen II, S. 413–416.
     R 41 Text in: *Europa-Archiv 10* (1955), S. 7350.
261 L 14–16 *NZZ*, 26.2.1955.
     L 18–24 Text in: *AdG*, 28.2.1955, 5041 A.

263 L 1–10 Verhandlungen des Deutschen Bundestages. 2. Wahlperiode 1953. Stenographische Berichte. 72. Sitzung vom 27. 2. 1955, S. 3907–3912.

R 23–27 Mende, Erich: Die FDP (86), S. 94. *Der Spiegel*, 9. 3. 1955, S. 13.

264 L 22–31 Adenauer an von Brentano vom 23. 5. 1955 (StBKAH, III. 40). Der Brief ist teilweise abgedruckt bei Baring, Arnulf: Sehr verehrter Herr Bundeskanzler! (12), S. 151.

L 31–35 Adenauer an Heuss vom 22. 5. 1955 (StBKAH, III. 47). Heuss an Adenauer vom 22. 5. 1955. ibd.

L 39–42 Baring, Arnulf: Sehr verehrter Herr Bundeskanzler! (12), S. 152–172.

R 8–10 Adenauer an Heuss vom 22. 5. 1955, a. a. O.

Tauwetter im Ost-West-Verhältnis

Quellen: Schmid, Carlo: Erinnerungen (126). – Grewe, Wilhelm G.: Rückblenden 1976–1951 (47). – Macmillan III (82). – Ekkardt, Felix von: Ein unordentliches Leben (31). – Adenauer: Erinnerungen II. Dokumente zur Deutschlandpolitik. III. Reihe. Bd. 1. 5. Mai bis 31. Dezember 1955. Frankfurt und Berlin 1961. *Literatur:* Dallin, David J.: Soviet Foreign Policy after Stalin. London 1960. – Die Internationale Politik 1955 (65).

265 R 1–12 AdG, 10. 6. 1955, 5196 D 2.

R 30–36 Zehrer, Hans: Was will Rußland? In: *Die Welt*, 2. 7. 1955.

266 L 12–35 Programm der SPD zu den bevorstehenden Viermächte-Verhandlungen über die Wiedervereinigung vom 9. 5. 1955. In: Dokumente zur Deutschlandpolitik. a. a. O., S. 22–28.

L 36–38 Erklärung Ollenhauers vor dem Deutschen Bundestag vom 16. 7. 1955. In: Dokumente zur Deutschlandpolitik. a. a. O., S. 143.

L 38–40 NZZ, 28. 5. 1955.

L 43–46/ Schulze-Vorberg, Max: Die Moskaureise 1955. R 1–8 In: KAZeit I, S. 651–655. – NZZ, 19. 5. 1955; 21. 6. 1955.

R 16–27 Bundesparteivorstand der CDU. Stenographische Protokolle. Sitzung vom 3. 6. 1955.

R 38–46/ AdG, 22. 5. 1955, 5178 B 1. – Adenauer: Erinnerun-
267 L 1–4 gen II, S. 443–446.

R 3–4 Persönliche Mitteilung eines Teilnehmers an den Verfasser. – NZZ, 27. 5. 1955.

268 L 7–10 Otto Lenz notierte sich aus einer Koalitionsbesprechung am 14. 12. 1954: »Sobald wir souverän seien, würden wir auch einen Botschafter nach Moskau schicken.«

269 L 1–35 Die Öffentlichkeit wurde im November 1958 durch Ost-Berlin über Schäffers damaliges Gespräch und eine weitere Unterredung im November 1956 auf diese Kontakte aufmerksam gemacht. *Der Spiegel*, 19. 11. 1958, S. 23 und 26. 11. 1958, S. 14 f. – NZZ, 13.–18. 11. 1958.

R 28–30 Baring, Arnulf: Sehr verehrter Herr Bundeskanzler! (12), S. 173–175.

R 34–46 Grewe, Wilhelm G.: Rückblenden 1976–1951 (47), S. 248.

270 R 1–30 Haftendorn, Helga: Abrüstungs- und Entspannungspolitik zwischen Sicherheitsbefriedigung und Friedenssicherung (52), S. 47, 49 f.

271 L 1–6 Memorandum der britischen Delegation vom 21. 7. 1955. In: Dokumente zur Deutschlandpolitik. a. a. O., S. 199. Ebenso die Rede Edens vom 18. 7. 1955. In: ibd., S. 163–165.

L 35–40 Dokumente zur Deutschlandpolitik. a. a. O., S. 218.

272 R 11–26/ Macmillan III, S. 618.

273 L 1–2

L 18–26 Dokumente zur Deutschlandpolitik. a. a. O., S. 218.

L 34–35 NZZ, 28. 7. 1955.

L 35–44 Rede Chruschtschows vom 27. 7. 1955. In: Dokumente zur Deutschlandpolitik. a. a. O., S. 234.

Adenauer in Moskau

Quellen: Grewe, Wilhelm G.: Rückblenden 1976–1951 (47), S. 232–251. – Schmid, Carlo: Erinnerungen (126), S. 564–582. – Adenauer: Reden 1917–1967 (3), S. 302–314. – Meissner, Boris (Hrsg.): Moskau-Bonn (85), S. 13–21, 71–149. – Eckardt, Felix von: Ein unordentliches Leben (31), S. 385–414. – Adenauer: Erinnerungen II, S. 487–556. *Literatur:* Die internationale Politik 1955 (65).

273 R 38–40 An Pferdmenges, der die Teilnahme von Erhard, Abs und Wolff von Amerongen angeregt hatte, schrieb Adenauer am 13. 8. 1955, dies würde die Verhandlungsposition gegenüber den Russen schwächen: »Wir würden dann zu wenig zurückhaltend sein. Diese Herren werden ins Gespräch kommen, falls die Kontaktnahme . . . Erfolg hat« (StBKAH, 10. 11).

R 40–41/ Müller-Armack, Alfred: Auf dem Weg nach Euro-
274 L 1–20 pa (90), S. 78–90.

275 L 14–18 Adenauer: Erinnerungen II, S. 527 f., 553 f.

L 20–21 Macmillan III, S. 619 und 622.

L 25–26/ Adenauer vor dem Parteivorstand der CDU am R 1–2 30. 9. 1955. In: Adenauer: Reden 1917–1967 (3), S. 312 f.

276 L 18–27/ Meissner, Boris (Hrsg.): Moskau – Bonn (85), R 1–15 S. 124, 128.

R 16–20 NZZ, 15. und 16. 9. 1955. – Baring, Arnulf: Sehr verehrter Herr Bundeskanzler! (12), S. 178 f.

R 22–27/ Grewe, Wilhelm G.: Rückblenden 1976–1951 (47),
277 L 1 S. 247. – Bohlen, Charles E.: Witness to History 1929–1969. New York 1973, S. 387.

L 1–3 Die deutsche Seite hatte sich bemüht gezeigt, Washington voll informiert zu halten. Tatsächlich war Botschafter Heinz L. Krekeler, der die Bundesrepublik seit 1951 in den USA umsichtig vertrat, durch den befreundeten italienischen Botschafter in Washington, Manlio Brosio, der zuvor Botschafter in Moskau gewesen war, bereits am 25. April 1955 über die Absicht der Sowjetunion unterrichtet worden, den Kanzler nach Moskau einzuladen, um diplomatische Beziehungen aufzunehmen. Er hatte daraufhin unverzüglich Livingstone Merchant, Assistant Secretary of State, un-

terrichtet und nahegelegt, Dulles möge die Entscheidung über Annahme oder Ablehnung der Einladung ganz dem Kanzler überlassen und so einen
demonstrativen Vertrauensbeweis geben. Dies geschah, und so konnte Adenauer in der Gewißheit
verhandeln, die volle Rückendeckung der amerikanischen Regierung zu besitzen (Frank Lambach:
Der Draht nach Washington. Bonn 1976, S. 109 f.,
und persönliche Information des Verfassers).

  L 4–7 Macmillan III, S. 626.
  L 7–11 Adenauer II, S. 547.
  L 32–35 Grewe, Wilhelm G.: Rückblenden 1976–1951 (47),
    S. 243.
278 L 3–17 Die internationale Politik 1955 (65), S. 382 f.
  L 22 Böhme, Kurt W.: Die deutschen Kriegsgefange-
    nen in sowjetischer Hand. Eine Bilanz. München
    1966, S. 141.
  L 24 Bohn, Helmut: Die Letzten. Was wurde und was
    wird aus den deutschen Gefangenen in Sowjet-
    rußland? Köln 1954, S. 60.
  R 5–9 Jahrbuch der öffentlichen Meinung 1947–1955
    (64), S. 173.
  R 9–25 Noelle-Neumann, Elisabeth: Die Verklärung.
    Adenauer und die öffentliche Meinung 1949–1976.
    In: KAZeit II, S. 552.

Die Wiedervereinigungspolitik in der Sackgasse

Quellen: Grewe, Wilhelm G.: Rückblenden 1976–1951 (47),
S. 251–261. – Dokumente zur Deutschlandpolitik. III. Reihe. Bd. 1.
5. Mai bis 31. Dezember 1955. Frankfurt und Berlin 1961.

279 L 24–29 Regierungserklärung von Bundeskanzler Adenau-
    er am 22.9.1955. In: Meissner, Boris (Hrsg.):
    Moskau–Bonn (85), S. 140.
  L 37–40 Rede Erich Ollenhauers vom 22.9.1955. In: Ver-
    handlungen des Deutschen Bundestages. 2. Wahl-
    periode 1953. Stenographische Berichte. 102. Sit-
    zung vom 23.9.1955 S. 5653–5659.
  R 3–19/ Grewe, Wilhelm G.: Rückblenden 1976–1951
280 L 1–5 (47), S. 252. Grewe hat das Für und Wider schon
    1960 ausführlich diskutiert. In: Deutsche Außen-
    politik der Nachkriegszeit (46), S. 148–154.
  L 8 Grewe, Wilhelm G.: Rückblenden 1976–1951
    (47), S. 253, 741 f.
  R 34–38 Bundesparteivorstand der CDU. Stenographische
    Protokolle. 13.1.1956 (StBKAH 05.07). – Ade-
    nauer an Dulles vom 12.12.1955. Erinnerungen
    III, S. 96.
281 R 1–9 Grewe, W.G.: Rückblenden 1976–1951 (47), S. 269.

Wiedervereinigung im kleinen: Die Saar kehrt heim

Quellen: Schneider, Heinrich: Das Wunder an der Saar (128). –
Adenauer: Erinnerungen II. – Hoffmann, Johannes: Das Ziel
war Europa. Der Weg der Saar 1945–1955. München und Wien
1963.
Literatur: Schmidt, Robert H.: Saarpolitik 1945–1957. Bd. 2, 3
(127).

282 R 3–12 Jahrbuch der öffentlichen Meinung 1947–1955
    (64), S. 327.
283 L 15–21 Schneider, Heinrich: Das Wunder an der Saar
    (128), S. 465.
284 L 12–17 AdG, 2.9.1955, 5331 A.
285 R 6–13 Schmidt, Robert H.: Saarpolitik 1945–1957. Bd. 3
    (127), S. 107.

Konsolidierung 1955–1957

Staatsbürger in Uniform

Quellen: Speidel, Hans: Aus unserer Zeit (118). – Ilsemann,
Carl-Gero von: Die Bundeswehr in der Demokratie. Zeit der Inneren Führung. Hamburg 1971. – Baudissin, Wolf Graf von: Soldat für den Frieden. Entwürfe für eine zeitgemäße Bundeswehr.
Hrsg. und eingel. von Peter v. Schubert. München 1969. –
Literatur: Rautenberg, Hans-Jürgen und Norbert Wiggershaus:
Die »Himmeroder Denkschrift« vom Oktober 1950. Politische
und militärische Überlegungen für einen Beitrag der Bundesrepu-
blik Deutschland zur westeuropäischen Verteidigung. In: Mili-
tärgeschichtliche Mitteilungen 1977. Bd. 21, S. 135–206. – Mili-
tärgeschichtliches Forschungsamt (Hrsg.): Aspekte der deutschen
Wiederbewaffnung bis 1955. Boppard 1975. – Hornung, Klaus:
Staat und Armee (61). – Genschel, Dietrich: Wehrreform und
Reaktion. Die Vorbereitung der inneren Führung 1951–1956.
Hamburg 1972.

287 L 13–19 Militärgeschichtliches Forschungsamt (Hrsg.):
    Aspekte der deutschen Wiederbewaffnung bis
    1955. a.a.O., S. 134.
  L 19–38 Rautenberg, Hans-Jürgen und Norbert Wiggers-
    haus: Die »Himmeroder Denkschrift« vom Okto-
    ber 1950. a.a.O., S. 175.
288 L 12–22/ Militärgeschichtliches Forschungsamt (Hrsg.):
  R 1–17 Aspekte der deutschen Wiederbewaffnung bis
    1955. a.a.O., S. 198, 181.
  R 17–20 Interview mit Franz Josef Strauß. In: *Der Spiegel.*
    2.1.1957, S. 24.
  R 20–24 AdG, 21.9.1955, 5372 C; 16.10.1956, 6027 D1.
  R 37–40 General Jürgen Bennecke. In: Militärgeschicht-
    liches Forschungsamt (Hrsg.): Aspekte der deut-
    schen Wiederbewaffnung bis 1955. a.a.O., S. 196.
    – Am 1.8.1955 lagen im Bundesverteidigungsmini-
    sterium rund 152000 Freiwilligenmeldungen vor.
    40613 kamen von Offizieren und 87089 von Un-
    teroffizieren der ehemaligen Wehrmacht. Siehe
    AdG, 31.8.1955, 5326 B2.
289 L 35–39 Militärgeschichtliches Forschungsamt (Hrsg.):
    Aspekte der deutschen Wiederbewaffnung bis
    1955. a.a.O., S. 196.
  R 44–46/ Speidel, Hans: Aus unserer Zeit (118), S. 286.
290 L 1–2
  L 29–32 Genschel, Dietrich: Wehrreform und Reaktion.
    a.a.O., S. 83.
292 L 23–25 Thayer, Charles W.: Die unruhigen Deutschen.
    Bern/Stuttgart/Wien 1958, S. 255.
  L 29–30 Beispielsweise Stülpnagel, Friedrich von: Vom

künftigen deutschen Soldaten. Eine Antithese. In: Wehrkunde. III. Jg., H. 10, Oktober 1954, S. 364–368 und Martini, Winfried: Freiheit auf Abruf. Die Lebenserwartung der Bundesrepublik. Köln/Berlin 1960, S. 378–395.

Die Wehrgesetzgebung

Quellen: Schubert, Klaus von (Hrsg.): Sicherheitspolitik der Bundesrepublik Deutschland. Dokumentation 1945–1977 (130). *Literatur:* Soell, Hartmut: Fritz Erler. Eine politische Biographie (113). – Hornung, Klaus: Staat und Armee (61). – Waldman, Eric: Soldat im Staat. Der Staatsbürger in Uniform. Vorstellung und Wirklichkeit. Boppard 1963. – Domes, Jürgen: Das Freiwilligengesetz im zweiten Deutschen Bundestag. Eine Studie zum Oppositionsverhalten des Parlaments. Diss. Heidelberg 1960.

293 L 38–40 Kennzeichnend für die damaligen Vorstellungen war ein Vortrag Horst Ehmkes vor der Deutschen Hochschule für Politik in Berlin am 30.10.1954. In: Schubert, Klaus von (Hrsg.): Sicherheitspolitik der Bundesrepublik Deutschland (130). Teil II, S. 358–362.

294 R 18–22 Wagner, Dietrich: FDP und Wiederbewaffnung. Die wehrpolitische Orientierung der Liberalen in der Bundesrepublik Deutschland 1949–1955. Boppard 1978, S. 24–32; 41–54.

295 R 3–8 Das zeigt die Presseanalyse bei Domes, Jürgen: Das Freiwilligengesetz im zweiten Deutschen Bundestag. a.a.O., S. 52–55.

R 25 ibd., S. 66.

296 L 20–22 Verzeichnis der Mitglieder in: *AdG*, 16.7.1955, 5256 B 1.

R 16–19 Bericht des Personalgutachterausschusses für die Streitkräfte an den Deutschen Bundestag vom 6.12.1957. In: Schubert, Klaus von (Hrsg.): Sicherheitspolitik der Bundesrepublik Deutschland (130). Teil II, S. 397 f.

297 R 23–28 Tönnies, Norbert: Der Weg zu den Waffen. Die Geschichte der deutschen Wiederbewaffnung 1949–1957. Köln 1957, S. 196. – Sitzungsprotokoll der CDU/CSU-Bundestagsfraktion. 27.6.1955.

298 R 7–17 Speidel, Hans: Aus unserer Zeit (118), S. 338 f.

Die Aufbaukrise der Bundeswehr

Quellen: Militärgeschichtliches Forschungsamt (Hrsg.): Verteidigung im Bündnis. Planung, Aufbau und Bewährung der Bundeswehr 1950–1972. München ²1975. *Literatur:* Richardson, James L.: Deutschland und die NATO (107). – Tönnies, Norbert: Der Weg zu den Waffen. Die Geschichte der deutschen Wiederbewaffnung 1949–1957. Köln 1957.

299 L 37–40 *NZZ*, 26.11.1955.

R 13–14 *AdG*, 4.7.1956, 5859 D.

R 35–41 Waldmann, Eric: Soldat im Staat. Der Staatsbürger in Uniform. Vorstellung und Wirklichkeit. Boppard 1963, S. 22.

300 L 1–5 Siehe die Denkschrift »Wiedervereinigung und Wiederbewaffnung – kein Gegensatz«. In: Bonin, Bogislaw von: Opposition gegen Adenauers Sicherheitspolitik. Eine Dokumentation. Zusammengestellt von Heinz Brill. Hamburg 1976, S. 21–26. – Noack, Paul: Das Scheitern der Europäischen Verteidigungsgemeinschaft (96), S. 179–184.

R 11–17 *Der Spiegel*, 13.7.1955, S. 9.

301 L 2–6 Soell, Hartmut: Fritz Erler. Eine politische Biographie (113), S. 212 f.

L 34–36 *Der Spiegel*, 14.12.1955, S. 17.

R 11–14 *AdG*, 6.10.1955, 5396 B.

R 18–28 Hornung, Klaus: Staat und Armee (61), S. 139–142.

R 44–46/ In der Fraktionssitzung der CDU/CSU am 302 L 1–14/ 25.9.1956 wurde kein Protokoll geführt, so daß R 1–13 eine genaue Überprüfung der Auseinandersetzungen nicht möglich ist. Der Bericht im *Spiegel* (2.1.1957, S. 19 f.) scheint aber die dabei von Strauß eingenommene Position einigermaßen zuverlässig wiederzugeben.

Koalitionsbruch und Umorientierung der FDP

Quellen: Mende, Erich: Die FDP (86). – Heuss, Theodor: Tagebuchbriefe 1955–1963 (56). – Dehler, Thomas: Reden und Aufsätze. Köln/Opladen 1969. – Adenauer: Erinnerungen III. – Sitzungsprotokolle des Bundesparteivorstands der CDU. *Literatur:* Hüwel, Detlev: Karl Arnold. Eine politische Biographie. Wuppertal 1980. – Kaack, Heino: Zur Geschichte und Programmatik der FDP. Grundriß und Materialien. Meisenheim am Glan ²1978. – Lange, Erhard H. M.: Wahlrecht und Innenpolitik. Entstehungsgeschichte und Analyse der Wahlgesetzgebung und Wahlrechtsdiskussion im westlichen Nachkriegsdeutschland 1945–1956. Meisenheim am Glan 1975. – Keinemann, Friedrich: Von Arnold zu Steinhoff und Meyers. Politische Entwicklungen und Koalitionsbildungen in Nordrhein-Westfalen 1950–1962. Münster 1973. – Gutscher, Jörg Michael: Die Entwicklung der FDP von ihren Anfängen bis 1961. Meisenheim am Glan 1967.

303 R 12–17 Lange, Erhard H. M.: Wahlrecht und Innenpolitik. a.a.O., S. 630.

R 24–25/ So Adenauer am 2.3.1956 zu Heuss. Heuss, 304 L 1–6 Theodor: Tagebuchbriefe 1955–1963 (56), S. 152.

L 32–46/ *Der Spiegel*, 15.6.1955, S. 12–24. – Heuss, Theo-R 1–4 dor: Tagebuchbriefe 1955–1963 (56), S. 35–45.

306 L 26–33 *NZZ*, 2.11.1955.

L 34–46/ *NZZ*, 9.11., 10.11. und 18.11.1955.

307 L 1–9

L 9–14 *FAZ*, 1.11.1955; 8.11.1955.

L 15–18 Adenauer: Erinnerungen III, S. 104 f. – In diesem Sinne äußerte sich Adenauer auch am 13.1.1956 vor dem Bundesparteivorstand der CDU (StBKAH, 05.07).

L 31–36 Heuss, Theodor: Tagebuchbriefe 1955–1963 (56), S. 130, 150.

L 36–39 *NZZ*, 9.11.1955.

R 23–33 Lange, Erhard H. M.: Wahlrecht und Innenpolitik. a.a.O., S. 637.

308 L 17–18 ibd., S. 681.
309 L 26–34 ibd., S. 691.
    R 10–13 *Der Spiegel*, 29. 2. 1956, S. 15.
    R 14–16 *NZZ*, 26. 2. 1956.
310 R 17–23 Mende, Erich: Die FDP (86), S. 106 f.
    R 31–46 ibd., S. 108–110.
311 L 4–12 *NZZ*, 5. 6. und 15. 6. 1956.
    L 17–20 *NZZ*, 29. 6. 1956.
    L 30–33 Mende, Erich: Die FDP (86), S. 114. In Bonn war
    das auch anderswo wohlbekannt. Siehe Heuss,
    Theodor: Tagebuchbriefe 1955–1963 (56), S. 215.
    – *NZZ*, 5. 7. 1956.
    L 38–44 *NZZ*, 11. 10. und 1. 12. 1956. – *Der Spiegel*,
    10. 10. 1956, S. 13–16.
    L 44–46 Mende, Erich: Die FDP (86), S. 116 f.
    R 4–5 Gutscher, Jörg Michael: Die Entwicklung der
    FDP von ihren Anfängen bis 1961. a. a. O., S. 182.
    R 40–42 Lange, Erhard H. M.: Wahlrecht und Innenpolitik
    (73), S. 690 f.

Kanzler-Dämmerung?

Quellen: Sitzungsprotokolle des Bundesparteivorstandes der CDU (StBKAH). – NZZ. – Der Spiegel.
Literatur: Gutscher, Jörg Michael: Die Entwicklung der FDP von ihren Anfängen bis 1961. Meisenheim am Glan 1967. – Jahrbuch der öffentlichen Meinung 1967 (64).

312 R 41–43/ Ehmke, Holger: Die politische Linie überregiona-
313 L 1–10 ler bürgerlicher Zeitungen in der Ära Adenauer.
    Köln 1979 (Unveröfftl. Staatsexamensarbeit). –
    Müller, Michael-Ludwig: Der gesinnungsmäßige
    Standort westdeutscher Tageszeitungen und die
    Bundestagswahl 1957. Diss. Berlin 1961.
    L 37–42 *NZZ*, 22. 4. 1956.
    R 1–5 *NZZ*, 24. 3. und 25. 3. 1956. – Luchsinger, Fred:
    Bericht über Bonn. Deutsche Politik 1955–1965.
    Stuttgart 1966, S. 93–107.
    R 12–15 *NZZ*, 23. 4. 1956.
    R 19–22 *Der Spiegel*, 9. 7. 1952, S. 5–7; 5. 10. 1955,
    S. 11–17; 14. 12. 1955, S. 11–16. – *NZZ*, 3. 10. 1955.
315 L 7–12 Jahrbuch der öffentlichen Meinung 1957 (64),
    S. 182.
    L 13–21 ibd., S. 186.
    L 39–44 *Der Spiegel*, 23. 11. 1955, S. 12 f.
316 R 24–27/ *AdG*, 29. 4. 1956, 5749 A. – *NZZ*, 30. 4. 1956. – Sit-
317 L 1–11 zungsprotokoll des Bundesparteivorstands der
    CDU. 26. 4. 1956 (StBKAH, 05.07).
    L 40–43 *AdG*, 25. 9. 1956, 5989 D. – So sah es auch Ade-
    nauer. Sitzungsprotokolle des Bundesparteivor-
    standes der CDU. 12. 7. und 20. 9. 1956 (StBKAH,
    05.07).
    R 4–11 Protokoll der Verhandlungen und Anträge vom
    Parteitag der Sozialdemokratischen Partei
    Deutschlands vom 10.–14. Juli, München. Hanno-
    ver o. J. – *NZZ*, 11. 7., 14. 7. und 16. 7. 1956.
    R 21–46/ *AdG*, 20. 9. 1956, 5978 E; 16. 10. 1956, S. 6027 D.
318 L 1–3 – *Der Spiegel*, 26. 9. 1956, S. 11–14. – Sitzungspro-
    tokoll des Bundesparteivorstandes der CDU.
    20. 9. 1956 (StBKAH, 05.07).

    R 16–26 Gutscher, Jörg Michael: Die Entwicklung der
    FDP von ihren Anfängen bis 1961. a. a. O., S. 188–
    191. – *NZZ*, 8. 1. und 10. 1. 1957. – Mende, Erich:
    Die FDP (86), S. 117 f.

Kontroversen über Konjunkturdämpfung und Haushaltsstabilität

Quellen: Erhard, Ludwig: Deutsche Wirtschaftspolitik (36). – Bundeshaushaltspläne für die Rechnungsjahre 1953, 1954, 1955, 1956, 1957. Berlin 1953, 1954, Berlin und Bonn 1955, 1956, 1957. – Monatsberichte der Bank Deutscher Länder. Frankfurt/M. 1955 und 1956. – Statistische Jahrbücher für die Bundesrepublik Deutschland 1955, 1956, 1957. Hrsg. vom Statistischen Bundesamt. Stuttgart 1955, 1956, 1957. – Sammelband der Gutachten von 1948 bis 1972 des Wissenschaftlichen Beirats beim Bundesministerium für Wirtschaft. Hrsg. vom Bundesministerium für Wirtschaft. Göttingen 1973. – Veröffentlichungen des »Instituts Finanzen und Steuern«, Bonn, in den Jahren 1955 bis 1957. – Sitzungsprotokolle der CDU/CSU-Bundestagsfraktion. – AdG. – NZZ.
Literatur: Neumann, Franz: Daten zu Wirtschaft, Gesellschaft, Politik, Kultur der Bundesrepublik Deutschland 1950–1957 (23). – Winkel, Harald: Die Wirtschaft im geteilten Deutschland 1945–1970. Wiesbaden 1974. – Götz, Hans Herbert: Weil alle besser leben wollen . . . Portrait der deutschen Wirtschaftspolitik. Düsseldorf/Wien 1963.

320 L 7–9 Statistisches Jahrbuch für die Bundesrepublik
    Deutschland 1957. a. a. O., S. 234.
    L 9–11 *AdG*, 26. 1. 1955, 4979 H; 23. 1. 1956, 5582 C.
    L 11–14 Neumann, Franz: Daten zu Wirtschaft, Gesell-
    schaft, Politik, Kultur der Bundesrepublik
    Deutschland 1950–1975 (23), S. 353.
    L 15–17 Statistisches Jahrbuch für die Bundesrepublik
    Deutschland 1956. a. a. O., S. 115.
    L 18–23 ibd., S. 121.
    L 23–24 *NZZ*, 15. 7. 1955.
    L 25–27 Winkel, Harald: Die Wirtschaft im geteilten
    Deutschland 1945–1970. a. a. O., S. 86.
    L 27/ Neumann, Franz: Daten zu Wirtschaft, Gesell-
    R 1–4 schaft, Politik, Kultur der Bundesrepublik
    Deutschland 1950–1975 (23), S. 313.
    R 4–19 Winkel, Harald: Die Wirtschaft im geteilten
    Deutschland 1945–1970. a. a. O., S. 107, 113.
321 L 3–14 Sachverständigenrat zur Begutachtung der ge-
    samtwirtschaftlichen Entwicklung: Jahresgutach-
    ten 1964/65. Stabiles Geld – Stetiges Wachstum.
    Stuttgart/Mainz ²1965, S. 81.
    L 15–17 Monatsbericht der Bank Deutscher Länder. Juli
    1956. a. a. O., S. 30.
    R 6–9 *NZZ*, 20. 2. 1955. – Institut »Finanzen und Steu-
    ern« (Hrsg.): Der Bundeshaushalt am Kreuzweg.
    H. 44. Bonn 1956, S. 18.
    R 17–24 *NZZ*, 5. 1. 1957.
    R 24–27 *AdG*, 20. 12. 1955, 5528 B.
322 L 3–11 Neumann, Franz: Daten zu Wirtschaft, Gesell-
    schaft, Politik, Kultur der Bundesrepublik
    Deutschland 1950–1975 (23), S. 34.
    L 20–22 *Der Spiegel*, 14. 9. 1955, S. 17.
    L 39–41 *NZZ*, 22. 6. 1956.

R 2–4 Die IG-Metall drängte sogar, wenn auch erfolglos, auf eine tarifvertraglich abgesicherte Indexierung. *AdG*, 4.7.1956, 5859 A.

R 7–9 So der BDI-Präsident Fritz Berg in Köln am
23.5.1956. *AdG*, 30.9.1956, 5795 B.

R 11–14 »Maßhalten wirtschaftliches Gebot.« Rundfunkansprache am 7.9.1955. In: Erhard, Ludwig: Deutsche Wirtschaftspolitik (36), S. 276–281. – »Unternehmer und Konjunktur«. Rundfunkansprache am
14.10.1955. ibd., S. 286–290. – *AdG*, 20.10.1955,
5418 B 3.

R 14–18 Schlesinger, Helmut: Geldpolitik in der Phase des
Wiederaufbaus (1950–1958). In: Währung und
Wirtschaft in Deutschland 1876–1975, hrsg. von
der Deutschen Bundesbank, Frankfurt/M. 1976,
S. 555–607.

R 40–43 *AdG*, 11.9.1955, 5346 B 1.

R 43–46/ *Der Spiegel*, 6.6.1956, S. 15–26. – *AdG*, 6.8.1955,
323 L 1–17/ 5298 B 1; 7.3.1956, 5665 C; 19.5.1956, 5782 B.
R 1–22

R 15–22 *AdG*, 30.5.1956, 5795 B 2.

R 28–31 ibd., 30.5.1956, 5795 B 3 und 4. – Sitzungsprotokoll der CDU/CSU-Bundestagsfraktion vom
29.5.1956. Die Fraktion reagierte heftig, aber
auch ambivalent und kritisierte sowohl die beteiligten Minister wie auch den Bundeskanzler wegen
der Koordinationsmängel im Kabinett und der öffentlichen Stellungnahmen, denen keine kabinetts-
interne Klärung vorangegangen war.

324 L 6–8 Kitzinger, Uwe: Wahlkampf in Westdeutschland.
Eine Analyse der Bundestagswahl 1957. Göttingen
1960, S. 50 f.

R 15–16 Eschenburg, Theodor: Herrschaft der Verbände?
Stuttgart 1955.

R 28–29 Beispielhaft waren in dieser Hinsicht die Vorgänge
um die Erhöhung des Trinkmilchpreises. *AdG*,
9.11.1955, 5457 B.

325 L 21–23 *AdG*, 6.4.1956, 5709 C.

L 28–32 Institut »Finanzen und Steuern« (Hrsg.): Der Bundeshaushalt. H. 15, Bd. 6. Bonn 1957, S. 20.

326 R 2–3 Statistisches Jahrbuch für die Bundesrepublik
R 9 Deutschland 1958. a.a.O., S. 477.

327 L 29–39 Götz, Hans Herbert: Weil alle besser leben wollen ... a.a.O., S. 208 f.

Die Adenauersche Rentenreform

Quellen: Statistisches Bundesamt (Hrsg.): Die sozialen Verhält-
nisse der Renten- und Unterstützungsempfänger. Statistik der
Bundesrepublik Deutschland. Bd. 137. H. 2: Die sozialen Ver-
hältnisse der Haushaltungen mit Sozialleistungsempfängern im
Frühjahr 1955. Stuttgart 1957. – Statistisches Bundesamt (Hrsg.):
Die sozialen Verhältnisse der Renten- und Unterstützungsempfän-
ger. Statistik der Bundesrepublik Deutschland. Bd. 137. H. 1:
Die Sozialleistungen nach Leistungsfällen und Empfängern im
September 1953. Stuttgart/Köln 1955.
Literatur: Hockerts, Hans-Günter: Sozialpolitische Entscheidun-
gen im Nachkriegsdeutschland. Alliierte und deutsche Sozialver-
sicherungspolitik 1945 bis 1957. – Repgen, Konrad (Hrsg.): Die

dynamische Rente in der Ära Adenauer und heute (= Rhöndor-
fer Gespräche. Bd. 1). Stuttgart/Zürich 1978.
Die folgende Darstellung ist den Forschungen von Hans-Günter
Hockerts besonders verpflichtet.

327 R 29–33 10 Jahre Bundesrepublik Deutschland (20), S. 449,
461.

R 34–35 ibd., S. 452, 455.

R 42–43/ ibd., S. 441.
328 L 1–4

L 5–18 Hockerts, Hans-Günter: Sozialpolitische Entscheidungen im Nachkriegsdeutschland. a.a.O.,
S. 83, Anm. 383; 181; 442.

L 21–25 Siehe die Übersicht im *Bundesarbeitsblatt* 1955.
Hrsg. vom Bundesministerium für Arbeit, S. 1087,
und Hauptergebnisse der Arbeits- und Sozialstatistik 1957. Hrsg. vom Bundesministerium für Arbeit. o.J. S. 112.

R 5–9 Die sozialen Verhältnisse der Renten- und Unterstützungsempfänger. a.a.O., S. 38.

R 15–17 Die Sozialleistungen nach Leistungsfällen und
Empfängern im September 1953. a.a.O., S. 37.

R 17–24 Die sozialen Verhältnisse der Haushaltungen mit
Sozialleistungsempfängern im Frühjahr 1955.
a.a.O., S. 37 f.

329 L 10–13 ibd., S. 28.

L 14–20 Verhandlungen des Deutschen Bundestages.
2. Wahlperiode 1953. Stenographische Berichte.
18. Sitzung vom 20.10.1953, S. 13.

R 24–27 Siehe die Begründung des SPD-Antrags betr. Ein-
setzung einer sozialen Studienkommission durch
den Abgeordneten Ludwig Preller am 21.2.1952.
Verhandlungen des Deutschen Bundestages. 3.
Wahlperiode 1957. Stenographische Berichte. 50.
Sitzung vom 26.11.1958, S. 2766–2770.

R 27–32 Die Grundlagen des sozialen Gesamtplanes der
SPD. Unsere Forderung auf soziale Sicherung.
o.O., o.J., S. 3, 4, 5.

331 L 11 Sitzungsprotokolle des Bundesparteivorstands der
CDU. 3. Juni 1955. StBKAH, 68.

L 23 Neuordnung der sozialen Leistungen. Denkschrift
auf Anregung des Herrn Bundeskanzlers erstattet
von den Professoren Hans Achinger, Joseph Höff-
ner, Hans Muthesius und Ludwig Neundörfer.
Köln 1955.

L 40–43 Die sozialen Verhältnisse der Renten- und Unterstützungsempfänger. a.a.O., S. 37.

R 11–17 Schreiber, Wilfrid: Existenzsicherheit in der industriellen Gesellschaft. Vorschläge zur »Sozialreform«. Köln 1955.

R 28 ibd., S. 28.

R 44–46 Der Begriff soll von dem Freiburger Nationalökonomen Heinz J. Müller geprägt worden sein. Repgen, Konrad (Hrsg.): Die dynamische Rente in
der Ära Adenauer und heute. a.a.O., S. 104.

332 R 15–18/ Statistisches Bundesamt (Hrsg.): Die voraussichtli-
333 L 1 che Bevölkerungsentwicklung bis 1982. Ergebnisse
von Vorausberechnungen der Bevölkerung im
Bundesgebiet. Statistik der Bundesrepublik
Deutschland. Bd. 119. Stuttgart/Köln 1955, S. 32.

L 20–31 Hockerts, Hans-Günter: Sozialpolitische Entscheidungen im Nachkriegsdeutschland. a.a.O., S. 290, 300, 301, 449.

L 33–35 ibd., S. 355.

334 L 1–6 So Fritz Hellwig und Dieter Schewe. Repgen, Konrad (Hrsg.): Die dynamische Rente in der Ära Adenauer und heute. a.a.O., S. 97 f.

R 43–46 Verhandlungen des Deutschen Bundestages. 3. Wahlperiode. Anlagen zu den stenographischen Berichten. Bd. 59. Drucksache 568 (Sozialbericht 1958), S. 22.

335 L 18–19 Siehe den Bericht von Hans Reymann, zur Zeit der Rentengesetzgebung Referent für Sozialpolitik beim Parteivorstand der SPD. Repgen, Konrad (Hrsg.): Die dynamische Rente in der Ära Adenauer und heute. a.a.O., S. 58 f.

R 3–8 Schmidtchen, Gerhard: Die befragte Nation. Über den Einfluß der Meinungsforschung auf die Politik. Freiburg 1959, S. 166.

R 27–30 10 Jahre Bundesrepublik Deutschland. a.a.O., S. 458.

Gründung der Europäischen Wirtschaftsgemeinschaft

Quellen: Monnet, Jean: Erinnerungen eines Europäers (88). – Macmillan, Harold: Riding the Storm. 1956–1959 (82). – Müller-Armack, Alfred: Auf dem Wege nach Europa (90). – Spaak, Paul-Henri: Memoiren eines Europäers (117). – Adenauer: Erinnerungen III. – Europa. Dokumente zur Frage der europäischen Einigung (2). – Siegler, Heinrich von (Hrsg.): Dokumentation der Europäischen Integration mit besonderer Berücksichtigung des Verhältnisses von EWG und EFTA (111). – Privatarchiv Hans von der Groeben.
Literatur: Guillen, Pierre: Frankreich und der europäische Wiederaufschwung. In: *VfZ* 28 (1980), S. 1–19. – Schwarz, Hans-Peter: Adenauer und Europa. In: *VfZ* 27 (1979), S. 471–523. – Deubner, Christian: Die Atompolitik der westdeutschen Industrie und die Gründung von Euratom. Frankfurt 1977. – Kramer, Heinz: Nuklearpolitik in Westeuropa und die Forschungspolitik der Euratom. Köln/Berlin/Bonn/München 1976. – Müller-Roschach, Herbert: Die deutsche Europapolitik. Wege und Umwege zur politischen Union Europas. Baden-Baden 1974. – Hrbek, Rudolf: Die SPD – Deutschland und Europa (62). – Kiersch, Gerhard: Parlament und Parlamentarier in der Außenpolitik der IV. Republik. Diss. Berlin 1971. – Bjol, Erling: La France devant l'Europe. La politique européenne de la IVe République. Kopenhagen 1966. – Willis, Frank Roy: France, Germany, and the New Europe, 1945–1963. Stanford, Cal. 1965. – Hallstein, Walter und Hans-Jürgen Schlochauer (Hrsg.): Zur Integration Europas. Festschrift für Carl Friedrich Ophüls aus Anlaß seines siebzigsten Geburtstags. Karlsruhe 1965. – Camps, Miriam: Britain and the European Community, 1955–1963. Princeton/London/Oxford 1963. – Die Internationale Politik 1956/57 (66). – Grosser, Alfred: La IVe République et sa politique extérieure. Paris 1961. Für das folgende Kapitel wurden Materialien und Ergebnisse eines Forschungsprojekts über die Gründung der Europäischen Wirtschaftsgemeinschaft herangezogen, das gegenwärtig im Forschungsinstitut für Politische Wissenschaft und Europäische Fragen der Universität Köln durchgeführt wird. Neben den Hinweisen von Herrn Hans von der Groeben, der dieses Projekt mit dem Verf. zusammen leitet, ist die Darstellung den Infor-

mationen der an den Einzelstudien arbeitenden Herren Dipl.-Pol. Hanns Jürgen Küsters und Dr. Peter Weilemann verpflichtet.

338 L 22–25 Siehe beispielsweise den Aufsatz »Politischer Enthusiasmus und wirtschaftliche Vernunft« (*NZZ*, 17. 2. 1957).

L 25–28 In diesem Zusammenhang waren die folgenden Gutachten von besonderer Bedeutung: »Fragen des gemeinsamen Marktes innerhalb der Europäischen Gemeinschaft für Kohle und Stahl« (14. 12. 1952); »Problem der Integration der europäischen Agrarmärkte (sogenannte Agrarunion)« (22. 2. 1953); »Frage der wirtschaftlichen Integration Europas« (1. 5. 1953); »Fragen des gemeinsamen Marktes« (11. 10. 1953). In: Sammelband der Gutachten des Wissenschaftlichen Beirats beim Bundesministerium für Wirtschaft von 1948 bis 1972. Hrsg. vom Bundesministerium für Wirtschaft. Göttingen 1973.

R 2–13 Die grundsätzliche Position des Bundeswirtschaftsministers fand ihren Ausdruck in einer Reihe grundsätzlicher Erklärungen und Reden. Siehe Erhard, Ludwig: Deutsche Wirtschaftspolitik (36), S. 245–248 (22. 9. 1954), S. 253–259 (7. 12. 1954), S. 333–336 (12. 2. 1957). – »Wer ist ein guter Europäer?« In: *Bulletin* des Presse- und Informationsamtes der Bundesregierung. 6. 8. 1955. Nr. 145, S. 1221 f.

R 28–31 Müller-Armack, Alfred: Auf dem Weg nach Europa (90), S. 99–101.

R 37–38 Text des deutschen Memorandums für die Konferenz von Messina bei Siegler, Heinrich von: Dokumentation der Europäischen Integration. a.a.O., S. 92 f. – *NZZ*, 3. 6. 1955.

339 L 20–21/ Monnets nicht nur in diesem Punkt etwas gewun-
R 1–18 dene Darstellung in seinen Erinnerungen läßt die beträchtlichen Vorbehalte gegenüber der Idee eines gemeinsamen Marktes und die Sympathie für den Gedanken der Sektorintegration doch einigermaßen erkennen. Monnet, Jean: Erinnerungen eines Europäers (88), S. 507–512.

R 33–39 Text des Memorandums der Benelux-Staaten in: *AdG*, 3. 6. 1955, 5189 B (Auszug). – Spaak, Paul-Henri: Memoiren eines Europäers (117), S. 297–301.

340 L 4–10 Siegler, Heinrich von: Dokumentation der Europäischen Integration. a.a.O., S. 90–93.

L 36–42 Müller-Armack, Alfred: Auf dem Weg nach Europa (90), S. 101.

R 2–6 Bjol, Erling: La France devant l'Europe. a.a.O., S. 49 f.

R 11–40 Spaak, Paul-Henri: Memoiren eines Europäers (117), S. 311 f.

341 R 20–23 Eichner, Franz: Wie steht die Industrie zum Gemeinsamen Markt? In: Der Gemeinsame Markt: Grundgedanken, Probleme und Tatsachen zur Europäischen Wirtschaftsgemeinschaft. Bonn 1957, S. 115–123.

342 R 15–17 *NZZ*, 5. 7., 6. 7., 7. 7., 8. 7., 12. 7. und 13. 7. 1956. – Huber, Konrad: Die friedliche Verwendung der

Atomenergie in Frankreich und die französische Stellungnahme zur Europäischen Atomgemeinschaft. In: *Europa-Archiv* 12 (1957), S. 10343 f.

R 17–26 Verhandlungen des Deutschen Bundestages. 2. Wahlperiode 1953, Stenographische Berichte. 137. Sitzung vom 22.3.1956 bzw. 138. Sitzung vom 23.3.1956, S. 7069–7157. – *NZZ*, 24. März 1956.

343 R 3–8 Adenauer: Erinnerungen III, S. 131.

R 26–30 Tagebuch von Otto Lenz. Eintrag vom 13.9.1956: »BK: Amerikaner machen mir ernste Sorgen. Umrüstung nicht zu verhindern. Amerikaner seien sehr labil. Aufrüstung daher notwendiger denn je, da Amerikaner nur im äußersten Fall eingreifen. – Daher müsse Europa gemacht werden evtl. unter Verzicht auf supranationale Behörden. Man müsse auch England dazu bekommen. Erfolge hier würden sich auch positiv für die Wahlen auswirken. Widerstände der Industrie müßten beseitigt werden. Gewisse Anfangsschwierigkeiten bei Euratom und Gemeinsamem Markt müßten ins Auge gefaßt werden.«

344 L 23–25/ Carstens, Karl: Das Eingreifen Adenauers in die
R 1–15 Europa-Verhandlungen im November 1956. In: KAZeit I, S. 592–602.

346 L 23–25 So bei der Rede vor den Grandes Conférences Catholiques in Brüssel am 25.9.1956. Adenauer: Reden 1917–1967 (3), S. 330.

R 3–7 Verhandlungen des Deutschen Bundestages. 2. Wahlperiode 1953. Stenographische Berichte. 200. Sitzung vom 21.3.1957, S. 11327–11383.

R 38–40 ibd., S. 11334.

R 42–45 *NZZ*, 21.3.1957.

347 L 1–5 Adenauer: Erinnerungen III, S. 253–255.

L 9–14 Verhandlungen des Deutschen Bundestages. 2. Wahlperiode 1953. Stenographische Berichte. 200. Sitzung vom 21.3.1957, S. 11342–11345.

L 26–29 Hrbek, Rudolf: Die SPD – Deutschland und Europa (62), S. 244–285.

348 L 31–33 Guillen, Pierre: Frankreich und der europäische Wiederaufschwung. a.a.O., S. 9 f.

Die neue europäische Großmacht

Quellen: Adenauer: Erinnerungen III. – Sitzungsprotokolle des Bundesparteivorstandes der CDU.
Literatur: Haftendorn, Helga: Adenauer und die Europäische Sicherheit. In: KAZeit II, S. 92–110. – Pöttering, Hans-Gert: Adenauers Sicherheitspolitik. 1955–1963. Ein Beitrag zum deutsch-amerikanischen Verhältnis. Düsseldorf 1975. – Schwarz, Hans-Peter: Das außenpolitische Konzept Konrad Adenauers. In: Konrad Adenauer. Seine Außen- und Deutschlandpolitik (5), S. 97–155. – Die Internationale Politik 1956/57 (66).

349 R 19–28/ Albertini, Rudolf von: Dekolonisation. Die Dis-
350 L 1–11 kussion über Verwaltung und Zukunft der Kolonien. Köln/Opladen 1966.

L 31–46/ Frankel, Joseph: British Foreign Policy. 1945–
R 1–9 1973. London 1975, S. 157–160.

352 L 25–26/ Der mittelfristige Trend war an der Entwicklung
R 1–8 des Handelsvolumens der drei Staaten deutlich ablesbar:
a) Exporte (in Mill. US-Dollar)

	1955	1956	1957
GB	8,468	9,290	9,684
F	4,911	4,541	5,111
D	6,135	7,358	8,575

b) Importe (in Mill. US-Dollar)

	1955	1956	1957
GB	10,867	10,881	11,412
F	4,739	5,558	6,170
D	5,793	6,617	7,499

Quelle: *The Economist*, 18.10.1958, S. 276.

353 R 11–12 Sitzungsprotokolle des Bundesparteivorstandes der CDU. 19.9.1957, S. 26 (StBKAH, 05.08).

355 L 9–11 Die westlichen Rapallo-Ängste waren in Politik und Publizistik deutlich zu erkennen. Gasteyger, Curt: Gegenseitige Staatsbesuche als Teil des neuen Kurses in der sowjetischen Außenpolitik. In: *Europa-Archiv* 11 (1956), S. 8903

L 24–30 Text der Botschaft Bulganins vom 5.2.1957 und des Antwortschreibens Adenauers vom 27.2.1957 bei Meissner, Boris (Hrsg.): Moskau–Bonn (85), S. 233–240.

L 36–39 *Der Spiegel*, 13.3.1957, S. 12.

Atomare Bewaffnung der Bundeswehr

Quellen: Blaubuch. Dokumentation über den Widerstand gegen die atomare Aufrüstung der Bundesrepublik. Zusammengestellt und hrsg. vom Friedenskomitee der Bundesrepublik Deutschland. 2. erw. Aufl. o.O., o.J. (Juni 1958). – Sitzungsprotokolle des Bundesparteivorstandes der CDU.
Literatur: Lauk, Kurt J.: Die nuklearen Optionen der Bundesrepublik Deutschland. Berlin 1979. – Kelleher, Catherine McArdle: Germany and the Politics of Nuclear Weapons. New York/London 1975. – Pöttering, Hans-Gert: Adenauers Sicherheitspolitik. 1955–1963. Ein Beitrag zum deutsch-amerikanischen Verhältnis. Düsseldorf 1975. – Mahncke, Dieter: Nukleare Mitwirkung. Die Bundesrepublik in der atlantischen Allianz 1954–1970. Berlin/New York 1975. – Rupp, Hans Karl: Außerparlamentarische Opposition in der Ära Adenauer: Der Kampf gegen die Atombewaffnung in den fünfziger Jahren. Eine Studie zur innenpolitischen Entwicklung der BRD. Köln 1970. – Richardson, James L.: Deutschland und die NATO (107). – Die Internationale Politik 1956/57 (66). – Speier, Hans: German Rearmament and Atomic War. Evanston/New York 1957.

356 L 6–10 Sitzungsprotokolle des Bundesparteivorstandes der CDU. 7.2.1957, S. 2. (StBKAH, 05.08).

357 R 11–14 Dalberg, Thomas: Franz Josef Strauß. Porträt eines Politikers. Gütersloh 1968, S. 121–124.

358 L 30–40 Adenauer: Erinnerungen III, S. 205–214. – Siehe auch den Aufsatz Adenauers im *Bulletin* vom 21.8.1956: »Lohnt sich der Aufbau der Bundeswehr noch?« Auf verschiedene in höchster Besorgnis unternommene Schritte des Kanzlers, bei denen dieser seinen entschiedenen Widerstand gegen die amerikanischen Umrüstungspläne zum Aus-

druck brachte, antwortete Dulles am 11.8.1956 beschwichtigend, aber zugleich ausweichend (Erinnerungen III, S. 207–211).

359 L 29–34 Kelleher, Catherine McArdle: Germany and the Politics of Nuclear Weapons. a.a.O., S. 122–134.

R 5–19 Siegler, Heinrich von (Hrsg.): Dokumentation zur Deutschlandfrage (112), S. 612. – Adenauer: Erinnerungen III, S. 296f.

R 38–46/ Text der Göttinger Erklärung vom 12.4.1957. In:
360 L 1–15/ AdG, 12.4.1957, 6385 A.
R 1–2

361 L 16–29 Heisenberg, Werner: Der Teil und das Ganze. Gespräche im Umkreis der Atomphysik. München 1971 (1969), S. 299, 304–307.

R 10–15 Text des über Radio Oslo verbreiteten Appells zur Einstellung der Kernwaffenversuche. In: AdG, 23.4.1957, 6397 A.

362 L 4–6 AdG, 12.4.1957, 6385 A.

L 16–19 AdG, 19.4.1957, 6392 A.

L 25–30 FAZ, 18.4.1957.

L 38–44 Adenauer: Erinnerungen III, S. 300, 313f. – Entsprechende Besorgnisse äußerte der Kanzler auch vor dem CDU-Vorstand und meinte: »Es ist kein Kampf gegen die Opposition, sondern gegen die Angst.« Sitzungsprotokolle des Bundesparteivorstandes der CDU. 11.5.1957, S. 24 (StBKAH, 05.08).

L 46/ Text der Note vom 27.4.1957 bei Meissner, Boris
R 1–2 (Hrsg.): Moskau–Bonn, S. 245–249.

R 11–40 Verhandlungen des Deutschen Bundestages. 2. Wahlperiode 1953. Stenographische Berichte. 209. Sitzung vom 10.5.1957, S. 12051–12138.

R 44–46/ Jahrbuch der öffentlichen Meinung 1958–1964
363 L 1–2 (64), S. 471.

Adenauer im Zenit

Quellen: Sitzungsprotokolle des Bundesparteivorstandes der CDU.
Literatur: Repgen, Konrad: Finis Germaniae: Untergang Deutschlands durch einen SPD-Wahlsieg 1957? In: KAZeit II, S. 294–315. – Kitzinger, Uwe Webster: Wahlkampf in Westdeutschland. Eine Analyse der Bundestagswahl 1957. Göttingen 1960. – Jahrbuch der öffentlichen Meinung 1957 (64).

363 L 19–21/ Zusammenfassung dieser Überlegungen bei Friedrich, Manfred: Opposition ohne Alternative. Über die Lage der parlamentarischen Opposition im Wohlfahrtsstaat. Köln 1962.

R 16–18 Kitzinger, Uwe Webster: Wahlkampf in Westdeutschland. a.a.O., S. 233–235.

R 22–25/ Jahrbuch der öffentlichen Meinung 1957 (64),
364 L 1–5 S. 262f.

L 8–14 Kitzinger, Uwe Webster: Wahlkampf in Westdeutschland. a.a.O., S. 234f.

R 9–16 ibd., S. 97f., 104f.

365 R 21–23 ibd., S. 71f.

R 38–39 Der Spiegel, 14.8.1957, S. 10.

366 L 44–46/ ibd., 21.8.1957, S. 14.
R 1–4

367 L 5–14 Verhandlungen des Deutschen Bundestages. 2. Wahlperiode 1953. Stenographische Berichte. 214. Sitzung vom 31.5.1957, S. 12614f.

368 L 1–2 Kitzinger, Uwe Webster: Wahlkampf in Westdeutschland. a.a.O., S. 70.

L 9–14 NZZ, 13.7.1957.

L 14–23 Repgen, Konrad: Finis Germaniae. a.a.O., S. 310.

R 5–16 Adenauer: Reden 1917–1967 (3), S. 366.

R 23–25/ Dokumente zur parteipolitischen Entwicklung in
369 L 1 Deutschland seit 1945. Hrsg. von Ossip K. Flechtheim. 3. Bd. Berlin 1963, S. 153.

L 3–4 NZZ, 14.7.1957.

L 7–12 NZZ, 9.8.1957.

L 14–15 ibd., 17.8.1957.

L 22–25 NZZ, 10.8.1957.

L 33–46/ Die Welt, 2.8.1957.
R 1–2

372 R 1–8 Der Spiegel, 25.9.1957, S. 13.

R 8–46/ Sitzungsprotokolle des Bundesparteivorstandes
373 L 1–20/ der CDU. 19.9.1957, S. 2–97.
R 1–20/
374 L 1–39/
R 1–39

Der Geist der fünfziger Jahre

Ruhige Zeiten: Lebensgefühl und Lebensstil

375 L 8–13 Der Spiegel, 13.4.1950, S. 7.

L 24–35 Schmidtchen, Gerhard: Protestanten und Katholiken. Soziologische Analyse konfessioneller Kultur. Bern/München ²1979 (1973), S. 114.

L 36–38/ 10 Jahre Bundesrepublik Deutschland (20), S. 364.
R 1

R 4–7 NZZ, 19.8.1955.

R 13–23 Kieslich, Günter: Freizeitgestaltung in einer Industriestadt. Ergebnisse einer Befragung in Marl. Münster 1956, S. 21–27.

R 26–30 Schmidtchen, Gerhard: Protestanten und Katholiken. a.a.O., S. 108f.

376 L 3–7 Rieker, Karlheinrich: Industrieland Bundesrepublik. Grundwissen und Zahlen zur industriellen Entwicklung. Köln 1972, S. 53.

L 13–17 Schelsky, Helmut: Gesellschaftlicher Wandel. In: Ders. (Hrsg.): Auf der Suche nach Wirklichkeit (124), S. 341.

R 14–24 Kieslich, Günter: Freizeitgestaltung in einer Industriestadt. a.a.O., S. 96–104.

377 L 11–16 Wolf, Ernst/Lüke, Gerhard und Hax, Herbert, Scheidung und Scheidungsrecht. Grundfragen der Ehescheidung in Deutschland. Tübingen 1959, S. 467f. Im Jahr 1948 erfolgten insgesamt 87013 rechtskräftige Scheidungsurteile (= 188 pro 100000 Einwohner), 1956 40731 (= 82 pro 100000 Einwohner).

L 29–34 Kieslich, Günter: Freizeitgestaltung in einer Industriestadt. a.a.O., S. 90–92.

R 1–8 Mayntz, Renate: Soziale Schichtung und sozialer Wandel in einer Industriegemeinde. Eine soziologische Untersuchung der Stadt Euskirchen. Stuttgart 1958, S. 241–248.

R 6–8 Reigrotzki, Erich: Soziale Verflechtungen in der Bundesrepublik (105), S. 164.

R 17–33 Blücher, Viggo Graf von: Freizeit in der industriellen Gesellschaft. Dargestellt an der jüngeren Generation. Stuttgart 1956, S. 73–83.

378 R 10–12 Ein nach Gattungen gegliederter tabellarischer Überblick über die deutschsprachige Filmproduktion der Jahre 1949–1964 findet sich bei Osterland, Martin: Gesellschaftsbilder in Filmen. Eine soziologische Untersuchung des Filmangebots der Jahre 1949 bis 1964, S. 225.

379 L 4–34 ibd., S. 92–155, 202–212.

L 30–32 Knittel, Herbert: Der Roman in der deutschen Illustrierten, 1946–1962. Dargestellt an den drei auflagestärksten Illustrierten »Stern«, »Quick« und »Hör zu«. Diss. Berlin 1967, S. 258.

L 46/ Schelsky, Helmut: Die skeptische Generation. Eine Soziologie der deutschen Jugend. Mit einem
R 1–10 Vorwort zur Taschenbuchausgabe 1975. Frankfurt/M./Berlin/Wien 1975 (1957).

380 L 32–38 Knebel, Hans-Joachim: Soziologische Strukturwandlungen im modernen Tourismus, Stuttgart 1960, S. 72, 74.

R 12–15 *Der Spiegel*, 21.4.1954, S. 8.

R 16–17 Knebel, Hans-Joachim: Soziologische Strukturwandlungen im modernen Tourismus. a.a.O., S. 72.

381 L 17–24 Eckert, Gerhard und Fritz Niehus (Hrsg.): Zehn Jahre Fernsehen in Deutschland. Dokumentation, Analyse, Kritik. Frankfurt 1963, S. 54–58.

L 30–38 ibd., S. 60–66.

382 L 6–9 So etwa gestützt auf Meinungsumfragen und amerikanische Erfahrungen Gerhard Schmidtchen: Die gesellschaftsbildende Kraft der Massenmedien. In: *Offene Welt* 75 (März 1962), S. 66–83.

Modernisierung: Wohnkomfort, Motorisierung, Städtebau

383 R 37–40 Eine Auseinandersetzung mit den damals diskutierten Autoren und Gedankengängen antitechnischer Kulturkritik findet sich bei Heinrich Popitz: Technik und Industriearbeit. Soziologische Untersuchungen in der Hüttenindustrie. Tübingen 1957, S. 1–26. Ähnlich informativ ist Martin Schwonke: Vom Staatsroman zur Science Fiction. Eine Untersuchung über Geschichte und Funktion der naturwissenschaftlich-technischen Utopie. Stuttgart 1957.

384 L 16–23 Deutschland-Jahrbuch 1953 (27), S. 282.

L 26–32 Gunzert, Rudolf: Frankfurts Wohnungen und ihre Bewohner. Ergebnisse einer Repräsentativerhebung im Dezember 1950/Januar 1951. Frankfurt/Main 1952, S. 31–37.

L 32–33 Deutschland-Jahrbuch 1953 (27), S. 282.

L 34–37 10 Jahre Bundesrepublik Deutschland (20), S. 420.

L 39–45 »So möchte ich wohnen!« Ergebnisse einer wohnungswirtschaftlichen Befragung der Bevölkerung in 11 deutschen Städten. Herausgegeben von der »Neuen Heimat«. Hamburg 1955, S. 42.

R 1–29 Gunzert, Rudolf: Frankfurts Wohnungen und ihre Bewohner. a.a.O., S. 97–118.

R 38–41 »So möchte ich wohnen!«. a.a.O., S. 52.

R 40–43 *Der Spiegel*, 10.3.1954, S. 34.

R 45–46/ *Der Spiegel*, 18.2.1953, S. 24–26.

385 L 1–4 10 Jahre Bundesrepublik Deutschland (20), S. 490.

L 5–15
L 23–25 *Der Spiegel*, 10.3.1954, S. 34.

R 4–6 10 Jahre Bundesrepublik Deutschland (20), S. 492. – Deutschland im Wiederaufbau. Tätigkeitsbericht der Bundesregierung für das Jahr 1953. Bonn o.J., S. 219–222.

386 R 6–21 10 Jahre Bundesrepublik Deutschland (20), S. 323f.

R 29–36 Wurzbacher, Gerhard (unter Mitarbeit von Renate Pflaum): Das Dorf im Spannungsfeld industrieller Entwicklung. Stuttgart 1954.

R 45–46/ 10 Jahre Bundesrepublik Deutschland (20), S. 420.

387 L 1–3
L 3–26 ibd., S. 418.

R 5–7 *Der Spiegel*, 18.2.1953, S. 26.

R 8–9 10 Jahre Bundesrepublik Deutschland (20), S. 491.

R 12–16 Daten zu Wirtschaft – Gesellschaft – Politik – Kultur der Bundesrepublik Deutschland 1950–1975 (23), S. 297.

388 L 5–26/ Planen und Bauen im neuen Deutschland. Hrsg.
R 1–26/ von BDA, DAI und BDGA. Köln/Opladen 1960.

389 L 1–2 – Deutscher Städtebau nach 1945. Hrsg. von der Deutschen Akademie für Städtebau und Landesplanung. Bearbeitet von Prof. E. Wedepohl. Essen 1961. – Deutscher Städtebau 1968. Die städtebauliche Entwicklung von 70 Städten. Hrsg. von der Deutschen Akademie für Städtebau und Landesplanung. Bearbeitet von Prof. J. W. Hollatz. Essen 1970. – Aspekte der Stadterneuerung (= Schriften des deutschen Verbandes für Wohnungswesen. Heft 73). Köln–Mülheim 1967. – Schöller, Peter: Die deutschen Städte. Wiesbaden 1967, S. 76–97.

L 10–17 Irle, Martin: Gemeindesoziologische Untersuchungen zur Ballung Stuttgart. Bad Godesberg 1960. – Bausinger, Hermann u.a.: Neue Siedlungen. Volkskundlich-soziologische Untersuchungen des Ludwig-Uhland-Instituts Tübingen. Stuttgart 1959.

Einschmelzung traditioneller Sektoren

390 L 31–45/ Fürstenberg, Friedrich: Die Sozialstruktur der
R 1–3 Bundesrepublik Deutschland. Ein soziologischer Überblick. Opladen ⁵1976 (1967), S. 32. – Lepsius, M. Rainer: Sozialstruktur und soziale Schichtung in der Bundesrepublik Deutschland. In: Die Zweite Republik (78), S. 270.

R 27–33 Statistisches Jahrbuch für die Bundesrepublik Deutschland, 1952. Stuttgart/Köln 1952, S. 452f.

R 41–43 Statistisches Jahrbuch der Bundesrepublik Deutschland, 1970. Stuttgart/Köln 1970, S. 493.

391　L 9–11　Statistisches Jahrbuch für die Bundesrepublik Deutschland, 1952. Stuttgart/Köln 1952, S. 23.

　　　　L 16–18　Fürstenberg, Friedrich: Die Sozialstruktur der Bundesrepublik Deutschland. a. a. O., S. 26.

392　R 7–36　Goldschmidt, Dietrich u. a. (Hrsg.): Soziologie der Kirchengemeinde. Stuttgart 1960. – Köster, Reinhard: Die Kirchentreuen. Erfahrungen und Ergebnisse einer soziologischen Untersuchung in einer großstädtischen evangelischen Kirchengemeinde. Stuttgart 1959. – Kaufmann, Franz Xaver: Zur Bestimmung und Messung von Kirchlichkeit in der Bundesrepublik Deutschland. In: Matthes, Joachim (Hrsg.): Kirche und Gesellschaft. Einführung in die Religionssoziologie II. Reinbek bei Hamburg 1969, S. 207–242.

393　L 3–22/
　　　　R 1–15　Schmidtchen, Gerhard: Protestanten und Katholiken. Soziologische Analyse konfessioneller Kultur. Bern/München ²1979 (1973), S. 280, 283, 254.

394　L 9–36　Das Thema wird breit erörtert von Ralf Dahrendorf in: Gesellschaft und Demokratie in Deutschland. München 1968. Dahrendorf stützt sich dabei besonders auf Arbeiten von Wolfgang Zapf: Wandlungen der deutschen Elite, 1919–1961. München 1965.

　　　　L 37–45/
　　　　R 1–5　Gerstein, Hannelore und Hartmut Schellhoß: Die Bonner Exekutive. Eine Sozialstatistik der Bundeskabinette, 1949–1963. In: Zapf, Wolfgang (Hrsg.): Beiträge zur Analyse der deutschen Oberschicht. Tübingen 1964, S. 71–100.

Auf dem Weg zur Mittelstandsgesellschaft

Literatur: Lepsius, M. Rainer: Sozialstruktur und soziale Schichtung in der Bundesrepublik Deutschland. In: Die zweite Republik (78), S. 263–288. – Dahrendorf, Ralf: Gesellschaft und Demokratie in Deutschland (24). – Bolte, Karl Martin: Deutsche Gesellschaft im Wandel (15). – Schelsky, Helmut: Auf der Suche nach Wirklichkeit (124). – Scheuch, Erwin K.: Sozialprestige und soziale Schichtung. In: Glass, David V. und René König (Hrsg.): Soziale Schichtung und soziale Mobilität (= KZS, Sonderheft 5). Köln/Opladen 1961, S. 65–103. – Moore, Harriet und Gerhard Kleining: Das soziale Selbstbild der Gesellschaftsschichten in Deutschland. In: KZS 12 (1960), S. 86–119. – Janowitz, Morris: Soziale Schichtung und Mobilität in Westdeutschland. In: KZS 10 (1958), S. 1–38. – Mayntz, Renate: Soziale Schichtung und sozialer Wandel in einer Industriegemeinde. Eine soziologische Untersuchung der Stadt Euskirchen. Stuttgart 1958. – Reigrotzki, Erich: Soziale Verflechtungen in der Bundesrepublik. Tübingen 1956.

395　L 6–31　Lepsius, M. Rainer: Sozialstruktur und soziale Schichtung in der Bundesrepublik. a. a. O., S. 270.

　　　　L 42–46/
　　　　R 1–11　Daten zu Wirtschaft – Gesellschaft – Politik – Kultur (23), S. 28.

　　　　R 16–23　Wirtschaftliche und soziale Aspekte des technischen Wandels in der Bundesrepublik Deutschland. Bd. I: Sieben Berichte. Kurzfassung der Ergebnisse. Frankfurt/M. 1970, S. 28.

　　　　R 31–37　Daten zu Wirtschaft – Gesellschaft – Politik – Kultur (23), S. 31.

　　　　R 43–45　10 Jahre Bundesrepublik Deutschland (20), S. 310, 616.

396　L 1–13　ibd., S. 611. – Daten zu Wirtschaft – Gesellschaft – Politik – Kultur (23), S. 32 f.

　　　　L 18–40　Statistisches Jahrbuch der Bundesrepublik Deutschland, 1952. Stuttgart/Köln 1952, S. 166 f.

　　　　L 44–46　Rieker, Karlheinz: Industrieland Bundesrepublik. Grundwissen und Zahlen zur industriellen Entwicklung. Köln 1972, S. 122–125.

　　　　R 1–19　Kilger, Wolfgang: Industrie und Konzentration. In: Arndt, Helmut (Hrsg.): Die Konzentration in der Wirtschaft. Bd. I. Berlin 1960, S. 291–301.

397　L 3–4　Noelle-Neumann, Elisabeth: Das Thema Konzentration in der öffentlichen Meinung. In: Arndt, Helmut (Hrsg.): Die Konzentration in der Wirtschaft. Bd. III. a. a. O., S. 1787–1795.

399　L 10–20　Statistisches Jahrbuch der Bundesrepublik Deutschland, 1957. Stuttgart/Köln 1957, S. 119. – Statistisches Jahrbuch der Bundesrepublik Deutschland, 1971. Stuttgart/Köln 1971, S. 124.

　　　　L 36–45/
　　　　R 1–14/　Taschenbuch für die Wirtschaft, 1961. Hrsg. vom Deutschen Industrieinstitut. 5. neubearbeitete und

400　L 1–35　erweiterte Auflage. Köln 1961, S. 554–558.

　　　　R 1–24　Daten zu Wirtschaft – Gesellschaft – Politik – Kultur (23), S. 65.

　　　　R 34–35/　Schon die im Jahr 1955 ermittelten Daten ließen

401　L 1–13　diesen Trend deutlich erkennen. Jannowitz, Morris: Soziale Schichtung und Mobilität in Westdeutschland. In: KZS 10 (1958), S. 26–28.

　　　　L 45–46/
　　　　R 1–24　Schelsky, Helmut: Die Bedeutung des Schichtungsbegriffs für die Analyse der gegenwärtigen deutschen Gesellschaft. In: Ders.: Auf der Suche nach Wirklichkeit (124), S. 331–336.

　　　　R 25–35　Schelsky, Helmut: Gesellschaftlicher Wandel. In: Ders.: Auf der Suche nach Wirklichkeit (124), S. 337–351.

402　L 6–9　Tenbruck, Friedrich H.: Alltagsnormen und Lebensgefühle in der Bundesrepublik. In: Die zweite Republik (78), S. 291.

　　　　L 18–19/
　　　　R 1–4　Baumert, Gerhard: Deutsche Familien nach dem Kriege. Darmstadt 1954. – Schelsky, Helmut: Wandlungen der deutschen Familie in der Gegenwart. Darstellung und Deutung einer empirisch-soziologischen Tatbestandsaufnahme. Dortmund 1953. – Fröhner, Rolf u. a.: Familie und Ehe. Bielefeld 1956. – Lemberg, Eugen und Friedrich Edding (Hrsg.): Die Vertriebenen in Westdeutschland. Ihre Eingliederung und ihr Einfluß auf Gesellschaft, Wirtschaft, Politik und Geistesleben. Bd. I. Kiel 1959. – Priebe, Hermann: Wer wird die Scheunen füllen? Düsseldorf 1954. – Schelsky, Helmut: Die skeptische Generation. Eine Soziologie der deutschen Jugend. Düsseldorf/Köln 1957.

　　　　R 15–19　Daheim, Hansjürgen: Die Vorstellungen vom Mittelstand. In: KZS 12 (1960), S. 237–277.

403　L 43–46/
　　　　R 1–5　Jahrbuch der öffentlichen Meinung, 1958–1964 (64), S. 367.

　　　　R 15–25　Moore, Harriett und Gerhard Kleining: Das soziale Selbstbild der Gesellschaftsschichten in Deutschland. a. a. O., S. 92–116.

　　　　R 28–32　Robinsohn, Saul B. (Hrsg.): Schulreform im gesellschaftlichen Prozeß. Ein interkultureller Vergleich. Bd. I. Stuttgart 1970, S. 203.

404   L 9–13   Dahrendorf, Ralf: Arbeiterkinder an deutschen Universitäten. Tübingen 1965. S. 9.

     L 20–22   Popitz, Heinrich u. a.: Das Gesellschaftsbild des Arbeiters. Soziologische Untersuchungen in der Hüttenindustrie. Tübingen 1957, S. 222 und passim.

Kontinuität und Umschichtung der Eliten

Literatur: Dahrendorf, Ralf: Gesellschaft und Demokratie in Deutschland (24). – Zapf, Wolfgang: Wandlungen der deutschen Elite, 1919–1961. München 1965. – Edinger, Lewis J.: Continuity and Change in the Background of German Decision-Makers. In: *The Western Political Quarterly,* 14 (1961), S. 17–36. – Deutsch, Karl und Lewis J. Edinger: Germany Rejoins the Powers. Mass Opinion, Interest Groups, and Elites in Contemporary German Foreign Policy. Stanford, Calif. 1959.

405   L 15–19   Burnham, James: Das Regime der Manager. Stuttgart 1948 (1941).

     L 21–22/   Dahrendorf, Ralf: Soziale Klassen und Klassenkonflikt in der industriellen Gesellschaft. Stuttgart 1957.
     R 1–7

406   L 13–46/   Spotts, Frederic: Kirchen und Politik in Deutschland. Stuttgart 1976 (1973). – Forster, Karl: Deutscher Katholizismus in der Adenauer-Ära. In: KA-Zeit II (6), S. 488–520. – Maier, Hans: Die Kirchen. In: Die zweite Republik (78), S. 494–515. Maier, Hans (Hrsg.): Deutscher Katholizismus nach 1945. Kirche – Gesellschaft – Geschichte. München 1964.
     R 1–3

     R 4–16/   Mahrenholz, Ernst G.: Die Kirchen in der Gesellschaft der Bundesrepublik. Hannover [2]1972. –
407   L 1–28/   Brunotte, Heinz: Die Evangelische Kirche in Deutschland. Geschichte, Organisation und Gestalt der EKD. Gütersloh 1964. –
     R 1–24

     R 25–27/   Leber, Georg: Vom Frieden. Stuttgart 1979, S. 15–
408   L 1–46/   111. – Vetter, Heinz-Oskar (Hrsg.): Vom Sozialistengesetz zur Mitbestimmung. Köln 1975. – Pirker, Theo: Die blinde Macht. Die Gewerkschaftsbewegung in Westdeutschland. 2 Bde. München 1960. – Hirsch-Weber, Wolfgang: Gewerkschaften in der Politik. Von der Massenstreikdebatte zum Kampf um das Mitbestimmungsgesetz. Köln und Opladen 1959. – Stolz, Otto: Die Gewerkschaften in der Sackgasse. Ein kritisches Porträt. München [2]1959. – Triesch, Günter: Die Macht der Funktionäre. Düsseldorf 1956.
     R 1–2
     R 3–17

409   L 7–12   An journalistisch aufbereiteten Darstellungen der Vorgänge ist allerdings kein Mangel. Am breitenwirksamsten war in den fünfziger Jahren Kurt Pritzkoleit: Bosse, Banken, Börsen. Herren über Geld und Wirtschaft. München/Wien/Basel 1954. – Die neuen Herren. Die Mächtigen in Staat und Wirtschaft. München/Wien/Basel 1955. – Wem gehört Deutschland? Eine Chronik von Besitz und Macht. München/Wien/Basel 1957. – Auf einer Woge von Gold. Der Triumph der Wirtschaft.

München/Wien/Basel 1961. – Männer, Mächte, Monopole. München/Wien/Basel [13]1963 (1953). – Zur Entwicklung einzelner Unternehmungen oder Branchen liegen nur vergleichsweise wenige Arbeiten von höchst unterschiedlicher Zuverlässigkeit und Ergiebigkeit vor, so etwa Treue, Wilhelm und Helmut Uebbing: Die Feuer verlöschen nie. August Thyssen-Hütte 1926–1966. Düsseldorf/Wien 1969. – Reichelt, Werner Otto: Das Erbe der I.G. Farben. Düsseldorf 1956. – Kreikamp, Hans-Dieter: Die Entflechtung der I.G. Farbenindustrie A. G. und die Gründung der Nachfolgegesellschaften. In: *VfZ* 25 (1977), S. 220–251. – Seidenzahl, Fritz: 100 Jahre Deutsche Bank. 1870–1970. Frankfurt/M. 1970, S. 375–401. – Hempel, Gustav: Die deutsche Montanindustrie. Ihre Entwicklung und Gestaltung. Essen 1969, S. 160–168. –

     L 12–19   Pross, Helge: Manager und Aktionäre in Deutschland. Untersuchungen zum Verhältnis von Eigentum und Verfügungsmacht. Frankfurt/M. 1965. –

     R 38–41   Hüttenberger, Peter: Wirtschaftsordnung und Interessenpolitik in der Kartellgesetzgebung der Bundesrepublik, 1949–1957. In: *VfZ* 24 (1976), S. 287–307. – Braunthal, Gerard: The Federation of German Industry in Politics. Ithaca, N.Y. 1965. – Hartmann, Heinz: Der deutsche Unternehmer. Autorität und Organisation. Frankfurt/M. 1968 (1959). – Breitling, Rupert: Die Verbände in der Bundesrepublik. Ihre Arten und ihre politische Wirkungsweise. Meisenheim am Glan 1955.

     R 45–46/   Einen Eindruck dieser Symbiose von Politik und
410   L 1–10   Wirtschaft vermittelt Günter Henles Autobiographie: Weggenosse des Jahrhunderts. Als Diplomat, Industrieller, Politiker und Freund der Musik. Stuttgart 1968, S. 77–207.

     R 5–9   Eschenburg, Theodor: Der bürokratische Rückhalt. In: Die zweite Republik (78), S. 64–94.

411   L 20–24/   Über die entsprechenden Vorgänge im Presse-
     R 1–16   und Rundfunkwesen ist schon vergleichsweise viel gearbeitet worden. Am ergiebigsten ist Harald Hurwitz: Die Stunde Null der deutschen Presse. Die amerikanische Pressepolitik in Deutschland 1945–1949. Köln 1972. – Aufschlußreich auch Fischer, Heinz-Dietrich: Reeducations- und Pressepolitik unter britischem Besatzungsstatut. Die Zonenzeitung »Die Welt« 1946–1950. Konzeption, Artikulation und Rezeption. Düsseldorf 1978. – Pross, Harry (Hrsg.): Deutsche Presse seit 1945. Bern/München/Wien 1965. – Ossorio-Capella, Carlos: Der Zeitungsmarkt in der Bundesrepublik Deutschland. Darstellung und Beurteilung der Entwicklungstendenzen. Diss. Marburg 1971. – In ihren Anfängen wies die Bundesrepublik eine reich gegliederte Presselandschaft auf. Zahlreiche kleine und mittlere Zeitungen von regionaler Verbreitung standen einigen wenigen überregionalen Blättern gegenüber, die sich erst anschickten, gegeneinander zu konkurrieren. Überregionale Verbreitung hatten die amerikanische *Neue Zeitung* (Aufl. 1952: 160000) und *Die Welt* (Aufl. 1952:

183 000). Die *Frankfurter Allgemeine* (verkaufte
Aufl. 1952: 53 000), die *Deutsche Zeitung und
Wirtschaftszeitung* (verkaufte Aufl. 1952: 37 000).
Handelsblatt (verkaufte Aufl. 1952: 20 000) und *Industriekurier* (verkaufte Aufl. 1952: 13 000) hatten
es noch schwer, sich gegen die beiden großen Spitzenreiter *Neue Zeitung* und *Welt* durchzusetzen.
1958 dominierten bei den überregionalen Tages-
zeitungen drei Blätter ganz offenkundig: *Die Welt*
(verkaufte Aufl. 1958: 134 000), die *Frankfurter
Allgemeine* (verkaufte Aufl. 1958: 161 000), *Bild*-
Zeitung (verkaufte Aufl. 1958: 2 305 000). Die
Verkaufszahlen der *Deutschen Zeitung und Wirtschaftszeitung* (29 000), des *Handelsblatt* (24 000)
und des *Industriekurier* (17 000) waren rückläufig
oder hatten sich nur unwesentlich erhöht. – Auf
seiten der politischen Wochenzeitungen wuchs
Der Spiegel von Anfang an in eine dominierende
Position hinein (verkaufte Auflage 1951: 110 000;
1955: 197 000; 1959: 339 000; 1963: 495 000).
Demgegenüber herrschte unter den typischen Wochenzeitungen damals noch ein gewisses Gleichgewicht. *Die Zeit* hatte ihre überstarke Marktposi-
tion, wie sie sich nach dem Ende der Adenauer-Ära zubewegte, noch längst nicht erreicht (verkaufte Auflage 1950: 81 000; 1955: 43 000). Hingegen besaßen christliche Wochenzeitungen einen
relativ breiten Marktanteil (*Rheinischer Merkur*
1950: 63 000; 1963: 48 000; *Deutsches Allgemeines
Sonntagsblatt* 1960: 110 000 – also mehr als damals
Die Zeit; *Christ und Welt* 1950: 41 000; 1959:
100 000; 1962: 144 000).

414 R 41–46/ Schindler, Peter: 30 Jahre Deutscher Bundestag
415   L 1–26 (22), S. 72–74.

  L 27–35 Loewenberg, Gerhard: Parlamentarismus im politischen System der Bundesrepublik Deutschland
(77), S. 137 f., 142.

  L 40–43 Schindler, Peter: 30 Jahre Deutscher Bundestag
(22), S. 74.

Die Abendröte der bürgerlichen Kultur und die neuen Kräfte

Literatur: Lattmann, Dieter (Hrsg.): Die Literatur der Bundesrepublik Deutschland. Autoren, Werke, Themen, Tendenzen seit
1945. München/Zürich 1973. – Koebner, Thomas (Hrsg.): Tendenzen der deutschen Literatur seit 1945. Stuttgart 1971. – Schall-
lück, Paul (Hrsg.): Deutschland – Kulturelle Entwicklung
seit 1945. München 1969. – Soergel, Albert und Curt Hohoff: Dichtung und Dichter der Zeit. Vom Naturalismus bis zur Gegenwart. 2 Bde. Düsseldorf 1964. – Schelsky, Helmut: Einsamkeit
und Freiheit. Idee und Gestalt der deutschen Universität und ihrer Reformen. Reinbek bei Hamburg 1963. – Richter, Hans Werner (Hrsg.): Bestandsaufnahme. Eine deutsche Bilanz 1962.
München/Wien/Basel 1962. – Handbuch moderner Architektur.
Eine Kunstgeschichte der Architektur unserer Zeit vom Einfami-
lienhaus bis zum Städtebau. Berlin 1957. – Müller-Rehm, Klaus:
Wohnbauten von heute. Berlin 1955. – Moras, Joachim und
Hans Paeschke (Hrsg.): Deutscher Geist zwischen gestern und
morgen. Bilanz der kulturellen Entwicklung seit 1945. Stuttgart
1954.

417 R 16–22 Albert, Wilhelm und Christoph Oehler: Materialien zur Entwicklung der Hochschulen 1950 bis
1967 (Hochschulen, Studierende, Lehrpersonen,
Einnahmen, Ausgaben, Strukturdaten). Hannover
1969, S. 105.

  R 23–26 Abiturienten und Studenten. Entwicklung und
Vorschätzung der Zahlen 1950 bis 1980. Vorgelegt vom Wissenschaftsrat im März 1964. Bonn
1964, S. 53.

  R 27–30 ibd., S. 20.

  R 31–36 Tellenbach, Gerd: Der Hochschullehrer in der
überfüllten Hochschule. Göttingen 1959. – Anger,
Hans: Probleme der deutschen Universität. Bericht
über eine Erhebung unter Professoren und Dozen-
ten. Tübingen 1960.

418 R 15–18 Am meisten Beachtung fanden in diesem Zusammenhang die »Hinterzartener Empfehlungen«:
Probleme der deutschen Hochschulen. Die Empfehlungen der Hinterzartener Arbeitstagung im
August 1952. Mit einer Einleitung von Gerd Tellenbach. Göttingen 1953.

  R 5–16 Saner, Hans (Hrsg.): Karl Jaspers in der Diskussion. München 1973.

419 L 12–15 Ein Blick in führende Kulturzeitschriften der fünfziger Jahre – etwa *Merkur, Hochland, Wandlung,
Frankfurter Hefte* – zeigt dies deutlich. Zu den literarischen und Kunst-Zeitschriften generell Victor
Otto Stomps: Die literarischen und Kunst-Zeitschriften. In: Pross, Harry (Hrsg.): Deutsche Presse seit 1945. Bern/München/Wien 1965, S.
173–210.

  R 32–40 Maier, Hans: Zur Lage der politischen Wissenschaft nach dem Zweiten Weltkrieg. In: Politische
Wissenschaft in Deutschland. Aufsätze zur Lehr-
tradition und Bildungspraxis. München 1969,
S. 88–112. – Schelsky, Helmut: Ortsbestimmung
der deutschen Soziologie. Düsseldorf und Köln
1959. – Dahrendorf, Ralf: Die drei Soziologien.
Zu Helmut Schelskys »Ortsbestimmung der deutschen Soziologie«. In: *KZS* 12 (1960), S. 120–133.
– Denkschrift zur Lage der Soziologie und der
Politischen Wissenschaft. Im Auftrag der Deutschen Forschungsgemeinschaft verfaßt von M.
Rainer Lepsius. Wiesbaden 1961. – Schwarz,
Hans-Peter: Probleme der Kooperation von Politikwissenschaft und Soziologie in Westdeutschland. In: Wissenschaftliche Politik. Eine Einführung in Grundfragen ihrer Tradition und Theorie.
Herausgegeben von Dieter Oberndörfer. Freiburg
1962, S. 297–333. – Arndt, Hans-Joachim: Die Besiegten von 1945. Versuch einer Politologie für
Deutsche samt Würdigung der Politikwissenschaft
in der Bundesrepublik Deutschland. Berlin 1978.

420 R 4–15 *Der Spiegel*, 22. 11. 1950, S. 40.

  R 25–27 Rühmkorf, Peter: Die Jahre, die Ihr kennt. Anfälle
und Erinnerungen. Reinbek bei Hamburg 1972,
S. 93 f. – Manche blieben aber auch unversöhnlich
in ihrer Ablehnung der Haltung Benns im Jahr
1933. Peter de Mendessohns große Abrechnung –
Der Geist in der Despotie. Versuche über die moralischen Möglichkeiten des Intellektuellen in der

totalitären Gesellschaft. Berlin-Grunewald 1953 – beschäftigte die Feuilletons und die Nachtstudios monatelang.

421 L 2–6/ R 1 Langenbucher, Wolfgang: Der aktuelle Unterhaltungsroman. Beiträge zu Geschichte und Theorie der massenhaft verbreiteten Literatur. Bonn 1964, S. 156 f.

422 R 10–13 Unter Bezugnahme auf statistische Erhebungen des »Deutschen Bühnenvereins« William S. Schlamm: Die Grenzen des Wunders. Ein Bericht über Deutschland. Zürich 1959, S. 114.

R 23–26/ *423* L 1–9 Mann, Thomas: Versuch über Schiller. Festrede am 8. Mai 1955 in Stuttgart und am 14. Mai 1955 in Weimar. In: Nachlese. Berlin/Frankfurt 1956, S. 57–140.

424 L 10–12 Distanzierte Darstellungen der »Gruppe 47« gibt es noch nicht; die bisherigen Würdigungen schwanken zwischen dem Genre der Selbstdarstellung, der Werbeschrift oder der kritischen Invektive. Richter, Hans Werner (Hrsg.): Almanach der Gruppe 47. 1947–1962. Reinbek bei Hamburg 1962. – Hans Werner Richter und die Gruppe 47. Mit Beiträgen von Walter Jens, Marcel Reich-Ranicki, Peter Wapnewski u. a. München 1979. – Lettau, Reinhard: Die Gruppe 47. Bericht, Kritik, Polemik. Neuwied und Berlin 1967. – Deschner, Karlheinz: Talente, Dichter, Dilettanten. Überschätzte und unterschätzte Werke in der deutschen Literatur der Gegenwart. Wiesbaden ³1964, S. 9–12, 335–383.
Daß Autoren wie Günter Eich, Gerd Gaiser, Peter Huchel, Wolfgang Koeppen oder Karl Krolow zwischen 1933 und 1945 bereits publiziert hatten, war ihren Zeitgenossen durchaus präsent (Soergel-Hohoff: Dichtung und Dichter der Zeit. a. a. O., Bd. II, S. 806 f., 841, 856, 767, 827, 862). Doch ist dieser wohlbekannte Sachverhalt anscheinend zugunsten der Fiktion von der Stunde Null des Jahres 1945 verdrängt worden. Denn als er Ende der siebziger Jahre wieder in Erinnerung gerufen wurde, hatte dies in der Literaturszene einen beträchtlichen Tumult zur Folge (*Die Zeit*, 12. 10., 26. 10., 9. 11., 16. 11. 1979 und *FAZ*, 18. 10. 1979).

L 39–46/ R 1–7 Sieburg, Friedrich: Nur für Leser. Jahre und Bücher. Stuttgart 1955, S. 286 f. Während Sieburg Bölls Weg noch Mitte der fünfziger Jahre mit kritischem, wenn auch zusehends distanzierter werdendem Wohlwollen betrachtete, hatte er dem Kreis der »pragmatischen Literatur« um Hans Werner Richter, Walter Jens, Wolfgang Weyrauch, Wolfdietrich Schnurre u. a. schon in zwei Aufsätzen des Jahres 1952 seine Verachtung bekundet (»Kriechende Literatur«. In: *Die Zeit*, 14. 8. 1952, und »Literarischer Unfug«. In: *Die Gegenwart*, 13. 9. 1952).
Die Auseinandersetzung zwischen diesem pronunciertesten Gegner der jungdeutschen »littérature engagée« und den empört antwortenden Autoren aus dem Umkreis der »Gruppe 47« bildeten bis in die sechziger Jahre hinein eine unentwegt sprudelnde Quelle der Erheiterung für alle Liebhaber

von Literatengezänk (siehe auch Lettau, Reinhard: Die Gruppe 47. a. a. O., S. 336–352).

425 L 3–7 *Der Spiegel*, 16. 4. 1952, S. 29.

L 7–13 Langenbucher, Wolfgang: Der aktuelle Unterhaltungsroman. a. a. O., S. 156 f.

426 L 16–21 Berendt, Joachim-Ernst: Ein Fenster aus Jazz. Essays, Portraits, Reflexionen. Frankfurt/M. 1977, S. 170–221.

Eine post-totalitäre Ideenlandschaft

Literatur: Bracher, Karl Dietrich: Die deutsche Diktatur. Entstehung, Struktur, Folgen des Nationalsozialismus. Erw. und erg. Aufl. ⁶1979 (1969), S. 509–547. – Rowold, Manfred: Im Schatten der Macht. Zur Oppositionsrolle der nichtetablierten Parteien in der Bundesrepublik. Düsseldorf 1974. – Tauber, Kurt: Beyond Eagle and Swastika. 2 Bde. Middletown 1967. – Jenke, Manfred: Die nationale Rechte. Parteien, Politiker, Publizisten. Berlin 1967. –

431 L 38–43 Jünger, Ernst: Der Friede. In: Werke. Bd. 5. Stuttgart o. J., S. 203–244. – Schwarz, Hans-Peter: Der konservative Anarchist. Politik und Zeitkritik Ernst Jüngers. Freiburg 1962, S. 87–107, 167–188.

R 12–21 Schlamm, William S.: Die Grenzen des Wunders. Ein Bericht über Deutschland. Zürich 1959, S. 151–154.

R 29–41 Schelsky, Helmut: Die skeptische Generation. Eine Soziologie der deutschen Jugend. Düsseldorf/Köln 1957.

432 L 1–6 Habermas, Jürgen u. a.: Student und Politik. Eine soziologische Untersuchung zum politischen Bewußtsein Frankfurter Studenten. Neuwied und Berlin ³1969 (1961), S. 157. – Zur ideologischen und politischen Orientierung der westdeutschen Jugend und ihrer Führer (= DIVO-Untersuchung). Frankfurt/M./Bad Godesberg 1957, S. 34–93.

R 29–37 Merritt, Anna J. und Richard L. Merritt: Public Opinion in Occupied Germany. The OMGUS Surveys, 1945–1949. Urbana/Chicago/London 1970, S. 171 f.

R 37–41 Jahrbuch der öffentlichen Meinung, 1947–1955 (64), S. 277. Bei einer DIVO-Repräsentativbefragung von Jugendlichen zwischen 16 und 24 Jahren hielten 41 Prozent der Befragten ein Ein-Parteiensystem für eine gute Idee. Hingegen war demgegenüber die Zahl der Jugendführer, die dieser Meinung waren, weniger als halb so groß (Zur ideologischen und politischen Orientierung der westdeutschen Jugend und ihrer Führer. a. a. O., S. 35).

R 42–46/ *433* L 1–12 Jahrbuch der öffentlichen Meinung, 1958–1964 (64), S. 230.

435 L 41–42 Grimm, Hans: Die Erzbischofschrift. Antwort eines Deutschen. Göttingen 1950.

R 37–43 Martini, Winfried: Das Ende aller Sicherheit. Eine Kritik des Westens. Stuttgart 1954.

436 R 6–10 Jünger, Ernst: Strahlungen. Tübingen o. J. (1949).

R 11–13 Die konservative Renaissance, die Anfang der fünfziger Jahre ihre stärkste Öffentlichkeitswirkung entfaltete, knüpfte dabei an Strömungen an, die vielfach bis in die neunziger Jahre des vorigen Jahrhunderts zurückgingen und auch im Dritten Reich nicht völlig verstummt waren. So hatten sich führende Autoren der Neo-Klassik zwischen 1930 und 1943/44 um die Zeitschrift »Corona« gesammelt. Auch die Schriftsteller der christlichen Richtungen wurzelten in den zwanziger Jahren.

R 15–32 Demant, Ebbo: Von Schleicher zu Springer. Hans Zehrer als politischer Publizist. Mainz 1971.

R 32–34 Frank-Planitz, Ulrich: Die Zeit, die wir beschrieben haben. Zur Geschichte der Wochenzeitung »Christ und Welt«. In: Widerstand – Kirche – Staat. Eugen Gerstenmaier zum 70. Geburtstag. Berlin 1977, S. 154 f.

437 L 6–8 Salomon, Ernst von: Der Fragebogen. Hamburg 1951.

L 27–31 Benn, Gottfried: Können Dichter die Welt ändern? In: Gesammelte Werke in acht Bänden. Hrsg. von Dieter Wellershoff. Bd. 7. Vermischte Schriften, S. 1673 f.

R 4–6 Viele Beispiele bei Hermand, Jost und Frank Trommler: Die Kultur der Weimarer Republik. München 1978.

438 L 20–21 Marxismusstudien. Schriften der Studiengemeinschaft der Evangelischen Akademien. Tübingen 1954–1957.

R 8–13 Abendroth, Wolfgang: Bilanz der sozialistischen Idee in der Bundesrepublik Deutschland. In: Richter, Hans Werner (Hrsg.): Bestandsaufnahme (108), S. 258.

439 L 29–41 Röhl, Klaus Rainer: Fünf Finger sind keine Faust. Köln 1974, S. 80–84. – Rühmkorf, Peter: Die Jahre, die Ihr kennt. Anfälle und Erinnerungen. Reinbek bei Hamburg 1972.

Der Verfassungskonsens in der Adenauer-Ära

439 R 18–19 Das entsprechende Ideenpanorama wies noch viele Ähnlichkeiten zu dem auf, das Hermann Heller ein Vierteljahrhundert zuvor entworfen hatte (Die politischen Ideenkreise der Gegenwart. Breslau 1926. Neu abgedr. in: Gesammelte Schriften. Bd. 1: Orientierung und Entscheidung. Leiden 1971, S. 267–410.).

440 L 16–25 Parteien in der Bundesrepublik (99).

R 21–22 Otto, Volker: Das Staatsverständnis des Parlamentarischen Rates. Bonn-Bad Godesberg 1971. – Sörgel, Werner: Konsensus und Interessen. Eine Studie zur Entstehung des Grundgesetzes für die Bundesrepublik Deutschland. Stuttgart 1969. – Fromme, Friedrich Karl: Von der Weimarer Verfassung zum Bonner Grundgesetz. Die verfassungspolitischen Folgerungen des Parlamentarischen Rats aus Weimarer Republik und nationalsozialistischer Diktatur. Tübingen 1960.

441 L 37 Weber, Werner: Spannungen und Kräfte im westdeutschen Verfassungssystem. Stuttgart 1951. –

Ders.: Die Verfassung der Bundesrepublik in der Bewährung. Göttingen/Berlin/Frankfurt 1957. – Forsthoff, Ernst: Verfassungsprobleme des Sozialstaats. Münster 1954.

L 42–44 Forsthoff, Ernst: Der Staat der Industriegesellschaft. Dargestellt am Beispiel der Bundesrepublik Deutschland. München 1971, S. 159.

R 5–13 Gehlen, Arnold: Moral und Hypermoral. Eine pluralistische Ethik. Frankfurt/M./Bonn 1969, S. 110.

R 31 Ihre maßgebende Formulierung fand die Lehre von der Parteiendemokratie bei Gerhard Leibholz (Strukturprobleme der modernen Demokratie. Karlsruhe 1958).

R 39–41 So schon am Ende dieser Entwicklung exemplarisch Horst Ehmke: »Staat« und »Gesellschaft« als verfassungstheoretisches Problem. In: Festgabe für Rudolf Smend. Tübingen 1962. S. 23.

442 L 19–22 Ein Überblick über den Diskussionsstand und das Schrifttum am Ende der fünfziger Jahre findet sich im Artikel »Naturrecht« des Staatslexikons (Freiburg 1960). Die wohl einflußreichste zeitgenössische »Summa« dieser Richtung war Johannes Messner: Das Naturrecht. Handbuch der Gesellschaftsethik, Staatsethik und Wirtschaftsethik. Innsbruck/Wien/München 1958. – Als typisches Beispiel linksliberaler Kritik an den christlich-konservativen Ordnungsvorstellungen sei genannt Helga Grebing: Konservative gegen die Demokratie. Konservative Kritik an der Demokratie in der Bundesrepublik. Frankfurt/M. 1971.

L 22–24 Kennzeichnend für die konservativ-lutherische Richtung waren etwa Karl Künneth: Politik zwischen Dämon und Gott. Berlin 1954, und Paul Althaus: Grundriß der Ethik. Gütersloh ²1953; weit über den theologischen Bereich hinaus wirkten die ersten Bände der Theologischen Ethik Helmut Thielickes (Tübingen 1951/52 und 1958). Noch im Jahr 1959 formulierte Bischof Dibelius in unbeugsamer Selbstsicherheit die alte lutherische Obrigkeitslehre (Otto Dibelius: Obrigkeit. Stuttgart/Berlin 1963).

R 1–2 Repräsentativ für diese stark dem Sozialstaatsgedanken verpflichtete Richtung war Oswald von Nell-Breuning; zusammenfassend: Wirtschaft und Gesellschaft (93).

R 25 Scheuner, Ulrich: Staatstheorie und Staatsrecht. Gesammelte Schriften. Hrsg. von Joseph Listl und Wolfgang Rüfner. Berlin 1978. – Ders.: Schriften zum Staatskirchenrecht. Hrsg. von Joseph Listl. Berlin 1973.

Renaissance der bürgerlichen Gesellschaft

Literatur: Bracher, Karl Dietrich: Europa in der Krise. Innengeschichte und Weltpolitik seit 1917. Frankfurt/M./Berlin/Wien 1979, S. 332–384. – Ambrosius, Gerold: Die Durchsetzung der sozialen Marktwirtschaft in Westdeutschland, 1945–1949. Stuttgart 1977. – Spotts, Frederic: Kirchen und Politik in Deutschland. Stuttgart 1976 (1973). – Fischer, Hans Gerhard: Evangelische Kirche und Demokratie nach 1945. Ein Beitrag zum Problem der politischen Theologie. Lübeck/Hamburg 1970. – Blum, Reinhard: Soziale Marktwirtschaft. Wirtschaftspolitik zwischen Neoliberalismus und Ordoliberalismus. Tübingen 1969. – Dahrendorf, Ralf: Gesellschaft und Demokratie in Deutschland. München 1968. – Richter, Hans Werner (Hrsg.): Bestandsaufnahme (108).

445 R 23–29 Röpke, Wilhelm: Die Gesellschaftskrisis der Gegenwart. Erlenbach–Zürich 1942. – Ders.: Die deutsche Frage. Erlenbach–Zürich 1945. – Ders.: Internationale Ordnung. Erlenbach–Zürich 1945. – Schwarz, Hans-Peter: Vom Reich zur Bundesrepublik (131), S. 393–401. – Müller-Armack, Alfred: Diagnose unserer Gegenwart. Zur Bestimmung unseres geistesgeschichtlichen Standorts. Gütersloh 1949. – Ders.: Religion und Wirtschaft. Geistesgeschichtliche Hintergründe unserer europäischen Lebensform. Stuttgart 1959. – Rüstow, Alexander: Ortsbestimmung der Gegenwart. Eine universalgeschichtliche Kulturkritik. 3 Bde. Erlenbach–Zürich/Stuttgart 1950–1957.

446 L 12–13 Das zeigte sich auch bald bei verschiedenen sozialdemokratischen Theoretikern. Huster, Ernst-Ulrich: Die Politik der SPD 1945–1950. Frankfurt/New York 1978, S. 163–175.

L 23–25 Der Stand der Auseinandersetzung zwischen den liberalen Nationalökonomen und einem ihrer immer noch unbeugsamen Kritiker aus dem linkskatholischen Lager erhellt aus einer Vortragssammlung mit kontroversen Stellungnahmen u. a. von Alfred Müller-Armack, Alexander Rüstow, Wilfried Schreiber und Oswald von Nell-Breuning (Patrick M. Boarman, Hrsg.: Der Christ und die Soziale Marktwirtschaft. Stuttgart/Köln 1955).

R 26/ Dirks, Walter: Der restaurative Charakter der
447 L 1–3 Epoche. In: *Frankfurter Hefte* 5 (1950), S. 942–954.

L 5–6 Kogon, Eugen: Die Aussichten der Restauration. Über die gesellschaftlichen Grundlagen der Zeit. In: *Frankfurter Hefte* 7 (1952), S. 165–177. Neu abgedr. in: Die unvollendete Erneuerung. Deutschland im Kräftefeld 1945–1963. Politische und gesellschaftspolitische Aufsätze aus zwei Jahrzehnten. Frankfurt/M. 1964, S. 136–154.

R 8–9 Kogon, Eugen: Das Ende der Flitterwochen in Bonn. In: *Frankfurter Hefte* 5 (1950), S. 227.

R 22–25 Hürten, Heinz: Die Frankfurter Hefte und Konrad Adenauer. In: KAZeit II (6), S. 464.

448 L 2–5 Kogon, Eugen: Die Aussichten der Restauration. In: Die unvollendete Erneuerung. a. a. O., S. 137.

L 40–46/ von der Gablentz, Otto Heinrich: Die versäumte
R 1 Reform. Zur Kritik der westdeutschen Politik. Köln-Opladen 1960.

R 1–11 Richter, Hans Werner (Hrsg.): Bestandsaufnahme (108).

R 39–40 Schelsky, Helmut: Über das Restaurative in unserer Zeit. In: *FAZ*, 9.4.1955. Neu abgedr. in: Auf der Suche nach Wirklichkeit (124), S. 410–420.

450 L 37–40 Dahrendorf, Ralf: Gesellschaft und Demokratie in Deutschland (24).

452 R 37–38 Ellwein, Thomas: Klerikalismus in der deutschen Politik. München 1955.

Die außenpolitischen Denkschulen

Literatur: Schwarz, Hans-Peter: Vom Reich zur Bundesrepublik. Deutschland im Widerstreit der außenpolitischen Konzeptionen in den Jahren der Besatzungsherrschaft 1945–1948. 2. vermehrte und erg. Aufl. Stuttgart 1980 (1966). – Ders.: Adenauer und Europa. In: *VfZ* 27 (1979), S. 471–523. – Ders.: Die Politik der Westbindung oder die Staatsräson der Bundesrepublik. In: *Zeitschrift für Politik* 22 (1975), S. 307–337. – Besson, Waldemar: Die Außenpolitik der Bundesrepublik. Erfahrungen und Maßstäbe. München 1970. – Kaiser, Karl und Roger Morgan (Hrsg.): Strukturwandlungen der Außenpolitik in Großbritannien und der Bundesrepublik. München/Wien 1970.

453 R 27–30 Der Begriff »Internationalismus« wurde in den angelsächsischen Ländern und in Frankreich von seiten der internationalistisch gesonnenen Denkschulen bereits in der Zwischenkriegszeit häufig als Gegenbegriff zu »Nationalismus« verwandt. In der Encyclopedia of the Social Sciences von 1932 ist »internationalism« definiert als »the ideal of an organic, supranational (!) society which would include within itself constituent national societies . . .«. Die modernen internationalen Beziehungen, so sahen es die Internationalisten, müssen aufgrund der weltwirtschaftlichen und technologischen Verflechtung durch ein hohes Maß an Kooperation auf allen Ebenen, durch organisierte Verflechtung der Interessen, Friedlichkeit, Errichtung internationaler Organisationen und Vorherrschaft wirtschaftlicher und gesellschaftlicher Gesichtspunkte gekennzeichnet sein.

454 R 10–16 Schwarz, Hans-Peter: Die Rollen der Bundesrepublik in der Staatengesellschaft. In: Kaiser, Karl und Roger Morgan (Hrsg.): Strukturwandlungen der Außenpolitik in Großbritannien und der Bundesrepublik. a. a. O., S. 225–256.

R 22–23/ Lipgens, Walter: Die Anfänge der europäischen
455 L 1 Einigungspolitik 1945–1949. 1. Teil. 1945–1947. Stuttgart 1977. – Ders.: Europäische Integration. In: Löwenthal, Richard und Hans-Peter Schwarz (Hrsg.): Die zweite Republik (78), S. 519–553.

456 L 3–7 So z. B. von Helga Grebing: Konservative gegen die Demokratie. Konservative Kritik an der Demokratie in der Bundesrepublik. Frankfurt/M. 1971, S. 263–282.

R 10–13 Hallstein, Walter: Europäische Reden. Hrsg. von Thomas Oppermann. Stuttgart 1979. – Ders.: Der unvollendete Bundesstaat. Düsseldorf/Wien 1969.

457 L 16–21 Das Thema »deutscher Geist und Westeuropa« hat in der Adenauer-Ära von seiten der Wissenschaft viel Beachtung gefunden. Eine starke liberale Denkschule in der Bundesrepublik und in den USA arbeitete heraus, daß der verfassungspolitische und kulturelle Sonderweg, den Deutschland seit den Befreiungskriegen ging, ein Hauptgrund auch für die außenpolitischen Katastrophen gewesen sei. Maßgebende Verfechter dieser These waren und sind u. a. Ernst Fraenkel (Deutschland und die westlichen Demokratien, Stuttgart 1964), Fritz Stern, Kurt Sontheimer, Karl Dietrich Bracher und Ralf Dahrendorf.

L 37–43 Solange bloß erste Anfänge einer wissenschaftlichen Erforschung der Außenpolitik Ludwig Erhards zu erkennen sind, vermittelt das Studium seiner Grundsatzreden immer noch den besten Einblick in seine Vorstellungen. Erhard, Ludwig: Deutsche Wirtschaftspolitik (36).

R 27–30 Den geschlossensten diesbezüglichen Entwurf hatte seinerzeit Richard Löwenthal zur Diskussion gestellt (Sering, Paul: Jenseits des Kapitalismus. Ein Beitrag zur sozialistischen Neuorientierung. Lauf b. Nürnberg 1946 (neu aufgelegt: Berlin/Bonn-Bad Godesberg 1977).

458 L 15–16 Carlo Schmid hat die innere Entwicklung seiner Partei und auch die Bewußtseinsbildung einer breiteren Öffentlichkeit damals in erster Linie durch eine Vielzahl großer Reden beeinflußt (verzeichnet in: Carlo Schmid Bibliographie. Eingel. und bearb. von Hans Georg Lehmann. Bonn-Bad Godesberg 1977). Die wichtigsten Reden und Veröffentlichungen Fritz Erlers liegen in einem Sammelband vor (Fritz Erler: Politik für Deutschland. Eine Dokumentation. Stuttgart 1968).

R 13 Wilker, Lothar: Die Sicherheitspolitik der SPD 1956–1966. Zwischen Wiedervereinigungs- und Bündnisorientierung. Bonn-Bad Godesberg 1977. – Hütter, Joachim: SPD und nationale Sicherheit. Internationale und innenpolitische Determinanten des Wandels der Sozialdemokratischen Sicherheitspolitik 1959–1961. Meisenheim am Glan 1975.

R 18–22 Czempiel, Ernst-Otto: Macht und Kompromiß. Die Beziehungen der Bundesrepublik Deutschland und den Vereinten Nationen 1956–1970. Düsseldorf 1971.

R 46 Dennert, Jürgen: Entwicklungshilfe geplant oder verwaltet. Entstehung und Konzeption des Bundesministeriums für wirtschaftliche Zusammenarbeit. Düsseldorf 1968.

460 L 4–8 Zum Zusammenhang zwischen nationaler und internationalistischer Orientierung kritisch Karl Dietrich Bracher: »Nationalismus und Internationalismus«, in: Das Deutsche Dilemma. Leidenswege der politischen Emanzipation. München 1971, S. 359–371, und »Zum Verhältnis von Nationalbewußtsein und Demokratie«, ibd., S. 372–395.

R 20–25/ Die internationale Politik, 1956/57 (66), S. 49.
461 L 1

L 33–34 Besonders typisch dafür etwa Wilhelm Wolfgang Schütz: Deutschland am Rand zweier Welten. Stuttgart 1952. – Ders.: Die Stunde Deutschlands. Wie kann Deutschland wiedervereinigt werden? Stuttgart 1954. – Ähnlich ambivalent sind die Beiträge Heimpels, Bergstraessers u.a. in dem Sammelband: Bewährung im Widerstand. Gedanken zum deutschen Schicksal. Stuttgart 1956. Doch auch: Von Brentano, Heinrich: Deutschland, Europa und die Welt. Reden zur deutschen Außenpolitik. Bonn/Wien/Zürich 1962.

R 19–29 Schmidtchen, Gerhard: Protestanten und Katholiken. Soziologische Analyse konfessioneller Kultur. Bern/München ²1979 (1973), S. 244.

462 L 10–11 Rothfels, Hans: Die deutsche Opposition gegen Hitler. Frankfurt/M. 1961 (1949).

L 11–15 Ritter, Gerhard: Carl Goerdeler und die deutsche Widerstandsbewegung. Stuttgart 1954. – Ders.: Europa und die deutsche Frage. München 1948 (neu aufgel. und erweitert 1962: Das deutsche Problem. Grundfragen des deutschen Staatslebens gestern und heute. München 1966).

R 3 Ritter, Gerhard: Staatskunst und Kriegshandwerk. Band I: Die altpreußische Tradition. München 1954.

463 R 44–45/ Allemann, Fritz René: Bonn ist nicht Weimar.
464 L 1–2 Köln/Berlin 1956.

Namenregister

Die Funktionsbezeichnungen des nachfolgenden Registers beziehen sich im wesentlichen auf die Periode 1949–1957. (In Kursivschrift gedruckte Seitenzahlen beziehen sich auf Bilder bzw. Bildtexte.)

Moran, Charles McMoran Wilson, geb. 10.11.1892, gest. 1977, seit 1940 Leibarzt Churchills, 254

Morlock, Max, geb. 11.5.1925, Fußballspieler 377

Müller, Gebhard, geb. 17.4.1900, 1948–1952 Staatspräsident von Württemberg-Hohenzollern (CDU), 1953–1958 Ministerpräsident von Baden-Württemberg 30 f., *52, 171,* 195, *196*

Müller, Josef, geb. 27.3.1898, gest. 12.9.1979, 1945–1949 Landesvorsitzender der CSU, 1946–1962 MdL, 1947–1952 bayerischer Justizminister, 1947–1949 Stellvertretender Ministerpräsident 31

Müller, Vinzenz, geb. 5.11.1894, gest. 12.5.1961, 1953–1956 Stellvertretender Innenminister der DDR, 1956/57 Verteidigungsminister 269

Müller-Armack, Alfred, geb. 28.6.1901, gest. 16.3. 1978, Professor für Volkswirtschaftslehre, seit 1952 Leiter der Grundsatzabteilung im Bundeswirtschaftsministerium, 1958–1963 Staatssekretär für europäische Angelegenheiten 79, 274, 338, 445, *446*

Musil, Robert, geb.6.11.1880, gest. 15.4.1942, Schriftsteller 420 f.

N

Nannen, Henri, geb. 25.12.1913, 1948 Gründer der Illustrierten *Stern* und seitdem deren Chefredakteur 411

Naumann, Werner, geb. 16.6.1909, ehemaliger Staatssekretär im Reichspropaganda-Ministerium, 1953 wegen rechtsradikaler Tätigkeiten (»Naumann-Kreis«) von den Briten verhaftet 133, 306 f.

Neckermann, Josef, geb. 5.6.1912, Geschäftsmann (Versandhaus) 409

Nehru, Dschawaharlal, geb. 14.11.1889, gest. 27.5. 1964, seit 1946 indischer Premierminister *316*

Nell-Breuning (SJ), Oswald von, geb. 8.3.1890, Professor für Theologie, Sozialkritiker, 79, *443,* 452

Neumann, Franz, geb. 14.8.1904, gest. 9.10.1974, 1946–1960 Stadtverordneter und MdA in Berlin (SPD), 1951–1958 Fraktionsvorsitzender, 1949–1969 MdB, 1946–1958 Landesvorsitzender der SPD Berlin 245

Neumayer, Friedrich (Fritz), geb. 29.7.1884, gest. 12.4.1973, 1949–1957 MdB (1949–1956 FDP, 1956 DA, dann FVP, ab 1957 DP/FVP), 1952/53 Bundeswohnungsbauminister, 1953 bis 1956 Bundesjustizminister *198,* 413

Ney, Elly, geb. 27.9.1882, gest. 31.3.1968, Pianistin 377

Ney, Hubert, geb. 12.10.1892, 1952–1957 Landesvorsitzender der CDU-Saar, 1955–1960 MdL (bis 1959 CDU), 1956/57 saarländischer Ministerpräsident, bis 1959 Justizminister 285

Niemöller, Martin, geb. 14.1.1892, 1947–1964 evangelischer Kirchenpräsident der Landeskirche von Hessen und Nassau, 1945–1956 Leiter des Kirchlichen Außenamts der EKD *121,* 122–125, *124,* 260, 407

Niklas, Wilhelm, geb.24.9.1887, gest. 12.4.1957, 1949–1953 Bundesernährungsminister, 1951–1953 MdB (CSU) 31, 36, *36,* 39, 126

Nölting, Erik, geb. 20.11.1892, gest. 15.7.1953, seit 1949 MdB (SPD), Professor für Nationalökonomie 80

Nordhoff, Heinrich, geb. 6.1.1899, gest. 12.4.1968, seit 1948 Leiter des Volkswagenwerks *398*

Norman, Montagu Collet, geb. 1871, gest. 4.2.1950, 1920–1944 Direktor der »Bank of England« 97

Nuschke, Otto, geb. 23.2.1883, gest. 27.12.1957, 1948–1957 Vorsitzender der CDU in der SBZ bzw. DDR, 1949–1957 Stellvertretender Ministerpräsident der DDR 71

O

Oberländer, Theodor, geb. 1.5.1905, 1950–1953 Staatssekretär bei der bayerischen Regierung, 1953–1965 MdB (erst GB/BHE, seit 1956 CDU/CSU), 1953–1960 Bundesvertriebenenminister *198,* 201, *201,* 263

Ollenhauer, Erich, geb. 27.3.1901, gest. 14.12. 1963, seit 1949 MdB (SPD), 1952–1963 als Partei- und Fraktionsvorsitzender Oppositionsführer, 65, *140,* 191, 225, 238–241, *240,* 245, *255,* *255,* 260, 264, 295, 312, 315, 317, 369, 412, 414

Orff, Carl, geb. 10.7.1895, Komponist 428

Ortega y Gasset, José, geb. 9.5.1883, gest. 18.10.1955, spanischer Kulturphilosoph und Schriftsteller 383, 425

Ortlieb, Heinz-Dietrich, geb. 19.1.1910, Professor für Wirtschaftspolitik 79

Osborne, John James, geb. 12.12.1929, englischer Schauspieler und Schriftsteller 427

P

Pahlawi, Resa Mohammed, geb. 26.10.1919, gest. 27.7.1980, 1941–1979 Schah von Iran *451*

Papen, Franz von, geb. 29.10.1879, gest. 2.5.1969, 1921–1932 MdL von Preußen, 1932 Reichskanzler, 1933/34 Vizekanzler im Kabinett Hitlers 413

Pervuchin, Michail Georgievic, geb. 1904, 1950–1957 Stellvertretender (ab 1955 Erster) Vorsitzender des Ministerrats der UdSSR, 1952–1957 Mitglied des Präsidiums des ZK der KPdSU, ab 1958 Botschafter in Ost-Berlin 276

Pferdmenges, Robert, geb. 27.3.1880, gest. 28.9.1962, Bankier, 1949–1962 MdB (CDU), Finanz- und Wirtschaftsberater Adenauers 130, 309, *310,* 317

Pfleiderer, Karl Georg, geb. 10.5.1899, gest. 8.10.1957, 1949–1955 MdB (FDP), 1955–1957 Botschafter in Belgrad 42, 159, 178, 191, 211, *211,* 225 f., *310* f.

Philip, André, geb. 28.6.1902, gest. 5.7.1970, 1936–1958 mit Unterbrechungen Abgeordneter der französischen Nationalversammlung (Sozialist) 101

Picasso, Pablo, geb. 25.10.1881, gest. 8.4.1973, span. Maler *429*

Pieck, Wilhelm, geb. 3.1.1876, gest. 7.9.1960, 1946–1954 mit Otto Grotewohl Vorsitzender der SED, seit 1949 Mitglied des Politbüros, 1949–1960 Präsident der DDR 70–72, *71,* 278

Pierson, Warren Lee, geb. 29.8.1896, Bankier, 1951/52 Vertreter der USA bei den Londoner Konferenzen über deutsche Schulden *183*

Pinay, Antoine, geb. 30.12.1891, 1946–1958 Abgeordneter der französischen Nationalversammlung (Unabhängiger Republikaner), 1952 Ministerpräsident und Finanzminister, 1955/56 Außenminister, 1958/59 Finanzminister, dann bis 1960 Wirtschaftsminister 160, 205, 259, 285

Pineau, Christian, geb. 14.10.1904, 1946–1958 Abgeordneter der französischen Nationalversammlung (Sozialist), 1955 Ministerpräsident, 1956–1958 Außenminister *337,* 343, *456*

Plessner, Helmuth, geb. 4.9.1892, Professor für Soziologie und Philosophie 419

Pleven, René, geb. 13.4.1901, 1945–1973 Abgeordneter der französischen Nationalversammlung, 1950/51 und 1951/52 Ministerpräsident, 1949/50 und 1952–1954 französischer Verteidigungsminister, 1958 letzter Außenminister der IV. Republik 135 f., 139, 143

Poincaré, Raymond, geb. 20.8.1860, gest. 15.10.1934, 1913 bis 1920 Präsident der III. Republik, 1912/13, 1922–1924 und 1926–1929 französischer Ministerpräsident 58

Schäffer, Fritz, geb. 12.5.1888, gest. 29.3.1967, 1949–1961 MdB (CSU), 1949–1957 Bundesfinanzminister, 1957–1961 Justizminister 33, 36, *36*, 80, 126, 148, 162, 182, 186, 197, *198*, 199, 229, 268 f., 293, 316, 319, 323–325, *325*, 327, 330, 333, 413

Scharnhorst, Gerhard Johann David, geb. 12.11.1755, gest. 28.6.1813, preußischer General und Heeresreformer 290

Schaus, Lambert, geb. 18.1.1908, gest. 11.8.1976, Generalsekretär der luxemburgischen Christlichen Volkspartei, 1953–1955 Botschafter in Belgien, seit 1958 Mitglied der Komission der EWG *337*

Scheel, Walter, geb. 8.7.1919, 1950–1953 MdL in Nordrhein-Westfalen (FDP), 1953–1974 MdB *308*, 309, 311, 414

Schellenberg, Ernst, geb. 20.2.1907, 1952–1976 MdB (SPD), Experte seiner Fraktion zu Fragen der Sozialpolitik und des Versicherungswesens 333

Schelsky, Helmut, geb. 14.10.1912, Professor für Soziologie 379, 401, 420, 431, *432*, 448

Scheuner, Ulrich, geb. 24.12.1903, Professor für Öffentliches Recht 442

Schiller, Karl August, geb. 24.4.1911, Professor für Nationalökonomie, 1948–1953 Senator für Wirtschaft und Verkehr in Hamburg 79, 192, 245

Schlange-Schöningen, Hans, geb. 17.11.1886, gest. 20.7.1960, 1947–1949 Direktor der Bizonenverwaltung für Ernährung, Landwirtschaft und Forsten 1949/50 MdB (CDU), 1953–1955 Botschafter in London 34, 39

Schleicher, Kurt von, geb. 7.4.1882, gest. 30.6.1934, 1932 Reichswehrminister, 1932/33 Reichskanzler, im Gefolge des »Röhm-Putsches« ermordet 413

Schlieker, Willy Hermann, geb. 28.1.1914, gest. 12.7.1980, Industrieller (Schiffsbau) 409

Schlüter, Friedrich Leonhard, geb. 2.10.1921, MdL in Niedersachsen (FDP), 1955 Fraktionsvorsitzender der FDP im Landtag, 1955 Rücktritt als Kultusminister auf Grund von Protesten aus der Öffentlichkeit 304 f., 361

Schmeißer, Hans Konrad (alias René Levacher), 1947–1951 im Dienst des französischen Geheimdienstes, berichtete 1952 in einem *Spiegel*-Artikel über seine angeblichen Kontakte zu Adenauer. Der daraufhin angestrengte Prozeß wurde 1955 eingestellt 313

Schmid, Carlo, geb. 3.12.1896, gest. 11.12.1979, 1949–1972 MdB (SPD), 1949–1972 (mit Unterbrechung von 1966–1969) Vizepräsident des Bundestags, 1949–1953 Vorsitzender des Ausschusses für auswärtige Angelegenheiten, Professor für Völkerrecht und Politische Wissenschaft 59, 69, *108*, 111, 192, 240, *240*, 244–246, *244*, *255*, 273, 277, 366, 412 f., *458*, 460

Schmidt, Helmut, geb. 23.12.1918, 1949–1953 Abteilungsleiter bei der Wirtschafts- und Verkehrsbehörde in Hamburg, 1952 bis 1961 Verkehrsdezernent, 1961–1965 Hamburger Innensenator, 1953–1962 (seit 1965 erneut) MdB (SPD) 126, 293

Schmitt, Carl, geb. 11.7.1888, Professor für Verfassungs- und Völkerrecht 444

Schneider, Heinrich, geb. 22.2.1907, gest. 12.1.1974, 1955–1965 MdL im Saarland (DPS, seit 1957 Landesverband der FDP), 1955–1962 Vorsitzender der Demokratischen Partei Saar, 1957–1959 saarländischer Wirtschaftsminister, 1957–1965 MdB (FDP) 256, *283*, 285, 313, 365

Schneider, Romy (eigentlich Rosemarie Albach), geb. 23.9.1938, Schauspielerin *379*

Schoettle, Erwin, geb. 18.10.1899, gest. 25.1.1976, 1949–1972 MdB (SPD), 1951–1957 (ab 1964 wieder) stellvertretender Fraktionsvorsitzender 65, 412

Scholl, Hans, geb. 22.9.1918, gest. 22.2.1943 (hingerichtet), deutscher Widerstandskämpfer 431

Scholl, Sophie, geb. 9.5.1921, gest. 22.2.1943 (hingerichtet), deutsche Widerstandskämpferin 431

Schreiber, Ottomar, geb. 1.5.1889, gest. 5.2.1955, 1949–1953 Staatssekretär im Bundesvertriebenenministerium 39

Schreiber, Wilfrid, geb. 17.9.1904, gest. 23.6. 1975, Wirtschaftswissenschaftler, 1949–1960 Geschäftsführer des Bundes katholischer Unternehmer 331

Schroeder, Louise Dorothea, geb. 2.4.1887, gest. 4.6.1957, 1949–1951 Bürgermeisterin von West-Berlin, 1949–1957 Vertreterin Berlins im Bundestag 34

Schröder, Gerhard, geb. 11.9.1910, seit 1949 MdB (CDU), 1953–1961 Bundesinnenminister, 1961–1966 Bundesaußenminister 41, 197 f., *198 f.*, 236, 239, *244*, 264, 301, 316, 414

Schröder, Rudolf Alexander, geb. 26.1.1878, gest. 22.8.1962, Schriftsteller 165, 420

Schuberth, Hans, geb. 5.4.1897, gest. 2.9.1976, 1953–1957 MdB (CSU), 1949–1953 Bundespostminister, 1953 Sonderbotschafter beim Heiligen Stuhl 36, *36*, 39

Schumacher, Kurt, geb. 13.10.1895, gest. 20.8.1952, seit 1946 Parteivorsitzender der SPD, seit 1949 MdB und gleichzeitig Vorsitzender der SPD-Bundestagsfraktion 27, 30, 32, 34, 45, 50, *57*, 58–60, *60*, 65 f., 69, 75, 91, 95, 112, 121 f., *121*, 124, 134, *140*, 151, 158 f., *160*, 165, 187, 191 f., 208, 240, 241, 243, 245, 412 f., *414*, 436, 454, 457, *458*

Schuman, Robert, geb. 29.6.1886, gest. 4.9.1963, 1946–1962 Mitglied der französischen Nationalversammlung (MRP), 1948–1953 Außenminister, 1955/56 Justizminister, 1958–1960 Präsident des europäischen Parlaments 62–64, 74, 77, 89, *89*, 91–93, *92*, 96–98, 100–102, 104, 107, 112, *112 f.*, 116 f., 119, 142 f., 148, 157, 161, 164 f., 165, 179, 216, 222, *345*

Schweitzer, Albert, geb. 14.1.1875, gest. 4.9.1965, elsässischer evangelischer Theologe, Philosoph, Arzt und Musiker 361, *361*

Schwerin, Gerhard Graf von, geb. 23.6.1899, General, 1950 Berater der Regierung in Sicherheitsfragen und Vertreter im deutsch-alliierten Sicherheitsausschuß 136, *137*

Seebohm, Hans-Christoph, geb. 4.8.1903, gest. 17.9.1967, seit 1949 MdB (DP, seit 1960 CDU), 1949–1966 Bundesverkehrsminister, ab 1959 Sprecher der Sudetendeutschen Landsmannschaft 36, *36*, 38 f., 123, *198*, 371, 413

Seeckt, Hans von, geb. 22.4.1866, gest. 27.12.1936, 1920–1926 Chef der Heeresleitung, 1930–1932 MdR (DVP) 290

Seghers, Anna (eigentlich Netty Radvanyi, geb. Reiling), geb. 19.11.1900, Schriftstellerin, seit 1952 Vorsitzende des Schriftstellerverbandes der DDR 438

Segni, Antonio, geb. 2.2.1891, gest. 1.12.1972, 1955–1957 und 1959/60 italienischer Ministerpräsident (DC), u.a. 1958/59 Verteidigungsminister, 1959/60 Innenminister, 1960–1962 Außenminister 337

Seidel, Hanns, geb. 12.10.1901, gest. 5.8.1961, seit 1946 MdL (CSU), 1947–1954 bayerischer Staatsminister für Wirtschaft und Verkehr, 1957–1960 Ministerpräsident von Bayern, 1955–1961 Vorsitzender der CSU 372

Semjonow, Wladimir Semjonowitsch, geb. 16.2.1911, 1953/54 Hochkommissar und Botschafter in der DDR, ab 1955 Stellvertretender Außenminister der UdSSR 70, 189

Sachregister

Quellennachweis der Abbildungen

The Associated Press GmbH, Frankfurt: 162, 272
Bundesarchiv, Koblenz: 150 re., 195 (2), 300 re., 365
10 Jahre Bundesrepublik Deutschland. Herausgegeben vom Presse- und Informationsamt der Bundesregierung. Wiesbaden ⁵1959: 78, 106, 126
Camera Press, London: 238
Deutsche Presse-Agentur: 28, 79, 89, 90, 140, 164, 168 u., 192, 194, 199, 209, 211, 226, 262, 270, 316, 344, 429 o. re.
Interpress/Rowohlt Verlag: 443 re.
Keystone Pressedienst GmbH, Hamburg: 53, 71, 81, 96, 112, 115, 118, 124, 125, 129, 130, 137 (2), 156 (2), 160, 173, 175, 179, 190, 206 o., 215, 240, 325, 367, 398, 429 o. li., u. re., 451 o. re., u. re.
Presse- und Informationsamt der Bundesregierung, Bonn: 47, 57 re., 94, 204, 236, 253, 278, 294, 337, 345, 364, 405 li.
Schiller-Nationalmuseum, Marbach am Neckar: 421 Mitte li. u. re., re. o., 422 Mitte re., re., 423 u. li., Mitte li. u. Mitte re.
Senatskanzlei Hamburg: 411
Süddeutscher Verlag GmbH, München: 30, 31, 40, 45, 49, 51, 73 o., 82, 85, 100, 105 re., 120, 121, 128, 131, 132, 134, 138, 139, 141 li., 143 (2), 145, 147, 163 (2), 165, 168 o., 170, 177, 182, 183, 188, 189, 203, 208, 213, 214, 219, 221 (2), 224, 230, 234, 237, 242, 249, 255, 257, 260, 265, 274, 275, 276, 279, 281, 290, 291, 298, 300 li., 302, 305, 308, 310, 314 (3), 315, 321, 328, 330, 339, 349, 351, 355, 357, 361, 363, 368, 371, 376, 378 (2), 381, 385, 387, 391, 393, 396, 406, 407, 410, 414, 418 (2), 421 o. li., u. li., u. re., 422 li., Mitte li., o. re., u. re., 423 u. li., Mitte li., o. re., u. re., 426, 427 (2), 430, 432, 437, 438, 443 li., Mitte li., Mitte re., 444, 446 li., Mitte, 447 li., Mitte, 449, 451 o. Mitte, u. li., u. Mitte, 454, 456, 458, 459, 462 (3), 464
Ullstein Bilderdienst, Berlin: 33, 36, 43, 50, 57 li., 60, 63, 66, 70, 73 u., 75, 80 (2), 83, 87, 92, 98, 105 li., 108, 113, 141 re., 150 li., 151, 154 (3), 167, 172, 185, 191, 193, 195 Mitte, 196 o., 198, 220, 225, 231 (2), 244, 246, 259, 283 re., 320, 323, 352, 356, 379, 383, 389, 397, 405 re., 416, 429 u. li., 440, 446 re., 451 o. li.
Frankfurter Allgemeine Zeitung: 153, 306
Der Spiegel: 149, 221, 222, 267, 360
Stuttgarter Zeitung (Fritz Meinhard): 52, 99, 171, 180, 196 u., 303, 325
Die Welt: 233, 369
Die Zeit: 434
Politisches Archiv des Auswärtigen Amtes: 68, 347
Stiftung Bundeskanzler-Adenauer-Haus: 103, 111, 206 u., 243, 365, 373, 388
Almanach zum Bundespresseball 1955: 319
H. M. Brockmann: Das deutsche Wunder. Ein ABC in Karikaturen, München o. J.: 146, 201, 326
Duell mit der Geschichte. Deutsche Karikaturisten der Gegenwart. Herausgegeben von Georg Ramsegger. Oldenburg 1955: 277 (Szewczuk)
Herbert Kolfhaus: Politik aus leichter Hand, München 1958: 335, 341

Konrad, sprach die Frau Mama. Adenauer in der Karikatur. Herausgegeben von Dr. Walther Freisburger. Oldenburg 1955: 227, 248, 263, 295 (Kolfhaus); 250 (Leger); 261, 268 (Szewczuk)
Le Corbusier: Modulor 2, Stuttgart 1955: 427
Ingo von Münch: Dokumente des geteilten Deutschland, Bd. I. Stuttgart 1968: 252
E. P. Neumann/E. Noelle: Umfragen über Adenauer, 1961: 187
Franz Neumann: Daten zu Wirtschaft, Gesellschaft, Politik, Kultur der Bundesrepublik Deutschland, Baden-Baden 1976: 106, 126
Heinrich Schneider: Das Wunder an der Saar. Ein Erfolg politischer Gemeinsamkeit. Stuttgart 1974: 283 li.
Frederic Spotts: Kirchen und Politik in Deutschland, Stuttgart 1975: 122
Mirko Szewczuk: Einsichten und Aussichten. Hamburg-Essen-Berlin 1957: 216, 288

Die Vorlagen für die Farbtafeln (I – XVI) stellten zur Verfügung:

Museum Ludwig, Köln: Bildnis Bundespräsident Heuss von Oskar Kokoschka, I
Presse- und Informationsamt der Bundesregierung, Bundesbildstelle, Bonn: Verdienstorden der Bundesrepublik Deutschland; Deutschland-Vertrag; Bundeswappen; Bundesfahnen, II, III, VI/VII
Württembergische Landesbibliothek, Stuttgart: Deutschland-Karte, IV/V
Bundesministerium für das Post- und Fernmeldewesen, Bonn: Briefmarken der Bundesrepublik Deutschland, VIII
Institut für Theater-, Film- und Fernsehwissenschaft Universität zu Köln (Theatermuseum), Köln: Bühnenbild »Die Ehe des Herrn Mississippi«, IX
Stadt Biberach an der Riß (Museum Biberach): Wohnhäuser Schmitz, Architekt Hugo Häring, X
HPP Hentrich-Petschnigg & Partner KG, Düsseldorf: Thyssenhaus, Düsseldorf, XI
Westfälisches Landesmuseum für Kunst und Kulturgeschichte, Münster: Wols »Die Windmühle«, XII
Staatsgalerie Stuttgart: Willi Baumeister »Bluxao VIII«, XIII
Museum Folkwang, Essen: Hans Hartung »Composition T 55-18«; Max Ernst »Die dunklen Götter«, XIV, XV
Sammlung Margot Fürst, Stuttgart: HAP Grieshaber »Fasanerie«, XVI

Danksagungen

Bei der Arbeit an dem vorliegenden ersten Teil des Werks habe ich von vielen Seiten Hilfe der verschiedensten Art erfahren. Denen, die es angeht, sei an dieser Stelle aufs verbindlichste gedankt, ohne daß alle, die eigentlich darauf Anspruch hätten, namentlich genannt werden können.

Der Dank gilt in erster Linie den Eigentümern von Archivalien und Nachlässen. Die Familie Adenauer und der Vorstand der Stiftung Bundeskanzler-Adenauer-Haus haben – soweit dies im Rahmen der Satzung möglich war – in Verbindung mit einem längerfristigen Editionsprojekt und anderen eigenen Vorhaben der Stiftung Einsichtnahme in wichtige Teile des Adenauer-Nachlasses gestattet. Sie haben auch in begrenztem Maß die Zitiererlaubnis oder die Genehmigung zum Verweis auf Fundstellen gegeben. In diesem Zusammenhang ist es mir ein besonderes Anliegen, Frau Dr. Anneliese Poppinga für ihre ebenso kenntnisreiche wie unermüdliche Hilfsbereitschaft zu danken.

Von großem Wert war die vom Bundesparteivorsitzenden der CDU, Dr. Helmut Kohl, erteilte Genehmigung, die einschlägigen Stenographischen Protokolle der Sitzungen des Bundesvorstandes der CDU und die – leider nicht vollständig erhaltenen – Sitzungsprotokolle der CDU/CSU-Fraktion auszuwerten. Die »Berichte zur Lage«, die Bundeskanzler Adenauer regelmäßig vor dem Führungsgremium seiner Partei erstattete, und die sich daran anschließenden Diskussionen gehören zu den wichtigsten Quellen zur Geschichte der Adenauer-Ära. Der Unterzeichnete hat die Aufgabe übernommen, diese Berichte im Rahmen eines Editionsprojekts der Stiftung Bundeskanzler-Adenauer-Haus zu edieren.

Als unentwegt hilfreich erwies sich das Archiv für Christlich-Demokratische Politik der Konrad-Adenauer-Stiftung. Sein Leiter, Herr Dr. Klaus Gotto, der diese Einrichtung innerhalb weniger Jahre zu einem der wichtigsten Archive für die Geschichte der Adenauer-Ära ausgebaut hat, war uneingeschränkt hilfsbereit und hatte zudem die Freundlichkeit, sich einer Lektüre des Manuskripts zu unterziehen und danach eine Reihe wertvoller Hinweise zu geben.

Eine besonders wertvolle Quelle war das Tagebuch des ersten Staatssekretärs im Bundeskanzleramt, Otto Lenz, das gegenwärtig vom Archiv für Christlich-Demokratische Politik zur Veröffentlichung vorbereitet wird. Im Zusammenhang mit diesem Vorhaben hat die Familie dankenswerterweise die Genehmigung zur Einsichtnahme und zum Zitieren gegeben.

Mit zahlreichen Akteuren unterschiedlicher politischer Orientierung konnten Interviews und Gespräche geführt werden. Diese haben zwar nicht in den Fußnoten ihren Niederschlag gefunden, aber, wie ich hoffe, doch dazu beigetragen, daß das auch damals oft schwüle Klima der Bonner Politik einigermaßen angemessen erfaßt und allzu krasse Fehlurteile über Personen und Vorgänge vielleicht vermieden wurden.

Die Kölner Universitätsbibliothek und die Bibliothek meines eigenen Forschungsinstituts für Politische Wissenschaft und Europäische Fragen der Universität zu Köln haben es über längere Zeit verständnisvoll hingenommen, daß große Berge von Büchern und Materialien okkupiert wurden, und sie waren freundlich genug, bei der Fernausleihe eine nimmermüde Hilfsbereitschaft an den Tag zu legen. Auch den zuständigen Damen und Herren des Forschungsinstituts der Deutschen Gesellschaft für Auswärtige Politik in Bonn gebührt in diesem Zusammenhang mein Dank.

Die vergleichsweise rasche Fertigstellung des Buches wäre unmöglich gewesen, wenn das Land Nordrhein-Westfalen nicht ein Freisemester gewährt hätte. Ebenso wichtig war ein Forschungsaufenthalt in der stimulierenden Atmosphäre des Woodrow Wilson International Center for Scholars in Washington, der in die Inkubationsphase des Werkes fiel und bei dem sich als Frucht vieler Gespräche mit Historikern, Politikwissenschaftlern und Ökonomen das Konzept des Buches herausgeschält hat, auf das sich die Herausgeber und der Verlag dann eingelassen haben. Auch den Gesprächen im Herausgeberkreis verdankt die Studie manches, nicht zuletzt der ständigen Anteilnahme und Ermutigung von Professor Karl Dietrich Bracher.

Den Damen und Herren meines Kölner Mitarbeiterstabes danke ich an dieser Stelle ganz besonders herzlich. Sie haben sich über Monate hinweg häufig auch außerhalb der regulären Dienstzeit dafür eingesetzt, daß dieser Band der »Geschichte der Bundesrepublik Deutschland« termingemäß und – so hoffen alle Beteiligten – nur mit dem vielleicht unvermeidlichen Minimum an Irrtümern und Druckfehlern fertiggestellt wurde.

Auch hier können nicht alle genannt werden, die einen Beitrag zur sachlichen Überprüfung und zur technischen Vervollkommnung des Werkes geleistet haben. Herr cand. phil. Ulrich Op de Hipt war von Anfang an als besonders hilfreicher Research Assistant tätig. Desgleichen danke ich Herrn Holger Ehmke, Herrn Hans-Jürgen Mayer und Fräulein Barbara Hübner für ihre akribische Arbeit. Das Namenregister wurde von Herrn Marc Defossé erstellt, das Sachregister von Fräulein Cornelia Baumsteiger und Herrn Wolfgang Moellers. Frau Hildegard Maxrath war geduldig genug, die Handschrift des Verfassers zu entziffern und hat die verschiedenen Fassungen des Buches unermüdlich um- und umgeschrieben. Die Überwachung des Druckvorgangs ist von Frau Anneliese Schott mit bewährter Umsicht und Akribie bewältigt worden.

Indem ich feststelle, daß natürlich alles, was an dem Buch gelungen ist, den hier Genannten, und allein das, was unvollkommen oder fehlerhaft blieb, dem Verfasser zuzuschreiben ist, möchte ich auch noch dem Lektor der DVA, Herrn Ulrich Volz, und allen auf seiten des Verlags an dem Werk Beteiligten für ihren Beitrag und dafür danken, daß sie auf die Anregungen des Autors, soweit dies irgend möglich war, eingegangen sind.

Bonn-Bad Godesberg, den 1. Juli 1980

Der Autor

Hans-Peter Schwarz ist ordentlicher Professor für Politische Wissenschaft an der Universität zu Köln. Geboren am 13. Mai 1934 in Lörrach, Studium der Politischen Wissenschaft, Geschichte, Literaturwissenschaft in Basel und Freiburg i. Br. 1958 Promotion zum Dr. phil. an der Albert-Ludwigs-Universität Freiburg, 1966 Habilitation an der Eberhard-Karls-Universität Tübingen, 1966–1973 Ordinarius an der Universität Hamburg, seither in Köln. Gastprofessur 1970 Oxford, 1975/76 Fellow am Woodrow Wilson International Center for Scholars, Washington D. C.

Herausgeber der Vierteljahrshefte für Zeitgeschichte (zusammen mit Karl Dietrich Bracher), Mitglied der Kommission für Geschichte des Parlamentarismus und der politischen Parteien (Bonn). Hauptforschungsgebiete: Zeitgeschichte, deutsche Außenpolitik, internationale Beziehungen.

Buchpublikationen (in Auswahl): Der konservative Anarchist. Politik und Zeitkritik Ernst Jüngers (1962). – Vom Reich zur Bundesrepublik. Deutschland im Widerstreit der außenpolitischen Konzeptionen in den Jahren der Besatzungsherrschaft 1945 – 1949 (²1980). – Handbuch der deutschen Außenpolitik (Hrsg., ²1976). – Die zweite Republik. 25 Jahre Bundesrepublik Deutschland – eine Bilanz (Hrsg. zusammen mit Richard Löwenthal, ³1979).